CÓDIGOS PENAIS DO BRASIL

CIP-Brasil. Catalogação-na-Fonte
Câmara Brasileira do Livro, SP

Pierangelli, José Henrique, 1934-
P672c Códigos penais do Brasil : evolução histórica / José Henrique Pierangelli. — Bauru, SP : Jalovi, 1980.

"Livro V das Ordenações do Reino — Código Filipino; Código criminal do Império do Brasil; Código penal de 1890; Consolidação das leis penais (1932); Código penal de 1940; Código penal de 1969".

1. Direito penal — Brasil — História 2. Direito penal — Legislação — Brasil I. Brasil. Leis, decretos etc. Código penal. II Título.

CDU-343(81)(091)
80-1418 -343(81)(094.4)

Índices para catálogo sistemático:

1. Brasil : Códigos penais 343(81)(094.4)
2. Brasil : Direito penal : História 343(81)(091)
3. Códigos penais : Brasil 343(81)(094.4)

JOSÉ HENRIQUE PIERANGELLI

Membro do Ministério Público do Estado de São Paulo e Professor de Direito Penal da Pontifícia Universidade Católica de Campinas

CÓDIGOS PENAIS DO BRASIL

EVOLUÇÃO HISTÓRICA

- LIVRO V DAS ORDENAÇÕES DO REINO — CÓDIGO FILIPINO
- CÓDIGO CRIMINAL DO IMPÉRIO DO BRASIL
- CÓDIGO PENAL DE 1.890
- CONSOLIDAÇÃO DAS LEIS PENAIS (1.932)
- CÓDIGO PENAL DE 1.940
- CÓDIGO PENAL DE 1.969

JALOVI

EDITORA JALOVI LTDA.

Rua José de Alencar, n.º 3-86

FONE: 23-4587 — C. Postal 631

17.100 — BAURU — SP

CÓDIGOS PENAIS DO BRASIL

José Henrique Pierangelli — Coordenador

Edição comemorativa
do Sesquicentenário do
1.º Código Penal Latino-Americano

Capa: Reprodução do desenho de **Johann Moritz Rugendas,** do princípio do século XIX, onde demonstra o Capitão-do-Mato conduzindo preso um escravo que havia infringido a legislação penal da época.

1.ª edição

1980

Rua José de Alencar, n.º 3-86
Fone 23-4587 — Caixa postal 631
BAURU — SP (CEP 17.100)

INDICADOR

ÍNDICES

ÍNDICE GERAL DO LIVRO V DAS ORDENAÇÕES DO REINO — CÓDIGO FILIPINO

ORDEM DAS DISPOSIÇÕES POR TÍTULOS

LEGISLAÇÃO PORTUGUEZA

— ADDITAMENTOS —

ÍNDICE GERAL DO CÓDIGO CRIMINAL DO IMPERIO DO BRASIL

PARTE I

DOS CRIMES E DAS PENAS

PARTE II

DOS CRIMES PUBLICOS

PARTE III

DOS CRIMES PARTICULARES

PARTE IV

DOS CRIMES POLICIAES

ÍNDICE GERAL DO CODIGO PENAL DE 1.890

(Decreto n. 847, de 11 de Outubro de 1.890)

LIVRO I

DOS CRIMES E DAS PENAS

LIVRO II

DOS CRIMES EM ESPECIE

LIVRO III

DAS CONTRAVENÇÕES EM ESPECIE

LIVRO IV

ÍNDICE GERAL DA CONSOLIDAÇÃO DAS LEIS PENAIS (1.932)

DECRETO N.º 22.213, DE 14 DE DEZEMBRO DE 1932

LIVRO I

DOS CRIMES E DAS PENAS

LIVRO II

DOS CRIMES EM ESPECIE

LIVRO III

DAS CONTRAVENÇÕES EM ESPECIE

ÍNDICE GERAL DO CÓDIGO PENAL DE 1.940

(DECRETO-LEI N.º 2.848, DE 7-12-40)

CÓDIGO PENAL

PARTE GERAL

PARTE ESPECIAL

Título III

DOS CRIMES CONTRA A PROPRIEDADE IMATERIAL

Título IV

Título V

DOS CRIMES CONTRA O SENTIMENTO RELIGIOSO E CONTRA O RESPEITO AOS MORTOS

Título VI

DOS CRIMES CONTRA OS COSTUMES

Título VII

DOS CRIMES CONTRA A FAMÍLIA

Título VIII

DOS CRIMES CONTRA A INCOLUMIDADE PÚBLICA

Título IX

Título X

DOS CRIMES CONTRA A FÉ PÚBLICA

Título XI

DOS CRIMES CONTRA A ADMINISTRAÇÃO PÚBLICA

ÍNDICE GERAL DA LEI DAS CONTRAVENÇÕES PENAIS

(Decreto-lei n.° 3.688, de 3 de outubro de 1.941)

PARTE GERAL

PARTE ESPECIAL

ÍNDICE GERAL DA LEGISLAÇÃO COMPLEMENTAR

ÍNDICE GERAL DO CÓDIGO PENAL DE 1969

(DECRETO-LEI N.º 1.004, DE 21 DE OUTUBRO DE 1969)

CÓDIGO PENAL

PARTE GERAL

PARTE ESPECIAL

A PALAVRA DO COORDENADOR

Este trabalho de coordenação de leis penais que vigem ou vigiram no nosso país, destina-se principalmente ao estudioso do Direito Penal, particularmente, a todos aqueles que se interessam pela evolução do Direito Penal brasileiro. Não sabemos se ele é ou não original e isso pouco nos importa. O que sabemos é que, em nosso país, uma iniciativa desta era de há muito reclamada, pondo às mãos do estudioso o material indispensável às suas pesquisas. Não se questiona, hoje em dia, acerca da necessidade do estudo das idéias e das legislações pretéritas, quando se busca, incessantemente, com a segurança indispensável, a própria função do Direito. Ademais, a vida moderna, plena de atribulações, está a exigir do estudioso uma limitação do tempo gasto nas pesquisas, para que estas sejam efetuadas de maneira rápida e fácil. Uma visita às bibliotecas públicas especializadas torna-se extremamente exaustiva, face à duração da jornada de trabalho profissional e também da do magistério. Essas dificuldades, que também temos enfrentado, induziram-nos a elaborar esta compilação, pondo às mãos do penalista de hoje — talvez na do penalista do amanhã —, o material necessário para o estudo proposto.

A cultura jurídica nacional de há muito reclamava uma reedição do Código Criminal de 1830. Os poucos exemplares encontradiços nas livrarias especializadas em venda de livros usados são disputados com empenho e vendidos a preços elevadíssimos. E essa disputa não se restringe a penalistas patrícios, uma vez que envolve também os escritores e estudiosos do Direito Penal de quase todos — senão todos — países latino-americanos. Recordamo-nos da emoção com que recebeu o eminentíssimo penalista argentino, Professor Eugenio Raúl Zaffaroni, da Universidade Catolica de la Provincia de La Plata —, das mãos de um aluno nosso, um exemplar xerocopiado do nosso Código Criminal do Império. Este fato, deu-nos novo alento em levar a cabo esta empreitada.

Na ordem, o leitor encontrará, devidamente sistematizado: o livro quinto das Ordenações Filipinas, também chamado de Có-

digo Filipino; o Código Criminal, de 1830; o Código Penal, de 1890; a Consolidação das Leis Penais, do Desembargador Vicente Piragibe; o Código Penal, de 1940 e, finalmente, o Código Penal, de 1969. Preferimos, pois, a ordem cronológica. A seguir, organizamos o índice geral.

Não nos pareceu interessante a atualização da ortografia, mesmo porque o trabalho se dirige a pesquisadores, e também porque os textos mais antigos não reclamam qualquer estudo filológico.

No trabalho relacionado com o Código Filipino utilizamos da 14.ª edição da Typographia do Instituto Philomathico, feita em 1870, sob a coordenação do eminente jurista Candido Mendes de Almeida, de excelente impressão. Aproveitamos tão somente o texto original, deixando, por carência de espaço, face à limitação do trabalho, as extraordinárias notas filológicas, históricas e exegéticas do cordenador. Mantivemos, porém, algumas leis penais editadas antes e após a promulgação do Código, justamente aquelas que, a nosso juízo, nos pareceram mais interessantes.

O trabalho feito com o Código Penal do Império baseou-se na edição de 1863, de Eduardo & Henrique Laemmert, elaborado sob a coordenação do Dr. Josino do Nascimento Silva. Aproveitamos, na íntegra, os seus cálculos das penas em todos os seus graus, pelo interesse histórico que suscita. Tivemos que dispensar, todavia, as suas preciosas notas remissivas, o que muito lamentamos.

Na compilação do Código Penal de 1890 foi utilizada a edição de 1917, da Livraria Francisco Alves, organizada pelo Dr. Maurício Graccho Cardoso, eliminando, também aqui, as remissões e observações do coordenador, que somente iriam engrandecer este trabalho.

No que respeita à Consolidação das Leis Penais, do Desembargador Vicente Piragibe, utilizamos a edição da Typ. do Jornal do Commercio de 1933. Pelo seu interesse histórico, mantivemos o parecer da sub-comissão do Código Penal, subscrito pelos eminentes penalistas Virgílio de Sá Pereira, Evaristo de Moraes e Mário de Bulhões Pedreira; a mensagem da Comissão enviada ao Ministro da Justiça e Negócios Interiores, subscrita por Levi Carneiro, e, também, transcrevemos o decreto n.º 22.213, de 14 de dezembro de 1932, que aprovou e adotou, como Código Penal, a Consolidação organizada por Vicente Piragibe.

Não poderíamos deixar de incluir o Código Penal de 1969, não só pelo seu valor histórico, mas também por retratar a fase de desenvolvimento da cultura jurídico-penal do nosso país, tendo merecido elogios de muitos estudiosos, inclusive do grande penalista italiano Pietro Nuvolone. Embora derrogado, sem nunca ter tido vigência entre nós, possui ele valor inestimável para os penalistas do nosso país, principalmente, porque nele se fazem presentes a cultura e a inteligência do mestre imortal, o Ministro Nélson Hungria.

Deixamos o Código Penal de 1940 para o fim, embora não seja esta a ordem da disposição que orienta este trabalho, visto tratar-se da legislação vigente. Adotamos o texto vigente até 24 de maio de 1977, por se aproximar muito mais do original. Fizemos incluir, contudo, com o devido destaque, todas as modificações que a Lei n.º 6.416, de 24 de maio de 1977 operou. Para tanto na mesma disposição serão encontrados os dois textos. Apenas na Lei das Contravenções Penais, onde só os artigos 6 e 11 sofreram modificações com a lei nova mudamos a redação, mas mantivemos, logo a seguir, o texto original.

Impossível seria adicionarmos todas as leis extravagantes que se encontram em vigência atualmente. Portanto, fizemos uma seleção. Será encontrada, na íntegra, a Lei Antitóxicos vigente (Lei n.º 6.368, de 21 de outubro de 1976) entre as leis complementares. Acrescentamos o Decreto-lei n.º 7.903, de 27 de agosto de 1945, que envolve os crimes contra a propriedade imaterial. Também a Lei n.º 6.416, de 24 de maio de 1977, que modificou profundamente o Código Penal vigente e também o Código de Processo Penal e a Lei das Contravenções Penais é encontrada no corpo deste trabalho, acrescida da mensagem presidencial ao Congresso Nacional e da exposição feita pelo Ministro da Justiça, Dr. Armando Falcão ao Presidente Ernesto Geisel, objetivando a modificação do Código Penal de 1940. Incluimos, ainda, a Lei n.º 4.898, de 9 de dezembro de 1965, que cuida do abuso de autoridade e também as leis vigentes na esfera de proteção à economia popular (Lei n.º 1.521, de 26 de dezembro de 1951; Lei Delegada n.º 4, de 26 de setembro de 1962; Lei Delegada n.º 5, de 26 de setembro de 1962, e Lei n.º 4.591, de 16 de dezembro de 1964).

Mantivemos, na íntegra, as Exposições de Motivos que acompanharam as mensagens de elaboração dos novos Códigos, embora não a consideremos como forma de interpretação autêntica ou quase autêntica, como nos ensinam os grandes mestres patrícios, mas sim, pela sua utilidade e valor histórico.

Acrescentamos também um esboço histórico da evolução do Direito Penal em nosso país, inclusive fazendo menção a alguns dos inúmeros penalistas que contribuiram, ou que contribuem, na atualidade, para esse desenvolvimento, como homenagem pelo trabalho desenvolvido em prol da cultura jurídico-penal brasileira.

A nossa derradeira palavra é dirigida ao Dr. Jair Lot Vieira e à Editora Jalovi, que oferecem aos estudiosos este labor, sem preocupação econômica, mas com o fito principal de colaborar com o desenvolvimento intelectual do nosso país. Cremos que podemos afirmar que a ele, tanto quanto a nós, não anima outra recompensa que não o beneplácito dos leitores pelo nosso esforço comum.

Bauru, 2 de março de 1980

José Henrique Pierangelli
Promotor Público junto ao 1.º Tribunal do Júri, de São Paulo.
Professor da Pontifícia Universidade Católica de Campinas

ESBOÇO

HISTÓRICO DO DIREITO PENAL BRASILEIRO

SUMÁRIO: 1 — Instituições Indígenas
2 — Ordenações do Reino
3 — Período Imperial
4 — Período Republicano
5 — O Código Penal de 1940
6 — O Código Penal de 1969

1. INSTITUIÇÕES INDÍGENAS

Quando se processou a colonização do Brasil, as tribos aqui existentes apresentavam diferentes estágios de evolução. Os tupis apresentavam um desenvolvimento superior ao dos tapuias, estes chamados por aqueles de bárbaros.

Toda idéia de Direito Penal que se possa atribuir aos indígenas está ligada ao direito costumeiro e afirma-se que nele se encontram a vingança privada, a vingança coletiva e o talião.

A guerra nunca era movida por motivos econômicos, pelo menos até o descobrimento. O motivo das hostilidades era capturar prisioneiros para os ritos antropofágicos, a tomada de troféus ou para vingar os parentes mortos.

As crianças eram castigadas para que aprendessem a urbanidade. "A polidez e o respeito mútuo eram encarados como a forma ideal para dirigir a vontade dos filhos e incitá-los aos exemplos dos mais velhos". (1)

---

(1) História do Brasil, vol. 1.º, pág. 44, Editora Bloch.

Martins Júnior noticia que os historiadores nacionais "costumam dedicar aos primitivos habitantes do Brasil páginas inteiras relativas a certas instituições ou usos selvagens de alçada perfeitamente jurídica". (2)

Em algumas tribos havia o casamento monogâmico, contudo, a poligamia era a constante, sendo que as famílias tinham, na maioria das vezes, como base o sistema patriarcal e o parentesco só se transmitia pelo lado paterno. Observou-se, entretanto, vestígios de poliandria — o casamento de uma mulher com vários homens —.

Se um índio se apaixonasse por uma donzela, deveria se entender com o pai da moça, e, se não fosse aceito, em muitos casos, procurava o desterro, voluntariamente. O furto a estrangeiros e a hóspedes que não fossem conhecidos, era perfeitamente lícito. O adultério, na maioria das vezes, era fato indiferente. Quando muito, dava origem ao espancamento da mulher.

Dado o seu primarismo, as práticas punitivas das tribos selvagens que habitavam o nosso país, em nenhum momento, influiram na nossa legislação.

2. ORDENAÇÕES DO REINO

O Direito Penal que vigorou no Brasil, desde o seu descobrimento até a independência, tinha por fonte o Livro V das Ordenações do Reino.

Quando o Brasil foi descoberto, vigoraram as Ordenações Afonsinas, que foram mandadas compor por D. João I. O trabalho, executado sob a influência do direito romano e do direito canônico, foi concluido em 1446, tendo nele trabalhado o Mestre João Mendes, que após longos anos de compilação, não pode terminá-lo, e o jurista Rui Fernandes. D. Manuel, o Venturoso, pretendendo dotar o país de uma legislação mais perfeita, talvez até por vaidade, incumbiu os juristas Rui Boto, Rui da Grã e João Cotrim desse trabalho, vindo a obra a ser impressa em 1512 e após ser revisada por outros juristas, foi em 1521 publicada, com o nome de Ordenações Manuelinas. Finalmente, Felipe II, da Espanha, que reinava em Portugal com o nome de Felipe I, ordenou uma nova estruturação dos velhos Códigos, incumbindo dessa tarefa os desembargadores do Paço, Paulo Afonso e Pedro Barbosa, com a colaboração de Damião de Aguiar e Jorge Cabedo. Revisto o trabalho por outros juristas, foram as Ordenações Filipinas

(2) História do Direito Nacional, edição de 1895, pág. 114.

publicadas a 11 de janeiro de 1603, já sob o reinado de Felippe II, de Portugal. Restaurada a monarquia portuguesa, foram as Ordenações Filipinas revalidadas pela lei de 29 de janeiro de 1643, de D. João IV.

Assim, as legislações Afonsinas não chegaram a influir no Brasil, ressalvadas as disposições que foram enxertadas nas Ordenações Manuelinas. Estas sim, embora fossem escassos os agrupamentos, todos localizados na faixa litorânea, chegaram a ter alguma aplicação no período das capitanias hereditárias, principalmente nas de São Vicente e Pernambuco, que mais haviam prosperado e bem mais ao tempo dos governadores-gerais. Durante o regime das capitanias, o que de fato regia era o arbítrio do donatário, um direito informal e personalista, mesmo porque as cartas de doação entregavam aos donatários o exercício de toda justiça.

Ao tempo dos governadores-gerais, mais centralizada e com uma administração da justiça mais disciplinada, tornou-se um pouco mais efetiva a aplicação da legislação do reino.

De todas, foram as Ordenações Filipinas as que mais tiveram aplicação. Numa síntese perfeita do que era o Livro V das Ordenações Filipinas, Batista Pereira assim se manifestou: "Espelho, onde se refletia, com inteira fidelidade, a dureza das codificações contemporâneas, era um misto de despotismo e de beatice, uma legislação híbrida e feroz, inspirada em falsas idéias religiosas e políticas, que invadindo as fronteiras da jurisdição divina, confundia o crime com o pecado, e absorvia o indivíduo no Estado fazendo dele um instrumento. Na previsão de conter os maus pelo terror, a lei não media a pena pela gravidade da culpa; na graduação do castigo obedecia, só, ao critério da utilidade. Assim, a pena capital era aplicada com mão larga; abundavam as penas infamantes, como o açoite, a marca de fogo, as galés, e com a mesma severidade com que se punia a heresia, a blasfêmia, a apostasia e a feitiçaria, eram castigados os que, sem licença de El-Rei e dos Prelados, benziam cães e bichos, e os que penetravam nos mosteiros para tirar freiras e pernoitar com elas. A pena de morte natural era agravada pelo modo cruel de sua inflição; certos criminosos, como os bígamos, os incestuosos, os adúlteros, os moedeiros falsos eram queimados vivos e feitos em pó, para que nunca de seu corpo e sepultura se pudesse haver memória. Com a volúpia pelo sangue, negação completa de senso moral, dessa lei que, na frase de Cícero, é *in omnibus diffusa, naturae, congruens, constans,* eram supliciados os réus de lesa-majestade, crime tão grave e abominável, e os antigos sabedores tanto o estranharam, que o compararam à lepra, porque, assim como esta enfermidade enche o corpo, sem nunca mais se poder curar, assim o erro da traição condena o que a comete, e impece e infama os que da sua linha descendem, posto que não tenham culpa. A este acervo de monstruosidade outras se cumulavam: a aberrância da pena, o confisco dos bens, a transmissibilidade da infâmia do crime". (3)

Mesmo com a vinda de D. João VI ao Brasil e a elevação do nosso país, à condição de Reino Unido, a legislação não se modificou e até mesmo D. Pedro I, que havia baixado as Bases da Constituição Política da Monarquia, em 10 de março de 1821, em lei de 20 de outubro de 1823, determinou que as Ordenações permanecessem em inteiro vigor na parte em que não tivessem sido revogadas, para por elas se regularem os negócios do interior do Império.

3. PERÍODO IMPERIAL

O artigo 179, § 18, da Constituição do Império impunha a urgente organização de "um Código Criminal, fundado nas sólidas bases da justiça e da eqüidade". Os movimentos liberais e as novas doutrinas penais, aliadas às modificações sociais do tempo, impunham que essas novas concepções viessem influir na nova legislação. A própria Constituição já determinava, no artigo 179, a igualdade de todos perante a lei; a não retroatividade da lei penal e que a pena não passaria da pessoa do delinquente.

Embora determinasse a Carta de 1824 a urgência da elaboração do Código, só em 16 de dezembro de 1830 foi ele sancionado, com o nome de Código Criminal do Império.

Sobre o projeto Bernardo Vasconcelos se assentaram os trabalhos da comissão mista da Câmara e do Senado, vindo o Código a se constituir numa obra que mereceu louvores dos penalistas de seu tempo. Comenta-se que penalistas como Haus e Mittermayer aprenderam português para lê-lo no original. Nesse Código, presentes estão as idéias de Bentham, que também influenciou na elaboração dos Códigos Francês de 1810 e Napolitano de 1819, com os quais guarda, em muitas passagens, grande proximidade.

O nosso Código Criminal do Império influiu poderosamente na elaboração do Código Penal espanhol de 1848 e através deste em vários Códigos Penais de países da América Latina.

Suas originalidades são assim enumeradas por Roberto Lyra:

---

(3) Cfr. em Tratado de Direito Penal de José Frederico Marques, vol. 1.º, pág. 85. Vicente Piragibe, Legislação Penal, 1932, vol. II, páginas 14 e 15.

"1.º) — no esboço da indeterminação relativa e de individualização da pena, contemplando, já, os motivos do crime, só meio século depois tentado na Holanda e, depois, na Itália e na Noruega;

2.º) — na fórmula da cumplicidade (co-delinqüência como agravante) com traços do que viria a ser a teoria positiva a respeito;

3.º) — na previsão da circunstância atenuante da menoridade, desconhecida, até então, das legislações francesa, napolitana e adotada muito tempo após;

4.º) — no arbítrio judicial no julgamento dos menores de 14 anos;

5.º) — na responsabilidade sucessiva nos crimes por meio da imprensa antes da lei belga, e, portanto, esse sistema é brasileiro e não belga, como é conhecido;

6.º) — a indenização do dano ex-delicto como instituto de direito público, também antevisão positivista;

7.º) — na imprescritibilidade da condenação". (4)

O Código, como todos, não era perfeito, o que originou uma série de críticas, principalmente por parte de Tobias Barreto. Não definia a culpa, referindo-se tão somente ao dolo. A lacuna, contudo, não se fazia sentir, porquanto só com o desenvolvimento dos meios de transportes passou ela a exigir uma elaboração legislativa, o que veio a ocorrer em 1871.

O escravo recebeu no estatuto, tratamento desigual, embora assegurasse a Constituição a igualdade de todos perante a lei. A eles estava reservada ainda, a pena de galés e a pena de morte, o que provocou acalorados debates durante a sua elaboração. Com o advento da Lei Áurea, por Joaquim Nabuco e João Vieira de Araujo foram apresentados projetos visando a reforma do Código Penal, para adaptá-lo à nova situação dos negros até então considerados escravos. Tais projetos, no entanto, não chegaram a ser votados, porque o governo encarregou Batista Pereira de elaborar o respectivo projeto.

Durante o período imperial, muitos penalistas patrícios se projetaram, merecendo ser citados Brás Florentino, Tomás Alves Júnior, Carlos Perdigão e outros. Porém, sem dúvida alguma, o maior penalista do império foi Tobias Barreto, que escreveu vá-

(4) Roberto Lyra — Introdução ao Estudo do Direito Criminal, pág. 89, Editora Nacional de Direito, 1946.

rias obras, sendo, talvez, a mais importante "Delitos por Omissão", onde analisou aspectos desconhecidos para a maioria dos especialistas da época.

4. PERÍODO REPUBLICANO

A proclamação da República interrompe o trabalho de Batista Pereira, mas Campos Sales, então Ministro da Justiça do Governo provisório, renovou-lhe o encargo de preparar o novo Código Penal, trabalho que foi logo terminado e remetido à apreciação de uma comissão de juristas, presidida pelo próprio ministro. A 11 de outubro de 1890, foi o Código transformado no "Código Penal Brasileiro" e por decreto de 6 de dezembro do mesmo ano, foi marcado o prazo de seis meses para a sua execução em todo o território nacional.

"O primeiro Código Penal da República foi menos feliz que o seu antecessor. A pressa com que foi concluido prejudicou-o em mais de um ponto, e nele a crítica pode assinalar, fundadamente, graves defeitos, embora muitas vezes com excesso de severidade. Não tardou a impor-se a idéia da sua reforma, e menos de três anos depois da sua entrada em vigor, já aparecia o primeiro projeto de Código para substituí-lo", lembra Aníbal Bruno. (5)

João Monteiro o considerou como o pior de todos os Códigos conhecidos e Plínio Barreto também não lhe poupou críticas.

No entanto, o Código resistiu às idéias reformistas e foi recebendo alterações e aditamentos, que visavam sanar os seus defeitos, completá-lo ou mesmo ajustá-lo às novas condições. Essas leis esparsas que visavam a retificação ou complementação do Código foram compiladas pelo Desembargador Vicente Piragibe, que as sistematizou em um corpo de dispositivos, recebendo o nome de Consolidação das Leis Penais, a qual passou a ser o novo estatuto penal do Brasil, oficializada que foi por decreto de 14 de dezembro de 1932.

Já em 1893 foi apresentado à Câmara dos Deputados um projeto de reforma do Código Penal, por João Vieira de Araujo, professor da Faculdade de Direito do Recife. Tal projeto também apresentava falhas, embora revelasse um avanço em relação ao então vigente. Dos pareceres opostos, merecem citação o do Instituto da Ordem dos Advogados, redigido por Batista Pereira e do Professor João Monteiro, em nome da Faculdade de Direito de

(5) Aníbal Bruno, Direito Penal, vol. I, tomo I, pág. 166.

São Paulo. Pouco depois, João Vieira apresentou um substitutivo que, embora fosse aprovado pela Câmara, não teve seguimento no Senado.

O Ministro Esmeraldino Bandeira, em 1910, encarecia a necessidade urgente da substituição do Código e a 7 de janeiro de 1911, uma resolução do Congresso autorizava o Governo a determinar a elaboração do projeto, sem nenhum resultado. Galdino Siqueira, em 1913, apresentava o seu projeto, também sem êxito. Em 1916, o Instituto da Ordem dos Advogados, no Rio de Janeiro, encarecia a necessidade de urgente reforma.

Por determinação do Governo Arthur Bernardes, o Desembargador Sá Pereira se incumbiu da elaboração de novo projeto. A parte geral foi publicada no Diário Oficial de 10 de novembro de 1927 e em 23 de dezembro de 1928, era publicado o projeto completo, com a parte geral reformulada. Nesse projeto era perceptível a influência do Projeto do Código Penal Suiço, da lavra de Stoos, bem como dos projetos sueco e italiano (projeto Rocco), e ainda do Código Penal da Argentina.

O Projeto Sá Pereira também não logrou aprovação, embora se tratasse de obra digna do desenvolvimento da ciência jurídica em nosso país. As críticas, principalmente as formuladas na Conferência Brasileira de Criminologia, realizada no Rio em 1936, desgastaram profundamente o Projeto e com o golpe de Estado de 10 de novembro de 1937, que inclusive dissolveu o Congresso, não foi ele aproveitado. Dois outros Códigos completam o período republicano que, por razões didáticas, serão analisados separadamente.

5. O CÓDIGO PENAL DE 1940

Com a instauração do novo regime, o chamado Estado Novo, o Ministro Francisco Campos encarregou o Professor Alcântara Machado de elaborar um anteprojeto de Código Penal, de cuja missão o professor paulista se desincumbiu rapidamente e em 15 de maio de 1938, já com a exposição de motivos, era publicado o "Projeto de Código Criminal Brasileiro".

O projeto foi revisto por uma comissão composta de Vieira Braga, Roberto Lyra, Narcélio de Queiroz e Nélson Hungria. Embora também se mencione o nome de Costa e Silva, este afirma que não participou dessa comissão, por razões de saúde e que sua colaboração constou tão somente no encaminhamento de sugestões à comissão constituída pelo Governo. O certo, porém, é ele próprio o confirma, é que muitas de suas idéias foram consagradas pelo Código. (6)

Divergências profundas advieram entre Alcântara Machado e a comissão revisora. O Projeto Alcântara Machado foi substancialmente modificado, muito embora sobre ele se desenvolvesse o trabalho de onde se originou o novo Código, que foi sancionado em 7 de dezembro de 1940 e entrou em vigor em 1.º de janeiro de 1942.

O Código de 1940, embora partisse do Projeto Alcântara Machado, teve em mira o Projeto Sá Pereira e projetos de Códigos da Europa, a cuja corrente, da chamada política criminal, veio o nosso estatuto filiar-se.

Para Nélson Hungria, "o projeto Alcântara Machado está para o Código Penal, como o projeto Clóvis está para o Código Civil". Basileu Garcia, entretanto, afirma que "o Código não corresponde exatamente ao Projeto Alcântara Machado, pois muitas modificações viscerais foram realizadas pela comissão". (7) O próprio Ministro Francisco Campos, na Exposição de Motivos (n.º 86), salientou que "da revisão resultou um novo projeto".

Observa Costa e Silva que "o projeto Alcântara Machado foi, como se exprimiu o Ministro Campos, um grande passo para a reforma da nossa lei penal. Nada mais do que isso. Entre ele e o Código encontram-se numerosos pontos de semelhança: são aqueles em que ambos (às vezes com pouca felicidade) copiaram os seus modelos prediletos — o código italiano e o suiço. Mas traços inconfundíveis os distinguem. Há mais originalidade na obra da comissão do que na do professor paulista. A sua técnica é mais perfeita". (8)

O Código de 1940 é eclético, pois concilia no seu texto as idéias dos neoclássicos com o positivismo, o que é salientado pela própria Exposição de Motivos. Daí afirmarem que o legislador acendeu uma vela a Carrara e outra a Ferri.

O Código de 1940 possui defeitos, como não poderia deixar de ocorrer, os quais foram demonstrados durante os seus trinta e sete anos de aplicação. Verdade, porém, é que constitui obra que enaltece a cultura jurídica de nosso país e tem merecido elogiosas referências da crítica estrangeira.

---

(6) A. J. da Costa e Silva, Direito Penal, vol. I, págs. 8 e 9, edição da Companhia Editora Nacional.

(7) Basileu Garcia, Instituições de Direito Penal, vol. I, pág. 127.

(8) A. J. da Costa e Silva, ob. citada, pág. 8.

Em 3 de outubro de 1941 foi promulgado o Código de Processo Penal e na mesma data a Lei das Contravenções Penais, vindo o Código Penal Militar a lume em 24 de janeiro de 1944.

O Código Penal de 1940 possibilitou um grande desenvolvimento na literatura penalista pátria. Diversas obras, umas abrangendo tão somente a parte geral, outras a parte especial e algumas interpretando todo o estatuto, surgiram. Entre outras, merecem citação: "Comentários ao Código Penal", de Nélson Hungria e outros; "Crimes contra o Patrimônio" e "Direito Penal", de Edgard Magalhães Noronha; "Curso de Direito Penal" e "Tratado de Direito Penal", de José Frederico Marques; "Código Penal", de A. J. da Costa e Silva; "Direito Penal", de Aníbal Bruno; "Lições de Direito Penal", de Heleno Cláudio Fragoso; "Direito Penal", de Euclides Custódio da Silveira; "Sistema de Direito Penal Brasileiro", de Salgado Martins e as clássicas obras de Galdino Siqueira e Bento de Faria. Mais recentemente, "Direito Penal", de Damásio Evangelista de Jesus; "Princípios de Direito Penal" de Vicente Sabino Júnior. "Estrutura do Direito Penal", de Luiz Vicente Cernicchiaro; "Coação irresistível por violência", de Ricardo Antunes Andreucci; "Co-delinqüência no Direito Penal Brasileiro", de Esther de Figueiredo Ferraz; "Teoria do Crime", de James Tubenchalk; "Direito Penal", de Roque Brito Alves; "O delito de matar", de Olavo Oliveira; "O resultado no Direito Penal", de Everardo da Cunha Luna; "Do crime continuado e Direito Penal Econômico", de Manoel Pedro Pimentel; "Estado de Necessidade", do Alberto R.R. Rodrigues de Sousa; "Dos Estados de Necessidade" de Miguel Reale Júnior; "Crimes Sexuais", de Vitorino Prata Castelo Branco; "Fraude e Estelionato", de José Antonio Pereira Ribeiro; "Tutela Penal da intimidade", de Paulo José da Costa Júnior.

6. O CÓDIGO PENAL DE 1969

Ao eminente jurista Nélson Hungria, confiou o governo a tarefa de elaborar o anteprojeto de Código Penal, o qual foi apresentado em 1963, dando-se-lhe ampla divulgação, para que pudesse receber sugestões. Destas, ressaltam as que foram ofertadas pelas Faculdades de Direito, pelos Conselhos da Ordem dos Advogados e principalmente pelo ciclo de conferências e debates realizados em São Paulo, sob os auspícios do Instituto Latino-Americano de Criminologia, onde o inesquecível penalista teve a oportunidade de ouvir críticas ao seu trabalho e rebatê-las, aceitando algumas.

Em 1964, o Ministro Milton Campos designou uma comissão revisora, da qual fizeram parte não só o próprio autor do anteprojeto, como também os professores Aníbal Bruno, seu presidente, e Heleno Cláudio Fragoso, cujo trabalho, embora revisto, não chegou a ser divulgado.

O projeto foi submetido a uma nova revisão, por uma comissão composta pelos professores Benjamin Moraes Filho, Heleno Cláudio Fragoso e Ivo D'Aquino, "levando-se em conta, inclusive, a necessidade de uniformizar os textos dos projetos de Código Penal e de Código Penal Militar". (9)

Embora não se pretendesse elaborar um Código totalmente novo, uma vez que o próprio Governo considerava o de 1940 como a melhor de nossas codificações, o novo estatuto, convertido em lei pelo Decreto-lei n.º 1.004, de 21 de outubro de 1969, passou a receber inúmeras críticas, entre as quais podemos mencionar, a adoção da pena indeterminada, considerada uma inovação extremamente infeliz, e a redução, para dezesseis anos, da idade mínima para a imputabilidade, dependente esta de exame criminológico para a verificação de sua capacidade de entendimento e auto-determinação, questão que foi abordada em diversos congressos de Direito Penal e Criminologia, merecendo contundentes críticas.

Em 31 de dezembro de 1973, pela lei n.º 6.016, sofreu o Código original algumas alterações, quando se atendeu a muitas das critícas formuladas, mas, recentemente, foi derrogado sem nunca entrar em vigor. A sua vigência, determinada para 1.º de agosto de 1970, vinha sendo sistematicamente adiada, sob fundamento de se aguardar a aprovação do novo Código de Processo Penal, cujo projeto, que chegou a tramitar pelo Congresso Nacional, era de autoria do Professor José Frederico Marques e para que ambos os estatutos entrassem em vigência na mesma oportunidade.

Entretanto, em meio a tantas críticas, mereceu o novo Código, elogios de Pietro Nuvolone, ao afirmar que "este Código apresenta-se, no momento histórico atual, como uma tentativa de aplainar conceitualmente antíteses substanciais, de indicar, aos esquemas tradicionais, com instrumentos diversos, novos caminhos para resolver o problema da luta contra a criminalidade". (10)

---

(9) Exposição de Motivos, do Ministro Luís Antonio da Gama e Silva (n.º 2).

(10) Conferência proferida no Tribunal de Alçada Criminal de São Paulo, em agosto de 1974. Devidamente traduzida, embora com truncamentos, ela é integralmente encontrada na Revista Justitia, vol. 87, págs. 31 a 38.

LIVRO V DAS ORDENAÇÕES
DO REINO
CÓDIGO FILIPINO

LIVRO QUINTO DAS ORDENAÇÕES FILIPINAS

QUINTO LIVRO
DAS ORDENAÇÕES

TITULO I.

Dos Hereges e Apostatas.

O conhecimento do crime da heresia pertence principalmente aos Juizes Ecclesíasticos.

E porque elles não podem fazer as execuções nos condenados no dito crime, por serem de sangue, quando condenarem alguns hereges, os devem remetter a Nós com as sentenças que contra elles derem, para os nossos Dezembargadores as verem: aos quaes mandamos, que as cumpram, punindo os hereges condenados, como por Direito devem.

E além das penas corporaes, que aos culpados no dito maleficio forem dadas, serão seus bens confiscados, para se delles fazer o que nossa mercê fôr, postoque filhos tenhão.

1. E tendo o tal herege Prazo algum de Igreja, o qual possa passar a herdeiro estranho per Lei, costume, ou contracto, em tal caso succederá o nosso Fisco em lugar do herdeiro estranho, assi como deve succeder nos Prazos, que o tal herege tiver de particulares.

E Nós mandaremos vender, ou traspassar o tal Prazo dentro de dous annos em pessoa, que o possa possuir conforme as condições delle.

2. E se o tal Prazo fôr de qualidade, que não possa vir a herdeiro estranho, e se haja de tornar á Igreja, em tal caso o nosso Fisco o possuirá, e haverá os fructos delle, em quanto o herege viver.

3. E em todos os casos, em que o Prazo tornar á Igreja, haverá o nosso Fisco o preço das bemfeitorias e melhoramentos, assi como de Direito o devem haver os herdeiros.

4. Porém, se algum Christão leigo, quer antes fosse Judeu, ou Mouro, quer nascesse Christão se tornar Judeu, ou Mouro, ou a outra seita, e assi lhe fôr provado. Nós tomaremos conhecimento delle e lhe daremos a pena segundo Direito.

Porque a Igreja não tem aqui que conhecer, se erra na Fé, ou não.

E se tal caso fôr, que elle se torne a Fé, ahi fica aos Juizes Ecclesiasticos darem-lhe suas penitencias spirituaes.

TITULO II.

Dos que arrenegão, ou blasfemão de Deos, ou dos Santos.

Qualquer que arrenegar, descrer, ou pezar de Deos, ou de sua Santa Fé, ou disser outras blasfemias, pola primeira vez, sendo Fidalgo, pague vinte cruzados, e seja degradado hum anno para Africa.

E sendo Cavalleiro, ou Scudeiro, pague quatro mil reis, e seja degradado hum anno para Africa.

E se fôr peão, dem-lhe trinta açoutes ao pé do Pelourinho com baraço e pregão, e pague dous mil reis.

E pola segunda vez, todos os sobreditos incorram nas mesmas penas em dobro.

E pola terceira vez, além da pena pecuniaria, sejam degradados trez annos para Africa, e se fôr peão, para as Galés.

1. E arrenegando, descrendo, pezando, ou dizendo outras blasfemias contra algum Santo, pola primeira vez, se fôr Fidalgo, pague quatro mil reis. E se fôr Cavalleiro, ou Scudeiro, dous mil reis. E sendo peão mil reis. E pola segunda vez, paguem as ditas penas em dobro. E pela terceira, o Fidalgo pague oito mil reis, e seja degradado hum anno para Africa. E o Cavalleiro, ou Scudeiro, pague seis mil reis, e seja degradado hum anno para Africa, e o peão pague quatro mil reis, e seja degradado hum anno para Galés.

2. Porém, se alguma pessoa de qualquer condição per algumas outras palavras mais enormes e fêas blasfemar, ou arrenegar de nosso Senhor, ou de nossa Senhora, ou da sua Fé, ou dos seus Santos. fique em alvidrio dos Julgadores lhe darem outras maiores penas corporaes, segundo lhes per Direito parecer, havendo respeito á graveza das palavras, e qualidade das pessoas, e do tempo e lugar, onde forem ditas.

3. E nas devassas ordinarias, que per nossas Ordenações se tirarem em cada hum anno, se perguntará tambem devassamente dos que blasfemão de Deos, e de seus Santos na maneira sobredita.

4. Porém, mandamos, que em todos os casos sobreditos, onde per esta Ordenação cabe pena de açoutes, ou degredo, ninguem possa ser accusado per Meirinho, nem Alcaide, nem per outra pessoa do povo, sem primeiro dar querela perfeita.

E nos casos, onde não cabe senão pena de dinheiro, poderá qualquer pessoa accusar sem querela, e perante quaesquer Justiças.

Porém assi no caso da querela, como da accusação sem querela, não lhe será recebida querela, nem será recebido a accusar, senão até hum anno do dia, que o crime aconteceo: e todos os autos, que em outra maneira forem feitos, havemos por nenhuns.

5. E quanto ás pessoas, que disserem cada huma das ditas blasfemias, havemos por bem, que os que o souberem, postoque não querelem, possão em segredo denunciar per juramento, e nomear as testemunhas, que disso sabem, aos Corregedores do Crime da Côrte, ou da Caza do Porto, quando a jurísdicção a elles pertencer, ou a qualquer Dezembargador, que com alçada mandarmos a algum lugar ou Comarca, se nesse lugar, ou Comarca acontecer.

E feitas assi as ditas denunciações em segredo, mandamos aos ditos Corregedores, ou Dezembargadores que citadas as partes de que fôr denunciado, perguntem as testemunhas, que lhes forem nomeadas: e achando culpados os de que assi fôr denunciado, os condenem nas penas sobreditas de dinheiro, e corporaes, segundo suas culpas merecerem.

E da pena pecuniaria, em que forem condenados, hajam os denunciadores ametade, e a outra será para os Captivos.

E sendo o denunciado achado sem culpa, será o denunciador condenado nas custas, como se delle tivesse querelado.

6. E quando alguns forem por cada hum dos sobreditos casos accusados sómente por parte da Justiça, não havendo ahi outro quereloso, accusador, ou denunciador, as penas de dinheiro, em que forem condenados, sejão todas para os Captivos.

TITULO III.

Dos Feiticeiros.

Stabelecemos, que toda pessoa, de qualquer qualidade e condição que seja, que de Lugar Sagrado, ou não Sagrado tomar pedra de Ara, ou Corporaes, ou parte de cada huma destas cousas, ou qualquer outra cousa Sagrada, para fazer com ella alguma feitiçaria, morra morte natural.

1. E isso mesmo, qualquer pessoa, que em circulo, ou fóra delle, ou em encruzilhada invocar spíritos diabolicos, ou der a alguma pessoa a comer ou a beber qualquer cousa para querer bem, ou mal a outrem, ou outrem a elle, morra por isso morte natural.

Porém em estes dous casos, primeiro que se faça execução, nol-o farão saber, para vermos a qualidade da pessoa, e modo, em que se taes cousas fizeram, e sobre isso mandarmos o que se deve fazer.

2. Outrosi não seja alguma pessoa ousada que para adivinhar lance sortes, nem varas para achar thesouro, nem veja em agoa, crystal, spelho, spada, ou em outra qualquer couza luzente, nem em spadoa de carneiro, nem faça para adivinhar figuras, ou imagens algumas de metal, nem de qualquer outra cousa, nem trabalhe de adivinhar em cabeça de homem morto, ou de qualquer alimaria, nem traga comsigo dente, nem baraço de enforcado, nem membro de homem morto, nem faça com cada huma das ditas cousas, nem com outra (postoque aqui não seja nomeada) specie alguma de feitiçaria, ou para adivinhar, ou para fazer dano a alguma pessoa, ou fazenda, nem faça cousa, per que huma pessoa queira bem, ou mal a outra, nem para legar homem, nem mulher para não poderem haver ajuntamento carnal.

E qualquer, que as ditas cousas, ou cada huma dellas fizer, seja publicamente açoutado com baraço e pregão pela Villa ou lugar, onde tal crime acontecer, e mais seja degradado para sempre para o Brazil, e pagará trez mil reis para quem o accusar.

3. E por quanto antre a gente rustica se usam muitas abusões, assi como passarem doentes por silvão, ou machieiro, ou lameira virgem, e assi usam benzer com spada, que matou homem, ou que passe o Douro e Minho trez vezes, outros cortam solas em Figueira baforeira, outros cortam cobro, em lumiar de porta, outros tem cabeças de saudadores, encastoadas em ouro, ou em prata, ou em outras cousas; outros apregoão os demoninhados; outros levam as imagens de Santos junto da agoa, e alli fingem que os querem lançar em ella, e tomão fiadores, que se até certo tempo o dito Santo lhes não der agoa ou outra cousa que pedem, lançarão a dita Imagem na agoa; outros revolvem penedos, e os lançam na agoa para haver chuva; outros lançam joeira outros dão a comer bolo para saberem; parte de algum furto; outros tem mandrágoras em suas casas, com tenção que per ellas haverão graça com senhores, ou ganho em cousas, que tratarem; outros passam agoa per cabeça de cão, por conseguir algum proveito.

E porque taes abusões não devemos consentir, defendemos, que pessoa alguma não faça as ditas cousas, nem cada huma dellas; e qualquer, que a fizer, se for peão, seja publicamente açoutado com baraço e pregão pela Villa, e mais pague dous mil réis para quem o accusar.

E se for Scudeiro, e dahi para cima, seja degradado para Africa, per dous annos; e sendo mulher da mesma qualidade, seja degradada trez annos para Castro-Marim, e mais paguem quatro mil réis para quem os accusar.

E estas mesmas penas haverá qualquer pessoa, que disser alguma cousa do que stá por vir, dando a entender, que lhe foi revelado per Deus ou per algum Santo, ou em visão, ou em sonho, ou per qualquer outra maneira. Porém, isto não haverá lugar nas pessoas, que per Astronomia, vendo primeiro as nascenças das pessoas, disserem alguma cousa segundo seo juizo e regra da dita sciencia.

TITULO IV.

Dos que benzem cães, ou bichos sem auctoridade d'El-Rey, ou dos Prelados.

Defendemos, que pessoa alguma não benza cães, ou bichos, nem outras alimarias, nem use disso, sem primeiro haver nossa auctoridade, ou dos Prelados, para o poder fazer. E o que o contrario fizer, seja publicamente açoutado, se for peão, e pague mil réis para quem o accusar. E se for Scudeiro, ou dahi para cima, seja degradado por hum anno para Africa, e pague dous mil réis para quem o accusar. E sendo mulher será degradada por dous annos para Castro-Marim, e pagará os ditos dous mil réis.

TITULO V.

Dos que fazem vigilias em Igrejas, ou vódos fóra dellas.

Mandamos, que pessoa alguma não faça vigilias de dormir, comer e beber em Igrejas, nem se ajuntem a comer e beber por razão das Missas, que mandão dizer, que chamão missas dos Sabbados, nem guardem por devoção o Sabbado, ou quarta feira, não sendo mandado guardar pela Igreja, ou per Constituição do Prelado.

E a pessoa, que cada huma destas cousas fizer, seja presa, e da cadêa pague mil réis para quem a accusar.

1. E defendemos, que não façam vódos de de comer e de beber nas Igrejas, nem fóra dellas, postoque digão, que o fazem por devoção de alguns Santos, sob pena de o que o assi pedir o receber, pagar em dobro de cadêa tudo o que receber, para quem o accusar. Não tolhemos porém os vódos do Spirito Santo, que se fazem na Festa de Pentecoste, porque sómente estes concedemos, e outros alguns não.

2. Porém nos lugares, onde costumão comer, quando levão os defunctos, o poderão fazer sem pena alguma, não comendo dentro no corpo das Igrejas.

TITULO VI.

Do crime de Lesa Magestade.

Lesa Magestade quer dizer traição commettida contra a pessoa do Rey, ou seu Real Stado, que he tão grave e abominavel crime, e que os antigos Sabedores tanto estranharaõ, que o compravaraõ á lepra; porque assi como esta enfermidade enche todo o corpo, sem nunca mais se poder curar, e empece ainda aos descendentes de quem a tem, e aos que com elle conversaõ, polo que he apartado da communicação da gente: assi o erro da traição condena o que a commette, e empece e infama os que de sua linha descendem, postoque não tenhaõ culpa.

1. Os casos, em que se commette a traição, sào estes. O primeiro, se algum tratasse a morte de seu Rey, ou da Rainha sua mulher, ou de algum de seus filhos, ou filhas legitimos, ou a isso desse ajuda, conselho e favor.

2. O segundo he, se o que tiver Castello, ou Fortaleza do Rey, elle, ou àquelle que da sua mão a tiver, se levantar com ella, e a não entregar logo à pessoa do Rey, ou a quem para isso seu special mandado tiver, ou a perder por sua culpa.

3. O terceiro, se em tempo de guerra algum se fosse para os inimigos do Rey, para fazer guerra aos lugares de seus Reinos.

4. O quarto, se algum der conselho aos inimigos do Rey per carta, ou per qualquer outro aviso em seu desserviço, ou de seu Real Stado.

5. O quinto, se algum fizesse conselho e confederação contra o Rey e seu Stado, ou tratasse de se levantar contra elle, ou para isso desse ajuda, conselho e favor.

6. O sexto, se ao que fosse preso por qualquer dos sobreditos casos de traição, algum désse ajuda, ou ordenasse como de feito fugisse, ou fosse tirado da prizão.

7. O setimo, se algum matasse, ou ferisse de proposito em presença do Rey alguma pessoa que stivesse em sua companhia.

8. O oitavo, se algum em desprezo do Rey quebrasse, ou derribasse alguma imagem de sua semelhança, ou armas Reaes, postas por sua honra e memoria.

9. E em todos estes casos, e cada hum delles he propriamente commettido crime de Lesa Magestade, e havido por traidor o que os commetter.

E sendo o commettedor convencido por cada hum delles, será condenado que morra morte natural cruelmente; e todos os seus bens, que tiver ao tempo da condenação, serão confiscados para a Corôa do Reino, postoque tenha filhos, ou outros alguns descendentes, ou ascendentes, havidos antes, ou depois de ter commettido, tal maleficio.

10. E sendo o tal crime notorio, serão seus bens confiscados por esse mesmo feito sem outra alguma sentença.

11. E se o culpado nos ditos casos fallecer, antes de ser preso, accusado, ou infamado pola dita maldade, ainda depois de sua morte se póde inquirir contra elle, para que, achando-se verdadeiramente cul-

pado, seja sua memoria danada, e seus bens confiscados para a Corôa do Reino.

E sendo sem culpa, fique sua fama e memoria conservada em todo seu stado, e seus bens a seus herdeiros.

12. E quanto ao que fizer conselho e confederação contra o Rey, se logo sem algum spaço, e antes que per outrem seja descoberto, elle o descobrir, merece perdão.

E ainda por isso lhe deve ser feita mercê, segundo o caso merecer, se elle não foi o principal tratador desse conselho e confederação.

E não o descobrindo logo, se o descobrir depois per spaço de tempo, antes que o Rey seja disso sabedor, nem feita obra por isso, ainda deve ser perdoado, sem haver outra mercê.

E em todo o caso que descobrir o tal conselho, sendo já per outrem descoberto, ou posto em ordem para se descobrir, será havido por commettedor do crime de Lesa Magestade, sem ser relevado da pena, que por isso merecer, pois o revelou em tempo, que o Rey já sabia, ou stava de maneira para o não poder deixar de saber.

13. E em qualquer destes casos acima declarados, onde os filhos são exclusos da herança do pai, se forem varões, ficarão infamados para sempre, de maneira que nunca possão haver honra de Cavalleria, nem de outra dignidade, nem Officio; nem poderão herdar a parente, nem a estranho **abintestado,** nem per testamento, em que fiquem herdeiros, nem poderão haver cousa alguma, que lhes seja dada, ou deixada, assi entre vivos, como em ultima vontade, salvo sendo primeiro restituidos á sua primeira fama e stado.

E esta pena haverão pola maldade, que seu pai commetteo. E o mesmo será nos netos sómente, cujo avô commetteo o dito crime.

Porém isto não haverá lugar, quando as mãis commetterem a tal maldade, por que neste caso a pena e infamia desta Ordenação não passará dos filhos.

14. Porém, as filhas dos taes traidores poderão herdar á suas mãis, e aos outros parentes, assi per linha direita ascendentes e descendentes, como per linha transversal, e a quaesquer outros estranhos, assi **abintestado** o que direitamente lhes pertencer, como per testamento, ou qualquer outro justo título de ultima vontade, ou de entre vivos.

E isto, não sendo as taes pessoas, a que se houver de succeder, culpadas no tal caso, porque sendo culpadas, suas fazendas serão confiscadas.

15. E o que em qualquer dos ditos casos commetter traição, se tiver bens de Morgado, ou Feudo, ou fòro, que devão vir per geração descendente, ou andar em pessoas, se elle per Justiça morrer não haverá o Fisco os ditos bens, mas havel-osha aquelle, a que pertencerem per bem da instituição e condição do seu Morgado, Feudo, ou aforamento.

E fugindo o culpado da terra, de maneira que se não possa nelle cumprir a pena da Justiça, haverá o Fisco os taes bens, em quanto viver o culpado, pois que elle os não póde haver pola maldade, que commetteo.

E morto elle, os haverá a pessoa, a que de direito pertencerem, segundo fórma da Ordenança e instituição de seu contracto, sem os mais haver o Fisco por razão da dita maldade.

16. E se algum trouxesse Morgado, Feudo, ou fòro do Rey, quer **in perpetuum,** quer em pessoa, e commettesse tal crime de Lesa Magestade, porque seus bens devessem ser confiscados, esse Morgado, Feudo, ou fòro será tornado ao Rey, para fazer delle o que fôr de sua mercê.

17. E sendo esse Morgado, Feudo, ou fòro Ecclesiastico, se terá nelle a maneira, que dissemos no Titulo 1: **Dos Hereges e Apostatas.**

18. E se fòro fôr dado per alguma pessoa privada a algum foreiro perpetuamente, e esse foreiro commetter a dita maldade, se o tal fòro per bem de seu contracto podér passar a algum herdeiro estranho, passará ao Fisco, na maneira que tinha o foreiro, que a maldade commetteo.

E se per bem do contracto o fòro não podia passar a herdeiro estranho, não passará ao Fisco, mas virá ao ascendente, ou descendente daquelle, a que primeiro foi dado, que para isso seja capaz.

E não havendo descendente, ou ascendente capaz, tornará ao Senhorio, donde procedeo.

19. E sendo esse fòro dado em certas pessoas, que se hajão de nomear, logo deve ser tornado ao Senhorio, donde procedeo; porque esse, que a dita maldade commetteo, não póde depois de commettida nomear pessoa alguma.

E se antes alguma nomeação tiver feita, he havida por nenhuma, como se nunca fòra feita.

20. E sendo casado o que o dito crime commetter, se fòr per carta de amelade segundo costume do Reino, haverá a mulher toda sua metade em salvo.

E se fòr per dote e arras, haverá todo seu dote e suas arras ao tempo, que forem vencidas, e tudo o que houver de haver per bem de seu contracto dotal, sem embargo da maldade commettida pelo marido, salvo se ella houvesse participado no dito crime.

E bem assi serão pagas primeiro todas as dividas, que o traidor tiver feitas, e o que tiver mal levado.

21. E quanto aos outros casos, que o Direito tambem chama crime de Lesa Magestade da primeira cabeça, assi como se alguem tratasse morte de algum descendente, ou ascendente do Rey, a fóra os acima declarados, ou irmão seu, ou thio irmão do seu pai, ou de sua mãi, daquella parte, de que o Reino succede, sendo a tal pessoa, contra quem este caso commetter, legitima, quer seja macho, quer femea:

E bem assi, se o Rey em sua pessoa per si mesmo segurar alguma pessoa, ou gente de alguma Comarca, Cidade, ou Villa, e aquelles, de que assi dér a dita segurança, a quebrantarem, nestes casos, neste Capitulo declarado, os commettedores e feitores de qualquer delles haverão pena de morte natural, e seus bens serão confiscados, posto que descendentes, ou ascendentes tenhão.

Porém nem elles serão havidos por traidores, nem seus filhos ficarão infamados, nem inhabiles para succeder, nem excluidos das Honras, Officios e Dignidades.

E nestes casos, morto o culpado, antes de ser accusado, preso, ou infamado, logo o crime fica de todo extincto, e não se poderá delle inquirir por causa de sua memoria e bens, porque em todo ficará inteira, e os bens salvos a seus herdeiros.

Segunda cabeça.

22. Além dos casos sobreditos ha outros, em que segundo Direito se commette crime de Lesa Magestade, a que chama Capitulos da **segunda cabeça,** assi como, se algum tirar per força de poder da Justiça o condenado per sentença do Rey, que levassem a justiçar per seu mandado, ou de seus Officiaes, que para isso tenhão poder e autoridade sua.

23. E bem assi, se ao Rey forem dados arrefens, e alguem os matar, ferir, ou offender sem justa causa, sabendo que lhe são dados em arrefens, e durando por arrefens, ou lhes dér ajuda, favor, azo, ou consentimento para fugirem de seu poder.

24. E se algum quebrar a cadêa da Côrte, e della tirar o preso que já stiver condenado, ou tiver em Juizo confessado o maleficio, porque era prezo, por se delle não fazer justiça.

25. E o que matar, ou ferir seu inimigo, sendo preso em prizão, tomando delle vingança, ou algum Official de Justiça, que tenha Officio de julgar sobre seu officio.

26. Outrosi, se algum Corregedor, ou Juiz fosse enviado per El-Rey a huma Comarca, Cidade, ou Villa, e depois por alguma razão cessasse seu Officio, e El-Rey mandasse lá outro Official novo com suas Cartas e poderes sufficientes, e o primeiro Corregedor, ou Juiz lhe não quizesse obedecer.

27. E os Capitães, Feitores, ou Officiaes del-Rey, de qualquer qualidade que sejão, que não entregarem os cargos, ou Officios, que tiverem, áquelles, que para isso levarem Provisòes del-Rey.

28. E nestes casos, e em outros semelhantes, que o Direito chama da **segunda cabeça,** além de haverem as penas, que per nossas Ordenações e Direito Commum devem haver, perderão seus bens os commettedores delles, e lhes serão confiscados, posto que tenhão descendentes, ou ascendentes legitimos.

29. E em todos os casos deste titulo, não gozará o accusado de privilegio algum para não dever ser mettido a tormento, nem haver pena vil, porque de todo he privado.

E para ser mettido a tormento, bastarão mais pequenos indicios, que onde taes qualidades não concorrerem.

E as pessoas, que em outros casos não poderão ser testemunhas, nestes o poderão ser, e valerão seus ditos.

Porém, se a testemunha fòr inimigo capital do accusado, ou amigo special do accusador, seu testemunho não será muito crido, mas sua fé deve ser mingoada, segundo a qualidade do odio, ou amizade.

TÍTULO VII.

Dos que dizem mal del-Rey.

O que disser mal de seu Rey, não será julgado per outro Juiz, senão per elle mesmo, ou per as pessoas, a quem o elle em special commetter.

E ser-lhe ha dada a pena confórme a qualidade das palavras, pessoa, tempo, modo e tenção, com que forem ditas.

A qual pena, se poderá estender até morte **inclusive,** tendo as palavras taes qualidades, porque a mereça.

TÍTULO VIII.

Dos que abrem as Cartas del-Rey, ou da Rainha, ou de outras pessoas.

Qualquer, que abrir nossa Carta, assinada per Nós, em que se contenhão cousas de segredo, que specialmente pertenção á guarda de nossa pessoa, ou stado, ou da Rainha, minha mulher, ou do Principe meu filho, ou á guarda e defensão de nossos Reinos, e descobrir o segredo della, do que a nós poderia vir algum prejuizo, ou desserviço, mandamos que morra por isso.

1. E esta pena haverão os que abrirem as Cartas, e descobrirem os segredos dellas, que alguns Grandes, ou outras pessoas nos enviarem cerradas, que isso mesmo specialmente pertenção á guarda de nossa pessoa, ou stado, ou da Rainha, ou Principe, ou de nosso Reino.

E se as ditas Cartas nos sobreditos casos abrir, e não descobrir os segredos dellas, se fòr Scudeiro, ou pessoa de igual, ou maior condição, perca os bens, que tiver, para a Corôa do Reino, e seja degradado para Africa para sempre; e se tal não fòr, além do dito degredo, seja publicamente açoutado.

E se sómente abrir outras nossas Cartas cerradas, que forem assignadas per Nós, em que mandamos dizer algumas cousas, que a Nós apraz, ou que pertencem a nosso serviço, que não são taes, como as que acima declaramos, ou abrir Cartas, que para Nós vierem de qualquer pessoa que sejão, do que lhe aprouver, ou pertencer a nosso serviço, se fòr Scudeiro, ou de semelhante, ou maior condição seja degradado quatro annos para Africa, e seja riscado de nossos livros, se fòr nosso morador.

E se não fòr da dita qualidade, seja publicamente açoutado e degradado dous annos para Africa.

2. E as mesmas penas acima ditas haverão os que abrirem nossas Cartas, assinadas per nossos Dezembargadores e Officiaes de Justiça, ou da Fazenda, e selladas com nosso sello.

3. E todo o que dissemos das nossas Cartas, se entenderá nas da Rainha, e nas que a ella forem enviadas: e bem assi nas do Principe, segundo a differença, que nas nossas fazemos.

4. E se abrir cartas dos Infantes, Duques, Mestres, Marquezes, Condes, Bispos, ou de outros Prelados semelhantes, ou de outras pessoas, que a Nós forem mui chegadas em parentesco, se fòr Scudeiro, ou pessoa de igual, ou maior condição, seja degradado para Africa até nossa mercê; e sendo de menor condição, seja publicamente açoutado.

E o sobredito se guardará tambem nas Cartas das mulheres, que ás ditas pessoas são iguaes em condição e stado.

5. E os que abrirem as Cartas de outras pessoas, serão punidos segundo a qualidade das pessoas, que as enviarem, e a quem forem enviadas, e ao que nellas fòr conteúdo, e da pessoa que as abrir.

TÍTULO IX.

Das pessoas do Conselho del-Rey, e Dezembargadores, que descobrem o segredo.

Toda a pessoa de nosso Conselho, de qualquer stado e condição que seja, que descobrir os segredos, que Nós com ella em Conselho praticarmos, e fallarmos, em cousas, que specialmente pertenção á guarda de nossa pessoa, ou stado, ou da Rainha, ou Principe, ou guarda e defensão de nossos Reinos, ou de cousas, de que a elles se possa seguir algum dano, ou a Nós prejuizo, ou desserviço, morra por isso morte natural.

E se o segredo fòr de outras cousas, que pertenção a nosso serviço, que não são da qualidade das acima ditas, o que o descobrir, será degradado para Africa até nossa mercê, e ficará infame e privado de mais ser do nosso Conselho.

1. E as mesmas penas haverão os que descobrirem o Conselho, que Nós mandarmos fazer apartadamente, sem Nós, nelle starmos presente, segundo as qualidades sobreditas do dito Conselho.

2. E se o Regedor, Governador, ou Dezembargador nosso descobrir qualquer segredo da Justiça, que em Relação, ou como nosso Official souber, ou descobrir os votos, ou o que passar na Relação, que descobrindo-se, faria prejuizo a nosso serviço, ou á justiça das partes, seja privado do Officio, e inhabil para nunca mais haver Officio de julgar, e mais haverá a pena de perjuro.

TÍTULO X.

Do que diz mentira a El-Rey em prejuizo de alguma parte.

Mandamos, que toda a pessoa, que nos vier dizer mentira em prejuizo de alguma parte, e sobre o que nos assi disser, não impetrar Alvará nosso, seja degradado dous annos, para Africa, e pague vinte cruzados para a parte, em cujo prejuizo nos assi disse a mentira, e mais ficará em arbitrio do Julgador dar-lhe mór pena, segundo a qualidade da pessoa, em cujo prejuizo fòr, e da cousa, que nos assi disse, e assi de julgar á parte sua injuria, se fòr caso de injuria.

TÍTULO XI.

Do Scrivão, que não põe a subscripção conforme a substancia da Carta, ou Provisão para El-Rey assinar.

Mandamos, que todo o Scrivão em qualquer Doação, Carta, Alvará, ou outra Provizão, que fizer, para haver de ser per Nós assignada ponha muito verdadeiramente na subscripção della toda a substancia, da dita scriptura, sem faltar cousa alguma do que fòr da substancia em tal maneira que possamos pelas subscripções saber toda a verdade do substancial das taes scripturas, e não seja necessario havermos de as vêr todas.

E quem o contrario fizer, sendo o que assi deixou de pôr, de tal substancia, que pareça, que com malicia foi deixado, seja degradado para sempre para o Brazil, e perca toda sua fazenda, ametade para quem o accusar, e a outra para nossa Camera; e pela tal scriptura se não faça obra, nem será de effeito algum, postoque sem malicia fosse deixado de pôr.

E ainda que deste caso haja de Nós perdão, não lhe será guardado, porque o havemos por subrepticio.

1. E os nossos Scrivães da Camera não subscrevão Cartas, Alvarás, Regimentos, ou Provisões, de qualquer qualidade que sejão, que hajão de ser assinadas per Nós, ou per nossos Dezembargadores do Paço, salvo as que forem feitas e scriptas pelo Screvente, que cada hum dos ditos Scrivães da Camera tiver em sua casa para isso habilitado, sob pena de suspensão do Officio até nossa mercê.

E os Dezembargadores do Paço as não assinem, sendo feitas em outra maneira, e o Chanceller Mór as não passe pela Chancellaria, e o Scrivão da Puridade, e a pessoa, que servir de Presidente do Dezembargo do Paço, lhe não porão a vista.

TÍTULO XII.

Dos que fazem moeda falsa, ou a despendem, e dos que cerceam a verdadeira, ou a desfazem.

Moeda falsa he toda aquella, que não he feita per mandado do Rey, em qualquer maneira que se faça, ainda que seja feita daquella materia e fórma, de que se faz a verdadeira moeda, que o Rey manda fazer; porque conforme a Direito ao Rey sòmente pertence fazel-a, e a outro algum não, de qualquer dignidade que seja.

E por a moeda falsa ser cousa muito prejudicial na Republica, e merecerem ser gravemente castigados os que nisso forem culpados, mandamos que todo aquelle, que moeda falsa fizer, ou a isso der favor, ajuda, ou conselho, ou fôr dello sabedor, e o não descobrir, morra morte natural de fogo, e todos seus bens sejão confiscados para a Corôa do Reino.

1. E se a caza, ou qualquer outra propriedade, onde a moeda falsa fôr feita, não fôr do culpado em o dito maleficio, será outrosi confiscada, se o senhor della ao tal tempo stiver tão perto della, e tiver com o culpado tanta conversação, que razoadamente se possa conjecturar, que devia ser sabedor do tal delicto: salvo se, tanto que do dito maleficio fôr sabedor, o descobrir a Nós ou a nossa Justiça: porque neste caso não perderá sua caza, ou propriedade, onde a moeda falsa fôr feita, pois não foi consentidor.

E se o senhor da caza, ou propriedade ao tempo do maleficio stivesse della tão longe, que verosimilmente parecesse, que não era sabedor, não perderá a dita caza, ou propriedade.

Porém, sendo a caza, ou propriedade, onde se a moeda falsa fabricou, de alguma viuva, ou orphã menor de quatorze annos, ainda que cada hum delles stivesse tão perto della, que razoadamente devesse saber do delicto, a não perderá, salvo mostrando-se, que era disso sabedor, porque então não será relevado da dita pena.

2. E neste crime da moeda falsa, ninguem gozará de privilegio pessoal, que tenha, de Fidalgo, Cavalleiro, Cidadão, ou qualquer outro semelhante, porque sem embargo delle, será atormentado e punido como cada hum do povo, que privilegiado não seja.

3. Outrosi, comprando-a alguma pessoa ou vendendo-a, ou despendendo-a, ou pagando com ella alguma divida, a que seja obrigado, ou usando della per qualquer outra maneira, sabendo que era falsa, se na moeda, que assi juntamente, e por huma vez comprar, ou despender, ou no que della comprar, ou despender por duas vezes montar mil reis, morra por isso, e perca todos seus bens, ametade para quem o accusar, e a outra para a Corôa de nossos Reinos.

Essa mesma pena haverá qualquer pessoa, a que fôr legitimamente provado, que por trez vezes, ou mais comprou, ou despendeo a sabendas tanta moeda falsa, que chegue a quantia de quinhentos reis.

E o que menos quantia de moeda falsa comprar, ou despender, sabendo que he falsa em qualquer quantidade, será degradado para sempre para o Brazil, e todos seus bens serão confiscados, dos quaes haverá ametade quem o accusar.

4. E todo o que cercear moeda de ouro, ou de prata, ou a diminuir, ou corromper per qualquer maneira, se as cerceaduras, ou diminuição, que assi tirar, quer juntamente, quer por partes valerem mil reis, morra por isso morte natural, e perca todos seus bens, ametade para nossa Camera, e a outra para quem o accusar.

E se menos valerem, em quanta quer quantidade que seja, será degradado para sempre para o Brazil, e perderá todos seus bens: os quaes se repartirão pela dita maneira.

5. E defendemos que nenhuma pessoa, de qualquer condição que seja em nossos Reinos e senhorios desfaça, nem mande desfazer moeda de prata, ainda que a moeda seja de fóra delles.

E o que o contrario fizer, será degradado dez annos para Africa, e mais perderá a metade de toda sua fazenda, ametade para nossa Camera, e a outra para quem o accusar.

E estas mesmas penas haverá quem apartar a moeda, que fòr de maior peso do que deve ser, e a vender a peso.

E sendo nosso Official, que tiver a cargo receber dinheiro nosso, o que cada huma das ditas cousas fizer, incorrerá em pena de morte natural, e mais perderá por isso toda sua fazenda pela sobredita maneira.

6. E a pessoa, que descobrir, ou mostrar Navio, ou caza, em que se possa tomar ou achar moeda, que vem de fóra do Reino, batida do nosso cunho, ou pro-

var que alguma pessoa a trouxe, ou mandou trazer, ou a isso deu favor, ajuda, conselho, ou foi disso sabedor, e o não descobrio, ou tratou nella, per qualquer maneira que seja, havemos por bem de lhe fazer mercê de tudo o que per sua industria fòr achado, descoberto, ou provado: e bem assi de ametade da fazenda e bens, e quaesquer outras cousas, que por o tal caso se perderem per bem desta Ordenação; e lhe perdoamos a culpa, que tiver, e pena em que incorrer por qualquer delicto, que tenha commettido, não sendo caso de morte natural, ou civil, ou de resistencia feita a Official de Justiça, não tendo parte, que o accuse nos ditos casos.

E mandamos ás nossas Justiças, que tanto que alguma pessoa lhes descobrir cada huma das ditas cousas, e tenhão em segredo; e querendo-lhes dar alguma prova disso, lh'a tomem com brevidade, e tirem inquirição do caso, e façam todas as diligencias para se achar a dita moeda, e se descobrirem os culpados, e os prendam, e façam logo screver e sequestrar suas fazendas, e procedam contra elles, como fòr justiça.

TÍTULO XIII.

Dos que commettem peccado de sodomia, e com alimarias.

Toda a pessoa, de qualquer qualidade que seja, que peccado de sodomia per qualquer maneira commetter, seja queimado, e feito per fogo em pó, para que nunca de seu corpo e sepultura possa haver memoria, e todos seus bens sejam confiscados para a Corôa de nosso Reinos, postoque tenha descendentes; pelo mesmo caso seus filhos e netos ficarão inhabiles e infames, assi como os daquelles que commettem crime de Lesa Magestade.

1. E esta Lei queremos, que tambem se entenda, e haja lugar nas mulheres, que humas com as outras commettem peccado contra natura, e da maneira que temos dito nos homens.

2. Outrosi qualquer homem, ou mulher, que carnalmente tiver ajuntamento com alguma alimaria, seja queimado e feito em pó.

Porém per tal condenação não ficarão seus filhos, nem descendentes neste caso inhabiles, nem infames, nem lhes fará prejuizo algum acerca da successão, nem a outros; que per Direito seus bens devam herdar.

3. E as pessoas, que com outras do mesmo sexo commetterem o peccado de mollicie, serão castigados gravemente com degredo de galés e outras penas extraordinarias, segundo o modo e persevarancia do peccado.

4. E para que este delicto seja descuberto queremos que, a pessoa que fizer certo, que algum he nelle culpado, haja ametade de sua fazenda; ficando em sua escolha querel-o dizer a Nós, ou aos Corregedores do Crime da Côrte, e aos da Caza do Porto, em segredo, ou em publico, e em cada huma destas maneiras que o faça certo, haverá ametade da fazenda do culpado.

E querendo que não seja descoberto, mandaremos avaliar a tal fazenda, tanto que o culpado fôr condenado, sem pessoa alguma o saber, e se lhe dará ametade do que valer.

E não tendo o culpado fazenda, per que o descobridor possa haver cem cruzados, Nós lhos mandaremos dar da nossa.

E esta parte, de que houver de ser pago de nossa Fazenda, não haverá, senão dando maneira como o culpado seja preso.

5. E isso mesmo havemos por bem, que a pessoa, que souber certo, que algum he culpado neste peccado, e o não disser em publico, ou em secreto a Nós, ou aos ditos nossos Corregedores, perca toda sua fazenda, e mais seja degradado para sempre fóra de nossos Reinos e senhorios.

E poderá ser accusado por esta culpa no publico, ou secreto a Nós, ou aos nossos Corregedores, assi como o culpado no peccado.

E haverá o que lho assi provar, ametade de sua fazenda, ou a estimação della, quando a secretamente quizer haver.

E não tendo fazenda, per que possa haver quarenta cruzados, Nós lhos mandaremos dar da nossa.

E esta pena não haverá lugar naquelle, que sendo dado por testemunha, o descobrir em seu testemunho, se já antes não era descoberto.

E mais queremos, que postoque algum seja culpado no tal maleficio, vindo-nos descobrir, e fazer certo, e dar maneira como seja preso aquelle, com que assi peccou, lhe perdoar toda a pena civil e crime, conteúda nesta Ordenação.

E se o não poder fazer certo, não lhe prejudique, nem lhe seja dada em culpa a confissão, que de si mesmo tiver feita.

6. E vista a graveza do caso, os Julgadores serão advertidos, que quando os tocamentos deshonestos e torpes não forem bastantes para, conforme a esta Ordenação e Direito, se haver per elles o delicto por provado, de maneira que os culpados devão haver a pena ordinaria, ao menos os taes locamentos se castiguem gravemente com degredo de galés, e outras penas, segundo o modo e perseverancia do peccado.

7. Mandamos, que nestes casos se haja por provado o delicto per duas testemunhas, postoque sejam de differentes actos.

E para que as testemunhas possão nos ditos casos livremente testemunhar, havemos por bem, que nos feitos e processos dos culpados não haja abertas e publicadas, nem se dêm os nomes das testemunhas. Porém, isto ficará no arbitrio do Julgador.

8. E em todo caso, em que houver culpados destes peccados, ou taes indicios, que conforme a Direito bastem para tormento, será o culpado mettido a tormento, e perguntado pelos companheiros, e por outras quaesquer pessoas, que o dito peccado commetterão, ou sabem delle.

TÍTULO XIV.

Do Infiel, que dorme com alguma Christã, e do Christão, que dorme com Infiel.

Qualquer Christão, que tiver ajuntamento carnal com alguma Moura, ou com qualquer outra Infiel; ou Christã com Mouro, ou Judeu, ou com qualquer outro Infiel, morra por isso, e esta mesma pena haverá o Infiel.

E isto, quando tal ajuntamento for feito per vontade e a sabendas; porque se alguma mulher de semelhante condição fosse forçada, não deve por isso haver pena alguma, sómente haverá a dita pena aquelle que commetter a tal força.

E isso mesmo o que tal peccado fizer por ignorancia, não sabendo, nem tendo justa razão de saber como a outra pessoa era de outra Lei, não deve haver por elle pena de justiça.

E sómente a pessoa, que da dita infidelidade fôr sabedor ,ou tiver justa razão de o saber, será punida segunda a culpa, em que fôr achada.

TÍTULO XV.

Do que entra em Mosteiro, ou tira Freira, ou dorme com ella, ou a recolhe em casa.

Todo homem, de qualquer qualidade e condição que seja, que entrar em Mosteiro de Freiras de Religião approvada, e fôr tomado dentro, ou lhe fôr provado, que entrou, ou este de dia, ou de noite dentro no Mosteiro; em casa, ou lugar dentro do encerramento delle, que pareça que era para fazer nelle alguma cousa illicita contra a honestidade do dito Mosteiro, pagará cem cruzados para o dito Mosteiro, e mais morra por ello morte natural.

1. E o homem, a que fôr provado, que tirou alguma Freira de algum Mosteiro, ou que ella per seu mandado e induzimento se foi a certo lugar, donde assi a levar, e se fôr com ella, se fôr peão, morra por isso.

E se fôr de mór qualidade, pague cem cruzados para o Mosteiro, e mais será degradado para sempre para o Brazil.

Mas a execução da morte não se fará nos sobreditos casos, sem primeiro nol-o fazerem saber.

2. E sendo provado, que algum homem dormio com Freira de Religião approvada fóra do Mosteiro, em caso que á elle não tirasse, pagará cincoenta cruzados para o Mosteiro, e será degradado dous annos para Africa, e além disso se fôr peão, será açoutado publicamente com baraço e pregão.

3. E defendemos, que nenhuma pessoa recolha, nem receba em sua caza, nem

pousada Freira alguma sem nossa licença special, postoque ella tenha qualquer Rescripto, ou Provisão para poder andar fóra do Mosteiro; e recolhendo-a, ou tendo-a em caza sem nossa licença, perca toda sua fazenda, ametade para quem o accusar, e a outra para nossa Camera.

TÍTULO XVI.

Do que dorme com a mulher, que anda no Paço, ou entra em casa de alguma pessoa para dormir com mulher virgem, ou viuva honesta, ou scrava branca de guarda.

Todo o homem, de qualquer qualidade que seja, que dormir com alguma mulher, que andar em nossa caza, ou caza da Rainha, ou do Principe, perderá toda sua fazenda, ametade para nossa Camera, e a outra para os Captivos.

E haverá as mais penas abaixo declaradas, e as que mais per nossas Ordenações e Direito merecer.

1. E sendo provado, que alguma pessoa entrou em caza de outro para dormir com mulher livre, que nella stivesse, per qualquer maneira que seja, se o morador da caza fôr Scudeiro de linhagem, ou Cavalleiro, e a pessoa, que lhe entrar em caza, fôr peão, seja açoutado e degradado cinco annos para o Brazil com baraço e pregão.

E se fôr Scudeiro, ou pessoa, em que não caibam açoutes, seja degradado com hum pregão na audiencia por cinco annos para Africa.

E se a pessoa, em cuja caza entrou, fôr de maior qualidade, haverá maior pena de degredo, segundo a qualidade da pessoa.

As quaes penas haverá sómente por a entrada para com ella dormir, postoque não dormisse.

E se com ella dormir sendo virgem, ou viuva da qualidade, que diremos no Titulo 23: **Do que dorme com a mulher virgem e viuva honesta,** além de haver as ditas penas segundo a diferença das pessoas, lhe pagará seu casamento, segundo em nossas Ordenações he conteúdo.

2. E se pela dita maneira entrar para dormir com scrava branca de guarda, que sté das portas a dentro, haverá as ditas penas crimes, ora dormisse com ella, ora não.

3. E se a pessoa, que pelo sobredito modo entrar na dita caza quizer casar com a mulher, com que assi entrava a dormir, e ella tambem quizer, e o morador da caza, a quem a tal offensa fôr feita, onde entrou, nisso consentir, e lhe perdoar, será relevado das ditas penas.

TÍTULO XVII.

Das que dormem com suas parentas, e affins.

Qualquer homem, que dormir com sua filha, ou com qualquer outra sua descendente, ou com sua mãi, ou outra sua ascendente, sejão queimados, e ella tambem, e ambos feitos per fogo em pó.

1. E se algum dormir com sua irmã, nora, ou madrasta postoque sejam viuvas, ou com sua enteada, postoque a mãi seja fallecida, ou com sua sogra, ainda que a filha já seja defuncta, morrão elle e ella morte natural.

2. E o que dormir com sua thia, irmã de seu pai, ou mãi, ou com sua prima coirmã, ou com outra sua parenta no segundo grão, contado segundo Direito Canonico, seja degradado dez annos para Africa, e ella cinco para o Brazil.

E os outros parentes até o quarto grão **inclusive** serão degradados, os homens quatro annos para Africa com baraço e pregão, ou com pregão na audiencia, segundo a differença das pessoas, e as mulheres per cinco annos para Castro-Marim.

3. E se algum dormir com sua cunhada no primeiro grão de affinidade (postoque alguma das pessoas, per quem se causou o cunhadio, seja fallecida), sejão degradados dez annos para o Brazil, para differentes Capitanias. E se fôr no segundo grão, irá elle degradado por cinco annos para Africa, e ella por sete para Castro-Marim; e se fôr no terceiro, ou quarto grão, será elle degradado dous annos para Africa, e ella trez para Castro-Marim, com baraço e pregão na audiencia, segundo a diferença das pessoas.

Porém, se nos ditos casos, ou pessoas houver outra qualidade, por onde, por assi terem ajuntamento carnal mereçam maior pena, que a conteúda em cada hum dos casos desta Ordenação, não tolhemos, que a hajão, segundo o caso fôr, e disposição de nossas Ordenações e Direito.

E além das sobreditas penas perderão seus bens nos gráos, que dissemos no segundo Livro, Titulo 26: **Dos Direitos Reaes.**

4. E em cada hum dos casos sobreditos, se a mulher, com que assi se houver o ajuntamento carnal, fôr menor de treze annos, ou sendo maior, se vier logo queixar e descobrir ás Justiças, havemos a ella por relevada de todas as penas, que pelo dito crime podia merecer.

5. E ordenamos, que em cada hum anno os Juizes de todas as cidades e Villas do Reino no tempo, que tirarem devassa dos Oficiaes da Justiça, a tirem dos que tem, ou tiveraò ajuntamento carnal com suas parentes e affins, com que ha fama que stão concertados para casar, sem terem dispensação; e prendão os culpados, e procedão contra elles, condenando-os nas penas, que per nossas Ordenações e Direito merecerem, dando appellação e aggravo nos casos, que não couberem em suas alçadas.

Porém, sendo-lhes apresentada per qualquer dos culpados dispensação, vista pelo Ordinário, ou seus Officiaes, e mandada cumprir, sendo Juiz de fóra per Nós, e parecendo-lhe que he conforme ao gráo do parentesco, pronunciará, que se não proceda, sem appellar da tal pronunciação.

E parecendo-lhe que não he conforme, procederá contra elles, e o fará saber ao Ordinário, ou seus Officiaes.

E não sendo Juiz de Fora posto per Nós, enviará a tal dispensação ao Corregedor da Comarca com as culpas cerradas e selladas, per pessoa sem suspeita.

E o Corregedor verá se he conforme, ás culpas; e paracendo-lhe que o he, assi o pronunciará sem appellação, nem aggravo.

E parecendo-lhe que não he conforme, o pronunciará assi nos autos, e os enviará cerrados e sellados ao Juiz, para proceder contra os culpados.

E o Juiz, que não tirar a dita devassa cada anno, incorrerá na pena dos que não tirão devassa dos Officiaes de Justiça.

E o Corregedor, quando fizer correição em cada lugar, saberá se se tira a dita devassa, e a verá, como he obrigado ver as outras.

TITULO XVIII.

Do que dorme per força com qualquer mulher, ou trava della, ou a leva per sua vontade.

Todo homem, de qualquer stado e condição que seja, que forçosamente dormir com qualquer mulher postoque ganhe dinheiro per seu corpo, ou seja scrava, morra por ello.

Porém, quando fôr com mulher, que ganhe dinheiro per seu corpo, ou com scrava, não se fará execução, até nol-o fazerem saber, e per nosso mandado.

E essa mesma pena haverá qualquer pessoa, que para a dita força dér ajuda, favor ou conselho.

1. E postoque o forçador depois do maleficio feito case com a mulher forçada, e aindaque o casamento seja feito per vontade della, não será relevado da dita pena, mas morrerá, assi como se com ella não houvesse casado.

E toda esta Lei entendemos em aquellas, que verdadeiramente forem forçadas, sem darem ao feito algum consentimento voluntario, aindaque depois do feito consummado consintão nelle, ou dêm qualquer aprazimento: porque tal consentimento, dado depois do feito, não relevará o forçador em maneira alguma da dita pena.

2. E se algum homem travar de alguma mulher, que fôr per a rua, ou per outra parte, não sendo para dormir com ella, sómente por assi della travar, seja preso, e até trinta dias na cadea, e pague mil reis para o Meirinho, ou Alcaide, ou outra pessoa, que o accusar.

Porém, se além de travar della, trabalhar para dormir com ella, haverá a mais pena, que merecer, segundo disposição de Direito.

3. E o homem, que induzir alguma mulher virgem, ou honesta, que não seja casada, per dadivas, afagos, ou promettimentos, e a tirar e levar fóra da caza de seu pai mãi, Tutor, Curador, senhor, ou outra pessoa, sob cuja governança, ou guarda stiver ou de qualquer outro lugar, onde andar, ou stiver per licença, mandado, ou consentimento de cada hum dos sobreditos, ou ella assi enganada, e induzida se fôr a certo lugar, donde a assi levar, e fugir com ella, sem fazer outra verdadeira força a ella, ou aos sobreditos, e o levador fôr Fidalgo, ou pessoa posta em Dignidade, ou Honra grande, e o pai da moça fôr pessoa plebea, e de baixa maneira, ou Official, assi como Alfaiate, Capateiro, ou outro semelhante, não igual em condição, nem stado, nem linhagem ao levador, o levador será riscado de nossos livros e perderá qualquer tença graciosa, ou em sua vida, que de Nós tiver, e será degradado para Africa até nossa mercê.

E qualquer outro de menor condição, que o sobredito fizer, morra por ello.

E bem assi, haverá lugar a dita pena de morte nas outras pessoas, onde houver igualdade de linhagem.

Porém, se o tal levador, que levou a dita mulher per sua vontade, postoque ella seja de muito menor condição que elle, a levasse contra vontade do pai, mãi Tutor, Curador, ou senhor, com quem viver ou outra pessoa sob cuja governança, ou guarda stiver, sendo presente cada huma das ditas pessoas, e resistindo-lhe o dito levador, ou bradando cada huma das ditas pessoas, mandamos que morra morte natural.

4. E por quanto se muitos chamão Fidalgos, e tomão appelidos das linhagens, como lhes apraz, mandamos, que quando tal caso acontecer, e houver duvida em sua Fidalguia, antes que o julguem, nol-o fação saber, para vermos e determinaremos as qualidades entre as pessoas.

TITULO XIX.

Do homem, que casa com duas mulheres, e da mulher, que casa com dous maridos.

Todo homem, que sendo casado e recebido com huma mulher, e não sendo o Matrimonio julgado por invalido per Juizo da Igreja, se com outra casar, e se receber, morra por isso.

E todo o dano, que as mulheres receberem, e tudo o que dellas levar sem razão, satisfaça-se por os bens delle, como fôr de Direito.

E esta mesma pena haja toda a mulher que dous maridos receber, e com elles casar pela sobredita maneira, o que tudo haverá lugar, ora ambos os Matrimonios fossem invalidos per Direito, ora hum delles.

1. E se o condenado á morte pelo dito maleficio fôr menor de vinte cinco annos, ou fôr Fidalgo, e a segunda mulher, com que casou, fôr de baixa condição, ou se o condenado, sendo-lhe fugida a primeira mulher, casou com segunda, sem saber certo, que era a primeira morta, ou em outros casos semelhantes, não se fará execução, sem primeiro nol-o fazerem saber.

2. E qualquer homem, que sendo casado, e tendo a mulher viva, a deixar, e stiver com outra publicamente em casa teúda e manteúda, nomeando-se a tratando-se por marido e mulher, e sendo dos vizinhos por taes havidos per spaço de dous annos, ou postoque com elle não stè tanto tempo, se elle commetteo, ou mandou commetter a dita mulher, ou seu pai, ou parentes, para com ella casar, e foi com ella á porta da Igreja, para ahi serem recebidos, ou se foram apregoados na Igreja, e feitos os banhos ordenados, e depois steve com ella, postoque não sté mais de hum dia, e sendo o primeiro casamento verdadeiramente provado per testemunhas, que ouvisse as palavras do recebimento, ou per sua confissão feita em Juizo, negando elle o segundo casamento, e não se podendo provar per testemunhas, que lhes ouvissem dizer as palavras formaes do casamento, será por taes indicios mettido a tormento, não tendo qualidade, que o escuse delle.

E postoque no tormento não confesse o segundo casamento, mandamos que polo engano e injuria, que a ella e a seu pai e parentes fez, seja degradado per quatro annos para Africa, ou per mais tempo, se aos Julgadores parecer, que por sua malicia e engano, e dano, que se disso seguio, maior degredo lhe devem dar.

O qual degredo lhe seja dado com baraço e pregão pela Villa, ou com hum pregão na audiencia, segundo a qualidade e diferença das pessoas.

E quando o primeiro casamento, se não provar verdadeiramente per testemunhas, que ouvisse palavras, como dito he, sómente per cada hum dos sobreditos indicios, não será metido por ello a tormento para prova do primeiro casamento.

3. E per este mesmo modo se proceda contra qualquer mulher casada, que fôr por parte da Justiça accusada, por se dizer que tendo o marido vivo, se foi casar com outro.

Porque em este caso, sendo o primeiro casamento verdadeiramente provado, e do segundo havendo prova sómente dos sobreditos indicios, ou de cada hum delles, e não se podendo provar per verdadeira prova de vista e ouvida das palavras formaes de Matrimonio, seja mettida a tormento, para confessar o segundo casamento; e negando, seja degradada per cinco annos para Castro-Mirim.

E isto haverá lugar, quando o marido a não quizer accusar polo adulterio, que lhe commetteo, ou quando ao tempo da accusação o marido fôr já defuncto, por quanto sendo o primeiro marido vivo, e accusando-a polo adulterio, não será mettida a tormento para confessar o segundo casamento: porque a prova sómente do adulterio basta para ser julgada á morte.

TITULO XX.

Do Official del-Rey, que dorme com mulher que perante elle requer.

Todo o Dezembargador, ou Official de Justiça, e entre algum nosso Official, assi da Côrte, como de nossos Reinos, Advogado, Procurador, Scrivão, Porteiro, Meirinho que dormir com mulher, que demanda, ou desembargo requeira perante elle, se fôr leigo, perca o Officio e mais seja degradado para Africa per hum anno.

E se for Clerigo, perca todo o que de Nós tiver, e mais o Officio.

E per esta Lei não tolhemos as outras penas, que per Direito mais merecer, sendo a mulher, com que assi dormir, casada, ou de outra alguma qualidade, por que deva em outra maneira ser punido.

TITULO XXI.

Dos que dormem com mulheres orfãs ou menores, que stão a seu cargo.

O Juiz, ou Scrivão dos Orphãos, que dormir com orfã de sua jurisdicção, perderá o Officio, e será degradado per dez annos para Africa, e mais lhe pagará o casamento, que ella merecer, em dobro.

1. E se algum Tutor, ou Curador, ou outra qualquer pessoa, que tiver orfã, ou menor de vinte cinco annos em sua caza em guarda, ou por soldada, postoque orfã não seja, stando em fama de virgem postoque virgem não seja, com ella dormir, será constrangido pagar á dita orfã, ou menor, o casamento em dobro, que ella merecer, segundo a qualidade de sua pessoa. E além disso será preso e degradado per oito annos para Africa.

E não tendo por onde satisfazer o dito casamento em dobro, será degradado para sempre para o Brazil.

Porém vindo depois a ter per onde possa pagar, lhe pagará o casamento singelo.

TITULO XXII.

Do que casa com mulher virgem, ou viuva que stiver em poder de seu pai, mãi, avô, ou senhor, sem sua vontade.

Defendemos, que nenhum homem case com alguma mulher virgem, ou viuva honesta, que não passar de vinte cinco annos, que sté em poder de seu pai, ou mãi, ou avô vivendo com elles em sua caza ou stando em poder de outra alguma pessoa, com quem viver, ou a em caza tiver, sem consentimento de cada huma das sobreditas pessoas.

E fazendo o contrario, perderá toda sua fazenda para aquelle, em cujo poder a mulher stava, e mais será degradado hum anno para Africa.

E se aquelle, a quem damos a dita fazenda, a não quizer, seja a metade della para nossa Camera, e a outra para os Captivos.

E estas mesmas penas de fazenda e degredo haverão as testemunhas, que ao tal casamento forem presentes.

Porém, se fôr pessoa, que notoriamente seja conhecido, que ella casou melhor com elle, do que a seu pai ou mãi ou pessoa em cujo poder stava, podéra casar, não incorrerá elle, nem as testemunhas na dita pena.

TITULO XXIII.

Do que dorme com mulher virgem, ou viuva honesta per sua vontade.

Mandamos, que o homem, que dormir com mulher virgem per sua vontade, case com ella, se ella quizer, e se fôr convinhavel, e de condição para com ella casar.

E não casando, ou não querendo ella casar com elle, seja condenado para casamento della na quantia, que fôr arbitrada pelo Julgador, segundo sua qualidade, fazenda, e condição de seu pai.

E se não tiver bens, per onde pague, se fôr Fidalgo, ou de qualidade, que não deva ser açoutado, será degredado para Africa até nossa mercê. E se fôr pessoa em que caibão açoutes, seja açoutado com baraço e pregão pela Villa, e degredado para Africa até a nossa mercê.

E se fôr pessoa em que caibão açoutes, seja açoutado com baraço e pregão pela Villa, e degradado para Africa até nossa mercê.

E postoque lhe esta pena seja dada por não ter bens, se depois em vida della, elle houver alguns, será obrigado a pagar ametade da dita condemnação sómente.

Porém, sendo preso pela dita razão, e pondo caução de ouro, ou prata, ou dinheiro em Juizo, que razoadamente possa bastar, segundo a qualidade das pessoas, á virgindade e satisfação de seu casamento, seja solto, e siga o feito pessoalmente, como se andasse per carta de Seguro.

E sendo condenado per sentença final, seja satisfeita essa mulher de sua virgindade por a caução: e não bastando para a condenação e custas, pague-se pelos bens do Juiz, que tão pequena caução tomou.

1. E sendo dado querela obrigatoria de algum homem, que per força corrompeo mulher de sua virgindade, responderá preso, até o feito ser findo e desembargado.

E quando achado fôr, que foi querelado maliciosamente, seja-lhe satisfeito segundo fôr direito.

Porém, se abertas e publicadas as inquirições, fôr achado, que a virgindade foi corrompida por vontade della, sem outra força alguma, pondo em Juizo caução idonea de ouro, ou prata, ou dinheiro, segundo acima temos dito; seja solto, e siga pessoalmente o feito, até ser findo.

2. Porém mandamos, que as ditas mulheres, assi corrompidas sem outra força, demandem suas virgindades e satisfação até hum anno, contando do dia, que deixarem de ter affeição com ellas, e passado o dito anno, não possão mais demandar suas virgindades e satisfação dellas, salvo per via de restituição, se forem menores de vinte cinco annos, ou tendo justo impedimento, por onde no dito tempo não podessem demandar.

3. E tudo isto, que dito he em este titulo, haverá lugar em qualquer homem, que dormir com mulher viuva, que honestamente viver, que não passar de vinte cinco annos, stando em poder de seu pai, ou avô da parte do pai.

TITULO XXIV.

Do que casa, ou dorme com parenta, criada, ou scrava branca daquelle, com quem vive.

Todo o homem, que com outrem viver, quer por soldada, quer a bemfazer, e com a filha, mãi, irmã, thiá, parenta ou affim dentro no quarto gráo contado segundo Direito Canonico, daquelle, ou daquella, com quem viver, quer stêm das portas a dentro, quer fóra de caza casar sem licença de seu senhor, ou senhora, com quem viver, ou dormir com cada huma das sobreditas, quer dentro em caza de seu senhor, ou senhora, quer fóra, ou casar, ou dormir em caza de seu senhor, ou senhora com criada, que stiver das portas a dentro, e não servir fóra de caza, morra por isso morte natural: e não lhe seja recebida defesa, por dizer, que era casado com a dita criada, e que casou fóra de caza de seu senhor, como se provar, que dormio com ella em caza de seu senhor, ou fóra, ora a criada stivesse por soldada, ora a bemfazer.

Porém no que fôr condenado em cada hum dos sobreditos casos á morte, não se fará execução, até nol-o fazerem saber, para vermos o caso com suas qualidades e circumstancias, e assi mandarmos o que fôr nossa mercê.

1. E se dormir com alguma scrava branca daquelle, ou daquella, com que assi viver, que sté das portas a dentro guardada, seja degradado para sempre para o Brazil.

E o que dormir, ou casar com criada daquelle, ou daquella, com que viver, que não stiver das portas a dentro, e servir fora de caza quer com ella durma, ou case fóra de caza, quer em caza, será degradado dez annos para o Brazil.

TITULO XXV.

Do que dorme com mulher casada.

Mandamos que o homem, que dormir com mulher casada, e que em fama de casada stiver, morra por ello.

Porém, se o adultero fôr de maior condição, que o marido della, assi como, se o tal adultero fosse Fidalgo, e o marido Cavalleiro, ou Scudeiro, ou o adultero Cavalleiro ou Scudeiro, e o marido peão, não farão as Justiças nelle execução, até nol-o fazerem saber, e verem sobre isso nosso mandado.

1. E toda a mulher, que fazer adulterio a seu marido, morra por isso. E se ella para fazer adulterio por sua vontade se fôr com alguem de caza de seu marido, ou donde a seu marido tiver, se o marido della querelar, ou a accusar, morra morte natural.

E aquelle, com que ella se fôr, morra por isso, sem mais nol-o fazerem saber. E se fôr levada per força e contra sua vontade, morra o que a levar, e não ella. E se o marido algum dano por esta razão receber em sua fazenda, seja-lhe satisfeito pelos bens daquelle, que lha assi levar.

2. E postoque o marido querelle de sua mulher, e a accuse, se lhe perdoar, em qualquer tempo que seja, assi antes da accusação, como durando a accusação, como depois de ser condemnada per sentença, mandamos a qualquer Justiça, sob cujo poder a tal mulher stiver presa, que tanto que o marido lhe perdoar perante a mesma Justiça, ante quem pender o feito, sendo do dito perdão primeiramente feito assento, assinado pelo marido e Scrivão, ou Tabellião do feito, e per elle Juiz, seja logo solta, se por al não fôr preza, sem mais appellação.

E isto haverá lugar, quando sómente fôr accusada de adulterio simples. E sendo ella não sómente accusada de adulterio, mas que peccou com Mouro, Judeu, parente, ou cunhado de affinidade em tal gráo, que deva haver pena de Justiça, se lhe o marido perdoar, seja relevada da pena, que devêra haver por o adulterio, e haja a pena, que deve haver por peccar com Judeu, Mouro ou parente.

3. E mandamos, que neste caso de adulterio seja sómente recebido o marido a querelar, assi da mulher, como do adultero, e não outra pessoa alguma.

E aindaque per algumas inquirições devassas geraes, ou speciaes se mostre claramente algum adulterio ser commettido, não sejão por taes inquirições presos os adulteros, nem as adulteras, salvo mostrando-se per ellas, que o adulterio foi commettido com alguma das pessoas conteúdas na paragrapho precedente.

4. E posto que o marido não possa perdoar ao adultero para ser relevado totalmente da pena, sómente á adultera em favor do Matrimonio, porem, porque pareceria scandalo ao povo, sendo a adultera reconciliada com seu marido, ser o adultero justiçado, hávemos por bem, que quando o marido perdoar à mulher, e accusar o adultero, elle não morra morte natural, mas seja degradado para sempre para o Brazil. E deixando o feito do adultero á Justiça, dizendo expressamente, que o deixa a Justiça, ou que o não quer accusar, ou não respondendo cousa alguma a citação, ou sendo lançado de parte, por não vir accusar, será degradado dez annos para Africa.

E quando perdoar ao adultero, será degradado sete annos para Africa. E tudo isto haverà lugar, quando o adultero fôr sómente accusado por simples adulterio; porque se além do adulterio fosse accusado por levar mulher casada per sua vontade, ou per força, ou de sua caza, ou doutro lugar, donde stivesse, nem a reconciliação da mulher nem o perdão do marido lhe podem aproveitar nem o relevará da pena, que mereceu por a assi levar, postoque á adultera aproveite, e a releve da dita pena, perdoando-lhe seu marido.

5. E morrendo o marido que accusava sua mulher por adulterio, depois da lide contestada, não ficará a accusação extincta, mas proceder-se-ha pela Justiça até final sentença, não havendo parte, a que per Direito pertencer a accusação, que a queira proseguir. E absentando-se o marido postoque seja a lide contestada, seja a mulher absoluta da instancia, e solta, se fôr presa, constando primeiro aos Juizes do feito, ser o marido vivo, ficando porém reservado ao mesmo marido podel-a accusar, se quizer, a todo o tempo.

6. E em todo o caso, onde a mulher fôr condenada á morte por adulterio, haverá o marido que a accusar, todos seus bens, assi dotaes, como quaesquer outros que a esse tempo tiver, ou lhe per Direito pertencerem, não tendo filhos, ou outros descendentes, que houvesse do dito marido, ou doutro se já dantes outra vez fôra casada, ou havidos de algum outro homem, os quaes per nossas Ordenações, ou per Direito Commum lhe podessem succeder.

7. E sendo caso, que a mulher accusada polo adulterio fôr condenada em alguma outra pena, que não seja morte natural, o marido não vencerá os bens.

E se a mulher fôr absoluta do adulterio, de que o marido a accusava, por o não provar, sendo o casamento provado por confissão da dita mulher, feita a principio, antes que fosse dado lugar á prova, haverá a mulher todos os bens do marido, que a esse tempo tiver, ou lhe per Direito pertencerem, não tendo elle filhos, ou outros descendentes, como dizemos no paragrapho precedente, quando o marido vence os bens.

E sendo absoluta por se não provar o casamento, não vencerá os bens do dito marido.

8. E quando o marido accusar sua mulher, ou o adultero por adulterio, postoque não possa provar per testemunhas, que ouviraõ as palavras da presente, se provar, que faraõ á porta da Igreja, perante o Cura, ou qualquer Clerigo outro, que stivesse em acto para os receber, e que se tornarão para caza; como recebidos e casados, e com essa voz e fama de casados dahi por diante viveraõ em huma caza teúda e manteúda, como marido e mulher per spaço de hum anno, bastará a semelhante prova, para se provar o casamento para este caso sómente, postoque as testemunhas não visem dar as mãos, nem ouvissem palavras do recebimento.

9. E sendo provado, que algum homem consentio a sua mulher, que lhe fizesse adulterio, serão elle e ella açoutados com senhas capellas de cornos, e degradados para o Brazil, e o adultero será degradado para sempre para Africa, sem embargo de o marido lhes querer perdoar.

10. E se algum homem accusasse sua mulher por lhe fazer adulterio com alguma certa pessoa, e por não provar o adulterio, ella fosse absoluta, e depois da morte do dito marido ella casar, ou dormir com aquella mesma pessoa per que o marido a accusara, serão ambos condenados, assi elle como ella, em morte natural, e que percaõ as fazendas para os herdeiros do primeiro marido que a assi accusou, se os accusar quizerem.

Porém se ella tiver filhos, ou outros descendentes, que lhe possão succeder, não haverão os herdeiros do primeiro marido que a assi accusarem, os bens della, mas havel-os-hão os seus descendentes.

E não querendo os herdeiros do primeiro marido accusar, podel-os-ha accusar qualquer do povo; e a fazenda, que os herdeiros haviam de haver accusando, será ametade para quem accusar e a outra para nossa Camera.

TITULO XXVI.

Do que dorme com mulher casada de feito, e não de direito, ou que está em fama de casada.

O homem que peccar com mulher, que fôr casada de feito e não de direito, por causa de algum parentesco, ou cunhado, que entre o marido e a mulher haja, ou outro impedimento, porque o Matrimonio não seja valioso, assi deve haver a pena de morte, como se o casamento per Direito fosse valioso, se ao tempo do dito peccado ella fosse havida e tratada por casada daquelle, que a recebeu por mulher, e a teve em fama publica de mulher, nomeando-se publicamente por marido e mulher, e por taes havidos geralmente na visinhança, onde moraõ; porque em este caso respeitou o Direito muito a tenção, que o adultero teve de peccar com mulher casada, cuidando que o era, aindaque o ella não fosse, pois o casamento per Direito não valeo.

E por tanto deve haver aquella pena, que he dada ao que peccou com mulher casada. E essa mesma pena corporal haverá aquella, com que o dito peccado foi commettido.

Porém, se o marido era sabedor do impedimento, porque o matrimonio não era valioso, ella não morrerá per Justiça, nem o marido a poderá matar, mas haverá ella quando fôr accusada polo adulterio, a pena, que bem parecer aos Julgadores, havendo respeito a qualidade do impedimento: e também haverá o marido essa mesma pena arbitraria, quando a no dito caso matar.

E não haverá o marido, os bens da mulher, com que assi fôr casado de feito, e não de direito, por razão do parentesco, ou cunhadio, se per Justiça em pena de morte a fizer condenar, postoque dentre ambos não fique filho, nem outro algum descendente.

1. E se algum homem peccasse com mulher, que não fosse casada de feito, nem de direito, a qual stivesse em poder doutro em fama de marido e mulher, e por tal havida, e tratada delle na meza, e no leito, e por taes eram havidos per toda a visanhança e Villa, onde forem moradores, e elles ambos assi se nomeavam continuadamente nos contractos, e em quaesquer outros actos, este tal não deve morrer, que he a verdadeira pena de simples adulterio, pois a mulher, com que peccou, nunca foi casada de feito, nem de direito; mas haverá outra pena, que seja áquem de morte, segundo arbitrio do Julgador, por a má tenção, que teve, de peccar com mulher casada, cuidando que o era, pois sabia que por tal era tida, havida e tratada do marido e de toda a outra gente geralmente.

Porém o Julgador não poderá neste caso arbitrar menos de dez annos para Africa. E neste caso deste paragrapho ella será degradada cinco annos para Castro-Mirim, pela offensa, que fez á Republica, que cuidava que era casada.

Porém, se além da prova sobredita neste paragrapho, o marido, quando accusar sua mulher, ou o adultero, mostrar instrumento publico de contracto de casamento, assi o adultero, como a mulher serão degradados dez annos para o Brazil para differentes Capitanias, e ella perderá a fazenda para o marido, não tendo ella filhos, ou outros descendentes, que lhe hajão de succeder.

TITULO XXVII.

Que nenhum homem Cortesão, ou que costume andar na Côrte, traga nella barregão.

Defendemos, que nenhum Cortesão, ou pessoa, de qualquer condição que seja, que costume andar na Côrte, traga nella manceba, nem a tenha em ella teùda.

E o que o contrario fizer na Côrte, e a dita manceba tiver teùda em sua pousada, ou fóra della, posto que ella e elle sejão solteiros, se fôr Cavalleiro, ou dahi para cima, pague vinte cruzados, e se fôr Scudeiro, pague dez cruzados e se fôr homem de menos qualidade pague cinco cruzados, e será degradado cada hum delles hum anno fóra da Côrte.

1. E as mulheres, a que fôr provado, que stão por mancebas de cada hum dos sobreditos, sejão degradadas por hum anno fóra da Côrte, e paguem dous mil reis; e mais se forem Pescadeiras, Padeiras, Regateiras, ou usarem doutros semelhantes mestéres na Côrte, não possão dahi em diante de taes officios e mestéres usar na Côrte, nem na cidade de Lisboa.

E porque isto seja dado melhor á execução, damos lugar, que qualquer do povo possa accusar e demandar as pessoas, que as ditas mancebas em a Côrte tiverem, e a ellas, e hajão para si as ditas penas de dinheiro. E sendo o tal Cortesão, ou homem, que costume andar na Côrte, casado, haverá a pena de barregueiro casado, além das sobreditas penas.

2. E quando algum Meirinho, ou Alcaide, ou qualquer do povo querelar das ditas pessoas, o Corregedor, ou Juiz, que a queréla receber, lhe dê juramento, e mande que pelo juramento que fez, diga, que querela bem e verdadeiramente, e nomeie todas as testemunhas, que do tal maleficio sabem, e per que se possa provar, pondo-lhe seus proprios nomes, sobrenomes, alcunhas e mestéres, de que usão, e onde são moradores, em maneira que claramente se possa saber quem são as testemunhas, e não se possão outras tomar em seu lugar.

E postoque depois queira dar outras testemunhas, lhe não serão recebidas. E nomeando-as nesta fórma, lhe seja recebida a sua querela, e em outra maneira não.

E sendo o querelado preso, ou livrando-se per carta de Seguro, ou Alvará de fiança dos ditos casos, não serão ao quereloso, ou á Justiça (não querendo o querelso accusar) recebidas mais testemunhas, que as nomeadas na querela, e segundo o que ellas disserem, se julgue o feito o mais breve que ser possa.

Porém, se do dito crime, de que foi querelado, houver já alguma prova per inquirição devassa, ou judicial, poder-se-hão os taes testemunhos dar em prova, assi pelo querelso, como pela Justiça, não querendo o querelso accusar, e segundo elles julgará, como fôr Direito.

3. Mandamos que este crime não possa ser accusado per Meirinho, nem per outra alguma pessoa, sem primeiro dar querela perfeita, como acima dito he; a qual não poderão dar, nem lhes será recebida, se ao tempo, que a quizerem dar, forem já os ditos barregueiros apartados do peccado, havendo trez mezes que stão apartados.

4. E se as mulheres culpadas em este maleficio, antes de serem por elle presas (postoque já dellas seja querelado, se ainda não forem começadas a accusar), se casarem ou entrarem em Religião approvada, serão relevadas das ditas penas, que pelo dito maléficio merecião.

E casando-se na Cadêa, depois de serem presas polo dito crime, ou começadas de accusar, postoque soltas andem, não serão por isso relevadas de haverem as penas conteúdas nesta Ordenação, sendo em o dito peccado convencidas.

TITULO XXVIII.

Dos barregueiros casados e de suas barregãas.

Ordenamos, que o homem casado, que tiver barregãa teúda e manteùda, seja degradado pela primeira vez per trez annos para Africa, e da prisão pague a quarentena da valia de todos seus bens, tirando a parte que a sua mulher pertencer.

E pola segunda vez, que fôr comprehendido no dito peccado com a dita barregãa, ou com outra, haverá a dita pena de degredo, e pagará a quarentena em dobro.

E pela terceira vez será degradado pelo dito modo, e pagará a quarentena em tresdobro. E se a quarentena de cada vez, que fôr comprehendido, não chegar a trez mil reis, sempre queremos que seja condenado em trez mil reis.

1. E a mulher, que stiver por manceba teúda e manteúda de algum homem casado, pela primeira vez seja açoutada pela Villa com baraço e pregão, e degradada per hum anno para Castro-Marim, e mais pagará ametade da quarentena, que seu barregão deveria pagar, se polo maleficio condenado fosse.

E pola segunda vez, que for comprehendida com o dito barregão, ou com outro, haverá a dita pena crime, e pagará a quarentena em dobro.

E pola terceira vez, pagará a quarentena em tresdobro, e mais será açoutada, e degradada, como dito he.

E não chegando a metade da quarentena de seu barregão, cada vez que a houver de pagar, a dous mil réis será condenada nelles.

2. E as sobreditas penas de quarentena dos barregueiros e meia quarentena de suas barregãas, e assi a pena pecuniaria, se applicarão ás pessoas, e pela maneira, que temos dito no Livro primeiro, Titulo 74: **Dos Alcaides Móres.**

3. E nas sentenças dos degredos, que forem dadas contra os barregueiros, ou barregãas, sempre lhes seja defeso starem ambos em hum lugar, durando o tempo de seu degredo.

E se o que por razão do dito maneficio fôr degradado, levar sua manceba ao lugar do degredo, havemos por bem, que por esse mesmo feito lhe fique dobrado o dito degredo sem remissão; e ella será logo lá açoutada e deitada fóra do lugar, onde o degredado com ela stiver, sem mais o Juiz do dito lugar, onde assi stiver, apellar, nem receber appellação.

4. E se as mulheres culpadas em este maleficio, antes de serem por elle presas, se casarem, ou entrarem em Religião, se guardará em todo o que dissemos no paragrapho final do Titulo precedente.

5. E mandamos que este crime não possa ser accusado per Meirinho, nem per outra pessoa alguma, sem primeiro dar querela perfeita na fórma, que dissemos no Titulo precedente, a qual mandamos, que em todo se guarde nas querelas e accusações dos barregueiros casados e suas barregaãs.

A qual querela não poderão dar, nem lhes será recebida, se ao tempo, que a quizerem dar, houver já seis mezes, que esses, de que querem querelar são apartados do pecado.

6. E queremos, por se este peccado mais evitar, que para prova do casamento do que se diz ser barregueiro casado, assi quando elle fôr accusado, como a barregaã, baste provar-se, que elle stá em voz e fama de casado, postoque se não prove que forão á porta da Igreja, nem que os vissem receber, nem mais outro acto.

E bem assi bastará para prova da barreguice, provar-se como stão em voz e fama de barregueiros, e que são costumados, e vistos entrar hum em caza do outro; porque a tal fama junta com o que se assi prova, que os vem, e costumão entrar hum na caza do outro, havemos por suficiente prova neste caso para a dita condenação, postoque se não prove bem fazer.

7. E por quanto na cidade de Lisboa algumas mulheres abarregadas se casão com homens de fóra da cidade, não a fim de com elles viverem, senão a que os maridos se tornem, e ellas fiquem abarregadas, sem as Justiças entenderem nellas, nem serem presas, mandamos que sem embargo de assi serem casadas, provando-se que seus maridos são absentes por spaço de dous annos, e que não se sabe onde são, stando ellas notariamente amancebadas, não sendo os ditos seus maridos Scudeiros de linhagem, ou dahi para cima, se proceda contra ellas, como se casadas não fossem.

8. E mandamos, que os Rendeiros da Alcaidaria de Lisboa não possão trazer homens, nem requerentes, que querelem de pessoas por barregueiros e mancebas de Clerigos.

E provando-se, que querelarão per seu mandado, haverão os ditos Rendeiros as penas, que haverião os querelados, sendo-lhes provados os casos das querelas, e pagarão as custas em dobro, ametade para os querelados, e a outra para os Captivos.

TITULO XXIX.

Das barregaãs, que fogem áquelles, com quem vivem, e lhes levão o seu.

Se alguma mulher solteira stiver por barregaã de homem solteiro, casado, Clerigo, Frade, ou pessoa Religiosa, e lhe ella fugir e levar qualquer cousa roubada, ou furtada desse barregão, mandamos que não possa ser por isso demandada, nem constrangida que torne ao dito barregão o que lhe assi levar, nem haja por isso pena alguma.

1. Porém sendo o barregão casado, não tolhemos a sua mulher poder civilmente demandar o que a dita barregaã furtou, ou levou a seu marido, assi como poderia demandar qualquer cousa que seu marido désse á dita sua barregaã.

TITULO XXX.

Das barregaãs dos Clerigos, e de outros Religiosos.

Toda a mulher, que fôr barregaã, de Clerigo, ou Beneficiado, ou Frade, ou de qualquer outra pessoa Religiosa sendo-lhe provado que stá ou steve por sua barregaã teúda e manteúda fóra de sua caza, havendo delle mantimento e vestido; ou postoque se não prove o que dito he, se se provar que stá em voz e fama de sua barregaã, e assi que em spaço de seis mezes continuos foi visto o Clerigo ou Beneficiado, ou Religioso entrar em sua caza, ou ella em caza delle sete, ou oito vezes, postoque cada huma das ditas vezes senão prove, senão per huma só testemunha, mandamos que pola primeira vez, que no dito peccado fôr convencida per cada hum dos modos sobreditos, pague dous mil reis, e seja degradada por hum anno fóra da Cidade, ou Villa e seus termos, onde steve por manceba.

E pola segunda vez, que lhe fôr provado que steve amancebada com a mesma pessoa, ou com outra de semelhante condição, pague a dita pena de dinheiro, e seja degradada fóra de todo o Bispado hum anno.

E pola terceira vez seja publicamente açoutada, e degradada fóra do Bispado até nossa mercê.

E se depois tornar ao dito peccado, seja degradada para sempre para o Brazil.

Porém, sendo provado, que stava, ou stá por manceba teúda e manteúda notoriamente em caza de cada hum dos sobreditos, assi pola primeira vez, como pola segunda, seja açoutada publicamente, e degradada fóra do Bispado até nossa mercê, e mais pagará as penas pecuniarias sobreditas as quaes penas de dinheiro serão applicadas, e as haverão as pessoas per a maneira, que temos determinado no primeiro Livro, Titulo 74: Dos Alcaides Móres.

1. E se algum Clerigo, ou Beneficiado tiver alguma scrava comsigo em caza, que com elle viva, e alguem quizer della querelar, dizendo, que dorme com ella e a tem por manceba, não seja recebida tal querela, nem seja por isso preza, nem accusada, salvo se o quereloso na querela per juramento affirmar, que he notorio e manifesto, que tem delle filhos, e que os baptizou, cria, e nomêa por seus filhos: porque com tal declaração se receberá a querela.

2. E quando algum Meirinho ou Alcaide e seus homens ou qualquer do povo dér querela das taes pessoas, querelará na fórma, que temos dito no Titulo 27: **Que nenhum homem Cortezão, ou que costume andar na Côrte, traga nella barregaã,** o qual mandamos que se guarde em todo em as querelas e accusações das barregaãs dos Clerigos, e pessoas Religiosas.

3. E queremos que este crime não possa ser accusado per Alcaide, nem Meirinho, nem por outra pessoa, sem primeiro dar querela perfeita, como acima dito he; a qual não poderão dar, nem lhes será recebida, se ao tal tempo houver já hum anno, que essas, de que assi querem querelar, são apartadas do dito peccado.

4. E se as mulheres, culpadas neste maleficio, antes de serem por elle presas, se casarem, ou entrarem em Religião, se guardará em todo o que fica dito no Titulo 27: **Que nenhum homem Cortezão, ou que costuma andar na Côrte,** etc.

5. E mandamos que toda a pessoa que querelar de alguma mulher por manceba de Clerigo, ou Religioso, ou de homem casado ou cortesão, ou querelar de algum homem de barregueiro casado, ou cortesão, ou de pessoa, que costumar andar na Côrte, depois que tiver querelado, não faça avença com nenhuma das ditas pessoas, nem com outrem por sua parte, nem receba dinheiro, nem outra cousa de pessoa alguma, por não accusar cada huma das pessoas, de que tiver querelado, antes que a sentença, de que não haja appellação, seja dada; nem se possa concertar, nem levar-lhes dinheiro por dizer que as farão ir á mancebia.

E fazendo o contrario, pagará vinte cruzados, ametade para quem os accusar, e a outra para os Captivos, e mais se fôr pessoa, em que caibão açoutes, será açoutado publicamente.

E sendo Meirinho, ou Alcaide, ou outro algum que nosso Officio tenha, além dos ditos vinte cruzados de pena, por esse mesmo caso perca o Officio, que assi tiver; e isto além de qualquer outra pena que per bem de nossas Ordenações por cada hum dos ditos casos merecer.

E estas mesmas penas haverá a pessoa que levar e receber dinheiro, ou outra cousa de qualquer outra pessoa por não querelar de outrem de cada hum dos ditos crimes.

E queremos, que os que assi derem dinheiro, ou outra cousa davença, ou por deixar de accusar, ou de querelar em cada hum dos casos sobreditos, possão accusar, quem lho levou, e provando-o, haverão ametade dos ditos vinte cruzados.

TITULO XXXI.

Que o Frade, que fôr achado com alguma mulher, logo seja entregue a seu Superior.

Mandamos a todas nossas Justiças, que não prendão, nem mandem prender, nem tenhão em nossas prizões Clerigo algum, ou Frade por ter barregaã, salvo sendo-lhes requerido pelo Prelado, ou Vigario ou seus Superiores.

E quanto aos Frades, que forem achados fóra do Mosteiro com alguma mulher, mandamos que os tomem, e tornem logo ao Mosteiro, e os entreguem a seus Superiores, sem mais irem á Cadeia.

TITULO XXXII.

Dos Alcoviteiros, e dos que em suas cazas consentem a mulheres fazerem mal de seus corpos.

Qualquer pessoa, assi homem, como mulher, que alcovitar mulher casada, ou consentir que em sua caza faça maldade de seu corpo, morra por ello, e perca todos os seus bens.

E se alcovitar alguma Freira professa, que sté em Mosteiro, ou consentir que a Freira em sua caza faça mal de seu corpo, seja açoutada, e degradada para sempre para o Brazil, e perca seus bens.

1. E se alcovitar alguma moça virgem, ou viuva honesta de boa fama, ou consentir que em sua caza faça mal de seu corpo, seja açoutada, e degradada para sempre fóra da Villa, e termo, e perca seus bens.

E qualquer, que polo dito maleficio fôr a primeira vez accusada, e em a dita pena condenada, se depois commetter outro qualquer maleficio da sobredia qualidade de alcovitaria, sendo por ello segunda vez accusada, e lhe fôr provado, será degradada para sempre para o Brazil, e perderá seus bens.

2. E a pessoa, que alcovitar filha, ou irmã daquelle, ou daquella, com que viver, ou de que fôr paniaguado, ou de que recebeo bemfazer, ou consentir, que em sua caza faça mal de seu corpo, morra por ello, e perca seus bens.

E se alcovitar alguma sua parenta, ou affim dentro de quarto gráo contado segundo Direito Canonico, que sté guardada das portas a dentro daquelle, com que viver, vá degradada para sempre para o Brazil.

E se alcovitar criada da pessoa, com que assi viver, que sté guardada das portas a dentro, ou moça, que sté em caza do dito seu amo sob sua guarda, ou deposito, seja degradada dez annos para o Brazil.

3. E o que alcovitar alguma Christã para Mouro, ou Judeu, ou para outro Infiel, ou que em sua caza consentir que faça mal de seu corpo, morra por ello, e perca seus bens.

4. E qualquer pessoa, que dér consentimento a sua filha, que tenha parte com algum homem para com ella dormir, postoque não seja virgem, seja açoutada com baraço é pregão pela Villa, e degradada para sempre para o Brazil, e perca seus bens.

E sendo de qualidade, em que não caibão açoutes, haverá somente a dita pena do Brazil.

5. E quando alguns forem condenados nos sobreditos casos em perdimento de bens, será ametade para quem os accusar, e a outra para nossa Camera.

6. E em todos os casos, em que alguma mulher fôr condemnada por alcoviteira em alguma das penas sobreditas, onde não haja de morrer, ou ir degradada para o Brazil, traga sempre polaina ou enxaravia vermelha na cabeça fora de sua caza, e assi se ponha na sentença; e não a trazendo, seja degradada para sempre para o Brazil.

7. E toda a pessoa, a que fôr provado que alcovitou algumas das sobretidas pessoas, postoque se não prove que a

alcovitaria houve effeito pelo dito commettimento, seja degradada dez annos para o Brazil se acha ella houvera de morrer por a dita alcovitaria, se viera a effeito.

E nos outros casos, em que não houvera de morrer, será degradada quatro annos para Africa, sendo homem, e sendo mulher, seis para Castro-Marim.

TITULO XXXIII.

Dos ruffiães e mulheres solteiras.

Defendemos que nenhuma pessoa tenha manceba teúda em mancebia, de que receba bemfazer, ou ella delle.

E o que o contrario fizer, assi elle, como ella, sejão açoutadas publicamente pelo lugar, em que isto fôr; e elle será degradado para Africa, e ella para o Couto de Castro-Marim até nossa mercê, e mais cada hum delles pague mil réis, para quem os accusar.

Porém, sendo elle Scudeiro, ou se tratar como tal, seja sómente degradado para fóra de Villa e termo para sempre com pregão na andiencia, e mais pague os ditos mil réis.

1. Porém, se as mulheres assi culpadas neste maleficio, antes de serem por elle presas, se casarem, ou entrarem em Religião, se guardará em todo, o que dissemos no Titulo 27: **Que nenhum homem Cortesão, ou que costume andar na Corte, traga nella barregãa.**

TITULO XXXIV.

Do homem, que se vestir, em trajos de mulher, ou mulher em trajos de homem, e dos que trazem mascaras.

Defendemos que nenhum homem se vista, nem ande em trajos de mulher, nem mulher em trajos de homem, nem isso mesmo andem com mascaras, salvo se fôr para festas, ou jogos, que se houverem de fazer fóra das Igrejas, e das Procissões.

E quem o contrario de cada huma das ditas cousas fizer, se fôr peão, seja açoutado publicamente, e se fôr Scudeiro, e dahi para cima, será degradado dous annos para Africa, e sendo mulher da dita qualidade, será degradada trez annos para Castro-Marim.

E mais cada hum, a que o sobredito fôr provado, pagará dous mil réis para quem o accusar.

TITULO XXXV.

Dos que matão, ou ferem, ou tirão com Arcabuz, ou Bésta.

Qualquer pessoa, que matar outra, ou mandar matar, morra por ello morte natural.

Porém se a morte fôr em sua necessaria defensão, não haverá pena alguma, salvo se nella excedeo a temperança, que devêra, o podéra ter, porque então será punido segundo a qualidade do excesso.

E se a morte fôr por algum caso sem malicia, ou vontade de matar, será punido, ou revelado segundo sua culpa, ou innoçencia, que no caso tiver.

1. Porém, se algum Fidalgo de grande solar matar alguem, não seja julgado á morte, sem no-lo fazerem saber, para vermos o stado, linhagem e condição da pessoa, assi do matador, como do morto, qualidade e circumstancias da morte, e mandarmos o que fôr serviço de Deos, e bem da Republica.

2. E toda a pessoa, que a outra dér peçonha para a matar, ou lha mandar dar, postoque de tomar a peçonha se não siga a morte, morra morte natural.

3. E qualquer pessoa, que matar outra por dinheiro, ser-lhe-hão ambas as mãos decepadas, e morra morte natural, e mais perca sua fazenda para a Corôa do Reino, não tendo descendentes legitimos.

E ferindo alguma pessoa por dinheiro, morra por ello morte natural.

E estas mesmas penas haverá o que mandar, ou ferir outrem por dinheiro, seguindo-se a morte, ou ferimento.

4. E se alguma pessoa, de qualquer condição que seja, matar outrem com Bésta, ou Espingarda, além de por isso morrer morte natural, lhe serão decepadas as mãos ao pé do Pelourinho.

E se com a dita Espingarda, ou Bésta ferir de proposito com Farpão, Palheta, Séta, Viratão, ou Virote ferrado, postoque não mate, morra morte natural.

E se ferir em rixa com cada hum dos ditos tiros, postoque não mate, se fôr Scudeiro, e dahi para cima, seja degradado dez annos para o Brazil, com hum pregão na audiencia: e se for peão, seja publicamente açoutado, e degradado, com baraço e pregão pela Villa, por dez annos para o Brazil.

E se tirar de proposito com Espingarda, ou com Bésta, ou com cada hum dos ditos tiros para matar, ou ferir, e não ferir, se fôr peão, seja degradado publicamente pela Villa com baraço e pregão per dez annos para Africa e se fôr Scudeiro, e dahi para cima, seja degradado com pregão na audiencia per dez annos para Africa.

E se tirar com Espingarda, ou Bésta em rixa com cada hum dos ditos tiros, e não ferir, se for Scudeiro e dahi para cima, seja degradado com pregão na audiencia para Africa por dous annos, e se for peão, seja degradado com baraço e pregão pela Villa por dous annos para Africa.

5. E o que tirar com Arcabuz de menos comprimento que de quatro palmos de cano, postoque não fira, morra morte natural.

E matando, ou ferindo, além da dita pena de morte, perca todos seus bens para a Corôa, e havendo accusador, haverá a terça parte delles.

6. E se algum preso ferir de proposito outra qualquer pessoa, que na Cadêa stiver, seja-lhe decepada huma mão, e haja a mais pena que merecer, segundo o caso fôr.

7. E quem mandar dar cutilada pelo rosto com effeito a outra pessoa, ou lha dér, constando sua tenção e proposito não ser outro, senão de lhe dar a dita ferida pelo rosto, será degradado para o Brazil para sempre, e perderá sua fazenda para a Corôa do Reino, e se fôr peão, ser-lhe-ha mais decepada huma mão.

E estas mesmas penas haverão os que para isso forem em sua companhia.

Porém não lhes será cortada a mão, e em lugar disso serão publicamente açoutados, se forem pessoas, em que caiba pena de açoutes.

E além das ditas penas será julgado ao ferido a injuria, segundo a qualidade de sua pessôa, com tanto que não seja menos de dez mil réis, por muito baixa pessoa que seja o ferido.

A qual quantia, que lhe fôr julgada, será primeiro tirada da fazenda, que assi havemos por perdida.

E o perdimento da fazenda em cada hum dos ditos casos não haverá lugar, quando o malfeitor tiver ascendentes ou descendentes legitimos.

E por se este delicto mais evitar, havemos por bem que quem descobrir quem o fez, ou mandou fazer, ou para elle deu ajuda, e dér maneira como seja preso, haja a metade das fazendas sobreditas, que se assi perderem; e postoque fosse participante no caso, lhe perdoamos toda a pena, a que por o maleficio per esta Ordenação fôr obrigado; e não podendo provar o dito maleficio contra aquelle, que assi diz que o commetteo, a confissão, que fez de si mesmo, lhe não prejudicará.

TÍTULO XXXVI.

Das penas pecuniarias dos que matão, ferem, ou tirão arma de Côrte.

Todo aquelle, que matar qualquer pessoa na Côrte, onde Nós stivermos, ou no termo do lugar, onde Nós stivermos, até huma legoa, ou no lugar, onde a Caza da Supplicação stiver sem Nós, ou em seus arrabaldes, se fôr em rixa nova, pague cinco mil e quatrocentos réis, e se fôr de proposito, pague o dobro.

E isto, como fôr condenado por razão da dita morte em qualquer pena.

1. E o que tirar arma na Cõrte, ou em seus arrabaldes, ou no lugar onde a Caza da Supplicação stiver sem nós, ou seus arrabaldes, ou na Cidade de Lisbôa, e seus arrabaldes, e com ella não ferir, pague dous mil réis da Cadêa; e se com ella ferir, pague trez mil réis, ametade para a Piedade, e a outra para o Meirinho da Côrte, ou Alcainde da dita Ci-

dade, ou para a pessoa, que os der a prisão; e se fôr aleijamento, pague o dobro.

E se de proposito tirar arma, ferir ou aleijar, pague o dobro do que pagaria, sendo em rixa: e isto além das penas pecuniarias conteúdas nos Foraes dos lugares, onde forem feitos os ditos maleficios.

E estas penas não haverão lugar no que tirar arma, ou ferir em defensão de seu corpo e vida, nem nos scravos captivos, que com páo, ou pedra ferirem, nem na pessoa, que fôr de menos idade de quinze annos, que sem qualquer arma ferir, ou matar, ora seja captivo, ora fôrro, nem nas mulheres, que com páo, ou pedra ferirem nem nas pessoas, que tirarem armas para estremar, e não ferirem acintemente, nem em quem castigar criado, ou discipulo, ou sua mulher, ou seu filho, ou seu scravo, nem em Mestre, ou Piloto que castigar marinheiro, ou servidor do Navio, em quanto stiverem sob seu mandado.

Porém, se em castigando ferirem com arma, não serão relevados das ditas penas.

TÍTULO XXXVII.

Dos delictos commettidos aleivosamente.

Aleivosia he huma maldade commettida atraiçoeiramente sob mostrança de amizade, e commette-se, quando alguma pessoa sob mostrança de amizade mata, ou fere, ou faz alguma offensa ao seu amigo, sem com elle ter rixa, nem contenda, como se lhe dormisse com a mulher, filha, ou irmã, ou lhe fizesse roubo, ou força. E se algum, vivendo com senhor por soldada, ou a bemfazer, lhe dormisse com a mulher, filha ou irmã, ou o ferisse, ou matasse, ou lhe fizesse outra offensa pessoal, ou algum grande furto, ou roubo.

1. E em estes casos, e outros semelhantes, em que se commetter esta maldade atraiçoada e aleivosamente, a pena corporal será muito mais grave e maior, do que se daria em outro semelhante maleficio, em que tal qualidade de aleivosia não houvesse.

2. E sómente no caso, em que algum matasse o senhor, com que vivesse, além da pena corporal serão seus bens confiscados, postoque o condenado tenha filhos, ou outros descendentes, ou ascendentes.

3. E em todos os delictos, commettidos atraiçoada e aleivosamente, não gozará o accusado de privilegio algum, para não dever ser mettido a tormento, ou para não haver pena vil.

E para ser mettido a tormento bastarão mais pequenos indicios, que onde tal qualidade não concorrer. E as pessoas, que nos outros casos não podem ser testemunhas, nestes o poderão ser, e valerão seus testemunhos. Porém, se a testemunha fôr inimigo capital do accusado, ou amigo especial do accusador, seu testemunho não será muito crido, mas diminuir-se-lhe-ha o credito, segundo a qualidade do odio, ou da amizade.

TÍTULO XXXVIII.

Do que matou sua mulher, pola achar em adulterio.

Achando o homem casado sua mulher em adulterio, licitamente poderá matar assi a ella, como o adultero, salvo se o marido for peão, e o adultero Fidalgo, ou nosso Dezembargador, ou pessoa de maior qualidade. Porém, quando matasse alguma das sobreditas pessoas, achando-a com sua mulher em adulterio, não morrerá por isso mas será degradado para Africa com pregão na audiencia pelo tempo, que aos Julgadores bem parecer, segundo a pessoa, que matar, não passando de trez annos.

1. E não sómente poderá o marido matar sua mulher e o adultero, que achar com ella em adulterio, mas ainda os póde licitamente matar, sendo certo que lhe commetterão adulterio; e entendendo assi provar, e provando depois o adulterio per prova licita e bastante conforme á Direito, será livre sem pena alguma, salvo nos casos sobreditos, onde serão punidos segundo acima dito he.

2. E em caso, que o marido matar sua mulher licitamente, não a achando porém no adulterio, não haverá cousa alguma dos bens, que em dote lhe fossem dados, ou per successão ou doação a mulher houvesse; e se tiverem outros bens, que ambos houvessem acquirido, estes haverá o ma-

rido **in solidum,** sem os herdeiros da mulher haverem parte alguma; porque sómente haverá os bens todos da mulher, quando a accusar por o adulterio, e fôr por elle condenada a morte, ou quando a matar juntamente com o adultero, polos achar ambos no adulterio.

3. E se o marido, que matar sua mulher, quando se poz em livramento, confessou que a matára por ser sua mulher, e lhe ter feito adulterio, e por não provar sua defeza, fôr condenado que morra morte natural, por a matar sem causa, os herdeiros da mulher vencerão os bens do marido, não tendo elle filhos, ou descendentes outros de outra mulher, que per nossas Ordenações, ou Direito Civil lhe possão succeder. E sendo caso que o marido seja condenado em outra pena, que não seja morte natural, os herdeiros não vencerão os bens do matador.

4. E no caso, que o marido matar sua mulher, ou o adultero, por lhe fazer adulterio, será necessario para ser livre da dita morte sem pena alguma, que prove, o casamento per testemunhas, que ouvissem as palavras do recebimento.

E não havendo as taes testemunhas, que ouvissem as palavras do recebimento, bastará provar-se que o marido e mulher forão á porta da Igreja perante o Cura, ou qualquer outro Clerigo, que stivesse em acto para os receber, e como casados tornarão para caza, e em voz e fama de casados viverão dahi por diante em huma caza teùda e manteúda, como marido e mulher, e juntamente offerecer certidão authentica do Cura, tirada do Livro dos casados, per que se prove o casamento.

Porém, não provando per cada hum destes modos o Matrimonio, e provando-o na fórma, que dissemos no Titulo 25: **Do que dorme com mulher casada,** não morrerá morte natural, mas será degradado para sempre para o Brazil.

E não provando o Matrimonio, como dito he no dito Titulo, postoque mostre instrumento dotal, e provem starem em voz e fama de marido e mulher, morrerá morte natural, pois per si quiz tomar vingança, não tendo cada huma das ditas provas.

5. E declaramos, que no caso, em que o marido póde matar sua mulher, ou o adultero, como acima dissemos, poderá levar comsigo as pessoas, que quizer, para o ajudarem, comtanto que não sejão inimigos da adultera ou do adultero por outra causa afóra do adulterio. ,

E estes, que comsigo levar, se poderão livrar, como se livraria o marido, provando o Matrimonio e adulterio. Porém, sendo inimigos, serão punidos segundo Direito, postoque o marido se livre.

TÍTULO XXXIX.

Dos que arrancão em presença del-Rey, ou no Paço, ou na Côrte.

Toda a pessoa, de qualquer stado e condição que seja, que ferir outra em rixa em nossa presença, ou na caza onde Nós stivermos, morra morte natural, e perca sua fazenda para a Corôa do Reino.

E se arrancar arma para com ella ferir, ou offender alguma pessoa, sem com ella ferir, será degradado dez annos para Africa, e perderá ametade de sua fazenda para a Corôa, e maís haverá as penas abaixo declaradas do que fere, ou arranca em nossos Paços segundo a differença das pessoas.

1. E se tirar arma dentro nos Paços, onde Nós stivermos, ou em seu circuito da primeira porta para dentro, para com ella ferir, ou offender outra pessoa, ora com ella fira, ou offenda, ora não, se fôr Fidalgo, seja degradado per quatro annos para Africa. E em todo o tempo, que servir o degredo, não haverá soldo, nem mantimento nosso para si, nem para os seus. E se fôr Cavalleiro, ou Scudeiro, ou pessoa de menor condição, seja preso, e decepem-lhe huma mão.

2. E os que tirarem arma na Cidade, Villa, ou lugar, onde Nós stivermos, ou a Caza da Supplicação sem nós, ou em seus arrabaldes para ferir, ou offender outrem fóra de nossos Paços e seu circuito, se fôr peão, filho de peão, e com ella não ferir, seja açoutado publicamente com baraço e pregão.

E se com ella ferir de proposito, decepem-lhe huma mão, sem ser açoutado.

E se fôr em rixa, será açoutado e degradado dous annos para Africa. E se for Cavalleiro, ou Scudeiro, ou de outra semelhante qualidade, que não seja peão, filho de peão, nem fôr Fidalgo, e com ella não ferir, seja degradado dous annos para Africa com pregão na audiencia. E se com ella ferir de proposito, seja degradado por quatro annos: e se ferir em rixa, seja degradado por trez annos.

E se fôr Fidalgo, e arrancar arma, ora com ella fira, ora não, será degradado para Africa até nossa mercê; e em todo o tempo, que servir o degredo, não haverá soldo, nem mantimento nosso, para si nem para os seus.

3. E estas penas sobreditas dos que arrancão, ou ferem no Paço, ou na Côrte, não haverão lugar no que dér, ou ferir com páo, ou pedra, mas ser-lhe-ha dada a pena que merecer, segundo o desacato e dano, que fizer.

Nem haverão lugar, nos que tirarem arma, ou ferirem em sua defensão, nem nos que tirarem arma para estremar, e não ferirem ácintemente.

4. E além das sobreditas penas, poderão as partes demandar suas injurias segundo a qualidade de suas pessoas e das culpas.

E haverão mais os delinquentes pelos taes delictos quaesquer outras penas declaradas em nossas Ordenações.

TÍTULO XL.

Dos que arrancão em Igreja, ou Procissão.

Mandamos, que qualquer pessoa de qualquer qualidade e condição que seja, que dentro em Igreja, ou Mosteiro arrancar spada, ou punhal para ferir outrem, ou em Procissão, ou outro lugar, onde o Corpo do Senhor fôr, ou stiver, seja degradado para sempre para o Brazil.

E fazendo o dito arrancamento em Procissão, onde não vá o Corpo do Senhor, seja degradado dez annos para o Brazil.

E ferindo alguma pessoa, haverá, além do dito degredo, a pena, que per nossas Ordenações e Direito por tal caso merecer, e que haveria, fazendo o dito ferimento em qualquer outra parte, porque só polo dito arrancamento incorrerá nas penas desta Ordenação.

TÍTULO XLI.

Do scravo, ou filho, que arrancar arma contra seu senhor, ou pai.

O scravo, ora seja Christão, ora o não seja, que matar seu senhor, ou filho de seu senhor, seja atenazado, e lhe sejão decepadas as mãos, e morra morte natural na forca para sempre; e se ferir seu senhor sem o matar, morra morte natural. E se arrancar alguma arma contra seu senhor, postoque o não fira, seja açoutado publicamente com baraço e pregão pela Villa, e seja-lhe decepada huma mão.

1. E o filho, ou filha, que ferir seu pai, ou mãi com tenção de os matar, postoque não morrão das taes feridas, morra morte natural.

TÍTULO XLII.

Dos que ferem, ou injurião as pessoas, com quem trazem demandas.

Toda a pessoa, que ferir, disser, ou fizer qualquer injuria a outra, que com ella trouxer demanda, ou o mandar fazer, haverá a pena crime e civil em dobro, que houvera, se com elle não trouxera demanda.

E se a pena fôr tal, que se não possa dobrar, ficará em arbitrio do Julgador dar-lhe mais outra, segundo o caso merecer.

E no caso que ferir ou mandar ferir, perderá todo o direito que na demanda podia ter em vida do ferido, e por sua morte seus herdeiros o poderão proseguir.

E isto se entenderá, se se não provar que o ferimento foi feito por outras injurias, ou causas, que para isso tivessem, mas sómente por assi andarem em demanda.

1. E se algum ferir, ou per o dito modo fizer qualquer offensa, ou injuria a algum Procurador do Concelho, com o qual Concelho elle, ou ontra pessoa, que lhe toque, trouxer demanda, ou a quem contra elle procurar, ou requerer qualquer feito, ou causa, ou lho mandar fazer, haverá a pena em tresdobro, assi civel, como crime, que houvera, se com elle não trouxera demanda.

TÍTULO XLIII.

Dos que fazem desafio.

Defendemos, que pessoa alguma, de qualquer condição que seja, assi nosso natural, como estrangeiro, postoque seja Official de armas, não seja tão ousado, que em nossos Reinos e Senhorios em seu nome, ou de outrem repte e desafie outro, ou o requeira para se com elle matar, ou com a pessoa, em cujo nome o desafia, ou que lhe fará conhecer alguma cousa mão por mão, ou com muitos, ou com poucos, sob pena de por esse mesmo feito perder todos seus bens para a Corôa do Reino, e mais perder quanto de nós tiver, e ser riscado de nossos livros, se nosso morador fôr, e ser degradado para Africa até nossa mercê, e mais em nenhum tempo nos servirmos delle em cousa alguma.

Porém, se as palavras forem ditas em rixa nova, e depois não se seguir mais algum acto de desafio, não haverão as penas deste Titulo.

1. E se o reptador desafiar Fidalgo notavel (o que ficará em nosso arbitrio), ou o requerer para se com elle matar, ou que lhe fará conhecer alguma cousa, haja as ditas penas, e mais será açoutado publicamente, se fôr peão.

E estas mesmas penas haja aquelle, que o repto pelos sobreditos modos fizer em nossos Reinos a algum outro, postoque fóra sté delles, se elle reptado fôr nosso natural e sujeito.

E nestas mesmas penas incorrerão aquelles, que o repto a elles feito aceitarem, e os que forem por Padrinhos, ou asseguradores, ou que acompanharem aos sobreditos no desafio.

2. E os que levarem scriptos, ou recados de desafio, per qualquer via que seja, incorrerão em pena de dez annos de degredo para o Brazil, e perderão ametade de suas fazendas sem remissão.

TÍTULO XLIV.

Dos que nos arruidos chamão outro appellido, se não o del-Rey.

Ninguem seja tão ousado, que em ruido ou briga, que levante, chame outro apellido, salvo: **Aqui del-Rey.**

E o que outro appellido chamar, seja degradado com pregão na audiencia por cinco annos fóra do lugar e termo, onde isto acontecer.

TÍTULO XLV.

Dos que fazem assuada, ou quebrão portas, ou as fechão de noite por fóra.

Qualquer pessoa, que com ajuntamento de gente, além dos que em sua caza tiver, entrar em caza de alguem para lhe fazer mal, e o ferir a elle, ou á outrem, que na dita caza stiver, morra morte natural.

E postoque não tira, se fôr peão, seja publicamente açoutado pela Villa com baraço e pregão, e degradado dez annos para o Brazil.

E se fôr Scudeiro, ou Cavalleiro, ou dahi para cima, será degradado dez annos com pregão na audiencia para Africa.

1. E se o ajuntamento de gente, que assi fez, fôr para fazer mal, ou dano a alguma pessoa, e não entrarem caza alguma, postoque com o ajuntamento não faça mal, nem dano, se fôr Fidalgo, seja preso e degradado quatro annos para Africa, e pague cem cruzados, ametade para quem o accusar, e a outra para nossa Camera.

E sendo Scudeiro, ou Cavalleiro, pague cincoenta cruzados pela mesma maneira.

E sendo peão, seja açoutado publicamente com baraço e pregão, e pague vinte cruzados pelo mesmo modo, e não os tendo, seja degradado dous annos para Africa.

E estas mesmas penas, segundo a differença dos casos e das pessoas haverão os que forem na assuada e ajuntamento para fazer mal, ou dano, postoque não seja o que fez o dito ajuntamento: salvo no caso de morte natural, porque sómente haverá o que em tal ajuntamento fôr, morte civel em lugar de morte natural.

2. E se fizer ajuntamento de gente pela maneira sobredita, para ir fazer mal, ou dano, postoque com ella não vá, nem saia a fazer mal, mandamos que polo ajuntamento, que fez, de gente para fazer mal incorra nas penas de dinheiro sobreditas sómente, segundo a differença das pessoas acima ditas.

3. E o Juiz do lugar, em que cada hum dos sobreditos maleficios acontecer, será obrigado tirar devassa, postoque lhe não seja requerido, e proceder por ella contra os malfeitores, como fôr Direito.

4. E qualquer pessoa, que per força entrar em alguma caza, quebrando as portas, ou lançando-as fóra do couce, ora comsigo leve gente de assuada, ora não, e fôr para ferir, matar, roubar, forçar, ou tomar mulher, ou injuriar alguma pessoa que dentro na caza stê, postoque nenhuma das sobreditas cousas faça, será degradado para sempre para o Brazil, e mais pagará a injuria á parte pola força, que lhe assi fez, havendo respeito á qualidade das pessoas.

E além disso será punido, segundo o dano, ou offensa, que lhe fizer.

5. Defendemos, que nenhuma pessoa feche portas algumas por fóra contra vontade de seus donos, ou sem o elles saberem; e o que o contrario fizer, se fôr peão, seja açoutado publicamente com baraço e pregão pela Villa; e sendo de maior condição, será degradado dous annos para Africa.

E se quando assi fecharem as portas, fizerem outro maleficio, ou forem com assuada, serão punidos, segundo per outras nossas Ordenações merecerem.

TÍTULO XLVI.

Dos que vem de fóra do Reino em assuada a fazer mal.

Se alguns forém tão ousados, que de fóra destes Reinos venhão a elles com assuada, ou per outra maneira, para mal fazerem com armas, mandamos que percão as armas, que trouxerem, e sejão presos até nossa mercê.

E commettendo algum crime, ou maleficio, haverão a pena, que per nossas Ordenações e Direito merecerem.

TÍTULO XLVII.

Que nenhuma pessoa traga comsigo homens scudados.

Defendemos, que pessoa alguma não traga comsigo pela Cidade, Villa, ou lugar em tempo de paz, ou tregoa homens scudados, nem adargados.

E o que os trouxer, se fôr Fidalgo, ou pessoa de Stado, pola primeira vez pague cincoenta mil cruzados, e pola segunda cento.

E se fôr Scudeiro, ou Cavalleiro, pague vinte cruzados por cada vez; e sendo nisso comprehendido trez vezes, ou mais, haverá a mais pena de degredo, que houvermos por bem.

E se fôr de menos condição, pola primeira vez pague trez mil reis, e pola segunda seis mil reis, e pola terceira seja degradado dous annos para Africa.

As quaes penas pecuniarias serão ametade para o Meirinho, que os achar, e a outra para os Captivos.

TÍTULO XLVIII.

Dos que tirão os presos do poder da Justiça, ou das prisões, em que stão, e dos presos que assi são tirados, ou fogem da Cadeia.

Qualquer pessoa, de qualquer stado e condição que seja, que depois de algum ser preso em poder do Official de Justiça, que poder tenha para prender, lhe tirar o preso de poder, incorra nas penas, que incorreria, se resistisse á Justiça, tirando armas contra ella, segundo fôr a qualidade dos Officiaes da Justiça, a que tirar o preso, como diremos no Titulo seguinte.

E tirando-o da mão de qualquer outro do povo, que houvesse achado o dito preso, em algum maleficio, se fôr peão, seja açoutado publicamente, pela Villa, e degradado para Africa dous annos.

E se fôr Scudeiro, ou de semelhante, ou maior condição, seja degradado para Africa per quatro annos.

E além das ditas penas crimes pagará ás partes contrarias, por cuja causa se prendia, todo o interesse de dinheiro, em que fôr condenado o preso que foi tirado, sendo accusado per edictos, e condenado; e isto não o podendo haver as partes pelos bens e fazenda do preso, que assi foi tirado, e per edictos accusado e condenado.

1. E se o preso stivesse já na prisão aprizoado em poder do Carcereiro, e debaixo de sua guarda, quem per força o tirar de seu poder, ou der a elle ajuda, quebrando as portas, ou ferrolhos da prisão, ou furando as paredes, ou telhados, ou quebrando os ferros das Cadêas, em que stivesse preso, ou tomando-lhe per força as chaves e abrindo os ferros e portas, ou tirando-o per força em qualquer outra maneira de seu poder, ou postoque o preso não seja tirado, fazendo cada huma das cousas sobreditas, morra por isso.

E se o preso, que assi fôr tirado do carcere, fosse já condenado, ou em Juizo houvesse confessado o maleficio, por que era preso, além de morrer, perderá mais seus bens, se não tiver descendentes ou ascendentes legitimos.

2. E será havido por provado o maleficio de qualquer preso, que fugir da Cadêa, quando assi fôr quebrada, postoque se lhe não prove, que per seu mandado se fez.

3. E os presos, que per si, sem outra força, ou ajuda de fóra fugirem, serão punidos segundo arbitrio do Julgador, havendo respeito ás qualidades das pessoas, e culpas, que nas fugidas tiverem.

TÍTULO XLIX.

Dos que resistem, ou desobedecem aos Officiaes da Justiça, ou lhes dizem palavras injuriosas.

Qualquer pessoa, que resistir contra algum dos Dezembargadores de cada huma das cazas, assi da Supplicação, como do Porto, ou contra algum dos Corregedores da Corte, ou da Caza do Porto, ou da cidade de Lisboa, ou Meirinhos da nossa Corte, ou da Caza do Porto, ou Alcaides da cidade de Lisboa, querendo-os prender, ou mandando-lhes fazer cousa, que toque a seu Officio e poder, que tem, e na resistencia algum dos sobreditos fosse ferido, quem o fizer, morra por isso morte natural.

Porém, per tal sentença se não fará execução, até primeiro nol-o fazerem saber, para vermos a graveza do caso e qualidade das pessoas, e mandarmos o que houvermos por bem.

E quem a cada hum dos sobreditos resistir com armas, postoque não haja ferimento, seja degradado para o Brazil para sempre.

E se resistir a algum dos sobreditos, não tirando armas, ou lhe disser palavras injuriosas sobre cousas de seu Officio, será degradado para Africa per dez annos.

1. E qualquer pessoa, que resistir contra algum Corregedor das Comarcas de nosso Reino e Ilhas, ou Ouvidor, que por nós seja posto, ou Ouvidor dos Mestrados, e seus Meirinhos e Scrivães, que com elles, servem, e na resistencia o ferir, ser-lhe-ha decepada huma mão, e mais será degradado para o Brazil para sempre.

E se resistir com armas, postoque o não fira, será degradado para Africa por dez annos.

E se lhe resistir, não tirando armas, ou lhe disser palavras injuriosas sobre seu Officio, será degradado para Africa por seis annos.

2. E a pessoa, que resistir contra algum nosso Juiz de fóra, ou Ouvidores de quaesquer pessoas, que de nós poder tenhão para os pòr, e seus Meirinhos, ou Juizes ordinarios das Cidades e Villas notaveis, de nossos Reinos e Senhorios, e seus Alcaides, e Scrivães, que com elles servem, e na dita resistencia o ferir, se-lhe-ha a mão decepada, e irá degradado por dez annos para o Brazil.

E se lhe resistir com armas, postoque não fira, será degradado para Africa, por seis annos.

E se lhe resistir, não tirando armas, ou o injuriar verbalmente sobre cousa de seu Officio, será degradado para Africa por quatro annos.

3. E quem resistir contra algum dos Juizes ordinarios, Vereadores, Almotacés, Alcaides das Villas e Concelhos de nossos Reinos e Senhorios, Porteiros, Jurados, Vintaneiros delles, e homens dos Meirinhos da Corte, e Comarcas, e Ilhas, e aos homens dos Alcaides, assi da cidade de Lisboa, como das outras Cidades, Villas e Concelhos, e na resistencia ferir cada hum delles, ser-lhe-ha decepada huma mão, e será degradado para Africa por dez annos.

E se lhe resistir com armas, postoque o não fira, será degradado para Africa por quatro annos.

E se lhe resistir, não tirando armas, ou os injuriar com palavras injuriosas sobre seus Officios, será degradado para Africa por dous annos.

4. E nestas mesmas penas acima conteúdas incorrerá qualquer pessoa, que não consentir, que cada hum dos ditos Officiaes, ou outro qualquer Official de Justiça entre em sua caza a fazer alguma execução, ou penhora.

E quando tal caso acontecer, fazendo-se alguma affronta, ou offensa, ou dizendo-se algumas palavras injuriosas aos ditos Officiaes, elles farão de tudo acto com o Scrivão, que levarem, que dará fé do que passar: pelo qual acto e fé o Julgador, a que pertencer, prenderá logo a tal pessoa, e suspenderá de qualquer Officio, cargo, ou jurisdição, que tiver, e procederá contra elle summariamente, dando appellação ou aggravo nos casos, em que couber; e postoque as partes culpadas sejão livres da sobredita culpa, não serão soltos da prisão, em que stiverem, até a dita execução de todo, e com effeito ser acabada.

5. E se o ferimento, resistencia, ou injuria verbal fôr tal, que o Official, a que se fizer, mereça por isso emenda e satisfação de dinheiro, havel-a-ha, e ser-lhe-ha julgada, além de todas as penas atraz declaradas; a qual emenda e satisfação será trez vezes tanta pena pecuniaria, como o dito Official poderia haver daquelle, que o offendeo, se Official da Justiça não fôra.

6. E no caso, em que per esta Ordenação damos pena de cortamento de mão, se não entenderá nos Fidalgos, nem nos Cavalleiros; porque estes, quando forem comprehendidos em casos, em que per esta Lei mereção a mão cortada, ser-lhe-ha dada por isso outra pena, qual parecer que merecem por dito cortamento da mão, de que os relevamos; e mais haverão o degredo, segundo acima he declarado.

7. E além das penas sobreditas, não tolhemos, que o que ferir, ou matar algum nosso Official da Justiça, perca os bens, segundo he conteúdo no Titulo 6: **Do crime de Lesa Magestade.**

8. E bem assi, todo o que resistir, ou offender com armas, ou sem ellas, per cada hum dos modos acima conteúdos, a qualquer Official da Justiça de nossa Corte, ou do lugar, onde a nossa Corte stiver, além das sobreditas penas seja mais condenado em trinta cruzados para o Official, á que fôr feita a resistencia, ou offensa.

E se o Official fôr Meirinho, ou Alcaide, será ametade para elle, e a outra ametade para os seus homens.

E se fôr feita aos seus homens somente, ou a algum Porteiro, seja condenado em vinte cruzados para os ditos homens, ou Porteiro.

E não accusando o Official da Justiça cada hum dos sobreditos dentro de vinte dias do dia, que a resistencia, ou offensa fôr feita, a dita pena de dinheiro seja para as despezas da Relação, e não para o dito Official.

9. E por se mais evitar este delicto, mandamos que pessoa alguma, de qualquer qualidade que seja, não acolha, nem encubra, nem traga comsigo em nossa Côrte algum culpado em fazer, ou ajudar a fazer resistencia, ou offensa a qualquer Official da Justiça de nossa Côrte, ou do lugar, onde a Côrte stiver.

E fazendo o contrario (postoque seu criado seja), e sendo-lhe provado, que sabendo, ou tendo razão de saber como o tal resistio, ou offendeo pela sobredita maneira, e o mais trouxer comsigo, acolher, ou encobrir, pague trinta cruzados, ametade para o Official da Justiça, a que a resistencia, ou offensa fôr feita, e a outra para a Piedade.

E não accusando o Official dentro de quinze dias do dia, que o souber, a ametade, que para elle applicamos, seja para as despezas da Relação.

E mais, por assi ser negligente na dita accusação, não haja os trinta cruzados, que lhe damos no precedente paragrapho, e serão os trinta cruzados para as despezas da Relação, como acima dissemos.

E além disso mandamos, que o dito Official da Justiça, que assi não accuzar cada hum dos que comsigo trouxerem, acolherem, ou encobrirem os ditos delinquentes, dentro do dito tempo, sendo-lhe provado que o soube, pague trinta cruzados para quem o accusar, e seja suspenso do Officio seis mezes.

10. Outrosi havemos por bem, quando alguma pessoa, de qualquer condição que seja, resistir contra cada huma das nossas Justiças, que o queira prender, ou o tenha preso, para se della defender que o não prenda, que as ditas nossas Justiças o possão livremente matar em esse acto de resistencia sem pena alguma.

11. E querendo nossas Justiças prender algum malfeitor, que deva ser prezo por maleficio grave, em que coubesse pena de morte natural, sendo o Official da Justiça dello sabedor, e não se querendo o malfeitor dar á prisão, e posto que se não defenda, fugir, o poderá o Official da Justiça matar sem pena alguma, se de outra maneira o não poder prender, salvo se o tal Official da Justiça fôr inimigo do delinquente: porque em tal caso o não poderá matar.

Porém o Julgador respeitará o modo e temperança, que o Official da Justiça teve em ferir, ou matar o que assi lhe fugia por não ser preso; e achando que o podera prender per outra maneira, sem o matar, ou ferir, dar-lhe-ha a pena segundo a culpa, em que o achar: porque não deve o Official da Justiça facilmente proceder a matar, ou ferir aquelle, a que quer prender, ainda que fuja, senão quando já per outra maneira o não poder prender.

E sendo o maleficio do que foge tal, em que não caiba pena de morte natural, e o Official da Justiça fôr disso sabedor, não o deve matar por fugir, ainda que de outra maneira o não possa prender e matando-o, haverá a pena da Justiça, segundo no caso couber.

12. E se por cada hum dos sobreditos casos se acoutar a algum nosso Couto, ou caza de alguma pessôa, de qualquer stado e condição que seja, posto que per Nós, ou nossos antecessores lhe seja privilegiado para lhe valer, mandamos que lhe não valha, e seja logo dahi tirado, sem embargo de quaesquer clausulas e condições, que nos ditos privilegios sejão postas, porque queremos, que lhe não sejão guardadas em os ditos maleficios.

TÍTULO L.

Dos que fazem, ou dizem injurias aos Julgadores, ou a seus Officiaes.

Se algum fizer, ou disser alguma cousa, que não deva, a algum nosso Dezembargador, Corregedor, Ouvidor, Juiz, ou outro qualquer Julgador, que per nossa auctoridade tenha Officio de julgar, ou mandar, em algum acto sobre seu Officio, ou cousa, que a elle pertença, assi em Juizo, como fóra delle, se fôr em sua presença, e ahi tiver Tabellião, ou Scrivão, que tudo visse passar, faça logo no mesmo dia fazer hum acto disso ao Tabelião, ou Scrivão, que presente stiver; o qual dará de tudo sua fé como passou, e pelo dito acto mande perguntar as testemunhas, que presentes forão, e as que elle nomear, per o Tabellião, ou Scrivão com hum Enquearedor, sem o Julgador ser a isso presente, e será a parte citada para as ver jurar.

E tanto que tiradas forem, elle mesmo o julgará, e punirá segundo a qualidade das pessoas, e como achar per nossas Ordenações e Direito, que merece pela dita culpa.

E não tendo o Julgador Tabellião, nem Scrivão presente, quando lhe fôr feita, ou dita a injuria, fará fazer hum acto a hum Tabellião, ou Scrivão a seu dito.

E o Julgador, que o dito acto não mandar fazer, será degradado por hum anno, para Africa.

E os Tabelliães, ou Scrivães no caso, que presentes forem, screvão o dito acto, e ponhão em stado como o Juiz por elle não mandou proceder, para depois lhe ser dada a dita pena.

E o Julgador, que lhe succeder, mandará perguntar pelo acto, que achar feito, assi com fé do Tabellião, como pelo acto, que foi feito a dito do Julgador, as testemunhas, que nelle achar nomeadas, e procederá contra os culpados, como achar per Direito.

1. E sendo presente no lugar, onde se a dita injuria fez, ou disse ao tal Julgador, algum superior do dito Julgador, remetta

o acto á elle; o qual superior mandará perguntar as testemunhas nomeadas no acto, e as que lhe bem parecer, e dará determinação no feito, como lhe parecer justiça.

2. E sendo a injuria feita, ou dita a algum Julgador em sua absencia, terá a mesma maneira, que acima dissemos no caso, onde lhe he feita, ou dita em sua presença, e fará fazer acto do dia, que vier á sua noticia, até trez dias.

E não o fazendo no dito tempo, não o poderá mais fazer, mas poderá demandar sua injuria, como qualquer do povo.

E sendo cada hum dos ditos actos feitos em outra fórma, será nenhum.

3. E no caso, onde a injuria fosse feita ao Julgador, não por razão de seu Officio, mas por causa de alguma inimizade antiga, ou rixa nova, que acontecesse entre elle e o injuriante, não poderá esse Julgador condenar, nem proceder por tal injuria, que lhe assi seja feita; mas podel-o-ha prender, se o caso tão grave fôr, que mereça ser preso, para se delle fazer cumprimento de Direito.

E não sendo da qualidade para ser preso, emprazal-o-ha, que a certo dia pareça pessoalmente perante Nós sobre a dita causa, e fará saber a Nós o caso como passou, em tal maneira, que ministremos justiça segundo o caso fôr.

4. E fazendo alguem injuria a algum outro Official sobre seu Officio, assi como Alcaide, Meirinho, ou seu homem, Tabellião, Porteiro, Scrivão, ou outro semelhante que não tenha poder para julgar, ora o Julgador seja presente, ou absente, logo sem strepito, nem figura de Juizo (citando porém a parte contraria, para ver jurar testemunhas) mande sobre isso fazer acto, e tirar inquirição; e summariamente sabida a verdade, lhe faça cumprimento de Direito, de maneira que os Officiaes ousadamente possão cumprir nossos mandados e dos Julgadores sem receio de algum homem poderoso por isso lhes fazer offensa, ou sem razão alguma.

5. E em todos os casos sobreditos o Julgador, que de cada hum delles conhecer, dará appellação ou aggravo de sua sentença ás partes, que della quizerem appellar ou aggravar; e não appellando, appellará por parte da Justiça, sem embargo de o caso caber em sua alçada, salvo no caso, onde fôr julgado pelo superior; porque, se couber em sua alçada, não será obrigado a receber appellação, nem appellar por parte da Justiça.

6. E diffamando alguma pessoa de algum nosso Official, quer em Juizo, quer fóra delle, que levou alguma peita, ou que acceitou a promessa della, ou que fez maliciosamente algum erro em seu Officio, e o não provar, mandamos que seja condenado na injuria e emenda para o tal Official em dobro daquillo, que merece o dito Official por lhe dizerem tal diffamação; e mais haverá a pena crime, que nos bem parecer, havendo respeito á qualidade das pessoas, assim do que diffamou, como do Official diffamado.

TÍTULO LI.

Do que alevanta volta em Juizo perante a Justiça.

Defendemos que nenhum alevante volta, nem arroido perante Justiças, ou contra ellas.

E o que o contrario fizer, se de proposito alevantar arroido em Juizo contra a Justiça, ou contra outrem em sua presença, e ferir, morra por isso.

E se não ferir, fique em arbitrio do Julgador dar-lhe a pena, que lhe direito parecer, além das mais, que por outras nossas Ordenações merecer.

E alevantando em rixa nova sem outro proposito, esse Julgador o condene logo na pena, que merecer segundo a qualidade das pessoas, e da culpa, que em tal arroido tiver.

E em todo o caso, assi de rixa nova, como de proposito, faça o Julgador screver aos Tabelliães, ou Scrivães acto do que perante elle passar, para se depois poder ver, se se houve no caso, como devia.

E não o fazendo assi, mandamos aos Tabelliães, ou Scrivães, que ponhão tudo em stado contra elle, para depois se ver, se o deixou de fazer por favor de alguma das partes, e assi haver a pena, que per Direito merecer.

TÍTULO LII.

Dos que falsificão sinal, ou sêllo del-Rey, ou outros sinaes authenticos, ou sêllos.

Toda a pessoa de qualquer stado e condição, que per si, ou per outrem falsar nosso sinal, ou sêllo, ou depois de nossa Carta, ou Alvará ser per Nós assinado, accrescentar, mudar, ou mingoar algumas palavras, ou letras, per que se mude em alguma parte a substancia, ou tenção da dita Carta, ou Alvará, morra por isso, e perca seus bens para a Corôa de nossos Reinos, se descendentes ou ascendentes legitimos não tiver.

1. Outrosi todo aquelle, que falsar ou mandar falsar sinal de algum nosso Dezembargador no que a seu Officio pertencer, ou sêllo de alguma Cidade, Villa, Concelho, ou outro qualquer sêllo authentico, ou acrescentar, diminuir, ou mudar alguma cousa depois da Carta assinada, ou sellada, per que se mude em alguma parte a tenção della, ou falsificar per qualquer maneira alguma scriptura publica, ou sinal publico de Tabellião, ou Scrivão, que nossa auctoridade tenha para o fazer, seja degradado para sempre para o Brazil, e perca os bens para a Corôa de nossos Reinos, se descendentes, ou ascendentes legitimos não tiver.

2. E o que falsar sinal de qualquer outro Julgador em cousa, que a seu Officio pertencer, ou algum Alvará, a que segundo nossas Ordenações se deveria dar fé, se verdadeiro fosse, como á scriptura publica, seja degradado dez annos para Africa, e perca os bens para a Corôa.

E nestes casos, postoque de Nós haja perdão, não lhe será guardado, porque o havemos por subrepticio.

TÍTULO LIII.

Dos que fazem Scripturas falsas, ou usão dellas.

Os Tabelliães, ou Scrivães, que fizerem scripturas, ou actos falsos, mandamos que morrão morte natural, e percão todos seus bens para a Corôa de nossos Reinos.

E postoque de Nós hajão perdão, lhes não será guardado, porque o havemos por subrepticio.

1. E o que ordenar, que algum Tabellião, ou Scrivão faça scriptura falsa, ora o Tabellião seja sabedor da falsidade, ora não, se a scriptura fôr de qualidade, que se poderia por ella negociar valia de hum marco de prata, postoque se não negocêe, morrerá morte natural, e perderá seus bens.

E sendo a scriptura de menor qualidade, será degradado para o Brazil para sempre, e perderá seus bens.

E as testemunhas, que ao fazer da tal scriptura intervierem, sabendo que se faz falsa, incorrerão nas mesmas penas.

2. E tanto que alguma pessoa appresentar scriptura em algum feito, se depois a tal scriptura fôr achada falsa, o que assi appresentou, será degradado dez annos para Africa, e perderá os bens para a Corôa de nossos Reinos, se descendentes, ou ascendentes legitimos não tiver.

O que haverá lugar, postoque depois de a appresentar, diga que não quer usar da tal scriptura.

Porém, se a parte allegar e provar alguma razão, per que pareça ao Julgador, que do feito conhecer, que elle não fez a falsidade, nem deu a ella ajuda, conselho, nem favor, nem podia della ser sabedor, ser-lhe-ha recebida; e provando tanto, per que deva ser relevado das ditas penas, não lhe serão dadas.

TÍTULO LIV.

Do que disser testemunho falso, e do que o faz dizer, ou commette que o diga, ou usa delle.

A pessoa que testemunhar falso, em qualquer caso que seja, morra por isso morte natural, e perca todos seus bens para a Corôa de nossos Reynos.

E essa mesma pena haverá o que induzir e corromper alguma testemunha, fazendo-lhe testemunhar falso em feito crime de morte, ora seja para absolver, ou para condenar.

Porém, se fôr para absolver, não se fará nelle execução, até nol-o fazerem saber, declarando-nos as causas por que foi movido a tal fazer.

E se fôr em outros crimes, que não sejão de morte, e assi nos civeis, será degradado pera sempre para o Brazil, e perderá sua fazenda, se descendentes, ou ascendentes legitimos não tiver.

E em cada hum destes casos não poderá a parte haver perdão de Nós; e se o houver, mandamos que lhe não seja guardado, porque o havemos por subrepticio.

1. E provando-se, que alguma pessoa sobornava testemunha, prometendo-lhe dinheiro, ou qualquer outra cousa, porque testemunhasse falso, postoque o não quizesse aceitar, nem dar testemunho, nem ser appresentado por testemunha, se, a causa, para que assi sobornava, fôr civel, seja açoutado pela Villa com baraço e pregão.

E se fôr feito crime, em que não caiba morte, haverá a sobredita pena.

E se fôr em caso de morte para condenar, seja degradado para o Brazil dez annos, e mais será açoutado.

E se fôr para absolver, seja degradado dez annos para Africa.

2. E o que appresentar testemunhas falsas, haverá a mesma pena, postoque depois de appresentadas diga, que não quer usar dellas.

TÍTULO LV.

Dos partos suppostos.

O crime do parto supposto he acompanhado de muitos outros, e em grande dano da Republica.

Por tanto mandamos, que toda a mulher, que se fingir ser prenhe, sem o ser, e der o parto alheio por seu, seja degradada para sempre para o Brazil, e perca todos seus bens para nossa Corôa.

E as mesmas penas haverão as pessoas, que ao tal crime derem favor, ajuda, ou conselho.

1. Porém, porque na accusação deste crime não somente se trata de castigar a mãi, mas tambem de privar o filho, que se diz ser supposto e falso, da herança e bens do pai, que se lhe dér, quanto á pena o marido, sómente poderá accusar a mulher, e sendo elle fallecido, os herdeiros, que **abintestado** lhe havião de succeder, se filho não houvera; os quaes poderão proseguir sua accusação, postoque a mulher seja morta, e poderão accusar o filho, que se diz ser supposto por seu interesse.

2. E por que ao filho, que se diz nascer do parto, que se accusa por falso, se podia causar dano pela sentença, que contra sua mãi se désse; mandamos, que no que toca á pena da mãi, ella possa logo ser accusada, e condenada, ou absoluta; mas por que toca á successão do filho, stê a cáusa suspensa, até elle ser de idade de quatorze annos; porque se presume, que ella se saberá defender do tal delicto, como cousa, que importa a vida, sem ter necessidade do adjutorio do filho, e não se sperará por sua puberdade para ella ser julgada: mas quanto áo que toca ao filho, porque não tem idade para se delle tratar, se sperará o dito tempo.

E a sentença que contra a mãi se der, á elle não prejudicará, nem a sentença, per que ella fôr absoluta, aproveitará a elle; porque para todo o caso se ha-de sperar, que o filho seja da dita idade, porque como causa indefensa antes della poderião os parentes haver sentença em prejuizo delle, em lugar de o defender, e ajudar.

3. E porque acontece, que o marido e mulher, juntamente fabricão esta maldade, a fim de privarem a outro da herança e bens, que de necessidade lhe havião de vir, por elles não terem filhos: queremos, que o que acima se disse da mulher, se entenda em tudo no marido, sem a sentença de sua condenação, ou absolvição aproveitar, nem empecer ao filho.

TÍTULO LVI.

Dos Ourives, que engastão pedras falsas, ou contrafeitas, ou fazem falsidades em suas obras.

Mandamos, que nenhum Ourives lavre ouro em obra sua, nem alheia, de menos quilates do que se lavra na Moeda.

Mas as peças, que comprarem, de ouro, que forem feitas fora do Reino, e que notoriamente parece que são de obra estrangeira, poderão vender, postoque não sejão de ouro dos ditos quilates, que corre.

E primeiro que as vendão, as mostrarão aos Juizes de seu Officio, para verem a qualidade dellas. E quando as venderem, será por a lei do ouro, de que as taes peças forem.

1. Nem outrosi venderão peças de prata, ou ouro á olho, senão a pezo, nem farão manilhas de prata, ou ouro, sobre outro metal algum, qualquer que seja.

2. E mandamos, que Ourives algum, ou outra alguma pessoa não engaste, nem ponha pedra alguma falsa, ou contrafeita, assi como são Rubins, Diamantes, Esmeraldas, Safiras, Turquesas, Balaes, Jacinthos, Perolas, Aljofar grosso, ou miudo, nem outra alguma pedra, ou annel de ouro, ou de prata, nem em outra cousa, nem peça alguma.

O que se não entenderá nas cousas, que lhes mandarem fazer para serviço das Igrejas.

3. E quem fizer o contrario em cada hum dos casos acima ditos, perderá todos os seus bens, metade para a arca da Piedade, e a outra para quem o accusar.

4. E nenhum Ourives de ouro, ou de prata faça falsidade alguma nas obras de ouro, ou prata que fizer para vender, mettendo-lhes alguma liga, per que a lei, bondade e valia do ouro, ou prata seja abatida, nem mettão nas obras, que lhes mandarem fazer, mais baixo ouro, ou prata, do que os donos das obras mandarem.

E qualquer, que maliciosamente o contrario fizer, se a falsidade, que tiver feita, chegar á verdadeira valia de hum marco de prata, morra por isso. E não chegando á dita valia, seja degradado para sempre para o Brazil. E em cada hum destes casos sua fazenda será confiscada.

TÍTULO LVII.

Dos que falsificão mercadorias.

Se alguma pessoa falsificar alguma mercadoria, assi como cêra, ou outra qualquer, se a falsidade, que nella fizer, valer hum marco de prata, morra por isso.

Porém não contratando a dita mercadoria, a execução se não fará, sem nol-o fazerem saber.

E se fôr de valia de hum marco para baixo, seja degradado para sempre para o Brazil.

TÍTULO LVIII.

Dos que medem, ou pesão com medidas, ou pezos falsos.

Toda a pessoa, que medir, ou pesar com medidas, ou pezos falsos, se a falsidade, que nisso fizer, valer hum marco de prata, morra por isso.

E se fôr de valia de menos do dito marco, seja degradado para sempre para o Brazil.

TÍTULO LIX.

Dos que molhão, ou lanção terra no pão, que trazem, ou vendem.

Qualquer Carreteiro, Almocreve, Barqueiro, ou outra pessoa, que houver de entregar, ou vender pão, ou levar de huma parte para outra e lhe lançar ácintemente terra, agoa, ou outra cousa qualquer, para lhe crescer, e furtar o dito crescimento, se o damno e perda, que se receber do tal pão, valer dez mil reis, morra por isso.

E se fôr de dez mil reis para baixo, seja degradado para sempre para o Brazil.

TÍTULO LX.

Dos furtos, e dos que trazem artificios para abrir portas.

Mandamos, que qualquer pessoa, que furtar hum marco de prata, ou outra cousa alhêa, que valer tanto, como o dito marco, estimada em sua verdadeira valia, que a dita prata valer ao tempo do furto, morra por isso.

1. E se fôr provado que alguma pessoa abrio alguma porta, ou entrou em alguma caza, que stava fechada, per a porta, janella, telhado, ou per qualquer outra maneira, e que furtou meio marco de prata, ou sua valia, ou dahi para cima, morra por isso morte natural.

E postoque se lhe não prove, que furtou cousa alguma da dita caza, queremos, que sómente pelo abrir da porta, ou entrar em caza com animo de furtar, seja açoutado publicamente com baraço e pregão, e degradado para sempre para o Brazil.

2. E qualquer pessoa, que furtar valia de quatrocentos reis, e dahi para cima, não sendo o furto de qualidade, por que deva morrer, seja publicamente açoutado com baraço e pregão; e sendo de valia de quatrocentos reis para baixo, será açoutado publicamente com baraço e pregão, ou lhe será dada outra menor pena corporal, que aos Julgadores bem parecer, havendo respeito á quantidade e qualidade do furto e do ladrão.

Porém, se fôr scravo, quer seja Christão, quer infiel, e furtar valia de quatrocentos reis para baixo, será açoutado publicamente com baraço e pregão.

3. E fazendo alguem trez furtos per diversos tempos, se cada hum dos furtos per si valer hum cruzado ao menos, morra por isso, postoque já por o primeiro, ou segundo, ou por ambos fosse punido.

4. E qualquer pessoa, que furtar alguma prata, ou ouro, vestimentas, vestidos dos Santos, ornamentos dos Altares, e outros de Igreja, de dentro da Igreja, ou Mosteiro, ou de alguma caza, que dentro da Igreja, ou Mosteiro stiver, ou furtar alguma scriptura de algum cartorio de Igreja, ou Mosteiro, morra por isso morte natural, postoque não chegue a valia de marco de prata.

E neste caso não se fará execução, sem nol-o primeiro fazerem a saber.

E os que na Igreja furtarem alguma cousa, postoque da Igreja não seja, nem chegue a marco de prata, sejão açoutados publicamente, e vão degradados per quatro annos para galés.

5. E quando alguma pessoa comprar alguma cousa, que verosimilmente pareça, segundo a qualidade della e do vendedor, que he furtada, ou que não he do que a vende, e depois se provar que era furtada, o que a comprou, seja punido, como que a furtára, e não lhe seja recebida autoria alguma.

6. Outrosi, em a Corte e em a cidade de Lisboa pessoa alguma, de qualquer qualidade que seja, não compre cousa, que valha de cincoenta reis para cima, senão dos Pregoeiros e Adellas, que para isso são ordenadas, ou dos Officiaes, que as taes cousas fazem.

E comprando-as alguem de fóra das mãos dos sobreditos, e provando-se, que são de furto, queremos que pague da Cadea em quatrodobro a valia da dita cousa, ametade para a Piedade, e a outra para quem o accusar, além do principal, que haverá o dono da cousa.

E não chegando o quatrodobro a dous mil réis, queremos que seja condenado nelles.

E mais pola primeira vez stê na Cadea quinze dias, e pola segunda, além da pena dos dobros, será degradado hum anno para o Couto de Castro-Marim, sem nunca para sua desculpa lhe ser recebido autor, a quem as comprou, postoque o allegue para sua defesa.

7. E sendo alguma pessoa commettida per algum ladrão, ou per outrem, que compre alguma cousa furtada, queremos que elle o possa prender, e entregar ás Justiças com a dita cousa; e provando-se, que he furtada, esse, que o prendeo, haverá a valia da dita cousa, que lhe vendião, pela fazenda do ladrão, que prendeo; e não tendo elle per onde pague, queremos que o haja da arca da Piedade, com tanto que não passe de cinco cruzados.

8. E por quanto alguns furtos se fazem por algumas pessoas, não começando em furto, por as cousas furtadas a principio virem á sua mão per vontade de seus donos, assi como são Feitores, Recebedores, Mordomos e outras pessoas, de que se fia dinheiro, ou qualquer fazenda, e assi Ourives, ou outros Officiaes mechanicos:

E bem assi, se alguem emprestasse a algum seu amigo joias, prata, cavallos, ou outras quaesquer cousas, e elle fugisse com ellas, ou as vendesse, ou recebesse algum deposito, e fugisse com elle, ou o vendesse; nestes casos serão punidos os malfeitores segundo arbitrio do Julgador, e até morte natural **inclusive,** se lhe tanto parecer que merecem, conforme a qualidade do caso e das pessoas, e circumstancias delle.

9. E toda a pessoa, de qualquer condição que seja, que fôr achada que traz gazúas em qualquer parte de nossos Reinos, seja publicamente açoutada e degradada para as galés por hum anno; e se fôr de qualidade, em que não caibão açoutes, seja degradada cinco annos para o Brazil.

E qualquer Ferreiro, ou Official, a que fôr provado, que fez quaesquer gazúas, haverá a sobredita pena.

10. E sendo alguma pessoa achada depois do sino de recolher tangido com alguns outros artificios, que se mostre que são para abrir, ou quebrar arcas, ou portas, ou as lançar fóra do couce, haverá a dita pena de açoutes e degredo para galés, se fôr peão, e se fôr de qualidade, em que não caibão açoutes, será degradado por cinco annos para o Brazil.

11. E qualquer pessoa, que fôr tomada cortando, ou desatando bolsa, ou mettendo a mão em alguma aljubeira, ora nellas se ache dinheiro, ora não, se fôr peão, seja açoutado, e sendo em Igreja, será mais degradado dous annos para ás galés.

TÍTULO LXI.

Dos que tomão alguma cousa por força.

Pessoa alguma, de qualquer qualidade que seja, não tome cousa alguma per força e contra vontade daquelle, que a tiver em seu poder.

E tomando-a per força, se a cousa assi tomada valer mais de mil reis, morra por isso morte natural.

E se valer mil reis, ou dahi para baixo, haverá as penas, que houvera, se a furtára, segundo fôr a valia della.

O que tudo haverá lugar, postoque allegue, que offerecia o preço da cousa ao possuidor, ou que lhe deixou o dito preço: porque, como fôr contra sua vontade, queremos que haja as ditas penas.

Porém, se forem mantimentos, e o que os tomar fôr Cavalleiro, ou pessoa semelhante, ou dahi para cima, não haverá a pena desta Ordenação, mas as penas, que dissemos no segundo Livro, titulo 50: **Que os Senhores de terras, nem outras pessoas não tomem, etc.**

1. E a pessoa, a que fôr provado, que em caminho, ou no campo, ou em qualquer lugar fóra de povoação tomou per força, ou contra vontade a outra pessoa cousa, que valha mais de cem reis, morra morte natural.

E sendo de valia de cem reis para baixo, seja açoutado e degradado para sempre para o Brazil.

TÍTULO LXII.

Da pena, que haverão os que achão scravos, aves, ou outras cousas, e as não entregão a seus donos, nem as apregoão

Se algum scravo, que andar fugido, fôr achado, o achador o fará saber a seu senhor, ou ao Juiz da cabeça do Almoxarifado da Comarca, em que fôr achado, do dia, em que o achar, a quinze dias.

E não o fazendo assi, haverá pena de furto.

E o Juiz desse Lugar notifique per sua carta ao Lugar, onde morar o senhor do scravo, ou ao mesmo senhor, e á sua custa se leve o recado.

E á pessoa, que tiver tal scravo per auctoridade de Justiça, se dará para seu mantimento vinte réis cada dia, e os dias, que se servir delle, não haverá cousa alguma pelo mantimento; e mais haverá o achador de seu achadego por scravo negro trezentos reis, e por scravo branco, ou da India, mil réis.

1. E porque muitas vezes os scravos fugidos não querem dizer cujos são, ou dizem, que são de huns senhores, sendo de outros, do que se segue fazerem-se grandes despezas com elles, mandamos que o Juiz do lugar, onde fôr trazido scravo fugido, lhe faça dizer cujo he, e donde he, per tormentos de açoutes, que lhe serão dados sem mais figura de Juizo, e sem appellação, nem aggravo, com tanto que os açoutes não passem de quarenta.

E depois que no tormento affirmar cujo he, então faça as diligencias sobreditas.

2. E tanto que algum scravo fôr preso na cidade de Lisboa, antes que o mettão na Cadêa, ou em outra parte, o levem a hum Julgador, e lhe digão como o levão preso por andar fugido; o qual Julgador lhe fará as perguntas necessarias, para saber se anda fugido, e disso se fará assento.

E se lhe parecer, que anda fugido, o mandará ao Tronco, ou á Cadêa, ou a seu dono, se fôr morador na Cidade.

E achando-se, que passa de oito dias, que anda fugido, mandará pagar de achadego ao que o achou, cem réis sómente, se o dono fôr morador na Cidade.

E se se provar, que anda fugido, sendo seu dono morador fóra da Cidade, ou sendo scravo achado fóra dos muros della, e de seus arrabaldes, postoque seu dono seja morador na Cidade, e postoque não sejão passados os oito dias, pagar-lhe-hão trezentos réis por scravo negro, e mil réis por scravo branco, ou da India.

3. E todo aquelle, que achar ave alhêa, ou outra qualquer cousa, tanto que souber cuja he, lha entregue logo, postoque requerido não seja.

E não a entregando, e uzando della sem vontade de seu dono, seja constrangido que lha torne, e mais seja punido, como se a principio lha furtára.

E não sabendo cuja he, a mandará apregoar por spaço de trinta dias em lugares publicos e costumados.

E não mandando apregoar, e usando della depois do dito tempo, seu dono lha poderá demandar, e lhe será julgada: E será outrosi punido de furto.

E vindo seu dono a demandar essa cousa achada, no caso, onde o achador não commetteo furto, pagará primeiro ao achador todas as custas e despezas, que fez por achar e guardar essa cousa que achou.

E mais, se fôr caçador, pagar-lhe-ha achadego, convem a saber do Açor prima cem réis, e pelo Açor terço e Falcão prima cincoenta réis, e por Gavião prima vinte réis.

4. E nas outras cousas, que achadas forem, o achador seja obrigado geralmente em todo o tempo entregar isso, que achou, sem poder demandar achadego, salvo se lhe fôr promettido.

5. E se algum achar Lobo, ou Ave Caçador, que leve preso algum Cordeiro, ou outra cousa alguma, e lha tolher, com seus cães, ou por outro qualquer modo, mandamos que a torne a seu dono, sem outro algum achadego, e devem-lhe ser pagas as despezas, que fez por tolher essa cousa.

E não querendo tornar isso, que assi tolheo, e retendo-o forçosamente contra vontade de seu dono, seja havido por commettedor de furto.

6. E o que achar alguma ave, ou alimaria fera em laço, ou em cêpo, que outrem armasse em lugar, que segundo Direito e costume se devem armar, deve entregar isso, que achou em laço alhêo, sem outro achadego.

7. E quanto ás bestas e gado, se guardará o que dissemos no Livro terceiro, Titulo 94: **Como se hão de arrecadar e arrematar as cousas achadas de evento.**

TÍTULO LXIII.

Dos que dão ajuda aos scravos captivos para fugirem, ou os encobrem.

Defendemos, que nenhumas pessoas levem fóra de nossos Reinos scravos, para os pôrem em salvo, e sairem de nossos Reinos, nem lhes mostrem os caminhos, per onde se vão, e se possão ir, nem outrosi dêm azo, nem consentimento aos ditos scravos fugirem, nem os encubrão.

E qualquer pessoa, que o contrario fizer, mandamos que sendo achado levando algum captivo para o pôr em salvo, aquelle, que o assi levar, sendo Christão, será degradado para o Brazil para sempre.

E sendo Judeu, ou Mouro forro, será captivo do senhor do scravo, que assi levava. E sendo Judeu, ou Mouro captivo, será açoutado.

E sendo-lhe provado que o levava, postoque com elle não seja achado, haverá as mesmas penas, e mais pagará a valia do scravo a seu dono.

1. E quanto aos que derem azo, ou encobrirem, ou ajudarem aos captivos fugirem, incorrerão nas penas sobreditas.

TÍTULO LXIV.

Como os Stalajadeiros são obrigados aos furtos e danos, que em suas Stalagens se fazem.

Por se escusarem os furtos, que se fazem á algumas pessoas, que pousão em Stalagens, e em outras cazas, em que os agasalhão por seu dinheiro, e outros danos e crimes, mandamos que todo o Stalajadeiro, ou qualquer outra pessoa, que agasalhar gente por dinheiro, cada noite, antes que se deite, cerre as portas da Stalagem, ou caza; para o que terá as chaves de todas as portas, que a dita caza tiver, de modo que, como as portas forem fechadas, ninguem possa sair, sem lhe pedir licença.

E como fôr manhã, e se alevantar, não abrirá a porta, nem deixará sair pessoa alguma fóra, até perguntar a toda a gente, que em sua caza, ou Stalagem dormio aquella noite, se lhe falta, ou lhe foi furtada alguma cousa, ou lhe foi feito algum mal.

E dizendo alguem, que lhe falta qualquer cousa, ou lhe foi feito mal algum, não deixará sair pessoa alguma das que ahi dormirão, sem primeiro o notificar ao Juiz do Lugar, onde isto acontecer, e sem mandado do dito Juiz, depois que lhe notificar.

E não fazendo a dita diligencia, o Stalajadeiro, ou pessoa, que a dita gente agasalhou, seja obrigado pagar todo o furto e dano, que se provar que foi feito ao queixoso.

TÍTULO LXV.

Dos bulrões e inliçadores, e dos que se levantão com fazenda alhêa.

Bulrão e inliçador he aquelle, que specialmente hypotheca, ou obriga per fiança huma cousa a dous, não a tendo desobrigada do primeiro credor, não sendo a cousa bastante para satisfazer aos credodes ambos.

E bem assi, o que vende a diversas pessoas pão, vinho, azeite, mel, sal, e outras cousas dante mão, promettendo pagar logo no primeiro anno de suas herdades, Vinhas, Olivaes, Colméas, ou Marinhas, affirmando a cada hum delles, que tudo aquillo haverá nellas o dito anno, não tendo taes propriedades, de que arrazoadamente possa haver o que assi vende.

Item, o que pede dinheiro emprestado de muitas partes, promettendo e fazendo seguranças per scriptura, ou palavra, que a breve tempo pagará, e depois que tem o dinheiro em seu poder, diz que não tem per onde pagar, e que o citem.

E para que taes maleficios e outros semelhantes se não fação, mandamos, que quando fôr querelado com juramento e summario ás nossas Justiças de algum por bulrão e inliçador, que taes cousas, ou outras semelhantes fez, declarando nas querelas as bulras, e as pessoas, a que as fez, sendo o summario obrigatorio, que baste para o querelado ser preso, o seja logo, e não será solto, até que pague da Cadêa tudo o que dever, e fôr obrigado pelos ditos modos; e mais perderá para Nós a terça parte da quantia, ou estimação, que valerem as cousas, que inliçou, vendeo, empenhou, trocou, ou per qualquer outro modo bulroso alheou, e outra terça parte para as pessoas danificadas.

E além disto haja a pena de degredo, ou outra, segundo fôr o caso da bulra, que fizer, e o Julgador entender, que merece, até morte **exclusive,** não sendo em nenhum dos ditos casos menos a condenação de degredo, que de dous annos para Africa.

1. Toda a pessoa, que alguma propriedade, ou cousa, em que caiba arrendamento vender, ou arrendar por sua, não o sendo, nem tendo razão de a haver por sua, pagará em quatrodobro a valia della.

E sendo de valia de dez mil réis para baixo, será degradado quatro annos para Africa.

E sendo a cousa de valia de dez mil réis até vinte mil, será degradado para sempre para o Brazil; e sendo de valia de vinte mil réis para cima, morra morte natural.

E estas mesmas penas haverão, segundo a distinção acima dita, os que venderem huma cousa duas vezes a differentes pessoas.

2. E a pessoa, que comprar, ou per qualquer titulo houver alguma cousa de outrem, sabendo, ou tendo razão de saber, segundo o arbitrio do Julgador, como não era do que lha vendeo, ou traspassou, e que houve per máo titulo: haverá as penas assi pecuniarias, como corporaes, que acima pozemos ao que vende a cousa, que não he sua.

3. E se alguma pessoa tiver algum Casal, ou outra propriedade, e pagar algum fôro, ou pensão della a outra pessoa, como seu Foreiro, ou Pensionario, e a fôr tomar novamente de emprazamento da mão de outro senhorio sem consentimento daquelle, a que paga o fôro, ou pensão, se fôr peão, seja açoutado: e se fôr Scudeiro, ou dahi para cima, será degradado dous annos para Africa.

E além disso perderá todo o direito, que tiver na cousa aforada, e será devoluta, e applicada ao senhorio, se a elle quizer.

TÍTULO LXVI.

Dos Mercadores que quebrão. E dos que se levantão com fazenda alhea.

Por quanto alguns Mercadores quebrão de seus tratos, levantando-se com mercadorias que lhes forão fiadas, ou dinheiro que tomárão a cambio, e se absentão, e escondem suas fazendas, de maneira que dellas se não póde ter noticia, e outros poem seus creditos em cabeça alhea, e para allegarem perdas fazem carregações fingidas.

Querendo nós prover, como os taes enganos, e roubos, e outros semelhantes se não fação, ordenamos, e mandamos, que os Mercadores, e Cambiadores, ou seus Feitores que se levantarem com mercadorias alheas, ou dinheiro que tomarem a cambio, ausentando-se do Lugar, onde forem moradores, e esconderem seus livros de razão, levando comsigo o dinheiro que tiverem, ou passando-o por letras a outras partes, e esconderem a dita fazenda em parte de que se não saiba, assi neste Reino como fóra delle, ou por qualquer outro modo a encobrirem, sejão havidos por publicos ladrões, roubadores, e castigados com as mesmas penas, que por nossas Ordenações, e Direito Civil os ladrões publicos, se castigão, e percão a nobreza, e liberdades que tiverem para não haverem pena vil.

1. E quando por falta de prova, ou por outro algum respeito juridico, nos sobreditos se não poder executar a pena ordinaria, serão condenados em degredo para galés, e outras partes segundo o engano, ou malicia, em que forem comprehendidos: e não poderão mais em sua vida usar o Officio de Mercador, para o qual os havemos por inhabilitados.

E usando delle, incorrerão nas penas, que por nossas Ordenações incorrem os que usão de Officios publicos, sem para isso terem nossa licença.

E nas mesmas penas incorrerão seus Feitores, que os ditos delictos commetterem.

2. E bem assi não poderão fazer cessão de bens, nem gozar de quita, ou spera, que os crédores lhes derem, postoque per escriptura publica lha concedão, por quanto as havemos por nullas, sem embargo de quaesquer clausulas e condições, que nellas forem postas. E poderão os crédores fazer execução inteiramente, por o que lhes deverem, em suas pessoas e fazenda, que lhes fôr achada, ou depois per qualquer titulo adquirirem.

3. **Item**, vindo á noticia dos Officiaes de Justiça, que alguns bens dos ditos levantados stão em algumas Igrejas, Mosteiros, lugares pios, Fortalezas, Navios, ou em cazas de pessoas poderosas, de qualquer qualidade e condição que sejão, as tirarão dellas, sem lhes ser posto duvida, ou embargo algum. E farão dellas inventario, e depositarão para pagamento dos crédores.

4. E as pessoas, que em seu poder tiverem dividas, conhecimentos, scripturas, ou outra qualquer fazenda, que pertença aos ditos levantados, lha não entregarão, postoque em deposito, ou guarda a tenhão recebida, nem lhe pagarão dividas; mas sabendo per qualquer via, que algum Mercador se levantou, o manifestarão dentro em quinze dias aos Officiaes da Justiça, a que o conhecimento do caso pertencer.

E provando-se, que lhe entregarão alguma cousa, ou pagarão divida, depois de serem levantados, ou quebrados, a pagarão outra vez. E os encobridores perderão outra tanta fazenda para os crêdores, quanta foi a que encobrirão.

5. E mandamos, que pessoa alguma, de qualquer condição que seja, não receba, nem recolha em suas cazas, Fortalezas, Náos, pessoa alguma, que se levantar, ou quebrar de seu credito, nem fazenda sua: antes os entreguem ás Justiças, quando para isso forem requeridos.

E não os entregando, serão obrigados pagar de suas fazendas aos crédores, tudo o que o dito levantado lhes dever, e haverão as mais penas crimes, que per nossas Ordenações são postas aos que recolhem furtos e malfeitores.

6. E os que derem conselho, ajuda e favor para os ditos Mercadores quebrarem, ou lhes ajudarem a encobrir, ou salvar suas pessoas e fazenda, pagarão as dividas, que elles deverem aos crédores, e serão castigados, como participantes no mesmo levantamento, conforme a culpa, que contra elles se provar.

7. E as pessoas, que por sua culpa perderem sua fazenda, jogando, ou gastando demasiadamente, incorrerão nas sobreditas penas, excepto que não serão havidos por publicos ladrões, nem serão condenados em pena de morte natural: mas em penas de degredo, segundo a qualidade da culpa, em que forem comprehendidos, e quantidade das dividas, com que quebrarem, e se levantarem.

8. E os que caírem em pobreza sem culpa sua, por receberem grandes perdas no mar, ou na terra em seus tratos e commercios licitos, não constando de algum dolo, ou malicia, não incorrerão em pena alguma crime. E neste caso serão os autos remettidos ao Prior e Consules do Consulado, que os procurarão concertar e compor com seus credores, confórme a seu Regimento.

9. E mandamos aos Julgadores, a que o conhecimento pertencer, que tanto que á sua noticia vier, que algum Mercador se levantou, vão logo a sua caza, e fação auto e inventario do que nella acharem, e lhe tomem o Livro da razão, e se informem de seus acrédores, da quantia do dinheiro, ou fazenda, com que se levantou, e do tempo, em que lhe foi dada; e tirem devassa de modo, que se saiba a verdade, e a causa, que teve para quebrar, e procurem de prender os culpados, e procedão contra elles, como fôr justiça. E sendo absentes, procederão per edictos na fórma de nossas Ordenações.

10. Qualquer pessoa, postoque Mercador não seja, nem seu feitor, que se alevantar com dinheiro, ou divida, ou qualquer fazenda alhea, ou se poser onde a parte não possa delle haver direito (se a divida, com que se alevantar, fôr de cem cruzados, e dahi para cima), morra morte natural.

E sendo de cem cruzados para baixo, não descendo de cincoenta cruzados, seja degradado por oito annos para o Brazil.

E sendo de cincoenta cruzados para baixo, será degradado per o tempo, e para onde aos Julgadores bem parecer.

As quaes penas assi da morte, como as outras, haverão lugar, postoque pelas taes dividas, com que se alevantaram, podessem fazer cessão.

TÍTULO LXVII.

Dos que arrancão marcos.

Qualquer pessoa, que sem auctoridade de Justiça, ou sem consentimento das partes, a que pertencer, arrancar marco, posto em alguma herança por demarcação, se fôr peão, seja açoutado publicamente pela Villa, ou lugar, e degradado dous annos para Africa.

E se fôr Scudeiro, e dahi para cima, seja sómente degradado os ditos dous annos.

E mettendo marco novamente, sem auctoridade de Justiça, ou das partes, a que tocar, haverá as mesmas penas, e pagará a valia da propriedade, que queria alhear com metter o marco, ametade para a parte, e a outra para nossa Camera.

E arrancando marco, não sabendo que o era, mas sómente com tenção de furtar a pedra, ou a cousa posta por demarcação, haverá a pena de furto, segundo a valia della, pois que teve tenção de furtar, e furtou cousa alhêa.

TITULO LXVIII.

Dos Vadios.

Mandamos, que qualquer homem que não viver com senhor, ou com amo, nem tiver Officio, nem outro mestér, em que trabalhe, ou ganhe sua vida, ou não andar negoceando algum negocio seu, ou alhêo, passados vinte dias do dia, que chegar a qualquer Cidade, Villa, ou lugar, não tomando dentro nos ditos vinte dias amo, ou senhor, com quem viva, ou mestér, em que trabalhe, e ganhe sua vida, ou se o tomar, e depois o deixar, e não continuar, seja preso, e açoutado publicamente.

E se fôr pessoa, em que não caibão açoutes, seja degradado para Africa per hum anno.

1. E na cidade de Lisboa os Corregedores da Côrte e da Cidade, e Juizes de Crime della, se informarão particularmente cada trez mezes, se ha nella algumas pessoas ociosas e vadias, assi homens, como mulheres.

E achando que as ha, as mandarão prender, e cada hum delles procederá summariamente, sem mais ordem, nem figura de Juizo, que a que fôr necessaria para se saber a verdade.

E os ditos Corregedores darão suas sentenças á execução sem appellação, nem aggravo.

E os Juizes darão appellação e aggravo nos casos, em que couber.

E parecendo a cada hum dos ditos Corregedores, que merecem mór castigo, o farão saber aos Dezembargadores do Paço, e com seu parecer alterarão as ditas penas, mandando-os embarcar para o Brazil ou para as Galés, per o tempo, que lhes bem parecer.

2. E allegando cada hum dos ditos vadios, que os vinte dias desta Ordenação não são passados, ou que teve justa causa para andar nos ditos lugares, elles serão obrigados a o provar do dia, que o allegarem, a dous dias seguintes.

E mandamos a todos os Julgadores que sobre este caso tenhão particular cuidado, e sejão muito diligentes em prender e castigar os taes vadios.

TÍTULO LXIX.

Que não entrem no Reino Ciganos, Armenios, Arabios, Persas, nem Mouriscos de Granada.

Mandamos, que os Ciganos, assi homens, como mulheres, nem outras pessoas, de qualquer Nação que sejão, que com elles andarem, não entrem em nossos Reinos e Senhorios. E entrando, sejão presos e açoutados com baraço e pregão.

E feita nelles a dita execução, lhes seja assinado termo conveniente, em que se saiam fóra delles.

E não se saindo dentro do dito termo, ou tornando outra vez entrar nelles, sejão outra vez açoutados, e percão o movel, que tiverem, e lhes fôr achado, ametade para quem os accusar, e a outra para a Misericordia do lugar, onde forem presos; e sendo algumas das ditas pessoas, que com os Ciganos andarem, naturaes destes Reinos, não serão lançados delles, mas serão além das sobreditas penas degradados dous annos para Africa.

1. E sendo achadas em nossos Reinos pessoas, que nos trajos, lingoa e modo pareção Armenios, Gregos, Arabios, Persas, ou de outras Nações sujeitas ao Turco, sejão presos, até constar de suas pessoas, e da causa de sua vinda, e negocio, que vem tratar, e per quanto tempo.

E os Julgadores, cada hum em sua jurisdição, per suas cartas e autos, que disso farão, nol-o farão logo saber, para mandarmos ver os ditos autos; e constando delles tanto, que baste para não serem havidos por espias e vadios, lhes será limitado tempo conveniente para sua stada nestes Reinos, confórme ao que constar do negocio: passado o qual tempo (sendo nelles mais achados), serão presos, e degradados para Galés pelo tempo, que houvermos por bem.

E mostrando os ditos Estrangeiros Breves, ou Bullas do Santo Padre, para pedirem esmolas, ou para publicarem Indulgencias, as Justiças nol-as enviarão, para as mandarmos appresentar aos Prelados, a que vierem dirigidas, para examinarem, se são verdadeiras, e a informação, com que forão impetradas, e se vem nellas cousas, que seja justo rescrever a sua Sanctidade sobre a declaração dellas.

2. E os Christãos novos, Mouriscos naturaes do Reyno de Granada, e os que delles descenderem, assi homens, como mulheres, que livres forem, em nenhum tempo poderão entrar neste Reyno de Portugal, nem viver nelle com suas familias, nem sem ellas; e os que o contrario fizerem, serão presos, e degradados para as Galés para sempre, e perderão todos seus bens para nosso Fisco: as quaes penas executarão os Corregedores da Corte e da Relação do Porto, e os Corregedores das Comarcas, sem appellação, nem aggravo.

E os Juizes a elles inferiores appellarão para os ditos Corregedores.

E as appellações, que sairem dos Ouvidores, e Juizes dos Donatarios da Corôa, irão aos Julgadores, a que pertencerem, e nelles fenecerão, sem mais se poder appellar.

TÍTULO LXX.

Que os scravos não vivão per si, e os Negros não fação bailos em Lisboa.

Nenhum scravo, nem scrava captivo, quer seja branco, quer preto, viva em caza per si; e se seu senhor lho consentir, pague de cada vez dez cruzados, ametade para quem o accusar, e a outra para as obras da Cidade, e o scravo, ou scrava seja preso, e lhe dem vinte açoutes ao pé do Pelourinho.

E nenhum Mourisco, nem negro, que fosse captivo, assi homem como mulher, agasalhe, nem recolha na caza, onde viver, algum scravo, ou scrava captivo, nem dinheiro, nem fato, nem outra cousa, que lhe os captivos derem, ou trouxerem a caza; nem lhe compre cousa alguma, nem a haja delle per outro algum titulo, sob pena de pagar por cada vez dez cruzados, ametade para as obras da Cidade, ou Villa, e a outra para quem o accusar, além das mais penas, em que per nossas Ordenações e per Direito incorrer.

1. E bem assi na cidade de Lisboa, e huma legoa ao redor, se não faça ajuntamento de scravos, nem bailos, nem tangeres seus, de dia, nem de noite, em dias de Festas, nem pelas semanas, sob pena de serem presos, e de os que tangerem, ou bailarem, pagarem cada hum mil réis para quem os prender, e a mesma defesa se entenda nos pretos forros.

TÍTULO LXXI.

Dos Officiaes del-Rey, que recebem serviços, ou peitas, e das partes, que lhas dão, ou promettem.

Defendemos a todos os Dezembargadores e Julgadores, e a quaesquer outros Officiaes, assi da Justiça, como da nossa Fazenda, e bem assi da nossa Caza, de qualquer qualidade que sejão, e aos da Governança das Cidades, Villas e lugares, e outros quaesquer, que não recebão para si, nem para filhos seus nem pessoas, que debaixo de seu poder e governança stêm, dadivas algumas, nem presentes de pessoa alguma que seja, postoque com elles, não traga requerimento de despacho algum.

E quem o contrario fizer, perderá qualquer Officio, que tiver, e mais pagará vinte por hum do que receber, ametade para quem o accusar, e a outra para nossa Camara.

E aquelle, que o tal presente der, ou enviar, perderá toda sua fazenda, isso mesmo a metade para nossa Camara, e a outra para quem o accusar, e perderá qualquer Officio, ou Officios, Carregos e mantimentos, se os de Nós tiver, e será degradado cinco annos para Africa.

Não tolhemos porém, que possão receber tudo o que lhes quizerem dar seus descendentes, ou ascendentes, e outros parentes transversaes até o segundo gráo **inclusive,** contado segundo Direito Canonico.

E assi poderão receber pão, vinho, carnes, fructas, e outras cousas de comer, que entre os parentes e amigos se costumão dar, e receber das pessoas, que com elles tiverem razão de parentesco, ou cunhadio até o quarto gráo, ou que tiverem com elles tão streita amizade, ou outra razão, por onde com direito não possão ser Juizes de suas causas.

Nem isso mesmo nenhum dos sobreditos Officiaes poderá ser Feitor de outros Officiaes seus Superiores, nem para elles comprar nem vender-lhes, nem emprestar-lhes cousa alguma do seu.

E os Officiaes, que assi derem, venderem, ou lhes comprarem, venderem ou emprestarem cousa alguma, perderão suas fazendas, ametade para quem os accusar, e a outra para nossa Camera.

E perderão os Officios, Carregos, ordenados, e mantimentos, que com elles tiverem, e serão degradados cinco annos para Africa, e não poderão mais haver os taes Officios, ou Carregos, que assi tiverão.

E as ditas fazendas e Officios, que assi se hão de perder, e dos que as ditas cousas derão, venderão, comprarão, emprestarão, ou negociarão para outros Officiaes, havemos por bem, que se possão demandar até dez annos sómente.

1. E trazendo feito perante os ditos Julgadores e Dezembargadores, e mais Officiaes acima ditos, ou requerendo desembargo, ou despacho, e recebendo qualquer cousa daquelle, que assi trouxer, ou requerer, ou de outrem, que lho der por elle, sendo cada hum de todos os sobreditos Officiaes, Official, que tenha Officio de julgar, perca para a nossa Coroa todos seus bens, e o Officio, que de Nós tiver.

E se a peita passar de cruzado, ou sua valia, além das sobreditas penas será degradado para todo o sempre para o Brazil.

E sendo de cruzado, e dahi para baixo, será degradado cinco annos para Africa.

E sendo a peita de valia de dous marcos de prata, ou dahi para cima, além do perdimento da fazenda, morrerá morte natural.

2. E sendo o que recebeo a peita, Official, que não tenha Officio de julgar, e a receber, trazendo perante elle, ou requerendo qualquer despacho, além de perder o Officio, pagará trinta por hum do que receber, ametade para quem o accusar, e a outra para nossa Camera.

3. E tendo cada hum de todos os sobreditos aceitada a promessa de alguma cousa, não a tendo recebida, perderá o Officio, e pagará o tresdobro da promessa, que tiver aceitada, para a Corôa de nossos Reinos.

4. E qualquer pessoa, que der, ou prometter ouro, prata, dinheiro, pão, vinho, azeite, ou outra cousa a algum Juiz, ou Dezembargador, ou a outro Official, de qualquer Officio que seja, ainda que de Nós não tenha mantimento com o Officio, em quanto perante elle andar a feito, ou requer algum desembargo, de qualquer qualidade que seja, além das penas sobreditas perca todo o direito, que na tal causa tiver, e seja logo applicado á parte.

5. Porém, se o que prometteo, ou peitou ao Dezembargador, ou Julgador, ou outro Official, o descobrir a Nós dentro de hum mez, e antes que disso sejamos sabedor per outra via, de como assi peitou, ou prometteo a peita ao dito Official, e foi per elle aceitada, e nos fizer disso certo per provas dignas de fé, per que sejamos disso certificado, elle seja relevado das ditas penas, e lhe fique todo seu direito conservado, como se nunca tivesse peitado, nem promettido.

E se a sentença fôr já dada, seja nenhuma em todo o caso, ainda que seja contra elle.

E sendo impetrado algum despacho em favor do que a peita deu, ou prometteo, será válido polo assi descobrir, não sendo em prejuizo de alguma pessoa particular.

E descobrindo-se per outra maneira, o despacho, ou cousa que lhe foi impetrada per aquelle que recebeo a peita, ou aceitou a promessa della, será nenhum, como que não fosse impetrada, ou havida.

E no caso, em que o que o descobrir, o não poder provar, havemos por bem, que a sua confissão feita pela dita maneira lhe não prejudique.

6. Outrosi defendemos aos Juizes das nossas Alfandegas, e aos Scrivães, Thesoureiros, Almoxarifes e Recebedores dellas, e aos Scrivães e Recebedores, que tem carrego de screver nossos Direitos, ou rendimento de nossas rendas, ou fazendas, e aos Contadores, que tomão as contas das nossas rendas e fazenda, e aos Officiaes della, de qualquer sorte e qualidade que sejão, e aos Arrendadores e outros quaesquer nossos Almoxarifes e Recebedores, que não levem cousa alguma dos Rendeiros, a elles subditos, posto que por suas vontades de graça e sem seu requerimento lha queirão dar; nem tenhão parceria com elles, nem com Official algum, a elles subdito, em rendas algumas, sob pena de quem o contrario fizer, per-

der o Officio, e pagar vinte por hum do que receber, e o que lho der, terá a mesma pena de vinte por hum, e se tiver Officio, o perderá isso mesmo.

E se tiverem parceria de renda, cada hum perderá toda a quantia, por que a renda fôr arrendada, e mais o Officio, que tiver.

7. E em estes casos desta Ordenação não bastarão trez testemunhas singulares para perdimento dos Officios, mas requerer-se-ha prova bastante segundo disposição de Direito.

8. E mandamos, que nenhum Official de Justiça, que tenha Officio de julgar, nem Meirinho da Côrte, nem Alcaides de Lisboa recebão, nem aceitem de alguma pessoa de nossos Reinos, assi Ecclesiastica, como Secular, Igrejas, Prazos graciosos, rendas, tenças, de qualquer sorte e qualidade que sejão, Ecclesisticas, nem Seculares, nem para filho seu, nem para pessoa, que de baixo de seu poder e governança stê.

E os que o contrario fizerem, perderão os Officios, que tiverem de Nós, e mais suas fazendas, ametade para quem os accusar, e a outra para nossa Camera.

E a sobredita defesa, havemos por bem, que haja lugar, e se guarde inteiramente em todos os Officiaes de nossa Caza, Camera e Fazenda, em nossa Corte, e fóra della sob as ditas penas.

9. E pelo mesmo modo defendemos, que nenhum dos Officiaes conteúdos nesta Ordenação possa comprar de litigante, que perante elle litigar, ou requerer, despacho algum, nem menos lhe vender cousa alguma, em quanto perante elles o tal litigio, ou requerimento durar.

E comprando-lhe alguma cousa, ou vendendo-lha, haverão as penas civeis e crimes sobreditas, assi o comprador, como o vendedor, como que a cousa comprada, ou vendida fôra dada de peita, e aceitada segundo a distinção da valia das cousas peitadas acima ditas.

10. E isso mesmo mandamos, que todos os Officiaes da Justiça, que tem Officio de julgar, não possão rogar a pessoa alguma, que quite, ou remitta, ou largue alguma cousa a outra pessoa.

E fazendo o contrario, incorrerá o Official, que assi rogar, nas penas, em que incorrêra, se recebêra delle tudo aquillo, porque rogava, posto que a parte rogada não quizesse fazer o rogo.

TITULO LXXII.

Da pena, que haverão os Officiaes, que levão mais do conteúdo em seu Regimento, e que os que não tiverem Regimento, o peção.

Defendemos a todos os Officiaes da Justiça, e de nossa Fazenda, e a quaesquer outras de qualquer qualidade e condição que sejão, á que he ordenado per Regimento o que hão de levar ás partes, que não levem mais do que per seus Regimentos lhes he ordenado, postoque as partes lho queirão dar.

E o que o contrario fizer, e mais levar, per qualquer quantidade, que lhe fôr provado que levou alem do ordenado, que não chegar a quinhentos réis, seja degradado dous annos para Africa.

E provando-se, que levou quinhentos réis, juntamente, ou por partes, além de seu ordenado, ora os leve de huma só pessoa, ou de diversas, seja degradado trez annos para Africa.

E provando-se; que levou dous mil réis, juntamente, ou per partes, além do seu ordenado, seja degradado para Africa até nossa mercê.

E provando-se, que levou seis mil réis, juntamente ou por partes, seja degradado para sempre para o Brazil.

E em todos casos sobreditos perderão os Officios, para nunca mais os haverem, e mais pagarão anoveado tudo o que levarem mais do ordenado, duas partes para a parte, a que foi levado, e das sete haverá o accusador ametade, e a outra ametade a nossa Camera.

E se a mesma parte accusar, haverá ametade das noveas, e a outra a nossa Camera, e haverão as mais penas conteúdas em seus Regimentos.

E queremos, que se não possão escusar das ditas penas por costumes, nem usanças geraes, nem speciaes, que possão allegar, por mui antigas que sejão, nem por sentenças, que sobre isso tenhão.

1. E se a algum Officio não fôr ordenado Regimento do que ha de levar, mandamos, que dentro de quatro mezes do tempo, em que forem providos os Officiaes, o venhão requerer a Nós, sob pena de perderem os Officios, para os darmos a quem fôr nossa mercê.

TITULO LXXIII.

Dos Almoxarifes, Rendeiros, e Jurados, que fazem avença.

Defendemos, que nenhum Almoxarife, nem Mordomo faça avenças, nem as consinta fazer sobre as coimas e penas, que são postas por razão das armas tiradas, e das feridas, e dos outros maleficios, antes que essas cousas sejão feitas e julgadas.

E as avenças, que assi forem feitas, não valhão.

E o Almoxarife, ou Mordomo que as fizer, ou consentir, seja obrigado a todo o dano e perda, que se disso seguir, e pague outro tanto de pena, como fôr a coima, ou a pena, que ha de pagar a pessoa, com que a avença fôr feita, ametade para quem o accusar, e a outra para os Captivos.

1. E se algum Jurado, ou Rendeiro do verde de nossos Reguengos e terras Jugadeiras, ou de algum Concelho fizer avença sobre alguma coima, que ainda não seja feita, ou se fôr feita, não seja ainda julgada, será açoutado publicamente pela Villa, e degradado para fóra della e seu termo hum anno.

TITULO LXXIV.

Dos Officiaes del-Rey, que lhe furtão, ou deixão perder sua Fazenda per malicia.

Qualquer Official nosso, ou pessoa outra, que alguma cousa por Nós houver de receber, guardar, despender, ou arrendar nossas rendas, ou administrar por qualquer maneira, se alguma das ditas cousas furtar, ou maliciosamente levar, ou deixar levar, ou furtar a outrem, perca o dito Officio, e tudo o que de Nós tiver, e pague-nos anoveado a valia daquillo, que assi fôr furtado, ou levado, e mais haja a pena de ladrão, que por nossas Ordenações aos ladrões he ordenada, segundo fôr a quantidade da cousa.

E as mesmas penas haverão lugar nos nossos Officiaes, conteúdos nesta Ordenação de qualquer Officio que seja, que deram ajuda, conselho, ou favôr aos Officiaes para fazer cada huma das ditas cousas.

TITULO LXXV.

Dos que cortão Arvores de fructo, ou Sovereiros ao longo do Téjo.

O que cortar Arvore de fructo, em qualquer parte que estiver, pagará a estimação della a seu dono em tresdobro.

E se o dano, que assi fizer nas Arvores, fôr valia de quatro mil reis, será açoutado, e degradado quatro annos para Africa.

E se fôr valia de trinta cruzados, e dahi para cima, será degradado para sempre para o Brazil.

1. E mandamos, que pessoa alguma não corte, nem mande cortar Sovereiro, Carvalho, Ensinho, Machieiro por o pé, nem mande fazer delle carvão, nem cinza; nem escasque, nem mande escascar, nem cernar alguma das ditas arvores, desde onde entra o rio Elga no Termo da Villa do Rosmaninhal, até a Villa de Abrantes, e dahi até a foz do Rio de Lisboa, nem até dez leguas do Téjo, contadas delle para ambas as bandas do Sertão, desde onde se mette o rio Sever no Termo de Montalvão, até a foz do Rio de Lisboa, e donde se mette o rio Elga, até onde entra o rio Sever.

As quaes dez leguas se contarão da banda de Portugal sómente.

E fazendo o contrario, vá degradado quatro annos para Africa, e pague cem cruzados, e perca o carvão e cinza, ametade para quem o accusar, e a outra para os Captivos.

E se for peão, seja além disso açoutado.

Porém os que tiverem Sovereiros proprios, os poderão cortar, não sendo para carvão, ou cinza; e cortando-os para isso, incorrerão nas ditas penas.

E os Juizes dos Lugaros dos ditos limites tirarão disso devassa ao tempo, que tirão a devassa geral, e procederão contra os culpados, como fôr Justiça.

TITULO LXXVI.

Dos que comprão pão para revender.

Defendemos, que pessoa alguma não compre Trigo, Farinha, Centèio, Cevada, nem Milho para tornar a vender, assi no lugar, onde o comprar, como para o tirar para fóra, salvo se o comprar para o levar a vender á cidade de Lisboa, ou ao Reino do Algarve, ou Ilha da Madeira, ou á algum nosso Lugar de Africa, ou se obrigar em nossa fazenda vender-lhe por certo preço pão para os nossos fornos, ou para outros lugares; porque então o poderá comprar, havendo primeiro licença do Juiz da terra, e dando fiança á valia do pão em dobro, em que se contenha, que ao tempo, que pelo Juiz da terra, onde o assi quer comprar, lhe fôr assinado, trará certidão dos Officiaes da Camera de cada hum dos ditos Lugares de como o pão ahi foi vendido: e não a trazendo ao dito tempo, perderá a valia do pão em dobro.

E os Juizes, que as fianças houverem de tomar, assinem sómente o tempo, que parecer conveniente, havendo respeito á distancia dos lugares e qualidades do tempo.

1. Porém os Almocreves naturaes deste Reino, que quizerem comprar pão, para em suas bestas, com que costumão ganhar sua vida o levarem, poderão comprar o pão, que nellas poderem levar, e irem vendel-o a qualquer lugar destes Reinos, sem serem obrigados dar fiança nem pedir licença.

2. E a pessoa, que tiver pão para vender o qual tenha per outra alguma via licita, e não per compra, não o poderá vender, sem primeiro justificar ao Juiz do Lugar, onde tiver o pão, donde o houve, e como não foi comprado, nem havido para revender.

E constando ao dito Juiz, lhe dará licença para o vender; e vendendo-o sem ella, perderá a valia do pão em dobro, ametade para quem o accusar, e a outra para nossa Camera, e será degradado dous annos para Africa.

3. Mandamos que pessoa alguma não venda em lugar algum destes Reinos Trigo, Centèo, Milho, nem Cevada em grão, nem em farinha, não sendo pessoa, que o tenha de sua renda, ou lavoura, nem compre mais pão do que para despesa da sua caza e familia lhe fôr necessario, e para a gente, que houver mistér para adubio de sua fazenda, para o anno sómente, o em que comprar, até a novidade do anno seguinte.

E fazendo o contrario, queremos que seja havido por provado, que o comprou para revender, postoque se não prove, que o revendesse.

E perderá o preço, que por elle tiver dado, e o dito pão, ametade de tudo para quem o accusar, e a outra para nossa Camera, e será preso, e degradado per dous annos para Africa.

4. E defendemos, que ninguem compre pão, que se criar nestes Reinos, nem dê dinheiro por elle dante mão aos Lavradores e pessoas, que o lavrarem, para lho haverem de entregar na novidade, postoque digão, que o querem levar á cidade de Lisboa, ou ao Reino do Algarve, ou a quaesquer outros lugares; e comprando-o dante mão, incorrerão nas penas sobreditas.

Porém os Lavradores o poderão vender as pessoas, que lho comprarem para despeza de suas cazas e familia, como acima dito he.

5. E mandamos, que pessoa alguma não atravesse o pão, que de fóra destes Reinos vier, nem o vá atravessar ao mar, nem aos caminhos, nem entenda nelle com partido algum, e o deixem descarregar e vender ás proprias pessoas, que o trouxerem. E quem o contrario fizer, perca o pão em dobro, a metade para nossa Camera, e a outra para quem o accusar, e vá degradado cinco annos para Africa.

6. E pessoa alguma não venda pão a Estrangeiros, Almocreves, ou que tratem em o comprar para vender, por quanto somos informados, que o tornarão a vender no Reino por de Castella; sob pena de os vendedores pola primeira vez, que

nisso forem comprehendidos, perderem o preço por que o venderão, e os ditos Estrangeiros perderem as bestas e pão, que tiverem comprado, ametade para a nossa Camera, e a outra para quem os accusar, e de serem degradados huns e outros, hum anno para Africa.

E pola segunda vez, sendo peães, serão açoutados e degradados dous annos para Africa; e não sendo peães, pagarão cincoenta cruzados, e serão degradados quatro annos para Africa.

7. **Item,** havemos por bem, que todas as pessoas destes Reinos, ou de fóra delles, que trouxerem de Castella pão, o possão livremente vender onde quizerem, trazendo certidões dos Juizes do primeiro lugar, por onde entrarem, assignadas por elles, de como o trazem de Castella, sem embargo de quaesquer Posturas em contrario.

8. E toda a pessoa, que tiver pão seu, ou de suas rendas, o poderá levar livremente onde quizer, deixando a terça parte no lugar, donde o tirar, e a dita terça parte poderá tirar com licença da Camera do dito lugar.

E no termo da cidade de Lisbôa, ou dez leguas ao redor della, o poderá tirar e levar a ella, sem deixar parte alguma no lugar donde o tirar, sem embargo de quaesquer Posturas.

9. E os obrigados a levar o pão á cidade de Lisbôa que na Camera della tiverem para isso feitas suas obrigações, poderão livremente comprar em qualquer lugar, que o acharem, e lho quizerem vender, todo o pão que forem obrigados levar a ella, não sendo o que vem por mar, nem dos lugares de redor da dita Cidade dez legoas, nem ao longo do Tejo até a Villa de Abrantes duas legoas de cada parte; os quaes obrigados levarão certidão dos Officiaes da Camera da dita Cidade da quantidade do pão, que stão obrigados levar á ella, e nas costas da certidão declarará o Scrivão da Camera do lugar, onde o comprarem a quantidade de pão, que comprarão, e será assinada pelos Juizes.

10. E mandamos que os Juizes das Cidades, Villas e Concelhos destes Reinos tirem em cada hum anno devassas nos mezes de Março e Setembro, e prendão os culpados, e procedão contra elles, dando appellação e aggravo nos casos, em que couber.

E os Corregedores e Ouvidores das Comarcas, e os das terras, onde os Corregedores não entrão per Correição, quando forem fazer Correição, saibão se os Juizes tirarão as ditas devassas; e achando que não são tiradas, as tirem, e procedão contra os Juizes, que as não tirarão, e contra os que em humas e outras acharem culpados.

TÍTULO LXXVII.

Dos que comprão vinho, ou azeite para revender.

Defendemos, que pessoa alguma não compre vinho, nem azeite, para tornar a vender no lugar, onde o comprar; e fazendo-o, seja prezo, e perca a valia do vinho, ou azeite em dobro, ametade para quem o accusar, e a outra para nossa Camera.

Poderão porém comprar vinho e azeite para o tornar a vender no mesmo lugar as pessoas, a que a Camera der licença para o venderem per medidas miudas de canada, e dahi para baixo. E pela mesma maneira poderão comprar vinho os Stalajadeiros para vender pelo meudo, dando-lhe a Camera para isso licença.

1. E as pessoas, que quizerem comprar vinho, ou azeite em hum lugar, para o levar a vender a outro, o poderão fazer, e serão obrigados a o começar a vender no lugar, onde o assi levarem, dentro em trinta dias do dia, em que o comprarem, para o que levarão certidão publica do Juiz do lugar, onde o comprarão.

E serão obrigados a terem sempre aberta a venda do dito vinho, ou azeite, sem o encerrarem, des o dia, que o começarem a vender, até se acabar, e não o fazendo assi, perderão a valia do vinho, ou azeite, ametade para quem os accusar, e a outra para nossa Camera.

2. E mandamos aos Juizes, que tirem devassa dos ditos casos, assi como são obrigados a tirar dos que comprão pão para revender, nos tempos e pela maneira, que dissemos no Titulo precedente. E outrosi os Corregedores cumprirão ácerca disto o que no dito Titulo lhes temos mandado.

TÍTULO LXXVIII.

Dos que comprão Colmêas para matar as abelhas, e dos que matão bestas.

Mandamos que se alguma pessoa comprar alguma Colmêa, ou Colmêas para sómente se aproveitar da cêra, e matar as abelhas, se fôr peão, seja açoutado, e se fôr pessoa, em que não caibão açoutes, será degradado dous annos para Africa. E assi o que fôr açoutado, como degradado, pagará em quatrodobro todo o que valião as Colmêas que assi comprou, de que matou as abelhas, ametade para quem o accusar, e a outra para os Captivos.

1. E a pessoa que matar besta, de qualquer sorte que seja, ou Boi, ou Vacca aheia por malicia, se fôr na Villa, ou em alguma caza, pague a estimação em dobro, e se fôr no campo, pague em tresdobro, e todo para seu dono: e sendo o dano de quatro mil reis, seja açoutado, e degradado quatro annos para Africa. E se fôr de valia de trinta cruzados, e dahi para cima, será degradado para sempre para o Brazil.

TÍTULO LXXIX.

Dos que são achados depois do Sino de recolher sem armas, e dos que andão embuçados.

Toda a pessoa, que fôr achada depois do Sino de recolher em qualquer lugar de nossos Reinos sem arma, pagará sessenta reis para quem o prender; o que pagará da Cadêa, quando o não quizer logo pagar perante o Juiz, á que for levado, antes que vá a Cadêa.

Porèm os que forem achados depois do Sino na cidade de Lisbôa, per cada hum dos Meirinhos da Côrte, ou onde quer que Nós stivermos, ou á Caza da Supplicação sem Nós, pagarão duzentos reis para quem os prender.

E os que forem achados depois do Sino sem armas, e com candeia acêsa, ou lanterna, ou outro lume, indo pela rua para algum certo lugar, e bem assi os moços, que não passarem de quinze annos, não serão prezos, nem pagarão pena alguma.

1. E qualquer scravo branco, ora seja Mouro, ora Christão, que passar de dezoito annos, sendo achado na Côrte, ou na cidade de Lisbôa, depois que fôr cerrada a noite, seja preso, e da Cadêa pague mil reis para o Meirinho, ou Alcaide, que o prender. E não os querendo seu senhor pagar, seja açoutado, e todavia seu senhor pague duzentos reis.

2. E qualquer homem, que andar embuçado na Côrte, ou na cidade de Lisbôa de dia, ou de noite, será preso, e pagará trezentos reis da Cadêa para o Meirinho, ou Alcaide, que o prender. O qual não será preso, sem hum Tabellião, ou Scrivão das armas ser presente, ou duas testemunhas, que dêem fé de como stava embuçado. A qual pena não haverá lugar, vindo de caminho.

3. E a pessoa que fôr achada com gualteira de rebuço, postoque seja per caminho vá degradado hum anno para Africa, e pague dez cruzados, ametade para o accusador, e a outra para Captivos. E sendo pessoa de qualidade, pagará vinte cruzados.

4. E todas as pessoas, que na cidade de Lisbôa forem presas pelos Alcaides della, por serem achados de dia, ou de noite, embuçados, ou com armas defesas, ou de noite, depois do sino de recolher com quaesquer armas, ou sem ellas, sejão levados ao Tronco e presos em elle: e os Alcaides não levarão as pessoas, que por os ditos casos prenderem, á Cadêa da Cidade, e no dito Tronco lhes darão as Justiças, a que pertencer, seu livramento.

E o Alcaide, que levar algum dos taes presos a outra qualquer prisão, incorrerá em suspeição do seu Officio até nossa mercê.

E assi havemos por bem, que não sejão mudados nenhuns dos ditos presos para outra alguma cadêa da Cidade nem da Côrte, salvo quando per special mandado do Regedor algum fôr mandado mudar, por lhe sahirem culpas mais graves das acima declaradas.

E sendo presos por outros casos, os poderão levar ao Tronco, comtanto que ao outro dia pela manhã até ao meio dia os levem á Cadêa da Cidade, sob pena de as Justiças, que assi o não fizerem, paguem trinta cruzados por cada vez, ametade para o accusador, e a outra para o Hospital da cidade de Lisbôa.

TÍTULO LXXX.

Das armas, que são defesas, e quando se devem perder.

Defendemos, que pessoa alguma, não traga em qualquer parte de nossos Reinos, péla de chumbo, nem de férro, nem de pedra feitiça; e sendo achado com ella, seja preso, e stê na Cadêa hum mez, e pague quatro mil réis, e mais seja açoutado publicamente com baraço, e pregão pela Cidade, Villa, ou Lugar onde fôr achado.

E sendo pessoa de qualidade, em que não caibão açoutes, além das sobreditas penas, será degradado para Africa por dous annos.

1. Nem outrosi, possa trazer armas offensivas, nem defénsivas, de dia, nem de noite, salvo se fôr spada, punhal, ou adaga, como abaixo diremos: sob pena de perder as ditas armas, e pagar duzentos réis de pena da Cadêa, se fôr peão; porque sendo Scudeiro, e dahi para cima, ou Mestre de Náo, ou de semelhante, ou maior condição, ser-lhe-ha coutada a arma, e pagará a dita pena sem ir á prisão.

Porém, no lugar onde nós stivermos, e na cidade de Lisbôa, ou em outro lugar para onde se mudar por algum caso, a Caza da Supplicação, o que fôr achado com qualquer arma offensiva, que não fôr spada, punhal, ou adaga, depois que as Ave Marias forem dadas, até que seja manhã, seja preso; e stê na Cadêa hum mez, e pague dous mil réis para quem o prender.

E tudo isto que dito he, não haverá lugar em pessoas que andarem caminho, ou que forem ver suas heranças, que tiverem fóra dos lugares onde viverem.

5. Nenhum estrangeiro, que ao Lugar de Belém, Termo de Lisboa, vier aportar, ou nelle andar, trará armas algumas offensivas, ou defensivas, nem punhal, nem faca, sob pena de ser preso, e da Cadêa pagar mil réis, ametade para o Alcaide, e a outra para os Captivos, e perderá as armas que lhe forem achadas para o Alcaide que lhas tomar.

6. E mandamos que pessoa alguma de qualquer stado que seja, não traga em nossos Reinos, e Senhorios spada mais comprida que de cinco palmos e meio de vara, entrando nelles o punho, e maçã.

E a pessoa que fôr achada com spada de maior comprimento, seja presa, e perca a spada com quaesquer cabos que nella trouxer, ainda que de ouro, ou prata sejão, para quem lha coutar.

E se fôr peão, stê trinta dias na Cadêa, e pague dous mil réis, ametade para quem o accusar, e a outra para os Captivos.

E sendo Scudeiro, ou de mór qualidade, pague quatro mil réis, e seja degradado por hum anno, para fóra do lugar onde fôr morador, além das penas, que por esta Ordenação são postas ás pessoas, que são achadas com spadas aos tempos defesos.

Nem outrosi, pessoa alguma faça as ditas spadas, nem as venda, nem guarneça, nem alimpe, nem Official algum as tenha em sua caza, ou tenda.

E o que o contrario fizer, pela primeira vez seja preso, e degradado por hum anno para fóra da Cidade, ou lugar onde fôr morador, e pague quatro mil réis. E pela segunda, seja degradado por hum anno para Africa, e pague oito mil réis. E pela terceira seja degradado dous annos para Africa, e pague doze mil réis.

Das quaes penas será ametade para nossa Camera, e a outra para quem o accusar, e perderá outrosi a spada para quem o accusar, todas as vezes que nisso fôr comprehendido.

E o Julgador que do caso conhecer as fará cortar perante si, de maneira que não fiquem de maior comprimento que de cinco palmos, e meio, em quanto para lá forem, e lá andarem, ou tornarem para suas cazas.

2. E quanto a spada, punhal, ou adaga, toda a pessoa a poderá trazer, assi em nossa Côrte, como em qualquer parte de nossos Reinos, de dia, e até o sino de recolher tangido; e acabado o sino, sendo achado com spada, punhal, ou adaga, pagará duzentos réis, e perderá as armas com que fôr achado.

E isto se não entenderá nos Officiaes mechanicos de Lisboa, e homens que vivem de seus mestéres: porque estes poderão depois do sino ir de suas téndas para suas cazas, ou das cazas para as téndas com estas armas.

Porém, nenhuma pessoa poderá trazer adaga de feição de sovéla, sob pena de pagar dez cruzados para quem accusar, e Captivos, e ir degradado hum anno para Africa.

3. E toda a pessoa, que na Côrte, ou cidade de Lisbôa fôr achado com spada de ambas as mãos, de dia, ou de noite (não sendo estrangeiro) pagará dous mil réis, e perderá a spada para quem o accusar.

4. E qualquer pessoa, que fôr achada em qualquer lugar de nossos Reinos com spada nua de noite, ou de dia, não constando claramente que não he para fazer mal, stará dous mezes na Cadêa, e pagará trez mil réis, ametade para o Alcaide que o prender, e a outra para os Captivos.

7. E o Mouro, ou Negro captivo a que fôr achada spada, ou punhal, ou páo feitiço, não indo com seu senhor, ou sendo Negro, ou Mouro que o não costumasse trazer com seu senhor, pague da Cadêa quinhentos réis para quem o prender.

E não os querendo seu senhor pagar, seja o scravo açoutado.

Porém isto não haverá lugar, quando o dito scravo fôr do Paço, ou do lugar onde seu senhor stiver, e por seu mandado fôr caminho direito para sua caza, ou para outra parte, aonde seu senhor o mandar.

8. E qualquer Mouro branco, ora seja infiel, ora Christão, que na Côrte fôr achado com armas de dia, ou de noite, dentro do Lugar, ou fóra delle, seja publicamente açoutado.

E sendo achado com armas depois das onze horas da noite, morra morte natural na forca.

9. E as ditas armas poderão ser coutadas por qualquer Meirinho da Côrte, ou da Comarca, ou Alcaide da Cidade, Villa, ou Lugar, ou por cada hum dos seus homens, onde com ellas, ou cada huma dellas, forem achados.

Das quaes armas, e penas haverá o Alcaide Mór ametade, se no lugar onde forão coutadas houver Alcaide Mór, e aquelle que as coutar, outra ametade, salvo se forem coutadas por cada hum dos Meirinhos da Côrte, ou por o Meirinho da Comarca, stando nós, ou a Caza da Supplicação no lugar onde forem coutadas, como dissemos no Livro primeiro, no Titulo 74: **Dos Alcaides Móres.**

E se no dito lugar não houver Alcaide Mór havel-as-há o que as coutar.

E isto que dizemos que o Alcaide Mór haverá ametade das penas no dito lugar, e modo em que as póde haver, entendemos das penas de duzentos réis, porque nas penas de maior quantia, que acima dissemos, levará o Alcaide Mór sómente das ditas penas (nos casos sobreditos, em que tem ametade das armas) cem réis; e da demasia levará quem as coutar ametade, e a outra ametade será para os Captivos.

Privilegios.

10. E as pessoas, que em Lisboa são privilegiadas, não poderaõ per bem de seus privilegios, nem de alguma clausula, que nelles haja, andar de noite, salvo per aquella maneira, que podem andar os que privilegiados não são; e sendo achados de noite fóra de horas, se procederá contra elles, como contra os não privilegiados.

E se forem achados com armas, que podião trazer por razão de seus privilegios, não lhes serão tomadas por perdidas, e somente pagarão quinhentos réis por ellas.

11. E porque aos Clerigos de Ordens Sacras e Beneficiados he defeso per Direito que não tragão armas, Nós assi mandamos que se cumpra; e se forem achados com ellas, que lhes sejão coutadas e pedidas, e se as não quizerem logo dar, sejão-lhes tomadas per os Meirinhos, ou Alcaides, e seus homens, quando lhas assi acharem.

E isto se não entenderá, quando os ditos Clerigos de Ordens Sacras, ou Beneficiados forem ás Matinas, ou dellas vierem direitamente para suas cazas, ou andarem caminho, ou forem fóra da Cidade, Villa, ou Lugar, onde viverem, e em quanto lá stiverem, e tornarem para suas cazas: porque em taes casos mandamos que lhes não sejão coutadas, nem tomadas.

12. E por quanto Nós algumas vezes por justos respeitos concedemos a algumas pessoas, que possão trazer armas offensivas e defensivas, declaramos ser nossa tenção, que sómente possão trazer couraças, casco, saia de malha, ou gibão, e calças de malha, e que as tragão de sorte, que andem cobertas.

E não poderáõ trazer per bem da tal licença armas algumas offensivas, salvo spada, punhal, ou adaga.

13. Defendemos outrosi que pessoa alguma, em todos nossos Reinos e Senhorios, não traga de dia, nem de noite, nem tenha en sua caza Arcabuzes de menos comprimento, que de quatro palmos em cano; e sendo peão o que o trouxer, seja açoutado e degradado para sempre para as galés.

E sendo pessoa de maior qualidade, seja degradado para o Brazil para sempre.

E sendo scravo, morra morte natural.

E quem o tiver em sua caza, sendo peão, seja degradado por cinco annos para as galés, e pague vinte mil reis.

E sendo de maior qualidade, seja degradado por cinco annos para Africa, e pague quarenta mil reis.

E o Official, que o fizer, alimpar, ou concertar, seja degradado por trez annos para as galés, e pague vinte mil reis.

Das quaes penas de dinheiro será ametade para nossa Camera, e a outra para o accusador.

E os Julgadores mandaráõ quebrar perante si os ditos Arcabuzes.

14. E qualquer pessoa, que fôr achado de noite depois das Ave-Marias na Côrte, ou na cidade de Lisboa, ou no lugar, onde stiver a Caza da Supplicação, ou do Porto, com Spingarda carregada, ou com Bésta armada, seja preso, e da Cadêa pague quatro mil reis, e seja açoutado publicamente com baraço e pregão per a Villa, e degradado quatro annos para Africa.

E sendo pessoa de qualidade, em que não caibão açoutes, seja degradado por cinco annos para Africa, além de pagar o dito dinheiro.

E essas mesmas penas haverá, sendo achado com a Bésta desarmada, ou Arcabuz descarregado, provando-se que o levava para malfazer.

E sendo achado em qualquer Cidade, ou Villa de nossos Reinos de noite com Arcabuz carregado, ou Bésta armada, haja as sobreditas penas de dinheiro, açoutes e degredo, segundo a differença das pessoas, como dito he.

Das quaes queremos, e nos praz, que onde a nossa Corte stiver, e fôr comprehendida alguma pessoa em cada hum dos ditos casos, que o Corregedor da Côrte seja Juiz disso, e não outra alguma Justiça.

E das ditas penas de dinheiro, os Alcaides Móres dos lugares, onde a Côrte stiver, levarão aquellas partes, que per bem de nossas Ordenações hão de haver: e assi quaesquer outras pessoas, que nellas tiverem parte, a qual parte haverão, como se por esta Ordenação as não accrescentassemos.

E do que ficar, tirando as ditas partes, será ametade para quem as ditas pessoas tomar com as sobreditas cousas, e as accusar, e a outra será para os Captivos.

15. E mandamos, por se não destruir a criação das aves, e por não se perder o primor, e a arte de tirar a ponto com a Spingarda, que nenhuma pessoa uze na Spingarda, Arcabuz, nem em outro qualquer tiro de fogo, de munição de pelouros pequenos, nem tire com ella, nem a traga comsigo, nem a forma della.

E o que o contrario fizer, e tirar com munição, ou pelouro, que notoriamente não fôr da medida do cano da sua Spingarda, ou Arcabuz, ou tiro de fogo, ou lhe fôr achada munição, ou pelouros mais pequenos, que a medida da sua Spingarda, postoque se não prove, que atirou com elles, pola primeira vez será preso, e stará vinte dias na Cadêa, e perderá a Spingarda, ou Arcabuz com todas as pertenças dellas, e pagará dous mil reis, ametade para quem o accusar, e a outra ametade para os Captivos.

E pola segunda, alem das ditas penas, será degradado por hum anno para Castro-Marim.

E pola terceira, será degradado por hum anno para Africa, e perderá a Spingarda e pertenças della, e pagará a dita pena de dinheiro em dobro.

E os Juizes de cada Lugar tiraráõ devassa no tempo, que se tirão as dos Officiaes da Justiça, sobre o dito caso, e prenderão os culpados, e procederão contra elles, dando appellação e aggravo nos casos em que couber.

E mandamos aos Corregedores das Comarcas e Ouvidores das terras, onde não entrão Corregedores, que cada anno saibão pelos lugares, onde forem fazer Correição, se os Juizes tirárão as ditas devassas; e achando que não são tiradas, as tirem, e prendão, e procedão contra os culpados, e contra os Juizes que as não tirárão, como fôr justiça.

E se já forão tiradas, vejão se procederão os ditos Juizes contra os culpados em ellas pela dita maneira.

Coutamento.

16. E havemos por bem que as ditas armas e penas nos casos, que neste Titulo dissemos, que se podem coutar e perder, sejão demandadas do dia, que forem coutadas, a oito dias; e a parte, que entender que lhe são mal tomadas, as poderá isso mesmo demandar ao que lhas tomou, do dia, que lhe forão tomadas, a outros oito dias; e não se demandando no dito tempo, não se poderão mais demandar.

TÍTULO LXXXI.

Dos que dão musica de noite.

Por se evitarem os inconvenientes, que se seguem das musicas, que algumas pessoas costumão dar de noite, cantando ou tangendo com alguns instrumentos ás portas de outras pessoas; defendemos, que pessoa alguma, de qualquer qualidade e condição que seja, não se ponha só, nem com outros a tanger, nem cantar á porta de outra alguma pessoa, desque anoitecer, até que o Sol seja saido.

E sendo achados dando as ditas musicas, mandamos que assi os que tangerem e cantarem, como os que a isso assistirem, sejão presos, e stem trinta dias na Cadêa sem remissão, e da Cadêa paguem todos dez cruzados, cada hum a parte, que lhe couber, e percão os instrumentos, que lhes forem tomados, e as armas para o Meirinho, ou Alcaide, que os prender, e para seus homens.

TÍTULO LXXXII.

Dos que jogão dados, ou cartas, ou os fazem, ou vendem, ou dão tabolagem, e de outros jogos defesos.

Defendemos, que pessoa alguma, de qualquer qualidade que seja, em nossos Reinos e Senhorios não jogue cartas, nem as tenha em sua caza e pousada, nem as traga comsigo, nem as faça, nem traga de fóra, nem as venda.

E a pessoa, a que fôr provado, que jogou com cartas qualquer jogo, ou lhe forem achadas em caza, ou as trouxer comsigo, pague da Cadêa, se fôr peão, dous mil réis; e se fôr de maior condição, pague dez cruzados, e mais perca todo o dinheiro, que se provar que no jogo ganhou, ou que lhe no dito jogo, fôr achado.

E isto se não entenderá no dinheiro, que na bolsa, ou em outra parte comsigo tiver, que não tenha mettido, nem posto em jogo.

1. Quem fizer cartas, ou as trouxer de fóra do Reino, ou as vender em alguma parte de nossos Reinos e Senhorio, seja preso, e da Cadêa pague vinte cruzados, se fôr peão, e seja açoutado publicamente.

E se fôr de maior condição, pague quarenta cruzados, e seja degradado hum anno para Africa.

2. E os que jogarem dados, sejão presos, e da Cadêa paguem vinte cruzados, se forem peães, e sejão açoutados publicamente com baraço e pregão; e se forem de maior condição, sejão degradados hum para Africa, e pagarão quarenta cruzados; salvo se jogarem os jogos, que em taboleiro se jogão com tabolas, os quaes lhe não vedamos, porque as pessoas tenhão com que se desenfadem.

3. E se fôr provado, que alguma pessoa fez dados, ou cartas, per qualquer maneira falsificados, ou que com dados, ou cartas, sabendo que erão falsos, jogou, ou lhe forem achados em seu poder falsificados, se fôr peão, seja açoutado publicamente

com baraço e pregão, e degradado dez annos para o Brazil.

E se fôr de maior condição, será degradado os ditos dez annos sómente para o Brazil, e mais pague assi o peão, como o de mór condição, anoveado tudo o que com as ditas cartas, ou dados falsos ganhar.

E sendo o ganho de vinte cruzados, ou sua valia, ou dahi para cima, além das noveas, será degradado para sempre para o Brazil, e tudo isto além de pagar a pena, que acima dissemos, dos que jogão com cartas, ou dados.

4. Mandamos, que pessoa alguma, de qualquer qualidade que seja, não leve dinheiro de tabolagem por jogarem em sua caza, nem dê de comer, nem de beber por dinheiro aos que nella jogarem.

E quem o contrario fizer, pague cincoenta cruzados, e seja degradado dez annos para o Brazil, e sendo peão, alem disso será açoutado publicamente.

E os Julgadores em cada hum anno no tempo, em que tirarem devassas geraes, tirem devassa dos que dão tabolagem, e das pessoas, em cujas cazas se joga continuadamente dinheiro grosso.

E sendo os culpados pessoas de tal qualidade, que pareça bem aos Julgadores não se proceder no caso, sem nol-o fazerem saber, dar-nos-hão disso conta, para mandarmos o que houvermos por nosso serviço.

5. E por se evitarem mais os jogos, mandamos que se ao que dá tabolagem em sua caza, algum dos jogadores, que nella jogão, ou outra qualquer pessoa, que a ella vai ver jogar, em quanto se na caza joga, lhe fizer algum furto, injuria ou dano, não possa pela pessoa, que dá a tabolagem, ser demandado, ainda que a injuria seja atroz, e de lhe pôr as mãos, salvo se o matasse, ou ferisse; porque em tal caso será o delinquente castigado, como se em outro lugar, ou a outra pessoa ferisse, ou matasse.

6. Porém, se os jogadores entre si se injuriassem, ou roubassem huns aos outros, serão julgados e castigados com as penas ordinarias, que se dão aos outros delinquentes de semelhantes delictos.

7. E porque acontece algumas vezes, que os jogadores obrigão a outros a jogar forçosamente, ou depois que jogão, a lhes manterem jogo, quando perdem, afim de se desquitarem.

Mandamos que o que a tal força fizer, seja degradado quatro annos para o Brazil.

E fazendo além da força alguma injuria, será mais condenado para a parte, que o demandar, em pena corporal e pecuniaria, conforme a qualidade da pessoa offendida e da injuria, que se lhe fizer.

8. E os que forem culpados em jogar dados, ou cartas, poderão ser citados, ou demandados do dia, que commetterem o maleficio, até quatro mezes primeiros seguintes.

E os que forem culpados em os outros casos sobreditos de fazer cartas, ou vender, ou trazer, ou jogar com cartas, ou dados falsos, ou por terem tabolagem, poderão ser accusados até hum anno, e mais não.

9. Das quaes penas de dinheiro, conteúdas nesta Ordenação, será ametade parquem os accusar, e a outra para nossa Camera.

E quanto ao dinheiro, ouro, ou vender, ou trazer, ou jogar com cartas, ou prata, que fôr achado no jogo, será ametade do que o achar, e a outra do Alcaide Mór do lugar, onde assi fôr achado jogando, como fica dito no Livro primeiro, no Titulo 74: **Dos Alcaides Móres.**

10. E qualquer pessoa, que ao Domingo, ou dia de festa, que a Igreja manda guardar, antes da Missa do dia, jogar a bola, pagará de Cadêa quinhentos réis para quem o accusar.

E na mesma pena incorrerá qualquer Official mechanico, ou homem de trabalho, que na Côrte, ou na cidade de Lisbôa, jogar a bola pela semana em qualquer dia, que não seja de guarda.

11. E aos scravos, que forem achados em qualquer parte de nossos Reinos, culpados em cada hum dos casos acima ditos, ou jogando outro qualquer jogo na Côrte, ou na cidade de Lisboa, ser-lhes-hão dados vinte açoutes ao pé do Pelourinho, salvo se seu senhor quizer pagar por o

seu scravo quinhentos réis para quem o prender, e que o não açoutem.

12. E quando os Meirinhos e Alcaides acharem jogando dados, ou cartas a alguns Officiaes mechanicos, ou pessoas semelhantes, leva-los-hão perante hum Julgador, onde serão ouvidos, como fôr justiça.

E sendo pessoas de mais qualidades, os Julgadores os farão chamar a suas cazas, e os ouvirão, e farão em tudo cumprimento de justiça, dando sentenças, das quaes as partes poderão appellar e aggravar, qual no caso couber.

E os Corregedores da Côrte despacharão os taes feitos em Relação.

TÍTULO LXXXIII.

Que nenhuma pessoa se concerte com outra para lhe fazer despachar algum negocio na Côrte.

Porque algumas partes, que vem, ou envião á nossa Côrte requerer seus negocios e causas, que não são de Justiça, se concertão na Côrte com pessoas, que lhos hajão de requerer por certa cousa, e isto por os taes ás vezes os desesperarem, e lhes fazerem seus despachos difficultosos, os quaes se as proprias partes os requeressem, serião breve e justamente despachados: defendemos, que pessoa alguma não faça os taes concertos, nem os aceite, postoque lhe sejão requeridos, sob pena de quem o fizer, pagar anoveado, o que pelo dito concerto lhe fôr dado ou promettido, e per elle aceitado a,metade para quem o accusar, e a outra para os Captivos, e mais será degradado para Africa per dous annos.

TÍTULO LXXXIV.

Das Cartas diffamatorias.

Por quanto alguns scriptos de trovas e outras cartas de maldizer se lanção em alguns lugares, para se darem ou dizerem áquelles, de que desejão diffamar, mandamos, que se algum tal scripto achar aberto, e o ler, que logo o rompa de tal maneira, que se não possa ler, sem mais fallar, nem publicar o que se nelle achou.

E publicando-o, ou mostrando-o, ou fallando nisso com alguma pessoa, mandamos, que haja a pena, que haveria o que fez.

1. E se o tal scripto, ou carta, que assi achar, fôr cerrada, e não tiver sobscripto, a abra, e se vir que he de maldizer, logo a rompa.

E se fôr de outras cousas, pode-a dar a quem vir que vem enviada.

E publicando o dito scripto, ou carta de maldizer, que assi achar, ou mostrando-a a alguma pessoa, haja aquella pena, que haveria o que a fez.

2. E o que fez tal scripto, ou carta, ou trovas de maldizer, mandamos, que haja maior pena da que merecia, se publicamente e em presença daquelle, que doesta, ou diffama, o dissesse, havendo-se respeito á qualidade das palavras e diffamação, e das pessoas, contra quem os taes scriptos, ou trovas são feitas, o que queremos, que seja gravemente castigado.

TÍTULO LXXXV.

Dos Mexeriqueiros.

Por se evitarem os inconvenientes, que dos mexericos nascem, mandamos, que se alguma pessoa disser á outra, que outrem disse mal delle, haja a mesma pena, assi civil, como crime, que mereceria, se elle mesmo lhe dissesse aquellas palavras, que diz, que o outro terceiro delle disse, posto que queira provar que o outro o disse.

TÍTULO LXXXVI.

Dos que põem fogos.

Defendemos, que nenhuma pessoa, de qualquer qualidade e condição que seja, ponha fogo em parte alguma; e pondo-se algum fogo em lugar, de que se possa seguir dano, os Juizes e Officiaes das Cidades, Villas e Lugares, onde se taes fogos alevantarem, acudão e fação a elles acudir com muita diligencia, para prestes se haverem de apagar, fazendo para isso os constrangimentos, que lhes necessarios parecerem.

1. E tanto que o fogo fôr apagado, se algum dano tiver feito em pães, vinhas, olivaes, e em algumas novidades, arvores de fructo, colmêas, contadas de matos,

soveraes, ou em outros arvoredos, ou pascigos, quer sejão de partes, ou proprios dos Concelhos, quer baldios, os Juizes vão logo com algumas pessoas ajuramentadas, que nisso bem entendão, estimar o dano, que o fogo fez, sendo presente a parte, ou partes, a que o dano tocar, se em esse lugar stiverem, ou o Procurador do Concelho, se o dano outra parte não tiver; da qual estimação darão certidão, feita per Tabelliião Publico, ás partes, que a requererem, e ao Procurador do Concelho do que a elle tocar: a qual será assinada pelos Avaliadores, para per ella cada hum requerer e arrecadar a estimação de seu dano pelos bens do danificador.

E os matos e pascigos dos Concelhos e baldios se estimarão, havendo respeito á perda, que os Concelhos receberem por falta das ditas cousas, que assi forem queimadas.

2. E quando o fogo fizer dano, mandamos aos Juizes, que em o dia, que fôr apaquem pôz fogo, e os Juizes tiverem de comecem sobre isso tirar inquirição devassa, e acabem até quinze dias primeiros seguintes, sob pena de pagarem dous mil réis cada hum, ametade para os Captivos, e a outra para quem os accusar; em a qual inquirição perguntarão aquellas pessoas, per que mais asinha possam saber a verdade, e que mais razão tenhão de saber quem o tal fogo pôz. A qual tirarão nos lugares, que para isso lhes mais convenientes parecerem.

E em os Concelhos de pequena povoação perguntarão até seis testemunhas: e em outros móres até doze: e em as Cidades e Villas grandes até vinte, e mais não.

Porém, se per ellas se não provar quem pôz fogo, e os Juizes tiverem de novo noticia de algumas pessoas, per que se possa provar, perguntal-as-hão, postoque sejão além do dito numero.

E se per menos testemunhas fôr provado, não perguntarão outras mais, posto que no dito numero caibão.

3. E se o que poser o fogo, o confessar em Juizo, não se tirará a devassa, e sendo tirada, não se vá per ella em diante.

4. E quando do fogo se não seguir dano ao Concelho, nem a outrem, nem se queixar disso alguem, não se fará acto, nem se tirará devassa.

5. E se se achar culpado no pòr do fogo, de que se seguir dano, algum scravo, seja açoutado publicamente, e ficará na vontade de seu Senhor pagar o dano, que o fogo fez, ou dar o scravo para se vender, e do preço se pagar o dito dano.

E se o culpado fôr homem livre, sendo peão, seja prezo, e da Cadêa pague o dano, e mais seja degradado com baraço e pregão pela Villa per dous annos, para Africa.

E sendo Scudeiro, será degradado per dous annos para Africa com pregão na audiencia, e pagará o dano a seus donos.

E se fôr Cavalleiro ou Fidalgo, per seus bens farão as Justiças pagar o dano às partes, e mais nol-o farão saber, para lhe darmos o castigo, que nos bem parecer, segundo o dano fôr.

6. E quando os culpados neste maleficio forem absentes, proceda-se contra elles por edictos.

E não vindo á elles, procedão os Juizes á sua revelia, e dêm contra elles sentenças.

E tendo nos taes lugares alguns bens, per elles mandem pagar os donos.

7. E porque alguns, por caçarem nas queimadas, ou fazerem carvão, ou pastarem com seus gados, põem escondidamente fogos nos matos, para se poderem aproveitar das queimadas, e porque se não sabe quem o fez, não são castigados; mandamos que pessoa alguma não cace em queimada, do dia, que fôr posto o fogo, de que se seguio algum dano, a trinta dias, nem entre nella a pastar com seu gado até a Paschoa florida, e Carvoeiro algum não faça nella carvão até dous annos.

E os que o contrario fizerem (se outro certo danificador se não achar), serão obrigados per seus bens pagar todo o dano, que o fogo tiver feito, sem por isso haverem outra pena.

8. E o que temos dito, não haverá lugar nos que pozerem fogo por licença e auctoridade dos Juizes e Officiaes, que para isso tiverem poder, nem nos que em suas

herdades, casaes, vinhas, matos e quaesquer terras suas, ou que tragão arrendadas, pozerem fogo para queimarem restolhos, ou moutas, ou mato, para fazerem suas lavouras e sementeiras, ou para pôrem bacello, ou fazerem outros adubios, como se costuma fazer: pondo porém os taes fogos nos tempos, que não forem defesos pelas Posturas dos Concelhos: porque estes serão sómente obrigados pagar o dano, se o fizerem, sem incorrerem em outra pena.

9. Quando os danos dos fogos tocarem aos Concelhos, os Procuradores delles arrecadarão a estimação dos danos pelas certidões, que delles tirão.

E será o dinheiro entregue ao Thesoureiro, e carregado sobre elle em receita.

E onde não houver Thesoureiro, seja carregado sobre o Procurador, e delle se não fará cousa alguma sem nosso mandado.

E quando por culpa do Procurador ficar por arrecadar a tal paga, ou parte della, elle per si e seus bens seja obrigado a pagar ao Concelho.

10. E os que pozerem fogo ácintemente em cazas, edificios, pães, vinhas, olivaes, ou arvores de fructo, mandamos que sejão punidos conforme á Direito Commum.

TITULO LXXXVII.

Dos daninhos, e dos que tirão gado, ou bestas do Curral do Concelho.

Por se evitarem os danos, que se nas propriedades fazem com gados, e bestas, e para que cada hum seja senhor livremente do seu, mandamos, que qualquer pessoa, que ácintemente metter, ou mandar metter gados, e bestas, em pão, vinhas, olivaes, ou pomares no tempo em que são Coimeiros, pelas Posturas das Cameras, sendo-lhe provado dentro de seis mezes, pola primeira vez seja degradado trez mezes fôra da Villa, e Termo. E pela segunda vez seis mezes para Castro Marim. E pela terceira hum anno para Africa.

E mais por cada vez pagará o dano que fizer, e coimas, segundo as Posturas da Camera.

1. E sendo achados os gados, ou bestas nos pães, vinhas, olivaes, pomares nos tempos defesos trez vezes em hum mez, serão lançados seis mezes fóra do termo da Cidade, Villa, ou Lugar onde o dono do gado, ou bestas morar, e assi do termo, onde forão achados trez vezes.

E neste caso bastará para prova das achadas, a fé que se achar scripta no livro das achadas do Jurado, ou pessoa, que tenha poder para coimar, e dar fé, ouvindo primeiro porém os donos das bestas, ou gados, e procedendo summariamente sem outro processo.

2. E querendo prover, como os Senhores de terras, e Alcaides Móres, e seus Logotentes e os Commendadores das Ordens com suas criações, e gados não fação dano aos moradores, e visinhos; mandamos, que nenhum Senhor de terras, Alcaide Mór, nem seu Logotente, nem Commendador traga gado algum, de qualquer sorte que seja, nos Lugares, os seus Termos onde forem Senhores, Alcaides Móres, ou tiverem as Commendas.

E fazendo o contrario, percão o dito gado, e mais paguem duzentos cruzados, ametade para quem os accusar, e a outra para os Captivos.

Porém tendo terras proprias, ou da Alcaidaria, ou da Commenda, poderão nellas trazer aquelle gado que rasoadamente possa nellas pastar, o qual será taxado pelo Corregedor da Comarca, ou pelo Ouvidor della, não havendo Corregedor, sendo para isso requerido; e antes de lho taxar, irá per si ver as terras com quatro ou cinco homens sem suspeita, que tenhão razão de saber o gado que nas ditas terras póde pastar, e tomada assi a dita informação, lhe taxará o gado que bem lhe parecer, da qual taxação não haverá appellação, nem aggravo, e se fará della assento no livro da Camera assinado per elle Corregedor.

E trazendo cada huma das ditas pessoas gado nas ditas terras, sem lhe assi ser taxado, ou mais do que lhe fôr taxado, incorrerá nas ditas penas.

E o gado, que lhe fôr taxado para poder trazer nas suas terras, não poderá pastar outras algumas do termo do tal lugar, nem os gados dos outros moradores entrarão a pastar nas terras dos ditos

Senhores de terras, Alcaides Móres, ou Commendadores.

3. E bem assi defendemos, que nenhuma pessoa não tire besta, boi, vacca, ou outro qualquer gado do curral do Concelho, em que fôr mettido pelo Rendeiro, ou Jurado, ou per outra pessoa, por a achar em lugar coimeiro, ou fazendo dano.

E a pessoa, que o tirar sem licença do Rendeiro, Jurado, ou da pessoa, que o assi metteo, ou de Official de Justiça, que para isso tenha poder, ou sem pôr penhor bastante na mão do Curraleiro, ou da visinhança, quando ahi não houver Curraleiro, ou se não podêr achar, pague dous mil réis para o Concelho, e seja degradado hum anno para fóra da Villa e termo.

E se fôr scravo, e seu Senhor os não quizer pagar, dem-lhe dez açoutes ao pé do Pelourinho.

TITULO LXXXVIII.

Das caças e pescarias defezas.

Defendemos geralmente em nosso Reino, que pessoa alguma não mate, nem cace perdizes, lebres, coelhos com boi, nem com fios de arame, nem com outros alguns; nem tome, nem quebre ovos das perdizes, sob pena de pagar da Cadêa dous mil réis de cada vez que nisso fôr achado, ou lhe fôr provado dentro de dous mezes, e mais perder as armadilhas.

Nas quaes penas isso mesmo incorrerão as pessoas, em cujo poder, ou cazas forem achadas armadilhas, ora sejão suas, ora alheas.

1. E nas Comarcas da Estremadura e dantre Tejo e Guadiana, e Reino do Algarve, nos mezes de Março, Abril e Maio, e nas Comarcas da Beira, Riba de Côa, Traz-os-Montes, e Antre Douro e Minho, nos mezes de Abril, Maio e Junho, pessoa alguma não cace perdizes, nem criação dellas com perdigões, nem com aves de qualquer qualidade, redes, fios, ichós, laços, nem per outro qualquer modo, nem lhe tome, nem quebre os ovos, nem as cace a corricão no mez de Julho até meado de Agosto, nem no tempo da neve, onde a houver, quando a terra stiver coberta della, em quanto não fôr derretida, nem com boi em qualquer tempo do anno.

2. E nos lugares da Estremadura, e entre Téjo e Guadiana, e Reino do Algarve, nos mezes de Fevereiro, Março, Abril, e nas Comarcas da Beira, Riba de Côa, Antre Douro e Minho, e Traz-os-Montes, em Março, Abril e Maio, se não cacem coelhos, nem lebres com cães, redes, fios, laços, furão, bésta, espingarda, nem per outro qualquer modo, nem no tempo da neve nos lugares, onde a houver, e cobrir a terra, em quanto não fôr derretida.

E quem o contrario fizer, sendo Fidalgo, ou Cavalleiro, pola primeira vez seja degradado hum anno para Africa, e pague vinte cruzados.

E pola segunda haja as ditas penas em dobro: e sendo de menor qualidade, seja preso trinta dias na Cadêa, e pague dous mil réis.

E pola terceira seja degradado hum anno fóra de Villa e termo, e do lugar, onde fôr morador, e pague em dobro a dita pena de dinheiro, e percão as aves, cães, fios, redes, e armadilhas, com que caçarem.

3. Havendo tanta criação de coelhos em alguns lugares, que fação dano ás novidades, os Officiaes das Cameras nol-o poderão screver, enviando com suas cartas informação do Corregedor da Comarca, para nisso provermos, como fôr nosso serviço.

4. E defendemos que em Lisbôa, Almada, Cintra, Torres Vedras, Santarem, Tomar, Torres Novas, Porto de Mós, Coimbra, Evora, Monte Mór o Novo, Arrayolos, Vimieiro, Estremoz, Sousel, Fronteira, Viana, Vidigueira, Béja, Alcaçovas, pessoa alguma não mate, nem cace perdizes com candéos, redes de cevadouro, perdigão, ou perdizes de chamado, sob pena de pagar por cada vez que fôr achado caçando com huma das ditas cousas, ou se lhe provar dentro de seis mezes, ou sendo-lhe achadas em sua caza, ou em seu poder, e em cada hum dos ditos lugares, ou seus termos, dous mil réis da cadêa.

E caçando com boi nos ditos lugares e seus termos, ou sendo-lhe provado dentro de dous mezes, ou sendo-lhe achado em seu poder, ou caza, pagará dez cruzados, e será degradado dous annos para Africa.

5. E pessoa alguma, de qualquer qualidade que seja, não cace, nem mate perdizes com Açor, Gavião, nem com armadilha, nem a corricão, na coutada nova da cidade de Lisbôa, que começa da strada, que vai della para Bemfica, e de Bemfica a São Marcos, e de São Marcos a Oeiras, e dahi direito ao mar.

Nem cace, nem mate na dita coutada lebres com galgos, redes, bésta, espingarda, nem com outra alguma armadilha.

E quem o contrario fizer, sendo Fidalgo seja preso, e da prizão pague por cada vez cincoenta cruzados.

E sendo de menor qualidade seja preso, e da prizão pague vinte cruzados, e percão as aves, cães, e instrumentos, com que caçarem, ametade para nossa Camera, e a outra para quem accusar.

Pescarias.

6. E defendemos, que pessoa alguma não pesque em rios, nem em lagôas de agoa doce com rede, cóvãos, nassas, tesões, nem per outro algum modo, nos mezes de Março, Abril e Maio, somente poder-se-ha pescar à cana com anzol.

E entender-se-ha agoa doce nos rios, onde não houver maré, e nos em que a houver, onde ella não chegar.

Nem se poderá outrosi pescar nos ditos rios e lagôas, aindaque seja fóra dos ditos trez mezes, com redes de malha mais streita, da que fôr limitada pela Camera, nem com rede varredoura, lençóes trasmalhos, nem galritos dobrados, posto que sejão feitos pela vitóla della das Cameras, nem pessoa os tenha em sua caza, nem fóra della.

E mandamos que os Officiaes do Concelho ordenem em Camera a largura da malha, de que devem ser as ditas redes para que quando pescarem, fóra dos ditos trez mezes da criação, não possão tomar peixe miudo; do que se fará assento nos livros da Camera, e pela vitóla, que assi ordenarem, que nas Cameras stará, se farão as ditas redes.

E quem o contrario fizer, incorrerá nas penas acima declaradas no paragrapho 5: *E pessoa alguma,* postas aos que cação contra fórma della.

Porém os bordalos se poderão pescar com cóvãos e nassas da vitóla, que as Cameras ordenarem, por quanto ás vezes se mandão dar aos enfermos.

7. E pessoa alguma não lance nos rios e lagôas, em qualquer tempo do anno (postoque seja fóra dos ditos trez mezes da criação), trovisco, barbasco, cocca, cal, nem outro algum material, com que se o peixe mate.

E quem o fizer, sendo Fidalgo, ou Scudeiro, ou dahi para cima, pola primeira vez seja degradado hum anno para Africa, e pague trez mil réis.

E pola segunda haja a dita pena de dinheiro e degredo em dobro: E assi por todas as vezes que fôr comprehendido, ou lhe fôr provado.

E sendo de menor qualidade, seja publicamente açoutado com baraço e pregão, e por qualquer outra vez que nisso fôr comprehendido, ou se lhe provar, haverá as mesmas penas: e será degradado do lugar, onde fôr morador, e dez legoas ao redor, per tempo de hum anno.

O que assi havemos por bem, para que se não mate a criação do peixe, nem se corrompão as agoas dos rios e lagôas, em que o gado bebe.

8. E porque a principal pescaria dos Sáveis e Lamprêas he em Março, Abril e Maio, havemos por bem que os Sáveis, Sabógas, e Tainhas se possão pescar nos ditos trez mezes com redes de vitóla e malha de largura de sete dedos ao travez ao menos. A qual vitóla stará nas Cameras dos lugares mais chegados aos rios, onde se houver de pescar.

E as lamprêas se poderão pescar nos ditos trez mezes com redes, e pela maneira, que fôr ordenado pelos Officiaes das Cameras.

E os ditos sáveis, sabógas e tainhas não se poderão pescar nos dias, que a Igreja manda guardar, nem com redes de mais streita malha, que a sobredita.

E quem o contrario fizer, ou pescar as lamprêas fóra da dita ordenança, incorrerá nas penas conteúdas na paragrapho 5: *E pessoa alguma,* em que incorre os que cação contra a fórma desta Lei.

9. E nos rios, per onde estes Reinos partem com os de Castella, se poderá pescar livremente em todo o tempo, e per qualquer maneira que seja, em quanto correm entre os ditos Reinos sómente.

10. E passados os trez mezes da criação, se poderá pescar todo o peixe dos Rios, que se seccão de todos, com redes, de qualquer vitóla que seja; os quaes Rios os Officiaes das Cameras, onde os houver, declararáõ per assentos, que farão nos Livros das Cameras, para se saber quaes são.

Porém em nenhum tempo se poderá pescar nelles com os materiaes peçonhentas acima ditos.

11. No Rio Téjo, assi no limitte e termo de Lisbôa, como fóra delle, pescador algum não pesque azeviás com tanchas e fatexas.

E o que o contrario fizer, pola primeira vez pagará dez cruzados.

E pola segunda vinte cruzados da Cadèa, e assi dahi em diante, çada vez que nisso fôr comprehendido.

12. E de todas as penas de dinheiro, conteúdas nesta Lei, será ametade para quem accusar, e a outra para Captivos, e as redes, cães e armadilhas para o accusador.

E não havendo quem accuse, sómente a Justiça, serão para as obras do Concelho.

13. E mandamos, que os Juizes de cada lugar tirem em cada hum anno devassa dos casos conteúdos nesta Lei, nos mezes de Junho, e Dezembro, e procedam contra os culpados.

E não havendo accusador, o Procurador do Concelho os acuse até final sentença.

E o Juiz, que dér a sentença, faça logo carregar em receita a condenação das ditas penas de dinheiro sobre o Thesoureiro do Concelho, e as que pertencerem aos Captivos sobre o Mamposteiro delles.

E os Juizes, que não tirarem as devassas, e não cumprirem o sobredito, serão degradados per hum anno fóra do Lugar, Villa, ou Cidade e seu termo, e pagaráõ dous mil réis, ametade para quem os accusar, e a outra para os Captivos.

14. E sendo os culpados pelas devassas Fidalgos, ou Cavalleiros, os Juizes de fóra, onde os houver, e onde os não houver, os Corregedores das Comarcas conheceráõ dos ditos casos, e proveráõ as devassas, quando forem aos ditos lugares; e não indo os ditos Corregedores a elles, os Juizes ordinarios as farão trasladar, e dentro em trinta dias do dia, que forem acabadas, as enviaráõ aos ditos Corregedores, ou Ouvidores das Comarcas.

E os Juizes dos lugares, em que os Corregedores não entrão per Correição, as enviaráõ aos Ouvidores dos ditos lugares.

E os ditos Corregedores e Ouvidores procederão contra os culpados.
E os Chancereis e Promotores farão as accusações, ou os Scrivães, a que forem distribuidas.

E os ditos Corregedores, quando proverem as ditas devassas, saberão se os Juizes do anno passado as tirárão, e procederáõ contra os que acharem culpados.

15. E as sentenças, per que os culpados forem condenados, não se tiraráõ do processo, nem elles serão soltos, até mostrarem certidão de como o dinheiro he pago e carregado em receita sobre os ditos Officiaes.

16. E se os Juizes, que as devassas tirarem, acharem culpadas pessoas Ecclesiasticas mandaráõ o traslado de suas culpas aos Prelados, ou á seus Vigarios, com suas cartas requisitorias, para que procedão contra elles.

17. E nos lugares, onde houver outros Regimentos nossos, em que sejão postas outras maiores penas, ou defesas, guardar-se-hão, como nellas fôr conteúdo.

TITULO LXXXIX.

Que ninguem tenha em sua caza rosalgar, nem o venda, nem outro material venenoso.

Nenhuma pessoa tenha em sua caza para vender, rosalgar branco, nem vermelho, nem amarello, nem solimão, nem agua delle, nem escamonéa, nem opio, salvo se fôr Boticario examinado, e que tenha licença para ter Botica, e usar do Officio.

E qualquer outra pessoa que tiver em sua caza alguma das ditas cousas para vender, perca toda sua fazenda, ametade para nossa Camera, e a outra para quem o accusar, e seja degradado para Africa até nossa mercé.

E a mesma pena terá quem as ditas cousas trouxer de fóra, e as vender a pessoas, que não forem Boticarios

1. E os Boticarios as não vendão, nem despendão, se não com os Officiaes, que por razão de seus Officios as hão mistér, sendo porem Officiaes conhecidos per elles, e taes, de que se presuma que as não darão á outras pessoas.

E os ditos Officiaes as não darão, nem venderão a outrem, porque dando-as, e seguindo-se disso algum dano, haverão a pena que de Direito seja, segundo o dano fôr.

2. E os Boticarios poderão metter em suas mezinhas os ditos materiaes, segundo pelos Medicos, Cirurgiões, e Escriptores fôr mandado.

E fazendo o contrario, ou vendendo-os a outras pessoas, que não forem Officiaes conhecidos, pola primeira vez paguem cincoenta cruzados, metade para quem accusar, e descobrir.

E pola segunda haverão mais qualquer pena, que houvermos por bem.

TITULO XC.

Que não fação vódas, nem baptismo de fogaça, nem os amos peção por causa de seus criados.

Por se escusarem os gastos que se fazem nas vódas, e baptismos de fogaça, e alguns delictos que se nos taes ajuntamentos commettem, defendemos, que pessoa alguma de qualquer qualidade que seja, não faça per si, nem per interposta pessoa, vóda de fogaça, ou dinheiro, nem convidem para o jantar, ou ceias dos noivos pessoa alguma, nem para os convites, jantares, ou cêas dos baptismos, salvo os parentes dentro no quarto gráo: os quaes não darão cousa alguma para a dita vóda, ou baptismo.

E quem o contrario fizer, assi os que convidarem, como os convidados, e que forem aos ditos convites, e os parentes dentro no quarto gráo, que derão alguma cousa para a dita vóda, posto que não levem dinheiro, nem fogaça, nem cousa alguma, nem a dêm para a vóda, sejão açoutados com baraço, e pregão pela Villa, e degradados dous annos para Africa.

E sendo de qualidade, em que não caiba pena de açoutes, e baraço e pregão, sejão degradados quatro annos para Africa com pregão na Audiencia.

1. E porque alguns amos de Senhores de terras, e Fidalgos, quando lhes levão para suas cazas os filhos, depois de os acabarem de criar, pedem a muitas pessoas que os ajudem com pão, vinho, vaccas, carneiros, aves, e outras cousas para levarem ás ditas pessoas, cujos filhos crião, o que não havemos por bem, mandamos, que nenhum amo das ditas pessoas peça pela sobredita maneira, nem tome o que lhe derem.

E fazendo o contrario, haverá as penas acima declaradas.

2. E queremos, que por os casos conteúdos neste Titulo, não possa ser demandada, nem accusada pessoa alguma, passado hum anno do dia, que se commetterem, salvo, se dentro do dito anno, forem por isso presos, ou citados.

TITULO XCI.

Que nenhuma pessoa faça Coutadas.

Mandamos, que pessoa alguma de qualquer stado, dignidade, e condição que seja, não faça Coutadas, nem defesa, assi nos montes, e terras de porcos montezes, veados, coelhos, perdizes, e pastos, como nos Rios, e Lagôas de peixes e aves.

1. Outrosi, não fação Coutadas nos mattos maninhos, e charnecas, porque defendão, que não cortem lenha, nem tirem cortiça, nem arranquem cêpa, sem lhes pagar algum tributo.

E fazendo-as, mandamos que sejão nenhumas.

E mais o Senhor de terras, ou pessoa que as ditas Coutadas, ou cada huma dellas fizer, ou mandar fazer, seja suspenso da jurisdição, que tiver na Villa, ou Lugar, e seu Termo, em que assi fizer as ditas Coutadas.

E o Official que por elles tiver carrego de executar as penas das Coutadas, por cada vez que demandar, ou executar alguma por rasão das ditas coutadas, será degradado dous annos para Africa, e pague vinte cruzados, ametade, para quem o accusar, e a outra para aquelle que assi fôr demandado, ou executado.

E mandamos ás nossas Justiças, que as não guardem, nem julguem per ellas taes tributos, e coimas, nem penas algumas, nem consintão fazer penhora per ellas; e alcem as taes Coutadas, e defesas.

2. E quanto as nossas Coutadas feitas per Nós, ou pelos Reys, nossos antecessores, que per Nós não sejão revogadas, mandamos que se guardem, e cumprão, segundo he conteúdo em nossos Regimentos sobre isso feitos, e as outras Coutadas, e defezas que algumas pessoas per nossas Cartas, e Privilegios tiverem, ou per Cartas dos Reys passados, e per nós confirmadas, lhe sejão guardados.

E querendo os que taes Coutadas de pastos, e lenhas tiverem, usar dellas contra os que tiverem herdades, que confrontão, e vizinhão com ellas, mandamos que as ditas herdades sejão isso mesmo coutadas, sómente para os que semelhantes Coutadas e defezas tem; e em as ditas herdades lhes levem aquellas penas e coimas, que os donos e Senhores das Coutadas levão aos que com ellas assi confrontão, e em todo com elles visinhem, como os que as ditas Coutadas tiverem, com elles quizerem visinhar.

3. E se os que tiverem as ditas Coutadas, as quizerem guardar, não poderão entrar nas Coutadas e pastos e recios do Concelho, postoque com elles não confrontem.

E entrando, pagarão ás penas ao Concelho, que elles podem levar nas suas Coutadas.

4. E quanto ás penas, que são postas pelos Regimentos e Ordenação, ou per nossas Cartas, aos que quebrão as Coutadas, poderão ser demandados até trez mezes do dia, que assi quebrarem as ditas Coutadas.

E passados os ditos trez mezes, não se possão mais demandar, salvo quando Nós nas nossas Coutadas mandarmos, que em mais tempo possão ser demandados.

TITULO XCII.

Dos que tomão insignias de armas, e dom, ou appellidos, que lhes não pertencem.

Como os Blasões das armas e appellidos, que se dão áquelles, que per hoarosos feitos os ganharão, sejão certos sinaes e prova de sua Nobreza e honra, e dos que delles descendem, he justo que essas insignias e appellidos andem em tanta certeza, que suas familias e nomes se não confundão com as dos outros, que não tiverem iguaes merecimentos.

E que assi como elles per serviços feitos a seus Reys, ou Republicas se assinalarão e aventajarão dos outros, assi sua preeminencia e dignidade seja á todos notoria.

Polo que ordenamos, que qualquer pessoa, de qualquer qualidade e condição que seja, que novamente tomar armas, que de Direito lhe não pertenção, perca sua fazenda, ametade para quem o accusar, e a outra para os Captivos.

E mais perderá toda sua honra e privilegio de Fidalguia e linhagem, e pessoa, que tiver, e seja havido por plebêo, assi nas penas, como nos tributos e peitas, e sem nunca poder gozar de privilegio algum, nem honra, que por razão de sua linhagem, ou pessoa, ou de Direito lhe pertença.

1. E o que tiver armas suas, e as deixar em todo, tomando novamente outras, que lhe não pertenção, haverá as mesmas penas, e polo mesmo caso perca as suas armas proprias, sem as mais poder ter, nem dellas usar.

2. E quem accrescentar nas suas armas alguma cousa, que per Direito não possa nellas acrescentar, ou dellas tirar alguma cousa, que per Direito não podia

tirar, incorrerá em pena de dous annos de degredo para Africa, e pagará cincoenta cruzados para o Rey de Armas Portugal, ou outro Oficial de Armas, que o accusar, e não usará de outras armas, se não das que propria e direitamente forem suas.

3. E além das penas acima ditas em cada hum dos ditos casos, queremos que os que de novo tomarem armas, não lhes pertencendo, ou acrescentarem, ou tirarem ás que tiverem, hajão mais por pena, que em quaesquer demandas, que trouxerem ora sejão autores, réos, assistentes, ou oppoentes, postoque no principal sejão vencidos, ou vencedores, sejão sempre condenados nas custas para a parte contraria em tresdobro, assi nas do processo, como pessoaes.

E a parte, que com elles litigar, poderá oppôr no feito, depois de sentença dada, cada huma das ditas cousas, e provando-as, lhe será a dita parte condenada nas custas em tresdobro.

4. E para que cada hum saiba a ordem, per que deve trazer as armas, que per Direito lhe pertencem, declaramos que o Chefe de Linhagem será obrigado trazer as armas direitas, sem differença, nem mistura de outras algumas armas.

E sendo Chefe de mais que de huma Linhagem, será obrigado trazer as armas direitas de todas aquellas Linhagens, de que fôr Chefe, e sem mistura em seus quarteis, segundo lhe será ordenado per Portugal Rey de Armas.

E os outros irmãos, e todos os outros da Linhagem as hão de trazer com a differença ordenada no nobre Officio da Armaria.

E assi poderão trazer até quatro armas, se quizerem, daquelles, de quem descenderem, esquarteladas, e mais não.

E se quizerem tomar sómente estremes as armas da parte de suas mães, pode-lo-hão fazer.

E os bastardos hão de trazer as armas com sua quebra da bastardia, segundo ordem da Armaria.

5. E não poderá pessoa alguma trazer as armas do Reino direitas, postoque sejão misturadas com outras armas, mas hão de ser trazidas no quartel direito com differença, assi como a cada hum pertence trazel-as, convém a saber, as que vem per bastardia, com a quebra da bastardia, e as outras com a differença ordenada pelo Rey de Armas.

6. E todos aquelles, que não stando assentados em nossos Livros por Fidalgos, ou não forem feitos Fidalgos per nossa special mercê, ou dos Reys nossos antecessores, ou não sendo filhos, nem netos de Fidalgos da parte de seus pais, ou mãis, se chamarem Fidalgos, assi em contractos, ou Alvarás, ou quaesquer outras scripturas, ou apresentarem cada huma das taes scripturas, ou Alvarás, em que lhes chamem Fidalgos, ou dellas usarem, haverão a mesma pena de custas em tresdobro, e mais pagarão cem cruzados, ametade para quem ós accusar, e a outra para nossa Camera.

7. E defendemos, que nenhum homem, nem mulher se possa chamar, nem chame de *dom*, se lhe não pertencer de Direito per via de seu pai, ou avô da parte de seu pai, ou per nossa mercê, ou que nos Livros de nossas moradias com o dito *dom* andarem.

E as mulheres o poderão tomar de seus pais, mãis, ou sogras, que o dito *dom* direitamente tiverem, como sempre neste Reino se costumou.

E os bastardos, postoque legitimados sejão, não se poderãõ chamar de *dom*, ainda que de Direito lhes podéra pertencer, se de legitimo Matrimonio forão nascidos.

E quem fizer o contrario do conteúdo neste Capitulo, perderá a fazenda, ametade para quem o accusar, e a outra para os Captivos, e perderá todo o privilegio de Fidalguia e pessoa, que tiver, e ficará plebeo.

E trazendo alguma demanda, em qualquer tempo que seja, se seu adversario lhe quizer oppôr, que se chamou de *dom*, será isso recebido, e sendo-lhe provado, perderá a aução e direito, que tenha, sendo autor; e sendo réo, perderá todo direito, e será havida por provada a aução do autor, e sem embargo da exceição, se irá pelo feito em diante, e a exceição se receba, e se proceda nella; e sendo provada, não se vá mais pelo feito em diante, e o pronunciem, como dito he.

E não se provando a exceição, condenarão a parte, que a allegou, nas custas em dobro.

8. E os pais, que a seus filhos, que não chegarem a dezasete annos, consentirem que se chamem de *dom*, não lhes pertencendo, ou ás filhas, em quando as tiverem em suas cazas solteiras, haverão todas as sobreditas penas, como se elles mesmos se chamassem de *dom*, não lhes pertencendo.

9. E nenhuma pessoa tome appellido de Fidalgo de Solar conhecido, que tenha terras com jurisdição em nossos Reinos, não lhe pertencendo, nem vindo de tal Linhagem, postoque seus pais assi se chamassem, se na verdade lhes não pertencia.

E quem o fizer, perderá a fazenda, ametade para quem o accusar, e a outra para os Captivos, e perderá todo o privilegio, que per sua Linhagem e pessoa tiver, e ficará plebêo.

Porém os que novamente se converterem á nossa Sancta Fé, poderão tomar e ter em suas vidas, e traspassar á seus filhos sómente, os appellidos de quaesquer Linhagens, que quizerem, sem pena alguma.

TITULO XCIII

Que não tragão habitos, nem insignias das Ordens Militares em jogos, ou em mascaras.

Mandamos, que pessoa alguma não traga em festas, jogos, ou mascaras, ou representações, habitos das Ordens de Christo, Santiago e Aviz, nem fóra de festas, não sendo provido de tal habito, sob pena de, sendo achado, ser preso trez mezes pola primeira vez, e pagar da Cadèa quatro mil reis, ametade para o Convento da Ordem, de que trouxer o habito, e a outra para o Meirinho, ou Alcaide, que o accusar, e de ser pola segunda vez, além da dita pena, degradado para Castro-Marim, ou para Africa, segundo a qualidade da culpa e acto, em que profanar o dito habito.

E além das ditas penas, haverá as mais, que per nossas Ordenações e Direito deve haver.

1. E mandamos, que em nenhuma Confraria se use de manto branco com Cruz, ou sem ella, por reverencia do habito de Christo, sob pena de qualquer Mordomo, ou Confrade, que com elle fôr achado, pagar pola primeira vez dous mil reis, e star hum mez na Cadêa: e pola segunda pagar quatro mil reis, e star dous mezes na Cadêa.

Porém poderão trazer em lugar dos ditos mantos brancos outras insignias por sua devoção, sem scandalo e prejuizo de alguma das Ordens.

TITULO XCIV.

Dos Mouros e Judeus, que andão sem sinal.

Os Mouros e Judeos, que em nossos Reinos andarem com nossa licença, assi livres, como captivos, trarão sinal, per que sejão conhecidos, convém a saber, os Judeos carapuça, ou chapeu amarello, e os Mouros huma lua de panno vermelho de quatro dedos, cosida no hombro direito, na capa e no pelote.

E o que o não trouxer, ou o trouxer coberto, seja preso, e pague pola primeira vez mil réis da Cadêa. E pola segunda dous mil réis para o Meirinho, que o prender. E pola terceira, seja confiscado, ora seja captivo, ora livre.

TITULO XCV.

Dos que fazem carcere privado.

Mandamos, que nenhuma pessoa, de qualquer stado e condição que seja, faça per si carcere privado, retendo em elle alguma pessoa, de qualquer qualidade que seja, por cousa alguma.

E declaramos haver feito carcere privado aquelle, que per si, ou per outrem retem algum como preso em alguma caza, ou em outro lugar, onde seja reteúdo, e guardado em tal maneira, que não seja em toda sua liberdade, postoque não tenha nenhuma prisão.

E o que o fizer, se fôr peão, seja açoutado publicamente, e degradado para Africa per cinco annos.

E se fôr Scudeiro, ou de semelhante condição, seja degradado para Africa cinco annos, e mais pague trez mil réis para a nossa Chancellaria.

E se fôr Fidalgo, ou Cavalleiro, seja degradado para Africa per quatro annos.

1. E declaramos, que se entenda haver commetido carcere privado o que retiver alguma pessoa contra sua vontade per vinte e quatro horas; e retendo-o menos de vinte e quatro horas, postoque não cáia em a pena sobredita de carcere privado, haverá outra qualquer pena publica, que ao Julgador parecer, segundo a qualidade das pessoas e tempo.

Porém, não tolhemos em cada hum dos ditos casos poderem as partes demandar suas injurias.

2. Porém, se o marido achar com sua mulher em adulterio algum homem tal, que per Direito não deva matar, assi como Fidalgo, Cavalleiro, ou de outra semelhante qualidade, podel-o-ha reter preso pelo dito spaço, sem commeter carcere privado.

3. E poderá outrosi o crédor reter preso seu devedor, achando-o fugindo, ou querendo fugir, por lhe não pagar sua divida, não podendo haver soccorro de Justiça para com sua auctoridade o prender.

Porém retendo cada hum destes mais do dito tempo, incorrerá em crime de carcere privado.

4. E esta Lei não haverá lugar no que encarcerar seu filhofamilias, ou scravo, polos castigar e emendar de más manhas e costumes; porque em tal caso os poderá prender.

5. E se o Julgador souber, que algum commetteo carcere privado, e não proceder contra elle per inquirição e accusação, perca o Officio, que de Nós tiver.

E neste caso todo Julgados poderá devassamente inquirir para saber a verdade, tanto que della tiver informação.

E pela devassa, que tirar, proceda, como vir que o caso requere, de maneira que o crime seja punido.

TITULO XCVI.

Dos que sendo apercebidos para servir per cartas de El-Rey, o não fazem ao tempo ordenado.

Mandamos, que os que forem apercebidos para nos haverem de servir em algumas partes per nossas Cartas, ou Alvarás, ou per nossos Officiaes, que para isso tenhão nosso Mandado, ou Regimento, e não forem aos tempos per Nós ordenados aos taes serviços (não havendo Provisão nossa, per que os hajamos por escusos), percão todo o que de Nós tiverem, de qualquer qualidade que seja, e não haverão de Nós mais moradia, nem tença, e serão degradados dous annos para Africa.

TITULO XCVII.

Dos que fogem das Armadas.

Se algum Piloto, Mestre, Contra-Mestre, Marinheiro, Grumete, Bombardeiro, Spingardeiro, e qualquer outra pessoa desta sorte, que indo nas nossas Armadas, deixar a Não, ou Navio, em que fôr ordenado, e della se fôr sem licença e auctoridade do nosso Capitão Mór da tal Armada, ou do Capitão do Navio, em que assi fôr ordenado, se do corpo da Armada se partir, ora a Armada vá para cousa de guerra, ora de mercadoria, pagará em quatrodobro todo o que tiver recebido de seu soldo.

E sendo de maior qualidade, pagará da Cadêa o dito quatrodobro do que tiver recebido, e será degradado per quatro annos para Africa.

E huns e outros além disto perderão todos os privilegios, que tiverem, de qualquer sorte que forem, sem mais ou poderem tornar a haver, nem delles usar per modo algum.

E postoque os hajão (porque poderá ser que passem por esquecimento), não lhes serão guardados, nem haverão effeito.

E além disto perderão quaesquer Officios nossos, que tiverem, ou das Cidades, Villas, e Lugares, onde viverem, sem mais a elles poderem ser restituidos, nem haver quaesquer outros.

E se os houverem, havemos por bem, que por este caso lhes possão ser pedidos, e os percão polo mesmo feito, como per proprios erros, que nelles fizessem, porque com direito os devessem perder.

E isso mesmo não entrarão em outros Officios, nem Carregos honrados do Concelho dos lugares, onde viverem, postoque de tempo limitado sejão.

1. E estas mesmas penas incorrerão os que deixarem as Náos e Navios, stando nossas Armadas no porto da cidade de Lisboa, ou em outro qualquer, onde se armarem, depois de serem assentados em rol, e terem recebido o soldo, como se depois de partidas em qualquer outro porto o fizessem, polo desaviamento, que ás ditas Náos disso se seguiria.

2. E porque alguns Mercadores e outras pessoas armão Náos e Navios per nossas licenças para a India, e para outros resgales de partes de nossos Senhorios, e receberião grandes perdas e desaviamentos, por assi lhes deixarem as Náos e Navios, queremos que os que semelhante commetterem, paguem da Cadêa anoveado para os ditos Mercadores, todo o que delles tiverem recebido de seu soldo.

E nas mais penas desta Ordenação não incorrerão, senão quando as taes Náos e Navios dos ditos Mercadores forem em companhia e conserva da Armada e Frota, em que fôr nosso Capitão Mór.

TITULO XCVIII.

Que os Naturaes deste Reino não aceitem navegação fóra delle.

Mandamos, que nenhuns Pilotos, Mestres, Marinheiros, que nossos Naturaes forem, aceitem partidos alguns em nenhumas navegações, nem Armadas, que fóra de nossos Reinos e Senhorios se fação, nem vão em ellas em maneira alguma, sob pena, se o contrario fizerem, e lhes fôr provado, de perderem por esse mesmo feito todos seus bens, ametade para nossa Camera, e a outra para quem os accusar, e mais sejão degradados por cinco annos para o Brazil.

Porque pois em nossos Reinos tem bem em que ganhar suas vidas em nossas Armadas e navegações, não he razão que sendo nossos Naturaes, fação em outra parte as ditas navegações.

E isto se não entenderá naquelles, que forem para fazer guerra a Mouros.

TITULO XCIX.

Que os que tiverem scravos de Guiné, os baptizem.

Mandamos, que qualquer pessoa, de qualquer stado e condição que seja, que scravos de Guiné tiver, os faça baptizar, e fazer Christãos do dia, que a seu poder vierem, até seis mezes, sob pena de os perder para quem os demandar.

E se algum dos ditos scravos, que passe de idade de dez annos, se não quizer tornar Christão, sendo per seu senhor requerido, faça-o seu Senhor saber ao Prior ou Cura da Igreja, em cuja Freguezia viver, perante o qual fará ir o dito scravo; e se elle, sendo pelo dito Prior e Cura amoestado, e requerido per seu senhor perante testemunhas, não quizer ser baptizado, não incorrerá o Senhor em dita pena.

1. E sendo os scravos em idade de dez annos, ou de menos, em toda a maneira os fação baptizar até hum mez do dia, que stiverem em posse delles: porque nestes não he necessario sperar seu consentimento.

2. E as crianças, que em nossos Reinos e Senhorios nascerem das scravas, que das partes de Guiné vierem, seus senhores as fação baptizar aos tempos, que os filhos das Christãs naturaes do Reino se devem e costumão baptizar, sob as ditas penas.

TITULO C.

Das cousas, que se não podem trazer por dó.

Quando á alguma pessoa fallecer pai, ou mãi, ou outro ascendente filho, ou filha, ou outro descendente, sogro, ou sogra, genro ou nora, irmã, ou cunhado, poderá trazer por dó capuz, tabardo, ou loba cerrada, per tempo de hum mez sómente, e não serão de mais comprimento, que até os artelhos, e dahi por diante poderá trazer capa aberta de dó, que não passe de meia perna.

E quando fallecer thio, sobrinho, ou primo co-irmão, poderão trazer capa de dó sómente, que não passe de meia perna.

E os pelotes e roupetas, que trouxerem por dó, não serão mais compridas, que até cobrirem os giolhos, e não trarão nelles mangas largas.

1. E nenhuma pessoa poderá trazer dó mais que até seis mezes, postoque seja por as pessoas acima ditas.

E assi poderão trazer dó o dito tempo de seis mezes seus criados e familiares, que com elles viverem, e stiverem, não sendo capuzes, nem lobas, nem tabardos, nem pelotes, nem roupetas de mangas largas, nem de maior comprimento, que até cobrir os giolhos.

2. Nem se poderão outrosi trazer guarnições, nem cubertas de sella de panno de dó nos Cavallos, nem nas Mulas, de qualquer modo e feição que sejão, ainda que seja por as pessoas acima ditas.

3. E não se poderá trazer dó por outro algum parente em qualquer grão que seja.

E a pessoa que o contrario fizer, sendo peão, seja prezo e degradado com hum pregão na audiencia por dous annos para Africa, e pague dez cruzados, ametade para quem o accusar, e a outra para nossa Camera.

E sendo pessoa de mór qualidade, seja prezo e degradado dous annos para Africa, e pague dez mil reis, ametade para o accusador, e a outra para nossa Camera, e huns e outros perderão os vestidos, que trouxerem contra esta defeza, para quem os accusar.

TITULO CI.

Que não haja Alfeloeiros, nem Obreeiros.

Mandamos, que nenhum homem, nem moço, de qualquer qualidade que seja, venda Alféloas, nem obrêas, em nenhuma parte de nossos Reinos publicamente, nem escondido.

E o que o contrario fizer, seja prezo e açoutado publicamente com baraço e pregão.

Porém, se algumas mulheres quizerem, vender Alfeloas e obreas, assi nas ruas e Praças, como em suas cazas, podel-o-hão fazer sem pena.

TITULO CII.

Que se não imprimão Livros sem licença del Rey.

Por se evitarem os inconvenientes, que se podem seguir de se imprimirem em nossos Reinos e Senhorios, ou de se mandarem imprimir fóra delles Livros, ou obras feitas per nossos Vassallos, sem primeiro serem vistas e examinadas, mandamos, que nenhum morador nestes Reinos imprima, nem mande imprimir nelles, nem fóra delles obra alguma, de qualquer materia que seja, sem primeiro ser vista e examinada pelos Dezembargadores do Paço, depois do ser vista e approvada pelos Officiaes do Santo Officio da Inquisição.

E achando os ditos Dezembargadores do Paço, que a obra he util para se dever imprimir, darão per seu despacho licença que se imprima, e não o sendo, a negarão.

E qualquer Impressor Livreiro, ou pessoa, que sem a dita licença imprimir, ou mandar imprimir algum Livro, ou obra, perderá todos os volumes, que se acharem impressos, e pagará cincoenta cruzados, a metade para os Captivos, e a outra para o accusador.

TITULO CIII.

Que não peção esmola para invocação alguma sem licença de El-Rey.

Mandamos, que pessoa alguma não peça esmolas para invocação de algum Santo, senão as que para isso mostrarem nossas Cartas, em que logo vão nomeadas per seus nomes as pessoas, que houverem de pedir as ditas esmolas, e arrecadar as Confrarias; os quaes não forão pregar, nem pregarão, nem darão Cartas de Indulgencias, e será nomeada sómente huma pessoa em cada Bispado, e mais não.

E ao que não mostrar nossa Carta propria, não será guardado o traslado em publica fórma, postoque o amostre.

E as pessoas, que em outra maneira pedirem para as ditas invocações, mandamos a todos os Officiaes da Justiça, que sendo requeridos por parte da Redempção dos Captivos, os prendão, e lhes tomem logo quanto trouxerem, e tiverem dos pelitorios, e o entreguem para a dita redempção aos Mamposteiros della; e os pedidores não sejão soltos sem nosso mandado. E com licença dos Prelados poderão pedir nas Igrejas e Adros dellas sómente.

TITULO CIV.

Que os Prelados, e Fidalgos não acoutem malfeitores em seus Coutos, Honras, Bairros, ou Cazas: E dos devedores, que se acolhem a ellas.

Defendemos, que nenhum Senhor de terras, Prelado, Fidalgo, nem outra pessoa, de qualquer stado e condição que seja, não faça novamente Coutos, nem Bairros coutados, nem acolha, nem coute nelles, nem outros antigos e honras, postoque approvadas pelos os Reys nossos antecessores, nenhuns malfeitores, nem degradados.

E fazendo os ditos Coutos, ou emparando nelles malfeitores para não serem presos, perderão a jurisdição, que nos taes lugares tiverem e não tendo jurisdição, serão degradados dous annos para Africa, e pagará cada hum duzentos cruzados.

E os Alcaides Móres, que trouxerem comsigo, ou acolherem em suas Fortalezas, ou cazas malfeitores, ou degradados, serão suspensos das ditas Alcaidarias Móres, rendas e direitos dellas até nossa mercê, e mais pagarão duzentos cruzados.

1. E mandamos, que não haja ahi Bairros, nem se guardem, nem valhão a pessoa alguma, que á Justiça seja obrigada, quanto pertencer á execução da Justiça, sem embargo de quaesquer privilegios, e Provisões em contrario.

E em todas as outras cousas declaradas nos privilegios, de que sempre stiverem em posse, poderão delles usar, como nelles (sendo per Nós confirmados) fôr conteúdo.

2. E por quanto alguns malfeitores, que notoriamente são culpados em alguns maleficios, andão per nossos Reinos, e por serem chegados a alguns poderosos, as Justiças os não podem facilmente prender: mandamos a todos os Corregedores, Juizes e Justiças, que fação toda a diligencia, que poderem, para saberem os lugares, onde stão, e onde se acolhem, e fação de maneira, que os prendão em quaesquer cazas e lugares, onde forem achados, tirando os lugares, que per nossas Ordenações se mandão guardar.

3. E tendo nossas Justiças bastante informação, que algum delinquente stá acolhido em caza de alguma pessoa, de qualquer qualidade e preeminencia que seja, ora seja Duque, Marquez, Conde, Arcebispo, Bispo Prelado, Dom Abbade, ou Prior de Mosteiro, Senhor de terras, ou Fidalgo principal, possão entrar, e entrem livremente na tal caza a buscar e prender o delinquente.

E o mesmo possão fazer, indo em seguimento delle, acolhendo-se a alguma das ditas cazas, postoque o que o seguir, seja Juiz pedaneo, ou Quadrilheiro, sem da parte das ditas pessoas, parentes, ou criados lhe ser posto impedimento, nem duvida alguma na entrada da caza, busca e prisão do homisiado.

E qualquer das ditas pessoas, que o contrario fizer, se tiver jurisdição, ou terras da Corôa, por esse mesmo caso fique suspenso de tudo.

E não tendo terras, ou jurisdição, se tiver juros, tenças, moradias, ou acostamentos de nossa Fazenda, se lhe não fará pagamento algum até nossa mercê, e incorrerá nas penas, em que incorrem os que tirão os presos do poder da Justiça; nas quaes outrosi incorrerão seus parentes, ou criados, e quaesquer outras pessoas, que nisto forem culpados.

E as Justiças farão de tudo actos, que nos enviarão, emprazando as ditas pessoas grandes, que em certo termo pareção pessoalmente em nossa Corte.

E isto se não entenderá nas cazas dos Arcebispos, Bispos, Dom Abbades e Priores, sendo as cazas taes, que per Direito, ou costume devão gosar da immunidade da Igreja nos casos, em que ella val.

4. E no lugar, onde Nós stivermos, e na cidadde de Lisbôa, pessoa alguma se não acolha a caza de algum Grande, ou Fidalgo, por não ser demandado por seus credores, ou por não ser accusado por crime, que tenha commettido, quer seja tal, em que a Justiça haja lugar, quer não.

E fasendo o contrario, stando na tal caza mais que hum dia, o Julgador a que o conhecimento pertencer, sendo informado per duas testemunhas, como assi stá acoutado, e não anda publicamente pela Villa, para poder ser em pessoa citado, o faça logo citar per seu Alvará de edictos, para que até oito dias peremptorios appareça perante elle, para ser ouvido com o que o quer demandar; e assi o ha por citado para todos os actos judiciaes, e para ver jurar as testemunhas, e ouvir a sentença, e para a execução della e arrematação de seus bens, se condenado fôr, a qual citação havemos por boa e valiosa, postoque seja certo o lugar, onde stá, e por ella se procederá, sem ser necessaria outra citação, nem requerimento da parte condenada.

Os quaes Alvarás se porão á porta do Paço no lugar, onde Nós stivermos, e na cidade de Lisboa á porta da Relação.

5. E se o caso, porque se acoutar á caza de algum dos sobreditos, fôr crime, e passado o tempo da citação dos editos, que pelo dito modo deve ser feita, se não vier livrar, e pôr a Direito, proceda-se contra elle á revelia, e além da pena, que polo maleficio merecer (se não fôr de morte natural, ou civel), pagará mais dous mil réis para o Meirinho, ou Alcaide, que o accusar, posto que polo maleficio principal não seja condenado.

TITULO CV.

Dos que encobrem os que querem fazer mal.

Mandamos, que ninguem tenha, ou encubra em sua caza, ou em outro lugar pessoa alguma, que queira matar, ou fazer outro mal a outrem em nossos Reynos, e Senhorios; e se alguns pousarem, ou se acolherem encubertamente em alguma caza, ou em outro lugar, o senhor della, ou quem em ella morar, sendo disso sabedor, os deite logo fóra, e faça-o saber á Justiça da terra, antes que se o mal faça.

E os que assi o não fizerem, se de suas cazas sairem para matar, ou fazer outro mal, hajão a pena que merecerem os que fizerem o mal.

E posto que os que o mal fizerem se possão escusar, e defender, que o fizerão per Direito, não sejão porém escusos da pena os que os encobrirem; salvo se aquelles de cujas cazas sairem, ou encobrirem, forem taes pessoas, a que o Direito permitta, poderem ser nos taes feitos com elles.

TITULO CVI.

Que cousas do trato da India, e Mina, e Guiné se não poderão ter, nem tratar nellas.

Defendemos, que nenhuma pessoa, assi estrangeira, como natural, seja ousado a ter, ou possuir, ou tratar nestes Reynos, ou de fóra para elles, ou delles para fóra, conchas, coriis, contas pardas, ou das outras que na Mina valem, ou ao diante valerem, que vem de Guiné, ou lambeis, sob pena de ser publicamente açoutado, e por esse mesmo feito perder toda sua fazenda para nós.

E sendo pessoa, em que não caiba pena de açoutes, será degradado por cinco annos para o Brazil com pregão na Audiencia, sendo nisso comprehendido, ou sendo-lhe provado legitimamente.

1. E bem assi, nenhuma pessoa tará da India cousa alguma das que por nós são defesas nas *Ordenações,* e *Regimentos,* que para a India temos feito, os quaes se guardaráõ sob as penas nelles conteúdas, posto que nestas Ordenações não sejão incorporados.

2. E todos os descaminhados de cousas assi de Guiné, como da India, que tomarem os Guardas, e Requeredores, ou outras quaesquer pessoas, na hora, que forem achados tomados, serão levados perante o Juiz de Guiné, e India, e assi as pessoas em cuja mão as acharem, quando as acharem em poder de alguem.

O qual Juiz com o Scrivão dante elle fará acto com declaração da informação que houver, per juramento dos que lhe trouxerem o descaminhado, para proceder, como per Direito deve, e para as partes, a que locar, saberem o que passa, e serem ouvidos com seu direito, quando o pretenderem ter.

E isso mesmo mandará vir pérante si, o Recebedor das taes cousas, e Scrivão de sua receita, para o que fôr sem duvida, se carregar sobre elle, e o duvidoso se depositar, e se pór a bom recado, como cumprir a nosso serviço, e bem das partes.

3. E dos descaminhados, em que não houver duvida, faça o dito Juiz logo perante si, entregar aos que os trouxerem o terço que a elles applicamos, e assi o terço do que se logo não poder determinar, tanto que fôr julgado por perdido.

Porém, do que fôr tomado pelos Guardas, se lhes dara ametade, como está mandado per nosso Regimento.

4. E defendemos, que ninguem leve, nem mande de parte alguma de nossos Reinos, nem de fòra, às Ilhas de Cabo-Verde, e do Fogo, ferros da feição que os negros os querem em Guiné, de que nas ditas partes podem fazer, e fazem ferros de Azagayas, e outras armas, e ferramentas; nem os faça nestes Reinos, nem vá fazer fôra delles, nem mande fazer, sob pena de pelo mesmo caso perder toda sua fazenda, ametade para nossa Camera, e a outra para quem o accusar, e mais ser preso, e dregradado por cinco annos para o Brazil.

5. E isso mesmo ninguem mande, nem leve destes Reinos, nem de fòra delles às Ilhas do Cabo-Verde, e do Fogo manilhas de latão, e de estanho, e laquequas de toda a sorte, latão de toda sorte, cristalino de toda sorte, matamingo, pannos da India, capas de Chaúl, brocadilhos de Frandes, camisões de seda, ou de côres, da feição que os trazem os Negros, pannos vermelhos, e amarellos, que se costumão levar a Guiné, sob pena de se perderem em tresdobro, ametade para nossa Camera, e a outra para quem o accusar.

E o morador das ditas Ilhas que incorrer na dita pena, alem della, será degradado dellas per dous annos, e os que lá não forem moradores, serão degradados dous annos para Castro-Marim.

TITULO CVII

Dos que sem licença del Rey vão, ou mandão á India, Mina, Guiné; e dos que indo com licença, não guardão seus Regimentos.

Defendemos, que pessoa alguma de qualquer stado, e condição que seja, assi natural destes Reinos como estranjeira, não vá, nem envie fóra de nossos Navios, em Navios outros alguns, às partes, terras, e mares da India, ou á cidade de S. George da Mina, ou ás parte de Guiné, ou outras quaesquer terras, mares, e lugares de nossa Conquista a tratar, resgatar, nem fazer guerra sem nossa licença, e authoridade, sob pena de fazendo-o, morrer por isso morte natural, e por esse mesmo feito perder para Nós todos seus bens.

E estas mesmas penas hajão os que roubarem, ou tomarem os Navios, ou alguma cousa delles, que ás ditas partes forem, ora sejão de nossas armações, ora dos que lá forem, ou enviarem com nossa licença, ou por bem de nossos contractos.

E assi haverão as ditas penas os que forem chados nos mares, e marcas das ditas partes, posto que outra cousa não fação; nem lhes seja provado, salvo serem nos ditos mares, e marcas achados.

Mas nestes não se fará execução de morte, sem primeiro no-lo fazerem saber, para sobre isso mandarmos o que houvermos por nosso serviço.

1. E per esta Lei damos poder a todo Capitão, Piloto, Mestre, ou Senhorio dos nossos Navios, ou dos nossos Contratadores, e assi a outra qualquer gente destes Reinos, e Senhorios, que ás ditas partes, e mares per seus privilegios, ou nossas licenças poderem ir, que os taes Navios nas ditas partes, e mares, e marcas acharem, que os possão tomar, e os tragão a bom recado com a gente delles presos, como pessoas que nos desservirão, e serão entregues ao Juiz da India, e Mina, e por elle julgados, conforme a nossas Ordenações, e suas culpas.

E do que lhes fôr tomado, e julgado por perdido, haverão os que o tomarem ametade, e todo o mais ficará para nós.

E isto se não entenderá nos scravos, que por não serem tomados, como devem, forem havidos por livres.

2. E bem assi defendemos, que pessoa alguma não leve, nem mande ás ditas partes e resgates de Guiné, mercadoria alguma de qualquer sorte, ora seja das de nossos Reinos, ora das que de fóra delles vem para os tratos das ditas partes, ora das que ha em Guiné, que se vendem e resgatão nas ditas partes nos lugares de nossos tractos; nem leve, nem mande cousa alguma, que em Guiné tenha valia, posto que cá seja de pouco valor, resalvando as cousas, que per nossos Regimentos e licenças tivermos ordenado, para os taes poderem resgatar.

E os que o contrario fizerem, sendo nisso comprehendidos, ou sendo-lhes provado per provas legítimas, se fôr Capitão da cidade de S. George da Mina, e levar mais do que per nossos Regimentos, ou Provisões lhe fór ordenado, e o que assi levar mais, valer néste Reino seis marcos de prata, por esse mesmo feito perderá para Nós toda sua fazenda, e tudo o que de Nós tiver, e o ordenado da dita Capitania, e lhe será mais dada qualquer outra pena até morte natural, *inclusive*, que nos parecer que merece.

3. E se fôr Alcaide Mór, Feitor, Scrivão da Feitoria, e outros quaesquer Officiaes da dita Cidade, ou moradores della, assi os que stão taxados, como os que o não stão, e bem assi os Capitães e Scrivães de nossos navios, que em cada huma das ditas culpas incorrer, se se o que mais levarem, ou mandarem levar além do ordenado, valer na Mina, ou em outra qualquer parte de Guiné, para onde a tal mercadoria levarem, a quantia dos ditos seis marcos de prata, por esse mesmo feito perderão para Nós toda sua fazenda, e o que de Nós tiverem e seus soldos, e ordenados, sendo nisso comprehendidos, ou sendo-lhes provado per provas legitimas, e além disso incorrerão em pena de morte natural.

Nas quaes penas incorrerão o dito Capitão, e os mais acima nomeados, ora levem a dita mercadoria per huma só vez, ora per muitas vezes, que juntas valhão a dita quantia; e não chegando á valia dos ditos seis marcos, perderão para Nós todos seus soldos e mantimentos, e incorrerrão em qualquer pena outra civel e crime, que houvermos por bem, até perdimento de todas suas fazendas, e degredo para sempre para o Brazil.

E se forem pessoas, em que caibão açoutes, serão açoutados, como a valia do que assi mais levarem, passar de mil reis.

4. Em todas as penas acima ditas incorrerão o dito Capitão e pessoas sobreditas, encobrindo, ou consentindo a outrem, ou não o manifestando á Justiça, tanto que disso forem sabedores.

5. E nas culpas desta Lei incorrerão os que levarem, ou enviarem, ou encobrirem as ditas cousas e mercadorias, no momento que forem mettidas no batel, barca ou almadia, para serem levadas ao Navio, em que houverem de ir á Mina, ou á qualquer parte de Guiné sem nossa licença, ora sejão embarcadas nas ditas partes, ora nestes Reinos, posto que as ditas cousas e mercadorias não fossem levadas, nem resgatadas: porque este começo e desejo, e culpa de encobrir, e disporem-se para nos desservir, queremos que seja castigado, como se em effeito fosse acabado e consummado.

6. E provando-se, que cada hum dos sobreditos, ou outra qualquer pessoa resgatou contra nossa defeza cousa, que valha hum marco de prata, ou dahi para cima, morra morte natural.

E sendo a valia do marco para baixo, será punido, como se furtasse o que assi resgatou.

A qual valia se considerará, segundo valer onde fez o resgate.

E em ambos estes casos perderá seus bens para Nós.

7. E porque muitas vezes mandamos fazer armações para Cantor, e para outras partes, e os Capitães levão poder para per si resgatarem as ditas armações, declaramos, que se os ditos Capitães nossos, e bem assi os de nossos Contratadores, Pilotos, Mestres e qualquer pessoa, que levar poder para fazer os ditos resgates, não fizerem nelles verdade das mercadorias, que levarem, e do que verdadeiramente resgatarem, sonegarem tanta mercadoria, que valha hum marco

de prata, morrão morte natural; e valendo menos, haverão a pena, como que o furtassem, e em ambos estes casos perderão sua fazenda para Nós.

8. E se aos Guardas dos Navios e Caravellas das ditas partes, que stão na cidade de Lisboa, fôr provado per legitima prova, que para ellas deixarão levar alguma mercadoria, ou cousa para resgate, como a dita cousa valer quatro marcos de prata (cuja valia se regulará pelo que se achar por ella no lugar do resgate), morrerão por isso morte natural, e percão para Nós toda sua fazenda: e estas mesmas penas haverá o Meirinho da cidade de S. George, que na dita culpa incorrer.

E quando valer menos o que assi deixarão passar, serão julgados como acima fica declarado, que se julguem os que consentem levar menos quantia dos seis marcos de prata, assi de mil réis para cima, como de mil réis para baixo

9. E qualquer pessoa, que receber em si, ou em sua caza malagueta ou outra speciaria, ou mercadoria, que de Giné venha, sem primeiro ser trazida á nossa Caza da Mina, e dentro nella despachada per nossos Officiaes, se a tal cousa valer de mil réis para cima, perca para Nós por o mesmo feito toda sua fazenda, e valendo dahi para baixo, será preso, e pagará dez por hum.

10. E defendemos, que nenhum Capitão de Navio, que para as ditas partes de Guiné vá, assi das nossas armações, como dos Contratadores, tome á ida outro algum porto, senão aquelle do resgate, para que fôr endereçado, nem lance em outra parte algum homem dos que no Navio levar, sob pena de perdimento de todos seus bens, e mais ser degradado cinco annos para Africa.

Porém, quando com extrema necessidade de algum dano do Navio, e remedio de sua salvação, não poder al fazer, poder-se-ha ir remediar onde lhe melhor vier, não deixando na parte, onde assi fôr, pessoa alguma; e saindo em terra alguns do tal Navio para se proverem do que lhes cumprir, serão buscados pelo Capitão e seu Scrivão perante toda a companhia, e não sairão mais homens, que os que forem necessarios para provimento da tal necessidade.

E cada vez que os taes sairem fóra, o Scrivão fará em seu Livro assento da busca e diligencia, que se nelles fez, para se saber como se guardou o que nisto mandamos.

E se com esta necessidade os taes Navios forem ter a alguma das nossas Ilhas, e em lugar, onde stêm nossas Justiças, ellas farão estas diligencias, e dellas haverá o Capitão e Scrivão instrumento publico, de como assi se cumprio, e de todo o mais, que passar, para trazerem para sua guarda.

11. E por quanto alguns navios dos Contratadores das Ilhas de S. Thomé e do Principe e Annobom para mantimento dos scravos mandão ir seus navios a Bizeguiche, e a outros portos ao redor, para tomarem mantimento de milho e couros para repairo dos scravos, que hão de trazer: estes taes, quando lhes fôr mandado pelos Contratadores e Capitães das ditas Ilhas, poderão alli tocar, e prover-se das ditas cousas sómente, não deixando ahi cousa alguma das que levarem, sob a dita pena, e os Capitães destes Navios cumprirão nos que enviarem a terra a diligencia acima declarada.

12. E chegando os Navios, que forem para as partes de Guiné, aos lugares e resgates, para que forem endereçados, assi como á cidade de S. George, ou em qualquer outra parte, onde nosso Capitão, Feitor e Officiaes stiverem, os Capitães dos Navios não lancem batel fóra, nem pessoa alguma sáia do Navio, sem primeiro para isso sperar, e ter recado e licença do Capitão, que no tal lugar stiver.

E fazendo o contrario, percão polo mesmo feito para Nós toda sua fazenda, e sejão degradados dez annos para o Brazil; e sendo pessoas em que caibão açoutes, serão açoutados.

13. E quando os taes Navios tornarem para estes Reinos, e com extrema necessidade tomarem algum porto na costa de Guiné, ou em qualquer das nossas Ilhas, ter-se-ha a maneira sobredita na busca, com se ha de fazer á ida, não deixando pessoa alguma na terra; porque além da pena aqui declarada, quando o fizerem (por que seria com malicia), haverão mais qualquer outra pena civel e crime, que houvermos por bem.

14. E vindo os taes Navios da tornaviagem portar a Lisbôa, ou á outro lugar, em que o Juiz de Guiné e o nosso Provedor e Officiaes stiverem (polo que trabalharão quando nelles fôr), não mandará o Capitão lançar o batel fóra, nem homem, sem primeiro os nossos Officiaes ordenados serem dentro nos Navios, e serem buscados segundo fórma de nossos Regimentos; e com seu despacho se lançará o batel fóra, e sairá a companhia, e não em outra maneira, sob pena de o Capitão perder para Nós toda sua fazenda, e ser degradado cinco annos para Africa.

E sahindo alguma pessoa sem mandado do dito Juiz e Officiaes, perderá o soldo, e será açoutado publicamente; e sendo pessoa, em que não caibão açoutes, será degradado para o Brazil por cinco annos, e perderá todo seu ordenado.

15. E nesta pena de perdimento de bens e degredo incorrerá o Capitão, quando da tornaviagem tomar algum porto, que não fôr de Lisbôa, podendo vir sem risco.

E assi mesmo o Piloto do Navio polo cargo principal, que tem, de o navegar.

16. E quando os taes Navios tomarem outros portos de nossos Reinos, e não o de Lisbôa, por não poderem al fazer (do que o Scrivão do Navio fará assento em seu Livro, para se saber a causa, por que se fez), nos quaes portos per bem de nossos Regimentos os Capitães hão de lançar o nosso ouro fóra, para o trazerem per terra, serão obrigados cumprir o Regimento, que sobre isso stá dado, sob as penas nelle declaradas.

17. Mandamos, que pessoa alguma, que stiver na cidade de S. George, em quanto nella stiver, não traga corôa aberta, de maneira que os cabellos do lugar da corôa fação differença dos outros da cabeça, mas todos sejão iguaes.

E quem corôa trouxer, perca todo seu soldo, e o que de lá tiver vencido do tempo atraz, e o Capitão o enviará para estes Reinos no primeiro Navio: e não o fazendo assi, perderá tanto de seu ordenado, quanto valer o soldo do que trouxer a corôa aberta.

E o que fizer a corôa á outro, incorrerá em pena de perdimento de todo o seu ordenado.

E a pessoa, que na dita Cidade stiver, em fim de cada hum mez sob a dita pena se apresentará perante o Capitão e hum Scrivão da Feitoria, para lhe ser vista a cabeça, se traz a corôa; o qual Scrivão fará disso hum assento no Livro, que para isso terá, sob a dita pena.

18. E esta mesma maneira á cerca das corôas se terá em todos os Capitães, Pilotos, Mestres, Marinheiros, Grumetes e toda a outra companhia, que andarem e navegarem nos navios das ditas partes de Guiné.

E mais do dia, que a estes Reinos chegarem, a dez dias, não farão as ditas corôas, sob pena de perderem os ordenados da viagem, postoque os tenhão recebidos.

19. E qualquer pessoa, que da cidade de S. George da Mina trouxer ouro fóra da arrecadação, seja punido, como se verdadeiramente o furtasse.

20. Defendemos, que nenhuma pessoa dê, nem ponha, nem per maneira alguma fundie em Navio, que para as partes de Guiné fôr, mercadoria alguma, sob pena, que sedo-lhe provado que o fez, perca o batel, barca ou Navio, em que se provar que o levou, e incorrerá em pena de morte natural e perdimento de todos seus bens para Nós, valendo a tal mercadoria seis marcos de prata, e valendo menos, haverá as penas, que dissemos no paragrapho 2: *E bem assi.*

E esta mesma pena haverá lugar nos que dos Navios da Mina fundiarem em outros Navios ouro, ou cousa outra, que da Mina venha.

21. E mandamos, que nenhum Capitão, Piloto, Mestre, Marinheiro e gente, que nos Navios de Guiné navegar, leve arca, barça, boêta, seirão, nem outra vasilha, que seja de dous fundos, sob pena, que sendo-lhe provado que a levou, perca todo seu ordenado da viagem, e seja açoutado publicamente.

E sendo de qualidade, em que não caiba pena de açoutes, será degradado dous annos para Africa.

22. E nenhuma pessoa se lance com os Negros em parte alguma de Guiné, nem se deixe lá ficar com elles por nenhuma necessidade, ou razão, que para isso possa

allegar, sob pena que fazendo o, morra por isso morte natural, e perca todos seus bens para Nós.

E o Capitão do Navio, Mestre ou Piloto, que a governança do tal Navio tiver (não havendo ahi proprio Capitão), que o tal deixar ficar, ou o consentir, como lhe fôr provado que o podér resistir, ou haver ás mãos, e não o fizer, incorrerá na mesma pena.

23. E havemos por bem, que as pessoas, que descobrirem, e fizerem certo das cousas e culpas acima conteúdas, e per sua diligencia alguns forem condenados, ou comprehendidos nas penas desta nossa Ordenação, hajão o terço de todo o que para Nós se houver e arrecadar, e elles tiverem descoberto e solicitado.

E mandamos ao Juiz da India e Mina, que lhe faça logo dar, e entregar o terço, que se arrecadar; e para as accusações dos culpados nas cousas, nesta Ordenação conteúdas, não haverá tempo limitado, mas em todo tempo poderão os culpados ser requeridos, accusados e punidos segundo fórma desta Ordenação.

24. E descobrindo alguma pessoa em segredo ao dito Juiz, e ao Procurador das cousas de Guiné cousa, por que alguma pessoa logo seja comprehendida nas ditas cousas, culpas e penas dellas, damos poder aos sobreditos, que de todo o que se arrecadar de tal descobrimento feito em segredo, elles lhe possão dar e dêm secretamente o seu terço, sem mais para isso ser necessaria outra mais publicação, nem auctoridade de Justiça.

E neste caso lhes damos para isso inteiro poder, fazendo-se porém recadação no Livro do Recebedor das taes cousas das ditas condenações, da parte, que foi dada ao que em segredo descobrio, postoque no tal assento o nome do descobridor se não declare.

Porém, quando este terço se assi houver de dar ao descobridor, será com se fazer saber ao Provedor, e com sua auctoridade se lhe dará; e o dito Provedor com o Juiz e Procurador assinarão no assento do Livro do Scrivão, para sempre se poder saber, como se fez per todos trez, e em outra maneira se não fará.

25. E tudo isto se entenderá, cumprirá e guardará nas Minas e tractos de Çofala, e assi nos tractos e resgates de Arguim, e em todos os outros nossos tractos e resgates desde Arguim até as ditas Minas de Çofala, assi como se entendem, e hão de cumprir e guardar na dita cidade de S. George, e todos outros tractos de Guiné.

E assi se darão em todo á execução, por todos serem conformes ao menêo das cousas dos tractos da dita Cidade, e dos outros tractos das ditas partes.

26. E mandamos outrosi, que se não possão resgatar nenhuns Gatos dalgalea, em nenhuma parte de Guiné, salvo com nossa special licença e auctoridade, sob pena de os perderem para Nós, e mais haverem a pena crime, que houvermos por bem.

27. E porque somos certificado, que os Capitães e companhias das Caravelas e nossos Navios, que mandamos á nossa cidade de S. George de Mina, por irem á Ilha de S. Thomé e á do Principe tratar e mercadejar, tomão achaques de terem streitas necessidades, polas quaes com razão devem tomar cada huma das ditas Ilhas, para nellas se repairarem, e em vez de cumprirem nosso serviço, comprão nas ditas Ilhas muitos scravos, e os trazem para estes Reinos, e fazem outras compras e vendas, de que somos desservido, afóra as demoras, que por estas causas fazem:

Defendemos aos Capitães dos ditos nossos Navios e Caravelas, que mandamos á dita cidade de S. George da Mina, que não vão as ditas Ilhas de S. Thomé e do Principe; e vindo a ellas, ou a cada huma dellas, por terem para isso extrema necessidade para sua segurança e navegação, não tragão nos ditos Navios nenhuns scravos, nem cousas outras algumas, postoque sejão havidas e compradas daquellas pessoas, que as podem na dita Ilha vender, e postoque dellas tragão recadações; sob pena, que trazendo alguns scravos, assi os ditos Capitães, como Scrivães, como Marinheiros, e quaesquer outras pessoas, que nos ditos Navios vierem, os perderem para Nós, e mais perderão todos seus soldos e ordenados, que de Nós houverem de haver da viagem; e além disso haverão qualquer outra pena crime e civel, que houvermos por bem.

E o mesmo se entenderá na Ilha de Santiago, e nas outras Ilhas do Cabo-Verde, e na Ilha Terceira e da Madeira, e em quaesquer outras Ilhas, em que tocarem os taes Navios.

28. E mandamos ao Feitor, Thesoureiro, Recebedor, e Scrivão da Caza da Mina, que trabalhem quanto nelles fôr, que esta Ordenação se cumpra inteiramente, e não consintão que ás ditas partes se leve mercadoria, ou cousa alguma da aqui per Nós defesas.

E fazendo o contrario, e enviando, ou consentindo enviarás ditas partes alguma das ditas cousas, incorrerão nas penas, em que incorre o Capitão, Feitor e Scrivão da cidade de S. George da Mina, e mais perderão seus Officios para provermos delles a quem fôr nossa mercê.

TITULO CVIII.

Que nenhuma pessoa vá a terra de Mouros sem licença d'El-Rey.

Defendemos, que nenhum Christão nosso natural, nem Estrangeiro, que stante seja em nossos Reinos e Senhorios, postoque seja Alfaqueque, vá a nenhum lugar da terra de Mouros sem nossa licença, assinada per Nós, ou de cada hum dos Capitães de Africa, do lugar, em que stiver, quando fôr por cousa de serviço de Deos, ou nosso, sob pena de perder todos seus bens, ametade para nossa Camera, e a outra para quem o accusar, e mais seja degradado para o Brazil até nossa mercê.

TITULO CIX.

Das cousas, que são defesas levarem-se a terra de Mouros.

Defendemos, que nenhumas pessoas, assi de nossos Reinos e Senhorios, como Estrangeiros, que nelles stêm, não levem, nem vendão, nem mandem vender á alguma terra de Mouros armas, de qualquer sorte que sejão, offensivas, nem defensivas, ferro, polvora, nem materiaes para se fazer Navios, nem madeira para os fazer, linho canave, artelharia, nem outra cousa alguma, de que se os Infieis possão aproveitar em acto de guerra, sob pena de perderem todos seus bens, ametade para Nós, e a outra para quem os descobrir e accusar, e mais sejão degradados para sempre para o Brazil.

1. E estas mesmas penas haverão quaesquer estrangeiros, ou nossos naturaes, que forem achados em alguns dos nossos lugares de Africa com armas e cousas sobreditas, tendo-as secretas.

2. E sendo tomados na passagem, indo para vender cada huma das ditas cousas a terra de Mouros, ou sendo lá tomados, além das ditas penas, sejão feitos scravos daquelles, que os tomarem.

3. Outrosi, pessoa alguma, de qualquer condição que seja, assi dos nossos naturaes, como estrangeiros, não leve á terra de Mouros, pão, vinho, azeite, mel, sal, cêra, cévo, nem mercadoria alguma, durando a guerra, segundo pelas *Constituições* dos Santos Padres he determinado.

E o que fizer o contrario, se fôr estrangeiro, por esse mesmo feito perca a mercadoria, que assi levar, e os bens, que tiver em nossos Reinos e Senhorios; e assi se perca o Navio, em que fôr carregada.

E se o Mercador, ou Senhorio do Navio fôr nosso natural, ou subdito, além de perder a mercadoria, perca todos seus bens para a Corôa de nossos Reinos.

Porém os nossos naturaes poderão levar as cousas declaradas neste paragrapho, para resgatarem Captivos Christãos, que lá stêm, mostrando expressa licença nossa.

E não a mostrando, não serão relevados das ditas penas.

TITULO CX.

Que se não resgatem Mouros com ouro, prata, ou dinheiro do Reino.

Mandamos, que nenhuma pessoa forre Mouro, ou Moura, que tiver captivo, por ouro, prata, ou dinheiro, que em nossos Reinos haja, nem por tempo certo, que haja de servir com segurança: salvo por dinheiro, que o dito Mouro haja de fóra de nossos Reinos, ou por resgate, que se faça delle por Christão, que stê captivo em terra de Mouros, ou por cavallos, ou mercadorias, que de lá trouxer.

E fazendo o contrario, o Mouro, que assi forrar, se perca para Nós, e isso mesmo o dinheiro, ou cousa, que o senhor delle haja, ou tenha recebido pola dita redempção.

1. E isto não haverá lugar nos Mouros e Mouras captivos, que houverem nossa licença para viverem e morarem em nossos Reinos; porque estes se poderão resgatar, e forrar com dinheiro do Reino, e per qualquer outra maneira, que com seus senhores se concertarem, os quaes viverão sempre em nossos Reinos, e não se irão delles sem nossa special licença.

E indo-se, e sendo tomados no mar, ou nos lugares dalém, ou do estremo para se irem, serão captivos de quem os tomar.

TITULO CXI.

Dos Christãos novos e Mouros, e Christãos mouriscos, que se vão para terra de Mouros, ou para as partes de Africa, e dos que os levão.

Defendemos, que nenhum Christão novo, que fosse Judeu, se vá, nem passe de nossos Reinos para terra alguma de Mouros, sob pena de perder toda sua fazenda, e ser captivo, sendo tomado no proprio acto de sua ida, ou em qualquer outro acto, per que conhecidamente pareça elle se querer ir, ou fugir para as ditas partes contra esta defesa.

E nestas mesmas penas incorrerão os que se forem com sua caza movida para qualquer lugar dalém em Africa, postoque de Christãos seja, sem nossa especial licença.

1. E nenhuma pessoa, de qualquer condição e qualidade que seja, leve os ditos Christãos novos para as ditas partes.

E a pessoa, que lhe fôr provado que os levou para terra de Mouros, morra por isso morte natural, e perca toda sua fazenda.

E se se provar, que os queria levar para terra de Mouros, perca sua fazenda, e seja degradado quatro annos para Africa.

E se os levar para cada hum dos lugares de Africa, que de Christãos seja, com sua caza movida sem nossa licença, perca sua fazenda, e seja degradado quatro annos para Africa.

E se se provar, que os queria levar para cada hum dos ditos lugares de Christãos, perderá toda sua fazenda sómente.

2. Mandamos, que nenhum Christão, que fosse convertido da Lei dos Mouros á nossa, sendo forro, nem Mouro forro, de quaesquer partes que sejaõ, venha, nem entre nestes Reinos e Senhorios, postoque diga, que vem com tenção de negociar, sob pena de, sendo nelles achado das arraias para dentro, ser captivo de quem o accusar, publicamente açoutado, e ferrado no rosto, para se saber como he captivo, e perderá sua fazenda.

3. E nenhuma pessoa, de qualquer condição e qualidade que seja, leve os ditos Mouros, nem Christãos novos, que houvessem sido Mouros, fóra destes Reinos per mar, nem per terra.

E qualquer pessoa, que os levar para terra de Mouros, ou lhe fôr provado que os levou, morra por isso morte natural, e perca toda sua fazenda; e o Navio, em que os levar, se perderá isso mesmo, postoque não seja seu.

E se os levar para qualquer outra parte, que não seja terra de Mouros, perderá o dito Navio, em que os levou, ou queria levar, postoque não seja seu, e toda sua fazenda, e será degradado quatro annos para Africa.

E se alguma pessoa os tiver, ou se provar, que os teve encubertados em alguma caza, ou em qualquer outra parte, incorrerá na mesma pena de perdimento de fazenda e degredo.

4. Das quaes fazendas e Navios, que por esta Ordenação dizemos que se percão, será ametade para nossa Camera, e a outra para quem os accusar.

TITULO CXII.

Das cousas, que se não podem levar fóra do Reino sem licença de El-Rey.

Pessoa alguma de qualquer qualidade, posto que seja Estrangeiro, que nestes Reinos se ache, não tire, nem mande tirar per si, nem per outrem destes Reinos e Senhorios para fóra delles, por mar, nem por terra, sem nossa licença, trigo, farinha, cevada, milho, nem outro pão, de qualquer natureza que fôr, nem couros vaccuns, nem pelles cabruas.

E quem o contrario fizer, e com cada huma das ditas cousas defesas fôr achado em lugar defeso, ou lhe fôr provado que as passou, incorrerá em perdimento de todos seus bens, ametade para quem o accusar e a outra para nossa Camera, e será degradado para o Brazil para sempre.

E nas ditas penas incorrerão os Juizes e Alcaides das Saccas, e quaesquer outros nossos Officiaes, que a isto derem consentimento, favor e ajuda, ou sabendo-o, o não defenderem, nem contradisserem a tirada e levada das ditas cousas, posto que ao tirar dellas outro consentimento não dêm.

E bem assi quaesquer Mestres, ou Senhorios de Navios, que as ditas cousas levarem sem nossa licença.

E sendo Alcaide Mores de Fortalezas, ou Fidalgos pagarão sómente anoveado o que das ditas cousas passarem, ou mandarem passar, e serão degradados dous annos para Africa.

1. Outrosi, pessoa alguma não tire, nem mande tirar destes Reinos para fóra delles, pannos de lã feitos no Reino, burel, almafega, lã, pannos de linho, ou de stopa, liteiro, linho em rama, mel, cêra, cévo.

E o que fôr achado com as ditas cousas, ou lhe fôr provado que as levou sem licença nossa, cada vez que fôr comprehendido, perca a mercadoria, que lhe fôr achada, ou a estimação do que lhe fôr provado, que levou, e mais pague cem cruzados, ametade para o accusador, e a outra para nossa Camera, e seja degradado quatro annos para Africa.

E os Juizes tirarão devassa cada seis mezes sobre isso, perguntando até trinta testemunhas.

E além da dita devassa, cada vez que á sua noticia vier, ou lhe fôr denunciado, que alguma pessoa tirou alguma das ditas cousas do Reino, tirarão devassa de dez testemunhas, e procederão contra os culpados, dando appellação e aggravos nos casos, em que couber.

E os Corregedores e Ouvidores verão as devassas, que os Juizes tirarão, e procederão contra os culpados.

E se os Juizes as não tiver tiradas, ou não procederem contra os culpados, elles procedão contra os Juizes, como fôr Justiça.

2. Mandamos, que pessoa alguma não leve, nem mande levar courama para as partes da India, curtida, nem em cabello, nem obra feita della, mais que a que lhe fôr necessaria para a viagem.

E levando-a sem nossa licença, sendo-lhe achada na Não, ou provado que a leva, perca a dita courama e obra, ou sua justa valia em dobro, e pague cem cruzados, ametade para quem o accusar, e a outra para nossa Camera.

3. E se algumas pessoas houverem de Nós licença, para tirarem qualquer das cousas acima ditas, além da Dizima, que em nossa Chancellaria per Regimento della hão de pagar, pagarão mais outra dizima para a redempção dos Captivos, e os taes Alvarás, ou Cartas de licenças se não farão sem primeiro verem certidão do Thesoureiro da redempção dos Captivos, feita per seu Scrivão, de como a dita dizima he paga e carregada em receita sobre o dito Thesoureiro.

E sendo o tal Alvará, ou licença feita, sem declaração de como se pagou a dita dizima, mandamos que se não guarde, nem haja effeito.

4. E as pessoas, a que dermos as ditas licenças, não usarão dellas, sem primeiro apresentarem as proprias ao Juiz da terra, ou Alcaide das Sacas dos lugares, per onde houverem de passar as ditas cousas; os quaes, tanto que lhes apresentadas forem, as coserão no Livro da Camera do tal lugar, donde não serão mais tiradas, para que com ellas não passem outra vez as ditas cousas por outras partes.

E pelo traslado das ditas licenças, posto que seja em publica fórma apresentado, se se não fará obra alguma.

E sendo provado, ou achado, que alguma pessoa passou as cousas, para que tinha licença, sem fazer a sobredita diligencia, incorrerá nas ditas penas, com que não tivera a tal licença.

5. E os lugares, em que poderão ser tomadas as ditas cousas por perdida, declaramos por esta maneira:

Aos Estrangeiros serão tomadas, tanto que com ellas entrarem na derradeira Villa, que stiver junto ao estremo, ou passarem por ella.

Porém quando entrarem na dita Villa, não lhes serão tomadas, antes que pousem.

E stando já pousados, se não tiverem assentado no Livro dos Registros as ditas cousas defesas, com as alli metterão, para alli fazerem seu trato, ou as tornarem a trazer para nosso Reino, poder-lhes-hão ser tomadas.

E aos naturaes destes Reinos não serão tomadas nos ditos lugares, senão quando forem achados com as ditas cousas dentro de meia legoa do estremo.

Porém, se dentro da dita meia legoa do estremo houver alguma Villa Castellada, não lhes serão tomadas, posto que dentro nella sejão achados com ellas, salvo quando forem achados além da dita Villa.

6. E defendemos, que pessoa alguma não tire, nem mande tirar, nem dê ajuda, nem consentimento para se tirarem destes Reinos cavallos, rocins, egoas, nem armas; salvo se levar lança, spada, e punhal de sua pessoa, porque estas poderá levar sem as registrar.

E fazendo o contrario, perca as ditas cousas anoveadas, ametade para quem o accusar, e a outra para nossa Camera, e mais seja degradado dous annos para Africa.

7. Os naturaes destes Reinos, que nelles forem moradores, indo para Castella, poderão levar quaesquer bestas cavallares, e muares que lhes forem necessarias para suas cavallarias, e carregas, com tanto que as registrem, e se obriguem que as tornarão, ou outras tão boas por ellas, posto que sejão moradores nos proprios lugares do estremo.

E não mostrando, ou provando como as tornarão, ou lhes morrerão lá, ou trouxerão por ellas outras tão boas, incorrerão nas penas conteúdas no paragrapho acima proximo.

A qual conta lhes não poderão tomar mais que ate seis meses do dia, que as registrarem.

E os Estrangeiros não poderão tirar destes Reinos nenhumas das ditas bestas com registro, nem sem elle.

E se de Castella trouxerem algumas para este Reino, antes que descarreguem, ou entrem em caza, a notificarão ao Alcaide das Saccas, e não stando ahi, ao Juiz da terra.

E se houverem de passar adiante, e sperarem tornar as ditas bestas, as registrarão, e não as registrando, e tornando-as a tirar, sendo-lhes tomadas, as perderão, posto que queirão provar, que as metterão de Castella.

E quanto aos asnos, podelos-hão passar assi os estrangeiros, como os naturaes, sem registro algum.

8. E o Alcaide das Saccas, ou pessoa por quem houverem de passar as certidões dos registros, levará de assinar cada huma dez reis, quer seja a certidão de natural, quer de estrangeiro.

E o Scrivão das Saccas de assentar o registro no livro que para isso ha de ter, e de fazer a certidão doze réis, quer as cousas que se registrarem sejão muitas, quer poucas, como fôr huma só pessoa que registre, e as cousas forem suas, ou elle só tenha dellas carrego.

9. E para que a passagem das ditas cousas defesas se possa melhor impedir, havemos por bem, que a pessoa que descobrir aos nossos Alcaides das Saccas, ou a nossas Justiças, onde as ditas cousas stão para passar para fóra do Reino, sem nossa licença, e dér ordem para serem achadas haja por seu descobrimento a terça parte de tudo o que fór achado, e tomado, sendo porém as ditas cousas tomadas naquelles lugares, em que per nossas Ordenações, e Regimentos se devem perder.

E das outras duas partes, será huma para o Alcaide das Saccas, que as ditas cousas tomar, e a outra para nossa Camera.

10. E havemos por bem, que os Alcaides-Móres dos Castellos, e todos os Officiaes de Justiça, e quaesquer outras pessoas, possão tomar, e mandar tomar as ditas cousas defesas, que se passão para fóra do Reino, sem licença, como se fossem Alcaides das Saccas, pela maneira, e nos lugares acima declarados; e do que assi tomarem, e mandarem tomar hajão ametade, e a outra ametade seja para nossa Camera.

E mandamos aos ditos Alcaides das Saccas, que lhes não ponhão embargo algum, porque assi nos praz, por melhor se remediar o dano, que se nisso faz.

TITULO CXIII.

Que se não tire ouro, nem dinheiro para fóra do Reino.

Pessoa alguma, de qualquer stado que seja, assi natural, como estrangeiro, não tire per mar, nem per terra, nem leve, nem mande levar, nem tirar para fóra de nossos Reinos e Senhorios prata, ouro amoedado, nem por amoedar, nem dê favor, nem ajuda para se levar.

E quem o contrario fizer, sendo nisso achado, ou sendo-lhe provado, morra morte natural; e por esse mesmo feito perca todos seus bens e fazenda, ametade para que o achar, ou descobrir, e a outra para nossa Camera.

Nas quaes penas incorrerão outrosi os que consentirem, ou derem favor e ajuda, ou encobrirem, que outros levem, ou enviem as ditas cousas, e sabendo-o, o não manifestarem ás Justiças, tanto que disso forem sabedores.

E os que assi levarem, ou enviarem o dito ouro, ou prata, ou derem favor e ajuda, ou o encobrirem, incorrerão nas ditas penas, tanto que as ditas cousas forem mettidas em algum batel, barca, ou outra vasilha, para nella serem levadas á Náo, Navio, ou Caravela de estrangeiros ou naturaes, postoque ainda não sejão mettidas na tal Náo, Navio, ou Caravela para que as levarem.

E ainda que se allegue, que antes de partirem os taes Navios, as havião de tornar a terra, e que as levavão, e tinhão lá, porque por não serem naturaes ou moradores do lugar, em cujo porto as ditas Náos, ou Navios stavão, as levavão a elles, até as empregarem; e que houverão o dito ouro, ou prata de trigo, ou de outras mercadorias, que trouxerão ao Reino.

1. E porque muitas pessoas mettem ouro e prata, amoedado e por amoedar, em fardos, betas, pipas, barris e caixas, em que mettem outras cousas e mercadorias, que hão de levar, ou mandar para fóra, para assi o levarem mais dissimuladamente, por isso sómente, sem mais outra prova de como as querião levar para fóra do Reino, incorrerão nas ditas penas, posto que os taes fardos e vasilhas stêm fóra dos Navios, Náos, Caravelas, Barcas ou bateis.

2. E assi incorrerão nas ditas penas, os que levarem o ouro, ou prata de algum lugar perto do mar per terra á barra, ou a outro lugar mais perto da barra: porém não incorrerão nas ditas penas as pessoas, que levarem dinheiro amoedado para sua despeza, e que lhes fôr para isso necessario, segundo suas qualidades e lugares, para onde forem, nem os que levarem ouro, em que fôr engastada alguma pedraria, não sendo o engaste tão grande, que notoriamente pareça, que se leva a pedraria por causa do engaste.

3. E para serem relevados das ditas penas, os que levarem dinheiro para sua despeza, ou pedraria engastada em ouro, primeiro que embarquem as ditas cousas sendo em Lisboa, o farão saber á pessoa que para isso temos ordenada, e nos outros lugares de porto de mar aos Juizes; os quaes taxarão o dinheiro, que lhes parecer que as taes pessoas hão mister para sua despeza, havendo respeito a qualidade de suas pessoas e lugar, para onde houverem de ir.

E si informarão disso, e lhes passarão certidão, para o poderem levar e embarcar.

E assi verão a pedraria, que quizerem levar engastada; e achando, que o ouro, em que stiver engastada, he conveniente á pedraria, lhes passarão disso certidão.

E sendo achada alguma pessoa na Náo, Navio, ou Caravela, que haja de ir para fóra, ou batel, ou outra vazilha com dinheiro, ou joias engastadas, sem a dita certidão, incorrerá nas ditas penas postoque diga, que levava o dito dinheiro para sua despeza, e que não he mais, que o que lhe he necessario para seu caminho e viagem, e postoque allegue, que o engaste, não he mais que o necessario para a dita pedraria: porque por levar as ditas cousas sem licença, havemos por bem, que incorra nas ditas penas.

4. E assi poderão levar o dito ouro, ou prata, amoedado, ou por amoedar, per mar para as Ilhas, ou lugares outros de nossos Reinos e Senhorios, e delle para outros lugares, com tanto que, quando os quizerem embarcar, o fação primeiro saber na cidade de Lisbôa ao Julgador, que disso tiver cargo: e nos outros lugares aos Juizes delles, declarando-lhes para onde o querem levar.

E os ditos Officiaes mandarão fazer assento em hum Livro, que para isso haverá, de como a tal pessoa leva a dita prata, ouro, joias ou dinheiro, e para onde; no qual assento se obrigará trazer certidão de como levou as ditas cousas, e as desembarcou no tal lugar, para que lhe será assignado termo conveniente, segundo a distancia do caminho e disposição do tempo, o qual assento será assinado pela tal pessoa.

E não trazendo certidão no dito tempo que lhe foi assinado, não sendo impedido por algum caso fortuito, incorrerá nas ditas penas, como se as levasse fóra do Reino; porque por assi não trazer a dita certidão, o havemos por provado.

Porém, se forem Estrangeiros, ou naturaes, e quizerem levar as ditas cousas em Navios Estrangeiros, além da dita obrigação, darão fiança bastante á quantidade das ditas cousas, e trazerem a certidão.

E não a trazendo no tempo, que lhes fôr assignado, além de incorrerem nas ditas penas, a valia das ditas cousas se haverá pela fiança, sem elles para isso serem mais requeridos.

5. E porque algumas pessoas, querendo levar as ditas cousas a alguns Navios, para irem per mar para fóra dos lugares onde stão, as metterião em barcas, dizendo que as levão para alguns lugares do Rio, para onde hão de fazer seu caminho, e as poderião embarcar nos ditos Navios, ou Náos, havemos por bem, que quando alguma pessoa houver de levar as ditas cousas a algum lugar do Reino, as leve em huma das barcas da carreira, que fôr do lugar, para onde ha de fazer seu caminho, a qual barca não será fretada per elle sómente.

E indo em outra barca, ou batel, ou na barca fretada per elle sómente, incorrerá nas ditas penas, e em perdimento do que lhe fôr achado, ou se provar que levou.

Porém as pessoas, que conhecidamente parecer, que não levão as ditas cousas para as embarcar em Náos, ou Navios, que stêm no porto, poderão ir, e levar em qualquer batel, ou barca, postoque per elles sómente seja fretada.

6. E mandamos, que os Corregedores das Comarcas em cada hum anno tirem devassa de seis em seis mezes dos sobreditos casos nos portos de mar; e na cidade de Lisbôa o Julgador, a que tivermos dado o dito carrego; e prendão os culpados, e procedão contra elles.

E quando as tirarem vejão pelos Livros do registro, se as pessoas, que levarão as ditas cousas para as Ilhas, ou outros lugares de nossos Reinos e Senhorios, trouxerão as certidões no tempo, que erão obrigados, para procederem contra os que as não trouxerão.

7. E os Corregedores, que as devassas não tirarem nos ditos lugares e tempos, incorrerão nas penas, em que incorrem os Juizes, que não tirão as devassas, que pelas Ordenações são obrigados.

E nas Residencias se perguntará, se as tirarão, e se as proverão, para se proceder contra elles.

8. Porém, o que fôr para fóra do Reino, poderá levar joias de ouro, ou prata de sua pessoa, que não passem de cincoenta cruzados, sem lhes serem tomadas, e sem pena alguma.

E bem assi os que forem destes Reinos para os de Castella, poderão levar o dinheiro, que para sua despeza lhes fôr necessario, segundo a qualidade de suas pessôas e distancia dos lugares, para onde forem; o qual lhes será taxado pelos Juizes e Alcaides das Saccas, se presentes forem nos lugares per onde passarem, fazendo, antes que passem, a diligencia do registro; e serão criados per seu juramento quanto á declaração dos lugares, para onde vão.

9. E quando dermos licença a alguma pessoa para tirar destes Reinos ouro, prata, ou dinheiro, pagará para a redempção dos Captivos huma dizima, além da que na Chancellaria he obrigado a pagar.

E fará as mais diligencias, que são obrigados fazer os que com licença nossa tirão mercadorias defesas, que se contem no Titulo precedente.

10. E os que levarem ouro, prata, ou dinheiro para os Reinos de Castella, poder-se-lhes-ha tomar por perdido nos lugares, e pela maneira e pessoas, que se contém no Titulo precedente.

TITULO CXIV.

Dos que vendem Náos, Navios a Estrangeiros, ou lhos vão fazer fóra do Reino.

Defendemos, que pessoa alguma não venda a Estrangeiros Caravelas, nem Náos, para fóra do Reino, nem as vá lá fazer a Estrangeiros, nem as frete para fóra do Reino mais que per hum só anno, e não será hum anno após outro.

Nem tire panno de treu, que se faça neste Reino, nem madeira, nem taboado para fazer Navios fóra do Reino, sob pena de qualquer que o contrario fizer, ser preso até nossa mercê, e perder todos os seus bens para Nós.

TITULO CXV.

Da passagem dos gados.

Mandamos, que pessoa alguma, de qualquer stado e condição que seja, não tire per si, nem per outrem destes Reinos para fóra delles nenhum gado, de qualquer sorte e qualidade que seja.

E quem o contrario fizer, e com elle fôr achado, ou lhe fôr provado que o passou, ou mandou passar, ou vender, incorra em perdimento de todos seus bens e fazenda, ametade para nossa Camera, e a outra para que o accusar, e sera degradado para sempre para o Brazil.

E nestas mesmas penas incorrerão os Juizes, Alcaides, e quaesquer outros Officiaes, que a isso derem ajuda, favor e consentimento, ou sabendo disso, não defenderem, nem contradisserem a tirada, ou levada dos ditos gados.

1. Porém sendo os taes culpados Senhores de terras, Alcaides Móres de Fortalezas, ou Fidalgos, havemos por bem, que paguem sómente anoveado o que assi passarem, ou mandarem passar, e sejão degradados dous annos para Africa. Os quaes sendo comprehendidos nos taes casos, serão pelas Justiças emprazados a que appareção perante o Juiz de nossos feitos, para se livrarem.

2. E tanto que os gados forem achados dentro de meia legua do estremo, serão tomados por perdidos, não stando na dita distancia alguma Villa Castellada, porque stando, não serão tomados, senão passada a dita Villa; salvo se forem os gados da lavoura e criação dos moradores da Raia, que estes não poderão ser tomados, senão quando passarem o estremo, ou forem achados em acto de passagem.

3. E não serão tomados por perdidos os gados dos Lavradores, que per licença e obrigação, feita no Livro da Camera, forem com o gado taxado a lavrar além da Raia o tempo, que lhes fôr assinado. E passado o tal tempo, não o tornando, nem registrando, se procederá contra elles como Passadores.

4. Mandamos, que toda a pessoa em qualquer Cidadde, Villa, ou Lugar de nossos Reinos, e em seu termo, que stiver dentro de dez legoas da Raia de Castella, postoque o dito lugar stê fóra das ditas dez legoas, se alguma parte do termo stiver dentro nellas, screva todo o gado vaccum, porcos, e outro gado miudo, de qualquer sorte que fôr (não sendo ovelhas), em hum Livro, que para isso sómente será ordenado na Camera da tal Cidade, Villa, ou Lugar.

O qual gado assi screverão nos mezes de Abril, Maio e Junho até o dia de S. João Baptista de cada hum anno, declarando cada assento, que se fizer, quantas cabeças tem de cada sorte do dito gado; ora seja de sua criação, ou lavoura, ou de qualquer outra maneira que o tenha, e assi o que se der aos Pastores em pagamento de suas soldadas. E a pessoa, que não screver o dito gado, o perderá, ou sua valia, ametade para nossa Camera, e outra para quem accusar.

5. E no anno seguinte, no mesmo tempo de Abril, Maio e Junho, virão descarregar todo o gado, que lhes morreo, ou que venderão, ou gastarão, per qualquer maneira que seja, do que já tinhão scripto o anno passado, declarando summariamente no fim do assento, o que lhes fica, e juntamente o que mais tiverem havido até aquelle tempo, ora seja de sua criação, compra, herança, renda, ou de qualquer outra maneira e titulo, per que o houvessem.

E de todo o gado se fará receita, para se descarregar o anno, que vem. E per este modo se fará dahi em diante em cada hum anno, e em nenhum outro tempo do anno serão obrigados a screver, nem descarregar.

E o Scrivão da Camera não levará mais de oito reis por cada assento, que fizer.

E a pessôa, a que fôr achado mais gado daquelle, que tiver scripto, ou descarregado, perderá o que lhe mais fôr achado, ametade para nossa Camera, e a outra para quem accusar.

E os Juizes, Vereadores e mais Officiaes das Cameras dos lugares, em que se hão de screver os ditos gados, farão repartição dos dias, em que cada vintena deve vir screver, e descarregar o gado nos ditos trez mezes; o que farão com a menos oppressão dos criadores, que poder ser. E vindo algum screver depois dos dias, que lhe forem taxados dentro dos trez mezes, será o Scrivão da Camera obrigado a lho escrever.

6. Os Scrivães das Cameras serão nisso muito diligentes, e obrigados a star nos dias e mezes de Abril, Maio e Junho nas cazas das Cameras, ou em suas pousadas com o Livro, e dar despacho ás partes, sob pena de polo primeiro dia, que a parte perder, pagarem cem reis, e polo segundo quinhentos réis, e polo terceiro serão suspensos de seus Officios per hum anno; nas quaes penas o Juiz, ou Corregedor, a que se as partes aggravarem, os condenará logo sem appellação, nem aggravo, procedendo nisso summariamente, sabida a verdade, sem mais ordem, nem figura de Juizo.

E executará logo com effeito as ditas penas, sem embargos de qualquer suspeição, que lhe seja posta.

E sendo o Scrivão da Camera impedido, ou absente, os Juizes proverão logo em seu lugar de outro Scrivão, ou Tabellião, que lhes melhor parecer, durando o dito impedimento: e não o havendo no lugar, o Juiz e Vereadores, e Officiaes da Camera poderão eleger para isso huma pessoa apta, que saiba bem ler e screver, e lhe darão juramento, e entregarão o dito Livro, para nelle fazer os ditos assentos.

7. E as pessoas, que não tiverem mais que até duas rezes, ou vinte cabeças de gado miudo de toda a sorte, e até cinco porcos, não serão obrigados a o screver, nem dar delle conta, posto que vivão dentro das dez legoas. Porém provando-se, que o venderão, ou passarão para fóra do Reino, incorrerão nas penas de Passadores.

8. E para que mais se evite a passagem, havemos por bem, que todo o Pastor, ou pessoa, que descobrir ás Justiças o gado que seu amo, ou outra qualquer pessoa passou, ou vendeo a Passadores, ou a pessoas suspeitas na passagem, e por seu descobrimento fôr o caso provado, e convencido haja por isso a terça parte do dinheiro, gado, ou fazenda que fôr applicada a nossa Camera, alem da parte que lhe pertencer, sendo accusador.

E sendo o tal descobridor culpado na dita passagem, havemos por bem, de lhe perdoar a pena, que disso tiver, descobrindo-o primeiro ás Justiças, e provando-o.

9. Mandamos, que cada hum dos Scrivães das Cameras tenha hum Livro encadernado do tamanho que o requerer a qualidade da grandeza do Lugar, e o numero dos criadores que nelle houver, do qual Livro as folhas serão numeradas, e assinadas pelo Juiz do tal Lugar, e nelle se farão titulos apartados, convem a saber: hum titulo no principio do livro do que toca ao screver dos gados, e descargas delles, e outro no meio delle das *Cartas de vizinhança,* e *de guia,* e licen-

ças dos Officiaes das Cameras, certidões, e registros dellas.

E no titulo dos gados ficarão tantas folhas, quantas forem necessarias para se fazerem os assentos daquelle anno, e dos seguintes, se para isso bastar o Livro.

E em cada pagina das folhas em que se screver o gado, se não fará mais que hum assento, e nelle se assentará o nome da pessoa que screver o tal gado, com as mais declarações necessarias, da maneira que nesta Ley se contem, e abaixo do dito assento de assentará a conta, e descarga que a tal pessoa deu do gado que assi screveo, ao tempo que por esta Ley he obrigado ao fazer.

E a mesma ordem se guardará nos assentos das *Cartas de vizinhança*, e *de guia*, e licença dos Officiaes das Cameras.

10. E toda a pessoa poderá comprar, e vender no Termo onde viver, o gado que houver mister para sua lavoura, ou para sua criação, e mais não.

E assi poderá o Carniceiro obrigado do tal lugar, comprar o que lhe fôr necessário para o talho, sem outra licença, nem diligencia, sem por isso incorrer em pena alguma.

E querendo comprar fóra do lugar, e Termo onde he morador, o não poderá fazer sem *Carta de vizinhança*, na maneira seguinte.

Cartas de vizinhança.

11. O Carniceiro, ou pessoa obrigada a cortar carne em cada lugar, quando quizer ir comprar grado fóra delle, será obrigado pedir em Camera *Carta de vizinhança*, na qual será scrita a certidão de sua obrigação que lhe será passada, e assinada pelo Juiz e Vereadores, em que lhe declarem a fórma de tal obrigação, e o anno, em que a hade cumprir, e o numero do gado, que sómente ha de comprar ao tempo della.

E lhe será dado juramento se tem comprado algum gado, para ajuda de cumprir sua obrigação, e se pede bem, e verdadeiramente a dita *Carta de vizinhança*; e com isto lhe será passada, para comprar o gado de que ainda tiver necessidade, e será feita em huma folha de papel inteira, para no que della ficar limpo, se pôrem as diligencias que abaixo serão declaradas.

E indo ao lugar em que quiser comprar o gado, appresentará a dita *Carta* aos Officiaes da Camera delle, stando juntos em Camera; e por elles lhe será mandado, que vá buscar o gado que lhe quizerem vender, e tornar-lhe ha trazer em rol as pessoas que lho vendem, e quanto cada huma, e com o traslado do rol, e licença que lhe derem, lhe passará o Scrivão da Camera certidão ao pé da *Carta*, do gado que comprou, e leva do dito lugar.

E por esta maneira o fará em cada lugar, onde fôr comprar, até encher a copia conteùda na dita *Carta*.

12. E se a *Carta de vizinhança* fôr para muito gado, e para muitos lugares, o Scrivão da Camera ajuntará duas, ou trez folhas de papel, huma dentro na outra, cosidas á dita *Carta*, de maneira que bem possão caber os assentos dos lugares onde o Marchante, ou pessôa fôr comprar o gado.

E além da dita *Carta* ser assinada pelos Officiaes da Camera que a passarem, todas as folhas que forem em branco para os ditos assentos, serão outrosi assinadas em cima na cabeça de cada folha pelo juiz, e o Scrivão da Camera declarará no fim da *Carta* as folhas della quantas são, e como vão assinadas, e pôr quem.

13. E a pessôa, que assi houver de trazer, ou levar o dito gado, haverá as licenças dos Officiaes dos lugares onde o comprar, assinadas per elles nas costas da *Carta*, e folhas que ha de levar em branco, em que declare as pessoas que lho hão de vender, e a quantidade, e sorte delle, para o todo tempo se ver, se tem já cumprido, e lhe não ser dado licença para comprar mais, nem lhe será recebida outra nenhuma certidão de fóra.

14. E as pessoas, que comprarem gado, não guardando a dita fórma em todo, ou em parte, pagarão anoveado todo o gado que assi comprarem; e se comprarem mais do conteúdo na *Carta*, perderão

o gado que mais comprarem, e os que lho venderão, perderão o preço do que assi venderem, ametade para nossa Camera, e a outra para quem accusar.

15. E tanto que os Marchantes, ou seus criados, ou outras quaesquer pessoas chegarem a qualquér lugar com o dito gado que houverem de cortar, o farão a saber dentro em trez dias, do dia que chegarem á Corte, ao Almotacé-Mor, e na cidade de Lisbôa aos Vereadores della, e nos outros lugares aos Juizes delles, os quaes lho mandarão ver, e registrar no Livro a *Carta de vizinhança*, e as diligencias que com ella fizerão, ao pé de assento, que se fez quando lha passarão, com declaração, como trouxerão todo o gado conteúdo nella.

E nas certidões que lhe passarem os Scrivães da Camera dos lugares onde o comprarão.

16. E esta mesmo ordem terão as pessoas, que com *Carta de vizinhança* forem comprar gados para suas criações, e lavouras; aos quaes se assinará termo de trez mezes para o comprarem, e virem registrar, sob a mesma pena de perdimento do gado, ou sua valia.

E passado o dito tempo, pela dita *Carta* se não poderá fazer obra alguma, sob a mesma pena.

17. E querendo alguma pessôa comprar gado para o levar a vender á Corte, ou á cidade de Lisbôa, ou ao Reino do Algarve, o não poderá fazer, sem trazer *Carta de vizinhança*, e obrigação em fórma do Almotacé-Mór, ou da Camera de Lisbôa, ou da Camera da Villa, ou Lugar do Algarve, para onde o quizerem levar, assi, e da maneira que hão de fazer os Carniceiros obrigados, sob a pena de Passadores.

E as pessoas, a que se derem as taes *Cartas*, serão conhecidas, e taes, que possão cumprir sua obrigação.

E não a cumprindo, se procederá contra elles por parte da Justiça, para serem castigados.

E não sendo conhecidas, nem abonadas, não lhes serão passadas as taes *Cartas de vizinhança.*

Licenças.

18. Todos os Criadores e pessoas, que tiverem gado para vender, o poderão ir vender e cortar em qualquer lugar do Reino, com tanto que peção licença em Camera, e fação assento do gado, que levão, e dentro de quatro mezes tragão certidão do lugar, onde o cortárão, e registrem ao pé do dito assento, sob pena de perdimento da valia do dito gado, ametade para nossa Camera, e a outra para quem accusar.

19. E por menos oppressão dos Cria dores e povo, havemos por bem, que os moradores de fóra das dez légoas da Raia, que stiverem e viverem tão perto de huma Villa, que não passe de legoa, não sejão obrigados a pedirem *Carta de vizinhança*, nem fazerem registros alguns nas compras e vendas dos gados, que comprarem e venderem, e levarem a pastar aos lugares assi vizinhos e conjunctos.

E sómente haverão licença da Camera para o poderem tirar, e dar-se-lhes-ha a dita licença, sendo pessoas conhecidas, e vizinhos das outras Villas comarcãs.

20. E a pessoa, que quizer levar gado seu fóra do termo do lugar, onde viver, ou onde o gado se criou, para o trazer lá a pastar, antes que o leve, o fará assentar no Livro da Camera do lugar, donde o leva, declarando-se no assento quanto he, e se he vaccum, se miudo, ou porcos, e será obrigado a o tornar a trazer ao lugar, donde o levou, dentro de seis mezes.

E levando o gado do dito lugar, sem fazer o dito assento, ou não o tornando a elle dentro nos seis mezes, perderá o gado, ou sua valia, ametade para quem o accusar, e a outra para nossa Camera.

21. E vendendo os Pastores, ou Criadores o gado, que assi trouxerem a pastar nos ditos lugares, o não farão, sendo dentro das dez legoas, sem licença da Camera do Lugar, ou Villa, em cujo termo o trouxerem a pastar; na qual licença se declarará quanto gado venderão, e de que sorte era, e a que pessôas, e onde erão moradores.

E não sendo das pessoas, que o podem comprar, se lhes não dará a licença; e dando-lha, se fará de todo assento no

Livro da Camera, de que levará sua certidão, para descargo do dito gado, sob as penas sobreditas.

Carneiradas.

22. Os que quizerem fazer carneiradas, chibarradas e boiadas, pedirão para isso licença em cada hum anno no mezes de Maio e Junho na Camera de cada hum dos lugares, onde as quizerem fazer, declarando a sorte e quantidade do gado, de que as sperão fazer; e se fôr Criador, declarará logo o gado, que tiver de sua criação, assi novo, como velho, e o que mais spera acrescentar para fazer a dita carneirada, chibarrada, ou boiada.

E havendo de ir comprar gado fóra do lugar, onde fôr morador, levará *Carta de vizinhança* dos Officiaes da Camera do dito lugar, com declaração de quanto gado ha de comprar.

E nos lugares, onde assi houver de ir comprar, fará todas as diligencias, que se contêm neste Lei .

E passado o dito tempo, lhe não darão mais licença para todo aquelle anno até o tempo, que ha de registrar, e dar conta do gado pelas *Carta de vizinhança.*

E fazendo o contrario, incorrerá em pena de Passador.

23. E assi havemos por bem, que as pessôas que quizerem fazer varas de porcos, as vão screver até quinze dias do mez de Setembro de cada hum anno, nos Livros da Camera de cada hum dos lugares onde as houverem de fazer, com as declarações sobre ditas, e não o cumprindo assi, incorrerão na pena de Passadores.

24. E as pessôas, que se quizerem mudar de vivenda com seus gados, de cada hum dos lugares de dentro das dez legoas da Raya em que viverem, para outro lugar, levarão certidão de guia do gado que tiverem scrito, para o lugar onde se passarem.

E registrarão no Livro da Camera do tal lugar, dentro de trez dias do dia que entrarem nelle, e não cumprindo assi, incorrerão em pena de perdimento do dito gado.

Devassas.

25. Todos os Juizes de fóra tirarão nos lugares de sua jurisdição devassa particular em cada hum anno, desde principio de Junho até por todo o mez de Agosto, sobre quem levou gados para fóra do Reino, ou deu ajuda, azo, ou favor para se levarem.

A qual devassa tirarão apartadamente das outras, perguntando nella todas as testemunhas, que tiverem informação, que tem razão de saber deste caso, posto que passem de trinta.

26. E quando vier á sua notícia, que alguma pessôa de qualquer qualidade, e condição que seja, passou gado para fóra do Reino, ou mandou passar, ou deu para isso azo, ajuda, ou favor, tirarão logo sobre isso devassa specialmente, e prenderão os culpados, e procederão contra elles por parte da Justiça, ainda que não haja accusador, dando appellação, e aggravo, nos casos em que couber, posto que a parte não appelle.

E ainda que já sejão tiradas outras devassas geraes, todas as vezes que forem informados, que ha hi culpados no passar dos gados, assi em geral, como em particular, tirarão a dita devassa.

27. E esta mesma ordem terão os Juizes ordinarios de todas as Villas e lugares de nossos Reinos, no tirar das ditas devassas.

E acabadas de tirar, enviarão o traslado dellas dentro de trinta dias aos Corregedores das Comarcas.

E os Juizes das terras, em que os Corregedores não então per via de correição, as enviarão aos Ouvidores das ditas terras, e cobrarão conhecimentos delles de como lhas entregarão.

E não o cumprindo assi, incorrerão na pena da Ordenação dos Juizes ordinarios.

Porem, sendo as pessôas, de que tiverem informação particular, poderosas na terra, não tirarão devassa dellas, e o farão logo saber ao Corregedor da Comarca; o qual a irá tirar com a mais brevidade que poder, e procederá contra os culpados na maneira que dito he.

28. E quando os Juizes ordinarios receberem querelas de alguns Passadores, tanto que forem presos, ou se apresentarem perante elles com Carta de Seguro, para se haverem de livrar, remetterão logo as ditas querelas aos Corregedores, ou Ouvidores, com os actos de suas prisões, ou apresentações das Cartas de Seguro; os quaes Corregedores, ou Ouvidores conhecerão dos taes feitos, e os determinarão, dando appellação e aggravo nos casos, em que couber.

E mandarão levar os presos ás Cadêas de suas Correições, ou Ouvidorias quando lhes parecer, que não starão seguros nas Cadeias dos lugares, onde assi stiverem presos.

29. E os Corregedores e Ouvidores dos Mestrados e das terras, em que os Corregedores não entrão per via de Correição, em cada hum dos lugares de suas Correições e Ouvidorias tirem devássa cada anno sobre os Passadores e quaesquer outras pessoas, que forem culpadas em passar gados, ou a isso derem azo, ajuda e favor, postoque já pelos Juizes sejão tiradas no dito anno, e cumprão todo o que acerca do tirar das ditas devassas aos Juizes he mandado.

E verão as devassas, que pelos Juizes forem tiradas; e achando que he necessario perguntar algumas testemunhas referidas, as perguntarão, e farão as diligencias, que forem necessarias.

E havendo culpados, contra os quaes os Juizes não tenhão procedido, procederão contra elles.

E sendo passado o tempo, em que os Juizes havião de tirar as ditas devassas, e as não tiverem tiradas, procederão outrosi contra os ditos Juizes.

30. E nos lugares de suas Correições e Ouvidorias, onde não houver Juizes de fóra, vejão os Livros dos gados em qualquer, tempo do anno, que a elles forem, e os provejão, e saibão se se cumprio em todo o que esta Ordenação dispõe, ou per cuja culpa se deixou de fazer, e sendo per culpa dos Officiaes, procederão contra elles.

E achando culpados os criadores, compradores, ou vendedores dos gados, procederão outrosi contra elles, dando appellação e aggravo nos casos, em que couber.

E nos lugares, onde houver Juizes de fóra, elles serão tambem obrigados fazer esta diligencia e provimento no mez de Julho em cada hum anno.

31. E sendo as pessôas culpadas moradores na Côrte, ou na cidade de Lisbôa, ou em outras Comarcas do Reino, os ditos Corregedores e Ouvidores passarão suas Cartas precatorias, para as Justiças, a que o conhecimento do caso pertencer, procederem contra elles, como fôr justiça.

32. O Almotacé Mór proverá cada anno os Livros das *Cartas de vizinhança* e obrigações dos Marchantes e Carniceiros da Corte; e achando-os culpados, os fará prender, e remetterá com suas culpas ao Juiz dos nossos feitos da Caza da Supplicação, para que proceda contra elles, despachando seus casos em Relação, como fôr justiça.

E não standо a Corte no lugar, onde a dita Caza stiver, os remetterá ao Corregedor della, para que proceda contra elles.

33. E o Corregedor do Crime da cidade de Lisbôa, que della tem ordenado, fará na dita Cidade todas as diligencias acima declaradas, e proverá o Livro do Scrivão da Camera, e procederá contra os culpados, como fór justiça.

TITULO CXVI

Como se perdoará aos malfeitores, que derem outros á prisão.

Qualquer pessôa, que der á prisão cada hum dos culpados, e participantes em fazer moeda falsa, ou em cercear, ou per qualquer artificio mingoar, ou corromper a verdadeira, ou em falsar nosso sinal, ou sello, ou da Rainha, ou do Principe meu filho, ou em falsar sinal de algum Védor de nossa fazenda, ou Dezembargador, ou de outro nosso Official Mór, ou de outros Officiaes de nossa Caza, em cousas, que toquem a seus Officios, ou em matar, ou ferir com bésta, ou espingarda, matar com peçonha, ou em a dar, ainda que morte della se não siga, em matar atraiçoadamente, quebrantar prisões e Cadêas de fóra per força, fazer furto, de qualquer sorte e maneira que seja, pôr fogo acinte para queimar fazenda, ou pessôa, forçar mulher, fazer feitiços, testemunhar falso, em soltar presos por sua vontade, sendo Carcereiro, em entrar em Mosteiro de Freiras com proposito deshonesto, em fazer falsidade em seu Officio, sendo Tabelião, ou Scrivão; tanto que assi dér á prisão os ditos malfeitores, ou cada hum delles, e lhes provar, ou forem provados cada hum dos ditos delictos, se esse, que o assi deu à prisão, participante em cada hum dos ditos maleficios, em que he culpado aquelle, que he preso, havemos por bem que, sendo igual na culpa, seja perdoado livremente, postoque não tenha perdão da parte.

E se não fôr participante no mesmo maleficio, queremos que haja perdão para si (tendo perdão das partes) de qualquer maleficio, que tenha, postoque grave seja, e isto não sendo maior daquelle, em que he culpado o que assi deu á prisão.

E se não tiver perdão das partes, havemos por bem de lhe perdoar livremente o degredo, que tiver para Africa, até quatro annos, ou qualquer culpa, ou maleficio, que tiver commettido, porque mereça degredo até os ditos quatro annos.

Porém, isto se entenderá, que o que dér á prisão o malfeitor, não haja perdão de mais pena, nem degredo, que de outro tanto, quanto o malfeitor merecer.

1. E além do sobredito perdão, que assi outorgamos, nos praz, que sendo o malfeitor, que assi foi dado á prisão, salteador de caminhos, que aquelle, que o descobrir, e dér á prisão, e lho provar, haja de Nós trinta cruzados de mercê.

TITULO CXVII.

Em que casos se devem receber querélas.

Os casos, em que se deve e póde receber queréla, são os seguintes: quando fôr querelado de algum, que sendo Christão (ora antes fosse Judeu, ou Mouro, ora nascesse Christão), se tornou depois a fazer Judeu, ou Mouro, ou de outra seita, que arrenegou, ou pesou, ou per outra, maneira pôz indevidamente a boca em nosso Senhor, ou nos Sanctos, que he feiticeiro, sorteiro adivinhador, que commetteu crime de Lesa Magestade, que lhe roubador de estradas, que matou alguém, ou dormio com mulher de Ordem, commetteu peccado de incesto, forçou alguma mulher, he sodomitigo, alcoviteiro, falsario, pôz fogo em pães, ou em vinhas, ou em outras cousas, que he ladrão de cem réis, ou dahi para cima, que ferio seu pai, ou mãi, fez assuada, quebrantou Cadêa, saltou por cima do muro, stando a Cidade, ou Villa cercada, ou guardada, ou, sendo Carcereiro, lhe figurão presos, fez moeda falsa, ou a despendeu acinte, ou cerceou a verdadeira, disse testemunho falso, ou o fez dizer, que casou, ou dormio com criada daquelle, com que vive, ou casou com duas mulheres, sendo ambas vivas, ou mulher, que casou com dous maridos, sendo ambos vivos, ou, sendo nosso Official, dormio com mulher, que perante elle requeria, que sendo Infiel dormio com alguma Christã, ou Christão, que dormio com alguma Infiel, que he barregueiro casado, barregaã de homem casado, barregueiro cortesão, barregãa de homem cortesão, que he manceba de Clerigo, ou de outro Religioso, ou he rufião, que sendo degradado, não cumprio o degredo, que ajudou a fugir Captivos, levou cousas defesas para terra de Infieis sem nossa licença, ou foi, ou mandou resgatar á cidade de S. George da Mina, ou ás partes e mares de Guiné, que arrancou arma na Côrte, ou em procissão, ou na Igreja, que tirou com bésta, ou espingarda, postoque não ferisse, que resistio, ou desobedeceu á Justiça, fez carcere privado, tolheu algum preso á Justiça, que sendo preso fugio da Cadêa, sendo Julgador deu o preso sobre fiança antes de sentença final, de que não haja appellação, nem aggravo, ou se disser, que commetteu algum caso, no qual he posta certa pena de açoutes, ou de degredo temporal para fóra de certo lugar, ou dahi para cima, per alguma nossa Ordenação, a quem o tal caso commeter, porque nestes cada hum do povo póde querelar, não sendo inimigo.

1. E bem assi se póde e deve receber queréla a pessôa, que fôr ferida, se mostrar feridas abertas e sangrentas, ou pisaduras e nodoas inchadas e negras, quer diga que foi de proposito, quem em rixa; e não as mostrando, não lhe será recebida: salvo se mostrar acto, feito per Tabellião com auctoridade de Juiz, em que der fé, que lhe vio as feridas na fórma sobredita, e que protestou quere-

lar, tanto que soubesse quem o ferira, porque então dentro de hum anno (visto o dito acto), poderá perfazer a queréla, postoque já stê são das feridas.

E passado o anno, não lhe será recebida, mas poderá accusar sem queréla, quem lhe bem vier.

E bem assi, se querelar de alguma, pessôa, que lhe commeteu adulterio com sua mulher, ou da dita sua mulher, ou que lhe cortarão alguma arvore de fructo.

2. E nos casos, em que cada hum do povo póde querelar, não será recebida queréla a inimigo; e sendo-lhe recebida por calar a inimizade, e depois lhe fôr provada, por onde à queréla fique nulla, condemnarão o quereloso nas custas.

Porém o inimigo poderá querelar de qualquer pessoa apostata da nossa Santa Fé, ou trédor, ou culpado em falsa moeda, ou que falsou sinal nosso, ou fez scriptura falsa, ou deu testemunho falso.

Outrosí,o inimigo poderá proseguir civilmente a causa, que lhe pertence, quando pedio algum Officio de seu inimigo por erros, e lhe foi dada Carta de mercê delle.

3. E bem assi, se o quereloso fôr Meirinho, ou Alcaide, ou cada hum dos seus homens, poderá querelar, postoque seja inimigo, nos casos, em que per nossas Ordenações lhe he expressamente applicada pena de dinheiro, per razão de alguns crimes, nos quaes além da pena de dinheiro he posta pena corporal.

4. E havemos por bem, que se alguma pessoa, postoque seja Alcaide, ou Meirinho, querelar de outrem por contemplação de algum seu inimigo, o qual lhe houvesse segurado as custas, ou o dano, que por causa da querela lhe podesse vir, a tal queréla e accusação seja nenhuma; e o inimigo, que pelo dito modo fez concerto, haverá a pena, que haveria a pessoa, de que fôr querelado, se o maleficio lhe fôra verdadeiramente provado, e a queréla fôra licitamente dada.

5. E postoque algumas pessoas queirão dar querélas de outras, porque lhes dissessem más palavras, ou porque saltarão com elles para os matar, ou para lhes fazer outro mal, as Justiças lhas não recebão, mas poderão demandar suas injurias e danos, dando petição; e será a parte, a que tocar, citada para ver jurar as testemunhas, e nestes casos os Juizes as mandarão tirar, e procedão segundo fórma de nossas Ordenações.

6. E quando se houver de receber queréla, se dará juramento ao quereloso aos Santos Evangelhos, em que porá a mão, se o dá bem e verdadeiramente; e jurando-o assi, e nomeando testemunhas para a dita querela, pondo-lhes seus proprios nomes e sobre nomes, alcunhas e mestéres, de que usão, e onde são moradores, de maneira, que claramente se possa saber quem são as testemunhas, e não se possão ao diante tomar outras em seu lugar, lhe será recebida.

E a parte e o Juiz assinarão a dita queréla; e se a parte não souber, ou não poder assinar, bastará o sinal do Juiz com a fé do Tabelliião, em que faça menção de como o quereloso não sabia, ou não podia assinar.

E bem assi dará fiança bastante a toda a perda e dano, emenda e satisfação e custas, que se fizerem sobre a queréla, quando não fôr de caso, que a elle toque, ou pertença, e a der, como cada hum do povo; e dando a queréla de caso, que lhe toque, ou pertença, não será obrigado dar fiança.

Porém os Meirinhos e Alcaides, quando querelarem de casos, de que se lhes possa seguir algum proveito, darão fiança.

E sendo as querélas dadas nesta fórma, o Juiz as receberá, e de outra fórma serão nenhumas.

7. E nos casos, em que os querelosos são obrigados dar fiança, será de vinte mil reis ao menos.

E postoque o fiador não exprima a quantia, bastará dizer sómente, que fia as custas, emenda e satisfação.

E se o Juiz, que tomar a fiança, se contentar de fiador, cuja fazenda ao tempo da fiança não chegue á dita quantia, e a parte contraria opposer contra a queréla, que o fiador não he bastante para poder pagar os vinte mil reis, tal excepção lhe será recebida; e sendo provada, se annullará a queréla, e o Juiz, que tal fiança tomou, será condenado nas custas, que por causa da dita queréla se fizerão.

8. E se o quereloso fôr Clerigo, ou Beneficiado, ou outro Religioso ou homem de Ordem, que não seja da jurisdição secular, não lhe recebão a queréla, postoque seja de caso, que lhe toque, ser dar fiador leigo, que se obrigue, que sendo o quereloso condenado em custas, ou emenda e satisfação, logo per a mesma sentença, em que o quereloso he condenado, se faça execução nos bens de seu fiador em todo e por todo sem mais para isso ser citado, nem demandado, sómente será requerido para a execução.

9. E nenhum Julgador receberá queréla, salvo sendo o quereloso morador na sua jurisdição, ou quando o crime fôr commettido em sua jurisdição, postoque o quereloso não seja nella morador.

Porém querelando perante os Corregedores da Côrte, ou da Caza do Porto, ou Corregedor da Comarca, onde o tal maleficio fôr commettido, ser-lhe-ha recebida a queréla; e querelando em outros lugares, será a queréla nenhuma.

10. E se o Julgador, que houver de receber a queréla, ou o Tabellião, ou Scrivão, com quem a tomar, não conhecer o quereloso; primeiro que lha receba, lhe mandará que apresente huma testemunha conhecida, que diga, que conhece ser o quereloso a pessoa, que se nomêa, e onde he morador, e tudo assentará o Tabelião na queréla, sem a dita testemunha assinar nella.

E o Julgador, que de outra maneira receber a queréla, pagará todas as custas, que por essa causa se fizerem, porém a queréla será valiosa.

11. E defendemos aos Tabelliães e Scrivães, que nas querélas, que tomarem, não screvão outras razões, nem accrescentem mais palavras, que as que as partes disserem, nem diminuão cousa alguma, e screvão o caso pela maneira, que a parte o contar, e mais não.

E fazendo o contrário, percão logo os Officios, e sejão presos, para lhes mandarmos dar a pena de falsarios, ou outra, que houvermos por bem.

12. E posto que seja querelado per queréla perfeita, os Julgadores não prendão per ella, até contra os querelados ser tanto provado, por que mereção ser presos.

Porém, se os querelosos quizerem logo, tanto que dão as querélas, e lhes forem recebidas, ou até vinte dias contados, do dia, que a queréla fôr recebida, dar ao julgador, que lha recebeo, trez, ou quatro testemunhas, perguntar-lhas-ha secretamente com o Tabellião, que a screveo, polo conteúdo nella, sem a parte ser para isso citada.

E mostrando-se pelas ditas testemunhas tanto, por que deva ser preso (o que ficará em arbitrio do Julgador), o prenda com toda a diligencia.

13. Mandamos, que nenhuma parte condenada em feito crime, ou cível, possa de caso algum querelar da parte, que contra elle houve a sentença de condenação, até ser executado com effeito em todo o em que fôr condenado dar, ou entregar á parte: salvo se fôr caso de feridas abertas, que mostrar e jurar que lhe forão dadas, ou mandadas dar pela parte, que contra elle houve a sentença.

E depois que a execução com effeito fôr feita, poderá o condenado querelar dar parte, que contra elle houve a sentença, com tanto que não querele, senão de cousas, que a elle pertenção, ou dos maleficios, de que os inimigos per nossas Ordenações, ou Direito podem querelar.

14. Outrosi não se recebão querelas dos presos, que stiverem condenados em degredo para sempre, para qualquer parte que seja, postoque os querelosos digão que querelão de cousas, que lhes pertencem.

15. E porque muitas vezes as partes vem nos feitos com artigos de subornação, ou falsidade, ou outros semelhantes, e não lhes são recebidos, ou sendo-lhes recebidos, não são os de que se assi queixarão polos taes artigos condenados, e depois vão a outros Juizos querelar dos mesmos casos; por se evitarem semelhantes malicias e oppressões: mandamos, que as querélas de cousas, que toquem a feitos julgados, não se recebão, senão pelos Juizes, que delles forão na mór alçada, postoque sejão Corregedores do Civel, ou outros Dezembarga-

dores, que não tem poder para receber queréla, porque Nós lho damos nos taes casos, sendo para receber.

E serão recebidas e scriptas no livro das querélas pelo Scrivão, que o tiver, e não nos actos, e serão remettidas aos Corregedores do Crime da Córte, e ao da Caza do Porto, para em seus Juizos se livrarem.

E se os taes Julgadores forem Clerigos, as taes querélas se não darão, senão perante os Corregedores do Crime da Côrte nos feitos, que não Caza da Supplicação forão despachados, ou perante o Corregedor do Crime da Caza do Porto, nos feitos despachados nella: os quaes Julgadores, antes que recebão as querélas, verão os feitos, que entre os querelados e querelosos forão tratados; e se por elles virem, que os querelosos vierão já nelles com artigos da materia das querélas, que querem dar, postoque lhes não fossem recebidos, não lhas recebão: salvo se lhes ficou ácerca delles seu direito expressamente reservado.

E havemos por nenhumas quaesquer querélas, que em estes casos em outra maneira forem dadas.

Accusações.

16. Se os querelosos quizerem accusar e demandar, vão os Juizes per esses feitos em diante, até darem nelles livramento.

E não querendo accusar, tomem os Juizes o feito pola Justiça nos casos onde ella ha lugar, e fação as accusações á custa dos querelosos, se tiverem bens, ou de seus fiadores; e se não tiverem bens, nem dado fiança, serão logo presos.

E sendo os accusados presos por razão destas querélas, tragão os querelosos onde os accusados stiverem, e far-se-ha accusação á custa dos Concelhos, onde os maleficios forem feitos.

E os querelosos não serão soltos, até que paguem aos Concelhos todas as custas, que devião pagar, se os feitos seguirão em pessoa, com todos os danos, que os Concelhos por essa causa receberem.

Porém, se os accusadores, amostrarem perante os Juizes da terra, onde essas accusações forem feitas, que as não podem seguir por pobreza, se disto as Justiças forem certas, e jurarem esses accusadores, que não deixão de fazer as accusações por malicia, mas sómente por pobreza, digão neste caso além das testemunhas nomeadas na queréla os nomes das mais, per onde entenderem, que se provarão essas accusações; e então não sejão presos, nem lhes fação mal por esta razão, e os Concelhos paguem estas custas, não tendo o quereloso dado fiadores; mas se esses accusadores vierem a tempo de terem per onde paguem as ditas custas, fação-lhas pagar.

17. E se as accusações fòrem feitas na Còrte, e os accusadores querelosos fizerem certo de sua pobreza, e jurarem e nomearem testemunhas, como dito he, os Scrivães da Audiencia, onde esses feitos correm, fação sem dinheiro as scripturas, que deverão pagar os accusadores, dos quaes despachos se não pagará Chancellaria alguma.

E se sobre essas accusações se mandarem ás terras tirar algumas inquirições, paguem-se das rendas dos Concelhos, onde os maleficios forem feitos, e as enviem á Côrte, e assi irá na Carta.

E se os accusadores em algum tempo tiverem donde pagarem as ditas custas, fação-lhas pagar.

18. E não dando o quereloso as testemunhas, que he obrigado summariamente, até os vinte dias, ou dando-as, e não se achando tanto per ellas, por que deva o querelado ser preso, e o quereloso o quizer accusar, mandal-o-ha citar, e dará libello contra elle, e apresentará queréla.

E bem assi, suspeitando o querelado, como a queréla he dada delle, e querendo-se della livrar, mandará citar o quereloso.

E tanto que cada huma das citações fòr feita, será obrigado apparecer nas Audiencias, assi como seria, se tomasse Carta de Seguro negativa.

19. E mandamos, que quando pelos summarios das querélas não fòr tanto provado, per que os querelados devão ser presos, os querelosos accusem os malfeitores do dia, que lhes forem recebidas, até hum anno, não sendo os querelados já presos per alguma inquirição, ou prova.

E se os malfeitores forem fugidos, ou absentes, ou stiverem acolhidos em caza de algum poderoso, onde os não poderem citar, então os querelosos os accusem per edictos.

E não accusando dentro do dito tempo, a Justiça procedera pelas querélas contra os querelados, segundo fórma de nossas Ordenações, e os accusados seguirão as Audiencias, como seguros.

E postoque ao diante, antes de os réos serem livres, os querelosos queirão vir accusar, não serão ouvidos para lhes ser julgada emenda, nem satisfação, se já a Justiça, por o anno ser passado, proceder contra elles.

Porém, se quizerem ajudar a Justiça, podel-o-hão fazer.

20. E o Tabellião sob pena de perdimento do Officio, tanto que passar o anno e dia, que a queréla fôr recebida, notifique ao Julgador como elle tem huma queréla, de que he passado o anno, sem per ella se fazer obra, para o Julgador per ella proceder, segundo fórma desta Ordenação, a qual notificação screverá ao pé da queréla, e o Juiz a assinará.

21. E não tolhemos, que em todos os maleficios que forem feitos a alguma pessoa, de que póde querelar por lhe a elle tocar, e pertencer, se querelar não quiser, poder demandar judicialmente contra a parte contraria sua justiça, e seu interesse, e injuria, sendo a parte para isso citada.

E se a parte citada se quizer livrar, não se poderá livrar por seu Procurador, mas apparecerá em pessoa nas Audiencias, e não apparecendo, não será ouvido seu Procurador.

Porém, se o crime fôr tão leve, que não caiba nelle mór pena que de degredo temporal para fóra de certo lugar, ou dahi para baixo, poder-se-ha livrar por procurador.

E isto não haverá lugar, se elle tomar Carta de Seguro, e se com ella appresentar, porque então postoque o crime seja muito leve, sempre será obrigado apparecer em Juizo: e não apparecendo, não será ouvido per Procurador.

22. E quanto ao accusador, sempre apparecerá em pessoa nas Audiencias, salvo, se o crime fôr tão leve, em que não caiba mór pena que de degredo temporal, e dahi para baixo, se o Accusado não tomar Carta de Seguro: porque tomando-a sempre o Accusador apparecerá, pois o accusado ha de apparecer.

23. E mandamos, que quando alguem quiser accusar outra pessoa de morte de algum homem, o não possa accusar, sem primeiro delle querelar, salvo, se a outra parte o citar, que o venha accusar, por ter tomado Carta de Seguro, ou por ser preso por alguma devassa que se por causa da morte tirasse.

TITULO CXVIII.

Dos que querelão maliciosamente, ou não provão suas querélas, e denunciações.

Se alguem querelar de outro, e o réo accusado fôr livre per sentença do maleficio e queréla, por se não provar o conteúdo nella, mandamos, que o tal quereloso seja nessa mesma sentença condenado nas custas, e em todo o dano, e perda, que o réo por rasão dessa queréla, e accusação receber, o que todo pagará da Cadêa.

Porém, sendo o quereloso achado em malicia, será condenado nas custas em dobro, ou em tresdobro, segundo a malicia em que fòr achado.

1. E além disto, se o Julgador achar, que o quereloso querelou maliciosamente, ou que he revoltoso, e useiro a dar taes querélas, e fazer semelhantes accusações, dar-lhe-ha mais a pena crime arbitraria que lhe bem, e direito parecer, segundo a qualidade da malicia, e a prova, que della houver.

2. E denunciando algum com juramento de outra pessôa, sendo o denunciado achado sem culpa, será o denunciador condenado nas custas, como se tivesse querelado.

TITULO CXIX.

Como serão presos os malfeitores.

Nenhum Julgador, Alcaide, Meirinho, e pessôa que tiver cargo de Justiça, prenda, nem mande prender pessoa alguma, se não as de que fôr querelado de taes querélas, porque segundo nossas Ordenações mandamos prender, ou contra elle, se acharem culpas de devassa, porque devão ser presos, ou por taes cousas que, segundo nossas Ordenações, o mereção ser, sob pena de quem o contrario fizer, pagar dez cruzados para os presos das nossas Cadêas, e além disso haverá o castigo, que nos bem parecer, nas quaes penas o condenará o Juiz, que mandar soltar o preso.

E se o mesmo, que o prendeo, o mandar soltar, poderá ser demandado perante qualquer seu Superior.

Portanto o Alcaide, nem Meirinho, e seus homens não prendão per queréla, que lhe seja mostrada, sem mandado do Juiz; salvo não se achando o Juiz, porque então o poderá levar á Cadêa, até haver copia do Juiz.

E das pessoas, que assi forem presas, não fação de seus feitos sentenças para passarem pela Chancellaria, postoque venhão per appellação, se os presos stiverem no lugar, ou a cinco leguas, onde os taes Julgadores despacharem os ditos feitos; sómente ficarão assinadas nos processos pelos Julgadores, que as derem, e em poder dos Scrivães dos feitos, e as partes levarão Alvarás assinados pelos ditos Julgadores para sua guarda, de que pagarão sómente a assinatura, que temos ordenado, que se leve dos Alvarás.

1. E todo o Desembargador, e qualquer outro Julgador, que tiver poder para mandar prender, não mandará prender pessoa alguma, senão pelos Meirinhos, ou Alcaides, ou pelos Juizes dos Lugares.

E quando mandarem prender per seus Alvarás, irão nelles declarados os nomes dos que houverem de ser presos: e sem a dita declaração os não assinarão.

Porém, se para maior segredo e segurança da Justiça passarem Alvarás que prendão a pessoa, ou pessoas, que lhes amostrar, ou nomear, o que o tal Alvará lhe appresentar, levará todavia sempre outro Alvará secreto, em que vão declarados os nomes dos que mandão prénder o qual será appresentado ao Meirinho, ou Alcaide ao tempo da prisão, e pelo Alvará sem nome poderão buscar o que houverem de prender.

Porém não o prenderão realmente, sem verem o outro Alvará, em que o nome vai declarado; e no Alvará sem nome se fará menção, como a parte leva o outro, em que o nome vai declarado.

E se per Alvará sem nome prenderem, pague cada hum, que o fizer, dez cruzados; e a parte, que o levar sem nome, sem fazer menção do outro, em que o nome vai declarado, pague outros dez cruzados.

E o Scrivão, ou Tabellião, que o fizer, outros dez cruzados para o Hospital de Todos os Santos da cidade de Lisboa, e mais cada hum delles será degradado hum anno para Africa.

E se fôr pessoa, em que caiba pena de açoutes, seja açoutado.

E o Julgador, que o passar, pagará ao que per tal Alvará sem nome fôr preso, cem reis por cada dia, que stiver preso, e mais será suspenso do Officio até nossa mercê.

2. E os Corregedores do Crime da Corte, e outros Officiaes della, nos casos, em que por razão de seus Officios podem mandar prender, poderão mandar prender per Alvarás feitos pelos Scrivães dante si, e per elles assinados, em todos os lugares de nossos Reinos e Senhorios, as pessoas de que lhes forem dadas querélas na Corte, que elles receberem, e forem obrigatorias para prender, nos casos, em que o podem fazer per seus Regimentos; os quaes Alvarás não assinarão, até lhes as partes, que os houverem de levar, mostrarem os traslados das querélas, scriptos e assinados pelo Scrivão, que as tiver, e será feita menção nos Alvarás, como as partes levão os ditos traslados.

3. E havemos por bem, que os Fidalgos de grandes stados e poder não sejão presos em caso algum sem nosso special mandado.

E quando acontecer caso, por que devão ser presos, as Justiças nol-o farão saber, declarando-nos as culpas, que delles tiverem, para nisso provermos, como fôr Justiça.

4. E todo o Juiz, ou outra qualquer Justiça, que fòr negligente em cumprir Carta precatoria de outra Justiça, em que lhe fòr mandado, ou requerido que prenda al-

guma pessoa, pague vinte cruzados, ametade para quem o accusar, e a outra para a nossa Camera, e mais seja degradado hum anno para Africa.

E sendo o caso, por que se manda prender, grave, ou acontecendo de sorte, que pareça ao Julgador da maior alçada, que merece mais pena, ser-lhe-ha dada, segundo o caso merecer.

TITULO CXX.

Em que maneira os Fidalgos e Cavalleiros, e semelhantes pessôas devem ser presos.

Mandamos, que os Fidalgos de Solar, ou assentados em nossos Livros, e os nossos Desembargadores, e os Doutores em Leis, ou em Canones, ou em Medicina, feitos em Studo universal per exame, e os Cavalleiros Fidalgos, ou confirmados per Nós, e os Cavalleiros das Ordens Militares de Christo, Santiago e Aviz, e os Scrivães de nossa Fazenda e Camera, e mulheres dos sobreditos em quanto com elles forem casadas, ou stiverem viuvas honestas, não sejão presos em ferros, senão por feitos, em que mereção morrer morte natural, ou civil.

E por os outros, em que não caibão as ditas penas de morte, serão presos sobre suas homenagens, as quaes devem fazer aos Juizes, que os prenderem, ou mandarem prender.

E per elles lhes serão tomadas, e lhes darão por prisão o Castello da Villa, ou sua caza, ou a mesma Cidade, Villa, ou lugar, segundo fôr a qualidade do caso.

1. E quando alguma pessôa não quizer dar a homenagem, todavia o haverão por preso sobre ella, e far-se-há disse acto, e valerá a prisão, como que a déra: e não a cumprindo, lhe será havida por quebrada, como que verdadeiramente a déra: e pola desobediencia de a não querer dar, se fòr Fidalgo, pagará dez cruzados, e sendo Cavalleiro, pagará cinco cruzados, ametade para quem accusar, e a outra para Captivos.

2. E se de algum Fidalgo, ou Cavalleiro fòr querelado, ou elle fôr accusado de algum maleficio, porque não mereça pena de morte, se o maleficio fòr commettido contra outro Fidalgo, ou Cavalleiro, postoque não seja igual a elle: mandamos, que em aquelle caso em que outra pessôa de mais baixa condição deveria ser presa em ferros, o Fidalgo, ou Cavalleiro seja preso sobre sua homenagem no Castello da Cidade, ou Villa onde o feito fòr ordenado, ou em outra caza honesta, se ahi Castello não houver, segundo arbitrio do Julgador.

3. E sendo o preso sobre sua homenagem accusado, no caso que lhe foi dada a Cidade, ou Villa per prisão, será obrigado a vir seguir a appellação em pessôa, e andar assi preso sobre sua homenagem, no lugar onde se houver de livrar no caso da appellação, sem sair delle.

Porém, se o tal preso quizer antes ficar em sua caza preso sobre sua homenagem, sem della poder sair, até haver livramento, poderá seguir sua appellação per Procurador, e ficará preso em sua caza.

4. E no caso, onde logo a principio lhe foi dado o Castello, ou sua caza per prisão, sem della poder sair, postoque o preso queira vir em pessôa seguir sua appellação, para no caso da appellação star preso em caza como stava, não poderá vir, nem sair della, antes mandará requerer sua appellação per Procurador, se quizer, e vindo, por esse mesmo feito fica quebrada a homenagem.

5. E mandamos, que nenhum Julgador, desque huma vez tomar a homenagem a alguma pessôa, lha alargue mais, salvo se delle não houver appellação, nem aggravo naquelle caso.

6. E se a pessôa a que fòr tomada a homenagem, a quebrar, perderá o privilegio que per sua qualidade tinha para lhe ser tomada; para nunca mais gozar delle, e será preso em carcere publico.

TITULO CXXI.

Que ao tempo da prisão se faça acto do habito, e tonsura do preso.

Mandamos aos Desembargadores, Corregedores, Juizes, e mais Justiças, Alcaides, Meirinhos, Scrivães, e Tabelliães, que em as prisões de quaesquer pessoas se acharem, sejão obrigados perguntar ás pessoas que prenderem, tanto que forem presos, se tem Ordens Menores; e o que responderem screvão, ou fação screver no acto, e os vestidos, e trajos em que forem achados, e as côres e feição, e comprimento delles, declarando se trazem coròa, e o tamanho, e comprimento dos cabellos della, e quanto mais curtos são que os outros cabellos da cabeça: e não o fazendo assi, o Julgador, que ahi presente stiver á prisão, e os Tabelliães, ou Scrivães, que ahi presentes forem, percão os Officios.

E postoque outros Officiaes stêm á dita prisão, onde stiver qualquer Julgador, que assi prender o dito preso, ou mandar prender (tirando os dito Tabelliães, ou Scrivães), não perderão os ditos Officios.

E não stando ahi o Julgador ao tempo da prisão, incorrerão na dita pena todos os outros Officiaes, Meirinhos, Alcaides, Scrivães e Tabelliães, que se na dita prisão acharem.

1. E screvendo como tinha corôa, não declarando a grandeza, ou screvendo os vestidos e trajos, e não screvendo as côres, ou comprimento delles, ou cada huma das sobreditas cousas specialmente, não incorrerão em perdimento dos Officios, mas serão suspensos dos Officios até nossa mercê, e mais pagarão as custas, que se fizerem em se tornarem a fazer as ditas declarações.

2. E se ao tempo da prisão ahi não stiver Tabellião, ou Scrivão, que screva o acto, então o que prender, tanto que o prender, lhe olhe logo a cabeça, e os vestidos e trajos, e se ahi stiverem testemunhas, vejão isso mesmo os ditos vestidos e corôa, e leve o preso á Cadêa.

3. E antes que entreguem o preso ao Carcereiro, o dito Carcereiro será obrigado perguntar áquelles, que lhe assi trazem o preso, se lhe foi já feito acto do habito e tonsura per algum Tabellião, ou Scrivão que presente stivesse á prisão; e dizendo-lhe, que ahi steve Tabellião, ou Scrivão presente á prisão, o screverá assi o Carcereiro em seu Livro, screvendo o nome do Tabellião, ou Scrivão, que lhe he dito que fez o acto, e o que lho disser, assinará no dito Livro.

E se lhe disser, que não steve ahi Tabellião ou Scrivão, então faça pergunta per juramento dos Evangelhos áquelles, que lhe entregarem o preso, da corôa e dos vestidos e trajos, que tinha ao tempo, que o prenderão, e quaes erão as testemunhas, que presentes stavão ao tempo, que foi preso; e fará assinar ao pé aquelles, que o assi disserem, e no dito acto assinarão duas testemunhas, que starão presentes ás perguntas, que o Carcereiro fizer aos que lhe entregão o preso, ao qual acto se dará inteira fé, como que fosse feito per Tabellião publico.

E não sendo presente o Carcereiro, ou não sabendo ler, os Guardas, ou sua mulher, primeiro que tomem a entrega do preso, mandarão chamar hum Scrivão, que per juramento faça as ditas perguntas ao preso.

E o Carcereiro, que tomar o preso, sem fazer o acto, perderá o Officio, e pagará dez cruzados para os presos pobres da dita Cadêa.

4. E os Juizes da mór Alçada, que do fèito do tal preso conhecerem, serão Juizes para condenar, e executar os Tabelliães, Scrivães, Carcereiros, e Officiaes sobreditos, que incorrerem nas ditas penas, sem os remetterem á outros Julgadores.

E se o Juiz que tiver alçada no dito preso não fòr Desembargador, pronunciará sobre o perdimento do Officio dando appellação, e aggravo para os Julgadores a que pertencer, segundo fôr a qualidade do Officio.

TITULO CXXII.

Dos casos, em que a Justiça ha lugar, e dos em que se appellará por parte da Justiça.

Em todos os casos em que se receber queréla, a Justiça ha lugar, e se appellará per parte della, quando cada huma das partes não appellar, ou desistir da accusação: e isto assi da sentença diffinitiva, com da interlocutoria que tenha força de diffinitiva, salvo no caso da adultera, quando o marido lhe perdoar, ou quando se absentar, ou morrer antes da lide contestada, como temos dito no Titulo 25: *Do que dorme com mulher casada*: ou no caso do ferimento, quando a queréla foi dada em rixa nova, e a parte perdoar, e fòr são das feridas, e sem aleijão, nem disformidade do rostro, em tal caso, tanto que a parte assi perdoa, a Justiça não ha mais lugar, e o Julgador que do caso conhecer, mandará soltar o accusado, se fór preso, sem mais appellar por parte da Justiça: salvo se pola inquirição que já a esse tempo fôr tirada, se mostrar que o caso foi de proposito, porque então haverá a Justiça lugar, postoque a parte não dissesse que fôra de proposito.

1. E se nas querélas dos ferimentos se declarar, que forão de proposito, ou se seguio do ferimento aleijão, oú disformidade de rostro, ou se poserem taes palavras, que concluaõ ser proposito, e depois de tiradas as inquirições e testemunhas da queréla, o quereloso perdoar em qualquer tempo, antes de ser dada sentença, o Juiz, que conhecer do caso, veja as inquirições e parecendo-lhe per ellas, que os ferimentos forão em rixa, e achando que não ha aleijão, nem disformidade de rostro (para o que fará os exames necessarios), porá nos proprios autos seu parecer, e os mandará cerrados e sellados por pessoa sem suspeita ao Corregedor da Comarca; o qual os verá, e conformando-se com o Juiz, porá seu parecer nos autos, e lhos tornará a enviar cerrados e sellados, e o Juiz porá a sentença, e mandará soltar o accusado, sem appelar por parte da Justiça, da maneira, que houvera de fazer, se na queréla não fôra dito, que fôra de proposito, e fôra em rixa.

E parecendo ao Corregedor, que foi proposito, ou que ha aleijão, ou disformidade de rostro, postoque o proposito se não prove, assi o porá nos autos, e os enviará ao Juiz, o qual procederá até sentença final, da qual appellará.

2. E processando-se algum feito de semelhante qualidade perante algum Corregedor da Comarca, e a parte querelosa perdoar, antes de ser dada sentença, o dito Corregedor procederá na maneira acima dita, e pronunciará per sentença, que a Justiça não há lugar, e mandará soltar o preso, sem appellar por parte da Justiça.

3. E não sómente devem os Julgadores appellar da sentença deffinitiva, mas ainda de qualquer interlocutoria, que traga tal aggravo, que se não possa depois repairar no caso da appellação, assi como se o Julgador julgasse metter-se o preso a tormento; porque dando sua sentença á execução, já não poderá o preso no caso da appellação repairar o dano, que receber, se não fôr justamente atormentado: por tanto, se a parte appellar, ser-lhe-há recebida a appellação, e não appellando, appellará o Julgador por parte da Justiça.

4. E bem assi, todo o Julgador appellará por parte da Justiça, se cada huma das partes não appellar, quando ao feito de algum accusado, em que dê livramento, fòr junta alguma devassa ou inquirição judicial para livramento da parte, postoque não haja queréla, e postoque julgue o accusado por livre ou que a Justiça não ha lugar contra elle pela dita devassa, não sendo caso de deferimento em rixa, como dito he.

5. E se o accusado, depois que se começar de livrar, houver perdão de Nós, mandamos, que se o feito já pender per appellação em cada huma das Relações, ou perante algum Desembargador, que Nós mandarmos com alçada, o dito perdão se offereça perante os ditos Julgadores, que da appellação conhecerem; e sendo o perdão conforme ás culpas, assi o pronunciarão.

E se o feito ainda não fòr appellado, e o Juiz, que delle conhecer, fòr Corregedor da Comarca, ou Ouvidor posto per Nós, ou Ouvidor de algum dos Mestrados, ou Juiz de Fóra posto per Nós elle verá se o perdão he confórme ás culpas; e se o pronunciar por confórme, não appellará, e pronunciando-o por não confórme, appellará, se não couber em sua alçada:

E se fôr Juiz ordinario, que saisse per eleição, veja o dito perdão com as culpas, e parecendo-lhe que não he confórme, assi o pronuncie, e appellará: e se lhe parecer, que he confórme, ponha seu parecer, e com elle envie os proprios autos ao Corregedor da Comarca: e se o Corregedor fôr no parecer do Juiz, assim o pronuncie sem mais appellar: e não fôr no seu parecer, appellará se não couber em sua alçada.

6. E se o perdão fôr havido, antes que o perdoado seja accusado, sendo delle dada queréla, ou havendo devassa, e elle registrar o perdão ao pé da queréla, ou devassa, o Juiz não procederá mais pela queréla, ou devassa, se lhe parecer que he confórme.

E parecendo-lhe que não he confórme, então o prenda, e mande seu parecer ao

Corregedor da Comarca, não sendo Juiz de Fóra pósto per Nós.

E assi o Corregedor, com o Juiz de Fóra, terão neste caso a fórma, que acima dissemos.

7. E quando algum estrangeiro querelar, e fizer prender algum morador de nossos Reinos e Senhorios, e se fôr para fóra delles, o preso seja logo solto, sem mais se appellar pola Justiça, e não seja mais accusado, nem demandado polo conteúdo em tal queréla e accusação.

E se se livrar per Carta de Seguro, e o quereloso depois de citado se fôr como dito he, não procederão mais pela tal queréla, porque a havemos por nenhuma, salvo se o quereloso estrangeiro tiver dado fiança ás custas, ou se do maleficio houver alguma prova per inquirição devassa, ou per evidencia do feito, ou per confissão da parte, ou per qualquer outro modo de prova; porque em cada hum destes casos se procederá contra elle pela Justiça, se o maleficio fòr tal, em que a Justiça haveria lugar, se o quereloso não fôra estrangeiro.

8. Outrosi se appellará por parte da Justiça no caso das injurias, feitas pelas pessoas conteúdas no Livro primeiro, Titulo 65: *Dos Juizes Ordinarios*, paragrapho 30: *E quando.*

9. E havemos por bem, que dos feitos dos culpados em trazer sêda, debruns, barras, ou feitios de vestidos contra nossas Prematicas, e dos trouxerem spadas mais de marca, e dos que de qualquer maneira caçarem, ou pescarem contra nossas Ordenações (como não fôr em nossas Contadas), e dos que são culpados em furtos de fructa de pomares, ou de vinhas, ou em qualquer outro furto, que não passar de quantia de trezentos reis (não sendo feito per força, ou em caminho, ou em campo), não vão as appellações ás Relações, salvo sendo dentro de dez legoas do lugar, onde ellas residirem.

E os Juizes de Fóra determinarão os taes casos, como lhes parecer direito, sem appellares por parte da Justiça.

E os Juizes Ordinarios, e os que servirem em absencia dos Juizes de Fóra, tanto que tiverem os taes feitos conclusos em final, os enviarão ao Corregedor da Comarca.

E sendo terras dos Mestrados, aos Ouvidores delles, os quaes Corregedores e Ouvidores os determinarão, sem appellarem por parte da Justiça.

Porém, querendo alguma das partes appellar, os Julgadores receberão suas appellações (não cabendo em sua alçada) para as Relações, a que pertencer.

E nos lugares de Senhores de terras, onde não então Corregedores per correição, os Juizes determinarão os ditos feitos, e appellarão para os Ouvidores, conforme a nossas Ordenações, e os Ouvidores os despacharão, e appellarão para os Corregedores das Comarcas.

10. E o Julgador, que não appellar para Nós nos casos, em que nesta Ordenação mandamos que appelle, não cabendo em sua alçada, será privado do Officio, e nunca o mais haja; e haverá mais a pena, que aquelle, cujo feito deixou de appellar, merecia por suas culpas, e pagará vinte cruzados, ametade para quem o accusar, e a outra para nossa Camera.

TITULO CXXIII.

Dos Coutos ordenados para se coutarem os homiziados, e dos casos, em que lhes devem valer.

Por se evitarem os danos, que se seguião de os Naturaes destes Reinos andarem homiziados nelles, ou fóra delles, e por se povoarem os lugares dos estremos, forão per os Reys nossos antecessores alguns lugares feitos Coutos e privilegiados, segundo em seus privilegios se contem.

Por tanto havemos por bem, que todos os homiziados, de quaesquer maleficios que forem (tirando os que abaixo são declarados), possão seguramente ir povoar, e morar a cada hum dos ditos lugares, e Coutos ordenados e privilegiados; com tanto que morem dentro no lugar do Couto, ou seus arrabaldes, e não nos termos dos taes Coutos, para nelles não serem presos.

E quando assi forem, se appresentarão logo aos Juizes dos Coutos, aos quaes mandamos, que cada hum em seu

Julgado faça fazer hum Livro, em que se screvão pelo Scrivão para isso ordenado todos os homiziados, que ahi forem morar, e o dia, em que a elle chegarem; e saberá cada Juiz, se vivem ahi, e fazem visinhança pelos tempos que devem; os quaes homiziados não andarão pelo Reino mais que dous mezes no anno, para o que os Juizes dos Coutos lhes darão licença per suas Cartas, para que possão ir e andar seguros per nossos Reinos para arrecadarem seus bens e outras cousas, que lhes cumprirem; os quaes dous mezes lhes não darão, sem primeiro morarem nos Coutos seis mezes do primeiro anno, que se nelles assentarem.

E acabado o primeiro anno, nos outros annos lhes darão em cada hum dous mezes, em qualquer parte do anno, que lhes pedirem; com tanto que tenhão suas cazas de morada no Couto, ou arrabaldes.

Porém, quando o caso, por que se algum fôr assentar no Couto, fôr tal, que provado mereceria morte, não lhe darão a primeira licença dos dous mezes, senão passado hum anno, depois de morar no Couto.

1. E mandamos ás Justiças de nossos Reinos, que deixem andar seguros os acoutados, e os não prendão, nem fação outra sem razão, durando o dito tempo, com tanto que não entrem nos lugares e seus termos, onde forem feitos os maleficios, nem no lugar e arrabaldes, onde nossa Corte stiver, ou a Caza da Supplicação, ou a do Porto.

E entrando no lugar e seu termo, onde tiverem commettido os maleficios, porque se assi acoutárão, e por ahi serem achados, forem presos, serão accusados perante os Juizes do dito lugar.

E não serão remettidos aos Juizes dos Coutos, para determinarem, se o Couto lhes vai, ou não, postoque ao tempo da prisão mostrem Alvará de licença dos Juizes dos Coutos, e peção ser á elles remettidos: porque por assi entrarem no lugar do maleficio, ou seu termo, lhes não valerá a tal licença.

2. E se durando os dous mezes, em que assi o homiziado andar pelo Reino, commetter algum maleficio, de qualquer qualidade que seja, não sendo morte, ou feridas em rixa, perderá o privilégio do Couto, e será punido pelo maleficio, ou maleficios, por que era acoutado, e de que trazia licença do spaço, como se nunca fòra assentado, no Couto.

E quanto aos maleficios, que commetteu nos ditos dous mezes serão sempre punidos em todo o caso.

3. E se algum fòr preso fóra do lugar do Couto, e se chamar a elle, mostrando, logo como fôr preso, licença dos Juizes do Couto, per que assi saio delle, seja levado preso ao lugar do Couto, e os Juizes delle procedão, como acima dito he.

E não mostrando logo a licença, será ouvido pelos Juizes do lugar, em que fôr preso, para se ver, se lhe valerá o Couto, ou não.

4. E os Pescadores poderão ir pescar pela costa do mar nos nossos Reinos, e tornarão com os pescados aos lugares dos Coutos, e não aportão em outra terra, nem porào costeira em outra parte.

Porém, se com temporal forem ter a alguns portos de nossos Reinos, sejão ahi seguros, e não os prendão, com tanto que não saião dos Navios fóra, e como tiverem tempo, se vão logo sua viagem.

5. E porque o lugar de Noudar he muito, despovoado, e não podem ahi haver os mantimentos necessários, havemos por be*m* que cada vez que quizerem ir a Moura, e a seu termo, o possão fazer não stando nelle mais que trez dias de cada vez que forem, tendo no dito lugar de Noudar suas cazas de morada, e morando ahi por todo a anno ao menos seis mezes.

Casos, em que não val o Couto.

6. Declarando ainda mais ácerca dos Coutos e privilegios a elles dados, ordenamos, que se fôr querelado de algum, que a cada hum dos Coutos seja acoutado, em tal maneira, que não deva gozar de privilegio desse Couto, e essa queréla fôr feita e jurada com testemunhas nomeadas, e com summario obligatorio, os Juizes do Couto, onde o malfeitor acoutado stiver, a que tal queréla fôr appresentada, ou lhe fôr mostrada Carta do Corregedor da Corte, ou da Caza do Porto, ou dessa Comarca, ou de qual-

quer nosso Dezembargador, ou dos Juizes do lugar, onde o maleficio fôr commettido, de como lhe foi dada queréla na fórma acima dita, e lhes mandem, roguem e encommendem, que prendão o dito malfeitor assi acoutado no Couto, e appresentada a tal queréla, ou vista cada huma das ditas Cartas, o prendão logo e fação pôr nelle boa recadação, em maneira que não fuja, e se faça delle cumprimento de justiça.

7. E tanto que esse malfeitor fôr preso, ou fôr mostrada a queréla no caso, que não he obrigatoria a prisão, querendo a parte querelosa accusar, segundo a fórma da queréla, recebel-o-hão os Juizes do Couto a accusação, conhecendo sómente sobre o Couto, se lhe deve valer, ou não, vendo as inquirições, que já sobre o maleficio forem tiradas: e se tiradas não forem, fação-nas tirar, guardando ácerca disso a ordem do Juizo, até o feito ser concluso.

E se elles acharem per o feito, que o malfeitor não deve gozar do privilegio do Couto, e o assi julgarem per sentença, e o malfeitor não quizer appellar, elles não appellaráõ por parte da Justiça, mas remettão logo o preso bem arrecadado ao lugar, onde o maleficio fôr commettido, para se ahi fazer delle cumprimento de Direito.

E se o malfeitor quizer appellar de lhe não guardarem o Couto, receber-lhe-hão a appellação.

8. E se os Juizes acharem per os feitos, que os presos no caso das querélas devem gozar dos privilegios dos Coutos, e o assi julgarem per suas sentenças, se a parte querelosa, ou accusador appellar dessa sentença, recebão-lhe os Juizes a appellação para onde pertencer, e assinem termo razoado ás partes, para a proseguir, segundo a distancia do lugar do Couto á Relação, onde pertencer.

E não querendo a parte querelosa appellar, ou aggravar da sentença, não appellem os Juizes por parte da Justiça, mas soltem logo o preso, e deixem-no viver no Couto, e usar do privilegio delle, assi como em elle vivia, e delle usava, antes que a queréla delle fosse dada.

E isso mesmo fação no caso, onde a parte querelosa foi citada para proseguir sua accusação, e não appareceu ao termo, que lhe foi assinado, ou se em elle appareceu, e depois desamparou a accusação, não a querendo proseguir em diante.

9. E as Justiças não prendão os homiziados, que nos Coutos stiverem acoutados na sobredita maneira; salvo se forem culpados em heresia, traição, aleive, sodomia, morte de proposito, moeda falsa, ou em falsarem scripturas ou sinaes nossos, ou de nossos Officiaes, no que a seus Officios tocar, ou em levarem mulheres á seus maridos, e as terem comsigo no Couto, ou em ferir a algum nosso Official de Justiça, ou em lhe resistir sobre seu Officio.

Porque a estes lhes não valera nenhum Couto, postoque a alguns delles a Igreja possa valer.

E isso mesmo em todos os casos, onde a Igreja não vai, não valerá o Couto, salvo nos casos, onde a Igreja não defende o malfeitor, por não caber pena de sangue: por que nestes valerá o Couto, postoque a Igreja os não defenda.

10. Outrosi havemos por bem, que os Coutos não valhão, nem defendão os homiziados que commetterem os maleficios dentro de dez legoas dos ditos Coutos, contando-as direitamente da Villa, ou Cidade onde, ou em cujo termo foi commettido o maleficio, ao lugar do Couto onde esses malfeitores se acoutarem.

E com estas declarações, e limitações se entendão, e cumprão os privilegios dados per Nós, ou per os Reys nossos antecessores, e per Nós conffirmados aos Coutos.

11. E todo o que dito he nos Coutos do Reino, mandamos que haja lugar nos que se acoutarem a cada hum dos nossos lugares de Africa, ou Capitanias, e terras do Brazil.

E em outra maneira lhes não sejão guardados, nem valhão aos homiziados, se não da maneira sobredita.

TITULO CXXIV.

Da ordem do Juizo nos feitos crimes.

Depois que algum fôr preso, não será solto até que a parte a cujo requerimento fôr preso, ou á quem a accusação pertencer, seja citado na fórma de nossas Ordenações.

E depois que fôr citada, lhe mandará o Juiz, que venha com libello contra o réo, e se lerá na audiencia, e ahi será recebido; e se parecer ao Julgador necessaria alguma declaração, mandala-ha fazer, e não sendo declarado nelle o tempo, e lugar do maleficio, o mandará declarar de seu Officio, ou á petição da parte, quando lhe parecer necessario.

E recebido o libello na audiencia, haverá por brevidade a demanda pôr contestada per negação, por parte do réo, e mandará ao réo que venha com sua contrariedade até segunda audiencia, no qual termo poderá o réo allegar as excepções, se as tiver, e quizer.

Os quaes artigos de contrariedade, e defesa, e os de replica, e treplica sem se lerem receberão na audiencia em quanto de Direito forem de receber.

E as contrariedades, ou defesas de feitos crimes, que se houverem de despachar nas Cazas da Supplicação, ou do Porto, se receberão em Relação per desembargo, sendo taes, que provadas relevarião aos réos da pena, ou parte della.

E sendo as ditas contrariedades offerecidas perante quaesquer outros Julgadores nos feitos, que couberem em suas alçadas, pronunciarão nellas per desembargo, na fórma acima dita.

E se o réo não vier com a contrariedade no termo, que lhe fôr assinado, o Julgador o lançará della, e dará lugar á prova, sem lhe para isso assinar mais termos; e offerecendo-a no dito termo, se lhe não fôr recebida, per não ser em fórma para se receber, se da materia della parecer ao Julgador, que póde ser emendada, a mandará emendar até a primeira audiencia, e não lhe serão mais termos assinados.

E não a mandando o Julgador emendar, se a parte a quizer emendar, o poderá fazer huma só vez até a primeira audiencia.

1. E para a contrariedade ser de receber, devem os artigos direitamente ser contrarios aos da accusação, porque de outra maneira não serão de receber; assi como, se hum homem fosse accusado por matar outro na cidade de Lisboa, na rua Nova, em dia de Paschoa, ás dez horas do dia; se elle quizer fazer contrariedade em fórma, deve articular, que naquelle dia de Paschoa, e naquella mesma hora, elle réo stava em Alemquer, ou Torres Vedras, ou em outro lugar, tão remoto da dita Cidade, que em nenhuma maneira poderia chegar a ella, nem ser nella visto naquella hora e tempo, em que se commetteo o delicto.

E fazendo a contrariedade nesta fórma, ou em outra qualquer per que se conclua ser impossivel ter elle commettido o maleficio, de que he accusado, ser-lhe-ha recebida.

2. E recebidos os artigos da replica e treplica na fórma acima dita, o Julgador assinará tempo conveniente ás partes, para darem sua prova aos ditos artigos, guardando ácerca das dilações, que assinar, o que temos dito no Liv. 3, tit. 54: *Das dilações*.

E mandará ás partes, que nomêem as testemunhas, per que entenderem provar seus artigos, guardando nisso o que temos dito no Liv. 3, tit. 55: *Das testemunhas, que hão de ser perguntadas*.

3. E os artigos das excepções das Ordens, e immunidade de Igreja se farão conclusos, e se pronunciará sobre elles per desembargo, e da pronunciação se poderá aggravar per petição, ou instrumento, qual no caso couber.

4. Acabada a inquirição do principal, virá a parte contraria com artigos de contradictas em fórma, guardando ácerca dellas o que temos dito no Liv. 3, tit. 58: *Das Contradictas*.

5. E depois que as inquirições forem abertas e publicadas, o Julgador não receba mais artigos, nem prova alguma das partes, e mandará das vista ao accusador, e ao réo, se fôr preso, para allegarem de seu direito.

E sendo o réo seguro, ser-lhe-ha dada a vista do feito, com as inquirições e razões do accusador cerradas e selladas.

6. E nos casos, onde per nossas Ordenações, por a parte, que tiver dado algu-

ma queréla, ser lançada de parte, a Justiça houver lugar, e o Tabellião, ou Promotor houver de vir com libello, dará a queréla por libello, e por ella se perguntem as testemunhas sem se dar outro libello, salvo se per o réo accusado fôr requerido, que lhe declarem alguma cousa, que na queréla não stiver declarada, e que segundo Direito se havia de declarar no libello.

O que não haverá lugar nas Cazas da Supplicação e do Porto, ou no caso, em que além da queréla houver devassa, porque o Promotor fará libello o mais breve que podér, conforme a queréla e devassa.

E nenhum Promotor, nem Tabellião razoará por final em tempo algum por parte da Justiça, salvo nos casos, em que per acórdão da Relação lhe fôr mandado.

7. E se o Juiz de seu Officio quizer perguntar algumas testemunhas para boa informação e bem da Justiça, póde-o fazer, assi por parte do accusador, como do accusado.

E ainda em toda a causa crime, depois das inquirições abertas e publicadas, póde de seu Officio de novo receber testemunhas, assi para accusação, como para a defensão.

Porém, não o fará a requerimento de alguma das partes: salvo se o caso fôr tal, que ainda que lho não requererão, elle o fizera de seu Officio.

E concluso assi o feito, os Juizes, que delle conhecerem, dêm nelle livramento, como fôr Justiça.

8. E em todo o feito crime de morte, ou de feridas, ou outro semelhante crime, o réo póde vir em todo o tempo, assi antes de abertas e publicadas, como depois, com sua defesa, se nella confessar, que matou, ou ferio, ou fez o maleficio, por que he accusado, e que o fez em defensão de seu corpo; a qual lhe será recebida, postoque no feito o tivesse negado, e feito artigos de contrariedade.

9. Mandamos, que quando algum preso, ou seguro se livrar de morte de homem, não seja obrigado a citar os parentes do morto, que stiverem fóra destes Reinos e Senhorios, mas será obrigado citar os parentes, que nestes Reinos stiverem, até o primeiro gráo *inclusive;* e não havendo parentes no primeiro gráo, será obrigado citar os do segundo gráo *inclusive:* e os outros parentes além do segundo gráo, postoque no Reino stêm, e bem assi os que fóra do Reino stiverem, em qualquer dos ditos gráos, poderá citar, se quizer, e não os querendo citar, não será a isso obrigado: os quaes gráos se contarão segundo Direito Canonico.

Porém, os parentes dentro no quarto gráo, ou os obsentes, que citados não forão, o poderão depois accusar, postoque já seja livre per sentença; a qual sentença lhe será guardada, como se dirá neste Livro, tit. 130: *Quando o que foi livre per sentença de algum crime, será mais accusado por elle.*

10. E quando algum se livrar per Carta de Seguro, ou Alvará de fiança, se depois de se apresentar na audiencia, se absentar, ou sendo preso, fugir da Cadêa, o Julgador irá pelo feito em diante á sua revelia, sem mais ser citado per edictos, nem per outra maneira, até sentença final *inclusive.*

11. E se por hum mesmo delicto se houverem de livrar na primeira instancia, mais de hum culpado, aindaque haja dous Juizes competentes no mesmo caso, os feitos se não distribuirão per ambos, mas todos os culpados se livrarão diante de hum só Juiz, e hum só Scrivão screverá em todos os ditos feitos, postoque se fação apartados, por as partes o requererem.

12. Mandamos a todos os Julgadores, que tanto que o libello fôr apresentado, se o accusado a esse tempo fôr já preso, fação logo ajuntar ao feito o acto da prisão, e do habito e tonsura, para que se saiba quem o prendeo, e em que tempo.

E se ao tempo do libello o accusado não fôr preso, e depois em o proseguimento do feito o fôr, logo se ajunte o acto ao feito, sem ir pelo feito em diante, até o acto ser junto a elle.

E o Scrivão do feito, que mais screver nelle, sem o acto ser junto, será privado do Officio, e nunca mais o haverá, e mais pagará ás partes em dobro todas as custas, que se fizerem por causa do retardamento de se o acto não ajuntar.

E se se não retardar por sua causa, por o acto não ser em sua mão, pagará as custas outrosi em dobro á pessoa, por cuja causa se retardar.

13. Tánto que huma pessoa se chamar ás Ordens, logo seja preso segundo a qualidade de sua pessoa e do caso, por que he accusado: porque havendo de ser remettido, ha de ser remettido preso, e não solto.

E quando algum feito crime vier per appelação sobre remissão de Ordens, e o réo não fôr remettido a ellas, e se houver de proceder contra elle no dito feito, não será mais citado para fallar a elle, postoque para o dito Juizo não tivesse feito Procurador.

E os presos por mortes, ou ferimentos, que forem remettidos ás Ordens, não deixarão no Juizo secular penhor pola pena do sangue.

14. E o que fôr accusado, ou demandado por feito crime, em que caiba pena de açoutes, ou outra maior, que de degredo temporal, não se poderá livrar per Procurador, mas apparecerá pessoalmente em Juizo, salvo se fôr preso.

E sendo accusado por feito, em que não caiba pena de açoutes, nem outra maior, que de degredo temporal, se guardará o que dissemos no terceiro Livro, no titulo 7: *Dos que podem e devêm ser citados, que appareção pessoalmente.*

E entendemos *degredo temporal* ser aquelle, que se dá por tempo certo para fóra do Bispado, Comarca, Villa, ou para fóra de outro lugar certo.

15. E os que quizerem accusar alguns presos, e os que por obrigação devem seguir seus feitos em pessôa, não serão recebidos a accusar per Procurador somente, mas litigarão e apparecerão em pessôa nas Audiencias, onde esses presos, ou seguros se livrarem; e não se partirão da accusação, assi como os presos, ou seguros, sem licença special dos Juizes, perante quem se livrarem: os quaes lha não darão sem causa evidente e necessaria.

E partindo-se os accusadores da accusação, antes de o feito ser finalmente concluso a definitiva, ou não vindo em pessoa a accusar, sejão logo lançados de parte, emenda e satisfação, e os taes réveis poderão ser condenados nas custas e emenda, quando se o feito determinar finalmente, se o caso fôr para isso.

E o mesmo se guardará no Tutor do menor de quatorze annos varão, e da femea de doze, fazendo as accusações em nome dos taes menores.

Porém, se dentro de dez dias contados do tempo, que forão lançados de parte, tornarem a Juizo, querendo tornar á accusação, serão a isso recebidos, tomando o feito no ponto e stado, em que então stiver.

E sendo outra vez lançados, por não apparecerem, não serão recebidos por partes, postoque tornem a apparecer, mas poderão ajudar a Justiça, como dizemos no Titulo 117: *Em que casos se devem receber querélas,* paragrapho 19: *E mandamos.*

Porém, se o accusador proseguir a accusação em pessoa na primeira instancia até a conclusão sobre diffinitiva, poder-se-ha publicar a sentença, postoque não seja presente.

16. E quando o feito, que o accusador proseguir até sentença diffinitiva, vier per appellação, e confiando o accusador de seu direito, não vier em pessôa requerer no caso da appellação, não será porisso lançado de parte, nem será dada vista a seu Procurador, mas á sua revelia se despachará o feito como fôr justiça, assi por elle, como contra elle.

Porém, as mulheres poderão accusar per Procurador, assi na primeira instancia, como no caso da appelação, dando fiança ás custas, emenda e satisfação, como parecer ao Julgador; mas serão obrigadas a apparecer, quando lhes pelos Juizes fôr mandado.

17. E para bom despacho, e brevidade dos feitos havemos por bem, que quando quaesquer Julgadores mandarem citar as partes querelosas, para dizerem, se querem accusar as pessoas, que por razão de suas querélas tomarão Cartas de Seguro, ou Alvarás de fiança, ou são presos, se as querélas forem taes, em que a Justiça haja lugar, logo nas taes Cartas citatorias mandem ás Justiças, que as citarem, que respondendo os querelo-

sos, que não querem accusar, perguntem as testemunhas nomeadas nas querélas.

18. E as Justiças, que dos feitos conhecerem, quando as partes forem lançadas da accusação, mandem sempre perguntar as testemunhas nomeadas nas querélas pelos querelosos, e não consintão, que se perguntem mais que as nomeadas, e as que o Tabellião, onde não houver Promotor da Justiça, per juramento dos Santos Evangelhos disser, e nomear, de que tem informação, que pódem saber a verdade do caso.

E o termo deste juramento será assinado pelo Julgador que lho der.

E o Promotor, ou Tabellião que o contrario fizer perderá o Officio.

E o Julgador, que consentir, que as ditas testemunhas se tirem, sem lhe dar o dito juramento, e sem assinar o termo de como lho deo, pagará dous mil réis para os Captivos.

E as ditas condenações serão feitas pelo Juiz do feito, na mór alçada.

E isto mesmo se guarde quando forem accusadas per culpas de devassas pela Justiça, por as partes, a que toca não quererem accusar.

19. E quando alguma pessôa fôr presa na Côrte, ou na Relação do Porto, e contra ella houver devassa, antes que se ponha libello contra ella, nem se faça outra diligencia, logo o Julgador que do feito houver de conhecer, lhe pergunte polas contradictas que tem ás testemunhas, que contra elle são tiradas, nomeando-lhe cada huma sobre si, e mandando screver tudo o que disser acêrca das contradictas.

E quando depois a devassa se dér em prova, lhe darão os nomes das testemunhas, para formar as contradictas, e não lhe serão recebidas outras, se não as que elle já tiver apontadas, no acto que o Julgador com elle fez.

E se lhas não tiver apontadas, não lhe serão recebidas, salvo, se o preso jurar, que á sua noticia de novo veio a dita rasão de contradicta, e parecer aos Dezembargadores que do feito conhecerem, que o não allega maliciosamente.

Seguros, e Fiançados.

20. E os Julgadores terão cuidado de saberem, se os que perante elles se livrão per Carta de Seguro, ou per Alvará de fiança, seguem os termos dellas, e apparecem nas Audiencias ordenadas, como são obrigados, e achando que não apparecem, e quebrão os termos de suas Cartas, ou Alvarás, os mandem prender logo.

E o Tabellião, ou Scrivão será obrigado, como passarem quinze dias, sem se fallar ao feito do dito Seguro, de o notificar ao Julgador, para proceder como fôr Justiça, e não o notificando ao dito termo perca o Officio.

Porém, postoque algumas pessoas quebrem as residencias das Cartas de Seguro, sobre que andarem a feito, se se tornarem a offerecer em Juizo perante as Justiças, onde trouxerem seus feitos ordenados, para os seguirem até quinze dias, que se contarão do dia, em que em Juizo deixarão de apparecer a primeira vez, havemos por bem que não sejão por isso presos, nem as Cartas de Seguro havidas por quebradas, nem serão obrigados tomar outras:

E isto, vindo as ditas pessôas e Seguros naquella qualidade, que erão, antes do quebramento das ditas residencias, para se delles poder fazer cumprimento de direito e justiça.

21. E ainda se alguma pessoa, que andar a feito per Carta de Seguro, ou Alvará de fiança, quebrar os termos della, e fôr requerido, que o prendão por assi quebrar a residencia, não será preso, se delle não houver culpas obrigatorias, mas deve ser havido, como se nunca impetrara Carta de Seguro, ou Alvará de fiança.

E por o modo, per que a Justiça podia proceder contra elle, se as não impetrara, per esse mesmo proceda neste caso, assi que o tomar da Carta, ou Alvará, e o quebramento della o não obrigue a pena alguma.

22. E quando o feito de qualquer Seguro vier per appellação aos Dezembargadores da mór alçada, se fôr accusado per queréla, sempre será obrigado seguir o feito em pessoa, postoque pelas tes-

temunhas da queréla, que já são perguntadas, se não prove contra elle cousa alguma.

E não vindo em pessoa, os Dezembargadores o mandarão prender, e não darão despacho no feito, até o Seguro ser preso, salvo se o accusador, apparecendo em pessôa, requerer o despacho do feito, e jurar que o requere sem malicia.

23. Se o Seguro fôr accusado per devassa, e se livrar per Carta de Seguro negativa, e fôr pronunciado, que não deve ser accusado polas taes culpas, e no caso da appellação acharem, que he sem culpa, não o devem mandar prender, nem devem dar despacho na appellação, até o Seguro em pessôa o vir requerer, se lhe bem vier: e se aos Dezembargadores parecer, que o Seguro tem alguma culpa, manda-lo-hão prender, e sendo preso, lhe darão despacho.

E se se livrar per Carta de Seguro com defesa, sempre será obrigado a apparecer em pessoa, como que fosse accusado per queréla, e não apparecendo, o mandarão prender, e nos que são presos em homenagem, se guardará o que dizemos no Tit. 120: *Em que maneira os Fidalgos e Cavalleiros, e semelhantes pessoas devem ser presos.*

24. E mandamos, que os Seguros não entrem nas Audiencias, onde se os seus feitos tratarem, com armas algumas, postoque tenhão privilegio para poder trazer armas por todo nosso Reino, sob pena de as perderem para o Meirinho, ou Alcaide, ou seus homens, que na Audiencia lhas tomarem.

25. E em todos os feitos, que em cada huma das nossas Relações forem desembargados, quando pronunciarem sobre contradictas, ponhão logo em lembrança, assinada per todos, a sentença, que se porá, provando-se as contradictas, ou não se provando.

E depois em final os mesmos, que forão na lembrança, porão a sentença, segundo lhes parecer que as contradictas vem provadas, ou não provadas.

E quando se pozer o desembargo, que não recebem as contradictas, os mesmos, que forão nelle, serão na sentença final, e não outros.

26. E cada hum dos Dezembargadores, que per razão de seu Officio houver de tomar as lembranças para as sentenças de feitos crimes, que se dão nas Relações, terá hum Livro apartado, numerado e assinado per hum Dezembargador da Caza, qual o Regedor, ou Governador nomearem, em que screverão as lembranças; o qual Livro stará fechado em hum Scriptorio, de que o Regedor, ou Governador terá huma chave.

E as lembranças, que se não acharem no dito Livro, não terão vigor algum, nem se fará per ellas obra.

E se se absentar, ou fôr impedido algum dos Dezembargadores, que forão na lembrança, pôr-se-ha a sentença confórme a ella com declaração, que tem nella assinado o absente, ou imediato.

E sendo o Dezembargador fallecido, ou absente fóra do Reino, no modo que temos dito do Liv. 1 Titulo 6: *Dos Dezembargadores dos Aggravos,* ou privado do Officio, seu voto não valerá, assi como não val a Tenção.

E tanto que a sentença fôr posta confórme á lembrança, o Dezembargador lhe dará huma risca, e porá huma regra abaixo, em que declare, que se riscou, por star já a sentença posta confórme a ella.

E o Juiz do feito será obrigado saber do Scrivão, se se fez obra pelo despacho, que se poz no feito ao tempo, que se tomou a lembrança, ou a causa, por que se deixou de fazer.

27. E porquanto no terceiro Livro temos dado a ordem, que se deve ter no processar dos feitos civeis, assi na primeira instancia, como no caso da appellação; mandamos, que essa mesma se guarde nos feitos crimes, em quanto se a elles podér applicar, e não fôr contrario á ordem, que nesta Ordenação, ou per outras expressamente temos dado nos feitos crimes.

TITULO CXXV.

Como se correrá a folha dos que forem presos por feito crime.

O preso por feito crime não será solto, sem primeiro se correr delle folha pelos Scrivães do lugar, onde stiver preso, na fórma que dissemos no Livro 1, tit. 56: *Dos Corredores das folhas.*

1. E não passará a folha pela Comarca, nem pela Correição, salvo quando os Julgadores tiverem informação, que o preso tem em outra parte commettido algum maleficio.

2. Outrosi, não se correrá a folha das pessoas, que forem presas por serem achadas de noite depois do sino de recolher, salvo havendo delles informação que são malfeitores.

3. E os Scrivães e Tabelliães, a que os feitos dos presos e seguros forem distribuidos, ou tomarem os actos de suas prisões, ou presentações de suas Cartas de Seguro, no mesmo dia farão as folhas, e as darão logo a assinar aos Julgadores, per que hão de ser assinadas, e no mesmo dia as entregarão ao Corredor da folha.

E nos actos farão assento do dia, em que lhas entregarão, e do dia em que lhas tornarão assinadas pelos Scrivães, que são obrigados a responder a ellas, nos quaes assentos assinará o dito Corredor.

4. E os Scrivães serão avisados, que tanto que pelo Corredor lhes forem presentadas as folhas, logo respondão per seus assinados nas costas dellas, declarando as culpas, que tiverem, e a qualidade dellas.

E tendo alguma duvida, fação o exame, que lhes parecer necessario, assi com a pessoa do preso, ou Seguro, como com o quereloso, se o houver, ou com as testemunhas, e com outras quaesquer pessoas, de maneira que possão tirar a duvida, e responder no certo. O que fará até no dia seguinte.

5. E os Julgadores, a que pertencer, farão correr a folha com diligencia, de modo que dentro em oito dias do dia da prisão ao mais, seja a folha corrida, e tirada a duvida, se a houver.

6. E para os Scrivães com mais facilidade responderem ás folhas, fará cada hum, hum Livro ordenado per Alfabeto, com os nomes dos culpados, e das culpas, e tempos dellas, e dos degredos; e ao pé de cada assento registrarão os livramentos e perdões, que os culpados houverem, e de todo farão declaração nas respostas, que derem ás folhas, para os Julgadores bem informados procederem, como lhes parecer justiça.

7. E quando algum Scrivão do crime fôr fóra da Cidade, ou lugar, onde se ha de correr a folha, deixará o rol dos culpados a outro Scrivão, que por elle haja de responder, de maneira que o correr da folha se não retarde por sua absencia, sob pena de ser logo por esse caso suspenso de seu Officio pelo Juiz, que do caso conhecer, e pagará ao preso cem reis por dia do retardamento.

8. Mandamos aos Tabelliães e Scrivães do Reino, que quando houverem de responder á folha, que tem culpas, vejão primeiro se são obrigatorias, em modo que se não forem, as não dêm por culpas.

E achando que são obrigatorias, darão sómente os autos, ou ditos das testemunhas, que no dito preso tocarem.

E o Scrivão, que tiver duvida, se são obrigatorias, ou não, antes de responder á folha, dirá ao Julgador, que a manda correr, a duvida que tem; e parecendo ao Julgador, que não obrigão, assi o declare per hum termo, scripto nos autos das culpas pelo dito Tabellião, e assinado pelo Julgador.

E parecendo-lhe que obrigão, ou que fazem algum indicio, mandará ao Scrivão que as traslade, e assinará em hum termo, que o Scrivão disso fará, de maneira que não responda com culpas não obrigatorias, senão per mandado do Julgador, que mandou correr a folha.

E sendo corrida per Carta precatoria fóra do lugar, onde o réo se livra, o Scrivão fará esta diligencia com o Juiz, que a manda cumprir.

Porém, se na Carta precatoria se pedir, que lhe enviem alguma inquirição, ou devassa, mandal-a-hão assi toda, como fôr pedida, postoque as testemunhas della não fallem no accusado, assi como quando algum se livra de morte de homem; porque então se ajunta toda a devassa ao feito, e das outras culpas obrigatorias darão sómente os autos e testemunhos, que no preso tocarem.

9. E quando se alguem livrar per Carta de Seguro, o Juiz que conhecer do feito na primeira instancia, mandará correr folha antes da sentença final, se não houver parte accusador, porque accusando a parte, não he necessario correr folha.

10. E o Julgador, que mandar soltar o preso sem primeiro se correr a folha, nos casos em que por essa Ordenação se manda correr, pagará dez cruzados, ametade para quem o accusar, e a outra para os Captivos: e além disso achando-se do preso que ássi fôr solto, ou do Seguro, que se livrou sem se correr folha, culpas em poder dos Scrivães que a ella hão de responder, será o Julgador que o assi mandou soltar castigado, como parecer aos Julgadores, que do caso houverem de conhecer, havendo respeito á qualidade das culpas, que o Seguro, ou preso tinha ao tempo que foi solto.

11. E não comprindo os Scrivães, e Tabelliães qualquer cousa das conteúdas nesta Ordenação, pagaráõ mil réis, ametade para o preso, e a outra para as despesas da Relação, sendo em cada huma das Relações, e sendo fóra dellas, para os Captivos. E parecendo aos Julgadores, que a culpa do Scrivão, ou do Corredor merece maior castigo, poderáõ proceder contra elles com penas pecuniarias, e suspensão dos Officios pelo tempo que lhes parecer.

12. E o Scrivão, que respondendo ás folhas, não der as culpas, que tiver, será privado do Officio.

E se se provar, que as sonegou maliciosamente, haverá pena de falsario.

TITULO CXXVI.

Em que casos se procederá por Edictos contra os malfeitores, que se absentarem, ou acolherem a caza dos poderosos, por não serem presos, ou citados.

Para que não fiquem sem castigo os delictos, dos que por não serem presos se absentão, mandamos aos Corregedores do Crime da Côrte, e da Caza do Porto, e aos Corregedores das Comarcas, e aos Ouvidores postos per Nós em nossas terras, e aos dos Mestrados, e aos Juizes de Fóra postos per Nós, que com muita diligencia provejão as devassas, e inquirições tiradas sobre os maleficios de mortes, e outros graves, em que provados caberia pena de morte natural, ou civel; e contra os culpados faça cada hum em os lugares de sua jurisdição por Edictos, assi no lugar, onde se o feito houver de processar, como nos lúgares, e praças delles, onde os malfeitores forem moradores ao tempo do maleficio, ou onde tem seus bens, e parentes, onde parecer ao Julgador que mais asinha virá á noticia dos culpados, que do dia que os Edictos forem postos a dous mezes, ou no termo que lhes parecer mais conveniente (não sendo porém, menos dos ditos dous mezes), se venhão livrar dos maleficios em que são culpados, declarando nos Edictos, que não vindo, nem apparecendo ao dito tempo, se procederá contra elles á sua revelia.

E achando-se culpados, serão condenados á morte, ou na pena que per Direito merecerem.

E nos Edictos se porá isso mesmo, que notifição aos parentes do morto, ou partes a que tocar a accusação, que venhão accusar o culpado, se quizerem; sendo certos, que não vindo as partes que viverem nos lugares onde os Edictos são postos, ou em seus termos, a accusar no dito termo, ou emquanto o feito durar, que não serão mais recebidos á accusação, depois que o feito fôr findo.

1. E passado o tempo dos Edictos, que assi poserem e assinarem aos malfeitores, procedão logo contra elles á sua revelia, até fazerem os feitos conclusos sobre final; e sabida a verdade, os condenem na pena, que per Direito merecerem, e das sentenças, que contra elles derem, appellarão para Nós por parte da Justiça, não tendo alçada sobre tal maleficio.

E querendo os réos absentes allegar causas de absencia, ou pôr suspeição a algum Julgador, ou Official, guardar-seha o que dissemos no Livro terceiro, Titulo 7: *Dos que podem e devem ser citados, que pareção pessoalmente em Juizo.*

2. E antes que mandem as appellações, farão pôr hum Alvará de Edictos de oito dias, per que lhe notificão, que a sentença he dada no feito, e appellada, que a certo termo, que no Alvará será limitado, vão seguir a appellação.

E postos assi os Edictos, não será necessario os Juizes da mór alçada pôrem outros; os quaes Juizes, que conhecerem da appellacão, despacharão o feito finalmente, condenando, ou absolvendo o accusado, como acharem que he direito.

3. E quanto aos outros maleficios, onde provados não cabe pena de morte natural, ou civil, e a Justiça póde haver lugar, segundo fórma de nossas Ordenações; mandamos que se os malfeitores se acoutarem á caza de algum poderoso, ou se absentarem em maneira, que facilmente não possão ser presos, ou citados em pessôa, e as partes injuriadas, ou danificadas quizerem demandar emenda e satisfação, e suas injurias e danos, sejão a isso recebidas, e sejão-lhes dadas Cartas de Edictos na forma acima declarada.

E se não vierem esses malfeitores livrar-se dos excessos, que lhes forem postos ao tempo conteúdo nos Edictos, proceda-se contra elles em sua absencia até sentença diffinitiva; e sabida a verdade, sejão condenados em emenda e satisfação para as partes injuriadas, e seja logo feita execução com effeitos per essas sentenças em os bens dos condenados, assi como seria, se dada fosse em sua presença.

E se, além da emenda e satisfação das partes, os malfeitores merecerem haver outra pena de Justiça, sejão logo per esses Julgadores condenados em ella em essa mesma sentença, dando-lhes pena de dinheiro, ou degredo temporal, ou até nossa mercê, mandando-lhes, que se saião fóra da Cidade, Villa, ou Bispado, ou dando-lhes outras quaesquer penas, segundo os Julgadores virem, pondo logo expressamente em essa sentença, que a certo dia se saião fóra, e não entrem mais dentro durando o tempo de seu degredo.

E se o contrario fizerem, e não obedecerem ao que lhes fôr mandado, que os hão por degredados per o tempo dobrado, ou que paguem certa quantia de dinheiro por sua desobediencia.

E não se provando contra elles cousa, por que mereção condenação, os absolvão.

E em estes casos, onde provados não cabe pena de morte natural, ou civil, a Justiça não procederá per Edictos contra os absentes, se a parte, a que toca, os não quizer accusar per edictos.

4. E porque muitas vezes se procede per Edictos contra alguns absentes, stando elles em alguns Coutos, ou Igrejas acoutados ao tempo, que se poserão os Edictos, por os Julgadores o não saberem: havemos por bem, que enviando os accusados Procurador, para allegar que se não proceda contra elles, por assi starem em os Coutos, ou Igrejas, e que he caso, que lhes val, sejão recebidos para allegar e provar o que dito he somente, e achando-se que he assi, cessará a accusação per Edictos.

5. E em todos os sobreditos casos, em que contra algum absente se proceder per Edictos, e fôr contra elle dada sentença, per que seja condenado á morte, ou degredo, ou outra pena corporal, seja logo a sentença publicada com hum pregão na audiencia, e o Scrivão do feito faça logo a Carta da sentença, e seja sellada com o nosso sêllo, e posta pelo Scrivão no Pelourinho, e seja hi dado outro pregão da Justiça, que assi mandamos fazer em esse condenado polo maleficio, que fez.

6. E se fôr condenado, que seja mettido a tormento, por ahi não haver prova inteira, não se publicará a sentença, sómente farão quanto podérem por o prender, para se nelle fazer a dicta diligencia.

Banidos.

7. Sendo condenados os absentes pelos Juizes da mór alçada, elles os pronunciarão por banidos, e sendo por taes pronunciados, mandamos a todos os Juizes e Justiças, que appellidem sobre elles toda a terra, para os prenderem; e como forem presos, se a condenação fôr de morte natural, sejão logo enforcados, ou degolados, segundo na sentença fôr conteúdo.

E se forem condenados em outras menores penas, que de morte, assi lhes sejão logo dadas, e em todo as sentenças contra elles executadas, sem mais appellação, nem aggravo.

Porém, se depois de condenados, antes que sejão presos, elles por sua livre vontade dentro de hum anno se vierem metter na Cadêa, e quizerem allegar tal defesa, ou contrariedade, que provada os relevaria de todo da pena, e forão absolutos, se a principio se vierão livrar, e a allegarão, seja-lhes recebida, e dilate-se a execução, até se dar sobre isso sentença final, na qual serão relevados em todo, ou em parte, segundo prova de sua defesa, ou contrariedade.

E vindo depois do dito anno, não serão mais ouvidos com defesa alguma.

Porém, se na sentença, além da pena corporal, lhes fôr dada outra pena de dinheiro, e já fôr executada em seus bens postoque se venhão metter na Cadêa dentro do anno, e provem tanto, porque sejão absolutos, não se desfará a dita execução, que já em sua fazenda fôr feita, sómente serão ouvidos, quanto á pena corporal.

8. E havemos por bem, que nos casos, onde os absentes forem condenados a morte natural, e banidos, qualquer do povo os possa matar sem pena, sabendo que são aquelles os proprios banidos, que per os Juizes da mór alçada são condenados á morte, e não outros.

9. E mandamos a todas as pessoas, de qualquer stado e condição que sejão, que depois que os malfeitores, e culpados em os ditos maleficios forem condenados, e as sentenças publicadas, os não tragão comsigo, nem os tenhão em suas cazas, nem em outra parte encobertos, antes os descubrão, e digão ás Justiças.

E o Fidalgo, ou pessoa honrada, que os comsigo trouxer, ou encobrir, se os taes malfeitores forem condenados em pena de morte natural pague por cada vez cem cruzados para a nossa Chancellaria.

E sendo os culpados condenados em degredo para o Brazil por qualquer tempo, ou para Africa para sempre, ou em cortamento de mão, pague cincoenta cruzados.

E sendo condenados em outras menores penas pague vinte cruzados.

E sendo pessôas, em que caiba pena de açoutes, sejão publicamente açoutados e degradados até nossa mercê; e os Corregedores das Comarcas, e Juizes procedão contra elles, julgando-o per sentença, e dêm appellação para Nós.

10. E os parentes do banido até o quarto grão não pagarão mais que trinta cruzados, se a condenação fôr de morte; e se fôr de degredo para o Brazil per qualquer tempo, ou para Africa para sempre, ou de cortamento de mão, pagarão quinze cruzados: e se a condenação fôr de menor pena, pagarão sete cruzados.

E os ascedentes per linha direita, assi do marido, como da mulher, e os irmãos de cada hum delles, não haverão pena alguma por assi os encobrirem.

Sequestro.

11. E todo o caso, que provado mereça pena de morte, se se provar contra alguma pessôa tanto, por que mereça ser preso, quer per devassa, quer per inquirição judicial, e andar absente, ser-lhe-hão sequestrados seus bens, e não lhe será dada cousa alguma delles, até ser livre do caso.

E se fôr caso, em que provado mereceria perdimento da fazenda, quer seja preso, quer absente, sendo tanto contra elle provado, per que merecesse ser preso, ser-lhe-ha sequestrada isso mesmo a fazenda, e não lhe será entregue cousa alguma della, até mostrar livramento do caso; e quando fôr preso, lhe será dado della para seu livramento e mantimento o que ao Julgador, que de seu feito conhecer, bem parecer.

E se elle fôr casado, não será sequestrada á sua mulher, em nenhum dos casos sobreditos, a sua parte das novidades, que lhe de Direito nos ditos bens pertencer.

E sendo o caso tal, que provado não mereceria pena de morte, se fôr tal, em que provado, alguma parte teria nelle interesse algum, e se provar contra elle per devassa, ou inquirição judicial tanto, por que mereceria ser preso, e elle andar absente, e não se vier livrar, não poderá vender bens de raiz alguns, que tiver, até ser livre; e vendendo-os, a parte offendida, que depois vencer seu interesse, terá aução aos ditos bens, assi como se stivessem em poder do vendedor.

TITULO CXXVII.

Como se procederá á annotação de bens.

Em todo o caso, onde o culpado de crime capital, per que mereça perder a vida natural, stado, ou liberdade da pessôa, se absentar por o dito crime, poderá ser citado em sua pessôa, ou per Edictos, que venha pessoalmente star a Juizo, e defender-se do tal crime.

E não apparecendo no termo, que lhe fôr assinado, mandamos, que todos seus bens sejão annotados, que se chama em Direito: *Scriptos por El-Rey, e postos em fidelidade.*

E isto assi feito, seja outra vez citado per Edictos, de maneira que a citação e annotação dos bens possa razoadamente vir á sua noticia; e se até hum anno, cumprido, contado do dia, que os Edictos forem postos, não vier per si pessoalmente a se defender, e escusar do crime, os ditos bens serão de todo applicados á Corôa do Reino, e dahi em diante em nenhum tempo será ouvido sobre elles.

Porém, se em algum tempo se quizer vir escusar, e mostrar sem culpa do dito crime, será ouvido cumpridamente com seu direito, ficando já para sempre os bens confiscados, e feitos Direito Real.

Porém, sendo o delinquente violador de paz, os ditos bens, assi annotados, não serão confiscados, tendo elle descendentes, ou ascendentes legitimos até o terceiro gráo.

E não os havendo ahi ao tempo, que o anno da annotação fôr acabado, serão applicados os ditos bens á Corôa do Reino, e feitos Direito Real.

1. E a annotação e perdimento de bens não se fará, senão perante os Corregedores da Côrte do Crime, ou da Caza do Porto, em Relação, e não perante outro algum Julgador, postoque dos ditos bens tenhamos feita mercê á alguma pessôa per a annotação dos bens.

Os quaes Edictos se não porão, senão quando fôr tanto provado contra o absente per devassa ou inquirição judicial, por que ao menos mereça ser mettido a tormento.

Porém, quando houver prova para total condenação do culpado, não se procederá a annotação, quando se houver de proceder pela Justiça.

E quando houver parte, que queira accusar, stará em sua escolha accusar para annotação, havendo ahi prova para isso, ou accusar para a condenação.

2. E se pelas devassas de mortes se achar provado, que os matadores matárão de proposito, ou mandárão matar, os Juizes mandaráõ logo screver toda sua fazenda, e o sequestraráõ em mão de pessoa fiel.

E se a mulher e filhos do morto quizerem accusar o culpado á annotação e perdimento dos bens, podel-o-hão fazer perante os Corregedores da Côrte, e da Caza do Porto em seus districtos.

E os ditos Corregedores, vista a devassa em Relação, e achando que he provado contra o culpado, que elle matou de proposito, ou mandou matar, mandaráõ pôr Edictos, assi na Côrte e cidade do Porto, como no lugar do maleficio; nos quaes se declarará, que se dentro de hum anno, contado do dia, que forem postos nos lugares publicos, se não vier em pessoa apresentar em Juizo para se livrar, seus bens serão confiscados.

E se passado o dito anno, não se vier appresentar, serão seus bens confiscados, e entregues á mulher e filhos do morto, ou a cada hum delles, que accusar, porque delles lhe fazemos mercê, sem mais disso tirar outra Carta, nem Provisão.

E se os filhos do morto forem menores, seus Tutores, ou Curadores terão cargo de requerer, que os bens do matador se screvão e ponhão em sequestro, e que se fação os Edictos; para o que damos spaço á mulher e filhos do morto, que do tempo da morte a dous annos primeiros seguintes os possão accusar e demandar.

E no dito tempo não faremos mercê dos bens do matador á outra alguma pessoa, em quanto houver mulher, ou filhos do morto, salvo se elles expressamente disserem, que os não querem haver, nem demandar.

E passados os dous annos, sem a mulher, ou filhos acusarem e demandarem os ditos bens, ou não havendo ahi mulher, nem filhos, ou postoque os haja, expressamente os não queirão demandar, ou posto que queirão accusar, não houver prova inteira da morte, e que fosse de proposito, em cada hum destes casos se procederá contra os culpados a annotação dos bens por parte da Justiça, na fórma acima dita.

3. Porém, não se poderá proceder juntamente contra hum absente a annotação dos bens, e a encartamento e condenação da pessôa, mas procedendo-se contra algum absente á annotação dos bens, e sendo condenado por sua contumacia, que os perca, poder-se-ha depois proceder contra elle a pena corporal, que por o maleficio merecer.

E se primeiro se proceder contra o absente a pena corporal, ora seja condenado em qualquer pena, ora seja absoluto, não se poderá mais proceder contra elle annotação dos bens.

TITULO CXXVIII.

Das Seguranças Reaes.

Segurança Real geralmente se chama a que pede ás Justiças a pessôa, que se teme de outra por alguma razão.

E se a Justiça da terra, a quem fôr pedida, fôr informada, que a pessôa, que pede esta segurança, tem razão justa de se temer, mandará vir perante si aquelle de que pede segurança, ou irá a elle, ou mandará lá o Alcaide, segundo a qualidade da pessôa fôr, o requerer-lhe-ha da nossa parte, que segure aquelle, que delle pede segurança; e se o segurar, mandar-lhe-há dar disso hum instrumento publico, ou Carta testemunhavel, segundo fôr o Julgador.

E não o querendo segurar, o Julgador o segurará da nossa parte de dito, feito e conselho, e além disto castigará o que per seu mandado não quizer dar a dita segurança, polo despreso, que lhe assi fez, e a pena será segundo a qualidade da pessôa, e a razão, que tiver e disser, porque não fez seu mandado.

E se fôr pessôa de stado, e não allegar justa razão, pôr-lhe-ha pena de dinheiro, ou o emprazará, que a certo dia appareça perante Nós pessoalmente a se escusar, por que não cumprio o mandado da Justiça.

E se fôr outra pessôa, degradal-a-ha da Cidade, ou Villa, ou o mandará prender, até que dê a ditta segurança.

1. E se algum vier á Côrte a aggravarse de alguma pessôa, que lhe fez sem razão, e o ameaçou, e por temor, que delle tem, pedir delle segurança, e allegar taes causas, per que tenha razão de se temer delle, ser-lhe-ha dada per os Corregedores do Crime da Côrte, ou da Caza do Porto nos seus districtos, Carta de segurança Real para o Corregedor da Comarca, ou Juiz da terra, segundo fôr a qualidade da pessôa, que houver de segurar, os quaes Corregedor, ou Juiz terão ácerca da dita segurança a maneira sobredita.

2. Porém, se alguem pedir segurança do Senhor da terra, onde viver, ou de pessôa, que tenha sobre elle jurisdição, não lhe será dada Carta, senão com grande e justa razão, e mostrando primeiro per scriptura publica, ou per algum summario conhecimento, ter delle recebido taes aggravos, por que lhe deva com razão ser concedida a dita segurança.

3. E não darão Carta de segurança Real á algum Concelho, nem contra Concelho, mas dal-a-hão contra pessôas particularmente nomeadas.

4. E mandamos, que qualquer pessôa, que sobre segurança, posta per alguma nossa Justiça, offender, ou injuriar outra, que delle tivesse a dita segurança, haja a pena assi civel, como crime, em dobro da que merecêra pola dita offensa, ou injuria, se a segurança entre elles não fôra posta.

E se a pena, que merêcera sem a dita segurança ser posta, fôra de morte natural, ou civel, ou outra semelhante, que se não possa dobrar, fique em arbitrio do Julgador dar-lhe outra mais pena, segundo o caso merecer.

E esta mesma maneira se terá em quaesquer casos, onde per nossas Ordenações mandamos pelo semelhante modo dobrar as penas.

5. Havendo alguma grande discordia entre taes e tão grandes pessôas, de que se possa seguir grande dano ao Reino, e ao povo e a nossos serviço, Nós com acordo dos do nosso Concelho mandaremos vir perante Nós aquelles, antre os quaes principalmente he a discordia; e perante o nosso Concelho lhes diremos, como acordamos por serviço de Deos e nosso, pôrmos antre elles a tal segurança sem requerimento de cada hum delles; declarando-lhes, que a damos per Nós, para que tenhão razão de arrecear o rompimento della, e de incorrer nas penas, em que incorrem os que quebrão as seguranças postas per Nós.

6. E porque algumas vezes acontece haver discordia e inimizade antre taes pessôas, que hão por abatimento pedir a Nós, ou á nossas Justiças as taes seguranças, e não são da qualidade das pessôas de que no paragrapho precedente fallamos, neste caso considerando Nós o feito, o tempo e qualidade das pessôas, se nos parecer, que devemos per Nós entender nisso, os mandaremos chamar á Côrte, posto que nos não seja requerido por alguma parte, e por o Corregedor da Côrte com dous Scrivães lhes mandaremos, que se segurem.

E se o fazer não quizerem, mandaremos proceder contra elles a prisão em algum Castello, ou em outro lugar, até que se segurem, ou lhes daremos outras penas, que nos bem parecer.

TITULO CXXIX.

Das Cartas de Seguro, e em que tempo se passarão em caso de morte, ou de feridas.

Mandamos, que no caso de feridas abertas e sanguentadas, ou pisaduras, ou nodoas negras e inchadas, se não dêm Cartas de Seguro, até serem passados trinta dias do dia do maleficio até a dada da Carta, o que vá nella posto: *Se os ditos trinta dias são passados*, etc. E no caso da morte do homem se não dê Carta de Seguro, até serem passados trez mezes.

E se alguma Carta passar antes do dito tempo sem nossa Provisão, ou de quem para isso tiver nossa auctoridade, não seja guardada.

E isto haverá lugar, quando o que tomar Carta de Seguro, nega o maleficio; porque quando confessar e allegar por si alguma defeza, que per nossas Ordenações, ou Direito lhe deva ser recebida, se lhe dará Carta de Seguro em todo o tempo, sem aguardar mais algum dia.

1. Porém, no caso de morte, onde algum pedir Carta de Seguro com defeza, antes que lhe seja concedida, as inquirições devassas sobre a dita morte feitas e tiradas, sejão vistas em Relação pelo Corregedor da Côrte dos feitos crimes, ou da Caza do Porto, a que de taes feitos pertencer o conhecimento, e por outros Dezembargadores que com o Corregedor sejão seis: e se pelas devassas acharem o que a Carta pede claramente culpado em o maleficio, em maneira que rasoadamente entendão, que não pôde ser relevado da pena, não lhe darão Carta de Seguro, porque bem parece, que a pede maliciosamente.

E se pelas ditas devassas o feito não fôr muito claro, em maneira, que aos Julgadores pareça, que rasoadamente sem falsidade se pòde provar á razão, e defesa allegada por parte do que pede a Carta de Seguro, então lhe seja concedida com a dita defeza.

E quando as inquirições todas assi do principal, como da defesa, forem abertas, e vistas em Relação, poderão os Dezembargadores que do feito conhecerem ver o Direito, assi da parte da Justiça, como do Seguro, e determinar o que fôr Direito, segundo pelo feito acharem.

2. E a pessôa que a Carta de Seguro pedir, e a quebrar, e não seguir os termos della, poderá impetrar até trez Cartas de Seguro dos nossos Corregedores, e Dezembargadores deputados para as conceder.

E se a quarta Carta quiserem pedir, e impetrar, não lhe seja dada, sem Provisão nossa.

E nas petições que fizer para impetrar as Cartas, declarará sempre as que já quebrou, e de outra maneira não lhe valerão a que derradeiramente impetrar.

E quando assi impetrar a segunda, ou terceira Carta, pagará ás partes as custas do retardamento em dobro, para o que, antes que lhe seja passada a Carta segunda, ou terceira, porá a caução que parecer ao Julgador que lha passar.

E tanto que lhe concedida fôr, tornará a citar as partes, posto que as já tivesse citadas pelas Cartas, que quebrou.

3. E a pessoa, que tiver desembargo para haver Carta de Seguro, poderá com elle andar seguro trez dias contados do dia que o houver, os quaes lhe são dados para tirar sua Carta, sendo a petição conforme a queréla.

E passados os trez dias lho não guardem, sem mostrar Carta passada pela Chancellaria: salvo, se por culpa, ou impedimento do Scrivão, a não podesse haver, o qual Scrivão será criado, quanto ao impedimento, per seu juramento.

4. E mandamos aos Corregedores do Crime da Côrte, e Caza do Porto, que em as Cartas de Seguro, que passarem, de mortes de homem, mandem pôr clausula para os Juizes dos lugares onde as mortes acontecerem, que enviem as devassas, que sobre ellas se tirarão, aos Scrivães dante elles, e os traslados das querélas dadas sobre as ditas mortes, se as ahi houver, e que perguntem devassamente as testemunhas em ellas nomeadas, se nas devassas perguntadas não forem.

5. E não se passarão Cartas de Seguro com defesas, que são contrariedades, contra o stylo da Côrte, assi como, se hum se segurasse, por se dizer, que furtára certa cousa, e elle a negasse, e dissesse, que provaria que a comprou de tal pessôa, porque he mais negativa, que com defesa, pois em effeito se nega o delicto, e nas Cartas de Seguro se ha de negar em todo o maleficio, ou confessar com defesa.

6. Quando alguma pessoa se livrar por Carta de Seguro negativa, se do caso houver devassa, e nella estiver pronunciado per desembargo da Relação, ou de cada hum dos Corregedores da Côrte, ou da Caza do Porto, ou qualquer Dezembargador de cada huma das ditas Cazas, ou por despacho dos Corregedores da cidade de Lisboa, ou de outra Comarca, ou Ouvidores das terras dos Mestrados de Christo, San-Tiago, e São Bento de Aviz, ou Juiz de Fòra, que seja presa a tal pessôa, que tomou Carta de Seguro negativa, o Julgador que do feito conhecer cumprirá o dito despacho, conforme á clausula da Carta, que diz: *Que não seja preso, até se achar contra elle tanto, porque o deva ser*, sem embargo da dita Carta negativa que tomou.

TITULO CXXX.

Quando o que foi livre per sentença de algum crime, ou houve perdão, será mais accusado por elle.

Se algum fôr livre per sentença nossa, ou de nossos Julgadores em qualquer caso, porque he posta pena corporal, não seja dahi em diante mais accusado: salvo, sendo achado que foi livre per falsa prova, ou per conluio, que elle, ou outrem por elle tivesse feito na primeira accusação, porque nestes casos poderá outra vez ser accusado, e será preso, tanto que fôr provado que se livrou per conluio, ou falsa prova.

E mostrando-se, que outra alguma pessòa foi com elle no dito conluio, com que se livrou, ora seja accusador, ora Official de Justiça, será castigado segundo arbitrio do Julgador, havendo respeito á culpa que leve no conluio, e a qualidade do caso, e das pessôas.

1. E se alguma pessôa livre de alguma morte, e por não citar os parentes do morto dentro no primeiro gráo, ou os de segundo gráo, não tendo o morto parentes no primeiro, e algum dos que não forão citados o quiser depois accusar, ou onde o que se livrou citou o Tutor, ou Curador de algum orfão a que pertencia a accusação, o qual Tutor, ou Curador o não accusasse, e depois o orfão o quizesse accusar, ou quando alguma pessoa houvesse de Nós perdão, por lhe perdoar o Tutor de algum orfão a que a accusação pertencia; havemos por bem, que nos ditos casos os parentes que não forão citados e bem assi, os orfãos machos até idade de vinte, e quatros annos, e as femeas até idade de vinte e dous, o possão accusar novamente, como que nunca fòra livre, ou como que nunca houvera perdão, com tanto, que querélem primeiro.

Porém, não será preso o que assi fòr livre, per nenhuma maneira polo mesmo caso, posto que della seja querelado novamente, mas o que os quiserem accusar, lhe farão notificar per nossas Justiças, como o querem accusar; e do dia dá notificação a sessenta dias poderá tomar Carta de Seguro, ou se pôr em salvo; e passado o dito tempo, não tendo tomado Carta de Seguro poderá ser preso por a queréla novamente dada, ou achada.

E passados os sessenta dias, se o querelado não fôr preso por a queréla, o quereloso o fará citar per Edictos, dentro do termo de outros sessenta dias, e prosseguirá a accusação á sua revelia até sentença definitiva.

E não citando dentro dos sessenta dias, ou não prosseguindo a accusação, será lançado, e não será mais ouvido sobre a dita accusação, e a Justiça procederá pela queréla.

E sendo o reo absoluto, e julgado por bem livre, será o accusador condenado nas custas em dobro, e em toda perda, e dano que pola queréla o accusado receber, e tudo da Cadêa, e mais em outra pena crime, se ao Julgador bem parecer.

2. E sendo caso, que alguma pessôa tomasse Carta de Seguro, não sendo em caso de morte, e citar a parte de que se segurou, a qual parte ao tempo da citação não tivesse delle dado queréla dos casos na Carta de Seguro conteúdos, e a parte citada disser, que por então não quer accusar, e que protesta ao diante accusar, e o dito Seguro se livrar, e depois o citado o quiser tornar a accusar polo caso de que he já livre: havemos por bem, que o possa accusar dentro de seis mezes, do dia que foi citado, e a sentença que o Seguro tiver havida pela Carta de Seguro, lhe será guardada como a mesma Carta de Seguro, e passado o termo de seis mezes, não será mais ouvido.

E isto não haverá lugar, no que era preso, quando a parte foi citada, porque não o querendo accusar, então não será mais ouvido, depois que o preso fôr livre per sentença.

Perdão.

3. Se algum houver Carta de perdão de alguma morte de homem, em que se diga ser culpado, e em ella fôr posta esta clausula: *se outros partes ahi não ha, a que accusação da dita morte pertença*, etc.; depois se achar algum parente daquelles, que requeridos deverão ser, que não tiver dado perdão, e quizer accusar a pessoa assi perdoada, em tal perdão se terá esta maneira.

Se o perdoado mostrar que fez diligencia para saber dos parentes do morto, fazendo pelos Juizes dar juramento a seu pai e mái, ou a filhos, havendo-os ahi, ou a outro parente dentro do quarto gráo o mais chegado, e havendo perdão de todos os dividos nomeados pelo parente, a que fôr dado juramento, quer vivão nestes Reinos, quer em outros, sendo o morto natural destes Reinos, sabendo certo onde stão (não sendo captivos, ou trazidos forçados em galés, ou stando em algumas partes, que com estes Reinos tenhão guerra); e havendo além disso certidão dos Juizes, donde fosse morador, e também donde o morto fosse natural, que lhe não sabem outros parentes dentro do primeiro e segundo gráo, tendo o perdoado estas diligencias tão cumpridamente feitas, sem embargo que a dita clausula de perdão seja posta:

Mandamos que se apparecer algum parente dentro do primeiro, ou segundo gráo, que devêra ser requerido, que queira accusar o dito perdoado, que a tal Carta de perdão em todo lhe não valha, para por elle ficar perdoado da dita morte, mas que lhe seja tomada a rôta.

Porém elle seja reposto em sua liberdade, e lhe seja assinado termo, a que se guarde, e ponha em salvo, e que seja certo, que se mais fôr achado, será punido, como fôr Justiça

E este pôr em sua liberdade, queremos que se lhe faça por a diligencia, que assi fez fazer, porque parece, que não deixou de haver perdão do tal parente, senão por o não saber.

E se não fez a tal diligência, o perdão lhe não será guardado em maneira alguma.

E se o dito parente dentro do primeiro, ou segundo gráo, que assi quizer accusar, fizer certo como o perdoado soube parte delle, antes de haver a Carta de perdão, não será reposto em sua liberdade.

E isto haverá lugar em todos os perdões de quaesquer maleficios, em que algumas partes devão perdoar, além dos offendidos.

TITULO CXXXI.

Dos que se livrão sobre Fiança.

Quando algumas pessôas se livrarem sobre fiança concedida per Nós, ou per quem para isso tenha nosso poder, as fianças, que derem, sejão obrigadas á emenda, satisfação e custas, que forem julgadas á parte, que os accusar e demandar, sem embargo que as ditas fianças sejão applicadas ao Hospital de *Todos os Santos* da cidade Lisboa: pelas quaes queremos, que as partes contrarias hajão primeiro suas emendas, satisfação e custas, que lhes forem julgadas: E isto, quebrando as fianças.

1. E os que se livrarem sobre fiança, serão obrigados a apparecer nas audiencias, e seguir termos dellas, como os Seguros; e não apparecendo, sejão presos, havendo delles culpas.

E tanto que os seus feitos forem conclusos para final sentença na mór alçada, se pelo feito se mostrar, que merecem ser condenados, sejão logo presos, e os fiadores ficaráõ desobrigados da fiança, tanto que elles presos forem, se já dantes a não tiverem quebrado, ou incorrido em perdimento della.

2. E quando o que se livrar sobre fiança, se chamar ás Ordens, antes de ser preso, ou depois de o ser, a ellas fôr remettido, por esse mesmo feito se perca a fiança para o dito Hospital.

3. E quando alguma pessôa fôr dada sobre fiança, para se livrar até certo tempo, e depois lhe fôr reformado huma vez, ou muitas, sempre a fiança ficará obrigada, como dantes era, sem os fiadores e abonadores poderem allegar, que não fiárão mais que até certo tempo.

O que tambem haverá lugar em quaesquer fianças feitas para quaesquer contractos, ou rendas nossas.

E postoque os fiadores nas fianças digão, que fião com contraria condição sem embargo desta Ordenação, a tal clausula não valerá cousa alguma.

TITULO CXXXII.

Que não seja dado sobre fiança preso por feito crime, antes de ser condenado.

Todo o que fôr preso por feito crime, não seja dado sobre fiança, sob pena do que o der, pagar dous mil reis, se o preso pola culpa não merecer pena de sangue; e se merecer pena de sangue, ou de açoutes, ou degredo para algum lugar certo, pague seis mil reis; e se merecer pena capital, pague vinte mil reis, das quaes penas ametade será para quem o accusar, e a outra para nossa Camera.

E os que assi derem os presos sobre fiança, serão obrigados ás partes contrarias, e á Justiça em outras quaesquer penas pcuniarias e corporaes, a que per nossas Ordenações, ou Direito Commum, os ditos presos erão obrigados.

E isto haverá lugar, ora sejão muitos os que derem o preso sobre fiança, ora poucos, ora hum, assi que cada hum per si pague a pena, como se só per si o desse, e quantas vezes o derem, tantas cáião nesta pena, e pagarão da Cadêa aquillo, que á nossa Camera, ou á parte principal, ou a quem o accusar, fôr julgado.

E estas mesmas penas haverão os que derem os presos á alguma pessôa, que os tenha e guarde, como Carcereiro, ou per qualquer outra maneira, ora os dêm ao tempo, que os prendem, ora depois de estarem na Cadêa: porque queremos, que todos sejão presos em Cadêa publica, salvo no caso, que dissemos no Liv. 1 tit. 74: *Dos Alcaides móres*, no paragrapho 9: *E posto que*.

E sendo pessôas, que devão ser presos em homenagem, o serão conforme ao que dissemos no Titulo 120: *Em que maneira os Fidalgos e Cavalleiros*, etc.

1. Porém os Dezembargadores da Caza da Supplicação e do Porto poderão dar em fiança os presos, que per elles forem condenados em degredo para Africa, depois de feita a execução dos pregões, ou dos açoutes, e do dinheiro e custas, em que forão condenados.

E isto, não sendo condenados em mais, que em seis annos; e sendo condenados em mais tempo, não se darão em fiança, mas irão presos servir o degredo, e serão as fianças de vinte cruzados por cada hum anno do degredo, e depois de serem tomadas, serão entregues aos Officiaes do Hospital de *Todos os Santos* da cidade de Lisbôa, que para ellas são ordenados.

E tanto que lhes offerecida fôr certidão dos ditos Officiaes, per elles assinada, de como tem registrada a fiança, soltarão os ditos degradados, para irem servir seus degredos, e assinar-lhes-hão termo de trez mezes, em que enviem certidão dos Capitães dos ditos lugares, de como se lá apresentarão, e as offerecêrão dentro do dito tempo aos Officiaes do Hospital, para as registrarem ao pé das fianças, sob pena de perderem as ditus fianças.

E esta mesma fórma terão os Corregedores das Comarcas e Ouvidos postos per Nós, e Ouvidores dos Mestrados e Juizes de Fóra, nos degradados, que stiverem presos nas Cadêas de seus Julgados.

2. E quando os degradados para Africa, depois de terem satisfeita a condenação, stiverem dous mezes na Cadêa, e não acharem quem os tome em fiança a se irem apresentar, mandamos que os soltem, e lhes assinem termo de dous mezes, para que vão começar de servir o degredo.

E sendo achados depois de passados os dous mezes, sem mostrar certidão de como servirão o degredo, serão condenados nas penas, que per nossas Ordenações são postas, aos que não cumprem os degredos.

3. Porém, os presos da Cadêa da Côrte e da cidade de Lisbôa, que forem condenados em degredo para Africa, se forem tão pobres que a Mizericordia lhes dê de comer, e proveja na Cadêa, constando disso per certidão do Provedor e Irmãos, serão soltos, tanto que forem condenados, para irem cumprir seu degredo, dentro dos ditos dous mezes.

4. E os Dezembargadores da Caza da Supplicação não darão em fiança os presos, que forem trazidos a Lisbôa á Cadêa dos degradados, sendo condenados pelos Dezembargadores da Caza do Porto, postoque stêm na Cadêa dos ditos dous mezes.

5. E os presos da Comarca dantre Douro e Minho, que forem condenados em degredo por casos de morte, ou furto de qualquer qualidade, serão levados presos a cumprir o degredo, e não serão soltos, postoque na Cadêa stêm os dous mezes.

6. E os moços vadios, que na Ribeira de Lisbôa andão a furtar bolsas, e commettem outros delictos, se depois de soltos a primeira vez, tornarem a ser presos pelos semelhantes casos, e houverem de ser condenados em degredo, será para o Brazil, e serão levados presos, sem poderem ser soltos.

7. E o preso, que pedir Alvará de fiança para ir cumprir degredo, trará certidão do Corregedor, Ouvidor, ou Juiz de Fóra do lugar, onde fôr prêso, em que se declare a idade e sinaes de sua pessôa, de maneira que conste pela certidão, ser elle o mesmo, que he condenado; e com ella se apresentará no lugar, para onde fôr degradado, e sem ella o não assentarão no Livro dos degradados, nem lhe passarão certidão de como se apresentou, nem de como cumprio o degredo.

TITULO CXXXIII.

Dos Tormentos.

Não se póde dar certa fórma quando e em que casos o preso deve ser mettido a tormento, porque póde ser contra elle hum só indicio, que será tão grande e tão evidente, que baste para isso, convem a saber, se elle tiver confessado fóra do Juizo, que fez o o maleficio, por que he accusado, ou houver contra elle huma testemunha, que diga que lho vio fazer, ou fama publica, que proceda de pessoas de auctoridade e dignas de fé, ou se o preso se absentou da terra polo dito maleficio, antes que delle fosse querelado, com outro algum pequeno indicio.

E poderão ser contra elle muitos indicios tão leves e fracos, que todos juntos não bastarão para ser mettido a tormento; por tanto ficará no arbitrio do Julgador, o qual verá bem, e examinará toda a inquirição dada contra o preso.

E se achar tanta prova contra elle, que o mòva a crer, que elle fez o delicto, de que he accusado, mandal-o-ha metter a tormento, e de outra maneira não.

1. Quando o accusado fôr mettido a tormento, e em todo negar a culpa, que lhe he posto, ser-lhe-ha repetido em trez casos: o *primeiro*, se quando primeiramente foi posto a tormento, havia contra elles muitos e grandes indicios, em tanto que, ainda que elle no tormento negue o maleficio, não deixa o Julgador de crer, que elle o fez: o *segundo* caso he, se depois que huma vez foi mettido a tormento, sobrevierão contra elle outros novos indicios: o *terceiro* caso he, se confessou no tormento o maleficio, e depois quando foi requerido para ratificar a confissão em Juizo, negou o que no tormento tinha confessado.

E em cada hum destes casos póde, e deve ser repetido o tormento ao accusado, e ser-lhe-ha feita a repetição, assi e como ao Julgador parecer justo; o qual será avisado, que nunca condene algum, que tenha confessado no tormento, sem que ratifique sua confissão em Juizo, a qual se fará fóra da caza, onde lhe foi dado o tormento.

E ainda se deve fazer a ratificação depois do tormento per alguns dias, de maneira que já o accusado não tenha dôr do tormento; porque de outra maneira presume-se per Direito, que com dôr e medo do tormento, que houve, a qual ainda nelle dura, receando a repetição, ratificará a confissão, ainda que verdadeiro não seja.

2. E quando se derem tormentos a alguns culpados, o Julgador, que os mandar dar, não consentirá, que pessôa alguma seja presente, mais que elle, e o Scrivão, e o Ministro; os quaes tormentos se darão da maneira, que convem para se saber a verdade, que he o fim, para que se mandão dar.

3. E os Fidalgos, Cavalleiros, Doutores em Canones, ou em Leis, ou Medicina, feitos em Universidade per exame, Juizes e Vereadores de alguma Cidade, não serão mettidos a tormento, mas em lugar delle lhes será dada outra pena, que seja em arbitrio do Julgador, salvo em crime de Lesa Magestade, aleivosia, falsidade, moeda falsa, testemunho falso, feiticeria, sodomia, alconvitaria, furto: porque, segundo Direito, nestes casos não gozão de privilegio de Fidalguia, Cavallaria, ou Doutorado, mas serão atormentados e punidos, como cada hum outro do povo.

TITULO CXXXIV.

Como se provarão os ferimentos de homens, ou forças de mulheres, que se fizerem de noite, ou no ermo.

Se algum fôr ferido de noite, ou espancado, que lhe fiquem nodoas negras, ou inchadas, se elle não tiver prova, póde-o provar pela maneira seguinte: se bradar de noite, quando o ferirem, ou espancarem, dizendo: *Fere-me foão*, ou *isto me fez*: se alguns homens sáem ás janellas, ou as portas, e vêm estar na rua aquelle, de que o ferido, ou espancado dá voz e brada, fica assi o maleficio provado.

1. Outrosi, póde ainda ser provado, se o antes tinha ameaçado, dando elle vozes, e bradando de noite em ermo, ou em povoado, que o fere aquelle, que o ameaçou, postoque o não visse ninguem.

2. E bem assi, se em algum lugar ermo algum foses ferido, ou espancado, ou alguma mulher fosse corrupta de sua virgindade per força, de noite, ou de dia, e o dito ferido, ou espancado, ou corrupta bradasse logo no dito ermo: *foão me fez isto*; mostrando logo as feridas, nodoas, ou signal de corrompimento de sua virgindade, e sendo aquelle foão, de que bradava, que lhe o dito mal fizera, amostrado pelo que assi brada, e isto por algumas pessoas no dito lugar, fica o dito maleficio provado.

3. E isto, que dito he, não haveria lugar, se esse, de que foi bradado, e voz dada, allegar e provar tal defesa, ou contrariedade, que per nossas Ordenações e Direito, seja de receber, e o releve, porque em tal caso não será condenado per a prova acima dita.

TITULO CXXXV.

Quando os menores serão punidos por os delictos, que fizerem.

Quando algum homem, ou mulher, que passar de vinte annos, commetter qualquer delicto, dar-se-lhe-ha a pena total, que lhe seria dada, se de vinte e cinco annos passasse.

E se fôr de idade de dezasete annos até vinte, ficará em arbitrio dos Julgadores dar-lhe a pena total, ou diminuir-lha.

E em este caso olhará o Julgador o modo, com que o delicto foi commettido, e as circunstâncias delle, e a pessôa do menor; e se o achar em tanta malicia, que lhe pareça que merece total pena, dar-lhe-ha, postoque seja de morte natural.

E parecendo-lhe que a não merece, poder-lha-ha diminuir, segundo a qualidade, ou simpleza, com que achar, que o delicto foi commettido.

E quando o delinquente fôr menor de dezasete annos cumpridos, postoque o delicto mereça morte natural, em nenhum caso lhe será dada, mas ficará em arbitrio do Julgador dar-lhe outra menor pena.

E não sendo o delicto tal, em que caiba pena de morte natural, se guardará a disposição do Direito Commum.

TITULO CXXXVI.

Que os Julgadores não appliquem as penas a seu arbitrio.

Mandamos a todos os Corregedores, Ouvidores, e Juizes assi de Fóra, como Ordinarios, e a todas as outras Justiças que poder tem para pôr penas, que nenhum delles ponha pena, de qualquer quantidade que seja, para a Chancellaria, sob pena de a pagar anoveada, ametade para quem o accusar, e a outra para os Captivos, e de ser suspenso de seu Officio até nossa mercê, e mais as penas que por elles assi forem postas, não hajão effeito.

E por a pena desta Ordenação poderáõ ser demandados, durando o tempo de seu Officio, e hum anno além, perante os Corregedores da Côrte, ou da Caza do Porto, cada hum em seu districto, ou outra Justiça que a parte que os demandar mais quizer.

E as penas, que os ditos Officiaes de Justiça virem, que he necessario poremse, as poráõ como lhes parecer justo, ametade para os Captivos, e a outra para as obras do Concelho.

E estas mandaráõ sómente arrecadar, e entregar ao Procurador, ou Thesoureiro do Concelho, na sua ametade, e a outra ao Mamposteiro dos Captivos, de modo, que nunca o dinheiro das ditas penas vá á mão de outras pessoas.

E os Corregedores mandaráõ arrecadar para as Chancellarias aquellas penas, que para ellas são applicadas per nossas Ordenações, e Regimentos, e não outras.

1. E os Julgadores acima ditos mandaráõ, cada hum em sua Correição, ou Julgado, fazer hum Livro, em que sejão assentadas per hum Scrivão, qual lhes parecer, as penas, que per elles forem postas e arrecadadas, declarando a somma de cada huma, e a quem foi posta, e porque, e como foi executada, e as partes que receberão o Thesoureiro do Concelho, e Mamposteiro.

E mandamos aos Scrivães das receitas dos Ditos Thesoureiros e Mamposteiros, que fação seus Livros ordenados, em que carreguem em receita sobre elles, o que das ditas penas receberem declaradamente, para se saber, o que dellas arrecadarão, e darem disso conta.

2. Outrosi, nenhum nosso Dezembargador, nem outro Julgador, applique algumas penas de dinheiro para obras, ou cousas que lhes bem parecer, ou a que tenhão particular respeito.

E quando houverem de condenar em penas de dinheiro, que não forem per nossas Ordenações, Provisões, ou Regimentos applicadas para certa cousa nellas declarada, as appliquem para as despesas das Relações, ou para as cousas que Nós per nossas Provisões ordenarmos.

Porém, quando lhes parecer, que com mais razão se devem as ditas penas applicar a alguma parte offendida, ou danificada, em satisfação de sua offensa, ou dano, então o poderáò fazer, e julgar da maneira que lhes parecer Direito, posto que as ditas partes não accusem, nem o requeirão.

3. E quaesquer pessôas que forem condenadas pelos Corregedores do Crime da Côrte, ou da Caza do Porto, Ouvidores da Caza da Supplicação, e do Porto, Corregedores, e Juizes do Crime da cidade de Lisbôa, em penas para a redempção dos Captivos, conforme a nossas Ordenações e Regimentos, não sejão soltas, nem desembargadas, sem primeiro mostrarem conhecimento em forma, do Mamposteiro-

Mór das ditas Cidades, de como tem pagas as ditas quantias, e ficão carregadas sobre elle em receita pelo Scrivão de seu carrego.

E sendo caso que as ditas pessôas não hajão de pagar as ditas penas da prisão, não lhes sejão as sentenças assinadas pelos Julgadores, sem primeiro serem mostrados os conhecimentos, pela maneira acima dita.

4. E os Mamposteiros-Móres dos Captivos não levárem a vintena parte, nem outra cousa alguma, do que arrecadarem das cousas, que com os Juizes determinarem, e julgarem por bem de sua jurisdição.

E fazendo o contrario, incorrerão nas penas dadas aos que levão mais do que lhes dá seu Regimento.

5. E posto que algumas partes levem perdões das penas, ou parte dellas, que pertencem aos Captivos (o que será por o não termos em lembrança), se lhes não guardem, na parte que tocar aos Captivos, antes se arrecadem para elles, por que não he nossa tenção, perdoar mais, que a parte, que nos pertence.

6. E havemos por bem, que os presos do rol da Mizericordia da cidade de Lisbôa, que não tiverem parte que os accuse, sòmente a Justiça, não sejão condenados em penas de dinheiro, e em lugar dellas os Dezembargadores que dos ditos feitos conhecerem, os condenem no degredo, que lhes bem parecer.

TITULO CXXXVII.

Das Execuções das penas corporaes.

Quando nós condenarmos alguma pessôa á morte, ou que lhe cortem algum membro, por nosso proprio moto, sem outra ordem, e figura de Juizo, por ira, ou sanha que delle tenhamos, a execução da tal sentença seja spaçada até vinte dias.

1. Porém, no que fôr condenado per via, e ordem de Juizo, sendo primeiro ouvido com seu Direito, tanto que fôr condenado per Nós, ou per nossos Dezembargadores, que para isso tenhão nossa authoridade, seja feita execução nelle, pela maneira abaixo declarada, dando-lhe tempo, que razoadamente se possa confessar, e commungar.

Porém, se o condenado á morte stiver preso, no lugar onde Nós a esse tempo stivermos, antes de se nelle fazer execcução, no-lo faráõ saber.

E procedendo-se summariamente contra algum Cavalleiro, ou dahi para cima, e sendo condenado á morte, antes de se fazer execcução no-lo faráõ saber, postoque stemos fóra do Lugar, onde se houver de fazer.

2. E ás pessoas, que per Justiça houverem de padecer, se notificará a sentença hum dia á tarde, a horas que lhe fique tempo para se confessarem, e pedirem a Nosso Senhor perdão de seus peccados.

E depois que forem confessados starão com elles algumas pessoas Religiosas, para os consolarem, e animarem a bem morrer, e assi mais outras pessoas que os guardem.

E ao outro dia seguinte pela manhã lhes darão o Santissimo Sacramento, e se continuará em starem com elles as pessoas Religiosas, e os que os guardão.

E ao terceiro dia pela manhã se fará no condenado a execução de morte com effeito, segundo em a sentença fôr conteúdo.

E se no lugar houver Confraria da Mizericordia, seja-lhe notificado, para irem com elle, e o consolarem.

E havendo-se de fazer execução de morte, no lugar em que stiver cada huma das Relações, o Capellão della será obrigado confessar os condenados, e ir com elles até o lugar deputado para a tal Justiça, esforçando-os com palavras, com que morrão bons Christãos, e recebão a morte com paciencia.

3. E fazendo-se execução em algum preso da Cadêa da Côrte, o Meirinho das Cadêas mandará todos os seus homens com o Meirinho das Execuções, que o acompanhem até o lugar, onde se houver de fazer, até de todo ser feita, e o dito Meirinho irá em sua guarda.

E nas execuções de cortamento de membro, ou de açoutes, mandará sómente os homens.

E fazendo-se em algum preso da Cadêa da Cidade, o Alcaide, que servir esse mez na Relação, cumprirá o sobredito.

E quando se houver de fazer execução de morte, ou cortamento de membro, o Scrivão do feito será presente a ella, e porá sua fé no feito, como perante elle se deu, e vio fazer com effeito a execução.

E na execução de açoutes será presente ao primeiro pregão, e açoute, sob pena de dous mil réis para as despesas da Relação.

4. E mandamos á todas as Justiças de nossos Reinos, a que as Cartas, ou sentenças para se fazer alguma execução de pena crime, ou para diligencia de tormento, forem apresentadas, que logo nesse dia em que lhes apresentadas, fòrem, até o outro dia, a mais tardar, as cumprão, e dêm em todo á execução, sob pena de cincoenta cruzados, ametade para quem os accusar, e a outra para os Captivos, e mais serão privados dos Officios, para nunca mais os haverem.

E se lhes vierem com embargos, para se não executar, logo dahi a trez dias os cerrem e sellem, e remettão aos Julgadores que a sentença derão, sob as ditas penas.

5. E nas Cartas que se passarem para se fazerem execuções de açoutes, ou de baraço, e pregão nos condenados em degredos, irá clausula, que tanto que se fizerem as execuções, se dê ao Caminheiro que levar as Cartas hum instrumento, de como são executadas, no termo, e sob as penas acima declaradas.

E os Juizes que fizerem a execução nos taes presos, os enviarão á cidade de Lisbôa á Cadêa dos degradados, com a propria Carta de execução e instrumento nas costas della, de como a execução he feita, sem mais sperarem por suas sentenças, para da dita Cadêa irem cumprir seus degredos pela ordem que diremos no Titulo 142: *Per que maneira se trarão os degradados.*

E os Scrivães que fizerem as ditas Cartas, porão nellas as clausulas que se costumão pôr nas *Cartas de guia*, para por ellas serem trazidos à dita cidade.

TITULO CXXXVIII.

Das pessôas que são escusas de haver pena vil.

Para que se saiba, quaes devem ser relevados de haver pena de açoutes, ou degredo com baraço e pregão, por razão de privilegios. ou linhagem, mandamos que não sejão executadas as taes penas em os Scudeiros dos Prelados, e dos Fidalgos, e de outras pessôas que costumão trazer Scudeiros á Cavallo, ora o cavallo, seja do Scudeiro, ora de seu Senhor, nem em moços da Estribeira nossos, ou da Rainha, Principe, Infantes, Duques, Mestres, Marquezes, Prelados, Condes, ou de qualquer do nosso Concelho, nem em Pagens de Fidalgos, que por taes stiverem assentados em nossos Livros, nem em Juizes, e Véreadores, ou seus filhos, nem nos Procuradores das Villas, ou Concelhos, nem em Mestres, e Pilotos de Navios de gávea, que andarem em Navios nossos, ou de cem toneis, ou dahi para riba, ainda que não sejão nossos, nem nos annos, ou collaços dos nossos Dezembargadores, ou de Cavalleiros de linhagem, ou dahi para cima, nem nas pessôas que provarem, que costumão sempre ter cavallo de stada em sua estrebaria, e isto, posto que peães, ou filhos de peães sejão, nem nos Vereadores que tratarem com cabedal de cem mil réis, e dahi para cima.

E em lugar das ditas penas de açoutes com baraço, e pregão, sejão condenados em dous annos de degredo para Africa com pregão na audiência.

E se além da pena de açoutes fôr degradado para o Brazil, será o degredo, que em lugar de açoutes lhe mandamos dar, de mais hum anno para o dito lugar, e sendo o degredo para sempre, não lhe será dada mais pena em lugar de açoutes.

1. E quando sòmente fôr condenado em degredo com baraço e pregão sem açoutes, será em lugar do baraço condenado mais hum anno de degredo, com hum pregão na audiencia, além do tempo em que vai condenado para o lugar, para que vai degradado.

E se o degredo fôr para sempre, porque se lhe não póde acrescentar mais pena, será o pregão pela Cidado, ou Villa com huma cadêa no pé.

2. Mandamos que pessôa alguma, assi das sobreditas, como de outra qualquer qualidade, não seja escuso das ditas penas, nem de outra qualquer pena vil, quando fôr condenado por crime de Lesa Magestade, sodomia, testemunho falso, ou por induzir testemunhas falsas, moeda falsa, ou ou outro crime de falsidade, furto, feiticeria, alcouvitaria, porque á estes taes não será recebida alguma excepção de abonação, antes serão executados, como qualquer pessôa vil.

TITULO CXXXIX

Da maneira que se terá com os presos, que não podérem pagar ás partes o em que são condenados.

Os presos, que stiverem nas prisões por dividas, que dependão dos feitos crimes, e custas das partes dos mesmos feitos; se forem degradados, além das condenações do dinheiro, porque são embargados, sendo degredos para Africa por certos annos, stando hum anno na prisão, depois de serem julgados, e não satisfazendo ás partes o dinheiro das condenações, sejão levados presos ao Brazil, contando-lhes hum anno do Brazil por dous de Africa.

E posto que cumprão o degredo no Brazil, não se virão de lá até pagarem inteiramente as condenações ás partes.

1. E se os que assi forem degradados satisfizerem às partes antes de cumprirem o tempo do degredo, e o que lhes ficar, quizerem vir cumprir a cada hum dos Lugares de Africa, serão trazidos do Brazil, descontando-lhes o que tiverem servido na maneira acima dita.

2. E os que forem degradados para sempre para Africa, serão tambem levados ao Brazil, e não serão tornados para Africa até cumprirem com a paga das dividas, a quem forem obrigados; e satisfazendo, poderão ser trazidos á Africa, para servirem seu degredo, segundo fórma de suas condenações.

3. E os que forem degradados para sempre para o Brazil, serão levados, passado hum anno, contando-o do dia de sua condenação em diante, que starão nas ditas prisões, sem mais nellas serem reteúdos polas ditas dividas, e custas, como aos que são degradados para Africa se ha de fazer.

4. E sendo os ditos presos condenados em dinheiro sómente por algum crime sem degredo, depois que stiverem hum anno na Cadêa, contado do dia da condenação, serão levados ao Brazil, e lá starão até que ganhem e paguem, como acima dito he.

5. E os que forem degradados para a India, que não tiverem por onde pagar as quantias em que forem condenados, depois de hum anno, serão levados na primeira Armada para as ditas partes, com Cartas para o Governador, ou Capitão, a que forem entregues, para que tudo o que lá ganharem, até á quantia da divida que na Carta irá declarada, e as pessôas a que se deve, seja enviado ao Feitor, e Officiaes da Caza da India, para que as partes á que fôr julgado, e quaesquer outras a que se dever, sejão pagas, como se faz aos que são levados ao Brazil.

6. E os presos da Cadêa da Côrte, a que a Mizericordia dér de comer, e por elles requerer, que forem condenados em degredo, e em pena de dinheiro de injuria, emenda, e satisfação, ou custas, ou de qualquer outra cousa, que não tiverem por onde pagar, não stêm na Cadêa mais que dous mezes, contados do dia de suas sentenças, e passados elles, o Regedor os mande logo com suas Cartas de guia a cumprir o degredo, sem se deterem mais na Cadêa por respeito das ditas condenações.

E nas Cartas irá declarado, que não hão de vir dos degredos, posto que os cumprão sem pagarem ás partes tudo o que assi deverem.

E stando presos por dividas, serão levados ao Brazil, donde não virão até pagarem pela maneira sobredita.

7. E todo o que os ditos degradados por tempo certo, ou para sempre ganharem, no tempo, que nas ditas partes stiverem, se entregará aos mesmos Almoxarifes dellas, e se carregará sobre elles em recepta, presentes os Capitães, pelos Scrivães de seus Officios, para se enviar

á este Reino, e entregar em a nossa *Caza da Mina* ao Provedor della; a quem os ditos Capitães screveráò o dinheiro, que lhe assi mandão, e os nomes das pessôas, de quem se houve, para de sua mão se entregar ás partes, á que os taes degradados forem obrigados, e cada hum haver a quantia, em que per sentença lhe os taes presos degradados forem obrigados, e todo poder vir a boa arrecadação.

8. E mandamos a todos os Corregedores, Juizes e Justiças, que tanto que o dito anno fôr cumprido, enviem os taes presos logo com muita diligencia á Cadêa da cidade de Lisboa, para dahi os levarem aos ditos lugares, postoque cada huma das partes o não requeira, e ambas o contradigão.

9. E quanto aos que stiverem presos em algumas Cidades, Villas, ou lugares de nossos Reinos, que não forem deteúdos, salvo por custas, que devão a quaesquer Officiaes, que não sejão da Côrte e Caza da Supplicação, nem do Porto, sendo tão pobres, que não tenhão por onde pagar, o stando quatro mezes na Cadêa, depois das sentenças, que contra elles forão dadas, passadas em cousa julgada, pagando ametade das ditas custas aos Officiaes, a que forem devidas, não sejão mais reteúdos pola outra ametade, antes sejão logo soltos, e fique seu direito resguardado aos ditos Officiaes, para haverem a outra metade pelos mesmos presos, que assi mandamos soltar, se em algum tempo vierem a ter per onde pagar.

10. E quanto ás custas, que forem devidas pelos ditos presos aos Officiaes da Côrte, e da Caza da Supplicação e do Porto, se guardará o que dito he em seus Titulos.

TITULO CXL.

Dos degredos e degradados.

Mandamos, que os delinquentes, que por suas culpas houverem de ser degradados para lugares certos, em que hajão de cumprir seus degredos, se degradem para o Brazil, ou para os lugares de Africa, ou para o Couto de Castro Marim, ou para as partes da India nos casos, em que per nossas Ordenações he posto certo degredo para as ditas partes.

1. E os que houverem de ser degradados para o Brazil, o não serão por menos tempo, que cinco annos.

E quando as culpas forem de qualidade, que não merecão tanto tempo de degredo, será o degredo para Africa, ou para Castro Marim, ou para Galés, ou para fóra do Reino, ou fóra da Villa e termo, segundo as culpas o merecerem.

2. E nas sentenças, em que se condenarem algumas pessôas para Africa, se não declarará lugar certo, mas digão nellas, que os condenão para hum dos lugares de Africa, porque se declarar lugar certo, se retarda a levada dos degradados, por falta de embarcação: e o degredo será pelo tempo, que parecer ao Julgador, segundo o caso fôr.

E as mulheres não serão condenadas em degredo para Africa, por caso algum que seja, mas serão degradadas para outras partes, conforme as suas culpas, e nossas Ordenações.

3. E os que forem degradados para os lugares de Africa, que forem de tão pouca idade, ou de tanta, que não sejão para cumprir os degredos nos ditos lugares, allegando-o, e provando-o, lhes será mudado o degredo para Castro-Marim, dobrando-lhes o tempo.

4. E quando alguns delinquentes forem em nossas Relações por appelação, ou por aução nova condenados para Galés, allegando que são Scudeiros, ou dahi para cima, ou de menos idade, que de dezaseis annos, ou de mais de cincoenta e cinco, ou que tem tal enfermidade, porque não possão, nem devão servir nas Galés, e provando-o, os Dezembargadores, que na sentença forão, poderão commutar o degredo dellas para o Brazil, tendo respeito que hum anno de Galés se commute em dous para o Brazil, e assi os outros annos a este respeito.

5. E os degradados para Galés, cujo degredo houver de acabar no mez de Outubro até o mez de Março seguinte, que he o tempo, em que estão desarmadas, sejão soltos, postoque não tenhão acabado de servir o tempo de seu degredo, com tanto, que lhes não falte mais que

os ditos mezes, que não servem nas Galés.

E o Capitão Mór dellas nos tempos em que se desarmarem, veja suas sentenças, e os que tiverem servido o dito tempo, e não lhes faltar mais para acabarem que os ditos seis mezes, os mande logo soltar, e passar-lhes disto certidões nas costas das sentenças, para sua guarda.

Porém, os degradados que por este modo forem soltos, não entrarão no tempo que assi tiverem por servir, nos lugares onde commetterão os delictos, porque forão condenados.

6. E os presos pobres degradados, que forem providos per a Mizericordia da cidade de Lisbôa, serão embarcados, e levados a cumprir seus degredos, tanto que houver embarcação em que possão ir.

E isto primeiro que alguns outros degradados; e o Meirinho delles terá cuidado de saber quaes são os a que a Mizericordia dá de comer, e esses fará embarcar primeiro que os outros.

7. E Navio algum não partirá de Lisbôa para o Brazil, sem o fazer saber ao Regedor da Caza da Supplicação, para ordenar os degradados que cada Navio ha de levar.

E o Capitão da Torre de Belem os não deixará passar, sem mostrarem certidão do Regedor, de como lho fizerão saber.

E os Senhorios, Capitães, Mestres, e Pilotos dos Navios que partirem para o Brazil e as pessoas que os mandarem sem lho fazerem saber, incorrerão em pena de cincoenta cruzados, ametade para quem os accusar, e a outra para os presos pobres.

E o Regedor lhes não dará certidão, até lhes ordenar os presos, que houverem de levar, na qual irão declarados os nomes delles.

8. E os degradados, que forem Cavalleiros, ou Scudeiros, e a quem nas Relações se guardarem os privilegios, serão levados aos Navios, quando forem cumprir seus degredos, com cadêa no pé, e não com colares ao pescoço, como outros, que não tem a dita qualidade.

9. E cumprindo os degradados os degredos nos lugares, para que lhes forão dados, os Capitães dos taes lugares, constando-lhes per testemunhas de como residirão continuadamente no lugar do degredo o tempo, per que forão degradados, lhes passarão disso certidões authenticas, em maneira que fação fé, pelas quaes as Justiças, a que pertencer, lhes haverão os degredos por cumpridos.

10. E havemos por bem, que os degradados para Castro-Marim (não sendo *mulheres*) possão, se quizerem, ir servir degredos a algum dos nossos Lugares de Africa, ou acabar de servir, se já o tiverem começado no dito Couto, sem mais licença, nem provisão nossa.

E servindo em Africa ametade do tempo, que havião de servir no Couto, se poderão vir, sem lhes ser posto impedimento algum, trazendo certidões em fórma do tempo, que lá servirão, assinadas pelos Contadores, aos quaes mandamos, que lhas dêm para guarda de sua Justiça.

TITULO CXLI.

Em que lugares não entrarão os degradados.

Mandamos, que o homem, que fôr degradado de algum lugar por tempo certo, em todo aquelle tempo não entre no lugar, onde antes morava, ao tempo do degredo, nem em nossa Côrte.

Porém, se alguma pessôa fôr degradada de nossa Côrte, não lhe tolhemos, que possa tornar a entrar e estar no lugar, onde morava.

E nossa Côrte entendemos neste caso o lugar e arrábalde sòmente, onde stivermos com nossa Côrte, e não stiver a Relação, quando de Nós stiver apartada, nem se entenda as cinco leguas por Côrte neste caso.

E o que entrar nos lugares aqui defesos, seja logo preso, e o tempo, que lhe ainda ficar por servir, mude-se-lhe para o Couto de Castro-Marim.

E os que assi forem degradados fóra de certo lugar, ou da Côrte, poderão ir servir seus degredos fóra dos ditos lugares, onde quer que quizerem, sem serem obrigados mostrar certidão donde servirão.

E acabado o tempo, per que forão degradados, poderão livremente entrar onde quizerem.

TITULO CXLII.

Per que maneira se trarão os degradados das Cadêas do Reino á Cadêa de Lisbôa.

Querendo dar ordem como os presos, que são condenados em degredo nas Cadêas do Reino, possão seguramente ser trazidos á cidade de Lisbôa, e dahi levados a cumprir seus degredos: Mandamos, que os Corregedores das Comarcas e Ouvidores, assi dos Mestrados, como dos Senhores de terras, onde os Corregedores não entrão, mandem de nossa parte aos Juizes dos lugares de suas Comarcas e Ouvidorias, que cada trez mezes levem à Cadêa de sua Correição, ou Ouvidoria, que mais perto stiver do caminho de Lisbôa (sendo a tal Cadêa forte e segura), todos os degradados que hão de ir presos em ferros; e cada hum dos ditos Juizes, assi de fóra, como Ordinarios, levará ao dito Corregedor, ou Ouvidor certidão dos presos degradados, que leva com declaração dos nomes e idades, e sinaes, que tem, e para que lugar, e por quanto tempo são degradados, e quem deu as sentenças.

E os Juizes de Fóra, ou Ordinarios, que o assi não cumprirem, o Corregedor, ou Ouvidor os poderá suspender dos Officios até nossa mercê.

1. E os que tiverem degredo para Galés, Brazil, Africa, por tantos annos, que conforme á nossas Ordenações não hajão de ir soltos em fiança, tanto que forem juntos na dita Cadêa (sendo pelo menos seis) o Corregedor, ou Ouvidor, os fará trazer pelo Juiz de Fóra do lugar, onde a dita Cadêa stiver, com o Meirinho, ou Alcaide do tal lugar, e com hum Tabellião, e mais gente, que fôr necessaria para virem seguramente até o outro primeiro lugar do caminho da Lisbôa, em que houver Juiz do Fóra, o qual tomará entrega delles, e desta maneira irão de Juiz de Fóra em Juiz de Fóra, até chegar á dita Cidade.

E não havendo no primeiro lugar, donde os ditos degradados houverem de partir, Juiz de Fóra, tral-os-ha o Juiz de Fóra do lugar mais comarcão a elle.

E parecendo-lhes que para mais segurança devem mudar os caminhos, e ir per outros, que não sejão acostumados, o poderão fazer.
E não serão trazidos presos alguns, sem serem condenados per sentença da mór alçada.

2. Os quaes Juizes e Officiaes, que os acompanharem, poderão entrar com varas, e usar de seus Officios, no que tocar á levada e segurança dos ditos presos, nos lugares, per onde passarem, aindaque sejão de Senhores de terras, em que os Corregedores não entrão per via de Correição, sem embargo de quaesquer privilegios e doações em contrario.

3. E os outros degradados, que não forem dos acima declarados, poderão ser trazidos pelos levadores, e per outras pessoas, na maneira acostumada.

4. E quando assi houverem de ser trazidos os degradados, o Corregedor, ou Ouvidor fará huma Carta de guia geral, assinada per elle com as declarações acima ditas, e ajuntará as sentenças á dita Carta de guia em hum maço cerrado e sellado, que será entregue ao Juiz, que os houver de trazer, dirigido ao Corregedor da cidade de Lisbôa, que servir de Juiz dos degradados, e outra tal Carta dará ao Juiz, que os houver de trazer, dirigida aos Juizes dos lugares que os houverem de levar até Lisbôa, e á mais Justiças dos outros lugares do caminho, para que sejão recolhidos nas Cadêas delles.

5. E os ditos Juizes, que assi houverem de levar os ditos presos, cobrarão certidão dos outros Julgadores, a que os entregão, de como lhos entregão presos, e o maço dos papeis.

E não levando os ditos Juizes de Fóra, ou pessôa, á que os presos se entregarem, certidões de como os entregarão com os ditos papeis, os Corregedores e Justiças dos lugares, donde primeiramente partirão, os suspendão de seus Officios, e procedão contra elles como contra Carcereiros, que não dão conta dos presos, que lhes são entregues.

E as Justiças per onde os degradados passarem, não tomem entrega delles nas Cadêas, sem lhes ser mostrada a Carta de guia.

6. E quando os Juizes de Fóra dos lugares, per onde passão os degradados, acharem, que a pessôa, que os traz a seu cargo, não entrega todos os conteúdos na Carta de guia, prenda logo a tal pessôa.

E o mesmo fará o Corregedor da cidade de Lisbôa, a quem os ditos degradados hão de ser entregues.

E o conhecimento da tal culpa pertença ao dito Corregedor, ou ao Corregedor da Comarca, onde a tal pessôa foi presa, e procederão summariamente, dando appellação e aggravo nos casos em que couber.

7. E cada Corregedor e Ouvidor terá hum Livro numerado, e assinado per elle, no qual mandará fazer acto pelo Chanceller da Comarca, dos degradados, que cada vez manda, com as declarações acima ditas, o qual acto será assinado per elle, e pelo Juiz de Fóra, ou Official, a quem os entregar.

8. E tanto que o Juiz chegar com os degradados á cidade de Lisbôa, o fará saber ao Corregedor, que tiver cargo de embarcação delles, o qual á qualquer hora que lhe fôr dado recado, postoque seja de noite irá per si tomar entrega delles, e fazel-os recolher na Cadêa, e pedirá o maço, em que vem as sentenças, e Carta de guia, e a outra Carta de guia que ha de vir de fóra, e fará exame nellas, e verá se os presos que lhe entregão são os proprios que nellas se contem; e sendo-o, passará disso certidão á pessôa, que lhos entregar, e não o sendo, não lha passará.

E indo o Juiz sem a dita certidão, o Corregedor, ou Ouvidor que lhe entregou os presos, procederá contra elle na fórma acima dita.

E se no caminho fugir algum preso, o Corregedor da dita Cidade passará Carta, para se tirar devassa da fugida pelo Julgador em cuja jurisdição fugio, e para lhe ser enviada, e procederá contra o Juiz, ou pessôa, á que o dito preso fugio, ou não deu conta dos ditos papeis.

9. Cada hum dos ditos Juizes de Fóra, ou Vereador que per elle servir, que trouxer os ditos presos, haverá para seu mantimento, do dia que partir de sua caza, até a ella tornar (não fazendo mais detença que a do caminho) em cada hum dia á ida, a vinda duzentos réis, e cada hum dos Officiaes cento, e cincoenta, e cada homem do Meirinho cincoenta réis; o que tudo lhes será pago das rendas do Concelho do lugar donde primeiro partirão, ou da Bolsa, ou imposição, para estas despezas applicada.

E não havendo nenhuma destas cousas, então se deitará a finta no principio do anno per ordem do Corregedor, não sendo de maior quantia, que a necessaria para a dita despeza.

10. Os Carcereiros da Côrte, e da cidade de Lisbôa, entreguem logo os ferros em que os ditos degradados vierem, ás pessôas que os trouxerem, para serem levados ás Cadêas, donde os trouxerão.

11. E o Scrivão dos degradados, que residir na cidade de Lisbôa, terá hum Livro numerado e assinado pelo Corregedor, que servir de Juiz dos degradados, no qual registrará as sentenças de cada hum, e a Carta de guia, e as proprias entregará ás partes, se as quizerem, e não as querendo, as entregará ao Meirinho dos degradados: os quaes Meirinho e Scrivão não levaráõ dellas busca em tempo algum, e levando-a, incorrerão nas penas da Ordenação (Tit. 72), dos Officiaes, que levão mais do conteúdo em seus Regimentos, o qual registro será assinado pelo Corregedor.

12. E o Corregedor Juiz dos degradados irá cada mez á Cadêa, e saberá os que nella ha, e os mandará embarcar pelo Meirinho e Scrivão nos primeiros Navios, que partirem para os lugares, para onde houverem de ir; para o que lhe poderá mandar tomar as vélas, requerendo primeiro ao Provedor dos Armazens, que os não consinta partir, sem levarem os ditos degradados.

13. E o Scrivão dos degradados terá hum Livro em que fará titulos apartados, hum das Galés, outro do Brazil, outro de Africa, e em cada titulo fará assento dos degradados, que vão em cada Navio entregues ao Capitão, Mestre, ou Piloto,

com declaração dos lugares, onde são moradores, e será assinado pelos ditos Scrivão, Meirinho, Capitão, ou Mestre, a que forem entregues, com sua Carta de guia feita pelo dito Scrivão, e assinada pelo dito Corregedor, dirigida ás Justiças dos lugares para onde os degradados forem, com as declarações acima conteúdas; a qual carta de guia o dito Capitão, Mestre, ou Piloto será obrigado a appresentar ás Justiças dos lugares dos degredos, e trazerem certidão de como lhes entregarão a Carta de guia, e os degradados nella conteúdos; pola qual certidão não levarão cousa alguma, e appresentaráõ dentro de hum anno ao dito Corregedor, sendo os degredos para o Brazil, e sendo para Africa, dentro de quatro mezes.

E não o cumprindo assi, passado o dito termo, o Corregedor os prenderá, e fará prender onde stiverem, até lhe appresentarem as ditas certidões; e não lhas appresentando, procederá contra elles, como contra Carcereiros, que não dão conta dos presos, que lhes são entregues: e offerecendo-as, se registraráõ no Livro, em que se fez o acto da entrega, do qual registro não levará o Scrivão cousa alguma.

14. E cada seis mezes proverá o Juiz dos degradados o Livro das embarcações e entregas, e saberá se os degradados forão entregues nos ditos tempos nos lugares, para onde ião, e procederá na fórma acima dita.

E fará como o Meirinho e Scrivão dos degradados sejão diligentes no que á seus Officios toca, e em saberem dos Pilotos, Mestres e Capitães, se cumprem o que são obrigados: e procederá contra os que o não forem, como fôr Justiça.

15. Mandamos aos Capitães dos lugares de Africa, e das partes do Brazil e Angóla, que tendo per informação, que alguns degradados stão embarcados, para se virem em alguns Navios, os fação desembarcar, e procedão contra os Mestres e Pilotos, como lhes parecer Justiça.

E os Julgadores dos ditos lugares tiraráõ disso em cada hum anno devassa, e achando culpados, enviaráõ o traslado authentico á cidade de Lisbôa ao Juiz dos degradados, para proceder contra elles, como fôr Justiça.

TITULO CXLIII.

Dos degradados, que não cumprem os degredos.

Se algum degradado fôr achado fóra do lugar, para onde foi degradado, sem mostrar certidão publica, per que se possa saber, que tem cumprido o degredo, seja logo preso, e o tempo, que ainda lhe ficar por servir, postoque para sempre fosse degradado, se era degradado para o Couto de Castro-Marim, seja-lhe mudado, e o vá cumprir, e servir a Africa.

E se era para Africa, vão comprir ao Brazil.

E o que era degradado para o Brazil, se por tempo, dobre-se-lhe o degredo, que tiver por cumprir.

E se era para sempre, morra por isso, não cumprindo o dito degredo.

E fugindo do Navio em que stiver embarcado, para ser levado para o Brazil para sempre, morra por isso.

E sendo degradado para fóra do lugar, e seu Termo, ser-lhe-ha mudado o tempo que tiver para cumprir, para Castro-Marim.

1. E mandamos aos nossos Capitães dos Lugares dalém, e assi a todos os outros Capitães, e Officiaes de qualquer stado, e condição, ou preeminencia que sejão, e ao Juiz do Couto de Castro-Marim, que á degradado algum não alevantem o degredo, que lhe per Nós, ou per qualquer nosso Official seja posto, nem lhe dêem licença para ir á outra alguma parte, porque o deixe de cumprir.

E dando-lha, mandamos ás nossas Justiças, que lha não guardem, porque a Nós somente pertence de o fazer, e não a outro algum, salvo se per Nós specialmente lhe fôr outorgado.

E qualquer nosso Official, que o contrario fizer, Nós lho estranharemos, segundo o caso fôr, e além disto, o que elle fizer, não seja valioso, como cousa feita contra nosso mandado, e defesa.

E o tal degradado incorrerá nas penas, em que incorrem aquelles, que não cumprem os degredos.

ADDITAMENTOS

ADVERTÊNCIA[1]

E para que na impressão destas Ordenações que ora mandamos imprimir se não possa accrescentar, e nem mingoar cousa alguma:

Queremos que lhe seja dada fé e auctoridade, sendo assignadas no fim de todos os cinquo livros por o Licenciado *Melchior do Amaral*, e os Doutores *Damião de Aguiar, Jorge de Cabêdo, Diogo da Fonsêca,* e o Licenciado *Henrique de* Sousa, do meu Concelho, e meus Dezembargadores do Paço, igualmente em turno de dous em dous.

E não sendo assignados por dous delles na maneira sobredita, não lhe será dada fé alguma, nem credito.

E não se poderá vender hum corpo inteiro destas *Ordenações*, ainda que se haja de enquadernar em mais volumes que hum, por maior preço que de *seis cruzados* em papel, pagará cem cruzados de pena, ametade para quem o accusar, e a outra metade para os Captivos, e será degradado por dous annos para hum dos Lugares de Africa.

Damião d'Aguiar. — Jorge de Cabêdo.

---

(1) Esta advertência é encontrada no fim do livro 5 e das leis publicadas em aditamento às Ordenações, sendo em tudo e por tudo semelhante àquela publicada com as Ordenações Menoelinas, o primeiro corpo legislativo que saiu impresso em Portugal.
Foram revisores os Desembargadores do Paço, Drs. João Cotrim, João de Faria e Pero Jorge, e o licenciado Christovão Esteves. (nota do organizador).

LEGISLAÇÃO PORTUGUEZA

LEI DE 10 DE DEZEMBRO DE 1602.

Declaratoria sobre o privilegio dos Contratadores das Rendas de El-Rey nos casos crimes.

D. Felippe, per graça de Deus, Rey de Portugal e dos Algarves, daquem e dalém Mar em Africa, Senhor de Guiné, e da Conquista, Navegação e Commercio de Ethiopia, Arabia, Persia e da India, etc.

Faço saber aos que esta Lei virem, que entre as mercês e privilegios concedidos pelos Reys destes Reinos de Portugal, meus antecessores, e per mim aos Contratadores de minhas Rendas, se contém que não possão ser presos polos delictos que commetterem, senão per mandado do Corregedor do Crime de minha Côrte, ou sendo achados em fragrante delicto, ou por caso de morte: e porque ora fui informado, que houve duvida, se se entendia a dita clausula e privilegio no caso, em que fossem culpados por commetterem algum homicidio sómente, e não em outros casos, porque merecessem pena de morte:

Querendo nisso prover como convém a meu serviço, e conformando-me com o parecer dos do meu Concelho, para que ao adiante não haja duvida, nem alteração alguma sobre a dita clausula e privilegio: declaro, que minha tenção he e sempre foi, que os ditos Contratadores podessem ser presos, não sómente tendo culpa em algum homicidio, mas sendo culpados em qualquer outro delicto, que sendo provado, per minhas Leis e Ordenações mereça pena de morte: e conforme a esta declaração, quero e mando, que se entenda e guarde o dito privilegio em quaesquer contractos, que já forem feitos, ou ao diante se fizerem.

E mando ao Regedor da Caza da Supplicação e Governador da Caza do Porto, e aos Dezembargadores das ditas Cazas, e aos Corregedores do Crime da minha Côrte, e aos Corregedores e Juizes do Crime desta Cidade, e a todos os mais Corregedores e Ouvidores dos Mestrados, e Juizes de todas as Cidades, Villas e Lugares de meus Reinos, que cumprão, guardem, e fação cumprir e guardar esta Lei, como se nella contém.

E ao Doutor *Pero Barbosa,* do meu concelho, e Chanceller Mór dos ditos Reinos, a faça publicar na Chancellaria, e envie logo cartas com o traslado della, sob meu sello e seu sinal, aos ditos Corregedores e Ouvidores das Comarcas, e aos Ouvidores das terras e Senhores, em que os Corregedores não entrão per Correição, para que a fação publicar em todos os lugares de suas Comarcas e Ouvidorias, e a todos seja notorio.

E esta Lei se registrará no livro da Meza do despacho nos meus Dezembargadores do Paço, e no Concelho de minha Fazenda, e nos das Cazas da Supplicação e do Porto, em que se registrão semelhantes Provisões e Leis.

João da Costa a fez em Lisboa a dez de Dezembro de mil seiscentos e dous. — Rey.

LEI DE 13 DE JANEIRO DE 1603.

Sobre a clausura dos Mosteiros de Freiras, porque se declara e acrescenta a Ordenação do Livro 5 tit. 15.

Eu El-Rey faço saber que por Eu entender o muito que convem ao serviço de Deos e meu, que a clausura dos Mosteiros de Freiras se guarde, sem per nenhuma via se devassar, e que na Ordenação do Livro 5. tit. 15 não stá bastantemente provido neste caso; querendo prover de remedio conveniente:

Hei por bem e mando, que qualquer pessôa de qualquer qualidade e condição que seja, que entrar em algum Mosteiro de Freiras de Religião, se dentro delle fôr achado, ou se provar que entrou, e steve de dia, ou de noite dentro no dito Mosteiro, em caza, ou lugar, que seja dentro do encerramento, que pareça, que era para fazer nelle alguma cousa illicita: ou que tirou alguma Freira do Mosteiro, e steve em alguma parte só com ella, postoque delle a mesma Freira se torne a clausura do dito Mosteiro, ou que per seu mandado e induzimento foi fóra do Mosteiro a certo lugar, donde assi a levar, e se fôr com ella; que nestes casos e em cada hum delles se haja o delicto por provado, como que se fosse visto ter copula carnal com Freira do dito Mosteiro; e o delinquente seja preso, e morra morte natural, e pague quinhentos cruzados ao dito Mosteiro pola affronta, que nisso recebeo, e a mesma pena se dará á pessôa ou pessôas, que acompanharem ao delinquente em qualquer dos casos acima declarados: e as pessoas, que se provar que levarão cartas e recados para se commetter qualquer dos dictos delictos, com baraço e pregão sejão publicamente açoutados e degradados sete annos, sendo homem, para as Galés, e sendo mulher, para o Brazil.

E provando-se que dormio com alguma Freira, em caso, que a elle não tirasse, postoque por algum justo respeito com minha licença stê em alguma caza fóra do dito Mosteiro, seja preso, e com pregão em audiencia degradado quatro annos para as partes de Africa, e pagará duzentos cruzados para o dito Mosteiro: e sendo peão, com baraço e pregão seja publicamente açoutado, e degradado por dous annos para Galés.

E defendo e mando, que nenhuma pessôa recolha em sua caza Freira alguma professa sem Provisão assinada per mim, postoque a dita Freira tenha licença de seu Prelado para andar fóra do Mosteiro; e a pessôa, que sem minha special licença a recolher, seja preza, e com pregão em audiencia degradada dous annos para Africa, e pagará duzentos cruzados, ametade para quem o accusar, e a outra ametade para Captivos.

E isto não haverá lugar nos pais e mãis, que recolherem suas filhas, ou irmãos as irmãs, sendo com licença de seu Prelado.

E vindo á noticia dos Corregedores do Crime da minha Côrte, e desta cidade, ou das mais Comarças do Reino, que algum homem entrou em algum Mosteiro dos da sua Comarca, ou commetteu algum dos delictos acima declarados, fará logo auto, e tirará devassa, e procurará com muita diligencia prender os culpados, e os autos e devassa, que tirar, me enviará, para Eu mandar prover no caso, como me parecer serviço de Deus e meu; e serão obrigados tirar devassa, indo per Correição, per algum modo secreto, se alguns homens vão aos Mosteiros de Freiras, que houver em suas Comarcas, que tenhão em elles conversação deshonesta, de que haja scandalo, ou forem infamados, que tratão amores illicitos com as Freiras delles; e aos que achar nisso culpados, notificará de minha parte, que não vão mais a elles, de dia, nem de noite, de que fará termo assinado per ambos.

E achando per prova certa, que depois da dita defesa tornarão em qualquer tempo aos ditos Mosteiros, os prenderão em ferros, postoque sejão de qualidade que per minhas Ordenações devão ser presos em menagem, e os autos de suas culpas me enviarão para Eu as mandar ver, e dar a pena e castigo, que conforme ao excesso que commetterão, me bem parecer; e da diligencia, com que os Corregedores do Crime desta Cidade e os mais das Comarcas procederem nestes casos, o Syndicante, que per meu mandado lhes tomar residencia, se informará particularmente, perguntando as testemunhas, que lhe parecerem que do caso podem saber, e fará disso auto apartado, que ajuntará aos da residencia: e este Capitulo se ajuntará aos mais do Regimento das *Residencias.*

E mando ao Regedor da Caza da Supplicação e Governador da Relação do Porto, e aos Dezembargadores das ditas Relações, e aos Corregedores do Crime da minha Côrte, e aos desta cidade de Lisbôa, e a todos os mais Corregedores e Ouvidores das Comarcas e Juizes de Fóra das Cidades, Villas e lugares de meus Reinos, guardem e cumprão esta Lei como nella se contem.

E ao Doutor *Pero Barbosa,* de meu Concelho, e Chanceller Mór de meus Reinos e Senhorios, a publique na Chancellaria, e a envie logo, sob meu sello e seu sinal, a todos os Corregedores e Ouvidores das Comarcas, e Ouvidores das terras dos Senhores, em que os Corregedores não entrarem per via de Correição, para que a todos seja notorio.

E esta Lei se registrará no livro do Dezembargo do Paço, e da Caza da Supplicação e do Porto, onde semelhantes Leis se costumão registrar e trasladar.

Domingos de Medeiros a fez em Valhadolid, a treze de Janeiro de mil seiscentos e trez.

E eu o Secretario *Fernão de Mattos* a fiz screver. — Rey.

ALVARÁ DE 28 DE ABRIL DE 1681

Do Regimento dos Carcereiros.

Eu o Principe Regente e Governador dos Reinos de Portugal e dos Algarves, etc.:

Faço saber aos que esta Lei, e novo Regimento virem, que mostrando a experiencia ser necessario acudir com prompto remedio aos damnos, que se seguião á administração da Justiça, e ao governo de meus Reinos e Senhorios, das licenças, que os Carcereiros concedião aos presos, e da facilidade, com que por descuido e ambição dos mesmos Carcereiros fugião das Cadêas, por não serem bastantes as penas impostas pela Ordenação e Leis Extravagantes, para os refrear desta culpa, prevenindo a sua malicia meios, com que ou por falta de prova, ou pela maioria do interesse, que lhes resultava das ditas licenças, frustavão o intento das ditas Leis, mandei publicar outra de 13 de Julho de 1678, pela qual, accrescentando as ditas penas, e dando mais facil lugar ás provas, ficasse este delicto com castigo, quando para o evitar não tivesse toda a força o temor.

Mas porque em tão grandes damnos mostra a mesma experiencia serem necessarios maiores remedios, e seja propria obrigação da Justiça não sómente castigar os delictos depois de commettidos; mas prevenir as causas, pelas quaes mais ordinariamente se commettem, para que não succedão; tornando a considerar esta materia com todas as attenções, que ella pede, houve por bem fazer esta Lei, e *novo Regimento,* para com elle dar fórma á eleição das pessôas, que houverem de servir de Carcereiros, determinar o interesse justo destes Officios, convidar com a esperança do premio aos bons, e castigar com maior severidade aos maus.

1. Por tanto ordeno, que para Carcereiros se não possão consultar, nem provêr pessôas que não forem de capacidade notoria; que se deve regular, ou pela satisfação, que tiverem dado em algumas occupações, que forem semelhantes, ou pela que houver mais constantes de sua vida e costumes, não se podendo allegar outros serviços, e precedendo sempre em termos iguaes os que tiverem fazendas; porque he de crer, que no receio de as perderem, e com a possibilidade, que com ellas adquirem, terão cuidado de melhor servirem.

2. O provimento destes Officios será por trez annos sómente, acabados os quaes, se darão por vagos; e precedendo novas habilitações, se tornarão a provêr os mesmos, que tiverem servido, se contra elles não houver culpa, ou se não oppozerem outros mais capazes; e quando eu haja por bem de meu serviço remover uns, e pôr outros antes do dito tempo de trez annos acabados, não terão nenhum direito os que forem removidos, para pedir satisfação e recompensa dos ditos Officios.

3. Vagando algum destes Officios nas Cadêas desta Cidade, e na do Porto, ou tendo tal impedimento os Proprietarios, que os não possão servir, me darão logo conta, assim o Regedor da Caza da Supplicação, como o Governador da Relação do Porto; os quaes poderão provêr as serventias delles por tempo de dous mezes sómente nesta Cidade, e de trez na cidade do Porto, na fórma do estylo; e cada hum delles poderá remover quaesquer dos providos, quando assim o peça boa administração da Justiça, dando-me porém logo a causa, por que o tem feito, para me constar, e eu mandar provêr ou-

tros de novo, como entender he conveniente a meu serviço.

4. Nas Terras, aonde os ditos Carcereiros se fazem por eleição da Comarca, ou com appresentação dos Alcaides-móres, terão cuidado os Corregedores, Ouvidores e Juizes de Fóra de fazer inteiramente guardar o conteúdo nos primeiros dous Capitulos deste Regimento; e achando não serem sufficientes os Carcereiros, que forem eleitos, ou estiverem servindo, os poderão remover, fazendo eleger outros de novo, de que me darão conta pelo meu Dezembargo do Paço; e não o fazendo assim, se lhes dará em culpa em suas residencias, de que se accrescentará Capitulo na Provisão dellas.

5. Os Carcereiros das Cadêas desta Côrte terão de ordenado em cada hum anno oitenta mil réis; e os da cidade do Porto terão sessenta, além das carceragens, que levarão dobradas das que a Lei dispõe no titulo 34 do livro 1.º da Ordenação; porque a differença dos tempos pede se lhes accrescentem os taes emolumentos, pela mesma razão em que a dita Lei se funda; e porque assim mesmo he razão, que a maioria dos ordenados comprehenda todos os Carcereiros, pois que esta Lei os obriga, mando que nas mais Cidades, e cabeças de Comarca tenhão de accrescentamento vinte mil réis, pagos huns e outros pelos mesmos effeitos, em que o forão até ao presente.

6. Servindo os ditos Carcereiros desta Côrte, e cidade do Porto os trez annos de seus provimentos com satisfação, e tendo os mais, que com estes fação a quantia, que dispõe o Regimento das mercês, lhes serão admittidas pela dita Secretaria as suas petições, e no despacho dellas terei particular attenção, e respeito ao serviço, que me tiverem feito nos ditos Officios de Carcereiros.

7. Em todas as Cadêas se farão Livros novos, para nelles se escreverem os Assentos, assim dos presos, como dos que forem soltos, com clareza do dia, mez e anno, em que as prisões e solturas forem ordenadas: e nestes Livros assignarão não sómente os Officiaes que entregarem os presos, mas juntamente com elles os mesmos Carcereiros: esta mesma fórma se observará com os presos, que por algum incidente, e ordem de qualquer Ministro, se mudarem de humas Cadêas para outras: e quando succeda, que para alguma diligencia de meu serviço se mandem buscar das Cadêas alguns presos por Ministros, que para isso tenhão jurisdicção, se fará nos mesmos Livros semelhante declaração, e assento do dia, em que forem, e da ordem dos taes Ministros.

8. Estes Livros, que hão de ser rubricados na fórma do estylo, serão obrigados a entregar os Carcereiros, que por algum acontecimento deixarem de servir, aos que de novo forem providos, ainda que seja per breves dias, fazendo-se termo da entrega, que assignarão nesta cidade os Corregedores da Côrte, e na cidade do Porto o Corregedor do Crime da Relação; e nas mais Cadêas do Reino os Ministros, que tiverem por seus cargos esta obrigação. Não observando os Carcereiros esta fórma, em qualquer dos sobreditos casos ordenada, serão castigados em perdimento dos Officios, e em degredo para o Brazil, a arbitrio dos Juizes.

9. Todos os Carcereiros e Officiaes de Justiça, que tiverem por sua conta a guarda dos presos, e deixarem fugir algum por dinheiro, ou peita, que lhes dér, ou promessa, que lhes faça, ou o preso seja por crime, ou por civel, ainda que não steja em condemnação, morrão morte natural; porque neste caso não só commettem erro grave de seu Officio, mas o crime de furto, e he razão que tenhão pena, que satisfaça huma e ou outra culpa.

10. Succedendo porém a fugida por dolo, ou culpa dos Carcereiros, ainda que não seja por dinheiro, peitas, ou promessas, sendo por crime, se executará nelle a mesma pena que havia de ter o réo fugido; e sendo por divida civel, pagarão á parte todo o interesse, e mais serão degradados cinco annos para o Brazil; e succedendo a tal fugida por culpa leve, no crime terão degredo a arbitrio dos Juizes, e no civel serão obrigados á satisfação das partes nos termos de Direito.

11. Dando licença a algum preso para sahir fóra da prisão, supposto que para ella torne, ou seja a causa crime, ou civel, serão degradados quatro annos para o Brazil; e sendo achado fóra da Cadêa, se lhes dobrará o degredo; porque destas licenças, principalmente se os presos são

achados fóra da Cadêa, he consequencia o fugirem, e quando não fógem, espação com ellas no crime o tempo de seus livramentos, além da offensa da Justiça, e no civel a execução das partes.

12. Se algum Ministro da Justiça ou Fazenda, de qualquer qualidade e condição que seja, com menos cuidado de sua obrigação pedir aos Carcereiros por alguns presos para sahirem fóra da Cadêa, ou a causa seja civel, ou crime, constando por escripto seu, ou por outro qualquer modo que justifique esta sua culpa, será privado do meu serviço, para nunca mais poder entrar nelle.

13. Todo o Official de Justiça que souber de algum preso que está fóra da Cadêa, ou com elle fallar, sem o prender ou denunciar ás Justiças, para que o prendão, quando elle o não possa fazer, ou para isso não tenha jurisdicção, perca por esse mesmo feito o Officio, sendo proprietario, e tendo-o de serventia, será degradado cinco annos para o Brazil.

14. Em todos e quaesquer casos conteúdos nesta Lei, pelos quaes se hajão de executar algumas das penas nella declaradas, se procederá summariamente no termo peremptorio de oito dias, sem prorogação de algum mais: e o Regedor da Caza da Supplicação, e Governador da Relação do Porto, e assim os mais Ministros, aos quaes compete o cuidado e observancia desta Lei, serão obrigados a me dar conta dos ditos casos que succederem, e como se procede, e tem procedido na execução delles.

15. E porque presentemente se achão providos em algumas Cadêas desta Côrte e Reino Carcereiros de propriedade, e outros com serventia de tempo certo, e he minha tenção tornar a provêr na fórma desta Lei os que tiverem as qualidades della, e compensar com justo valor os que deixarem de estar sem culpas, ou erros commettidos nos ditos Officios; hei por revogadas de *motu proprio*, certa sciencia, para a boa administração da Justiça, todas e quaesquer mercês que os ditos proprietarios ou serventuarios tiverem dos ditos Officios: o mando que se dilação alguma, e desoccupando-se de quaesquer outras occupações, os Corregedores do Crime desta Relação, e o da Relação do Porto; e assim os Corregedores, Ouvidores e Juizes de Fóra nas suas Comarcas e Terras tirem informações e devassas dos procedimentos de todos, que remetterão depois de acabadas ao meu Dezembargo do Paço, para que, consultando-me por elle o que parecer, eu haja de determinar o que fôr justiça; e por esta Lei hei por revogadas todas outras quaesquer Leis, ou sejão Extravagantes ou incorporadas na Ordenação, na parte que encontrarem o disposto nella, ficando porém para tudo o mais na mesma observancia e vigor que dantes tinhão.

E mando, etc.

Luiz de Souza a fez em Lisboa, a 28 de Abril de 1861. — *Francisco Galvão* a fez escrever. — Principe.

ALVARÁ DE 16 DE SETEMBRO DE 1597.

Em que se determinão os Tratamentos, que se devem dar por palavra e por escripto nestes Reinos e Senhorios.

D. Felippe, por graça de Deos, etc. Faço saber aos que esta minha Lei virem, que, sendo eu informado das grandes desordens e abusos, que se tem introduzido no modo de fallar e escrever, e que vão continuamente em crescimento, e tem chegado a muito excesso, de que tem resultado muitos inconvenientes, e que conviria muito a meu serviço, e ao bem e socego do meus Vasallos o reformar os Estylos de fallar e escrever, e reduzi-los a ordem e termo certo; e praticando-o e tratando-o com pessoas do meu Concelho, e outras de Letras e de experiencia, ordenei de prover nisto na fórma e maneira ao diante declarada.

1. Primeiramente, posto que se podia escusar nesta Lei tratar-se de mim, nem de outras pessôas Reaes, todavia, para que melhor se guarde e cumpra o que toca a todos; ordeno e mando, que no alto das cartas, ou papeis, que se me escreverem, se ponha, *Senhor*, sem outra cousa, e no fim dellas, *Deos guarde a Catholica pessôa de Vossa Magestade:* e no fim da lauda, em que se rematar a carta, se porá o signal de quem a escrever, sem outra cousa alguma: e no sobrescripto se porá: *A El-Rey nosso Senhor:* e Os Duques e Marquezes, e seus filhos primogenitos sómente poderão pôr no sobrescripto: *A El-Rey meu Senhor;* e o mesmo sobrescripto poderão pôr to-

dos os mais filhos dos Duques além do primogenito, que tiverem parentesco com a Corôa Real dentro do quarto grão, contando conforme a Direito Canonico.

E quando não tiverem o dito parentesco, ou não estiverem dentro do dito grão, não poderão pôr o dito sobrescripto, nem o poderá pór outra alguma pessôa, de qualquer qualidade, dignidade e condição que seja.

2. Que aos Principes herdeiros e successores destes Reinos se escreva pelo mesmo modo, mudando a Magestade em Alteza; e no remate e fim da carta se dirá, *Deus guarde a Vossa Alteza.*

3. Que com as Rainhas destes Reinos se guarde o mesmo Estylo e ordem com os Reys.

E com as Princezas delles o mesmo, que está dito que se ha de ter com os Principes.

4. Que aos Infantes e ás Infantes se falle sómente por Alteza, e se lhes escreva no alto da carta, *Senhor,* e no fim della, *Deos guarde a Vossa Alteza:* e no sobrescripto, *Ao Senhor Infante N.*, ou á *Senhora Infante N.* Porem quando escrever, ou disser absolutamente, *Sua Alteza,* se ha de attribuir sómente ao Principe herdeiro e successor destes Reinos.

5. Que aos Genros e Cunhados dos Reys destes Reinos, e suas Noras e Cunhadas, se faça o mesmo Tratamento, que aos Infantes; e que a nenhuma outra pessôa se possa fallar, nem escrever por *Alteza.*

6. Que aos filhos e filhas legitimos dos ditos Infantes, se ponha no alto da carta, *Senhor,* e no sobrescripto, *Ao Senhor, Dom N.*, ou á *Senhora Dona N.*, e se lhe escreva e falle por *Excellencia.*

7. Que a nenhuma outra pessôa, por grande Estado, Officio ou Dignidade que tenha, se falle por *Excellencia,* de palavra, nem por escripto, senão áquellas pessôas, a quem os Senhores Reys, meus antecessores, e eu tivermos feito mercê, que se chamem e fallem por *Excellencia,* como elles, e eu temos feito ao Duque de Bragança; nem se fallará assi mesmo, nem escreverá a nenhuma pessôa por *Senhoria Illustrissima* nem: ao Arcebispo de *Reverendissima* Braga, como a Primaz, se poderá fallar e escrever por *Senhoria Reverendissima.*

8. Que os Arcebispos e Bispos, e aos Duques e aos seus Filhos, que eu mandar cubrir, e aos Marquezes e Condes e, e ao Prior do Crato, sejão obrigados todas as pessôas de meus Reinos a escrever-lhes e fallar-lhes por *Senhoria,* e não a outra pessôa alguma.

9. Que aos Vice-Reys, ou Governadores, que ora são, e pelo tempo forem, destes Reinos (que não tiverem comigo o parentesco, conteúdo nas promessas, feitas aos ditos Reinos), sejão todas as pessôas delles obrigados a escrever e fallar por *Senhoria,* em quanto servirem os ditos cargos.

10. Que ao Regedor da Justiça da Caza da Supplicação, e Governador da Relação do Porto, Vedores da Fazenda, e Presidentes do Dezembargo do Paço, e Meza da Consciencia e Ordens, no tempo, em que estiverem em seus Tribunaes, fallem por *Senhoria* todas as pessôas, que nelles entrarem; e o mesmo farão nas petições e papeis, que se lhes escreverem e houverem de presentar, estando assi mesmo nos seus Tribunaes; e quando estiverem fóra delles, so lhes não poderá fallar, nem escrever por *Senhoria.*

11. Que aos Embaixadores, que tiverem assento na minha Capella, e a qualquer outra pessôa, que por algum respeito eu mandar cubrir, se possa escrever e fallar por *Senhoria;* o que se não poderá fazer com outra pessôa alguma.

12. Que nas partes da India escrevão e fallem por *Senhoria* ao Vice-Rey, ou Governador dellas, todas as pessôas, que lá andarem.

13. Que no Estylo de escrever humas pessôas a outras, se guarde geralmente sem excepção alguma a ordem seguinte: Começará a carta, ou papel pela razão, ou pelo negocio, sobre que se escrever, sem pôr debaixo da Cruz no alto, nem ao principio da regra nenhum titulo, nem letra, nem cifra, que o signifique: e acabará a carta dizendo: *Deos guarde Vossa Senhoria* ou *Vossa mercê,* ou *Deos vos guarde;* e logo a data do lugar e do tempo, e apoz ella o signal sem outra cortezia no meio.

14. E toda a pessôa, que tiver Titulo de Duque, Marquez, ou Conde, Visconde, ou Barão, quando fizer o seu signal nas cartas, e em quaesquer outros papeis e escripturas, declarará o Titulo, que tiver, e o nome do Lugar, donde o tiver.

15. Que nos sobrescriptos se ponha ao Prelado a Dignidade Ecclesiastica, que tiver, e ao Duque, Marquez, ou Conde, Visconde, ou Barão, a de seu Titulo; e aos Fidalgos e outras pessôas seus nomes e appellidos; e a cada hum dos nomeados neste Capitulo, a Dignidade, ou gráo de Letras, que tiverem; e aos que forem criados meus, o Fôro, que em minha Caza tiverem.

16. Que desta ordem se não possa exceptuar, nem exceptue o vassallo, escrevendo ao Senhor; nem o criado a seu amo; porém os Officiaes das Cameras das Cidades, Villas e Lugares, que escreverem aos Senhores delles, que tiverem Doação minha, para se poderem chamar Senhores dos taes Lugares, porão nos sobrescriptos das cartas a *N.* da Camera da sua Villa de *N.;* e os pais aos filhos, e os filhos aos pais, e os irmãos aos irmãos, poderáõ além do nome proprio accrescentar o natural; e tambem ante o marido e a mulher declarar o estado do matrimonio, se quizerem.

17. Que ás mulheres se faça o mesmo tratamento por escripto e de palavra, que conforme ao que está dito se ha de fazer a seus maridos.

18. Que aos Geraes e Provinciaes das Ordens se possa fallar e escrever por *Paternidade,* e aos mais Religiosos por *Reverencia;* e no sobrescripto se lhes poderá pôr além do nome o Officio, ou gráo de Letras, que tambem tiverem; mas em presença dos Geraes não se chamará *Paternidade* a ninguem, senão a elles.

19. Outrosi, por atalhar os excessos, que se vão introduzindo, pondo Coroneis nos Escudos de Armas, Sinetes e Reposteiros as pessôas, que os não podem pôr, ordeno e mando, que nehuma pessoas possa pôr Coroneis nos taes Sellos, ou Reposteiros, nem em outra parte alguma, em que houver Armas, excepto os Duques e seus filhos, Marquezes e Condes: pondo-os porém regulados, conforme a qualidade do Titulo de cada hum, que mandarei declarar por *Rey de Armas Portugal,* a quem para isso se dará ordem, tomando-se delle e d'outras pessoas praticas na Nobreza as informações necessarias.

20. E os que não cumprirem e guardarem inteiramente em todo, ou em parte o conteúdo nesta minha Lei, incorreráõ pela primeira vez em dez mil réis, ametade para o accusador, e a outra para Captivos; e pela segunda, em vinte mil réis, repartidos pela dita maneira: e isto as pessôas, que tiverem qualidade de Fidalgos até Cavalleiros; e as outras pessas de menor qualidade incorreráõ em pena de dez cruzados pela primeira vez, e hum anno de degredo fóra do Lugar e termo; e pela segunda, em vinte cruzados, e hum anno de degredo para Africa; e sendo comprehendidos mais vezes, serão condemnados em móres penas, segundo o arbitrio do Julgador, tendo respeito ás qualidades das pessoas culpadas, e á continuação de sua culpa, além do desprazer, que eu por isso receberei, com que mandarei prover no que fôr necessario, que sendo a mór pena de todas, he de crer, que não haverá quem dê occasião a isso.

E mando, etc.

João Falcão a fez em Lisboa a 16 de Setembro de 1597. E eu o Secretario *Lopo Soares* a fiz escrever. — Rey.

ALVARÁ DE 3 DE NOVEMBRO DE 1597.

Em que se determinou se não falasse a pessôa alguma por Senhor em autos publicos.

Eu El-Rey faço saber aos que esta minha Provisão virem, que por eu ser informado dos desconcertos e indecencias, com que nas Cartas e Provisões minhas se lanção alguns assentos e certidões de verbas, posses, juramentos e registos, e de outras diligencias; e querendo nisso prover; hei por bem e mando, que em todas as Cartas, e quaesquer outros Alvarás, ou Provisões, que forem assignadas por mim, ou feitas em meu nome, se não possão pôr na mesma lauda, em que estiver o meu signal, assentos alguns, ou certidões de verbas, ou registos, juramentos, posses, nem mandados, que se cumprão, nem de quaesquer outras diligencias; e que todas estas se fação nas costas das taes Cartas, Provisões, ou Alvarás: e que nas ditas certidões e assentos se não possão nomear por *Senhor* quaesquer Ministros, que derem as ditas posses e juramentos, ou fizerem as ditas diligencias, nem as pessôas, com quem se fizerem.

E que outrosi em quaesquer autos, ou escripturas publicas se não nomêem pessôas algumas por *Senhor;* nem os Officiaes, ante quem os taes autos, ou escripturas se fizerem; o que todos assi cumprirãõ e guardarãõ inteiramente, sob pena de suspensão de seus Officios até minha mercê, e de vinte cruzados, ametade para o accusador, e a outra ametade para Captivos, pela primeira vez; e quando alguns incorrerem nesta pena outras vezes, além della, procederãõ os Julgadores contra elles com as penas, que mais lhes parecer, segundo seu arbitrio, tendo respeito á continuação dos culpados.

E para que ninguem possa allegar ignorancia do conteúdo nesta Provisão mando ao Chanceller-mór, que a faça publicar na Chancellaria, etc.

Francisco Martins a fez em Madrid a 3 de Novembro de 1597. *Antonio Muniz da Fonseca* a fez escrever. — Rey.

ALVARÁ DE 3 DE JANEIRO DE 1611.

Em que se declarão as pessôas, que podem usar do Titulo de Dom, e as penas contra aquelles que usarem delle, sem lhes pertencer.

D. Felippe, por graça de Deus, Rey de Portugal e dos Algarves, etc.

Faço saber aos que esta Lei virem, que sendo informado do excesso, que neste Reino se tem introduzido em se chamarem de *Dom* as pessôas, que, conforme a minhas Ordenações, o não podem fazer: e tratando-se de meu mandado, do remedio que se poderia dar nesta desordem; sendo a materia vista pelos do meu Concelho, pela Ordenação deste Reino no liv. 5.º tit. 92 § 7 defender que nenhuma pessôa, homem nem mulher, se possa chamar de *Dom,* se lhe não pertencer por via de seu pai, ou avô por parte de seu pai, ou por minha mercê, ou que com este *Dom* andar nos Livros das Moradias: porém, que as mulheres o possão tomar de seus pais, mães, ou sogras; e que os bastardos, *posto que legitimados sejão,* se não possão chamar de *Dom* ainda que de Direito lhes pudera pertencer, se forão nascidos de legitimo matrimonio; pondo a dita Ordenação penas, aos que o contrario fizerem, de perdimento de toda sua fazenda, e do privilegio de Fidalguia, á pessôa, que a tiver, e fique plebleu; e trazendo demanda com alguem que lhe oppozer que se chamou de *Dom,* sem lhe pertencer, perca o direito e acção, que nella tiver; e os pais, que consentirem a seus filhos ou filhas, que tiverem em seu poder, chamarem-se de *Dom,* não lhes pertencendo, incorrão nas mesmas penas; donde se vê bem a muita devassidão, de que se usa nesta materia, contra a fórma e disposição desta Lei; porque, considerada ella, nem os Condes, nem os Bispos, por razão de seus titulos, nem os filhos bastardos destes, e de Fidalgos, ainda que tenhão seus pais *Dom,* o podem elles tomar; sendo cousa ordinaria fazerem-no sem distincção alguma; e desta se seguio a desordem de o tomarem tantas outras pessôas, que o não podião fazer.

E por serem as penas tão rigorosas, se deixarão de executar, e não se executão hoje: e querendo em tudo prover, e remediar este excesso, e reduzir esta materia a termos de se poder, e se fazer guardar, reduzindo esta Lei, por ser mais conveniente, a menos rigor, assi nas pessôas que se podem chamar de *Dom,* como nas penas; porque as mais das vezes o serem ellas excessivas e desiguaes ao delicto, he occasião de se não guardarem:

Hei por bem, e mando, que daqui em diante todos os Bispos e Condes, e as mulheres e filhos de Fidalgos em meus Livros, e dos Dezembargadores, e assi os filhos de Titulares, *posto que bastardos sejão,* que até a publicação desta nova Lei forem nascidos, possão ter *Dom,* e usar delle: e todas as mais pessôas, que não forem as sobreditas, que tomarem *Dom,* ou o consentirem a seus filhos ou filhas, pela primeira vez que forem comprehendidos, incorrerão em pena de cem cruzados, ametade para Captivos, e a outra para o accusador, e em dous annos de degredo para Africa, e pela segunda, nas da Ordenação na fórma della.

E esta Lei mando, que se guarde e cumpra, como nella se contem; e ao Regedor da Caza da Supplicação, Governador da Caza do Porto, e aos Dezembargadores dellas, Corregedores de minha Côrte, e aos mais Corregedores, Ouvidores, Juizes e Officiaes de Justiça, a que o conhecimento disto pertencer, o cumprão e guardem, e fação inteiramente cumprir e guardar, e ao Chanceller mór, que a publique na Chancellaria; e para vir á noticia de todos envie logo Cartas com o traslado della, sob meu sello e seu signal, aos ditos Corregedores e Ouvidores das Comarcas, e assi aos Ouvidores das terras em que os ditos Corregedores não entrarem por via de Correição, para que a publiquem nos lugares aonde estiverem, e a fação publicar em todos os outros de suas Comarcas e Ouvidorias, a qual se registrará nos livros de minha Chancellaria, e da Meza do Dezembargo do Paço, e nos das Relações das ditas Cazas da Supplicação, e do Porto; e a propria se porá na Tôrre do Tombo.

Dada na cidade de Lisbôa a 3 de Janeiro. — *Alberto de Abreu* a fez no anno do Nascimento de Nosso Jesus Christo de 1611. — *Pedro de Seixas* a fez escrever. — REY.

ALVARÁ DE 3 DE DEZEMBRO DE 1611.

Em que se fez caso de devassa usarem de titulo de Dom as pessôas, a quem elle não pertence.

D. Felippe, por graça de Deus, Rey de Portugal, etc.

Faço saber aos que esta Lei virem, que, por ser informado do excesso, que neste Reino se tinha introduzido em se nomearem de *Dom* as pessôas, que conforme a minhas Ordenações o não podião fazer, mandei passar uma Lei, por que declarei as pessôas que neste Reino podião tomar *Dom:* e porque não se executando as penas della, será ocasião de maior desordem; e a causa de se não executarem he, por não haver quem queira accusar as pessôas, que tomão *Dom* contra a fórma da dita Lei; e assi fica não se cumprindo: querendo nisso prover, para se atalhar a soltura, que vai nessa materia, e se poderem com effeito executar as ditas penas:

Hei por bem, que os Corregedores das Comarcas do Reino, nos lugares dellas, e os Provedores das ditas Comarcas nos em que os ditos Corregedores não então por Correição, tirem cada anno devassa das pessôas, que contra o que a dita Lei dispõe, tomão *Dom*, ou o consentem a suas mulheres, filhos, ou filhas, e procedão contra os culpados com as penas da dita Lei; e nessa Cidade de Lisboa tirará a mesma devassa o Corregedor do Crime mais antigo della; sendo certos uns e outros, que em suas residencias se há de perguntar a diligencia, que fizerão neste negocio, e se lhes ha de dar em culpa o descuido, que nelle commetterem; e se accrescentará hum Capitulo sobre isto ao Regimento, porque se tomarem as ditas residencias aos ditos Julgadores, aos quaes mando assi o cumprão, e ao Chanceller mór, que publique esta Lei na Chancellaria, e envie logo Cartas com o traslado della, sob meu sello e seu signal, aos ditos Corregedores e Provedores; a qual se registrará nos livros de minha Chancellaria, e da Meza do Dezembargo do Paço, e nos das Relações da Caza da Supplicação e do Porto; e a propria se porá na Torre do Tombo.

Dada na Cidade de Lisbôa a 3 de Dezembro. — *Alberto de Abreu* a fez no anno do Nascimento de Nosso Senhor Jesus Christo de 1611. — *Pedro de Seixas* a fez escrever. — REY.

ALVARÁ DE 29 DE JANEIRO DE 1739.

Em que se determinão os Tratamentos, que se devem dar de palavra, e por escripto, nestes Reinos e Senhorios.

D. João, por graça de Deos, etc.

Faço saber aos que esta minha Lei virem, que constando-me a confusão, que succede nos *Tratamentos*, por se haverem com adiuturnidade do tempo antiquado os que farão ordenados na Lei, feita sobre esta materia em 16 de Setembro de 1597, e introduzido quasi geralmente dar *Tratamentos* maiores ás pessôas, que nella forão mencionadas, e dar a outras, de que na mesma Lei se não fez menção, o tratamento de *Senhoria*, chegando este a estender-se com tanto excesso e vulgaridade, que se confunde a ordem, e se perverte a distincção, que faz os *Tratamentos* estimaveis: por tanto, querendo remediar semelhante abuso e por outras razões, que me forão presentes.

Hei por bem abolir e revogar o conteúdo na dita Lei, excepto o que nella foi disposto a respeito da formalidade, que deve praticar-se nas Cartas e papeis, que se escreverem, ou às Rainhas, Principes herdeiros, Princezas, Infantes e Infantas destes Reinos: a qual continuará a observar-se conforme na dita Lei se continha.

E quanto aos *Tratamentos*, que se hão de usar nestes Reinos e mais dominios da minha Corôa: Hei por bem e ordeno o seguinte:

1. Que aos Grandes Ecclesiasticos e Seculares deste Reino se falle e escreva por *Excellencia*; e no alto de todos os papeis, que se lhes escreverem, como tambem nos sobrescriptos, se ponha, sendo para Grande Ecclesiastico, o tratamento de *Excellentissimo e Reverendissimo Senhor*; e sendo para Grande Secular, o de *Ilustrissimo e Excellentissimo Senhor;* e que da mesma sorte se falle e escreva aos meus Secretarios de Estado: e no principio dos ditos papeis se não use dos termos: *Meu Senhor* ou *Senhor Meu:* o que igualmente se observará com todas as pessôas de qualquer qualidade.

2. Que este mesmo Tratamento de palavra e por escripto se possa dar ao Regedor da Justiça da Caza da Supplicação; ao Governador da Relação do Porto; aos Védores da Fazenda; e aos Presidentes do Dezembargo do Paço, da Meza da Consciencia e Ordens, dos Conselho Ultramarino, e do Senado da Camara desta Cidade; mas dentro dos Tribunaes, em que presidirem, sejão todos obrigados a dar-lhes o dito Tratamento: e a todos os sobreditos não possa alguem dar menor tratamento, que o de *Senhoria.*

3. Que aos que forem, ou tiverem sido Embaixadores meus á Reys da Europa, ou á Potencias, cujos Embaixadores, segundo o costume deste Reino, tenhão o mesmo Tratamento que os dos sobreditos Reys, se falle e escreva da mesma sorte por *Excellencia*; que he o tratamento, que deverá tambem dar-se aos Embaixadores, que os ditos Reys, ou Potencias mandarem á minha ordem.

4. Que aos Vice-Reys da India e do Brazil assim actuaes, como aos que houverem sido; aos Governadores das Armas; aos Mestres de Campo Generaes dos meus Exercitos (cuja patente terão tambem sempre os Conselheiros de Guerra); e ao General e Almirante da minha Armada Real de alto bordo de Mar Oceano, se possa fallar e escrever da mesma sorte por *Excellencia.*

Mas que aos mesmos Vice-Reys no districto de seus governos, aos Governadores das Armas e Mestres de Campo, Generaes encarregados do Governo do Exercito, ou de alguma Provincia, no mesmo Exercito, ou Provincia, como tambem ao dito General, e ao Almirante, quando governar por elle a bordo das Náos, que mandarem, sejão todos os que se acharem no dito districto, Exercito, Provincia, ou Náos, obrigados a fallar e escrever, como dito he, por *Excellencia*; e aos Governadores, a quem eu fòr servido conceder Patente de Capitães Generaes darão o mesmo tratamento só as pessôas, que se acharem no districto dos seus governos, em quanto nelle estiverem; mas a todos os sobreditos não possa alguem dar menor tratamento, que de *Senhoria.*

5. Que aos Bispos, que assistirem neste Reino, e não forem nomeados por mim, e aos Ministros de Santa Igreja Patriarchal de Habito Prelaticio, se falle e escreva por *Senhoria illustrissima*; e no alto de todos os papeis, que se lhes escreverem, como tambem nos sobrescriptos se ponha o tratamento de *Illustrissimo e Reverendissimo Senhor*: e aos Conegos da Basilica Patriarchal, que não tiverem o dito Habito, se falle e escreva por *Senhoria.*

6. Que aos Viscondes e Barões, aos Officiaes da minha Caza, e aos das Cazas das Rainhas e Princezas destes Reinos, aos Gentis-homens da Camara dos Infantes, aos filhos e filhas legitimos dos Grandes, dos Viscondes e Barões, dos Officiaes da minha Caza, e das Cazas das Rainhas e Princezas, e aos dos Gentis-homens da Camara dos Infantes, como tambem aos Moços Fidalgos, que até o dia da data desta Lei houverem servido no Paço no exercicio deste Fôro; e para o diante sómente áquelles, a quem eu houver por bem conceder especial licença por escripto para poder servir no Paço no dito exercicio, se dê o tratamento de *Senhoria.*

7. Que aos Enviados e Residentes, assi actuaes, como aos que houverem sido mandados por mim aos Reys e Potencias acima referidos, se falle e escreva por *Senhoria*; que he o tratamento, que deverá também dar-se aos que mandarem á minha Côrte os mesmos Reys e Potencias.

8. Que os Governadores das Praças e Capitanias deste Reinos, e das Conquistas, durante o tempo, e no districto de seus Governos, sejão todos obrigados a dar o tratamento, que conforme a graduação de seus postos lhe tocar entre os Militares; e aos Governadores interinos da India e da Bahia fallem e escrevão por *Senhoria*, durante o seu governo, as pessôas, que no districto delle se acharem.

9. Que aos Priores-móres das Ordens de S. Bento de Aviz e de Sant-Iago da Espada, ao Administrador da jurisdicção Ecclesiastica de Thomar, ao Commissario da Bulla da Cruzada, ao Reitor da Universidade de Coimbra, e aos Cabidos das Igrejas Archiepiscopaes e Episcopaes, tanto em Sé plena, como em Sé vacante, se falle e escreva por *Senhoria*.

10. Que ao Geral Esmolér-mór, aos Reformadores das Ordens Religiosas, e aos Geraes das mesmas Ordens, e ao D. Prior da Ordem de Christo, se dê o tratamento de *Paternidade Reverendissima*: e esse mesmo tratamento se possa dar aos Provinciaes das ditas Ordens Religiosas, e ao Reitor da Universidade de Evora.

11. Que ás Mulheres se dê por escripto de palavra o respectivo Tratamento, que para seus maridos fica determinado, se em virtude desta Lei o não deverem ter maior.

12. Que ás Camareiras-móres, ás Aias, ás Damas de Honor, e ás Damas do Paço, assi actuaes, como as que houverem sido, se falle e escreva por *Excellencia* na fórma referida.

13. Que ás irmãs e filhas legitimas dos sobreditos Moços Fidalgos se dê o tratamento de *Senhoria*.

14. E afim, que as pessôas acima nomeadas procurem conservar nos casamentos a distincção, que convém ao seu estado e qualidades; hei por bem e mando que se não continuem a dar os *Tratamentos* acima declarados a qualquer das pessôas referidas, de casar sem licença, e approvação minha por escripto; como tambem aos filhos e filhas, que do seu matrimonio provierem.

15. Não entendo por esta Lei revogar os *Tratamentos*, que eu houver ordenado se dêm a algumas pessôas, nem prohibir que Militares continuem entre si os *Tratamentos*, nem o que se costuma dar ao Senado da Camara desta Cidade.

16. Ordeno, que daqui em diante não pessão de modo algum aceitar os Tratamentos acima referidos, senão as pessôas, a quem esta Lei respectivamente os determina, ou permitte, ou aquellas, a quem eu fôr servido concedê-los, ou permitti-los por especial ordem minha; e que ninguem possa dá-los a alguma outra pessôa, nem tratar de sorte alguma por *Excellentissimo*, ou *Illustrissimo*, ou *Reverendissimo* mais que as pessôas, a quem acima se determinão, ou permittem respectivamente estes Tratamentos.

17. E para que o referido tenha sua devida execução, ordeno e mando que todo aquelle, que não cumprir e guardar inteiramente em todo, ou em parte o conteúdo nesta Lei, sendo de qualidade de Fidalgo até Cavalleiro, incorra pela primeira vez em pena de cem mil réis, ametade para o accusador e a outra para os Captivos; e não havendo accusador, ou não querendo este acceitar a sua parte, será tambem para Captivos; pela segunda vez, incorra em pena de duzentos mil réis, com a mesma applicação: e sendo pessôa de menor qualidade, incorrerá pela primeira vez em pena de vinte mil réis, applicados da mesma sorte, e em dous annos de degredo fóra do Lugar e Termo: e pela segunda, em quarenta mil réis com a mesma applicação, e em cinco annos de degredo para Africa.

E aquelles, que não tiverem bens, com que satisfação e paguem as referidas penas pecuniarias, pela primeira vez estarão presos dous mezes; e pela segunda, quatro; as quaes penas não poderáõ ser moderadas, nem commutadas por Juiz, ou Tribunal algum; e sendo os culpados comprehendidos mais vezes, se lhes imporão maiores penas, segundo o arbitrio do Julgador, tendo respeito á qualidade do transgressor, e reincidencia na culpa, além das mais demonstrações, que eu julgar convenientes, e do meu desprazer, que deve ser para todos a mais sensivel.

18. E mando a todas as Justiças destes meus Reinos e Senhorios, que chegando á sua noticia, que alguma pessôa contravém ao que acima fica ordenado, procedão contra ella, condemnando-a nas penas sobreditas, e aos Corregedores da minha Côrte e Cazas da Supplicação, e das Relações do Porto e Conquistas, e aos Corregedores das Comarcas, e Ouvidores dos Mestrados e das Conquistas, e á quaesquer outras Justiças, que assi o cumprão e guardem; porque de assi o não fazerem, me darei por mal servido delles; e mandarei proceder contra os que nisso se descuidarem; como tambem mando aos Corregedores do Crime desta Cidade, e aos das mais Cidades e Comarcas, e Ouvidores dos Mestrados e das Conquistas, e aos Provedores nos Lugares, onde os Corregedores não podem entrar por Correição, que nas Correições, que fizerem, perguntem particularmente, se ha alguns culpados na transgressão da presente Lei; e contra os que acharem, procedão com todo o rigor della.

E para que a todos seja notorio, ordeno, etc.

Escripta em Lisbôa Occidental a 29 de Janeiro de 1739. — REY.

ALVARÁ DE 6 DE DEZEMBRO DE 1612.

Em que se declarou a observancia, que devia haver sobre as Cartas de Seguro, e sobre outras materias importantes, pelo que se chama: Lei da reformação da Justiça.

D. Felippe, por graça de Deus, Rey de Portugal e dos Algarves, d'aquem e d'alem mar em Africa, Senhor de Guiné, e da Conquista, navegação, commercio da Ethiopia, Arabia, Persia e da India, etc.

Faço saber aos que esta Lei virem, que vendo eu os grandes damnos, que se seguem contra o serviço de Deus e meu, e bem commum de meus Reinos, com as muitas e escusadas dilações, que ha na execução da Justiça nos casos crimes, e despacho dos feitos dos ditos casos, com que os culpados não hão logo o castigo, conforme a qualidade de suas culpas; e quando o vem a ter, he já tarde, que não ha noticia do delicto, porque são castigados; e outros inconvenientes, que ha por razão do modo, com que a Justiça nas ditas materias crimes de presente se executa e administra; e porque todos são de muita consideração, e convem dar-se algum remedio, com que se possão atalhar, mandei ver tudo por pessôas do meu Concelho, de letras e experiência, e com seu parecer, respeitando o estado do tempo presente:

Houve por bem de mandar prover nas ditas cousas, e outras nesta Lei declaradas, pela maneira seguinte:

1. Primeiramente ordeno e mando, que daqui em diante todas as pessôas, que tomarem Cartas de Seguro *confessativas* com defesa, não poderão depois na contrariedade negar, que commetterão o delicto; e negando, lhes não valerão as ditas Cartas de Seguro: e em casos de morte, ou outros, que pelas Ordenações tenhão pena de morte natural, ou civel, ou cortamento de membro, não havendo defesa para Carta de Seguro confessativa, se contudo houver alguma contrariedade coarctada de maneira, que conforme a Direito e á Ordenação deva receber, para que as pessôas comprehendidas nos taes casos não fiquem sem remedio de se poder livrar, pedindo Cartas de Seguro *negativas*, e allegando a dita contrariedade coarctada, na fórma sobredita, se mandarão juntar as suas petições às devassas; e constando por ellas, que lhes não negão a dita contrariedade coarctada, se lhes concederãõ as ditas Cartas em Relação; e valerão na fórma que se concedem, e valem as Cartas de Seguro confessativas nos casos de morte, sem embargo da Ordenação liv. 5 tit. 128 § 5; e isto mesmo haverá lugar nos Julgadores, que por si sós podem passar Cartas de Seguro desta qualidade, as quaes passarãõ, vistas as devassas; e da concessão, ou da negação dellas poderá cada huma das parte aggravar por seu Procurador, ainda que não seja preso.

2. E para se poderem ver melhor as devassas, que se hão de ver em Relação, quando se houver de tratar das ditas Cartas, e os Corregedores as trazerem vistas de caza, se distribuirão as petições entre os Corregedores do Crime da Côrte igualmente, não estando já a devassa dis-

tribuida, ou commettida; porque então pertencerá o conhecimento da petição ao Corregedor, a quem a devassa estiver distribuida, ou commettida d'antes, ou a houver tirado.

3. E passando-se algumas Cartas de Seguro *confessativas* em casos que não sejão de morte, os Julgadores dentro do termo do recebimento da contrariedade verão a devassa; e achando que lhes nega a defesa, prenderão aos taes delinquentes, sem embargo da Carta de Seguro, constando-lhes que não tem, nem podem ter a dita defesa.

4. Nos casos em que as partes se livrarem sobre Cartas de Seguro *negativas*, os Corregedores do Crime da Côrte, antes de abertas e publicadas, verão os autos em Relação dentro do termo do recebimento da contrariedade; e parecendo-lhes aos Adjuntos que tem prova bastante para castigar ao delinquente, o mandaráõ logo prender, e o mesmo farão por si sós os outros Julgadores criminaes; com declaração, que das prisões poderão aggravar os presos sómente.

5. E para se atalhar aos grandes dammos que resultarão de valerem *Passe* para Cartas de Seguro, não valerá daqui em diante nenhum *Passe* por si só, nem dê o Seguro; e servirá sómente, para por elle se fazer a Carta de Seguro; a qual não valerá, sem ser passada pela Chancellaria; e os Escrivães começaráõ sempre as Cartas na mesma folha, aonde se puzer o despacho para o *Passe*.

6. E por convir assi á boa execução da Justiça, hei por bem que dos Privilegios concedidos aos Cavalleiros do habito de S. João do Hospital de Jerusalem, nestes Reinos e Senhorios de Portugal, gozem sómente, nas causas criminaes, seus escravos e criados, que viverem com elles das portas a dentro, ou tiverem delles ordenados de que se sustentem; e no mais lhes serão guardados os ditos seus Privilegios, de que estiverem de posse.

7. E os outros Cavalleiros das Ordens Militares deste Reino e Senhorios gozaráõ sómente em suas pessôas no criminal do Privilegio do Foro, e não outras pessôas; ainda que sejão seus filhos, escravos e criados.

E succedendo caso, que alguns Ministros meus (sendo accusados por culpas commettidas em seus Officios, em que se contenhão materias da minha Fazenda Real) declinem para o Juizo das Ordens, se não conhecerá nelle do que assi tocar a minha Fazenda, antes se tratará no Juizo das causas della; e isto mesmo se entenderá em outros quaesquer Privilegios, de qualquer qualidade e condição que sejão.

8. Do privilegio dos Familiares dos Colleitores gozarão nas cauzas crimes do privilegio do Fôro os seus criados actuaes, e que viverem do que elles lhes dão; porém não os Officiaes mechanicos, que os servem no tocante a seus Officios, ainda que no de mais se lhes deva guardar seu privilegio; e o mesmo se entenderá nos Medicos e Cirurgiões, Barbeiros e Officiaes mechanicos Portuguezes, que servirem nas Companhias, Hospitaes e Armadas Hespanholas, e nas cazas dos Capitaes Generaes, e Ministros de Guerra, sendo os ditos Medicos, e Officiaes mechanicos naturaes deste Reino, e moradores nelles.

9. Do privilegio dos Moedeiros desta cidade de Lisbôa, e outros desta qualidade, que se concederem, ou occupação gozaráõ sómente aquellas pessôas que actualmente servirem e exercitarem o Officio, ou occupação, por cujo respeito se lhes concedem os taes privilegios; e os Officiaes e Ministros a que pertencer passar as Cartas dos ditos privilegios, as passaráõ sómente aos que actualmente sob pena de suspensão de seus Officios por dous annos; e deixando de servir, e exercitar as ditas occupações, não poderáõ gozar mais do privilegio, que por razão dellas lhes pertence.

10. E os Portuguezes naturaes deste Reino, e Senhorios, que se alistarem nas bandeiras de guerra de gente Hespanhóla, assim de terra como de mar, não gozarão do privilegio de fôro, nos crimes, que houverem commettido, antes de se alistarem, nem nos que commetterem depois; por quanto consta alistarem-se sómente para effeito de não serem punidos em seus delictos.

11. O privilegio dos Officiaes e Ministros do *Santo Officio da Inquisição* se guardará inteiramente; com declaração, que se não entenderá nas causas tocantes a minha Fazenda; porque se tratarão no Juizo della.

12. As devassas e querélas, dadas ante os Juizes Ordinarios, em que forem culpados os Estudantes, que, pelo serem, gozão do privilegio, que lhes he concedido, se haverão por válidas; e pelos taes autos dellas se procederá daqui em diante contra elles, sendo remettidos a seus Conservadores, quando declinarem para o seu Juizo.

13. As pessôas que por mandado de outrem derem cutiladas por dinheiro, ainda que sejão Nobres, serão castigadas com pena vil; e serão havidos por plebeus, para, como taes, serem punidos pelo tal caso nas penas dos plebeus.

14. Nos delictos, que provados merecerem pena de morte natural, poderão os Corregedores, Ouvidores dos Mestrados, e Juizes de Fóra destes Reinos e Senhorios de Portugal, prender as pessôas, que lhes disserem que são culpadas, antes de formar a culpa; com declaração, que dentro em oito dias (sendo o caso de devassa) serão obrigados a tiral-a; e não se provando culpa aos presos dentro do dito termo, serão logo soltos, sem appellação, nem aggravo, que o impida, ficando-lhes seu Direito reservado, contra a pessôa que injustamente o fez prender, para lhe pedirem as perdas e damnos.

E sendo caso de queréla, a parte querelará, e dará prova dentro do dito termo, por que se mostre tanto, que baste para haver de ser preso; e não o provando, será logo solto, na fórma que fica dito.

15. No Dezembargo do Paço se não concederão commutações dos degredos de Galés, Angóla, e Brazil; e nos casos, em que pelo Regimento do dito Tribunal se manda, que se não tomem petições de perdões, nem para soltar sobre fiança, se não poderão também mandar tomar informações.

16. Para melhor haver effeito a Lei, que dispõe, que a pessôa que tiver Officio meu, nestes Reinos e Senhorios, chamando-se ás Ordens e Jurisdicção Ecclesiastica, perca, pelo mesmo feito, o Officio que de mim tiver; daqui em diante os Procuradores de minha Corôa e Fazenda, tanto que á sua noticia vier que algum Official dos sobreditos se fez remetter ás ditas Ordens, ou Jurisdicção Ecclesiastica, sem ser necessaria nova Provisão minha, o accusarão logo a perdimento dos Officios, que tiver meus.

E os Juizes das causas de minha Corôa, a que tocar, executarão a dita Lei, e esta, como nella se declara.

E succedendo algum dos ditos casos nas Comarcas e logares fóra de minha Côrte, o Juiz Secular, ante quem succeder, fará logo auto, e o enviará ao Juiz das causas de minha Côrte, para se proceder nelle na fórma dita.

E os Officiaes de Justiça, que o não cumprirem assim, e não enviarem o dito auto dentro de hum mez, perderão seus Officios, e incorrerão nas mais penas, que eu fôr servido: e por estes casos se perguntará nas residencias, e se procederá nelles breve e summariamente.

E pedindo o Promotor das Ordens, que se lhe remettão as culpas, sem intervir nisso o delinquente, se não fará, sem me dar disso primeiro conta, para no tal caso ordenar o que fôr conforme á Justiça e meu Real serviço.

17. E para mais breve despacho das causas, e principalmente das criminaes, e melhor execução da Justiça, toda a pessôa, que pedir vista para Embargos, não poderá ter o processo mais que hum só dia, para os formar, e o tornar com elles; e o Escrivão do dito processo, sendo passados os termos, passará logo mandado para se darem os processos, e ser o Advogado executado por elles, na fórma da Ordenação.

E isto, ou sejão os processos criminaes, ou civeis; e contra o Sollicitador da Justiça, que não accusar todos os processos de sua obrigação, se procederá com o rigor da Ordenação: e os Escrivães dante os Corregedores do crime da Côrte, e do Corregedor do Crime do Porto, serão obrigados a accusar os feitos, que não tem parte, sob as mesmas penas impostas ao Sollicitador da Justiça da Côrte.

E porque nas causas dos presos, que se livrão por conta da Mizericordia, quando as suas culpas são graves, e não tem partes, se dilata o ajuntar os traslados das devassas, não pagando aos Escrivães seus trabalho, só por lhes deferir a pena, o Sollicitador da Justiça será obrigado a fazer ajuntar os traslados das ditas devassas, dentro do termo que lhe signalar o Corregedor; e para o tal effeito, o Regedor da Justiça, do dinheiro applicado aos gastos da Relação, mandará pagar ametade do salario, como pagão os presos, que assim se livrão por conta da Mizericordia.

18. E para se evitarem as dilações, que procurão os delinquentes no fazer judiciaes as devassas, no mesmo termo, em que lhes fôr dada vista para contrariarem, se lhes notificará, que fação as devassas Judiciaes; e não querendo fazer o termo de Judiciaes, se lhes notificará que o mesmo termo, que se lhes signala para dilação, se lhes concede para fazerem reperguntar as testemunhas da devassa, que estiverem no Reino; e passado o dito termo, não as tendo reperguntado, se haverão por judiciaes á revelia, assi, e da maneira, que se hão por judiciaes as testemunhas, que são mortas ou ausentes, nos casos, em que se annullão as devassas.

E quando houver dilação, para se não receber a contrariedade, se assignará ao delinquente termo conveniente para fazer as devassas judiciaes, ou se reperguntarem as testemunhas; e não as fazendo judiciaes, ou não as reperguntando dentro do dito termo, se haverão por judiciaes á revelia; e os Escrivães, que enviarem algumas appellações de casos crimes, sem irem nellas feitas judiciaes as devassas, incorrerão em perdimento do Officio, e pagarão todos os gastos, até as devassas serem feitas judiciaes.

19. E para remedio dos inconvenientes, que procedem de se alargar muito a determinação dos casos crimes com suspeições, que os delinquentes por differentes vezes, e com modos extraordinarios intentão aos Juizes, daqui em diante aos delinquentes, que se der vista em final para allegarem seu direito, logo no principio das razões declararáõ os Dezembargadores, que tem por suspeitos, de todos os que houver na Relação, e juntamente a causa das suspeições, e as testemunhas, pelas quaes entendem proval-as; e passado o dito termo, não serão admittidos com nenhuma outra suspeição, nem a nomear testemunhas para ella, ainda que huma e outra cousa peção por restituição.

E havendo de ser Juizes do caso alguns dos que o delinquente nomear por suspeitos, o Regedor da Caza da Supplicação mandará proceder na suspenção na fórma da Ordenação liv. I tit. 1 § 14; e na mesma fórma se procederá nas causas que se houverem de sentenciar em alçada, e nas criminaes, que vierem por appellação; e não querendo os delinquentes dizer em final, se haverão por lançados de toda a suspeição, e de poder vir com ella por via de restituição.

20. E por quanto os condemnados por ladrões mudão os nomes de ordinario, de que procede não serem conhecidos, quando outras vezes são presos por semelhantes delictos, e assi ficão sem se lhes poder dar a pena, que merecerem pela reincidencia dos delictos, e com esta confiança os tornão a commetter, sem tratarem de se emendar, pelo qual respeito *se usou já no Reino* signalarem-se semelhantes delinquentes: daqui em diante aos taes delinquentes se lhes porá hum signal com fogo em huma das espaldas; aos do districto da Caza da Supplicação um L, e aos da Caza do Porto hum P; e sendo achados segunda vez com outro furto, que provado não mereça morte, se lhes porá o segundo signal de *huma força*, com que serão conhecidos, posto que mudem de nome, e castigados com pena capital, por reincidir terceira vez no mesmo crime; e querendo emendar-se, nunca poderá ser visto o dito signal, de modo que os infame.

21. Em nenhum caso, que provado mereça morte natural, ou civel, ou cortamento de membro, se passaráõ Provisões para os delinquentes se livrarem por Procuradores; e passando-se, serão nullas: e da mesma maneira se não concederáõ aos autores.

22. Não poderá nenhum Escrivão ter mais de dous Escreventes; e estes terão Carta de Escreventes, passada pela Chancellaria; e se devassará delles como dos mais, Oficiaes de Justiça; e serão castigados pelos erros que fizerem, como os proprios Escrivães; e viverão no Bairro dos Escrivães, a que escreverem; os quaes os não poderão despedir sem expressa licença do Regedor ou do Chanceller; nem dar-lhes menos da quarta parte do que escreverem.

23. E porquanto de viverem em Bairros apartados os Escrivães, Enqueredores, Distribuidores, e mais Officiaes desta qualidade, se segue muito grande dilatação e vexação ás partes pela grandeza desta cidade de Lisbôa, e muita distancia, que ha de huns bairros a outros, se procede não se poderem fazer as informações, e outras diligencias necessarias nos tempos signalados; daqui em diante ordeno e mando, que todos os ditos Officiaes vivão junto por ruas no Bairro da Relação o mais perto que fôr possivel, para que as partes saibão, onde hão de acudir, e achem juntos os Escrivães e Enqueredores para as diligencias que lhes houverem de fazer: e para este effeito se farão no dito Bairro pelas pessôas a que tocar, tomar as cazas necessarias; e os Enqueredores serão obrigados a estar todos os dias, manhã e tarde, em caza de seus Escrivães; e não os achando as partes, poderão levár outro Enqueredor, que primeiro acharem.

24. E para se evitar a confusão, que poderia haver nas limitações, que acerca do conteúdo nesta Lei os Reys meus antepassados, segundo as occasiões e tempo, alterárão em diversas Leis, de meu poder Real e absoluto, por esta Lei revogo, e hei por nullas e derogadas todas e quaesquer Leis, que das materias desta tratarem, sem embargo da Ordenação do liv. 2 tit. 44, que diz: *Que se não entenda ser derogada Lei, ou Ordenação alguma, se da substancia della se não fizer expressa menção e derogada*; e, esta sómente hei por bem e mando que se cumpra e guarde, como nella se contem.

Antonio Martins de Medeiros a fez a 6 de Dezembro, anno do Nascimento de Nosso Senhor Jesus Christo de 1612. — REY.

DECRETO DE 27 DE MAIO DE 1645

Sobre Embargos de condemnados á morte.

Tem-se-me representado, que de se não tratar dos Embargos, com que vem os condemnados a morte pela Justiça, no segundo dia depois de notificados para morrerem, se seguem alguns inconvenientes; não sendo de menor consideração o risco que correm sua consciencias, com a esperança de melhoramento da sentença, guardando-se o despacho dos Embargos para o terceiro dia da execução.

E para que este abuso se emende, ordeno ao Regedor das Justiças, que daqui em diante, passando o dia, em que aos condemnados se notificar a sentença de morte, se determinem seus Embargos, ficando-lhes o terceiro dia, se houverem de ser executados, para tratarem de suas almas.

Alcantara 27 de Maio de 1645 — REY.

DECRETO DE 6 DE JULHO DE 1752

Sobre decisão de Embargos dos condemnados á morte.

Tendo consideração a que os delinquentes, que pela atrocidade de seus crimes são condemnados em pena capital, tem menos tempo do que he preciso para se dispôrem a morrer com a devida conformidade e paciencia Christã, por lhes durar até a effectiva execução da sentença a esperança de melhoramento pelos Embargos, ou pelo recurso immediato á Minha Real Pessôa; querendo evitar este inconveniente, e que os criminosos, aos quaes, pelo impedir a justa severidade das Leis e saúde pública, não podem aproveitar os benignos e paternaes effeitos da Minha Real piedade para a conservação da vida temporal, se utilisem delles para alcançarem a felicidade eterna por meio de ultimo desengano, havido em tempo, que lhes reste o competente para pedirem a Nosso Senhor perdão de seus peccados, depois de receberem os Sacramentos da Penitencia e Eucharistia, e fazerem os mais actos Catholicos, conducentes a impetrar da Mizericordia Divina o perdão de suas culpas, e acabarem justiçados com a graça final:

Hei por bem, que pendente a conferencia, em que se julgarem os Embargos á Sentença, por que forem condemnados á morte quaesquer delinquentes, se trate no mesmo tempo do recurso immediato á Minha Real Pessôa, e não havendo alteração na sentença, por qualquer dos ditos meios, até o fim da dita conferencia, cessará, e não será mais admittido requerimento algum, que se encaminhar a impedir a execução da dita sentença; porque irremissivelmente se ha de executar na manhã do dia seguinte, ainda que seja feriado, não sendo Domingo, ou dia Santo dos que a Igreja manda guardar, porque se o fôr, se fará a execução no dia, que se lhe seguir, em que não houver este embaraço.

O Duque Regedor da Caza da Supplicação o tenha assim entendido, e o faça executar, sem embargo da Ordenação, ou de outra qualquer Lei, ou estylo em contrario, que hei por derogado por este Decreto.

Belém, 6 de Julho de 1732. — *Com a Rubrica de Sua Magestade.*

CÓDIGO CRIMINAL
DO
IMPÉRIO DO BRASIL

PARTE I.

DOS CRIMES E DAS PENAS.

TITULO I.

DOS CRIMES.

Capitulo I.

Dos crimes e dos criminosos.

Art. 1.° Não haverá crime ou delicto (palavras synonimas neste Codigo) sem uma lei anterior que o qualifique.

Art. 2.° Julgar-se-ha crime ou delicto:

§ 1.° Toda a acção ou omissão voluntaria contraria ás leis penaes.

§ 2.° A tentativa do crime quando fôr manifestada por actos exteriores e principio de execução, que não teve effeito por circunstancias independentes da vontade do delinquente.

Não será punida a tentativa de crime ao qual não esteja imposta maior pena que a de dous mezes de prisão simples, ou desterro para fóra da comarca.

§ 3.° O abuso de poder, que consiste no uso do poder (conferido por lei) contra os interesses publicos, ou em prejuizo de particulares, sem que a utilidade publica o exija.

§ 4.° A ameaça de fazer algum mal a alguem.

Art. 3.° Não haverá criminoso ou delinquente sem má fé, isto é, sem conhecimento do mal e intenção de o praticar.

Art. 4.° São criminosos, como autores, os que commetterem, constrangerem ou mandarem alguem commetter crimes.

Art. 5.° São criminosos, como cumplices, todos os mais que directamente concorrerem para se commetter crimes.

Art. 6.° Serão tambem considerados cumplices:

§ 1.° Os que receberem, occultarem ou comprarem cousas obtidas por meios criminosos, sabendo que o forão ou devendo sabê-lo em razão da qualidade ou condição das pessoas de quem as receberão ou comprárão.

§ 2.° Os que derem asylo ou prestarem sua casa para reunião de assassinos ou roubadores, tendo conhecimento de que commettem ou pretendem commetter taes crimes.

Art. 7.° Nos delictos de abuso da liberdade de communicar os pensamentos, são criminosos, e por isso responsaveis:

§ 1.° O impressor, gravador ou lithographo, os quaes ficarão isentos de responsabilidade, mostrando por escripto obrigação de responsabilidade do editor, sendo este pessoa conhecida, residente no Brasil, que esteja no gozo dos direitos politicos; salvo quando escrever em causa propria, caso em que se não exige esta ultima qualidade.

§ 2.° O editor que se obrigou, o qual ficará isento de responsabilidade, mostrando obrigação pela qual o autor se responsabilise, tendo este as mesmas qualidades exigidas no editor, para escusar o impressor.

§ 3.° O autor, que se obrigou.

§ 4.° O vendedor e o que fizer distribuir os impressos ou gravuras, quando não constar quem é o impressor, ou este fôr residente em paiz estrangeiro, ou quando os impressos e gravuras já tiverem sido condemnados por abuso e mandados supprimir.

§ 5.° Os que communicarem por mais de quinze pessoas os escriptos não impressos, se não provarem quem é o autor, e que circulárão com o seu consentimento; provando estes requisitos, será responsavel sómente o autor.

Art. 8.° Nestes delictos não se dá complicidade; e para o seu julgamento os escriptos e discursos em que fôrem commettidos serão interpretados segundo as regras de boa hermeneutica, e não por phrases isoladas e deslocadas.

Art. 9.° Não se julgarão criminosos:

§ 1.° Os que imprimirem e de qualquer modo fizerem circular as opiniões e os discursos enunciados pelos senadores ou deputados no exercicio de suas funcções, comtanto que não sejão alterados essencialmente na substancia.

§ 2.° Os que fizerem analyses razoaveis dos principios e usos religiosos.

§ 3.° Os que fizerem analyses razoaveis da Constituição, não se atacando as suas bases fundamentaes; e das leis existentes, não se provocando a desobediencia a ellas.

§ 4.° Os que censurarem os actos do governo e da publica administração, em termos, posto que vigorosos, decentes e comedidos.

Art. 10. Tambem não se julgaráõ criminosos:

§ 1.° Os menores de quatorze annos.

§ 2.° Os loucos de todo o genero, salvo se tiverem lucidos intervallos e nelles commetterem o crime.

§ 3.° Os que commetterem crimes violentados, por força ou por medo irresistiveis.

§ 4.° Os que commetterem crimes casualmente no exercicio ou pratica de qualquer acto licito, feito com atenção ordinaria.

Art. 11. Posto que os mencionados no artigo antecedente não possão ser punidos, os seus bens comtudo serão sujeitos á satisfação do mal causado.

Art. 12. Os loucos que tiverem commettido crimes serão recolhidos ás casas para elles destinadas, ou entregues ás suas famílias, como ao juiz parecer mais conveniente.

Art. 13. Se se provar que os menores de quatorze annos, que tiverem commettido crimes, obrárão com discernimento, deveráõ ser recolhidos ás casas de correcção, pelo tempo que ao juiz parecer, comtanto que o recolhimento não exceda a idade de dezesete annos.

Capitulo II.

Dos crimes justificaveis.

Art. 14. Será o crime justificavel, e não terá lugar a punição delle:

§ 1.° Quando fôr feito pelo delinquente para evitar mal maior.

Para que o crime seja justificavel, neste caso, deveráõ intervir conjunctamente a favor do delinquente os seguintes requisitos: 1.°, certeza do mal que se propôz evitar; 2.°, falta absoluta de outro meio menos prejudicial; 3.°, probabilidade da efficacia do que se empregou.

§ 2.° Quando fôr feito em defesa da propria pessoa ou de seus direitos.

§ 3.° Quando fôr feito em defesa da familia do delinquente.

Para que o crime seja justificavel nestes dous casos, deveráõ intervir conjunctamente os seguintes requisitos: 1.°, certeza do mal que os delinquentes se propuzerão evitar; 2.°, falta absoluta de outro meio menos prejudicial; 3.°, o não ter havido da parte delles, ou de suas familias, provocação ou delicto que occasionasse o conflicto.

§ 4.° Quando fôr feito em defesa da pessoa de um terceiro.

Para que o crime seja justificavel, neste caso, deveráõ intervir conjunctamente a favor do delinquente os seguintes requisitos: 1.°, certeza do mal que se propôz evitar; 2.°, que este fosse maior, ou pelo menos igual ao que se causou; 3.°, falta absoluta de outro meio menos prejudicial; 4.°, probabilidade da efficacia do que se empregou.

Reputar-se-ha feito em propria defesa ou de um terceiro o mal causado na repulsa dos que de noite entrarem ou tentarem entrar nas casas em que alguem morar ou estiver, ou nos edificios ou pateos fechados a ellas pertencentes, não sendo casos em que a lei o permitte.

§ 5.° Quando fôr feita em resistencia á execução de ordens illegaes, não se excedendo os meios necessarios para impedi-la.

§ 6.° Quando o mal consistir no castigo moderado que os pais derem a seus filhos, os senhores a seus escravos e os mestres a seus discipulos, ou desse castigo resultar, uma vez que a qualidade delle não seja contraria ás leis em vigor.

Capitulo III.

Das circumstancias aggravantes e attenuantes dos crimes.

Art. 15. As circumstancias aggravantes e attenuantes dos crimes influirão na aggravação ou attenuação das penas com que hão de ser punidos dentro dos limites prescriptos na lei.

Secção I.

Art. 16. São circumstancias aggravantes:

§ 1.° Ter o delinquente commettido o crime de noite ou em lugar ermo.

§ 2.° Ter o delinquente commettido o crime com veneno, incendio ou inundação.

§ 3.° Ter o delinquente reincidido em delicto da mesma natureza.

§ 4.° Ter sido o delinquente impelido por um motivo reprovado ou frivolo.

§ 5.° Ter o delinquente faltado ao respeito devido á idade do offendido, quando este fôr mais velho, tanto que possa ser seu pai.

§ 6.° Haver no delinquente superioridade em sexo, forças ou armas, de maneira que o offendido não pudesse defender-se com probabilidade de repellir a offensa.

§ 7.° Haver no offendido a qualidade de ascendente, mestre ou superior do delinquente, ou qualquer outra que o constitua a respeito deste em razão de pai.

§ 8.° Dar-se no delinquente a premeditação, isto é, designio formado antes da acção de offender individuo certo ou incerto.

Haverá premeditação quando entre o designio e a acção decorrerem mais de vinte e quatro horas.

§ 9.° Ter o delinquente procedido com fraude.

§ 10. Ter o delinquente commettido o crime com abuso da confiança nelle posta.

§ 11. Ter o delinquente commettido o crime por paga ou esperança de alguma recompensa.

§ 12. Ter precedido ao crime a emboscada, por ter o delinquente esperado o offendido em um ou diversos lugares.

§ 13. Ter havido arrombamento para a perpetração do crime.

§ 14. Ter havido entrada ou tentativa para entrar em casa do offendido com intento de commetter o crime.

§ 15. Ter sido o crime commettido com sorpresa.

§ 16. Ter o delinquente, quando commetteu o crime, usado de disfarce para não ser conhecido.

§ 17. Ter precedido ajuste entre dous ou mais individuos para o fim de commetter-se o crime.

Art. 17. Tambem se julgarão aggravados os crimes:

§ 1.° Quando, além do mal do crime, resultar outro mal ao offendido ou a pessoa de sua familia.

§ 2.° Quando a dôr physica fôr augmentada mais que o ordinario por alguma circumstancia extraordinaria.

§ 3.° Quando o mal do crime fôr augmentado por alguma circumstancia extraordinaria de ignominia.

§ 4.° Quando o mal do crime fôr augmentado pela natureza irreparavel do damno.

§ 5.° Quando pelo crime se augmentar a afflicção ao afflicto.

Secção II.

Art. 18. São circumstancias attenuantes dos crimes:

§ 1.° Não ter havido no delinquente pleno conhecimento do mal e directa intenção de o praticar.

§ 2.° Ter o delinquente commettido o crime para evitar maior mal.

§ 3.° Ter o delinquente commettido o crime em defesa da propria pessoa ou de seus direitos; em defesa de sua familia ou de um terceiro.

§ 4.° Ter o delinquente commettido o crime em desaffronta de alguma injuria ou deshonra que lhe fosse feita, ou a seus ascedentes, descendentes conjuge ou irmãos.

§ 5.° Ter o delinquente commettido o crime oppondo-se á execução de ordens illegaes.

§ 6.° Ter precedido aggressão da parte do offendido.

§ 7.° Ter o delinquente commettido o crime aterrado de ameaças.

§ 8.° Ter sido provocado o delinquente.

A provocação será mais ou menos attendivel, segundo fôr mais ou menos grave, mais ou menos recente.

§ 9.° Ter o delinquente commetido o crime no estado de embriaguez.

Para que a embriaguez se considere circumstancia attenuante, deveráõ intervir conjunctamente os seguintes requisitos: 1.°, que o delinquente não tivesse antes della formado o projecto do crime; 2.°, que a embriaguez não fosse procurada pelo delinquente como meio de o animar á perpetração do crime; 3.°, que o delinquente não seja costumado em tal estado a commetter crimes.

§ 10. Ser o delinquente menor de 21 annos.

Quando o réo fôr menor de dezesete annos e maior de quatorze, poderá o juiz, parecendo-lhe justo, impôr-lhe as penas da complicidade.

Secção III.

Art. 19. Influirá tambem na aggravação ou attenuação do crime a sensibilidade do offendido.

Art. 20. As circumstancias mencionadas neste capitulo deveráõ ser provadas, e na duvida impôr-se-ha a pena no gráo médio.

Capitulo IV.

Da satisfação.

Art. 21. O delinquente satisfará o damno que causar com o delicto.

Art. 22. A satisfação será sempre a mais completa que fôr possivel, sendo no caso de duvida a favor do offendido.

Para este fim o mal que resultar á pessoa e bens do offendido será avaliado em todas as suas partes e consequencias.

Art. 23. No caso de restituição, far-se-ha esta da propria cousa, com indemnisação dos deterioramentos, e na falta della, do seu equivalente.

Art. 24. Se a propria cousa estiver em poder de terceiro, será este obrigado a entrega-la, havendo a indemnisação pelos bens do delinquente.

Art. 25. Para se restituir o equivalente, quando não existir a propria cousa, será esta avaliada pelo seu preço ordinario, e pelo de affeição, comtanto que este não exceda á somma daquelle.

Art. 26. Na satisfação se comprehenderáõ não só os juros ordinarios, os quaes se contaráõ na proporção do damno causado e desde o momento do crime, mas tambem os juros compostos.

Art. 27. Quando o crime fôr commetido por mais de um delinquente, a satisfação será á custa de todos, ficando porém cada um delles solidariamente obrigado, e para esse fim se haverão por especialmente hypothecados os bens dos delinquentes desde o momento do crime.

Art. 28. Serão obrigados á satisfação, posto que não sejão delinquentes:

§ 1.° O senhor pelo escravo até o valor deste.

§ 2.º O que gratuitamente tiver participado dos productos do crime até á concurrente quantia.

Art. 29. A obrigação de satisfazer o damno na fórma dos artigos antecedentes passa aos herdeiros dos delinquentes até o valor dos bens herdados, e o direito de haver a satisfação passa aos herdeiros dos offendidos.

Art. 30. A completa satisfação do offendido preferirá sempre ao pagamento das multas, a que tambem ficaráõ hypothecados os bens dos delinquentes, na fórma do art. 27.

Art. 31. A satisfação não terá lugar antes da condemnação do delinquente por sentença em juizo criminal, passada em julgado Exceptua-se:

§ 1.º O caso da ausencia do delinquente em que se poderá demandar e haver a satisfação por meio de acção civil.

§ 2.º O caso em que o delinquente tiver fallecido depois da pronuncia, no qual poderá haver-se dos herdeiros a satisfação por meio de acção civil.

§ 3.º O caso em que o offendido preferir o usar da acção civil contra o delinquente.

Art. 32. Em todo o caso, não tendo o delinquente meios para a satisfação, dentro em oito dias, que lhe serão assignados, será condemnado á prisão com trabalho pelo tempo necessario para ganhar a quantia da satisfação.

Esta condemnação, porém, ficará sem effeito logo que o delinquente, ou alguem por elle, satisfazer ou prestar fiança idonea ao pagamento em tempo razoavel, ou o offendido se dér por satisfeito.

TITULO II.

DAS PENAS.

Capitulo I.

Da qualidade das penas, e da maneira como se hão de impôr e cumprir.

Art. 33. Nenhum crime será punido com penas que não estejão estabelecidas nas leis, nem com mais ou menos daquellas que estiverem decretadas para punir o crime no gráo maximo, médio ou minimo, salvo o caso em que aos juizes se permittir arbitrio.

Art. 34. A tentativa a que não estiver imposta pena especial será punida com as mesmas penas do crime, menos a terça parte em cada um dos gráos.

Se a pena fôr de morte, impôr-se-ha ao culpado de tentativa no mesmo gráo a de galés perpetuas. Se fôr a de galés perpetuas, ou de prisão perpetua com trabalho ou sem elle, impôr-se-ha a de galés por vinte annos, ou de prisão com trabalho ou sem elle, por vinte annos. Se fôr de banimento, impôr-se-ha a de desterro para fóra do Imperio por vinte annos. Se fôr de degredo ou desterro perpetuo, impôr-se-ha a de degredo ou desterro por vinte annos.

Art. 35. A complicidade será punida com as penas da tentativa; e a complicidade da tentativa com as mesmas penas desta menos a terça parte, conforme a regra estabelecida no artigo antecedente.

Art. 36. Nenhuma presumpção, por mais vehemente que seja, dará motivo para imposição de pena.

Art. 37. Não se considera pena a prisão do indiciado de culpa para prevenir a fugida, nem a suspensão dos magistrados decretada pelo poder moderador, na fórma da Constituição.

Art. 38. A pena de morte será dada na forca.

Art. 39. Esta pena, depois que se tiver tornado irrevogavel a sentença, será executada no dia seguinte ao da intimação, a qual nunca se fará na vespera de domingo, dia santo ou de festa nacional.

Art. 40. O réo, com o seu vestido ordinario, e preso, será conduzido pelas ruas mais publicas até á forca, acompanhado do juiz criminal do lugar onde estiver, com seu escrivão, e da força militar que se requisitar.

Ao acompanhamento precederá o porteiro, lendo em voz alta a sentença que se fôr executar.

Art. 41. O juiz criminal, que acompanhar, presidirá á execução até que se ultime; e o seu escrivão passará certidão de todo este acto, a qual se ajuntará ao processo respectivo.

Art. 42. Os corpos dos enforcados serão entregues a seus parentes ou amigos, se os pedirem aos juizes que presidirem á execução; mas não poderáõ enterra-los com pompa, sob pena de prisão por um mez a um anno.

Crime:

Maximo — 1 anno.

Médio — 6 mezes e meio.

Mimino — 1 mez.

Tentativa ou complicidade:

Maximo — 8 mezes.

Médio — 4 mezes e 10 dias.

Minimo — *N. B.* A tentativa no minimo não é punivel (art. 2.° § 2.° do Cod. Crim.)

Complicidade de tentativa:

Maximo — 5 mezes e 10 dias

Médio — 3 mezes 6 dias e 2/3.

Minimo — Não é punivel.

Art. 43. Na mulher prenhe não se executará a pena de morte, nem mesmo ella será julgada, em caso de a merecer, senão quarenta dias depois do parto.

Art. 44. A pena de galés sujeitará os réos a andarem com calceta no pé e corrente de ferro, juntos ou separados, e a empregar se nos trabalhos publicos da provincia onde tiver sido commettido o delicto, á disposição do governo.

Art. 45. A pena de galés nunca será imposta:

§ 1.° Ás mulheres, as quaes, quando tiverem commettido crimes para que esteja estabelecida esta pena, serão condemnadas pelo mesmo tempo á prisão em lugar e com serviço analogo ao seu sexo.

§ 2.° Aos menores de vinte e um annos e maiores de sessenta, aos quaes se substituirá esta pena pela prisão com trabalho pelo mesmo tempo.

Quando o condemnado a galés, estando no cumprimento da pena chegar á idade de sessenta annos, ser-lhe-ha esta substituida pela de prisão com trabalho por outro tanto tempo quanto ainda lhe faltar para cumprir.

Art. 46. A pena de prisão com trabalho obrigará aos réos a occuparem-se diariamente no trabalho que lhes fôr destinado dentro do recinto das prisões, na conformidade das sentenças e dos regulamentos policiaes das mesmas prisões.

Art. 47. A pena de prisão simples obrigará aos réos a estarem reclusos nas prisões publicas pelo tempo marcado nas sentenças.

Art. 48. Estas penas de prisão serão cumpridas nas prisões publicas que offerecerem maior commodidade e segurança, e na maior proximidade que fôr possivel dos lugares dos delictos, devendo ser designadas pelos juizes nas sentenças.

Quando porém fôr de prisão simples que não exceda a seis mezes, cumprir-se-ha em qualquer prisão que haja no lugar da residencia do réo, ou em algum outro proximo; devendo fazer-se na sentença a mesma designação.

Art. 49. Emquanto se não estabelecerem as prisões com as commodidades e arranjos necessarios para o trabalho dos réos, as penas de prisão com trabalho serão substituidas pela de prisão simples, accrescentando-se em tal caso a esta mais a sexta parte do tempo por que aquellas deverião impôr-se.

Art. 50. A pena de banimento privará para sempre os réos dos direitos de cidadão brasileiro, e os inhibirá perpetuamente de habitar o territorio do Imperio.

Os banidos que voltarem ao territorio do Imperio serão condemnados a prisão perpetua.

Art. 51. A pena de degredo obrigará os réos a residir no lugar destinado pela sentença, sem poderem sahir delle, durante o tempo que a mesma lhes marcar.

A sentença nunca destinará para degredo lugar que se comprehenda dentro da comarca em que morar o offendido.

Art. 52. A pena de desterro, quando outra declaração não houver, obrigará os réos a sahir dos termos dos lugares do delicto, da sua principal residencia, e da principal residencia do offendido, e a não entrar em algum delles durante o tempo marcado na sentença.

Art. 53. Os condemnados a galés, a prisão com trabalho a prisão simples, a degredo ou a desterro, ficão privados do exercicio dos direitos politicos de cidadão brasileiro, emquanto durarem os effeitos da condemnação.

Art. 54. Os condemnados a galés, a prisão com trabalho, ou a prisão simples, que fugirem das prisões; os degradados que sahirem do lugar do degredo, e os desterrados que entrarem no lugar de que tiverem sido desterrados, antes de satisfeita a pena, serão condemnados na terça parte mais do tempo da primeira condemnação.

Art. 55. A pena de multa obrigará os réos ao pagamento de uma quantia pecuniaria, que será sempre regulada pelo que os condemnados puderem haver em cada um dia pelos seus bens, empregos ou industria, quando a lei especificadamente a não designar de outro modo.

Art. 56. As multas serão recolhidas aos cofres das camaras municipaes; e os condemnados que, podendo, as não pagarem dentro de oito dias, serão recolhidos á prisão, de que não sahiráõ sem que paguem.

Art. 57. Não tendo os condemnados meios para pagar as multas, serão condemnados em tanto tempo de prisão com trabalho, quanto fôr necessario para ganharem a importancia dellas.

Terá lugar neste caso a disposição do art. 32.

Art. 58. A pena de suspensão do emprego privará os réos do exercicio dos seus empregos durante o tempo da suspensão, no qual não podeáõ ser empregados em outros, salvo sendo de eleição popular.

Art. 59. A pena de perda do emprego importará a perda de todos os serviços que os réos houverem prestado nelle.

Os réos que tiverem perdido os empregos por sentença poderáõ ser providos por nova nomeação em outros da mesma ou de diversa natureza, salvo havendo expressa declaração de inhabilidade.

Art. 60. Se o réo fôr escravo, e incorrer em pena que não seja a capital ou de galés, será condemnado na de açoutes, e, depois de os soffrer, será entregue a seu senhor, que se obrigará a trazê-lo com um ferro pelo tempo e maneira que o juiz o designar.

O numero de açoutes será fixado na sentença, e o escravo não poderá levar por dia mais de cincoenta.

Art. 61. Quando o réo fôr convencido de mais de um delicto, impôr-se-lhe-hão as penas estabelecidas nas leis para cada um delles, e soffrerá as corporaes umas depois das outras, principiando e seguindo da maior para a menor, com attenção ao gráo da intensidade, e não ao tempo da duração.

Exceptua-se o caso de ter incorrido na pena de morte, no qual nenhuma outra pena corporal se lhe imporá, podendo sómente annexar-se áquella a pena de multa.

Art. 62. Se os delinquentes tiverem incorrido em duas ou mais penas que se lhes não possão impôr uma depois de outra, se lhes imporá no gráo maximo a pena do crime maior que tiverem commettido, não sendo a de morte, em cujo caso se lhes imporá a de galés perpetuas.

Art. 63. Quando este Codigo não impõe pena determinada, fixando sómente o maximo e o minimo, considerar-se-hão tres gráos nos crimes, com attenção ás suas circumstancias aggravantes ou attenuantes, sendo o maximo o de maior gravidade, á que se imporá o maximo da pena; o minimo, o da menor gravidade, á que se imporá a pena minima; o médio o que fica entre o maximo e o minimo, á que se imporá a pena no termo médio entre os dous extremos dados.

Art. 64. Os delinquentes que, sendo condemnados, se acharem no estado de loucura, não serão punidos emquanto nesse estado se conservarem.

Disposições geraes.

Art. 65. As penas impostas aos réos não prescreveráõ em tempo algum.

Art. 66. O perdão ou minoração das penas impostas aos réos com que os agraciar o poder moderador não os eximirá da obrigação de satisfazer o mal causado em toda a sua plenitude.

Art 67. O perdão do offendido antes ou depois da sentença, não eximirá das penas em que tiverem ou possão ter incorrido os réos de crimes publicos ou dos particulares em que tiver lugar a accusação por parte da justiça.

PARTE II.

DOS CRIMES PUBLICOS.

TITULO I.

Dos crimes contra a existencia politica do Imperio.

Capitulo I.

Dos crimes contra a Independencia, Integridade, e Dignidade da Nação.

Art. 68. Tentar directamente e por factos destruir a independencia ou a integridade do Imperio.

Penas — de prisão com trabalho por cinco a quinze annos.

Maximo — 15 annos de prisão com trabalho.

Médio — 10 annos, idem.

Minimo — 5 annos, idem.

Se no lugar não houver casa de correcção, será a pena substituida pela de prisão simples com mais a 6.ª parte. Assim, será:

Maxima — 17 1/2 annos de prisão simples.

Médio — 11 annos e 8 mezes, idem.

Minimo — 5 annos e 10 mezes, idem.

Aos complices:

Maximo — 10 annos de prisão com trabalho.

Médio — 6 annos e 8 mezes, idem.

Minimo — 3 anos e 4 mezes, idem.

Se não houver casa de correcção:

Maximo — 11 annos e 8 mezes de prisão simples.

Médio — 7 annos, 9 mezes e 10 dias, idem.

Minimo — 3 annos, 10 mezes e 20 dias, idem.

Se o crime se consummar.

Penas — de prisão perpetua com trabalho no gráo maximo, prisão com trabalho por vinte annos no médio, e por dez no minimo.

Maximo — Prisão perpetua com trabalho.

Médio — 20 annos, idem.

Minimo — 10 annos, idem.

Se não houver casa de correcção:

Maximo — prisão perpetua simples.

Médio — 23 annos e 4 mezes, idem.

Minimo — 11 annos e 8 mezes, idem.

Aos complices:

Maximo — 20 annos de prisão com trabalho.

Médio — 13 annos e 4 mezes, idem.

Minimo — 6 annos e 8 mezes, idem.

Se não houver casa de correcção:

Maximo — 23 annos e 4 mezes de prisão simples.

Médio — 15 annos, 6 mezes e 20 dias, idem.

Minimo — 7 annos, 9 mezes e 10 dias, idem.

Art. 69. Provocar directamente e por factos uma nação estrangeira a declarar a guerra ao Imperio, se tal declaração se verificar e se seguir a guerra.

Penas — de prisão com trabalho por seis a dezoito annos.

Ao criminoso autor:

Maximo — 18 annos de prisão com trabalho.

Médio — 12 annos, idem.

Minimo — 6 annos, idem.

Se não houver casa de correcção:

Maximo — 21 annos de prisão simples.

Médio — 14 annos, idem.

Minimo — 7 annos, idem.

Aos criminosos por tentativa ou por complicidade:

Maximo — 12 annos de prisão com trabalho.

Médio — 8 annos, idem.

Minimo — 4 annos, idem.

Se não houver casa de correcção:

Maximo — 14 annos de prisão simples.

Médio — 9 annos e 4 mezes, idem.

Minimo — 4 annos e 8 mezes, idem.

Aos criminosos por complicidade na tentativa:

Maximo — 8 annos de prisão com trabalho.

Médio — 5 annos e 4 mezes, idem.

Minimo — 2 annos e 8 mezes, idem.

Se não houver casa de correcção:

Maximo — 9 annos e 4 mezes de prisão simples.

Médio — 6 annos, 2 mezes e 20 dias, idem.

Minimo — 3 annos, 1 mez e 10 dias, idem.

Se da provocação se não seguir a declaração da guerra, ou se esta, posto que declarada, se não verificar, ficando a nação sem damno ou prejuizo.

Penas — de prisão com trabalho por dous a seis annos.

Ao criminoso autor:

Maximo — 6 annos de prisão com trabalho.

Médio — 4 annos, idem.

Minimo — 2 annos, idem.

Se não houver casa de correcção:

Maximo — 7 annos de prisão simples.

Médio — 4 annos e 8 mezes, idem.

Minimo — 2 annos e 4 mezes, idem.

Aos criminosos por tentativa ou complicidade:

Maximo — 4 annos de prisão com trabalho.

Médio — 2 annos e 8 mezes, idem.

Minimo — 1 anno 4 mezes, idem.

Se não houver casa de correcção:

Maximo — 4 annos e 8 mezes de prisão simples.

Médio — 3 annos, 1 mez e 10 dias, idem.

Minimo — 1 anno, 6 mezes e 20 dias, idem.

Ao criminoso por complicidade na tentativa:

Maximo — 2 annos e 8 mezes de prisão com trabalho.

Médio — 1 anno, 9 mezes e 10 dias, idem.

Minimo — 10 mezes e 20 dias, idem.

Se não houver casa de correcção:

Maximo — 3 annos, 1 mez e 10 dias de prisão simples.

Médio — 2 annos e 26 dias e 2/3, idem.

Minimo — 1 anno, 13 dias e 1/3, idem.

Se, para se não verificar a guerra, declarada em consequencia da provocação, fôr preciso algum sacrificio da nação em prejuizo de sua integridade, dignidade ou interesses.

Penas — de prisão com trabalho por tres a doze annos.

Ao criminoso autor:

Maximo — 12 annos de prisão com trabalho.

Médio — 7 annos e 6 mezes, idem.

Minimo — 3 annos idem.

Se não houver casa de correcção:

Maximo — 14 annos de prisão simples.

Médio — 8 annos e 9 mezes, idem.

Minimo — 3 annos e 6 mezes, idem.

Aos criminosos por tentativa ou complicidade:

Maxima — 8 annos de prisão com trabalho.

Médio — 5 annos, idem.

Minimo — 2 annos, idem.

Se não houver casa de correcção:

Maximo — 9 annos e 4 mezes de prisão simples.

Médio — 5 annos e 10 mezes, idem.

Minimo — 2 annos e 4 mezes, idem.

Ao criminoso por complicidade na tentativa:

Maximo — 5 annos e 4 mezes de prisão com trabalho.

Médio — 3 annos e 4 mezes, idem.

Minimo — 1 anno e 4 mezes, idem.

Se não houver casa de correcção:

Maximo — 6 annos, 2 mezes e 20 dias de prisão simples.

Médio — 3 annos, 10 mezes e 20 dias idem.

Minimo — 1 anno, 6 mezes e 20 dias, idem.

Art. 70. Tomar armas, o que fôr cidadão brasileiro, contra o Imperio, debaixo de bandeiras inimigas.

Penas — de prisão com trabalho por seis a quatorze annos.

Ao criminoso autor:

Maximo — 14 annos de prisão com trabalho.

Médio — 10 annos, idem.

Minimo — 6 annos, idem.

Se não houver casa de correcção:

Maximo — 16 annos e 4 mezes de prisão simples.

Médio — 11 annos e 8 mezes, idem.

Minimo — 7 annos, idem.

Ao criminoso por tentativa ou complicidade:

Maximo — 9 annos e 4 mezes de prisão com trabalho.

Médio — 6 annos e 8 mezes, idem.

Minimo — 4 annos, idem.

Se não houver casa de correcção:

Maximo — 10 annos, 10 mezes e 20 dias de prisão simples.

Médio — 7 annos, 9 mezes e 10 dias, idem.

Minimo — 4 annos e 8 mezes, idem.

Ao criminoso por complicidade na tentativa:

Maximo — 6 annos, 2 mezes e 20 dias de prisão com trabalho.

Médio — 4 annos, 5 mezes e 10 dias, idem.

Minimo — 2 annos e 8 mezes, idem.

Se não houver casa de correcção:

Maximo — 7 annos, 3 mezes e 3 dias e 1/3 de prisão simples.

Médio — 5 annos, 2 mezes e 6 dias e 2/3, idem.

Minimo — 3 annos, 1 mez e 10 dias, idem.

Art. 71. Auxiliar alguma nação inimiga a fazer a guerra ou a commetter hostilidades contra o Imperio, fornecendo-lhe gente, armas, dinheiro, munições ou embarcações.

Penas — de prisão perpetua com trabalho no gráo maximo, por quinze annos no médio, e por oito no minimo.

Ao criminoso autor:

Maximo — prisão perpetua com trabalho.

Médio — 15 annos, idem.

Minimo — 8 annos, idem.

Se não houver casa de correcção:

Maximo — prisão simples perpetua.

Médio — 17 annos e 6 mezes, idem.

Minimo — 9 annos e 4 mezes, idem.

Ao criminoso por tentativa ou complicidade:

Maximo — 20 annos de prisão com trabalho.

Médio — 10 annos, idem.

Minimo — 5 annos e 4 mezes.

Se não houver casa de correcção:

Maximo — 23 annos e 4 mezes de prisão simples.

Médio — 11 annos e 8 mezes, idem.

Minimo — 6 annos, 2 mezes e 20 dias, idem.

Ao criminoso por complicidade na tentativa:

Maximo — 13 annos e 4 mezes de prisão com trabalho.

Médio — 6 annos e 8 mezes, idem.

Minimo — 3 annos, 6 mezes e 20 dias, idem.

Se não houver casa de correcção:

Maximo — 15 annos, 6 mezes e 20 dias de prisão simples.

Médio — 7 annos, 9 mezes e 10 dias, idem.

Minimo — 4 annos, 1 mez, 23 dias e 1/3, idem.

Art. 72. Entreter com uma nação inimiga, ou com seus agentes, intelligencias por que se lhe communique o estado de forças do Imperio, seus recursos ou planos; ou dar entrada e auxilio a espiões ou a soldados inimigos mandados a pesquizar as operações do Imperio, conhecendo-os por taes.

Penas — de prisão com trabalho por vinte annos no gráo maximo, por doze no médio, e por seis no minimo.

Ao criminoso autor:

Maximo — 20 annos de prisão com trabalho.

Médio — 12 annos, idem.

Minimo — 6 annos, idem.

Se não houver casa de correcção:

Maximo — 26 annos e 4 mezes de prisão simples.

Médio — 14 annos, idem.

Minimo — 7 annos, idem.

Aos criminosos por complicidade ou tentativa:

Maximo — 13 annos e 4 mezes de prisão com trabalho.

Médio — 8 annos, idem.

Minimo — 4 annos, idem.

Se não houver casa de correcção:

Maximo — 15 annos, 6 mezes e 20 dias de prisão simples.

Médio — 9 annos e 4 mezes, idem.

Minimo — 4 annos e 8 mezes, idem.

Ao criminoso por complicidade na tentativa:

Maximo — 8 annos, 10 mezes e 20 dias de prisão com trabalho.

Médio — 5 annos e 4 mezes, idem.

Minimo — 2 annos e 8 mezes idem.

Se não houver casa de correcção:

Maximo — 10 annos, 4 mezes, 13 dias e 1/3 de prisão simples.

Médio — 6 annos, 2 mezes e 20 dias, idem.

Minimo — 3 annos, 1 mez e 10 dias, idem.

Art. 73. Commetter sem ordem ou autorisação do governo hostilidades contra os subditos de outra nação, de maneira que se comprometta a paz ou provoquem as represalias.

Penas — de prisão com trabalho por um a doze annos.

Ao criminoso autor:

Maximo — 12 annos de prisão com trabalho.

Médio — 6 annos e 6 mezes, idem.

Minimo — 1 anno, idem.

Se não houver casa de correcção:

Maximo — 14 annos de prisão simples.

Médio — 7 annos e 7 mezes, idem.

Minimo — 1 anno e 2 mezes, idem.

Ao criminoso por tentativa ou complicidade:

Maximo — 8 annos de prisão com trabalho.

Médio — 4 annos e 4 mezes, idem.

Minimo — 8 mezes, idem.

Se não houver casa de correcção:

Maximo — 9 annos e 4 mezes de prisão simples.

Médio — 5 annos e 20 dias, idem.

Minimo — 9 mezes e 10 dias, idem.

Ao criminoso por complicidade na tentativa:

Maximo — 5 annos e 4 mezes de prisão com trabalho.

Médio — 2 annos, 10 mezes e 20 dias, idem.

Minimo — 5 mezes e 10 dias, idem.

Se não houver casa de correcção:

Maximo — 6 annos, 2 mezes e 20 dias de prisão simples.

Médio — 3 annos, 4 mezes e 13 dias e 1/3, idem.

Minimo — 6 mezes, 6 dias e 2/3, idem.

Se por tal procedimento algum Brasileiro soffrer algum mal, será o réo considerado autor delle, e punido com as penas correspondentes, além da sobredita.

Art. 74. Violar tratados legitimamente feitos com as nações estrangeiras.

Penas — de prisão por um a seis annos.

Ao criminoso autor:

Maximo — 6 annos de prisão simples.

Médio — 3 annos e 6 mezes, idem.

Minimo — 1 anno, idem.

Aos criminosos por tentativa ou complicidade:

Maximo — 4 annos de prisão simples.

Médio — 2 annos e 4 mezes, idem.

Minimo — 8 mezes, idem.

Ao criminoso por complicidade na tentativa:

Maximo — 2 annos e 8 mezes de prisão simples.

Médio — 1 anno, 6 mezes e 20 dias, idem.

Minimo — 5 mezes e 10 dias, idem.

Art. 75. Violar a immunidade dos embaixadores ou ministros estrangeiros.

• **Penas** — de prisão por dous a dezeseis mezes.

Ao criminoso autor:

Maximo — 16 mezes de prisão simples.

Médio — 9 mezes, idem.

Minimo — 2 mezes, idem.

Aos criminosos por tentativa ou complicidade:

Maximo — 10 mezes e 20 dias de prisão simples.

Médio — 6 mezes, idem.

Minimo — 1 mez e 10 dias, idem.

(*N. B.* A tentativa no minimo não é punida. Art. 2.°, § 2.°.)

Aos criminosos por complicidade na tentativa:

Maximo — 7 mezes, 3 dias e 1/3 de prisão simples.

Médio — 4 mezes, idem.

Minimo — Não é punida.

Art. 76. Entregar de facto qualquer porção de territorio do Imperio, ou que elle tenha occupado, ou quaesquer objectos que lhe pertenção ou de que esteja na posse, ao inimigo interno ou a qualquer nação estrangeira, tendo meios de defesa.

Penas — de prisão com trabalho por dous a dezoito annos.

Ao criminoso autor:

Maximo — 18 annos de prisão com trabalho.

Médio — 10 annos, idem.

Minimo — 2 annos, idem.

Se não houver casa de correcção:

Maximo — 21 annos de prisão simples.

Médio — 11 annos e 8 mezes, idem.

Minimo — 2 annos e 4 mezes, idem.

Aos criminosos por tentativa ou complicidade:

Maximo — 12 annos de prisão com trabalho.

Médio — 6 annos e 8 mezes, idem.

Minimo — 1 anno e 4 mezes, idem.

Se não houver casa de correcção:

Maximo — 14 annos de prisão simples.

Médio — 7 annos, 9 mezes e 10 dias, idem.

Minimo — 1 anno, 6 mezes e 20 dias, idem.

Aos criminosos por complicidade na tentativa:

Maximo — 8 annos de prisão com trabalho.

Médio — 4 annos, 5 mezes e 10 dias, idem.

Minimo — 10 mezes e 20 dias, idem.

Se não houver casa de correcção:

Maximo — 9 annos e 4 mezes de prisão simples.

Médio — 5 annos, 2 mezes, 6 dias e 2/3, idem.

Minimo — 1 anno, 13 dias e 1/3, idem.

Art. 77. Comprometter, em qualquer tratado ou convenção, a honra, dignidade, fé ou interesses nacionaes.

Penas — de prisão por dous a doze annos.

Ao criminoso autor:

Maximo — 12 annos de prisão simples.

Médio — 7 annos, idem.

Minimo — 2 annos, idem.

Aos criminosos por tentativa ou complicidade:

Maximo — 8 annos de prisão simples.

Médio — 4 annos e 8 mezes, idem.

Minimo — 1 anno e 4 mezes, idem.

Aos criminosos por complicidade na tentativa:

Maximo — 5 annos e 4 mezes de prisão simples.

Médio — 3 annos, 1 mez e 10 dias, idem.

Minimo — 10 mezes e 20 dias, idem.

Art. 78. Entrar jurisdiccionalmente em paiz estrangeiro sem autoridade legitima.

Penas — de prisão por seis mezes a quatro annos.

Ao criminoso autor:

Maximo — 4 annos de prisão simples.

Médio — 2 annos e 3 mezes, idem.

Minimo — 6 mezes, idem.

Aos criminosos por tentativa ou complicidade:

Maximo — 2 annos e 8 mezes de prisão simples.

Médio — 1 anno e 6 mezes, idem.

Minimo — 4 mezes, idem.

Aos criminosos por complicidade na tentativa:

Maximo — 1 anno, 9 mezes e 10 dias de prisão simples.

Médio — 1 anno, idem.

Minimo — 2 mezes e 20 dias, idem.

Art. 79. Reconhecer, o que fôr cidadão brasileiro, superior fóra do Imperio, prestando-lhe effectiva obediencia.

Penas — de prisão por quatro a dezeseis mezes.

Ao criminoso autor:

Maximo — 16 mezes de prisão simples.

Médio — 10 mezes, idem.

Minimo — 4 mezes, idem.

Aos criminosos por tentativa ou complicidade:

Maximo — 10 mezes e 20 dias de prisão simples.

Médio — 6 mezes e 20 dias, idem.

Minimo — 2 mezes e 20 dias, idem.

Aos criminosos por complicidade na tentativa:

Maximo — 6 mezes, 26 dias e 2/3 de prisão simples.

Médio — 4 mezes, 6 dias e 2/3, idem.

Minimo — 1 mez, 16 dias e 2/3, idem.

Art. 80. Se este crime fôr commettido por corporação, será esta dissolvida; e se os seus membros se tornarem a reunir debaixo da mesma ou diversa denominação, com a mesma ou diversas regras.

Penas — aos chefes, de prisão por dous a oito annos; aos outros membros, de prisão por oito mezes a tres annos.

Aos criminosos (autores chefes) de associação:

Maximo — 8 annos de prisão simples.

Médio — 5 annos, idem.

Minimo — 2 annos, idem.

Aos criminosos por tentativa ou complicidade:

Maximo — 5 annos e 4 mezes de prisão simples.

Médio — 3 annos e 4 mezes, idem.

Minimo — 1 anno e 4 mezes, idem.

Aos criminosos por complicidade na tentativa:

Maximo — 3 annos, 6 mezes e 20 dias de prisão simples.

Médio — 2 annos, 2 mezes e 20 dias, idem.

Minimo — 10 mezes e 20 dias, idem.

Aos criminosos, que sómente fôrem membros da corporação:

Maximo — 3 annos de prisão simples.

Médio — 1 anno e 10 mezes, idem.

Minimo — 8 mezes, idem.

Aos criminosos por tentativa ou complicidade estando na mesma posição de simples membro.

Maximo — 2 annos de prisão simples.

Médio — 1 anno, 2 mezes e 20 dias, idem.

Minimo — 5 mezes e 10 dias, idem.

Aos criminosos na mesma circumstancia por complicidade na tentativa:

Maximo — 1 anno e 4 mezes de prisão simples.

Médio — 9 mezes, 23 dias e 1/3, idem.

Minimo — 3 mezes, 16 dias e 2/3, idem.

Art. 81. Recorrer a autoridade estrangeira, residente dentro ou fóra do Imperio, sem legitima licença, para impetração de graças espirituaes, distincções ou privilegios na jerarchia ecclesiastica, ou para autorisação de qualquer acto religioso.

Penas — de prisão por tres a nove mezes.

Ao criminoso autor:

Maximo — 9 mezes de prisão simples.

Médio — 6 mezes, idem.

Minimo — 3 mezes, idem.

Aos criminosos por tentativa ou complicidade:

Maximo — 6 mezes de prisão simples.

Médio — 4 mezes, idem.

Minimo — 2 mezes, idem.

(N. B. A tentativa no grão minimo não é punida. Art. 2.° § 2.°).

Aos criminosos por complicidade de tentativa:

Maximo — 4 mezes de prisão simples.

Médio — 2 mezes e 20 dias, idem.

Minimo — Não é punida.

Art. 82. Exercitar pirataria, e este crime julgar-se-ha commettido:

§ 1.° Praticando no mar qualquer acto de depredação ou de violencia, contra Brasileiros ou contra estrangeiros com quem o Brasil não esteja em guerra.

§ 2.° Abusando da carta de corso, legitimamente concedida, para praticar hostilidades, ou contra navios brasileiros ou de outras nações que não fosse autorisado para hostilisar.

§ 3.° Apossando-se alguem do navio de cuja equipagem fizer parte, por meio de fraude ou violencia contra o commandante.

§ 4.° Entregando alguem aos piratas ou ao inimigo um navio a cuja equipagem pertencer.

§ 5.° Oppondo-se alguem por ameaças ou por violencia a que o commandante ou tripolação defenda o navio em occasião de ser atacado por piratas ou pelo inimigo.

Penas — de galés perpetuas no grão maximo, de prisão com trabalho por vinte annos no médio, e por dez no minimo.

Ao criminoso autor:

Maximo — galés perpetuas.

Médio — 20 annos de prisão com trabalho.

Minimo — 10 annos, idem.

Se não houver casa de correcção:

Maximo — galés perpetuas.

Médio — 23 annos e 4 mezes de prisão simples.

Minimo — 11 annos e 8 mezes, idem.

Aos criminosos por tentativa ou complicidade:

Maximo — 20 annos de prisão com trabalho.

Médio — 13 annos e 4 mezes, idem.

Minimo — 6 annos e 8 mezes, idem.

Se não houver casa de correcção:

Maximo — 23 annos e 4 mezes de prisão simples.

Médio — 15 annos, 6 mezes e 20 dias, idem.

Minimo — 7 annos, 9 mezes e 10 dias, idem.

Ao criminoso por complicidade na tentativa:

Maximo — 13 annos e 4 mezes de prisão com trabalho.

Médio — 8 annos, 10 mezes e 20 dias, idem.

Minimo — 4 annos, 5 mezes e 10 dias, idem.

Se não houver casa de correcção:

Maximo — 15 annos, 6 mezes e 20 dias de prisão simples.

Médio — 10 annos, 4 mezes, 13 dias e 1/3, idem.

Minimo — 5 annos, 2 mezes, 6 dias, e 2/3, idem.

§ 6.° Aceitando carta de corso de um governo estrangeiro sem competente autorisação.

Penas — de prisão com trabalho por dous a oito annos.

Ao criminoso autor:

Maximo — 8 annos de prisão com trabalho.

Médio — 5 annos, idem.

Minimo — 2 annos, idem.

Se não houver casa de correcção:

Maximo — 9 annos e 4 mezes de prisão simples.

Médio — 5 annos e 10 mezes, idem.

Minimo — 2 annos e 4 mezes, idem.

Aos criminosos por tentativa ou complicidade:

Maximo — 5 annos e 4 mezes de prisão com trabalho.

Médio — 3 annos e 4 mezes, idem.

Minimo — 1 anno e 4 mezes, idem.

Se não houver casa de correcção:

Maximo — 6 annos, 2 mezes e 20 dias de prisão simples.

Médio — 3 annos, 10 mezes e 20 dias, idem.

Minimo — 1 anno, 6 mezes e 20 dias, idem.

Ao criminoso por complicidade na tentativa:

Maximo — 3 annos, 6 mezes e 20 dias de prisão com trabalho.

Médio — 2 annos, 2 mezes e 20 dias, idem.

Minimo — 10 mezes e 20 dias, idem.

Se não houver casa de correcção:

Maximo — 4 annos, 1 mez, 23 dias e 2/3, de prisão simples.

Médio — 2 annos, 7 mezes, 3 dias e 2/3, idem.

Minimo — 1 anno, 13 dias e 2/3, idem.

Art. 83. A mesma pena estabelecida nos casos do artigo antecedente, desde numero 1 até numero 5, se imporá:

§ 1.° Aos estrangeiros que commetterem contra navios brasileiros depredações ou violencias, não sendo em tempo de guerra, ou, no tempo della, não sendo munidos com carta de marca.

§ 2.° A todo o commandante de embarcação que commetter hostilidades debaixo de bandeira diversa da do Estado de que tiver carta.

O mesmo calculo feito para o art. 82, §§ 1.°, 2.°, 3.°, 4.° e 5.°.

Art. 84. Tambem commetterá crime de pirataria:

§ 1.° O que fizer parte da equipagem de qualquer embarcação que navegue armada, sem ter passaporte, matricula de equipagem ou outros documentos que provem a legitimidade da viagem.

Penas — ao commandante, de prisão com trabalho por quatro a dezeseis annos; aos da equipagem, por dous a oito annos.

Ao criminoso autor, sendo commandante:

Maximo — 16 anos de prisão com trabalho.

Médio — 10 annos, idem.

Minimo — 4 annos, idem.

Se não houver casa de correcção:

Maximo — 18 annos e 8 mezes de prisão simples.

Médio — 11 annos e 8 mezes, idem.

Minimo — 4 annos e 8 mezes, idem.

Aos criminosos por tentativa ou complicidade:

Maximo — 10 annos, e 8 mezes de prisão com trabalho.

Médio — 6 annos e 8 mezes, idem.

Minimo — 2 annos e 8 mezes, idem.

Se não houver casa de correcção:

Maximo — 12 annos, 5 mezes e 10 dias de prisão simples.

Médio — 7 annos, 9 mezes e 10 dias, idem.

Minimo — 3 annos, 1 mez e 10 dias, idem.

Ao criminoso por complicidade na tentativa:

Maximo — 7 annos, 1 mez e 10 dias de prisão com trabalho.

Médio — 4 annos, 5 mezes e 10 dias, idem.

Minimo — 1 anno, 9 mezes e 10 dias, idem.

Se não houver casa de correcção:

Maximo — 8 annos, 3 mezes, 16 dias e 2/3 de prisão simples.

Médio — 5 annos, 2 mezes, 6 dias e 2/3, idem.

Minimo — 2 annos, 6 dias e 2/3, idem.

Ao criminoso autor, sendo da equipagem:

Maximo — 8 annos de prisão com trabalho.

Médio — 5 annos, idem.

Minimo — 2 annos, idem.

Se não houver casa de correcção:

Maximo — 9 annos e 4 mezes de prisão simples.

Médio — 5 annos e 10 mezes, idem.

Minimo — 2 annos e 4 mezes, idem.

Aos criminosos por tentativa ou complicidade:

Maximo — 5 annos e 4 mezes de prisão com trabalho.

Médio — 3 annos e 4 mezes, idem.

Minimo — 1 anno e 4 mezes, idem.

Se não houver casa de correcção:

Maximo — 6 annos, 2 mezes e 20 dias de prisão simples.

Médio — 3 annos, 10 mezes e 20 dias, idem.

Minimo — 1 anno, 6 mezes e 20 dias, idem.

Ao criminoso por complicidade na tentativa:

Maximo — 3 annos, 6 mezes e 20 dias de prisão com trabalho.

Médio — 2 annos, 2 mezes e 20 dias, idem.

Minimo — 10 mezes e 20 dias, idem.

Se não houver casa de correcção:

esta pena:

Maximo — 4 annos, 1 mez e 23 dias e 1/3 de prisão simples.

Médio — 2 annos, 7 mezes e 3 dias 1/3, idem.

Minimo — 1 anno, 13 dias e 1/3, idem.

§ 2.° O que, residindo dentro do Imperio, traficar com piratas conhecidos, ou lhes fornecer embarcações, provisões, munições ou qualquer outro auxilio, ou entretiver com elles intelligencias que tenhão por fim prejudicar o paiz.

§ 3.° Todo o commandante de navio armado que trouxer documentos passados por dous ou mais governos differentes.

Penas — de prisão com trabalho por dous a doze annos.

Ao criminoso autor:

Maximo — 12 annos de prisão com trabalho.

Médio — 7 annos, idem.

Minimo — 2 annos, idem.

Se não houver casa de correcção:

Maximo — 14 annos de prisão simples.

Médio — 8 annos e mezes, idem.

Minimo — 2 annos e 4 mezes, idem.

Aos criminosos por tentativa ou complicidade:

Maximo — 8 annos de prisão com trabalho.

Médio — 4 annos e 8 mezes, idem.

Minimo — 1 anno e 4 mezes, idem.

Se não houver casa de correcção:

Maximo — 9 annos e 4 mezes de prisão simples.

Médio — 5 annos, 5 mezes e 10 dias, idem.

Minimo — 1 anno, 6 mezes e 20 dias, idem.

Ao criminoso por complicidade na tentativa:

Maximo — 5 annos e 4 mezes de prisão com trabalho.

Médio — 3 annos, 1 mez e 10 dias, idem.

Minimo — 10 mezes e 20 dias, idem.

Se não houver casa de correcção:

Maximo — 6 annos, 2 mezes e 20 dias de prisão simples.

Médio — 3 annos, 7 mezes e 16 dias e 2/3, idem.

Minimo — 1 anno, 13 dias e 1/3.

Capitulo II.

Dos crimes contra a Constituição do Imperio e fórma do seu governo.

Art. 85. Tentar directamente e por factos destruir a Constituição Politica do Imperio ou a fórma de governo estabelecida.

Penas — de prisão com trabalho por cinco a quinze annos.

Aos criminosos por esta tentativa:

Maximo — 15 annos de prisão com trabalho.

Médio — 10 annos, idem.

Minimo — 5 annos, idem.

Se não houver casa de correcção:

Maximo — 17 annos e 6 mezes de prisão simples.

Médio — 11 annos e 8 mezes, idem.

Minimo — 5 annos e 10 mezes, idem.

Ao criminoso por complicidade:

Maximo — 10 annos de prisão com trabalho.

Médio — 6 annos e 8 mezes, idem.

Minimo — 3 annos e 4 mezes, idem.

Se não houver casa de correcção:

Maximo — 11 annos e 8 mezes de prisão simples.

Médio — 7 annos, 9 mezes e 10 dias, idem.

Minimo — 3 annos, 10 mezes e 20 dias, idem.

Se o crime se consummar.

Penas — de prisão perpetua com trabalho no gráo maximo, prisão com trabalho por vinte annos no médio, e por dez annos no minimo.

Ao criminoso autor:

Maximo — Prisão perpetua com trabalho.

Médio — 20 annos, idem.

Minimo — 10 annos, idem.

Se não houver casa de correcção:

Maximo — prisão perpetua simples.

Médio — 23 annos e 4 mezes, idem.

Minimo — 11 annos e 8 mezes, idem.

Ao criminoso por complicidade:

Máximo — 20 annos de prisão com trabalho.

Médio — 13 annos e 4 mezes, idem.

Minimo — 6 annos e 8 mezes, idem.

Se não houver casa de correcção:

Maximo — 23 annos e 4 mezes de prisão simples.

Médio — 15 annos, 6 mezes e 20 dias, idem.

Minimo — 7 annos, 9 mezes e 10 dias, idem.

Art. 86. Tentar directamente e por factos destruir algum ou alguns artigos da Constituição.

Penas — de prisão com trabalho por tres a doze annos.

Ao criminoso por esta tentativa:

Maximo — 12 annos de prisão com trabalho.

Médio — 7 annos e 6 mezes, idem.

Minimo — 3 annos, idem.

Se não houver casa de correcção:

Maximo — 14 annos de prisão simples.

Médio — 8 annos e 9 mezes, idem.

Minimo — 3 annos e 6 mezes, idem.

Ao criminoso por complicidade na tentativa:

Maximo — 8 annos de prisão com trabalho.

Médio — 5 annos, idem.

Minimo — 2 annos, idem.

Se não houver casa de correcção:

Maximo — 9 annos e 4 mezes de prisão simples.

Médio — 5 annos e 10 mezes, idem.

Minimo — 2 annos e 4 mezes, idem.

Se o crime se consummar.

Penas — de prisão com trabalho por vinte annos no gráo maximo, por doze no médio, e por seis no minimo.

Ao criminoso autor:

Maximo — 20 annos de prisão com trabalho.

Médio — 12 annos, idem.

Minimo — 6 annos, idem.

Se não houver casa de correcção:

Maximo — 23 annos e 4 mezes de prisão simples.

Médio — 14 annos, idem.

Minimo — 7 annos, idem.

Ao criminoso por complicidade:

Maximo — 13 annos e 4 mezes de prisão com tabalho.

Médio — 8 annos, idem.

Minimo — 4 annos, idem.

Se não houver casa de correcção:

Maximo — 15 annos, 6 mezes e 20 dias de prisão simples.

Médio — 9 annos e 4 mezes, idem.

Minimo — 4 annos e 8 mezes, idem.

Capitulo III.

Dos crimes contra o chefe do governo.

Art. 87. Tentar directamente e por factos desthronisar o Imperador, priva-lo em todo ou em parte da sua autoridade constitucional, ou alterar a ordem legitima da successão.

Penas — de prisão com trabalho por cinco a quinze annos.

Ao criminoso por esta tentativa:

Maximo — 15 annos de prisão com trabalho.

Médio — 10 annos, idem.

Minimo — 5 annos, idem.

Se não houver casa de correcção:

Maximo — 17 annos e 6 mezes de prisão simples.

Médio — 11 annos e 8 mezes, idem.

Minimo — 5 annos e 10 mezes, idem.

Ao criminoso por complicidade:

Maximo — 10 annos de prisão com trabalho.

Médio — 6 annos e 8 mezes, idem.

Minimo — 3 annos e 4 mezes, idem.

Se não houver casa de correcção:

Maximo — 11 annos e 8 mezes de prisão simples.

Médio — 7 annos, 9 mezes e 10 dias, idem.

Minimo — 3 annos, 10 mezes e 20 dias, idem.

Se o crime se consummar.

Penas — de prisão perpetua com trabalho no gráo maximo, prisão com trabalho por vinte annos no médio, e por dez annos no minimo.

Ao criminoso autor:

Maximo — Prisão perpetua com trabalho.

Médio — 20 annos, idem.

Minimo — 10 annos, idem.

Se não houver casa de correcção:

Maximo — Prisão perpetua simples.

Médio — 23 annos e 4 mezes, idem.

Minimo — 11 annos e 8 mezes, idem.

Ao criminoso por complicidade:

Maximo — 20 annos de prisão com trabalho.

Médio — 13 annos e 4 mezes, idem.

Minimo — 6 annos e 8 mezes, idem.

Se não houver casa de correcção:

Maximo — 23 annos e 4 mezes de prisão simples.

Médio — 15 anos, 6 mezes e 20 dias, idem.

Minimo — 7 annos, 9 mezes e 10 dias, idem.

Art. 88. Tentar directamente e por factos uma falsa justificação de impossibilidade physica ou moral do Imperador.

Penas — de prisão com trabalho por quatro a doze annos.

Ao criminoso por esta tentativa:

Maximo — 12 annos de prisão com trabalho.

Médio — 8 annos, idem.

Minimo — 4 annos, idem.

Se não houver casa de correcção:

Maximo — 14 annos de prisão simples.

Médio — 9 annos e 4 mezes, idem.

Minimo — 4 annos e 8 mezes, idem.

Ao criminoso por complicidade:

Maximo — 8 annos de prisão com trabalho.

Médio — 5 annos e 4 mezes, idem.

Minimo — 2 annos e 8 mezes, idem.

Se não houver casa de correcção:

Maximo — 9 annos e 4 mezes de prisão simples.

Médio — 6 annos, 2 mezes e 20 dias, idem.

Minimo — 3 annos, 1 mez e 10 dias, idem.

Se o crime se consummar.

Penas — de prisão com trabalho por vinte annos no gráo maximo, por doze no médio, e por seis no minimo.

Ao criminoso autor:

Maximo — 20 annos de prisão com trabalho.

Médio — 12 annos, idem.

Minimo — 6 annos, idem.

Se não houver casa de correcção:

Maximo — 23 annos e 6 mezes de prisão simples.

Médio — 14 annos, idem.

Minimo — 7 annos, idem.

Ao criminoso por complicidade:

Maximo — 13 annos e 4 mezes de prisão com trabalho.

Médio — 8 annos, idem.

Minimo — 4 annos, idem.

Se não houver casa de correcção:

Maximo — 15 annos, 6 mezes e 20 dias de prisão simples.

Médio — 9 annos e 4 mezes, idem.

Minimo — 4 annos e 8 mezes, idem.

Art. 89. Tentar directamente e por factos contra a regencia ou regente, para priva-los em todo ou em parte da sua autoridade constitucional.

Penas — de prisão com trabalho por quatro a doze annos.

Ao criminoso por esta tentativa:

Maximo — 12 annos de prisão com trabalho.

Médio — 8 annos, idem.

Minimo — 4 annos, idem.

Se não houver casa de correcção:

Maximo — 14 annos de prisão simples.

Médio — 9 annos e 4 mezes, idem.

Minimo — 4 annos e 8 mezes, idem.

Ao criminoso por complicidade:

Maximo — 8 annos de prisão com trabalho.

Médio — 5 annos e 4 mezes, idem.

Minimo — 2 annos e 8 mezes, idem.

Se não houver casa de correcção:

Maximo — 9 annos e 4 mezes de prisão simples.

Médio — 6 annos, 2 mezes e 20 dias, idem.

Minimo — 3 annos, 1 mez e 10 dias, idem.

Se, o crime se consummar.

Penas — de prisão com trabalho por vinte annos no gráo maximo, por doze no médio, e por seis no minimo.

Ao criminoso autor:

Maximo — 20 annos de prisão com trabalho.

Médio — 12 annos, idem.

Minimo — 6 annos, idem.

Se não houver casa de correcção:

Maximo — 23 annos e 6 mezes de prisão simples.

Médio — 14 annos, idem.

Minimo — 7 annos, idem.

Ao criminoso por complicidade:

Maximo — 13 annos e 4 mezes de prisão com trabalho.

Médio — 8 annos, idem.

Minimo — 4 annos, idem.

Se não houver casa de correcção:

Maximo — 15 annos, 6 mezes e 20 dias de prisão simples.

Médio — 9 annos e 4 mezes, idem.

Minimo — 4 annos e 8 mezes, idem.

Disposição commum.

Art. 90. Provocar directamente por escriptos impressos, lithographados ou gravados que se distribuirem por mais de quinze pessoas, aos crimes especificados nos arts. 68, 85, 86, 87, 88 e 89.

Penas — de prisão por um a quatro annos, e de multa correspondente á metade do tempo.

Ao criminoso autor:

Maximo — 4 annos de prisão simples, e multa correspondente á metade do tempo.

Médio — 2 annos e 6 mezes, idem, e multa, idem.

Minimo — 1 anno, idem, e multa, idem.

Ao criminoso por tentativa:

Maximo — 2 annos e 8 mezes de prisão simples e multa correspondente á metade do tempo.

Médio — 1 anno e 8 mezes, idem, e multa, idem.

Minimo — 8 mezes, idem, e multa, idem.

Nestes crimes não se dá complicidade.

Se a provocação fôr por escriptos não impressos que se distribuirem por mais de quinze pessoas, ou por discursos proferidos em publicas reuniões.

Penas — de prisão por seis mezes a dous annos, e de multa correspondente á metade do tempo.

Ao criminoso autor:

Maximo — 2 annos de prisão simples, e multa correspondente á metade do tempo.

Médio — 1 anno e 3 mezes, idem, e multa, idem.

Minimo — 6 mezes, idem, e multa, idem.

Ao criminoso por tentativa:

Maximo — 1 anno e 4 mezes de prisão simples, e multa correspondente á metade do tempo.

Médio — 10 mezes, idem, e multa, idem.

Minimo — 4 mezes, idem, e multa, idem.

Nestes crimes não ha complicidade:

TITULO II.

Dos crimes contra o livre exercicio dos poderes politicos.

Art. 91. Oppôr-se alguem directamente e por factos à prompta execução dos decretos ou cartas de convocação da assembléa geral, expedidas pelo Imperador ou pelo senado, nos casos da Constituição, art. 47, §§ 3.º e 4.º.

Penas — de prisão com trabalho por tres a doze annos.

Ao criminoso autor:

Maximo — 12 annos de prisão com trabalho.

Médio — 7 annos e 6 mezes, idem.

Minimo — 3 annos, idem.

Se não houver casa de correcção:

Maximo — 14 annos de prisão simples.

Médio — 8 annos e 9 mezes, idem.

Minimo — 3 annos e 6 mezes, idem.

Aos criminosos por tentativa ou complicidade:

Maximo — 8 annos de prisão com trabalho.

Médio — 5 annos, idem.

Minimo — 2 annos, idem.

Se não houver casa de correcção:

Maximo — 9 annos e 4 mezes de prisão simples.

Médio — 5 annos e 10 mezes, idem.

Minimo — 2 annos e 4 mezes, idem.

Ao criminoso por complicidade na tentativa:

Maximo — 5 annos e 4 mezes de prisão com trabalho.

Médio — 3 annos e 4 mezes, idem.

Minimo — 1 anno e 4 mezes, idem.

Se não houver casa de correcção:

Maximo — 6 annos, 2 mezes e 20 dias, de prisão simples.

Médio — 3 annos, 10 mezes e 20 dias, idem.

Minimo — 1 anno, 6 mezes e 20 dias, idem.

Art. 92. Oppôr-se alguem directamente e por factos á reunião da assembléa geral legislativa, em sessão ordinaria ou extraordinaria, ou á reunião extraordinaria do senado nos casos do art. 47, §§ 3.º e 4.º.

Penas — de prisão com trabalho por vinte annos no grão maximo, por doze no médio, e por seis no minimo.

Ao criminoso autor:

Maximo — 20 annos de prisão com trabalho.

Médio — 12 annos, idem.

Minimo — 6 annos, idem.

Se não houver casa de correcção:

Maximo — 23 annos e 4 mezes de prisão simples.

Médio — 14 annos, idem.

Minimo — 7 annos, idem.

Aos criminosos por tentativa ou complicidade:

Maximo — 13 annos e 4 mezes de prisão com trabalho.

Médio — 8 annos, idem.

Minimo — 4 annos, idem.

Se não houver casa de correcção:

Maximo — 15 annos, 6 mezes e 20 dias de prisão simples.

Médio — 9 annos e 4 mezes, idem.

Minimo — 4 annos e 8 mezes, idem.

Ao criminoso por complicidade na tentativa:

Maximo — 8 annos, 10 mezes e 20 dias de prisão com trabalho.

Médio — 5 annos e 4 mezes, idem.

Minimo — 2 annos e 8 mezes, idem.

Se não houver casa de correcção:

Maximo — 10 annos, 4 mezes, 13 dias e 1/3 de prisão simples.

Médio — 6 annos, 2 mezes e 20 dias, idem.

Minimo — 3 annos, 1 mez e 10 dias, idem.

Art. 93. Usar de violencia ou de ameaças contra qualquer membro das camaras legislativas, ou para melhor influir na maneira de se portar no exercicio do seu emprego, ou pelo que tiver dito ou praticado no mesmo exercicio.

Penas — de prisão com trabalho por seis mezes a quatro annos, além das mais em que incorrer pela violencia ou ameaças.

Ao criminoso autor:

Maximo — 4 annos de prisão com trabalho, além das mais em que incorrer pela violencia ou ameaças.

Médio — 2 annos e 3 mezes, idem, além das mais, etc.

Minimo — 6 mezes, idem, além das mais, etc.

Se não houver casa de correcção:

Maximo — 4 annos e 8 mezes de prisão simples, além das mais em que incorrer pela violencia ou ameaças.

Médio — 2 annos, 7 mezes e 15 dias, idem, além das mais, etc.

Minimo — 7 mezes, idem, além das mais, etc.

Aos criminosos por tentativa ou complicidade:

Maximo — 2 annos e 8 mezes de prisão com trabalho, além das mais em que incorrer pela violencia ou ameaças.

Médio — 1 anno e 6 mezes, idem, além das mais, etc.

Minimo — 4 mezes, idem, além das mais, etc.

Se não houver casa de correcção:

Maximo — 3 annos, 1 mez e 10 dias de prisão simples, além das mais em que incorrer pela violencia ou ameaças.

Médio — 1 anno e 9 mezes, idem, além das mais, etc.

Minimo — 4 mezes e 20 dias, idem, além das mais, etc.

Ao criminoso por complicidade na tentativa:

Maximo — 1 anno, 9 mezes e 10 dias de prisão com trabalho, além das mais em que incorrer pela violencia ou ameaças.

Médio — 1 anno, idem, além das mais, etc.

Minimo — 2 mezes e 20 dias, idem, além das mais, etc.

Se não houver casa de correcção:

Maximo — 2 annos, 26 dias e 2/3 de prisão simples, além das mais em que incorrer pela violencia ou ameaças.

Médio — 1 anno e 2 mezes, idem, além das mais, etc.

Minimo — 3 mezes, 3 dias e 1/3, idem, além das mais, etc.

Art. 94. Entrar tumultuariamente no recinto de cada uma das camaras legislativas; obrigar cada uma dellas por força ou por ameaças de violencia a propôr ou a deixar de propôr, fazer ou deixar de fazer alguma lei, resolução ou qualquer outro acto; obrigar a dissolver inconstitucionalmente, ou a levantar, prorogar ou adiar a sessão.

Penas — de prisão com trabalho por tres a doze annos.

Ao criminoso autor:

Maximo — 12 annos de prisão com trabalho.

Médio — 7 annos e 6 mezes, idem.

Minimo — 3 annos, idem.

Se não houver casa de correcção:

Maximo — 14 annos de prisão simples.

Médio — 8 annos e 9 mezes, idem.

Minimo — 3 annos e 6 mezes, idem.

Aos criminosos por tentativa ou complicidade:

Maximo — 8 annos de prisão com trabalho.

Médio — 5 annos, idem.

Minimo — 2 annos, idem.

Se não houver casa de correcção:

Maximo — 9 annos e 4 mezes de prisão simples.

Médio — 5 annos e 10 mezes, idem.

Minimo — 2 annos e 4 mezes, idem.

Ao criminoso por complicidade na tentativa:

Maximo — 5 annos e 4 mezes de prisão com trabalho.

Médio — 3 annos e 4 mezes, idem.

Minimo — 1 anno e 4 mezes, idem.

Se não houver casa de correcção:

Maximo — 6 annos, 2 mezes e 20 dias de prisão simples.

Médio — 3 annos, 10 mezes e 20 dias, idem.

Minimo — 1 anno, 6 mezes e 20 dias, idem.

Art. 95. Oppôr-se alguem directamente e por factos ao livre exercicio dos poderes moderador, executivo e judiciario, no que é de suas attribuições constitucionaes.

Penas — de prisão com trabalho por quatro a dezeseis annos.

Ao criminoso autor:

Maximo — 16 annos de prisão com trabalho.

Médio — 10 annos, idem.

Minimo — 4 annos, idem.

Se não houver casa de correcção:

Maximo — 18 annos e 8 mezes de prisão simples.

Médio — 11 annos e 8 mezes, idem.

Minimo — 4 annos e 8 mezes, idem.

Aos criminosos por tentativa ou complicidade:

Maximo — 10 annos e 8 mezes de prisão com trabalho.

Médio — 6 annos e 8 mezes, idem.

Minimo — 2 annos e 8 mezes, idem.

Se não houver casa de correcção:

Maximo — 12 annos, 5 mezes e 10 dias de prisão simples.

Médio — 7 annos, 9 mezes e 10 dias, idem.

Minimo — 3 annos, 1 mez e 10 dias, idem.

Ao criminoso por complicidade na tentativa:

Maximo — 7 annos, 1 mez e 10 dias de prisão com trabalho.

Médio — 4 annos, 5 mezes e 10 dias, idem.

Minimo — 1 anno, 9 mezes e 10 dias, idem.

Se não houver casa de correcção:

Maximo — 8 annos, 3 mezes, 16 dias e 2/3 de prisão simples.

Médio — 5 annos, 2 mezes, 6 dias e 2/3, idem.

Minimo — 2 annos, 26 dias e 2/3, idem.

Art. 96. Obstar ou impedir de qualquer maneira o effeito das determinações dos poderes moderador e executivo, que fôrem conformes á Constituição e ás leis.

Penas — de prisão com trabalho por dous a seis annos.

Ao criminoso autor:

Maximo — 6 annos de prisão com trabalho.

Médio — 4 annos, idem.

Minimo — 2 annos, idem.

Se não houver casa de correcção:

Maximo — 7 annos de prisão simples.

Médio — 4 annos e 8 mezes, idem.

Minimo — 2 annos e 4 mezes, idem.

Aos criminosos por tentativa ou complicidade:

Maximo — 4 annos de prisão com trabalho.

Médio — 2 annos e 8 mezes, idem.

Minimo — 1 anno e 4 mezes, idem.

Se não houver casa de correcção:

Maximo — 4 annos e 8 mezes de prisão simples.

Médio — 3 annos, 1 mez e 10 dias, idem.

Minimo — 1 anno, 6 mezes e 20 dias, idem.

Ao criminoso por complicidade na tentativa:

Maximo — 2 annos e 8 mezes de prisão com trabalho.

Médio — 1 anno, 9 mezes e 10 dias, idem.

Minimo — 10 mezes e 20 dias, idem.

Se não houver casa de correcção:

Maximo — 3 annos, 1 mez e 10 dias, de prisão simples.

Médio — 2 annos, 1 mez, 26 dias e 2/3, idem.

Minimo — 1 anno, 13 e 1/3, idem.

Art. 97. Usar de violencia ou ameaças contra os agentes do poder executivo para força-los a fazer de maneira illegal um acto official, ou a deixar de fazer legalmente um acto official, ou a fazer como official um acto para que não estejão autorisados.

Usar de violencia ou ameaças para constranger algum juiz ou jurado a proferir ou deixar de proferir despacho, ordem, voto ou sentença, ou a fazer ou deixar de fazer qualquer outro acto official.

Penas — de prisão com trabalho por seis mezes a quatro annos, além das mais em que incorrer pela violencia ou ameaças.

Ao criminoso autor:

Maximo — 4 annos de prisão com trabalho, além das mais em que incorrer pela violencia ou ameaças.

Médio — 2 annos e 3 mezes, idem, além, etc.

Minimo — 6 mezes, idem, além, etc.

Se não houver casa de correcção:

Maximo — 4 annos e 8 mezes de prisão simples, além das mais em que incorrer pela violencia ou ameaças.

Médio — 2 annos, 7 mezes e 15 dias, além, etc.

Minimo — 7 mezes, idem, além, etc.

Aos criminosos por tentativa ou complicidade:

Maximo — 2 annos e 8 mezes de prisão com trabalho, além das mais em que incorrer pela violencia ou ameaças.

Médio — 1 anno e 6 mezes, idem, além, etc.

Minimo — 4 mezes, idem, além, etc.

Se não houver casa de correcção:

Maximo — 3 annos, 1 mez e 10 dias de prisão simples, além das mais em que incorrer pela violencia ou ameaças.

Médio — 1 anno e 9 mezes, idem, além, etc.

Minimo — 4 mezes e 20 dias, idem, além, etc.

Aos criminosos por complicidade na tentativa:

Maximo — 1 anno, 9 mezes e 10 dias de prisão com trabalho, além das mais em que incorrer pela violencia ou ameaças.

Médio — 1 anno, idem, além, etc.

Minimo — 2 mezes e 20 dias, idem, além, etc.

Se não houver casa de correcção:

Maximo — 2 annos, 26 dias e 2/3 de prisão simples.

Médio — 1 anno e 2 mezes, idem.

Minimo — 3 mezes, 3 dias, e 1/3, idem.

Art. 98. Levantar motim ou excitar desordem durante a sessão de um tribunal de justiça ou audiencia de qualquer juiz, de maneira que se impeça ou perturbe o acto.

Penas — de prisão por dous a seis mezes, além das mais em que incorrer.

Ao criminoso autor:

Maximo — 6 mezes de prisão simples, além das mais em que incorrer.

Médio — 4 mezes, idem, além, etc.

Minimo — 2 mezes, idem, além, etc.

Aos criminosos por tentativa ou complicidade:

Maximo — 4 mezes de prisão simples, além das mais em que incorrer.

Médio — 2 mezes e 20 dias, idem, além, etc.

Minimo — 1 mez e 10 dias, idem, além, etc.

N. B. A tentativa no minimo não é punivel (art. 2.° do Cod. Crim.).

Ao criminoso por complicidade na tentativa:

Maximo — 2 mezes e 20 dias de prisão simples.

Médio — 1 mez, 23 dias e 1/3, idem.

Minimo — Não é punivel.

Art. 99. Provocar directamente por escriptos impressos, lithographados ou gravados, que se distribuirem por mais de quinze pessoas, aos crimes especificados nos arts. 91, 92, 94, 95 e 96.

Penas — de prisão por seis mezes a dous annos, e de multa correspondente á metade do tempo.

Ao criminoso autor:

Maximo — 2 annos de prisão simples e multa correspondente á metade do tempo.

Médio — 1 anno e 3 mezes, idem, e multa correspondente á metade do tempo.

Minimo — 6 mezes, idem, e multa correspondente á metade do tempo.

Ao criminoso por tentativa:

Maximo — 1 anno e 4 mezes de prisão simples e multa correspondente á metade do tempo.

Médio — 10 mezes, idem, e multa correspondente á metade do tempo.

Minimo — 4 mezes, idem, e multa correspondente á metade do tempo.

N. B. Neste crime não ha complicidade (art. 8.º do Cod. Crim.).

Se a provocação fôr por escriptos não impressos que se distribuirem por mais de quinze pessoas, ou por discurso proferidos em publicas reuniões.

Penas — de prisão por tres mezes a um annos, e de multa correspondente á metade do tempo.

Ao criminoso autor:

Maximo — 1 anno de prisão simples e multa correspondente á metade do tempo.

Médio — 7 mezes e 15 dias, idem, e multa correspondente á metade do tempo.

Minimo — 3 mezes, idem, e multa correspondente á metade do tempo.

Ao criminoso por tentativa:

Maximo — 8 mezes de prisão simples e multa correspondente á metade do tempo.

Médio — 5 mezes, idem, e multa correspondente á metade do tempo.

Minimo — 2 mezes, idem, e multa correspondente á metade do tempo.

N. B. Neste crime não se dá complicidade (art. 8.º do Cod. Crim.).

TITULO III.

Dos crimes contra o livre gozo e exercicio dos direitos politicos dos cidadãos.

Art. 100. Impedir ou obstar de qualquer maneira que votem nas eleições primarias ou secundarias os cidadãos activos e os eleitores que estiverem nas circumstancias de poder e de dever votar.

Penas — de prisão por dous a seis mezes, e de multa correspondente á metade do tempo.

Ao criminoso autor:

Maximo — 6 mezes de prisão simples e multa correspondente á metade do tempo.

Médio — 4 mezes, idem, e multa correspondente á metade do tempo.

Minimo — 2 mezes, idem, e multa correspondente á metade do tempo.

Aos criminosos por tentativa ou complicidade:

Maximo — 4 mezes de prisão simples e multa correspondente á metade do tempo.

Médio — 2 mezes e 20 dias, idem, e multa correspondente á metade do tempo.

Minimo — 1 mez e 10 dias, idem, e multa correspondente á metade do tempo.

N. B. Não é punivel a tentativa no minimo, porque o tempo de prisão e a multa não excedem de 2 mezes (art. 2.º do Cod. Crim.).

Ao criminoso por complicidade na tentativa:

Maximo — 2 mezes e 20 dias de prisão simples e multa correspondente á metade do tempo.

Médio — 1 mez, 23 dias e 1/3, idem, e multa correspondente á metade do tempo.

Art. 101. Solicitar, usando de promessas de recompensas ou de ameaças de algum mal, para que as eleições para senadores, deputados, eleitores, membros dos conselhos geraes ou das camaras municipaes, juizes de paz, e quaesquer outros empregados electivos, recaião ou deixem de recahir em determinadas pessoas, ou para esse fim comprar ou vender votos.

Penas — de prisão por tres a nove mezes, e de multa correspondente á metade do tempo, bem assim da perda do emprego se delle se tiver servido para commetter o crime.

Ao criminoso autor:

Maximo — 9 mezes de prisão simples, multa correspondente á metade do tempo, e perda do emprego se delle se tiver servido etc.

Médio — 6 mezes, idem, multa correspondente á metade do tempo, e perda do emprego se delle se tiver servido etc.

Minimo — 3 mezes, idem, multa correspondente á metade do tempo, e perda do emprego se delle se tiver servido, etc.

Aos criminosos por complicidade ou tentativa:

Maximo — 6 mezes de prisão simples, multa correspondente á metade do tempo, e perda do emprego se delle se tiver servido etc.

Médio — 4 mezes, idem, multa correspondente á metade do tempo, e perda do emprego se delle se tiver servido etc.

Minimo — 2 mezes, idem, multa correspondente á metade do tempo, e perda do emprego se delle se tiver servido etc.

Ao criminoso por complicidade na tentativa:

Maximo — 4 mezes de prisão simples, multa correspondente á metade do tempo, e perda do emprego se delle se tiver servido etc.

Médio — 2 mezes e 20 dias, idem, multa correspondente á metade do tempo, e perda do emprego se delle se tiver servido etc.

Minimo — 1 mez e 10 dias, idem, multa correspondente á metade do tempo, e perda do emprego se delle se tiver servido etc.

Art. 102. Falsificar em qualquer eleição as listas dos votos dos cidadãos ou eleitores, lendo nomes diversos dos que nellas estiverem, ou accrescentando ou diminuindo nomes ou listas; falsificar as actas de qualquer eleição.

Penas — de prisão com trabalho por seis mezes a tres annos, e de multa correspondente á metade do tempo.

Ao criminoso autor:

Maximo — 3 annos de prisão com trabalho, e multa correspondente á metade do tempo.

Médio — 1 anno e 9 mezes, idem, e multa, idem.

Minimo — 6 mezes, idem, e multa, idem.

Se não houver casa de correcção:

Maximo — 3 annos e 6 mezes de prisão simples, e multa correspondente á metade do tempo.

Médio — 2 annos e 15 dias, idem, e multa, idem.

Minimo — 7 mezes, idem, e multa, idem.

Aos criminosos por complicidade ou tentativa:

Maximo — 2 annos de prisão com trabalho, e multa correspondente á metade do tempo.

Médio — 1 anno e 2 mezes, idem, e multa, idem.

Minimo — 4 mezes, idem, e multa, idem.

Se não houver casa de correcção:

Maximo — 2 annos e 4 mezes de prisão simples, e multa correspondente á metade do tempo.

Médio — 1 anno, 4 mezes e 10 dias, idem, e multa, idem.

Minimo — 4 mezes e 20 dias, idem e multa, idem.

Aos criminosos por complicidade na tentativa:

Maximo — 1 anno e 4 mezes de prisão com trabalho e multa correspondente á metade do tempo.

Médio — 9 mezes e 10 dias, idem, e multa, idem.

Minimo — 2 mezes e 20 dias, idem, e multa, idem.

Se não houver casa de correcção:

Maximo — 1 anno, 6 mezes e 20 dias de prisão simples, e multa correspondente á metade do tempo.

Médio — 10 mezes, 26 dias e 2/3, idem, e multa, idem.

Minimo — 3 mezes, 3 dias e 1/3, idem, e multa, idem.

Art. 103. Obstar directamente ou por factos á reunião dos conselhos geraes de provincia, á sua prorogação permittida pela Constituição, ou ao livre exercicio de suas attribuições.

Penas — de prisão com trabalho por dous a oito annos.

Ao criminoso autor:

Maximo — 8 annos de prisão com trabalho.

Médio — 5 annos, idem.

Minimo — 2 annos, idem.

Se não houver casa de correcção:

Maximo — 9 annos e 4 mezes de prisão simples.

Médio — 5 annos e 10 mezes, idem.

Minimo — 2 annos e 4 mezes, idem.

Aos criminosos por tentativa ou complicidade:

Maximo — 5 annos e 4 mezes de prisão com trabalho.

Médio — 3 annos e 4 mezes, idem.

Minimo — 1 anno e 4 mezes, idem.

Se não houver casa de correcção:

Maximo — 6 annos, 2 mezes e 20 dias de prisão simples.

Médio — 3 annos, 10 mezes e 20 dias, idem.

Minimo — 1 anno, 6 mezes e 20 dias, idem.

Ao criminoso por complicidade na tentativa:

Maximo — 3 annos, 6 mezes e 20 dias de prisão com trabalho.

Médio — 2 annos, 2 mezes e 20 dias, idem.

Minimo — 10 mezes e 20 dias, idem.

Se não houver casa de correcção:

Maximo — 4 annos, 1 mez, 23 dias e 1/3 de prisão simples.

Médio — 2 annos, 7 mezes, 3 dias e 1/3, idem.

Minimo — 1 anno, 13 dias e 1/3, idem.

Art. 104. Entrar tumultuariamente no recinto dos conselhos geraes, obriga-los por força ou por ameaças de violencia a propôr, deliberar ou resolver ou a deixar de o fazer, ou obriga-los a levantar ou prorogar a sessão.

Penas — de prisão com trabalho por um a quatro annos.

Ao criminoso autor:

Maximo — 4 annos de prisão com trabalho.

Médio — 2 annos e 6 mezes, idem.

Minimo — 1 anno, idem.

Se não houver casa de correcção:

Maximo — 4 annos e 8 mezes de prisão simples.

Médio — 2 annos e 11 mezes, idem.

Minimo — 1 anno e 2 mezes, idem.

Aos criminosos por tentativa ou complicidade:

Maximo — 2 annos e 8 mezes de prisão com trabalho.

Médio — 1 anno e 8 mezes, idem.

Minimo — 8 mezes, idem.

Se não houver casa de correcção:

Maximo — 3 annos, 1 mez e 10 dias de prisão simples.

Médio — 1 anno, 11 mezes e 10 dias, idem.

Minimo — 9 mezes e 10 dias, idem.

Ao criminoso por complicidade na tentativa:

Maximo — 1 anno, 9 mezes e 10 dias de prisão com trabalho.

Médio — 1 anno, 1 mez e 10 dias, idem.

Minimo — 5 mezes e 10 dias, idem.

Se não houver casa de correcção:

Maximo — 2 annos, 26 dias e 2/3 de prisão simples.

Médio — 1 anno, 3 mezes, 16 dias e 2/3, idem.

Minimo — 6 mezes, 6 dias e 2/3, idem.

Art. 105. Usar de violencia ou de ameaças contra qualquer membro dos conselhos geraes, ou para influir na maneira de se portar no exercício do seu emprego, ou pelo que tiver dito ou praticado no mesmo exercicio.

Penas — de prisão com trabalho por tres mezes a dous annos, além das mais em que incorrer pela violencia ou ameaças.

Ao criminoso autor:

Maximo — 2 annos de prisão com trabalho, além das mais em que incorrer.

Médio — 1 anno, 1 mez e 15 dias, idem, além, etc.

Minimo — 3 mezes, idem, além, etc.

Se não houver casa de correcção:

Maximo — 2 annos e 4 mezes de prisão simples, além, etc.

Médio — 1 anno, 3 mezes, 22 dias e 1/2, idem, além, etc.

Minimo — 3 mezes e 15 dias, idém, além, etc.

Aos criminosos por tentativa ou complicidade:

Máximo — 1 anno e 4 mezes de prisão com trabalho, além, etc.

Médio — 9 mezes, idem, além, etc.

Minimo — 2 mezes, idem, além, etc.

Se não houver casa de correcção:

Maximo — 1 anno, 6 mezes e 20 dias de prisão simples, além, etc.

Médio — 10 mezes e 15 dias, idem, além, etc.

Minimo — 2 mezes e 10 dias, idem, além, etc.

Ao criminoso por tentativa na complicidade:

Maximo — 10 mezes e 20 dias de prisão com trabalho, além, etc.

Médio — 6 mezes, idem, além, etc.

Minimo — 1 mez e 10 dias, idem, além, etc.

Se não houver casa de correcção:

Maximo — 1 anno, 13 dias e 1/3 de prisão simples, além, etc.

Médio — 7 mezes, idem, além, etc.

Minimo — 1 mez, 16 dias e 2/3, idem, além etc.

Art. 106. Praticar qualquer dos crimes referidos nos arts. 103, 104 e 105, a respeito das camaras municipaes ou de cada um de seus membros.

Penas — a quarta parte das estabelecidas nesses artigos, excepto as em que de mais tiver incorrido pela violencia ou ameaças no caso do art. 105, as quaes serão impostas aos réos na sua totalidade.

No caso do art. 103.

Ao criminoso autor:

Maximo — 2 annos de prisão com trabalho, além das mais em que houver incorrido, que serão impostas na sua totalidade.

Médio — 1 anno e 3 mezes, idem, além, etc.

Minimo — 6 mezes, idem, além, etc.

Se não houver casa de correcção:

Maximo — 2 annos e 4 mezes de prisão simples, além, etc.

Médio — 1 anno, 5 mezes e 15 dias, idem, além, etc.

Minimo — 7 mezes, idem, além, etc.

Aos criminosos por tentativa ou complicidade:

Maximo — 1 anno e 4 mezes de prisão com trabalho, além, etc.

Médio — 10 mezes, idem, além, etc.

Minimo — 4 mezes, idem, além, etc.

Se não houver casa de correcção:

Maximo — 1 anno, 6 mezes e 20 dias de prisão simples, além, etc.

Médio — 11 mezes e 20 dias, idem, além, etc.

Minimo — 4 mezes e 20 dias, idem, além, etc.

Aos criminosos por complicidade na tentativa:

Maximo — 10 mezes e 20 dias de prisão com trabalho, além, etc.

Médio — 6 mezes e 20 dias, idem, além, etc.

Minimo — 2 mezes e 20 dias, idem, além, etc.

Se não houver casa de correcção:

Maximo — 1 anno, 13 dias e 1/3 de prisão simples, além, etc.

Médio — 7 mezes, 23 dias e 1/3, idem, além, etc.

Minimo — 3 mezes, 3 dias e 1/3 idem, além, etc.

No caso do art. 104.

Ao criminoso autor:

Maximo — 1 anno de prisão com trabalho, além das mais em que houver incorrida, que serão impostas na sua totalidade.

Médio — 7 mezes e 15 dias, idem, além, etc.

Minimo — 3 mezes, idem, além, etc.

Se não houver casa de correcção:

Maximo — 1 anno e 2 mezes de prisão simples, além, etc.

Médio — 8 mezes e 22 dias e 1/2, idem, além, etc.

Minimo — 3 mezes e 15 dias, idem, além, etc.

Aos criminosos por tentativa ou complicidade:

Maximo — 8 mezes de prisão com trabalho, além, etc.

Médio — 5 mezes, idem, além, etc.

Minimo — 2 mezes, idem, além, etc.

Se não houver casa de correcção:

Maximo — 9 mezes e 10 dias de prisão simples, além, etc.

Médio — 5 mezes e 25 dias, idem, além, etc.

Minimo — 2 mezes e 10 dias, idem, além, etc.

Ao criminoso por complicidade na tentativa:

Maximo — 5 mezes e 10 dias de prisão com trabalho, além, etc.

Médio — 3 mezes e 10 dias, idem, além, etc.

Minimo — 1 mez e 10 dias, idem, além, etc.

Se não houver casa de correcção:

Maximo — 6 mezes, 6 dias e 2/3 de prisão simples, além, etc.

Médio — 3 mezes, 26 dias e 2/3, idem, além, etc.

Minimo — 1 mez, 16 dias e 2/3, idem, além, etc.

No caso do art. 105.

Ao criminoso autor:

Maximo — 6 mezes de prisão com trabalho das mais em que houver incorrido, que serão impostas na sua totalidade.

Médio — 3 mezes, 11 dias e 1/4, idem, além, etc.

Minimo — 22 dias e 1/2, idem, além, etc.

Se não houver casa de correcção:

Maximo — 7 mezes de prisão simples, além, etc.

Médio — 3 mezes, 28 dias e 1/8, idem, além, etc.

Minimo — 26 dias e 1/4, idem, além, etc.

Aos criminosos por tentativa ou complicidade:

Maximo — 4 mezes de prisão com trabalho, além, etc.

Médio — 2 mezes e 7 dias e 1/2, idem, além, etc.

Minimo — 15 dias, idem, além, etc.

Se não houver casa de correcção:

Maximo — 4 mezes e 20 dias de prisão simples, além, etc.

Médio — 2 mezes, 18 dias e 3/4, idem, além, etc.

Minimo — 17 dias e 1/2, idem, além, etc.

Ao criminoso por tentativa na complicidade:

Maximo — 2 mezes e 20 dias de prisão com trabalho, além, etc.

Médio — 1 mez e 15 dias, idem, além, etc.

Minimo — 10 dias, idem, além, etc.

Se não houver casa de correcção:

Maximo — 3 mezes, 3 dias e 1/3 de prisão simples, além, etc.

Médio — 1 mez e 22 dias e 1/2, idem, além, etc.

Minimo — 11 dias e 2/3, idem, além, etc.

TITULO IV.

Dos crimes contra a segurança interna do Imperio e publica tranquillidade.

Capitulo I.

Conspiração.

Art. 107. Concertarem-se vinte pessoas ou mais para praticar qualquer dos crimes mencionados nos arts. 68, 69, 85, 86, 87, 88, 89, 91 e 92, não se tendo começado a reduzir a acto. *

Penas — de desterro para fóra do Imperio por quatro a doze annos.

NOTA DO ORGANIZADOR:

* Por decreto de 18/8/1832, determinou-se que no art. 107 se achavam incluidos os arts. 85, 86 e 87, os quais por erro foram omitidos das primeiras edições impressas.

Aos criminosos autores:

Maximo — 12 annos de desterro para fóra do Imperio.

Médio — 8 annos, idem.

Minimo — 4 annos, idem.

N. B. Entendo que neste crime não ha complicidade: os complices, isto é, os que concorrerem directamente para se commetter o crime (art. 5.°), entrão no concerto e são conspiradores.

Aos criminosos por tentativa:

Maximo — 8 annos de desterro para fóra do Imperio.

Médio — 5 annos e 4 mezes, idem.

Minimo — 2 annos e 8 mezes, idem.

Art. 108. Se os conspiradores desistirem do seu projecto antes delle ter sido descoberto ou manifestado por algum acto exterior, deixará de existir a conspiração, e por ella se não procederá criminalmente.

Art. 109. Qualquer dos conspiradores, que desistir do seu projecto nas circumstancias do artigo antecedente, não será punido pelo crime de conspiração, ainda que esta continue entre os outros.

Capitulo II.

Rebellião.

Art. 110. Julgar-se-ha commettido este crime, reunindo-se uma ou mais povoações que comprehendão todas mais de vinte mil pessoas, para se perpetrar alguns dos crimes mencionados nos arts. 68, 69, 85, 86, 87, 88, 89, 91 e 92.

Penas — aos cabeças de prisão perpetua com trabalho no grão maximo, de prisão com trabalho por vinte annos no médio, e por dez no minimo.

Aos criminosos cabeças ou autores:

Maximo — Prisão perpetua com trabalho.

Médio — 20 annos de prisão, idem.

Minimo — 10 annos, idem.

Se não houver casa de correcção:

Maximo — Prisão perpetua simples.

Médio — 23 annos e 4 mezes de prisão simples.

Minimo — 11 anos e 8 mezes, idem.

Aos criminosos por tentativa ou complicidade:

Maximo — 20 annos de prisão com trabalho.

Médio — 13 annos e 4 mezes, idem.

Minimo — 6 annos e 8 mezes, idem.

Se não houver casa de correcção:

Maximo — 23 annos e 4 mezes de prisão simples.

Médio — 15 anos, 6 mezes e 20 dias, idem.

Minimo — 7 annos, 9 mezes e 10 dias, idem.

Aos criminosos por tentativa na complicidade:

Maximo — 13 annos e 4 mezes de prisão com trabalho.

Médio — 8 annos, 10 mezes e 20 dias, idem.

Minimo — 4 annos, 5 mezes e 10 dias, idem.

Se não houver casa de correcção:

Maximo — 15 annos, 6 mezes e 20 dias de prisão simples.

Médio — 10 annos, 4 mezes, 13 dias e 1/3, idem.

Minimo — 5 annos, 2 mezes, 6 dias e 2/3, idem.

Capitulo III.

Sedição.

Art. 111. Julgar-se-ha commettido este crime, ajuntando-se mais de vinte pessoas, armadas todas ou parte dellas, para o fim de obstar á posse do empregado publico nomeado competentemente e munido de titulo legitimo, ou para privar do exercicio do seu emprego, ou para obstar a execução e cumprimento de qualquer acto ou ordem legal de legitima autoridade.

Penas — aos cabeças, de prisão com trabalho por tres a doze annos.

Aos criminosos cabeças ou autores:

Maximo — 12 annos de prisão com trabalho.

Médio — 7 annos e 6 mezes, idem.

Minimo — 3 annos, idem.

Se não houver casa de correcção:

Maximo — 14 anos de prisão simples.

Médio — 8 annos e 9 mezes, idem.

Minimo — 3 anos e 6 mezes, idem.

Aos criminosos por tentativa ou complicidade:

Maximo — 8 annos de prisão com trabalho.

Médio — 5 annos, idem.

Minimo — 2 annos, idem.

Se não houver casa de correcção:

Maximo — 9 annos e 4 mezes de prisão simples.

Médio — 5 annos e 10 mezes, idem.

Minimo — 2 annos e 4 mezes, idem.

Aos criminosos por complicidade na tentativa:

Maximo — 5 annos e 4 mezes de prisão com trabalho.

Médio — 3 annos e 4 mezes, idem.

Minimo — 1 anno e 4 mezes, idem.

Se não houver casa de correcção:

Maximo — 6 annos, 2 mezes e 20 dias de prisão simples.

Médio — 3 annos, 10 mezes e 20 dias, idem.

Minimo — 1 anno, 6 mezes e 20 dias, idem.

Art. 112. Não se julgará sedição o ajuntamento do povo desarmado, em ordem, para o fim de representar ás injustiças e vexações e o máo procedimento dos empregados publicos.

Capitulo IV.

Insurreição.

Art. 113. Julgar-se-ha commettido este crime, reunindo-se vinte ou mais escravos para haverem a liberdade por meio da força.

Penas — aos cabeças, de morte no gráo maximo, de galés perpetuas no médio, e por quinze annos no minimo; — aos mais, açoutes.

Aos criminosos autores:

Maximo — Morte.

Médio — Galés perpetuas.

Minimo — 15 annos de galés.

Todos os mais serão punidos com açoutes, sendo escravos. O aviso de 10 de Junho de 1861 declarou que o numero de açoutes que se podem dar, sem perigo de vida do paciente, não deve exceder de 200, e em todos os casos deve ser ouvido o juizo medico.

Em meu entender, os complices que fôrem escravos devem ser punidos com açoutes; para os que fôrem livres a penalidade que deve regular é a do art. 115.

Aos criminosos por tentativa:

Maximo — Galés perpetuas.

Médio — Galés por 20 annos.

Minimo — Galés por 10 annos.

Aos criminosos por complicidade de tentativa:

Maximo — 20 annos de galés.

Médio — 13 annos e 4 mezes, idem.

Minimo — 6 annos e 8 mezes, idem.

Art. 114. Se os cabeças da insurreição fôrem pessoas livres, incorreráõ nas mesmas penas impostas no artigo antecedente aos cabeças, quando são escravos.

Os mesmos calculos que para o art. 113.

Art. 115. Ajudar, excitar ou aconselhar escravos a insurgir-se, fornecendo-lhes armas, munições ou outros meios para o mesmo fim.

Penas — de prisão com trabalho por vinte annos no gráo maximo, por doze no médio, e por oito no minimo.

Aos criminosos:

Maximo — 20 annos de prisão com trabalho.

Médio — 12 annos, idem.

Minimo — 8 annos, idem.
Se não houver casa de correcção:

Maximo — 23 annos e 4 mezes de prisão simples.

Médio — 14 annos, idem.

Minimo — 9 annos e 4 mezes, idem.

Aos criminosos por tentativa:

Maximo — 13 annos e 4 mezes de prisão com trabalho.

Médio — 8 annos, idem.

Minimo — 5 annos e 4 mezes, idem.

Se não houver casa de correcção:

Maximo — 15 annos, 6 mezes e 20 dias de prisão simples.

Médio — 9 annos e 4 mezes, idem.

Minimo — 6 annos, 2 mezes e 20 dias, idem.

Capitulo V.

Resistencia.

Art. 116. Oppôr-se alguem de qualquer modo com força á execução das ordens legaes das autoridades competentes.

Se em virtude da opposição se não effectuar a diligencia ordenada, ou, no caso de effectuar-se, se os officiaes encarregados da execução soffrerem alguma offensa physica da parte dos resistentes.

Penas — de prisão com trabalho por um a quatro annos, além das em que incorrer pela offensa.

Ao criminoso autor:

Maximo — 4 annos de prisão com trabalho, além das em que incorrer pela offensa.

Médio — 2 annos e 6 mezes, idem, além, etc.

Minimo — 1 anno, idem, além, etc.

Se não houver casa de correcção:

Maximo — 4 annos e 8 mezes de prisão simples, além, etc.

Médio — 2 annos e 11 mezes, idem, além, etc.

Minimo — 1 anno e 2 mezes, idem, além, etc.

Aos criminosos por tentativa ou complicidade:

Maximo — 2 annos e 8 mezes de prisão com trabalho, além, etc.

Médio — 1 anno e 8 mezes, idem, além, etc.

Minimo — 8 mezes, idem, além, etc.

Se não houver casa de correcção:

Maximo — 3 annos, 1 mez e 10 dias de prisão simples, além, etc.

Médio — 1 anno, 11 mezes e 10 dias, idem, além, etc.

Minimo — 9 mezes e 10 dias, idem, além, etc.

Ao criminoso por complicidade na tentativa:

Maximo — 1 anno, 9 mezes e 10 dias de prisão com trabalho, além, etc.

Médio — 1 anno, 1 mez e 10 dias, idem, além, etc.

Minimo — 5 mezes e 10 dias, idem, além, etc.

Se não houver casa de correcção:

Maximo — 2 annos, 26 dias e 2/3 de prisão simples, além, etc.

Médio — 1 anno, 2 mezes, 16 dias e 2/3, idem, além, etc.

Minimo — 6 mezes, 6 dias e 2/3, idem, além, etc.

Se a diligencia se effectuar sem alguma offensa physica, apezar da opposição.

Penas — de prisão com trabalho por seis mezes a dous annos.

Ao criminoso autor:

Maximo — 2 annos de prisão com trabalho.

Médio — 1 anno e 3 mezes, idem.

Minimo — 6 mezes, idem.

Se não houver casa de correcção:

Maximo — 2 annos e 4 mezes de prisão simples.

Médio — 1 anno, 5 mezes e 15 dias, idem.

Minimo — 7 mezes, idem.

Aos criminosos por tentativa de complicidade:

Maximo — 1 anno e 4 mezes de prisão com trabalho.

Médio — 10 mezes, idem.

Minimo — 4 mezes, idem.

Se não houver casa de correcção:

Maximo — 1 anno, 6 mezes e 20 dias de prisão simples.

Médio — 11 mezes e 20 dias, idem.

Minimo — 4 mezes e 20 dias, idem.

Ao criminoso por complicidade de tentativa:

Maximo — 10 mezes e 20 dias de prisão com trabalho.

Médio — 6 mezes e 20 dias, idem.

Minimo — 2 mezes e 20 dias, idem.

Se não houver casa de correcção:

Maximo — 1 anno, 13 dias e 1/3 de prisão simples.

Médio — 7 mezes, 23 dias e 1/3, idem.

Minimo — 3 mezes, 3 dias e 1/3, idem.

Art. 117. As ameaças de violencia, capazes de aterrar qualquer homem de firmeza ordinaria, considerar-se-hão neste caso iguaes a uma opposição de effectiva força.

Art. 118. Os officiaes da diligencia, para effectua-la, poderáõ repellir a força dos resistentes até tirar-lhes a vida, quando por outro meio não possão consegui-lo.

Art. 119. Provocar directamente, por escriptos impressos, lithographados ou gravados, que se distribuirem por mais de quinze pessoas, aos crimes especificados nos capitulos 3.°, 4.° e 5.°, e bem assim a desobedecer ás leis.

Penas — de prisão por dous a dezeseis mezes, e de multa correspondente á metade do tempo.

Aos criminosos autores:

Maximo — 16 mezes de prisão simples, e multa correspondente á metade do tempo.

Médio — 9 mezes, idem, e multa, etc.

Minimo — 2 mezes, idem, e multa, etc.

Ao criminoso por tentativa:

Maximo — 10 mezes e 20 dias de prisão simples, e multa corresponden te á metade do tempo.

Médio — 6 mezes, idem, e multa, etc.

Minimo — Não é punivel (art. 2.°, § 2.°).

N. B. Neste crime não se dá complicidade (art. 8.°).

Se a provocação fôr por escriptos não impressos, que se distribuirem por mais de quinze pessoas, ou por discursos proferidos em publicas reuniões.

Penas — de prisão por um a oito mezes, e de multa correspondente á metade do tempo.

Aos criminosos autores:

Maximo — 8 mezes de prisão simples, e multa correspondente á metade do tempo.

Médio — 4 mezes e 15 dias, idem, e multa, etc.

Minimo — 1 mez, idem, e multa, etc.

Aos criminosos por tentativa:

Maximo — 5 mezes e 20 dias de prisão simples, e multa correspondente á metade do tempo.

Médio — 3 mezes, idem, e multa, etc.

Minimo — Não é punivel (art. 2.°, § 2.°).

N. B. Neste crime não se dá complicidade.

Capitulo VI.

Tirada ou fugida de presos do poder da Justiça e arrombamento de cadeias.

Art. 120. Tirar o que estiver legalmente preso da mão e poder do official de justiça.

Penas — de prisão com trabalho por dous a oito annos.

Ao criminoso autor:

Maximo — 8 annos de prisão com trabalho.

Médio — 5 annos, idem.

Minimo — 2 annos, idem.

Se não houver casa de correcção:

Maximo — 9 annos e 4 mezes de prisão simples.

Médio — 5 annos e 10 mezes, idem.

Minimo — 2 annos e 4 mezes, idem.

Aos criminosos por tentativa ou complicidade:

Maximo — 5 annos e 4 mezes de prisão com trabalho.

Médio — 3 annos e 4 mezes, idem.

Minimo — 1 anno e 4 mezes, idem.

Se não houver casa de correcção:

Maximo — 6 annos, 2 mezes e 20 dias de prisão simples.

Médio — 3 annos, 10 mezes e 20 dias, idem.

Minimo — 1 anno, 6 mezes e 20 dias, idem.

Ao criminoso por tentativa de complicidade:

Maximo — 3 annos, 6 mezes e 20 dias de prisão com trabalho.

Médio — 2 annos, 2 mezes e 20 dias, idem.

Minimo — 10 mezes e 20 dias, idem.

Se não houver casa de correcção:

Maximo — 4 annos, 1 mez, 23 dias e 1/3 de prisão simples.

Médio — 2 annos, 7 mezes, 3 dias e 1/3, idem.

Minimo — 1 anno, 13 dias e 1/3, idem.

Art. 121. Tirar o preso da mão e poder de qualquer pessoa do povo que o tenha prendido em flagrante, ou por estar condemnado por sentença.

Penas — de prisão com trabalho por seis a dezoito mezes.

Ao criminoso autor:

Maximo — 18 mezes de prisão com trabalho.

Médio — 12 mezes, idem.

Minimo — 6 mezes, idem.

Se não houver casa de correcção:

Maximo — 21 mezes de prisão simples.

Médio — 14 mezes, idem.

Minimo — 7 mezes, idem.

Aos criminosos por tentativa ou complicidade:

Maximo — 12 mezes de prisão com trabalho.

Médio — 8 mezes, idem.

Minimo — 4 mezes, idem.

Se não houver casa de correcção:

Maximo — 14 mezes de prisão simples.

Médio — 9 mezes e 10 dias, idem.

Minimo — 4 mezes e 20 dias, idem.

Ao criminoso por complicidade na tentativa:

Maximo — 8 mezes de prisão com trabalho.

Médio — 5 mezes e 10 dias, idem.

Minimo — 2 mezes e 20 dias, idem.

Se não houver casa de correcção:

Maximo — 9 mezes e 10 dias de prisão simples.

Médio — 6 mezes, 6 dias e 2/3, idem.

Minimo — 3 mezes, 3 dias e 1/3, idem.

Art. 122. Acommetter qualquer prisão com força e constranger os carcereiros ou guardas a franquear a fugida aos presos.

Se esta se verificar.

Penas — de prisão com trabalho por tres a dez annos.

Ao criminoso autor:

Maximo — 10 annos de prisão com trabalho.

Médio — 6 annos e meio, idem.

Minimo — 3 annos, idem.

Se não houver casa de correcção:

Maximo — 11 annos e 8 mezes de prisão simples.

Médio — 7 annos e 7 mezes, idem.

Minimo — 3 annos e 6 mezes, idem.

Aos criminosos por tentativa ou complicidade:

Maximo — 6 annos e 8 mezes de prisão com trabalho.

Médio — 4 annos e 4 mezes, idem.

Minimo — 2 annos, idem.

Se não houver casa de correcção:

Maximo — 7 annos, 9 mezes e 10 dias de prisão simples.

Médio — 3 annos e 20 dias, idem.

Minimo — 2 annos e 4 mezes, idem.

Ao criminoso por complicidade na tentativa:

Maximo — 4 annos, 5 mezes e 10 dias de prisão com trabalho.

Médio — 2 annos, 10 mezes e 20 dias, idem.

Minimo — 1 anno e 4 mezes, idem.

Se não houver casa de correcção:

Maximo — 5 annos, 2 mezes, 6 dias e 2/3 de prisão simples.

Médio — 3 annos, 4 mezes, 13 dias e 1/3, idem.

Minimo — 1 anno, 6 mezes e 20 dias, idem.

Se a fugida se não verificar.

Penas — de prisão com trabalho por um a cinco annos.

Ao criminoso autor:

Maximo — 5 annos de prisão com trabalho.

Médio — 3 annos, idem.

Minimo — 1 anno, idem.

Se não houver casa de correcção:

Maximo — 5 annos e 10 mezes de prisão simples.

Médio — 3 annos e 6 mezes, idem.

Minimo — 1 anno e 2 mezes, idem.

Aos crimniosos por tentativa ou complicidade:

Maximo — 3 annos e 4 mezes de prisão com trabalho.

Médio — 2 annos, idem.

Minimo — 8 mezes, idem.

Se não houver casa de correcção:

Maximo — 3 annos, 4 mezes e 20 dias de prisão simples.

Médio — 2 annos e 4 mezes, idem.

Minimo — 9 mezes e 10 dias, idem.

Ao crimnioso por complicidade na tentativa:

Maximo — 2 annos, 2 mezes e 20 dias de prisão com trabalho.

Médio — 1 anno e 4 mezes, idem.

Minimo — 5 mezes e 10 dias, idem.

Se não houver casa de correcção:

Maximo — 2 annos, 7 mezes, 3 dias e 1/3 de prisão simples.

Médio — 1 anno, 6 mezes e 20 dias, idem.

Minimo — 6 mezes, 6 dias, e 2/3, idem.

Art. 123. Fazer arrombamento na cadeia, por onde fuja ou possa fugir o preso.

Penas — de prisão com trabalho por um a tres annos.

Ao criminoso autor:

Maximo — 3 annos de prisão com trabalho.

Médio — 2 annos, idem.

Minimo — 1 anno, idem.

Se não houver casa de correcção:

Maximo — 3 annos e 6 mezes de prisão simples.

Médio — 2 annos e 4 mezes, idem.

Minimo — 1 anno e 2 mezes, idem.

Aos criminosos por tentativa ou complicidade:

Maximo — 2 annos de prisão com trabalho.

Médio — 1 anno e 4 mezes, idem.

Minimo — 8 mezes, idem.

Se não houver casa de correcção:

Maximo — 2 annos e 4 mezes de prisão simples.

Médio — 1 anno, 6 mezes e 20 dias, idem.

Minimo — 9 mezes e 10 dias, idem.

Ao criminoso por complicidade na tentativa:

Maximo — 1 anno e 4 mezes de prisão com trabalho.

Médio — 10 mezes e 20 dias, idem.

Minimo — 5 mezes e 10 dias, idem.

Se não houver casa de correcção:

Maximo — 1 anno, 6 mezes e 20 dias de prisão simples.

Médio — 1 anno, 13 dias e 1/3, idem.

Minimo — 6 mezes, 6 dias e 2/3, idem.

Art. 124. Franquear a fugida dos presos por meios astuciosos.

Penas — de prisão por tres a doze mezes.

Ao criminoso autor:

Maximo — 12 mezes de prisão simples.

Médio — 7 mezes e 15 dias, idem.

Minimo — 3 mezes, idem.

Aos criminosos por tentativa ou complicidade:

Maximo — 8 mezes de prisão simples.

Médio — 5 mezes, idem.

Minimo — 2 mezes, idem.

N. B. A tentativa não é punivel (art. 2.º, § 2.º).

Ao criminoso por complicidade na tentativa:

Maximo — 5 mezes e 10 dias de prisão simples.

Médio — 3 mezes e 10 dias, idem.

Minimo — Não é punivel, porque já a tentativa o não é.

Art. 125. Deixar fugir aos presos o mesmo carcereiro ou outra qualquer pessoa a quem tenha sido commettida a sua guarda ou conducção.

Sendo por connivencia.

Penas — de prisão com trabalho por dous a seis annos, e de multa correspondente á metade do tempo.

Ao criminoso autor:

Maximo — 6 annos de prisão com trabalho, e multa correspondente á metade do tempo.

Médio — 4 annos, idem, e multa, etc.

Minimo — 2 annos, idem, e multa, etc.

Se não houver casa de correcção:

Maximo — 7 anos de prisão simples, e multa, etc.

Médio — 4 annos e 8 mezes, idem, e multa, etc.

Minimo — 2 annos e 4 mezes, idem, e multa, etc.

Aos criminosos por tentativa ou complicidade:

Maximo — 4 annos de prisão com trabalho, e multa, etc.

Médio — 2 annos e 8 mezes, idem, e multa, etc.

Minimo — 1 anno e 4 mezes, idem, e multa, etc.

Se não houver casa de correcção:

Maximo — 4 annos e 8 mezes de prisão simples, e multa etc.

Médio — 3 annos, 1 mez e 10 dias, idem, e multa, etc.

Minimo — 1 anno, 6 mezes e 20 dias, idem, e multa, etc.

Ao criminoso por complicidade na tentativa:

Maximo — 2 annos e 8 mezes de prisão com trabalho, e multa, etc.

Médio — 1 anno, 9 mezes e 10 dias, idem, e multa, etc.

Minimo — 10 mezes e 20 dias, idem, e multa, etc.

Se não houver casa de correcção:

Maximo — 3 annos, 1 mez e 10 dias de prisão simples, e multa, etc.

Médio — 2 annos, 26 dias e 2/3, idem, e multa, etc.

Minimo — 1 anno, 13 dias e 1/3, idem, e multa, etc.

Sendo por negligencia.

Penas — de prisão com trabalho por um a tres annos.

Ao criminoso autor:

Maximo — 3 annos de prisão com trabalho.

Médio — 2 annos, idem.

Minimo — 1 anno, idem.

Se não houver casa de correcção:

Maximo — 3 annos e 6 mezes de prisão simples.

Médio — 2 annos e 4 mezes, idem.

Minimo — 1 anno e 2 mezes, idem.

Aos criminosos por tentativa ou complicidade:

Maximo — 2 annos de prisão com trabalho.

Médio — 1 anno e 4 mezes, idem.

Minimo — 8 mezes, idem.

Se não houver casa de correcção:

Maximo — 2 annos e 4 mezes de prisão simples.

Médio — 1 anno, 6 mezes e 20 dias, idem.

Minimo — 9 mezes e 10 dias, idem.

Ao criminoso por complicidade na tentativa:

Maximo — 1 anno e 4 mezes de prisão com trabalho.

Médio — 10 mezes e 20 dias, idem.

Minimo — 5 mezes e 10 dias, idem.

Se não houver casa de correcção:

Maximo — 1 anno, 6 mezes e 20 dias de prisão simples.

Médio — 1 anno, 13 dias e 1/3, idem.

Minimo — 6 mezes, 6 dias e 2/3, idem.

Art. 126. Se a fugida fôr tentada ou effectuada pelos mesmos presos, não serão por isso punidos; mas serão mettidos em prisões solitarias, ou lhes serão postos ferros, como parecer necessario para segurança ao juiz debaixo de cuja direcção estiver a prisão.

Fugindo porém os presos por effeito de violencia contra o carcereiro ou guarda.

Penas — de prisão por tres mezes a um anno, além das que merecerem pela qualidade da violencia.

Ao criminoso autor:

Maximo — 1 anno de prisão simples, além das que merecer pela qualidade da violencia.

Médio — 7 mezes e 1/2, idem, além, etc.

Minimo — 3 mezes, idem, além, etc.

Aos criminosos por tentativa ou complicidade:

Maximo — 8 mezes de prisão simples, além, etc.

Médio — 5 mezes, idem, além, etc.

Minimo — 2 mezes, idem, além, etc.

Ao criminoso por complicidade na tentativa:

Maximo — 5 mezes e 10 dias de prisão simples, além, etc.

Médio — 3 mezes e 10 dias, idem, além, etc.

Minimo — 1 mez e 10 dias, idem, além, etc.

Art. 127. Fazer arrombamento ou acommetter qualquer prisão com força para maltratar aos presos.

Penas — de prisão com trabalho por um a cinco annos, além das em que incorrer o réo pelo crime commettido contra os presos.

Ao criminoso autor:

Maximo — 5 annos de prisão com trabalho, além das penas em que incorrer pelo crime commettido contra os presos.

Médio — 3 annos, idem, além, etc.

Minimo — 1 anno, idem, além, etc.

Se não houver casa de correcção:

Maximo — 5 annos e 10 mezes de prisão simples, além, etc.

Médio — 3 annos e 6 mezes, idem, além, etc.

Minimo — 1 anno e 2 mezes, idem, além, etc.

Aos criminosos por tentativa ou complicidade:

Maximo — 3 annos e 4 mezes de prisão com trabalho, além, etc.

Médio — 2 annos, idem, além, etc.

Minimo — 8 mezes, idem, além, etc.

Se não houver casa de correcção:

Maximo — 3 annos, 10 mezes e 20 dias de prisão simples, além, etc.

Médio — 2 annos e 4 mezes, idem, além, etc.

Minimo — 9 mezes e 10 dias, idem, além, etc.

Ao criminoso por complicidade na tentativa:

Maximo — 2 annos, 2 mezes e 20 dias de prisão com trabalho, além, etc.

Médio — 1 anno e 4 mezes, idem, além, etc.

Minimo — 5 mezes e 10 dias, idem, além, etc.

Se não houver casa de correcção:

Maximo — 2 annos, 7 mezes, 3 dias e 1/3 de prisão simples, além, etc.

Médio — 1 anno, 6 mezes e 20 dias, idem, além, etc.

Minimo — 6 mezes, 6 dias e 2/3, idem, além, etc.

Capitulo VII.

Desobediencia ás Autoridades.

Art. 128. Desobedecer ao empregado publico em acto de exercicio de suas funcções, ou não cumprir as suas ordens legaes.

Penas — de prisão por seis dias a dous mezes.

Ao criminoso autor:

Maximo — 2 mezes de prisão simples.

Médio — 1 mez e 3 dias, idem.

Minimo — 6 dias, idem.

Ao criminoso por complicidade:

Maximo — 1 mez e 10 dias de prisão simples.

Médio — 22 idas, idem.

Minimo — 4 dias, idem.

N. B. A tentativa não é punivel (art. 2.°, § 2.° do Cod. Crim.).

TITULO V.

Dos crimes contra a boa ordem e administração publica.

Capitulo I.

Prevaricações, abusos e omissões dos empregados publicos.

Secção I.

Prevaricação.

Art. 129. Serão julgados prevaricadores os empregados publicos que, por affeição, odio ou contemplação, ou para promover interesse pessoal seu:

§ 1.° Julgarem ou procederem contra a litteral disposição da lei.

§ 2.° Infringirem qualquer lei ou regulamento.

§ 3.° Aconselharem algumas das partes que perante elles litigarem.

§ 4.° Tolerarem, dissimularem ou encobrirem os crimes e defeitos officiaes dos seus subordinados, não procedendo ou não mandando proceder contra elles, ou não informando á autoridade superior respectiva nos casos em que não tenhão jurisdicção para proceder ou mandar proceder.

§ 5.° Deixarem de proceder contra os delinquentes que a lei lhes mandar prender, accusar, processar e punir.

§ 6.° Recusarem ou demorarem a administração da justiça que couber nas suas attribuições, ou as providencias do seu officio que lhes fôrem requeridas por parte, ou exigidas por autoridade publica, ou determinadas por lei.

§ 7.° Proverem em emprego publico ou propôrem para elle pessoa que conhecerem não ter as qualidades legaes.

Penas — de perda do emprego, posto ou officio, com inhabilidade para outro por um anno, e multa correspondente a seis mezes no gráo maximo; perda do emprego e a mesma multa no gráo médio; suspensão por tres annos e multa correspondente a tres mezes no gráo minimo.

Ao criminoso autor:

Maximo — Perda do emprego, posto ou officio, com inhabilidade para outro por 1 anno, e multa correspondente a 6 mezes.

Médio — Perda de emprego, e a mesma multa.

Minimo — Suspensão por 3 annos e multa correspondente a 3 mezes.

Se a prevaricação consistir em impôr pena contra a litteral disposição da lei, e o condemnado a soffreu, impôr-se-ha a mesma pena ao empregado publico. No caso porém de que o condemnado não tenha soffrido a pena, impôr-se-ha ao empregado publico a que estiver designada para a tentativa do crime sobre que tiver recahido a condemnação.

§ 8.° Fabricarem qualquer auto, escriptura, papel ou assignatura falsa, em materia ou autos pertencentes ao desempenho do seu emprego.

Alterarem uma escriptura ou papel verdadeiro com offensa do seu sentido; cancellarem ou riscarem algum dos seus livros officiaes; não darem conta de autos, escriptura ou papel que lhes tiver sido entregue em razão de officio, ou os tirarem de autos, requerimentos, representação ou qualquer outro papel a que estivessem juntos e que tivessem ido á mão ou poder do empregado em razão ou para desempenho do seu emprego.

Penas — de perda do emprego com inhabilidade para outro por um a seis annos, de prisão com trabalho por dous mezes a quatro annos, e de multa de cinco a vinte por cento do damno causado pela falsidade.

Quando da falsidade tiver resultado outro crime a que esteja imposta maior pena, nella incorrerá tambem o réo.

Ao criminoso autor:

Maximo — Perda do emprego com inhabilidade para outro por 6 annos, prisão com trabalho por 4 annos, e multa de 20% do damno causado pela falsidade.

Médio — Perda do emprego com inhabilidade para outro por 3 annos e 1/2, prisão com trabalho por 2 annos e 1 mez, e multa de 12½% do damno causado pela falsidade.

Minimo — Perda do emprego com inhabilidade para outro por 1 anno, prisão com trabalho por 2 mezes, e multa de 5% do damno causado pela falsidade.

N. B. Quando da falsidade tiver resultado outro crime a que esteja imposta maior pena, nella incorrerá tambem o réo.

Se não houver casa de correcção em que se possa cumprir a pena que decreta a prisão com trabalho, será esta commutada do modo seguinte:

Maximo — Prisão simples por 4 annos e 8 mezes.

Médio — 2 annos, 5 mezes e 5 dias, idem.

Minimo — 2 mezes e 10 dias, idem.

Aos criminosos por tentativa ou complicidade:

Maximo — Perda do emprego com inhabilidade para outro por 4 annos, prisão com trabalho por 2 annos e

8 mezes, e multa de 13 1/3% do damno que se poderia causar com a falsidade.

Médio — Perda do emprego com inhabilitação para outro por 2 annos e 4 mezes, prisão com trabalho por 1 anno, 4 mezes e 20 dias, e multa de 8 1/3% do damno, etc.

Minimo — Perda do emprego com inhabilitação para outro por 8 mezes, prisão com trabalho por 1 mez e 10 dias, e multa de 3 1/3% do damno, etc.

Se não houver casa de correcção:

Maximo — 3 annos, 1 mez e 10 dias de prisão simples.

Médio — 1 anno, 7 mezes, 13 dias e 1/3, idem.

Minimo — 1 mez, 16 dias e 2/3, idem.

Ao criminoso por complicidade na tentativa:

Maximo — Perda do emprego com inhabilitação para outro por 2 annos e 8 mezes, prisão com trabalho por 1 anno, 9 mezes e 10 dias, e multa de 8 8/9% do damno que se poderia causar com a falsidade.

Médio — Perda do emprego com inhabilitação para outro por 1 anno, 6 mezes e 20 dias, prisão com trabalho por 11 mezes, 3 dias e 1/3, e multa de 5 5/9% do damno que se poderia, etc.

Minimo — Perda do emprego com inhabilitação para outro por 5 mezes e 10 dias, prisão com trabalho por 26 dias e 2/3, e multa de 2 2/9% do damno que se poderia, etc.

Se não houver casa de correcção:

Maximo — 2 annos, 26 dias e 2/3 de prisão simples.

Médio — 1 anno, 28 dias, 21 horas e 1/3, idem.

Minimo — 1 mez, 1 dia, 2 horas e 2/3.

§ 9.º Subtrahirem, supprimirem ou abrirem carta depois de lançada no correio, ou concorrerem para que outrem o faça.

Penas — de perda do emprego, de prisão por dous a seis mezes, e de multa correspondente á metade do tempo.

Ao criminoso autor:

Maximo — Perda do emprego, 6 mezes de prisão simples, e multa correspondente á metade do tempo.

Médio — Perda do emprego, 4 mezes de prisão simples, e multa, etc.

Minimo — Perda do emprego, 2 mezes de prisão simples, e multa, etc.

Ao criminoso por tentativa:

Maximo — Perda do emprego, 4 mezes de prisão simples, e multa, etc.

Médio — Perda do emprego, 2 mezes e 20 dias de prisão simples, e multa, etc.

Minimo — Perda do emprego, 1 mez e 10 dias de prisão simples, e multa, etc.

N. B. Neste crime a complicidade é punida com as penas do crime conforme a letra do artigo.

Se, com abuso de poder, commetterem os crimes referidos a respeito da carta dirigida por portador particular.

Penas — de prisão por vinte a sessenta dias, e multa correspondente á metade do tempo.

Ao criminoso autor:

Maximo — 60 dias de prisão simples, e multa correspondente á metade do tempo.

Médio — 40 dias de prisão simples, e multa, etc.

Minimo — 20 dias de prisão simples, e multa, etc.

Ao criminoso por tentativa:

Maximo — 40 dias de prisão simples, e multa correspondente á metade do tempo.

Médio — 26 dias e 2/3 de prisão simples, e multa, etc.

Minimo — 13 dias e 1/3 de prisão simples, e multa, etc.

Como já observei, em meu conceito não ha complicidade neste crime, porque os que *concorrerem* para que outrem subtraia, supprima ou abra carta, etc., são punidos como os proprios autores.

As penas, em qualquer dos casos, serão duplicadas ao que descobrir em todo ou em parte o que na carta se contiver, e as cartas assim havidas não serão admittidas em juizo.

Secção II.

Peita.

Art. 130. Receber dinheiro ou outro algum donativo, ou aceitar promessas directa ou indirectamente para praticar ou deixar de praticar algum acto de officio contra ou segundo a lei.

Penas — de perda do emprego com inhabilidade para outro qualquer, de multa igual ao tresdobro da peita, e de prisão por tres a nove mezes.

Ao criminoso autor:

Maximo — Perda do emprego com inhabilitação para outro qualquer, multa igual ao tresdobro da peita, e 9 mezes de prisão simples.

Médio — Perda do emprego com inhabilitação para outro qualquer, multa igual ao tresdobro da peita, e 6 mezes de prisão simples.

Minimo — Perda do emprego com inhabilitação para outro qualquer, multa igual ao tresdobro da peita, e 3 mezes de prisão simples.

Em meu parecer entendo que neste crime não ha tentativa. O empregado que aceita promessa directa ou indirecta tem commettido o crime: quando o acto em vista do qual se recebeu ou aceitou a peita se não effectúa, a lei apenas o allivia da pena de prisão. Tambem entendo que não ha complicidade: se quizerem considerar complice o que dá ou promette peita, esse será punido com as penas do art. 132.

A pena de prisão não terá lugar quando o acto em vista do qual se recebeu ou aceitou a peita se não tiver effectuado.

Art. 131. Nas mesmas penas incorrerá o juiz de direito, de facto ou arbitro, que por peita dér sentença, posto que justa seja.

Se a sentença fôr injusta, a prisão será de seis mezes a dous annos; e se fôr criminal condemnatoria, soffrerá o peitado a mesma pena que tiver imposto ao que condemnára, menos a de morte, quando o condemnado a não tiver soffrido, caso em que se imporá ao réo a de prisão perpetua.

Em todos estes casos, a sentença dada por peita será nulla.

Ao criminoso autor, se a sentença fôr injusta, além das mais penas:

Maximo — 2 annos de prisão simples.

Médio — 1 anno e 3 mezes, idem.

Minimo — 6 mezes, idem.

Art. 132. O que dér ou prometter peita será punido com as mesmas penas impostas ao peitado na conformidade dos artigos antecedentes, menos a de perda do emprego, quando o tiver, e todo o acto em que intervier a peita será nullo.

Ao criminoso autor:

Maximo — Multa do tresdobro da peita, e 9 mezes de prisão simples.

Médio — Multa do tresdobro da peita, e 6 mezes, idem.

Minimo — Multa do tresdobro da peita, e 3 mezes, idem.

Quando a peita fôr dada ou promettida para dar sentença, ainda que justa seja, o peitante será punido com as mesmas penas decretadas na 2.ª parte do art. 131. — Vide o calculo anterior.

Secção III.

Suborno.

Art. 133. Deixar-se corromper por influencia ou peditorio de alguem, para obrar o que não dever ou deixar de obrar o que dever.

Decidir-se por dadiva ou promessa a eleger ou propôr alguem para algum emprego, ainda que para elle tenha as qualidades requeridas.

Penas — as mesmas estabelecidas para os casos da peita.

Vide os calculos feitos para as penas decretadas nos arts. 130, 131 e 132.

Art. 134. Todas as disposições dos arts. 130, 131 e 132, relativas aos peitados e peitantes, se observaráõ a respeito dos subornados e subornadores

Secção IV.

Concussão.

Art. 135. Julgar-se-ha commettido este crime:

§ 1.º Pelo empregado publico encarregado da arrecadação, cobrança ou administração de quaesquer rendas ou dinheiros publicos, ou da distribuição de algum imposto que directa ou indirectamente exigir ou fizer pagar aos contribuintes o que souber não deverem.

Penas — de suspensão do emprego por seis mezes a dous annos.

Ao criminoso autor:

Maximo — Suspensão do emprego por 2 annos.

Médio — Idem, por 1 anno e 3 mezes.

Minimo — Idem, por 6 mezes.

Aos criminosos por tentativa ou complicidade:

Maximo — Suspensão do emprego por 1 anno e 4 mezes.

Médio — Idem, por 10 mezes.

Minimo — Idem, por 4 mezes.

Ao criminoso por complicidade na tentativa:

Maximo — Idem, por 10 mezes e 20 dias.

Médio — Idem, por 6 mezes e 20 dias.

Minimo — Idem, por 2 mezes e 20 dias.

No caso em que o empregado publico se aproprie do que assim tiver exigido, ou o exija para esse fim.

Penas — de perda do emprego, prisão por dous mezes a quatro annos, e de multa de cinco a vinte por cento do que tiver exigido ou feito pagar.

Ao criminoso autor:

Maximo — Perda do emprego, 4 annos de prisão simples, e multa de 20% do que tiver exigido ou feito pagar.

Médio — Perda do emprego, 2 annos e 1 mez de prisão simples, e multa de 12 1/2% do que tiver, etc.

Minimo — Perda do emprego, 2 mezes de prisão simples, e multa de 5% do que tiver, etc.

Entendo que no crime especificado nesta parte do § 1.º não ha tentativa nem complicidade.

§ 2.º Pelo que, para cobrar impostos ou direitos legitimos, empregar voluntariamente contra os contribuintes meios mais gravosos do que os prescriptos nas leis, ou lhes fizer soffrer injustas vexações.

Penas — de suspensão do emprego por seis a dezoito mezes, e as mais em que incorrer pela vexação que tiver praticado.

Ao criminoso autor:

Maximo — Suspensão do emprego por 18 mezes, e as mais em que incorrer pela vexação que tiver praticado.

Médio — Suspensão do emprego por 1 anno, e as mais em que incorrer, etc.

Minimo — Suspensão do emprego por 6 mezes, e as mais em que incorrer, etc.

Aos criminosos por tentativa ou complicidade:

Maximo — 1 anno de suspensão do emprego, e as mais em que incorrer pela vexação que tiver praticado.

Médio — 8 mezes de suspensão do emprego, e as mais em que incorrer, etc.

Minimo — 4 mezes de suspensão do emprego, e as mais em que incorrer, etc.

Ao criminoso por complicidade na tentativa:

Maximo — 8 mezes de suspensão do emprego, e as mais em que incorrer pela vexação que tiver praticado.

Médio — 5 mezes e 10 dias de suspensão do emprego, e as mais em que incorrer, etc.

Minimo — 2 mezes e 20 dias de suspensão do emprego, e as mais em que incorrer.

O que para commetter algum destes delictos usar de força armada, além das penas estabelecidas, soffrerá mais a de prisão por tres mezes a dous annos.

Ao criminoso autor, além das estabelecidas segundo a hypothese:

Maximo — 2 annos de prisão simples.

Médio — 1 anno, 1 mez e 15 dias, idem.

Minimo — 3 mezes, idem.

Aos criminosos por tentativa ou complicidade, além, etc.

Máximo — 1 anno e 4 mezes de prisão simples.

Médio — 9 mezes, idem.

Minimo — 2 mezes, idem.

Ao criminoso por complicidade na tentativa, além, etc.

Maximo — 10 mezes e 20 dias de prisão simples.

Médio — 6 mezes, idem.

Minimo — 1 mez e 10 dias, idem.

§ 3.° Pelo que, tendo de fazer algum pagamento em razão do seu officio, exigir por si ou por outrem, ou consentir que outrem exija de quem o deve receber, algum premio, gratificação, desconto ou emolumento não determinado por lei.

Penas — de perda do emprego, prisão por dous mezes a quatro annos, e de multa de cinco a vinte por cento do valor exigido, que restituirá se o tiver recebido.

Ao criminoso autor:

Maximo — Perda do emprego, 4 annos de prisão simples, e multa de 20% do valor exigido, que restituirá, se o tiver recebido.

Médio — Perda do emprego, 2 annos e 1 mez de prisão simples, e multa de 12 1/2% do valor exigido, que restituirá, etc.

Minimo — Perda do emprego, 2 mezes de prisão simples, multa de 5% do valor exigido, que restituirá, etc.

Aos criminosos por tentativa ou complicidade:

Maximo — Perda do emprego, 2 annos e 8 mezes de prisão simples, multa de 13 1/3% do valor exigido, que restituirá, se o tiver recebido.

Médio — Perda do emprego, 1 anno, 4 mezes e 20 dias de prisão simples, multa de 8 1/3% do valor exigido, que restituirá, etc.

Minimo — Perda do emprego, 1 mez e 10 dias de prisão simples, e multa de 3 1/3% do valor exigido, que restituirá, etc.

Ao criminoso por complicidade na tentativa:

Maximo — Perda do emprego, 1 anno, 9 mezes e 10 dias de prisão simples, e multa de 8 8/9% do valor exigido, que restituirá, se o tiver recebido.

Médio — Perda do emprego, 11 mezes, 3 dias e 1/3 de prisão simples, e multa de 5 5/9% do valor exigido, que restituirá, etc.

Minimo — Perda do emprego, 26 dias e 2/3 de prisão simples, e multa de 2 2/9% do valor exigido, que restituirá, etc.

§ 4.° Pelo que deixar de fazer pagamento como e quando dever por desempenho do seu officio, a não ser por motivo justo.

Penas — de suspensão do emprego por um a tres mezes, e de multa de cinco a vinte por cento do que indevidamente deixar de pagar.

Ao criminoso autor:

Maximo — Suspensão do emprego por 3 mezes, e multa de 20% do que indevidamente deixar de pagar.

Médio — Suspensão do emprego por 2 mezes, e multa de 12 1/2% do que indevidamente, etc.

Minimo — Suspensão do emprego por 1 mez, e multa de 5% do que indevidamente, etc.

Aos criminosos por tentativa ou complicidade:

Maximo — Suspensão do emprego por 2 mezes, e multa de 13 1/3% do que indevidamente deixar de pagar.

Médio — Suspensão do emprego por 1 mez e 10 dias, e multa de 8 1/3% do que indevidamente, etc.

Minimo — Suspensão do emprego por 20 dias, e multa de 3 1/3% do que indevidamente, etc.

Ao criminoso por complicidade na tentativa:

Maximo — Suspensão do emprego por 1 mez e 10 dias, e multa de 8 8/9% do que indevidamente deixar de pagar.

Médio — Suspensão do emprego por 26 dias e 2/3, e multa de 5 5/9% do que indevidamente, etc.

Minimo — Suspensão do emprego por 13 dias e 1/3, e multa de 2 2/9% do valor que indevidamente, etc.

§ 5.º Pelo que, para cumprir o seu dever, exigir directa ou indirectamente gratificação, emolumento ou premio não determinado por lei.

Penas — de perda do emprego, prisão por dous mezes a quatro annos, e de multa de cinco a vinte por cento do valor exigido, que restituirá se o tiver recebido.

Ao criminoso autor:

Maximo — Perda do emprego, 4 annos de prisão simples, e multa de 20% do valor exigido, que restituirá, se o tiver recebido.

Médio — Perda do emprego, 2 annos e 1 mez de prisão simples, e multa de 12 1/2% do valor exigido, que restituirá, etc.

Minimo — Perda do emprego, 2 mezes de prisão simples, e multa de 5% do valor exigido, que restituirá, etc.

Aos criminosos por tentativa ou complicidade:

Maximo — Perda do emprego, 2 annos e 8 mezes de prisão simples, e multa de 13 1/3% do valor exigido que restituirá, se o tiver recebido.

Médio — Perda do emprego, 1 anno, 4 mezes e 20 dias de prisão simples, e multa de 8 1/3% do valor exigido, que restituirá, etc.

Minimo — Perda do emprego, 1 mez e 10 dias de prisão simples, e multa de 3 1/3% do valor exigido, que será restituido, etc.

Ao criminoso por complicidade na tentativa:

Maximo — Perda do emprego, 1 anno, 9 mezes e 10 dias de prisão simples, e multa de 8 8/9% do valor exigido, que restituirá, se o tiver recebido.

Médio — Perda do emprego, 11 mezes, 3 dias e 1/3 de prisão simples, e multa de 5 5/9% do valor exigido, que restituirá, etc.

Minimo — Perda do emprego, 26 dias e 2/3 de prisão simples, e multa de 2 2/9% do valor exigido, que restituirá, etc.

O que em qualquer dos casos mencionados nos §§ 1.º e 2.º se figurar munido de ordem superior, que não tenha.

Penas — de prisão por seis mezes a um anno além das mais estabelecidas em que incorrer.

Ao criminoso autor:

Maximo — 1 anno de prisão simples, além das mais estabelecidas em que incorrer.

Médio — 9 mezes de prisão simples, além das mais, etc.

Minimo — 6 mezes de prisão simples, além das mais, etc.

Aos criminosos por tentativa ou complicidade:

Maximo — 8 mezes de prisão simples, além das mais estabelecidas em que incorrer.

Médio — 6 mezes de prisão simples, além, etc.

Minimo — 4 mezes de prisão simples, além, etc.

Ao criminoso por complicidade na tentativa:

Maximo — 5 mezes e 10 dias de prisão simples, além das mais estabelecidas em que incorrer.

Médio — 4 mezes de prisão simples, além, etc.

Minimo — 2 mezes e 20 dias de prisão simples, além, etc.

Art. 136. As pessoas particulares, encarregadas por arrendamento, ou pou outro qualquer titulo, de cobrar e administrar rendas ou direitos, que commetterem algum dos crimes referidos no artigo antecedente, incorreráõ nas mesmas penas como se fossem empregados publicos.

Secção V.

Excesso ou abuso de autoridade, ou influencia proveniente do emprego.

Art. 137. Arrogar-se, e effectivamente exercer, sem direito ou motivo legitimo, qualquer emprego ou funcção publica.

Penas — de prisão por um mez a tres annos, e de multa igual ao dobro do ordenado e mais vencimentos que tiver recebido.

Ao criminoso autor:

Maximo — 3 annos de prisão simples, e multa igual ao dobro do ordenado e mais vencimentos que tiver recebido.

Médio — 1 anno, 6 mezes e 15 dias, idem, e multa, etc.

Minimo — 1 mez, idem, e multa, etc.

Aos criminosos por tentativa ou complicidade:

Maximo — 2 annos de prisão simples, e multa, etc.

Médio — 1 ano e 10 dias, idem, e multa, etc.

Minimo — 20 dias, idem, e multa, etc.

Ao criminoso por complicidade na tentativa:

Maximo — 1 anno e 4 mezes de prisão simples, e multa, etc.

Médio — 8 mezes, 6 dias e 2/3, idem, e multa, etc.

Minimo — 13 dias e 1/3, idem, e multa, etc.

Art. 138. Entrar e exercer as funcções do emprego sem ter prestado perante a competente autoridade o juramento e a caução ou fiança que a lei exigir.

Penas — de suspensão do emprego até á satisfação das condições exigidas, e multa igual ao dobro do ordenado e mais vencimentos do emprego que tiver recebido.

Em qualquer gráo a pena é sempre a mesma.

Parece que neste crime não ha tentativa nem complicidade; se o contrario se entender, a pena para o tentador e para o complice será a mesma estabelecida para o autor.

Art. 139. Exceder os limites das funcções proprias do emprego.

Penas — de suspensão do emprego por um mez a um anno, além das mais em que incorrer.

Ao criminoso autor:

Maximo — 1 anno de suspensão do emprego, além das mais em que incorrer.

Médio — 6 mezes e 15 dias, idem, além, etc.

Minimo — 1 mez, idem, além, etc.

Aos criminosos por tentativa ou complicidade:

Maximo — 8 mezes de suspensão do emprego, além, etc.

Médio — 4 mezes e 10 dias, idem, além, etc.

Minimo — 20 dias, idem, além, etc.

Ao criminoso por complicidade na tentativa:

Maximo — 5 mezes e 10 dias de suspensão do emprego, além, etc.

Médio — 2 mezes, 26 dias e 2/3, idem, além, etc.

Minimo — 13 dias e 1/3, idem, além, etc.

Art. 140. Continuar a exercer funcções do emprego ou commissão, depois de saber officialmente que fica suspenso, demittido, removido ou substituido legalmente, excepto nos casos que a lei o autorise para continuar.

Penas — de prisão por tres mezes a um anno, e de multa igual ao dobro do ordenado e mais vencimentos que indevidamente tiver recebido depois de suspenso, demittido, removido ou substituido legalmente.

Ao criminoso autor:

Maximo — 1 anno de prisão simples, e multa igual ao dobro do ordenado e mais vencimentos que indevidamente tiver recebido depois de suspenso, demittido, removido ou substituido legalmente.

Médio — 7 mezes e 15 dias, idem e multa, etc.

Minimo — 3 mezes, idem, e multa, etc.

Aos criminosos por tentativa ou complicidade:

Maximo — 8 mezes de prisão simples, e multa, etc.

Médio — 5 mezes de prisão simples, e multa, etc.

Minimo — 2 mezes de prisão simples, e multa, etc.

Ao criminoso por complicidade na tentativa:

Maximo — 5 mezes e 10 dias de prisão simples, e multa igual ao dobro do ordenado e mais vencimentos, que indevidamene tiver recebido, depois de suspenso, demitido, removido ou substituido legalmente.

Médio — 3 mezes e 10 dias de prisão simples, e multa igual ao dobro, etc.

Minimo — 1 mez e 10 dias de prisão simples, e multa igual ao dobro, etc.

Art. 141. Arrogar-se, e effectivamente exercer, sem direito ou motivo legitimo, commando militar, conservar commando militar contra a ordem do governo ou legitimo superior, ou conservar reunida a tropa, depois de saber que a lei, o governo ou qualquer autoridade competente tem ordenado que largue aquelle e que separe esta.

Penas — de desterro para fóra do Imperio por quinze annos no gráo maximo, e de degredo para uma das provincias mais remotas da residencia do réo, por oito annos no gráo médio, e por quatro no minimo.

Ao criminoso autor:

Maximo — 15 annos de desterro para fóra do Imperio.

Médio — 8 annos de degredo para uma das provincias mais remotas da residencia do réo.

Minimo — 4 annos de degredo para uma das provincias mais remotas, etc.

Aos criminosos por tentativa ou complicidade:

Maximo — 10 annos de desterro para fóra do Imperio.

Médio — 5 annos e 4 mezes de degredo para uma das provincias mais remotas da residencia do réo.

Minimo — 2 annos e 8 mezes de degredo para uma das provincias, etc.

Ao criminoso por complicidade na tentativa:

Maximo — 6 annos e 8 mezes de desterro para fóra do Imperio.

Médio — 3 annos, 6 mezes e 20 dias de degredo para uma das provincias mais remotas da residencia do réo.

Minimo — 1 anno, 9 mezes e 20 dias de degredo para uma das provincias, etc.

Art. 142. Expedir ordem ou fazer requisição illegal.

Penas — de perda do emprego no gráo maximo, de suspensão por tres annos no médio, e por um no minimo.

Ao criminoso autor:

Maximo — Perda do emprego.

Médio — 3 annos de suspensão do emprego.

Minimo — 1 anno, idem.

Aos criminosos por tentativa ou complicidade:

Maximo — Perda do emprego.

Médio — 2 annos de suspensão do emprego.

Minimo — 8 mezes, idem.

Ao criminoso por complicidade na tentativa:

Maximo — Perda do emprego.

Médio — 1 anno e 4 mezes de suspensão do emprego.

Minimo — 5 mezes e 10 dias, idem.

(*N. B.* Tenho duvida, e bem fundada me parece, a respeito do maximo da pena que cabe aos criminosos por tentativa ou complicidade, e por complicidade na tentativa. Deverãõ ser punidos com a mesma pena decretada contra o criminoso autor? Os principios estabelecidos pelo Codigo nos arts. 34 e 35 não deverãõ regular neste caso? ou entenderia o legislador que no crime previsto neste art. 142 não póde haver nem tentativa, nem complicidade? Á sabedoria e prudencia dos juizes compete decidi-lo.)

O que executar a ordem ou requisição illegal será considerado obrar como se tal ordem ou requisição não existira, e punido pelo excesso de poder ou jurisdicção que nisso commetter.

Art. 143. São ordens e requisições illegaes as emanadas de autoridade incompetente, ou destituidas das solemnidades externas necessarias para a sua validade, ou manifestamente contrarias ás leis.

Art. 144. Exceder á prudente faculdade de reprehender, corrigir ou castigar, offendendo, ultrajando ou maltratando por obra, palavra ou escripto algum subalterno ou dependente, ou qualquer outra pessoa com quem se trata em razão de officio.

Penas — de suspensão do emprego por um a dez mezes.

Ao criminoso autor:

Maximo — 10 mezes de suspensão do emprego.

Médio — 5 mezes e 15 dias, idem.

Minimo — 1 mez, idem.

Aos criminosos por tentativa ou complicidade:

Maximo — 6 mezes e 20 dias de suspensão do emprego.

Médio — 3 mezes e 20 dias, idem.

Minimo — 20 dias, idem.

Ao criminoso por complicidade na tentativa:

Maximo — 4 mezes, 13 dias e 1/3 de suspensão do emprego.

Médio — 2 mezes, 13 dias e 1/3, idem.

Minimo — 13 dias e 1/3, idem.

Art. 145. Commetter qualquer violencia no exercicio das funcções do emprego, ou a pretexto de exercê-las.

Penas — de perda do emprego no gráo maximo, de suspensão por tres annos no médio, e por um no minimo, além das mais em que incorrer pela violencia.

Ao criminoso autor:

Maximo — Perda do emprego, além das mais em que incorrer pela violencia.

Médio — 3 annos de suspensão do emprego, além das mais, etc.

Minimo — 1 anno de suspensão do emprego, além das mais, etc.

Aos criminosos por tentativa ou complicidade:

Maximo — Perda do emprego, além das mais em que incorrer pela violencia.

Médio — 2 annos de suspensão do emprego, além das mais, etc.

Minimo — 8 mezes de suspensão do emprego, além das mais, etc.

Ao criminoso por complicidade na tentativa:

Maximo — Perda do emprego, além das mais em que incorrer pela violencia.

Médio — 1 anno e 4 mezes de suspensão do emprego, além das mais, etc.

Minimo — 5 mezes e 10 dias de suspensão do emprego, além das mais, etc.

N. B. Farei aqui as mesmas observações que fiz a respeito do art. 142.

Art. 146. Haver para si directa ou indirectamente, ou por algum acto simulado, em todo ou em parte, propriedade ou effeito em cuja administração, disposição ou guarda deva intervir em razão de officio, ou entrar em alguma especulação de lucro ou interesse relativamente á dita propriedade ou effeito.

Penas — de perda do emprego, prisão por dous mezes a quatro annos, e de multa de cinco a vinte por cento da importancia da propriedade, effeito ou interesse da negociação.

Em todo o caso a acquisição será nulla.

Ao criminoso autor:

Maximo — Perda do emprego, 4 annos de prisão simples, e multa de 20% da importancia da propriedade, effeito ou interesse da negociação.

Médio — Perda do emprego, 2 annos e 1 mez de prisão simples, e multa de 12 1/2% da importancia, etc.

Minimo — Perda do emprego, 2 mezes de prisão simples, e multa de 5% da importancia, etc.

Aos criminosos por tentativa ou complicidade:

Maximo — Perda do emprego, 2 annos e 8 mezes de prisão simples, e multa de 13 1/3% da importancia da propriedade, effeito ou interesse da negociação.

Médio — Perda do emprego, 1 anno, 4 mezes e 20 dias de prisão simples, e multa de 8 1/3% da importancia, etc.

Minimo — Perda do emprego, 1 mez e 10 dias de prisão simples, e multa de 3 1/3% da importancia, etc.

Ao criminoso por complicidade na tentativa:

Maximo — Perda do emprego, 1 anno, 9 mezes e 10 dias de prisão simples, e multa de 8 8/9% da importancia da propriedade, effeito ou interesse da negociação.

Médio — Perda do emprego, 11 mezes, 3 dias e 1/3 de prisão simples, e multa de 5 5/9% da importancia, etc.

Minimo — Perda do emprego, 26 dias e 2/3 de prisão simples, e multa de 2 2/9% da importancia, etc.

N. B. Em todos os casos a aquisição será nulla.

Art. 147. As mesmas penas se imporão aos que commetterem os crimes referidos no artigo antecedente nos casos em que intervierem com o caracter de peritos, avaliadores, partidores ou contadores; e bem assim os tutores, curadores, testamenteiros e depositarios, que delinquirem de qualquer dos sobreditos modos, relativamente aos bens dos pupillos, testamentarias e depositos.

(Vide calculos do artigo anterior.)

Art. 148. Commerciarem directamente os presidentes, commandantes de armas das provincias, os magistrados vitalicios, os parochos e todos os officiaes de fazenda dentro do districto em que exercerem suas funcções, em quaesquer effeitos que não sejão producções dos seus proprios bens.

Penas — de suspensão do emprego por um a tres annos, e de multa correspondente á metade do tempo.

Ao criminoso autor:

Maximo — Suspensão do emprego por 3 annos, e multa correspondente á metade do tempo.

Médio — Suspensão do emprego por 2 annos, e multa correspondente á metade do tempo.

Minimo — Suspensão do emprego por 1 anno, e multa correspondente á metade do tempo.

Ao criminoso por tentativa:

Maximo — Suspensão do emprego por 2 annos, e multa correspondente á metade do tempo.

Médio — Suspensão do emprego por 1 anno e 4 mezes, e multa correspondente á metade do tempo.

Minimo — Suspensão do emprego por 8 mezes, e multa correspondente á metade do tempo.

N. B. É minha opinião que neste crime não ha complicidade.

Será porém permitido a todos os mencionados dar dinheiro a juros e ter parte por meio de acções nos bancos e companhias publicas, uma vez que não exerção nellas funcções de director, administrador ou agente, debaixo de qualquer titulo que seja.

Art. 149. **Constituir-se devedor de algum official ou empregado seu subalterno ou da-lo por seu fiador, ou contrahir com elle alguma outra obrigação pecuniaria.**

Penas — de suspensão do emprego por tres a nove mezes, e de multa de cinco a vinte por cento da quantia da divida, fiança ou obrigação.

Ao criminoso autor:

Maximo — Suspensão do emprego por 9 mezes, e multa de 20% da quantia da divida, fiança ou obrigação.

Médio — Suspensão do emprego por 6 mezes, e multa de 12 1/2% da quantia da divida, fiança ou obrigação.

Minimo — Suspensão do emprego por 3 mezes, e multa de 5% da quantia, etc.

Ao criminoso por tentativa:

Maximo — Suspensão do emprego por 6 mezes, e multa de 13 1/3%, etc.

Médio — Suspensão do emprego por 4 mezes, e multa de 8 1/3%, etc.

Minimo — Suspensão do emprego por 2 mezes, e mutla de 3 1/3%, etc.

N. B. É minha opinião que neste crime não ha complicidade.

Art. 150. **Solicitar ou seduzir mulher que perante o empregado litigue ou esteja culpada ou accusada, requeira ou tenha alguma dependencia.**

Penas — de suspensão do emprego por quatro a dezeseis mezes, além das outras em que tiver incorrido.

Ao criminoso autor:

Maximo — Suspensão do emprego por 16 mezes, além das outras em que tiver incorrido.

Médio — Suspensão do emprego por 10 mezes, além, etc.

Minimo — Suspensão do emprego por 4 mezes, além, etc.

Se o que **commetter este crime** fôr juiz de facto.

Penas — de prisão por dous mezes, além das mais em que incorrer.

Se o que commetter o crime fôr juiz de facto, não ha gradação de pena, á vista da letra do Codigo.

Art. 151. **Se o crime declarado no artigo antecedente fôr commettido por carcereiro, guarda ou outro empregado de cadeia, casa de reclusão, ou de outro estabelecimento semelhante, com mulher que esteja presa ou depositada debaixo de sua custodia ou vigilancia, ou com mulher, filha ou irmã de pessoa que esteja nessas circumstancias.**

Penas — de perda do emprego e prisão por quatro a dezeseis mezes, além das outras em que tiver incorrido.

Ao criminoso autor:

Maximo — Perda do emprego e 16 mezes de prisão simples, além das outras em que tiver incorrido.

Médio — Perda do emprego e 10 mezes de prisão simples, além das outras, etc.

Minimo — Perda do emprego e 4 mezes de prisão simples, além das outras, etc.

Art. 152. Quando do excesso ou abuso resultar aos interesses nacionaes.

Penas — de multa de cinco a vinte por cento do prejuiío causado, além das outras em que tiver incorrido.

Ao criminoso autor:

Maximo — 20% do prejuizo causado, além das outras em que tiver incorrido.

Médio — 12 1/2% do prejuizo causado, além, etc.

Minimo — 5% do prejuizo causado, além, etc.

Aos criminosos por tentativa ou complicidade:

Maximo — 13 1/3% do prejuizo causado, além, etc.

Médio — 8 1/3% do prejuizo causado, além, etc.

Minimo — 3 1/3% do prejuizo causado, além, etc.

Ao criminoso por tentativa de complicidade:

Maximo — 8 8/9% do prejuizo causado, além, etc.

Médio — 5 5/9% do prejuizo causado, além, etc.

Minimo — 2 2/9% do prejuizo causado, além, etc.

Secção VI.

Falta de exacção no cumprimento dos deveres.

Art. 153. Este crime póde ser commettido por ignorancia, descuido, frouxidão, negligencia ou omissão, e será punido pela maneira seguinte.

Art. 154. Deixar de cumprir ou de fazer cumprir exactamente qualquer lei ou regulamento, deixar de cumprir ou de fazer cumprir, logo que lhe seja possivel, uma ordem ou requisição legal de outro empregado.

Penas — de suspensão do emprego por um a nove mezes.

Ao criminoso autor:

Maximo — Suspensão do emprego por 9 mezes.

Médio — Suspensão do emprego por 5 mezes.

Minimo — Suspensão do emprego por 1 mez.

Aos criminosos por tentativa ou complicidade:

Maximo — Suspensão do emprego por 6 mezes.

Médio — Suspensão do emprego por 3 mezes e 10 dias.

Minimo — Suspensão do emprego por 20 dias.

Ao criminoso por complicidade na tentativa:

Maximo — Suspensão do emprego por 4 mezes.

Médio — Suspensão do emprego por 2 mezes, 6 dias e 16 horas.

Minimo — Suspensão do emprego por 13 dias e 8 horas.

Art. 155. Na mesma pena incorrerá o que demorar a execução da ordem ou requisição para representar acerca della, salvo nos casos seguintes:

§ 1.º Quando houver motivo para prudentemente se duvidar da sua authenticidade.

§ 2.º Quando parecer evidente que fôra obtida ob e subrepticiamente, ou contra a lei.

§ 3.º Quando da execução se devão prudentemente receiar graves males que o superior ou requisitante não tivesse podido prever.

Ainda que nestes casos poderá o executor da ordem ou requisição suspender a sua execução para representar, não será comtudo isento da pena se na representação não mostrar claramente a certeza ou ponderancia dos motivos em que se fundára.

Art. 156. Deixar de fazer effectivamente responsaveis os subalternos que não executarem cumprida e promptamente as leis, regulamentos e ordens, ou não proceder immediatamente contra elles em caso de desobediencia ou omissão.

Penas — de suspensão do emprego por um a nove mezes.

O mesmo calculo do art. 154.

Art. 157. Largar, ainda que temporariamente, o exercicio do emprego sem prévia licença do legitimo superior, ou exceder o tempo de licença concedida sem motivo urgente e participado.

Penas — de suspensão do emprego por um a tres annos, e de multa correspondente á metade do tempo.

Ao criminoso autor:

Maximo — Suspensão do emprego por 3 annos, e multa correspondente á metade do tempo.

Médio — Suspensão do emprego por 2 annos, e multa, etc.

Minimo — Suspensão do emprego por 1 ano, e multa, etc.

Art. 158. Não empregar para a prisão ou castigo dos malfeitores ou réos de crimes publicos que existirem nos lugares de sua jurisdicção os meios que estiverem ao seu alcance.

Penas — de suspensão do emprego por um a tres mezes, e de multa correspondente á terça parte do tempo.

Ao criminoso autor:

Maximo — Suspensão do emprego por 3 mezes,e multa correspondente á terça parte do tempo.

Médio — Suspensão do emprego por 2 mezes, e multa, etc.

Minimo — Suspensão do emprego por 1 mez, e multa, etc.

Art. 159. Negar ou demorar a administração da justiça que couber em suas attribuições, ou qualquer auxilio que legalmente se lhe peça ou a causa publica exija.

Penas — de suspensão do emprego por quinze dias a tres mezes, e de multa correspondente á terça parte do tempo.

Ao criminoso autor:

Maximo — Suspensão do emprego por 3 mezes, e multa correspondente á terça parte do tempo.

Médio — Suspensão do emprego por 1 mez e 22 dias e 1/2, e multa, etc.

Minimo — Suspensão do emprego por 15 dias, e multa, etc.

Art. 160. Julgar ou proceder contra lei expressa.

Penas — de suspensão do emprego por um a tres annos.

Maximo — Suspensão do emprego por 3 annos.

Médio — Suspensão do emprego por 2 annos.

Minimo — Suspensão do emprego por 1 anno.

Art. 161. Se pelo julgamento em processo criminal impuzer ao réo maior pena do que a expressa na lei.

Penas — de perda do emprego, e de prisão por um a seis annos.

Ao criminoso autor:

Maximo — Perda do emprego, e 6 annos de prisão simples.

Médio — Perda do emprego, e 3 annos e 1/2 de prisão simples.

Minimo — Perda do emprego, e 1 anno de prisão simples.

Art. 162. Infringir as leis que regulão a ordem do processo, dando causa a que seja reformado.

Penas — de fazer a reforma á sua custa, e de multa igual á despeza que nella se fizer.

Art. 163. Julgarem os juizes de direito ou os de facto causas em que a lei os tenha declarado suspeitos, ou em que as partes os hajão legitimamente recusado ou dado por suspeitos.

Penas — de suspensão por um a tres annos, e de multa correspondente á sexta parte do tempo.

Ao criminoso autor:

Maximo — Suspensão por 3 annos, e multa correspondente á 6.ª parte do tempo.

Médio — Suspensão por 2 annos, e multa, etc.

Minimo — Suspensão por 1 anno, e multa, etc.

Art. 164. Revelar algum segredo de que esteja instruido em razão de officio.

Penas — de suspensão do emprego por dous a dezoito mezes, e de multa correspondente á metade do tempo.

Ao criminoso autor:

Maximo — Suspensão do emprego por 18 mezes, e multa correspondente á metade do tempo.

Médio — Suspensão do emprego por 10 mezes, e multa, etc.

Minimo — Suspensão do emprego por 2 mezes, e multa, etc.

Art. 165. Se a revelação fôr de segredo que interesse á independencia e integridade da nação, em algum dos casos especificados no titulo primeiro, capitulo primeiro.

Penas — dobradas.

Ao criminoso autor:

Maximo — Suspensão do emprego por 3 annos, e multa correspondente á metade do tempo.

Médio — Suspensão do emprego por 20 mezes, e multa, etc.

Minimo — Suspensão do emprego por 4 mezes, e multa, etc.

Secção VII.

Irregularidade de conducta.

Art. 166. O empregado publico que fôr convencido de incontinencia publica e escandalosa, ou de vicio de jogos prohibidos, ou de embriaguez repetida, ou de haver-se com ineptidão notoria ou desidia habitual no desempenho de suas funcções.

Penas — de perda do emprego com inhabilidade para obter outro, emquanto não fizer constar a sua completa emenda.

Capitulo II.

Falsidade.

Art. 167. Fabricar qualquer escriptura, papel ou assignatura falsa em que não tiver convindo a pessoa a quem se attribuir, ou de que ella ficar em plena ignorancia.

Fazer em uma escriptura ou papel verdadeiro alguma alteração da qual resulte a do seu sentido.

Supprimir qualquer escriptura ou papel verdadeiro.

Usar de escriptura ou papel falso ou falsificado com se fosse verdadeiro, sabendo que o não é.

Concorrer para a falsidade, ou como testemunha, ou por outro qualquer modo.

Penas — de prisão com trabalho por dous mezes a quatro annos, e de multa de cinco a vinte por cento do damno causado ou que se poderia causar.

Ao criminoso autor:

Maximo — 4 annos de prisão com trabalho, e multa de 20% do damno cousado ou que se poderia causar.

Médio — 2 annos e 1 mez de prisão com trabalho, e multa de 12 1/2% do damno, etc.

Minimo — 2 mezes de prisão com trabalho, e multa de 5% do damno, etc.

Se não houver casa de correcção:

Maximo — 4 annos e 8 mezes de prisão simples, e multa de 20% do damno causado ou que se poderia causar.

Médio — 2 annos, 5 mezes e 5 dias de prisão simples, e multa de 12 1/2% do damno, etc.

Minimo — 2 mezes e 10 dias de prisão simples, e multa de 5% do damno, etc.

Aos criminosos por tentativa ou complicidade:

Maximo — 2 annos e 8 mezes de prisão com trabalho, e multa de 13 1/3% do damno causado ou que se poderia causar.

Médio — 1 anno, 4 mezes e 20 dias de prisão com trabalho, e multa de 8 1/3% do damno, etc.

Minimo — 1 mez e 10 dias de prisão com trabalho e multa de 3 1/3% do damno, etc.

Se não houver casa de correcção:

Maximo — 3 annos, 1 mez e 10 dias de prisão simples, e multa de 13 1/3% do damno causado ou que se poderia causar.

Médio — 1 anno, 7 mezes, 13 dias e 8 horas de prisão simples, e multa de 8 1/3% do damno, etc.

Minimo — 1 mez, 16 dias e 16 horas de prisão simples, e multa de 3 1/3% do damno, etc.

Ao criminoso por complicidade na tentativa:

Maximo — 1 anno, 9 mezes e 10 dias de prisão com trabalho, e multa de 8 8/9% do damno causado ou que se poderia causar.

Médio — 11 mezes, 3 dias, e 8 horas de prisão com trabalho, e multa de 5 5/9% do damno, etc.

Minimo — 26 dias e 16 horas de prisão com trabalho, e multa de 2 2/9% do damno, etc.

Se não houver casa de correcção:

Maximo — 2 annos, 26 dias e 16 horas de prisão simples, e multa de 8 8/9% do damno causado ou que se poderia causar.

Médio — 1anno, 28 dias, e 21 horas 1/3 de prisão simples, e multa de 5 5/9% do damno, etc.

Minimo — 1 mez, 1 dia, e 2 horas 2/3 de prisão simples, e multa de 2 2/9% do damno, etc.

Art. 168. Se da falsidade resultar outro crime a que esteja imposta pena maior, nella tambem incorrerá o réo.

Capitulo III.

Perjurio.

Art. 169. Jurar falso em juizo.
Se a causa em que se prestar o juramento fôr civil.

Penas — de prisão com trabalho por um mez a um anno, e de multa de cinco a vinte por cento do valor da causa.

Ao criminoso autor:

Maximo — 1 anno de prisão com trabalho, e multa de 20% do valor da causa.

Médio — 6 mezes e 15 dias de prisão com trabalho, e multa de 12 1/2% do valor, etc.

Minimo — 1 mez de prisão com trabalho, e multa de 5% do valor, etc.

Se não houver casa de correcção:

Maximo — 1 anno e 2 mezes de prisão simples, e multa de 20% do valor da causa.

Médio — 7 mezes, e 17 e 1/2 dias de prisão simples, e multa de 12 1/2% do valor, etc.

Minimo — 1 mez e 5 dias de prisão simples, e multa de 5% do valor, etc.

Aos criminosos por tentativa ou complicidade:

Maximo — 8 mezes de prisão com trabalho, e multa de 13 1/3% do valor da causa.

Médio — 4 mezes e 10 dias de prisão com trabalho, e multa de 8 1/3% do valor, etc.

Minimo — 20 dias de prisão com trabalho, e multa de 3 1/3% do valor, etc.

Se não houver casa de correcção:

Maximo — 9 mezes e 10 dias de prisão simples, e multa de 13 1/3% do valor da causa.

Médio — 5 mezes, 1 dia e 2/3 de prisão simples, e multa de 8 1/3% do valor, etc.

Minimo — 23 dias e 1/3 de prisão simples, e multa de 3 1/3% do valor, etc.

Ao criminoso por complicidade na tentativa:

Maximo — 5 mezes e 10 dias de prisão com trabalho, e multa de 8 8/9% do valor da causa.

Médio — 2 mezes, 26 dias e 2/3 de prisão com trabalho, e multa de 5 5/9% do valor, etc.

Minimo — 13 dias e 1/3 de prisão com trabalho, e multa de 2 2/9% do valor, etc.

Se não houver casa de correcção:

Maximo — 6 mezes, 6 dias e 2/3 de prisão simples, e multa de 8 8/9% do valor da causa.

Médio — 3 mezes, 11 dias, 2 horas e 2/3 de prisão simples, e multa de 5 5/9% do valor, etc.

Minimo — 15 dias, 13 horas e 1/3 de prisão simples, e multa de 2 2/9% do valor, etc.

Se a causa fôr criminal e o juramento para absolvição do réo.

Penas — de prisão com trabalho por dous mezes a dous annos, e de multa correspondente á metade do tempo.

Ao criminoso autor:

Maximo — 2 annos de prisão com trabalho, e multa correspondente á metade do tempo.

Médio — 1 anno e 1 mez de prisão com trabalho, e multa correspondente, etc.

Minimo — 2 mezes de prisão com trabalho, e multa, etc.

Se não houver casa de correcção:

Maximo — 2 annos e 4 mezes de prisão simples, e multa correspondente á metade do tempo.

Médio — 1 ano, 3 mezes e 5 dias de prisão, simples, e multa correspondente, etc.

Minimo — 2 mezes e 10 dias de prisão simples, e multa, etc.

Aos criminosos por tentativa ou complicidade:

Maximo — 1 anno e 4 mezes de prisão com trabalho, e multa correspondente á metade do tempo.

Médio — 8 mezes e 20 dias de prisão com trabalho, e multa correspondente, etc.

Minimo — 1 mez e 10 dias de prisão com trabalho, e multa correspondente, etc.

Se não houver casa de correcção:

Maximo — 1 anno, 6 mezes e 20 dias de prisão simples, e multa correspondente á metade do tempo.

Médio — 10 mezes, 3 dias e 1/3 de prisão simples, e multa correspondente, etc.

Minimo — 1 mez, 16 dias e 2/3 de prisão simples, e multa correspondente, etc.

Ao criminoso por complicidade na tentativa:

Maximo — 10 mezes e 20 dias de prisão com trabalho, e multa correspondente á metade do tempo.

Médio — 5 mezes, 23 dias e 1/3 de prisão com trabalho, e multa correspondente, etc.

Minimo — 26 dias e 2/3 de prisão com trabalho, e multa correspondente, etc.

Se não houver casa de correcção:

Maximo — 1 anno, 13 dias e 1/3 de prisão simples, e multa correspondente á metade do tempo.

Médio — 6 mezes, 22 dias, 5 horas e 1/3 de prisão simples, e multa correspondente, etc.

Minimo — 1 mez, 1 dia, 2 horas e 2/3 de prisão simples, e multa correspondente, etc.

Se fôr para a condemnação do réo em causa capital.

Penas — de galés perpetuas no gráo maximo, prisão com trabalho por quinze annos no médio, e por oito no minimo.

Ao criminoso autor:

Maximo — Galés perpetuas.

Médio — 15 annos de prisão com trabalho.

Minimo — 8 annos de prisão com trabalho.

Se não houver casa de correcção:

Maximo — Galés perpetuas.

Médio — 17 annos e 1/2 de prisão simples.

Minimo — 9 annos e 4 mezes de prisão simples.

Ao criminoso por tentativa ou complicidade:

Maximo — 20 annos de galés.

Médio — 10 anos de prisão com trabalho.

Minimo — 5 annos e 4 mezes de prisão com trabalho.

Se não houver casa de correcção:

Maximo — 20 annos de galés.

Médio — 11 anos e 8 mezes de prisão simples.

Minimo — 6 annos, 2 mezes e 20 dias de prisão simples.

Ao criminoso por complicidade na tentativa:

Maximo — 13 annos e 4 mezes de galés.

Médio — 6 annos e 8 mezes de prisão com trabalho.

Minimo — 3 annos, 9 mezes e 20 dias de prisão com trabalho.

Se não houver casa de correcção:

Maximo — 13 annos e 4 mezes de galés.

Médio — 7 annos, 9 mezes e 10 dias de prisão simples.

Minimo — 4 annos, 5 mezes, 8 dias e 1/3 de prisão simples.

Se fôr para a condenamnação em causa não capital.

Penas — de prisão com trabalho por tres a nove annos, e de multa correspondente á metade do tempo.

Ao criminoso autor:

Maximo — 9 annos de prisão com trabalho, e multa correspondente á metade do tempo.

Médio — 6 annos de prisão com trabalho, e multa correspondente, etc.

Minimo — 3 annos de prisão com trabalho, e multa correspondente, etc.

Se não houver casa de correcção:

Maximo — 10 annos e 1/2 de prisão simples, e multa correspondente á metade do tempo.

Médio — 7 annos de prisão simples, e multa correspondente, etc.

Minimo — 3 annos e 1/2 de prisão simples, e multa correspondente, etc.

Aos criminosos por tentativa ou complicidade:

Maximo — 6 annos de prisão com trabalho, e multa correspondente á metade do tempo.

Médio — 4 annos de prisão com trabalho, e multa, etc.

Minimo — 2 annos de prisão com trabalho, e multa, etc.

Se não houver casa de correcção:

Maximo — 7 annos de prisão simples, e multa correspondente á metade do tempo.

Médio — 4 annos e 8 mezes de prisão simples, e multa correspondente, etc.

Minimo — 2 annos e 4 mezes de prisão simples, e multa correspondente, etc.

Ao criminoso por complicidade na tentativa:

Maximo — 4 annos de prisão com trabalho, e multa correspondente á metade do tempo.

Médio — 2 annos e 8 mezes de prisão com trabalho, e multa, etc.

Minimo — 1 anno e 4 mezes de prisão com trabalho, e multa, etc.

Se não houver casa de correcção:

Maximo — 4 annos e 8 mezes de prisão simples, e multa correspondente á metade do tempo.

Médio — 3 annos, 1 mez e 10 dias de prisão simples, e multa correspondente, etc.

Minimo — 1 anno, 6 mezes e 20 dias de prisão simples, e multa correspondente, etc.

TITULO VI.

Dos crimes contra o thesouro publico e propriedade publica.

Capitulo I.

Peculato.

Art. 170. Apropriar-se o empregado publico, consumir, extraviar ou consentir que outrem se approprie, consuma ou extravie, em todo ou em parte, dinheiros ou effeitos publicos que tiver a seu cargo.

Penas — de perda do emprego, prisão com trabalho por dous mezes a quatro annos, e multa de cinco a vinte por cento da quantia ou valor dos effeitos apropriados, consumidos ou extraviados.

Ao criminoso autor:

Maximo — Perda do emprego, 4 annos de prisão com trabalho, e multa de 20% da quantia ou valor dos effeitos apropriados, consumidos ou extraviados.

Médio — Perda do emprego, 2 annos e 1 mez de prisão com trabalho, e multa de 12 1/2% da quantia ou valor, etc.

Minimo — Perda do emprego, 2 mezes de prisão com trabalho, e multa de 5% da quantia ou valor, etc.

Se não houver casa de correcção:

Maximo — Perda do emprego, 4 annos e 8 mezes de prisão simples, e multa de 20% da quantia ou valor dos effeitos apropriados, consumidos ou extraviados.

Médio — Perda do emprego, 2 annos, 5 mezes e 5 dias de prisão simples, e multa de 12 1/2% da quantia ou valor, etc.

Minimo — Perda do emprego, 2 mezes e 10 dias de prisão simples, e multa de 5% da quantia ou valor, etc.

Aos criminosos por tentativa ou complicidade:

Maximo — Perda do emprego, 2 annos e 8 mezes de prisão com trabalho, e multa de 13 1/3% da quantia ou valor dos effeitos apropriados, consumidos ou extraviados.

Médio — Perda do emprego, 1 anno, 4 mezes e 20 dias de prisão com trabalho, e multa de 8 1/3% da quantia ou valor, etc.

Minimo — Perda do emprego, 1 mez e 10 dias de prisão com trabalho, e multa de 3 1/3% da quantia ou valor, etc.

Se não houver casa de correcção:

Maximo — Perda do emprego, 3 annos, 1 mez e 10 dias de prisão simples, e multa de 13 1/3% da quantia ou valor dos effeitos apropriados, consumidos ou extraviados.

Médio — Perda do emprego, 1 anno, 7 mezes, 13 dias e 1/3 de prisão simples, e multa de 8 1/3% da quantia ou valor, etc.

Minimo — Perda do emprego, 1 mez 16 dias e 2/3 de prisão simples, e multa de 3 1/3% da quantia ou valor, etc.

Ao criminoso por complicidade na tentativa:

Maximo — Perda do emprego, 1 anno, 9 mezes e 10 dias de prisão com trabalho, e multa de 8 8/9% da quantia ou valor dos effeitos apropriados, consumidos ou extraviados.

Médio — Perda do emprego, 11 mezes, 3 dias e 1/3 de prisão com trabalho, e multa de 5 5/9% da quantia ou valor, etc.

Minimo — Perda do emprego, 26 dias e 2/3 de prisão com trabalho, e multa de 2 2/9% da quantia ou valor, etc.

Se não houver casa de correcção:

Maximo — Perda do emprego, 2 annos, 26 dias e 2/3 de prisão simples, e multa de 8 8/9% da quantia ou valor dos effeitos apropriados, consumidos ou extraviados.

Médio — Perda do emprego, 1 anno, 28 dias, 21 horas e 1/3 de prisão simples, e multa de 5 5/9% da quantia ou valor, etc.

Minimo — Perda do emprego, 1 mez, 1 dia, 2 horas e 2/3 de prisão simples, e multa de 2 2/9% da quantia ou valor, etc.

Art. 171. Emprestar dinheiros ou effeitos publicos, ou fazer pagamentos antes do tempo do seu vencimento, não sendo para isso legalmente autorisado.

Penas — de suspensão do emprego por um mez a um anno, e de multa de cinco a vinte por cento da quantia ou valor dos effeitos que tiver emprestado ou pago antes do tempo.

Ao criminoso autor:

Maximo — Suspensão do emprego por 1 anno, e multa de 20% da quantia ou valor dos effeitos que tiver emprestado ou pago antes do tempo.

Médio — Suspensão do emprego por 6 mezes e 15 dias, e multa de 12 1/2% da quantia ou valor, etc.

Minimo — Suspensão do emprego por 1 mez, e multa de 5% da quantia ou valor, etc.

Ao criminoso pela tentativa:

Maximo — Suspensão do emprego por 8 mezes, e multa de 13 1/3% da quantia ou valor dos effeitos que tentar emprestar ou pagar antes do tempo.

Médio — Suspensão do emprego, por 4 mezes e 10 dias, e multa de 8 1/3% da quantia ou valor, etc.

Minimo — Suspensão do emprego por 20 dias, e multa de 3 1/3% da quantia ou valor, etc.

É minha opinião que neste crime não se póde dar a complicidade.

Art. 172. Nas mesmas penas dos artigos antecedentes incorreráõ, e na de perda do interesse que devião perceber, os que por qualquer titulo tiveram a seu cargo dinheiros ou effeitos publicos e delles se apropriarem, consumirem, extraviarem ou consentirem que outrem se aproprie, consuma ou extravie, e os que os emprestarem ou fizerem pagamentos antes de tempo sem autorisação legal.

Capitulo II.

Moeda falsa.

Art. 173. Fabricar moeda sem autoridade legitima, ainda que seja feita daquella materia e com aquella fórma de que se faz e que tem a verdadeira, e ainda que tenha o seu verdadeiro e legitimo peso e valor intrinseco.

Penas — de prisão com trabalho por um a quatro annos, e de multa correspondente á terça parte do tempo, além da perda da moeda achada e dos objectos destinados ao fabrico.

(Os calculos a respeito da penalidade deste artigo e dos que se seguem até o 176 são feitos de conformidade com a lei de 3 de Outubro de 1833.)

Ao criminoso autor:

Maximo — 8 annos de galés para a ilha de Fernando, e multa correspondente á terça parte do tempo, além da perda da moeda achada e dos objectos destinados ao fabrico.

Médio — 5 annos de galés para a ilha de Fernando, e multa, etc.

Minimo — 2 annos de galés para a ilha de Fernando, e multa, etc.

Na reincidencia, seja qual fôr o gráo de culpa, a pena é galés perpetuas para a ilha de Fernando, e a multa é dobrada. A perda da moeda achada e dos objectos destinados ao fabrico deve ser sempre decretada na sentença.

Ao criminoso por tentativa ou complicidade:

Maximo — 5 annos e 4 mezes de galés para a ilha de Fernando, e multa correspondente á terça parte do tempo, além da perda da moeda achada e dos objectos destinados ao fabrico.

Médio — 3 annos e 4 mezes de galés para a ilha de Fernando, e multa, etc.

Minimo — 1 anno e 4 mezes de galés para a ilha de Fernando, e multa, etc.

Se a moeda não fôr fabricada da materia ou com o peso legal.

Penas — de prisão com trabalho por dous a oito annos, e de multa correspondente á metade do tempo, além da perda sobredita.

Ao criminoso autor:

Maximo — 16 annos de galés para a ilha de Fernando, e multa correspondente á metade do tempo, além da perda, etc.

Médio — 10 annos de galés para a ilha de Fernando, e multa correspondente á metade do tempo, além da perda, etc.

Minimo — 4 annos de galés para a ilha de Fernando, e multa correspondente á metade do tempo, além da perda, etc.

Na reincidencia será o criminoso punido com a pena de galés perpetuas para a ilha de Fernando, e dobro da multa, além da perda, etc.

Aos criminosos por tentativa ou complicidade:

Maximo — 10 annos e 8 mezes de galés para a ilha de Fernando, e multa correspondente á metade do tempo, além da perda, etc.

Médio — 6 annos e 8 mezes de galés para a ilha de Fernando, e multa correspondente á metade do tempo, além da perda, etc.

Minimo — 2 annos e 8 mezes de galés para a ilha de Fernando, e multa correspondente á metade do tempo, alé mda perda, etc.

Na reincidencia será imposta a pena de 20 annos de galés para a ilha de Fernando, e o dobro da multa, além da perda, etc.

Ao criminoso por complicidade na tentativa:

Maximo — 7 annos, 1 mez e 10 dias de galés para a ilha de Fernando, e multa correspondente á metade do tempo, além da perda, etc.

Médio — 4 annos, 5 mezes e 10 dias de galés para a ilha de Fernando, e multa correspondente á metade do tempo, além da perda, etc.

Minimo — 1 anno, 9 mezes e 10 dias de galés para a ilha de Fernando, e multa correspondente á metade do tempo, além da perda, etc.

Na reincidencia será a pena 13 annos e 4 mezes de galés para a ilha de Fernando, e dobro da multa, além da perda, etc.

Art. 174. Fabricar ou falsificar qualquer papel de credito que se receba nas estações publicas como moeda, ou introduzir a moeda falsa, fabricada em paiz estrangeiro.

Penas — de prisão com trabalho por dous a oito annos, e de multa correspondente á metade do tempo, além da perda sobredita.

Ao criminoso autor:

Maximo — 16 annos de galés para a ilha de Fernando, e multa correspondente á metade do tempo, além da perda, etc.

Médio — 10 annos de galés para a ilha de Fernando, e multa correspondente á metade do tempo, além da perda, etc.

Minimo — 4 annos de galés para a ilha de Fernando e multa correspondente á metade do tempo, além da perda, etc.

Na reincidencia a pena é galés perpetuas para a ilha de Fernando, e dobro da multa, além da perda, etc.

Aos criminosos por tentativa ou complicidade:

Maximo — 10 annos e 8 mezes de galés para a ilha de Fernando, e multa correspondente á metade do tempo, além da perda etc.

Médio — 6 annos e 8 mezes de galés para a ilha de Fernando, e multa correspondente á metade do tempo, além da perda, etc.

Minimo — 2 annos e 8 mezes de galés para a ilha de Fernando, e multa correspondente á metade do tempo, além da perda, etc.

Na reincidencia será a pena 20 annos de galés para a ilha de Fernando, e dobro da multa, além da perda, etc.

Ao criminoso por complicidade na tentativa:

Maximo — 7 annos, 1 mez e 10 dias de galés para a ilha de Fernando, e multa correspondente á metade do tempo, além da perda, etc.

Médio — 4 annos, 5 mezes e 10 dias de galés para a ilha de Fernando, e multa correspondente á metade do tempo, além da perda, etc.

Minimo — 1 anno, 9 mezes e 10 dias de galés para a ilha de Fernando, e multa correspondente á metade do tempo, além da perda etc.

Na reincidencia será a pena 13 annos e 4 mezes de galés para a ilha de Fernando, e dobro da multa, além da perda, etc.

Art. 175. Introduzir dolosamente na circulação moeda falsa ou papel de credito que se receba nas estações publicas como moeda, sendo falso.

Penas — de prisão por seis mezes a dous annos, e de multa correspondente á metade do tempo.

Ao criminoso autor:

Maximo — 4 annos de galés para a ilha de Fernando, e multa correspondente á metade do tempo.

Médio — 2 annos e meio de galés para a ilha de Fernando, e multa correspondente á metade do tempo.

Minimo — 1 anno de galés para a ilha de Fernando, e multa correspondente á metade do tempo.

Na reincidencia a pena será galés perpetuas para a ilha de Fernando, e o dobro da multa.

Aos criminosos por tentativa ou complicidade:

Maximo — 2 annos e 8 mezes de galés para a ilha de Fernando, e multa correspondente á metade do tempo.

Médio — 1 anno e 8 mezes de galés para a ilha de Fernando, e multa, etc.

Minimo — 8 mezes de galés para a ilha de Fernando, e multa, etc.

Na reincidencia será a pena 20 annos de galés para a ilha de Fernando, e dobro da multa.

Ao criminoso por complicidade na tentativa:

Maximo — 1 anno, 9 mezes e 10 dias de galés para a ilha de Fernando, e multa correspondente á metade do tempo.

Médio — 1 anno, 1 mez e 10 dias de galés para a ilha de Fernando, e multa correspondente á metade do tempo.

Minimo — 5 mezes e 10 dias de galés para a ilha de Fernando, e multa correspondente á metade do tempo.

Na reincidencia a pena será 13 annos e 4 mezes de galés para a ilha de Fernando, e dobro da multa.

Art. 176. Diminuir o peso da verdadeira moeda, ou augmentar-lhe o valor por qualquer artificio.

Penas — de prisão com trabalho por dous mezes a quatro annos, e de multa igual á metade do tempo.

Ao criminoso autor:

Maximo — 8 annos de galés para a ilha de Fernando, e multa igual á metade do tempo.

Médio — 4 annos e 2 mezes idem, e multa, etc.

Minimo — 4 mezes idem, e multa, etc.

Na reincidencia será a pena de galés perpetuas para a ilha de Fernando, e o dobro da multa.

Aos criminosos por tentativa ou complicidade:

Maximo — 5 annos e 4 mezes de galés para a ilha de Fernando, e multa igual á metade do tempo.

Médio — 2 annos, 9 mezes e 10 dias idem, e multa, etc.

Minimo — 2 mezes e 20 dias idem, e multa, etc.

Na reincidencia será a pena 20 annos de galés para a ilha de Fernando, e o dobro da multa.

Ao criminoso por complicidade na tentativa:

Maximo — 3 annos, 6 mezes e 20 dias de galés para a ilha de Fernando, e multa igual á metade do tempo.

Médio — 1 anno, 10 mezes, 6 dias e 2/3, e multa, etc.

Minimo — 1 mez, 23 dias e 1/3, e multa, etc.

Na reincidencia será a pena 13 annos e 4 mezes de galés para a ilha de Fernando, e o dobro da multa.

Capitulo III.

Contrabando.

Art. 177. Importar ou exportar generos ou mercadorias prohibidas, ou não pagar os direitos dos que são permittidos, na sua importação ou exportação.

Penas — de perda das mercadorias ou generos, e de multa igual á metade do valor delles.

Capitulo IV.

Destruição ou damnificação de construções, monumentos e bens públicos.

Art. 178. Destruir, abater, mutilar ou damnificar monumentos, edificios, bens publicos ou quaesquer outros objetos destinados á utilidade, decoração ou recreio publico.

Penas — de prisão com trabalho por dous mezes a quatro annos, e de multa de cinco a vinte por cento do valor do damno causado.

Ao criminoso autor:

Maximo — 4 annos de prisão com trabalho, e multa de 20% do valor do damno causado.

Médio — 2 annos e 1 mez de prisão com trabalho, e multa de 12 1/2% do valor do damno causado.

Minimo — 2 mezes de prisão com trabalho, e multa de 5% do valor da damno causado.

Se não houver casa de correcção:

Maximo — 4 annos e 8 mezes de prisão simples, e multa de 20% do valor do damno causado.

Médio — 2 annos, 5 mezes e 5 dias de prisão simples, e multa de 12 1/2% do valor do damno causado.

Minimo — 2 mezes e 10 dias de prisão simples, e multa de 5% do valor do damno causado.

Aos criminosos por tentativa ou complicidade:

Maximo — 2 annos e 8 mezes de prisão com trabalho, e multa de 13 1/3% do valor do damno causado.

Médio — 1 anno, 4 mezes e 20 dias de prisão com trabalho, e multa de 8 1/3% do valor do damno causado.

Minimo — 1 mez e 10 dias de prisão com trabalho, e multa de 3 1/3% do valor do damno causado.

Se não houver casa de correcção:

Maximo — 3 annos, 1 mez e 10 dias de prisão simples, e multa de 13 1/3% do valor do damno causado.

Médio — 1 anno, 7 mezes, 13 dias e 1/3 de prisão simples, e multa de 8 1/3% do valor do damno causado.

Minimo — 1 mez, 16 dias e 2/3 de prisão simples, e multa de 3 1/3% do valor do damno causado.

Ao criminoso por complicidade na tentativa:

Maximo — 1 anno, 9 mezes e 10 dias de prisão com trabalho, e multa de 8 8/9% do valor do damno causado.

Médio — 11 mezes, 3 dias e 1/3 de prisão com trabalho, e multa de 5 5/9% do valor do damno causado.

Minimo — 26 dias e 2/3 de prisão com trabalho, e multa de 2 2/9% do valor do damno causado.

Se não houver casa de correcção:

Maximo — 2 annos, 26 dias e 2/3 de prisão simples, e multa de 8 8/9% do valor do damno causado.

Médio — 1 anno, 28 dias, 21 horas e 1/3 de prisão simples, e multa de 5 5/9% do valor do damno causado.

Minimo — 1 mez, 1 dia, 2 horas e 2/3 de prisão simples, e multa de 2 2/9% do valor do damno causado.

Parte III.

DOS CRIMES PARTICULARES.

TITULO I.

DOS CRIMES CONTRA A LIBERDADE INDIVIDUAL.

Art. 179. Reduzir á escravidão a pessoa livre que se achar em posse da sua liberdade. *

Penas — de prisão por tres a nove annos, e de multa correspondente á terça parte do tempo; nunca porém o tempo de prisão será menor que o do captiveiro injusto, e mais uma terça parte.

Ao criminoso autor:

Maximo — 9 annos de prisão simples, e multa correspondente á terça parte do tempo.

Médio — 6 annos, e multa, etc.

Minimo — 3 annos, e multa, etc.

Aos criminosos por tentativa ou complicidade:

Maximo — 6 annos de prisão simples, e multa correspondente á terça parte do tempo.

Médio — 4 annos, e multa ,etc.

Minimo — 2 annos, e multa, etc.

Ao criminoso por complicidade na tentativa:

Maximo — 4 annos de prisão simples, e multa correspondente á terça parte do tempo.

Médio — 2 annos e 8 mezes, e multa, etc.

Minimo — 1 anno e 4 mezes, e multa, etc.

N. B. Nunca porém o tempo de prisão será menor que o do captiveiro injusto, e mais uma terça parte.

Art. 180. Impedir que alguem faça o que a lei permite, ou obrigar a fazer o que ella não manda.

Penas — de prisão por um a seis mezes, e de multa correspondente á metade do tempo de prisão.

Se este crime fôr commettido por empregado publico, que para isso se servir do seu emprego, incorrerá, além das penas declaradas, na de suspensão do emprego por dous mezes a quatro annos.

OBS. DO ORGANIZADOR:

* Através da portaria de 21 de maio de 1831, deveriam ser processados os que introduzissem no Brasil, mediante contrabando, negros africanos e punir os usurpadores da sua liberdade, com as penas deste artigo (179).

Ao criminoso autor:

Maximo — 6 mezes de prisão simples, e multa correspondente á metade do tempo: se o criminoso fôr empregado publico, e, para commetter o crime, se servir delle, mais 4 annos de suspensão do emprego.

Médio — 3 mezes e 15 dias de prisão simples, e multa correspondente á metade do tempo: — mais 2 annos e 1 mez de suspensão do emprego, se, etc.

Minimo — 1 mez de prisão simples, e multa correspondente á metade do tempo: — mais 2 mezes de suspensão do emprego, se, etc.

Aos criminosos por tentativa ou complicidade:

Maximo — 4 mezes de prisão simples, e multa correspondente á metade do tempo: — mais 2 annos e 8 mezes de suspensão do emprego, se o criminoso fôr empregado publico, e, para commetter o crime, se servir delle.

Médio — 2 mezes e 10 dias de prisão simples, e multa correspondente á metade do tempo: — mais 1 anno, 4 mezes e 20 dias de suspensão do emprego, se, etc.

Minimo — 20 dias de prisão simples, e multa correspondente á metade do tempo: — mais 1 mez e 10 dias de suspensão do emprego, se, etc.

Ao criminoso por complicidade na tentativa:

Maximo — 2 mezes e 20 dias de prisão simples, e multa correspondente á metade do tempo: — mais 1 anno, 9 mezes e 10 dias de suspensão do emprego, se o criminoso fôr empregado publico, e, para commetter o crime, se servir delle.

Médio — 1 mez, 16 dias e 2/3 de prisão simples, e multa correspondente á metade do tempo: — mais 11 mezes, 3 dias e 1/3 de suspensão do emprego, se, etc.

Minimo — 13 dias e 1/3 de prisão simples, e multa correspondente á metade do tempo: — mais 26 dias e 2/3 de suspensão do emprego, se, etc.

Art. 181. Ordenar a prisão de qualquer pessoa sem ter para isso competente autoridade, ou antes de culpa formada, não sendo nos casos em que a lei o permitte.

Executar a prisão sem ordem legal escripta de legitima autoridade, exceptuados os militares ou officiaes de justiça, que, incumbidos da prisão dos malfeitores, prenderem algum individuo suspeito para o apresentarem directamente ao juiz, e exceptuado tambem o caso de flagrante delicto.

Mandar qualquer juiz prender alguem fóra dos casos permittidos nas leis, ou mandar que, depois de preso, esteja incommunicavel além do tempo que a lei marcar.

Mandar metter em prisão, ou não mandar soltar della o réo que dér fiança legal nos casos em que a lei a admitte.

Receber o carcereiro algum preso sem ordem escripta da competente autoridade, não sendo nos casos acima exceptuados, quando não fôr possivel a apresentação ao juiz.

Ter o carcereiro, sem ordem escripta de competente autoridade, algum preso incommunicavel, ou tê-lo em diversa prisão da destinada pelo juiz.

Occultar o juiz ou carcereiro algum preso á autoridade que tiver direito de exigir a sua apresentação.

Demorar o juiz o processo do réo preso ou afiançado além dos prazos legaes, ou faltar aos actos do seu livramento.

Penas — de suspensão do emprego por um mez a um anno, e de prisão por quinze dias a quatro mezes; nunca porém por menos tempo que o da prisão do offendido, e de mais a terça parte.

Ao criminoso autor:

Maximo — 1 anno de suspensão do emprego, e 4 mezes de prisão simples.

Médio — 6 mezes e 15 dias de suspensão do meprego e 2 mezes, e 7 dias e 1/2 de prisão simples.

Minimo — 1 mez de suspensão do emprego, e 15 dias de prisão simples.

A pena de prisão nunca será menor do que a prisão do offendido, e de mais a terça parte.

Art. 182. Não dar o juiz ao preso, no prazo marcado na Constituição, a nota por elle assignada, que contenha o motivo da prisão e os nomes do accusador e das testemunhas, havendo-as.

Penas — de prisão por cinco dias a um mez.

Ao criminoso autor:

Maximo — 1 mez de prisão simples.

Médio — 17 dias e 1/2, etc.

Minimo — 5 dias, etc.

Art. 183. Recusarem os juizes, a quem fôr permittido passar ordens de — *Habeas-Corpus* —, concedê-las, quando lhes fôrem regularmente requeridas, nos casos em que podem ser legalmente passadas; retardarem sem motivo a sua concessão, ou deixarem de proposito, e com conhecimento de causa, de as passar independente de petição, nos casos em que a lei o determinar.

Art. 184. Recusarem os officiaes de justiça, ou demorarem por qualquer modo a intimação de uma ordem de — *Habeas-Corpus* — que lhes tenha sido apresentada, ou a execução das outras diligencias necessarias para que essa ordem surta effeito.

Penas — de suspensão do emprego por um mez a um anno, e de prisão por quinze dias a quatro mezes.

Ao criminoso autor:

Maximo — 1 anno de suspensão do emprego, e 4 mezes de prisão simples.

Médio — 6 mezes e 15 dias de suspensão do emprego, e 2 mezes e 7 dias e 1/2 de prisão simples.

Minimo — 1 mez de suspensão do emprego, e 15 dias de prisão simples.

Art. 185. Recusar ou demorar a pessoa a quem fôr dirigida uma ordem legal de — *Habeas-Corpus* — e devidamente intimada, a remessa e apresentação do preso no lugar e tempo determinado pela ordem; deixar de dar conta circumstanciada dos motivos da prisão, ou do não cumprimento da ordem nos casos declarados pela lei.

Penas — de prisão por quatro a dezeseis mezes, e de multa correspondente á metade do tempo.

Ao criminoso autor:

Maximo — 16 mezes de prisão simples, e multa correspondente á metade do tempo.

Médio — 10 mezes de prisão simples, e multa, etc.

Minimo — 4 mezes de prisão simples, e multa, etc.

Se o criminoso fôr empregado publico, será a pena:

Maximo — 16 mezes de prisão simples, e 2 annos de suspensão do emprego.

Médio — 10 mezes de prisão simples, e 1 anno e um mez de suspensão do emprego.

Minimo — 4 mezes de prisão simples, e 2 mezes de suspensão do emprego.

Art. 186. Fazer remessa do preso a outra autoridade, occulta-lo ou muda-lo de prisão, com o fim de illudir uma ordem de — *Habeas-Corpus* — depois de saber por qualquer modo que ella foi passada e tem de lhe ser apresentada.

Penas — de prisão por oito mezes a tres annos, e de multa correspondente á metade do tempo.

Ao criminoso autor:

Maximo — 3 annos de prisão simples, e multa, correspondente á metade do tempo.

Médio — 1 anno e 10 mezes de prisão simples, e multa correspondente á metade do tempo.

Minimo — 8 mezes de prisão simples, e multa correspondente á metade do tempo.

Se o criminoso fôr empregado publico, será a pena:

Maximo — 3 annos de prisão simples, e 4 annos de suspensão do emprego.

Médio — 1 anno e 10 mezes de prisão simples, e 2 annos e 6 mezes de suspensão do emprego.

Minimo — 8 mezes de prisão simples, e 1 anno de suspensão do emprego.

Art. 187. Tornar a prender pela mesma causa a pessoa que tiver sido solta por effeito de uma ordem de — *Habeas-Corpus* — passada competentemente.

Penas — de prisão por quatro mezes a dous annos, e de multa correspondente á metade do tempo.

Ao criminoso autor:

Maximo — 2 annos de prisão simples, e multa correspondente á metade do tempo.

Médio — 1 anno e 2 mezes de prisão simples, e multa correspondente á metade do tempo.

Minimo — 4 mezes de prisão simples, e multa correspondente á metade do tempo.

Se os crimes de que tratão os tres artigos antecedentes fôrem commettidos por empregados publicos, em razão e no exercicio de seus empregos, incorrerãõ, em lugar de pena de multa, na de suspensão dos empregos, a saber: no caso do artigo cento e oitenta e cinco, por dous mezes a dous annos: no caso do artigo cento e oitenta e seis, por um a quatro annos: e no caso do artigo cento e oitenta e sete, por seis mezes a tres annos.

Se o criminoso fôr empregado publico, será a pena:

Maximo — 2 annos de prisão simples, e 3 annos de suspensão do emprego.

Médio — 1 anno e 2 mezes de prisão simples, e 1 anno e 9 mezes de suspensão do emprego.

Minimo — 4 mezes de prisão simples, e 6 mezes de suspensão do emprego.

Art. 188. Recusar-se qualquer cidadão de mais de dezoito annos de idade, e de menos de cincoenta, sem motivo justo, a prestar auxilio ao official encarregado da execução de uma ordem legitima de — *Habeas-Corpus* — sendo para isso devidamente intimado.

Penas — de multa de dez a sessenta mil réis.

Ao criminoso autor:

Maximo — 60$000 de multa.

Médio — 35$000 de multa.

Minimo — 10$000 de multa.

Art. 189. Prender alguem em carcere privado, ainda que haja autoridade ou ordem competente para se ordenar ou executar a prisão.

Penas — de prisão por quinze dias a tres mezes; nunca porém por menos tempo do que o da prisão do offendido.

Ao criminoso autor:

Maximo — 3 mezes de prisão simples.

Médio — 1 mez e 22 dias e meio, etc.

Minimo — 15 dias, etc.

Nunca porém por menos tempo do que o da prisão do offendido.

Aos criminosos por complicidade:

Maximo — 2 mezes de prisão simples.

Médio — 1 mez e 3 dias, etc.

Minimo — 10 dias, etc.

N. B. A tentativa não é punivel, em vista do art. 2.°, § 2.°

Art. 190. Haverá carcere privado quando alguem fôr recolhido preso em qualquer casa ou edificio não destinado para prisão publica, ou ahi conservado sem urgentissima necessidade pela autoridade official, ou pessoa que o mandar prender ou o prender, e bem assim quando fôr preso nas prisões publicas por quem não tiver autoridade para o fazer.

Art. 191. Perseguir por motivo de religião ao que respeitar a do Estado e não offender a moral publica.

Penas — de prisão por um a tres mezes, além das mais em que possa incorrer.

Ao criminoso autor:

Maximo — 3 mezes de prisão simples, além das mais em que possa incorrer.

Médio — 1 mez e 15 dias, etc.

Minimo — 1 mez, etc.

TITULO II.

Dos crimes contra a segurança individual.

Capitulo I.

Dos crimes contra a segurança da pessoa e vida.

Secção I.

Homicidio.

Art. 192. Matar alguem com qualquer das circumstancias aggravantes mencionadas no artigo dezesseis, numeros dous, sete, dez, onze, doze, treze, quatorze e dezesete.

Penas — de morte no gráo maximo; galés perpetuas no médio; e de prisão com trabalho por vinte annos no minimo.

Ao criminoso autor:

Maximo — Morte.

Médio — Galés perpetuas.

Minimo — 20 annos de prisão com trabalho.

Se no lugar não houver casa de correcção em que se possa cumprir a pena de prisão com trabalho, será esta reduzida a 23 annos e 4 mezes de prisão simples.

Aos criminosos por tentativa ou complicidade:

Maximo — Galés perpetuas.

Médio — 20 annos de galés.

Minimo — 13 annos e 4 mezes de prisão com trabalho.

Se no lugar não houver casa de correcção em que se possa cumprir a pena de prisão com trabalho, será esta reduzida a 15 annos, 6 mezes e 20 dias de prisão simples.

Ao criminoso por complicidade na tentativa:

Maximo — 20 annos de galés.

Médio — 13 annos e 4 mezes de galés.

Minimo — 8 annos, 10 mezes e 20 dias de prisão com trabalho.

Se no lugar não houver casa de correção em que se possa cumprir a pena de prisão com rtabalho, será esta reduzida a 10 annos, 4 mezes, 13 dias e 8 horas de prisão simples.

Art. 193. Se o homicidio não tiver sido revestido das referidas circumstancias aggravantes.

Penas — de galés perpetuas no gráo maximo, de prisão com trabalho por doze annos no médio, e por seis no minimo.

Ao criminoso autor:

Maximo — Galés perpetuas.

Médio — 12 annos de prisão com trabalho.

Minimo — 6 annos de prisão com trabalho.

Se no lugar não houver casa de correcção em que se possa cumprir a pena de prisão com trabalho, o juiz executor a reduzirá:

Médio — 14 annos de prisão simples.

Minimo — 7 annos de prisão, etc.

Aos criminosos por tentativa ou complicidade:

Maximo — 20 annos de galés.

Médio — 8 annos de prisão com trabalho.

Minimo — 4 annos de prisão, etc.

Se no lugar não houver casa de correcção em que possa ser cumprida a prisão com trabalho, será ella reduzida no

Médio — 9 annos e 4 mezes de prisão simples.

Minimo — 4 annos e 8 mezes de prisão, etc.

Ao criminoso por complicidade na tentativa:

Maximo — 13 annos e 4 mezes de galés.

Médio — 5 annos e 4 mezes de prisão com trabalho.

Minimo — 2 annos e 8 mezes de prisão, etc.

Se no lugar não houver casa de correcção em que se possa cumprir a pena de prisão com trabalho, será esta reduzida:

Médio — 6 annos, 2 mezes e 20 dias de prisão simples.

Minimo — 3 annos, 1 mez e 10 dias de prisão, etc.

Art. 194. Quando a morte se verificar, não porque o mal causado fosse mortal, mas porque o offendido não applicasse toda a necessaria diligencia para removê-lo.

Penas — de prisão com trabalho por dous a dez annos.

Ao criminoso autor:

Maximo — 10 annos de prisão com trabalho.

Médio — 6 annos, etc.

Minimo — 2 annos, etc.

Se não houver casa de correcção:

Maximo — 11 annos e 8 mezes de prisão simples.

Médio — 7 annos, etc.

Minimo — 2 annos e 4 mezes, etc.

Aos criminosos por complicidade:

Maximo — 6 annos e 8 mezes de prisão com trabalho.

Médio — 4 annos, etc.

Minimo — 1 anno e 4 mezes, etc.

Se não houver casa de correcção:

Maximo — 7 annos, 9 mezes e 10 dias de prisão simples.

Médio — 4 annos e 8 mezes, etc.

Minimo — 1 anno, 6 mezes e 20 dias, etc.

Art. 195. O mal se julgará mortal a juizo dos facultativos; e, discordando estes, ou não sendo possivel ouvi-los, será o réo punido com as penas do artigo antecedente.

Art. 196. Ajudar alguem a suicidar-se, ou fornecer-lhe meios para esse fim com conhecimento de causa.

Penas — de prisão por dous a seis annos.

Ao criminoso autor:

Maximo — 6 annos de prisão simples.

Médio — 4 annos, etc.

Minimo — 2 annos, etc.

Ao criminoso por tentativa:

Maximo — 4 annos de prisão simples.

Médio — 2 annos e 8 mezes, etc.

Minimo — 1 anno e 4 mezes, etc.

Secção II.

Infanticidio.

Art. 197. Matar alguem recem-nascido.

Penas — de prisão por tres a doze annos, e de multa correspondente á metade do tempo.

Ao criminoso autor:

Maximo — 12 annos de prisão simples, e multa correspondente á metade do tempo.

Médio — 7 annos e 6 mezes, idem, e multa, etc.

Minimo — 3 annos, idem, e multa, etc.

Aos criminosos por tentativa ou complicidade:

Maximo — 8 annos de prisão simples, e multa correspondente á metade do tempo.

Médio — 5 annos, idem, e multa, etc.

Minimo — 2 annos, idem, e multa, etc.

Ao criminoso por complicidade na tentativa:

Maximo — 5annos e 4 mezes de prisão simples, e multa correspondente á metade do tempo.

Médio — 3 annos e 4 mezes, idem, e multa, etc.

Minimo — 1 anno e 4 mezes, idem, e multa, etc.

Art. 198. Se a propria mãi matar o filho recem-nascido para occultar a sua deshonra.

Penas — de prisão com trabalho por um a tres annos.

Ao criminoso autor:

Maximo — 3 annos de prisão com trabalho.

Médio — 2 annos, etc.

Minimo — 1 anno, etc.

Se não houver casa de correcção:

Maximo — 3 annos e 6 mezes de prisão simples.

Médio — 2 annos e 4 mezes, etc.

Minimo — 1 anno e 2 mezes, etc.

Aos criminosos por tentativa ou complicidade:

Maximo — 2 annos de prisão com trabalho.

Médio — 1 anno e 4 mezes, etc.

Minimo — 8 mezes, etc.

Se não houver casa de correcção:

Maximo — 2 annos e 4 mezes de prisão simples.

Médio — 1 anno, 6 mezes e 20 dias, etc.

Minimo — 9 mezes e 10 dias, etc.

Ao criminoso por complicidade na tentativa:

Maximo — 1 anno e 4 mezes de prisão com trabalho.

Médio — 10 mezes e 20 dias ,etc.

Minimo — 5 mezes e 10 dias, etc.

Se não houver casa de correcção:

Maximo — 1 anno, 6 mezes e 20 dias de prisão simples.

Médio — 1 anno, 13 dias e 1/3, etc.

Minimo — 6 mezes, 6 dias e 2/3, etc.

Secção III.

Aborto.

Art. 199. Occasionar aborto por qualquer meio empregado interior ou exteriormente com consentimento da mulher pejada.

Penas — de prisão com trabalho por um a cinco annos.

Ao criminoso autor:

Maximo — 5 annos de prisão com trabalho.

Médio — 3 anos, etc.

Minimo — 1 anno, etc.

Se não houver casa de correcção:

Maximo — 5 annos e 10 mezes de prisão simples.

Médio — 3 annos e 6 mezes, etc.

Minimo — 1 anno e 2 mezes, etc.

Aos criminosos por tentativa ou complicidade:

Maximo — 3 annos e 4 mezes de prisão com trabalho.

Médio — 2 annos, etc.

Minimo — 8 mezes, etc.

Se não houver casa de correcção:

Maximo — 3 annos, 10 mezes e 20 dias de prisão simples.

Médio — 2 annos e 4 mezes, etc.

Minimo — 9 mezes e 10 dias, etc.

Ao criminoso por complicidade na tentativa:

Maximo — 2 annos, 2 mezes e 20 dias de prisão com trabalho.

Médio — 1 anno e 4 mezes, etc.

Minimo — 5 mezes e 10 dias, etc.

Se não houver casa de correcção:

Maximo — 2 annos, 5 mezes, 3 dias e 1/3 de prisão simples.

Médio — 1 anno, 6 mezes e 20 dias, etc.

Minimo — 6 mezes, 6 dias e 2/3, etc.

Se este crime fôr commettido sem consentimento da mulher pejada.

Penas — dobradas.

Ao criminoso autor:

Maximo — 10 annos de prisão com trabalho.

Médio — 6 annos, etc.

Minimo — 2 annos, etc.

Se não houver casa de correcção:

Maximo — 11 annos e 8 mezes, etc.

Médio — 7 annos, etc.

Minimo — 2 annos e 4 mezes, etc.

Aos criminosos por tentativa ou complicidade:

Maximo — 6 annos e 8 mezes de prisão com trabalho.

Médio — 4 annos, etc.

Minimo — 1 anno e 4 mezes, etc.

Se não houver casa de correcção:

Maximo — 7 annos, 9 mezes e 10 dias de prisão simples.

Médio — 4 anos e 8 mezes, etc.

Minimo — 1 anno, 6 mezes e 20 dias, etc.

Ao criminoso por complicidade na tentativa:

Maximo — 4 annos, 5 mezes e 10 dias de prisão com trabalho.

Médio — 2 anos e 8 mezes, etc.

Minimo — 10 mezes e 20 dias, etc.

Se não houver casa de correcção:

Maximo — 5 annos, 2 mezes, 6 dias e 2/3 de prisão simples.

Médio — 3 annos, 1 mez e 10 dias, etc.

Minimo — 1 anno, 13 dias e 1/3, etc.

Art. 200. Fornecer com conhecimento de causa drogas ou quaesquer meios para produzir o aborto, ainda que este se não verifique.

Penas — de prisão com trabalho por dous a seis annos.

Ao criminoso autor:

Maximo — 6 annos de prisão com trabalho.

Médio — 4 annos, etc.

Minimo — 2 annos, etc.

Se não houver casa de correcção:

Maximo — 7 annos de prisão simples.

Médio — 4 annos e 8 mezes, etc.

Minimo — 2 annos e 4 mezes, etc.

Se sete crime fôr commettido por medico, boticario, cirurgião ou praticante de taes artes.

Penas — dobradas.

Ao criminoso autor:

Maximo — 12 annos de prisão com trabalho.

Médio — 8 annos, etc.

Minimo — 4 annos, etc.

Se não houver casa de correcção:

Maximo — 14 annos de prisão simples.

Médio — 9 annos e 4 mezes, etc.

Minimo — 4 annos e 8 mezes, etc.

Secção IV.

Ferimentos e outras offensas physicas.

Art. 201. Ferir ou cortar qualquer parte do corpo humano, ou fazer qualquer outra offensa physica com que se cause dôr ao offendido.

Penas — de prisão por um mez a um anno, e multa correspondente á metade do tempo.

Ao criminoso autor:

Maximo — 1 anno de prisão simples, e multa correspondente á metade do tempo.

Médio — 6 mezes e 15 dias, e multa, etc.

Minimo — 1 mez, e multa, etc.

Aos criminosos por tentativa ou complicidade:

Maximo — 8 mezes de prisão simples, e multa correspondente á metade do tempo.

Médio — 4 mezes e 10 dias, e multa, etc.

Minimo — 20 dias, e multa, etc.

Ao criminoso por complicidade na tentativa:

Maximo — 5 mezes e 10 dias de prisão simples, e multa correspondente á metade do tempo.

Médio — 2 mezes, 26 dias e 2/3, e multa, etc.

Minimo — 13 dias e 1/3, e multa, etc.

Art. 202. Se houver ou resultar mutilação ou destruição de algum membro ou orgão dotado de um movimento distincto, ou de uma funcção especifica que se póde perder sem perder a vida.

Penas — de prisão com trabalho por um a seis annos, e de multa correspondente á metade do tempo.

Ao criminoso autor:

Maximo — 6 annos de prisão com trabalho, e multa correspondente á metade do tempo.

Médio — 3 annos e 6 mezes de prisão com trabalho, e multa, etc.

Minimo — 1 anno de prisão com trabalho, e multa, etc.

Se não houver casa de correcção:

Maximo — 7 annos de prisão simples, e multa correspondente á metade do tempo.

Médio — 4 anos e 1 mez de prisão simples, e multa, etc.

Minimo — 1 anno e 2 mezes de prisão simples, e multa, etc.

Aos criminosos por complicidade:

Maximo — 4 annos de prisão com trabalho, e multa correspondente á metade do tempo.

Médio — 2 anos e 4 mezes de prisão com trabalho, e multa, etc.

Minimo — 8 mezes de prisão com trabalho, e multa, etc.

Se não houver casa de correcção:

Maximo — 4 anos e 8 mezes de prisão simples, e multa correspondente á metade do tempo.

Médio — 2 annos, 8 mezes e 20 dias de prisão simples, e multa, etc.

Minimo — 9 mezes e 10 dias de prisão simples, e multa, etc.

Art. 203. A mesma pena se imporá no caso em que houver ou resultar inhabilitação de membro ou orgão, sem que comtudo fique destruido.

Art. 204. Quando do ferimento ou outra offensa physica resultar deformidade.

Penas — de prisão com trabalho por um a tres annos, e multa correspondente á metade do tempo.

Ao criminoso autor:

Maximo — 3 annos de prisão com trabalho, e multa correspondente á metade do tempo.

Médio — 2 annos de prisão com trabalho, e multa, etc.

Minimo — 1 anno de prisão com trabalho, e multa, etc.

Se não houver casa de correcção:

Maximo — 3 annos e 6 mezes de prisão simples, e multa correspondente á metade do tempo.

Médio — 2 annos e 4 mezes de prisão simples, e multa, etc.

Minimo — 1 anno e 2 mezes de prisão simples, e multa, etc.

Aos criminosos por complicidade:

Maximo — 2 annos de prisão com trabalho, e multa correspondente á metade do tempo.

Médio — 1 anno e 4 mezes de prisão com trabalho, e multa, etc.

Minimo — 8 mezes de prisão com trabalho, e multa, etc.

Se não houver casa de correcção:

Maximo — 2 anos e 4 mezes de prisão simples, e multa correspondente á metade do tempo.

Médio — 1 anno, 6 mezes e 20 dias de prisão simples, e multa, etc.

Minimo — 9 mezes e 10 dias de prisão simples, e multa, etc.

Art. 205. Se o mal corporeo resultante do ferimento ou da offensa physica produzir grave incommodo de saude ou inhabilitação de serviço por mais de um mez.

Penas — de prisão com trabalho por um a oito annos, e de multa correspondente á metade do tempo.

Ao criminoso autor:

Maximo — 8 annos de prisão com trabalho, e multa correspondente á metade do tempo.

Médio — 4 annos e 6 mezes de prisão com trabalho, e multa, etc.

Minimo — 1 anno de prisão com trabalho, e multa, etc.

Se não houver casa de correcção:

Maximo — 9 anons e 4 mezes de prisão simples, e multa correspondente á metade do tempo,

Médio — 5 annos e 3 mezes de prisão simples, e multa, etc.

Minimo — 1 anno e 2 mezes de prisão simples, e multa, etc.

Ao criminoso por complicidade:

Máximo — 5 annos e 4 mezes de prisão com trabalho, e multa correspondeinte á metade do tempo.

Médio — 3 annos de prisão com trabalho, e multa, etc.

Minimo — 8 mezes de prisão com trabalho, e multa, etc.

Se não houver casa de correcção:

Maximo — 6 annos, 2 mezes e 20 dias de prisão simples, e multa correspondente á metade do tempo.

Médio — 3 annos e 6 mezes de prisão simples, e multa, etc.

Minimo — 9 mezes e 10 dias de prisão simples, e multa, etc.

Art. 206. Causar a alguem qualquer dôr physica com o unico fim de o injuriar.

Penas — de prisão por dous mezes a dous annos, e de multa correspondente a duas terças partes do tempo.

Ao criminoso autor:

Maximo — 2 annos de prisão simples, e multa correspondente á metade do tempo.

Médio — 1 anno e 1 mez de prisão simples, e multa, etc.

Minimo — 2 mezes de prisão simples, e multa, etc.

Aos criminosos por tentativa ou complicidade:

Maximo — 1 anno e 4 mezes de prisão simples, e multa correspondente á metade do tempo.

Médio — 8 mezes e 20 dias de prisão simples, e multa, etc.

Minimo — 1 mez e 10 dias de prisão simples, e multa, etc.

Ao criminoso por complicidade na tentativa:

Maximo — 10 mezes e 20 dias de prisão simples, e multa correspondente á metade do tempo.

Médio — 5 mezes e 23 dias e 1/3 de prisão simples, e multa, etc.

Minimo — 26 dias e 2/3 de prisão simples, e multa, etc.

Se para esse fim se usar de instrumento aviltante, ou se fizer offensa em lugar publico.

Penas — de prisão por quatro mezes a quatro annos, e de multa correspondente a duas terças partes do tempo.

Ao criminoso autor:

Maximo — 4 annos de prisão simples, e multa correspondente a duas terças partes do tempo.

Médio — 2 annos e 2 mezes de prisão simples, e multa, etc.

Minimo — 4 mezes de prisão simples, e multa, etc.

Aos criminosos por tentativa ou complicidade:

Maximo — 2 annos e 8 mezes de prisão simples, e multa correspondente a duas terças partes do tempo.

Médio — 1 anno, 5 mezes e 10 dias de prisão simples, e multa, etc.

Minimo — 2 mezes e 20 dias de prisão simples, e multa, etc.

Ao criminoso por complicidade na tentativa:

Maximo — 1 anno, 9 mezes e 10 dias de prisão simples, e multa correspondente a duas terças partes do tempo.

Médio — 11 mezes, 16 dias e 2/3 de prisão simples, e multa, etc.

Minimo — 1 mez, 23 dias e 1/3 de prisão simples, e multa, etc.

Secção V.

Ameaças.

Art. 207. Prometter ou protestar fazer mal a alguem por meio de ameaças, ou seja de palavra ou por escripto, ou por outro qualquer modo.

Penas — de prisão por um a seis mezes, e de multa correspondente a duas terças partes do tempo.

Ao criminoso autor:

Maximo — 6 mezes de prisão simples, e multa correspondente a duas partes do tempo.

Médio — 3 mezes e 15 dias de prisão simples, e multa, etc.

Minimo — 1 mez de prisão simples, e multa, etc.

Quando este crime fôr commettido contra corporações, as penas serão dobradas.

Ao criminoso autor:

Maximo — 1 anno de prisão simples, e multa correspondente a duas terças partes do tempo.

Médio — 7 mezes de prisão simples, e multa, etc.

Minimo — 2 mezes de prisão simples, e multa, etc.

Art. 208. Se as ameaças fôrem feitas em publico, julgar-se-ha circumstancia aggravante.

Secção VI.

Entrada na casa alheia.

Art. 209. Entrar na casa alheia de noite, sem consentimento de quem nella morar.

Penas — de prisão por dous a seis mezes, e multa correspondente á metade do tempo.

Ao criminoso autor:

Maximo — 6 mezes de prisão simples, e multa correspondente á metade do tempo.

Médio — 4 mezes de prisão simples, e multa, etc.

Minimo — 2 mezes de prisão simples, e multa, etc.

Aos criminosos por tentativa ou complicidade:

Maximo — 4 mezes de prisão simples, e multa correspondente á metade do tempo.

Médio — 2 mezes e 20 dias de prisão simples, e multa, etc.

Minimo — 1 mez e 10 dias de prisão simples, e multa, etc. (Vid. art. 2.° § 2.°)

Ao criminoso por complicidade na tentativa:

Maximo — 2 mezes e 20 dias de prisão simples, e multa correspondente á metade do tempo.

Médio — 1 mez, 23 dias e 1/3 de prisão simples, e multa, etc.

Minimo — 26 dias e 2/3 de prisão simples, e multa, etc. (Vid. art. 2.°, § 2.°)

Não terá porém lugar a pena:

§ 1.° No caso de incendio ou ruina actual da casa ou das immediatas.

§ 2.° No caso de inundação.

§ 3.° No caso de ser de dentro pedido soccorro.

§ 4.° No caso de se estar ali commettendo algum crime de violencia contra pessoa.

Art. 210. Entrar na casa de dia, fóra dos casos permittidos, e sem as formalidades legaes.

Penas — de prisão por um a tres mezes, e de multa correspondente á metade do tempo.

Ao criminoso autor:

Maximo — 3 mezes de prisão simples, e multa correspondente á metade do tempo.

Médio — 2 mezes de prisão simples, e multa, etc.

Minimo — 1 mez de prisão simples, e multa, etc.

Aos criminosos por tentativa ou complicidade:

Maximo — 2 mezes de prisão simples, e multa correspondente á metade do tempo.

Médio — 1 mez e 10 dias de prisão simples, e multa, etc.

Minimo — 20 dias de prisão simples, e multa, etc. (Vid. art. 2.°, § 2.°)

Ao criminoso por complicidade na tentativa:

Maximo — 1 mez e 10 dias de prisão simples, e multa correspondente á metade do tempo.

Médio — 26 dias e 2/3 de prisão simples, e multa, etc.

Minimo — 13 dias e 1/3 de prisão simples, e multa, etc. (Vid. art. 2.°, § 2.°)

Art. 211. A entrada de dia na casa do cidadão é permittida:

§ 1.° Nos casos que se permitte de noite.

§ 2.° Nos casos em que, na conformidade das leis, se deve proceder á prisão dos delinquentes; á busca ou apprehensão de objectos roubados, furtados ou havidos por meios criminosos; á investigação dos instrumentos ou vestigios de delicto, ou de contrabandos, e á penhora ou sequestro de bens que se occultão ou negão.

§ 3.° Nos casos de flagrante delicto, ou em seguimento do réo achado em flagrante.

Art. 212. Nos casos mencionados no numero segundo do artigo antecedente, se guardaráõ as seguintes formalidades:

§ 1.° Ordem escripta de quem determinou a entrada, com expressa designação da diligencia e do motivo della.

§ 2.° Assistencia de um escrivão ou de qualquer official de justiça com duas testemunhas pelo menos.

Art. 213. O official de justiça encarregado da diligencia executa-la-ha com toda a attenção para com os moradores da casa, respeitando a modestia e o decoro da familia; de tudo se lavrará auto assignado pelo official e pelas testemunhas.

A transgressão deste artigo será punida com a prisão de cinco dias a um mez.

Ao criminoso autor:

Maximo — 1 mez de prisão simples.

Médio — 17 dias e 1/2, idem.

Minimo — 5 dias, idem.

Art. 214. As disposições sobre a entrada na casa do cidadão não comprehendem as casas publicas de estalagem e de jogo, e as lojas de bebidas, tavernas e outras semelhantes, emquanto estiverem abertas.

Secção VII.

Abertura de cartas.

Art. 215. Tirar maliciosamente do correio cartas que lhe não pertencerem, sem autorisação da pessoa a quem vierem dirigidas.

Penas — de prisão por um a tres mezes, e de multa de dez a cincoenta mil réis.

Ao criminoso autor:

Maximo — 3 mezes de prisão simples e multa, de 50$000.

Médio — 2 mezes idem, e multa de 30$000.

Minimo — 1 mez idem, e multa de 10$000.

Aos criminosos por tentativa ou complicidade:

Maximo — 2 mezes de prisão simples, e multa de 33$334 rs.

Médio — 1 mez e 10 dias idem, e multa de 20$000.

Minimo — 20 dias idem, e multa de 6$667 (Vid. art. 2.°, § 2.°)

Ao criminoso por complicidade na tentativa:

Maximo — 1 mez e 10 dias de prisão simples, e multa de 22$223.

Médio — 26 dias e 2/3 idem, e multa de 13$334 rs.

Minimo — 13 dias e 1/3 idem, e multa de 4$445 hrs. (Vid. art. 2.°, § 2.°)

Art. 216. Tirar ou haver as cartas da mão ou do poder de algum portador particular por qualquer maneira que seja.

Penas — as mesmas do artigo antecedente, além das em que incorrer se para commetter este crime usar o réo de violencia ou arrombamento.

O mesmo calculo do artigo antecedente, e mais as em que incorrer pela violencia, ou arrombamento.

Art. 217. As penas dos artigos antecedentes serão dobradas, em caso de se descobrir a outro o que nas cartas se contiver, em todo ou em parte.

No caso do art. 215, ao criminoso autor:

Maximo — 6 mezes de prisão simples, e multa de 100$000.

Médio — 4 mezes idem, e multa de 60$000.

Minimo — 2 mezes idem, e multa de 20$000.

Ao criminoso por tentativa ou complicidade:

Maximo — 4 mezes de prisão simples, e multa de 66$666 rs.

Médio — 2 mezes e 20 dias idem, e multa de 40$000.

Minimo — 1 mez, 23 dias e 1/3 idem, e de multa de 13$334 rs.

Ao criminoso por complicidade na tentativa:

Maximo — 2 mezes e 20 dias de prisão simples, e multa de 44$446 rs.

Médio — 1 mez, 23 dias e 1/3 idem, e multa de 26$668 rs.

Minimo — 26 dias e 2/3 idem, e multa de 8$890 rs.

No caso do art. 216, o mesmo calculo antecedente, e mais as penas em que incorrer pela violencia ou arrombamento.

Art. 218. As cartas que fôrem tiradas por qualquer das maneiras mencionadas não serão admittidas em juizo.

Capitulo II.

Dos crimes contra a segurança da honra.

Secção I.

Estupro.

Art. 219. Deflorar mulher virgem, menor de dezesete annos.

Penas — de desterro para fóra da comarca em que residir a deflorada, por um a tres annos, e de dotar a esta.

Ao criminoso autor:

Maximo — 3 annos de desterro para fóra da comarca em que residir a deflorada, e dotar a esta.

Médio — 2 annos de desterro idem, e dotar, etc.

Minimo — 1 anno de desterro idem, e dotar, etc.

Ao criminoso por complicidade:

Maximo — 2 anos de desterro para fóra da comarca em que residir a deflorada, e dotar a esta.

Médio — 1 anno e 4 mezes de desterro idem, e dotar, etc.

Minimo — 8 mezes de desterro idem, e dotar, etc.

Seguindo-se o casamento, não terão lugar as penas.

Art. 220. Se o que commetter o estupro tiver em seu poder ou guarda a deflorada.

Penas — de desterro para fóra da provincia em que residir a deflorada, por dous a seis annos, e de dotar a esta.

Ao criminoso autor:

. . *Maximo* — 6 annos de desterro para fóra da provincia em que residir a deflorada, e dotar a esta.

Médio — 4 annos de desterro idem, e dotar, etc.

Minimo — 2 annos de desterro idem, e dotar, etc.

Ao criminoso por complicidade:

Maximo — 4 annos de desterro para fóra da provincia em que residir a deflorada, e dotar a esta.

Médio — 2 annos e 8 mezes de desterro idem, e dotar, etc.

Minimo — 1 anno e 4 mezes de desterro idem, e dotar, etc.

Art. 221. Se o estupro fôr commettido por parente da deflorada em gráo que não admita dispensa para casamento.

Penas — de degredo por dous a seis annos para a provincia mais remota da em que residir a deflorada, e de dotar a esta.

Ao criminoso autor:

Maximo — 6 annos de degredo para a provincia mais remota da em que residir a deflorada, e dotar a esta.

Médio — 4 annos de degredo idem, e dotar, etc.

Minimo — 2 annos de degredo idem, e dotar, etc.

Ao criminoso por complicidade:

Maximo — 4 annos de degredo para a provincia mais remota da em que residir a deflorada, e dotar a esta.

Médio — 2 anos e 8 mezes de degredo idem, e dotar, etc.

Minimo — 1 anno e 4 mezes de desterro idem, e dotar, etc.

Art. 222. Ter cópula carnal por meio de violencia ou ameaças, com qualquer mulher honesta.

Penas — de prisão por tres a doze annos, e de dotar a offendida.

Ao criminoso autor:

Maximo — 12 annos de prisão simples, e dotar a offendida.

Médio — 7 annos e 6 mezes de prisão simples, e dotar, etc.

Minimo — 3 annos de prisão simples, e dotar, etc.

Ao criminoso por complicidade:

Maximo — 8 annos de prisão simples, e dotar a offendida.

Médio — 5 annos de prisão simples, e dotar, etc.

Minimo — 2 annos de prisão simples, e dotar, etc.

Se a violentada fôr prostituta.

Penas — de prisão por um mez a dous annos.

Ao criminoso autor:

Maximo — 2 annos de prisão simples.

Médio — 1 anno e 15 dias de prisão simples.

Minimo — 1 mez de prisão simples.

Ao criminoso por complicidade:

Maximo — 1 anno e 4 mezes de prisão simples.

Médio — 8 mezes e 10 dias, idem.

Minimo — 20 dias, idem.

Art. 223. Quando houver simples offensa pessoal para fim libidinoso, causando dôr ou algum mal corporeo a alguma mulher, sem que se verifique a cópula carnal.

Penas — de prisão por um a seis mezes, e de multa correspondente á metade do tempo, além das em que incorrer o réo pela offensa.

Ao criminoso autor:

Maximo — 6 mezes de prisão simples, multa correspondente á metade do tempo, além das em que incorrer pela offensa.

Médio — 3 mezes e 15 dias, idem, multa, idem, além, etc.

Minimo — 1 mez, idem, multa, idem, além, etc.

Ao criminoso por complicidade:

Maximo — 4 mezes de prisão simples, e multa correspondente á metade do tempo, além das em que incorrer pela offensa.

Médio — 2 mezes e 10 dias, idem, multa, idem, além, etc.

Minimo — 20 dias, idem, multa, idem, além, etc.

Art. 224. Seduzir mulher honesta menor de dezesete annos, e ter com ella cópula carnal.

Penas — de desterro para fóra da comarca em que residir a seduzida, por um a tres annos, e de dotar a esta.

Ao criminoso autor:

Maximo — 3 annos de desterro para fóra da comarca em que residir a seduzida, e dotar a esta.

Médio — 2 annos de desterro, idem, e dotar, etc.

Minimo — 1 anno, idem, e dotar, etc.

Ao criminoso por complicidade:

Maximo — 2 annos de desterro para fóra da comarca em que residir a seduzida, e dotar a esta.

Médio — 1 anno e 4 mezes de desterro, idem, e dotar, etc.

Minimo — 8 mezes, idem, e dotar, etc.

Art. 225. Não haverão as penas dos tres artigos antecedentes os réos que casarem com as offendidas.

Secção II.

Rapto.

Art. 226. Tirar para fim libidinoso, por violencia, qualquer mulher da casa ou lugar em que estiver.

Penas — de dous a dez annos de prisão com trabalho, e de dotar a offendida.

Ao criminoso autor:

Maximo — 10 annos de prisão com trabalho, e dotar a offendida.

Médio — 6 annos de prisão com trabalho, e dotar, etc.

Minimo — 2 annos de prisão com trabalho, e dotar, etc.

Se não houver casa de correcção:

Maximo — 11 annos e 8 mezes de prisão simples, e dotar a offendida.

Médio — 7 annos de prisão simples, e dotar, etc.

Minimo — 2 annos e 4 mezes de prisão simples, e dotar, etc.

Aos criminosos por tentativa ou complicidade:

Maximo — 6 annos e 8 mezes de prisão com trabalho, e dotar a offendida.

Médio — 4 annos de prisão com trabalho, e dotar, etc.

Minimo — 1 anno e 4 mezes de prisão com trabalho, e dotar, etc.

Se não houver casa de correcção:

Maximo — 7 annos, 9 mezes e 10 dias de prisão simples, e dotar a offendida.

Médio — 4 annos e 8 mezes de prisão simples, e dotar, etc.

Minimo — 1 anno, 6 mezes e 20 dias de prisão simples, e dotar, etc.

Ao criminoso por complicidade na tentativa:

Maximo — 4 annos, 5 mezes e 10 dias de prisão com trabalho, e dotar a offendida.

Médio — 2 annos e 8 mezes de prisão com trabalho, e dotar, etc.

Minimo — 10 mezes e 20 dias de prisão com trabalho, e dotar, etc.

Se não houver casa de correcção:

Maximo — 5 annos, 2 mezes, 6 dias e 2/3 de prisão simples, e dotar a offendida.

Médio — 3 annos, 1 mez e 10 dias de prisão simples, e dotar, etc.

Minimo — 1 anno, 13 dias e 1/3 de prisão simples, e dotar, etc.

Art. 227. Tirar para fim libidinoso por meio de afagos e promessas alguma mulher virgem, ou reputada tal, que seja menor de dezesete annos, de casa de seu pai, tutor, curador ou outra qualquer pessoa em cujo poder ou guarda estiver.

Penas — de prisão por um a tres annos, e de dotar a offendida.
Ao criminoso autor:

Maximo — 3 annos de prisão simples, e dotar a offendida.

Médio — 2 annos de prisão simples, e dotar, etc.

Minimo — 1 anno de prisão simples, e dotar, etc.

Aos criminosos por tentativa ou complicidade.

Maximo — 2 annos de prisão simples, e dotar a offendida.

Médio — 1 anno e 4 mezes de prisão simples, e dotar, etc.

Minimo — 8 mezes de prisão simples, e dotar, etc.

Ao criminoso por complicidade na tentativa:

Maximo — 1 anno e 4 mezes de prisão simples, e dotar a offendida.

Médio — 10 mezes e 20 dias de prisão simples, e dotar, etc.

Minimo — 5 mezes e 10 dias de prisão simples, e dotar, etc.

Art. 228. Seguindo-se o casamento em qualquer destes casos, não terão lugar as penas.

Secção III.

Calumnia e injurias.

Art. 229. Julgar-se-ha crime de calumnia o attribuir falsamente a alguem um facto que a lei tenha qualificado criminoso, e em que tenha lugar a acção popular ou procedimento official de justiça.

Art. 230. Se o crime de calumnia fôr commettido por meio de papeis impressos, lithographados ou gravados, que se distribuirem por mais de quinze pessoas contra corporações que exerção autoridade publica.

Penas — de prisão por oito mezes a dous annos, e de multa correspondente á metade do tempo.

Ao criminoso autor:

Maximo — 2 annos de prisão simples, e multa correspondente á metade do tempo.

Médio — 1 anno e 4 mezes de prisão simples e multa, etc.

Minimo — 8 mezes de prisão simples, e multa, etc.

Art. 231. Se a calumnia fôr contra qualquer depositario ou agente de autoridade publica, em razão do seu officio.

Penas — de prisão por seis a dezoito mezes, e de multa correspondente á metade do tempo.

Ao criminoso autor:

Maximo — 18 mezes de prisão simples, e multa correspondente á metade do tempo.

Médio — 12 mezes de prisão simples, e multa, etc.

Minimo — 6 mezes de prisão simples, e multa, etc.

Art. 232. Se fôr contra qualquer pessoa particular ou empregado publico, sem ser em razão do seu officio.

Penas — de prisão por quatro mezes a um anno, e de multa correspondente á metade do tempo.

Ao criminoso autor:

Maximo — 1 anno de prisão simples, e multa correspondente á metade do tempo.

Médio — 8 mezes de prisão simples, e multa, etc.

Minimo — 4 mezes de prisão simples, e multa, etc.

Art. 233. Quando a calumnia fôr commettida sem ser por algum dos meios mencionados no artigo duzentos e trinta, será punida com metade das penas estabelecidas.

Ao criminoso autor no caso do art. 230:

Maximo — 1 anno de prisão simples, e multa correspondente á metade do tempo.

Médio — 8 mezes de prisão simples, e multa, etc.

Minimo — 4 mezes de prisão simples, e multa, etc.

Ao criminoso autor no caso do art. 231:

Maximo — 9 mezes de prisão simples, e multa correspondente á metade do tempo.

Médio — 6 mezes de prisão simples, e multa, etc.

Minimo — 3 mezes de prisão simples, e multa, etc.

Ao criminoso autor no caso do art. 232:

Maximo — 6 mezes de prisão simples, e multa correspondente á metade do tempo.

Médio — 4 mezes de prisão simples, e multa, etc.

Minimo — 2 mezes de prisão simples, e multa, etc.

Art. 234. O que provar o facto criminoso imputado ficará isento de toda a pena.

Art. 235. A accusação proposta em juizo, provando-se ser calumniosa e intentada de má fé, será punida com a pena do crime imputado, no grão minimo.

Art. 236. Julgar-se-ha crime de injuria:

§ 1.º Na imputação de um facto criminoso não comprehendido no artigo duzentos e vinte e nove.

§ 2.º Na imputação de vicios ou defeitos que possão expôr ao odio ou desprezo publico.

§ 3.º Na imputação vaga de crimes ou vicios sem factos especificados.

§ 4.º Em tudo o que póde prejudicar é reputação de alguem.

§ 5.º Em discursos, gestos ou signaes reputados insultantes na opinião publica.

Art. 237. O crime de injuria commettido por algum dos meios mencionados no artigo duzentos e trinta.

§ 1.º Contra corporações que exerção autoridade publica.

Penas — de prisão por quatro mezes a um anno, e de multa correspondente á metade do tempo.

Ao criminoso autor:

Maximo — 1 anno de prisão simples, e multa correspondente á metade do tempo.

Médio — 8 mezes de prisão simples, e multa, etc.

Minimo — 4 mezes de prisão simples, e multa, etc.

§ 2.º Contra qualquer depositario ou agente de autoridade publica, em razão do seu officio.

Penas — de prisão por tres a nove mezes, e de multa correspondente á metade do tempo.

Ao criminoso autor:

Máximo — 9 mezes de prisão simples, e multa correspondente á metade do tempo.

Médio — 6 mezes de prisão simples, e multa, etc.

Minimo — 3 mezes de prisão simples, e multa, etc.

§ 3.º Contra pessoas particulares ou empregados publicos, sem ser razão de seu officio.

Penas — de prisão por dous a seis mezes, e de multa correspondente á metade do tempo.

Ao criminoso autor:

Maximo — 6 mezes de prisão simples, e multa correspondente á metade do tempo.

Médio — 4 mezes de prisão simples, e multa, etc.

Minimo — 2 mezes de prisão simples, e multa, etc.

Art. 238. Quando a injuria fôr commettida sem ser por algum dos meios mencionados no artigo duzentos e trinta, será punida com metade das penas estabelecidas.

Ao criminoso autor no caso do art. 237, § 1.º.

Maximo — 6 mezes de prisão simples, e multa correspondente á metade do tempo.

Médio — 4 mezes de prisão simples, e multa, etc.

Minimo — 2 mezes de prisão simples, e multa, etc.

Ao criminoso autor no caso do art. 237, § 2.º:

Maximo — 4 mezes e 1/2 de prisão simples e multa correspondente á metade do tempo.

Médio — 3 mezes de prisão simples, e multa, etc.

Minimo — 1 mez e 15 dias de prisão simples, e multa, etc.

Ao criminoso autor no caso do art. 237, § 3.º:

Maximo — 3 mezes de prisão simples, e multa correspondente á metade do tempo.

Médio — 2 mezes de prisão simples, e multa, etc.

Minimo — 1 mez de prisão simples, e multa, etc.

Art. 239. As imputações feitas a qualquer corporação depositaria ou agente de autoridade publica, contendo factos ou omissões contra os deveres dos seus empregos, não sujeitão a pena alguma, provando-se a verdade dellas.

Aquellas porém que contiverem factos da vida privada, ou sejão contra empregados publicos, ou contra particulares, não serão admittidas á prova.

Art. 240. Quando a calumnia ou injuria fôrem equivocas, poderá o offendido pedir explicações em juizo ou fóra delle.

O que em juizo se recusar a estas explicações ficará sujeito ás penas da calumnia ou injuria a que o equivoco dér lugar.

Art. 241. O juiz que encontrar calumnias ou injurias, escriptas em allegações, ou cotas de autos publicos, as mandará riscar a requerimento da parte offendida, e poderá condemnar o seu autor, sendo advogado ou procurador, em suspensão do officio por oito a trinta dias, e em multa de quatro a quarenta mil réis.

Ao criminoso autor, sendo advogado ou procurador.

Maximo — 30 dias de suspensão do officio, e multa de 40$000.

Médio — 19 dias idem, e multa de 22$000.

Minimo — 8 dias idem, e multa de 4$000.

Art. 242. As calumnias e as injurias contra o Imperador, ou contra a assembléa geral legislativa, serão punidas com o dobro das penas estabelecidas nos artigos duzentos e trinta e duzentos e trinta e tres.

Ao criminoso autor no caso do art. 230:

Maximo — 4 annos de prisão simples, e multa correspondente á metade do tempo.

Médio — 2 annos e 8 mezes de prisão simples, e multa, etc.

Minimo — 1 anno e 4 mezes de prisão simples, e multa, etc.

Ao criminoso autor no caso do art. 233, isto é, quando não fôr impressa:

Maximo — 2 annos de prisão simples, e multa correspondente á metade do tempo.

Médio — 1 anno e 4 mezes de prisão simples, e multa, etc.

Minimo — 8 mezes de prisão simples, e multa ,etc.

Art. 243. As calumnias e as injurias feitas a todos, ou a cada um dos agentes do poder executivo, não se entendem directa nem indirectamente feitas ao Imperador.

Art. 244. As calumnias e as injurias contra o Regente ou a Regencia, o Principe Imperial, a Imperatriz, ou contra cada uma das Camaras Legislativas, serão punidas com o dobro das penas estabelecidas nos artigos duzentos e trinta e um, duzentos e trinta e tres, duzentos e trinta e sete paragrapho segundo, e duzentos e trinta e oito.

Ao criminoso autor no caso do art. 231:

Maximo — 3 annos de prisão simples, e multa correspondente á metade do tempo.

Médio — 2 annos de prisão simples, e multa, etc.

Minimo — 1 anno de prisão simples, e multa, etc.

Ao criminoso autor no caso do art. 233, isto é, quando a calumnia não fôr impressa:

Maximo — 18 mezes de prisão simples, e multa correspondente á metade do tempo.

Médio — 12 mezes de prisão simples, e multa, etc.

Minimo — 6 mezes de prisão simples, e multa, etc.

Ao criminoso autor no caso do art. 237, § 2.º:

Maximo — 18 mezes de prisão simples, e multa correspondente á metade do tempo.

Médio — 1 anno de prisão simples, e multa, etc.

Minimo — 6 mezes de prisão simples, e multa ,etc.

Ao criminoso autor no caso do art. 238, isto é, quando a injuria não fôr impressa.

Maximo — 9 mezes de prisão simples, e multa, correspondente á metade do tempo.

Médio — 6 mezes de prisão simples, e multa, etc.

Minimo — 3 mezes de prisão simples, e multa, etc.

Art. 245. As calumnias e as injurias contra alguma das pessoas da Familia Imperial, ou contra algum dos membros das camaras legislativas, em razão do exercicio das suas attribuições, serão punidas com o dobro das penas estabelecidas nos artigos duzentos e trinta e dous, duzentos e trinta e tres, duzentos e trinta e sete, paragrapho terceiro, e duzentos e trinta e oito.

Ao criminoso autor no caso do art. 232:

Maximo — 2 annos de prisão simples, e multa correspondente á metade do tempo.

Médio — 1 anno e 4 mezes de prisão simples, e multa, etc.

Minimo — 8 mezes de prisão simples, e multa, etc.

Ao criminoso autor no caso do art. 233, isto é, quando a calumnia não fôr impressa:

Maximo — 1 anno de prisão simples, e multa correspondente á metade do tempo.

Médio — 8 mezes de prisão simples, e multa, etc.

Minimo — 4 mezes de prisão simples, e multa, etc.

Ao criminoso autor no caso do art. 237, § 3.°:

Maximo — 1 anno de prisão simples, e multa correspondente á metade do tempo.

Médio — 8 mezes de prisão simples, e multa ,etc.

Minimo — 4 mezes de prisão simples, e multa, etc.

Ao criminoso autor no caso do art. 238, isto é, quando a injuria não fôr impressa:

Maximo — 6 mezes de prisão simples, e multa correspondente á metade do tempo.

Médio — 4 mezes de prisão simples, e multa, etc.

Minimo — 2 mezes de prisão simples, e multa, etc.

Art. 246. Provando-se que o delinquente teve paga ou promessa para commetter alguma calumnia ou injuria, além das outras penas, incorrerá mais na do duplo dos valores recebidos ou promettidos.

Capitulo III.

Dos crimes contra a segurança do estado civil e domestico.

Secção I.

Celebração do matrimonio contra as Leis do Imperio.

Art. 247. Receber o ecclesiastico, em matrimonio, a contrahentes que se não mostrarem habilitados na conformidade das leis.

Penas — de prisão por dous mezes a um anno, e de multa correspondente á metade do tempo.

Ao criminoso autor:

Maximo — 1 anno de prisão simples, e multa correspondente á metade do tempo.

Médio — 7 mezes de prisão simples, e multa, etc.

Minimo — 2 mezes de prisão simples, e multa, etc.

Art. 248. Contrahir matrimonio clandestino.

Penas — de prisão por dous mezes a um anno.

Ao criminoso autor:

Maximo — 1 anno de prisão simples.

Médio — 7 mezes de prisão simples.

Minimo — 2 mezes de prisão simples.

Secção II.

Polygamia.

Art. 249. Contrahir matrimonio segunda ou mais vezes, sem ter dissolvido o primeiro.

Penas — de prisão com trabalho por um a seis annos, e de multa correspondente á metade do tempo.

Ao criminoso autor:

Maximo — 6 annos de prisão com trabalho, e multa correspondente á metade do tempo.

Médio — 3 annos e 1/2 de prisão com trabalho, e multa ,etc.

Minimo — 1 anno de prisão com trabalho, e multa, etc.

Se não houver casa de correcção:

Maximo — 7 annos de prisão simples, e multa correspondente á metade do tempo.

Médio — 4 annos e 1 mez de prisão simples, e multa, etc.

Minimo — 1 anno e 2 mezes de prisão simples, e multa, etc.

Secção III.

Adulterio.

Art. 250. A mulher casada que commetter adulterio será punida com a pena de prisão com trabalho por um a tres annos.

A mesma pena se imporá neste caso ao adultero.

Ao criminoso autor:

Maximo — 3 annos de prisão com trabalho.

Médio — 2 annos, idem.

Minimo — 1 anno, idem.

Se não houver casa de correcção:

Maximo — 3 annos e 6 mezes de prisão simples.

Médio — 2 annos e 4 mezes, idem.

Minimo — 1 anno e 2 mezes, idem.

Art. 251. O homem casado que tiver concubina, teúda e manteúda, será punido com as penas do artigo antecedente.

Art. 252. A accusação deste crime não será permittida a pessoa que não seja marido ou mulher, e estes mesmos não terão direito de accusar, se em algum tempo tiverem consentido no adulterio.

Art. 253. A accusação por adulterio deverá ser intentada conjunctamente contra a mulher e o homem com quem ella tiver commettido o crime, se fôr vivo, e um não poderá ser condemnado sem o outro.

Secção IV.

Parto supposto e outros fingimentos.

Art. 254. Fingir-se a mulher prenhe e dar o parto alheio por seu, ou, sendo verdadeiramente prenhe, substituir a sua por outra criança, furtar alguma criança, occulta-la ou troca-la por outra.

Penas — de prisão por quatro mezes a dous annos, e de multa correspondente á metade do tempo, além das mais em que incorrer.

Ao criminoso autor:

Maximo — 2 annos de prisão simples, e multa correspondente á metade do tempo, além das mais em que incorrer.

Médio — 1 anno e 2 mezes de prisão simples, e multa correspondente á metade do tempo, além etc.

Minimo — 4 mezes de prisão simples, e multa correspondente á metade do tempo, além, etc.

Aos criminosos por tentativa ou complicidade:

Maximo — 1 anno e 4 mezes de prisão simples, e multa correspondente á metade do tempo, além das mais em que incorrer.

Médio — 9 mezes e 10 dias de prisão simples, e multa, etc.

Minimo — 2 mezes e 20 dias de prisão simples, e multa, etc.

Ao criminoso por complicidade na tentativa:

Maximo — 10 mezes e 20 dias de prisão simples, e multa correspondente á metade do tempo, além das mais em que incorrer.

Médio — 6 mezes, 6 dias e 2/3 de prisão simples, e multa, etc.

Minimo — 1 mez, 23 dias e 1/3 de prisão simples, e multa , etc.

Art. 255. Fingir-se o homem marido de uma mulher contra a vontade desta para usurpar direitos maritaes, ou fingir-se a mulher casada com um homem para o mesmo fim.

Penas — de prisão com trabalho por um a seis annos, e multa correspondente á metade do tempo.

Ao criminoso autor:

Maximo — 6 annos de prisão com trabalho, e multa correspondente á metade do tempo.

Médio — 3 annos e 6 mezes de prisão com trabalho, e multa, etc.

Minimo — 1 anno de prisão com trabalho, e multa, etc.

Se não houver casa de correcção:

Maximo — 7 annos de prisão simples, e multa correspondente á metade do tempo.

Médio — 4 annos e 1 mez de prisão simples, e multa, etc.

Minimo — 1 anno e 2 mezes de prisão, e multa, etc.

Aos criminosos por tentativa ou complicidade:

Maximo — 4 annos de prisão com trabalho, e multa correspondente á metade do tempo.

Médio — 2 annos e 4 mezes de prisão com trabalho, e multa, etc.

Minimo — 8 mezes de prisão com trabalho, e multa, etc.

Se não houver casa de correcção:

Maximo — 4 annos e 8 mezes de prisão simples, e multa correspondente á metade do tempo.

Médio — 2 annos, 8 mezes e 20 dias de prisão simples, e multa, etc.

Minimo — 9 mezes e 10 dias de prisão simples, e multa, etc.

Ao criminoso por complicidade na tentativa:

Maximo — 2 annos e 8 mezes de prisão com trabalho, e multa correspondente á metade do tempo.

Médio — 1 anno, 6 mezes e 20 dias de prisão com trabalho, e multa, etc.

Minimo — 5 mezes e 10 dias de prisão com trabalho, e multa, etc.

Se não houver casa de correcção:

Maximo — 3 annos, 1 mez e 10 dias de prisão simples, e multa correspondente á metade do tempo.

Médio — 1 anno, 9 mezes, 23 dias e 1/3 de prisão simples, e multa, etc.

Minimo — 6 mezes, 6 dias e 2/3 de prisão simples, e multa, etc.

Se este fingimento fôr de accordo do homem com a mulher em prejuizo de terceiro, além das referidas penas, soffreráõ mais as em que incorrerem pelo mal que causarem.

Art. 256. Fingir-se empregado publico.

Penas — de prisão por um mez a um anno, e de multa correspondente á metade do tempo.

Ao criminoso autor:

Maximo — 1 anno de prisão simples, e multa correspondente á metade do tempo.

Médio — 6 mezes e 15 dias de prisão simples, e multa, etc.

Minimo — 1 mez de prisão simples, e multa, etc.

Aos criminosos por complicidade ou tentativa:

Maximo — 8 mezes de prisão simples, e multa correspondente á metade do tempo.

Médio — 4 mezes e 10 dias de prisão simples, e multa, etc.

Minimo — 20 dias de prisão simples, e multa, etc. (Vid. art. 2.°, § 2.°)

Ao criminoso por complicidade na tentativa:

Maximo — 5 mezes e 10 dias de prisão simples, e multa correspondente á metade do tempo.

Médio — 2 mezes, 26 dias e 2/3 de prisão simples, e multa, etc.

Minimo — Vid. art. 2.°, § 2.°

TITULO III.

Dos crimes contra a propriedade.

Capitulo I.

Furto.

Art. 257. Tirar a cousa alheia contra a vontade de seu dono, para si ou para outro.

Penas — de prisão com trabalho por dous mezes a quatro annos, e de multa de cinco a vinte por cento do valor furtado.

Ao criminoso autor:

Maximo — 4 annos de prisão com trabalho, e multa de 20% do valor furtado.

Médio — 2 annos e 1 mez de prisão com trabalho, e multa de 12 1/2% do valor, etc.

Minimo — 2 mezes de prisão com trabalho, e multa de 5% do valor, etc.

Se não houver casa de correcção:

Maximo — 4 annos e 8 mezes de prisão simples, e multa de 20% do valor furtado.

Médio — 2 annos, 5 mezes e 5 dias de prisão simples, e multa de 12 1/2% do valor, etc.

Minimo — 2 mezes e 10 dias de prisão simples, e multa de 5% do valor, etc.

Aos criminosos por tentativa ou complicidade:

Maximo — 2 annos e 8 mezes de prisão com trabalho, e multa de 13 1/3% do valor do furto.

Médio — 1 anno, 4 mezes e 20 dias de prisão com trabalho, e multa de 8 e 1/3% do valor, etc.

Minimo — 1 mez e 10 dias de prisão com trabalho, e multa de 3 e 1/3% do valor, etc.

Se não houver casa de correcção:

Maximo — 3 annos, 1 mez e 10 dias de prisão simples, e multa de 13 e 1/3% do valor do furto.

Médio — 1 anno, 7 mezes, 13 dias e 1/3 de prisão simples, e multa de 8 e 1/3% do valor, etc.

Minimo — 1 mez, 16 dias e 2/3 de prisão simples, e multa de 3 e 1/3% do valor, etc.

Aos criminosos por complicidade na tentativa:

Maximo — 1 anno, 9 mezes e 10 dias de prisão com trabalho, e multa correspondente a 8 e 8/9% do valor do furto.

Médio — 11 mezes, 3 dias e 1/3 de prisão com trabalho, e multa de 5 e 5/9% do valor, etc.

Minimo — 26 dias e 2/3 de prisão com trabalho, e multa de 3 e 3/9% do valor, etc.

Se não houver casa de correcção:

Maximo — 2 annos, 26 dias e 2/3 de prisão simples, e multa de 8 e 8/9% do valor do furto.

Médio — 1 anno, 28 dias, 21 horas e 1/3 de prisão simples, e multa de 5 e 5/9% do valor, etc.

Minimo — 1 mez, 1 dia, 2 horas e 2/3 de prisão simples, e multa de 3 e 3/9% do valor, etc.

Art. 258. Tambem commetterá furto e incorrerá nas penas do artigo antecedente o que, tendo para algum fim recebido a cousa alheia por vontade de seu dono, se arrogar depois o dominio ou uso que lhe não fôra transferido.

Art. 259. Tirar sem autorisação legal a cousa propria, quando se achar em poder de terceiro por convenção ou determinação judicial, e o terceiro com a tirada sentir prejuizo ou estiver a soffrê-lo.

Penas — as mesmas do artigo antecedente.

O mesmo calculo feito para o art. 257.

Art. 260. Mais se julgará furto a achada da cousa alheia perdida, quando se não manifestar ao juiz de paz do districto ou official de quarteirão, dentro de quinze dias depois que fôr achada.

Penas — de prisão com trabalho por um mez a dous annos, e de multa de cinco a vinte por cento do valor da cousa achada.

Ao criminoso autor:

Maximo — 2 annos de prisão com trabalho, e multa de 20% do valor da cousa achada.

Médio — 1 anno e 15 dias de prisão com trabalho, e multa de 12 1/2% do valor, etc.

Minimo — 1 mez, e multa de 5% do valor, etc.

Se não houver casa de correcção:

Maximo — 2 annos e 4 mezes de prisão simples, e multa de 20% do valor da cousa achada.

Médio — 1 anno, 2 mezes, 17 dias e 1/2 de prisão simples, e multa, etc.

Minimo — 1 mez e 5 dias de prisão simples, e multa, etc.

Art. 261. Imprimir, gravar, lithographar ou introduzir quaesquer escriptos ou estampas que tiverem sido feitos, compostos ou traduzidos por cidadãos brasileiros, emquanto estes viverem, e dez annos depois da sua morte, se deixarem herdeiros.

Penas — de perda de todos os exemplares para o autor ou traductor, ou seus herdeiros, ou, na falta delles, do seu valor e outro tanto, e de multa igual ao tresdòbro do valor dos exemplares.

Se os escriptos ou estampas pertencerem a corporações, a prohibição de imprimir, gravar, lithographar ou introduzir, durará sómente por espaço de dez annos.

Art. 262. Não se dará acção de furto entre marido e mulher, ascedentes e descendentes, e afins nos mesmos gráos, nem por ella poderáõ ser demandados os viuvos ou viuvas, quanto ás cousas que pertencêrão ao conjuge morto, tendo sómente lugar em todos estes casos a acção civil para a satisfação.

Capitulo II.

Banca-rota, estellionato e outros crimes contra a propriedade.

Art. 263. A banca-rota que fôr qualificada de fraudulenta, na conformidade das leis do commercio, será punida com a prisão com trabalho por um a oito annos.

Na mesma pena incorreráõ os complices.

Ao criminoso autor:

Maximo — 8 annos de prisão com trabalho.

Médio — 4 annos e 6 mezes, etc.

Minimo — 1 anno, etc.

Se não houver casa de correcção;

Maximo — 9 annos e 4 mezes de prisão simples.

Médio — 5 annos e 1 mez, etc.

Minimo — 1 anno e 2 mezes, etc.

Art. 264. Julgar-se-ha crime de estellionato:

§ 1.º A alheação de bens alheios como proprios, ou a troca das cousas que se deverem entregar, por outras diversas.

§ 2.º A alheação, locação, aforamento ou arrendamento da cousa propria já alheada, locada, aforada ou arrendada a outrem, ou a alheação da cousa propria especialmente hypothecada a terceiro.

§ 3.º A hypotheca especial da mesma cousa a diversas pessoas, não chegando o seu valor para pagamento de todos os credores hypothecarios.

§ 4.º Em geral todo e qualquer artificio fraudulento pelo qual se obtenha de outrem toda a sua fortuna ou parte della, ou quaesquer titulos.

Penas — de prisão com trabalho por seis mezes a seis annos, e de multa de cinco a vinte por cento do valor das cousas sobre que versar o estellionato.

Ao criminoso autor:

Máximo — 6 annos de prisão com trabalho, e multa de 20% do valor das cousas sobre que versar o estellionato.

Médio — 3 annos e 3 mezes de prisão com trabalho, e multa de 12 1/2% do valor, etc.

Mínimo — 6 mezes de prisão com trabalho, e multa de 5% do valor, etc.

Se não houver casa de correcção:

Máximo — 7 annos de prisão simples, e multa de 20% do valor das cousas sobre que versar o estellionato.

Médio — 3 annos, 9 mezes e 15 dias de prisão simples, e multa, etc.

Mínimo — 7 mezes de prisão simples, e multa, etc.

Aos criminosos por tentativa ou complicidade:

Maximo — 4 annos de prisão com trabalho, e multa de 13 1/3% do valor das cousas sobre que versar o estellionato.

Médio — 2 annos e 2 mezes de prisão com trabalho, e multa de 8 1/3% do valor, etc.

Mínimo — 4 mezes de prisão com trabalho, e multa de 3 1/3% do valor, etc.

Se não houver casa de correção:

Maximo — 4 annos e 8 mezes de prisão simples, e multa de 13 1/3% do valor das cousas sobre que versar o estellionato.

Médio — 2 annos, 6 mezes e 10 dias de prisão simples, e multa de 8 1/3% do valor, etc.

Mínimo — 4 mezes e 20 dias de prisão simples, e multa de 3 1/3% do valor, etc.

Ao criminoso por complicidade na tentativa:

Maximo — 2 annos e 8 mezes de prisão com trabalho, e multa de 8 8/9% do valor das cousas sobre que versar o estellionato.

Médio — 1 anno, 5 mezes e 10 dias de prisão com trabalho, e multa de 5 5/9% do valor, etc.

Mínimo — 2 mezes e 20 dias de prisão com trabalho, e multa de 2 2/9% do valor, etc.

Se não houver casa de correcção:

Maximo — 3 annos, 1 mez e 10 dias de prisão simples, e multa de 8 8/9% do valor das cousas sobre que versar o estellionato.

Médio — 1 anno, 8 mezes, 6 dias e 2/3 de prisão simples, e multa de 5 5/9% do valor, etc.

Mínimo — 3 mezes, 3 dias e 1/3 de prisão simples, e multa de 2 2/9% do valor, etc.

Art. 265. Usar de qualquer falsidade para se constituir a outro em obrigação que não tiver em vista ou não puder contrahir.

Desviar ou dissipar em prejuizo do proprietário, possuidor ou detentor, cousa de qualquer valor que se tenha confiado por qualquer motivo com a obrigação de a restituir ou apresentar.

Tirar folhas de autos ou livros judiciaes, subtrahir do juizo documentos nelle offerecidos, sem licença judicial.

Penas — de prisão com trabalho por dous mezes a quatro annos, e de multa de cinco a vinte por cento da quantia da obrigação, ou do valor desviado ou dissipado, ou do damno causado.

Ao criminoso autor:

Maximo — 4 annos de prisão com trabalho, e multa de 20% da quantia da obrigação, ou do valor desviado ou dissipado, ou do damno causado.

Médio — 2 annos e mez de prisão com trabalho, e multa de 12 1/2% da quantia, etc.

Minimo — 2 mezes de prisão com trabalho, e multa de 5% da quantia, etc.

Se não houver casa de correcção:

Maximo — 4 annos e 8 mezes de prisão simples, e multa de 20% da quantia da obrigação ou do valor desviado ou dissipado, ou do damno causado.

Médio — 2 annos, 5 mezes e 5 dias de prisão simples, e multa de 12 1/2% da quantia, etc.

Minimo — 2 mezes e 10 dias de prisão simples, e multa de 5% da quantia, etc.

Aos criminosos por tentativa ou complicidade:

Maximo — 2 annos e 8 mezes de prisão com trabalho, e multa de 13 1/3% da quantia da obrigação, ou do valor desviado ou dissipado, ou do damno causado.

Médio — 1 anno, 4 mezes e 20 dias de prisão com trabalho, e multa de 8 1/3% da quantia, etc.

Minimo — 1 mez e 10 dias de prisão com trabalho, e multa de 3 1/3% da quantia, etc.

Se não houver casa de correção:

Maximo — 3 annos, 1 mez e 10 dias de prisão simples, e multa de 13 1/3% da quantia da obrigação, ou do valor desviado ou dissipado, ou damno causado.

Médio — 1 anno, 7 mezes, 13 dias e 1/3 de prisão simples, e multa de 8 1/3% da quantia, etc.

Minimo — 1 mez, 16 dias e 2/3 de prisão simples, e multa de 3 1/3% da quantia, etc.

Ao criminoso por complicidade na tentativa:

Maximo — 1 anno, 9 mezes e 10 dias de prisão com trabalho, e multa de 8 8/9% da quantia da obrigação, ou do valor desviado, ou dissipado, ou ou do damno causado.

Médio — 11 mezes, 3 dias e 1/3 de prisão com trabalho, e multa de 5 5/9% da quantia, etc.

Minimo — 26 dias e 2/3 de prisão com trabalho, e multa de 2 2/9% da quantia, etc.

Se não houver casa de correcção:

Maximo — 2 annos, 26 dias e 2/3 de prisão simples, e multa de 8 8/9% da quantia da obrigação, ou do valor desviado ou dissipado, ou do damno causado.

Médio — 1 anno, 28 dias, 21 horas e 1/3 de prisão simples, e multa de 5 5/9% da quantia, etc.

Minimo — 1 mez, 1 dia, 2 horas e 2/3 de prisão simples, e multa de 2 2/9 da quantia, etc.

Capitulo III.

Damno.

Art. 266. Destruir ou damnificar uma cousa alheia de qualquer valor.

Penas — de prisão por dez a quarenta dias, e de multa de cinco a vinte por cento do valor destruido ou damnificado.

Ao criminoso autor:

Maximo — 40 dias de prisão simples, e multa de 20% do valor destruido ou damnificado.

Médio — 25 dias de prisão simples e multa de 12 1/2% do valor, etc.

Minimo — 10 dias de prisão simples, e multa de 5% do valor, etc.

Aos criminosos por tentativa ou complicidade.

Maximo — 26 dias e 2/3 de prisão simples, e multa de 13 1/3% do valor destruido ou damnificado.

Médio — 16 dias e 2/3 de prisão simples, e multa de 8 1/3% do valor, etc.

Minimo — 6 dias e 2/3 de prisão simples, e multa de 3 1/3% do valor, etc.

Ao criminoso por complicidade na tentativa:

Maximo — 17 dias, 18 horas e 2/3 de prisão simples, e multa de 8 8/9% do valor destruido ou damnificado.

Médio — 11 dias, 2 horas e 2/3 de prisão simples, e multa de 5 5/9% do valor, etc.

Minimo — 4 dias, 10 horas e 2/3 de prisão simples, e multa de 2/3 do valor, etc.

Se concorrerem circumstancias aggravantes.

Penas — de prisão com trabalho por dous mezes a quatro annos, e a mesma multa.

Ao criminoso autor:

Maximo — 4 annos de prisão com trabalho, e multa de 20% do valor destruido ou damnificado.

Médio — 2 anos e 1 mez de prisão com trabalho, e multa de 12 1/2% do valor, etc.

Minimo — 2 mezes de prisão com trabalho e multa de 5% do valor, etc.

Se não houver casa de correção:

Maximo — 4 annos e 8 mezes de prisão simples, e multa de 20% do valor destruido ou damnificado.

Médio — 2 annos, 4 mezes e 5 dias de prisão simples, e multa de 12 1/2% do valor, etc.

Minimo — 2 mezes e 10 dias de prisão simples, e multa de 5% do valor, etc.

Aos criminosos por tentativa ou complicidade:

Maximo — 2 annos e 8 mezes de prisão com trabalho, e multa de 13 1/3% do valor destruido ou damnificado.

Médio — 1 anno, 4 mezes e 20 dias de prisão com trabalho, e multa de 8 1/3% do valor, etc.

Minimo — 1 mez e 10 dias de prisão com trabalho, e multa de 3 1/3% do valor, etc.

Se não houver casa de correcção:

Maximo — 3 annos, 1 mez e 10 de de prisão simples, e multa de 13 1/3% do valor destruido ou damnificado.

Médio — 1 anno, 7 mezes, 13 dias e 1/3 de prisão simples, e multa de 8 1/3% do valor, etc.

Minimo — 1 mez, 16 dias e 2/3 de prisão simples, e multa de 3 1/3% do valor, etc.

Ao criminoso por complicidade na tentativa:

Maximo — 1 anno, 9 mezes e 10 dias de prisão com trabalho, e multa de 8 8/9% do valor destruido ou damnificado.

Médio — 11 mezes, 3 dias e 1/3 de prisão com trabalho, e multa de 5 5/9% do valor, etc.

Minimo — 26 dias e 2/3 de prisão com trabalho, e multa de 2 2/9% do valor, etc.

Se não houver casa de correcção:

Maximo — 2 annos, 26 dias e 2/3 de prisão simples, e multa de 8 8/9% do valor destruido ou damnificado.

Médio — 1 anno, 28 dias, 21 horas e 1/3 de prisão, e multa de 5 5/9% do valor, etc.

Minimo — 1 mez, 1 dia, 2 horas e 2/3 de prisão simples, e multa de 2 2/9% do valor, etc.

Art. 267. Se a destruição ou damnificação fôr de cousas que servirem a distinguir e separar os limites dos predios.

Penas — de prisão por vinte dias a quatro mezes, e a mesma multa.

Ao criminoso autor:

Maximo — 4 mezes de prisão simples, e multa de 20% do valor destruido ou damnificado.

Médio — 2 mezes e 10 dias de prisão simples, e multa de 12 1/2% do valor, etc.

Minimo — 20 dias de prisão simples e multa de 5% do valor, etc.

Aos criminosos por tentativa ou complicidade:

Maximo — 2 mezes e 20 dias de prisão simples, e multa de 13 1/3% do valor destruido ou damnificado.

Médio — 1 mez, 16 dias e 2/3 de prisão simples, e multa de 8 1/3% do valor, etc.

Minimo — 13 dias e 1/3 de prisão simples, e multa de 3 1/3% do valor, etc.

Ao criminoso por complicidade na tentativa:

Maximo — 1 mez, 23 dias e 1/3 de prisão simples, e multa de 8 8/9% do valor destruido ou damnificado.

Médio — 1 mez, 1 dia, 2 horas e 2/3 de prisão simples, e multa de 5 5/9% do valor, etc.

Minimo — 8 dias, 21 horas e 1/3 de prisão simples, e multa de 2 2/9% do valor, etc.

Se a destruição ou damnificação neste caso fôr feita para se apropriar o delinquente do terreno alheio.

Penas — as mesmas do furto.

Ao criminoso autor:

Maximo — 4 annos de prisão com trabalho, e multa de 20% do valor destruido ou damnificado.

Médio — 2 annos e 1 mez de prisão com trabalho. e multa de 12 1/2% do valor, etc.

Minimo — 2 mezes de prisão com trabalho, e multa de 5% do valor, etc.

Se não houver casa de correcção:

Maximo — 4 annos e 8 mezes de prisão simples, e multa de 20% do valor destruido ou damnificado.

Médio — 2 annos, 5 mezes e 5 dias de prisão simples, e multa de 12 1/2% do valor, etc.

Minimo — 2 mezes e 10 dias de prisão simples, e multa de 5% do valor, etc.

Aos criminosos por tentativa ou complicidade:

Maximo — 2 annos e 8 mezes de prisão com trabalho, e multa de 13 1/3% do valor destruido ou damnificado.

Médio — 1 anno, 4 mezes e 20 dias de prisão com trabalho, e multa de 8 1/3% do valor, etc.

Minimo — 1 mez, 10 dias de prisão com trabalho, e multa de 3 1/3% do valor, etc.

Se não houver casa de correcção:

Maximo — 3 annos, 1 mez e 10 dias de prisão simples, e multa de 13 1/3% do valor destruido ou damnificado.

Médio — 1 anno, 7 mezes, 13 dias e 1/3 de prisão simples, e multa de 8 1/3% do valor, etc.

Minimo — 1 mez, 16 dias e 1/3 de prisão simples, e multa de 3 1/3% do valor, etc.

Ao criminoso por complicidade na tentativa:

Maximo — 1 anno, 9 mezes e 10 dias de prisão com trabalho, e multa de 8 8/9% do valor destruido ou damnificado.

Médio — 11 mezes, 3 dias e 1/3 de prisão com trabalho, e multa de 5 5/9% do valor, etc.

Minimo — 26 dias e 2/3 de prisão com trabalho, e multa de 3 3/9% do valor, etc.

Se não houver casa de correcção:

Maximo — 2 annos, 26 dias e 2/3 de prisão simples, e multa de 8 8/9% do valor destruido ou damnificado.

Médio — 1 anno, 28 dias, 21 horas e 1/3 de prisão simples, e multa de 5 5/9% do valor, etc.

Minimo — 1 mez, 1 dia, 2 horas e 2/3 de prisão simples, e multa de 2 2/9% do valor, etc.

Disposição commum.

Art. 268. Haverá crime contra a propriedade, ou o seu objecto tenha valor por si, ou de qualquer maneira o represente.

TITULO IV.

Dos crimes contra a pessoa e contra a propriedade.

Art. 269. Roubar, isto é, furtar fazendo violencia á pessoa ou ás coisas.

Penas — de galés por um a oito annos.

Ao criminoso autor:

Máximo — 8 annos de galés, multa de 20% do valor roubado.

Médio — 4 annos e 6 mezes, idem, e multa de 12 1/2%, idem.

Minimo — 1 anno, idem, e multa de 5%, idem.

Ao criminoso por complicidade:

Maximo — 5 annos e 4 mezes de galés, e multa de 13 1/3% do valor roubado.

Médio — 3 annos, idem, e multa de 8 1/3%, idem.

Minimo — 8 mezes, idem, e multa de 5%, idem.

Art. 270. Julgar-se-ha violencia feita á pessoa, todas as vezes que por meio de offensas physicas, de ameaças, ou por outro qualquer meio, se reduzir alguem a não defender as suas cousas.

Julgar-se-ha violencia feita á coisa, todas as vezes que se destruirem os obstaculos á perpetração dos roubos, ou se fizerem arrombamentos exteriores ou interiores.

Os arrombamentos se considerarão feitos todas as vezes que se empregar a força ou quaesquer instrumentos ou apparelhos para vencer os obstaculos.

Art. 271. Se para verificação do roubo, ou no acto delle, se commetter morte.

Penas — de morte no gráo maximo, galés perpetuas no médio, e por vinte annos no minimo.

Ao criminoso autor:

Maximo — Morte, e multa de 20% do valor roubado.

Médio — Galés perpetuas, e multa de 12 1/2%, idem.

Minimo — 20 annos de galés, e multa de 5%, idem.

Ao criminoso por complicidade:

Maximo — Galés perpetuas, e multa de 13 1/3% do valor roubado.

Médio — 20 annos de galés, e multa de 8 1/3%, idem.

Minimo — 13 annos e 4 mezes, idem, e multa de 3/1/3%, idem.

Art. 272. Quando se commetter alguma outra offensa physica, irreparavel, ou de que resulte deformidade ou aleijão.

Penas — de galés por quatro a doze annos.

Ao criminoso autor:

Maximo — 12 annos de galés e multa de 20% do valor roubado.

Médio — 8 annos, idem, e multa de 12 1/2%, idem.

Minimo — 4 annos, idem, e multa de 5%, idem.

Ao criminoso por complicidade:

Maximo — 8 annos de galés, e multa de 13 1/3% do valor roubado.

Médio — 5 annos e 4 mezes, idem, e multa de 8 1/3%, idem.

Minimo — 2 annos e 8 mezes, e multa de 3 1/3%, idem.

Se da offensa physica resultar grave incommodo de saude ou inhabilitação de serviço por mais de um mez.

Penas — de galés por dous a dezeseis annos.

Ao criminoso autor:

Maximo — 16 annos de galés, e multa de 20% do valor roubado.

Médio — 9 annos, idem, e multa de 12 1/2%, idem.

Minimo — 2 annos, idem, e multa de 5%, idem.

Ao criminoso por complicidade:

Maximo — 10 annos e 8 mezes de galés, e multa de 13 1/3% do valor roubado.

Médio — 6 annos de galés, idem, e multa de 8 1/3%, idem.

Minimo — 1 anno e 4 mezes, idem, e multa de 13 1/3%, idem.

Em todos os casos dos artigos antecedentes, pagará o réo uma multa de cinco a vinte por cento do valor roubado.

Art. 273. Tambem se reputará roubo, e como tal será punido, o furto feito por aquelle que se fingir empregado publico e autorisado para tomar a propriedade alheia.

Art. 274. A tentativa de roubo, quando se tiver verificado a violencia, ainda que não haja a tirada da cousa alheia, será punida como o mesmo crime.

Disposição commum aos delictos particulares.

Art. 275. O abuso de poder dos empregados publicos nestes delictos será considerado circumstancia aggravante.

Parte IV.

DOS CRIMES POLICIAES.

Capitulo I.

OFFENSA DA RELIGIÃO, DA MORAL E BONS COSTUMES.

Art. 276. Celebrar em casa ou edificio que tenha alguma fórma exterior de templo, ou publicamente em qualquer lugar, o culto de outra religião que não seja a do Estado.

Penas — de serem dispersos pelo juiz de paz os que estiverem reunidos para o culto, da demolição da fórma exterior, e da multa de dous a doze mil réis que pagará cada um.

Ao criminoso autor:

Maximo — 12$000 de multa.

Médio — 7$000, idem.

Minimo — 2$000, idem.

Art. 277. Abusar ou zombar de qualquer culto estabelecido no Imperio, por meio de papeis impressos, lithographados ou gravados, que se distribuirem por mais de quinze pessoas, ou por meio de discursos proferidos em publicas reuniões, ou na occasião e lugar em que o culto se prestar.

Penas — de prisão por um a seis mezes, e de multa correspondente á metade do tempo.

Ao criminoso autor:

Maximo — 6 mezes de prisão simples, e multa correspondente á metade do tempo.

Médio — 3 mezes e 15 dias, idem, e multa, idem.

Minimo — 1 mez, idem, e multa, idem.

Art. 278. Propagar por meio de papeis impressos, lithographados ou gravados, que se distribuirem por mais de quinze pessoas, ou por discursos proferidos em publicas reuniões, doutrinas que diretacmente destruão as verdades fundamentais da existência de Deos e da immortalidade da alma.

Penas — de prisão por quatro mezes a um anno e de multa correspondente á metade do tempo.

Ao criminoso autor:

Maximo — 1 anno de prisão simples, e multa correspondente á metade do tempo.

Médio — 8 mezes, idem, e multa, idem.

Minimo — 4 mezes, idem, e multa, idem.

Art. 279. Offender evidentemente a moral publica, em papeis impressos, lithographados ou gravados, ou em estampas, e pinturas que se distribuirem por mais de quinze pessoas, e bem assim a respeito destas que estejão expostas publicamente á venda.

Penas — de prisão por dous a seis mezes, de multa correspondente á metade do tempo, e de perda das estampas, pinturas, ou, na falta dellas, do seu valor.

Ao criminoso autor:

Maximo — 6 mezes de prisão simples, e multa correspondente á metade do tempo, e perda das estampas, pinturas, ou, na falta dellas, do seu valor.

Médio — 4 mezes, idem, multa, idem, e perda, idem.

Minimo — 2 mezes, idem, multa, idem, e perda, idem.

Art. 280. Praticar qualquer acção que na opinião publica seja considerada como evidentemente offensiva da moral e bons costumes, sendo em lugar publico.

Penas — de prisão por dez a quarenta dias, e de multa correspondente á metade do tempo.

Ao criminoso autor:

Maximo — 40 dias de prisão simples, e multa correspondente á metade do tempo.

Médio — 25 dias, idem, e multa, idem.

Minimo — 10 dias, idem, e multa, idem.

Art. 281. Ter casa publica de tabolagem para jogos que fôrem prohibidos pelas posturas das camaras municipaes.

Penas — de prisão por quinze a sessenta dias, e de multa correspondente á metade do tempo.

Ao criminoso autor:

Maximo — 60 dias de prisão simples, e multa correspondente á metade do tempo.

Médio — 37 1/2 dias, idem, e multa, idem.

Minimo — 15 dias, idem, e multa, idem.

Capitulo II.

Sociedades secretas.

Art. 282. A reunião de mais de dez pessoas em uma casa em certos e determinados dias sómente se julgará criminosa quando fôr para fim de que se exija segredo dos associados, e quando neste ultimo caso não se communicar em fórma legal ao juiz de paz do districto em que se fizer a reunião.

Penas — de prisão por cinco a quinze dias ao chefe, dono, morador ou administrador da casa, e pelo dobro, em caso de reincidencia.

Ao criminoso chefe, dono, morador ou administrador da casa.

Maximo — 15 dias de prisão simples.

Médio — 10 dias, idem.

Minimo — 5 dias, idem.

Na reincidencia:

Maximo — 30 dias de prisão simples.

Médio — 20 dias, idem.

Minimo — 10 dias, idem.

Art. 283. A communicação ao juiz de paz deverá ser feita com declaração do fim geral da reunião, com o protesto de que se não oppõe á ordem social, dos lugares e tempo da reunião, e dos nomes dos que dirigem o governo da sociedade.

Será assignada pelos declarantes e apresentada no espaço de quinze dias depois da primeira reunião.

Art. 284. Se forem falsas as declarações que se fizerem, e as reuniões tiverem fins oppostos á ordem social, o juiz de paz, além de dispersar a sociedade, formará culpa aos associados.

Capitulo III.

Ajuntamentos illicitos.

Art. 285. Julgar-se-ha commettido este crime, reunindo-se tres ou mais pessoas com a intenção de se ajudarem mutuamente para commetterem algum delicto, ou para privarem illegalmente a alguem do gozo, ou exercicio de algum direito ou dever.

Art. 286. Praticar em ajuntamento illicito algum dos actos declarados no artigo antecedente.

Penas — de multa de vinte a duzentos mil réis, além das mais em que tiver incorrido o réo.

Maximo — 200$000 de multa, além das penas em que tiver incorrido.

Médio — 110$000, idem, além, idem.

Minimo — 20$000, idem, além, idem.

Art. 287. Se o ajuntamento illicito tiver por fim impedir a percepção de alguma taxa, direito, contribuição ou tributo legitimamente imposto, ou a execução de alguma lei ou sentença; ou se fôr destinado a soltar algum réo legalmente preso.

Penas — de quarenta a quatrocentos mil réis, além das mais em que o réo tiver incorrido.

Ao criminoso autor:

Maximo — 400$000 de multa, além das mais penas em que tiver incorrido.

Médio — 220$000, idem, além, idem.

Minimo — 40$000, idem, além, idem.

Art. 288. Os que se tiverem retirado do ajuntamento illicito, antes de se haver commettido algum acto de violencia, não incorreráõ em pena alguma.

Art. 289. Quando o juiz de paz fôr informado de que existe algum ajuntamento illicito de mais de vinte pessoas, irá com o seu escrivão ao lugar e, achando o ajuntamento illicito, proclamará seu caracter, e alçando uma bandeira verde admoestará aos reunidos para que se retirem.

Art. 290. Se o juiz de paz não fôr obedecido depois de terceira admoestação, poderá empregar força para desfazer o ajuntamento, e reter em custódia os cabeças, se lhe parecer necessário.

Art. 291. Se no lugar não houver força armada, ou se fôr difficil a sua convocação, poderá o juiz de paz convocar as pessoas que fôrem necessarias para desfazer o ajuntamento.

Art. 292. Os homens livres de mais de dezoito annos de idade, e menos de cincoenta, que, sendo convocados pelo juiz de paz, ou de ordem sua, para o fim declarado no artigo antecedente, recusarem ou deixarem de obedecer sem motivo justo.

Penas — de multa de dez a sessenta mil réis.

Ao criminoso autor:

Maximo — 60$000 de multa.

Médio — 35$000, idem.

Minimo — 10$000, idem.

Art. 293. Aquelles que, fazendo parte do ajuntamento illicito, se não tiverem retirado do lugar um quarto de hora depois da terceira admoestação do juiz de paz, ou que, depois de desfeito o ajuntamento, se tornarem a reunir.

Penas — de multa de dez a cem mil réis.

Ao criminoso autor:

Maximo — 100$000 de multa.

Médio — 55$000, idem.

Minimo — 10$000, idem.

Se tiverem commettido violencias antes da primeira admoestação do juiz de paz.

Penas — as mesmas estabelecidas nos artigos duzentos e oitenta e seis e duzentos e oitenta e sete.

Art. 294. Aquelles que commetterem violencias depois da primeira admoestação do juiz de paz.

Penas — de prisão com trabalho por um a tres annos, além das mais em que tiverem incorrido pela violencia.

Ao criminoso autor:

Maximo — 3 annos de prisão com trabalho, além das mais penas em que tiver incorrido pela violencia.

Médio — 2 annos, idem, além, idem.

Minimo — 1anno, idem, além, idem.

Se não houver casa de correcção:

Máximo — 3 annos e 6 mezes de prisão simples, além das mais penas em que tiver incorrido pela violencia.

Médio — 2 annos e 4 mezes, idem, além, idem.

Minimo — 1 anno e 2 mezes, idem, além, idem.

Se a violencia fôr feita contra o juiz de paz ou contra as pessoas encarregadas de desfazer o ajuntamento.

Penas — de prisão com trabalho por dous a seis annos, além das mais em que tiverem incorrido pela violencia.

Ao criminoso autor:

Maximo — 6 annos de prisão com trabalho, além das mais penas em que tiver incorrido pela violencia.

Médio — 4 annos, idem, além, idem.

Minimo — 2 annos, idem, além, idem.

Se não houver casa de correcção:

Maximo — 7 annos, de prisão simples, além das mais penas em que tiver incorrido pela violencia.

Médio — 4 annos e 8 mezes, idem, além, idem.

Minimo — 2 annos e 4 mezes, idem, além, idem.

Capitulo IV.

Vadios e mendigos.

Art. 295. Não tomar qualquer pessoa uma occupação honesta e util de que possa subsistir, depois de advertida pelo juiz de paz, não tendo renda sufficiente.

Penas — de prisão com trabalho por oito a vinte e quatro dias.

Ao criminoso autor:

Maximo — 24 dias de prisão com trabalho.

Médio — 16 dias, idem.

Minimo — 8 dias, idem.

Se não houver casa de correcção:

Maximo — 28 dias de prisão simples.

Médio — 18 dias e 2/3, idem.

Minimo — 9 dias e 1/3, idem.

Art. 296. Andar mendigando.

§ 1.° Nos lugares em que existem estabelecimentos publicos para os mendigos, ou havendo pessoa que se offereça a sustenta-los.

§ 2.° Quando os que mendigarem estiverem em termos de trabalhar, ainda que nos lugares não haja os ditos estabelecimentos.

§ 3.° Quando fingirem chagas ou outras enfermidades.

§ 4.° Quando mesmo invalidos mendigarem em reunião de quatro ou mais, não sendo pai e filhos, e não se incluindo tambem no numero dos quatro as mulheres que acompanharem seus maridos e os moços que guiarem os cegos.

Penas — de prisão simples, ou com trabalho segundo o estado das forças do mendigo, por oito dias a um mez.

Ao criminoso autor:

Maximo — 1 mez de prisão simples, ou com trabalho, segundo o estado das forças do mendigo.

Médio — 19 dias, idem.

Minimo — 8 dias, idem.

Capitulo V.

Uso de armas defesas.

Art. 297. Usar de armas offensivas que fôrem prohibidas.

Penas — de prisão por quinze a sessenta dias, e de multa correspondente á metade do tempo além da perda das armas.

Ao criminoso autor:

Maximo — 60 dias de prisão simples, e multa correspondente á metade do tempo, além da perda das armas.

Médio — 37 dias e 1/2, idem, e multa, idem, além, idem.

Minimo — 15 dias, idem, e multa, idem, além, idem.

Art. 298. Não incorreráõ nas penas do artigo antecedente.

§ 1.° Os officiaes de justiça, andando em diligencia.

§ 2.° Os militares da primeira e segunda linha e ordenanças, andando em diligencia ou em exercicio, na fórma de seus regulamentos.

§ 3.° Os que obtiverem licença dos juizes de paz.

Art. 299. As camaras municipaes declararáõ em editaes quaes sejão as armas offensivas cujo uso poderáõ permittir os juizes de paz, os casos em que as poderáõ permittir, e bem assim quaes as armas offensivas que será licito trazer e usar sem licença aos occupados em trabalhos para que ellas fôrem necessarias.

Capitulo VI.

Fabrico e uso de instrumentos para roubar.

Art. 300. Fabricar gazúa, ou ter ou trazer comsigo, de dia ou de noite, gazúa ou outros instrumentos ou apparelhos proprios para roubar.

Penas — de prisão com trabalho por dous mezes a tres annos.

Ao criminoso autor:

Maximo — 3 annos de prisão com trabalho.

Médio — 1 anno e 7 mezes, idem.

Minimo — 2 mezes, idem.

Se não houver casa de correcção:

Maximo — 3 annos e 6 mezes de prisão simples.

Médio — 1 anno, 10 mezes e 5 dias, idem.

Minimo — 2 mezes e 10 dias, idem.

Capitulo VII.

Uso de nomes suppostos e titulos indevidos.

Art. 301. Usar de nome supposto ou mudado, ou de algum titulo, distinctivo ou condecoração que não tenha.

Penas — de prisão por dez a sessenta dias e de multa correspondente á metade do tempo.

Ao criminoso autor:

Maximo — 60 dias de prisão simples, e multa correspondente á metade do tempo.

Médio — 35 dias, idem, e multa, idem.

Minimo — 10 dias, idem, e multa, idem.

Art. 302. Se em virtude do sobredito uso se tiver obtido o que de outro modo se não conseguiria.

Penas — as mesmas em que incorreria o réo se obtivesse por violencia.

Capitulo VIII.

Uso indevido da imprensa.

Art. 303. Estabelecer officina de impressão, lithographia ou gravura, sem declarar perante a camara da cidade ou villa o seu nome, lugar, rua e casa em que pretenda estabelecer, para ser escripto em livro proprio que para esse effeito terão as camaras, e deixar de participar a mudança da casa, sempre que ella aconteça.

Penas — de multa de doze a sessenta mil réis.

Ao criminoso autor:

Maximo — 60$000 de multa.

Médio — 36$000, idem.

Minimo — 12$000, idem.

Art. 304. Imprimir, lithographar ou gravar qualquer escripto ou estampa, sem nelle se declarar o nome do impressor ou gravador, a terra em que está a officina em que fôr impresso, lithographado ou gravado, e o anno da impressão, lithographia ou gravura, faltando-se a todas ou a cada uma destas declarações.

Penas — de perda dos exemplares em que houverem as faltas, e de multa de vinte e cinco a cem mil réis.

Ao criminoso autor:

Maximo — Perda dos exemplares em que houverem as faltas, e multa de 100$000.

Médio — Perda dos exemplares, idem, e multa de 62$500.

Minimo — Perda dos exemplares, idem, e multa de 25$000.

Art. 305. Imprimir, lithographar ou gravar com falsidade todas ou qualquer das declarações do artigo antecedente.

Penas — de perda dos exemplares, e de multa de cincoenta a duzentos mil réis.

Ao criminoso autor:

Maximo — Perda dos exemplares, e multa de 200$000.

Médio — Perda dos exemplares, e multa de 125$000.

Minimo — Perda dos exemplares, e multa de 50$000.

Art. 306. Se a falsidade consistir em attribuir o escripto ou estampa a impressor ou gravador, autor ou editor, que esteja actualmente vivo.

Penas dobradas.

Ao criminoso autor:

Maximo — Perda dos exemplares, e multa de 400$000.

Médio — Perda dos exemplares, e multa de 250$000.

Minimo — Perda dos exemplares, e multa de 100$000.

Art. 307. Deixar de remetter ao promotor um exemplar do escripto ou obra impressa, no dia da sua publicação e distribuição.

Penas — de multa de dez a trinta mil réis.

Ao criminoso autor:

Maximo — Multa de 30$000.

Médio — Multa de 20$000.

Minimo — Multa de 10$000.

Disposições geraes.

Art. 308. Este Codigo não comprehende:

§ 1.° Os crimes de responsabilidade dos ministros e conselheiros de estado, os quaes serão punidos com as penas estabelecidas na lei respectiva.

§ 2.° Os crimes puramente militares, os quaes serão punidos na fórma das leis respectivas.

§ 3.° Os crimes contra o commercio, não especificados neste Codigo, os quaes continuaráõ a ser punidos como até aqui.

§ 4.° Os crimes contra a policia e economia particular das povoações, não especificados neste Codigo, os quaes serão punidos na conformidade das posturas municipaes.

Art. 309. Todos os crimes commettidos antes da promulgação deste Codigo que tiverem de ser sentenciados em primeira ou segunda instancia, ou em virtude de revista concedida, serão punidos com as penas estabelecidas nas leis anteriores, quando fôrem menores; no caso porém de serem mais graves, poderáõ os delinquentes reclamar a imposição das que se estabelecem no presente Código.

Art. 310. Todas as acções ou omissões, que, sendo criminosas pelas leis anteriores, não são como taes consideradas no presente Codigo, não sejeitaráõ a pena alguma que já não esteja imposta por sentenqa que se tenha tornado irrevogavel, ou de que se não conceda revista.

Exceptuão-se:

As acções ou omissões não declaradas neste Codigo, e que não são puramente criminaes, ás quaes pelos regimentos das autoridades e leis sobre o processo esteja imposta alguma multa ou outra pena, pela falta do cumprimento de algum dever ou obrigação.

Art. 311. A pena de galés temporarias será substituida pela de prisão com trabalho pelo mesmo tempo, logo que houverem casas de correcção nos lugares em que os réos estiverem cumprindo as sentenças.

Art. 312. A accusação por parte da justiça continuará em todos os crimes em que até agora tinha lugar, e nos de abuso da liberdade de comunicar os pensamentos accusará o promotor nos casos declarados nos artigos noventa, noventa e nove, cento e dezenove, duzentos e quarenta e dous, duzentos e quarenta e quatro, duzentos e setenta e sete, duzentos e setenta e oito, e duzentos e setenta e nove.

Art. 313. Ficão revogadas todas as leis em contrario.

Mandamos portanto a todas as autoridades e quem o conhecimento e execução da referida lei pertencer que a cumprão e fação cumprir e guardar tão inteiramente como nella se contém. O secretario de estado dos negocios da justiça a faça imprimir, publicar e correr.

Dada no palacio do Rio de Janeiro, aos dezeseis dias do mez de Dezembro de mil oitocentos e trinta, nono da idependencia e do Imperio.

IMPERADOR, com guarda.

Visconde de Alcantara.

Estava o sello pendente.

Carta de lei pela qual Vossa Magestade Imperial manda executar o decreto da assembléa geral, que houve por bem sancionar, sobre o Codigo Criminal do Imperio do Brasil, na fórma nella declarada.

Para Vossa Magestade Imperial ver.

Antonio Alvares de Miranda Varejão a fez.

Registrada á fl. 39 do Liv. 1.° de leis. Secretaria de estado dos negocios da justiça, em 7 de Janeiro de 1831.

João Caetano de Almeida França.

Visconde de Alcantara.

Foi publicada esta carta de lei nesta secretaria de estado dos negocios da justiça aos oito dias do mez de Janeiro de mil oitocentos e trinta e um.

No impedimento do official-maior.

Antonio Alvares de Miranda Varejão.

CODIGO PENAL DE 1890

CODIGO PENAL DOS ESTADOS UNIDOS DO BRASIL

(Decreto n. 847, de 11 de Outubro de 1890)

LIVRO I

DOS CRIMES E DAS PENAS

TITULO I

DA APPLICAÇÃO E DOS EFFEITOS DA LEI PENAL

Art. 1.º Ninguem poderá ser punido por facto que não tenha sido anteriormente qualificado crime e nem com penas que não estejam previamente estabelecidas.

A interpretação extensiva, por analogia ou paridade, não é admissível para qualificar crimes ou applicar-lhes penas.

Art. 2.º A violação da lei penal consiste em acção ou omissão; constitue crime ou contravenção.

Art. 3.º A lei penal não tem effeito retroactivo; todavia, o facto anterior será regido pela lei nova:

a) se não fôr considerado passível de pena;

b) se fôr punido com pena menos rigorosa.

Paragrapho unico. Em ambos os casos, embora tenha havido condemnação, se fará applicação da nova lei, a requerimento da parte ou do ministerio publico, por simples despacho do juiz ou tribunal, que proferiu a ultima sentença.

Art. 4.º A lei penal é applicavel a todos os individuos, sem distincção de nacionalidade, que, em territorio brasileiro, praticarem factos criminosos e puniveis.

Incluem-se na definição de territorio brasileiro:

a) Os portos e mares territoriaes;

b) Os navios brasileiros em alto mar;

c) Os navios mercantes estrangeiros surtos em porto brasileiro;

d) Os navios de guerra nacionaes em porto estrangeiro.

Art. 5.º E' tambem applicavel a lei penal ao nacional ou estrangeiro que regressar ao Brasil, espontaneamente ou por extradição, tendo commettido fóra do país os crimes previstos nos capitulos 1.º e 2.º do titulo 1.º, livro 2.º, capitulos 1.º e 2.º do titulo 6.º; os de homicidio e roubo em fronteiras, e não tendo sido punido no lugar onde delinquiu.

Paragrapho unico. Ficam salvas as disposições dos tratados.

Art. 6.º Este Codigo não comprehende:

a) os crimes de responsabilidade do Presidente da Republica;

b) os crimes puramente militares, como taes declarados nas leis respectivas;

c) os crimes não especificados nelle, contra a policia e economia administrativa dos Estados, os quaes serão punidos de conformidade com as leis peculiares de cada um.

TITULO II

DOS CRIMES E DOS CRIMINOSOS

Art. 7.º Crime é a violação imputavel e culposa da lei penal.

Art. 8.º Contravenção é o facto voluntario punivel, que consiste unicamente na violação, ou na falta de observancia das disposições preventivas das leis e dos regulamentos.

Art. 9.º É punível o crime consummado e a tentativa.

Art. 10. A resolução de commetter crime, manifestada por actos exteriores, que não constituirem começo de execução, não é sujeita á acção penal, salvo se constituir crime especificado na lei.

Art. 11. Quando depender a consummação do crime da realização de determinado resultado, considerado pela lei elemento constitutivo do crime, este não será consummado sem a verificação daquelle resultado.

Art. 12. Reputar-se-á consummado o crime, quando reunir em si todos os elementos especificados na lei.

Art. 13. Haverá tentativa de crime sempre que, com intenção de commettê-lo, executar alguem actos exteriores, que, pela sua relação directa com o facto punivel, constituam começo de execução, e esta não tiver lugar por circumstancias independentes da vontade do criminoso.

Art. 14. São considerados sempre factos independentes da vontade do criminoso o emprego errado, ou irreflectido, de meios julgados aptos para a consecução do fim criminoso, ou o mau emprego desses meios.

Paragrapho unico. Não é punivel a tentativa no caso de inefficacia absoluta do meio empregado, ou de impossibilidade absoluta do fim a que o deliquente se propuser.

Art. 15. Ainda que a tentativa não seja punivel, se-lo-ão os factos, que entrarem em sua constituição, tendo sido classificados crimes especiaes.

Art. 16. Não será punida a tentativa de contravenção e nem a de crime ao qual não esteja imposta maior pena que a de um mês de prisão cellular.

Art. 17. Os agentes do crime são autores ou cumplices.

Art. 18. São autores:

§ 1.º Os que directamente resolverem e executarem o crime;

§ 2.º Os que, tendo resolvido a execução do crime, provocarem e determinarem outros a executá-lo por meio de dádivas, promessas, mandato, ameaças, constrangimento, abuso ou influencia de superioridade hierarchica;

§ 3.º Os que, antes e durante a execução, prestarem auxilio, sem o qual o crime não seria commettido;

§ 4.º Os que directamente executarem o crime por outrem resolvido.

Art. 19. Aquelle que mandar, ou provocar, alguem a commetter crime, é responsável como autor:

§ 1.º Por qualquer outro crime que o executor commetter para executar o de que se encarregou;

§ 2.º Por qualquer outro crime que daquelle resultar.

Art. 20. Cessará a responsabilidade do mandante, se retirar a tempo a sua cooperação no crime.

Art. 21. Serão cumplices:

§ 1.º Os que, não tendo resolvido ou provocado de qualquer modo o crime, fornecerem instrucções para commettê-lo, e prestarem auxílio á sua execução;

§ 2.º Os que, antes ou durante a execução, prometterem ao criminoso auxilio para evadir-se, occultar ou destruir os instrumentos do crime, ou apagar os seus vestigios;

§ 3.º Os que receberem, occultarem, ou comprarem, cousas obtidas por meios criminosos, sabendo que o foram, ou devendo sabê-lo, pela qualidade ou condições das pessoas de quem as houverem;

§ 4.º Os que derem asylo ou prestarem sua casa para reunião de assassinos e roubadores, conhecendo-os como taes e o fim para que se reunem.

Art. 22. Nos crimes de abuso da liberdade de communicação do pensamento, são solidariamente responsaveis:

a) o autor;

b) o dono da typographia, litographia ou jornal;

c) o editor.

§ 1.º Se a typographia, litographia ou jornal pertencer a entidade collectiva, sociedade ou companhia, os gerentes ou administradores serão solidariamente responsaveis, para todos os effeitos legaes.

§ 2.º Serão tambem responsaveis:

a) o vendedor ou distribuidor de impressos ou gravuras, quando não constar quem é o dono da typographia, litographia ou jornal, ou fôr residente em país estrangeiro;

b) o vendedor ou distribuidor de escriptos não impressos, communicados a mais de 15 pessoas, se não provar quem é o autor, ou que a venda ou distribuição se fez com o consentimento deste.

Art. 23. Nestes crimes não se dá cumplicidade, e a acção criminal respectiva poderá ser intentada contra qualquer dos responsaveis solidarios, a arbitrio do queixoso.

§ 1.º Quando a condemnação recair no dono da typographia, litographia ou jornal, ser-lhe-á applicada sómente a pena pecuniaria, elevada ao dobro;

§ 2.º No julgamento destes crimes os escriptos não serão interpretados por phrases isoladas, transpostas ou deslocadas.

TITULO III

DA RESPONSABILIDADE CRIMINAL; DAS CAUSAS QUE DIRIMEM A CRIMINALIDADE E JUSTIFICAM OS CRIMES

Art. 24. As acções ou omissões contrarias á lei penal que não fôrem commettidas com intenção criminosa, ou não resultarem de negligencia, imprudencia, ou impericia, não serão passiveis de pena.

Art. 25. A responsabilidade penal é exclusivamente pessoal.

Paragrapho unico. Nos crimes, em que tomarem parte membros de corporação, associação ou sociedade, a responsabilidade penal recairá sobre cada um dos que participarem do facto criminoso.

Art. 26. Não dirimem, nem excluem a intenção criminosa:

a) a ignorancia da lei penal;

b) o erro sobre a pessoa ou cousa, a que se dirigir o crime;

c) o consentimento do offendido, menos nos casos em que a lei só a elle permitte acção criminal.

Art. 27. Não são criminosos:

§ 1.º Os menores de 9 annos completos;

§ 2.º Os maiores de nove e menores de 14, que obrarem sem discernimento;

§ 3.º Os que, por imbecilidade nativa, ou enfraquecimento senil, fôrem absolutamente incapazes de imputação;

§ 4.º Os que se acharem em estado de completa privação de sentidos e de intelligencia no acto de commetter o crime;

§ 5.º Os que fôrem impellidos a commetter o crime por violencia physica irresistivel ou ameaças acompanhadas de perigo actual;

§ 6.º Os que commetterem crime casualmente, no exercicio ou prática de qualquer acto licito, feito com atenção ordinaria;

§ 7.º Os surdos-mudos de nascimento, que não tiverem recebido educação, nem instrucção, salvo provando-se que obraram com discernimento.

Art. 28. A ordem de commetter crime não isentará da pena aquelle que o praticar, salvo se fôr cumprida em virtude de obediencia legalmente devida a superior legitimo e não houver excesso nos actos ou na forma da execução.

Art. 29. Os individuos isentos de culpabilidade em resultado de affecção mental serão entregues ás suas familias, ou recolhidos a hospitaes de alienados, se o seu estado mental assim exigir para segurança do publico.

Art. 30. Os maiores de nove annos e menores de 14, que tiverem obrado com discernimento, serão recolhidos a estabelecimentos disciplinares industriaes, pelo tempo que ao juiz parecer, comtanto que o recolhimento não exceda á idade de 17 annos.

Art. 31. A isenção da responsabilidade criminal não implica a da responsabilidade civil.

Art. 32. Não serão tambem criminosos:

§ 1.º Os que praticarem o crime para evitar mal maior;

§ 2.º Os que o praticarem em defesa legitima, propria ou de outrem.

A legitima defesa não é limitada unicamente á protecção da vida; ella comprehende todos os direitos que podem ser lesados.

Art. 33. Para que o crime seja justificado no caso do § 1.º do artigo precedente, deverão intervir conjuntamente, a favor do delinquente, os seguintes requisitos:

1.º Certeza do mal que se propôs evitar;

2.º Falta absoluta de outro meio menos prejudicial;

3.º Probabilidade de efficacia do que se empregou.

Art. 34. Para que o crime seja justificado no caso do § 2.º do mesmo artigo, deverão intervir conjuntamente, em favor do delinquente, os seguintes requisitos:

1.º Aggressão actual;

2.º Impossibilidade de prevenir ou obstar a acção, ou de invocar e receber soccorro da autoridade publica;

3.º Emprego de meios adequados para evitar o mal e em proporção da aggressão;

4.º Ausencia de provocação que occasionasse a aggressão.

Art. 35. Reputar-se-á praticado em defesa propria ou de terceiro:

§ 1.º O crime commettido na repulsa dos que á noite entrarem, ou tentarem entrar, na casa onde alguem morar ou estiver, ou nos pateos e dependencias da mesma, estando fechadas, salvo os casos em que a lei o permitte;

§ 2.º O crime commettido em resistencia a ordens illegaes, não sendo excedidos os meios indispensaveis para impedir-lhes a execução.

TITULO IV

DAS CIRCUMSTANCIAS AGGRAVANTES E ATTENUANTES

Art. 36. As circumstancias aggravantes e attenuantes dos crimes influirão na aggravação ou attenuação das penas áquelles applicaveis.

Art. 37. A circumstancia aggravante não influirá, todavia, quando fôr elemento constitutivo do crime.

Art. 38. No concurso de circumstancias attenuantes e aggravantes prevalecem umas sobre outras, ou se compensam, observadas as seguintes regras:

§ 1.º. Prevalecerão as aggravantes:

a) quando preponderar a perversidade do criminoso, a extensão do damno e a intensidade do alarma causado pelo crime;

b) quando o criminoso fôr avesado a praticar más acções, ou desregrado de costumes.

§ 2.º Prevalecerão as attenuantes:

c) quando o crime não fôr revestido de circumstancia indicativa de maior perversidade;

d) quando o criminoso não estiver em condições de comprehender toda a gravidade e perigo da situação a que se expõe, nem a extensão e consequencia de sua responsabilidade.

§ 3.º Compensam-se umas circumstancias com outras, sendo da mesma importancia ou intensidade, ou de igual numero.

Art. 39. São circumstancias aggravantes:

§ 1.º Ter o delinquente procurado a noite, ou o lugar ermo, para mais facilmente perpetrar o crime.

§ 2.º Ter sido o crime commettido com premeditação, mediando entre a deliberação criminosa e a execução o espaço, pelo menos, de 24 horas;

§ 3.º Ter o delinquente commettido o crime por meio de veneno, substancias anesthesicas, incendio, asphyxia ou inundação;

§ 4.º Ter o delinquente sido impellido por motivo reprovado ou frivolo;

§ 5.º Ter o delinquente superioridade em sexo, força ou armas, de modo que o offendido não pudesse defender-se com probabilidade de repellir a offensa;

§ 6.º Ter o delinquente procedido com fraude, ou com abuso de confiança;

§ 7.º Ter o delinquente procedido com traição, surpresa ou disfarce;

§ 8.º Ter precedido ao crime a emboscada, por haver o delinquente esperado o offendido em um ou diversos lugares;

§ 9.º Ter sido o crime commettido contra ascendente, descendente, conjuge, irmão, mestre, discipulo, tutor, tutelado, amo, domestico, ou de qualquer maneira legitimo superior ou inferior do agente;

§ 10. Ter o delinquente commettido o crime por paga ou promessa de recompensa;

§ 11. Ter sido o crime commettido com arrombamento, escalada ou chaves falsas;

§ 12. Ter sido o crime commettido com entrada, ou tentativa para entrar, em casa do offendido, com intenção de perpetrar o crime;

§ 13. Ter sido o crime ajustado entre dois ou mais individuos;

§ 14. Ter sido o crime commettido em auditorios de justiça, em casas onde se celebrarem reuniões publicas, ou repartições publicas;

§ 15. Ter sido o crime commettido faltando o delinquente ao respeito devido á idade, ou á enfermidade do offendido;

§ 16. Ter sido commettido o crime estando o offendido sob a immediata protecção da autoridade publica;

§ 17. Ter sido o crime commettido com emprego de diversos meios;

§ 18. Ter sido o crime commettido em ocasião de incendio, naufragio, inundação ou qualquer calamidade publica, ou de desgraça particular do offendido;

§ 19. Ter o delinquente reincidido.

Art. 40. A reincidencia verifica-se quando o criminoso, depois de passada em julgado sentença condemnatoria, commette outro crime da mesma natureza e como tal entende-se, para os effeitos da lei penal, o que consiste na violação do mesmo artigo.

Art. 41. Tambem se julgarão aggravados os crimes:

§ 1.º Quando, além do mal do crime, resultar outro ao offendido ou a pessoa de sua familia;

§ 2.º Quando a dor physica fôr augmentada por actos de crueldade;

§ 3.º Quando o mal do crime fôr augmentado, ou por circumstancia extraordinaria de ignominia, ou pela natureza irreparavel do damno.

Art. 42. São circumstancias attenuantes:

§ 1.º Não ter havido no delinquente pleno conhecimento do mal e directa intenção de o praticar;

§ 2.º Ter o delinquente commettido o crime para desaffrontar-se de grave injuria, o seu conjuge, ascendente, irmão ou cunhado;

§ 3.º Ter o delinquente commettido o crime em defesa da propria pessoa ou de seus direitos, ou em defesa das pessoas e direitos de sua familia ou de terceiro;

§ 4.º Ter o delinquente commettido o crime oppondo-se á execução de ordens illegaes;

§ 5.º Ter precedido provocação ou aggressão da parte do offendido;

§ 6.º Ter o delinquente commettido o crime para evitar mal maior;

§ 7.º Ter o delinquente commetido o crime impellido por ameaças ou constrangimento physico vencivel;

§ 8.º Ter o delinquente commettido o crime em obediencia a ordem de superior hierarchico;

§ 9.º Ter o delinquente exemplar comportamento anterior, ou ter prestado bons serviços á sociedade;

§ 10. Ter o delinquente commettido o crime em estado de embriaguez incompleta, e não procurada como meio de o animar á perpetração do crime, não sendo acostumado a commetter crimes nesse estado;

§ 11. Ser o delinquente menor de 21 annos.

TITULO V

DAS PENAS E SEUS EFFEITOS, DA SUA APPLICAÇÃO E MODO DE EXECUÇÃO

Art. 43. As penas estabelecidas neste Codigo são as seguintes:

a) prisão cellular;

b) banimento;

c) reclusão;

d) prisão com trabalho obrigatorio;

e) prisão disciplinar;

f) interdicção;

g) suspensão e perda do emprego publico, com ou sem inhabilitação para exercer outro;

h) multa.

Art. 44. Não há penas infamantes. As penas restrictivas da liberdade individual são temporarias e não excederão de 30 annos.

Art. 45. A pena de prisão cellular será cumprida em estabelecimento especial, com isolamento cellular e trabalho obrigatorio, observadas as seguintes regras:

a) se não exceder de um anno, com isolamento cellular pela quinta parte de sua duração;

b) se exceder desse prazo, por um periodo igual á quarta parte da duração da pena e que não poderá exceder de dois annos; e nos periodos successivos, com trabalhos em commum, segregação nocturna e silencio durante o dia.

Art. 46. O banimento privará o condemnado dos direitos de cidadão brasileiro e o inhibirá de habitar o territorio nacional, emquanto durarem os effeitos da pena.

O banido, que voltar ao país, será condemnado á reclusão até 30 annos, se antes não readquirir os direitos de cidadão.

Art. 47. A pena de reclusão será cumprida em fortalezas, praças de guerra, ou estabelecimentos militares.

Art. 48. A pena de prisão com trabalho será cumprida em penitenciarias agricolas para esse fim destinadas, ou em presidios militares.

Art. 49. A pena de prisão disciplinar será cumprida em estabelecimentos industriaes especiaes, onde serão recolhidos os menores até a idade de 21 annos.

Art. 50. O condemnado a prisão cellular por tempo excedente a seis annos e que houver cumprido metade da pena, mostrando bom comportamento, poderá ser transferido para alguma penitenciaria agricola, afim de ahi cumprir o restante da pena.

§ 1.º Se não perseverar no bom comportamento, a concessão será revogada e voltará a cumprir a pena no estabelecimento donde saiu.

§ 2.º Si perseverar no bom comportamento, de modo a fazer presumir emenda, poderá obter livramento condicional, comtanto que o restante da pena a cumprir não exceda de dois annos.

Art. 51. O livramento condicional será concedido por acto do Poder Federal, ou dos Estados, conforme a competencia respectiva, mediante proposta do chefe do estabelecimento penitenciario, o qual justificará a conveniencia da concessão em minucioso relatorio.

Paragrapho unico. O condemnado que obtiver livramento condicional será obrigado a residir no lugar que fôr designado no acto da concessão e ficará sujeito á vigilancia da Policia.

Art. 52. O livramento condicional será revogado, se o condemnado commetter algum crime que importe pena restrictiva da liberdade, ou não satisfizer a condição imposta. Em tal caso, o tempo decorrido durante o livramento não se computará na pena legal; decorrido, porém, todo o tempo, sem que o livramento seja revogado, a pena ficará cumprida.

Art. 53. Ao condemnado será dado, nos estabelecimentos onde tiver de cumprir a pena, trabalho adaptado ás suas habilitações e precedentes occupações.

Art. 54. A pena póde ser cumprida em qualquer estabelecimento especial, ainda que não seja no lugar do domicilio do condemnado.

Art. 55. O condemnado á pena de prisão cellular, maior de seis annos, incorre por tal facto em interdicção, cujos effeitos são:

a) suspensão de todos os direitos politicos;

b) perda de todo officio electivo, temporario ou vitalicio, emprego publico da Nação, ou dos Estados, e das respectivas vantagens e vencimentos;

c) perda de todas eas dignidades, condecorações e distincções honorificas;

d) perda de todos os munus publicos.

Paragrapho unico. Sempre que o Codigo applicar, além da pena corporal, a de privação do exercicio de alguma arte ou profissão, esta pena só produzirá os seus effeitos depois de cumprida a pena corporal.

Art. 56. A pena de perda de emprego importa necessariamente a de todos os serviços e vantagens.

Art. 57. A pena de suspensão do emprego privará o condemnado de todos os seus empregos durante o tempo da suspensão, no qual não poderá ser nomeado para outros, salvo sendo de eleição popular.

Art. 58. A pena de multa consiste no pagamento ao Thesouro Publico Federal, ou dos Estados, segundo a competencia respectiva, de uma somma pecuniaria, que será regulada pelo que o condemnado puder ganhar em cada dia por seus bens, emprego, industria ou trabalho.

Art. 59. Se o condemnado não tiver meios para pagar a multa, ou não a quiser pagar dentro de oito dias contados da intimação judicial, será convertida em prisão cellular, conforme se liquidar.

Paragrapho unico. A conversão da multa em prisão ficará sem effeito desde que o criminoso, ou alguem por elle, satisfizer, ou prestar fiança idonea, ao pagamento da mesma.

Art. 60. Não se considera pena a suspensão administrativa, nem a prisão preventiva dos indiciados, a qual, todavia, será computada na pena legal.

Art. 61. Nenhum crime será punido com penas superiores ou inferiores ás que a lei impõe para a repressão do mesmo, nem por modo diverso do estabelecimento nella, salvo o caso em que ao juiz se deixar arbitrio.

Art. 62. Nos casos em que este Codigo não impõe pena determinada e sómente fixa o maximo e o minimo, considerar-se-ão tres graus na pena, sendo o grau médio comprehendido entre os extremos, com attenção ás circumstancias aggravantes e attenuantes, as quaes serão applicadas na conformidade do disposto no art. 38, observadas as regras seguintes:

§ 1.º No concurso de circumstancias aggravantes e attenuantes que se compensem, ou na ausencia de umas e outras, a pena será applicada no grau médio;

§ 2.º Na predominancia das aggravantes, a pena será applicada entre os graus médio e maximo e na das attenuantes, entre o médio e o minimo;

§ 3.º Sendo o crime acompanhado de uma ou mais circunstancias aggravantes, sem alguma attenuante, a pena será applicada no maximo, e no minimo se fôr acompanhado de uma o mais circumstancias attenuantes, sem nenhuma aggravante.

Art. 63. A tentativa do crime, a que não estiver imposta pena especial, será punida com as penas do crime, menos a terça parte em cada um dos graus.

Art. 64. A cumplicidade será punida com as penas da tentativa e a cumplicidade da tentativa com as penas desta, menos a terça parte. Quando, porém a lei impuser á tentativa pena especial, será applicada integralmente essa pena á cumplicidade.

Art. 65. Quando o delinquente fôr maior de 14 e menor de 17 annos, o juiz lhe applicará as penas da cumplicidade.

Art. 66. Na applicação das penas serão observadas as seguintes regras:

§ 1.º Quando o criminoso fôr convencido de mais de um crime, impor-se-lhe-ão as penas estabelecidas para cada um delles;

§ 2.º Quando o criminoso tiver de ser punido por mais de um crime da mesma natureza, commettidos em tempo e lugar differentes, contra a mesma ou diversa pessoa, impor-se-lhe-á no grau maximo a pena de um só dos crimes, com augmento da 6.ª parte;

§ 3.º Quando o criminoso, pelo mesmo facto, e com uma só intenção, tiver commettido mais de um crime, impor-se-lhe-á no grau maximo a pena mais grave em que houver incorrido;

§ 4.º Se a somma accumulada das penas restrictivas da liberdade, a que o criminoso fôr condemnado, exceder de 30 annos, se haverão todas as penas por cumpridas logo que seja completado este prazo.

Art. 67. Nenhuma presumpção, por mais vehemente que seja, dará lugar á imposição de pena.

Art. 68. O condemnado que achar-se em estado de loucura só entrará em cumprimento de pena quando recuperar as suas faculdades intellectuaes.

Paragrapho unico. Se a enfermidade manifestar-se, depois que o condemnado estiver cumprindo a pena, ficará suspensa a sua execução, não se computando o tempo de suspensão no da condemnação.

Art. 69. A condemnação do criminoso, logo que passe em julgado, produzirá os seguintes effeitos:

a) perda, em favor da Nação ou dos Estados, dos instrumentos e resultados do crime, nos casos em que o offendido não tiver direito á restituição;

b) a obrigação de indemnizar o damno;

c) a obrigação de satisfazer as despesas judiciaes.

Paragrapho unico. Esta responsabilidade é solidaria, havendo mais de um condemnado pelo mesmo crime.

Art. 70. A obrigação de indemnizar o damno será regulada segundo o direito civil.

TITULO VI

DA EXTINCÇÃO E SUSPENSÃO DA ACÇÃO PENAL E DA CONDEMNAÇÃO

Art. 71. A acção penal extingue-se:

1.º Pela morte do criminoso;

2.º Por amnistia do Congresso;

3.º Pelo perdão do offendido;

4.º Pela prescripção.

Art. 72. A condemnação extingue-se por estas mesmas causas, e mais:

1.º pelo cumprimento da sentença;

2.º por indulto do poder competente;

3.º pela rehabilitação.

Art. 73. A condemnação suspende-se:

a) pelo livramento condicional;

b) pela fiança.

Art. 74. As incapacidades pronunciadas pela condemnação cessam em consequencia do indulto de graça.

Art. 75. A amnistia extingue todos os effeitos da pena, e põe perpetuo silencio ao processo.

Art. 76. A amnistia e a remissão das penas por indulto de graça, não eximem o agraciado de satisfazer a indemnização do damno.

Art. 77. Nos crimes pelos quaes se não póde proceder senão por queixa da parte, o perdão do offendido extingue a acção penal, mas não faz cessar a execução da sentença, se o condemnado recusar acceitá-lo.

Art. 78. A prescripção da acção, salvo os casos especificados nos arts. 275, 277 e 281, é subordinada aos mesmos prazos que a da condemnação.

Art. 79. A prescripção da acção resulta exclusivamente do lapso de tempo decorrido do dia em que o crime foi commettido. Interrompe-se pela pronuncia.

Art. 80. A prescripção da condemnação começa a correr do dia em que passar em julgado a sentença, ou daquelle em que fôr interrompida, por qualquer modo, a execução já começada. Interrompe-se pela prisão do condemnado.

Paragrapho unico. Se o condemnado em cumprimento da pena evadir-se, a prescripção começará a correr novamente do dia da evasão.

Art. 81. A prescripção da acção e da condemnação interrompe-se pela reincidencia.

Art. 82. A prescripção, embora não allegada, deve ser pronunciada ex-officio.

Art. 83. A acção criminal e a condemnação, nos crimes a que a lei infligir exclusivamente pena pecuniaria, prescreverão em um anno, a contar da data do crime ou da condemnação.

Art. 84. A condemnação a mais de uma pena prescreve no prazo estabelecido para a mais grave.

Paragrapho unico. A mesma regra se observará com relação á prescripção da acção.

Art. 85. Prescrevem:

Em um anno, a condemnação que impuser pena restrictiva da liberdade por tempo não excedente de seis meses;

Em quatro annos, a condemnação que impuser pena de igual natureza por tempo de dois annos;

Em oito annos, a condemnação que impuser pena de igual natureza por tempo de quatro annos;

Em doze annos, a condemnação que impuser pena de igual natureza por tempo de oito annos;

Em dezeseis annos, a condemnação que impuser pena de igual natureza por tempo de doze annos;

Em vinte annos, a condemnação que impuser pena de igual natureza por tempo excedente de doze annos.

Art. 86. A rehabilitação consiste na reintegração do condemnado em todos os direitos que houver perdido pela condemnação, quando fôr declarado innocente pelo Supremo Tribunal Federal, em consequência de revisão extraordinaria da sentença condemnatoria.

§ 1.º A rehabilitação resulta immediatamente da sentença de revisão passada em julgado.

§ 2.º A sentença de rehabilitação reconhecerá o direito do rehabilitado a uma justa indemnização, que será liquidada em execução, por todos os prejuizos soffridos com a condemnação.

A Nação, ou o Estado, são responsáveis pela indemnização.

LIVRO II

DOS CRIMES EM ESPECIE

TITULO I

DOS CRIMES CONTRA A EXISTENCIA POLITICA DA REPUBLICA

Capitulo I

DOS CRIMES CONTRA A INDEPENDENCIA, INTEGRIDADE E DIGNIDADE DA PATRIA

Art. 87. Tentar, directamente e por factos, sujeitar o territorio da Republica, ou parte delle, ao dominio estrangeiro; quebrantar ou enfraquecer a sua independencia e integridade:

§ 1.º Entregar de facto ao inimigo interno, ou externo, qualquer porção de territorio possuido, ou occupado pela Nação, ou cousa sobre que a mesma tenha dominio, ou posse, dispondo de sufficientes meios de defesa e resistencia;

§ 2.º Auxiliar alguma nação inimiga a fazer guerra, ou a commetter hostilidades contra a Republica, fornecendo-lhe gente, armas, dinheiro, munições e meios de transporte;

§ 3.º Revelar a nação inimiga, ou a seus agentes, segredos politicos ou militares, concernentes á segurança e á integridade da patria; communicar ou publicar documentos, planos, desenhos e outras informações com relação ao material de guerra, ás fortificações e operações militares da Republica ou de nações alliadas, quando operarem contra inimigo commum;

§ 4.º Dar entrada e auxilios a espiões ou emissarios inimigos mandados a espiar as operações de guerra da Republica, conhecendo-os como taes:

Pena — de prisão cellular por cinco a quinze annos.

Art. 88. Provocar, directamente e por factos, uma nação estrangeira a mover hostilidades, ou a declarar guerra á Republica:

Pena — de prisão cellular por dois a quatro annos.

§ 1.º Se seguir-se a declaração de guerra:

Pena — de prisão cellular por cinco a quinze annos.

§ 2.º Se para não se verificar a guerra, declarada em consequencia da provocação, a nação tiver de fazer algum sacrificio em detrimento de sua integridade ou de seus interesses:

Pena — de prisão cellular de cinco a quinze annos.

Art. 89. Tomar armas o cidadão brasileiro contra a Republica, debaixo de bandeira inimiga:

Pena — de prisão cellular por dois a quatro annos.

Art. 90. Commetter, sem ordem ou autorização do governo, hostilidades contra subditos de outra nação, de maneira que se comprometta a paz, ou se provoquem represalias:

Pena — de prisão cellular por dois a quatro annos.

Art. 91. Seduzir, em caso de guerra externa, no territorio em que tiverem lugar as operações do exercito federal, nas guardas, nos quarteis, nos arsenaes, nas fortalezas, nos acampamentos, nos postos militares, nos hospitaes, ou em outros lugares, as praças que fizerem parte das forças do governo, tanto de terra, como de mar, para que desertem para o inimigo:

Pena — de prisão cellular por cinco a quinze annos.

Paragrapho unico. Se a deserção não fôr para o inimigo:

Pena — de prisão cellular por dois a dez annos.

Art. 92. Seduzir, no caso de guerra externa, pelo modo e nos lugares mencionados no artigo antecedente, as praças, afim de que se levantem contra o governo ou contra seus superiores:

Pena — de prisão cellular por cinco a quinze annos.

Art. 93. Se os crimes dos dois precedentes artigos fôrem commettidos em tempo de paz, e em qualquer lugar do territorio nacional:

Pena — de prisão cellular por dois a seis annos.

Paragrapho unico. A pena será applicada com augmento da terça parte, se a deserção fôr para país estrangeiro.

Art. 94. Dar, em tempo de guerra, asylo ou transporte a desertores, conhecendo-os como taes:

Pena — de prisão cellular por tres a nove annos.

Se em tempo de paz:

Pena — de prisão cellular por seis meses a um anno.

Art. 95. Comprar ás praças, que fizerem parte das forças do exercito federal, peças de armamento, fardamento, equipamento, ou munições de guerra:

Pena — de prisão cellular por seis meses a um anno e multa do decuplo do valor dos objectos comprados.

Art. 96. Transgredir as ordens e decretos do governo, que prohibirem, no territorio onde tiverem lugar as operações de guerra, publicações e reuniões que puderem favorecer o inimigo ou excitar a desordem:

Pena — de prisão cellular por dois a seis meses.

Art. 97. Alliciar, sem autorização do governo, gente para o serviço militar de um país estrangeiro:

Pena — de prisão cellular por um a dois annos.

Art. 98. Violar tratados letigimamente feitos com as nações estrangeiras:

Pena — de prisão cellular por seis meses a quatro annos.

Art. 99. Violar a immunidade dos embaixadores ou ministros estrangeiros:

Pena — de prisão cellular por um a dois annos.

Art. 100. Dilacerar, destruir ou ultrajar em lugar publico, por menosprezo ou vilipendio, a bandeira ou qualquer outro symbolo de nacionalidade de alguma nação estrangeira, ou a bandeira nacional:

Pena — de prisão cellular por seis meses a um anno.

Art. 101. Comprometer em qualquer tratado, ou convenção, a honra, a dignidade ou os interesses da nação; tomar compromissos em nome della, ou de seu governo, sem estar devidamente autorizado:

Pena — de prisão cellular por um a seis annos.

Art. 102. Entrar jurisdiccionalmente em país estrangeiro, sem autoridade legitima:

Pena — de prisão cellular por seis meses a quatro annos.

Art. 103. Reconhecer o cidadão brasileiro algum superior fora do país, prestando-lhe obediencia effectiva:

Pena — de prisão cellular por quatro meses a um anno.

Paragrapho unico. Se este crime fôr commettido por corporação, será esta dissolvida; e, caso os seus membros se tornem a reunir debaixo da mesma, ou inversa denominação, com o mesmo ou diverso regimen:

Pena — aos chefes, de prisão cellular por um a seis annos; aos outros membros, por seis meses a um anno.

Art. 104. Exercitar a pirataria — e este crime julgar-se-á commettido:

§ 1.º Praticando no mar qualquer acto de depredação e violencia contra brasileiros, ou contra subditos de nação com a qual o Brasil não esteja em guerra;

§ 2.º Abusando da carta de corso, legitimamente concedida, para praticar, sem estar autorizado, hostilidades contra navios brasileiros, ou de outras nações;

§ 3.º Apossando-se alguem, por meio de fraude ou violencia contra o respectivo commandante, do navio, de cuja equipagem fizer parte;

§ 4.º Entregando a piratas, ou inimigo, o navio a cuja equipagem pertencer;

§ 5.º Oppondo-se alguem, por ameaças ou por violencia, a que o commandante ou tripulação do navio o defenda, em occasião de ser atacado por piratas ou por inimigo:

Pena — de prisão cellular por cinco a quinze annos;

§ 6.º Acceitando carta de corso de governo estrangeiro, sem competente autorização:

Pena — de prisão cellular por dois a seis annos.

Art. 105. Pena igual á estabelecida para os cinco primeiros paragraphos do artigo antecedente se imporá:

§ 1.º Aos estrangeiros que commetterem, contra navios brasileiros, depredações ou violencias em tempo de guerra, sem estarem munidos de carta de corso;

§ 2.º A todo commandante de embarcação que commetter hostilidade debaixo de bandeira que não seja da nação de que tiver recebido carta de corso.

Art. 106. Tambem commetterá crime de pirataria:

§ 1.º O que fizer parte da equipagem de qualquer embarcação, que navegue armada, sem ter passaporte, matricula de equipagem, ou outros documentos que provem a legitimidade da viagem:

Pena — ao commandante, de prisão cellular de quatro a doze annos; ás pessoas da equipagem, de dois a seis annos.

§ 2.º O que, residindo dentro do país, traficar com piratas conhecidos, ou lhes fornecer embarcações, provisões, munições ou qualquer outro auxilio, ou entretiver com elles intelligencias que tenham por fim prejudicar o país;

§ 3.º Todo commandante de navio armado, que trouxer documentos passados por dois ou mais governos differentes:

Pena — de prisão cellular por seis a doze annos.

Capitulo II

DOS CRIMES CONTRA A CONSTITUIÇÃO DA REPUBLICA E FORMA DE SEU GOVERNO

Art. 107. Tentar, directamente e por factos, mudar por meios violentos a Constituição politica da Republica, ou a forma de governo estabelecida:

Pena — de banimento, aos cabeças; e aos co-réus — a de reclusão por cinco a dez annos.

Art. 108. Tentar, pelos mesmos meios, mudar algum dos artigos da Constituição:

Pena — de reclusão por dois a seis annos.

Reputam-se — cabeças — os que tiverem deliberado, excitado ou dirigido o movimento.

Capitulo III

DOS CRIMES CONTRA O LIVRE EXERCICIO DOS PODERES POLITICOS

Art. 109. Oppor-se alguem, directamente e por factos, á execução das leis e decretos do Congresso:

1.º Oppor-se directamente, e por factos, á reunião do Congresso;

2.º Entrar tumultuariamente no recinto de alguma das camaras do Congresso; obrigá-la, por meio de força ou ameaças de violencia, a propor ou deixar de propor alguma lei ou resolução; ou influir na maneira de exercer as suas funcções constitucionaes:

Pena — de reclusão por dois a quatro annos.

§ 1.º Se qualquer destes crimes fôr praticado contra as assembléas legislativas dos Estados:

Metade da pena.

§ 2.º Se contra as intendencias ou conselhos municipaes:

A terça parte da pena.

Art. 110. Usar de violencia, ou ameaças, contra qualquer membro das camaras do Congresso no exercicio de suas funcções:

Pena — de prisão cellular por um a dois annos.

§ 1.º Se este crime fôr praticado contra qualquer membro das assembléas legislativas dos Estados:

Metade da pena.

§ 2.º Se contra qualquer membro das intendencias ou conselhos municipaes:

A terça parte da pena.

Art. 111. Oppor-se alguem, directamente e por factos, ao livre exercicio dos poderes executivo e judiciario federal, ou dos Estados, no tocante ás suas attribuições constitucionaes; obstar ou impedir, por qualquer modo, o effeito das determinações desses poderes, que fôrem conformes á Constituição e ás leis:

Pena — de reclusão por dois a quatro annos.

Art. 112. Usar de violencia, ou ameaças, contra os agentes do poder executivo federal, ou dos Estados, para os forçar a praticar ou deixar de praticar um acto official:

Pena — de prisão cellular por um a dois annos.

Art. 113. Usar de violencia, ou ameaças, para constranger algum juiz, ou jurado, a proferir, ou deixar de proferir, sentença, despacho ou voto; a fazer ou deixar de fazer algum acto official:

Pena — de prisão cellular por um a dois annos.

Art. 114. Levantar motim ou excitar desordem, durante a sessão de um tribunal de justiça ou audiencia de juiz singular, de maneira a impedir, perturbar ou determinar a suspensão do acto:

Pena — de prisão cellular por dois a seis meses.

TITULO II

DOS CRIMES CONTRA A SEGURANÇA INTERNA DA REPUBLICA

Capitulo I

CONSPIRAÇÃO

Art. 115. É crime de conspiração concertarem-se 20 ou mais pessoas para:

§ 1.º Tentar, directamente e por factos, destruir a integridade nacional;

§ 2.º Tentar, directamente e por factos, mudar violentamente a Constituição da Republica Federal, ou dos Estados, ou a forma de governo por elles estabelecida;

§ 3.º Tentar, directamente e por factos, a separação de algum Estado da União Federal;

§ 4.º Oppor-se, directamente e por factos, ao livre exercicio das attribuições constitucionaes dos poderes legislativo, executivo e judiciario federal, ou dos Estados;

§ 5.º Oppor-se, directamente e por factos, á reunião do Congresso e á das assembléas legislativas dos Estados:

Pena — de reclusão por um a seis annos.

Art. 116. Se os conspiradores desistirem do seu projecto, antes de ter sido descoberto, ou manifestado por algum acto exterior, deixará de existir a conspiração, e ficarão isentos de culpa e pena.

Art. 117. Qualquer dos conspiradores que desistir do projecto criminoso, antes de descoberto ou manifestado por algum acto exterior, não será passivel de pena, ainda que a conspiração continue entre os outros.

Capitulo II

SEDIÇÃO E AJUNTAMENTO ILLICITO

Art. 118. Constitue crime de sedição a reunião de mais de vinte pessoas, que, embora nem todas se apresentem armadas, se ajuntarem para, com arruido, violencia ou ameaças: 1.º, obstar a posse de algum funccionario publico nomeado competentemente e munido de titulo legal, ou privá-lo do exercicio de suas funcções; 2.º, exercer algum acto de odio, ou vingança, contra algum funccionario publico, ou contra os membros das camaras do Congresso, das assembléas legislativas dos Estados, ou das intendencias ou camaras municipaes; 3.º, impedir a execução de alguma lei, decreto, regulamento, sentença do poder judiciario ou ordem de autoridade legitima; 4.º, embaraçar a percepção de alguma taxa, contribuição, ou tributo legitimamente imposto; 5.º, constranger, ou perturbar, qualquer corporação politica ou administrativa no exercicio de suas funcções:

Pena — aos cabeças, de prisão cellular por tres meses a um anno.

Paragrapho unico. Se o fim sedicioso fôr conseguido:

Pena — de prisão cellular por um a quatro annos.

Art. 119. Ajuntarem-se mais de tres pessoas, em lugar publico, com o designio de se ajudarem mutuamente, para, por meio de motim, tumulto, ou assuada: 1.º, commetter algum crime; 2.º, privar ou impedir a alguem do gozo ou exercicio de um direito ou dever; 3.º, exercer algum acto de odio ou desprezo contra qualquer cidadão; 4.º, perturbar uma reunião publica, ou a celebração de alguma festa civica ou religiosa:

Pena — de prisão cellular por um a tres meses.

Art. 120. Ficam isentos de pena os que deixarem de tomar parte na sedição, ou ajuntamento illicito, obedecendo á admoestação da autoridade.

Art. 121. Quando a autoridade policial fôr informada da existencia de alguma sedição, ou ajuntamento illicito, irá ao lugar, acompanhada de seu escrivão e força; e, reconhecendo que a reunião é illicita e tem fins offensivos da ordem publica, o fará constar ás pessoas presentes, e as intimará para se retirarem.

Se a autoridade não fôr obedecida, depois da terceira admoestação empregará a força para dispensar o ajuntamento, e mandará recolher á prisão preventiva os cabeças.

Art. 122. Os que, depois da primeira intimação da autoridade, conservarem-se no lugar e praticarem alguma violencia, incorrerão mais nas penas, que corresponderem ao crime resultante da violencia,

Paragrapho unico. Se a violencia fôr commettida contra a autoridade, ou algum de seus agentes, a pena será imposta com augmento da terça parte.

Art. 123. Não se considera sedição, ou ajuntamento illicito, a reunião do povo desarmado, em ordem, para o fim de representar contra as injustiças, vexações e mau procedimento dos empregados publicos; nem a reunião pacifica, e sem armas, do povo nas praças publicas, theatros e quaesquer outros edificios, ou lugares convenientes, para exercer o direito de discutir e representar sobre os negocios publicos.

Paragrapho unico. Para o uso desta faculdade, não é necessaria prévia licença da autoridade policial, que só poderá prohibir a reunião annunciada, no caso de suspensão das garantias constitucionaes, limitada em tal caso a sua acção a dissolver a reunião, guardadas as formalidades da lei, e sob as penas nella comminadas.

Capitulo III

RESISTENCIA

Art. 124. Oppor-se alguem, com violencia ou ameaças, á execução de ordens legaes emanadas de autoridade competente, quer a opposição seja feita directamente contra a autoridade, quer contra seus agentes ou subalternos:

§ 1.º Se, em virtude da opposição, a diligencia deixar de effectuar-se, soffrendo o executor, da parte dos resistentes, qualquer lesão corporal:

Pena — de prisão cellular por um a tres annos.

§ 2.º Se a diligencia effectuar-se, não obstante a opposição, sem que o executor soffra, da parte dos resistentes, alguma lesão corporal:

Pena — de prisão cellular por seis meses a um anno.

Art. 125. O mal causado pelo executor, na repulsa da força empregada pelos resistentes, não lhe será imputado salvo excesso de justa defesa.

Art. 126. Provocar directamente, por escriptos impressos ou litographados, que se distribuirem por mais de 15 pessoas, ou por discursos proferidos em publica reunião, a prática de crimes especificados nos capitulos I e III deste titulo e nos diversos capitulos do precedente:

Pena — de prisão cellular por um a tres meses.

Capitulo IV

TIRADA OU FUGIDA DE PRESOS DO PODER DA JUSTIÇA E ARROMBAMENTO DAS CADEIAS

Art. 127. Tirar, ou tentar tirar, aquelle que estiver legalmente preso, da mão e poder da autoridade, de seus agentes e subalternos, ou de qualquer pessoa do povo, que o tenha prendido em flagrante, ou por estar condemnado por sentença:

Pena — de prisão cellular por seis meses a um anno.

Paragrapho unico. Se para esse fim se empregar violencia, ou ameaças, contra a pessoa:

Pena — de prisão cellular por um a quatro annos

Art. 128. Accommetter qualquer prisão com força e constranger os carcereiros, ou guardas, a facilitarem a fugida dos presos:

§ 1.º Se esta se verificar:

Pena — de prisão cellular por dois a seis annos.

§ 2.º Se a fugida não se verificar:

Pena — de prisão cellular por um a quatro annos.

Art. 129. Fazer arrombamento na cadeia, por onde fuja ou possa fugir o preso; para esse mesmo fim, praticar escalada, violencia, ou usar de chaves falsas:

Pena — de prisão cellular por um a quatro annos.

Art. 130. Facilitar aos presos, por meios astuciosos, a sua fugida:

Pena — de prisão cellular por tres meses a um anno.

Art. 131. Consentir o carcereiro, ou pessoa a quem fôr confiada a guarda, ou a conducção do preso, que este fuja.

Pena — de prisão cellular por um a tres annos.

Art. 132. Deixá-lo fugir, por negligencia:

Pena — de prisão cellular por seis meses a um anno.

§ 1.º Se a fugida fôr tentada, ou effectuada, pelos mesmos presos, serão punidos de conformidade com as disposições regulamentares.

§ 2.º Fugindo, porém, os presos por effeito de violencia contra o carcereiro ou guarda:

Pena — de prisão cellular por tres meses a um anno, além de outras, em que incorrerem, pela violencia commettida.

Art 133. Arrombar ou accommetter, qualquer prisão, com força, para maltratar os presos:

Pena — de prisão cellular por um a quatro annos.

Capitulo V

DESACATO E DESOBEDIENCIA ÁS AUTORIDADES

Art. 134. Desacatar qualquer autoridade, ou funccionario publico, em exercicio de suas funcções, offendendo-o directamente, por palavras ou actos ou faltando á consideração devida e á obediencia hierarchica:

Pena — de prisão cellular por dois a quatro meses, além das mais em que incorrer

Paragrapho unico. Se o desacato fôr praticado em sessão publica de camaras legislativas ou administrativas, de juizes ou tribunaes, de qualquer corporação docente, ou dentro de alguma repartição publica:

Pena — a mesma, com augmento da terça parte.

Art. 135. Desobedecer á autoridade publica em acto ou exercicio de suas funcções, deixar de cumprir suas ordens legaes, transgredir uma ordem ou provimento legal emanado de autoridade competente:

Pena — de prisão cellular por um a tres meses

Paragrapho unico. Serão comprehendidos nesta disposição aquelles que infringirem os preceitos prohibitivos de editaes das autoridades e dos quaes tiverem conhecimento.

TITULO III

DOS CRIMES CONTRA A TRANQUILLIDADE PUBLICA

Capitulo I

Do incendio e outros crimes de perigo commum

Art. 136. Incendiar edificio, ou construcção de qualquer natureza, propria ou alheia, habitada, ou destinada á habitação, ou a reuniões publicas ou particulares, ainda que o incendio possa ser extincto logo depois da sua manifestação e sejam insignificantes os estragos produzidos:

Penas — de prisão cellular por dois a seis annos, e multa de 5 a 20% do damno causado.

Incluem-se na significação dos termos — construcção habitada ou destinada á habitação:

1.º os armazens;

2.º as officinas;

3.º as casas de banho e natação;

4.º as embarcações ou navios;

5.º os vehiculos de estradas de ferro pertencentes a comboio de passageiros, em movimento ou na occasião de entrarem em movimento;

6.º as casas de machinas, armazens e edificios dos estabelecimentos agricolas.

Paragrapho unico. O proprio dono não ficará isento das penas deste artigo, sem provar que o objecto por elle incendiado já não tinha algum dos destinos ou usos especificados, e que do incendio não poderia resultar perigo commum ou prejuizo de terceiro.

Art. 137. Nas penas do artigo precedente incorrerão:

§ 1.º Aquelle que incendiar objectos collocados em lugar de onde seja facil a communicação do fogo aos edificios e construcções especificadas no mesmo artigo, se acontecer que o incendio effectivamente se propague, e qualquer que seja a destruição causada;

§ 2.º Aquelle que destruir os mesmos edificios, ou construções, por emprego de minas, torpedos, machinas ou instrumentos explosivos.

Art. 138. Se os edificios, ou construcções, não fôrem habitados ou destinados para habitação, e não pertencerem ao autor do crime:

Penas — de prisão cellular por um a tres annos e multa de 5 a 20% do damno causado.

Art. 139. Incendiar edificios, construcções, depositos, armazens, archivos, fortificações, arsenaes, embarcações ou navios pertencentes á Nação:

Penas — de prisão cellular por dois a seis annos, e multa de 5 a 20% do damno causado.

Art. 140. Incendiar, o proprio dono, qualquer das cousas precedentemente especificadas, com o proposito de criar um caso de responsabilidade contra terceiro ou defraudar os direitos de alguem:

Penas — de prisão cellular por um a seis annos, e multa de 5 a 20% do valor do damno causado, ou que poderia causar.

Art. 141. Incendiar plantações, colheitas, lenha cortada, pastos, ou campos de fazenda de cultura, ou estabelecimentos de criação, mattas, ou florestas pertencentes a terceiros ou á Nação.

Penas — de prisão cellular por um a tres annos e multa de 5 a 20% do damno causado.

Art. 142. Causar a inundação da propriedade alheia, ou expô-la a esse ou outro perigo, abrindo comportas, rompendo represas, açudes, aqueductos, ou destruindo diques ou qualquer obra de defesa commum:

Penas — de prisão cellular por um a tres annos, e multa de 5 a 20% do damno causado.

Art. 143. Accender fogos sobre escolhos, arrecifes, bancos de areia, ou outros sitios perigosos, que dominem o mar, fingindo pharóes, ou praticar outros artificios para enganar os navegantes e attrahir a naufragio qualquer embarcação:

Pena — de prisão cellular por dois a seis annos, e multa de 5 a 20% do damno causado.

Art. 144. Praticar, em embarcação de qualquer natureza, propria ou alheia, em viagem ou em ancoradouro, qualquer abertura que possa produzir invasão de agua sufficiente para fazê-la submergir:

Penas — de prisão cellular por dois a seis annos, e multa de 5 a 20% do damno causado.

Paragrapho unico. O proprio dono não será isento das penas deste artigo, sem provar que a embarcação já estava em condições de innavegabilidade, e que do arrombamento por elle praticado não poderia resultar perigo commum ou prejuizo de terceiro.

Art. 145. Fazer abalroar embarcação, propria ou alheia, com outra em viagem, ou fazê-la varar, ou ir a pique, procurando por qualquer destes meios naufragio:

Penas — de prisão cellular por dois a seis annos, e multa de 5 a 20% do damno causado.

Art. 146. Quando do incendio, ou de qualquer dos meios de destruição especificados nos differentes artigos deste capitulo, resultar a morte, ou lesão corporal, de alguma pessoa, que no momento do accidente se achar no lugar, serão observadas as seguintes regras:

1.º No caso de morte — pena de prisão cellular por seis a quinze annos.

2.º No de alguma lesão corporal, das especificadas no art. 304 — pena de prisão cellular por tres a sete annos.

Art. 147. O incendio de coisas não comprehendidas neste capitulo será regulado pelas disposições que se applicam ao damno.

Art. 148. Todo aquelle que, por imprudencia, negligencia ou impericia na sua arte ou profissão, ou por inobservancia de disposições regulamentares, causar um incendio, ou qualquer dos accidentes de perigo commum mencionados nos artigos antecedentes, será punido com a pena de prisão cellular por um a seis meses e multa de 5 a 20% do damno causado.

Paragrapho unico. Se do incendio resultar a alguem morte:

Pena — de prisão cellular por dois meses a dois annos.

Capitulo II

Dos crimes contra a segurança dos meios de transporte ou communicação

Art. 149. Damnificar, ou desarranjar, qualquer parte de estrada de ferro, machinas, vehiculos, instrumentos e apparelhos que sirvam ao seu funccionamento; collocar sobre o leito, ou trilhos, um obstaculo qualquer que embarace a circulação do trem, ou o faça descarrilar; abrir ou fechar as chaves de desvio ou communicação; fazer signaes falsos, ou praticar qualquer acto de que resultem, ou possam resultar, desastres:

Penas — de prisão cellular por seis meses a um anno, e multa de 5 a 20% do damno causado.

§ 1.º Se o desastre acontecer:

Pena — de prisão cellular por um a tres annos, e a mesma multa.

§ 2.º Se do desastre resultar a morte de alguem:

Pena — de prisão cellular por seis a quinze annos.

§ 3.º Se alguma lesão corporal, das especificadas no art. 304:

Pena — de prisão cellular por tres a sete annos.

Art. 150. Nas mesmas penas, e guardadas as mesmas distincções, incorrerá aquelle que arremessar projectis, ou corpos contundentes, contra um comboio de passageiros em movimento.

Art. 151. Todo aquelle que, por imprudencia, negligencia, impericia, inobservancia de regulamento, ordem ou disciplina, fôr causa de um desastre em estrada de ferro:

Pena — de prisão cellular por um a seis meses.

Paragrapho unico. Se do desastre resultar a alguem morte:

Pena — de prisão cellular por seis meses a dois annos.

Art. 152. Destruir, ou damnificar, qualquer parte de estrada ou via de communicação de uso publico, obstando ou interrompendo o transito por ella; remover, ou inutilizar, os objectos destinados a garantir a sua segurança:

Pena — de prisão cellular por seis meses a dois annos.

Art. 153. Damnificar as linhas telegraphicas da Nação, ou dos Estados; derribar postes, cortar fios, quebrar isoladores, cortar ou arrancar madeiras plantadas ou reservadas para o serviço das linhas, e em geral causar, por qualquer modo, damno aos respectivos apparelhos:

Penas — de prisão cellular por seis meses a dois annos, e multa de 5 a 20% do damno causado.

§ 1.º Se os actos precedentemente mencionados fôrem praticados por descuido ou negligencia:

Pena — de prisão cellular por cinco a trinta dias.

§ 2.º Se delles resultar a interrupção intencional do serviço do telegrapho:

Penas — de prisão cellular por um a tres annos, e a mesma multa.

§ 3.º Se a interrupção do serviço fôr causada, em caso de commoção intestina, ou guerra externa, nas linhas por onde tenham de ser transmittidas as ordens e communicações das autoridades legitimas:

Penas — de prisão cellular por dois a quatro annos, e a mesma multa.

Art. 154. Nas mesmas penas incorrerá aquelle que perturbar a transmissão dos telegrammas, interceptá-los, por meio de derivação estabelecida por fio preso ao fio do telegrapho.

Art. 155. Para os effeitos da lei penal, são equiparados aos telegraphos os telephones de propriedade da Nação, ou dos Estados, ou destinados ao serviço publico.

Capitulo III

Dos crimes contra a saúde publica

Art. 156. Exercer a medicina em qualquer dos seus ramos, a arte dentaria ou a pharmacia; praticar a homoeopathia, a dosimetria, o hypnotismo ou magnetismo animal, sem estar habilitado segundo as leis e regulamentos:

Penas — de prisão cellular por um a seis meses, e multa de 100$000 a 500$000.

Paragrapho unico. Pelos abusos commettidos no exercício illegal da medicina em geral, os seus autores soffrerão, além das penas estabelecidas, as que fôrem impostas aos crimes a que derem causa.

Art. 157. Praticar o espiritismo, a magia e seus sortilegios, usar de talismans e cartomancias, para despertar sentimentos de odio ou amor, inculcar cura de molestias curaveis ou incuraveis, emfim, para fascinar e subjugar a credulidade publica:

Penas — de prisão cellular por um a seis meses, e multa de 100$000 a 500$000.

§ 1.º Se, por influencia, ou em consequencia de qualquer destes meios, resultar ao paciente privação ou alteração, temporaria ou permanente, das faculdades psychicas:

Penas — de prisão cellular por um a seis annos, e multa de 200$000 a 500$000.

§ 2.º Em igual pena, e mais na de privação do exercicio da profissão por tempo igual ao da condemnação, incorrerá o medico que directamente praticar qualquer dos actos acima referidos, ou assumir a responsabilidade delles.

Art. 158. Ministrar, ou simplesmente prescrever, como meio curativo, para uso interno ou externo, e sob qualquer forma preparada, substancia de qualquer dos reinos da natureza, fazendo, ou exercendo, assim, o officio do denominado **curandeiro:**

Penas — de prisão cellular por um a seis meses, e multa de 100$000 a 500$000.

Paragrapho unico. Se do emprego de qualquer substancia resultar á pessoa privação ou alteração, temporaria ou permanente, de suas faculdades psychicas ou funcções physiologicas, deformidade, ou inhabilitação do exercicio de órgão ou apparelho organico, ou, em summa, alguma enfermidade:

Penas — de prisão cellular por um a seis annos, e multa de 200$000 a 500$000.

Se resultar a morte:

Pena — de prisão cellular por seis a vinte e quatro annos.

Art. 159. Expor á venda, ou ministrar, substancias venenosas, sem legitima autorização e sem as formalidades prescriptas nos regulamentos sanitarios:

Pena — de multa de 200$000 a 500$000.

Art. 160. Substituir, o pharmaceutico ou boticario, um medicamento por outro, alterar o receituario do facultativo, ou empregar medicamentos alterados:

Penas — de multa de 100$000 a 200$000, e de privação do exercicio da profissão por seis meses a um anno.

§ 1.º Se por qualquer destes actos fôr compromettida a saúde da pessoa:

Penas — de prisão cellular por quinze dias a seis meses, multa de 200$000 a 500$000, e privação do exercicio da profissão por um a dois annos.

§ 2.º Se de qualquer delles resultar a morte:

Penas — de prisão cellular por dois meses a dois annos, multa de 500$000 a 1:000$000 e privação do exercicio da profissão.

§ 3.º Se qualquer destes factos fôr praticado, não por imprudencia, negligencia ou impericia na propria arte, e sim com vontade criminosa:

Penas — as mesmas impostas ao crime que resultar do facto praticado.

Art. 161. Envenenar fontes publicas ou particulares, tanques ou viveiros de peixe, e viveres destinados a consumo publico:

Pena — de prisão cellular por dois a seis annos.

Se do envenenamento resultar a morte de alguma pessoa:

Pena — de prisão cellular por seis a quinze annos.

Art. 162. Corromper, ou conspurcar, a agua potavel de uso commum ou particular, tornando-a impossivel de beber ou nociva á saúde:

Pena — de prisão cellular por um a tres annos.

Art. 163. Alterar, ou falsificar, substancias destinadas á publica alimentação, alimentos e bebidas:

Pena — de prisão cellular por tres meses a um anno, e multa de 100$000 a 200$000.

Art. 164. Expor á venda substancias alimenticias alteradas ou falsificadas:

Penas — as mesmas do artigo antecedente.

Paragrapho unico. Se de qualquer destes factos resultar perigo para a vida, ou a morte da pessoa:

Pena — a imposta ao crime que do facto resultar.

TITULO IV

DOS CRIMES CONTRA O LIVRE GOZO E EXERCICIO DOS DIREITOS INDIVIDUAES

Capitulo I

Dos crimes contra o livre exercicio dos direitos politicos

Art. 165. Impedir, ou obstar, de qualquer maneira, que o eleitor vote:

Pena — de prisão cellular por quatro meses a um anno.

Art. 166. Solicitar, usando de promessas ou ameaças, votos para certa e determinada pessoa, ou para esse fim comprar votos, qualquer que seja a eleição a que se proceda:

Penas — de prisão cellular por tres meses a um anno, e de privação dos direitos politicos por dois annos.

Art. 167. Vender o voto:

Penas — de prisão cellular por tres meses a um anno, e de privação dos direitos politicos por dois annos.

Art. 168. Votar, ou tentar votar, com titulo eleitoral de outrem:

Penas — de prisão cellular por um a seis meses, e multa de 100$000 a 300$000.

Nas mesmas penas incorrerá:

§ 1.º O eleitor que, fornecendo o seu titulo, concorrer para esta fraude;

§ 2.º O que votar mais de uma vez na mesma eleição, aproveitando-se de alistamento multiplo.

Art. 169. Impedir ou obstar, de qualquer maneira, que a mesa eleitoral, ou junta apuradora, se reuna no lugar designado, ou obrigar uma ou outra a dispersar-se, fazendo violencia ou tumulto:

Penas — de prisão cellular por seis meses a um anno, multa de 500$000 a 1:500$000, além das mais em que incorrer pelos crimes a que der causa a violencia.

Art. 170. Apresentar-se alguem nas assembléas eleitoraes com armas, ou trazê-las occultas.

Penas — de prisão cellular por um a tres meses, e multa de 100$000 a 300$000.

Art. 171. Violar, de qualquer maneira, o escrutinio, rasgar ou inutilizar livros e papeis relativos ao processo eleitoral:

Penas — de prisão cellular por um a tres annos, e multa de 1:000$000 a 3:000$000, além das penas em que incorrer por outros crimes.

Art. 172. Extraviar, occultar, inutilizar, confiscar ou subtrahir de alguem o seu titulo de eleitor:

Penas — de prisão cellular por um a tres meses, e multa de 100$000 a 300$000.

Art. 173. Falsificar, em qualquer eleição, o alistamento dos eleitores, alterar a votação, ler nomes diversos dos que constarem das listas, accrescentar ou diminuir nomes ou listas, falsificar as respectivas actas:

Penas — de prisão cellular por um a quatro annos, e multa de 1:000$000 a 3:000$000.

Art. 174. Reunir-se a mesa eleitoral, ou a junta apuradora, fóra do lugar designado para a eleição ou apuração:

Penas — de prisão cellular por seis meses a um anno, e multa de 500$000 a 1:500$000.

Art. 175. Deixar a mesa eleitoral de receber o voto do eleitor que se apresentar com o respectivo titulo:

Penas — de privação dos direitos politicos por dois annos, e multa de 400$000 a 1:200$000.

Art. 176. Alterar o presidente e membros da mesa eleitoral, ou junta apuradora, o dia e hora da reunião, induzindo por este ou por outro meio os eleitores a erro:

Penas — de privação dos direitos politicos por dois annos, e de multa de 500$000 a 1:500$000.

Art. 177. Fazer parte, ou concorrer para a formação, de mesa eleitoral ou de junta apuradora illegitima:

Penas — de privação de direitos politicos por dois annos, e multa de 300$000 a 1:000$000.

Art. 178. Deixar de comparecer, sem causa-participada, para formação de mesa eleitoral:

Penas — de privação de direitos politicos por dois annos, e multa de 200$000 a 600$000.

Paragrapho unico. Se por esta falta não se puder formar a mesa:

Pena — a mesma, em dobro.

Capitulo II

Dos crimes contra a liberdade pessoal

Art. 179. Perseguir alguem, por motivo religioso ou politico:

Pena — de prisão cellular por um a seis meses, além das mais em que possa incorrer.

Art. 180. Privar alguem de sua liberdade pessoal, já impedindo de fazer o que a lei permitte, já obrigando a fazer o que ella não manda:

Pena — de prisão cellular por um a seis meses.

Paragrapho unico. Se para esse fim empregar violencias ou ameaças:

Pena — a mesma, com augmento da terça parte, além das mais, em que incorrer, pelos actos de violencia.

Art. 181. Privar alguma pessoa da sua liberdade, retendo-a por si, ou por outrem, em carcere privado, ou conservando-a em sequestro por tempo menor de 24 horas:

Pena — de prisão cellular por dois meses a um anno.

§ 1.º Se a retenção exceder desse prazo:

Pena — de prisão cellular por seis meses a dois annos.

§ 2.º Se o criminoso commetter o crime simulando ser autoridade publica, ou usando de violencia:

Pena — a mesma, com augmento da terça parte.

Art. 182. Causar á pessoa retenda ou sequestrada, maus tratos, em razão do lugar e da natureza da detenção, ou qualquer tortura corporal.

Pena — de prisão cellular por um a tres annos.

Art. 183. Se aquelle que commetter o crime de carcere privado não mostrar que restituiu o paciente á liberdade, ou não indicar o seu paradeiro:

Pena — de prisão cellular por dois a doze annos.

Art. 184. Prometter, ou protestar, por escripto assignado, ou anonymo, ou verbalmente, fazer a alguem um mal, que constitua crime, impondo, ou não, qualquer condição ou ordem:

Pena — de prisão cellular por um a tres meses.

Paragrapho unico. Se o crime fôr commettido contra corporação, a pena será applicada com augmento da terça parte.

Capitulo III

Dos crimes contra o livre exercicio dos cultos

Art. 185. Ultrajar qualquer confissão religiosa, vilipendiando acto ou objecto de seu culto, desacatando ou profanando os seus symbolos publicamente.

Pena — de prisão cellular por um a seis meses.

Art. 186. Impedir, por qualquer modo, a celebração de ceremonias religiosas, solennidades e ritos de qualquer confissão religiosa, ou perturbá-la no exercicio do seu culto:

Pena — de prisão cellular por dois meses a um anno.

Art. 187. Usar de ameaças, ou injurias, contra ministros de qualquer confissão religiosa, no exercicio de suas funcções:

Pena — de prisão cellular por seis meses a um anno.

Art. 188. Sempre que o facto fôr acompanhado de violencias contra a pessoa, a pena será augmentada de um terço, sem prejuizo da correspondente ao acto de violencia praticado, na qual tambem o criminoso incorrerá.

Capitulo IV

Dos crimes contra a inviolabilidade dos segredos

Art. 189. Abrir maliciosamente carta, telegramma, ou papel fechado endereçado a outrem, apossar-se de correspondencia epistolar ou telegraphica alheia, ainda que não esteja fechada, e que por qualquer meio lhe venha ás mãos; tirá-los de repartição publica ou do poder de portador particular, para conhecer-lhes o conteúdo:

Pena — de prisão cellular por um a seis meses.

Paragrapho unico. No caso de ser revelado em todo, ou em parte, o segredo da correspondencia violada, a pena será augmentada de um terço.

Art. 190. Supprimir correspondencia epistolar ou telegraphica endereçada a outrem:

Pena — de prisão cellular por um a seis meses.

Art. 191. Publicar, o destinatario de uma carta, ou correspondencia, sem consentimento da pessoa que a endereçou, o conteúdo, não sendo em defesa de direitos, e de uma ou outra resultando damno ao remettente:

Pena — de prisão cellular por dois a quatro meses.

Art. 192. Revelar qualquer pessoa o segredo de que tiver noticia, ou conhecimento, em razão de officio, emprego ou profissão:

Penas — de prisão cellular por um a tres meses, e suspensão do officio, emprego ou profissão, por seis meses a um anno.

Art. 193. Nas mesmas penas incorrerá o empregado do correio que se apoderar de carta não fechada, ou abri-la, se fechada, para conhecer-lhe o conteúdo, ou communicá-lo a alguem, e bem assim o do telegrapho que, para fim identico, violar telegramma, ou propagar a communicação nelle contida.

Paragrapho unico. Se os empregados supprimirem ou extraviarem a correspondencia, ou não a entregarem ou communicarem ao destinatario:

Penas — de prisão cellular por um a seis meses e perda do emprego.

Art. 194. A autoridade que, de posse de carta ou correspondencia particular, utilizá-la para qualquer intuito, seja, embora, o da descoberta de um crime, ou prova deste, incorrerá na pena de perda do emprego e na de multa de 100$000 a 500$000.

Art. 195. As cartas obtidas por meios criminosos não serão admittidas em juizo.

Capitulo V

Dos crimes contra a inviolabilidade do domicilio

Art. 196. Entrar á noite na casa alheia, ou em quaesquer de suas dependencias, sem licença de quem nella morar:

Pena — de prisão cellular por dois a seis meses.

Paragrapho unico. Se o crime fôr commettido exercendo-se violencia contra a pessoa, usando-se de armas, ou por duas ou mais pessoas que se tenham ajuntado para aquelle fim:

Pena — de prisão cellular por tres meses a um anno, além daquellas em que incorrer, pela violencia.

Art. 197. É permittida a entrada de noite em casa alheia:

§ 1.º No caso de incendio.

§ 2.º No de immediata e imminente ruina.

§ 3.º No de inundação.

§ 4.º No de ser pedido soccorro.

§ 5.º No de se estar ali commettendo algum crime, ou violencia, contra alguem.

Art. 198. Entrar de dia na casa alheia, fora dos casos permittidos, e sem as formalidades legaes; introduzir-se nella furtivamente ou persistir em ficar contra a vontade de quem nella morar:

Pena — de prisão cellular por um a tres meses

Art. 199. A entrada de dia em casa alheia é permittida:

§ 1.º Nos mesmos casos, em que é permittida á noite;

§ 2º Naquelles em que, de conformidade com as leis, se tiver de proceder á prisão de criminosos; á busca ou apprehensão de objectos havidos por meios criminosos; á investigação dos instrumentos ou vestigios do crime ou de contrabandos, á penhora ou sequestro de bens que se occultarem;

§ 3.º Nos de flagrante delicto, ou seguimento de réu achado em flagrante.

Art. 200. Nos casos mencionados no § 2.º do artigo antecedente se guardarão as seguintes formalidades:

§ 1.º Ordem escripta da autoridade que determinar a entrada na casa;

§ 2.º Assistencia de escrivão ou qualquer official de justiça, com duas testemunhas.

Art. 201. Se o official publico, encarregado da diligencia, executá-la sem observar as formalidades pescriptas, desrespeitando o recato e o decôro da familia, ou faltando á devida attenção aos moradores da casa:

Penas — de prisão por um a dois meses e multa de 50$000 a 100$000.

Art. 202. Da diligencia se lavrará auto, assignado pelos encarregados da mesma e pelas testemunhas.

Art. 203. As disposições sobre a entrada na casa do cidadão não se applicam ás estalagens, hospedarias, tavernas, casas de tavolagem e outras semelhantes, emquanto estiverem abertas.

Capitulo VI

DOS CRIMES CONTRA A LIBERDADE DO TRABALHO

Art. 204. Constranger ou impedir alguem de exercer a sua industria, commercio ou officio; de abrir ou fechar os seus estabelecimentos e officinas de trabalho ou negocio; de trabalhar ou deixar de trabalhar em certos e determinados dias:

Pena — de prisão cellular por um a tres meses.

Art. 205. Seduzir, ou alliciar, operarios e trabalhadores para deixarem os estabelecimentos, em que fôrem empregados, sob promessa de recompensa, ou ameaça de algum mal:

Pena — de prisão cellular por um a tres meses, e multa de 200$000 a 500$000.

Art. 206. Causar ou provocar cessação ou suspensão de trabalho, para impor aos operarios ou patrões augmento ou diminuição de serviço ou salario:

Pena — de prisão cellular por um a tres meses.

§ 1.º Se para esse fim se colligarem os interessados:

Pena — aos chefes ou cabeças da colligação, de prisão cellular por dois a seis meses.

§ 2.º Se usarem de violencia:

Pena — de prisão cellular por seis meses a um anno, além das mais em que incorrerem pela violencia.

TITULO V

DOS CRIMES CONTRA A BOA ORDEM E ADMINISTRAÇÃO PUBLICA

Capitulo Unico

DAS MALVERSAÇÕES, ABUSOS E OMISSÕES DOS FUNCCIONARIOS PUBLICOS

Secção I — **Prevaricação**

Art. 207. Commetterá crime de prevaricação o empregado publico que, por affeição, odio, contemplação, ou para promover interesse pessoal seu:

1.º Julgar, ou proceder, contra litteral disposição de lei;

2.º Aconselhar qualquer parte, em litigio pendente de sua decisão;

3.º Deixar de prender e formar processo aos delinquentes nos casos determinados em lei, e de dar-lhes a nota constitucional de culpa no prazo de 24 horas;

4.º Recusar, ou demorar, a administração da justiça, ou as providencias do officio, requisitadas por autoridade competente, ou determinadas por lei;

5.º Exceder os prazos estabelecidos em lei para o relatório e revisão do feito ou para proferir sentença definitiva ou despacho;

6.º Dissimular ou tolerar os crimes e defeitos officiaes dos seus subalternos e subordinados, deixando de proceder contra elles, ou de informar á autoridade superior respectiva, quando lhe falte competencia para tornar effectiva a responsabilidade em que houverem incorrido;

7.º Prover em emprego publico, ou propor para elle, pessoa que notoriamente não reunir as qualidades legaes;

8.º Julgar causas em que a lei o declare suspeito como juiz de direito, de facto, ou arbitro, ou em que as partes o hajam legitimamente recusado ou suspeitado;

9.º Ordenar a prisão de qualquer pessoa, sem ter para isso causa ou competencia legal, ou tendo-a, conservar alguem incommunicavel por mais de 48 horas, ou retê-lo em carcere privado ou em casa não destinada á prisão;

10.º Demorar o processo de réu preso, ou afiançado, além dos prazos legaes, ou faltar aos actos do seu livramento;

11.º Recusar, ou retardar, a concessão de uma ordem de **habeas-corpus**, regularmente requerida;

12.º Fazer remessa do preso a outra autoridade; occultá-lo ou transferí-lo da prisão em que estiver; não apresentá-lo no lugar e no tempo determinado na ordem de **habeas-corpus;** deixar de dar conta circumstanciada dos motivos da prisão, ou do não cumprimento da ordem, illudindo por esses meios a concessão do **habeas-corpus;**

13.º Tornar a prender, pela mesma causa, o que tiver sido solto em provimento de **habeas-corpus;**

14.º Executar a prisão de alguem sem ordem legal, escripta, de autoridade legitima; ou receber, sem essa formalidade, algum preso, salvo o caso de flagrante delicto, ou de impossibilidade absoluta da apresentação da ordem;

15.º Excluir do alistamento eleitoral o cidadão que provar estar nas condições de ser eleitor, ou incluir o que não provar possuir os requisitos legaes;

16.º Demorar a extracção, a expedição e entrega de titulos, ou documentos, de modo a impedir que o cidadão vote, ou instrua recurso, interposto opportunamente.

17.º Deixar de preparar, ou expedir, nos prazos legaes, os requerimentos dos cidadãos que pretenderem alistar-se eleitores; extraviar, ou occultar o titulo de eleitor, ou documentos, que lhe tenham sido entregues, relativos ao alistamento:

Penas — de prisão cellular por seis meses a um anno, perda do emprego, com inhabilitação para exercer outro, e multa de 200$000 a 600$000.

§ 1.º Se a prevaricação consistir em impor pena contra a litteral disposição da lei, e o condemnado a soffrer, impor-se-á a mesma pena ao juiz, ou juizes, se a decisão fôr collectiva, além da perda do emprego.

§ 2.º No caso, porém, que o condemnado não tenha soffrido a pena, impor-se-á ao juiz, ou juizes, a que estiver designada para a tentativa do crime sobre que tiver recaido a condemnação.

Art. 208. Commetterão tambem prevaricação os funccionarios publicos que:

1.º Fabricarem qualquer auto, escriptura, papel ou assignatura falsa, em materia pertencente ao exercicio de suas funcções.

2.º Attestarem como verdadeiros, e feitos em sua presença, factos e declarações não conformes á verdade; omittirem ou alterarem declarações que lhes fôssem feitas.

3.º Falsificarem cópia, certidão, ou publica-forma, de um acto de officio, seja suppondo um original que não existe, seja alterando original.

4.º Attestarem falsamente a identidade, estado das pessoas e outros factos, em actos do officio destinado a provar a verdade desses mesmos factos.

5.º Cancellarem, ou riscarem, alguns de seus livros officiaes; não darem conta de autos, documentos, ou papel, que lhes fôssem entregues em razão do officio, ou os tirarem de autos, requerimentos ou representações, a que estivessem juntos e lhes tivessem ido ás mãos, ou poder, em razão do emprego;

6.º Passarem certidão, attestado, ou documento falso, para que alguem seja incluido, ou excluido, do alistamento eleitoral:

Penas — de prisão cellular por um a quatro annos, perda do emprego, e multa de 200$000 a 500$000.

Art. 209. Ficarão comprehendidos na disposição do artigo precedente, e serão julgados pela mesma forma de processo que os funccionarios publicos, o advogado ou procurador judicial:

1.º Que conluiar-se com a parte adversa e, por qualquer meio doloso, prejudicar a causa confiada ao seu patrocinio;

2.º Que, ao mesmo tempo, advogar ou procurar scientemente por ambas as partes;

3.º Que solicitar do cliente dinheiro, ou valores, a pretexto de procurar favor de testemunhas, peritos, interpretes, juiz, jurado, ou de qualquer autoridade;

4.º Que subtrahir ou extraviar, dolosamente, documentos de qualquer especie, que lhe tenham sido confiados e deixar de restituir autos que houver recebido com vista ou em confiança:

Penas — de privação do exercicio da profissão, por dois a quatro annos, e multa de 200$000 a 500$000, além das mais em que incorrerem pelo mal que causarem.

Secção II

Falta de exacção no cumprimento do dever

Art. 210. Se qualquer dos crimes mencionados nos arts. 207 e 208 da secção precedente fôr commettido por frouxidão, indolencia, negligencia ou omissão, constituirá falta de exacção no cumprimento do dever e será punido com as penas de suspensão por seis meses a um anno e multa de 100$000 a 500$000.

Art. 211. Serão considerados em falta de exacção no cumprimento do dever:

§ 1.º O que largar, ainda que temporariamente, o exercicio do emprego, sem prévia licença de superior legitimo, ou exceder o prazo concedido, sem motivo justificado:

Penas — de suspensão do emprego por tres meses a um anno, e multa de 50$000 a 100$000.

§ 2.º O que infringir as leis que regulam a ordem do processo, dando causa a que o mesmo seja reformado:

Penas — de fazer a reforma á sua custa, e multa igual á somma a que montar a reforma.

§ 3.º O que, em processo criminal, impuser pena contra a lei:

Penas — de prisão cellular por tres a nove meses, e multa de 100$000 a 500$000.

Art. 212. A execução de ordem, ou requisição, exigida por autoridade publica, só póde ser demorada pelo executor nos seguintes casos:

a) Quando houver motivo para prudentemente se duvidar da sua authenticidade;

b) Quando parecer evidente que fôra obtida sob e sub-repticiamente, ou contra a lei;

c) Quando, da execução, se devam prudentemente recear graves males, que o superior, o requisitante, não tivesse podido prever.

Ainda que nestes casos possa o executor da ordem, ou requisição, suspender a sua execução para representar, todavia não será isento de pena, se não demonstrar claramente a relevancia dos motivos, em que se fundara.

Art. 213. A soltura do preso posteriormente á expedição de ordem de **habeas-corpus,** pela autoridade que ordenou a prisão, não a exime da responsabilidade criminal pela illegalidade da mesma prisão.

Secção III

Peita ou suborno

Art. 214. Receber para si, ou para outrem, directamente ou por interposta pessoa, em dinheiro ou outra utilidade, retribuição que não seja devida; acceitar, directa ou indirectamente, promessa, dadiva ou recompensa para praticar ou deixar de praticar um acto do officio, ou cargo, embora de conformidade com a lei;

Exigir, directa ou indirectamente, para si ou para outrem, ou consentir que outrem exija, recompensa ou gratificação por algum pagamento que tiver de fazer em razão do officio ou commissão de que fôr encarregado:

Penas — de prisão cellular por seis meses a um anno e perda do emprego, com inhabilitação para outro, além da multa igual ao triplo da somma, ou utilidade recebida.

Art. 215. Deixar-se corromper por influencia, ou suggestão de alguem, para retardar, omittir, praticar, ou deixar de praticar um acto contra os deveres do officio ou cargo; para prover ou propor para emprego publico alguem, ainda que tenha os requisitos legaes:

Penas — de prisão cellular por seis meses a um anno, e perda do emprego com inhabilitação para outro.

Art. 216. Nas mesmas penas incorrerá o juiz de direito, de facto, ou arbitro, que, por peita ou suborno, der sentença, ainda que seja justa.

§ 1.º Se a sentença fôr criminal condemnatoria mas injusta, soffrerá o peitado ou subornado a mesma pena que tiver imposto ao que condemnara, além da perda do emprego e multa.

Art. 217. O que der ou prometter peita, ou suborno, será punido com as mesmas penas impostas ao peitado e subornado.

Art. 218. São nullos os actos em que intervier peita ou suborno.

Secção IV

Concussão

Art. 219. Julgar-se-á commettido este crime:

§ 1.º Pelo empregado publico encarregado da arrecadação, cobrança ou administração de quaesquer rendas ou dinheiros publicos, ou da distribuição de algum imposto, que, directa ou indirectamente, exigir dos contribuintes, ou os obrigar a pagar, o que souber não deverem:

Pena — de suspensão do emprego por tres meses a um anno.

No caso em que o empregado publico se aproprie do que assim tiver exigido, ou exija para esse fim:

Penas — de prisão cellular por seis meses a um anno, multa igual ao triplo do que tiver exigido, ou feito pagar, e perda do emprego.

§ 2.º Pelo que, para cobrar impostos, ou direitos legitimos, empregar voluntariamente, contra os contribuintes, meios mais gravosos do que os prescriptos nas leis, ou os fizer soffrer injustas vexações:

Pena — de suspensão do emprego por seis meses a dois annos, além das mais em que incórrer pela vexação, que tiver praticado.

Se, para commetter algum destes crimes, usar da força armada, além das penas estabelecidas, soffrerá mais a de prisão cellular por tres meses a um anno.

§ 3.º Pelo que, arrogando-se dolosamente, ou simulando attribuição para fazer qualquer acto do emprego, acceitar offerecimento ou receber dadiva, directa ou indirectamente, para fazer ou deixar de fazer esse acto:

Penas — de prisão cellular por seis meses a um anno, perda do emprego e multa igual ao triplo do valor recebido.

Art. 220. As pessoas particulares, encarregadas, por arrendamento, arrematação, ou outro qualquer titulo, de cobrar ou administrar rendas ou direitos e que commetterem algum, ou alguns dos crimes referidos nos artigos antecedentes, incorrerão nas mesmas penas.

Secção V

Peculato

Art. 221. Subtrahir, consumir ou extraviar dinheiro, documentos, effeitos, generos ou quaesquer bens pertencentes á fazenda publica, confiados á sua guarda ou administração, ou a de outrem sobre quem exercer fiscalização em razão do officio;

Consentir, por qualquer modo, que outrem se aproprie indevidamente desses mesmos bens, os extravie ou consuma em uso proprio ou alheio:

Penas — de prisão cellular por seis meses a quatro annos, perda do emprego e multa de cinco a vinte por cento da quantia ou valor dos effeitos apropriados, extraviados ou consumidos.

Art. 222. Emprestar dinheiro, ou effeitos publicos, ou fazer pagamento antecipado, não tendo para isso autorização.

Penas — de suspensão do emprego por um mês a um anno, e multa de 5 a 20% da quantia emprestada ou paga por antecipação.

Art. 223. Nas penas dos artigos antecedentes, e mais na perda do interesse que deviam perceber, incorrerão os que, tendo por qualquer titulo a seu cargo, ou em deposito, dinheiros, ou effeitos publicos, praticarem qualquer dos crimes precedentemente mencionados.

Secção VI

Excesso ou abuso de autoridade e usurpação de funcções publicas

Art. 224. Arrogar-se e effectivamente exercer, sem direito, emprego ou funcção publica, civil ou militar:

Penas — de prisão cellular por seis meses a dois annos, e multa igual ao dobro dos vencimentos que tiver recebido.

Art. 225. Entrar em exercicio do emprego, sem ter satisfeito préviamente as exigencias da lei para a investidura do mesmo:

Penas — de suspensão do emprego até satisfazer as condições exigidas, e multa igual ao dobro dos vencimentos que tiver recebido do emprego.

Art. 226. Exceder os limites das funcções proprias do emprego:

Pena — de suspensão do emprego por seis meses a um anno, além das mais em que incorrer.

Art. 227. Continuar a exercer as funcções do emprego ou commissão, depois de saber officialmente que está suspenso, demitido, removido, ou substituido legalmente, excepto nos casos em que fôr autorizado competentemente para continuar:

Penas — de prisão cellular por um mês a um anno, e multa igual ao dobro dos vencimentos que tiver recebido pelo exercicio indevido do cargo.

Art. 228. Expedir ordem, ou fazer requisição illegal:

Penas — de suspensão do emprego por um a tres annos, e multa de 100$000 a 500$000.

Art. 229. O que executar ordem ou requisição illegal, será considerado obrar, como se tal ordem ou requisição não existira, e punido pelo excesso de poder, ou jurisdicção, que commetter.

São ordens e requisições illegaes as que emanam de autoridade incompetente, as que são destituidas das solennidades externas necessarias para a sua validade, ou são manifestamente contrarias ás leis.

Art. 230. Exceder a prudente faculdade de reprehender, corrigir, ou castigar, offendendo, ultrajando ou maltratando, por obra, palavra, ou escripto, algum subalterno, dependente, ou qualquer outra pessoa, com quem tratar em razão do officio:

Pena — de suspensão do emprego por um mês a um anno além, das mais em que incorrer pelo excesso ou injuria que praticar.

Art. 231. Commetter qualquer violencia no exercicio das funcções do emprego, ou a pretexto de exercê-las:

Penas — de perda do emprego, no grau maximo; de suspensão por tres annos, no médio, e por um anno no minimo, além das mais em que incorrer pela violencia.

Art. 232. Haver para si, directa ou indirectamente, ou por algum acto simulado, no todo ou em parte, propriedade ou effeito em cuja administração, disposição ou guarda, deva intervir em razão do officio; entrar em alguma especulação de lucro, ou interesse, relativamente á dita propriedade ou effeito:

Penas — de prisão cellular por um a seis meses, de perda do emprego e multa de 5 a 20% da propriedade, effeitos adquiridos ou interesse que auferir da negociação. Em todo caso a acquisição será nulla.

Paragrapho unico. Em iguaes penas incorrerão os peritos, avaliadores, partidores, contadores, tutores, curadores, testamenteiros, depositarios, administradores de massas fallidas e syndicos de sociedades em liquidação, quando commetterem o mesmo crime.

Art. 233. Commerciarem os governadores e commandantes de armas dos Estados; os magistrados; os officiaes de fazenda dentro dos districtos em que exercerem as suas funcções; os officiaes militares de mar e terra, salvo se fôrem reformados, e os dos corpos policiaes:

Penas — de suspensão do emprego por um a tres annos, e multa de 200$000 a 500$000.

Na prohibição deste artigo não se comprehende a faculdade de dar dinheiro a juro ou a premio, comtanto que as pessoas nelle mencionadas não façam do exercicio desta faculdade profissão habitual de commercio; nem a de ser accionista em qualquer companhia mercantil, uma vez que não tomem parte na gerencia administrativa da mesma companhia.

Art. 234. Constituir-se devedor de algum subalterno; dá-lo por seu fiador; ou contrahir com elle obrigação pecuniaria:

Penas — de suspensão do emprego por tres a nove meses, e multa de 5 a 20% da quantia da divida, fiança ou obrigação.

Art. 235. Solicitar alguma mulher, que tenha litigio ou pretenção dependente de decisão, ou informação, em que deva intervir em razão do cargo:

Pena — de suspensão do emprego por seis meses a dois annos, além das mais em que incorrer.

Se o que commetter este crime fôr juiz:

Pena — de prisão cellular por um mês a um anno, além das mais em que incorrer.

Art. 236. Se o crime, declarado no artigo antecedente, fôr commettido por carcereiro, guarda ou empregado de cadeia, casa de reclusão, ou estabelecimento semelhante, contra mulher que esteja presa, ou depositada, debaixo de sua custodia ou vigilancia, ou contra mulher, filha ou irmã, curatelada ou tutelada de pessoa que se achar nessas circumstancias:

Penas — de prisão cellular por um mês a um anno e perda do emprego, além das outras mais em que incorrer.

Art. 237. Quando do excesso, ou abuso de autoridade, resultar prejuizo aos interesses nacionaes:

Pena — de multa de 5 a 20% do prejuizo causado, além das outras mais em que incorrer.

Secção VII

Irregularidade de comportamento

Art. 238. O empregado publico que fôr convencido de incontinencia publica e escandalosa; de vicio, de jogos prohibidos, de embriaguez repetida; de haver-se com inaptidão notoria ou desidia habitual no desempenho de suas funcções:

Pena — de perda do emprego, com inhabilitação de obter outro, até mostrar-se corrigido.

TITULO VI

DOS CRIMES CONTRA A FÉ PUBLICA

Capitulo I

DA MOEDA FALSA

Art. 239. Fabricar, sem autoridade legitima, moeda feita de identica materia, com a mesma forma, peso e valor intrinseco da verdadeira;

Fabricar, do mesmo modo, moeda estrangeira que tiver curso legal ou convencional dentro do país:

Penas — de prisão cellular por um a quatro annos, e de perder, para a Nação, a moeda achada e os objectos destinados ao fabrico.

Paragrapho unico. Se a moeda fôr fabricada com diversa materia, ou sem o peso legal:

Pena — de prisão cellular por dois a oito annos, além da perda sobredita.

Art. 240. Fabricar, ou falsificar, qualquer papel de credito publico que se receba nas estações publicas como moeda:

Pena — de prisão cellular por dois a oito annos, além da perda sobredita.

Para os effeitos da lei penal, considerar-se-á papel de credito publico o que tiver curso legal como moeda, ou fôr emittido pelo Governo ou por bancos legalmente autorizados.

Art. 241. Introduzir, dolosamente, na circulação, moeda falsa ou papel de credito publico que se receba nas estações publicas como moeda, sendo falso;

Introduzir, dolosamente, na circulação, a moeda falsa fabricada em país estrangeiro:

Pena — de prisão cellular por um a tres annos, além da perda sobredita.

Art. 242. Diminuir o peso da moeda verdadeira, ou augmentar-lhe o valor, por qualquer artificio:

Pena — de prisão cellular por um a tres annos, além da perda sobredita.

Art. 243. Supprimir, ou fazer desapparecer, por processo chimico, ou qualquer outro meio, os carimbos com que fôram inutilizadas as notas ou cédulas do Thesouro Nacional, ou dos bancos, recolhidas da circulação, e nella introduzí-las de novo;

Formar cédulas, ou bilhetes, do Thesouro Nacional, ou dos bancos, com fragmentos e pedaços de outras verdadeiras:

Pena — de prisão cellular por seis meses a um anno.

Art. 244. Incorrerão na pena de prisão cellular por um a quatro annos:

1.º, os empregados da Caixa da Amortização que emittirem, ou consentirem que se emittam, notas da antiga emissão do Banco do Brasil, a não ser em substituição das que, por dilaceradas ou por outros motivos, devam ser retiradas legalmente da circulação;

2.º, todos aquelles que fizerem sair, ou consentirem que saia, da Caixa da Amortização qualquer somma de papel-moeda, a não ser por troco, ou por effectiva substituição, ou para ser entregue ao Thesouro Nacional em virtude de lei que autorize tal entrega;

3.º, os directores e gerentes dos bancos de emissão, pelo excesso da emissão de bilhetes além dos limites determinados nas leis respectivas; e bem assim os fiscaes do governo, que se mostrarem conniventes em tal falta ou a não tenham denunciado opportunamente.

Capitulo II

Das falsidades

Secção I — Da falsidade dos titulos e papeis de credito do Governo Federal, dos Estados e dos bancos

Art. 245. Falsificar papeis de credito do governo federal, titulos da divida publica, bilhetes e letras do Thesouro Nacional ou do governo dos Estados que não circulem como moeda:

Penas — de prisão cellular por um a quatro annos, multa de 5 a 20% do damno causado e perda, para a Nação ou Estado, do papel achado e dos objectos destinados á falsificação.

Art. 246. Falsificar o sello publico do Governo Federal ou dos Estados, destinado a authenticar ou certificar actos officiaes:

Pena — de prisão cellular por seis meses a um anno.

Art. 247. Falsificar estampilhas, sellos adhesivos, vales postaes ou **coupons** de juros de titulos da divida publica:

Penas — de prisão cellular por um a quatro annos e multa de 5 a 20% do damno causado.

Art. 248. Falsificar bilhetes de estradas de ferro, ou de qualquer empresa de transporte, pertencentes á Nação, ou aos Estados:

Penas — de prisão cellular por seis meses a um anno e multa de 5 a 20% do damno causado.

Art. 249. Falsificar cheques e outros papeis de bancos, letras e titulos commerciaes de qualquer natureza, sejam, ou não, transferiveis por endosso:

Penas — de prisão cellular por um a quatro annos, e multa de 5 a 20% do damno causado, ou que se poderia causar.

Art. 250. Usar de qualquer papel, ou titulo, dos indicados precedentemente, como verdadeiro, sabendo ser falso:

Penas — as do artigo antecedente.

Secção II — Da falsidade de certificados, documentos e actos publicos

Art. 251. Falsificar, ou alterar passaporte para o attribuir a pessoa, lugar ou tempo diverso:

Pena — de prisão cellular por seis meses a um anno.

Art. 252. Attestar, falsamente, bom procedimento, indigencia, enfermidade, ou outra circumstancia, para promover, em favor de alguem, beneficencia, socorro publico ou particular, isenção de serviços e onus publicos, ou a acquisição ou gozo de algum direito civil ou politico:

Penas — de prisão cellular por seis meses a um anno e privação do exercicio da profissão por igual tempo.

§ 1.º Se, por effeito de attestado falso, uma pessoa de são entendimento fôr recolhida a hospicio de alienados, ou soffrer qualquer outro damno grave:

Penas — de prisão cellular por um a tres annos, e privação do exercicio da profissão por tempo igual ao da condemnação.

§ 2.º Se o attestado falso fôr passado para qualquer dos fins, precedentemente mencionados, com a intenção de lucro:

Penas dobradas.

Art. 253. Usar scientemente de attestado falso:

Pena — de prisão cellular por seis meses a um anno.

Art. 254. Falsificar um attestado para qualquer dos fins declarados nos artigos anteriores:

Pena — de prisão cellular por seis meses a um anno.

Art. 255. Falsificar, por qualquer modo, despacho ou communicação telegraphica, ou nelle supprimir, trocar ou augmentar palavras, letras, ou signaes, que lhe invertam o sentido:

Pena — de prisão cellular por seis meses a dois annos.

Paragrapho unico. Se este crime fôr praticado por empregado da repartição dos telegraphos:

Penas — de prisão cellular por igual tempo, e perda do emprego.

Art. 256. Usar de certidão, ou attestado falso, ou verdadeiro, mas referente a individuo de nome identico, para se fazer alistar como eleitor, ou excluir alguem do alistamento:

Pena — de prisão cellular por seis meses a dois annos.

Art. 257. Fazer emendas, ou alterações, nos assentamentos do registro civil sem as resalvar, ou ratificar, na conformidade dos regulamentos e pelos meios por estes permittidos:

Pena — de prisão cellular por seis meses a dois annos.

Paragrapho unico. Em igual pena incorrerá o que, não sendo empregado no registro, praticar essas alterações e emendas.

Secção III — **Da falsidade de documentos e papeis particulares**

Art. 258. Fazer escriptura, papel ou assignatura falsa, sem sciencia ou consentimento da pessoa a quem se attribuir, com o fim de criar, extinguir, augmentar ou diminuir uma obrigação:

Penas — de prisão cellular por um a quatro annos, e multa de 5 a 20% do damno causado, ou que se poderia causar.

Art. 259. Incorrerá nas mesmas penas:

§ 1.º O que fizer em escriptura, ou papel verdadeiro, qualquer alteração da qual resulte a de seu sentido, ou de natureza a produzir um effeito juridico diverso, como seja alterar algarismo, a data, a causa da obrigação, o tempo, ou modo de pagamento;

§ 2.º O que concorrer para a falsidade, como testemunha ou por qualquer outro modo;

§ 3.º O que usar scientemente de escriptura, titulo, ou papel falso.

Art. 260. Em nenhum caso a falsidade, que reunir todos os elementos de sua definição legal, constituirá elemento de outro crime.

Secção IV — **Do testemunho falso, das declarações, das queixas e denuncias falsas em juizo**

Art. 261. Asseverar em juizo, como testemunha, sob juramento ou affirmação, qualquer que seja o estado da causa e a natureza do processo, uma falsidade; ou negar a verdade, no todo ou em parte, sobre circumstancias essenciaes do facto a respeito do qual depuser.

§ 1.º Se a causa, em que se prestar o depoimento, fôr civil:

Pena — de prisão cellular por tres meses a um anno.

§ 2.º Se a causa fôr criminal e o depoimento para a absolvição do accusado:

Pena — de prisão cellular por seis meses a dois annos.

§ 3.º Se para a condemnação:

Pena — de prisão cellular por um a seis annos.

Art. 262. Todo aquelle que, intervindo em causa civil ou criminal, no caracter de perito, interprete, ou arbitrador, fizer, ou escrever, declarações ou informações falsas, será punido com as mesmas penas, guardadas as distincções do artigo anterior.

Paragrapho unico. A pena será augmentada da terça parte, se o accusado deixar-se peitar, recebendo dinheiro, lucro, ou utilidade, para prestar depoimento falso, ou fizer declarações falsas, verbaes ou por escripto.

Na mesma pena incorrerá o peitante.

Art. 263. Não terá lugar a imposição da pena se a pessoa que prestar depoimento falso, ou fizer falsas declarações em juizo, verbaes ou escriptas, retractar-se antes de ser proferida sentença na causa.

Art. 264. Dar queixa, ou denuncia, contra alguem imputando-lhe falsa e dolosamente factos que, se fôssem verdadeiros, constituiriam crime e sujeitariam seu autor á acção criminal:

Pena — a do crime imputado.

TITULO VII

DOS CRIMES CONTRA A FAZENDA PUBLICA

Capitulo Unico

Do contrabando

Art. 265. Importar ou exportar, generos ou mercadorias prohibidas; evitar no todo ou em parte o pagamento dos direitos e impostos estabelecidos sobre a entrada, saida e consumo de mercadorias, e por qualquer modo illudir ou defraudar esse pagamento:

Pena — de prisão cellular por um a quatro annos, além das fiscaes.

TITULO VIII

DOS CRIMES CONTRA A SEGURANÇA DA HONRA E HONESTIDADE DAS FAMILIAS E DO ULTRAJE PUBLICO AO PUDOR

Capitulo I

Da violencia carnal

Art. 266. Attentar contra o pudor de pessoa de um, ou de outro sexo, por meio de violencia ou ameaças, com o fim de saciar paixões lascivas ou por depravação moral:

Pena — de prisão cellular por um a seis annos.

Paragrapho unico. Na mesma pena incorrerá aquelle que corromper pessoa de menor idade, praticando com ella ou contra ella actos de libidinagem.

Art. 267. Deflorar mulher de menor idade, empregando seducção, engano ou fraude:

Art. 268. Estuprar mulher virgem ou não, mas honesta:

Pena — de prisão cellular por um a seis annos.

§ 1.º Se a estuprada fôr mulher publica ou prostituta:

Pena — de prisão cellular por seis meses a dois annos.

§ 2.º Se o crime fôr praticado com o concurso de duas ou mais pessoas, a pena será augmentada da quarta parte.

Art. 269. Chama-se estupro o acto pelo qual o homem abusa, com violencia, de uma mulher, seja virgem ou não.

Por violencia entende-se não só o emprego da força physica, como o de meios que privarem a mulher de suas faculdades psychicas, e assim da possibilidade de resistir e defender-se, como sejam o hypnotismo, o chloroformio, o ether, e, em geral, os anesthesicos e narcoticos.

Capitulo II

Do rapto

Art. 270. Tirar do lar domestico, para fim libidinoso, qualquer mulher honesta, de maior ou menor idade, solteira, casada ou viuva, attrahindo-a por seducção ou emboscada, ou obrigando-a por violencia, não se verificando a satisfação dos gozos genesicos:

Pena — de prisão cellular por um a quatro annos.

§ 1.º Se a raptada fôr maior de 16 e menor de 21 annos, e prestar o seu consentimento:

Pena — de prisão cellular por um a tres annos.

§ 2.º Se ao rapto seguir-se defloramento ou estupro, o raptor incorrerá na pena correspondente a qualquer destes crimes, que houver commettido, com augmento da sexta parte.

Art. 271. Se o raptor, sem ter attentado contra o pudor e honestidade da raptada, restituir-lhe a liberdade, reconduzindo-a á casa donde a tirou, ou collocando-a em lugar seguro e á disposição da familia, soffrerá a pena de prisão cellular por seis meses a um anno.

Paragrapho unico. Se não lhe restituir a liberdade, ou recusar indicar o seu paradeiro:

Pena — de prisão cellular por dois a doze annos.

Art. 272. Presume-se commettido com violencia qualquer dos crimes especificados neste e no capitulo precedente, sempre que a pessoa offendida fôr menor de 16 annos.

Art. 273. As penas estabelecidas para qualquer destes crimes serão applicadas com augmento da sexta parte:

1.º, se o criminoso fôr ministro de qualquer confissão religiosa;

2.º, se fôr casado;

3.º, se fôr criado ou domestico da offendida, ou de pessoa de sua familia.

E com augmento da quarta parte.

4.º, se fôr ascendente, irmão ou cunhado da pessoa offendida;

5.º, se fôr tutor, curador, encarregado da sua educação ou guarda, ou por qualquer outro titulo tiver autoridade sobre ella.

Paragrapho unico. Além da pena, e da interdicção, em que incorrerá tambem, o ascendente perderá todos os direitos que a lei lhe confere sobre a pessoa e bens da offendida.

Art. 274. Nestes crimes haverá lugar o procedimento official de justiça sómente nos seguintes casos:

1.º, se a offendida fôr miseravel, ou asylada de algum estabelecimento de caridade:

2.º, se da violencia carnal resultar morte, perigo de vida ou alteração grave da saúde da offendida;

3.º, se o crime fôr perpetrado com abuso do patrio poder, ou da autoridade de tutor, curador ou preceptor.

Art. 275. O direito de queixa privada prescreve, findos seis meses, contados do dia em que o crime fôr commettido.

Art. 276. Nos casos de defloramento, como nos de estupro de mulher honesta, a sentença que condemnar o criminoso o obrigará a dotar a offendida.

Paragrapho unico. Não haverá lugar imposição de pena, se seguir-se o casamento a aprazimento do representante legal da offendida, ou do juiz dos órphãos, nos casos em que lhe compete dar ou supprir o consentimento, ou a aprazimento da offendida, se fôr maior.

Capitulo III

Do lenocinio

Art. 277. Excitar, favorecer ou facilitar a prostituição de alguem, para satisfazer desejos deshonestos ou paixões lascivas de outrem:

Pena — de prisão cellular por um a dois annos.

Paragrapho unico. Se este crime fôr commettido por ascendente em relação a descendente, por tutor, curador ou pessoa encarregada da educação ou guarda de algum menor com relação a este; pelo marido com relação á sua propria mulher:

Pena — de prisão cellular de dois a quatro annos.

Além desta pena, e da interdicção em que incorrerão, se imporá mais:

Ao pai e mãe a perda de todos os direitos que a lei lhes concede sobre a pessoa e bens do descendente prostituido;

Ao curador ou tutor, a immediata destituição desse **munus;**

Á pessoa encarregada da educação do menor, a privação do direito de ensinar, dirigir ou ter parte em qualquer estabelecimento de instrucção e educação;

Ao marido, a perda do poder marital, tendo lugar a acção criminal, que prescreverá em tres meses, por queixa contra elle dada sómente pela mulher.

Art. 278. Induzir mulheres, quer abusando de sua fraqueza ou miseria, quer constrangendo-as por intimidações ou ameaças, a empregarem-se no tráfico da prostituição; prestar-lhes, por conta propria ou de outrem, sob sua ou alheia responsabilidade, assistencia, habitação e auxilios, para auferir, directa ou indirectamente, lucros desta especulação:

Penas — de prisão cellular por um a dois annos e multa de 500$000 a 1:000$000.

Capitulo IV

Do adulterio ou infidelidade conjugal

Art. 279. A mulher casada que commetter adulterio, será punida com a pena de prisão cellular por um a tres annos.

§ 1.º Em igual pena incorrerá:

1.º, o marido que tiver concubina teúda e manteúda;

2.º, a concubina;

3.º, o co-réu adultero.

§ 2.º A accusação deste crime é licita sómente aos conjuges, que ficarão privados do exercicio desse direito, se por qualquer modo houverem consentido no adulterio.

Art. 280. Contra o co-réu adultero não serão admissiveis outras provas senão o flagrante delicto, e a resultante de documentos escriptos por elle.

Art. 281. A acção de adulterio prescreve no fim de tres meses, contados da data do crime.

Paragrapho unico. O perdão de qualquer dos conjuges, ou sua reconciliação, extingue todos os effeitos da accusação e condemnação.

Capitulo V

Do ultraje publico ao pudor

Art. 282. Offender os bons costumes, com exhibições impudicas, actos ou gestos obscenos, attentatorios do pudor, praticados em lugar publico ou frequentado pelo publico, e que, sem offensa á honestidade individual de pessoa, ultrajam e escandalizam a sociedade:

Pena — de prisão cellular por um a seis meses.

TITULO IX

DOS CRIMES CONTRA A SEGURANÇA DO ESTADO CIVIL

Capitulo I

Da polygamia

Art. 283. Contrahir casamento mais de uma vez, sem estar o anterior dissolvido por sentença de nullidade, ou por morte do outro conjuge:

Pena — de prisão cellular por um a seis annos.

Paragrapho unico. Se a pessoa tiver prévio conhecimento de que é casado aquelle com quem contrahir casamento, incorrerá nas penas de cumplicidade.

Capitulo II

Da celebração do casamento contra a lei

Art. 284. Celebrar o ministro de qualquer confissão as ceremonias religiosas do casamento, antes do acto civil.

Penas — de prisão cellular por um a seis meses, e multa de 100$000 a 500$000.

Capitulo III

Do parto supposto e outros fingimentos

Art. 285. Simular gestação e dar parto alheio por seu; ou tendo realmente dado á luz filho vivo ou morto, sonegá-lo ou substitui-lo:

Pena — de prisão cellular por seis meses a dois annos.

Paragrapho unico. Em igual pena incorrerá:

1.º, o marido, ou pessoa que cohabite com a ré, e que auxiliar, ou simplesmente assentir, á perpetração do crime;

2.º, o facultativo ou parteira, que, abusando de sua profissão, cooperar para o mesmo resultado; impondo-se-lhe mais a pena de privação do exercicio da profissão por tempo igual ao da prisão.

Art. 286. Deixar de fazer, dentro de um mês, no registro civil, a declaração do nascimento de criança nascida, como fazê-la a respeito de criança que jámais existira, para criar ou extinguir direito em prejuizo de terceiro:

Pena — de prisão cellular por seis meses a dois annos.

Art. 287. Fazer recolher a qualquer asylo de beneficencia, ou estabelecimento congenere, filho legitimo ou reconhecido, para prejudicar direitos resultantes do seu estado civil:

Pena — de prisão cellular por um a quatro annos.

Art. 288. Usurpar o estado civil de outrem, fingindo parentesco, ou direitos conjugaes, por meio de falso casamento; ou simular o estado de casado para prejudicar direitos de alguem ou de familia:

Pena — de prisão cellular por um a quatro annos.

Capitulo IV

Da subtracção, occultação e abandono de menores

Art. 289. Tirar, ou mandar tirar, infante menor de sete annos da casa paterna, collegio, asylo, hospital, do lugar emfim em que é domiciliado, empregando violencia ou qualquer meio de seducção:

Pena — de prisão cellular por um a quatro annos.

Paragrapho unico. Se o menor tiver mais de sete, porém menos de 14 annos:

Pena — de prisão cellular por um a tres annos.

Art. 290. Sonegar, ou substituir, infante menor de sete annos:

Pena — de prisão cellular por um a quatro annos.

Paragrapho unico. Em igual pena incorrerá o encarregado da criação e educação do menor, que deixar, sem causa justificada, de apresentá-lo, quando exigido, a quem tenha o direito de reclamá-lo.

Art. 291. Aquelle que, tendo commettido qualquer dos crimes supra indicados, não restituir o menor, soffrerá a pena de prisão cellular por dois a doze annos.

Art. 292. Expor, ou abandonar, infante menor de sete annos, nas ruas, praças, jardins publicos, adros, cemiterios, vestibulos de edificios publicos ou particulares, emfim em qualquer lugar, onde, por falta de auxilio e cuidados, de que necessite a victima, corra perigo sua vida ou tenha lugar a morte:

Pena — de prisão cellular por seis meses a um anno.

§ 1.º Se fôr em lugar ermo o abandono, e por effeito deste perigar a vida, ou tiver lugar a morte do menor:

Pena — de prisão cellular por um a quatro annos.

§ 2.º Se fôr autor do crime, o pai ou mãe, ou pessoa encarregada da guarda do menor, soffrerá igual pena, com augmento da terça parte.

Art. 293. Incorrerão em pena de prisão cellular por um a seis meses:

§ 1.º Aquelle que, sem prévio consentimento da pessoa ou da autoridade, que lh'o houver confiado, entregar a qualquer particular, ou estabelecimento publico, o menor de cuja criação e educação estiver encarregado;

§ 2.º Aquelle que, encontrando recemnascido exposto, ou menor de 7 annos abandonado em lugar êrmo, não o apresentar, ou não dér aviso, á autoridade publica mais proxima.

TITULO X

DOS CRIMES CONTRA A SEGURANÇA DE PESSOA E VIDA

Capitulo I

Do homicidio

Art. 294. Matar alguem:

§ 1.º Se o crime fôr perpetrado com qualquer das circumstancias aggravantes mencionadas nos §§ 2, 3, 6, 7, 8, 9, 10, 11, 12, 13, 16, 17, 18 e 19 do art. 39 e § 2, do art. 41:

Pena — de prisão cellular por doze a trinta annos.

§ 2.º Se o homicidio não tiver sido aggravado pelas referidas circumstancias:

Pena — de prisão cellular por seis a vinte e quatro annos.

Art. 295. Para que se repute mortal, no sentido legal, uma lesão corporal, é indispensavel que seja causa efficiente da morte por sua natureza e séde, ou por ter sido praticada sobre pessoa cuja constituição ou estado morbido anterior concorram para torná-la irremediavelmente mortal.

§ 1.º Se a morte resultar, não da natureza e séde da lesão, e sim de condições personalissimas do offendido:

Pena — de prisão cellular por quatro a doze annos.

§ 2.º Se resultar, não porque o mal fôsse mortal, e sim por ter o offendido deixado de observar o regimen medicohygienico reclamado pelo seu estado:

Pena — de prisão cellular por dois a oito annos.

Art. 296. E' qualificado crime de envenenamento todo attentado contra a vida de alguma pessoa por meio de veneno, qualquer que seja o processo, ou methodo de sua propinação, e sejam quaes fôrem seus effeitos definitivos.

Paragrapho unico. Veneno é toda substancia mineral ou organica, que ingerida no organismo ou applicada ao seu exterior, sendo absorvida, determine a morte, ponha em perigo a vida, ou altere profundamente a saúde.

Art. 297. Aquelle que, por imprudencia, negligencia ou impericia na sua arte ou profissão, ou por inobservancia de alguma disposição regulamentar, commetter, ou fôr causa involuntaria, directa ou indirectamente, de um homicidio, será punido com prisão cellular por dois meses a dois annos.

Capitulo II

Do infanticidio

Art. 298. Matar recem-nascido, isto é, infante, nos sete primeiros dias de seu nascimento, quer empregando meios directos e activos, quer recusando á victima os cuidados necessarios á manutenção da vida e a impedir sua morte:

Pena — de prisão cellular por seis a vinte e quatro annos.

Paragrapho unico. Se o crime fôr perpetrado pela mãe, para occultar a deshonra propria:

Pena — de prisão cellular por tres a nove annos.

Capitulo III

Do suicidio

Art. 299. Induzir, ou ajudar alguem a suicidar-se, ou para esse fim fornecer-lhe meios, com conhecimento de causa:

Pena — de prisão cellular por dois a quatro annos.

Capitulo IV

Do aborto

Art. 300. Provocar aborto, haja ou não a expulsão do fruto da concepção.

No primeiro caso: — pena de prisão cellular por dois a seis annos.

No segundo caso: — pena de prisão cellular por seis meses a um anno.

§ 1.º Se, em consequencia do aborto ou dos meios empregados para provocá-lo, seguir-se a morte da mulher:

Pena — de prisão cellular de seis a vinte e quatro annos.

§ 2.º Se o aborto fôr provocado por medico, ou parteira legalmente habilitada para o exercicio da medicina:

Penas — a mesma precedentemente estabelecida, e a de privação do exercicio da profissão por tempo igual ao da condemnação.

Art. 301. Provocar aborto com annuencia e accordo da gestante:

Pena — de prisão cellular por um a cinco annos.

Paragrapho unico. Em igual pena incorrerá a gestante, que conseguir abortar voluntariamente, empregando para esse fim os meios; e com reducção da terça parte, se o crime fôr commettido para occultar a deshonra propria.

Art. 302. Se o medico, ou parteira, praticando o aborto legal, ou aborto necessario para salvar a gestante de morte inevitavel, occasionar-lhe a morte por impericia ou negligencia:

Penas — de prisão cellular por dois meses a dois annos, e privação do exercicio da profissão por igual tempo ao da condemnação.

Capitulo V

Das lesões corporaes

Art. 303. Offender physicamente alguem, produzindo-lhe dor ou alguma lesão no corpo, embora sem derramamento de sangue:

Pena — de prisão cellular por tres meses a um anno.

Art. 304. Se da lesão corporal resultar mutilação ou amputação, deformidade ou privação permanente do uso de um órgão ou membro, ou qualquer enfermidade incuravel e que prive para sempre o offendido de poder exercer o seu trabalho:

Pena — de prisão cellular por dois a seis annos.

Paragrapho unico. Se produzir incommodo de saúde que inhabilite o paciente do serviço activo por mais de 30 dias:

Pena — de prisão cellular por um a quatro annos.

Art. 305. Servir-se alguem, contra outrem, de instrumento aviltante, no intuito de causar-lhe dor physica e injuriá-lo:

Pena — de prisão cellular por um a tres annos.

Art. 306. Aquelle que, por imprudencia, negligencia ou impericia, na sua arte ou profissão, ou por inobservancia de alguma disposição regulamentar, commetter ou fôr causa involuntaria, directa ou indirectamente, de alguma lesão corporal, será punido com a pena de prisão cellular por quinze dias a seis meses.

Capitulo VI

Do duello

Art. 307. Desafiar outrem para duello, ainda que o desafio não seja acceito:

Pena — multa de 100$000 a 200$000.

Paragrapho unico. Se aquelle que desafiar para o duello fôr causa injusta do facto, que occasionou o desafio:

Pena — de prisão cellular por quinze dias a dois meses.

Art. 308. Acceitar o desafio, ainda que tenha sido causa injusta do facto, que o determinou:

Pena — de multa de 100$000 a 200$000.

Art. 309. Se o duello tiver lugar, se observarão as seguintes disposições:

§ 1.º Ao que fizer uso das armas sem causar ao adversario nenhuma lesão corporal:

Pena — de prisão cellular por quinze dias a dois meses.

§ 2.º Se o culpado tiver sido causa injusta do duello:

Pena — de prisão cellular por um a quatro meses.

Art. 310. Matar em duello o adversario, ou causar-lhe uma lesão corporal de que resulte a morte:

Pena — de prisão cellular por um a quatro annos.

§ 1.º Causar ao adversario alguma lesão corporal das especificadas no art. 304:

Pena — de prisão cellular por um a tres meses.

§ 2.º Causar-lhe alguma lesão corporal das especificadas no art. 305:

Pena — de prisão cellular por seis meses a um anno.

§ 3.º A pena será diminuida da 6.ª parte, se o culpado tiver sido induzido ao duello por insulto ou offensa grave.

Art. 311. Os portadores do desafio serão punidos com a multa de 100$000 a 200$000.

§ 1.º Com a mesma multa serão punidos os padrinhos, se do duello não resultar lesão corporal a qualquer dos combatentes.

§ 2.º Se, porém, do duello resultar a morte, ou lesão corporal, serão elles punidos como cumplices, segundo as regras geraes.

Art. 312. Quando alguem, que não tiver tomado parte no facto que motivou o duello, apresentar-se para bater-se por algum dos combatentes, impor-se-lhe-ão em dobro as penas em que incorrer.

Art. 313. Serão applicadas ao homicidio e lesões corporaes, resultantes do duello, em vez das penas do art. 310, as dos arts. 294 § 2.º e 304, nos casos seguintes:

§ 1.º Se as condições do combate não tiverem sido préviamente combinadas pelos padrinhos; ou se o combate se travar sem que elles estivessem presentes;

§ 2.º Se as armas usadas não fôrem iguaes;

§ 3.º Se, na escolha das armas, ou durante o combate, houver fraude ou violação das condições estabelecidas;

§ 4.º Se tiver sido expressamente convencionado, ou resultar da especie do duello, da distancia guardada entre os combatentes, ou de outra condição estabelecida, que um delles devesse ficar morto;

§ 5.º Se o duello fôr provocado com o fim de lucro.

Art. 314. Offender publicamente, ou expor ao desprezo publico, a pessoa que não acceitar o duello, ou por esses meios a provocar a acceitá-lo:

Penas — de prisão cellular por seis meses a um anno e multa de 100$000 a 200$000.

TITULO XI

DOS CRIMES CONTRA A HONRA E A BOA FAMA

Capitulo Unico

Da calumnia e da injuria

Art. 315. Constitue calumnia a falsa imputação, feita a alguem, de facto que a lei qualifica crime.

Paragrapho unico. E' isento de pena o que provar ser verdadeiro o facto imputado, salvo quando o direito de queixa resultante delle fôr privativo de determinadas pessoas.

Art. 316. Se a calumnia fôr commettida por meio de publicação de pamphleto, pasquim, allegoria, caricatura, gazeta ou qualquer papel manuscripto, impresso ou lithographado, distribuido por mais de 15 pessoas, ou affixado em lugar frequentado, contra corporação que exerça autoridade publica, ou contra agente ou depositario desta e em razão de seu officio:

Penas — de prisão cellular por seis meses a dois annos e multa de 500$000 a 1:000$000.

§ 1.º Se commettida contra particular, ou funccionario publico, sem ser em razão do officio:

Penas — de prisão cellular por quatro meses a um anno e multa de 400$000 a 800$000.

§ 2.º Se commettida por outro qualquer meio que não algum dos mencionados:

Pena — a metade das estabelecidas.

Art. 317. Julgar-se-á injuria:

a) a imputação de vicios ou defeitos, com ou sem factos especificados, que possam expor a pessoa ao odio ou desprezo publico;

b) a imputação de factos offensivos da reputação, do decoro e da honra;

c) a palavra, o gesto, ou signal reputado insultante na opinião publica.

Art. 318. E' vedada a prova da verdade, ou notoriedade do facto imputado á pessoa offendida, salvo se esta:

a) fôr funccionario publico, ou corporação, e o facto imputado referir-se ao exercicio de suas funcções;

b) permitir a prova;

c) tiver sido condemnada pelo facto imputado.

Art. 319. Se a injuria fôr commettida por qualquer dos meios especificados no art. 316:

§ 1.º Contra corporações que exerçam autoridade publica, ou contra qualquer agente ou depositario de autoridade publica:

Penas — de prisão cellular por tres a nove meses, e multa de 400$000 a 800$000.

§ 2.º Se contra particular, ou funccionario publico, sem ser em razão do officio:

Penas — de prisão cellular por dois a seis meses, e multa de 300$000 a 600$000.

§ 3.º Se a injuria fôr commettida por outro qualquer meio, que não algum dos especificados no art. 316, será punida com a metade das penas.

Art. 320. E' tambem injuria:

§ 1.º Usar de marca de fabrica, ou commercio, que contiver offensa pessoal; ou expor á venda objectos revestidos de marcas offensivas;

§ 2.º Apregoar, em lugares publicos, a venda de gazetas, papeis impressos ou manuscripto, de modo offensivo a pessoa certa e determinada, com o fim de escandalo ou aleivosia:

Penas — de prisão cellular por dois a quatro meses e multa de 100$000 a 300$000.

Art. 321. Quando a calumnia e a injuria fôrem equivocas, poderá o offendido pedir explicações em juizo.

O que se recusar a dá-las, ou não as dér satisfatorias, a juizo do offendido, ficará sujeito ás penas de calumnia ou injuria, a que o equivoco dér lugar.

Art. 322. As injurias compensam-se: em consequencia não poderão querelar por injuria os que reciprocamente se injuriarem.

Art. 323. Não tem lugar acção criminal por offensa irrogada em allegações, ou escriptos produzidos em juizo pelas partes, ou seus procuradores. Todavia o juiz que encontrar calumnias, ou injurias, em allegações de autos as mandará riscar, a requerimento da parte offendida, quando tiver de julgar a causa, e na mesma sentença imporá ao autor uma multa de 20$000 a 50$000.

Art. 324. Se a injuria, ou calumnia, fôr commettida contra a memoria de um morto, o direito de queixa poderá ser exercido pelo conjuge, ascendentes, descendentes ou irmãos.

Art. 325. O criminoso que houver paga, ou promessa de recompensa, para commetter alguma injuria, ou calumnia, incorrerá, além das penas respectivas, na multa do decuplo dos valores recebidos ou promettidos.

TITULO XII

DOS CRIMES CONTRA A PROPRIEDADE PUBLICA E PARTICULAR

Capitulo I

Do damno

Art. 326. Destruir, ou inutilizar livros de notas, registros, assentamentos, actas e termos; autos e actos originaes de autoridade publica; livros commerciaes, e em geral todo e qualquer papel, titulo, ou documento que sirva para fundamentar, ou provar direitos, sem haver lucro ou vantagem para si ou para outrem:

Penas — de prisão cellular por dois meses a um anno, e multa de 5 a 20% do damno causado.

Paragrapho unico. Se o crime fôr commettido auferindo o delinquente proveito para si ou para outrem;

Penas — de prisão cellular por um a quatro annos, e multa de 5 a 20% do valor do damno causado ou que poderia causar.

Art. 327. Demolir, ou destruir, de qualquer modo, no todo ou em parte, edifício concluido, ou sómente começado, pertencente á Nação, Estado, Municipio, ou a particular:

Penas — de prisão cellular por um a quatro annos, e multa de 10 a 20% do damno causado.

Art. 328. Destruir, abater, mutilar, ou damnificar monumentos, estatuas, ornamentos ou quaesquer objectos destinados á decoração, utilidade ou recreio publico:

Penas — de prisão cellular por seis meses a dois annos, e multa de 5 a 20% do damno causado.

Art. 329. Destruir, ou damnificar, cousa alheia, de qualquer valor, movel, immovel, ou semovente:

Penas — de prisão cellular por um a tres meses, e multa de 5 a 20% do damno causado.

§ 1.º Se a destruição ou damnificação fôr de cousas que sirvam para distinguir ou separar os limites da propriedade immovel, urbana ou rural;

§ 2.º Se para desviar do seu curso agua de uso publico ou particular:

Penas — de prisão cellular por um a seis meses, e multa de 5 a 20% do damno causado.

§ 3.º Se o facto fôr praticado com violencia ou ameaça contra a pessoa, ou por mais de duas pessoas, com armas ou sem ellas:

Pena — a do art. 356.

Capitulo II

Do furto

Art. 330. Subtrahir, para si, ou para outrem, cousa alheia movel, contra a vontade de seu dono:

§ 1.º Se o objecto furtado fôr de valor inferior a 50$000:

Penas — de prisão cellular por um a tres annos, e multa de 5 a 20% do valor do objecto furtado.

§ 2.º Se de valor inferior a 100$000:

Penas — de prisão cellular por dois a quatro meses, e a mesma multa.

§ 3.º Se de valor inferior a 200$000:

Penas — de prisão cellular por tres a seis meses e a mesma multa.

§ 4.º Se de valor igual ou excedente a 200$000:

Penas — de prisão cellular por seis meses a tres annos, e a mesma multa.

Art. 331 E' crime de furto, sujeito ás mesmas penas e guardadas as distincções do artigo precedente:

1.º Apropriar-se alguem de cousa alheia, que venha ao seu poder por êrro, engano, ou caso fortuito;

2.º Apropriar-se de cousa alheia, que lhe houver sido confiada, ou consignada por qualquer titulo, com obrigação de a restituir, ou fazer della uso determinado;

3.º Apropriar-se de cousa alheia achada, deixando de a restituir ao dono, se a reclamar; ou de manifestá-la, dentro de 15 dias, á autoridade competente;

4.º Apropriar-se, em proveito proprio ou alheio, de animaes de qualquer especie pertencentes a outrem.

§ 1.º Se os animaes fôrem tirados dos pastos de fazendas de criação ou lavoura:

Penas — a mesma multa, accrescida com a sexta parte a pena corporal.

§ 2.º Nas penas do paragrapho precedente incorrerá aquelle que subtrair productos de estabelecimentos de lavoura, qualquer que seja a sua denominação e genero de cultura; de estabelecimentos de salga ou preparo de carnes, peixes, banhas e couros, não estando esses productos recolhidos a deposito, armazem ou celleiros fechados.

Art. 332. Tirar sem autorização legal a cousa propria, que se achar em poder de terceiro, por convenção ou determinação judicial, e em prejuizo delle:

Penas — de prisão cellular por seis meses a tres annos, e multa de 5 a 20% do valor do objecto.

Art. 333. Subtrahir processo, folhas, peças de autos ou livros judiciaes, titulos, documentos, testamentos e em geral qualquer instrumento susceptivel de effeitos juridicos:

Penas — de prisão cellular por seis meses a tres annos, e multa de 200$000 a 600$000.

Paragrapho unico. Se o furto fôr de objectos, ou papeis depositados em archivos publicos, ou estabelecimentos incumbidos pela lei de os guardar ou conservar:

Penas — as do artigo antecedente, com augmento da sexta parte.

Art. 334. O crime de furto se commetterá, ainda que a cousa pertença a herança ou communhão em estado de indivisão.

Art. 335. A acção criminal de furto não terá lugar entre marido e mulher, salvo havendo separação judicial de pessoa e bens, ascendentes, descendentes, e affins nos mesmos graus.

CAPITULO III

DA FALLENCIA

Art. 336. Todo commerciante, matriculado ou não, que fôr declarado em estado de fallencia, fica sujeito á acção criminal, se aquella fôr qualificada fraudulenta ou culposa, na conformidade das leis do commercio.

§ 1.º Se a fallencia fôr qualificada fraudulenta:

Pena — de prisão cellular por dois a seis annos.

§ 2.º Se culposa:

Pena — de prisão cellular por um a quatro annos.

§ 3.º A fallencia dos corretores e agentes de leilão sempre presume-se fraudulenta, e será punida com as respectivas penas.

Art. 337. O devedor não commerciante que se constituir em insolvencia, occultando ou alheando maliciosamente seus bens, ou simulando dividas em fraude de seus credores legitimos, será punido com a pena de prisão cellular de seis meses a dois annos.

CAPITULO IV

DO ESTELLIONATO, ABUSO DE CONFIANÇA E OUTRAS FRAUDES

Art. 338. Julgar-se-á crime de estellionato:

1.º Alhear a cousa alheia como propria, ou trocar por outras as cousas, que se deverem entregar;

2.º Alhear, locar ou aforar a cousa propria já alheada, locada ou aforada;

3.º Dar em caução, penhor, ou hypotheca, bens que não puderem ser alienados, ou estiverem gravados de onus reaes e encargos legaes e judiciaes, affirmando a isenção delles;

4.º Alhear ou desviar os objectos dados em penhor agricola, sem consentimento do credor, ou por qualquer modo defraudar a garantia pignoraticia;

5.º Usar de artificios para surprender a boa fé de outrem, illudir a sua vigilancia, ou ganhar-lhe a confiança; e induzindo-o a êrro ou engano por esses e outros meios astuciosos, procurar para si lucro ou proveito;

6.º Abusar de papel com assignatura em branco, de que se tenha apossado, ou lhe haja sido confiado com obrigação de restituir, ou fazer delle uso deterominado, e nelle escrever ou fazer escrever um acto, que produza effeito juridico em prejuizo daquelle que o firmou;

7.º Abusar, em proprio ou alheio proveito, das paixões ou inexperiencia de menor, interdicto, ou incapaz, e fazê-lo subscrever acto que importe effeito juridico, em damno delle ou outrem, não obstante a nullidade do acto emanado da incapacidade pessoal;

8.º Usar de falso nome, falsa qualidade, falsos titulos, ou de qualquer ardil, para persuadir a existencia de empresas, bens, crédito, influencia e supposto poder, e por esses meios induzir alguem a entrar em negocios, ou especulações, tirando para si qualquer proveito, ou locupletando-se da jactura alheia;

9.º Usar de qualquer fraude para constituir outra pessoa em obrigação que não tiver em vista, ou não puder satisfazer ou cumprir;

10. Fingir-se ministro de qualquer confissão religiosa e exercer as funcções respectivas para obter de outrem dinheiro ou utilidade;

11. Alterar a qualidade e o peso dos metaes, nas obras que lhe forem encommendadas; substituir pedras verdadeiras por falsas, ou por outras de valor inferior; vender pedras falsas por finas, ou vender como ouro, prata ou qualquer metal fino, objectos de diversas qualidades:

Penas — de prisão cellular por um a quatro annos e multa de 5 a 20% do valor do objecto sobre que recair o crime.

Paragrapho unico. Se o crime do n.º 6 deste artigo fôr commettido por pessoa a quem o papel houvesse sido confiado em razão do emprego ou profissão, ás penas impostas se accrescentará a de privação do exercicio da profissão, ou suspensão do emprego, por tempo igual ao da condemnação.

Art. 339. Quando o valor do objecto sobre que recair o estellionato não exceder de 100$000, a pena será de prisão cellular por dois meses a um anno, além da multa.

Art. 340. Incorrerão nas penas de prisão cellular por um a quatro annos e multa de 100$000 a 500$000:

1.º Os administradores de sociedades e companhias anonymas que, por conta dellas, comprarem e venderem acções das mesmas sociedades ou companhias, salva a faculdade de as amortizar na forma permittida por lei;

2.º Os administradores ou agentes que distribuirem dividendos não devidos;

3.º Os administradores que, por qualquer artificio, promoverem falsas cotações das acções.

4.º Os administradores que, em garantia de créditos sociaes, acceitarem penhor de acções da propria companhia.

Paragrapho unico. Serão considerados cumplices os fiscaes que deixarem de denunciar nos seus relatorios annuaes a distribuição de dividendos não devidos, e quaesquer fraudes praticadas no decurso do anno, e constantes dos livros e papeis sujeitos ao seu exame.

Art. 341. Não ficam prejudicadas pela disposição do artigo precedente as penas pecuniarias comminadas nas leis que regulam o estabelecimento das sociedades e companhias anonymas, aos respectivos administradores e gerentes, por outras faltas em que incorrerem, previstas nas mesmas leis.

Capitulo V

Dos crimes contra a propriedade literaria, artistica, industrial e commercial

Secção I — **Da violação dos direitos da propriedade literaria e artistica**

Art. 342. Imprimir, ou publicar em collecções, as leis, decretos, resoluções, regulamentos, relatorios e quaesquer actos dos poderes legislativo e executivo da Nação e dos Estados:

Penas — de apprehensão e perda para a Nação, ou Estado, de todos os exemplares publicados ou postos á venda, e multa igual á importancia do seu valor.

Art. 343. São solidariamente responsaveis por esta infracção:

a) O dono da officina onde se fizer a impressão ou publicação;

b) O autor ou importador, se a publicação fôr feita no estrangeiro;

c) O vendedor.

Art. 344. Reimprimir, gravar, lithographar, importar, introduzir, vender documentos, estampas, cartas, mappas e quaesquer publicações feitas por conta da Nação ou dos Estados, em officinas particulares ou publicas:

Penas — de apprehensão, e perda para a Nação, de todos os exemplares, e multa igual ao triplo do valor dos mesmos.

Paragrapho unico. O privilegio da fazenda publica resultante deste e do art. 342 não importa prohibição de transcrever, ou inserir qualquer dos actos acima indicados nos periodicos e gazetas, em compendios, tratados ou quaesquer obras scientificas ou literarias, nem a de revender os objectos especificados, tendo sido legitimamente adquiridos.

Art. 345. Reproduzir, sem consentimento do autor, qualquer obra literaria ou artistica, por meio da imprensa, gravura ou lithographia, ou qualquer processo mechanico ou chimico, emquanto viver, ou a pessoa a quem houver transferido a sua propriedade, e dez annos mais depois de sua morte, se deixar herdeiros:

Penas — de apprehensão e perda de todos os exemplares, e multa igual ao triplo do valor dos mesmos a favor do autor.

Art. 346. Reproduzir por inteiro, em livro, collecção ou publicação avulsa, discursos e orações proferidas em assembléas publicas, em tribunaes, em reuniões politicas, administrativas ou religiosas, ou em conferencias publicas, sem consentimento do autor:

Penas — de apprehensão e perda dos exemplares, e multa igual ao valor dos mesmos, em favor do autor.

Art. 347. Traduzir e expor á venda qualquer escripto ou obra, sem licença do seu autor:

Penas — as mesmas do artigo antecedente.

Esta prohibição não importa a de fazer citação parcial de qualquer escripto, com o fim de critica, polemica ou ensino.

Art. 348. Executar, ou fazer representar, em theatros ou espectaculos publicos, composição musical, tragedia, drama, comedia ou qualquer outra producção, seja qual fôr a sua denominação, sem consentimento, para cada vez, do dono ou autor:

Pena — de multa de 100$000 a 500$000 a favor do dono ou do autor.

Art. 349. Importar, vender, occultar ou receber, para serem vendidas, obras literarias ou artisticas, sabendo que são contrafeitas.

Penas — as de apprehensão e perda dos exemplares e multa igual ao dobro do valor dos mesmos a favor do dono ou autor.

Art. 350. Reproduzir qualquer producção artistica, sem consentimento do dono, por imitação ou contrafacção.

Penas — as do artigo antecedente.

Secção II — **Da violação dos direitos de patentes de invenção e descobertas**

Art. 351. Constitue violação dos direitos de patentes de invenção e descobertas.

§ 1.º Fabricar, sem licença do concessionario, os productos que fôrem objecto de uma patente de invenção ou descoberta, legitimamente concedida;

§ 2.º Empregar ou fazer applicação dos meios privilegiados pela patente;

§ 3.º Importar, expor á venda, occultar, ou receber para o fim de serem vendidos, productos contrafeitos de industria privilegiada, sabendo que o são:

Penas — multa de 500$000 a 5:000$000, em favor da Nação, de 10 a 20%, em favor do concessionario da patente, do valor do damno causado ou que se poderia causar, e perda dos instrumentos ou apparelhos, os quaes serão adjudicados ao concessionario da patente, pela mesma sentença que condemnar o infractor.

Paragrapho unico. Considera-se circumstancia aggravante da infracção:

1.º Ser, ou ter sido o infractor empregado ou operario, nos estabelecimentos do concessionario da patente;

2.º Associar-se com empregado ou operario do concessionario, para ter conhecimento do modo pratico de obter ou empregar a invenção.

Art. 352. Inculcar-se alguem possuidor de patentes, usando de emblemas, marcas, letreiros, ou rotulos indicativos de privilegios que não tenha, sobre productos, ou objectos preparados para o commercio ou expostos á venda:

§ 1.º Continuar o inventor a exercer a industria como privilegiada, estando a patente suspensa, annullada ou caduca;

§ 2.º Fazer em prospectos, annuncios, letreiros ou por qualquer modo de publicidade, menção da patente, sem designar o objecto especial para que a tiver obtido:

Pena — de multa de 100$000 a 500$000 em favor da Nação.

Paragrapho unico. Na mesma pena incorrerão os profissionaes ou peritos que, incumbidos do exame prévio da materia ou objecto da patente, vulgarizarem o segredo da invenção, sem prejuizo das acções criminaes ou civis que as leis permittirem.

Secção III — **Da violação dos direitos de marcas de fabrica e de commercio**

Art. 353. Reproduzir, sem licença do dono, ou seu legitimo representante, por qualquer meio, no todo ou em parte, marca de industria ou de commercio devidamente registrada e publicada:

§ 1.º Usar de marca alheia, ou falsificada nos termos supra-ditos;

§ 2.º Vender, ou expor á venda, objectos revestidos de marca alheia ou falsificada, no todo ou em parte;

§ 3.º Imitar marca de industria ou commercio de modo que possa illudir o comprador;

§ 4.º Usar de marca assim imitada;

§ 5.º Vender, ou expor á venda objectos revestidos de marca imitada;

§ 6.º Usar de nome, ou firma commercial, que lhe não pertença, faça ou não parte de marca registrada:

Penas — multa de 500$000 a 2:000$000, a favor da Nação, e de 10 a 50% do valor dos objectos, sobre que versar a infracção, em favor do dono da marca.

Art. 354. Para que se dê a imitação nos casos acima indicados, não é necessario que a semelhança da marca seja completa, bastando, sejam quaes fôrem as differenças, a possibilidade de êrro e confusão, sempre que as differenças das duas marcas não possam ser reconhecidas sem exame attento ou confrontação.

Paragrapho unico. Reputar-se-á existente a usurpação do nome ou firma social, quer a reproducção seja integral, quer com accrescentamentos, omissões ou alterações, comtanto que haja a mesma possibilidade de êrro ou confusão do comprador.

Art. 355. Usar, sem autorização competente, em marca de industria ou de commercio, de armas, brasões ou distinctivos publicos ou officiaes, nacionaes ou estrangeiros;

§ 1.º Usar de marca que offenda o decoro publico;

§ 2.º Usar de marca que contiver indicação de localidade ou estabelecimento que não seja o da proveniencia da mercadoria ou producto, quer a esta indicação esteja junto nome supposto, quer não;

§ 3.º Vender, ou expor á venda, mercadoria ou producto nas condições referidas neste artigo.

Pena — de multa de 100$000 a 500$000, a favor da Nação.

TITULO XIII

DOS CRIMES CONTRA A PESSOA E A PROPRIEDADE

Capitulo I

Do roubo

Art. 356. Subtrahir, para si ou para outrem, cousa alheia movel, fazendo violencia á pessoa ou empregando força contra a cousa:

Pena — de prisão cellular por dois a oito annos.

Art. 357. Julgar-se-á violencia feita á pessoa todas as vezes que, por meio de lesões corporaes, ameaças ou outro qualquer modo, se reduzir alguem a não poder defender os bens proprios, ou alheios sob sua guarda.

E' considerada violencia contra a pessoa a entrada á noite na casa por meio de escalada, gazúas, chaves falsas ou verdadeiras, fortuita ou subrepticiamente obtidas pelo criminoso, ou com auxílio de algum domestico, que tenha sido subordinado, ou fingindo-se o delinquente autoridade publica, ou autorizado a tomar a propriedade alheia.

Art. 358. Julgar-se-á violencia feita ás cousas a destruição e rompimento dos obstaculos á perpetração do crime.

Constituem violencia contra cousas os arrombamentos internos e externos, a perfuração de parede, a introducção dentro da casa por conducto subterraneo, por cima dos telhados ou por qualquer caminho que não seja destinado a servir de entrada ao edificio e a qualquer das suas dependencias.

Art. 359. Se para realizar o roubo, ou no momento de ser perpetrado, se commetter morte:

Pena — de prisão cellular por doze a trinta annos.

Paragrapho unico. Se commetter-se alguma lesão corporal das especificadas no art. 304:

Pena — de prisão cellular por quatro a doze annos.

Art. 360. A tentativa de roubo, quando se tiver realizado a violencia, ainda que não se opere a tirada da cousa alheia, será punida com as penas do crime, se della resultar a morte de alguem, ou á pessoa offendida alguma lesão corporal das especificadas no art. 304.

Art. 361. Fabricar gazúas, chaves, instrumentos e apparelhos proprios para roubar, tê-los, ou trazê-los comsigo, de dia ou de noite:

Pena — de prisão cellular por seis meses a tres annos.

Capitulo II

Das extorsões

Art. 362. Sequestrar uma pessoa para obter della, ou de outrem, como preço de sua libertação, dinheiro, cousa ou acto que importe qualquer effeito juridico:

§ 1.º Extorquir de alguem vantagem illicita, pelo temor de grave damno a sua pessoa ou bens; constranger alguem, quer por ameaça de publicações infamantes e falsas denuncias, quer simulando ordem de autoridade, ou fingindo-se tal, a mandar depositar, ou pôr á disposição, dinheiro, cousa, ou acto que importe effeito juridico;

§ 2.º Obrigar alguem, com violencia ou ameaça de grave damno a sua pessoa ou bens, a assignar, escrever, ou anniquilar, em prejuizo seu, ou de outrem, um acto que importe effeito juridico:

Pena — de prisão cellular por dois a oito annos.

Art. 363. Em todos os casos comprehendidos nos dois capitulos deste titulo, se addicionará á pena corporal imposta ao criminoso a multa de 5 a 20% do valor do objecto roubado ou extorquido.

LIVRO III

DAS CONTRAVENÇÕES EM ESPÉCIE

Capitulo I

Da violação das leis de inhumação e da profanação dos tumulos e cemiterios

Art. 364. Inhumar cadaver em contravenção dos regulamentos sanitarios, ou transportá-los para fóra do cemiterio, salvo o caso de exhumação competentemente autorizada:

Pena — de prisão cellular por um a seis meses.

Paragrapho unico. O facultativo que, sem designio criminoso, passar certidão de obito de individuo que depois se reconheça que estava vivo ainda, incorrerá nas penas de multa de 100$ a 200$ e privação do exercicio da profissão por um anno.

Art. 365. Profanar cadaver; praticar sobre elle, antes ou depois da inhumação, qualquer desacato tendente a quebrantar o respeito devido aos mortos; violar ou conspurcar as sepulturas:

Pena — de prisão cellular por dois meses a um anno.

Art. 366. Damnificar, de qualquer modo, os mausoléus, lousas, inscripções e emblemas funerarios:

Pena — de prisão cellular por um a tres meses.

Capitulo II

Das loterias e rifas

Art. 367. Fazer loterias e rifas, de qualquer especie, não autorizadas por lei, ainda que corram annexas a qualquer outra autorizada:

Penas — de perda, para a Nação, de todos os bens e valores sobre que versarem, e multa de 200$ a 500$000.

§ 1.º Será reputada loteria ou rifa a venda de bens, mercadorias ou objectos de qualquer natureza, que se prometter ou effectuar por meio de sorte; toda e qualquer operação em que houver promessa de premio ou beneficio dependente de sorte.

§ 2.º Incorrerão em pena:

1.º os autores, emprehendedores ou agentes de loterias ou rifas;

2.º os que distribuirem ou venderem bilhetes;

3.º os que promoverem o seu curso e extracção.

Art. 368. Receber bilhetes de loteria estrangeira, para vender por conta propria ou alheia, ou em quantidade tal que razoavelmente não se possa presumir outro destino:

Penas — de perda para a Nação de todos os bilhetes apprehendidos, respectivos valores e premios, e multa de 500$ a 2:000$000.

Na mesma pena incorrerão os que passarem bilhetes, ou offerecerem á venda, ou de qualquer modo disfarçado fizerem delles objectos de mercancia.

Capitulo III

Do jogo e aposta

Art. 369. Ter casa de tavolagem, onde habitualmente se reunam pessoas, embora não paguem entrada, para jogar jogos de azar, ou estabelecê-los em lugar frequentado pelo publico:

Penas — de prisão cellular por um a tres meses; de perda para a Fazenda Publica de todos os apparelhos e instrumentos de jogo, dos utensilios, moveis e decoração da sala de jogo, e multa de 200$ a 500$000.

Paragrapho unico. Incorrerão na pena de multa de 50$ a 100$000 os individuos que fôrem achados jogando.

Art. 370. Consideram-se jogos de azar aquelles em que o ganho e a perda dependem exclusivamente da sorte.

Paragrapho unico. Não se comprehendem na prohibição dos jogos de azar as apostas de corridas a pé ou a cavallo, ou outras semelhantes.

Art. 371. Jogar com menores de 21 annos, ou excitá-los a jogar:

Penas — de prisão cellular por um a tres meses, e multa de 50$ a 100$000.

Art. 372. Usar de violencia para constranger alguem a jogar, ou manter jogo:

Penas — de prisão cellular por um a seis meses, e multa de 100$ a 200$000, além das mais em que incorrer pela violencia.

Art. 373. Usar de meios fraudulentos para assegurar a sorte no jogo ou o ganho na aposta:

Pena — de prisão cellular por um a quatro annos.

Art. 374. Será julgado e punido como vadio todo aquelle que se sustentar do jogo, além de incorrer na pena do paragrapho unico do art. 369.

Capitulo IV

Das casas de emprestimos sobre penhores

Art. 375. Estabelecer casa de emprestimo sobre penhores sem autorização, ou tendo obtido esta, não manter escripturação regular na forma determinada nas leis e regulamentos do Governo:

Pena — de multa de 500$ a 2:000$000, sem prejuizo de outras em que incorrer.

Capitulo V

Do Fabrico e Uso de Armas

Art. 376. Estabelecer, sem licença do governo, fabrica de armas, ou polvora:

Penas — de perda, para a Nação, dos objectos apprehendidos, e multa de 200$ a 500$000.

Art. 377. Usar de armas offensivas sem licença da autoridade policial.

Pena — de prisão cellular por quinze a sessenta dias.

Paragrapho unico. São isentos de pena:

1.º os agentes da autoridade publica, em diligencia ou serviço;

2.º os officiaes e praças do Exercito, da Armada e da Guarda Nacional, na conformidade dos seus regulamentos.

Capitulo VI

Das Contravenções de Perigo Commum

Art. 378. Conservar soltos, ou guardados sem cautela, animaes bravios, perigosos, ou suspeitos de hydrophobia; deixar, neste ultimo caso, de dar aviso á autoridade publica para providenciar como o caso exigir;

Deixar vagar loucos confiados a sua guarda, ou quando evadidos de seu poder, não avisar a autoridade competente, para os fazer recolher;

Receber em casa particular, sem aviso prévio á autoridade, ou sem autorização legal, pessoas affectadas de alienação mental;

Deixar o medico clinico de denunciar a existencia de doentes de molestia infecciosa á autoridade competente, afim de que esta possa providenciar opportunamente, na conformidade dos regulamentos sanitarios;

Destruir ou remover signaes collocados na via publica para prevenir algum sinistro ou advertir de perigo os transeuntes;

Dar aviso falso de incendio:

Pena — multa de 50$ a 100$000.

Capitulo VII

Do Uso de Nome Supposto, Titulos Indevidos e Outros Disfarces

Art. 379. Usar de nome supposto, trocado ou mudado, de titulo, distinctivo, uniforme ou condecoração, que não tenha;

Usurpar titulo de nobreza, ou brasão de armas que não tenha;

Disfarçar o sexo, tomando trajos improprios do seu, e trazê-los publicamente para enganar:

Pena — de prisão cellular por quinze a sessenta dias.

Paragrapho unico. Em igual pena incorrerá a mulher que, condemnada em acção de divorcio, continuar a usar o nome do marido.

Art. 380. Se por meio de algum dos artificios precedentemente mencionados, alguem conseguir de outrem dinheiro, ou utilidade:

Penas — as do art. 338.

Art. 381. Fingir-se empregado publico:

Pena — de prisão cellular por um a tres meses.

Se por esse meio conseguir obter de outrem dinheiro ou utilidade:

Penas — as do art. 338.

Capitulo VIII

Das sociedades secretas

Art. 382. Considera-se sociedade secreta a reunião, em dias certos e determinado lugar, de mais de sete pessoas, que sob juramento ou sem elle, se impuserem a obrigação de occultar á autoridade publica o objecto da reunião, sua organização interna, e o pessoal de sua administração.

Aos chefes ou directores da reunião, ao dono ou administrador da casa onde ella se celebrar:

Pena — de prisão cellular por cinco a quinze dias.

§ 1.º Não terá lugar a imposição da pena se se fizer á autoridade policial a declaração dos fins e dos intuitos da reunião.

§ 2.º Se fôrem falsas as declarações e a sociedade tiver fins oppostos á ordem social, a autoridade fará dispersar a reunião, e aos chefes ou directores imporá em dobro a pena deste artigo.

Capitulo IX

Do uso illegal da arte typographica

Art. 383. Estabelecer officina de impressão, lithographia, gravura, ou qualquer outra arte de reproducção de exemplares por meios mechanicos ou chimicos, sem prévia licença da Intendencia, ou Camara Municipal do lugar, com declaração do nome do dono, anno, lugar, rua e casa onde tiver de estabelecer a officina, ou o lugar para onde fôr transferida depois de estabelecida:

Pena — de multa de 100$ a 200$000.

Art. 384. Imprimir, lithographar ou gravar qualquer escripto, estampa ou desenho, sem nelle se declararem as circumstancias mencionadas no artigo antecedente:

Penas — de perda, para a Nação, de todos os exemplares apprehendidos, e multa de 50$ a 100$000.

Art. 385. Imprimir, lithographar ou gravar, com falsidade, as declarações do artigo antecedente:

Penas — de perda, para a Nação, de todos os exemplares apprehendidos, e multa de 100$ a 200$000.

Art. 386. Deixar de remetter á Bibliotheca Publica, nos lugares onde a houver, um exemplar do escripto ou obra impressa:

Pena — de multa de 50$ a 100$000.

Art. 387. Affixar em lugares publicos, nas paredes e muros das casas, sem licença da autoridade competente, cartazes, estampas, desenhos, manuscriptos, ou escrever disticos ou letreiros:

Pena — de multa de 50$ a 100$000.

Capitulo X

Da omissão de declarações no registro civil

Art. 388. Toda pessoa nacional ou estrangeira que, tendo obrigação de dar a registro algum nascimento, deixar de fazer as declarações competentes, dentro dos prazos marcados nos regulamentos, incorrerá na multa de 5$ a 20$000, elevada ao duplo no caso de reincidencia.

Capitulo XI

Do damno ás cousas publicas

Art. 389. Plantar arvores ou quaesquer vegetaes, que se embaracem nas linhas telegraphicas ou telephonicas; fazer obras que obstruam os esgotos e vedem o escoamento das aguas; fazer queimadas, ou depositar materiais inflammaveis na proximidade das linhas; atar animaes aos postes; collocar sobre os fios objecto que possa causar damnificação, ou impedir o transito dos guardas pelas linhas:

Pena — de multa de 50$ a 100$, além da obrigação de reparar o damno causado e de remover os obstaculos criados nas linhas.

Paragrapho unico. Em igual pena incorrerão os donos ou consignatarios de navios que fundearem, ou largarem ferro na direcção de algum cabo telegraphico immerso, indicado pelas boias.

Se o ferro agarrar o cabo immerso e o deslocar, ou quebrar, a multa será dobrada.

Art. 390. Cortar, destruir, ou substituir por outras, sem licença da autoridade competente, as arvores plantadas nas praças, ruas e logradouros publicos; damnificar os jardins e parques de uso publico:

Penas — de prisão cellular por oito a quinze dias, e multa igual ao valor do damno causado.

Capitulo XII

Dos mendigos e ebrios

Art. 391. Mendigar, tendo saúde e aptidão para trabalhar:

Pena — de prisão cellular por oito a trinta dias.

Art. 392. Mendigar, sendo inhabil para trabalhar, nos lugares onde existem hospicios e asylos para mendigos:

Pena — de prisão cellular por cinco a quinze dias.

Art. 393. Mendigar, fingindo enfermidades, simulando motivo para armar á commiseração, ou usando de modo ameaçador e vexatorio:

Pena — de prisão com trabalho por um a dois meses.

Art. 394. Mendigar aos bandos, ou em ajuntamento, não sendo pai ou mãe e seus filhos impuberes, marido e mulher, cego ou aleijado e seu conductor:

Pena — de prisão cellular por um a tres meses.

Art. 395. Permittir que uma pessoa menor de 14 annos, sujeita a seu poder, ou confiada á sua guarda e vigilancia, ande a mendigar, tire, ou não, lucro para si ou para outrem:

Pena — de prisão cellular por um a tres meses.

Art. 396. Embriagar-se por habito, ou apresentar-se em publico em estado de embriaguez manifesta:

Pena — de prisão cellular por quinze a trinta dias.

Art. 397. Fornecer a alguem, em lugar frequentado pelo publico, bebidas com o fim de embriagá-lo, ou de augmentar-lhe a embriaguez:

Pena — de prisão cellular por quinze a trinta dias.

Paragrapho unico. Se o facto fôr praticado com alguma pessoa menor, ou que se ache manifestamente em estado anormal por fraqueza ou alteração da intelligencia:

Pena — de prisão cellular por dois a quatro meses.

Art. 398. Se o infractor fôr dono da casa de vender bebidas ou substancias inebriantes:

Pena — de prisão cellular por um a quatro meses, e multa de 50$ a 100$000.

Capitulo XIII

Dos vadios e capoeiras

Art. 399. Deixar de exercitar profissão, officio, ou qualquer mistér em que ganhe a vida, não possuindo meio de subsistencia e domicilio certo em que habite; prover á subsistencia por meio de occupação prohibida por lei, ou manifestamente offensiva da moral e dos bons costumes:

Pena — de prisão cellular por quinze a trinta dias.

§ 1.º Pela mesma sentença que condemnar o infractor como vadio, ou vagabundo, será elle obrigado a assignar termo de tomar occupação dentro de quinze dias, contados do cumprimento da pena.

§ 2.º Os maiores de quatorze annos serão recolhidos a estabelecimentos disciplinares industriaes, onde poderão ser conservados até á idade de 21 annos.

Art. 400. Se o termo fôr quebrado, o que importará reincidencia, o infractor será recolhido, por um a tres annos, a colonias penaes, que se fundarem em ilhas maritimas, ou nas fronteiras do territorio nacional, podendo para esse fim ser aproveitados os presidios militares existentes.

Paragrapho unico. Se o infractor fôr estrangeiro, será deportado.

Art. 401. A pena imposta aos infractores, a que se referem os artigos precedentes, ficará extincta se o condemnado provar superveniente acquisição de renda bastante para a sua subsistencia; e suspensa, se apresentar fiador idoneo que por elle se obrigue.

Paragrapho unico. A sentença que, a requerimento do fiador, julgar quebrada a fiança, tornará efectiva a condemnação suspensa por virtude della.

Art. 402. Fazer nas ruas e praças publicas exercicios de agilidade e destreza corporal conhecidos pela denominação **capoeiragem;** andar em correrias, com armas ou instrumentos capazes de produzir uma lesão corporal, provocando tumultos ou desordens, ameaçando pessoa certa ou incerta, ou incutindo temor de algum mal.

Pena — de prisão cellular por dois a seis meses.

Paragrapho unico. É considerada circumstancia aggravante pertencer a capoeira a alguma banda ou malta.

Aos chefes, ou cabeças, se imporá a pena em dobro.

Art. 403. No caso de reincidencia, será applicada ao capoeira, no grau maximo, a pena do art. 400.

Paragrapho unico. Se fôr estrangeiro, será deportado, depois de cumprida a pena.

Art. 404. Se nesses exercicios de capoeiragem perpetrar homicidio, praticar alguma lesão corporal, ultrajar o pudor publico e particular, perturbar a ordem, tranquillidade ou segurança publica, ou fôr encontrado com armas, incorrerá cumulativamente nas penas comminadas para taes crimes.

LIVRO IV

DISPOSIÇÕES GERAIS

Art. 405. O valor do objecto sobre que versar o crime, nas hypotheses dos arts. 330, 331 e 339, será fixado:

1.º Para regular a fiança provisoria, pela autoridade a quem competir concedê-la, conforme as circumstancias do caso;

2.º Para regular a pronuncia, pelo Juiz da causa, mediante arbitramento feito por dois peritos de sua nomeação.

§ 1.º O arbitramento assentará na avaliação do objecto, ou em falta deste, na prova documental, ou testemunhal, e poderá ser corrigido pelo juiz.

§ 2.º Se o valor fixado para a pronuncia fôr alterado pelo Tribunal do Jury, não deixará este de applicar a pena correspondente, seja qual fôr a alteração.

Art. 406. A fiança não será concedida nos crimes, cujo maximo da pena fôr prisão cellular, ou reclusão por quatro annos.

Paragrapho unico. Para os effeitos da fiança provisoria, a pena de prisão cellular será considerada equivalente á de prisão com trabalho, e a de reclusão á de degredo, sendo alterada a tabella vigente.

Art. 407. Haverá lugar a acção penal:

§ 1.º Por queixa da parte offendida, ou de quem tiver qualidade para representá-la.

§ 2.º Por denuncia do ministerio publico, em todos os crimes e contravenções.

Exceptuam-se:

1.º, os crimes de furto e damno, não tendo havido prisão em flagrante;

2.º, os crimes de violencia carnal, rapto, adulterio, parto supposto, calumnia e injuria, em que sómente caberá proceder por queixa da parte, salvos os casos do art. 274.

§ 3.º Mediante procedimento **ex-officio,** nos crimes inafiançaveis, quando não fôr apresentada a denuncia nos prazos da lei.

Art. 408. Em todos os termos da acção intentada por queixa será ouvido o ministerio publico; e nos da que o fôr por denuncia, ou **ex-officio,** poderá intervir a parte offendida para auxiliá-lo.

Art. 409. Emquanto não entrar em inteira execução o systema penitenciario, a pena de prisão cellular será cumprida como a de prisão com trabalho, nos estabelecimentos penitenciarios existentes, segundo o regimen actual; e nos lugares em que os não houver, será convertida em prisão simples, com augmento da sexta parte do tempo.

§ 1.º A pena de prisão simples, em que fôr convertida a de prisão cellular, poderá ser cumprida fóra do lugar do crime, ou do domicilio do condemnado, se nelle não existirem casas de prisão commodas e seguras, devendo o juiz designar na sentença o lugar onde a pena terá de ser cumprida.

§ 2.º O cumprimento dessa pena, embora penda recurso voluntario, começará a contar-se do dia em que fôr proferida a sentença de condemnação.

Art. 410. As disposições das leis e regulamentos de fazenda e commercio, de administração e policia geral, e regimentos dos auditorios, que decretam penas pecuniarias e disciplinares, continuarão a ser observadas na parte em que não tiverem sido especialmente revogadas por este Codigo.

Art. 411. Este Codigo começará a ser executado, em todo o territorio da Republica, seis meses depois de sua publicação na Capital Federal.

Art. 412. Ficam revogadas todas as leis em contrario.

CONSOLIDAÇÃO DAS LEIS PENAIS

Aprovada e adotada pelo Decreto n.º 22.213 de 14 de Dezembro de 1932

DECRETO N.º 22.213, DE 14 DE DEZEMBRO DE 1932

Aprova e adota a Consolidação das Leis Penais de autoria do Sr. Desembargador Vicente Piragibe

O CHEFE DO GOVERNO PROVISORIO DA REPUBLICA DOS ESTADOS UNIDOS DO BRASIL

Considerando que, o Codigo Penal Brasileiro, promulgado pelo Decreto n. 847, de 11 de Outubro de 1890, tem sofrido inumeras modificações, quer na classificação dos delitos e intensidade das penas, quer com a adoção de institutos reclamados pela moderna orientação da penalogia;

Considerando que essas modificações constam de grande número de leis esparsas, algumas das quaes já foram, por sua vez, profundamente alteradas, o que dificulta não só o conhecimento como a aplicação da lei penal;

Considerando que, não sendo licito invocar a ignorancia do direito, devem as leis estar ao alcance de todos, já pela clareza, já pela divulgação, o que, com rigor maior, cumpre seja observado em relação ás leis penais, em virtude da particular incidencia destas sobre a liberdade individual;

Considerando que, malogradas as varias tentativas de reforma do Codigo Penal Brasileiro, a que ora se empreende ainda tardará em ser convertida em lei, não obstante a dedicação e competencia da respectiva Sub-Commissão Legislativa;

Considerando que, sem desarticular o sistema do Codigo atual nem alterar as disposições em vigor, é de todo conveniente seja adotada uma consolidação das leis penais;

Considerando que esse objetivo póde ser alcançado com o trabalho "Codigo Penal Brasileiro, completado com as leis modificadoras em vigor", de autoria do Snr. Desembargador Vicente Piragibe, Juiz da Côrte de Apelação do Distrito Federal, com exercicio em uma das camaras criminais desse alto tribunal judiciario;

Considerando que a propria Sub-Commissão legislativa do Codigo Penal, em parecer emitido sobre o mencionado trabalho, reconhece a sua utilidade pratica e se pronuncia pela sua aprovação oficial, pensando, do mesmo modo, o Instituto dos Advogados, o Club dos Advogados e a unanimidade dos desembargaores das Camaras Criminais da Côrte de Apelação do Distrito Federal;

Considerando que o autor da obra consente na sua adoção, independentemente de qualquer indenização ou premio, resalvados apenas os seus direitos autorais, quanto á edição já publicada e ás reedições futuras:

DECRETA:

Art. 1.º — Fica aprovado e adotado, como "Consolidação das Leis Penais", o trabalho do Sr. Desembargador Vicente Piragibe, publicado sob o titulo "Codigo Penal Brasileiro, completado com as leis modificadoras em vigor", que a este acompanha, subscrito pelo Ministro da Justiça.

§ Unico — A Consolidação, assim aprovada e adotada, não revogará dispositivo algum da legislação penal em vigor, no caso de incompatibilidade entre os textos respectivos.

Art. 2.º — Ficam resalvados os direitos do autor, quanto á edição já publicada e a futuras reedições da mesma obra.

Art. 3.º — Revogam-se as disposições em contrario.

Rio de Janeiro, em 14 de Dezembro de 1932, 111.º da Independencia e 44.º da Republica.

(aa) GETULIO VARGAS

Francisco Antunes Maciel.

COMMISSÃO LEGISLATIVA

Rio de Janeiro, 21 de Novembro de 1932.

N.º 268.

Exmo. Sr. Ministro da Justiça e Negocios Interiores.

A recente publicação do livro do Desembargador Vicente Piragibe — "Codigo Penal Brasileiro, completado com as leis modificadoras em vigor" — evidenciou, mais uma vez, a necessidade urgente de actualizar a nossa legislação criminal em um só texto, de facil e prompta consulta.

As deficiencias do Codigo de 90 têm sido corrigidas — ou se tem, ao menos, procurado corrigil-as — em multiplas leis, algumas das quaes attinentes ás mesmas materias. A corrigenda definitiva, mediante a promulgação de novo Codigo, orientado pelas ideias actuaes da Sciencia Penal, tem sido, ao mesmo tempo, objecto de varias tentativas, parecendo que, agora, os esforços da 2.ª Sub-Commissão Legislativa permittem esperar, dentro de praso relativamente curto, a realisação desse **desideratum**, tão avançada vae, graças á competencia inexcedivel e á dedicação admiravel de seus membros, Srs. Drs. Virgilio de Sá Pereira, Evaristo de Moraes e Mario de Bulhões Pedreira, a revisão do projecto, elaborado anteriormente pelo primeiro destes jurisconsultos. Finda a preparação do novo ante-projecto, a tarefa não estará, porém, concluida, pois, segundo a norma que tenho adoptado nos trabalhos desta Commissão, seguir-se-á o recebimento de suggestões e criticas, e, depois, o seu exame detalhado e a revisão definitiva do ante-projecto. Tudo isso consumirá longo tempo e, até então, a nossa legislação penal continuará a ser um "cipoal" — como CARLOS DE CARVALHO caracterizou, em certo tempo, a legislação civil.

Simples collectaneas de leis penaes em vigor — mesmo as de mais cuidada preparação e de data recente, como as dos Drs. FREITAS E CASTRO, SATAYANA DE MASCARENHAS e RUBEM ROSA, não offerecem, prompta, clara, seguramente, a indicação do texto a applicar.

O obra do Desembargador VICENTE PIRAGIBE foi acolhida com os maiores encomios. Magistrados e advogados do fôro criminal proclamaram-lhe a exactidão, a fidelidade e a utilidade pratica. Commissão especial do Instituto de Advogados emittiu parecer nesse mesmo sentido. Submetti o assumpto ao exame da Sub-Commissão Legislativa competente, e esta, no relatório que, junto a este apresento, por copia, a V. Ex., se pronunciou francamente pela conveniencia de approvar, por decreto, como "Consolidação das leis penaes", a obra do Sr. Desembargador VICENTE PIRAGIBE.

Esse é, tambem, o meu parecer — que me apresso a submetter á esclarecida apreciação de V. Ex.

Sobre o mesmo arcabouço do obsoleto e defeituoso Codigo de 90 não é possivel formar o novo Codigo, de que precisamos. Por isso mesmo, no ponto de vista doutrinario, como accentúa a Sub-Commissão em seu parecer, o trabalho do Sr. Desembargador VICENTE PIRAGIBE não satisfaria os reclamos da nossa cultura juridica. Adoptado, porém, como consolidação das leis vigentes, sem alteral-as, portanto, essa obra terá a maior utilidade pratica e constituirá, até, vantajosa preparação para a adopção opportuna do novo Codigo Criminal.

Resta-me accentuar que se deve solicitar do eminente magistrado, autor da obra em apreço, o consentimento preciso para que, sem indemnisação nem premio, seja approvada como Consolidação das leis penaes em vigor, reservando-se-lhe, entretanto, o direito á edição já publicada e a futuras reedições da mesma obra, nos termos do decreto cuja minuta junto a este.

Valho-me do ensejo para reiterar a V. Ex. os protestos da minha mais elevada estima e distincta consideração.

LEVI CARNEIRO
Presidente da Commissão Legislativa.

Rio de Janeiro, 17 de Novembro de 1932.

Ao Exmo. Sr. Dr. Levi Carneiro, M. D. Presidente da Commissão Legislativa.

A Sub-Commissão do Codigo Penal, solicitada por Vossa Exa. a emittir opinião sobre o livro do Desembargador VICENTE PIRAGIBE — "Codigo Penal Brasileiro, completado com as leis modificadoras em vigor", tem a honra de apresentar o seu parecer.

Posteriormente ao Decr. n. 847, de 11 de Outubro de 1890, que mandou vigorar o actual Codigo Penal, a evolução das condições sociaes brasileiras e o progresso da sciencia criminal determinaram a creação de numero consideravel de leis, complementares ou modificadoras, que se agrupam á sua volta, formando um conjuncto de normas penaes sem unidade nem systema.

Hoje, mais de noventa leis, decretos e regulamentos, em materia penal, gravitam em torno ao Codigo de 1890, alterando-o ou completando-o, e a essa legislação extravagante cumpre attender a Justiça na sua actividade diaria. Tal commettimento, já de si arduo, é sobremodo difficultado pela carencia absoluta de technica legislativa, dispondo, não raro, o mesmo decreto ou lei, sobre materia de natureza a mais heterogenea.

O trabalho do Desembargador Vicente Piragibe consolidando toda essa legislação esparsa de modo a integral-a no Codigo Penal — offerece, pelo aspecto pratico da questão, uma solução digna do maior encomio. Ninguem ha que lhe possa discutir a grande utilidade. Facilita a todos o conhecimento das leis penaes e á Justiça a sua consulta e applicação. O cuidado que lhe presidiu a elaboração, a fidelidade das inserções realizadas, sem desarticular o organismo do Codigo e obedecendo á divisão dos seus titulos e capitulos bem como á ordem e numeração dos seus artigos, autorisam recommendal-o á approvação official.

Nessa mesma situação se encontrou o governo do Imperio, no tocante á nossa legislação civil, e della sahiu approvando a Consolidação das Leis Civis do grande TEIXEIRA DE FREITAS.

Entende esta Sub-Commissão que da mesma forma poderá agora proceder o Governo Provisorio approvando a Consolidação das Leis Penaes, do Desembargador VICENTE PIRAGIBE. Mas, assim como a approvação da Consolidação de TEIXEIRA DE FREITAS não revogou nem abrogou o nosso Codigo Civil de então, que eram as Ordenações do Reino, tambem agora a approvação da Consolidação do Desembargador VICENTE PIRAGIBE não revogará nem abrogará o Codigo vigente. Assim que, o titulo de Codigo Penal Brasileiro completado com as leis modificadoras em vigor não poderá subsistir no acto da approvação, porque a esse trabalho faltará justamente o que se reclama num Codigo — systematisação, unidade doutrinaria, coherencia technica, organicidade, emfim.

Como consolidação elle tem, o que aliás já reconhecemos, grande merecimento e será de utilidade pratica immediata; como Codigo, porém, desmerecerá, justamente por não pretender sel-o, nem poder sel-o, porquanto é uma justaposição laboriosa e habil de leis cuja doutrina nem sempre é coherente e que não se ligam entre si por principios geraes e superiores que revistam o todo da necessaria unidade organica.

Isso só se alcançará com a promulgação do Codigo Penal, cujo projecto esta Sub-Commissão está revendo com o maior empenho e actividade, e que espera terminar em poucos mezes mais. Até lá, porém, entende esta Sub-Commissão que uma Consolidação das leis penaes, como a que é apresentada pelo Desembargador PIRAGIBE, póde e deve, com este caracter, ser approvada pelo Governo, por ser grande a utilidade pratica que ella trará á distribuição da Justiça.

A 2.ª Sub-Commissão agradece a V. Ex. a honrosa referencia aos seus trabalhos e serve-se do ensejo para reiterar a V. Ex. os protestos da mais elevada estima e consideração.

VIRGILIO DE SÁ PEREIRA

EVARISTO DE MORAES

MARIO DE BULHÕES PEDREIRA.

LIVRO I

DOS CRIMES E DAS PENAS

TITULO I

DA APPLICAÇÃO E DOS EFFEITOS DA LEI PENAL

Art. 1.º — Ninguem poderá ser punido por facto que não tenha sido anteriormente qualificado crime, e nem com penas que não estejam previamente estabelecidas.

A interpretação extensiva por analogia ou paridade não é admissivel para qualificar crimes, ou applicar-lhes penas.

Art. 2.º — A violação da lei penal consiste em acção ou omissão; constitue crime ou contravenção.

Art. 3.º — A lei penal não tem effeito retroactivo; todavia, o facto anterior será regido pela lei nova:

a) si não fôr considerado passivel de pena;

b) si fôr punido com pena menos rigorosa.

Paragrapho unico — Em ambos os casos, embora tenha havido condemnação, se fará applicação da nova lei, a requerimento da parte ou do ministerio publico, por simples despacho do juiz ou tribunal, que proferiu a ultima sentença.

Art. 4.º — A lei penal é applicavel a todos os individuos, sem distincção de nacionalidade, que, em territorio brasileiro, praticarem factos criminosos e puniveis.

Incluem-se na definição de territorio brasileiro:

a) os portos e mares territoriaes;

b) os navios brasileiros em alto mar;

c) os navios mercantes estrangeiros surtos em porto brasileiro;

d) os navios de guerra nacionaes em porto estrangeiro.

Art. 5.º — E' tambem applicavel a lei penal:

I — Ao nacional ou estrangeiro que regressar ao Brasil, espontaneamente ou por extradicção, tendo commettido fóra do paiz os crimes de homicidio e roubo em fronteiras, e não tendo sido punido no logar onde delinquiu;

II — Aos brasileiros, ainda que ausentes da Republica, que perpetrarem algum dos crimes:

a) contra a independencia, integridade e dignidade da Patria (arts. 87, 92, 94, 98, 101, 102 e 104);

b) contra a Constituição da Republica e fórma do seu governo (art. 107 e § unico);

c) de moeda falsa (arts. 239, 240 e 242);

d) falsificação de titulos e papeis de credito, do Governo Federal, dos Estados e dos Bancos (arts. 245 a 250).

§ 1.º — O julgamento de taes criminosos, porém, só se tornará effectivo quando houverem elles regressado espontaneamente ou por extradicção ao paiz.

§ 2.º — O processo e julgamento de estrangeiros que commetterem alguns dos crimes ennumerados neste artigo só se effectuarão quando os criminosos espontanea ou forçadamente vierem ao paiz.

III — Poderá ser processado e julgado no Brasil o nacional ou estrangeiro que, em territorio estrangeiro, perpetuar crime contra brasileiro e ao qual commine a lei brasileira pena de prisão de dois annos no minimo.

§ 1.º — O processo contra o nacional ou estrangeiro só será iniciado mediante requisição do Ministerio do Interior ou queixa da parte quando, nos casos em que a extradição é permittida, não fôr ella solicitada pelo Estado em cujo territorio fôr commettida a infracção;

§ 2.º — Não terão logar o processo e o julgamento pelos crimes referidos no n. III si os criminosos já houverem sido, no estrangeiro, absolvidos, punidos ou perdoados por taes crimes, ou si o crime ou a pena já estiverem prescriptos segundo a lei mais favoravel. O processo e o julgamento dos crimes do n. II não serão obstados por sentença ou qualquer acto de autoridade estrangeira. Todavia, será computada no tempo da pena, a prisão que no estrangeiro tiver, por taes crimes, sido executada. (1)

Art. 6.º — Esta Consolidação não comprehende:

a) os crimes de responsabilidade do Presidente da Republica;

b) os crimes puramente militares, como taes declarados nas leis respectivas;

c) os crimes não especificados nella, contra a policia e economia administrativa dos Estados, os quaes serão punidos de conformidade com as leis peculiares de cada um.

TITULO II

DOS CRIMES E DOS CRIMINOSOS

Art. 7.º — Crime é a violação imputavel e culposa da lei penal.

Art. 8.º — Contravenção é o facto voluntario punivel, que consiste unicamente na violação ou na falta de observancia das disposições preventivas das leis e dos regulamentos.

Art. 9.º — E' punivel o crime consumado e a tentativa.

Art. 10 — A resolução de commetter crime, manifestada por actos exteriores, que não constituirem começo de execução, não é sujeita á acção penal, salvo si constituir crime especificado na lei.

Art. 11 — Quando depender a consummação do crime da realisação de determinado resultado, considerado pela lei elemento constitutivo do crime, este não será consummado sem a verificação daquelle resultado.

Art. 12 — Reputar-se-á consummado o crime, quando reunir em si todos os elementos especificados na lei.

Art. 13 — Haverá tentativa de crime sempre que, com intenção de commettel-o, executar alguem actos exteriores que, pela sua relação directa com o facto punivel, constituam começo de execução, e esta não tiver logar por circumstancias independentes da vontade do criminoso.

Art. 14 — São considerados sempre factos independentes da vontade do criminoso o emprego errado, ou irreflectido, de meios julgados aptos para a consecução do fim criminoso, ou o mau emprego desses meios.

Paragrapho unico — Não é punivel a tentativa no caso de inefficacia absoluta do meio empregado, ou de impossibilidade absoluta do fim, a que o delinquente se propuzer.

Art. 15 — Ainda que a tentativa não seja punivel, sel-o-hão os factos que entrarem em sua constituição, tendo sido classificados crimes especiaes.

Art. 16 — Não será punida a tentativa de contravenção e nem a de crime, ao qual não esteja imposta maior pena que a de um mez de prisão cellular.

(1) As disposições dos incisos II e III, do art. 5.º. constam do decreto n.º 2.416, de 28 de junho de 1911, arts. 13 e 14.

Art. 17 — Os agentes do crime são autores ou cumplices.

Art. 18 — São autores:

§ 1.º — Os que directamente resolverem e executarem o crime;

§ 2.º — Os que, tendo resolvido a execução do crime, provocarem ou determinarem outros a executal-o por meio de dadivas, promessas, mandato, ameaças, constrangimento, abuso ou influencia de superioridade hierarchica;

§ 3.º — Os que, antes e durante a execução, prestarem auxilio, sem o qual o crime não seria commettido;

§ 4.º — Os que directamente executarem o crime por outrem resolvido.

Art. 19 — Aquelle que mandar, ou provocar alguem a commetter crime, é responsavel como autor:

§ 1.º — Por qualquer outro crime que o executor commetter para executar o de que se encarregou;

§ 2.º — Por qualquer outro crime que daquelle resultar.

Art. 20 — Cessará a responsabilidade do mandante si retirar a tempo a sua cooperação no crime.

Art. 21 — Serão cumplices:

§ 1.º — Os que, não tendo resolvido ou provocado de qualquer modo o crime, fornecerem instrucções para commettel-o, e prestarem auxilio á sua execução;

§ 2.º — Os que, antes ou durante a execução, prometterem ao criminoso auxilio para evadir-se, occultar ou destruir os instrumentos do crime, ou apagar os seus vestigios;

§ 3.º — Os que receberem, occultarem, ou comprarem, coisas obtidas por meios criminosos, sabendo que o foram, ou devendo sabel-o, pela qualidade ou condição das pessoas, de quem as houverem;

§ 4.º — Os que derem asylo ou prestarem sua casa para reunião de assassinos e roubadores, conhecendo-os como taes e o fim para que se reunem.

Art. 22 — Nos crimes de abuso de liberdade de communicação do pensamento, pela imprensa, são responsaveis successivamente:

1.º o autor, sendo pessoa idonea, em condições de responder pecuniariamente pelas multas e despesas judiciaes, e residente no paiz, salvo tratando-se de reproducção feita sem o seu consentimento, caso em que responderá quem a tiver feito;

2.º o editor, si se verificarem a seu respeito as mesmas condições exigidas em relação ao autor, e este não fôr conhecido, ou não as reunir;

3.º o dono da officina ou estabelecimento, onde se tiver feito a publicação; e, na sua falta ou ausencia do paiz, quem o estiver representando, desde que se não verifique o disposto em os numeros anteriores;

4.º os vendedores ou distribuidores, quando não constar quaes sejam os autores ou editores, nem a officina onde tiver sido feita a impressão.

Paragrapho unico — Para o effeito da responsabilidade criminal estabelecida no presente artigo, sempre que se tratar de imprensa periodica, o director ou redactor principal será considerado autor de todos os escriptos não assignados e tambem dos assignados por quem não esteja nas condições constantes do n. 1; o gerente será considerado editor; e o proprietario do jornal equiparado ao dono da officina, si na realidade o não fôr.

I — A parte offendida poderá provar, perante o juiz competente, por documento ou testemunhas, que o autor ou editor do artigo não tem idoneidade ou meios de responder pecuniariamente, afim de poder exercer sua acção contra os responsaveis successivos.

§ 1.º — Esta prova será feita em processo summarissimo, com intimação do autor do artigo ou do editor para, em uma só audiencia, ser o facto provado e contestado.

§ 2.º — Em acto successivo, o juiz decidirá si o autor ou editor tem os requisitos legaes para responder, não cabendo recurso algum dessa decisão.

§ 3.º — Declarado inidoneo o autor ou editor, á parte offendida fica salvo o seu direito contra os responsaveis successivos.

II — Quando a officina graphica ou orgão de imprensa fôr propriedade de alguma sociedade, esta será representada por seu gerente, salvo havendo prova de caber a outrem, em condições de responder nos termos deste artigo, a responsabilidade que se lhe attribue. (2)

III — Nos crimes de abuso de liberdade de communicação do pensamento, por meio de escripto não impresso ou gravura, são responsaveis:

a) o autor;

b) o vendedor ou distribuidor dos escriptos, ou gravuras, communicados a mais de quinze pessoas, si não provar quem é o autor, ou que a venda ou destribuição se fez com o consentimento deste.

Art. 23 — No julgamento destes crimes os escriptos não serão interpretados por phrases isoladas, transpostas ou deslocadas.

TITULO III

DA RESPONSABILIDADE CRIMINAL; DAS CAUSAS QUE DIRIMEM A CRIMINALIDADE E JUSTIFICAM OS CRIMES

Art. 24 — As acções ou omissões contrarias á lei penal, que não forem commettidas com intenção criminosa, ou não resultarem de negligencia, imprudencia, ou impericia, não serão passiveis de pena.

Art. 25 — A responsabilidade penal é exclusivamente pessoal.

Paragrapho unico — Nos crimes em que tomarem parte membros de corporação, associação ou sociedade, a responsabilidade penal recahirá sobre cada um dos que participarem do facto criminoso.

Art. 26 — Não dirimem nem excluem a intenção criminosa:

a) a ignorancia da lei penal;

b) o erro sobre a pessoa ou coisa a que se dirigir o crime;

c) o consentimento do offendido, menos nos casos em que a lei só a elle permitte a acção criminal.

Art. 27 — Não são criminosos:

§ 1.º — os menores de 14 annos; (3)

§ 2.º — os surdos mudos de nascimento, que não tiverem recebido educação nem instrucção, salvo provando-se que obraram com discernimento;

§ 3.º — os que, por imbecilidade nativa, ou enfraquecimento senil, forem absolutamente incapazes de imputação;

§ 4.º — os que se acharem em estado de completa perturbação de sentidos e de intelligencia no acto de commetter o crime; (4)

§ 5.º — os que forem impellidos a commetter o crime por violencia physica irresistivel, ou ameaças acompanhadas de perigo actual;

§ 6.º — os que commetterem o crime casualmente, no exercicio ou pratica de qualquer acto licito, feito com attenção ordinaria. Não terá cabimento essa dirimente nos crimes previstos nos arts. 108, §§ 1.º, 2.º e 3.º; 126, 315, 317 e 322, § 2.º. (5)

Art. 28 — A ordem de commetter crime não isentará da pena aquelle que o praticar, salvo si fôr cumprida em virtude de obediencia legalmente devida a supe-

---

(2) Essas disposições do art. 22, constam dos arts. 10, 11 e 12, do decreto n.º 4.743, de 31 de outubro de 1923 — lei de imprensa.

(3) Reproduz o art. 68, do Código de Menores, aprovado pelo decreto n.º 17.943-A, de 12 de outubro de 1927.

(4) O art. 38 do decreto n.º 4.780, de 27 de dezembro de 1923, mandou substituir a palavra privação, do Código, por perturbação.

(5) A exceção constante da segunda parte desse parágrafo foi estabelecida pelo art. 1.º, § 2.º, do decreto n.º 4.743, de 31 de outubro de 1923 — lei de imprensa.

rior legitimo e não houver excesso nos actos ou na fórma da execução.

Art. 29 — Os individuos isentos de culpabilidade em resultado de affecção mental serão entregues a suas familias, ou recolhidos a hospitaes de alienados, si o seu estado mental assim exigir para segurança do publico. Emquanto não possuirem os Estados manicomios criminaes, os alienados delinquentes e os condemnados alienados sómente poderão permanecer em asylos publicos, nos pavilhões que especialmente se lhes reservem. (6)

Art. 30 — Os menores de 18 annos, abandonados e delinquentes, ficam submettidos ao regimen estabelecido pelo decreto n. 17.943-A, de 12 de Outubro de 1927, Codigo de Menores.

Art. 31 — A isenção da responsabilidade criminal não implica a da responsabilidade civil.

Art. 32 — Não serão tambem criminosos:

§ 1.º — os que praticarem o crime para evitar mal maior;

§ 2.º — os que praticarem em defesa legitima, propria ou de outrem.

A legitima defesa não é limitada unimente á protecção da vida; ella comprehende todos os direitos que podem ser lesados. Não terá, porém, cabimento nos crimes previstos nos arts. 108, §§ 1.º, 2.º e 3.º; 126, 315, 317 e 322 § 2.º. (7)

Art. 33 — Para que o crime seja justificado no caso do § 1.º do artigo precedente, deverão intervir conjuntamente a favor do delinquente os seguintes requisitos:

1.º — Certeza do mal que se propoz evitar;

2.º — Falta absoluta de outro meio menos prejudicial;

3.º — Probabilidade da efficacia do que se empregou.

Art. 34 — Para que o crime seja justificado no caso do § 2.º do mesmo artigo, deverão intervir conjuntamente, em favor do delinquente, os seguintes requisitos:

1.º — Aggressão actual;

2.º — Impossibilidade de prevenir ou obstar a acção; ou de invocar e receber socorro da autoridade publica;

3.º — Emprego de meios adequados para evitar o mal e em proporção da aggressão;

4.º — Ausencia de provocação que occasionasse a aggressão.

Art. 35 — Reputar-se-ha praticado em defesa propria ou de terceiro:

§ 1.º — O crime commettido na repulsa dos que á noite entrarem, ou tentarem entrar, na casa onde alguem morar ou estiver, ou nos pateos e dependencias da mesma, estando fechadas, salvo os casos em que a lei o permitte;

§ 2.º — O crime commettido em resistencia a ordens illegaes, não sendo excedidos os meios indispensaveis para impedir-lhes a execução.

TITULO IV

DAS CIRCUMSTANCIAS AGGRAVANTES E ATTENUANTES

Art. 36 — As circumstancias aggravantes e attenuantes dos crimes influirão na aggravação ou attenuação das penas áquelles applicaveis.

Art. 37 — A circumstancia aggravante não influirá, todavia, quando fôr elemento constitutivo do crime.

Art. 38 — No concurso de circumstancias attenuantes e aggravantes prevalecem umas sobre outras, ou se compensam, observadas as seguintes regras:

§ 1.º — Prevalecerão as aggravantes:

a) quando preponderar a perversidade do criminoso, a extensão do damno e a

(6) A segunda parte deste artigo consta do art. 11, do decreto n.º 1.132, de 22 de dezembro de 1903, que reorganizou a assistência aos alienados.

(7) A exceção constante da última parte desse parágrafo foi estabelecida pelo art. 1.º, § 2.º, do decreto n.º 4.743, de 31 de outubro de 1923 — lei de imprensa.

intensidade do alarme causado pelo crime;

b) quando o criminoso fôr avesado a praticar más acções, ou desregrado de costumes.

§ 2.º — Prevalecerão as attenuantes:

c) quando o crime não fôr revestido de circumstancia indicativa de maior perversidade;

d) quando o criminoso não estiver em condições de comprehender toda a gravidade e perigo da situação a que se expõe, nem a extensão e consequencias de sua responsabilidade.

§ 3.º — Compensam-se umas circumstancias com outras, sendo da mesma importancia ou intensidade, ou de egual numero.

Art. 39 — São circumstancias aggravantes:

§ 1.º — Ter o delinquente procurado a noite, ou o logar ermo, para mais facilmente perpetrar o crime;

§ 2.º — Ter sido o crime commettido com premeditação, mediando entre a deliberação criminosa e a execução o espaço, pelo menos, de vinte e quatro horas;

§ 3.º — Ter o delinquente commettido o crime por meio de veneno, substancias anesthesicas, incendio, asphyxia ou inundação;

§ 4.º — Ter o delinquente sido impellido por motivo reprovado ou frivolo;

§ 5.º — Ter o delinquente superioridade em sexo, força ou armas, de modo que o offendido não pudesse defender-se com probabilidade de repellir a offensa;

§ 6.º — Ter o delinquente procedido com fraude, ou com abuso de confiança;

§ 7.º — Ter o delinquente procedido com traição, surpresa ou disfarce;

§ 8.º — Ter precedido ao crime a emboscada, por haver o delinquente esperado o offendido em um ou diversos logares;

§ 9.º — Ter sido o crime commettido contra ascendente, descendente, conjuge, irmão, mestre, discipulo, tutor, tutelado, amo, domestico, ou de qualquer maneira legitimo superior do agente;

§ 10 — Ter o delinquente commettido o crime por paga ou promessa de recompensa;

§ 11 — Ter sido o crime commettido com arrombamento, escalada ou chaves falsas;

§ 12 — Ter sido o crime commettido com entrada, ou tentativa para entrar, em casa do offendido com intenção de perpetrar o crime;

§ 13 — Ter sido o crime ajustado entre dois ou mais individuos;

§ 14 — Ter sido o crime commettido em auditorios de justiça, em casas onde se celebrarem reuniões publicas, ou em repartições publicas;

§ 15 — Ter sido o crime commettido faltando o delinquente ao respeito devido á idade, ou á enfermidade do offendido;

§ 16 — Ter sido commettido o crime estando o offendido sob a immediata protecção da autoridade publica;

§ 17 — Ter sido o crime commettido com emprego de diversos meios;

§ 18 — Ter sido o crime commettido em occasião de incendio, naufragio, inundação, ou qualquer calamidade publica, ou de desgraça particular do offendido;

§ 19 — Ter o delinquente reincidido.

Art. 40 — A reincidencia verifica-se quando o criminoso, depois de passada em julgado sentença condemnatoria, commette outro crime da mesma natureza e como tal entende-se, para os effeitos da lei penal, o que consiste na violação do mesmo artigo. Abre excepção a esta regra o disposto no artigo 178. (8)

Art. 41 — Tambem se julgarão aggravados os crimes:

§ 1.º — Quando, além do mal do crime, resultar outro ao offendido ou a pessoa de sua familia;

(8) Art. 109, parágrafo único do decreto n.º 21.076, de 24 de fevereiro de 1932.

§ 2.º — Quando a dôr physica fôr augmentada por acto de crueldade;

§ 3.º — Quando o mal do crime fôr augmentado ou por circumstancia extraordinaria de ignominia, ou pela natureza irreparavel do damno.

Art. 42 — São circumstancias attenuantes:

§ 1.º — Não ter havido no delinquente pleno conhecimento do mal e directa intenção de o praticar;

§ 2.º — Ter o delinquente commettido o crime para desaffrontar-se de grave injuria, o seu conjuge, ascendente, descendente, irmão ou cunhado;

§ 3.º — Ter o delinquente commettido o crime em defesa da propria pessoa ou de seus direitos, ou em defesa das pessoas e direitos de sua familia ou de terceiro;

§ 4.º — Ter o delinquente commettido o crime oppondo-se á execução de ordens illegaes;

§ 5.º — Ter precedido provocação ou aggressão da parte do offendido;

§ 6.º — Ter o delinquente commettido o crime para evitar mal maior;

§ 8.º — Ter o delinquente commettido o crime impellido por ameaças ou constrangimento physico vencivel;

§ 8.º — Ter o delinquente commettido o crime em obediencia á ordem de superior hierarchico;

§ 9.º — Ter o delinquente exemplar comportamento anterior, ou ter prestado bons serviços á sociedade;

§ 10 — Ter o delinquente commettido o crime em estado de embriaguez incompleta, e não procurada como meio de o animar á perpetração do mesmo, não sendo acostumado a commetter crimes nesse estado;

§ 11 — Ser o delinquente maior de 18 annos e menor de 21 annos (9)

TITULO V

DAS PENAS E SEUS EFFEITOS; DA SUA APPLICAÇÃO E MODO DE EXECUÇÃO

Art. 43 — As penas estabelecidas são as seguintes:

a) prisão cellular;

b) prisão correccional;

c) reclusão;

d) prisão com trabalho obrigatório;

e) prisão disciplinar;

f) interdicção;

g) suspensão e perda do emprego publico, com ou sem inhabilitação para exercer outro;

h) multa.

Art. 44 — Não ha penas infamantes. As penas restrictivas da liberdade individual são temporarias e não excederão de trinta annos.

Art. 45 — A pena de prisão cellular será cumprida em estabelecimento especial com isolamento cellular e trabalho obrigatorio, observadas as seguintes regras;

a) si não exceder de um anno, com isolamento cellular pela quinta parte de sua duração;

b) si exceder desse praso, por um periodo egual á quarta parte da duração da pena e que não poderá exceder de dois annos; e nos periodos succesivos, com trabalho em commum, segregação nocturna e silencio durante o dia.

Art. 46 — A pena de prisão correccional será cumprida em colonias fundadas pela União ou pelos Estados para a rehabilitação, pelo trabalho e instrucção, dos mendigos validos, vagabundos ou vadios, capoeiras e desordeiros. (10)

(9) Disposições do art. 76 do Código de Menores.

(10) Arts. 1.º e 2.º, do decreto n.º 145, de 11 de junho de 1893; arts. 51 e seguintes do decreto n.º 6.994, de 19 de junho de 1908; art. 78 do Código de Menores.

Art. 47 — A pena de reclusão será cumprida em fortalezas, praças de guerra, ou estabelecimentos militares.

Art. 48 — A pena de prisão com trabalho será cumprida em penitenciarias agricolas, para esse fim destinadas, ou em presidios militares.

Art. 49 — A pena de prisão disciplinar será cumprida nos institutos disciplinares creados pelo Codigo de Menores e destinados aos menores de 14 a 18 annos.

Paragrapho unico — Si ao perpetrar o crime ou contravenção, o menor tiver mais de 18 annos e menos de 21, o cumprimento da pena será, durante a menoridade do condemnado, completamente separado dos presos maiores. (11)

Art. 50 — Poderá ser concedido livramento condicional a todos os condemnados a penas restrictivas da liberdade por tempo não menor de quatro annos de prisão de qualquer natureza, desde que se verifiquem as condições seguintes:

a) cumprimento de mais da metade da pena;

b) ter tido o condemnado, durante o tempo da prisão, bom procedimento indicativo da sua regeneração;

c) ter cumprido, pelo menos, uma quarta parte da pena em penitenciaria agricola ou em serviços externos de utilidade publica.

§ 1.º — Não prejudicará a concessão do livramento condicional o facto de não ter sido o condemnado transferido para penitenciaria agricola, ou empregado em serviços externos de utilidade publica, si essa transferencia ou emprego não se tiver dado por circumstancias independentes da sua vontade. Neste caso, porém, a concessão dependerá do cumprimento de dois terços da pena.

§ 2.º — As condições e conveniencia da concessão estabelecidas neste artigo serão verificadas pelo Conselho Penitenciario, por iniciativa propria ou a requerimento do sentenciado ou representação do director do estabelecimento penal, sendo, em ambos os casos, informado, em relatorio, pelo director e medico do estabelecimento penal.

§ 3.º — O livramento condicional deverá, sempre que fôr possivel, importar na transferencia do liberado para colonia de trabalhadores livres, onde lhe poderá ser concedido um lote de terra, cuja propriedade poderá adquirir mediante condições modicas e pagamentos parcellados, sendo-lhe licito transferir para ahi a familia.

§ 4.º — O liberado ficará submettido ás condições que forem julgadas convenientes, taes como: submissão a um patronato, observancia de certas regras de comportamento, prohibição de morar em determinado logar, abstenção de bebidas alcoolicas, adopção de meio de vida honesto, dentro de praso fixado.

§ 5.º — O livramento condicional será subordinado á obrigação de fazer o condemnado as reparações, indemnisações ou restituições devidas, bem como de pagar as custas do processo, salvo caso de insolvencia provada e reconhecida, hypothese em que se lhe fixará um praso para ultimação desses pagamentos, tendo-se sempre em attenção as condições economicas ou profissionaes do liberado.

§ 6.º — Em caso algum poderá o livramento condicional ser concedido por acto de qualquer autoridade administrativa nem sem previa audiencia do Conselho Penitenciario, sendo nulla de pleno direito e inexequivel a concessão dada com preterição das formalidades estabelecidas em lei.

§ 7.º — O livramento condicional será revogado:

a) si o liberado vier a ser condemnado por qualquer infracção penal, que o sujeite a pena restrictiva da liberdade;

b) si não cumprir as condições que lhe tiverem sido impostas na sentença.

§ 8.º — Em caso de revogação do livramento condicional, não será computado na duração da pena o tempo em que o liberado esteve solto, não correrá prescrip-

(11) Art. 77 do Código de Menores.

ção nem se lhe concederá mais aquelle beneficio.

§ 9.º — Expirado o praso do livramento condicional, sem revogação, a pena se terá por cumprida. (12)

§ 10 — Não terá logar o livramento condicional nos crimes definidos no art. 159 e seus paragraphos. (13)

Art. 51 — Em caso de primeira condemnação ás penas de multa conversivel em prisão ou de prisão de qualquer natureza, até um anno, tratando-se de acusado que não tenha revelado caracter perverso ou corrompido, tendo-se em consideração as suas condições individuaes, os motivos que determinaram e circumstancias que cercaram a infracção da lei penal, poderá ser suspensa a execução da pena por um praso expressamente fixado de 2 a 4 annos, si se tratar de crime, e 1 a 2 annos, si de contravenção.

§ 1.º — Si, no praso fixado, a contar da data da suspensão, não tiver sido imposta outra pena ao accusado, por facto anterior ou posterior á mesma suspensão, será a condemnação considerada inexistente. Em caso contrario, a suspensão será revogada e executada immediatamente a pena de forma a não se confundir com a segunda condemnação.

§ 2.º — A suspensão não comprehende as penas accessorias e incapacidades, nem os effeitos relativos á indemnisação do damno resultante da infracção da lei penal.

§ 3.º — A suspensão será subordinada á obrigação de fazer o condemnado as reparações, indemnisações ou restituições devidas, salvo caso de insolvencia provada e reconhecida. Será fixado um praso para o accusado pagar as custas do processo, tendo-se em attenção as suas condições economicas ou profissionaes.

§ 4.º — Cessarão os effeitos penaes da condemnação no dia em que a mesma fôr declarada inexistente.

§ 5.º — Durante o praso da suspensão não correrá prescripção.

§ 6.º — A suspensão da execução da pena só poderá ser concedida uma vez, salvo si a primeira houver sido applicada em processo de contravenção que não revele vicio ou má indole do accusado.

Art. 52 — Não haverá suspensão da execução da pena nos crimes contra a honra e bôa fama, contra a segurança da honra e honestidade das familias; nos crimes previstos no art. 159 e seus paragraphos; nos crimes definidos nos arts. 165 a 178 e nas contravenções punidas no art. 368. (14)

Art. 53 — Ao condemnado será dado, nos estabelecimentos onde tiver de cumprir a pena, trabalho adaptado ás suas habilitações e precedentes occupações.

Art. 54 — A pena póde ser cumprida em qualquer estabelecimento especial, ainda que não seja no logar do domicilio do condemnado.

Art. 55 — O condemnado á pena de prisão cellular, maior de seis annos, incorre por tal facto em interdicção, cujos effeitos são:

a) suspensão de todos os direitos politicos;

b) perda de todo officio electivo, temporario ou vitalicio, emprego publico da Nação ou dos Estados, e das respectivas vantagens e vencimentos;

c) perda de todas as dignidades, condecorações e distincções honorificas;

d) perda de todos os munus publicos.

---

(12) As disposições do art. 50 constam do decreto n.º 16.665, de 6 de novembro de 1924, que regulou o livramento condicional, autorizado pelo decreto n.º 4.577, de 5 de setembro de 1922.

(13) Art. 35, do decreto n.º 20.930, de 11 de janeiro de 1932.

(14) A disposição do art. 51, consta do decreto n.º 16.588, de 6 de setembro de 1924, que estabeleceu a condenação condicional em matéria penal, autorizado pelo decreto n.º 4.577, de 5 de setembro de 1922.

As exceções do art. 52, foram estabelecidas pelo art. 5.º, do mesmo decreto n.º 16.588, de 1924; pelo art. 35, do decreto n.º 20.930, de 11 de janeiro de 1932; art. 108, § 2.º, do decreto n.º 21.076, de 24 de fevereiro de 1932 e artigo 15, § 4.º, do decreto n.º 21.143, de 10 de março de 1932.

Paragrapho unico — Sempre que a lei applicar, além da pena corporal, a de privação do exercicio de alguma arte ou profissão, esta pena só produzirá os seus effeitos depois de cumprida a pena corporal.

Art. 56 — A pena de perda de emprego importa necessariamente a de todos os serviços e vantagens.

Art. 57 — A pena de suspensão do emprego privará o condemnado de todos os seus empregos durante o tempo da suspensão, no qual não poderá ser nomeado para outro.

Art. 58 — A pena de multa consiste no pagamento ao Thesouro Publico Federal ou dos Estados, segundo a competencia respectiva, de uma somma pecuniaria, que será regulada pelo que o condemnado puder ganhar em cada dia por seus bens, emprego, industria ou trabalho.

Art. 59 — Si o condemnado não tiver meios para pagar a multa, ou não a quizer pagar dentro de oito dias, contados da intimação judicial, será convertida em prisão cellular, conforme se liquidar.

Paragrapho unico — A conversão da multa em prisão ficará sem effeito si o criminoso, ou alguem por elle, satisfizer ou prestar fiança idonea ao pagamento da mesma.

Art. 60 — Não se considera pena a suspensão administrativa nem a prisão preventiva dos indiciados, a qual, todavia, será computada na pena legal.

Art. 61 — Nenhum crime será punido com penas superiores ou inferiores á que a lei impõe para repressão do mesmo, nem por modo diverso do estabelecido nella, salvo o caso em que ao juiz se deixar arbitrio.

Art. 62 — Nos casos em que a lei não impõe pena determinada e sómente fixa o maximo e o minimo, considerar-se-hão tres graus na pena, sendo o grau medio comprehendido entre os extremos, com attenção ás circumstancias aggravantes e attenuantes, as quaes serão applicadas na conformidade do disposto no art. 38, observadas as regras seguintes:

§ 1.º — No concurso de circumstancias aggravantes e attenuantes que se compensem, ou na ausencia de umas e outras, a pena será applicada no grau medio.

§ 2.º — Na preponderancia das aggravantes a pena será applicada entre os graus medio e maximo, e na das attenuantes, entre o medio e o minimo.

§ 3.º — Sendo o crime acompanhado de uma ou mais circumstancias aggravantes sem alguma attenuante, a pena será applicada no maximo, e no minimo si fôr acompanhada de uma ou mais circumstancias attenuantes sem nenhuma aggravante.

Art. 63 — A tentativa do crime, a que não estiver imposta pena especial, será punida com as penas do crime, menos a terça parte em cada um dos graus.

Art. 64 — A cumplicidade será punida com as penas da tentativa e a cumplicidade da tentativa com as penas desta, menos a terça parte. Quando, porém, a lei impuzer á tentativa pena especial, será applicada integralmente essa pena á cumplicidade.

Art. 65 — Quando o delinquente fôr maior de 16 annos e menor de 18 annos, o juiz lhe applicará as penas estabelecidas no Codigo de Menores, salvo a hypothese do art. 71 do mesmo Codigo, em que serão applicadas as penas da cumplicidade estabelecidas no artigo precedente. [15]

Art. 66 — Na applicação das penas serão observadas as seguintes regras:

§ 1.º — Quando o criminoso fôr convencido de mais de um crime, impôr-se-lhe-hão as penas estabelecidas para cada um delles;

§ 2.º — Quando o criminoso tiver de ser punido por dois ou mais crimes da mesma natureza, resultantes de uma só resolução contra a mesma ou diversa pessoa, embora commettidos em tempos differentes, se lhe imporá a pena de um

(15) Art. 65 do Código Penal e art. 71 do Código de Menores.

só dos crimes mas com o augmento da sexta parte; (16)

§ 3.º — Quando o criminoso, pelo mesmo facto e com uma só intenção, tiver commettido mais de um crime, impôr-se-lhe-ha no grau maximo a pena mais grave em que houver incorrido;

§ 4.º — Si a somma accumulada das penas restrictivas da liberdade a que o criminoso fôr condemnado exceder de trinta annos, se haverão todas as penas por cumpridas logo que seja completado esse prazo.

Art. 67 — Nenhuma presumpção, por mais vehemente que seja, dará logar á imposição de pena.

Art. 68 — O condemnado que acharse em estado de loucura só entrará em cumprimento da pena quando recuperar as suas faculdades intellectuaes.

Paragrapho unico — Si a enfermidade manifestar-se depois que o condemnado estiver cumprindo a pena, ficará suspensa a sua execução, não se computando o tempo de suspensão no da condemnação.

Art. 69 — A condemnação do criminoso, logo que passe em julgado, produzirá os seguintes effeitos:

a) perda, em favor da Nação ou dos Estados, dos instrumentos e resultados do crime, nos casos em que o offendido não tiver direito á restituição;

b) a obrigação de indemnisar o damno;

c) a obrigação de satisazer as despesas judiciaes.

Paragrapho unico — Esta responsabilidade é solidaria havendo mais de um condemnado pelo mesmo crime.

Art. 70 — A obrigação de indemnisar o damno será regulada segundo o direito civil.

TITULO VI

DA EXTINCÇÃO E SUSPENSÃO DA ACÇÃO PENAL E DA CONDEMNAÇÃO

Art. 71 — A acção penal extingue-se:

1.º pela morte do criminoso;

2.º pela amnistia do Congresso;

3.º pelo perdão do offendido;

4.º pela prescripção.

Art. 72 — A condemnação extingue-se por estas mesmas causas e mais:

1.º pelo cumprimento da sentença;

2.º pelo indulto do poder competente;

3.º pela rehabilitação.

Art. 73 — A condemnação suspendese:

a) pelo livramento condicional;

b) pela fiança;

c) pela suspensão da execução da pena.

Art. 74 — As incapacidades pronunciadas pela condemnação cessam em consequencia do indulto de graça.

Art. 75 — A amnistia extingue todos os effeitos da pena e põe perpetuo silencio ao processo.

Art. 76 — A amnistia e a remissão das penas por indulto de graça não eximem o agraciado de satisfazer a indemnisação do damno.

Art. 77 — Nos crimes pelos quaes não se póde proceder senão por queixa da parte, o perdão do offendido extingue a acção penal, mas não faz cessar a execução da sentença, si o condemnado recusar acceital-o.

Art. 78 — A prescripção da acção, salvo os casos especificados nos arts. 275, 277 e 281, é subordinada aos mesmos prasos que o da condemnação.

Art. 79 — A prescripção da acção resulta exclusivamente do lapso de tempo decorrido do dia em que o crime foi commettido. Interrompe-se pela pronuncia.

(16) Art. 39 do decreto n.º 4.780, de 27 de dezembro de 1923.

A prescripção da acção penal, que recomeça a correr da pronuncia, interrompe-se pelo despacho que a esta confirma e bem assim pela sentença condemnatoria recorrivel. [17]

Art. 80 — A prescripção da condemnação começa a correr do dia em que passar em julgado a sentença ou daquelle em que fôr interrompida, por qualquer modo, a execução já começada. Interrompe-se pela prisão do condemnado.

Paragrapho unico — Si o condemnado, em cumprimento de pena, evadir-se, a prescripção começará a correr novamente do dia da evasão.

Art. 81 — A prescripção da acção e da condemnação interrompe-se pela reincidencia.

Art. 82 — A prescripção, embora não allegada, deve ser pronunciada **ex-officio.**

Art. 83 — A acção criminal e a condemnação, nos crimes a que a lei infligir exclusivamente pena pecuniaria, prescreverão em um anno, a contar da data do crime ou da condemnação.

Art. 84 — A condemnação a mais de uma pena prescreve no praso estabelecido para a mais grave.

Paragrapho unico — A mesma regra se observará com relação á prescripção da acção.

Art. 85 — Prescrevem:

a) em um anno, quando a condemnação impuzer pena restrictiva da liberdade pessoal por tempo não excedente de seis mezes;

b) em dois annos, quando a condemnação impuzer pena de egual natureza, por mais de seis mezes e menos de um anno;

c) em quatro annos, quando a condemnação impuzer pena de egual natureza, por um anno até dois annos.

d) em seis annos, quando a condemnação impuzer pena de egual natureza, por mais de dois annos até tres annos;

e) em oito annos, quando a condemnação impuzer pena de egual natureza, por mais de tres annos até quatro annos;

f) em dez annos, quando a condemnação impuzer pena de egual natureza, por mais de quatro annos até oito annos;

g) em doze annos, quando a condemnação impuzer pena de egual natureza, por mais de oito annos até dez annos;

h) em dezeseis annos, quando a condemnação impuzer pena de egual natureza, por mais de dez annos até doze annos;

i) em vinte annos, quando a condemnação impuzer pena de egual natureza, por tempo excedente de 12 annos.

§ 1.º — Prescrevem tambem:

a) em dez annos a pena de interdicção (art. 43, letra **f,** e art. 55);

b) em cinco annos, a pena de suspensão do emprego;

c) em dez annos a pena de perda do emprego. [18]

§ 2.º — acção penal dos crimes definidos no decreto n. 5.746, de 9 de Dezembro de 1929, que modificou a lei de fallencias, prescreve dois annos depois de encerrada a fallencia ou de cumprida a concordata. [19]

§ 3.º — Nos crimes de injuria e calumnia, quando commettidos pela imprensa, a acção penal e a condemnação prescrevem em dois annos. A demora dos autos além dos prazos legaes e o excesso de prazos, causados pelo réu, serão descontados dos prasos da prescripção. [20]

---

(17) A última parte deste artigo corresponde ao art. 37, do decreto n.º 4.780, de 27 de dezembro de 1923.

(18) Arts. 33 e 34 do decreto n.º 4.780, de 27 de dezembro de 1923.

(19) Art. 177 do decreto n. 5.746, de 9 de dezembro de 1929.

(20) Art. 23 e parágrafo único do decreto n.º 4.743, de 31 de outubro de 1923.

§ 4.º — A acção penal nos crimes contra o livre exercicio dos direitos politicos prescreve em dez annos. (21)

§ 5.º — O crime de moeda falsa não prescreve em tempo algum em favor do réu domiciliado ou homisiado em paiz estrangeiro. (22)

§ 6.º — As disposições deste artigo, letras **a** a **i** e § 1.º, letras **a**, **b**, e **c**, são applicaveis, de acordo com o que estabelece o art. 78, á prescripção da acção penal, regulando-se esta pelo maximo da pena abstractamente comminada na lei, ou pela que fôr pedida no libello, ou, finalmente, pela que fôr imposta em sentença de que sómente o réu houver recorrido. (23)

§ 7.º — A prescripção da interdicção, suspensão ou perda do emprego só começará a correr depois de cumprida a pena restrictiva da liberdade pessoal, a que forem adjectas ou de que forem effeitos aquellas penas. (24)

§ 8.º — A acção penal e a condemnação pelos crimes definidos nos arts. 107 a 118 não prescreverão em tempo algum em favor do réu domiciliado ou homisiado em paiz estrangeiro. (25)

Art. 86 — A rehabilitação consiste na reintegração do condemnado em todos os direitos que houver perdido pela condemnação, quando fôr declarado innocente pelo Supremo Tribunal Federal, em consequencia de revisão extraordinaria da sentença condemnatoria.

§ 1.º — A rehabilitação resulta immediatamente da sentença de revisão passada em julgado.

§ 2.º — A sentença de rehabilitação reconhecerá o direito do rehabilitado a uma justa indemnisação, que será liquidada em execução, por todos os prejuizos soffridos com a condemnação. A Nação ou o Estado são responsaveis pela indemnisação.

§ 3.º — Tem logar a revisão:

1.º — Quando a sentença condemnatoria fôr contraria ao texto expresso da lei penal;

2.º — Quando no processo em que foi proferida a sentença condemnatoria não se guardaram as formalidades substanciaes estabelecidas em lei;

3.º — Quando a sentença condemnatoria tiver sido proferida por juiz incompetente, suspeito, peitado ou subornado, ou quando se fundar em depoimento, instrumento ou exame julgados falsos;

4.º — Quando a sentença condemnatoria estiver em formal contradicção com outra, na qual foram condemnados, como autores do mesmo crime, outros réus;

5.º — Quando a sentença condemnatoria tiver sido proferida na supposição de homicidio, que posteriormente se verificou não ser real, por estar viva a pessoa que se dizia assassinada;

6.º — Quando a sentença condemnatoria fôr contraria á evidencia dos autos;

7.º — Quando, depois da sentença condemnatoria, se descobrirem novas e irrecusaveis provas da innocencia do condemnado. (26)

§ 4.º — Na revisão não podem ser aggravadas as penas da sentença revista. (27)

§ 5.º — A indemnisação garantida pelo art. 86 não será devida pela União ou pelo Estado;

(21) Art. 116 do decreto n.º 21.076, de 24 de fevereiro de 1932.

(22) Art. 53 do decreto n.º 4.780, de 27 de dezembro de 1923.

(23) Art. 35 do decreto n.º 4.780, de 27 de dezembro de 1923.

(24) Art. 36 do decreto n.º 4.780, de 27 de dezembro de 1923.

(25) Art. 3.º do decreto n.º 4.861, de 29 de setembro de 1924.

(26) Art. 74 da Lei n.º 221, de 20 de novembro de 1894.

(27) Art. 74 da Lei n.º 221, de 20 de novembro de 1894.

1.º — Si o erro ou injustiça da condemnação do réu rehabilitado proceder de acto ou falta imputavel ao mesmo réu, como a confissão ou a occultação da prova em seu poder;

2.º — Si o réu não houver exgottado todos os recursos legaes;

3.º — Si a accusação houver sido meramente particular;

§ 6.º — A União ou o Estado terá em todo o caso acção regressiva contra as autoridades e as partes interessadas na condemnação, que forem convencidas de culpa ou dolo. (28)

(28) Art. 84 da Lei n.º 221, de 20 de novembro de 1894.

LIVRO II

DOS CRIMES EM ESPECIE

TITULO I

DOS CRIMES CONTRA A EXISTENCIA POLITICA DA REPUBLICA

Capitulo I

Dos crimes contra a independencia, integridade e dignidade da patria

Art. 87 — Tentar, directamente e por factos, sujeitar o territorio da Republica, ou parte delle, ao dominio estrangeiro; quebrantar ou enfraquecer a sua independencia e integridade.

§ 1.º — Entregar de facto ao inimigo interno, ou externo, qualquer porção de territorio possuido, ou occupado pela Nação, ou cousa sobre que a mesma tenha dominio, ou posse, dispondo de sufficientes meios de defesa e resistencia;

§ 2.º — Auxiliar alguma nação inimiga a fazer guerra, ou a commetter hostilidades contra a Republica, fornecendo-lhe gente, armas, dinheiro, munições, e meios de transporte;

§ 3.º — Revelar á nação inimiga, ou a seus agentes, segredos politicos ou militares, concernentes á segurança e á integridade da patria; communicar ou publicar documentos, planos, desenhos e outras informações com relação ao material de guerra, ás fortificações e operações militares da Republica ou de nações alliadas, quando operarem contra inimigo commum;

§ 4.º — Dar entrada e auxilio a espiões ou emissarios inimigos, mandados a espiar as operações de guerra da Republica, conhecendo-os como taes.

Pena — de prisão cellular por cinco a quinze annos.

Art. 88 — Provocar, directamente e por factos, uma nação estrangeira a mover hostilidades ou a declarar guerra á Republica:

Pena — de prisão cellular por dois a quatro annos.

§ 1.º — Si seguir-se a declaração de guerra:

Pena — de prisão cellular por cinco a quinze annos.

§ 2.º — Si, para não se verificar a guerra, declarada em consequencia da provocação, a nação tiver de fazer algum sacrificio em detrimento de sua integridade ou de seus interesses:

Pena — de prisão cellular por cinco a quinze annos.

Art. 89 — Tomar armas o cidadão brasileiro contra a Republica, debaixo de bandeira inimiga:

Pena — de prisão cellular por dois a quatro annos.

Art. 90 — Commetter, sem ordem ou autorisação do Governo, hostilidades contra subditos de outra nação, de maneira que se comprometta a paz, ou se provoquem represalias:

Pena — de prisão cellular por dois a quatro annos.

Art. 91 — Seduzir, em caso de guerra externa, no territorio em que tiverem logar as operações do exercito federal, nas guardas, nos quarteis, nos arsenaes, nas fortalezas, nos acampamentos, nos postos militares, nos hospitaes, ou em outros logares, as praças que fizerem parte das forças do Governo, tanto de terra como de mar, para que desertem para o inimigo:

Pena — de prisão cellular por cinco a quinze annos.

Paragrapho unico — Si a deserção não fôr para o inimigo:

Pena — de prisão cellular por dois a dez annos.

Art. 92 — Seduzir, no caso de guerra externa, pelo modo e nos logares mencionados no artigo antecedente, as praças, afim de que se levantem contra o Governo ou contra seus superiores:

Pena — de prisão cellular por cinco a quinze annos.

Art. 93 — Si os crimes dos dois precedentes artigos forem commettidos em tempo de paz e em qualquer logar do territorio nacional:

Pena — de prisão cellular por dois a seis annos.

Paragrapho unico — A pena será applicada com augmento da terça parte si a deserção fôr para paiz estrangeiro.

Art. 94 — Dar, em tempo de guerra, asylo ou transporte a desertores, conhecendo-os como taes:

Pena — de prisão cellular por tres a nove annos.

Si em tempo de paz:

Pena — de prisão cellular por seis mezes a um anno.

Art. 95 — Comprar ás praças, que fizerem parte das forças do exercito federal, peças de armamento, fardamento, equipamento, ou munições de guerra:

Penas — de prisão cellular por seis mezes a um anno e multa do decuplo do valor dos objectos comprados.

Art. 96 — Transgredir as ordens e decretos do governo que prohibirem, no territorio onde tiverem logar as operações de guerra, publicações e reuniões que puderem favorecer o inimigo, ou excitar a desordem:

Pena — de prisão cellular por dois a seis mezes.

Art. 97 — Alliciar, sem autorisação do governo, gente para o serviço militar de um paiz estrangeiro:

Pena — de prisão cellular por um a dois annos.

Art. 98 — Violar tratados legitimamente feitos com as nações estrangeiras:

Pena — de prisão cellular por seis mezes a quatro annos.

Art. 99 — Violar a immunidade dos embaixadores ou ministros estrangeiros:

Pena — de prisão cellular por um a dois annos.

Art. 100 — Dilacerar, destruir ou ultrajar em logar publico, por menosprezo ou vilipendio, a bandeira ou qualquer outro symbolo de nacionalidade de alguma nação estrangeira, ou a bandeira nacional:

Pena — de prisão cellular por seis mezes a um anno.

Art. 101 — Comprometter, em qualquer tratado ou convenção, a honra, a dignidade ou os interesses da nação; tomar compromissos em nome della, ou de seu Governo, sem estar devidamente autorisado:

Pena — de prisão cellular por um a seis annos.

Art. 102 — Entrar jurisdiccionalmente em paiz estrangeiro sem autoridade legitima:

Pena — de prisão cellular por seis mezes a quatro annos.

Art. 103 — Reconhecer o cidadão brasileiro algum superior fóra do paiz, prestando-lhe obediencia effectiva:

Pena — de prisão cellular por quatro mezes a um anno.

Paragrapho unico — Si este crime fôr commettido por corporação, será esta dissolvida; e, caso os seus membros se tornem a reunir, debaixo da mesma ou diversa denominação, com o mesmo ou diverso regimen:

Pena — aos chefes, de prisão cellular por um a seis annos; aos outros membros, por seis mezes a um anno.

Art. 104 — Exercitar a pirataria — e este crime julgar-se-á commettido:

§ 1.º — Praticando no mar qualquer acto de depredação e violencia contra brasileiros, ou contra subditos de nação contra a qual o Brasil não esteja em guerra;

§ 2.º — Abusando de carta de corso, legitimamente concedida, para praticar, sem estar autorisado, hostilidades contra navios brasileiros ou de outras nações;

§ 3.º — Apossando-se alguem, por meio de fraude ou violencia contra o respectivo commandante do navio, de cuja equipagem fizer parte;

§ 4.º — Entregando a piratas, ou inimigo, o navio, a cuja equipagem pertencer;

§ 5.º — Oppondo-se alguem, por ameaças ou por violencia, a que o commandante ou tripulação do navio o defenda em occasião de ser atacado por piratas ou por inimigo:

Pena — de prisão cellular por cinco a quinze annos.

§ 6.º — Acceitando carta de corso de governo estrangeiro, sem competente autorisação:

Pena — de prisão cellular por dois a seis annos.

Art. 105 — Pena igual á estabelecida para os cinco primeiros paragraphos do artigo antecedente se imporá:

§ 1.º — Aos estrangeiros que commetterem contra navios brasileiros depredações ou violencias em tempo de guerra, sem estarem munidos de carta de corso;

§ 2.º — A todo commandante de embarcação que commetter hostilidade debaixo de bandeira que não seja da nação de que tiver recebido carta de corso.

Art. 106 — Tambem commetterá crime de pirataria:

§ 1.º — O que fizer parte da equipagem de qualquer embarcação que navegue armada, sem ter passaporte, matricula de equipagem, ou outros documentos, que provem a legitimidade da viagem:

Pena — ao commandante, de prisão cellular de quatro a doze annos; ás pessoas da equipagem, de dois a seis annos.

§ 2.º — O que, residindo dentro do paiz, traficar com piratas conhecidos, ou lhes fornecer embarcações, provisões, munições ou qualquer outro auxilio, ou entretiver com elles intelligencias que tenham por fim prejudicar o paiz;

§ 3.º — Todo commandante de navio armado que trouxer documento passado por dois ou mais governos differentes:

Pena — de prisão cellular por seis a doze annos.

Capitulo II

Dos crimes contra a constituição da republica, forma de seu governo e contra a actual organisação social.

Art. 107 — Tentar, directamente, e por factos, mudar por meios violentos a Constituição politica da Republica, ou a forma de governo estabelecida:

Pena — de reclusão por dez a vinte annos aos cabeças; e aos co-autores por cinco a dez annos. (29)

Paragrapho unico — Tentar, pelos mesmos meios, mudar algum dos artigos da Constituição:

Pena — de reclusão por dois a seis annos.

Reputam-se — cabeças — os que tiverem deliberado, excitado ou dirigido o movimento. (30)

(29) Arts. 1.º e 2.º, da Lei n.º 1.062, de 29 de setembro de 1903.

(30) Este parágrafo reproduz o art. 108 do Código Penal.

Art. 108 — Os crimes contra a actual organisação social, a seguir definidos, serão assim punidos:

§ 1.º — Provocar directamente, por escripto ou por qualquer outro meio de publicidade, ou verbalmente em reuniões realisadas nas ruas, theatros, clubs, sédes de associações, ou quaesquer logares publicos ou franqueados ao publico, a pratica de crimes, taes como: damno, depredação, incendio, homicidio, com o fim de subverter a actual organisação social:

Pena — de prisão cellular por um a quatro annos.

§ 2.º — Fazer pelos meios indicados no artigo antecedente a apologia dos crimes praticados contra a actual organisação social, ou fazer, pelos mesmos meios, o elogio dos autores desses crimes, com o intuito manifesto de instigar a pratica de novos crimes da mesma natureza:

Pena — de prisão cellular por seis mezes a um anno.

§ 3.º — Si a provocação de que trata o § 1.º fôr dirigida directamente a militares, praças ou officiaes de corporações militarizadas da União e dos Estados, ou si a apologia ou o elogio de que trata o § 2.º forem feitos perante os mesmos militares, praças ou officiaes de corporações militarizadas da União ou dos Estados:

Pena — de prisão cellular, no caso de provocação, por dois a cinco annos; no caso de instigação por um a dois annos.

§ 4.º — Fazer explodir em edificios publicos ou particulares, nas vias publicas ou logares franqueados ao publico, bombas de dynamite ou de outros explosivos eguaes ou semelhantes em seus effeitos aos da dynamite:

Pena — de prisão cellular por um a quatro annos.

§ 5.º — Collocar, nos logares indicados no paragrapho anterior, bombas de dynamite ou de outros explosivos eguaes ou semelhantes em seus effeitos aos da dynamite:

Pena — de prisão cellular por um a quatro annos. (31)

§ 6.º — Fabricar, possuir ou ter sob sua guarda, bombas de dynamite ou de outros explosivos eguaes ou semelhantes em seus effeitos aos da dynamite, com o intuito de causar tumulto, alarma ou desordem, ou de commetter alguns dos crimes indicados no § 1.º ou de auxiliar a sua execução:

Pena — de prisão cellular por um a quatro annos.

§ 7.º — Provocar directamente pelos meios indicados no § 1.º a pratica de crimes taes como: damno, depredação, incendio, roubo, homicidio:

Pena — de prisão cellular por seis mezes a dois annos.

§ 8.º — Concertarem-se ou associarem-se duas ou mais pessoas para a pratica de qualquer dos crimes indicados no § 1.º:

Pena — de prisão cellular por seis mezes a dois annos. (32)

§ 9.º — No caso dos §§ 1.º a 3.º, as penas constantes dos mesmos, quando aquelles crimes forem commettidos pela imprensa, serão accrescidas da multa de 5:000$ a 40:000$000. Essas penas serão graduadas pelo julgador conforme a gravidade da offensa, as condições de fortuna do réu e o criterio dos artigos 62, 65 e 66.

§ 10 — Além das penas estabelecidas nos §§ 1.º a 3.º, será applicável administrativamente a de expulsão quando se tratar de estrangeiros a ella sujeitos. (33)

O estrangeiro expulso, que voltar ao paiz, antes de revogada a expulsão, ficará, pela simples verificação do facto, sujeito á pena de dois annos de prisão, após o cumprimento da qual será novamente expulso. (34)

---

(31) Art. 1.º do decreto n.º 5.373, de 12 de dezembro de 1927.

(32) Os oito parágrafos do art. 108 correspondem aos arts. 1.º a 8.º, do decreto n.º 4.269, de 17 de janeiro de 1921 e art. 1.º do decreto n.º 5.373, de 12 de dezembro de 1927.

(33) Os parágrafos 9.º e 10.º correspondem ao art. 1.º, n.º 4, e § 1.º, do decreto n.º 4.743, de 31 de outubro de 1923.

(34) Art. 6.º, do decreto n.º 4.247, de 6 de janeiro de 1921.

§ 11 — O Governo poderá ordenar o fechamento, por tempo determinado, de aggremiações, syndicatos, centros ou sociedades que incidam na pratica de crimes previstos neste artigo ou de actos contrarios á ordem, moralidade e segurança publicas e, quer operem no estrangeiro, ou no paiz, vedar-lhe a propaganda, impedindo a distribuição de escriptos ou suspendendo os orgãos de publicidade que a isto se proponham, sem prejuizo do respectivo processo criminal. (35)

Capitulo III

Dos crimes contra o livre exercicio dos poderes politicos

Art. 109 — Oppor-se alguém, directamente e por factos, á execução das leis e decretos do Congresso:

1.° — Oppôr-se directamente, e por factos, á reunião do Congresso;

2.° — Entrar tumultuariamente no recinto de alguma das Camaras do Congresso; obrigal-a, por meio de força ou ameaças de violência, a propôr ou deixar de propôr alguma lei ou resolução ou influir na maneira de exercer as suas funcções constitucionaes:

Pena — de reclusão por dois a quatro annos.

§ 1.° — Si qualquer destes crimes fôr praticado contra as assembléas legislativas dos Estados:

Metade da pena.

§ 2.° — Si contra as intendencias ou conselhos municipaes:

A terça parte da pena.

Art. 110 — Usar de violencia, ou ameaças, contra qualquer membro das Camaras do Congresso no exercicio de suas funcções:

Pena — de prisão cellular por um a dois annos.

§ 1.° — Si este crime fôr praticado contra qualquer membro das assembléas legislativas dos Estados:

Metade da pena.

§ 2.° — Si contra qualquer membro das intendencias ou conselhos municipaes:

A terça parte da pena.

Art. 111 — Oppôr-se alguém, directamente e por factos, ao livre exercicio dos Poderes Executivo e Judiciario Federal, ou dos Estados, no tocante ás suas attribuições constitucionaes, obstar ou impedir, por qualquer modo, o effeito das determinações desses poderes, que forem conforme á Constituição e ás leis:

Pena — de reclusão por dois a quatro annos.

Art. 112 — Usar de violência, ou ameaças, contra os agentes do poder executivo federal, ou dos Estados, para forçar a praticar ou deixar de praticar um acto official:

Pena — de prisão cellular por um a dois annos.

Art. 113 — Usar de violência, ou ameaças, para constranger algum juiz, ou jurado, a proferir, ou deixar de proferir, sentença, despacho ou voto; a fazer ou deixar de fazer algum acto official:

Pena — de prisão cellular por um a dois annos.

Art. 114 — Levantar motim, ou excitar desordem, durante a sessão de um tribunal de justiça ou audiencia de juiz singular, de maneira a impedir, perturbar ou determinar a suspensão do acto:

Pena — de prisão cellular por dois a seis mezes.

TITULO II

DOS CRIMES CONTRA A SEGURANÇA INTERNA DA REPUBLICA

Capitulo I

Conspiração

Art. 115 — É crime de conspiração concertarem-se vinte ou mais pessoas para:

(35) O parágrafo 11 reproduz o art. 2.°, do decreto n.° 5.221, de 12 de agosto de 1927.

§ 1.° — Tentar, directamente e por factos, destruir a integridade nacional;

§ 2.° — Tentar, directamente e por factos, mudar violentamente a Constituição da Republica Federal, ou dos Estados, ou a forma de governo por ellas estabelecida;

§ 3.° — Tentar, directamente e por factos, a separação de algum Estado da União Federal;

§ 4.° — Oppôr-se, directamente e por factos, ao livre exercicio das attribuições constitucionaes dos poderes legislativo, executivo e judiciario federal, ou dos Estados;

§ 5.° — Oppôr-se, directamente e por factos, á reunião do Congresso e á das assembléas legislativas dos Estados:

Pena — de reclusão por um a seis annos.

Art. 116 — Si os conspiradores desistirem do seu projecto, antes de ter sido descoberto ou manifestado por algum acto exterior, deixará de existir a conspiração, e ficarão isentos de culpa e pena.

Art. 117 — Qualquer dos conspiradores que desistir do projecto criminoso, antes de descoberto ou manifestado por algum acto exterior, não será passível de pena, ainda que a conspiração continue entre os outros.

Capitulo II

Sedição e ajuntamento illicito

Art. 118 — Constitue crime de sedição a reunião de mais de vinte pessoas que, embora nem todas se apresentem armadas, se ajuntarem para, com arruido, violencia ou ameaças:

1.° — Obstar a posse de algum funccionario publico nomeado competentemente e munido de titulo legal, ou prival-o do exercicio de suas funcções;

2.° — Exercer algum acto de odio ou vingança, contra algum funccionario publico, ou contra os membros das Camaras do Congresso, das Assembléas Legislativas dos Estados ou das Intendencias ou Camaras Municipaes;

3.° — Impedir a execução de alguma lei, decreto, regulamento, sentença do Poder Judiciario, ou ordem de autoridade legitima;

4.° — Embaraçar a percepção de alguma taxa, contribuição, ou tributo legitimamente imposto;

5.° — Constranger ou perturbar qualquer corporação politica ou administrativa no exercicio de suas funcções:

Pena — aos cabeças — de prisão cellular por tres mezes a um anno.

Paragrapho unico — Si o fim sedicioso fôr conseguido:

Pena — de prisão cellular por um a quatro annos.

Art. 119 — Ajuntarem-se mais de tres pessoas, em logar publico, com o designio de se ajudarem mutuamente para, por meio de motim, tumulto ou assuada:

1.° — Commetter algum crime;

2.° — Privar ou impedir a alguém o goso ou exercicio de um direito ou dever;

3.° — Exercer algum acto de odio ou despreso contra qualquer cidadão;

4.° — Perturbar uma reunião publica ou a celebração de alguma festa civica ou religiosa:

Pena — de prisão cellular por um a tres mezes.

Art. 120 — Ficam isentos de pena os que deixarem de tomar parte na sedição, ou ajuntamento illicito, obedecendo á admoestação da autoridade.

Art. 121 — Quando a autoridade policial fôr informada da existencia de alguma sedição, ou ajuntamento illicito, irá ao logar, acompanhada do seu escrivão e força, e reconhecendo que a reunião é illicita e tem fins offensivos da ordem publica, o fará constar ás pessoas presentes e as intimará para se retirarem. Si a autoridade não fôr obedecida, depois da terceira admoestação, empregará a força para dispersar o ajuntamento e mandará recolher á prisão preventiva os cabeças.

Art. 122 — Os que, depois da primeira intimação da autoridade, se conservarem no logar e praticarem alguma violencia, incorrerão mais nas penas que corresponderem ao crime resultante da violencia.

Paragrapho unico — Si a violencia fôr commettida contra a autoridade, ou algum de seus agentes, a pena será imposta com augmento da terça parte.

Art. 123 — Não se considera sedição, ou ajuntamento illicito, a reunião do povo desarmado, em ordem, para o fim de representar contra as injustiças, vexações e mau procedimento dos empregados publicos; nem a reunião, pacifica e sem armas, de povo nas praças publicas, theatros e quaesquer outros edificos ou logares convenientes para exercer o direito de discutir e representar sobre os negocios publicos.

Paragrapho unico — Para o uso desta faculdade não é necessaria prévia licença da autoridade policial, que só poderá prohibir a reunião annunciada, no caso de suspensão das garantias constitucionaes, limitada, em tal caso, a sua acção a dissolver a reunião, guardadas as formalidades da lei, e sob as penas nella comminadas.

Capitulo III

Resistencia

Art. 124 — Oppôr-se alguem, com violencia ou ameaças, á execução de ordens legaes emanadas de autoridade competente, quer a opposição seja feita directamente contra a autoridade, quer contra seus agentes ou subalternos:

§ 1.º — Si, em virtude da opposição, a diligencia deixar de effectuar-se, ou effectuar-se, soffrendo o executor, da parte dos resistentes, qualquer lesão corporal:

Pena — de prisão cellular por um a tres annos.

§ 2.º — Si a diligencia effectuar-se, não obstante a opposição, sem que o seu executor soffra, da parte dos resistentes, alguma lesão corporal:

Pena — de prisão cellular por seis mezes a um anno.

Art. 125 — O mal causado pelo executor na repulsa da força empregada pelos resistentes não lhe será imputado, salvo excesso de justa defesa.

Art. 126 — Provocar directamente por escriptos impressos ou lithographados, que se distribuirem por mais de 15 pessoas, a pratica de crimes especificados nos capitulos I e III deste titulo e nos diversos capitulos do precedente:

Pena — de prisão cellular por um a tres mezes.

a) quando pela imprensa:

Pena — a metade da correspondente ao crime cuja pratica se tiver provocado;

b) quando por discursos proferidos em publica reunião:

Pena — de prisão cellular por um a tres mezes.

Paragrapho unico — Nos crimes previstos neste artigo além das penas nelle estabelecidas, será applicavel, administrativamente, a de expulsão quando se tratar de estrangeiros a ella sujeitos. (36)

Capitulo IV

Tirada ou fugida de presos do poder da justiça e arrombamento das cadeias

Art. 127 — Tirar, ou tentar tirar, aquelle que estiver legalmente preso, da mão e poder da autoridade, de seus agentes e subalternos, ou de qualquer pessoa do povo, que o tenha prendido em flagrante, ou por estar condemnado por sentença:

Pena — de prisão cellular por seis mezes a um anno.

Paragrapho unico — Si para esse fim se empregar violencia ou ameaças, contra a pessoa:

Pena — de prisão cellular por um a quatro annos.

Art. 128 — Acommetter qualquer prisão com força e constranger os carcereiros, ou guardas a facilitarem a fugida dos presos:

1.º — Si esta se verificar:

Pena — de prisão cellular por dois a seis annos.

(36) O art. 126, do Código Penal foi assim modificado pelo art. 1.º, n.º I e § 1.º, segunda parte, do decreto n.º 4.743, de 31 de outubro de 1923.

2.° — Si a fugida não se verificar:
Pena — de prisão cellular por um a quatro annos.

Art. 129 — Fazer arrombamento na cadeia, por onde fuja ou possa fugir o preso; para esse mesmo fim praticar escalada, violencia ou usar de chaves falsas:

Pena — de prisão cellular por um a quatro annos.

Art. 130 — Facilitar aos presos, por meios astuciosos, a sua fugida:

Pena — de prisão cellular por tres mezes a um anno.

Art. 131 — Consentir o carcereiro, ou pessoa a quem fôr confiada a guarda, ou a conducção do preso, que este fuja:

Pena — de prisão cellular por um a tres annos.

Art. 132 — Deixal-o fugir por negligencia:

Pena — de prisão cellular por seis mezes a um anno.

§ 1.° — Si a fugida fôr tentada, ou effectuada, pelos mesmos presos, serão punidos de conformidade com as disposições regulamentares;

§ 2.° — Fugindo, porém, os presos, por effeito de violencia contra o carcereiro ou guarda:

Pena — de prisão cellular por tres mezes a um anno, além de outras em que incorrerem pela violencia commettida.

Art. 133 — Arrombar, ou acommetter qualquer prisão com força para maltratar os presos:

Pena — de prisão cellular por um a quatro annos.

Capitulo V

Desacato e desobediencia ás autoridades

Art. 134 — Desacatar qualquer autoridade, ou funccionario publico, em exercicio de suas funcções, offendendo-o directamente por palavras ou actos, ou faltando a consideração devida e á obediencia hierarchica:

Pena — de prisão cellular por dois a quatro mezes, além das mais em que incorrer.

Paragrapho unico — Si o desacato fôr praticado em sessão publica de camaras legislativas ou administrativas, de juizes os tribunaes, de qualquer corporação docente, ou dentro de alguma repartição publica:

Pena — a mesma, com augmento da terça parte.

Art. 135 — Desobedecer á autoridade publica em acto ou exercício de suas funcções, deixar de cumprir suas ordens legaes, transgredir uma ordem ou provimento legal, emanado de autoridade competente:

Pena — de prisão cellular por um a tres mezes.

Paragrapho unico — Serão comprehendidos nesta disposição aquelles que infringirem preceitos prohibitivos de editaes das autoridades e dos quaes tiverem conhecimento.

TITULO III

DOS CRIMES CONTRA A TRANQUILLIDADE PUBLICA

Capitulo I

Do incendio e outros crimes de perigo commum

Art. 136 — Incendiar edificio, ou construcção, de qualquer natureza, propria ou alheia, habitada ou destinada á habitação, os a reuniões publicas, ou particulares, ainda que o incendio possa ser extincto logo depois de sua manifestação e sejam insignificantes os estragos produzidos:

Penas — de prisão cellular por dois a seis annos, e multa de 5 a 20% do damno causado.

Incluem-se na significação dos termos — construcção habitada ou destinada á habitação:

1.° — Os armazens;

2.° — As officinas;

3.° — As casas de banho e natação;

4.° — As embarcações ou navios;

5.° — Os vehiculos de estrada de ferro pertencentes a comboios de passageiros, em movimento, ou na occasião de entrar em movimento;

6.° — As casas de machinas, armazens e edificios dos estabelecimentos agricolas.

Paragrapho unico — O proprio dono não ficará isento das penas deste artigo, sem provar que o objecto por elle incendiado já não tinha algum dos destinos ou usos especificados, e que do incendio não poderia resultar perigo commum ou prejuizo de terceiro.

Art. 137 — Nas penas do artigo precedente incorrerão:

§ 1.° — Aquelle que incendiar objectos collocados em logar de onde seja facil a communicação do fogo aos edificios e construcções especificados no mesmo artigo, si acontecer que o incendio effectivamente se propague, e qualquer seja a destruição causada;

§ 2.° — Aquelle que destruir os mesmos edificios, ou construcções, por emprego de minas, torpedos, machinas ou instrumentos explosivos.

Art. 138 — Si os edificios, ou construcções, não forem habitados ou destinados para habitação, e não pertencerem ao autor do crime:

Penas — de prisão cellular por um a a tres annos e multa de 5 a 20% do damno causado.

Art. 139 — Incendiar edificios, construcções, depositos, armazens, archivos, fortificações, arsenaes, embarcações ou navios pertencentes á Nação:

Penas — de prisão cellular por dois a seis annos, e multa de 5 a 20% do damno causado.

Art. 140 — Incendiar o proprio dono qualquer das coisas, precedentemente especificadas, com o proposito de crear um caso de responsabilidade contra terceiro, ou defraudar os direitos de alguem:

Penas — de prisão cellular por um a seis annos, e multa de 5 a 20% do valor do damno causado, ou que poderia causar.

Art. 141 — Incendiar plantações, colheitas, lenha cortada, pastos, ou campos de fazenda de cultura, ou estabelecimentos de criação, mattas, ou florestas pertencentes a terceiros, ou á Nação:

Penas — de prisão cellular por um a tres annos, e multa de 5 a 20% do damno causado.

Art. 142 — Causar a inundação da propriedade alheia, ou expôl-a a esse, ou outro perigo, abrindo comportas, rompendo represas, açudes, aqueductos ou destruindo diques ou qualquer obra de defesa commum:

Penas — de prisão cellular por um a tres annos, e multa de 5 a 20% do damno causado.

Art. 143 — Accender fogos sobre escolhos, arrecifes, bancos de areia ou outros sitios perigosos que dominem o mar, fingindo pharóes, ou praticar outros artificios, para enganar os navegantes e attrahir a naufragio qualquer embarcação:

Penas — de prisão cellular por dois a seis annos, e multa de 5 a 20% do damno causado.

Art. 144 — Praticar em embarcação de qualquer natureza, propria ou alheia, em viagem ou em ancoradouro, qualquer abertura que possa produzir invasão de agua sufficiente para fazel-a submergir:

Penas — de prisão cellular por dois a seis annos, e multa de 5 a 20% do damno causado.

Paragrapho unico — O proprio dono não será isento das penas deste artigo sem provar que a embarcação já estava em condições de innavegabilidade e que do arombamento por elle praticado não poderia resultar perigo commum ou prejuizo de terceiro.

Art. 145 — Fazer abalroar embarcação, propria ou alheia com outra, em viagem, ou fazel-a varar ou ir a pique, procurando por qualquer destes meios naufrágio:

Penas — de prisão cellular por dois a seis annos, e multa de 5 a 20% do damno causado.

Art. 146 — Quando do incendio, ou de qualquer dos meios de destruição, especificados nos differentes artigos deste capitulo, resultar a morte, ou lesão corporal de alguma pessoa que, no momento do accidente, se achar no logar, serão observadas as seguintes regras:

1.ª — No caso de morte — pena: de prisão cellular por seis a quinze annos;

2.ª — No de alguma lesão corporal das especificadas no artigo 304 — pena: de prisão cellular por tres a sete annos.

Art. 147 — O incendio de coisas não comprehendidas neste capitulo, será regulado pelas disposições que se applicam ao damno.

Art. 148 — Todo aquelle que, por imprudencia, negligencia ou impericia na sua arte ou profissão, ou por inobservancia de disposições regulamentares, causar um incendio, ou qualquer dos accidentes de perigo commum mencionados nos artigos antecedentes, será punido com a pena de prisão cellular por um a seis mezes e multa de 5 a 20% do damno causado.

Paragrapho unico — Si do incendio resultar a alguem morte:

Pena — de prisão cellular por dois mezes a dois annos.

Capitulo II

Dos crimes contra a segurança dos meios de transporte ou communicação

Art. 149 — Damnificar, ou desarranjar, qualquer parte de estrada de ferro, machinas, vehiculos, instrumentos e apparelhos que sirvam ao seu funccionamento; collocar sobre o leito ou trilhos um obstaculo qualquer que embarace a circulação do trem, ou o faça descarrillar; abrir ou fechar as chaves de desvio ou communicação; fazer signaes falsos, ou praticar qualquer acto, de que resulte ou possa resultar desastre:

Penas — de prisão cellular por seis mezes a um anno e multa de 5 a 20% do damno causado.

§ 1.º — Si o desastre acontecer:

Penas — de prisão cellular por um a tres annos e a mesma multa.

§ 2.º — Si do desastre resultar a morte de alguem:

Pena — de prisão cellular por seis a quinze annos.

§ 3.º — Si alguma lesão corporal das especificadas no art. 304:

Pena — de prisão cellular por tres a sete annos.

Art. 150 — Nas mesmas penas, e guardadas as mesmas distincções, incorrerá aquelle que arremessar projectis, ou corpos contundentes, contra um comboio de passageiros em movimento.

Art. 151 — Todo aquelle que, por imprudencia, negligencia, impericia, inobservancia de regulamento, ordem ou disciplina, fôr causa de um desastre em estrada de ferro:

Pena — de prisão cellular por um a seis mezes.

Paragrapho unico — Si do desastre resultar a alguem morte:

Pena — de prisão cellular por seis mezes a dois annos.

Art. 152 — Destruir, ou damnificar, qualquer parte de estrada ou via de communicação de uso publico, obstando ou interrompendo o transito por ella; remover, ou inutilisar, os objectos destinados a garantir a sua segurança:

Pena — de prisão cellular por seis mezes a dois annos.

Art. 153 — Damnificar as linhas telegraphicas na Nação, ou dos Estados; derrubar postes, cortar fios, quebrar isoladores, cortar ou arrancar madeiras plantadas, ou reservadas para o serviço das linhas, e, em geral, causar, por qualquer modo, damno aos respectivos apparelhos:

Penas — de prisão cellular por seis mezes a dois annos e multa de 5 a 20% do damno causado.

§ 1.º — Si os actos, precedentemente mencionados, forem praticados por descuido ou negligencia:

Pena — de prisão cellular por cinco a trinta dias.

§ 2.º — Si delles resultar interrupção intencional do serviço do telegrapho:

Penas — de prisão cellular por um a tres annos e a mesma multa.

§ 3.º — Si a interrupção do serviço fôr causada, em caso de commoção intestina, ou guerra externa, nas linhas por onde tenham de ser transmittidas as ordens e communicações das autoridades legitimas:

Penas — de prisão cellular por dois a quatro annos e a mesma multa.

Art. 154 — Nas mesmas penas incorrerá aquelle que perturbar a transmissão dos telegrammas ou interceptal-os por meio de derivação estabelecida por fio preso ao fio do telegrapho.

Paragrapho unico — Para os effeitos da lei penal são equiparados aos telegraphos os telephones de propriedade da Nação, ou dos Estados, ou destinados ao serviço publico. (37)

Art. 155 — Si os crimes previstos nos arts. 136, 137, 138, 139, 141, 142, 144, 149 princ. e § 1.°, 150, 152, 153 forem praticados por meio de bombas de dynamite ou de outros explosivos eguaes ou semelhantes em seus effeitos aos da dynamite:

Pena — de prisão cellular por dois a oito annos. (38)

Capitulo III

Dos crimes contra a saude publica

Art. 156 — Exercer a medicina em qualquer dos seus ramos, a arte dentaria ou a pharmacia; praticar a homeopathia, a dosimetria, o hypnotismo ou o magnetismo animal, sem estar habilitado segundo as leis e regulamentos.

Penas — de prisão cellular por um a seis mezes e multa de 100$ a 500$000.

Paragrapho unico — Pelos abusos commetidos no exercicio illegal da medicina em geral, os seus autores soffrerão, além das penas estabelecidas, as que forem impostas aos crimes, a que derem causa.

Art. 157 — Praticar o espiritismo, a magia e seus sortilegios, usar de talismans e cartomancias para despertar sentimentos de odio ou amor, inculcar curas de molestias curaveis ou incuraveis, emfim, para fascinar e subjugar a credulidade publica:

Penas — de prisão cellular por um a seis mezes e multa de 100$ a 500$000.

§ 1.° — Si, por influencia ou em consequencia de qualquer destes meios, resultar ao paciente privação ou alteração temporaria ou permanente, das faculdades psychicas:

Penas — de prisão cellular por um a seis annos e multa de 200$ a 500$000.

§ 2.° — Em egual pena, e mais na de privação do exercicio da profissão por tempo egual ao da condemnação, incorrerá o medico que, directamente, praticar qualquer dos actos acima referidos, ou assumir a responsabilidade delles. Nas mesmas penalidades incorrerão os pharmaceuticos, cirurgiões dentistas, enfermeiros e parteiras que habilitados para o exercio dessas profissões se derem ás praticas prohibidas neste artigo. (39)

Art. 158 — Ministrar ou simplesmente prescrever, como meio curativo para uso interno ou externo e sob qualquer forma preparada, substancia de qualquer dos reinos da natureza, fazendo, ou exercendo assim, o officio do denominado — *curandeiro*:

Penas — de prisão cellular por um a seis mezes, e multa de 100$ a 500$000.

Paragrapho unico — Si do emprego de qualquer substancia resultar á pessoa privação, ou alteração temporaria ou permanente de suas faculdades psychicas ou funcções physiologicas, deformidade, ou inhabilitação do exercicio de orgão ou apparelho organico ou, em summa, alguma enfermidade:

Penas — de prisão cellular por um a seis annos e multa de 200$ a 500$000.

Si resultar a morte:

Pena — de prisão cellular por seis a vinte quatro annos.

Art. 159 — Vender, ministrar, dar, trocar, ceder ou, de qualquer modo, propor-

(37) Este parágrafo reproduz o art. 155 do Código Penal.

(38) Art. 11 do decreto n.º 4.269, de 17 de janeiro de 1921.

(39) A última parte deste artigo corresponde ao art. 233 do decreto número 16.300, de 31 de dezembro de 1923.

cionar substancias entorpecentes; propôr-se a qualquer desses actos sem as formalidades prescriptas pelo Departamento Nacional de Saude Publica; induzir ou instigar por actos ou por palavras o uso de qualquer dessas substancias:

Penas — de prisão cellular por um a cinco annos e multa de 1:000$ a ...... 5:000$000.

a) si o infractor exercer profissão ou arte, que tenha servido para praticar a infracção ou que tenha facilitado:

Penas — além das supra indicadas, suspensão do exercicio da arte ou profissão, por seis mezes a dois annos.

b) sendo pharmaceutico o infractor:

Penas — de prisão cellular por dois a cinco annos, multa de 2:000$ a 6:000$000 além da suspensão do exercicio da profissão por trez a sete annos.

c) sendo medico ou cirurgião dentista o infractor:

Penas — de prisão cellular por tres a dez annos, multa de 3:000$ a 10:000$000 além da suspensão do exercicio da profissão por quatro a onze annos.

§ 1.° — Quem fôr encontrado tendo comsigo, em sua casa, ou sob sua guarda, qualquer substancia toxica, de natureza analgesica ou entorpecente, seus saes, congeneres, compostos e derivados, inclusive especialidades pharmaceuticas correlatas, como taes consideradas pelo Departamento Nacional de Saude Publica, em dóse superior á therapeutica determinada pelo mesmo Departamento, e sem expressa prescripção medica ou de cirurgião dentista, ou quem, de qualquer forma concorrer para disseminação ou alimentação do uso de alguma dessas substancias:

Penas — de prisão cellular por tres a nove mezes e multa de 1:000$ a ...... 5:000$000.

Em circumstancias especiaes, mediante declaração do medico regularmente inscripto no Departamento Nacional de Saude Publica, poderá ser excedida a dóse therapeutica acima determinada, devendo em taes casos ser apresentada pelo proprio medico, á autoridade sanitaria, a justificação do emprego do entorpecente.

§ 2.° — Aproveitar-se ou consentir que outrem se aproveite, por qualquer motivo ou para qualquer fim, de estabelecimento, edificio ou local, de que tenha propriedade, direcção, guarda ou administração, para facultar ahi a alguem o uso ou guarda de qualquer substancia entorpecente, sem as formalidades da lei:

Penas — as do § 1.°.

O estabelecimento em que occorra algum dos factos previstos no dispositivo supra será fechado definitivamente ou pelo praso minimo de um anno.

§ 3.° — O medico ou cirurgião dentista que prescrever o uso de qualquer substancia entorpecente, com preterição das formalidades legaes, em dóse evidentemente mais elevada que a necessaria, ou fóra dos casos indicados pela therapeutica, além da suspensão determinada na letra *a* deste artigo e da demissão determinada no § 5.°, incorrerá na pena de tres a doze mezes de prisão e multa de 2:000$000 a 5:000$000 (40)

§ 4.° — Importar entorpecentes por via aerea, ou postal, ou com qualquer outra inobservancia das formalidades legaes:

Penas — de prisão cellular por quatro annos além das fiscaes.

Os tripulantes de embarcação ou aeronave que auxiliarem, facilitarem ou consentirem na importação ou no despacho serão punidos como co-autores.

§ 5.° — Os infractores dos arts. 16 e 21 do decreto n. 20.930, de 11 de Janeiro de 1932, incorrerão nas penas do § 2.° do presente artigo. A infracção de qualquer dos dispositivos do referido decreto que não tenha pena especialmente estipulada será punida com a multa de 1:000$ a 5:000$000 além das penas de prisão de seis mezes a dois annos no caso de reincidencia. Em todos os casos do citado decreto, si o infractor exercer funcção publica, será suspenso por tempo indeterminado, com perda de todos os vencimentos, logo que denunciado; si definitivamente condemnado, perderá a

(40) Arts. 25, 26, 27 e 28 do decreto n.° 20.930, de 11 de janeiro de 1932.

funcção alludida e, si esta fôr em serviço ou repartição sanitaria, a pena será majorada de uma sexta parte.

§ 6.º — A procura da satisfação de prazeres sexuaes nos crimes de que trata este artigo, constituirá cricumstancia aggravante.

§ 7.º — Será excluido e terá a matricula trancada pelo tempo da pena em que incorrer e por mais um anno, o alumno de estabelecimento de ensino de qualquer grau, publico ou particular, condemnado por crime previsto neste artigo.

§ 8.º — Nos casos previstos neste artigo, a tentativa é equiparada ao crime consumado, cessando, quer para os effeitos da pena, quer para os do processo, toda distincção entre crime e contravenção.

As substancias que servirem para a pratica da infracção serão confiscadas e entregues ao Departamento Nacional de Saude Publica.

§ 9.º — Todas as penas deste artigo serão applicadas em dobro nos casos de reincidencia.

§ 10 — Serão expulsos do territorio nacional os estrangeiros condemnados como reincidentes.

§ 11 — Incorrem como autores nas penas estabelecidas neste artigo o portador, o entregador ou qualquer outra pessoa cuja participação no trafico das substancias alludidas se verificar pelo modo previsto no art. 18 § 3.º, e incorrem nas mesmas penas como cumplices, quando sua participação se verificar pelo modo previsto no art. 21 § 1 º.

§ 12 — A responsabilidade criminal do infractor, que fôr toxicomano ou intoxicado habitual será fixada pelo juiz, com fundamento no laudo dos peritos que o tenham examinado, e, quando excluida, por esse motivo, a imposição da pena criminal, terá logar a internação immediata na forma dos dispositivos legaes applicaveis. (41)

Art. 160 — Substituir, o pharmaceutico ou boticario, um medicamento por outro, alterar a receita do facultativo, ou empregar medicamentos alterados:

Penas — de multa de 100$ a 200$000 e de privação do exercicio da profissão por seis mezes a um anno.

§ 1.º — Si por qualquer destes factos fôr compromettida a saude da pessoa:

Penas — de prisão cellular por quinze dias a seis mezes, multa de 200$ a 500$000 e privação do exercicio da profissão por um a dois annos.

§ 2.º — Si de qualquer delles resultar morte:

Penas — de prisão cellular por dois mezes a dois annos, multa de 500$ a 1:000$000 e privação do exercicio da profissão.

§ 3.º — Si qualquer destes factos fôr praticado, não por imprudencia, negligencia ou impericia na propria arte, e sim com vontade criminosa:

Penas — as mesmas impostas ao crime que resultar do facto praticado.

Art. 161 — Envenenar fontes publicas ou particulares, tanques ou viveiros de peixes e viveres destinados a consumo publico:

Pena — de prisão cellular por dois a seis annos.

Paragrapho unico — Si do envenenamento resultar a morte de alguma pessoa:

Pena — de prisão cellular por seis a quinze annos.

Art. 162 — Corromper, ou conspurcar, a agua potavel de uso commum ou particular, tornando-a impossivel de beber ou nociva á saude:

Pena — de prisão cellular por um a tres annos.

Art. 163 — Fabricar, alterar, dar, vender ou expôr a consumo publico generos alimenticios:

a) que tenham sido misturados ou acondicionados com substancias que lhe modifiquem a qualidade ou reduzam o valor nutritivo, desde que não sejam claramente apregoadas as modificações que os tornam de qualidade inferior;

(41) Arts. 30, 31, 32, 34 ,36, 37, 38, 39, 40, 41 e 42 do decreto n.º 20.930, de 11 de janeiro de 1932.

b) quando se lhe tenha retirado, no todo ou em parte, um dos elementos de sua constituição normal ou substituido por outro de qualidade inferior e não se tenha claramente assignalado essa depreciação;

c) que tenham sido coloridos, revestidos, aromatisados ou addicionados de substancias estranhas, com o fim de occultar qualquer fraude ou deterioração, ou lhes attribuir melhor qualidade do que realmente tenham;

d) que tenham sido substituidos, no todo ou em parte, aos indicados no recipiente ou que na sua composição, peso ou medida diversifiquem do enunciado nas marcas, rotulos, preconicios ou declarações do interessado:

e) que contenham ingredientes nocivos á saude ou sejam constituidos, no todo ou em parte, de productos animaes degenerados ou decompostos ou de vegetaes ou animaes improprios para alimentação humana.

Penas — as do art. 338. (42)

Art. 164 — Si de qualquer destes factos resultar perigo para a vida ou morte da pessoa:

Pena — a imposta ao crime que do facto resultar. (43)

Paragrapho unico — A obrigação de indemnisar o damno causado pelos delictos enumerados neste artigo independe do processo e julgamento da acção criminal (44)

TITULO IV

DOS CRIMES CONTRA O LIVRE GOSO E EXERCICIO DOS DIREITOS INDIVIDUAES

Capitulo I

Dos crimes contra o livre exercicio dos direitos politicos

Art. 165 — Inscrever-se fraudulentamente mais de uma vez como eleitor:

Pena — de prisão cellular por tres mezes a um anno.

§ 1.º — Fazer falsa declaração para fins eleitoraes, ou de que possa resultar qualificação *ex-officio*:

Pena — multa de 500$ a 5:000$000, conversivel em prisão cellular, nos termos das leis penaes.

§ 2.º — Fornecer ou usar documentos falsos ou falsificados, para fins eleitoraes:

Penas — de prisão cellular por um a quatro annos, e perda do cargo publico que exerça.

§ 3.º — Effectuar o funccionario inscripção de alistando não qualificado pela autoridade competente ou não identificado devidamente:

Penas — de prisão cellular por dois a seis annos, perda do cargo publico que exerça, além da inhabilitação por dez annos para exercer qualquer outro.

§ 4.º — Reter titulo eleitoral contra a vontade do eleitor:

Penas — de prisão cellular por um a quatro annos e perda do cargo publico que exerça.

§ 5.º — Reconhecer o tabellião, para fins eleitoraes, letra ou firma que não seja verdadeira:

Penas — de prisão cellular por dois a seis annos e perda do cargo publico.

§ 6.º — Attestar, junto aos tabelliães, como verdadeira, para fins eleitoraes, letra ou firma que o não seja:

Pena — de prisão cellular por seis mezes a dois annos.

§ 7.º — Perturbar ou obstar, de qualquer forma, o processo de alistamento.

Pena — de prisão cellular por quinze dias a seis mezes.

§ 8.º — Subtrahir, damnificar, destruir, ou occultar documento ou objecto das repartições eleitoraes:

(42) Art. 1.º do decreto n.º 19.604, de 19 de janeiro de 1931.

(43) Este artigo reproduz o parágrafo único do art. 164 do Código Penal.

(44) Art. 1.º, § 1.º, do decreto n.º 19.604, de 19 de janeiro de 1931.

Penas — de prisão cellular por um a quatro annos, perda do cargo publico que exerça e multa de 20% dos damnos causados.

Art. 166 — Recusar ou renunciar, antes de dois annos de effectivo exercicio, sem causa justificada e acceita pelo Tribunal competente, o cargo ou munus publico de natureza eleitoral, para que seja nomeado ou sorteado, ou passar, nas mesmas condições, seu exercicio:

Penas — multa de 2:000$ a 5:000$000, perda do cargo publico que exerça, além de inhabilitação, por dois annos, para exercer qualquer outro.

Art. 167 — Deixar o juiz eleitoral, ou membro do Tribunal, com violação do dispositivo expresso de lei, de julgar qualificado, ou de mandar inscrever, no registro eleitoral, cidadão que prove evidentemente estar no caso de ser eleitor:

Pena — suspensão do cargo por seis mezes a um anno.

Art. 168 — Embaraçar o juiz, ou qualquer magistrado eleitoral, o reconhecimento de direitos individuaes, de natureza eleitoral:

Pena — de prisão cellular por seis mezes a dois annos e, em caso de reincidencia, perda do cargo. (46)

Art. 169 — Deixar o juiz eleitoral, ou qualquer magistrado, ou autoridade eleitoral de remetter aos representantes da justiça os papeis e documentos, para que se inicie a acção penal por delictos eleitoraes, cuja existencia seja patente de documentos, papeis ou actos, submettidos ao seu conhecimento:

Pena — a do artigo anterior.

Art. 170 — Não cumprir, nos prasos legaes, qualquer funccionario dos juizos e repartições eleitoraes, os deveres que lhe são impostos pelo Codigo Eleitoral:

Pena — multa de 200$ a 1:000$000, a criterio do juiz, e suspensão até 30 dias do exercicio do cargo.

Art. 171 — Allegar o cidadão idade falsa para fugir aos effeitos do disposto no art. 119 do Codigo Eleitoral:

Pena — multa de 500$ a 5:000$000, conversivel em prisão nos termos da lei penal. (47)

Art. 172 — Recusar a autoridade ecclesiastica aos interessados a verificação dos lançamentos de baptismo, ou de casamentos, anteriores a 1889, ou recusar-lhes certidão de assentos existentes:

Pena — multa de 200$ a 1:000$000 e privação dos direitos politicos no caso de reincidencia.

Art. 173 — Violar qualquer das garantias eleitoraes do art. 98 do Codigo Eleitoral:

Penas — de prisão cellular por trinta dias a seis mezes, e perda de cargo publico que exerça, além das demais penas em que incorra. (48)

Art. 174 — Votar ou tentar votar mais de uma vez ou em logar de outrem:

Penas — de prisão cellular por seis mezes a tres annos e perda do cargo publico que exerça.

§ 1.º — Offerecer ou entregar cedulas de suffragio, seja a quem fôr, onde funccione a Mesa Receptora de votos, ou em suas proximidades dentro de um raio de cem metros:

Penas — de prisão cellular por tres a doze mezes e perda do cargo publico que exerça.

§ 2.º — Violar ou tentar violar o sigillo do voto:

Penas — de prisão cellular por seis mezes a tres annos e perda do cargo publico que exerça.

§ 3.º — Offerecer, prometter, solicitar, exigir ou receber dinheiro, dadiva ou qualquer vantagem, para obter ou dar o voto, ou para conseguir abstenção, ou para abster-se de votar:

---

(45) Art. 107, §§ 1.º a 9.º do decreto n.º 21.076, de 24 de fevereiro de 1932.

(46) Art. 107, §§ 10, 11 e 12 do decreto n.º 21.076, de 24 de fevereiro de 1932.

(47) Art. 107, §§ 13, 14 e 15 do decreto n.º 21.076, de 24 de fevereiro de 1932.

(48) Art. 107, §§ 16 e 17 do decreto n.º 21.076, de 24 de fevereiro de 1932.

Pena — de prisão cellular por seis mezes a dois annos.

§ 4.º — Falsificar ou substituir actas ou documentos eleitoraes:

Penas — de prisão cellular por dois a oito annos, e perda do cargo publico que exerça.

§ 5.º — Praticar ou instigar desordens, tumultos ou aggressões que prejudiquem o andamento regular dos actos eleitoraes:

Penas — de prisão cellular por um a quatro annos, e perda do cargo publico que exerça, além das demais penas em que incorra.

§ 6.º — Arrebatar, subtrahir, destruir ou occultar urna, ou documentos eleitoraes, violar os sellos das urnas ou os involucros de documentos:

Penas — de prisão cellular por tres a dez annos e perda do cargo publico que exerça.

§ 7.º — Praticar ou occultar acto de que decorra nullidade da eleição:

Penas — de prisão cellular por seis mezes a dois annos, além da perda do cargo publico que exerça.

§ 8.º — Recusar ou renunciar, sem causa justificada e acceita pelo Tribunal Regional, o cargo de membro da Mesa Receptora:

Penas — perda do cargo publico, que exerça e multa de 1:000$ a 2:000$000, conversivel em prisão.

§ 9.º — Deixar de mencionar nas actas os protestos formulados pelos fiscaes, delegados de partido ou candidatos, ou dexar de remettel-os ao Tribunal Regional:

Pena — de prisão cellular por seis mezes a dois annos. (49)

Art. 175 — Faltar voluntariamente, em casos não especificados neste capitulo, ao cumprimento de qualquer obrigação que o Codigo Eleitoral expressamente impõe:

Pena — de prisão cellular por oito a cem dias ou, si fôr funccionario, suspensão por dois a seis mezes do exercicio do cargo. (50)

Art 176 — As infracções eleitoraes definidas acima são crimes inafiançaveis e de acção publica.

Paragrapho unico — A autoridade judiciaria que verificar a existencia de algum facto delictuoso definido neste capitulo providenciará para que seja iniciada a acção penal. (51)

Art. 177 — Em todos os delictos de natureza eleitoral, a reincidencia elevará a pena ao maximo.

Art. 178 — Haverá reincidencia sempre que o criminoso, depois de condemnado por sentença irrecorrivel, commetter crime eleitoral, embora não infrinja a mesma disposição de lei. (52)

Capitulo II

Dos crimes contra a liberdade pessoal

Art. 179 — Perseguir alguem por motivo religioso ou politico:

Penas — de prisão cellular por um a seis mezes, além das mais em que possa incorrer.

Art. 180 — Privar alguem de sua liberdade pessoal, já impedindo de fazer o que a lei permitte, já obrigando a fazer o que ella não manda:

Pena — de prisão cellular por um a seis mezes.

Paragrapho unico — Si para esse fim empregar violencia ou ameaças:

(49) Art. 107, §§ 18 a 27 do decreto n.º 21.076, de 24 de fevereiro de 1932.

(50) Art. 107, § 28 do decreto n.º 21.076, de 24 de fevereiro de 1932.

(51) Art. 108 do decreto n.º 21.076, de 24 de fevereiro de 1932.

(52) Art. 109 do decreto n.º 21.076, de 24 de fevereiro de 1932.

Penas — a mesma, com augmento da terça parte, além das mais em que incorrer pelos actos de violencia.

Art. 181 — Privar alguma pessoa de sua liberdade, retendo-a, por si ou por outrem, em carcere privado, ou conservando-a em sequestro por tempo menor de 24 horas:

Pena — de prisão cellular por dois mezes a um anno

§ 1.º — Si a retenção exceder desse praso:

Pena — de prisão cellular por seis mezes a dois annos.

§ 2.º — Si o criminoso commetter o crime simulando ser autoridade publica, ou usando de violencia:

Pena — a mesma com augmento da terça parte.

§ 3.º — É crime de carcere privado promover e effectuar, dolosamente, a internação extra-judicial de alguem em estabelecimento publico ou particular, sob o falso pretexto de tratamento. (53)

Art. 182 — Causar á pessoa retenda, ou sequestrada, maus tratos, em razão do logar e da natureza da detenção, ou qualquer tortura corporal:

Pena — de prisão cellular por um a tres annos.

Art. 183 — Si aquelle que commetter o crime de carcere privado não mostrar que restituiu o paciente á liberdade, ou indicar o seu paradeiro:

Pena — de prisão cellular por dois a doze annos.

Art. 184 — Prometter, ou protestar, por escripto assignado, ou anonymo, ou verbalmente, fazer a alguem um mal que constitua crime, impondo, ou não, qualquer condição ou ordem:

Pena — de prisão cellular por um a tres mezes.

Paragrapho unico — Si o crime fôr commettido contra corporação, a pena será applicada com augmento da terça parte.

Capitulo III

Dos crimes contra o livre exercicio dos cultos

Art. 185 — Ultrajar qualquer confissão religiosa, vilipendiando acto ou objecto de seu culto, desacatando ou profanando os seus symbolos publicamente:

Pena — de prisão cellular por um a seis mezes.

Art. 186 — Impedir, por qualquer modo, a celebração de cerimonias religio sas, solemnidades e ritos de qualquer confissão religiosa, ou perturbal-a no exercicio de seu culto:

Pena — de prisão cellular por dois mezes a um anno.

Art. 187 — Usar de ameaças, ou injurias, contra os ministros de qualquer confissão religiosa, no exercicio de suas funcções:

Pena — de prisão cellular por seis mezes a um anno.

Art. 188 — Sempre que o facto fôr acompanhado de violencias contra a pessoa, a pena será augmentada de um terço, sem prejuizo da correspondente ao acto de violencia praticado, na qual tambem o criminoso incorrerá.

Capitulo IV

Dos crimes contra a inviolabilidade dos segredos

Art. 189 — Abrir maliciosamente carta, telegramma, ou papel fechado endereçado a outrem, apossar-se de correspondencia epistolar ou telegraphica alheia, ainda que não esteja fechada, e que por qualquer meio lhe venha ás mãos; tiral-a de repartição publica ou do poder de portador particular para conhecer-lhe o conteúdo:

Pena — de prisão cellular por um a seis mezes.

Paragrapho unico — No caso de ser revelado em todo, ou em parte, o segre-

(53) Art. 43 do decreto n.º 20.930, de 11 de janeiro de 1932.

do da correspondencia violada, a pena será augmentada de um terço.

Art. 190 — Supprimir correspondencia epistolar ou telegraphica endereçada a outrem:

Pena — de prisão cellular por um a seis mezes.

Art. 191 — Publicar o destinatario de uma carta, ou correspondencia, sem consentimento da pessoa que a endereçou, o conteúdo, não sendo em defesa de direitos, e de uma ou outra, resultando damno ao remettente:

Pena — de prisão cellular por dois a quatro mezes.

Art. 192 — Revelar qualquer pessoa o segredo de que tiver noticia, ou conhecimento, em razão de officio, emprego ou profissão:

Penas — de prisão cellular por um a tres mezes e suspensão do officio, emprego ou profissão por seis mezes a um anno.

§ 1.° — Nas mesmas penas incorrerá o empregado do Correio que se apoderar de carta não fechada, ou abril-a, si fechada, para conhecer-lhe o conteúdo, ou communical-o a alguem, e bem assim o do telegrapho que, para fim identico, violar telegramma, ou propagar a communicação nelle contida.

§ 2.° — Si os empregados supprimirem ou extraviarem a correspondencia, ou não a entregarem ou communicarem ao destinatario:

Penas — de prisão cellular por um a seis mezes e perda do emprego. (54)

Art. 193 — A autoridade que, de posse de carta ou correspondencia particular, utilisal-a para qualquer intuito, seja embora o da descoberta de um crime ou prova deste, incorrerá na pena de perda do emprego e na multa de 100$000 a 500$000. (55)

Art. 194 — As cartas obtidas por meios criminosos não serão admittidas em juizo.

Art. 195 — São tambem crimes contra a inviolabilidade dos segredos:

a) installarem ou utilisarem, em qualquer ponto do territorio nacional, estação ou apparelhos radioelectricos, sem observancia das disposições de leis e regulamentos referentes ao assumpto, ou trabalharem, por conta de outrem, nessas condições:

Penas — de prisão cellular por um a seis mezes e perda, para a União, de todo o material apprehendido;

b) reproduzirem, communicarem ou divulgarem de qualquer forma, ou utilisarem, para qualquer fim, as correspondencias radio-electricas que interceptarem ou captarem:

Pena — de prisão cellular por tres a seis mezes;

c) compellirem, directa ou indirectamente, seus subordinados á pratica dos crimes previstos nas alineas *a* e *b*:

Pena — de prisão cellular por seis a doze mezes;

d) violarem o sigillo das correspondencias radio-electricas de que tiverem conhecimento em razão do cargo ou officio:

Pena — de prisão cellular por tres a seis mezes;

e) expedirem, por meio de apparelhos radio-electricos, signaes falsos de socorro e noticias falsas ou tendenciosas com fins prejudiciaes ao interesse publico:

Pena — de prisão cellular por seis a doze mezes;

f) usarem, em radio communicações ou radio diffusões, de termos offensivos á moral ou linguagem obscena:

Pena — de prisão cellular por um a tres mezes.

Paragrapho unico — Si os crimes forem commettidos por occasião de perturbação da ordem publica:

(54) O § 1.º, do art. 192 é reprodução do art. 193, do Código Penal; o § 2.º, é do parágrafo único do mesmo art. 193.

(55) O art. 193 corresponde ao art. 194, do Código Penal e o art. 194 ao art. 195, do mesmo Código.

Pena — de prisão cellular por um a dois annos, nos casos previstos nas alineas **a** e **e**, e nos casos de que tratam as alíneas **b**, **c** e **d**, quando as corres pondencias tiverem como destino ou procedencia o Governo Federal, os Governos estadoaes e ainda as forças em operações. (56)

Capitulo V

Dos crimes contra a inviolabilidade do domicilio

Art. 196 — Entrar á noite na casa alheia, ou em quaesquer de suas dependencias, sem licença de quem nella morar:

Pena — de prisão cellular por dois a seis mezes.

Paragrapho unico — Si o crime fôr commettido exercendo-se violencia contra a pessoa, ou usando-se de armas, ou por duas ou mais pessoas que se tenham ajuntado para aquelle fim:

Pena — de prisão cellular por tres mezes a um anno, além daquellas em que incorrer pela violencia.

Art. 197 — É permittida a entrada de noite em casa alheia:

§ 1.° — No caso de incendio;

§ 2.° — no de immediata e imminente ruina;

§ 3.° — no de inundação;

§ 4.° — no de ser pedido socorro;

§ 5.° — no de se estar ali commettendo algum crime, ou violencia contra alguem.

Art. 198 — Entrar de dia na casa alheia, fóra dos casos permittidos, e sem as formalidades legaes; introduzir-se nella furtivamente ou persistir em ficar contra a vontade de quem nella morar:

Pena — de prisão cellular por um a tres mezes.

Art. 199 — A entrada de dia em casa alheia é permittida:

§ 1.° — Nos mesmos casos em que é permittida á noite;

§ 2.° — naquelles em que, de conformidade com as leis, se tiver de proceder á prisão de criminosos; á busca ou apprehensão de objectos havidos por meios criminosos; á investigação dos instrumentos ou vestigios do crime ou de contrabandos; á penhora ou sequestro de bens que se occultarem;

§ 3.° — nos de flagrante delicto ou em seguimento do réu achado em flagrante.

Art. 200 — Nos casos mencionados no § 2.° do artigo antecedente se guardarão as seguintes formalidades:

§ 1.° — Ordem escripta da autoridade que determinar a entrada na casa;

§ 2.° — Assistencia de escrivão ou qualquer official de justiça com duas testemunhas.

Art. 201 — Si o official publico, encarregado da diligencia, executal-a sem observar as formalidades prescriptas, desrespeitando o recato e o decôro da familia, ou faltando á devida attenção aos moradores da casa:

Penas — de prisão cellular por um a dois mezes e multa de 50$ a 100$000.

Art. 202 — Da diligencia se lavrará auto assignado pelos encarregados da mesma e pelas testemunhas.

Art. 203 — As disposições sobre a entrada na casa do cidadão não se applicam ás estalagens, hospedarias, tavernas, casas de tavolagem e outras semelhantes, emquanto estiverem abertas, bem como casas de liberados condicionaes. (57)

Capitulo VI

Dos crimes contra a liberdade de trabalho

Art. 204 — Constranger, ou impedir alguem de exercer a sua industria, com-

(56) Art. 1.° do decreto n.° 5.776, de 16 de junho de 1930.

(57) Art. 17, n.° 2, do decreto n.° 16.665, de 6 de novembro de 1924.

mercio ou officio; de abrir ou fechar os seus estabelecimentos e officinas de trabalho ou negocio; de trabalhar ou deixar de trabalhar em certos e determinados dias:

Pena — de prisão cellular por tres mezes a um anno. (58)

§ 1.° — Desviar operarios e trabalhadores dos estabelecimentos em que forem empregados, por meio de ameaças, constrangimento ou manobras fraudulentas:

Pena — de prisão cellular por seis mezes a um anno.

§ 2.° — Causar ou provocar cessação ou suspensão de trabalho, por meio de ameaças ou violencias, para impôr aos operarios ou patrões, augmento ou diminuição de salario ou serviço:

Pena — de prisão cellular por um a dois annos. (59)

Capitulo VII

Dos crimes contra indios e dos crimes por elles praticados

Art. 205 — Os crimes de qualquer natureza, commettidos por civilisados contra indios, considerar-se-ão sempre como praticados por superior contra inferior, e como taes, terão suas penas aggravadas pela circumstancia do art. 39 § 9.°, *in fine,* além das demais em que por ventura incorram os autores.

§ 1.° — Os crimes contra a honra e honestidade (Tit. VIII) das mulheres indigenas (nomades, arranchadas ou aldeiadas, ou pertencentes a povoações indigenas) quando forem commettidos por civilisados, serão punidos com as penas legaes já existentes e mais a da aggravante caracterisada no artigo precedente, ainda quando tenha havido no acto proposta ou consentimento da paciente, de seu pae, marido, irmão ou chefe da tribu.

§ 2.° — Invadir á mão armada as sesmarias ou quaesquer terras sob a posse dos indios, quer para hostilisal-os, quer para o fim de explorar os productos naturaes das ditas terras; commetter depredações ou violencias contra arranchamentos, aldeias, povoações indigenas ou postos de serviços; alliciar gente para impedir, por qualquer meio de coacção, a continuação da posse dos indios nas terras por elles occupadas:

Pena — de prisão cellular por um a tres annos, além daquellas em que incorrer pela violencia.

§ 3.° — A entrada á noite nos pousos de qualquer especie, em que se abrigam indios é equiparada para os effeitos penaes, quando praticada por individuo civilisado, á violação de domicilio, de que trata o artigo 196

§ 4.° — A destruição ou damnificação de coisa de qualquer valor, movel, immovel ou semovente, de propriedade de indios, será punivel segundo o disposto no art. 329.

§ 5.° — Todo aquelle que, abusando da boa fé, ingenuidade ou atrazo mental do indio, sujeital-o a exhibição ou espectaculo, deante de terceiros, com o fim de tirar disto lucro ou proveito, será punido de accordo com os arts. 180, 181 ou 182, conforme as circumstancias.

Art. 206 — São equiparados aos menores de que trata o art. 30 os indios nomades, os arranchados ou aldeiados e os que tenham menos de cinco annos de estabelecimento em povoação indigena.

§ 1.° — O indio de qualquer das tres categorias acima, que tiver praticado qualquer infracção, obrando com discernimento, será recolhido, mediante requisição do inspector competente, a colonias correccionaes, ou estabelecimentos industriaes disciplinares, pelo tempo que o mesmo inspector parecer, comtanto que não exceda de cinco annos.

§ 2.° — Entende-se por estabelecido em povoação indigena aquelle que mora

(58) A penalidade estabelecida no Código Penal, foi modificada pelo artigo 9.° do decreto n.° 4.269, de 17 de janeiro de 1921.

(59) Os arts. 205 e 206 do Código Penal foram substituídos pelas disposições reproduzidas nos §§ 1.° e 2.° desse artigo e constantes do art. 1.° do decreto n.° 1.162, de 12 de dezembro de 1890; as penalidades estabelecidas no Código foram modificadas pelo art. 9.° do decreto n.° 4.269, de 17 de janeiro de 1921 e pelo art. 1.° do decreto n.° 5.221, de 12 de agosto de 1927.

effectivamente nella, qualquer que seja a sua condição, descontando-se no respectivo computo as interrupções que por ventura se derem com a volta temporaria do indio á selva.

§ 3.° — Os indios que tiverem mais de cinco annos de residencia em povoação indigena, quando commetterem qualquer infracção prevista na legislação penal commum, serão punidos com a metade sómente das penas nella instituidas.

§ 4.° — As circumstancias aggravantes previstas nos arts. 39 e 41 não influem na applicação das penas dos indios das tres categorias a que se refere o § 1.° do artigo antecedente.

§ 5.° — As circumstancias attenuantes do art. 42 influem para diminuição das penas impostas aos indios das mencionadas categorias.

§ 6.° — Os indios de que trata o § 3.° deste artigo não poderão soffrer prisão cellular, a qual será substituida pela prisão disciplinar, por tempo egual, em estabelecimentos industriaes especiaes.

§ 7.° — Ficam desde logo sujeitos, como qualquer cidadão, ao regimen commum de direito, os indios que passarem para os centros agricolas, de que trata o decreto n. 9.214, de 15 de Dezembro de 1911. (60)

TITULO V

DOS CRIMES CONTRA A BOA ORDEM E ADMINISTRAÇÃO PUBLICA

Capitulo Unico

Das malversações, abusos e omissões dos funccionarios publicos

Secção I

Prevaricação

Art. 207 — Commetterá crime de prevaricação o empregado publico que, por affeição, odio, contemplação, ou para promover interesse pessoal seu:

1.° — Julgar, ou proceder, contra litteral disposição de lei;

2.° — Aconselhar qualquer parte em litigio pendente de sua decisão;

3.° — Deixar de prender e formar processo aos delinquentes nos casos determinados em lei, e de dar-lhes a nota constitucional de culpa no praso de 24 horas;

4.° — Recusar, ou demorar, a administração da justiça, ou as providencias do officio requisitadas por autoridade competente, ou determinadas por lei;

5.° — Exceder os prasos estabelecidos em lei para o relatorio e revisão do feito, ou para proferir sentença definitiva ou despacho;

6.° — Dissimular, ou tolerar, os crimes e defeitos officiaes de seus subalternos e subordinados, deixando de proceder contra elles, ou de informar á autoridade superior respectiva, quando lhe falte competencia para tornar effectiva a responsabilidade em que houverem incorrido;

7.° — Prover em emprego publico, ou propôr para elle, pessoa que notoriamente não reunir as qualidades legaes;

8.° — Julgar causas em que a lei o declare suspeito como juiz de direito, de facto ou arbitro, ou em que as partes o hajam legitimamente recusado ou suspeitado;

9.° — Ordenar a prisão de qualquer pessoa, sem ter para isso causa ou competencia legal, ou tendo-a, conservar alguem incommunicavel por mais de 48 horas, ou retel-a em carcere privado ou em casa não destinada á prisão;

10.° — Demorar o processo de réu preso, ou afiançado, além dos prasos legaes, ou faltar aos actos do seu livramento;

11.° — Recusar, ou retardar, a concessão de uma ordem de *habeas-corpus*, regularmente requerida;

12.° — Fazer remessa do preso a outra autoridade, occultal-o ou transferil-o

(60) O art. 205 reproduz as disposições contidas nos arts. 23 a 32 do decreto n.° 5.484, de 27 de junho de 1928.

da prisão em que estiver; não apresental-o no logar e no tempo determinado na ordem de *habeas-corpus;* deixar de dar conta circumstanciada dos motivos da prisão, ou do não cumprimento da ordem, illudindo por esses meios a concessão do *habeas-corpus;*

13.º — Tornar a prender, pela mesma causa, o que tiver sido solto em provimento de *habeas-corpus;*

14.º — Executar a prisão de alguem sem ordem legal escripta de autoridade legitima; ou receber, sem essa formalidade, algum preso, salvo o caso de flagrante delicto, ou de impossibilidade absoluta da apresentação da ordem:

Penas — de prisão cellular por seis mezes a um anno, perda do emprego com inhabilitação para exercer outro e multa de 200$ a 600$000.

15.º — Deixar o juiz de promover o processo pelo crime de prevaricação previsto no Tit. IV, Cap. I, nos termos do art. 176 paragrapho unico:

Penas — de prisão cellular por seis mezes a um anno, perda do emprego com inhabilitação para exercer outros e multa de 500$000. (61)

16.º — Demorar a extracção, expedição e entrega de titulos, ou documentos, de modo a impedir que o cidadão vote, ou instrúa recurso, interposto opportunamente;

17.º — Deixar de preparar, ou expedir, nos prasos legaes, os requerimentos dos cidadãos que pretenderem alistar-se eleitores; extraviar ou occultar o titulo de eleitor, ou documentos que lhe tenham sido entregues, relativos ao alistamento:

Penas — de prisão cellular por seis mezes a um anno, perda do emprego com inhabilitação para exercer outros e multa de 100$ a 1:000$000. (62)

§ 1.º — Si a prevaricação consistir em impôr pena contra literal disposição da lei, e o condemnado a soffrer, impôr-se-á a mesma pena ao juiz, ou juizes, si a decisão fôr collectiva, além da perda do emprego.

§ 2.º — No caso, porém, que o condemnado não tenha soffrido a pena, impôr-se-á ao juiz, ou juizes, a que estiver designada para a tentativa do crime sobre que tiver recahido a condemnação.

Art. 208 — Commetterão tambem prevaricação os funccionarios publicos que:

1.º — attestarem falsamente a identidade, estado das pessoas e outros factos em acto do officio, destinado a provar a verdade desses mesmos factos;

2.º — cancellarem, ou riscarem, alguns dos seus livros officiaes; não darem conta de autos, documentos, ou papel que lhes fossem entregues em razão do officio, ou os tirarem de autos, requerimentos ou representações a que estivessem juntos e lhes tivessem ido ás mãos ou poder, em razão do emprego;

3.º — passarem certidão, attestado ou documento falso para que alguem seja incluido ou excluido do alistamento eleitoral;

4.º — Os peritos que attestarem falsamente a invalidez dos funccionarios publicos civis da União, para os effeitos de licença, aposentadoria e jubilação. (63)

Penas — de prisão cellular por um a quatro annos, perda do emprego e multa de 200$ a 500$000.

Art. 209 — Ficarão comprehendidos na disposição do artigo precedente, e serão julgados pela mesma forma de processo que os funccionarios publicos, o advogado ou procurador judicial:

1.º — Que conluiar-se com a parte adversa e, por qualquer meio doloso, prejudicar a causa confiada ao seu patrocinio;

2.º — Que, ao mesmo tempo, advogar ou procurar scientemente por ambas as partes;

3.º — Que solicitar do cliente dinheiro, ou valores, a pretexto de procurar

(61) Arts. 12, 19 e 30 da Lei n.º 4.226, de 30 de dezembro de 1920.

(62) Art. 30 do decreto n.º 12.193, de 6 de setembro de 1916.

(63) Art. 121, § 3.º, letra g da Lei n.º 2.924, de 5 de janeiro de 1915, e art. 11 do decreto n.º 11.447, de 20 de janeiro de 1915.

favor de testemunha, peritos, interpretes, juiz, jurado ou de qualquer autoridade;

4.º — Que subtrahir, ou extraviar, dolosamente, documentos de qualquer especie, que lhe tenham sido confiados e deixar de restituir autos que houver recebido com vista ou em confiança:

Penas — de privação do exercicio da profissão por dois a quatro annos e multa de 200$ a 500$000, além das mais em que incorrerem pelo mal que causarem.

Secção II

Falta de exacção no cumprimento do dever

Art. 210 — Si qualquer dos crimes mencionados nos artigos 207 e 208 da secção precedente fôr commettido por frouxidão, indolencia, negligencia ou omissão, constituirá falta de exacção no cumprimento do dever e será punido com as penas de suspensão por seis mezes a um anno e multa de 100$ a 500$000.

Art. 211 — Serão considerados em falta de exacção no cumprimento do dever:

§ 1.º — O que abandonar o exercicio do cargo fóra dos casos em que a lei expressamente o permitte ou conservar-se fóra delle mais de 60 dias depois de terminada a licença ou commissão em que estiver:

Pena — multa de 200$ a 1:000$000 e, em caso de reincidencia, perda do cargo. (64)

§ 2.º — O que infringir as leis que regulam a ordem do processo, dando causa a que o mesmo seja reformado:

Penas — de fazer a reforma á sua custa e multa egual á somma, a que montar a reforma.

§ 3.º — O que, em processo criminal, impuzer pena contra a lei:

Penas — de prisão cellular por tres a nove mezes e multa de 100$ a 500$000.

Art. 212 — A execução de ordem, ou requisição, exigida por autoridade publica, só pode ser demorada pelo executor nos seguintes casos:

a) quando houver motivo para prudentemente se duvidar da sua authenticidade;

b) quando parecer evidente que fôra obtida ob e subrepticiamente, ou contra a lei;

c) quando da execução se devam prudentemente receiar graves males, que o superior, ou o requisitante não tivesse podido prevêr.

Ainda que, nestes casos, possa o executor da ordem, ou requisição, suspender a sua execução para representar, todavia não será isento de pena, si não demonstrar claramente a relevancia dos motivos em que se fundára.

Art. 213 — A soltura do preso, posteriormente á expedição de ordem de *habeas-corpus,* pela autoridade que ordenou a prisão, não a exime da responsabilidade criminal pela illegalidade da mesma prisão.

Secção III

Peita ou suborno

Art. 214 — Receber para si, ou para outrem, directamente ou por interposta pessoa, em dinheiro ou outra utilidade, retribuição que não seja devida; acceitar directa, ou indirectamente, promessa, dadiva ou recompensa para praticar ou deixar de praticar, um acto do officio, ou cargo, embora de conformidade com a lei;

Exigir, directa ou indirectamente, para si ou para outrem, ou consentir que outrem exija, recompensa ou gratificação por algum pagamento que tiver de fazer em razão do officio ou commissão de que fôr encarregado:

Penas — de prisão cellular por seis mezes a um anno e perda do emprego, com inhabilitação para outro, além da multa egual ao triplo da somma, ou utilidade recebida.

Art. 215 — Deixar-se corromper por influencia, ou suggestão de alguem, para retardar, omittir, praticar, ou deixar de

(64) Artigo único do decreto n.º 5.240, de 19 de agosto de 1927.

praticar um acto contra os deveres do officio ou cargo; para prover ou propôr para emprego publico alguem, ainda que tenha os requisitos legaes;

Penas — de prisão cellular por seis mezes a um anno e perda do emprego com inhabilitação para outro.

Art. 216 — Nas mesmas penas incorrerá o juiz de direito, de facto ou arbitro que, por peita ou suborno, dér sentença, ainda que justa.

Paragrapho unico — Si a sentença fôr criminal condemnatoria, mas injusta, soffrerá o peitado ou subornado a mesma pena que tiver imposto ao que condemnára, além da perda do emprego, e multa.

Art. 217 — O que dér ou prometter peita, ou suborno, será punido com as mesmas penas impostas ao peitado ou subornado.

Art.218 — São nullos os actos em que intervier peita ou suborno.

Secção IV

Concussão

Art. 219 — Julgar-se-á commettido este crime:

§ 1.° — Pelo empregado publico encarregado de arrecadação, cobrança ou administração de quaesquer rendas ou dinheiros publicos, ou da distribuição de algum imposto, que directa, ou indirectamente, exigir dos contribuintes, ou os obrigar a pagar o que souber não deverem:

Pena — de suspensão do emprego por tres mezes a um anno.

No caso em que o empregado publico se aproprie do que assim tiver exigido, ou exija para esse fim:

Penas — de prisão cellular por seis mezes a um anno, multa egual ao triplo do que tiver exigido, ou feito pagar, e perda do emprego.

§ 2.° — Pelo que, para cobrar impostos, ou direitos legitimos, empregar voluntariamente contra os contribuintes meios mais gravosos do que os prescriptos nas leis, ou os fizer soffrer injuntas vexações:

Penas — de suspensão do emprego por seis mezes a dois annos, além das mais em que incorrer pela vexação que tivér praticado.

Si, para commetter algum destes crimes, usar de força armada, além das penas estabelecidas, soffrerá mais a de prisão cellular por tres mezes a um anno.

§ 3.° — Pelo que, arrogando-se dolosamente, ou simulando, attribuição para fazer qualquer acto do emprego, acceitar offerecimento ou receber dadiva, directa ou indirectamente, para fazer ou deixar de fazer esse acto:

Penas — de prisão cellular por seis mezes a um anno perda do emprego e multa egual ao triplo do valor recebido.

Art. 220 — As pessoas particulares, encarregadas por arrendamento, arrematação, ou outro qualquer titulo de cobrar e administrar rendas ou direitos e que commetterem algum ou alguns dos crimes referidos nos artigos antecedentes, incorrerão nas mesmas penas.

Secção V

Peculato

Art. 221 — O funccionario publico que se apropriar, subtrahir, distrahir ou consentir que outrem subtráia ou distráia dinheiros, documentos, titulos de credito, effeitos, generos e quaesquer outros bens moveis, publicos ou particulares, dos quaes tenha a guarda, o deposito, a arrecadação ou administração, em razão de seu cargo, seja este remunerado ou gratuito, permanente ou temporario, será punido:

a) si o prejuizo fôr inferior a .... 10:000$000, com dois a seis annos de prisão cellular, perda do emprego, com inhabilitação para exercer qualquer funcção publica por oito a dezeseis annos e multa de 10% sobre o damno;

b) si o prejuizo fôr egual ou superior a 10:000$, com quatro a doze annos de prisão cellular, perda do emprego, com inhabilitação para exercer qualquer funcção publica por 12 a 20 annos e multa de 15% sobre o damno.

Paragrapho unico — Quando o prejuizo causado versar sobre objecto de valor não conhecido ou instavel, o juiz formador da culpa mandará proceder á avaliação, de conformidade com o disposto no artigo 405.

Art. 222 — Quando os factos criminosos, previstos no artigo antecedente, forem commettidos por funccionario publico que não tenha a guarda, o deposito, a arrecadação ou administração da coisa subtrahida ou distrahida, mas pertença á repartição em que ella se achava, ou disponha, em razão do seu cargo, de facilidade de ingresso na mesma repartição:

Penas — as do artigo antecedente, reduzido de uma sexta parte o tempo de prisão.

Paragrapho unico — Nas penas do art. 221 incorrerá ainda o funccionario publico que, no seu interesse, ou no de outrem, concorrer com acto do officio ou emprego, ou usar de sua qualidade, induzindo outrem a concorrer com esse acto para que sejam distrahidos ou subtrahidos documentos, effeitos, valores e quaesquer outros bens moveis pertencentes á União, aos Estados, ás Municipalidades e Prefeituras ou por que estes devam responder.

a) Si se provar que o funccionario agiu sem dolo, mas com impericia ou negligencia:

Penas — suspensão do emprego por seis mezes a dois annos, além da multa de 15% sobre o damno;

b) no caso da letra *a* não haverá a imposição de penas si fôr resarcido o prejuizo causado.

Art. 223 — Os co-autores e cumplices dos crimes previstos nesta secção, embora não sejam funccionarios, serão processados e julgados com os respectivos autores e sujeitos ás penas estabelecidas para os mesmos crimes, no que lhes fôr applicavel. (65)

Secção VI

Excesso ou abuso de autoridade e usurpação de funcções publicas

Art. 224 — Arrogar-se e effectivamente exercer, sem direito, emprego ou funcção publica, civil ou militar:

Penas — de prisão cellular por seis mezes a dois annos e multa egual ao dobro dos vencimentos que tiver recebido.

Art. 225 — Entrar em exercicio do emprego, sem ter satisfeito préviamente ás exigencias da lei para a investidura do mesmo:

Penas — de suspensão do emprego até satisfazer as condições exigidas e multa egual ao dobro dos vencimentos que tiver recebido do emprego.

Art. 226 — Exceder os limites das funcções proprias do emprego:

Penas — de suspensão do emprego por seis mezes a um anno, além das mais em que incorrer.

Art. 227 — Continuar a exercer funcções do emprego ou commissão, depois de saber officialmente que está suspenso, demittido, removido ou substituido legalmente, excepto nos casos em que fôr autorisado competentemente para continuar:

Penas — de prisão cellular por um mez a um anno e multa egual ao dobro dos vencimentos que tiver recebido pelo exercicio indevido do cargo.

Art. 228 — Expedir ordem, ou fazer requisição illegal:

Penas — de suspensão do emprego por um a tres annos e multa de 100$ a 500$000.

Art. 229 — O que executar ordem, ou requisição illegal, será considerado obrar como si tal ordem ou requisição não existira e punido pelo excesso de poder ou jurisdicção, que commetter.

São ordens e requisições illegaes as que emanam de autoridade incompetente, as que são destituidas das solemnidades externas necessarias para a sua validade, ou são manifestamente contrarias ás leis.

Art. 230 — Exceder a prudente faculdade de reprehender, corrigir ou castigar, offendendo, ultrajando ou maltratando por obra, palavra ou escripto, algum subalterno, dependente, ou qualquer outra pessoa, com quem tratar em razão do officio:

(65) Os arts. 221, 222 e 223 reproduzem o disposto nos arts. 1.º a 4.º do decreto n.º 4.780, de 27 de dezembro de 1923.

Pena — de suspensão do emprego por um mez a um anno, além das mais em que incorrer pelo excesso ou injuria que praticar.

Art. 231 — Commetter qualquer violencia no exercicio das funcções do emprego, ou a pretexto de exercel-as:

Penas — de perda do emprego, no grau maximo; de suspensão por tres annos, no médio, e por um anno no minimo, além das mais em que incorrer pela violencia.

Art. 232 — Haver para si, directa ou indirectamente, ou por algum acto simulado, no todo ou em parte, propriedade ou effeito, em cuja administração, disposição, ou guarda deva intervir em razão do officio; entrar em alguma especulação de lucro, interesse relativamente á dita propriedade ou effeito:

Penas — de prisão cellular por um a seis mezes, de perda do emprego, e multa de 5 a 20% da propriedade, effeitos adquiridos ou interesse que auferir da negociação. Em todo caso, a acquisição será nulla.

§ 1.º — Em eguaes penas incorrerão os peritos, avaliadores, partidores, contadores, tutores, curadores, testamenteiros, depositarios, administradores de massas fallidas e syndicos de sociedades em liquidação commetterem o mesmo crime.

§ 2.º — Serão também punidos com as mesmas penas os juizes, syndicos e liquidatarios, avaliadores, peritos e officiaes de justiça que, no processo de falencia, praticarem qualquer dos crimes definidos neste artigo. (66)

Art. 233 — Commerciarem os governadores e commandantes de armas dos Estados, os magistrados, os officiaes da fazenda dentro dos districtos em que exercerem as suas funcções; os officiaes militares de mar e terra, salvo si forem reformados e os dos corpos policiaes:

Penas — de suspensão do emprego por um a tres annos e multa de 200$ a 500$000.

Na prohibição deste artigo não se comprehende a faculdade de dar dinheiro a juro ou a premio, comtanto que as pessoas nelle mencionadas não façam exercicio desta faculdade profissão habitual de commercio; nem a de ser accionista em qualquer companhia mercantil, uma vez que não tomem parte na gerencia administrativa da mesma companhia.

Art. 234 — Constituir-se devedor de algum subalterno, dal-o por seu fiador; ou contrahir com elle obrigação pecuniaria:

Penas — de suspensão do emprego por tres a nove mezes e multa de 5 a 20% da quantia da divida, fiança ou obrigação.

Art. 235 — Solicitar alguma mulher, que tenha litigio ou pretenção dependente de decisão, ou informação, em que deva intervir em razão do cargo:

Penas — de suspensão do emprego por seis mezes a dois annos, além das mais em que incorrer.

Si o que commetter este crime fôr juiz:

Penas — de prisão cellular por um mez a um anno, além das mais em que incorrer.

Art. 236 — Si o crime declarado no artigo antecedente, fôr commettido por carcereiro, guarda ou empregado da cadeia, casa de reclusão, ou estabelecimento semelhante, contra mulher que esteja presa, ou depositada, debaixo de sua custodia ou vigilância, ou contra mulher, filha ou irmã, curatelada, ou tutelada de pessoa que se achar nessas circumstancias:

Penas — de prisão cellular por um mez a um anno, e perda do emprego, além das outras mais em que incorrer.

Art. 237 — Quando do excesso, ou abuso de autoridade, resultar prejuizo aos interesses nacionaes:

Penas — de multa de 5 a 20% do prejuizo causado, além das outras mais em que incorrer.

---

(66) Este parágrafo reproduz a 1.ª parte do art. 173 do decreto número 5.746, de 9 de dezembro de 1929.

Secção VII

Irregularidade de comportamento

Art. 238 — O empregado publico, que fôr convencido de incontinencia publica e escandalosa; de vicio de jogos prohibidos; de embriaguez repetida; de haver-se com inaptidão notoria ou desidia habitual no desempenho de suas funcções:

Pena — de perda do emprego, com inhabilitação de obter outro, até mostrar-se corrigido.

TITULO VI

DOS CRIMES CONTRA A FÉ PUBLICA

Capitulo I

Da moeda falsa

Art. 239 — Constitue crime de moeda falsa:

a) fabricar, sem autoridade legitima, moeda de prata ou de ouro, nacional ou estrangeira, que tenha curso legal ou commercial dentro ou fóra do paiz, com o mesmo peso e valor intrinseco da verdadeira:

Pena — de prisão cellular por quatro a oito anos, perda da moeda apprehendida e dos objectos destinados ao fabrico.

Si a moeda fôr fabricada com materia diversa, peso ou valor intrinseco differente da verdadeira:

Penas — de prisão cellular por seis a doze annos, além da perda sobredita. (67)

b) diminuir o peso da moeda verdadeira, ou augmentar-lhe o valor, mediante qualquer artificio:

Penas — de prisão cellular por tres a seis annos e perda da moeda apprehendida. (68)

c) falsificar, fabricando ou alterando qualquer papel de credito publico, que se receba nas estações publicas como moeda:

Penas — de prisão cellular por quatro a oito annos, perda do papel apprehendido e dos objectos destinados á falsificação.

Para os effeitos da lei penal, considera-se papel de credito publico o que tiver curso legal, como moeda, ou fôr emittido pelo Governo da União, ou por estabelecimentos bancarios legalmente autorisados, bem assim o que representar moeda estrangeira. (69)

d) formar cedulas ou notas do Governo, cedulas ou bilhetes do Thesouro Federal, da Caixa de Conversão, ou dos Bancos, com fragmentos de outras notas e cedulas ou bilhetes verdadeiros; supprimir ou fazer desapparecer, por qualquer meio, os carimbos com que forem assignaladas as notas, cedulas ou bilhetes retirados da circulação:

Penas de prisão cellular por dois a quatro annos, além da perda sobredita.(70)

Art. 240 — Nos casos previstos nas letras **a** e **b** do artigo antecedente, si fôr a moeda de qualquer outro metal que não ouro ou prata:

Penas — as das mesmas letras, reduzidas, porém, de um terço, o tempo de prisão. (71)

Art. 241. Si os crimes previstos na letra **d** do art. 239 forem commettidos por funccionarios da repartição em que se acharem recolhidas as notas, cedulas ou bilhetes:

Penas — de prisão cellular por seis a doze annos e perda do emprego, com inhabilitação para exercer qualquer funcção publica por doze a vinte annos. (72)

Art. 242 — É tambem crime de moeda falsa:

(67) Art. 5.º do decreto n.º 4.780, de 27 de dezembro de 1923.

(68) Art. 6.º do decreto n.º 4.780, de 27 de dezembro de 1923.

(69) Art. 8.º do decreto n.º 4.780, de 27 de dezembro de 1923.

(70) Art. 9.º, 1.ª parte, do decreto n.º 4.780, de 27 de dezembro de 1923.

(71) Art. 7.º do decreto n.º 4.780, de 27 de dezembro de 1923.

(72) Art. 9.º, parágrafo único do decreto n.º 4.780, de 27 de dezembro de 1923.

a) importar ou exportar, comprar ou vender, trocar, ceder ou emprestar, por conta propria ou de outrem, moeda, nota ou bilhete nas condições mencionadas no art. 239:

Penas — a desse artigo, conforme as hypotheses respectivas. (73)

b) introduzir dolosamente na circulação moeda falsa, papel de credito publico, sendo falso:

Penas — as que vêm estatuidas no art. 239, de accordo com as respectivas hypotheses, reduzido, porém, de uma sexta parte o tempo de prisão. (74)

c) restituir á circulação, moeda falsa, recebida como verdadeira, depois de conhecida a falsidade, ou tendo razão para conhecel-a:

Penas — multa de 5 a 20 vezes o valor total da moeda e perda da mesma.

No caso de reincidencia:

Penas — de prisão cellular por um a tres mezes, multa de 10 a 30 vezes o valor total da moeda e perda da mesma. (75)

d) fabricar, explorar, possuir ou ter sob sua guarda, machinismos ou objectos destinados exclusivamente á fabricação ou alteração da moeda nacional ou estrangeira, de curso legal ou commercial, dentro ou fóra do paiz:

Penas — de prisão cellular por dois a seis annos e perda dos machinismos e objectos. (76)

Art. 243 — Não poderão ser recebidos como moeda, ou nesta qualidade circular no paiz, quaesquer titulos de credito ao portador, ou com o nome deste em branco, que forem emittidos pelos governos dos Estados ou dos municipios, sejam taes titulos apolices ou outros de denominações differentes.

Nos casos de transgressão, não só serão nullos de pleno direito todos os contractos e actos juridicos em que os referidos titulos forem empregados como moeda, mas os individuos que, como moeda os empregarem ou os receberem em troca de objectos, valores ou serviços de qualquer especie, ficarão sujeitos ás penas de prisão cellular por dois a quatro annos e perda dos mesmos titulos. (77)

Art. 244 — Incorrerão nas penas de prisão cellular por um a quatro annos:

1.° — Os empregados da Caixa de Amortisação que emittirem, ou consentirem que se emittam, notas da antiga emissão do Banco do Brasil, a não ser em substituição das que, por dilaceradas ou por outros motivos, devam ser retiradas legalmente da circulação;

2.° — Todos aquelles que fizerem sahir, ou consentirem que saia, da Caixa de Amortisação, qualquer somma de papel moeda, a não ser por troco, ou por effectiva substituição, ou para ser entregue ao Thesouro Nacional, em virtude de lei que autorise tal entrega;

3.° — Os directores e gerentes dos Bancos de emissão, pelo excesso da emissão de bilhetes além dos limites determinados nas leis respectivas, e bem assim os fiscaes do Governo, que se mostrarem conniventes em tal falta, ou não as tenham denunciado opportunamente.

Capitulo II

Das falsidades

Secção I

Da falsidade dos titulos e papeis de credito do governo federal, dos Estados e dos Bancos

Art. 245. Falsificar, fabricando ou alterando, papeis de credito ou titulos da divida publica, bilhetes e letras do Go-

(73) Art. 10 do decreto n.° 4.780, de 27 de dezembro de 1923.

(74) Art. 11 do decreto n.° 4.780, de 27 de dezembro de 1923.

(75) Art. 12 do decreto n.° 4.780, de 27 de dezembro de 1923.

(76) Art. 13 do decreto n.° 4.780, de 27 de dezembro de 1923.

(77) Arts. 1.° e 2.° da Lei n.° 561, de 31 de dezembro de 1898.

verno da União, dos Estados, das Municipalidades ou Prefeituras, cautelas do Monte de Socorro e cadernetas da Caixa Economica;

Usar desses papeis, titulos, bilhetes, letras, cautelas e cadernetas, sabendo que são falsas:

Penas — de prisão cellular por quatro a oito annos, multa de 5 a 20% do damno causado, perda dos referidos objectos e daquelles outros relativos á fabricação. (78)

Art. 246. Falsificar, fabricando ou alterando, o sello publico da União, dos Estados, das Municipalidades ou Prefeituras, destinado a authenticar ou legalisar os actos officiaes:

Penas — de prisão cellular por dois a quatro annos, perda do dito sello e dos objectos reterentes á fabricação. (79)

Art. 247. Falsificar, fabricando ou alterando, sellos adhesivos, estampilhas, vales postaes, coupons da divida publica da União, dos Estados, das Municipalidades e Prefeituras;

Emittil-os sem autorisação legal, quando verdadeiros;

Supprimir ou fazer desapparecer, por qualquer meio, os carimbos ou signaes, com que tenham sido inutilisados;

Emittir ou introduzir dolosamente na circulação, importar ou exportar, comprar ou vender, trocar, ceder ou emprestar, por conta propria ou de outrem, os sobreditos sellos, estampilhas, vales e coupons falsificados pelos modos referidos no principio deste artigo, conhecida a falsificação;

Usar dolosamente dos sellos, estampilhas, vales e coupons assim falsificados:

Penas — de prisão cellular por dois a seis annos, perda dos referidos objectos e multa de 5 a 20% do damno causado. (80)

Art. 248. Falsificar, fabricando ou alterando, talões, recibos, quitações, guias, alvarás e outros documentos destinados á arrecadação da renda da União, dos Estados, Municipios e Prefeituras, ou relativos ás fianças e aos depositos de dinheiros de particulares, orphãos, ausentes e defuntos; usar desses papeis, assim falsificados:

Penas — de prisão cellular por quatro a cinco annos e multa de 5 a 20% do damno causado. (81)

Art. 249. Falsificar, fabricando ou alterando, cheques e outros papeis de bancos, letras e titulos commerciaes de qualquer natureza, sejam ou não transferiveis por endosso;

Emittil-os ou introduzil-os dolosamente na circulação, ou sobre elles fazer qualquer das transacções mencionadas no art. 247, conhecida a falsificação:

Penas — as do art. 247.(82)

Art. 250. Falsificar, fabricando ou alterando, vender ou usar passes, bilhetes de estradas de ferro ou de qualquer empresa de transporte, pertencente á União, aos Estados, ás Municipalidades, ás Prefeituras ou a particulares:

Pena — de prisão cellular por seis mezes a dois annos. (83)

Paragrapho unico — Possuir ou ter sob sua guarda, para fim criminoso, moeda falsa, sellos, estampilhas ou quaesquer dos titulos ou papeis falsificados na forma deste e dos artigos anteriores:

Penas — as mesmas dos referidos artigos, reduzidas de um terço. (84)

(78) Art. 14 do decreto n.º 4.780, de 27 de dezembro de 1923.

(79) Art. 15 do decreto n.º 4.780, de 27 de dezembro de 1923.

(80) Art. 16 do decreto n.º 4.780, de 27 de dezembro de 1923.

(81) Art. 17 do decreto n.º 4.780, de 27 de dezembro de 1923.

(82) Art. 18 do decreto n.º 4.780, de 27 de dezembro de 1923.

(83) Art. 19 do decreto n.º 4.780, de 27 de dezembro de 1923.

(84) Art. 20 do decreto n.º 4.780, de 27 de dezembro de 1923.

Secção II

Da falsidade de certificados, documentos e actos publicos

Art. 251. Falsificar, fabricando ou alterando, assentamentos do registo civil, certidões desse registo, carteiras de identidade, passaporte e salvo conducto; usar desses titulos sabendo que são falsos:

Penas — de prisão cellular por quatro a cinco annos e multa de 5 a 20% do damno causado. (85)

Art. 252. O funccionario ou official publico, no exercicio de suas funcções, falsificar, fabricando ou alterando, no todo ou em parte, escriptura, livros ou documentos, de que possa resultar prejuizo publico ou particular;

Attestar como verdadeiros e passados em sua presença, factos não occorridos, alterar ou omittir os verdadeiros, quando lhe cumpre declaral-os;

Reconhecer como verdadeiras firmas que não o sejam:

Penas — de dois a seis annos de prisão cellular e multa de 5 a 20% do damno causado ou que poderia causar, além da perda do cargo com inhabilitação para exercer qualquer funcção publica por 12 a 20 annos.

§ 1.º — Comprehendem-se nas disposições deste artigo as traducções feitas pelos interpretes ou traductores publicos;

§ 2.º — Nas mesmas penas, no que lhe forem applicaveis, incorrerá o que, não tendo concorrido para a falsidade, della se aproveitar. (86)

§ 3.º — Com as penas estabelecidas neste artigo, menos a terça parte, será punido aquelle que, não sendo funccionario ou official publico, commeter qualquer falsidade pelos meios acima previstos. (87)

Art. 253. Affirmar falsamente ao funccionario ou official publico, ou em qualquer documento particular, a propria identidade ou estado, attestar as de outra pessoa, de modo que possa resultar prejuizo publico ou particular:

Penas — de um a quatro annos de prisão cellular e multa de 5 a 20% do damno causado ou que poderia causar. (88)

Art. 254. Para applicação das disposições do artigo antecedente, são equiparados aos funccionarios publicos todos aquelles que são autorisados a redigir ou subscrever escriptos ou papeis, aos quaes a lei attribua fé publica; e aos escriptos ou papeis publicos são equiparados os testamentos particulares, as letras de cambio e todos os titulos de credito transmissiveis por endosso, ou ao portador, assim como as obrigações nominativas não equiparadas á moeda pela lei. (89)

Art. 255. Falsificar telegrammas ou expedil-os em nome de outrem, não estando para isso autorisado:

Penas — de detenção por um mez a um anno, e perda do emprego, si se tratar de funccionario do telegrapho. (90)

Art. 256. Dar, por favor, o medico, attestado falso destinado a fazer fé perante a autoridade:

Pena — de multa de 100$ a 500$000.

I — Si o crime fôr commettido por paga ou esperança de alguma recompensa:

Pena — de multa de 200$ a 1:000$000.

II — Si por effeito do attestado falso, alguem fôr admittido, ou retido, em uma casa de alienados, ou soffrer qualquer prejuizo grave:

(85) Art. 21 do decreto n.º 4.780, de 27 de dezembro de 1923.

(86) Art. 23 do decreto n.º 4.780, de 27 de dezembro de 1923.

(87) Art. 24 do decreto n.º 4.780, de 27 de dezembro de 1923.

(88) Art. 25 do decreto n.º 4.780, de 27 de dezembro de 1923.

(89) Art. 26 do decreto n.º 4.780, de 27 de dezembro de 1923.

(90) Art. 27 do decreto n.º 4.780, de 27 de dezembro de 1923.

Pena — de prisão cellular por oito mezes a dois annos.

III — Si o crime previsto em o numero antecedente fôr commettido com a circunmstancia mencionada em o numero I deste artigo:

Pena — de prisão cellular por um a tres annos.

IV — Falsificar um attestado para qualquer dos fins declarados nos artigos anteriores:

Pena — de prisão cellular por seis mezes a um anno.

Paragrapho unico — A's penas respectivas deste artigo, fica sujeito tambem aquelle que fizer uso de attestado falso. (91)

Art. 257. Expedir, ou dar o funccionario publico, ou outrem que por lei possa fazel-o, certificado ou attestado, em que affirme ou declare falsamente, bom procedimento, capacidade, indigencia, ou outra qualquer circunmstancia que habilite a pessoa ou a quem se referir o certificado ou attestado a obter beneficios ou confiança publica ou particular, cargo ou emprego publico, favor ou beneficio de lei, isenção de serviço, onus ou funcção publica:

Pena — Multa de 200$ a 1:000$000.

A' metade da pena acima comminada fica sujeito aquelle que do certificado ou attestado medico falso fizer uso. (92)

Paragrapho unico — Fazer emendas, ou alterações nos assentamentos do registo civil sem as resalvar ou ratificar, na conformidade dos regulamentos e pelos meios por estes permittidos:

Pena — de prisão cellular por seis mezes a dois annos.

E egual pena incorrerá o que, não sendo empregado do registo, praticar essas alterações ou emendas.

Secção III

Da falsidade de documentos e papeis particulares

Art. 258. Fazer, no todo ou em parte, escripto ou papel particular falso ou alterar o verdadeiro:

Penas — de prisão cellular por um a quatro annos e multa de 5 a 20% do damno causado ou que poderia resultar. (93)

Art. 259. Incorrerá nas mesmas penas o que servir-se de papel falsificado pela forma estabelecida no artigo antecedente, bem assim o que concorrer para a falsidade como testemunha, ou por qualquer outro modo. (94)

Art. 260. Em nenhum caso a falsidade, que reunir todos os elementos de sua definição legal, constituirá elemento de outro crime.

Secção IV

Do testemunho falso, das declarações, das queixas e denuncias falsas em juizo

Art. 261. Asseverar em juizo como testemunha, sob juramento ou affirmação, qualquer que seja o estado da causa e a natureza do processo, uma falsidade; ou negar a verdade, no todo ou em parte, sobre circumstancias essenciaes do facto, a respeito do qual depuzer.

§ 1.º — Si a causa em que se prestar o depoimento fôr civel:

Penas — de prisão cellular por tres mezes a um anno.

§ 2.º — Si a causa fôr criminal e o depoimento para absolvição do accusado:

Pena — de prisão cellular por seis mezes a dois annos.

§ 3.º — Si para condemnação:

Pena — de prisão cellular por um a seis annos.

---

(91) Art. 28 do decreto n.º 4.780, de 27 de dezembro de 1923.

(92) Art. 29 do decreto n.º 4.780, de 27 de dezembro de 1923.

(93) Art. 22, 1.ª e 2.ª partes, do decreto n.º 4.780, de 27 de dezembro de 1923.

(94) Art. 22, última parte, do decreto n.º 4.780, de 27 de dezembro de 1923.

Art. 262. Todo aquelle que, intervindo em causa civel ou criminal, no caracter de perito, interprete ou arbitrador, fizer ou escrever, declarações ou informações falsas, será punido com as mesmas penas, guardadas as distincções do artigo anterior.

Paragrapho unico — A pena será augmentada da terça parte si o accusado deixar-se peitar, recebendo dinheiro, lucro ou utilidade, para prestar depoimento falso, ou fizer declarações falsas, verbaes ou por escripto.

Na mesma pena incorrerá o peitante.

Art. 263. Não terá logar a imposição de pena si a pessoa que prestar depoimento falso, ou fizer declarações falsas em juizo, verbaes ou escriptas, retractar-se antes de ser proferida sentença na causa.

Art. 264. Dar queixa ou denuncia contra alguem, imputando-lhe, falsa e dolosamente, factos que, si fossem verdadeiros, constituiriam crime e sujeitariam seu autor á acção criminal:

Pena — a do crime imputado.

TITULO VII

DOS CRIMES CONTRA A FAZENDA PUBLICA

Capitulo unico

Do contrabando

Art. 265. Importar, ou exportar, generos ou mercadorias prohibidas; evitar, no todo ou em parte, o pagamento dos direitos e impostos estabelecidos sobre a entrada, sahida e consumo de mercadorias e por qualquer modo illudir ou defraudar esse pagamento:

Pena — de prisão cellular por um a quatro annos, além das fiscaes.

§ 1.° — E' tambem considerado contrabando:

a) importar e fabricar rotulos que se prestem á fabricação de bebidas e quaesquer outros productos nacionaes, como si fossem estrangeiros; (95)

Penas — a do contrabando e multa de 1:000$ a 5:000$000;

b) fazerem os navios estrangeiros a navegação de cabotagem fóra dos casos determinados em lei; (96)

c) importar qualquer mercadoria com falsa indicação de procedencia;

d) exportar ouro, prata, nickel, cobre, bronze e outros metaes amoedados ou em barras e em artefactos; (97)

e) concorrer, de qualquer modo, directa ou indirectamente, para preparo, apresentação ou processo de guias, facturas consulares ou commerciaes, certificados, talões, conhecimentos ou quaesquer outros documentos, com o fim de permittir ou facilitar, pelo transito em territorio estrangeiro, apresentação, majoração ou substituição de volumes, alteração de peso ou conteúdo, de genero de producção nacional, com similar estrangeiro e assim permittir a entrada deste em territorio brasileiro como genero de producção nacional;

f) permittir, embora sem haver concorrido para o preparo de documento, tenha este curso ou andamento para produzir o effeito da letra **e**;

g) adquirir por compra, receber em consignação no deposito, occultar ou guardar generos ou mercadorias entradas no paiz, pela forma descripta:

Pena — para qualquer das hypotheses das letras **b** a **g**: de prisão cellular por um a quatro annos.

§ 2.° — Si os actos enumerados nas letras **e**, **f** e **g** forem praticados por funccionario publico será elle passivel de

(95) Art. 1.°, letra **a** e § 1.° da Lei n.° 452, de 3 de novembro de 1897, regulamentada pelo decreto n.° 2.742, de 17 de dezembro de 1897.

(96) Art. 4.° da Lei n.° 123, de 11 de novembro de 1892, regulamentado pelo decreto n.° 2.304, de 2 de julho de 1893.

(97) Art. 1.° do decreto n.° 1.425-B, de 28 de novembro de 1905, e art. 56 da Lei n.° 4.440, de 31 de dezembro de 1921.

prisão em dobro estabelecida neste artigo, perda do emprego e inhabilitação para exercer qualquer outra funcção publica.

Verificado que o funccionario agiu sem dolo, soffrerá a pena de perda do emprego ou cargo, com inhabilitação para o exercicio de qualquer outro. (98)

TITULO VIII

DOS CRIMES CONTRA A SEGURANÇA DA HONRA E HONESTIDADE DAS FAMILIAS E DO ULTRAJE PUBLICO AO PUDOR

Capitulo I

Da violencia carnal

Art. 266. Attentar contra o pudor de pessoa de um ou de outro sexo, por meio de violencia ou ameaça, com o fim de saciar paixões lascivas ou por depravação moral:

Pena — de prisão cellular por um a tres annos.

§ 1.º — Excitar, favorecer ou facilitar a corrupção de pessoa de um ou de outro sexo, menor de 21 annos, induzindo-a á pratica de actos deshonestos, viciando a sua innocencia ou pervertendo-lhe de qualquer modo o seu senso moral:

Pena — de prisão cellular por seis mezes a dois annos.

§ 2.º — Corromper pessoa menor de 21 annos, de um ou de outro sexo, praticando com ella ou contra ella, actos de libidinagem:

Pena — de prisão cellular por dois a quatro annos. (99)

Art. 267. Deflorar mulher de menor idade, empregando seducção, engano ou fraude:

Pena — de prisão cellular por um a quatro annos.

Art. 268. Estuprar mulher virgem ou não, mas honesta:

Pena — de prisão cellular por um a seis annos.

§ 1.º — Si a estuprada fôr mulher publica ou prostituta:

Pena — de prisão cellular por seis mezes a dois annos.

§ 2.º — Si o crime fôr praticado com o concurso de duas ou mais pessoas, a pena será augmentada da quarta parte.

Art. 269. Chama-se estupro o acto pelo qual o homem abusa com violencia de uma mulher, seja virgem ou não.

Por violencia entende-se não só o emprego da força physica, como o de meios que privarem a mulher de suas faculdades psychicas, e assim da possibilidade de resistir e defender-se, como sejam o hypnotismo, o chloroformio, o ether, e, em geral, os anethesicos e narcoticos.

Capitulo II

Do rapto

Art. 270. Tirar do lar domestico, para fim libidinoso, qualquer mulher honesta, de maior ou menor idade, solteira, casada ou viuva, attrahindo-a por seducção ou emboscada, ou obrigando-a por violencia, não se verificando a satisfação dos gosos genesicos:

Pena — de prisão cellular por um a quatro annos.

§ 1.º — Si a raptada fôr maior de 16 e menor de 21 annos, e prestar o seu consentimento:

Pena — de prisão cellular por um a tres annos.

§ 2.º — Si ao rapto seguir-se defloramento ou estupro, o raptor incorrerá na pena correspondente a qualquer destes crimes, que houver commettido, com augmento da sexta parte.

Art. 271. Si o raptor, sem ter attentado contra o pudor e honestidade da raptada, restituir-lhe a liberdade, recon-

(98) Arts. 3.º e 4.º do decreto n.º 5.574, de 14 de novembro de 1928.

(99) Art. 1.º da Lei n.º 2.992, de 25 de setembro de 1915.

duzindo-a á casa donde a tirou, ou collocando-a em logar seguro e á disposição da familia, soffrerá a pena de prisão cellular por seis mezes a um anno.

Paragrapho unico — Si não restituir-lhe a liberdade ou recusar indicar o seu paradeiro:

Pena — de prisão cellular por dois a doze annos.

Art. 272. Presume-se commettido com violencia qualquer dos crimes especificados neste e no capitulo precedente, sempre que a pessoa offendida fôr menor de dezeseis annos.

Art. 273. As penas estabelecidas para qualquer destes crimes serão applicadas com augmento da sexta parte:

1.º si o criminoso fôr ministro de qualquer confissão religiosa;

2.º si fôr casado;

3.º si fôr creado, ou domestico da offendida ou de pessoa de sua familia.

E com augmento da quarta parte:

4.º si fôr ascendente, irmão ou cunhado da pessoa offendida;

5.º si fôr tutor, curador, encarregado da sua educação ou guarda ou por qualquer outro titulo tiver autoridade sobre ella.

Paragrapho unico — Além da pena, e da interdicção em que incorrerá tambem, o ascendente perderá todos os direitos que a lei lhe confere sobre a pessoa e bens da offendida.

Art. 274. Nestes crimes haverá logar o procedimento official da justiça sómente nos seguintes casos:

1.º si a offendida fôr miseravel, ou asylada de algum estabelecimento de caridade;

2.º si da violencia carnal resultar morte, perigo de vida ou alteração grave da saude da offendida;

3.º si o crime fôr perpetrado com abuso do patrio poder, ou da autoridade do tutor, curador ou preceptor.

Art. 275. O direito de queixa privada prescreve findos seis mezes, contados do dia em que o crime fôr commettido.

Art. 276. Nos casos de defloramento, como nos de estupro de mulher honesta, a sentença, que condemnar o criminoso, o obrigará a dotar a offendida.

Paragrapho unico — Não haverá logar imposição de pena si seguir-se o casamento, a aprazimento do representante legal da offendida, ou do juiz dos orphãos, nos casos em que lhe compete dar ou supprir o consentimento, ou a aprazimento da offendida, si fôr maior.

Capitulo III

Do lenocinio

Art. 277. Induzir alguem, por meio de enganos, violencia, ameaça, abusos de poder, ou qualquer outro meio de coacção, a satisfazer os desejos deshonestos ou paixões lascivas de outrem;

Excitar, favorecer, ou facilitar a prostituição de alguem, para satisfazer os ditos desejos e paixões de outrem:

Pena — de prisão cellular por dois a tres annos.

Paragrapho unico — Si este crime fôr commettido por ascendente em relação a descendente, pelo tutor, curador ou pessoa encarregada da educação ou guarda de algum menor em relação a este; pelo marido com relação á sua propria mulher:

Pena — de prisão cellular por dois a quatro annos.

Além desta pena, e da interdicção em que incorrerão, se imporá mais:

Ao pae e mãe, a perda de todos os direitos que a lei lhes concede sobre a pessoa e bens do descendente prostituido;

Ao tutor ou curador, a immediata destituição desse munus;

Á pessoa encarregada da educação do menor, a privação do direito de ensinar, dirigir ou ter parte em qualquer estabelecimento de instrucção e educação;

Ao marido, a perda do poder marital, tendo logar a acção criminal, que prescreverá em tres mezes, por queixa contra elle dada, sómente pela mulher. (100)

Art. 278. Manter ou explorar casas de tolerancia, admittir na casa em que residir, pessoas de sexos differentes ou do mesmo sexo, que ahi se reunam para fins libidinosos; induzir mulheres, quer abusando de sua fraqueza ou miseria, quer constrangendo-as por intimidação ou ameaças a entregarem-se á prostituição; prestar, por conta propria ou de outrem, sob sua ou alheia responsabilidade, qualquer assistencia ou auxilio ao commercio da prostituição:

Penas — de prisão cellular por um a tres annos e multa de 1:000$ a 2:000$000.

§ 1.° — Alliciar, attrahir ou desencaminhar, para satisfazer as paixões lascivas de outrem, qualquer mulher menor, virgem ou não, mesmo com o seu consentimento; alliciar, attrahir ou desencaminhar, para satisfazer as paixões lascivas de outrem, qualquer mulher maior, virgem ou não, empregando para esse fim, ameaça, violencia, fraude, engano, abuso de poder, ou qualquer outro meio de coacção; reter, por qualquer dos meios acima referidos, ainda mesmo por causa de dividas contrahidas, qualquer mulher maior ou menor, virgem ou não, em casa de lenocinio, obrigal-a a entregar-se á prostituição:

Penas — as do dispositivo anterior.

§ 2.° — Os crimes que tratam este artigo e o seu § 1.° serão puniveis no Brasil, ainda que um ou mais actos constitutivos das infracções nelles previstas tenham sido praticados em paiz estrangeiro.

§ 3.° — Nas infracções de que trata este artigo haverá logar á acção penal:

a) por denuncia do Ministerio Publico;

b) mediante queixa da victima ou de seu representante legal;

c) mediante denuncia de qualquer pessoa. (101)

Capitulo IV

Do adulterio ou infidelidade conjugal

Art. 279. A mulher casada que commetter adulterio será punida com a pena de prisão cellular por um a tres annos.

§ 1.° — Em egual pena incorrerá:

1.° o marido que tiver concubina teúda e manteúda;

2.° a concubina;

3.° o co-réu adultero.

§ 2.° — A accusação deste crime é licita sómente aos conjuges, que ficarão privados do exercício desse direito si, por qualquer modo, houverem consentido no adulterio.

Art. 280. Contra o co-réu adultero não serão admissiveis outras provas senão o flagrante delicto e a resultante de documentos escriptos por elle.

Art. 281. A acção de adulterio prescreve no fim de tres mezes contados da data do crime.

Paragrapho unico — O perdão de qualquer dos conjuges ou sua reconciliação, extingue todos os effeitos da accusação e condemnação.

Capitulo V

Do ultraje publico ao pudor

Art. 282. Offender os bons costumes com exhibições impudicas, actos ou gestos obscenos, attentatorios do pudor, praticados em logar publico ou frequentado pelo publico, e que, sem offensa á honestidade individual de pessoa, ultrajam e escandalisam a sociedade.

Pena — de prisão cellular por um a seis mezes.

§ 1.° — A offensa á moral publica ou aos bons costumes, feita de qualquer modo pela imprensa, é punida com a pena de prisão cellular por seis mezes a dois

(100) Art. 1.° da Lei n.° 2.992, de 25 de setembro de 1915.

(101) Art. 1.° da Lei n.° 2.992, de 25 de setembro de 1915.

annos e perda do objecto de onde constar a mesma offensa, além da multa de 200$ a 2:000$000.

§ 2.° É prohibido, sob a mesma pena do paragrapho anterior, vender, expôr á venda ou por algum modo, concorrer para que circule qualquer livro, folheto, periodico, ou jornal, gravura, desenho, estampa, pintura ou impresso de qualquer natureza desde que contenha offensa á moral publica ou aos bons costumes. (102)

TITULO IX

DOS CRIMES CONTRA A SEGURANÇA DO ESTADO CIVIL

Capitulo I

Da polygamia

Art. 283. Contrahir casamento mais de uma vez, sem estar o anterior dissolvido por sentença de nullidade, ou por morte do outro conjuge:

Pena — de prisão cellular por um a seis annos.

Paragrapho unico — Si a pessoa tiver prévio conhecimento de que é casado aquelle com quem contrahir casamento, incorrerá nas penas de cumplicidade.

Capitulo II

Da celebração do casamento contra a lei

Art. 284. Celebrar o ministro de qualquer confissão as cerimonias religiosas do casamento antes do acto civil:

Penas — de prisão cellular por um a seis mezes e multa de 100$ a 500$000. (103)

Capitulo III

Do parto supposto e outros fingimentos

Art. 285. Simular gestação e dar parto alheio por seu; ou tendo realmente dado á luz, filho vivo ou morto. sonegal-o ou substituil-o:

Pena — de prisão cellular por seis mezes a dois annos.

Paragrapho unico — Em egual pena incorrerá:

1.° o marido, ou pessoa que co-habite com a ré, que auxiliar, ou simplesmente assentir á perpetra do crime;

2.° o facultativo ou parteira, que abusando de sua profissão, cooperar para o mesmo resultado, impondo-se-lhe mais a pena de privação do exercicio da profissão por tempo egual ao da prisão.

Art. 286. Deixar de fazer, dentro de um mez, no registo civil, a declaração do nascimento de creança nascida, como fazel-a a respeito de creança que jamais existira, para crear ou extinguir direito em prejuizo de terceiro:

Pena — de prisão cellular por seis mezes a dois annos.

Art. 287. Fazer recolher a qualquer asylo de beneficencia ou estabelecimento congenere, filho legitimo ou reconhecido, para prejudicar direitos resultantes do seu estado civil:

Pena — de prisão cellular por um a quatro annos.

Art. 288. Usurpar o estado civil de outrem, fingindo parentesco, ou direitos conjugaes, por meio de falso casamento; ou simular o estado de casado para prejudicar direitos de alguem ou de familia:

Pena — de prisão cellular por um a quatro annos.

Capitulo IV

Da subtracção, occultação e abandono de menores

Art. 289. Tirar ou mandar tirar, infante menor de sete annos da casa paterna, collegio, asylo, hospital, do logar enfim em que é domiciliado, empregando violencia ou qualquer meio de seducção:

(102) Os §§ 1.° e 2.° reproduzem as disposições do § 5.° do decreto n.° 4.743, de 31 de outubro de 1923.

(103) Este artigo foi revogado pelo art. 72, §§ 4.° e 7.° da Constituição Federal.

Pena — de prisão cellular por um a quatro annos.

Paragrapho unico — Si o menor tiver mais de sete, porém menos de 14 annos:

Pena — de prisão cellular por um a tres annos.

Art. 290. Sonegar ou substituir infante menor de sete anos.

Pena — de prisão cellular por um a quatro annos.

Paragrapho unico — Em egual pena incorrerá o encarregado da criação e educação do menor, que deixar sem causa justificada, de apresental-o quando exigido, a quem tenha o direito de reclamal-o.

Art. 291. Aquelle que tendo commettido qualquer dos crimes supra indicados, não restituir o menor, soffrerá a pena de prisão por dois a doze annos.

Art. 292. São tambem reputados crimes contra menores os factos seguintes:

I — Expôr a perigo de morte ou de grave e imminente damno á saude ou ao corpo, ou abandonar, ou dexar ao desamparo, menor de idade inferior a sete annos, que esteja submettido á sua autoridade, confiado á sua guarda ou entregue aos seus cuidados:

Pena — de prisão cellular por tres mezes a um anno.

§ 1.º — Si resultar grave damno ao corpo ou á saude do menor, o culpado será punido com prisão cellular de um a cinco annos; e de cinco a doze si resultar a morte.

§ 2.º — As penas serão augmentadas de um terço:

a) si o abandono occorrer em logar ermo;

b) si o crime fôr commettido pelos paes em damno dos filhos, legitimos ou reconhecidos ou legalmente declarados, ou pelo adoptante em damno do filho adoptivo, ou pelo tutor em damno do pupillo.

§ 3.º — Quando o crime recaia sobre infante ainda não inscripto no registo civil, e dentro do praso legal da inscripção, para salvar a honra propria ou da mulher ou da mãe, da descendente, da filha adoptiva ou irmã, a pena é diminuida de um terço a um sexto.

II — Abandonar menor de 16 annos de idade, para com o qual tenha o dever legal de prover á manutenção, ou esteja sob sua guarda ou confiado aos seus cuidados:

Pena de prisão cellular por tres mezes a um anno.

Paragrapho unico — Quando o abandono se dér por negligencia da pessoa responsavel pelo menor, a pena será de um a tres mezes de prisão cellular e multa de 50$ a 500$000.

III — Negar sem justa causa ao filho, legitimo, natural ou adoptivo, menor de 16 annos de idade, os alimentos ou subsidios, que lhe deve em virtude de lei ou de uma convenção ou decisão de autoridade competente; deixar de pagar, tendo recursos, a sua manutenção, estando elle confiado a terceiro com essa obrigação; recusar-se a retomal-o; abandonar, embora não o deixando só, quando elle se achar em perigo de morte ou em perigo grave e imminente para sua saude:

Penas — de prisão cellular de oito dias a dois mezes, e multa de 20$ a 200$000, além da inhibição do patrio poder.

IV — Desencarregar-se do filho, entregando-o a longo termo aos cuidados de pessoas, com as quais sabia ou devia presumir que ele se acha moral ou materialmente em perigo:

Pena — de prisão cellular por quinze dias a tres mezes; e de um a seis mezes si a entrega foi feita com o fito de lucro.

V — Subtrahir, ou tentar subtrahir, menor de 18 annos ao processo contra elle intentado em virtude de lei sobre a protecção da infancia e adolescencia; subtrahil-o ou tentar subtrahil-o, embora com o seu consentimento, á guarda das pessoas a quem a autoridade competente o houver confiado; induzil-o a fugir do logar onde se achar collocado por aquelle a cuja autoridade estiver submettido ou a cuja guarda estiver confiado ou a cujos cuidados estiver entregue; não o apresentar, sem legitima excusa, ás pessoas que tenham o direito de reclamal-o:

Penas — de prisão cellular por trinta dias a um anno e multa de 100$ a 1:000$000.

Si o culpado fôr o pae ou a mãe ou o tutor, as penas podem ser elevadas ao dobro.

Paragrapho unico — Não restituir o menor nos casos deste numero:

Pena — de prisão cellular por dois a doze annos.

VI — Applicar castigos immoderados, abusando dos meios de correcção ou disciplina, a menor de 18 annos, sujeito á sua autoridade, ou que lhe foi confiado, para crear, educar, instruir, ter sob a sua guarda ou a seus cuidados ou para o exercicio de uma profissão ou arte:

Pena — de prisão cellular por tres mezes a um anno, com a inhibição do patrio poder ou remoção da tutela, si o culpado fôr pae ou mãe ou tutor.

VII — Dar a menor de 18 annos, sujeito a seu poder, cargo, guarda ou cuidado, maus tratos habituaes, de maneira que prejudique sua saude ou seu desenvolvimento intellectual:

Pena — de prisão cellular por tres mezes a um anno, com inhibição do patrio poder ou remoção da tutela, si o culpado fôr pae ou a mãe ou tutor.

VIII — Privar voluntariamente de alimentos ou de cuidados indispensaveis, ao ponto de lhes comprometter a saude, menor de 18 annos, sujeito a seu poder ou confiado a seu cargo ou guarda ou cuidado, e que não esteja em condições de prover á sua propria manutenção;

Pena — de prisão cellular por tres mezes a um anno, com inhibição do patrio poder ou remoção da tutela, si o culpado fôr o pai, a mãe ou tutor.

IX — Fatigar physica ou intellectualmente com excesso de trabalho, por espirito de lucro, ou por egoismo, ou por deshumanidade, menor de 18 annos, que lhe esteja subordinado como empregado, operario, aprendiz, domestico, alumno ou pensionista, de maneira que a saude do fatigado seja affectada ou gravemente compromettida:

Pena — de prisão cellular por tres mezes a um anno.

X — Nos casos dos numeros VI, VII, VIII e IX, si os castigos immoderados, os maus tratos, a privação de alimentos ou de cuidados, o excesso de fadiga causarem lesão corporal grave ou comprometterem gravemente o desenvolvimento intellectual do menor, e si o delinquente podia prevêr esse resultado, a pena será de prisão cellular por um a cinco annos; e de cinco a doze annos si causarem a morte e o delinquente podia prevel-o.

XI — Mendigar em companhia de menor de 18 annos, ainda que seja filho, ou permittir que menor sujeito a seu poder ou confiado á sua guarda ou cuidado, ande a mendigar, francamente, ou sob pretexto de cantar, tocar qualquer instrumento, representar, offerecer qualquer objecto á venda, ou coisa semelhante, ou servir-se desse menor com o fim de excitar commiseração publica:

Pena — de prisão cellular por um a tres mezes, com a inhibição do patrio poder, si fôr o pae ou a mãe.

XII — Permittir que menor de 18 annos, sujeito a seu poder ou confiado á sua guarda ou a seu cuidado:

a) frequente casa de jogo prohibido ou mal afamada; ou ande em companhia de gente viciosa ou de má vida;

b) frequente casas de espectaculos pornographicos, onde se representam ou apresentam scenas que podem ferir o pudor ou a moralidade do menor, ou provocar os seus instinctos maus ou doentios;

c) frequente ou resida, sob pretexto sério, em casa de prostituta ou de tolerancia:

Penas — de prisão cellular por quinze dias a dois mezes, ou multa de 20$ a 200$000 ou ambas.

Paragrapho unico — Si o menor viér a soffrer algum attentado sexual, ou se se prostituir, a pena pode ser elevada ao dobro ou ao triplo, conforme o responsavel pelo menor tiver contribuido para a frequencia illicita deliberadamente ou por negligencia grave e continuada.

XIII — Fornecer de qualquer modo escriptos, imagens, desenhos ou objectos obscenos a menor de 18 annos:

Penas — de prisão cellular por oito a trinta dias; multa de 10$ a 500$; apprehensão e destruição dos escriptos, imagens, desenhos ou objectos obscenos.

XIV — As multas cobradas em virtude de infracções das leis protectoras dos menores serão recolhidas ao Thesouro Nacional ou ás repartições fiscaes estaduaes, como receita especial destinada aos serviços de protecção e assistencia áquelles. (104)

Art. 293 — Incorrerão em pena de prisão cellular por um a seis mezes:

§ 1.º — Aquelle que, sem prévio consentimento da pessoa ou da autoridade, que lh'a houver confiado, entregar a qualquer particular, ou estabelecimento publico, o menor de cuja criação e educação estiver encarregado;

§ 2.º — Aquelle que, encontrando recem-nascido exposto ou menor de sete annos, abandonado em logar ermo, não o apresentar, ou não dér aviso á autoridade publica mais proxima.

TITULO X

DOS CRIMES CONTRA A SEGURANÇA DA PESSOA E VIDA

Capitulo I

Do homicidio

Art. 294 — Matar alguem:

§ 1.º — Si o crime fôr perpetrado com qualquer das circumstancias aggravantes mencionadas nos §§ 2, 3, 6, 7, 8, 9, 10, 11, 12, 13, 16, 17, 18 e 19 do art. 39 e § 2.º do art. 41.

Pena — de prisão cellular por 12 a 30 annos.

§ 2.º — Si o homicidio não tiver sido aggravado pelas referidas circumstancias:

Pena — de prisão cellular por 6 a 24 annos.

Art. 295 — Para que se repute mortal, no sentido legal, uma lesão corporal, é indispensável que seja causa efficiente da morte por sua natureza e séde, ou por ter sido praticada sobre pessoa cuja constituição ou estado morbido anterior, concorram para tornal-a irremediavelmente mortal.

§ 1.º — Si a morte resultar, não da natureza e séde da lesão, e sim de condições personalissimas do offendido:

Pena — de prisão cellular por quatro a doze annos.

§ 2.º — Si resultar, não porque o mal fosse mortal, e sim por ter o offendido deixado de observar o regimen medico-hygienico reclamado pelo seu estado:

Pena — de prisão cellular por dois a oito annos.

Art. 296 — É qualificado crime de envenenamento, todo o attentado contra a vida de alguma pessoa, por meio de veneno, qualquer que seja o processo ou methodo de sua propinação e sejam quaes forem seus effeitos definitivos.

Paragrapho unico — Veneno é toda substancia mineral ou organica, que ingerida no organismo, ou applicada ao seu exterior, sendo absorvida, determine a morte, ponha em perigo a vida, ou altere profundamente a saude.

Art. 297 — Aquelle que, por imprudencia, negligencia ou impericia na sua arte ou profissão, ou por inobservancia de alguma disposição regulamentar, commetter ou fôr causa involuntaria, directa ou indirectamente, de um homicidio, será punido com prisão cellular por dois mezes a dois annos.

(104) O art. 292 do Código Penal foi substituído pelas disposições acima, à vista dos arts. 132 a 145 do decreto n.º 17.943-A, de 12 de outubro de 1927.

Capitulo II

Do infanticidio

Art. 298 — Matar recem-nascido, isto é, infante, nos sete primeiros dias de seu nascimento, quer empregando meios directos e activos, quer recusando á victima os cuidados necessarios á manutenção da vida e a impedir sua morte.

Pena — de prisão cellular por seis a vinte e quatro annos.

Paragrapho unico — Si o crime fôr perpetrado pela mãe, para occultar a deshonra propria:

Pena — de prisão cellular por tres a nove annos.

Capitulo III

Do suicidio

Art. 299 — Induzir, ou ajudar alguem a suicidar-se, ou, para esse fim, fornecer-lhe meios, com conhecimento de causa:

Pena — de prisão cellular por dois a quatro annos.

Capitulo IV

Do aborto

Art. 300 — Provocar aborto, haja, ou não, a expulsão do fructo da concepção.

No primeiro caso: pena de prisão cellular por dois a seis annos.

No segundo caso: pena de prisão cellular por seis mezes a um anno.

§ 1.º — Si, em consequencia do abortou ou dos meios empregados para provocal-o, seguir-se a morte da mulher:

Pena — de prisão cellular por seis a vinte e quatro annos.

§ 2.º — Si o aborto fôr provocado por medico ou parteira legalmente habilitada para o exercicio da medicina:

Pena — a mesma precedentemente estabelecida, e a de privação do exercicio da profissão por tempo egual ao da condemnação.

Art. 301 — Provocar aborto com annuencia e accordo da gestante:

Pena — de prisão cellular por um a cinco annos.

Paragrapho unico — Em egual pena incorrerá a gestante que conseguir abortar voluntariamente, empregando, para esse fim, os meios; e, com reducção da terça parte, si o crime fôr commettido para occultar a deshonra propria.

Art. 302 — Si o medico, ou parteira, praticando o aborto legal, ou aborto necessario, para salvar a gestante da morte inevitavel, occasionar-lhe a morte por imperícia ou negligencia:

Penas — de prisão cellular por dois mezes a dois annos, e privação do exercicio da profissão por egual tempo ao da condemnação.

Capitulo V

Das lesões corporaes

Art. 303 — Offender physicamente alguem, produzindo-lhe dôr ou alguma lesão no corpo, embora sem derramamento de sangue:

Pena — de prisão cellular por tres mezes a um anno.

Art. 304 — Si da lesão corporal resultar mutilação ou amputação, deformidade, ou privação permanente de uso de um orgão ou membro, ou qualquer enfermidade incuravel e que prive para sempre o offendido de poder exercer o seu trabalho:

Pena — de prisão cellular por dois a seis annos.

Paragrapho unico — Si produzir incommodo de saude que inhabilite o paciente do serviço activo por mais de trinta dias:

Pena — de prisão cellular por um a quatro annos.

Art. 305 — Servir-se alguem, contra outrem, de instrumento aviltante, no intuito de causar-lhe dôr physica e injurial-o:

Pena — de prisão cellular por um a tres annos.

Art. 306 — Aquelle que, por imprudencia, negligencia ou imperícia, na sua arte ou profissão, ou por inobservancia de alguma disposição regulamentar, commetter ou fôr causa involuntaria, directa ou indirectamente, de alguma lesão corporal, será punido com a pena de prisão cellular por quinze dias a seis mezes.

Capitulo VI

Do duello

Art. 307 — Desafiar outrem para duello, ainda que o desafio não seja acceito:

Pena — de multa de 100$ a 200$000.

Paragrapho unico — Si aquelle que desafiar para duello fôr causa injusta do facto, que occasionou o desafio:

Pena — de prisão cellular por quinze dias a dois mezes.

Art. 308 — Acceitar o desafio, ainda que tenha sido causa injusta do facto que o determinou:

Pena — de multa de 100$ a 200$000

Art. 309 — Si o duello tiver logar, se observarão as seguintes disposições:

§ 1.º — Ao que fizer uso das armas sem causar ao adversario nenhuma lesão corporal:

Pena — de prisão cellular por 15 dias a dois mezes.

§ 2.º — Si o culpado tiver sido causa injusta do duello:

Pena — de prisão cellular por um a quatro mezes.

Art. 310 — Matar em duello o adversario ou causar-lhe uma lesão corporal de que resulte a morte:

Pena — de prisão cellular por um a quatro annos.

§ 1.º — Causar ao adversario alguma lesão corporal das especificadas no art. 304:

Pena — de prisão cellular por um a tres mezes.

§ 2.º — Causar-lhe alguma lesão corporal das especificadas no art. 305:

Pena — de prisão cellular por seis mezes a um anno.

§ 3.º — A pena será diminuida da sexta parte si o culpado tiver sido induzido ao duello por insulto ou offensa grave.

Art. 311 — Os portadores do desafio serão punidos com multa de 100$ a 200$000.

§ 1.º — Com a mesma multa serão punidos os padrinhos, si do duello não resultar lesão corporal a qualquer dos combatentes.

§ 2.º — Si, porém, do duello resultar a morte, ou lesão corporal, serão elles punidos como cumplices, segundo as regras geraes.

Art. 312 — Quando alguem, que não tiver tomado parte no facto que motivou o duello, apresentar-se para bater-se por algum dos combatentes, impôr-se-lhe-ão em dobro as penas em que incorrer.

Art. 313 — Serão applicadas ao homicidio e lesões corporaes, resultantes do duello, em vez das penas do art. 310, as do art. 294 § 2.º e 304, nos casos seguintes:

§ 1.º — Si as condições do combate não tiverem sido préviamente combinadas pelos padrinhos; ou si o combate se travar sem que elles estivessem presentes;

§ 2.º — Si as armas usadas não forem eguaes;

§ 3.º — Si, na escolha das armas, ou durante o combate, houver fraude ou violação das condições estabelecidas;

§ 4.º — Si tiver sido expressamente convencionado, ou resultar da especie do duello, da distancia guardada entre os combatentes, ou de outra condição estabelecida, que um delles devesse ficar morto;

§ 5.º — Si o duello fôr provocado com o fim de lucro.

Art. 314 — Offender publicamente, ou expôr ao despreso publico, a pessoa que não acceitar o duello, ou por esses meios a provocar a acceital-o:

Penas — de prisão cellular por seis mezes a um anno e multa de 100$ a 200$000.

TITULO XI

DOS CRIMES CONTRA A HONRA E A BÔA FAMA

Capitulo unico

Da calumnia, da injuria e dos crimes de imprensa

Art. 315 — Constitue calumnia a falsa imputação feita a alguem de facto que a lei qualifica crime.

Quando commettido pela imprensa:

Penas — de prisão cellular por quatro mezes a um anno e multa de 1:000$ a 10:000$000. Essas penas serão elevadas para seis mezes a dois annos de prisão cellular e multa de 2:500$ a 10:000$ si o crime fôr contra corporação que exerça autoridade publica, ou contra agente ou depositario desta. (105)

Paragrapho unico — É isento de pena o que provar ser verdadeiro o facto imputado, salvo quando o direito de queixa resultante delle fôr privativo de determinadas pessoas.

Art. 316 — Si a calumnia fôr commetida por meio de publicação de pamphleto, pasquim, allegoria, caricatura, ou qualquer papel manuscripto, impresso ou lithographado, distribuido por mais de quinze pessoas ou affixado em logar frequentado, contra corporação que exerça autoridade publica, ou contra agente ou depositario desta e em razão de seu officio:

Pena — de prisão cellular por seis mezes a dois annos e multa de 500$ a 1:000$000.

§ 1.º — Si commettida contra particular, ou funccionario publico, sem ser em razão do officio:

Penas — de prisão cellular por quatro mezes a um anno e multa de 400$ a 800$000.

§ 2.º — Si commettida por outro qualquer meio que não algum dos mencionados:

Penas — a metade das estabelecidas neste artigo.

Art. 317 — Julgar-se-á injuria:

a) a imputação de vicios ou defeitos, com ou sem factos especificados, que possam expôr a pessoa ao odio ou ao despreso publico;

b) a imputação de factos offensivos da reputação, do decôro e da honra;

c) a palavra, o gesto, ou signal reputado insultante na opinião publica.

Art. 318 — É vedada a prova da verdade, ou notoriedade do facto imputado á pessoa offendida, salvo si esta:

a) fôr funccionario publico ou corporação, comprehendidos nesta disposição os senadores, deputados, conselheiros municipaes, intendentes ou prefeito, e o facto imputado referir-se ao exercicio de suas funcções; (106)

b) permittir a prova;

c) tiver sido condemnada pelo facto imputado.

Paragrapho unico — Não se admittirá essa prova no caso das offensas previstas nos art. 322 §§ 3.º e 4.º. (107)

(105) A segunda parte desse artigo corresponde ao art. 1.º, n.º 2, do decreto n.º 4.743, de 31 de outubro de 1923.

(106) Art. 1.º, § 3.º, do decreto n.º 4.743, de 31 de outubro de 1923.

(107) Art. 1.º, § 3.º, do decreto n.º 4.743, de 31 de outubro de 1923.

Art. 319 — Si a injuria fôr commettida pela imprensa:

§ 1.º — Contra corporações que exerçam autoridade publica, ou contra agente ou depositario desta:

Penas — de prisão cellular por tres a nove mezes e multa de 2:000$ a 12:000$000.

§ 2.º — Si contra particular ou funccionario publico, sem ser em razão do officio:

Penas — de prisão cellular por dois a seis mezes e multa de 1:000$ a 6:000$000. (108)

§ 3.º — Si a injuria fôr commettida por qualquer dos meios especificados no art. 316:

I — Contra corporações que exerçam autoridade publica ou contra qualquer agente ou depositario de autoridade publica:

Penas — de prisão cellular por tres a nove mezes e multa de 400$ a 800$000.

II — Si contra particular ou funccionario publico sem ser em razão do officio:

Penas — de prisão cellular por dois a seis mezes e multa de 300$ a 600$000.

§ 4.º — Si a injuria fôr commettida por outro qualquer meio, que não algum dos especificados no art. 316 será punida com a metade das penas.

Art. 320 — É tambem injuria:

§ 1.º — Usar marca de fabrica, ou commercio, contendo offensa pessoal, ou vender ou expôr á venda, productos ou artigos della revestidos: (109)

Penas — de prisão cellular por dois a seis mezes e multa de 100$ a 500$000.

§ 2.º — Apregoar em logares publicos a venda de gazetas, papeis impressos ou manuscriptos, de modo offensivo a pessoa ou nacionalidade, certa e determinada, com o fim de escandalo e aleivosia:

Pena — de prisão cellular por dois a seis mezes. (110)

Art. 321 — Quando a calumnia e a injuria forem equivocas, poderá o offendido pedir explicação em juizo.

O que se recusar a dal-as, ou não as der satisfactorias, a juizo do offendido, ficará sujeito ás penas da calumnia ou injuria, a que o equivoco der logar.

Art. 322 — As injurias compensam-se; em consequencia não poderão querelar por injuria os que reciprocamente se injuriarem.

§ 1.º — As penas estabelecidas nos arts. 315 alinea e 319 §§ 1.º e 2.º serão graduadas pelo julgador, conforme a gravidade da offensa, as condições de fortuna do réu e o criterio dos arts. 62, 65 e 66. (111).

§ 2.º — A publicação de segredos do Estado é punida com a pena de prisão cellular por um a quatro annos tambem applicavel no caso de noticias ou informações relativas á sua força, preparação e defesa militar, si taes noticias ou informações puderem de algum modo influir sobre a sua segurança externa, ou despertar rivalidades ou desconfianças perturbadoras das boas relações internacionaes.

É, entretanto, permittida a discussão e critica si tiver por fim esclarecer e preparar a opinião para as reformas e providencias convenientes ao interesse publico, comtanto que se use de linguagem moderada, leal e respeitosa. (112)

---

(108) As penalidades do Código Penal foram modificadas pelo art. 1.º, n.º 3, do decreto n.º 4.743, de 31 de outubro de 1923.

(109) Art. 118 do decreto n.º 16.264, de 1 9de dezembro de 1923.

(110) Art. 4.º, parágrafo único, do decreto n.º 4.743, de 31 de outubro de 1923.

(111) Art. 1.º, parágrafo único, do decreto n.º 4.743, de 31 de outubro de 1923.

(112) Art. 2.º do decreto n.º 4.743, de 31 de outubro de 1923.

§ 3.º — A offensa feita pela imprensa ao Presidente da Republica no exercicio de suas funcções ou fóra delle, e a algum soberano ou chefe de estado estrangeiro, ou aos seus representantes diplomaticos, quando não revista caracteres da calumnia ou injuria, é punida com a pena de prisão cellular por tres a nove mezes e multa de 4:000$ a 20:000$000. (113)

§ 4.º — É prohibido, sob pena de multa de 200$ a 4:000$000, affixar ou expôr ao publico em qualquer logar e por qualquer meio, inclusive fitas cinematographicas, cartaz, estampa, gravura, desenho e em geral impresso, manuscripto ou figura onde haja offensa a alguma nação estrangeira. (114)

§ 5.º — É prohibida, sob pena de multa de 100$ a 1:000$000, a publicação de annuncios ou noticias relativas a medicamentos não approvados pela Directoria Geral de Saude Publica ou a tratamentos ou curas não confirmados por profissionaes. (115)

§ 6.º — Aquelle que, por qualquer meio, obtiver ou procurar obter dinheiro ou outro proveito para não fazer ou impedir se faça alguma publicação, é punido com a pena de prisão cellular por um a quatro annos, e multa de 300$ a 6:000$000, incorrendo na mesma pena o que, mediante paga ou recompensa, fizer ou obtiver se faça qualquer publicação que importe crime de imprensa. (116)

§ 7.º — Todo diario ou periodico é obrigado a estampar no seu cabeçalho os nomes do director ou redactor principal e do gerente, que deverão estar no goso de seus direitos civis, e ter residencia no logar onde fôr feita a publicação, bem assim indicar a séde da administração e do estabelecimetno graphico do mesmo jornal ou periodico, sob pena de apprehensão immediata dos exemplares, pelas autoridades policiaes. (117)

§ 8.º — Os artigos publicados nas secções ineditoriaes de qualquer jornal ou periodico, deverão conter a assignatura dos respectivos autores e, logo após, as indicações de sua residencia ou profissão, e havendo accusações ou injurias, embora vagas e sem declinar nomes, tal assignatura será reconhecida por tabellião do logar, onde o dito jornal ou periodico fôr impresso e os dizeres dessa formalidade serão reproduzidos no final da publicação, sob pena de multa de 1:000$, sem prejuizo do disposto no art. 22 paragrapho unico. (118)

§ 9.º — Sempre que um dos responsaveis enumerados no art. 22 gosar immunidades ou de fôro especial, a parte offendida poderá promover acção contra o responsavel ou responsaveis que se lhe seguirem na ordem de responsabilidade determinada no referido artigo. (119)

§ 10 — Os gerentes de um jornal ou de qualquer publicação periodica serão obrigados a inserir, dentro de tres dias, contados do recebimento, a resposta de toda a pessoa natural ou juridica que fôr attingida em publicação do mesmo jornal ou periodico por offensas directas ou referencias de facto inveridico ou erroneo, que possa affectar a sua reputação e boa fama.

I — O direito de resposta poderá ser exercido pela propria pessoa assim mencionada, por seu representante legal ou por seus herdeiros, e quem o exercer será o unico juiz do conteúdo, forma e utilidade da resposta.

II — A inserção da resposta será feita gratuita e integralmente em edição

(113) Art. 3.º do decreto n.º 4.743, de 31 de outubro de 1923.

(114) Art. 4.º do decreto n.º 4.743, de 31 de outubro de 1923.

(115) Art. 6.º do decreto n.º 4.743, de 31 de outubro de 1923.

(116) Art. 7.º do decreto n.º 4.743, de 31 de outubro de 1923.

(117) Art. 13 do decreto n.º 4.743, de 31 de outubro de 1923.

(118) Art. 14 do decreto n.º 4.743, de 31 de outubro de 1923.

(119) Art. 15 do decreto n.º 4.743, de 31 de outubro de 1923.

correspondente, no mesmo logar e com os mesmos caracteres da publicação que a tiver provocado, e não excederá a extensão desta. Si exceder, a parte excedente será paga pelos preços ordinarios.

III — A inserção só poderá ser recusada:

a) quando não tiver relação alguma com os factos referidos na alludida publicação;

b) quando contiver expressões que importem abuso de liberdade de imprensa;

c) quando affectar direitos de terceiro de modo a dar a este egual direito de resposta.

IV — Si os gerentes deixarem de inserir a resposta, quando lhe fôr entregue directamente pelo interessado ou remettida por via postal, poderá este requerer ao juiz competente para processar os crimes referidos nos arts. 315 e 317, que mande notificar os mesmos gerentes para fazerem a inserção no praso e sob a pena de multa constante do n. V do presente artigo. O requerimento será instruido com um exemplar do jornal a que se referir, e com o texto da resposta, em duplicata, para que fique um exemplar archivado em cartorio. A decisão será proferida no prazo de 24 horas, e della não haverá recurso.

V — Sendo a decisão contraria ao gerente do jornal ou periodico, impôr-se-lhe-á a multa de 200$ a 2:000$000, ficando sujeito a pagar o triplo dessa multa o requerente que tiver instruido sua petição com uma resposta em termos diversos da recusada.

VI — Si a resposta sahir com alteração que lhe deturpe o sentido, os gerentes serão obrigados a inseril-a de novo, escoimada desse erro; e, si na reproducção o mesmo ou outro apparecer, será considerado proposital e punido com a multa de 200$ a 2:000$ por dia, e o dobro na reincidencia, até inserção exacta do escripto.

VII — Os gerentes terão o direito de haver do autor do escripto que provocar a resposta todas as despesas com a publicação desta.

VIII — O autor da resposta ou rectificação recusada tem o direito de repetil-a, modificando-a. (120)

§ 11 — O exercicio do direito de resposta não inhibirá o offendido ou seu representante de promover a punição dos responsaveis pelas injurias ou calumnias de que fôr victima. (121)

§ 12 — Quando a multa recahir sobre algum dos gerentes, socio solidario, ou membro da directoria da empresa, responderão pela importancia da mesma os bens do condemnado, assim como os do jornal e estabelecimento graphico.

A importancia da multa imposta pela condemnação gosará de privilegio especial sobre os ditos bens, derogado para este fim o n. 4 do paragrapho unico do art. 24 do decreto n. 5.746, de 9 de dezembro de 1929. (122)

§ 13 — As multas pertencerão ao offendido, si este fôr particular, ou á União, Estado ou Municipio, si fôr funccionario em razão do officio, ou corporação que exerça autoridade publica, modificada assim a norma adoptada pelo art. 1.547 e seu paragrapho unico do Codigo Civil.

A importancia das multas arrecadadas pela União, pelos Estados ou Municipios constituirá um fundo destinado a fins de assistencia publica, conforme regulamento que, para esse effeito, fôr decretado pelo Poder Executivo. (123)

§ 14 — Não se consideram crimes:

1.º — A publicação integral ou resumida dos debates nas Casas Legisla-

(120) Art. 16 do decreto n.º 4.743, de 31 de outubro de 1923.

(121) Art. 17 do decreto n.º 4.743, de 31 de outubro de 1923.

(122) Art. 18 do decreto n.º 4.743, de 31 de outubro de 1923.

(123) Art. 19 do decreto n.º 4.743, de 31 de outubro de 1923.

tivas federaes, estadoaes ou municipaes, dos relatorios ou qualquer outro escripto, impresso por ordem das mesmas:

2.º — O noticiario, o resumo, o relatorio, a resenha e a chronica fieis dos debates e andamento de todos os projectos e assumptos sujeitos ao exame e deliberação das mencionadas corporações;

3.º — A publicação integral, parcial ou abreviada, de noticias, chronicas ou resenha, quando fieis, dos debates escriptos ou oraes dos despachos, sentenças ou quaesquer escriptos que houverem sido impressos mediante ordem, requisição ou communicação dos mesmos juizes e tribunaes;

4.º — A publicação de articulados, cotas ou allegações produzidas em juizo pelas partes ou seus procuradores. (124)

§ 15 — Quando duas ou mais qualidades que determinam differença na pena, se reunirem na mesma pessoa, considerar-se-á esta investida, quanto aos crimes de imprensa, da qualidade que acarretar maior pena. (125)

Art. 323 — Não tem logar acção criminal, por offensa irrogada em allegações, ou escriptos produzidos em juizo pelas partes, ou seus procuradores.

Todavia, o juiz que encontrar calumnias ou injurias, em allegações de autos, as mandará riscar, a requerimento da parte offendida, quando tiver de julgar a causa, e na mesma sentença imporá ao autor uma multa de 20$ a 50$000.

Art. 324 — Si a injuria, ou calumnia, fôr commettida contra a memoria de um morto, o direito de queixa poderá ser exercido pelo conjuge, ascendentes, descendentes ou irmãos.

Art. 325 — O criminoso que houver paga, ou promessa de recompensa para commetter alguma injuria ou calumnia, incorrerá, além das penas respectivas, na multa do decuplo dos valores recebidos ou promettidos.

TITULO XII

DOS CRIMES CONTRA A PROPRIEDADE PUBLICA E PARTICULAR

Capitulo I

Do damno

Art. 326 — Destruir, ou inutilisar livros de notas, registos, assentamentos, actas e termos; autos e actos originaes de autoridade publica; livros commerciaes e em geral todo e qualquer papel, titulo ou documento que sirva para fundamentar, ou provar direitos, sem haver lucro ou vantagem para si ou para outrem:

Penas — de prisão cellular por dois mezes a um anno e multa de 5 a 20% do damno causado.

Paragrapho unico — Si o crime fôr commettido auferindo o delinquente proveito para si ou para outrem:

Penas — de prisão cellular por um a quatro annos e multa de 5 a 20% do valor do damno causado, ou que poderia causar.

Art. 327 — Demolir ou destruir de qualquer modo, no todo ou em parte, edificio concluido, ou sómente começado, pertencentes á Nação, Estado, municipio ou a particular:

Penas — de prisão cellular por um a quatro annos e multa de 10 a 20% do damno causado.

Art. 328 — Destruir, abater, mutilar, ou damnificar monumentos, estatuas, ornamentos ou quaesquer objectos destinados á decoração, utilidade ou recreio publico:

Penas — de prisão cellular por seis mezes a dois annos e multa de 5 a 20% do damno causado.

Art. 329 — Destruir ou damnificar cousa alheia, de qualquer valor, movel, immovel ou semovente:

(124) Art. 8.º do decreto n.º 4.743, de 31 de outubro de 1923.

(125) Art. 33 do decreto n.º 4.743, de 31 de outubro de 1923.

Penas — de prisão cellular por um a tres mezes e multa de 5 a 20% do damno causado.

§ 1.º — Si a destruição ou damnificação fôr de coisas que sirvam para distinguir ou separar os limites da propriedade immovel, urbana ou rural;

§ 2.º — Si para desviar do seu curso agua de uso publico ou particular:

Penas — de prisão cellular por um a seis mezes e multa de 5 a 20% do damno causado.

§ 3.º — Si o facto fôr praticado com violencia ou ameaça contra a pessoa ou por mais de duas pessoas, com armas ou sem ellas:

Pena — a do art. 356.

§ 4.º — Si os crimes previstos nos arts. 326, 327, 328 e 329 § 2.º forem praticados por meio de bombas de dynamite ou de outros explosivos eguaes ou semelhantes em seus effeitos aos da dynamite:

Pena — de prisão cellular por dois a oito annos. (126)

Capitulo II

Do furto

Art. 330 — Subtrahir, para si, ou para outrem, coisa alheia movel, contra a vontade de seu dono;

§ 1.º — Si o objecto furtado fôr de valor inferior a 50$000:

Penas — de prisão cellular por um a tres mezes e multa de 5 a 20% do objecto furtado.

§ 2.º — Si de valor inferior a 100$000:

Penas — de prisão cellular por dois a quatro mezes e a mesma multa.

§ 3.º — Si de valor inferior a 200$000:

Penas — de prisão cellular por tres a seis mezes e a mesma multa.

§ 4.º — Si de valor igual ou excedente a 200$000:

Penas — de prisão cellular por seis mezes a tres annos e a mesma multa.

§ 5.º — O furto de gado vaccum, cavallar e muar será punido com a penalidade do paragrapho anterior, sendo a multa em relação ao valor do objecto furtado. (127)

Art. 331 — É crime de furto, sujeito ás mesmas penas e guardadas as distincções do artigo precedente:

1.º — Apropriar-se alguem de coisa alheia que venha ao seu poder por erro, engano, ou caso fortuito;

2.º — Apropriar-se de coisa alheia que lhe houver sido confiada, ou consignada por qualquer titulo, com obrigação de a restituir, ou fazer della uso determinado;

3.º — Apropriar-se de coisa alheia achada, deixando de a restituir ao dono, si a reclamar; ou de manifestal-a, dentro de quinze dias, á autoridade competente;

4.º — Apropriar-se, em proveito proprio ou alheio, de animaes de qualquer especie pertencentes a outrem.

§ 1.º — Si os animaes forem tirados dos pastos de fazenda de criação ou lavoura:

Penas — a mesma multa, accrescida com a sexta parte a pena corporal.

§ 2.º — Nas penas do paragrapho precedente incorrerá aquelle que subtrahir productos de estabelecimentos de lavoura, qualquer que seja a sua denominação e genero de cultura; de estabelecimento de salga ou preparo de carnes, peixes, banhas e couros, não estando esses productos recolhidos a depositos, armazens ou celleiros fechados.

Art. 332 — Tirar, sem autorisação legal, a coisa propria, que se achar em poder de terceiro, por convenção ou determinação judicial, e em prejuizo delle:

(126) O § 4.º é reprodução do art. 11 do decreto n.º 4.269, de 17 de janeiro de 1921.

(127) Art. 3.º do decreto n.º 121, de 11 de novembro de 1892.

Penas — de prisão cellular por seis mezes a tres annos e multa de 5 a 20% do valor do objecto.

Art. 333 — Subtrahir processo, folhas, peças de autos ou livros judiciaes, titulos, documentos, testamentos e, em geral, qualquer instrumento susceptivel de effeitos juridicos:

Penas — de prisão cellular por seis mezes a tres annos e multa de 200$ a 600$000.

Paragrapho unico — Si o furto fôr de objectos, ou papeis depositados em archivos publicos, ou estabelecimentos incumbidos pela lei de os guardar ou conservar:

Penas — a do artigo precedente com augmento da sexta parte.

Art. 334 — O crime de furto se commetterá ainda que a coisa pertença à herança ou communhão em estado de indivisão.

Art. 335 — A acção criminal de furto não terá logar entre marido e mulher, salvo havendo separação judicial de pessoas e bens, ascendentes, descendentes e affins nos mesmos graus.

Capitulo III

Da fallencia

Art. 336 — Todo commerciante, matriculado ou não, que fôr declarado em estado de fallencia, fica sujeito á acção criminal, si aquella fôr qualificada fraudulenta ou culposa, na conformidade da lei em vigor.

§ 1.º — Si a fallencia fôr qualificada fraudulenta:

Pena — de prisão cellular por dois a seis annos;

§ 2.º — Si culposa:

Pena — de prisão cellular por um a quatro annos.

§ 3.º — A fallencia dos corretores e agentes de leilões sempre presume-se fraudulenta e será punida com as respectivas penas. (128)

Art. 337 — O devedor não commerciante, que se constituir em insolvencia, occultando ou alheando maliciosamente seus bens, ou simulando dividas em fraude de seus credores legitimos, será punido com a pena de prisão de seis mezes a dois annos.

Capitulo IV

Do estellionato, abuso de confiança e outras fraudes

Art. 338 — Julgar-se-á crime de estellionato:

1.º — Alhear a coisa alheia como propria, ou trocar por outras as coisas, que se deverem entregar;

2.º — Alhear, locar ou aforar a coisa propria já alheada, locada ou aforada;

3.º — Dar em caução, penhor, ou hypotheca, bens que não puderem ser alienados, ou estiverem gravados de onus reaes e encargos legaes e judiciaes, affirmando a isenção delles;

4.º — Alhear, ou desviar os objectos dados em penhor agricola, sem consentimento do credor, ou por qualquer modo defraudar a garantia pignoraticia;

5.º — Usar de artificios para surprehender a boa fé de outrem, iludir a sua vigilancia, ou ganhar-lhe a confiança; e, induzindo-o a erro ou engano por esses e outros meios astuciosos, procurar para si lucro ou proveito;

6.º — Abusar de papel com assignatura em branco, de que se tenha apossado, ou lhe haja sido confiado com obrigação de restituir ou fazer delle uso determinado, e nelle escrever ou fazer escrever um acto, que produza effeito juridico em prejuizo daquelle que o firmou;

7.º — Abusar, em proprio alheio proveito, das paixões ou inexperiencia de menor, interdicto, ou incapaz, e fazel-o subscrever acto que importe effeito ju-

(128) Arts. 168 a 172, do decreto n.º 5.746, de 9 de dezembro de 1929, que modificou a lei de falências.

ridico em damno delle ou de outrem, não obstante a nullidade do acto emanada da incapacidade pessoal;

8.º — Usar de falso nome, falsa qualidade, falsos titulos ou de qualquer ardil para persuadir a existência de empresas, bens, credito, influencia e supposto poder, e por esses meios induzir alguem a entrar em negocios, ou especulações, tirando para si qualquer proveito, ou locupletando-se da jactura alheia;

9.º — Usar de qualquer fraude para constituir outra pessoa em obrigação, que não tiver em vista, ou não puder satisfazer ou cumprir;

10.º — Fingir-se ministro de qualquer confissão religiosa e exercer as funcções respectivas para obter de outrem dinheiro ou utilidade;

11.º — Alterar a qualidade e o peso dos metaes nas obras que lhe forem encommendadas; substituir pedras verdadeiras por falsas, ou por outras de valor inferior; vender pedras falsas por finas, ou vender como ouro, prata, ou qualquer metal fino objectos de diversa qualidade:

Penas — de prisão cellular por um a quatro annos e multa de 5 a 20% do valor do objecto sobre que recahir o crime.

§ 1.º — Si o crime do numero 6 deste artigo fôr commettido por pessoa a quem o papel houvesse sido confiado em razão do emprego ou profissão, ás penas impostas se accrescentará a de privação do exercicio da profissão, ou suspensão do emprego por tempo egual ao da condemnação.

§ 2.º — Incorrerá nas penas de prisão cellular por um a quatro annos aquelle que fraudulentamente emittir cheque, sem ter sufficiente provisão de fundos em poder do saccado, além da multa de 10% sobre o respectivo montante. (129)

Art. 339 — Quando o valor do objecto sobre que recahir o estellionato não exceder de cem mil réis, a pena será de prisão cellular por dois mezes a um anno, além da multa.

Art. 340 — Incorrerão nas penas de prisão cellular por um a quatro annos e multa de 100$ a 500$000:

1.º — Os administradores de sociedades ou companhias anonymas que, por conta dellas, comprarem e venderem acções das mesmas sociedades ou companhias, salvo a faculdade de as amortizar na forma permittida por lei;

2.º — Os administradores ou gerentes que distribuirem dividendos não devidos;

3.º — Os administradores que, por qualquer artificio, promoverem falsas cotações das acções;

4.º — Os administradores que, em garantia de creditos sociaes, acceitarem penhor de acções da propria companhia.

Paragrapho unico — Serão considerados cumplices os fiscaes que deixarem de denunciar nos seus relatorios annuaes a distribuição de dividendos não devidos, e quaesquer fraudes praticadas no decurso do anno, e constante dos livros e papeis sujeitos ao seu exame.

Art. 341 — Não ficam prejudicadas pela disposição do artigo precedente as penas pecuniarias comminadas nas leis que regulam o estabelecimento das sociedades e companhias anonymas, aos respectivos administradores e gerentes, por outras faltas em que incorrerem, previstas nas mesmas leis.

§ 1.º — No caso de fallencia de sociedades anonymas, serão punidos com as penas do art. 340, os administradores ou gerentes que subtrahirem os livros da mesma sociedade, inutilisarem-nos ou lhes alterarem o conteúdo; os que diminuirem, desviarem ou occultarem parte do activo, ou os que, em instrumentos publicos, em escriptos particulares, ou em balanços, reconhecerem a sociedade devedora de sommas que effectivamente não deve. (130)

---

(129) Art. 7.º do decreto n.º 2.591, de 7 de agosto de 1912.

(130) Art. 203 do decreto n.º 434, de 4 de julho de 1891, e art. 3.º do decreto n.º 5.746, de 9 de dezembro de 1929.

§ 2.º — Incorrerão nas penas de prisão cellular por um a quatro annos os que emittirem os titulos denominados de conhecimento de deposito e warrant em desaccordo com as disposições da lei em vigor. (131)

Capitulo V

Dos crimes contra a propriedade literaria, artistica, industrial e commercial

Secção I

Da violação dos direitos de propriedade literaria e artistica

Art. 342 — Os direitos de autor de qualquer obra literaria, scientifica ou artistica, consistem na faculdade que só elle tem, de reproduzir ou autorisar a reproducção do seu trabalho pela publicação, traducção, representação, execução ou de qualquer outro modo. A lei garante esses direitos aos nacionaes e estrangeiros, residentes no Brasil, desde que preencham as condições nella estabelecidas. (132)

§ 1.º — Todo attentado doloso ou fraudulento contra os direitos de autor constitue crime de contrafacção. Os que scientemente vendem, expõem á venda, teem em seus estabelecimentos para serem vendidos ou introduzem no territorio da Republica com fim commercial objectos contrafeitos são culpados do mesmo crime. (133)

§ 2.º — Nos crimes de contrafacção, os cumplices são punidos com penas eguaes ás dos autores. (134)

§ 3.º — Consideram-se egualmente contrafacções:

1.º — As traducções em lingua portugueza de obras estrangeiras, quando não autorisadas expressamente pelo autor e feitas por estrangeiros não domiciliados na Republica ou que nella não tenham sido impressas. As traducções autorisadas que estiverem nessas condições devem ter a menção expressa: "Traducção autorisada pelo autor", unicas que podem ser introduzidas, vendidas ou representadas no territorio da Republica;

2.º — As reproducções, traducções, execuções ou representações, quer tenham sido autorisadas, quer o não tenham sido, por se tratar de obras que não gosam de protecção legal ou já cahidas no dominio publico, em que se fizeram alterações, accrescimos ou suppressões sem o formal consentimento do autor. (135)

§ 4.º — Não se considera contrafacção as reproducções enumeradas no art. 666 do Codigo Civil.

§ 5.º — O crime de contrafacção será punido não só com as penas estabelecidas no art. 345, como tambem com o confisco dos objectos contrafeitos e de todos os moldes, matrizes e quaesquer utensilios que tenham servido para a contrafacção, além da indemnisação das perdas e damnos causados ao autor da obra contrafeita. (136)

§ 6.º — No caso de representação ou exhibição não autorisada das obras dramaticas ou musicaes, o autor ou concessionario poderá requerer a apprehensão das receitas brutas da representação ou exhibição e o empresario reconhecido culpado será punido com prisão cellular por seis mezes a um anno. A importancia da indemnisação não será inferior a 50% das receitas brutas. (137)

§ 7.º — Qualquer dos collaboradores de uma obra artistica, literaria ou scientifica póde, independente dos demais,

(131) Art. 33 do decreto n.º 1.102, de 21 de novembro de 1903.

(132) Art. 1.º da Lei n.º 496, de 1.º de agosto de 1898.

(133) Art. 19 da Lei n.º 496, de 1.º de agosto de 1898.

(134) Art. 20 da Lei n.º 496, de 1.º de agosto de 1898.

(135) Art. 21 da Lei n.º 496, de 1.º de agosto de 1898.

(136) Art. 23 da Lei n.º 496, de 1.º de agosto de 1898.

(137) Art. 25 da Lei n.º 496, de 1.º de agosto de 1898.

usar do seu direito para punição dos culpados. (138)

Art. 343 — Nenhuma composição musical, tragedia, drama, comedia, ou qualquer outra producção, seja qual fôr a sua denominação, poderá ser executada ou representada em theatros ou espectaculos publicos, para os quaes se pague entrada, sem autorisação, para cada vez, do seu autor, representante, ou pessoa legitimamente subrogada nos direitos daquelle. (139)

Art. 344 — Reimprimir, gravar, lithographar, importar, introduzir, vender documentos, estampas, cartas, mappas e quaesquer publicações feitas por conta da Nação ou dos Estados, em officinas particulares ou publicas:

Penas — de apprehensão e perda, para a Nação, de todos os exemplares e multa egual ao triplo do valor dos mesmos.

Paragrapho unico — O privilegio da fazenda publica resultante deste artigo, não importa prohibição de transcrever ou inserir qualquer dos actos acima indicados, nos periodicos e gazetas, em compendios, tratados ou quaesquer obras scientificas ou literarias, nem a de revender os objectos especificados, tendo sido legalmente adquiridos.

Art. 345 — Reproduzir, sem consentimento do autor, qualquer obra literaria ou artistica, por meio da imprensa, gravura ou litographia, ou qualquer processo mechanico ou chimico, emquanto viver, ou a pessoa a quem houver transferido a sua propriedade e até sessenta annos depois de sua morte sem consentimento de seus herdeiros e successores: (140)

Penas — de apprehensão e perda de todos os exemplares, e multa egual ao triplo do valor dos mesmos a favor do autor.

Art. 346 — A applicação fraudulenta ou de má fé sobre uma obra literaria, scientifica ou artistica, do nome de um autor, ou de qualquer signal por elle adoptado para designar suas obras, será punida com a prisão cellular de seis mezes a um anno e multa de 500$ a 1:000$000, sendo tambem a obra apprehendida. (141)

Art. 347 — Traduzir e expôr á venda qualquer escripto ou obra, sem licença de seu autor:

Penas — de apprehensão e perda dos exemplares e multa egual ao valor dos mesmos em favor do autor.

Esta prohibição não importa a de fazer citação parcial de qualquer escripto, com o fim de critica, polemica ou ensino. (142)

Art. 348 — No caso de representação ou exhibição não autorisada das obras dramaticas ou musicaes, o autor ou concessionario poderá requerer a apprehensão das receitas brutas da representação ou exhibição e o empresario reconhecido culpado será punido com prisão cellular por seis mezes a um ano. A importancia da indemnisação não será inferior a 50% das receitas brutas. (143)

Art. 349 — Importar, vender, occultar ou receber para serem vendidas, obras literarias ou artisticas, sabendo que são contrafeitas:

Penas — as de apprehensão e perda dos exemplares e multa egual ao dobro do valor dos mesmos em favor do dono ou autor.

Art. 350 — Reproduzir qualquer producção artistica, sem consentimento do dono, por imitação ou contrafacção:

Penas — as do artigo precedente.

(138) Art. 26, parágrafo único, da Lei n.º 496, de 1.º de agosto de 1898.

(139) Art. 2.º do decreto n.º 4.790, de 2 de janeiro de 1924.

(140) Art. 649 § 1.º do Código Civil.

(141) Art. 24 da Lei n.º 496, de 1.º de agosto de 1898.

(142) Art. 652 do Código Civil.

(143) Art. 25 da Lei n.º 496, de 1.º de agosto de 1898.

Secção II

Da violação dos direitos de patentes de invenção e descoberta

Art. 351 — Constituem violação dos direitos decorrentes do privilegio de invenção e descoberta:

I — Fabricar sem licença do concessionario ou cessionario, os productos que forem objecto do privilegio concedido;

II — Empregar os meios ou fazer as applicações que forem objecto do privilegio;

III — Importar, vender ou expôr á venda, occultar ou receber para o fim de serem vendidos, productos contrafeitos de industria privilegiada, sabendo que o são.

§ 1.º — Considera-se circumstancia aggravante da infracção:

a) ser ou ter sido o infractor empregado ou operario nos estabelecimentos do concessionario ou cessionario da patente;

b) associar-se o infrator com o empregado ou operario de concessionario ou cessionario para ter conhecimento do modo pratico de se obter ou se empregar a invenção.

§ 2.º — O infractor do privilegio será punido com a multa de 500$ a 5:000$000 em favor da União, quando a acção fôr proposta no Distrito Federal, e em favor dos Estados, quando proposta perante as respectivas justiças.

§ 3.º — Os productos de que trata este artigo e os respectivos apparelhos e instrumentos, serão adjudicados ao concessionario da patente, pela mesma sentença que condemnar os autores das infracções. (144)

Art. 352 — Serão punidos com a multa de 100$ a 500$, em favor da União ou dos Estados, nos termos do § 2.º do artigo anterior:

I — Os que se inculcarem possuidores de patentes, usando emblemas, marcas, letreiros ou rotulos indicativos de privilegio, sobre productos ou objectos preparados para o commercio, ou expostos á venda;

II — Os inventores que continuarem a exercer a industria como privilegiada, estando a patente suspensa, annullada ou caduca:

III — Os inventores privilegiados que, em prospectos, annuncios, letreiros, ou por qualquer modo de publicidade, fizerem menção das patentes sem designar o objecto especial para que as tiverem obtido. (145)

§ 1.º — Não haverá accumulações de penas por infracções reiteradas antes da iniciação do processo. As infracções posteriores constituem reincidencia e sujeitam a novo processo. (146)

§ 2.º — O processo criminal não obstará as acções para os concessionários ou cessionarios dos privilegios haverem indemnisação do damno causado ou que se poderá causar. Exceptuado o caso de consistir a infracção em um facto unico, praticado collectivamente, não haverá solidariedade entre os infractores do privilegio quanto á indemnisação do damno; cada um responderá pelo prejuizo que pessoalmente tiver causado. (147)

Secção III

Da violação dos direitos de marcas de fabrica e de commercio

Art. 353 — Será punido com as penas de prisão de seis mezes a um anno e multa de 500$ a 5:000$000, aquelle que:

1.º — Reproduzir, sem licença do dono ou do seu legitimo representante, por qualquer meio, no todo ou em parte,

(144) Art. 72 do decreto n.º 16.264, de 19 de dezembro de 1923.

(145) Art. 73 do decreto n.º 16.264, de 19 de dezembro de 1923.

(146) Art. 74 do decreto n.º 16.264, de 19 de dezembro de 1923.

(147) Art. 77 do decreto n.º 16.264, de 19 de dezembro de 1923.

marca de industria ou de commercio devidamente registrada;

2.º — Imitar marcas de industria ou de commercio, de modo que possa illudir o consumidor;

3.º — Usar marca alheia, falsificada no todo ou em parte;

4.º — Vender ou expuzer á venda productos ou artigos revestidos de marca alheia, falsificada no todo ou em parte;

5.º — Usar marca imitada de modo que possa illudir o consumidor;

6.º — Vender ou expuzer á venda productos ou artigos revestidos de marca imitada;

7.º — Usar marca alheia legitima em productos ou artigos de falsa procedencia;

8.º — Vender ou expuzer á venda productos ou artigos revestidos de marca alheia, não sendo de procedencia do dono da marca.

§ 1.º — Para que se dê a imitação ou usurpação não é necessario que a semelhança da marca seja completa, bastando a possibilidade de erro ou confusão na forma do paragrafho seguinte. (148)

§ 2.º — Considera-se verificada a possibilidade do erro ou confusão sempre que as differenças das duas marcas não possam ser reconhecidas sem exame ou confrontação. (149)

Art. 354 — Será punido com a multa de 200$ a 2:000$000 aquelle que:

1.º — Usar sem autorisação competente, em marca de industria, ou de commercio, armas, brazões, ou distinctivos publicos ou officiaes, nacionaes ou estrangeiros;

2.º — Usar como marca de industria ou de commercio o emblema da Cruz Vermelha, quer o signal seja identico quer constitua imitação que não possa ser reconhecida sem exame attento ou confrontação;

3.º — Usar marca offensiva ao decôro publico;

4.º — Usar marca de industria ou de commercio contendo indicação da localidade ou estabelecimento que não seja o da procedencia do producto ou artigo, quer a essa indicação esteja junto um nome supposto ou alheio, quer não;

5.º — Vender ou expuzer á venda, producto ou artigo revestido de marca que contenha, sem autorisação competente, armas, brazões, ou distinctivos publicos ou officiaes, nacionaes ou estrangeiros, ou revestidos de marca offensiva ao decôro publico;

6.º — Vender ou expuzer á venda, producto ou artigo revestido de marca contendo indicação de localidade ou estabelecimento que não seja o da procedencia do producto ou artigo, quer a essa indicação esteja junto um nome supposto ou alheio, quer não. (150)

§ 1.º — Será punido com as penas de prisão cellular por dois a seis mezes e de multa de 100$ a 500$000 aquelle que usar marca contendo offensa pessoal, ou vender ou expuzer á venda, productos ou artigos della revestidos. (151)

§ 2.º — As multas de que tratam este e o artigo antecedente serão adjudicadas á União, sempre que a acção fôr intentada no Distrito Rederal, e aos Estados quando o fôr perante as respectivas justiças. (152)

Art. 355 — São solidariamente responsaveis pelas infracções a que se referem os arts. 353 e 354:

(148) Art. 116 do decreto n.º 16.264, de 19 de dezembro de 1923.

(149) Art. 80, n.º 7, do decreto n.º 16.264, de 19 de dezembro de 1923.

(150) Art. 117 do decreto n.º 16.264, de 19 de dezembro de 1923.

(151) Art. 118 do decreto n.º 16.264, de 19 de dezembro de 1923.

(152) Art. 119 do decreto n.º 16.264, de 19 de dezembro de 1923.

1.º — O dono da officina onde se prepararem marcas falsificadas ou imitadas;

2.º — A pessoa que as tiver sob sua guarda;

3.º — O vendedor das mesmas;

4.º — O morador da casa ou local onde estiverem depositados os productos ou artigos, desde que não possa provar qual o seu dono;

5.º — Aquelle que houver comprado o artigo ou producto a pessoa desconhecida, ou não justificar a sua procedência. (153)

§ 1.º — A reincidencia será punida com o dobro das penas estabelecidas nos arts 353 e 354 si não houverem decorrido 10 annos da anterior condemnação por algum dos delictos previstos nos citados artigos. (154)

§ 2.º — As penas não isentam os delinquentes da satisfação do damno causado, que os prejudicados poderão pedir por acção competente. (155)

TITULO XIII

DOS CRIMES CONTRA A PESSOA E A PROPRIEDADE

Capitulo I

Do roubo

Art. 356 — Subtrahir para si ou para outrem, coisa alheia movel, fazendo violencia á pessoa ou empregando força contra a coisa:

Pena — de prisão cellular por 2 a 8 annos.

Art. 357 — Julgar-se-á violencia feita á pessoa, todas as vezes que, por meio de lesões corporaes, ameaças, ou outro qualquer modo, se reduzir alguem a não poder defender os bens proprios ou alheios, sob sua guarda.

É considerada violencia contra a pessoa, a entrada á noite na casa, por meio de escalada, gazuas, chaves falsas ou verdadeiras, fortuita ou subrepticiamente obtidas pelo criminoso, ou com auxilio de algum domestico, que tenha sido subornado, ou fingindo-se o delinquente autoridade publica, ou autorisado a tomar a propriedade alheia.

Art. 358 — Julgar-se-á violencia feita ás coisas, a destruição e rompimento dos obstaculos á perpetração do crime.

Constituem violencia contra as coisas, os arrombamentos internos e externos, a perfuração de paredes, a introducção dentro da casa por conducto subterraneo, por cima dos telhados, ou por qualquer caminho que não seja destinado a servir de entrada ao edificio e a qualquer das suas dependencias.

Art. 359 — Si, para realisar o roubo, ou no momento de ser perpetrado, se commetter morte:

Pena — de prisão cellular por 12 a 30 annos.

Paragrapho unico — Si commetter-se alguma lesão corporal das especificadas no art. 304:

Pena — de prisão cellular por 4 a 12 annos.

Art. 360 — A tentativa de roubo, quando se tiver realisado a violencia, ainda que não se opere a tirada da coisa alheia, será punida com as penas do crime, si della resultar a morte de alguem, ou á pessoa offendida alguma lesão corporal das especificadas no art. 304.

Art. 361 — Fabricar gazuas, chaves, instrumentos e apparelhos proprios para roubar, tel-os ou trazel-os comsigo de dia ou de noite:

Pena — de prisão cellular por seis mezes a tres annos.

(153) Art. 120 do decreto n.º 16.264, de 19 de dezembro de 1923.

(154) Art. 122 do decreto n.º 16.264, de 19 de dezembro de 1923.

(155) Art. 123 do decreto n.º 16.264, de 19 de dezembro de 1923.

Capitulo II

Das extorsões

Art. 362 — Sequestrar uma pessoa para obter della ou de outrem, como preço de sua libertação, dinheiro, coisa ou acto que importe qualquer effeito juridico;

§ 1.º — Extorquir de alguem vantagem illicita pelo temor de grave damno á sua pessoa ou bens; constranger alguem, quer por ameaças de publicações infamantes e falsas denuncias, quer simulando ordem de autoridade, ou fingindo-se tal, a mandar depositar ou pôr á disposição dinheiro, coisa ou acto que importe effeito juridico;

§ 2.º — Obrigar alguem, com violencia ou ameaça de grave damno á sua pessoa ou bens, a assignar, escrever ou anniquillar em prejuizo seu, ou de outrem, um acto que importe effeito juridico:

Pena — de prisão cellular por 2 a 8 annos.

Art. 363 — Em todos os casos comprehendidos nos dois capitulos deste titulo, se addicionará, á pena corporal imposta ao criminoso, a multa de 5 a 20% do valor do objecto roubado ou extorquido.

LIVRO III

DAS CONTRAVENÇÕES EM ESPECIE

Capitulo I

Da violação das leis de inhumação e da profanação dos tumulos e cemiterios

Art. 364. Inhumar cadaver em contravenção dos regulamentos sanitarios, ou transportal-os para fóra do cemiterio, salvo o caso de exhumação competentemente autorisada:

Pena — de prisão cellular por um a seis mezes.

Paragrapho unico — O facultativo que, sem designio criminoso, passar certidão de obito de individuo que depois se reconheça que estava vivo ainda, incorrerá nas penas de multa de 100$ a 200$000 e privação do exercicio da profissão por um anno.

Art. 365. Profanar cadaver; praticar sobre elle, antes ou depois da inhumação, qualquer desacato tendente a quebrantar o respeito devido aos mortos; violar ou conspurcar as sepulturas:

Pena — de prisão cellular por dois mezes a um anno.

Art. 366. Damnificar, de qualquer modo, os mausoleus, lousas, inscripções e emblemas funerarios:

Pena — de prisão cellular por um a tres mezes.

Capitulo II

Das loterias e rifas

Art. 367. É expresamente prohibida a introducção ou venda, no territorio nacional, de bilhetes de loterias ou rifas estrangeiras asim como a venda de bilhetes de loteria dos Estados, fóra da jurisdicção dos governos que as tiverem concedido:

Penas — de apprehensão e inutilisação dos bilhetes e outros valores; de multa de 500$ a 10:000$000 e de inutilisação de todo o material da loteria prohibida. (156)

§ 1.º — Constitue loteria prohibida toda operação que faça depender de sorteio a acquisição de qualquer ganho ou lucro pecuniario. (157)

§ 2.º — São nullas de pleno direito quaesquer obrigações resultantes de loterias não autorisadas. (158)

§ 3.º — É prohibida a publicação de annuncios, avisos ou noticias de propaganda de loterias estrangeiras, assim como das estadoaes, fóra dos limites dos Estados, que as houverem concedido.

Penas — de multa de 200$000 e apprehensão dos meios de publicação, quaesquer que sejam. (159)

---

(156) Art. 8.º, do decreto n.º 21.143, de 10 de março de 1932.

(157) Art. 17, do decreto n.º 21.143, de 10 de março de 1932.

(158) Art. 25, do decreto n.º 21.143, de 10 de março de 1932.

(159) Art. 59, do Regulamento anexo ao decreto n.º 21.143, de 10 de março de 1932.

§ 4.º — Incorrerá em pena de exoneração o agente do poder publico que aceitar por qualquer forma, qualquer favor ou retribuição de infractores ou condescender com a pratica de qualquer jogo prohibido sem prejuizo de outras sancções (art. 214), que no caso couberem. (160)

§ 5.º — Considera-se jogo prohibido:

a) a loteria de qualquer especie não autorisada por lei federal;

b) qualquer operação ou aposta cujo desfecho ou solução depender de sorteio effectuado por loteria mesmo autorisada;

c) as apostas sobre corridas de cavallos, effectuadas fóra dos respectivos prados.

§ 6.º — Não se comprehendem nas disposições do paragrapho anterior:

a) os sorteios de apolices e outras obrigações da União, dos Estados e dos Municipios;

b) os sorteios que realisarem as sociedades anonymas para simples resgate de acções ou debentures, sempre que não haja bonificação de nenhuma especie;

c) a venda de mercadorias ou immoveis, mediante sorteio, na forma do respectivo regulamento, desde que não haja distribuição de dinheiro, nem conversão em dinheiro dos premios sorteados;

d) os sorteios de apolices realisados pelas companhias de seguros de vida;

e) as operações ditas de capitalisação, reguladas pelo poder competente, desde que não impliquem o sorteio de premios em dinheiro, nem a conversão em dinheiro dos titulos sorteados. (161)

Art. 368. Pela contravenção denominada "jogo do bicho" praticado mediante a venda de cautelas, bilhetes, papeis avulsos, com ou sem dizeres, ou ainda sob quaesquer outras modalidades, incorrerão em penas:

a) os emprehendedores ou banqueiros do jogo;

b) os que comprarem, distribuirem ou venderem os bilhetes ou papeis;

c) os que directa ou indirectamente promoverem ou facilitarem o seu curso:

Penas — de seis mezes a um anno de prisão cellular e multa de 10:000$000 a 50:000$000 aos emprehendedores ou banqueiros; e de dez a trinta dias de prisão cellular e multa de 200$ a 1:000$000 aos demais infractores.

Si os infractores forem estrangeiros, as penas serão accrescidas de expulsão do territorio nacional.(162)

Paragrapho unico — As penas pecuniarias impostas aos infractores de qualquer das disposições acima serão applicadas em dobro, em cada reincidência. (163)

Capitulo III

Do jogo e aposta

Art. 369. Ter casa de tavolagem, onde habitualmente se reunam pessoas, embora não paguem entrada, para jogar jogos de azar, ou estabelecel-os em logar frequentado pelo publico:

Penas — de prisão cellular por um a tres mezes, de perda para a fazenda publica de todos os apparelhos e instrumentos de jogo, dos utensilios, moveis e decoração da sala do jogo e multa de 200$ a 500$000.

§ 1.º — Incorrerão na pena de multa de 50$ a 100$000 os individuos que forem achados jogando.

§ 2.º — Todo logar em que é permittido o accesso de qualquer pessoa, mediante pagamento de entrada ou sem elle, para o fim de jogo, é considerado logar

(160) Art. 60, do Regualmento anexo ao decreto n.º 21.143, de 10 de março de 1932.

(161) Arts. 61 e 62 do Regulamento anexo ao decreto n.º 21.143, de 10 de março de 1932.

(162) Art. 15 do decreto n.º 21.143, de 10 de março de 1932.

(163) Art. 86 do Regulamento anexo ao decreto n. 21.143, de 10 de março de 1932.

frequentado pelo publico para o effeito da lei penal. (164)

Art. 370. Consideram-se jogos de azar aquelles em que o ganho e a perda dependam exclusivamente da sorte.

Paragrapho unico — Não se comprehendem, na prohibição dos jogos de azar, as apostas de corridas a pé ou a cavallo, ou outras semelhantes.

Art. 371. Jogar com menores de 21 annos ou excital-os a jogar:

Penas — de prisão cellular por um a tres mezes e multa de 50$ a 100$000.

Art. 372. Usar de violencia para constranger alguem a jogar ou manter jogo:

Penas — de prisão cellular por um a seis mezes e multa de 100$ a 200$000, além das mais em que incorrer pela violencia.

Art. 373. Usar de meios fraudulentos para assegurar a sorte no jogo ou o ganho na aposta:

Pena — de prisão cellular por um a quatro annos.

Art. 374. Será julgado e punido como vadio todo aquelle que se sustentar do jogo, além de incorrer na pena do art. 369.

Capitulo IV

Das casas de emprestimos sobre penhores

Art. 375. Estabelecer casa de emprestimo sobre penhores sem autorisação, ou, tendo obtido esta, não manter escripturação regular na forma determinada nas leis e regulamentos do governo:

Pena — de multa de 500$ a 2:000$000 sem prejuizo de outras em que incorrer.

Capitulo V

Do fabrico e uso de armas

Art. 376. Estabelecer, sem licença do Governo, fabrica de armas ou polvora:

Penas — de perda para a Nação dos objetos apprehendidos e multa de 200$ a 500$000.

Art. 377. Usar de armas offensivas, sem licença da autoridade policial:

Pena — de prisão cellular por 15 a 60 dias.

Paragrapho unico — São isentos de pena:

1.º os agentes da autoridade publica, em diligencia ou serviço;

2.º os officiaes e praças do Exercito, da Armada e da Guarda Nacional, na conformidade dos seus regulamentos.

Capitulo VI

Das contravenções de perigo commum

Art. 378. Conservar soltos ou guardados sem cautela, animaes bravios, perigosos, ou suspeitos de hydrophobia; deixar neste ultimo caso, de dar aviso á autoridade publica, para providenciar como o caso exigir;

Deixar vagar loucos confinados a sua guarda, ou, quando evadidos de seu poder, não avisar a autoridade competente, para os fazer recolher;

Receber em casa particular, sem aviso prévio á autoridade, ou sem autorisação legal, pessoas affectadas de alienação mental;

Deixar o medico clinico de denunciar a existencia de doentes de molestia infecciosa á autoridade competente a fim de que esta possa providenciar opportunamente, na conformidade dos regulamentos sanitarios;

Destruir ou remover signaes collocados na via publica para prevenir algum sinistro, ou advertir do perigo os transeuntes;

Dar aviso falso de incendio:

Pena — multa de 50$ a 100$000.

(164) Art. 4.º da Lei n.º 628, de 28 de outubro de 1899.

Capitulo VII

Do uso do nome supposto, titulos indevidos e outros disfarces

Art. 379. Usar de nome supposto, trocado ou mudado, de titulo, distinctivo, uniforme ou condecoração que não tenha;

Usurpar titulo de nobreza, ou brazão de armas que não tenha;

Disfarçar o sexo, tomando trajes improprios do seu, trazel-os publicamente para enganar:

Pena — de prisão cellular por quinze a sessenta dias.

Paragrapho unico — Em egual pena incorrerá a mulher que, condemnada em acção de desquite, continuar a usar o nome do marido.

Art. 380. Si, por meio de algum dos artificios precedentemente mencionados, alguem conseguir de outrem, dinheiro, ou utilidade:

Penas — as do art. 338.

Art. 381. Fingir-se empregado publico:

Pena — de prisão cellular por um a tres mezes.

Si por esse meio conseguir obter de outrem dinheiro ou utilidade:

Penas — as do art. 338.

Capitulo VIII

Das sociedades secretas

Art. 382. Considera-se sociedade secreta a reunião, em dias certos e determinado logar, de mais de sete pessoas que, sob juramento ou sem elle, se impuzerem a obrigação de occultar á autoridade publica, o objeto da reunião, sua organisação interna e o pessoal de sua administração.

Aos chefes ou directores da reunião, ao dono ou administrador da casa onde ella se celebrar:

Pena — de prisão cellular por tres mezes a um anno. (165)

§ 1.° — Não terá logar a imposição de pena si se fizer á autoridade policial a declaração do fim e dos intuitos da reunião.

§ 2.° — Si forem falsas as declarações e a sociedade tiver fins oppostos á ordem social, a autoridade fará dispersar a reunião e os chefes ou directores soffrerão a pena de um a dois annos de prisão cellular. (166)

Capitulo IX

Do uso illegal da arte typographica

Art. 383. A matricula das officinas impressoras e dos jornaes e outros periodicos, é obrigatoria e deve ser feita em cartorio de Registo de titulos e documentos do Distrito Federal, do Territorio do Acre e dos Estados; em sua falta, nas notas de qualquer tabellião local.

§ 1.° — O registo será feito em virtude de despacho proferido pela autoridade judiciaria a que estiver subordinado o serventuario que o deva fazer.

§ 2.° — A matricula conterá as declarações seguintes:

1.° — Nome, residencia, nacionalidade e folha corrida do dono da officina, séde da respectiva administração, o logar, rua e casa onde é estabelecido;

2.° — Nome, residencia, naturalidade e folha corrida do gerente, e tratando-se de jornal ou outro escripto periodico, tambem o nome, a residencia, a nacionalidade e folha corrida do director ou redactor principal, sendo que sempre que se tratar de sociedade, deve ficar archivado o respectivo contracto. As alterações supervenientes serão immediatamente averbadas.

§ 3.° — A falta de matricula ou das declarações exigidas neste artigo e das alterações supervenientes, bem como as falsas declarações, serão punidas com a multa de 500$ a 10:000$000, applicavel pela autoridade judiciaria, mediante processo

(165) A pena foi modificada pelo art. 9.° do decreto n.° 4.269, de 17 de janeiro de 1921.

(166) Modificado pelo art. 9.° do decreto n.° 4.269, de 17 de janeiro de 1921.

e promovido por qualquer interessado ou pelo Ministerio Publico.

§ 4.º — A respectiva sentença determinará o praso de cinco dias para a matricula ou rectificação das declarações.

§ 5.º — De cada vez que não fôr cumprida essa determinação, o infractor responderá a novo processo, no qual lhe será imposta nova multa pecuniaria, podendo o juiz aggraval-a até 50%. (167)

Art. 384. Os administradores de officinas de typographia, lithographia, photographia ou gravura, situadas no Districto Federal e nos Estados, são obrigados a remetter á Bibliotheca Nacional um exemplar de cada obra que executarem

§ 1.º — Estão comprehendidos na disposição legal, não só livros, folhetos, revistas e jornaes, mas tambem obras musicaes, mappas, plantas, planos e estampas.

§ 2.º — Applicar-se-á a mesma disposição aos sellos, medalhas e outras especies numismaticas quando cunhadas por conta do governo.

§ 3.º — Consideram-se como obras differentes, as reimpressões, novas edições, ensaios e variantes de qualquer ordem.

§ 4.º — Quando nos objectos não estiver declarada a sua significação, o seu preço de venda e o numero de exemplares de que a edição constar, todas essas indicações as deverão acompanhar por occasião de sua remessa.

§ 5.º — No Districto Federal, a remessa deve effectuar-se no dia em que a obra fôr publicada ou entregue a quem a mandar executar, e nos Estados até cinco dias depois da publicação ou entrega, devendo neste praso ser levados ao Correio os exemplares a tal fim destinados. (168)

Art. 385. No caso de inobservancia das disposições do artigo antecedente, incorrerão os administradores das officinas na pena de multa de 50$ a 100$, ficando os editores das obras não remettidas obrigados, logo que termine o praso do § 5.º daquelle artigo, a effectuar a remessa em segundo praso, egual ao primeiro, sob pena de apprehensão do exemplar ou exemplares devidos. (169)

Art. 386. São equiparadas ás obras nacionaes, para o effeito da contribuição e o da apprehensão, as provenientes do estrangeiro que trouxerem indicação de editor ou vendedor domiciliado no Brasil. (170)

Art. 387. Affixar em logares publicos, nas paredes e muros das casas, sem licença da autoridade competente, cartazes, estampas, desenhos, manuscriptos, ou escrever disticos ou letreiros:

Pena — de multa de 50$ a 100$000.

Capitulo X

Da omissão de declaração no registro civil

Art. 388. Toda a pessoa nacional ou estrangeira, que, tendo obrigação de dar a registo algum nascimento, deixar de fazer as declarações competentes, dentro dos prasos marcados nos regulamentos, incorrerá na multa de 5$ a 20$000, elevado ao duplo no caso de reincidencia.

Capitulo XI

Do damno ás coisas publicas

Art. 389. Plantar arvores ou quaesquer vegetaes, que se embaracem nas linhas telegraphicas ou telephonicas; fazer obras que obstruam os esgotos e vedem o escoamento das aguas; fazer queimadas ou depositar materias inflammaveis na proximidade das linhas; atar animaes aos postes; collocar sobre os fios, objecto que possa causar damnificação, ou impedir o transito dos guardas pelas linhas:

Pena — de multa de 50$ a 100$000, além da obrigação de reparar o damno

(167) Art. 20 do decreto n.º 4.743, de 31 de outubro de 1923.

(168) Art. 1.º do decreto n.º 1.825, de 20 de dezembro de 1907.

(169) Art. 2.º do decreto n.º 1.825, de 20 de dezembro de 1907.

(170) Art. 3.º do decreto n.º 1.825, de 20 de dezembro de 1907.

causado e de remover os obstaculos creados nas linhas.

Paragrapho unico — Em egual pena incorrerão os donos ou consignatarios de navios que fundearem ou largarem ferro na direcção de algum cabo telegraphico immerso, indicado pelas boias.

Si o ferro agarrar o cabo immerso e o deslocar, ou quebrar, a multa será dobrada.

Art. 390. Cortar, destruir, ou substituir por outras, sem licença da autoridade competente, as arvores plantadas nas praças, ruas e logradouros publicos; damnificar os jardins e parques de uso publico:

Penas — de prisão cellular por oito a quinze dias e multa egual ao valor do damno causado.

Capitulo XII

Dos mendigos e ebrios

Art. 391. Mendigar, tendo saude e aptidão para o trabalho:

Pena — de prisão cellular por quinze a trinta dias. (171)

§ 1.° — Pela mesma sentença que condemnar o mendigo será elle obrigado a assignar o termo de tomar occupação dentro de 15 dias do cumprimento da pena.

§ 2.° — A pena imposta ao mendigo ficará extincta si o condemnado provar superveniente acquisição de renda bastante para sua subsistencia, ou prestar fiança.

§ 3.° — A sentença que, a requerimento do fiador, julgar quebrada a fiança, tornará effectiva a condemnação suspensa por virtude della. (172)

Art. 392. Mendigar, sendo inhabil para trabalhar, nos logares onde existam hospicios e asylos para mendigos:

Pena — de prisão cellular por cinco a quinze dias.

Art.393. Mendigar, fingindo enfermidade, simulando motivo para armar á commiseração, ou usando de modo ameaçador ou vexatorio:

Pena — de prisão com trabalho por um a doze mezes.

Art. 394. Mendigar aos bandos, ou em ajuntamento, não sendo pae ou mãe e seus filhos impuberes, marido e mulher, cego ou aleijado e seu conductor:

Pena — de prisão cellular por um a tres mezes.

Paragrapho unico — Na reincidencia das infracções dos arts. 391, 392, 393 e 394 a pena será de um a tres annos de reclusão na Colonia, ou á deportação si forem estrangeiros. (173)

Art. 395. Apresentar-se publicamente em estado de embriaguez que cause escandalo, desordem ou ponha em risco a segurança propria ou alheia:

Pena — multa de 20$ a 200$000.

O dobro em cada reincidencia. (174)

Art. 396. Embriagar-se por habito, de tal modo que por actos inequivocos se torne nocivo ou perigoso a si proprio, a outrem, ou á ordem publica:

Pena — internação por tres mezes a um anno em estabelecimento correccional adequado. (175)

Art. 397. Fornecer a qualquer pessoa em logar frequentado pelo publico, bebida ou substancia inebriante, com o fim de embriagal-a, ou á que já estiver embriagada:

Pena — multa de 100$ a 500$000.

Paragrapho unico — Si o infractor fôr o dono da casa commercial de que provier a bebida, ou substancia inebriante:

(171) A pena estabelecida no Código Penal foi modificada pelo art. 9.° da Lei n.° 947, de 29 de dezembro de 1902 e art. 53 § 1.° do decreto n.° 6.994, de 19 de junho de 1908.

(172) Art. 9.° da Lei n.° 947, de 29 de dezembro de 1902.

(173) Art. 54 do decreto n.° 6.994, de 19 de junho de 1908.

(174) Art. 2.° do decreto n.° 4.294, de 6 de julho de 1921.

(175) Art. 3.° do decreto n.° 4.294, de 6 de junho de 1921.

Pena — a estabelecida anteriormente, accrescida da interdicção ao commercio de bebida ou substancia inebriante, por um a seis mezes. (176)

Art. 398. Será punido com a multa de 100$ a 500$000 ou o dobro da ultima que lhe houver sido imposta, o dono da casa que, fazendo o commercio de bebidas ou substancias inebriantes, as fornecer ao publico, fóra das horas fixadas nas posturas municipaes, ou consentir que a qualquer hora, seja alguma bebida ou substancia inebriante fornecida a pessoa menor de 21 annos, ainda que destinada ao consumo de outrem. (177)

Capitulo XIII

Dos vadios e capoeiras

Art. 399. São comprehendidos nesse capitulo:

§ 1.° — Os individuos maiores, de qualquer sexo que, sem meios de subsistencia por fortuna propria ou profissão, arte, officio, occupação legal e honesta em que ganhem a vida, vagarem pela cidade na ociosidade.

§ 2.° — Os que, por habito, andarem armados em correrias, provocando tumultos e incutindo temor, quer aproveitando o movimento da população, em festas e solemnidades publicas, quer em manifestações de regosijo e reuniões populares ou em outras quaesquer circumstancias.

§ 3.° — Os que, tendo quebrado os termos em que se hajam obrigados a tomar occupação, persistirem em viver no ocio, ou exercendo industria illicita, immoral ou vedada pelas leis. (178)

§ 4.° — Os comprehendidos no art. 374. (179)

Art. 400. Os individuos classificados nos §§ 1.°, 2.° e 4.° do artigo antecedente serão condemnados pela primeira infracção entre os limites do minimo e maximo de seis mezes a dois annos de residencia na Colonia Correccional, tendo-se em consideração a edade e o sexo do processado. (180)

§ 1.° — Pela mesma sentença que condemnar o infractor como vadio será elle obrigado a assignar termo de tomar occupação dentro de 15 dias contados do cumprimento da pena. (181)

§ 2.° — Os individuos classificados no § 3.° do artigo 399 serão condemnados como reincidentes á pena de um a tres annos de reclusão na Colonia Correccional ou á deportação si forem estrangeiros. (182)

Art. 401. A pena imposta aos infractores a que se referem os artigos precedentes ficará extincta, si o condemnado provar superveniente acquisição de renda bastante para sua subsistencia; e suspensa si apresentar fiador idoneo que por elle se obrigue.

Paragrapho unico — A sentença que, a requerimento do fiador, julgar quebrada a fiança, tornará effectiva a condemnação suspensa por vontade delle.

Art. 402. Os vadios e capoeiras que tiverem mais de 18 annos e menos de 21 serão recolhidos á Colonia Correccional pelo praso de um a cinco annos. (183)

Art. 403. Si nos exercicios de capoeiragem, perpetrar o capoeira, homicidio, praticar alguma lesão corporal, ultrajar o pudor publico e particular, perturbar a ordem, a tranquillidade ou segurança publica ou fôr encontrado com armas, incorrerá cumulativamente nas penas comminadas para taes crimes.

(176) Art. 4.º do decreto n.º 4.294, de 6 de julho de 1921.

(177) Art. 5.º do decreto n.º 4.294, de 6 de julho de 1921.

(178) Art. 52 §§ 1.º e 2.º do decreto n.º 6.994, de 19 de junho de 1908.

(179) Art. 52 § 7.º do decreto n.º 6.994, de 19 de junho de 1908.

(180) Art. 53 do decreto n.º 6.994, de 19 de junho de 1908.

(181) Art. 53 § 2.º do decreto n.º 6.994, de 19 de junho de 1908.

(182) Art. 54 do decreto n.º 6.994, de 19 de junho de 1908.

(183) Art. 78 do decreto n.º 17.943-A, de 12 de outubro de 1927.

Capitulo XIV

Da emissão não autorisada de papeis ou títulos

Art. 404. Nenhuma sociedade ou empresa de qualquer natureza, nenhum commerciante ou individuo de qualquer condição, poderá emittir, sem autorisação do Poder Legislativo, notas, bilhetes, fichas, valores ou titulo contendo promessa de pagamento em dinheiro ao portador ou com o nome deste em branco, sob pena de multa do quadruplo do seu valor e de prisão simples por quatro a oito mezes.

A pena de prisão só recahe sobre o emissor e a de multa tanto sobre este como sobre o portador.

§ 1.° — Incorrem na mesma penalidade os administradores das sociedades que emittirem titulos de obrigação (debentures) ao portador sem os requisitos da lei. (184)

§ 2.° — O disposto neste artigo não comprehende as letras de cambio ao portador, as endossadas em branco, as notas promissorias endossadas em branco, os recibos e mandados ao portador, em virtude de contas correntes bancarias, saldo exigivel de contas correntes contractuaes ou somma proveniente de abertura de credito. (185)

§ 3.° — Aquelle que emittir cheque sem data, ou com a data falsa, o que por contra-ordem e sem motivo legal, procurar frustrar o seu pagamento, ficará sujeito á multa de 10% sobre o respectivo montante. (186)

(184) Art. 3.° do decreto n.° 177-A, de 15 de setembro de 1893.

(185) Art. 3.° § 1.° do decreto n.° 177-A, de 15 de setembro de 1893.

(186) Art. 6.° do decreto n.° 2.591, de 7 de agosto de 1912.

LIVRO IV

DISPOSIÇÕES GERAES

Art. 405. O valor do objecto sobre que versar o crime nas hypotheses dos arts. 330, 331 e 339 será fixado:

1.° para regular a fiança provisoria, pela autoridade a quem competir concedel-a, conforme as circumstancias do caso;

2.° para regular a pronuncia, pelo juiz da causa, mediante arbitramento feito por dois peritos de sua nomeação.

§ 1.° — O arbitramento assentará na avaliação do objecto, ou em falta deste, na prova documental, ou testemunhal, e poderá ser corrigido pelo juiz.

§ 2.° — Si o valor fixado para a pronuncia fôr alterado pelo Tribunal do Jury, não deixará este de applicar a pena correspondente, seja qual fôr a alteração.

Art. 406. A fiança não será concedida nos crimes, cujo maximo de pena fôr prisão cellular ou reclusão por quatro annos.

Paragrapho unico — Não será egualmente concedida a fiança:

a) nos crimes de furto de valor egual ou excedente de duzentos mil réis; (187)

b) nos de furto de animaes nas fazendas, pastos ou campos de criação ou cultura; (188)

c) nos capitulados nos arts. 107 a 118; (189)

d) nos capitulados nos arts. 141 e 142; (190)

e) nos definidos nos arts. 159, **a**, **b**, e **c** e § 6.° do mesmo artigo.(191)

f) nos de moeda falsa e contrabando; (192)

g) nos de lenocinio; (193)

h) nos de falsificação ou alteração de substancias alimenticias; (194)

i) nos contra o exercicio dcs direitos politicos; (195)

j) nos crimes contra a liberdade do trabalho; (196)

---

(187) Art. 2.°, I, da Lei n.° 628, de 28 de outubro de 1899.

(188) Art. 2.°, II, da Lei n.° 628, de 28 de outubro de 1899.

(189) Art. 13 do decreto n.° 16.501, de 20 de agosto de 1924.

(190) Art. 13 do decreto n.° 16.501, de 20 de agosto de 1924.

(191) Art. 2.°, III, da Lei n.° 628, de 28 de outubro de 1899.

(192) Art. 33 do decreto n.° 20.930, de 11 de janeiro de 1932.

(193) Art. 13 da Lei n.° 515, de 3 de novembro de 1898.

(194) Art. 10 da Lei n.° 4.269, de 17 de janeiro de 1921.

(195) Art. 1.° § 2.° do decreto n.° 19.604, de 19 de janeiro de 1931.

(196) Art. 108 do decreto n.° 21.076, de 24 de fevereiro de 1932.

k) nas contravenções definidas no artigo 368. (197)

Art. 407. Haverá logar a acção penal:

§ 1.° — Por queixa da parte offendida ou de quem tiver qualidade para representa-a.

§ 2.° — Por denuncia de qualquer pessoa:

a) nos crimes politicos e nos de responsabilidade dos funccionarios federaes; (198)

b) nos crimes de que trata o art. 278; (199)

c) nos crimes de que tratam os arts. 342 § 2.° e 346; (200)

d) nos crimes de que tratam os arts. 165 a 178. (201)

§ 3.° — Por denuncia do Ministerio Publico em todos os crimes e contravenções.

Exceptuam-se:

I — O crime de damno que não fôr praticado em coisas do dominio ou uso publico da União, dos Estados e Municipios, ou em livros de notas, actas e termos, autos e actos originaes de autoridade publica não tendo havido prisão em flagrante.(202)

II — Os crimes de violencia carnal, rapto, adulterio, parto supposto, em que sómente caberá proceder por queixa da parte, salvo os casos dos arts. 274 e 278, e bem assim os de violencia e attentados ao pudor praticados nas pessoas dos alienados. (203)

III — Os crimes de calumnia e injuria, quando a offensa fôr contra particulares. (204)

Cabe acção penal por denuncia do Ministerio Publico, quando a offensa fôr contra corporação que exerça autoridade publica, contra qualquer agente ou depositario desta em razão de suas funcções, contra chefes de Estado estrangeiros, ou seus representantes diplomaticos e ainda nos casos do art. 322 § 3.° dependendo a acção penal, nesses ultimos casos, de requisição feita por parte do respectivo governo, ou pelos representantes diplomaticos offendidos; e mediante officio do Ministerio da Justiça, quando se tratar de offensas ao Presidente da Republica.

Si o promotor publico retardar a denuncia por mais de dez dias após a representação do offendido ou si recusar a apresental-a, incorrerá na multa de 500$000, imposta pelo chefe do Ministerio Publico, e descontada na folha de seus vencimentos, além da responsabilidade criminal que lhe caiba. Neste caso, poderá o offendido reclamar do chefe do Ministerio Publico a designação de outro promotor para promover o processo; mantidos os principios dos arts. 407 e 408. (205)

IV — Os crimes contra a propriedade literaria e artistica que não estiverem comprehendidos nos artigos 342 § 3.°, n. 1 e 346. (206)

§ 4.° — Mediante procedimento **ex-officio** nos crimes inafiançaveis quando não fôr apresentada a denuncia nos prasos da lei.

§ 5.° — A acção publica será iniciada sob representação do offendido si o furto se dér entre parentes e affins até o

(197) Art. 1.° do decreto n.° 5.221, de 12 de agosto de 1927.

(198) Art. 15 do decreto n.° 21.143, de 10 de março de 1932.

(199) Art. 39 do decreto n.° 3.084, de 5 de novembro de 1898.

(200) Art. 1.° § 3.° da Lei n.° 2.992, de 25 de setembro de 1915.

(201) Art. 26 da Lei n.° 496, de 1.° de agosto de 1898, e decreto n.° 836, de 24 de novembro de 1900.

(202) Art. 1.°, II, da Lei n.° 628, de 28 de outubro de 1899.

(203) Art. 1.° § 3.°, letra **a** da Lei n.° 2.992, de 25 de setembro de 1915, e art. 9.° do decreto n.° 1.132, de 23 de dezembro de 1903.

(204) Art. 21 do decreto n.° n.° 4.743, de 31 de outubro de 1923.

(205) Art. 22 e parágrafo único do decreto n.° 4.743, de 31 de outubro de 1923.

(206) Art. 26 da Lei n.° 496, de 1.° de agosto de 1898, e decreto n.° 3.836, de 24 de novembro de 1900.

4.° grau civil, não comprehendidos na disposição do art. 335.

Art. 408. Em todos os termos da acção intentada por queixa será ouvido o Ministerio Publico; e nos de que o fôr por denuncia ou *ex-officio*, poderá intervir a parte offendida para auxilial-o.

Art. 409. Emquanto não entrar em inteira execução o systema penitenciario, a pena de prisão cellular será cumprida, como a de prisão com trabalho, nos estabelecimentos penitenciarios existentes, segundo o regimen actual; e, nos logares em que os não houver, será convertida em prisão simples, com augmento da sexta parte do tempo.

§ 1.° — A pena de prisão simples, em que fôr convertida a de prisão cellular, poderá ser cumprida fóra do logar do crime, ou do domicilio do condemnado, si nelle não existirem casas de prisão commodas e seguras, devendo o juiz designar na sentença o logar onde a pena terá de ser cumprida.

§ 2.° — O cumprimento dessa pena, embora penda recurso voluntario, começará a contar-se do dia em que fôr proferida a sentença de condemnação.

Art. 410. As disposições das leis e regulamentos de fazenda e commercio, de administração e policia geral, e regimento dos auditorios, que decretam penas pecuniarias e disciplinares, continuarão a ser observadas na parte em que não tiverem sido especialmente revogadas.

CÓDIGO PENAL DE 1940

DECRETO-LEI N.º 2.848, DE 7-12-1940

PROJETO DE CÓDIGO PENAL

EXPOSIÇÃO DE MOTIVOS (1)

Em 4 de novembro de 1940

Senhor Presidente:

1. Com o atual Código Penal nasceu a tendência de reformá-lo. A datar de sua entrada em vigor começou a cogitação de emendar-lhe os erros e falhas. Retardado em relação à ciência penal do seu tempo, sentia-se que era necessário colocá-lo em dia com as idéias dominantes no campo da criminologia e, ao mesmo tempo, ampliar-lhe os quadros de maneira a serem contempladas novas figuras delituosas com que os progressos industriais e técnicos enriqueceram o elenco dos fatos puníveis.

Já em 1893, o deputado Vieira de Araújo apresentava à Câmara dos Deputados o projeto de um novo Código Penal. A este projeto foram apresentados dois substitutivos, um do próprio autor do projeto e o outro da Comissão Especial da Câmara. Nenhuma dos projetos, porém, conseguiu vingar. Em 1911, o Congresso delegou ao Poder Executivo a atribuição de formular um novo projeto. O projeto de autoria de Galdino Siqueira, datado de 1913, não chegou a ser objeto de consideração legislativa. Finalmente, em 1927, desincumbindo-se de encargo que lhe havia sido cometido pelo Governo, Sá Pereira organizou o seu projeto que, submetido a uma comissão composta do autor do projeto e dos Drs. Evaristo de Morais e Bulhões Pedreira, foi apresentado em 1935 à consideração da Câmara dos Deputados. Aprovado por esta, passou ao Senado e neste se encontrava em exame na Comissão de Justiça, quando sobreveio o advento da nova ordem política.

A Conferência de Criminologia, reunida no Rio de Janeiro em 1936, dedicou os seus trabalhos ao exame e à crítica do projeto revisto, apontando nele deficiências e lacunas, cuja correção se impunha. Vossa Excelência resolveu, então, que se confiasse a tarefa de formular novo projeto ao Dr. Alcântara Machado, eminente professor da Faculdade de Direito de São Paulo. Em 1938, o Dr. Alcântara Machado entregava ao Governo o novo projeto, cuja publicação despertou o mais vivo interesse.

A matéria impunha, entretanto, pela sua delicadeza e por suas notórias dificuldades, um exame demorado e minucioso. Sem desmerecer no valor do trabalho de que se desincumbira o Professor Alcântara Machado, julguei de bom aviso submeter o projeto a uma demorada revisão, convocando para isso técnicos que se houvessem dis-

---

(1) Esta "Exposição de Motivos" acompanhou o "Projeto de Código Penal" que o Ministro da Justiça e Negócios Interiores, Francisco Campos, encaminhou, em 1940, ao Presidente da República, Getúlio Vargas. Foi publicada no "Diário Oficial da União", em 31 de dezembro de 1940.

tinguido não somente na teoria do direito criminal como também na prática de aplicação da lei penal.

Assim, constituí a Comissão revisora com os ilustres magistrados Vieira Braga, Nelson Hungria e Narcélio de Queirós e com um ilustre representante do Ministério Público, o Dr. Roberto Lira.

Durante mais de um ano a Comissão dedicou-se quotidianamente ao trabalho de revisão, cujos primeiros resultados comuniquei ao eminente Dr. Alcântara Machado que, diante deles, remodelou o seu projeto, dando-lhe uma nova edição. Não se achava, porém, ainda acabado o trabalho de revisão. Prosseguiram com a minha assistência e colaboração até que me parecesse o projeto em condições de ser submetido à apreciação de Vossa Excelência.

Dos trabalhos da Comissão revisora resultou este projeto. Embora da revisão houvessem advindo modificações à estrutura e ao plano sistemático, não há dúvida que o projeto Alcântara Machado representou, em relação aos anteriores, um grande passo no sentido da reforma da nossa legislação penal. Cumpre-me deixar aqui consignado o nosso louvor à obra do eminente patrício, cujo valioso subsídio ao atual projeto nem eu, nem os ilustres membros da comissão recisora deixamos de reconhecer.

2. Ficou decidido, desde o início do trabalho de revisão, excluir do Código Penal as contravenções, que seriam objeto de lei à parte. Foi, assim, rejeitado o critério inicialmente proposto pelo Professor Alcântara Machado, de abolir-se qualquer distinção entre crimes e contravenções. Quando se misturam coisas de somenos importância com outras de maior valor, correm estas o risco de se verem amesquinhadas. Não é que exista diversidade ontológica entre crime e contravenções; embora sendo apenas de grau ou quantidade a diferença entre as duas espécies de ilícito penal, pareceu-nos de toda conveniência excluir do Código Penal a matéria tão miúda, tão vária e tão versátil das contravenções, dificilmente subordinável a um espírito de sistema e adstrita a critérios oportunísticos ou meramente convencionais e, assim, permitir que o Código Penal se furtasse, na medida do possível, pelo menos àquelas contingências do tempo a que não devem estar sujeitas as obras destinadas a maior duração.

A lei de coordenação, cujo projeto terei ocasião de submeter proximamente à apreciação de Vossa Excelência, dará o critério prático para distinguir-se entre crime e contravenção.

PARTE GERAL

3. Coincidindo com a quase totalidade das codificações modernas, o projeto não reza em cartilhas ortodoxas, nem assume compromissos irretratáveis ou incondicionais com qualquer das escolas ou das correntes doutrinárias que se disputam o acerto na solução dos problemas penais. Ao invés de adotar uma política extremada em matéria penal, inclina-se para uma política de transação ou de conciliação. Nele, os postulados clássicos fazem causa comum com os princípios da Escola Positiva.

4. A responsabilidade penal continua a ter por fundamento a responsabilidade moral, que pressupõe no autor do crime, contemporaneamente à ação ou omissão, a capacidade de entendimento e a liberdade de vontade, embora nem sempre a responsabilidade penal fique adstrita à condição de plenitude do estado de imputabilidade psíquica e até mesmo prescinda de sua coexistência com a ação ou omissão, desde que esta possa ser considerada *libera in causa* ou *ad libertatem relata.*

A autonomia da vontade humana é um postulado de ordem prática, ao qual é indiferente a interminável e insolúvel controvérsia metafísica entre o determinismo e o livre arbítrio. D ponto de vista ético-social, a autonomia da vontade humana é um *a priori* em relação à experiência moral, como o princípio de causalidade em relação à experiência física. Sem o postulado da responsabilidade moral, o direito penal deixaria de ser uma disciplina de caráter ético para tornar-se mero instrumento de utilitarismo social ou de prepotência do Estado. Rejeitado o pressuposto da vontade livre, o código penal seria uma congérie de ilogismos.

Um código recente, vazado nos moldes da Escola Positiva, substituiu ao princípio da responsabilidade moral o da responsabilidade legal. Não se absteve, porém, de declarar, num dos seus primeiros artigos, que às penas somente está sujeito o autor do crime *"quando tenha tido consciência das conseqüências do ato, prevendo-as, querendo-as ou favorecendo-as"*. A incoerência é manifesta:o elemento *vontade*, que se abstraíra do conceito de responsabilidade penal, volta a ser condição necessária desta.

Se a vontade é absolutamente determinada, que importa saber se o agente praticou o crime com ou sem vontade?

É a mesma contradição em que incidia o famoso projeto Ferri, quando, depois de adotar o princípio da responsabilidade legal, dava preponderante importância à *intenção* (elemento subjetivo da vontade), ao *fim* (elemento objetivo da vontade) e aos *motivos determinantes* (formação íntima da vontade), o que importa, em última análise, reintroduzir o princípio, que se havia banido, da responsabilidade moral.

Ao direito penal, como às demais disciplinas práticas, não interessa a questão, que transcende à experiência humana, de saber se a vontade é absolutamente livre. A liberdade da vontade é um pressuposto de todas as disciplinas práticas, pois existe nos homens a convicção de ordem empírica de que cada um de nós é capaz de escolher entre os motivos determinantes da vontade e, portanto, moralmente responsável.

5. É notório que as medidas puramente repressivas e propriamente penais se revelaram insuficientes na luta contra a criminalidade, em particular contra as suas formas habituais. Ao lado disto existe a criminalidade dos doentes mentais perigosos. Estes, isentos de pena, não eram submetidos a nenhuma medida de segurança ou de custódia senão nos casos de imediata periculosidade. Para corrigir a anomalia, foram instituídas, ao lado das penas, que têm finalidade repressiva e intimidante, as medidas de segurança. Estas, embora aplicáveis em regra *post delictum*, são essencialmente preventivas, destinadas à segregação, vigilância, reeducação e tratamento dos indivíduos perigosos, ainda que moralmente irresponsáveis.

O sistema das penas acessórias completa o mecanismo de luta contra o crime. Ao contrário das medidas de segurança, elas têm o caráter de pena: são penas complementares e seguem as principais.

Na aplicação da pena, o projeto dá ao juiz uma grande latitude de apreciação. Entre o mínimo e o máximo, ele graduará a quantidade da pena de acordo com a personalidade e os antecedentes do criminoso, os motivos determinantes, as circunstâncias e as conseqüências do crime. Em suma, individualizará a pena, adotando a quantidade que lhe pareça mais adequada ao caso concreto.

Mas, não só em relação à quantidade da pena é deixada ao juiz uma certa liberdade de apreciação. Em determinados casos, o projeto lhe confere a escolha entre penas alternativamente cominadas, a faculdade de aplicar cumulativamente penas de espécie diversa e a de deixar de aplicar qualquer das penas cominadas.

O projeto acentua, ainda, a liberdade do juiz em tudo quanto se refere à aplicação e à execução das medidas de segurança.

As penas são de duas categorias: principais e acessórias. As primeiras são em número de três: reclusão, detenção, multa. As acessórias consistem na perda de função pública, nas interdições de direitos e na publicação da sentença.

Ambas as penas privativas de liberdade são temporárias. A de reclusão é a mais rigorosa. Executa-se de acordo com o sistema progressivo, dividida a sua duração em quatro períodos. No inicial, que não pode exceder de três meses, o condenado é submetido a isolamento diurno e noturno, passando, no subseqüente, a trabalhar em comum dentro do estabelecimento ou, fora dele, em obras ou serviços públicos. Transcorrido o segundo período, o recluso pode ser transferido para colônia penal ou estabelecimento similar. Finalmente, o período de livramento condicional.

A reclusão, seja qual for o tempo fixado na sentença, não admite suspensão condicional, salvo em se tratando de menor de vinte e um ou de maior de setenta anos, condenado por tempo não superior a dois anos.

A detenção é destinada a crimes de menor gravidade. Não existe nela período inicial de isolamento. Admite a suspensão condicional, se inferior a dois anos.

Assim, na reclusão como na detenção, o trabalho é obrigatório.

A pena de multa obedece a um critério racional de aplicação. Não foi adotado o sistema do *dia-multa,* que o projeto Sá Pereira aproveitara do projeto de Código para a Suécia, da autoria de Thyren. Foi, porém, utilizado o seu critério fundamental: na imposição da multa, o juiz deve atender, principalmente, à situação econômica do réu.

Tal como a pena privativa de liberdade, a multa é cominada entre um mínimo e um máximo; mas, ao invés de tarifá-la como o direito vigente, o projeto dá ao juiz a faculdade de individualizá-la, proporcionando-a ou ajustando-a à capacidade econômica do condenado. Não deve incidir sobre os recursos indispensáveis à manutenção do condenado e de sua família, podendo, porém, ser elevada até o triplo do máximo, se, dadas as condições econômicas do réu, parecer ao juiz ineficaz o máximo cominado. É permitido o pagamento parcelado.

No caso de insolvência, a multa, se imposta cumulativamente com pena privativa de liberdade, é cobrada mediante descontos de quarta parte da remuneração do condenado. Somente em dois casos a multa é conversível em pena privativa de liberdade: quando o condenado, sendo solvente, frustra a sua cobrança ou, quando reincidente, deixa de pagá-la.

6. O princípio da legalidade na conceituação formal do crime e na cominação da pena, expresso na célebre fórmula de Feuerbach — *nullum crimen, nulla poena sine lege* (e já afirmado no direito romano: *Poena non irrogatur, nisi quae quaque lege vel quo alio jure specialiter huic delicto imposita est*), era, até bem pouco tempo, um axioma tranqüilo. Indiscutível era a máxima em seus corolários: a) a lei penal não retroage (salvo a exceção da *lex mitior*); b) é vedada a aplicação analógica da lei penal. É verdade que, há meio século, Binding, na Alemanha, se insurgiu contra o veto à analogia. Entre nós mesmo, Tobias Barreto foi adversário do que, ironicamente, denominava *analogofobia.* A discrepância, porém, ficara sem repercussão, quer na doutrina, quer na legislação. Somente depois da Grande Guerra (1914-1918) é que a analogia em direito penal passou a ter fervorosos adeptos, que a reclamam sob o pretexto de maior eficiência da defesa social contra o crime. Não é compreensível — afirma-se — que fatos perigosos fiquem impunes por falta de explícitos artigos no Código Penal. O Código russo de 1926 foi o primeiro a afiançar a nova corrente de idéias, abolindo a proibição tradicional da analogia penal, e fazendo de sua "parte especial" um simples *catálogo de exemplos.* Seguiu-se-lhe o Código Penal dinamarquês, de 1930, em cujo artigo primeiro se declara que os preceitos penais se aplicam aos fatos não previamente incriminados, desde que "inteiramente assimiláveis" aos previstos na lei. Finalmente, veio a lei alemã de 1935, que, alterando o artigo 2.° do Código de 1871, reconheceu a legitimidade da aplicação analógica da lei penal e permitiu ao juiz a imposição da pena por um fato não expressamente declarado crime, uma vez qua a repressão se mostre justificada "segundo o conceito fundamental de um dispositivo penal" ("Nach dem Grundgedanken eines Strafgesetz") ou "segundo a sã consciência do povo" ("Nach gesunden Volksempfinden"). O argumento central em favor da analogia é que a sua proibição favorece os criminosos astutos ou suficientemente hábeis para contornar a lei sem incidir em qualquer de seus dispositivos.

Prima facie, o raciocínio é impressionante; mas, apreciado em cotejo com a realidade dos fatos, perde inteiramente o seu prestígio. Para desacreditá-lo, demos a palavra ao Prof. Paul Logoz, de Genebra (Schweizerische Zeitschrift für Strafrecht, 1938, 1.° fasc.):

> "... lorqu'il s'agit de préciser ce grief en citant des faits tirés d'une pratique déjà longue, les cas d'impunité dont on fait ètat sont toujours plus ou moins les mêmes et ne constituent pas une liste très impressionante. On cite le vol d'électricité, la grivèlerie, certains cas d'obtention frauduleuse de telle ou telle prestation (un parcours en chemin de fer ou le fonctionnement d'un appareil automatique, par exemple). Il n'y a guère plus. Mais s'il est vrai que de tels actes ont pu, tout d'abord, trouver certains codes en défaut, cela justifie-t-il l'abandon d'une garantie dont, peut-être, on ne peut mésurer toute la valeur que quand on en est privé? Pour quelques acquittements dont la portée est assez minime et auxquels d'ailleurs un législateur vigilant peut couper court à bref délai, vaut-il vraiment la peine de courir des risques beaucoup plus graves?"

A adoção da analogia em direito penal, para que o juiz eventualmente se substitua ao legislador, importará, inevitavelmente, a insegurança do direito. Nem mesmo poderá subsistir um nítido traço distintivo entre o injusto penal e o fato lícito. O texto expresso da lei cederá lugar à sensibilidade ética dos juízes, acaso mais apurada que a moral média do povo. Além disso, haverá o grave perigo de expor os juízes, na *criação* de crimes ou na imposição de penas, a pressões externas, a paixões dominantes no momento, às sugestões da opinião pública, nem sempre bem orientada ou imparcial.

Entre nós, o legislador penal não pode, sequer, vacilar no acolhimento do *nullum crimen, nulla poena sine lege,* pois figura entre as "garantias individuais" asseguradas pela Constituição a de que "as penas estabelecidas ou agravadas na lei nova não se aplicam aos fatos anteriores" (art. 122, n.° 13). No artigo primeiro do projeto ficou assim consagrado o princípio: "Não há crime sem lei anterior que o defina. Não há pena sem prévia cominação legal".

7. A seguir, o projeto resolve outras questões de direito intertemporal. Três são as hipóteses que podem ocorrer: a) um fato considerado crime, pela lei vigente ao tempo em que foi praticado, deixa de o ser por lei posterior; b) as duas leis, a anterior e a posterior, incriminam o fato, mas a última comina pena menos rigorosa (quanto à espécie ou à duração); c) ambas as leis incriminam o fato e cominam a a mesma pena *in abstrato*, mas a atual é, por qualquer outra razão, mais favorável que a anterior, (como, por exemplo, se reconhecer uma atenuante estranha à lei antiga).

Nos casos "a" e "b", a lei posterior retroage, subvertendo até mesmo a *coisa julgada,* ressalvados os efeitos civis da condenação. No caso "c", porém, a retroatividade da lei posterior detém-se diante da *res judicata,* isto é, a lei posterior só se aplicará aos fatos ainda não irrecorrivelmente julgados. Há uma conveniência de ordem prática a justificar este último critério, diverso do primeiro. Evita-se com ele uma extensa e complexa revisão ou *ajustamento* de processos já ultimados. Se injustiça grave surgir em algum caso concreto, poderá ser facilmente remediada com um decreto de *graça.* Não havia necessidade de declarar expressamente que, no caso de sucessão de várias leis, prevalece a mais benigna, pois é evidente que, aplicando-se ao fato a lei posterior somente quando favorece o agente, em caso algum se poderá cogitar da aplicação de qualquer lei sucessiva mais rigorosa, porque esta encontrará o agente já favorecido por lei intermediária mais benigna.

8. É especialmente decidida a hipótese da *lei excepcional ou temporária,* reconhecendo-se a sua *ultra-atividade.* Esta ressalva visa impedir que, tratando-se de leis previamente limitadas no tempo, possam ser frustradas as suas sanções por expedientes astuciosos no sentido do retardamento dos processos penais.

9. É fixado o princípio fundamental da *territorialidade* da lei penal, ressalvadas apenas as exceções constantes de convenções, tratados e regras de direito internacional. Absteve-se o projeto de definir até onde vai a renúncia da competência jurisdicional, decorrente das *imunidades diplomáticas,* bem como a extensão do chamado *território fictício,* pois tal matéria escapa ao alcance de um código penal, dependendo de acordos entre o Brasil e outras nações, ou devendo ser deixada sua solução às normas do direito internacional. Com razão, dizia Angel Rojas, quando da elaboração do atual Código Penal argentino:

> "Pensamos que lo que está regido por el derecho de gentes no debe ser objeto de las leyes internas de un país. Si lo que éstas disponen se encuentra ya arreglado por aquél, esas leyes son superfluas; si contraría el derecho de gentes, no son aceptables; si omiten casos previstos por la ley de las Naciones, la omisión no importa subtraer esos casos al imperio de dicha ley" (Código Penal de la Nación Argentina, edição oficial, pág. 498).

10. É adotada a *teoria da ubiqüidade,* quanto aos denominados "crimes à distância", teoria essa resultante da combinação da *teoria da atividade* e da *teoria do efeito:* aplica-se a lei brasileira não só ao crime, no todo ou em parte, cometido no território nacional, como ao que nele, embora parcialmente, produziu ou devia produzir seu resultado, pouco importando que a atividade pessoal do criminoso se tenha exercido no estrangeiro. A cláusula "ou devia produzir seu resultado" diz respeito à *tentativa.* Alguns códigos, como o polonês e o suíço, tomam como critério determinante do lugar da tentativa a intenção do agente. Era o critério do projeto Sá Pereira, que não nos pareceu acertado. Quando se trata de localizar o crime consumado, não se atende a essa intenção, e não há motivo para que se proceda diversamente em matéria de tentativa.

O artigo 5.° cuida da excepcional *extraterritorialidade* da lei penal. Há certos crimes que afetam tão diretamente o interesse do Estado, que, embora cometidos no estrangeiro, é como se fossem praticados no próprio território nacional. Os autores de tais crimes são punidos segundo a lei brasileira, ainda que já tenham sido absolvidos ou condenados no estrangeiro (art. 5.°, § 1.°).

No art. 5.°, n.° II, e §§ 2.° e 3.°, são consagradas regras que se inspiram no princípio da *universalidade do direito penal* ou da cooperação internacional na repressão da delinqüência, ainda que se não trate daqueles crimes tradicionalmente chamados "de direito das gentes".

Ficam sujeitos à lei brasileira, embora praticados no estrangeiro, mas desde que seus autores ingressem no território nacional, os crimes: a) que o Brasil, por tratado ou convenção, se tenha obrigado a reprimir; b) de que tenha sido agente ou vítima um brasileiro. A adoção do princípio da *personalidade ativa,* formulada na alínea *b* do n.° II do art. 5.°, tanto mais se impunha quanto a Constituição veda a extradição do nacional. Atendendo à regra do *non bis in idem,* dispõe o artigo 6.° que a pena cumprida no estrangeiro, pelo mesmo crime, atenua a pena imposta no Brasil, quando diversa, ou nela é computada, quando idêntica.

O art. 7.° aceita, parcialmente, o critério da internacionalização da sentença penal, também inspirado no sentido da solidariedade universal contra os criminosos: a sentença penal estangeira será aplicável no Brasil, para sujeitar o condenado à reparação do dano, à restituição dos *producta sceleris* e a outros efeitos civis, às penas acessórias e medidas de segurança pessoais, desde que haja identidade entre a *lex fori* e a lei brasileira.

DO CRIME

11. Seguindo o exemplo do Código italiano, o projeto entendeu de formular, no art. 11, um dispositivo geral sobre a *imputação física* do crime. Apresenta-se, aqui, o problema da causalidade, em torno do qual se multiplicam as teorias. Ao invés de

deixar o problema às elocubrações da doutrina, o projeto pronunciou-se *expressis verbis*, aceitando a advertência de Rocco, ao tempo da construção legislativa do atual Código italiano:

> "... adossare la responsabilità della resoluzione di problemi gravissimi alla giurisprudenza è, da parte del legislatore, una vegliaccheria intellettuale" (*Lav. prep., IV*, 2.°, 117).

O projeto adotou a teoria chamada da *equivalência dos antecedentes* ou da *conditio qua non*. Não distingue entre *causa* e *condição*: tudo quanto contribui, *in concreto*, para o resultado, é *causa*. Ao agente não deixa de ser imputável o resultado ainda quando, para a produção deste, se tenha aliado à sua ação ou omissão uma *concausa*, isto é, uma outra causa preexistente, concomitante ou superveniente. Somente no caso em que se verifique uma *interrupção de causalidade*, ou seja, quando sobrevém uma causa que, sem *cooperar* propriamente com a ação ou omissão, ou representando uma cadeia causal autônoma, produz, por si só o evento, é que este não poderá ser atribuído ao agente, a quem, em tal caso, apenas será imputado o evento que se tenha verificado por efeito exclusivo da ação ou omissão.

O art. 12 do projeto cuida dos graus de realização do crime definindo o crime *consumado* e o crime *tentado*. Teria bastado que se fixasse a noção do crime tentado, para que se tivesse, por indução, o conceito do crime consumado? É este o expediente adotado por alguns códigos modernos, como o italiano, o uruguaio e o suíço. Seguindo, porém, a tradição do nosso direito penal, o projeto insiste em declarar que o crime se diz consumado "quando nele se reúnem todos os elementos de sua definição legal". Não há nisto uma demasia. É preciso acentuar que a *consumação* não diz com a *inteireza* do fato, mas com a verificação integral das condições a que a lei subordina a existência do crime. Basta a fiel correspondência entre o fato e o "tipo legal" de crime, não se devendo esquecer que a lei, muitas vezes, considera *crime consumado* um fato que, *normalmente*, só poderia constituir *tentativa*.

Segundo o inciso II do art. 12, o crime se diz tentado (conservada a identificação entre tentativa e *crime falho*) "quando, iniciada a execução, não se consuma por circunstâncias alheias à vontade do agente".

O projeto repele em princípio a idéia de tentativa de *crime culposo*, pois neste a vontade não é dirigida ao ao evento, nem o agente assume o risco de produzi-lo. Cita-se, habitualmente, o exemplo formulado por Frank, relativo à legítima defesa putativa culposa ou por erro inescusável, para demonstrar a possibilidade de tentativa de crime culposo. Mas, em tal caso excepcionalíssimo, não há falta de vontade em relação ao evento, e nada impede, em face da fórmula do projeto, que se reconheça a tentativa, quando o agente não consegue realizar o evento que, culposamente ou por erro vencível, julgara legítimo.

É reconhecida a isenção de pena no caso de desistência *voluntária* da consumação, ressalvada a punibilidade dos atos já praticados. Não é exigida a desistência espontânea: basta que o agente não tenha sido coagido, moral ou materialmente, à interrupção do *iter criminis*.

Também é declarado imune de pena o agente no caso de *arrependimento* eficaz, isto é, quando, de sua própria iniciativa, já empregada a atividade necessária e suficiente para a consumação, impede que o resultado se produza. A concessão de imunidade penal pareceu-nos mais aconselhável, do ponto de vista *político*, que o critério da simples *atenuação da pena*.

É reconhecida a impunibilidade da tentativa ou crime *impossível*, que ocorre quando, por absoluta ineficácia do meio empregado, ou absoluta impropriedade do objeto, era impraticável a consumação. Foi, assim, adotada a *teoria objetiva temperada*. Fez-se, porém, uma concessão à *teoria sintomática*: verificada a periculosidade do agente, ser-lhe-á aplicada *medida de segurança*.

Dentro do seu critério dúplice, de medir a responsabilidade do ponto de vista da quantidade do crime e da temibilidade do agente, o projeto dispõe, divergindo da *teoria subjetiva*, que a pena da tentativa é inferior (de um a dois terços) à do crime consumado. Atendeu-se à tradição do nosso direito e ao sentimento popular, que não consente sejam colocados em pé de igualdade o crime *perfeito* e o *imperfeito*. Além disso, para justificar a disparidade de tratamento, há uma razão de ordem prática: se se comina a mesma pena em ambos os casos, o agente não teria interesse algum em deixar de insistir, antes de ser descoberto, no seu frustrado objetivo criminoso.

13.[2] No tocante à *culpabilidade* (ou elemento subjetivo do crime), o projeto não conhece outras formas além do dolo e da culpa *stricto sensu*. Sem o pressuposto do dolo e da culpa stricto sensu, nenhuma pena será irrogada. *Nulla poena sine culpa*. Em nenhum caso haverá *presunção* de culpa. Assim, na definição da culpa *stricto sensu*, é inteiramente abolido o dogmatismo da "inobservância de alguma disposição regulamentar", pois nem sempre é culposo o evento subseqüente.

Segundo o preceito do art. 15, n.° I, o dolo (que é a mais grave forma de culpabilidade) existe não só quando o agente quer diretamente o resultado *(effectus sceleris)*, como quando assume o risco de produzi-lo. *O dolo eventual* é, assim, plenamente equiparado ao *dolo direto*. É inegável que arriscar-se conscientemente a produzir um evento vale tanto quanto querê-lo: ainda que sem *interesse* nele, o agente ratifica *ex ante*, presta anuência ao seu advento.

Com o vocábulo "resultado", o citado artigo designa o efeito da ação ou omissão criminosa, isto é, o *dano efetivo* ou *potencial*, a lesão ou perigo de lesão de um bem ou interesse penalmente tutelado. O projeto acolhe o conceito de que "não há crime sem resultado". Não existe crime sem que ocorra, pelo menos, um *perigo de dano*, e sendo o perigo um "trecho da realidade" (um *estado de fato* que contém as condições de superveniência de um efeito lesivo), não pode deixar de ser considerado, objetivamente, como *resultado*, pouco importando que, em tal caso, o resultado coincida ou se confunda, cronologicamente, com a ação ou omissã.

Relativametne à culpa *stricto sensu*, absteve-se o projeto de uma conceituação teórica, limitando-se a dizer que o crime é culposo "quando o agente deu causa ao resultado por *imprudência*, *negligência* ou *imperícia*". Não era preciso mais.

Não é feita distinção entre culpa *consciente* e culpa *inconsciente:* praticamente, as duas se equiparam, pois tanto vale não ter consciência da anormalidade da própria conduta, quanto estar consciente dela, mas confiando, sinceramente, em que o resultado lesivo não sobrevirá.

É esclarecido que, salvo os casos expressos em lei, ninguém pode ser punido senão a título de dolo.

14. O art. 16 dispõe a irrelevância do *erro de direito*. Não cedeu a Comissão revisora, em matéria de *crimes*, aos argumentos em prol da restrição a esse princípio. O *error juris nocet* é, antes de tudo, uma exigência de política criminal. Se fosse permitido invocar como escusa a ignorância da lei, estaria seriamente embaraçada a ação social contra o crime, pois ter-se-ia criado para os malfeitores um pretexto elástico e dificilmente contestável. Impraticável seria, em grande número de casos, a prova contrária à exceção do réu, fundada na insciência da lei. Conforme pondera von Hippel ("Deutsches Strafrecht", vol. II, pág. 342), pelo menos a prova do *dolus eventualis* teria de ser oposta ao réu, mas, ainda assim, redundaria, muitas vezes, num *non liquet*, que frustraria a ação repressiva. Aos piores delinqüentes, quase sempre originários das classes sociais mais desprovidas de cultura, ficaria assegurada a impunidade. É a justa advertência de Warton ("Criminal Law", vol. I, pág. 134):

(2) Não há item 12 na "Exposição de Motivos", que do item 11 passa para o 13. Conferir "Leis Penais", Imprensa Oficial, 1942.

"If ignorance of a law were defense for breaking such law, there is no law of which a villain not be scrupulously ignorant. The more brutal, in this view, a man becomes, the more irresponsible would be in the eyes of the law, and the worst classes of society would be the most privileged".

E ainda mesmo que se abstraia o ponto de vista da utilidade social, o *nemo censetur legem* não traduz uma injustiça, quando se tem em atenção a gênese sociológica da lei, notadamente da lei penal. É de inteira procedência a argumentação de von Bar ("Gesetz und Schuld", vol. 2, pág. 393): "Do ponto de vista do indivíduo, não há injustiça em que lhe não aproveite o erro de direito. Cresce ele como membro da comunhão social, a cuja consciência jurídica deve corresponder a lei penal, e por isso tem, de regra, a clara intuição do que deve evitar para não violar a ordem jurídica". É certo que nem sempre a lei é um reflexo da consciência jurídica coletiva, representando apenas conveniência política de momento. A tais casos, porém, atende o projeto, na medida do possível, incluindo entre as "circunstâncias que sempre atenuam a pena" o escusável erro de direito.

O projeto não faz distinção entre erro de direito *penal* e erro de direito *extrapenal:* quando uma norma penal faz remissão a uma norma não penal ou a pressupõe, esta fica fazendo parte integrante daquela, e, conseqüentemente, o erro a seu respeito é um irrelevante *error juris criminalis.*

15. O *erro de fato* constitui objeto do art. 17 e seus parágrafos. Distingue-se entre o *erro essencial* e o *erro acidental:* este é irrelevante, aquele é excludente da responsabilidade a título de dolo e mesmo a título de culpa, se é escusável ou invencível.

O erro relevante é tanto aquele que versa sobre o fato constitutivo do crime (erro de fato *essencial),* quanto aquele que faz o agente supor uma situação de fato que, se realmente existisse, legitimaria a ação. É indiferente se o erro é espontâneo ou provocado por outrem. Neste último caso, responde pelo crime o terceiro que induziu ao erro.

Quanto ao *error in persona* (erro acidental), o projeto reproduz o direito atual, declarando-o indiferente. Apenas acrescenta a regra, já firmada, aliás, pela jurisprudência, de que, em tal caso, "não se consideram as condições ou qualidades da vítima, senão as da pessoa contra quem o agente queria praticar o crime".

16. Entre as causas de isenção de pena, ou de exclusão de crime, não inclui o projeto o *consentimento do ofendido.* Há crimes para cuja existência se torna necessário o dissenso do sujeito passivo. Assim, os crimes patrimoniais. Ora, em tais casos, se precede o consentimento do interessado, não há falar em crimes. Fora daí, o consentimento do lesado não pode elidir o crime ou a pena, pois solução diversa estaria em contraste com o caráter eminentemente *público* do direito penal.

17. Entre as causas de isenção de pena, são disciplinadas a *coação irresistível* e a *ordem de superior hierárquico,* e é declarada a *inexistência de crime* nos casos de *legítima defesa, estado de necessidade, estrito cumprimento de dever legal* e *exercício regular de direito.*

Na *coação irresistível* e na *ordem de superior hierárquico,* é abstraído o autor imediato do crime: por este só responde o autor da coação ou da ordem. A *coação* deve ser *irresistível:* se pode ser vencida (tendo-se em vista, é claro, o padrão do *homo medius,* e não o do *homo constantissimus),* haverá apenas uma *atenuante* (art. 48, n.º IV, letra c).

A ordem de superior hierárquico (isto é, emanada de autoridade pública, pressupondo uma relação de direito administrativo) só isenta de pena o executor, se não é *manifestamente* ilegal. Outorga-se, assim, ao inferior hierárquico, tal como no direito vigente, uma relativa faculdade de indagação da legalidade da ordem. Conforme observa De Marsico, se o princípio fundamental do Estado moderno é a autoridade não é menos certo que o Estado é uma organização jurídica, e não pode autorizar a obediência cega do inferior hierárquico. De um lado, um excesso de poder na indagação da legalidade da ordem quebraria o princípio de autoridade, mas, de outro, um excesso do dever de obediência quebraria o princípio do direito.

A legítima defesa apresenta-se sem certos requisitos de que se reveste na legislação em vigor. Na defesa de um direito, seu ou de outrem, injustamente atacado ou ameaçado, *omnis civis est miles,* ficando *autorizado* à repulsa imediata. Também é dispensada a rigorosa *propriedade* dos meios empregados, ou sua precisa *proporcionalidade* com a agressão. Uma reação *ex improviso* não permite uma escrupulosa escolha de meios, nem comporta cálculos dosimétricos: o que se exige é apenas a *moderação* do revide, o exercício da defesa no limite razoável da *necessidade.*

A questão do *excesso* na legítima defesa é resolvida no parágrafo único do artigo 21: se o excesso é *culposo,* responde o agente por culpa, se a este título é punível o fato. Corolário, a *contrario sensu:* se o excesso é conscientemente *querido,* responde o agente por crime doloso, pouco importando o estado inicial da legítima defesa.

No tocante ao *estado de necessidade,* é igualmente abolido o critério anti-humano com que o direito atual lhe traça os limites. Não se exige que o direito sacrificado seja *inferior* ao direito posto a salvo, nem tampouco se reclama a "falta *absoluta* de outro meio menos prejudicial". O critério adotado é outro: identifica-se o *estado de necessidade* sempre que, nas circunstâncias em que a ação foi praticada, não era razoavelmente exigível o sacrifício do direito ameaçado. O estado de necessidade não é um conceito absoluto: deve ser reconhecido desde que ao indivíduo era *extraordinariamente* difícil um procedimento diverso do que teve. O crime é um fato *reprovável,* por ser a violação de um dever de conduta, do ponto de vista da disciplina social ou da ordem jurídica. Ora, essa *reprovação* deixa de existir e não há crime a punir, quando, em face das circunstâncias em que se encontrou o agente, uma conduta diversa da que teve não podia ser exigida do *homo medius,* do comum dos homens. A abnegação em face do perigo só é exigível quando corresponde a um *especial dever jurídico.* É o que dispõe o § 1.° do art. 20: "Não pode alegar estado de necessidade quem tinha o dever legal de enfrentar o perigo". Ainda mesmo no caso de razoável exigibilidade do sacrifício do direito ameaçado, pode o juiz, dadas as circunstâncias, reduzir a pena (§ 2.° do art. 20).

DA RESPONSABILIDADE

18. Na fixação do pressuposto da responsabilidade penal (baseada na capacidade de *culpa moral),* apresentam-se três sistemas: o biológico ou etiológico (sistema francês), o psicológico e o biopsicológico. O sistema biológico condiciona a responsabilidade à saúde mental, à normalidade da mente. Se o agente é portador de uma enfermidade ou grave deficiência mental, deve ser declarado irresponsável, sem necessidade de ulterior indagação psicológica. O método psicológico não indaga se há uma perturbação mental mórbida: declara a irresponsabilidade se, ao tempo do crime, estava abolida no agente, seja qual for a causa, a faculdade de apreciar a criminalidade do fato (momento intelectual) e de determinar-se de acordo com essa apreciação (momento volitivo). Finalmente, o método biopsicológico é a reunião dos dois primeiros: a responsabilidade só é excluída, se o agente, em razão de enfermidade ou retardamento mental, era, no momento da ação, incapaz de entendimento ético-jurídico e autodeterminação.

O método biológico, que é o inculcado pelos psiquiatras em geral, não merece adesão: admite aprioristicamente um nexo constante de causalidade entre o estado mental patológico do agente e o crime: coloca os juízes na absoluta dependência dos peritos-médicos, e, o que é mais, faz *tabula rasa* do caráter ético da responsabilidade. O método puramente psicológico é, por sua vez, inaceitável, porque não evita, na prática, um demasiado arbítrio judicial ou a possibilidade de um extensivo reconhecimento da irresponsabilidade, em antinomia com o interesse da defesa social.

O critério mais aconselhável, de todos os pontos de vista, é, sem dúvida, o misto ou biopsicológico.

É o seguido pelo projeto (art. 22): "É isento de pena o agente que, por doença mental, ou desenvolvimento mental incompleto ou retardado, era, ao tempo da ação ou da omissão, inteiramente incapaz de entender o caráter criminoso do fato, ou de determinar-se de acordo com esse entendimento". No seio da Comissão, foi proposto que se falasse, de modo genérico, em *perturbação mental;* mas a proposta foi rejeitada, argumentando-se, em favor da fórmula vencedora, que esta era mais compreensiva, pois, com a referência especial ao "desenvolvimento mental incompleto ou retardado", e devendo entender-se como tal a própria falta de aquisições éticas (pois o termo *mental* é relativo a todas as faculdades psíquicas, congênitas ou adquiridas, desde a memória à consciência, desde a inteligência à vontade, desde o raciocínio ao senso moral), dispensava alusão expressa aos surdos-mudos e silvícolas inadaptados.

19. No parágrafo único do art. 22, é *facultada* a redução da pena no tocante aos que, "em virtude de *perturbação* da saúde mental, ou por desenvolvimento mental incompleto ou retardado", não possuíam, no momento da ação, a plena capacidade de entendimento, ou de autodeterminação. O projeto teve em vista, aqui, principalmente, os chamados "fronteiriços" (anormais psíquicos, psicopatas). É conhecida a controvérsia que esses indivíduos suscitam no campo da psiquiatria. Ora são declarados verdadeiramente loucos, e, portanto, irresponsáveis; ora se diz que são apenas *semiloucos* e reconhece-se a sua *imputabilidade restrita;* e, finalmente, não falta quem afirme, com indiscutível autoridade, a sua nenhuma identidade com os insanos mentais. Entre os sustentam este último ponto de vista está, por exemplo, Wilmanns, o ilustre psiquiatra de Heidelberg, cujo livro "Die sogenannte verminderte Zurechnungsfähigkeit" ("A chamada imputabilidade diminuída") veio modificar profundamente a orientação científica relativamente aos psicopatas ou anormais psíquicos. Assim, escreve ele:

> "Vem-se reconhecendo, cada vez mais, o desacerto e impropriedade de submeter esses caracteres anormais, sem maior indagação, ao mesmo processo usado com o alienado mental. Chegou-se à convicção de que a esses "prejudicados" em geral é proveitosíssima a aplicação de pena... Deu-se uma transformação no sistema do tratamento que se julgava adequado ao psicopata: este não é mais o pobre enfermo, de quem se deve cuidar como aos insanos mentais; mas, sim, um indivíduo passível de métodos correcionais e, quando seja o caso, de coerção disciplinar". ("Man erkannet in wachsenden Masse die Unrichtigkeit und Unzweckmässigkeit, auf diese abonormen Charaktere die Grundsätze der Irrenbenhandlung ohne weiteres zu übertragen. Man kan zu der Uberzeugung, "das solchen minderwertigen Individuen der Strafvolizug im allgemeinen recht zuträglich" sei... trat eine Wandlung in der Forderung ein, die man dem Psychopathen stellen zu dürfen glaubte; er war nicht mehr der arme Kranke, den man wie den Geistesgestörten gewähren liess, sondern Objekt der Erziehung, gegebenfalls der Disziplinierung").

Birnbaum ("Die psychopatischen Verbrecher"), profundo conhecedor dos psicopatas, assevera que a sujeição destes a castigos, para corrigir-lhes o caráter indisciplinado, opera *resultados maravilhosos* (Wunderdinge).

Em face da diversidade ou dubiedade dos critérios científicos, o projeto, no interesse da defesa social, só podia tomar um partido: declarar responsáveis os "fronteiriços", ficando ao prudente arbítrio do juiz, nos casos concretos, uma redução de pena, e isto sem prejuízo da aplicação *obrigatória* de *medida de segurança.* Para a adoção de tal critério milita, além disso, uma razão de ordem prática. É preciso reforçar no espírito público a idéia da inexorabilidade da punição. Deixando-se a coberto de pena, quando autores de crimes, os anômalos psíquicos, que vivem no seio do povo, identificados com o ambiente social, e que o povo, por isso mesmo, não considera irresponsáveis, fica desacreditada a função repressiva do Estado. A fórmula do projeto virá aumentar a certeza geral da punição dos que delinqüem, tornando maior a eficiência preventiva da sanção penal, não somente em relação ao *homo typicus,* como em relação aos psicopatas, que são, sem dúvida alguma, intimidáveis

Não cuida o projeto dos *imaturos* (menores de 18 anos), se não para declará-los inteira e irrestritamente fora do direito penal (artigo 23), sujeitos apenas à pedagogia *corretiva* de legislação especial.

20. No artigo 24, n.º I, o projeto dispõe que não isenta de pena "a emoção ou a paixão". A Comissão revisora, porém, não deixou de transigir, até certo ponto, cautelosamente, com o *passionalismo:* não o colocou fora da psicologia normal, isto é, não lhe atribuiu o efeito de exclusão da responsabilidade, só reconhecível no caso de autêntica alienação ou grave deficiência mental; mas reconheceu-lhe, sob determinadas condições, uma influência minorativa da pena. Em consonância com o projeto Alcântara, não só incluiu entre as circunstâncias atenuantes explícitas a de "ter o agente cometido o crime sob a influência de *violenta emoção, provocada por ato injusto de outrem",* como fez do *homicídio passional,* dadas certas circunstâncias, uma espécie de *delictum exceptum,* para o efeito de facultativa redução da pena (art. 121, § 1.º): "Se o agente comete o crime sob o domínio de emoção violenta, logo em seguida a injusta provocação da vítima..., o juiz pode reduzir a pena, de um sexto a um terço". E o mesmo critério foi adotado no tocante ao crime de *lesões corporais.*

21. Ao resolver o problema da *embriaguez* (pelo álcool ou substância de efeitos análogos), do ponto de vista da responsabilidade penal, o projeto aceitou em toda a sua plenitude a teoria da *actio libera in causa seu ad libertatem relata*, que, modernamente, não se limita ao estado de inconsciência *preordenado,* mas a todos os casos em que o agente se deixou arrastar ao estado de inconsciência.

Quando *voluntária* ou culposa, a embriaguez, ainda que *plena,* não isenta de responsabilidade (art. 24, n.º II): o agente responderá pelo crime. Se foi *preordenada,* responderá o agente, a título de dolo, com pena agravada (art. 24, n.º II, combinado com o art. 44, n.º II, letra *c).* Somente a embriaguez *plena* e *acidental* (devida a caso fortuito ou força maior) autoriza a isenção de pena, e, ainda assim, se o agente no momento do crime, em razão dela, estava inteiramente privado da capacidade de entendimento ou de livre determinação.

A propósito, não é de esquecer a opinião de Battaglini ("Diritto Penale", pág. 125), que, se contém algum exagero, não deixa de ser útil advertência: "... o ébrio, com inteligência suprimida e vontade inexistente, é uma criação da fantasia: ninguém jamais o viu no banco dos réus". Se a embriaguez, embora fortuita, não é de molde a subverter totalmente a consciência e vontade, o juiz pode reduzir a pena (§ 2.º do art. 24), tal como no caso dos anormais psíquicos.

A embriaguez habitual faz presumir, *juris et de jure*, a *periculosidade* do agente (art. 78, n.º III), para o efeito de aplicação de medida de segurança adequada.

DA CO-AUTORIA

22. O projeto aboliu a distinção entre *autores* e *cúmplices:* todos os que tomam parte no crime são *autores.* Já não haverá mais diferença entre participação *principal* e participação *acessória*, entre auxílio *necessário* e auxílio *secundário,* entre a *societas criminis* e a *societas in crimine.* Quem emprega qualquer atividade para a realização do evento criminoso é considerado responsável pela totalidade dele, no pressuposto de que também as outras forças concorrentes entraram no âmbito da sua consciência e vontade. Não há nesse critério de decisão do projeto senão um corolário da *teoria da equivalência das causas,* adotada no artigo 11. O evento, por sua natureza, é indivisível, e todas as condições que cooperam para a sua produção se equivalem. Tudo quanto foi praticado para que o evento se produzisse é causa indivisível dele.

Há, na participação criminosa, uma associação de causas conscientes, uma convergência de atividades que são, no seu incindível conjunto, a causa *única* do evento e, portanto, a cada uma das forças concorrentes deve ser atribuída, solidariamente, a responsabilidade pelo todo.

Ficou, assim, repudiada a ilógica e insuficiente ficção segundo a qual, no sistema tradicional, o *cúmplice* "acede" à criminalidade do autor principal. Perde sua utilidade a famosa teoria do *autor mediato,* excogitada para não deixar impune o *cúmplice,* quando o *autor principal* é um irresponsável. Por outro lado, os juízes já não ficarão em perplexidade, como atualmente, para distinguir entre *auxiliar necessário* e *auxiliar dispensável.*

23. Para substituição da antiga fórmula do *concursus delinquentium* por outra mais racional, mais lógica e menos complexa, surgiram em doutrina três teorias diversas: a pluralística, a dualística e a monística. Segundo a teoria pluralística (Getz, Massari), no concurso criminoso não se dá somente a pluralidade de agentes, mas a cada um destes corresponde uma ação própria, um elemento subjetivo próprio, um evento próprio, devendo-se, pois, concluir que *quot personae agentes tot crimina.*

Para a teoria dualística (Manzini), há um *crime único* entre os chamados autores principais e outro *crime único* entre os co-partícipes secundários (cúmplices *stricto sensu).*

Para a teoria monística, finalmente, o crime é sempre *único* e *indivisível,* tanto no caso de unidade de autoria, quanto no de co-participação. É o sistema do Código italiano. Os vários atos convergem para uma operação única. Se o crime é incindível, do ponto de vista material ou técnico, também o é do ponto de vista jurídico. Foi esta a teoria adotada pelo projeto. A preferência por ela já vinha do projeto Galdino Siqueira. É a teoria que fica a meio caminho entre a teoria pluralística e a teoria tradicional. Assim dispõe, peremptoriamente, o art. 25 do projeto: "Quem, de qualquer modo, concorre para o crime, incide nas penas a este cominadas".

Para que se identifique o *concurso,* não é indispensável um "prévio acordo" das vontades: basta que haja em cada um dos concorrentes *conhecimento de concorrer à ação de outrem.* Fica, dessarte, resolvida a *vexata quaestio* da chamada *autoria incerta,* quando não tenha ocorrido ajuste entre os concorrentes. Igualmente, fica solucionada, no sentido afirmativo, a questão sobre o concurso em *crime culposo,* pois neste tanto é possível a *cooperação material,* quanto a *cooperação psicológica,* isto é, no caso de pluralidade de agentes, cada um destes, embora não *querendo* o evento final, tem *consciência de cooperar na ação.*

As diferenças subjetivas ou objetivas das ações convergentes, na co-delinqüência, podem ser levadas em conta, não para atribuir a qualquer delas uma diversa importância causal, mas apenas para um diagnóstico de maior ou menor periculosidade (Rocco).

O art. 26 preceitua que, na co-delinqüência, "não se comunicam as circunstâncias de caráter pessoal, salvo quando elementares do crime". As *circunstâncias* de caráter pessoal incomunicáveis são apenas as que representam, no caso concreto, simples *accidentalia delicti.* As *circunstâncias subjetivas* que influem sobre o *nomen juris* da infração penal, ainda que inerentes a um só dos partícipes, estendem-se, necessariamente, aos co-partícipes.

A *cumplicidade post factum,* da lei vigente, é inteiramente desconhecida do projeto, que passou a considerá-la como crime autônomo, sob os *nomina juris* de *receptação* e *favorecimento.*

Salvo disposição especial em contrário, não constituem crime o *ajuste* e a *determinação* ou *instigação,* bem como o *auxílio* para o crime, se este não for, pelo menos, tentado (art. 27); mas se se tratar de indivíduo perigoso, será aplicada uma medida de segurança, ou, mais precisamente, a *liberdade vigiada* (arts. 92, parágrafo único, e 94, n.º III).

DA APLICAÇÃO DA PENA

24. O projeto não faz *classificação* especial de criminosos. Na sua sistemática, apenas distingue, para diverso tratamento penal, entre o criminoso *primário* e o criminoso *reincidente* (genérico ou específico). O projeto Alcântara dividia os delinqüentes em quatro categorias: *ocasionais, por tendência, reincidentes* e *habituais*. Ora, para a identificação do "tipos" das duas primeiras categorias, não há seguros critérios objetivos. Não existem características constantes ou indícios infalíveis para diferençar entre criminosos que o sejam *per accidens* e os que o sejam *por tendência*.

Quanto aos criminosos *por tendência*, nem mesmo se pode asseverar, incontestavelmente, que existam, isto é, não se pode afirmar que haja uma inclinação especial ou fatalística para o crime; mas, ainda que se pudesse admitir isso, não seria lógico que um código penal fundamentalmente informado na liberdade volitiva incluísse entre os *imputáveis* o delinqüente que o é por irresistível tendência. Quanto aos criminosos *habituais*, não há razão para destacá-los da *família* dos reincidentes, uma vez que a estes seja aplicado, como no sistema do projeto, um tratamento especialmente rigoroso.

Para a individualização da pena, não se faz mister uma prévia catalogação, mais ou menos teórica, de espécies de criminosos, desde que ao juiz se confira um amplo arbítrio na aplicação concreta das sanções legais. Neste particular, o projeto assume um sentido marcadamente *individualizador*. O juiz, ao fixar a pena, não deve ter em conta somente o fato criminoso, nas suas circunstâncias objetivas e conseqüências, mas também o delinqüente, a sua *personalidade*, seus antecedentes, a intensidade do dolo ou grau da culpa e os motivos determinantes (art. 42). O réu terá de ser apreciado através de todos os fatores, endógenos e exógenos, de sua individualidade moral e da maior ou menor intensidade da sua *mens rea* ou da sua maior ou menor desatenção à disciplina social. Ao juiz incumbirá investigar, tanto quanto possível, os elementos que possam contribuir para o exato conhecimento do caráter ou índole do réu — o que importa dizer que serão pesquisados o seu *curriculum vitae*, as suas condições de vida individual, familiar e social, a sua conduta contemporânea ou subseqüente ao crime, a sua maior ou menor *periculosidade* (probabilidade de vir ou tornar o agente a praticar fato previsto como crime). Esta, em certos casos, é presumida pela lei, para o efeito da aplicação obrigatória de medida de segurança; mas, fora desses casos, fica ao prudente arbítrio do juiz o seu reconhecimento (artigo 77).

Com a adoção de tão extenso *arbitrium judicis*, na identificação ético-social do réu, visando o ajustamento das medidas de reação e defesa social ao indivíduo, para que *rotular* aprioristicamente subespécies de criminosos?

25. Ao prever as circunstâncias *agravantes* e *atenuantes*, genéricas ou especiais, o projeto apresenta um cunho nitidamente subjetivista. O crime em si mesmo, na sua materialidade, passa, aqui, para o segundo plano. O que importa, principalmente, é o crime *em função do seu autor*. Adquire culminante relevo o *motivo*, o "porquê do crime. Na aplicação da pena, os motivos do crime figuram como um dos critérios centrais de orientação (art. 42). No concurso de agravantes e atenuantes, as que preponderam são, entre outras, as que resultam dos *motivos determinantes* (art. 49). Os *motivos determinantes* orientam o reconhecimento dos "crimes da mesma natureza", para o efeito da *reincidência específica*. Para a concessão da suspensão condicional da pena, deve o juiz avaliar os *motivos* do crime.

Um dos pontos culminantes do projeto é a disciplina da agravante da *reincidência*. A Comissão revisora não se deslembrou de que a eliminação da reincidência é o grande problema, a absorvente preocupação da política criminal contemporânea, e não pode deixar de ser um dos objetivos primaciais de um código penal.

À reincidência, na contextura do projeto, são atribuídas conseqüências legais particularmente severas, quer do ponto de vista *repressiva* ou da *pena*, quer do ponto de vista *preventivo* ou da *medida de segurança*.

Define-a o art. 46: "Verifica-se a reincidência quando o agente pratica novo crime, depois de transitar em julgado a sentença que, no país ou no estrangeiro, o tenha condenado por crime anterior."

A relevância da sentença condenatória estrangeira, para o efeito do reconhecimento da reincidência, sobre importar um critério de maior rigor, em cotejo com a lei vigente, é mais um traço do afeiçoamento do projeto à tendência de internacionalização do direito penal.

A reincidência é *específica* ou *genérica*, conforme sejam os crimes da mesma ou diversa natureza. É abolida a *reincidência especialíssima* da lei atual. *Crimes da mesma natureza* não são apenas aqueles que consistem na *violação do mesmo artigo*, mas também aquele que, embora definidos em dispositivos diversos, apresentam, pelos fatos que os constituem ou por seus motivos determinantes, caracteres fundamentais comuns.

Em qualquer de suas espécies, a reincidência faz presumir a periculosidade (art. 78, n.º IV), exclui a suspensão condicional da pena (art. 57, n.º I), eleva o período de tempo de cumprimento da pena necessário para a concessão do livramento condicional, aumenta o prazo de prescrição (art. 110), interrompe o curso da prescrição, duplica o prazo mínimo para o pedido de reabilitação.

A reincidência genérica, além do efeito de exasperação da pena (como qualquer outra agravante), torna obrigatória, como já vimos, a conversão da multa em detenção, no caso de não pagamento.

A reincidência específica produz o mesmo efeito, se a multa é aplicada cumulativamente como pena privativa de liberdade e, além disso, segundo o art. 47, importa: "I — a aplicação da pena acima da metade da soma do mínimo com o máximo, se se trata de reclusão ou detenção; II — a aplicação da pena mais grave em qualidade, dentre as cominadas alternativamente, sem prejuízo do disposto no n.º I".

26. No artigo 50, é explicado que, nos casos de aumento ou diminuição de pena, segundo uma quota fixa ou dentro de determinados limites (exemplos: arts. 12, § único, 22, § único, 51, § 1.º, 121, §1.º, 133, § 3.º), o aumento ou diminuição será feito tendo-se por base a pena que o juiz aplicaria segundo a regra geral, isto é, se não ocorresse a causa especial de majoração ou redução. No concurso de causas de aumento ou diminuição previstas na parte especial, o juiz, ao invés de uma aplicação cumulativa, pode atender somente a causa que mais aumente ou diminua.

27. Nos artigos 51 e 52, é regulado o "concurso de crimes" inclusive o *crime continuado*, que só por uma *fictio juris* constitui exceção à regra do *quot delicta tet poenae* do *concurso material.*

O *concurso material* é definido e tratado com o mesmo critério da lei vigente.

A fórmula do *concurso formal* é, no entanto, mais completa do que a do Código atual, contemplando a hipótese do *concurso formal homogêneo* (atividade única e múltipla incidência em penas *idênticas)* e fornecendo um justo critério para a gradação da pena única.

Não é excluído, como no direito vigente, o concurso formal de crimes culposos, pois não se cogita para o seu reconhecimento de unidade de *intenção.*

A unidade de ação ou omissão, entretanto, não exclui a aplicação da regra do concurso material, se se verifica que os crimes concorrentes foram execução simultânea de desígnios autônomos.

O *crime continuado* é objeto do § 2.º do art. 51. A noção do crime continuado tem sido uma verdadeira *crux* para os criminalistas. Duas são as teorias que se disputam a solução do problema: a objetivo-subjetiva e a puramente objetiva. Segundo a primeira, o crime continuado exige, para sua identificação, além de determinados elementos de natureza objetiva, outro de índole subjetiva, que é expresso de modos diferentes: *unidade de dolo, unidade de resolução, unidade de desígnio.*

A teoria objetiva, entretanto, dispensa a *unidade de ideação* (que, como observa Mezger, não passa de uma *ficção)* e deduz o conceito de ação continuada dos elementos constitutivos exteriores da homogeneidade. É a teoria que hoje prevalece e foi a adotada pelo projeto, que assim preceitua sobre o crime continuado: "Quando o agente, mediante mais de uma ação ou omissão, pratica dois ou mais crimes da mesma espécie e, pelas condições de tempo, lugar, maneira de execução e outras semelhantes, devem os subseqüentes ser havidos como continuação do primeiro, impõe-se-lhe a pena de um só dos crimes, se todas são idênticas, ou a mais grave, se diversas, aumentada, em qualquer caso, de um sexto a dois terços".

Em face desta fórmula, não padece dúvida a possibilidade de *continuação* até mesmo em crime culposo, como no exemplo, sempre citado, do motorista que, com seu veículo em excessiva velocidade, atropela um transeunte e, prosseguindo na carreira desenfreada, atropela outro.

28. No artigo 53, é disciplinada a *aberratio ictus seu actus,* que eventualmente pode redundar num concurso de crimes.

O projeto vê na *aberratio* uma unidade substancial de crime ou, seja, um só crime doloso (absorvida por este a *tentativa* contra a pessoa visada pelo agente), ou, no caso de ser também atingida a pessoa visada, um concurso formal de crimes. Na primeira hipótese, o erro sobre o *objeto material* (e não sobre o *objeto jurídico)* é *acidental* e, portanto, irrelevante. Na segunda hipótese, a solução dada se justifica pela *unidade* da atividade criminosa. Em seguida à *aberratio a persona in personam,* é prevista a hipótese da *aberratio* em objetos jurídicos de espécies diversas. Tal é o caso, figurado por Maggiore, de quem, querendo quebrar a janela alheia com uma pedrada, fere um transeunte, ou vice-versa. Aqui, a solução é a seguinte: se ocorre o resultado diverso do que foi querido pelo agente, responde este por culpa, se o fato é previsto como crime culposo; se ocorre igualmente o resultado querido pelo agente, aplica-se a regra do concurso formal (identificando-se na espécie um concurso formal de crime doloso e crime culposo).

29. As penas não privativas de liberdade (multa e penas acessórias) não admitem *absorção* (art. 52); são aplicadas distinta e integralmente, ainda que previstas para um só dos crimes concorrentes.

O artigo 55 contém um limite ao cúmulo material ou jurídico das penas: a duração das penas privativas de liberdade é limitada a 30 anos, e a importância das multas a Cr$ 100,00.

DA SUSPENSÃO CONDICIONAL DA PENA

30. São sensíveis as modificações que à lei vigente são trazidas pelo projeto relativamente à suspensão condicional da pena. De regra, somente aos condenados a pena de detenção por tempo não excedente de 2 anos pode ser concedido esse benefício legal. Excepcionalmente, é concedido ao condenado a pena de reclusão até 2 anos, se se trata de menor de 21 anos ou maior de 70. O período de *sursis* varia entre 2 e 6 anos. Procurou-se evitar que esse instituto de política criminal se transforme na garantia de impunidade para o *primeiro delito.* São pressupostos da concessão do benefício: não ser reincidente o condenado e tratar-se de indivíduo *não perigoso,* isto é, autorizarem os seus antecedentes e personalidade, bem como os móveis e circunstâncias do crime, a presunção de que não tornará a delinqüir. Se o beneficiário, no curso da suspensão, é condenado, por sentença irrecorrível, em razão de crime (seja qual for a pena imposta) ou de contravenção pela qual seja imposta pena privativa de liberdade, a revogação do benefício é *obrigatória.* Outro caso de revogação obrigatória é o que ocorre quando o beneficiário, sendo solvente, frustra o pagamento da multa ou a reparação do dano resultante do crime. No caso de ina-

dimplemência de outras condições estabelecidas na sentença ou de prática de contravenção a que não seja imposta pena privativa de liberdade, é deixada a revogação ao prudente arbítrio do juiz. Quando facultativa a revogação, pode o juiz, ao invés de decretá-la, prorrogar o período de prova até o máximo genérico (6 anos), se não tiver sido este o fixado. Finalmente, é assim corrigida uma omissão da lei atual: se o beneficiário está sendo processado por outro crime ou contravenção, considera-se prorrogado o prazo da suspensão até o julgamento definitivo.

DO LIVRAMENTO CONDICIONAL

31. O livramento condicional é restituído à sua verdadeira função. Faz ele parte parte de um sistema penintenciário (*sistema progressivo*) que é incompatível com as penas de curta duração. Não se trata de um benefício que se concede por simples espírito de generosidade, mas de uma medida *finalística*, entrosada num plano de política criminal. O decreto n.° 24.351, de de 6 de junho de 1934, tornando possível a concessão do livramento condicional aos "condenados por uma ou mais penas de mais de um ano", cedeu a razões de *eqüidade*, mas, é força reconhecê-lo, desatendeu à verdadeira finalidade desse instituto. É este a última etapa de um gradativo processo de reforma do criminoso. Pressupõe um indivíduo que se revelou *desajustado* à vida em sociedade, de modo que a pena imposta, além do seu caráter *aflitivo* (ou *retribuitivo*), deve ter o fim de *corrigir*, de *readaptar*, o condenado. Como derradeiro período de execução da pena pela *sistema progressivo*, o livramento condicional é a antecipação de liberdade ao sentenciado, a título precário, a fim de que possa averiguar como ele se vai portar em contato, de novo, com o meio social. Esse *período de experiência* tem de ser relativamente longo, sob pena de resultar ilusório. Ora, se se trata de condenado a pena de breve duração (de 1, de 2 anos), o período do livramento (metade, ou o terço restante da pena) será de todo insuficiente para essa averiguação. Ficaria sem sentido, em tal caso, o livramento. Nessas condições, o projeto só permite sua concessão ao condenado por tempo superior a 3 anos. Dir-se-á que se volta à iniqüidade para com os criminosos primários condenados por tempo superior a 2 e inferior ou igual a 3 anos, porque não poderão ter o *sursis*, nem o livramento condicional; mas é de advertir que o direito penal tem de atender a critérios utilitários ou de política criminal, que nem sempre coincidem com os de uma *justiça ideal.*

Não se contenta o projeto, no que respeita às condições prévia do livramento, em exigir o *bom comportamento* do condenado na prisão: é também preciso que se verifique a *cessação de sua periculosidade*. O critério da lei atual, de fazer *presumir* a regeneração pela simples circunstância de submissão a disciplina carcerária, é demasiadamente simplista. Notório é o freqüente desmentido que a realidade dos fatos opõe a essa *presunção*, que, incontestavelmente, desatende ao interesse da segurança social.

Não foi adotada a solução do Código italiano, que veda, *a priori*, a concessão do livramento ao condenado a que tenha sido imposta, de par com a pena, uma medida de segurança detentiva. Uma vez vez verificada a cessação da *periculosidade*, que a *ratio essendi* da medida de segurança, é lógico que esta seja abstraída, para o efeito do livramento, e declarada extinta, juntamente com a pena, se o liberado não falta ao adimplemento das condições. É este o critério do projeto, devendo notar-se que, na espécie, segundo dispõe o artigo 62, o livramento será precedido do mesmo exame a que é subordinada a revogação da medida de segurança (art. 81).

Durante o livramento, fica o liberado sujeito à vigilância de patronatos oficiais, subordinados ao Conselho Penitenciário, ou, na falta, à da autoridade policial.

Ainda alterando o decreto n.° 24.351, de 1934, o projeto só admite, para efeito de concessão do livramento, a soma de duas ou mais penas quando qualquer delas é por tempo superior a 3 anos. Fica, assim, conjurada a possibilidade de, em certos casos, servir a lei, paradoxalmente, de estímulo à prática de *segundo crime*, cuja pena, adicionada à do primeiro, sendo esta excludente do livramento, criaria para o condenado a possibilidade de liberação em menos tempo do que se tivesse de cumprir a pena inteira imposta em razão do primeiro crime.

A revogação *obrigatória* do livramento só se dá quando o liberado é condenado, por sentença passada em julgado, em razão de novo crime ou de crime praticado anteriormente, ou de contravenção pela qual seja imposta pena privativa de liberdade. Nos demais casos, a revogação fica ao prudente arbítrio do juiz.

É expressamente declarado que o juiz não pode declarar a extinção da pena antes de transitar em julgado a sentença relativa ao crime ou contravenção que o liberado praticou na vigência do livramento.

DOS EFEITOS DA CONDENAÇÃO

32. Entre os efeitos necessários da condenação, foi incluído o confisco dos *instrumenta et producta sceleris* (instrumentos, produtos e proveitos do crime), feita a devida ressalva quanto ao direito do lesado ou de terceiros de boa fé. Com alteração do projeto Alcântara, passou a figurar entre as medidas de segurança o *confisco*, que se opera ainda no caso de não ter sido apurada a responsabilidade de alguém, relativamente aos instrumentos e produtos do crime, desde que consistentes em coisa cujo fabrico, alienação, uso, porte ou detenção constitua fato ilícito (art. 100).

DAS MEDIDAS DE SEGURANÇA

33. Em cotejo com o direito vigente no Brasil, o projeto contém uma inovação capital: é a que faz ingressar na órbita da lei penal as *medidas de segurança*. A Carlos Stoos, no seu projeto de Código Penal suíço, de 1894, sabe o mérito da iniciativa da aliança prática entre a pena e a medida de segurança. Este *criterium* de política criminal, pairando acima de radicalismo de *escolas*, está hoje definitivamente introduzido na legislação penal do mundo civilizado. À parte a resistência dos clássicos, já ninguém mais se declara infenso a essa bilateralidade da reação legal contra o crime. Seria ocioso qualquer arrazoado em sua defesa. Apenas cumpre insistir na afirmação de que as medidas de segurança não têm caráter *repressivo*, não são *pena*. Diferem desta, quer do ponto de vista teórico e prático, quer do ponto de vista de suas causas e de seus fins, quer pelas condições em que devem ser aplicadas e pelo modo de sua execução. São medidas de *prevenção* e *assistência* social relativamente ao "estado perigoso" daqueles que, sejam ou não *penalmente responsáveis*, praticam ações previstas na lei como crime.

O projeto seguiu o modelo italiano: faz preceder de uma série de *disposições gerais* a divisão e enumeração das diferentes espécies de medidas de segurança e modos de sua execução. O título consagrado às medidas de segurança, com sua *parte geral* e sua *parte especial*, poderia ser denominado "o *código de segurança dentro do código penal*".

Tratando-se de um instituto novo entre nós, pelo menos no que diz respeito à sua aplicação dentro de um sistema, o projeto procurou ser minucioso e preciso, devendo notar-se que, no sentido de maior elucidação, ainda terá, naturalmente, o complemento do novo Código de Processo Penal, cujo projeto está a ultimar-se.

Preliminarmente, é assegurado o *princípio da legalidade* das medidas de segurança; mas, por isso mesmo que a medida de segurança não se confunde com a pena, não é necessário que esteja prevista em *lei anterior ao fato*, e não se distingue entre a *lex mitior* e a *lex gravior* no sentido da retroatividade: regem-se as medidas de segurança pela lei vigente ao tempo da sentença ou pela que se suceder durante a execução (art. 75).

A medida de segurança só é aplicável *post delictum* (salvo o disposto no parágrafo único do art. 76) e pressupõe, além disso, a *periculosidade* do agente. A periculosidade, em certos casos, como já foi acentuado, é presumida *juris et de jure* (art. 78). Fora daí, terá de ser averiguada pelo juiz (art. 77).

Por sua própria natureza e fim, a medida de segurança pessoal é imposta *por tempo indeterminado*, isto é, até que cesse o "estado perigoso" do indivíduo a ela submetido (art. 81). Está ela subordinada, estritamente, na sua aplicação e continuidade, à sua própria *necessidade*, cuja medida é a periculosidade do indivíduo, embora o projeto lhe fixe, casuisticamente, a *duração mínima*, como um necessário limite ao arbítrio judicial.

Os demais dispositivos gerais versam sobre a cessação excepcional da presunção de periculosidade, sobre a imposição da medida de segurança pela sentença final ou depois desta, sua aplicação provisória, condições de sua revogação, início de sua execução, sua substituição ou interrupção no caso de superveniente doença mental do indivíduo, concurso de medidas de segurança e extinção delas.

Na *parte especial*, são divididas em duas grandes classes as medidas de segurança previstas: *patrimoniais* (a "interdição de estabelecimento ou de sede de sociedade ou de associação" e o "confisco") e *pessoais*. Estas se subdividem em *detentivas* ("internação em manicômio judiciário", "internação em casa de custódia e tratamento", "internação em colônia agrícola, ou em instituto de trabalho, de reedução ou de ensino profissional") e *não detentivas* ("liberdade vigiada", "proibição de freqüentar determinados lugares", "exílio local"). Seguem-se os dispositivos sobre os locais destinatários, conteúdo, prazos mínimos e execução de cada uma dessas medidas.

DA AÇÃO PENAL

34. Segundo dispõe o projeto, a ação penal é *pública* ou *privada*. No primeiro caso, é promovida pelo Ministério Público, *ex-officio* ou mediante *representação* do ofendido; no segundo, mediante queixa do ofendido ou de quem tenha qualidade para representá-lo. No caso de morte do ofendido, ou de ter sido este declarado *ausente* por decisão judicial, o direito de oferecer queixa, ou prosseguir na ação já iniciada passa ao cônjuge, ascendente, descendente ou irmão. Mesmo nos casos de ação pública, pode ser intentada a ação privada, se aquela não o é, no prazo legal, pelo Ministério Público.

No caso de crime complexo, compete a ação pública, desde que seja está cabível em relação a qualquer dos *crimes-membros*.

A *representação*, uma vez iniciada a ação do Ministério Público, é irretratável.

Opera-se a *decadência* do direito de queixa ou de representação, se não é exercido dentro do prazo de 6 meses, a contar da data em que o titular do direito vem a saber *quem é o autor do crime* (critério do atual Código Penal suíço e tendente a evitar que, em muitos casos, seja frustrado o direito de ação do ofendido), ou da data em que se esgotar o prazo para o oferecimento da denúncia pelo Ministério Público.

O direito de queixa extingue-se pela renúncia, expressa ou *tácita*, explicando o parágrafo único do art. 106, o que deve reconhecer como renúncia tácita. Nos crimes em que só se procede mediante queixa, o perdão do ofendido, processual ou extraprocessual, expresso ou tácito, obsta ao prosseguimento da ação, se o querelado não o recusa. No caso de pluralidade de querelados, o processo é *indivisível*, de modo que o perdão concedido a qualquer deles a todos aproveita; mas, no caso de pluralidade de ofendidos, o perdão outorgado por um destes não prejudica o direito dos demais. Não é admissível o perdão depois que passa em julgado a sentença condenatória.

Foi deixada exclusivamente à *parte especial* a menção dos casos em que só se procede mediante queixa ou representação.

DA EXTINÇÃO DA PUNIBILIDADE

35. Preferiu-se esta rubrica à tradicional de "extinção da ação penal e da condenação", que corresponde a conceitos reconhecidamente errôneos. Foi igualmente enjeitada a epígrafe adotada pelo Código italiano, isto é, "extinção do crime e da pena". Apesar da brilhante sustentação de Massari, tal epígrafe tem numerosos adversários. O que se extingue, antes de tudo, nos casos enumerados no artigo 108 do projeto, é o próprio direito de punir por parte do Estado (a doutrina alemã fala em "Wegfall des Staatlichen Staatsanspruchs"). Dá-se, como diz Maggiore, uma renúncia, uma abdicação, uma derrelicção do *direito de punir* do Estado. Deve dizer-se, portanto, com acerto, que o que cessa é a *punibilidade* do fato, em razão de certas contingências ou por motivos vários de conveniência ou oportunidade política.

Os casos de *extinção de punibilidade* são, segundo o projeto, os seguintes: a morte do réu, a *indulgentia Principis* (anistia, graça, indulto), a *novatio legis*, a prescrição, a reabilitação, a renúncia ou perdão do ofendido nos crimes de ação privada, a retratação do agente nos crimes de *calúnia, difamação* e *falso testemunho*, o *subsequens matrimonium* em certos crimes contra os costumes e o ressarcimento do dano no peculato culposo.

Os prazos da prescrição são em geral alterados (em comparação com os da lei vigente), no sentido de sua majoração. Se se trata de reincidente, a prescrição, após a sentença condenatória passada em julgado, tem os seus prazos aumentados de um terço. Se se trata de menor de 21 anos ou maior de 70, os prazos, em qualquer caso, são reduzidos de metade. Nos artigos 111 e 112, é regulado o *dies a quo* do prazo de prescrição.

Como no direito vigente, distingue-se, para o efeito da prescrição, entre a pena *in abstracto* e a pena *in concreto.*

A prescrição da pena de multa, quando esta é a única imposta ou a que falta cumprir, está disciplinado no artigo 114.

Nos artigos 116 e 117, respectivamente, cuida-se das causas *suspensivas* e *interruptivas* da prescrição. É expressivamente fixada a regra de que, interrompida a prescrição, o prazo começa a correr *ex novo et ex integro* do dia da interrupção.

Por último, é determinada a absorção da pena mais leve pela mais grave, para o efeito da prescrição, ressalvada a pena acessória imposta na sentença ou resultante da condenação.

36. A *reabilitação,* segundo a disciplina do projeto, não é, como no direito vigente, a *restitutio in integrum* no caso exclusivo de condenação injusta, mas um benefício que, consistente no cancelamento da pena acessória de interdição de direitos, pode ser concedido ao condenado, sempre que este revele, ulteriormente, constância de boa conduta, e haja reparado o dano causado pelo crime. É a *reabilitação judicial* segundo o modelo suíço-italiano, constituindo uma inovação no direito pátrio. Opera *ex nunc* e, no caso de revogação (que ocorre quando o beneficiário vem a ser novamente condenado a pena privativa de liberdade), a condenação anterior é computada para o efeito de declaração de reincidência.

PARTE ESPECIAL

DOS CRIMES CONTRA A PESSOA

37. O título I da "parte especial" ocupa-se dos crimes contra a pessoa, dividindo-se em seis capítulos, com as seguintes rubricas: "Dos crimes contra a vida", "Das lesões corporais", "Da periclitação da vida e da saúde", "Da rixa", "Dos crimes contra a honra" e "Dos crimes contra a liberdade individual". Não há razão para

que continuem em setores autônomos os "crimes contra a honra" e os "crimes contra a liberdade individual" (que a lei atual denomina "crimes contra o livre gozo e exercício dos direitos individuais"): seu verdadeiro lugar é entre os crimes contra a pessoa, de que constituem subclasses. A *honra* e a *liberdade* são interesses ou bens jurídicos inerentes à *pessoa*, tanto quanto o direito à vida ou à integridade física.

DOS CRIMES CONTRA A VIDA

38. O projeto mantém a diferença entre uma forma *simples* e uma forma *qualificada* de "homicídio". As circunstâncias *qualificativas* estão enumeradas no § 2.° do art. 121. Umas dizem com a *intensidade do dolo*, outras com o *modo da ação* ou com a *natureza dos meios empregados*; mas todas são especialmente destacadas pelo seu valor sintomático: são circunstâncias reveladoras de maior periculosidade ou extraordinário grau de perversidade do agente. Em primeiro lugar, vem o motivo *torpe* (isto é, o motivo que suscita a aversão ou repugnância geral, v.g.: a cupidez, a luxúria, o despeito da imoralidade contrariada, o prazer do mal, etc.) ou *fútil* (isto é, que, pela sua mínima importância, não é causa suficiente para o crime). Vem a seguir o "emprego de veneno, fogo, explosivo, asfixia, tortura ou outro meio *insidioso* (isto é, dissimulado na sua eficiência maléfica) ou *cruel* (isto é, que aumenta inutilmente o sofrimento da vítima, ou revela uma brutalidade fora do comum ou em contraste com o mais elementar sentimento de piedade) ou *de que possa resultar perigo comum*". Deve notar-se que, para a inclusão do *motivo fútil* e *emprego de meio cruel* entre as agravantes que *qualificam* o homicídio, há mesmo uma razão de ordem constitucional, pois o único crime comum contra o qual a nossa vigente Carta Política permite que a sanção penal possa ir até *pena de morte* é o "homicídio cometido por motivo fútil e com extremos de perversidade" (art. 122, n.° 13, letra *j*). São também qualificativas do homicídio as agravantes que traduzem um *modo* insidioso da atividade executiva do crime (não se confundindo, portanto, com o emprego de *meio* insidioso), impossibilitando ou dificultando a defesa da vítima (como a *traição*, a *emboscada*, a *dissimulação* etc.). Finalmente, qualifica o homicídio a circunstância de ter sido cometido "para assegurar a execução, a ocultação, a impunidade ou vantagem de outro crime". É claro que esta *qualificação* não diz com os casos em que o homicídio é elemento de *crime complexo* (*in exemplis*: arts. 157, § 3.° *in fine*, e 159, § 3.°), pois, em tais casos, a pena, quando não mais grave, é, pelo menos, igual à do homicídio qualificado.

39. Ao lado do homicídio com pena especialmente agravada, cuida o projeto do homicídio com pena especialmente atenuada, isto é, o homicídio praticado "por motivo de relevante valor social, ou moral", ou "sob o domínio de emoção violenta, logo em seguida a injusta provocação da vítima". Por "motivo de relevante valor social ou moral", o projeto entende significar o motivo que, em si mesmo, é aprovado pela moral prática, como, por exemplo, a compaixão ante o irremediável sofrimento da vítima (caso do homicídio eutanásico), a indignação contra um traidor da pátria, etc.

No tratamento do *homicídio culposo*, o projeto atendeu à urgente necessidade de punição mais rigorosa do que a constante da lei penal atual, comprovadamente insuficiente. A pena cominada é a de detenção por um a três anos, e será especialmente aumentada se o evento "resulta da inobservância de regra técnica de profissão, arte, ofício ou atividade", ou quando "o agente deixa de prestar imediato socorro à vítima, não procura diminuir as conseqüências do seu ato, ou foge para evitar prisão em flagrante". Deve notar-se, além disso, que entre as *penas acessórias* (Cap. V do título V da "parte geral"), figura a de "incapacidade temporária para profissão ou atividade cujo exercício depende de licença, habilitação ou autorização do poder público", quando se trate de crime cometido com infração de dever inerente à profissão ou atividade. Com estes dispositivos, o projeto visa, principalmente, a *condução de automóveis*, que constitui, na atualidade, devido a um generalizado descaso pelas cautelas técnicas (notadamente quanto à velocidade), uma causa freqüente de eventos lesivos contra a pessoa, agravando-se o mal com o procedimento *post factum* dos motoristas, que, tão-somente com o fim egoístico de escapar à prisão em flagrante ou à ação da justiça penal, sistematicamente imprimem maior velocidade ao veículo, desinteressando-se por completo da vítima, ainda quando um socorro imediato talvez pudesse evitar-lhe a morte.

40. O *infanticídio* é considerado um *delictum exceptum* quando praticado pela parturiente *sob a influência do estado puerperal*. Esta cláusula, como é óbvio, não quer significar que o puerpério acarrete sempre uma perturbação psíquica: é preciso que fique averiguado ter esta realmente sobrevindo em conseqüência daquele, de modo a diminuir a capacidade de entendimento ou de auto-inibição da parturiente. Fora daí, não há porque distinguir entre infanticídio e homicídio. Ainda quando ocorra a *honoris causa* (considerada pela lei vigente como razão de especial abrandamento da pena), a pena aplicável é a de homicídio.

41. Ao configurar o crime de *induzimento, instigação* ou *auxílio ao suicídio*, o projeto contém inovações: é punível o fato ainda quando se frustre o suicídio, desde que resulte lesão corporal grave ao que tentou matar-se; e a pena cominada será aplicada em dobro se o crime obedece a móvel egoístico ou é praticado contra menor ou pessoa que, por qualquer outra causa, tenha diminuída a capacidade de resistência.

Mantém o projeto a incriminação do *aborto*, mas declara penalmente lícito, quando praticado por médico habilitado, o aborto *necessário*, ou em caso de prenhez resultante de estupro. Militam em favor da exceção razões de ordem social e individual, a que o legislador penal não pode deixar de atender.

DAS LESÕES CORPORAIS

42. O crime de *lesão corporal* é definido como ofensa à *integridade corporal ou saúde*, isto é, como todo e qualquer dano ocasionado à normalidade funcional do corpo humano, quer do ponto de vista anatômico, quer do ponto de vista fisiológico ou mental. Continua-se a discriminar, para diverso tratamento penal, entre a lesão de natureza leve e a de natureza grave. Tal como na lei vigente, a lesão corporal grave, por sua vez, é considerada, para o efeito de graduação da pena, segundo sua menor ou maior *gravidade* objetiva. Entre as lesões de *menor gravidade* figura (à semelhança do que ocorre na lei atual) a que produz "incapacidade para as ocupações habituais, por mais de trinta dias"; mas, como uma lesão pode apresentar gravíssimo perigo (dado o ponto atingido) e, no entanto, ficar curada antes de um mês, entendeu o projeto de incluir nessa mesma classe, sem referência à condição de *tempo* ou a qualquer outra, a lesão que produz "perigo de vida". Outra inovação é o reconhecimento da gravidade de lesão de que resulte "*debilitação* permanente de membro, sentido ou função", ou "aceleração de parto".

Quanto às lesões de *maior gravidade*, também não é o projeto coincidente com a lei atual, pois que: a) separa, como condições autônomas ou por si só suficientes para o reconhecimento da *maior gravidade*, a "incapacidade permanente para o trabalho" ou "enfermidade certa ou provavelmente incurável"; b) delimita o conceito de *deformidade* (isto é, acentua que esta deve ser "permanente"); c) inclui entre elas a que ocasiona *aborto*. No § 3.º do art. 129, é especialmente previsto e resolvido o caso em que sobrevém a morte do ofendido, mas evidenciando as circunstâncias que o evento letal não se compreendia no dolo do agente, isto é, o agente não queria esse resultado, nem assumira o risco de produzi-lo, tendo procedido apenas *vulnerandi animo*.

Costuma-se falar, na hipótese, em "homicídio preterintencional, para reconhecer-se um *grau* intermédio entre o homicídio doloso e o homicídio culposo; mas tal denominação, em face do conceito extensivo do dolo, acolhido pelo projeto, torna-se inadequada: ainda quando o evento "morte" não tenha sido, propriamente, abrangido pela *intenção* do agente, mas este assumiu o risco de produzi-lo, o homicídio é *doloso*.

A lesão corporal culposa é tratada no art. 129, § 6.º. Em consonância com a lei vigente, não se distingue, aqui, entre a maior ou menor importância do dano material:

leve ou grave a lesão, a pena é a mesma, isto é, detenção por dois meses a um ano (sanção mais severa do que a editada na lei atual). É especialmente agravada a pena nos mesmos casos em que o é a cominada ao *homicídio culposo*. Deve notar-se que o caso de multiplicidade do evento lesivo (várias *lesões corporais*, ou várias *mortes*, ou *lesão corporal* e *morte)*, resultante de uma só ação ou omissão culposa, é resolvido segundo a norma genérica do § 1.º do art. 51).

Ao crime de lesões corporais é aplicável o disposto no § 1.º do art. 121 (facultativa diminuição da pena, quando o agente "comete o crime impelido por motivo de relevante valor social ou moral, ou sob a influência de violenta emoção, logo em seguida a injusta provocação da vítima"). Tratando-se de lesões leves, se ocorre qualquer das hipóteses do parágrafo citado, ou se as lesões são recíprocas, o juiz pode substituir a pena de detenção pela de multa (de vinte centavos a dois cruzeiros).

DA PERICLITAÇÃO DA VIDA E DA SAÚDE

43. Sob esta epígrafe, o projeto contempla uma série de *crimes de perigo* contra a pessoa, uns já constantes, outros desconhecidos da lei penal vigente. Pelo seu caráter especial, seja quanto ao elemento objetivo, seja quanto ao elemento subjetivo, tais crimes reclamam um capítulo próprio. Do ponto de vista material, reputam-se *consumados* ou *perfeitos* desde que a ação ou omissão crie uma situação objetiva de *possibilidade* de dano à vida ou saúde de alguém. O evento, aqui (como nos crimes de perigo em geral), é a simples *exposição a perigo de dano*. O *dano efetivo* pode ser uma *condição de maior punibilidade*, mas não condiciona o *momento consumativo* do crime. Por outro lado, o elemento subjetivo é a vontade consciente referida exclusivamente à produção do *perigo*. A ocorrência do dano não se compreende na volição ou dolo do agente, pois, do contrário, não haveria por que distinguir entre tais crimes e a *tentativa de crime de dano*.

44. Entre as novas entidades prefiguradas no capítulo em questão, depara-se, em primeiro lugar, com o "contágio venéreo". Já há mais de meio século, o médico francês Deprès postulava que se incluísse tal fato entre as *species* do ilícito penal, como já fazia, aliás, desde 1866, a lei dinamarquesa. Tendo o assunto provocado amplo debate, ninguém mais duvida, atualmente, da legitimidade dessa incriminação. A *doença venérea* é uma *lesão corporal* e de conseqüências gravíssimas, notadamente quando se trata da *sífilis*. O mal da contaminação (evento lesivo) não fica circunscrito a uma pessoa determinada. O indivíduo que, sabendo-se portador de moléstia venérea, não se priva do ato sexual, cria conscientemente a possibilidade de um contágio extensivo. Justifica-se, portanto, plenamente, não só a incriminação do fato, como o critério de declarar-se suficiente para a consumação do crime a produção do *perigo* de contaminação. Não há dizer-se que, em grande número de casos, será difícil, senão impossível a prova da autoria. Quando esta não possa ser averiguada, não haverá ação penal (como acontece, aliás, em relação a qualquer crime); mas a dificuldade de prova não é razão para deixar-se de incriminar um fato gravemente atentatório de um relevante bem jurídico. Nem igualmente se objete que a incriminação legal pode dar ensejo, na prática, a *chantages* ou especulação extorsiva. A tal objeção responde cabalmente Jimenez de Asúa ("O delito de contágio venéreo"): "... não devemos esquecer que a *chantage* é possível em muitos outros crimes, que, nem por isso, deixam de figurar nos códigos. O melhor remédio é punir severamente os chantagistas, como propõem Le Foyer e Fiaux". Ao conceituar o crime de contágio venéreo, o projeto rejeitou a fórmula híbrida do Código italiano (seguida pelo projeto Alcântara), que configura, no caso, um "crime de dano como dolo de perigo". Foi preferida a fórmula do Código dinamarquês: o crime se consuma com o simples fato da exposição a perigo de contágio. O *eventus damni* não é elemento constitutivo do crime, nem é tomado em consideração para o efeito de *maior punibilidade*. O crime é punido não só a título de *dolo de perigo*, como a título de *culpa* (isto é, não só quando o agente sabia achar-se infeccionado, como quando devia sabê-lo pelas circunstâncias). Não se faz enumeração taxativa das *moléstias venéreas* (segundo a lição científica, são elas a *sífilis*, a *blenorragia*, o *ulcus molle* e o *linfogranuloma*

inguinal), pois isso é mais próprio de regulamento sanitário. Segundo dispõe o projeto (que, neste ponto, diverge do seu modelo), a ação penal, na espécie, depende sempre de *representação* (e não apenas no caso em que o ofendido seja cônjuge do agente). Este critério é justificado pelo raciocínio de que, na repressão do crime de que se trata, o *strepitus judicii,* em certos casos, pode ter conseqüências gravíssimas, em desfavor da própria vítima e de sua família.

45. É especialmente prefigurado, para o efeito de majoração da pena, o caso em que o agente tenha procedido com *intenção de transmitir a moléstia venérea.* É possível que o rigor técnico exigisse a inclusão de tal hipótese no capítulo das *lesões corporais,* desde que seu elemento subjetivo é o *dolo de dano,* mas como se trata, ainda nessa modalidade, de um crime para cuja consumação basta o *dano potencial,* pareceu à Comissão revisora que não havia despropósito em classificar o fato entre os *crimes de perigo* contra a pessoa. No caso de dolo de dano, a incriminação é extensiva à criação do perigo de contágio de qualquer moléstia grave.

46. No art. 132, é igualmente prevista uma entidade criminal estranha à lei atual: "expor a vida ou saúde de outrem a perigo direto e iminente", não constituindo o fato crime mais grave. Trata-se de um crime de caráter eminentemente *subsidiário.* Não o informa o *animus necandi* ou o *animus laedendi,* mas apenas a consciência e vontade de expor a vítima a grave perigo. O *perigo concreto,* que constitui o seu elemento objetivo, é limitado a determinada pessoa, não se confundindo, portanto, o crime em questão com os de *perigo comum* ou *contra a incolumidade pública.* O exemplo freqüente e típico dessa *species* criminal é o caso do empreiteiro que, para poupar-se ao dispêndio com medidas técnicas de prudência, na execução da obra, expõe o operário ao risco de grave acidente. Vem daí que Zürcher, ao defender, na espécie, quando da elaboração do Código Penal suíço, um dispositivo incriminador, dizia que este seria um complemento da legislação trabalhista ("Wir haben geglaubt, dieser Artikel werde einen Teil der Arbeiterschutzgesetzgebung bilden"). Este pensamento muito contribuiu para que se formulasse o art. 132; mas este não visa somente proteger a indenidade do operário, quando em trabalho, senão também a de qualquer outra pessoa. Assim, o crime de que ora se trata não pode deixar de ser reconhecido na ação, por exemplo, de quem dispara uma arma de fogo contra alguém, não sendo atingido o alvo, nem constituindo o fato tentativa de homicídio.

Ao definir os crimes de *abandono* (art. 133) e *omissão de socorro* (art. 135), o projeto, diversamente da lei atual, não limita a proteção penal aos *menores,* mas atendendo ao *ubi eadem ratio, ibi eadem dispositio,* amplia-a aos *incapazes* em geral, aos *enfermos, inválidos* e *feridos.*

47. Não contém o projeto dispositivo especial sobre o *duelo.* Sobre tratar-se de um fato inteiramente alheio aos nossos costumes, não há razão convincente para que se veja no homicídio ou ferimento causado em duelo um crime *privilegiado:* com ou sem as *regras cavalheirescas,* a destruição da vida ou lesão da integridade física de um homem não pode merecer transigência alguma do direito penal. Pouco importa o *consentimento recíproco* dos duelistas, pois, quando estão em jogo *direitos inalienáveis,* o *mutuus consensus* não é causa excludente ou sequer minorativa da pena. O desafio para o duelo e a aceitação dele são, em si mesmos, fatos penalmente indiferentes; mas, se não se exaurem como simples jatância, seguindo-se-lhes efetivamente o duelo, os contendores responderão, conforme o resultado, por *homicídio* (consumado ou tentado) ou *lesão corporal.*

DA RIXA

48. Ainda outra inovação do projeto, em matéria de crimes contra a pessoa, é a incriminação da *rixa,* por si mesma, isto é, da luta corporal entre várias pessoas. A *ratio essendi* da incriminação é dupla: a rixa concretiza um *perigo* à incolumidade pessoal (e nisto se assemelha aos "crimes de perigo contra a vida e a saúde") e é uma perturbação da ordem e disciplina da convivência civil.

A *participação* na rixa é punida independentemente das conseqüências desta. Se ocorre a morte ou lesão corporal grave de algum dos contendores, dá-se uma *condição de maior punibilidade*, isto é, a pena cominada ao simples fato de participação na rixa é especialmente agravada. A pena cominada à rixa em si mesma é aplicável separadamente da pena correspondente ao resultado lesivo (homicídio ou lesão corporal), mas serão ambas aplicadas cumulativamente (como no caso de concurso material) em relação aos contendores que concorrerem para a produção desse resultado.

Segundo se vê do art. 137, *in fine*, a participação na rixa deixará de ser crime se o participante visar apenas separar os contendores. É claro que também não haverá crime se a intervenção constituir *legítima defesa*, própria ou de terceiro.

DOS CRIMES CONTRA A HONRA

49. O projeto cuida dos *crimes contra a honra* somente quando não praticados pela *imprensa*, pois os chamados "delitos de imprensa" (isto é, os crimes contra a honra praticados por meio da imprensa) continuam a ser objeto de legislação especial.

São definidos como crimes contra a honra a "calúnia", a "injúria" (compreensiva da *injúria* "por violência ou via de fato" ou como emprego de meios aviltantes, que a lei atual prevê parcialmente no capítulo das "lesões corporais") e a *difamação* (que, de modalidade da injúria, como na lei vigente, passa a constituir crime autônomo).

No tratamento do crime de injúria, foi adotado o critério de que a injusta provocação do ofendido ou a reciprocidade das injúrias, se não exclui a pena, autoriza, entretanto, o juiz, conforme as circunstâncias, a abster-se de aplicá-la, ou no caso de reciprocidade, a aplicá-la somente a um dos injuriadores.

A *fides verì* ou *exceptio veritatis* é admitida, para exclusão de crime ou de pena, tanto no caso de calúnia (salvo as exceções enumeradas no § 3.º do art. 138), quanto no de difamação, mas, neste último caso, somente quando o ofendido é agente ou depositário da autoridade pública e a ofensa se refere ao exercício de suas funções não se tratando do "Presidente da República, ou chefe de Governo estrangeiro em visita ao país".

Exceção feita da *"injúria por violência ou vias de fato"*, quando dela resulte lesão corporal, a ação penal, na espécie, depende de *queixa*, bastando, porém, simples *representação*, quando o ofendido é qualquer das pessoas indicadas nos ns. I e II do art. 141.

Os demais dispositivos coincidem, mais ou menos, com os do direito vigente.

DOS CRIMES CONTRA A LIBERDADE INDIVIDUAL

50. Os crimes contra a liberdade individual são objeto do capítulo VI do título reservado aos crimes contra a pessoa. Subdividem-se em: *a)* crimes contra a liberdade pessoal; *b)* crimes contra a inviolabilidade do domicílio; *c)* crimes contra a inviolabilidade da correspondência; *d)* crimes contra a inviolabilidade de segredos.

O projeto não considera *contra a liberdade individual* os chamados crimes eleitorais: estes, por isso mesmo que afetam a *ordem política*, serão naturalmente insertos, de futuro, no catálogo dos *crimes políticos*, deixados à legislação especial (art. 360).

DOS CRIMES CONTRA A LIBERDADE PESSOAL

51. O crime de *constrangimento ilegal* é previsto no art. 146, com uma fórmula unitária. Não há indagar, para diverso tratamento penal, se a privação da liberdade

de agir foi obtida mediante violência, física ou moral, ou com o emprego de outro qualquer meio, como, por exemplo, se o agente, insidiosamente, faz a vítima ingerir um narcótico. A pena relativa ao constrangimento ilegal, como crime *sui generis*, é sempre a mesma. Se há emprego das *vis corporalis*, com resultado lesivo à pessoa da vítima, dá-se um concurso material de crimes.

A pena é especialmente agravada (inovação do projeto), quando, para a execução do crime, se houverem reunido mais de três pessoas ou tiver havido emprego de armas. É expressamente declarado que não constituem o crime em questão o "tratamento médico arbitrário", se justificado por iminente perigo de vida, e a "coação exercida para impedir suicídio".

Na conceituação do crime de *ameaça* (art. 147), o projeto diverge, em mais de um ponto, da lei atual. Não é preciso que o "mal prometido" constitua *crime*, bastando que seja *injusto* e *grave*. Não se justifica o critério restritivo do direito vigente, pois a ameaça de um mal injusto e grave, embora penalmente indiferente, pode ser, às vezes, mais intimidante que a ameaça de um crime.

Não somente é incriminada a ameaça *verbal* ou *por escrito*, mas, também, a ameaça *real* (isto é, por *gestos*, v. g.: apontar uma arma de fogo contra alguém) ou *simbólica* (ex.: afixar à porta da casa de alguém o emblema ou sinal usado por uma associação de criminosos).

Os crimes de *cárcere privado* e *seqüestro*, salvo sensível majoração da pena, são conceituados como na lei atual.

No art. 149, é prevista uma entidade criminal ignorada do Código vigente: o fato de reduzir alguém, por qualquer meio, à condição análoga à de escravo, isto é, suprimir-lhe, de fato, o *status libertatis*, sujeitando-o o agente ao seu completo e discricionário poder. É o crime que os antigos chamavam *plagium*. Não é desconhecida a sua prática entre nós, notadamente em certos pontos remotos do nosso *hinterland*.

DOS CRIMES CONTRA A INVIOLABILIDADE DO DOMICÍLIO

52. Com ligeiras diferenças, os dispositivos referentes ao crime de *violação de* domicílio repetem critérios da lei atual. Do texto do art. 150 se depreende, *a contrário*, que a *entrada na casa alheia ou suas dependências* deixa de constituir, não somente quando precede licença *expressa*, mas também quando haja consentimento *tácito* de quem de direito. É especialmente majorada a pena, se o crime é praticado: *a)* durante a noite; *b)* em lugar despovoado; *c)* com emprego de violência ou de armas; *d)* por duas ou mais pessoas.

Para maior elucidação do *conteúdo* do crime, é declarado que a expressão "casa" é compreensiva de "qualquer compartimento habitado", "aposento ocupado de uma habitação coletiva" e "qualquer compartimento não aberto ao público, onde alguém exerce profissão ou atividade".

DOS CRIMES CONTRA A INVIOLABILIDADE DE CORRESPONDÊNCIA

53. O projeto trata a *violação de correspondência* separadamente da *violação de segredo*, divergindo, assim, do Código atual, que as engloba num mesmo capítulo. A inviolabilidade da correspondência é um interesse que reclama a tutela penal independentemente dos *segredos* acaso confiados por esse meio. Na configuração das modalidades do crime de violação de correspondência, são reproduzidos os preceitos da legislação vigente e acrescentados outros, entre os quais o que incrimina especialmente o fato de abusar da condição de sócio, empregado ou preposto, em estabelecimento comercial ou industrial, desviando, sonegando, subtraindo, suprimindo, no todo ou em parte, correspondência, ou revelando a estranho o seu conteúdo. Salvo nos casos em que seja atingido interesse da administração pública, só se procederá, em relação a qualquer das modalidades do crime, mediante *representação*.

DOS CRIMES CONTRA A INVIOLABILIDADE DOS SEGREDOS

54. Ao incriminar a *violação arbitrária* de segredos, o projeto mantém-se fiel aos "moldes" do Código em vigor, salvo uma ou outra modificação. Deixa à margem da proteção penal somente os segredos obtidos por confidência *oral* e *não necessária.* Não foi seguido o exemplo do Código italiano, que exclui da órbita do ilícito penal até mesmo a violação do segredo obtido por confidência *escrita.* Não é convincente a argumentação de Rocco: "Entre o segredo confiado oralmente e o confiado por escrito não há diferença substancial, e como a violação do segredo oral não constitui crime, nem mesmo quando o confidente se tenha obrigado a não revelá-lo, não se compreende porque a diversidade do meio usado, isto é, o escrito, deva tornar punível o fato". Ora, é indisfarçável a diferença entre divulgar ou revelar a confidência que outrem nos faz verbalmente e a que recebemos por escrito: no primeiro caso, a veracidade da comunicação pode ser posta em dúvida, dada a ausência de comprovação material; ao passo que, no segundo, há um *corpus,* que se impõe à credulidade geral. A traição da confiança, no segundo caso, é evidentemente mais grave do que no primeiro.

Diversamente da lei atual, é incriminada tanto a publicação do conteúdo *secreto* de correspondência epistolar, por parte do destinatário, quanto o de qualquer outro *documento particular,* por parte do seu *detentor,* e não somente quando daí advenha efetivo dano a alguém (como na lei vigente), senão também quando haja simples *possibilidade de dano.*

55. Definindo o crime de "violação do segredo profissional", o projeto procura dirimir qualquer incerteza acerca do que sejam *confidentes necessários.* Incorrerá na sanção penal todo aquele que revelar segredo, de que tenha ciência em razão de "função, *ministério,* ofício ou profissão". Assim, já não poderá ser suscitada, como perante a lei vigente, a dúvida sobre se constitui ilícito penal a quebra do "sigilo do confessionário".

DOS CRIMES CONTRA O PATRIMÔNIO

56. Várias são as inovações introduzidas pelo projeto no setor dos *crimes patrimoniais.* Não se distingue, para diverso tratamento penal, entre o maior ou menor valor da lesão patrimonial; mas, tratando-se de *furto, apropriação indébita* ou *estelionato,* quando a coisa subtraída, desviada ou captada é de pequeno valor, e desde que o agente é criminoso primário, pode o juiz substituir a pena de reclusão pela de detenção, diminuí-la de um até dois terços, ou aplicar somente a de multa (arts. 155, § 2.º, 170, 171, § 1.º). Para afastar qualquer dúvida, é expressamente equiparada à *coisa móvel* e, conseqüentemente, reconhecida como possível objeto de *furto* a "energia elétrica ou qualquer outra que tenha valor econômico". Toda energia economicamente utilizável e suscetível de incidir no poder de disposição material e exclusiva de um indivíduo (como por exemplo a eletricidade, a radioatividade, a energia genética dos reprodutores etc.) pode ser incluída, mesmo do ponto de vista técnico, entre as *coisas móveis,* a cuja regulamentação jurídica, portanto, deve ficar sujeita.

Somente quando há emprego de força, grave ameaça ou outro meio tendente a suprimir a resistência pessoal da vítima, passa o furto a ser qualificado *roubo.* No caso de *violência contra a coisa,* bem como quando o crime é praticado com *escalada* ou *emprego de chaves falsas,* não perde o furto seu *nomen juris,* embora seja especialmente aumentada a pena. Também importa a majoração de pena o furto com emprego de *destreza* ou de *meio fraudulento,* com *abuso de confiança* ou *concurso de duas ou mais pessoas.* O furto com abuso de confiança não deve ser confundido com a *apropriação indébita,* pois nesta a posse direta e desvigiada da coisa é precedentemente concedida ao agente pelo próprio *dominus.*

É prevista como *agravante especial* do furto a circunstância de ter sido o crime praticado "durante o período do sossego noturno".

A *violência* como elementar do *roubo*, segundo dispõe o projeto, não é somente a que se emprega para o efeito da *apprehensio* da coisa, mas também a exercida *post factum*, para assegurar o agente, em seu proveito ou de terceiro, a detenção da coisa subtraída ou a impunidade.

São declaradas agravantes especiais do roubo as seguintes circunstâncias: ter sido a violência ou ameaça exercida com armas, o concurso de mais de duas pessoas e achar-se a vítima em serviço de transporte de dinheiro, "conhecendo o agente tal circunstância".

57. A extorsão é definida numa fórmula unitária, suficientemente ampla para abranger todos os casos possíveis na prática. Seu tratamento penal é idêntico ao do roubo; mas, se é praticada mediante *seqüestro* de pessoa, a pena é sensivelmente aumentada. Se do fato resulta a morte do *seqüestrado*, é cominada a mais rigorosa sanção penal do projeto: reclusão por 20 a 30 anos e multa de vinte a cinqüenta cruzeiros. Esta excepcional severidade da pena é justificada pelo caráter brutal e alarmante dessa forma de criminalidade nos tempos atuais.

É prevista no artigo 160, cominando-se-lhe pena de reclusão por um a três anos e multa de dois a cinco cruzeiros, a *extorsão indireta*, isto é, o fato de "exigir ou receber, como garantia de dívida, abusando da situação de alguém, documento que pode dar causa a procedimento criminal contra a vítima ou contra terceiro". Destina-se o novo dispositivo a coibir os torpes e opressivos expedientes a que recorrem, por vezes, os agentes da usura, para garantir-se contra o risco do dinheiro mutuado. São bem conhecidos esses recursos como, por exemplo, o de induzir o necessitado cliente a assinar um contrato simulado de depósito ou a forjar no título de dívida a firma de algum parente abastado, de modo que, não resgatada a dívida no vencimento, ficará o mutuário sob a pressão da ameaça de um processo por apropriação indébita ou falsidade.

58. Sob a rubrica "Da usurpação", o projeto incrimina certos fatos que a lei penal vigente conhece sob diverso *nomen juris* ou ignora completamente, deixando-os na órbita dos delitos civis. Em quase todas as suas modalidades, a usurpação é uma lesão ao interesse jurídico da inviolabilidade da propriedade imóvel.

Assim, a *"alteração de limites"* (art. 161), a *"usurpação de água"* (art. 161, parágrafo 1.°, n.° I) e o *esbulho possessório*, quando praticado com violência à pessoa, ou mediante grave ameaça, ou concurso de mais de duas pessoas (art. 161, § 1.°, n.° II). O emprego de violência contra a pessoa, na modalidade da invasão possessória, é condição de punibilidade, mas, se ele resultar outro crime, haverá um concurso *material* de crimes, aplicando-se somadas as respectivas penas (art. 161, § 2.°).

Também constitui crime de usurpação o fato de suprimir ou alterar marca ou qualquer sinal indicativo de propriedade em gado ou rebanho alheio, para dele se apropriar. no todo ou em parte. Não se confunde esta modalidade de usurpação com o *abigeato*, isto é, o furto de animais: o agente limita-se a empregar um meio fraudulento (supressão ou alteração de marca ou sinal) para irrogar-se a propriedade dos animais. Se esse meio fraudulento é usado para dissimular o anterior furto dos animais, já não se tratará de *usurpação:* o crime continuará com o seu *nomen juris*, isto é, *furto*.

59. Ao cuidar do crime de *dano*, o projeto adota uma fórmula genérica ("destruir, inutilizar ou deteriorar coisa alheia") e, a seguir, prevê agravantes e modalidades especiais do crime. Estas últimas, mais ou menos estranhas à lei vigente, são a "introdução ou abandono de animais em propriedade alheia", o "dano em coisas de valor artístico, arqueológico ou histórico" e a "alteração de local especialmente protegido".

Certos fatos que a lei atual considera variantes de danos não figuram, como tais, no projeto. Assim, a destruição de documentos públicos ou particulares (art. 326, e seu parágrafo único, da Consolidação das Leis Penais) passa a constituir crime de falsidade (artigo 305 do projeto) ou contra a administração pública (artigos 314 e 356).

60. A *apropriação indébita (furtum improprium)* é conceituada, em suas modalidades, da mesma forma que na lei vigente; mas o projeto contém inovações no capítulo reservado a tal crime. A pena (que passa a ser reclusão por um a quatro anos e multa de cinqüenta centavos a dez cruzeiros) é aumentada de um terço, se ocorre infidelidade do agente como depositário necessário ou judicial, tutor, curador, síndico, liquidatário, inventariante ou testamenteiro, ou no desempenho de ofício, emprego ou profissão. Diversamente da lei atual, não figura entre as modalidades da apropriação indébita o abigeato, que é, indubitavelmente, um caso de *furtum proprium* e, por isso mesmo, não previsto no texto do projeto.

É especialmente equiparado à apropriação indébita o fato do inventor do tesouro em prédio alheio que retém para si a quota pertencente ao proprietário deste.

61. O *estelionato* é assim definido: "Obter, para si ou para outrem, vantagem ilícita, em prejuízo alheio, induzindo ou mantendo alguém em erro, mediante artifício, ardil ou outro meio fraudulento". Como se vê, o dispositivo corrige em três pontos a fórmula genérica do inciso n.° 5 do art. 338 do Código atual: contempla a hipótese da captação de vantagem para terceiro, declara que a vantagem deve ser *ilícita* e acentua que a fraude elementar do estelionato não é somente a empregada para induzir alguém em erro, mas também a que serve para *manter* (fazer subsistir, entreter) um erro preexistente.

Com a fórmula do projeto, já não haverá dúvida que o próprio *silêncio*, quando malicioso ou intencional acerca do preexistente erro da vítima, constitui *meio fraudulento* característico do estelionato.

Entre tais crimes, são incluídos alguns não contemplados na lei em vigor, como, *exempli gratia*, a fraude relativa a seguro contra acidentes (art. 171, § 2.° n.° V) e a "frustração de pagamento de cheques" (art. 171, § 2.°, n.° VI).

A incriminação deste último fato, de par com a da emissão de cheque sem fundo, resulta do raciocínio de que não há distinguir entre um e outro caso: tão criminoso é aquele que emite cheque sem provisão como aquele que, embora dispondo de fundos em poder do sacado, maliciosamente os retira antes da apresentação do cheque ou, por outro modo, ilude o pagamento, em prejuízo do portador.

O "abuso de papel em branco", previsto atualmente como modalidade do estelionato, passa, no projeto, para o setor dos *crimes contra a fé pública* (art. 299).

62. A "duplicata simulada" e o "abuso de incapazes" são previstos em artigos distintos. Como forma especial de fraude patrimonial, é também previsto o fato de "abusar, em proveito próprio ou alheio, da inexperiência ou da simplicidade ou inferioridade mental de outrem, induzindo-o à prática de jogo ou aposta, ou à especulação com títulos ou mercadorias, sabendo ou devendo saber que a operação é ruinosa".

63. Com a rubrica de "fraude no comércio", são incriminados vários fatos que a lei atual não prevê especialmente. Entre eles figura o de "vender, como verdadeira ou perfeita, mercadoria falsificada ou deteriorada", devendo entender-se que tal crime constitui "fraude no comércio" quando não importe crime *contra a saúde pública*, mais severamente punido.

São destacadas, para o efeito de grande atenuação da pena, certas fraudes de menor gravidade, como sejam a "usurpação de alimentos" (*filouterie d'aliments* ou *grivèlerie*, dos franceses; *scrocco*, dos italianos, ou *Zechprellerei*, dos alemães), a pousada em hotel e a utilização de meio de transporte, sabendo o agente ser-lhe impossível efetuar o pagamento. É expressamente declarado que, em tais casos, dadas as circunstâncias, pode o juiz abster-se de aplicação da pena, ou substituí-la por *medida de segurança*. As "fraudes e abusos na fundação e administração das sociedades por ações" (não constituindo qualquer dos fatos *crime contra a economia popular* definido na legislação especial, que continua em vigor) são minuciosamente previstos, afeiçoando-se o projeto a recente lei sobre as ditas sociedades.

O projeto absteve-se de tratar dos crimes de *falência*, que deverão ser objeto de legislação especial, já em elaboração.

Na sanção relativa à fraudulenta insolvência civil é adotada a alternativa entre a pena privativa de liberdade (detenção) e a pecuniária (multa de cinqüenta centavos a cinco cruzeiros), e ação penal dependerá de *queixa*.

64. Em capítulo especial, como crime *sui generis* contra o patrimônio, e com pena própria, é prevista a *receptação* (que o Código vigente, na sua *parte geral*, define como forma de cumplicidade *post factum*, resultando daí, muitas vezes, a aplicação de penas desproporcionadas). O projeto distingue, entre a receptação dolosa e a culposa, que a lei atual injustificadamente equipara. É expressamente declarado que a receptação é púnivel ainda que não seja conhecido ou passível de pena o autor do crime de que proveio a coisa receptada. Tratando-se de criminoso primário, poderá o juiz, em face das circunstâncias, deixar de aplicar a pena, ou substituí-la por medida de segurança.

Os dispositivos do projeto em relação à circunstância de *parentesco* entre os sujeitos ativo e passivo, nos crimes patrimoniais, são mais amplos do que os do direito atual, ficando, porém, explícito que o efeito de tal circunstância não aproveita aos co-partícipes do *parente*, assim como não se estende aos casos de *roubo*, *extorsão* e, em geral, aos crimes patrimoniais praticados mediante violência contra pessoa.

DOS CRIMES CONTRA A PROPRIEDADE IMATERIAL

65. Sob esta rubrica é que o projeto alinha os crimes que o direito atual denomina "crimes contra a propriedade literária, artística, industrial e comercial". São tratados como uma classe autônoma, que se reparte em quatro subclasses: "crimes contra a propriedade intelectual", "crimes contra o privilégio de invenção", "crimes contra as marcas de indústria e comércio" e "crimes de concorrência desleal". Tirante uma ou outra alteração ou divergência, são reproduzidos os critérios e fórmulas da legislação vigente.

DOS CRIMES CONTRA A ORGANIZAÇÃO DO TRABALHO

66. O projeto consagra um título especial aos "crimes contra a organização do trabalho", que o Código atual, sob o rótulo de "crimes contra a liberdade do trabalho", classifica entre os "crimes contra o livre gozo e exercício dos direitos individuais" (isto é, contra a liberdade individual). Este critério de classificação, enjeitado pelo projeto, afeiçoa-se a um postulado da *economia liberal*, atualmente desacreditado, que Zanardelli, ao tempo da elaboração do Código Penal italiano de 1889, assim fixava: "A lei deve deixar que cada um proveja aos próprios interesses pelo modo que melhor lhe pareça, e não pode intervir senão quando a livre ação de uns seja lesiva do direito de outros. Não pode ela vedar aos operários a combinada abstenção de trabalho para atender a um objetivo econômico, e não pode impedir a um industrial que feche, quando lhe aprouver, a sua fábrica ou oficina. O trabalho é uma mercadoria, da qual, como de qualquer outra, se pode dispor à vontade, quando se faça uso do próprio direito sem prejudicar o direito de outrem". A tutela exclusivista da liberdade individual abstraía, assim, ou deixava em plano secundário o interesse da coletividade, o bem geral. A greve, o *lock-out*, todos os meios incruentos e pacíficos na luta entre o proletariado e o capitalismo eram permitidos e constituíam mesmo o exercício de líquidos direitos individuais. O que cumpria assegurar, antes de tudo, na esfera econômica, era o livre jogo das iniciativas individuais. Ora, semelhante programa, que uma longa experiência demons-

trou errôneo e desastroso, já não é mais viável em face da Constituição de 37. Proclamou esta a legitimidade da intervenção do Estado no domínio econômico, "para suprir as deficiências da iniciativa individual e coordenar os fatores da produção, de maneira a evitar ou resolver os seus conflitos e introduzir no jogo das competições individuais o pensamento do interesse da Nação". Para dirimir as contendas entre o trabalho e o capital, foi instituida a justiça do trabalho, tornando-se incompatível com a nova ordem política o *exercício arbitrário das próprias razões* por parte de empregados e empregadores.

67. A greve e o *lock-out* (isto é, a paralisação ou suspensão arbitrária do trabalho pelos operários ou patrões) foram declarados "recursos anti-sociais, nocivos ao trabalho e ao capital e incompatíveis com os superiores interesses da produção nacional". Jão não é admissível uma *liberdade de trabalho* entendida como liberdade de iniciativa de uns sem outro limite que igual liberdade de iniciativa de outros. A proteção jurídica já não é concedida à *liberdade do trabalho*, propriamente, mas *à organização do trabalho*, inspirada não somente na defesa e no ajustamento dos direitos e interesses individuais em jogo, mas também, e principalmente, no sentido superior do *bem comum de todos*. Atentatória, ou não, da liberdade individual, toda ação perturbadora da ordem jurídica, no que concerne ao trabalho, é ilícita e está sujeita a sanções repressivas, sejam de direito administrativo, sejam de direito penal. Daí, o novo critério adotado pelo projeto, isto é, a trasladação dos crimes contra o trabalho, do setor dos crimes contra a liberdade individual para uma classe autônoma, sob a já referida rubrica. Não foram, porém, trazidos para o campo do *ilícito penal* todos os fatos contrários à organização do trabalho: são incriminados, de regra, somente aqueles que se fazem acompanhar da violência ou da *fraude*. Se falta qualquer desses elementos, não passará o fato, salvo poucas exceções, de *ilícito administrativo*. É o ponto de vista já fixado em recente legislação trabalhista. Assim, incidirão em sanção penal o cerceamento do trabalho pela força ou intimidação (art. 197, n.º I), a coação para o fim de greve ou de *lock-out* (art. 197, n.º II), a boicotagem violenta (art. 198), o atentado violento contra a liberdade de associação profissional (art. 199)), a greve seguida de violência contra a pessoa ou contra a coisa (art. 200), a invasão e arbitrária posse de estabelecimento de trabalho (art. 202, 1.ª parte), a sabotagem (art. 202, *in fine*), a frustração, mediante violência ou fraude, de direitos assegurados por lei trabalhista ou de nacionalização do trabalho (arts. 203 e 204. Os demais crimes contra o trabalho, previstos no projeto, dispensam o elemento *violência* ou *fraude* (arts. 201, 205, 206, 207) mas explica-se a exceção: é que eles, ou atentam *imediatamente* contra o interesse público, ou *imediatamente* ocasionam uma grave perturbação da ordem econômica. É de notar-se que a suspensão ou abandono coletivo de obra pública ou serviço de interesse coletivo somente constituirá o crime previsto no art. 201 quando praticado por "motivos pertinentes às condições do trabalho", pois, de outro modo, o fato importará o crime definido no art. 18 da Lei de Segurança, que continua em pleno vigor.

DOS CRIMES CONTRA O SENTIMENTO RELIGIOSO E CONTRA O RESPEITO AOS MORTOS

68. São classificados como *species* do mesmo *genus* os "crimes contra o sentimento religioso" e os "crimes contra o respeito aos mortos". É incontestável a afinidade entre uns e outros. O *sentimento religioso* e o *respeito aos mortos* são valores ético-sociais que se assemelham. O tributo que se rende aos mortos tem um fundo religioso. Idêntica, em ambos os casos, é a *ratio essendi* da tutela penal.

O projeto divorcia-se da lei atual, não só quando deixa de considerar os crimes referentes aos cultos religiosos como subclasse dos crimes contra a liberdade individual (pois o que passa a ser, precipuamente, objeto da proteção penal é a religião como um bem em si mesma), como quando traz para o catálogo dos *crimes* (lesivos do respeito aos mortos) certos fatos que o Código vigente considera simples *contravenções,* como a *violatio sepulchri* e a profanação de cadáver. Entidades criminais desconhecidas da lei vigente são as previstas nos arts. 209 e 211 do projeto: impedimento ou perturbação de enterro ou cerimônia fúnebre e supressão de cadáver ou de alguma de suas partes.

DOS CRIMES CONTRA OS COSTUMES

69. Sob esta epígrafe, cuida o projeto dos crimes que, de modo geral, podem ser também denominados *sexuais*. São os mesmos crimes que a lei vigente conhece sob a extensa rubrica "Dos crimes contra a segurança da honra e honestidade das famílias e do ultraje público ao pudor". Figuram eles com cinco subclasses, assim intituladas: "Dos crimes contra a liberdade sexual", "Da sedução e da corrupção de menores", "Do rapto", "Do lenocínio e do tráfico de mulheres" e "Do ultraje público ao pudor".

O crime de *adultério*, que o Código em vigor contempla entre os crimes sexuais, passa a figurar no setor dos *crimes contra a família*.

70. Entre os crimes *contra a liberdade sexual*, de par com as figuras clássicas do *estupro* e do *atentado violento ao pudor*, são incluídos a "posse sexual mediante fraude" e o "atentado ao pudor mediante fraude". Estas duas entidades criminais, na amplitude com que as conceitua o projeto, são estranhas à lei atual. Perante esta, a *fraude* é um dos *meios morais* do crime de *defloramento*, de que só a mulher de 21 anos e maior de 16 pode ser sujeito passivo. Segundo o projeto, entretanto, existe crime sempre que, sendo a vítima mulher honesta, haja emprego de meio fraudulento (v.g.: simular casamento, substituir-se ao marido na escuridão da alcova). Não importa, para a existência do crime, que a ofendida seja, ou não, maior ou *virgo intacta*. Se da cópula resulta o desvirginamento da ofendida, e esta é menor de 18 anos e maior de 14, a pena é especialmente aumentada.

Na identificação dos crimes contra a liberdade sexual é presumida a violência (art. 224) quando a vítima: a) não é maior de 14 anos; b) é alienada ou débil mental, conhecendo o agente esta circunstância, ou c) acha-se em estado de inconsciência (provocado, ou não, pelo agente), ou, por doença ou outra causa, impossibilitada de oferecer resistência. Como se vê, o projeto diverge substancialmente da lei atual: reduz, para o efeito de presunção de violência, o limite de idade da vítima e amplia os casos de tal presunção (a lei vigente presume a violência no caso único de ser a vítima menor de 16 anos). Com a redução do limite de idade, o projeto atende à evidência de um fato social contemporâneo, qual seja a precocidade no conhecimento dos fatos sexuais. O fundamento da ficção legal de violência, no caso dos adolescentes, é a *innocentia consilii* do sujeito passivo, ou seja, a sua completa insciência em relação aos fatos sexuais, de modo que não se pode dar valor algum ao seu *consentimento*. Ora, na época atual, seria abstrair hipocritamente a realidade o negar-se que uma pessoa de 14 anos completos já tem uma noção teórica, bastante exata, dos segredos da vida sexual e do risco que corre se se presta à lascívia de outrem. Estendendo a presunção de violência aos casos em que o sujeito passivo é alienado ou débil mental, o projeto obedece ao raciocínio de que, também aqui, há ausência de consentimento válido e *ubi eadem ratio, ibi eadem dispositio.*

Por outro lado, se a *incapacidade de consentimento* faz presumir a violência, com maioria de razão deve ter o mesmo efeito o estado de inconsciência da vítima ou sua *incapacidade de resistência*, seja esta resultante de causas mórbidas (enfermidade, grande debilidade orgânica, paralisia etc.), ou de especiais condições físicas (como quando o sujeito passivo é um indefeso aleijado, ou se encontra acidentalmente tolhido de movimentos).

71. *Sedução* é o *nomen juris* que o projeto dá ao crime atualmente denominado *defloramento*. Foi repudiado este título, porque faz supor como imprescindível condição material do crime a ruptura do hímen (*flos virgineum*), quando, na realidade, basta que o cópula seja realizada com mulher *virgem*, ainda que não resulte essa ruptura, como nos casos de complacência himenal.

O sujeito passivo da *sedução* é a mulher virgem, maior de 14 e menor de 18 anos. No sistema do projeto, a menoridade, do ponto de vista da proteção penal, termina aos 18 anos. Fica, assim, dirimido o ilogismo em que incide a legislação vigente, que, não obstante reconhecer a *maioridade política* e a *capacidade penal* aos 18 anos completos (Constituição, art. 117, e Código Penal, modificado pelo Código de Menores), continua a pressupor a imaturidade psíquica, em matéria de crimes sexuais, até os 21 anos.

Para que se identifique o crime de *sedução* é necessário que seja praticado "com abuso da inexperiência ou justificável confiança" da ofendida. O projeto não protege a moça, que se convencionou chamar *emancipada*, nem tampouco aquela que, não sendo de todo ingênua, se deixa influir por promessas evidentemente insinceras.

Ao ser fixada a fórmula relativa ao crime em questão, partiu-se do pressuposto de que os fatos relativos à vida sexual não constituem na nossa época matéria que esteja subtraída, como no passado, ao conhecimento dos adolescentes de 18 anos completos. A vida, no nosso tempo, pelos seus costumes e pelo seu estilo, permite aos indivíduos surpreender, ainda bem não atingida a maturidade, o que antes era o grande e insondável mistério, cujo conhecimento se reservava apenas aos adultos.

Certamente, o direito penal não pode abdicar de sua função ética, para acomodar-se ao afrouxamento dos costumes; mas, no caso de que ora se trata, muito mais eficiente que a ameaça da pena aos sedutores, será a retirada da tutela penal à moça maior de 18 anos, que assim se fará mais cautelosa ou menos acessível.

Em abono do critério do projeto, acresce que, hoje em dia, dados os nossos costumes e formas de vida, não são raros os casos em que a mulher não é a única vítima da sedução.

Já foi dito, com acerto, que "nos crimes sexuais, nunca o homem é tão algoz que não possa ser, também, um pouco vítima, e a mulher nem sempre é a maior e a única vítima dos seus pretendidos infortúnios sexuais" (Filipo Manci, "Deliti sessuali").

72. Ao configurar o crime de *corrupção de menores*, o projeto não distingue, como faz a lei atual, entre corrupção *efetiva* e corrupção *potencial*: engloba as duas *species* e comina a mesma pena. O *meio executivo* do crime tanto pode ser a prática do *ato libidinoso* com a vítima (pessoa maior de 14 e menor de 18 anos), com o induzimento desta a praticar (ainda que com outrem, mas para a satisfação da lascívia do agente) ou a presenciar ato dessa natureza.

73. O *rapto* para fim libidinoso é conservado entre os crimes sexuais, rejeitado o critério do projeto Sá Pereira, que o trasladava para a classe dos *crimes contra a liberdade*. Nem sempre o meio executivo do rapto é a *violência*. Ainda mesmo se tratando de *rapto violento*, deve-se atender a que, segundo a melhor técnica, o que especializa um crime não é o *meio*, mas o *fim*. No rapto, seja violento, fraudulento ou consensual, o fim do agente é a posse da vítima para fim sexual ou libidinoso. Trata-se de um crime dirigido contra o interesse da organização ético-social da família, — interesse que sobreleva o da liberdade pessoal. Seu justo lugar, portanto, é entre os crimes *contra os costumes*.

O projeto não se distancia muito da lei atual, no tocante aos dispositivos sobre o rapto. Ao rapto violento ou próprio (*vi aut minis*) é equiparado o rapto *per frauden* (compreensivo do rapto *per insidias*). No rapto consensual (com ou sem sedução), menos severamente punido, a paciente só pode ser a mulher entre os 14 e 21 anos (se a raptada menor de 14 anos, o rapto se presume violento), conservando-se, aqui, o limite da *menoridade civil*, de vez que essa modalidade do crime é, principalmente, uma ofensa ao *pátrio poder* ou *autoridade tutelar* (*in parentes vel tutores*).

A pena, em qualquer caso, é diminuída de um terço, se o crime é praticado para fim de casamento, e da metade, se se dá a *restitutio in integrum* da vítima e sua reposição *in loco tuto ac liberto*.

Se ao rapto se segue outro crime contra a raptada, aplica-se a regra do concurso material. Fica, assim, modificada a lei vigente, segundo a qual, se o crime subseqüente é o *defloramento* ou *estupro* (omitida referência a qualquer outro crime sexual), a pena do rapto é aumentada da sexta parte.

74. O projeto reserva um capítulo especial às *disposições comuns* aos crimes sexuais até aqui mencionados. A primeira delas se refere às *formas qualificadas* de tais crimes, isto é, aos casos em que, tendo havido emprego de violência, resulta lesão corporal grave ou a morte da vítima: no primeiro caso, a pena será reclusão por 4 a 12 anos; no segundo, a mesma pena, de 8 a 20 anos.

A seguir, vêm os preceitos sobre a *violência ficta*, de que acima já se tratou; sobre a disciplina da ação penal na espécie e sobre *agravantes especiais*. Cumpre notar que uma disposição comum aos crimes em questão não figura na "parte especial", pois se achou que ficaria melhor colocada no título sobre a *extinção da punibilidade*, da "parte geral": é o que diz respeito ao *subsequens matrimonium* (art. 108, n.º VIII), que, antes ou depois da condenação, exclui a imposição da pena.

75. Ao definir as diversas modalidades do *lenocínio*, o projeto não faz depender o crime de especial *meio executivo*, nem da *habitualidade*, nem do *fim de lucro*. Se há emprego de violência, intimidação ou fraude, ou se o agente procede *lucri faciendi causa*, a pena é especialmente agravada. Tal como na lei atual, o lenocínio *qualificado* ou *familiar* é mais severamente punido que o lenocínio *simples*. Na *prestação de local* a encontros para fim libidinoso, é taxativamente declarado que o crime existe independentemente de *mediação* do agente para esses encontros ou de *fim de lucro*.

São specialmente previstos o *rufianismo* (*alphonsisme*, dos franceses; *mantenutismo*, dos italianos; *Zuhalterei*, dos alemães) e o *tráfico de mulheres*.

Na configuração do *ultraje público ao pudor*, o projeto excede de muito em previdência à lei atual.

DOS CRIMES CONTRA A FAMÍLIA

76. O título consagrado aos *crimes contra a família* divide-se em quatro capítulos, que correspondem, respectivamente, aos "crimes contra o casamento", "crimes contra o estado de filiação", "crimes contra a assistência familiar" e "crimes contra o pátrio poder, tutela ou curatela". O primeiro entre os *crimes contra o casamento* é a *bigamia — nomen juris* que o projeto substitui ao de *poligamia*, usado pela atual. Seguindo-se o mesmo critério desta, distingue-se, para o efeito de pena, entre aquele que, sendo casado, contrai novo casamento e equele que, sendo solteiro, se casa com pessoa que sabe casada. Conforme expressamente dispõe o projeto, o crime de bigamia existe desde que, ao tempo do segundo casamento, estava vigente o primeiro; mas, se este, a seguir, é judicialmente declarado nulo, o crime se extingue, pois que a declaração de nulidade retroage *ex tunc*. Igualmente não subsistirá o crime se vier a ser anulado o segundo casamento, por motivo outro que não o próprio impedimento do matrimônio anterior (pois a bigamia não pode excluir-se a si mesma). Releva advertir que na "parte geral" (art. 111, letra *e*) se determina, com inovação da lei atual, que, no crime de bigamia, o prazo de prescrição da ação penal se conta da *data em que o fato se tornou conhecido*.

77. O projeto mantém a incriminação do *adultério*, que passa, porém, a figurar entre os crimes contra a família, na subclasse dos crimes contra o casamento. Não há razão convincente para que se deixe tal fato à margem da lei penal. É incontestável que o adultério ofende um indeclinável interesse de ordem social, qual seja

o que diz com a organização ético-jurídica da vida familiar. O exclusivismo da recíproca posse sexual dos cônjuges é condição de disciplina, harmonia e continuidade do núcleo familiar. Se deixasse impune o adultério, o projeto teria mesmo contrariado o preceito constitucional que coloca a família "sob a proteção especial do Estado". Uma notável inovação contém o projeto: para que se configure o adultério do marido, não é necessário que *tenha* e *mantenha* concubina, bastando, tal como no adultério da mulher, a simples infidelidade conjugal.

Outra inovação apresenta o projeto, no tocante ao crime em questão: a pena é sensivelmente diminuída, passando a ser de detenção por quinze dias a seis meses; é de um mês, apenas, o prazo de *decadência do direito de queixa* (e não *prescrição da ação penal*), e este não pode ser exercido pelo cônjuge desquitado ou que consentiu no adultério ou o perdoou expressa ou tacitamente. Além disso, o juiz pode deixar de aplicar a pena, se havia cessado a vida em comum dos cônjuges ou se o querelante havia praticado qualquer dos atos previstos no art. 317 do Código Civil. De par com a bigamia e o adultério, são previstos, no mesmo capítulo, entidades criminais que a lei atual ignora. Passam a constituir *ilícito penal* os seguintes fatos, até agora deixados impunes ou sujeitos a meras sanções civis: contrair casamento, induzindo em erro essencial o outro contraente, ou ocultando-lhe impedimento que não seja o resultante de casamento anterior (pois, neste caso, o crime será o de bigamia); contrair casamento, conhecendo a existência de impedimento que acarrete sua nulidade absoluta; fingir de autoridade para celebração de casamento e simular casamento. Nestas duas últimas hipóteses, trata-se de crimes *subsidiários*: só serão punidos por si mesmos quando não constituam participação em crime mais grave ou elemento de outro crime.

78. Ao definir os *crimes contra o estado de filiação*, adota o projeto fórmulas substancialmente idênticas às do Código atual, que os conhece sob a rubrica de "parto suposto e outros fingimentos".

79. É reservado um capítulo especial aos "crimes contra assistência familiar", quase totalmente ignorados da legislação vigente. Seguindo o exemplo dos códigos e projetos de codificação mais recentes, o projeto faz incidir sob a sanção penal o *abandono de família*. O reconhecimento desta nova *species* criminal é, atualmente, ponto incontroverso. Na "Semana Internacional de Direito", realizada em Paris, no ano de 1937, Ionesco-Doly, o representante da Romênia, fixou, na espécie, com acerto e precisão, a *ratio* da incriminação: "A instituição essencial que é a família atravessa atualmente uma crise bastante grave. Daí, a firme, embora recente tendência no sentido de uma intervenção do legislador, para substituir as sanções civis, reconhecidamente ineficazes, por sanções penais contra a violação dos deveres jurídicos de *assistência* que a consciência jurídica universal considera com o assento básico do *status familiae*. Virá isso contribuir para, em complemento de medidas que se revelaram insuficientes para a proteção da família, conjurar um dos aspectos dolorosos da crise por que passa essa instituição. É, de todo em todo, necessário que desapareçam certos fatos profundamente lamentáveis, e desgraçadamente cada vez mais freqüentes, como seja o dos maridos que abandonam suas esposas e filhos, deixando-os sem meios de subsistência, ou o dos filhos que desamparam na miséria seus velhos pais enfermos ou inválidos".

É certo que a vida social no Brasil não oferece, tão assustadoramente como em outros países, o fenômeno da desintegração e desprestígio da família; mas a sanção penal contra o "abandono de família", inscrita no futuro Código virá contribuir, entre nós, para atalhar ou prevenir o mal incipiente.

Para a conceituação do novo crime, a legislação comparada oferece dois modelos; o francês, demasiadamente restrito, e o italiano, excessivamente amplo. Segundo a lei francesa, o crime de abandono de família é constituído pelo fato de, durante um certo período (três meses consecutivos), deixar o agente de pagar a pensão alimentar decretada por uma decisão judicial passada em julgado. É o chamado *abandono pecuniário*. Muito mais extensa, entretanto, é a fórmula do Código Penal italiano, que foi até a incriminação do *abandono moral*, sem critérios objetivos na delimitação deste. O projeto preferiu a fórmula transacional do chamado *abandono material*. Dois são os métodos adotados na incriminação: um *direto*, isto é, o crime pode ser identificado *diretamente* pelo juiz penal, que deverá verificar, ele próprio, se o agente deixou de prestar os *recursos necessários;* outro *indireto*, isto é, o crime existirá automaticamente se, reconhecido pelo juiz do cível a obrigação de alimentos e fixado o seu *quantum* na sentença, deixar o agente de cumpri-la durante três meses consecutivos. Não foi, porém, deixado inteiramente à margem o *abandono moral*. Deste cuida o projeto em casos especiais, precisamente definidos, como, aliás, já faz o atual Código de Menores. É até mesmo incriminado o *abandono intelectual*, embora num caso único e restritíssimo (art. 246): deixar, sem justa causa de ministrar ou fazer ministrar instrução primária a filho em idade escolar.

Segundo o projeto, só é punível o abandono *intencional* ou *doloso*, embora não se indague do motivo determinante: se por egoísmo, cupidez, avareza, ódio etc. Foi rejeitado o critério de fazer depender a ação penal de prévia queixa da vítima, pois isso valeria, na prática, por tornar letra morta o preceito penal. Raro seria o caso de queixa de um cônjuge contro o outro, de um filho contra o pai ou de um pai contra filho. Não se pode deixar de ter em atenção o que Marc Ancel chama o *pudor familial*, isto é, o sentimento que inibe o membro de uma família de revelar as faltas de outro, que, apesar dos pesares, continua a merecer o seu respeito e talvez o seu afeto. A pena cominada na espécie é alternativa: detenção ou multa. Além disso, ficará o agente sujeito, na conformidade da regra geral sobre as "penas acessórias" (Capítulo V do Título V da Parte Geral), à privação definitiva ou temporária de poderes que, em relação à vítima ou vítimas, lhe sejam atribuídos pela lei civil, em conseqüência no *status familiae*.

Cuidando dos *crimes contra o pátrio poder, tutela ou curatela*, o projeto limita-se a reinvidicar para o futuro Código Penal certos preceitos do atual Código de Menores, apenas ampliados no sentido de abranger na proteção penal, além dos menos de 18 anos, os interditos

DOS CRIMES CONTRA A INCOLUMIDADE PÚBLICA

80. Sob este título, são catalogados no projeto os crimes que a lei atual denomina contra a *tranqüilidade pública*. Estão eles distribuídos em três subclasses: *crimes de perigo comum* (isto é, aqueles que, mais nítida ou imediatamente que os das outras subclasses, criam uma situação de perigo de dano a um indefinido número de pessoas), *crimes contra a segurança dos meios de comunicação e transporte e outros serviços* e *crimes contra a saúde pública*. Além de reproduzir com ligeiras modificações a lei vigente, o projeto supre omissões desta, configurando novas entidades criminais, tais como: "uso perigoso de gases tóxicos", o "desabamento ou desmoronamento" (isto é, o fato de causar, em prédio próprio ou alheio, desabamento total ou parcial de alguma construção, ou qualquer desmoronamento, expondo a perigo a vida, integridade física ou patrimônio de outrem), "subtração, ocultação ou inutilização de material de salvamento", "difusão de doença ou praga", "periclitação de qualquer meio de transporte público" (a lei atual somente cuida da periclitação de transportes ferroviários ou marítimos, não se referindo, sequer, à do transporte aéreo, que o projeto equipara àqueles, "atentado contra a segurança de serviços de utilidade pública", "provocação de epidemia", "violação de medidas preventivas contra doenças contagiosas "etc.

Relativamente às *formas qualificadas* dos crimes em questão, é adotada a seguinte regra geral (artigo 258): no caso de dolo, se resulta a alguém lesão corporal de natureza grave, a pena privativa da liberdade é aumentada de metade, e se resulta morte, é aplicada em dobro; no caso de culpa, se resulta lesão corporal (leve ou grave), as penas são aumentadas de metade e, se resulta morte, é aplicada a de homicídio culposo, aumentada de um terço.

DOS CRIMES CONTRA A PAZ PÚBLICA

81. É esta a denominação que o projeto atribui ao seguinte grupo de crimes: "incitação de crime", "apologia de crime ou criminoso" e "quadrilha ou bando" (isto é, associação de mais de três pessoas para o fim de prática de crimes comuns). É bem de ver que os dispositivos sobre as duas primeiras entidades criminais citadas não abrangem a provocação ou apologia de crimes político-sociais, que continuarão sendo objeto de legislação especial, segundo dispõe o art. 360.

DOS CRIMES CONTRA A FÉ PÚBLICA

82. O título reservado aos *crimes contra a fé pública* divide-se em quatro capítulos, com as seguintes epígrafes: "Da moeda falsa", "Da falsidade de títulos e outros papéis públicos", "Da falsidade documental" e "De outras falsidades". Os crimes de *testemunho falso* e *denunciação caluniosa*, que, no Código atual, figuram entre os crimes lesivos da fé pública, passam para o seu verdadeiro lugar, isto é, para o setor dos *crimes contra a administração da justiça* (subclasse dos *crimes contra a administração pública*).

83. Ao configurar as modalidades do *crimen falsi*, o projeto procura simplificar a lei penal vigente, evitando superfluidades ou redundâncias, e, no mesmo passo, suprir lacunas de que se ressente a mesma lei. À casuística do *falsum* são acrescentados os seguintes fatos: emissão de moeda com título ou peso inferior ao determinado em lei; desvio e antecipada circulação de moeda; reprodução ou adulteração de selos destinados à filatelia; supressão ou ocultação de documentos (que a lei atual prevê como modalidade de *dano*); falsificação do sinal empregado no contraste de metal precioso ou na fiscalização aduaneira ou sanitária, ou para autenticação ou encerramento de determinados objetos, ou comprovação do cumprimento de formalidades legais; substituição de pessoa e falsa identidade (não constituindo tais fatos elemento de crime mais grave).

Para dirimir as incertezas que atualmente oferece a identificação da *falsidade ideológica*, foi adotada uma fórmula suficientemente ampla e explícita: "Omitir, em documento público ou particular, declarações que dele deviam constar, ou inserir nele declarações falsas ou diversas das que deviam ser escritas, com o fim de prejudicar um direito, criar uma obrigação, ou alterar a verdade de fatos juridicamente relevantes".

DOS CRIMES CONTRA A ADMINISTRAÇÃO PÚBLICA

84. Em último lugar, cuida o projeto dos *crimes contra a administração pública*, repartidos em três subclasses: "crimes praticados por funcionário público contra a administração em geral", "crimes praticados por particular contra a administração em geral" e "crimes contra a administração da justiça". Várias são as inovações introduzidas, no sentido de suprir omissões ou retificar fórmulas da legislação vigente. Entre os fatos incriminados como lesivos do interesse da administração pública, figuram os seguintes, até agora, injustificadamente, deixados à margem da nossa lei penal: emprego irregular de verbas e rendas públicas; advocacia administrativa (isto é, "patrocinar, direta ou indiretamente, interesse privado junto à administração pública, valendo-se da qualidade de funcionário"); violação do sigilo funcional; violação do sigilo de proposta em concorrência pública; exploração de prestígio junto a autoridade administrativa ou judiciária (*venditio fumi*); obstáculo ou fraude contra concorrência ou hasta pública; inutilização de editais ou sinais oficiais de identificação de objetos; motim de presos; falsos avisos de crime ou contravenção; auto-acusação falsa; coação no curso de processo judicial; fraude processual; exercício arbitrário das próprias razões; favorecimento *post factum* a criminosos (o que a lei atual só parcialmente incrimina como forma de cumplicidade); tergiversação do procurador judicial; reingresso de estrangeiro expulso.

85. O art. 327 do projeto fixa, para os efeitos penais, a noção de funcionário público: "Considera-se funcionário público, para os efeitos penais, quem, embora transitoriamente ou sem remuneração, exerce cargo, emprego ou função pública". Ao funcionário público é equiparado o empregado de entidades paraestatais. Os conceitos da *concussão*, da *corrupção* (que a lei atual chama *peita* ou *suborno*), da *resistência* e do *desacato* são ampliados. A *concussão* não se limita, como na lei vigente, ao *crimen superexactionis* (de que o projeto cuida em artigo especial), pois consiste, segundo o projeto, em "exigir, para si ou para outrem, direta ou indiretamente, mesmo fora das funções, ou antes de assumi-las, mas em razão delas, qualquer retribuição indevida".

A *corrupção* é reconhecível mesmo quando o funcionário não tenha ainda assumido o cargo. Na *resistência*, o sujeito passivo não é exclusivamente o *funcionário público*, mas também qualquer pessoa que lhe esteja eventualmente prestando assistência.

O *desacato* se verifica não só quando o funcionário se acha no exercício da função (seja, ou não, o ultraje infligido *propter officium*), senão também quando se acha *extra officium*, desde que a ofensa seja *propter officium*.

CONCLUSÃO

86. É este o projeto que tenho a satisfação e a honra de submeter à apreciação de Vossa Excelência.

O trabalho de revisão do projeto Alcântara Machado durou justamente dois anos. Houve tempo suficiente para exame e meditação da matéria em todas as suas minúcias e complexidades. Da revisão resultou um novo projeto. Não foi este o propósito inicial. O novo projeto não resultou de plano preconcebido; nasceu, naturalmente, à medida que foi progredindo o trabalho de revisão. Isto em nada diminui o valor do projeto revisto. Este constituiu uma etapa útil e necessária à construção do projeto definitivo.

A obra legislativa do Governo de Vossa Excelência é, assim, enriquecida com uma nova codificação, que nada fica a dever aos grandes monumentos legislativos promulgados recentemente em outros países. A Nação ficará a dever a Vossa Excelência, dentre tantos que já lhe deve, mais este inestimável serviço à sua cultura.

Acredito que, na perspectiva do tempo, a obra de codificação do Governo de Vossa Excelência há de ser lembrada como um dos mais importantes subsídios trazidos pelo seu Governo, que tem sido um governo de unificação nacional, à obra de unidade política e cultural do Brasil.

Não devo encerrar esta exposição sem recomendar especialmente a Vossa Excelência todos quantos contribuíram para que pudesse realizar-se a nova codificação penal no Brasil: Dr. Alcântara Machado, Ministro A. J. da Costa e Silva, Dr. Vieira Braga, Dr. Nelson Hungria, Dr. Roberto Lira, Dr. Narcélio de Queiroz. Não estaria, porém, completa a lista se não acrescentasse o nome do Dr. Abgar Renault, que me prestou os mais valiosos serviços na redação final do projeto.

Aproveito o ensejo, Senhor Presidente, para renovar o Vassa excelência os protestos do meu mais profundo respeito.

FRANCISCO CAMPOS

DECRETO-LEI N.º 2.848, DE 7 DE DEZEMBRO DE 1940

O Presidente da República, usando da atribuição que lhe confere o artigo 180 da Constituição, decreta a seguinte lei:

CÓDIGO PENAL

PARTE GERAL

TÍTULO I

DA APLICAÇÃO DA LEI PENAL

Anterioridade da lei

Art. 1.º — Não há crime sem lei anterior que o defina. Não há pena sem prévia cominação legal.

A lei penal no tempo

Art. 2.º — Ninguém pode ser punido por fato que a lei posterior deixa de considerar crime, cessando em virtude dela a execução e os efeitos penais da sentença condenatória.

Parágrafo único — A lei posterior, que de outro modo favorece o agente, aplica-se ao fato não definitivamente julgado e, na parte em que comina pena menos rigorosa, ainda ao fato julgado por sentença condenatória irrecorrível.

Art. 3.º — A lei excepcional ou temporária, embora decorrido o período de sua duração ou cessadas as circunstâncias que a determinaram, aplica-se ao fato praticado durante sua vigência.

Lugar do crime

Art. 4.º — Aplica-se a lei brasileira, sem prejuízo de convenções, tratados e regras de direito internacional, ao crime cometido, no todo ou em parte, no território nacional, ou que nele, embora parcialmente, produziu ou devia produzir seu resultado.

Extraterritorialidade

Art. 5.º — Ficam sujeitos à lei brasileira, embora cometidos no estrangeiro:

I — os crimes:

a) contra a vida ou a liberdade do Presidente da República;

b) contra o crédito ou a fé pública da União, de Estado ou de Município;

c) contra o patrimônio federal, estadual ou municipal;

d) contra a administração pública, por quem está a seu serviço;

II — os crimes:

a) que, por tratado ou convenção, o Brasil se obrigou a reprimir;

b) praticados por brasileiro.

§ 1.º — Nos casos do n.º I, o agente é punido segundo a lei brasileira, ainda que absolvido ou condenado no estrangeiro.

§ 2.° — Nos casos do n.° II, a aplicação da lei brasileira depende do concurso das seguintes condições:

a) entrar o agente no território nacional;

b) ser o fato punível também no país em que foi praticado;

c) estar o crime incluído entre aqueles pelos quais a lei brasileira autoriza a extradição;

d) não ter sido o agente absolvido no estrangeiro ou não ter aí cumprido a pena;

e) não ter sido o agente perdoado no estrangeiro ou, por outro motivo, não estar extinta a punibilidade, segundo a lei mais favorável.

§ 3.° — A lei brasileira aplica-se também ao crime cometido por estrangeiro contra brasileiro fora do Brasil, se, reunidas as condições previstas no parágrafo anterior:

a) não foi pedida ou foi negada a extradição;

b) houve requisição do Ministro da Justiça.

Pena cumprida no estrangeiro

Art. 6.° — A pena cumprida no estrangeiro atenua a pena imposta no Brasil pelo mesmo crime, quando diversas, ou nela é computada, quando idênticas.

Eficácia de sentença estrangeira

Art. 7.° — A sentença estrangeira, quando a aplicação da lei brasileira produz na espécie as mesmas conseqüências, pode ser homologada no Brasil para:

I — obrigar o condenado à reparação do dano, restituições e outros efeitos civis;

II — sujeitá-lo à penas acessórias e medidas de segurança pessoais.

Parágrafo único A homologação depende:

a) para os efeitos previstos no n.° I, de pedido da parte interessada;

b) para os outros efeitos, de existência de extradição com o país de cuja autoridade judiciária emanou a sentença, ou, na falta de tratado, de requisição do Ministro da Justiça.

Contagem de prazo

Art. 8.° — O dia do começo inclui-se no cômputo do prazo.

Contam--se os dias, os meses e os anos pelo calendário comum.

Frações não computáveis da pena

Art. 9.° — Desprezam-se na pena privativa de liberdade, as frações de dia, e, na pena de multa, as frações de um centavo. (3)

Legislação especial

Art. 10 — As regras gerais deste Código aplicam-se aos fatos incriminados por lei especial, se esta não dispõe de modo diverso.

TÍTULO II

DO CRIME

Relação de causalidade

Art. 11 — O resultado, de que depende a existência do crime, somente é imputável a quem lhe deu causa. Considera-se causa a ação ou omissão sem a qual o resultado não teria ocorrido.

Superveniência de causa independente

Parágrafo único — A superveniência de causa independente exclui a imputação quando, por si só, produziu o resultado; os fatos anteriores, entretanto, imputam-se a quem os praticou.

Art. 12 — Diz-se o crime:

Crime consumado

I — consumado, quando nele se reunem todos os elementos de sua definição legal;

(3) **Texto original:**
Art. 9.° Desprezam-se na pena privativa de liberdade, as frações de dia, e, na pena de multa, as frações de dez mil réis.

Tentativa

II — tentado, quando, iniciada a execução, não se consuma, por circunstâncias alheias à vontade do agente.

Pena da tentativa

Parágrafo único — Salvo disposição em contrário, pune-se a tentativa com a pena correspondente ao crime consumado, diminuída de um a dois terços.

Desistência voluntária e arrependimento eficaz

Art. 13 — O agente que, voluntariamente, desiste da consumação do crime ou impede que o resultado se produza, só responde pelos atos já praticados.

Crime impossível

Art. 14 — Não se pune a tentativa quando, por ineficácia absoluta do meio ou por absoluta impropriedade do objeto, é impossível consumar-se o crime (art. 76, parágrafo único, e art. 94, n.º III).

Crime doloso e crime culposo

Art. 15 — Diz-se o crime:

I — doloso, quando o agente quis o resultado ou assumiu o risco de produzi-lo;

II — culposo, quando o agente deu causa ao resultado por imprudência, negligência ou imperícia.

Parágrafo único — Salvo os casos expressos em lei, ninguém pode ser punido por fato previsto como crime, senão quando o pratica dolosamente.

Ignorância ou erro de direito

Art. 16 — A ignorância ou a errada compreensão da lei não eximem de pena.

Erro de fato

Art. 17 — É isento de pena quem comete o crime por erro quanto ao fato que o constitui, ou quem, por erro plenamente justificado pelas circunstâncias, supõe situação de fato que, se existisse, tornaria a ação legítima.

Erro culposo

§ 1.º — Não há isenção de pena quando o erro deriva de culpa e o fato é punível como crime culposo.

Erro determinado por terceiro

§ 2.º — Responde pelo crime o terceiro que determina o erro.

Erro sobre a pessoa

§ 3.º — O erro quanto à pessoa contra a qual o crime é praticado não isenta de pena. Não se consideram, neste caso, as condições ou qualidades da vítima, senão as da pessoa contra quem o agente queria praticar o crime.

Coação irresistível e obediência hierárquica

Art. 18 — Se o crime é cometido sob coação irresistível ou em estrita obediência a ordem, não manifestamente ilegal, de superior hierárquico, só é punível o autor da coação ou da ordem.

Exclusão de criminalidade

Art. 19 — Não há crime quando o agente pratica o fato:

I — em estado de necessidade;

II — em legítima defesa;

III — em estrito cumprimento de dever legal ou no exercício regular de direito.

Estado de necessidade

Art. 20 — Considera-se em estado de necessidade quem pratica o fato para salvar de perigo atual, que não provocou por sua vontade, nem podia de outro modo evitar, direito próprio ou alheio, cujo sacrifício, nas circunstâncias, não era razoável exigir-se.

§ 1.º — Não pode alegar estado de necessidade quem tinha o dever legal de enfrentar o perigo.

§ 2.º — Embora reconheça que era razoável exigir-se o sacrifício do direito ameaçado, o juiz pode reduzir a pena, de um a dois terços.

Legítima defesa

Art. 21 — Entende-se em legítima defesa quem, usando moderadamente dos meios necessários, repele injusta agressão, atual ou iminente, a direito seu ou de outrem.

Excesso culposo

Parágrafo único — O agente que excede culposamente os limites da legítima defesa responde pelo fato, se este é punível como crime culposo.

TÍTULO III

DA RESPONSABILIDADE

Irresponsáveis

Art. 22 — É isento de pena o agente que, por doença mental ou desenvolvimento mental incompleto ou retardado, era, ao tempo da ação ou da omissão, inteiramente incapaz de entender o caráter criminoso do fato ou de determinar-se de acordo com esse entendimento.

Redução facultativa da pena

Parágrafo único — A pena pode ser reduzida de um a dois terços, se o agente, em virtude de perturbação da saúde mental ou por desenvolvimento mental incompleto ou retardado, não possuía, ao tempo da ação ou da omissão, a plena capacidade de entender o caráter criminoso do fato ou de determinar-se de acordo com esse entendimento.

Menores de 18 anos

Art. 23 — Os menores de dezoito anos são penalmente irresponsáveis, ficando sujeitos às normas estabelecidas na legislação especial.

Emoção e paixão. Embriaguez

Art. 24 — Não excluem a responsabilidade penal:

I — a emoção ou a paixão;

II — a embriaguez, voluntária ou culposa, pelo álcool ou substância de efeitos análogos.

§ 1.° — É isento de pena o agente que, por embriaguez completa, proveniente de caso fortuito ou força maior, era, ao tempo da ação ou da omissão, inteiramente incapaz de entender o caráter criminoso do fato ou de determinar-se de acordo com esse entendimento.

§ 2.° — A pena pode ser reduzida de um a dois terços, se o agente, por embriaguez, proveniente de caso fortuito ou força maior, não possuía, ao tempo da ação ou da omissão, a plena capacidade de entender o caráter criminoso do fato ou de determinar-se de acordo com esse entendimento.

TÍTULO IV

DA CO-AUTORIA

Pena da co-autoria

Art. 25 — Quem, de qualquer modo, concorre para o crime incide nas penas a este cominadas.

Circunstâncias incomunicáveis

Art. 26 — Não se comunicam as circunstâncias de caráter pessoal, salvo quando elementares do crime.

Casos de impunibilidade

Art. 27 — O ajuste, a determinação ou instigação e o auxílio, salvo disposição expressa em contrário, não são puníveis, se o crime não chega, pelo menos, a ser tentado (art. 76, parágrafo único).

TÍTULO V

DAS PENAS

Capítulo I

Das penas principais

Penas principais

Art. 28 — As penas principais são:

I — reclusão;

II — detenção;

III — multa.

Seção I

Da reclusão e da detenção

Regras comuns às penas privativas de liberdade

Art. 29 — A pena de reclusão e a de detenção devem ser cumpridas em penitenciária, ou à falta, em secção especial de prisão comum.

§ 1.º — O sentenciado fica sujeito a trabalho, que deve ser remunerado, e a isolamento durante o repouso noturno.

§ 2.º — As mulheres cumprem pena em estabelecimento especial, ou, à sua falta, em seção adequada de penitenciária ou prisão comum, sujeitas a trabalho interno.

● *§ 2.º As mulheres cumprem pena em estabelecimento especial ou, à sua falta, em seção adequada de penitenciária ou prisão comum, sujeitas a trabalho interno, admitido o benefício do trabalho externo.*
(Redação determinada pela Lei n.º 6.416, de 24 de maio de 1977.)

§ 3.º — As penas de reclusão e de detenção impostas pela justiça de um Estado podem ser cumpridas em estabecimento de outro Estado ou da União.

Reclusão

Art. 30 — No período inicial do cumprimento da pena de reclusão, se o permitem as suas condições pessoais, fica o reclusão também sujeito a isolamento durante o dia, por tempo não superior a três meses.

§ 1.º — O recluso passará, posteriormente, a trabalhar em comum, dentro do estabelecimento, ou em obras ou serviços públicos, fora dele.

§ 2.º — O recluso de bom procedimento pode ser transferido para colônia penal ou estabelecimento similar:

I — se já cumpriu metade da pena, quando esta não é superior a três anos;

II — se já cumpriu um terço da pena, quando esta é superior a três anos.

§ 3.º — A pena de reclusão não admite suspensão condicional, salvo quando o condenado é menor de vinte e um anos ou maior de setenta, e a condenação não é por tempo superior a dois anos.

Reclusão

● *Art. 30. O período inicial, do cumprimento de pena privativa da liberdade, consiste na observação do recluso, sujeito ou não a isolamento celular, por tempo não superior a 3 (três) meses, com atividades que permitam completar o conhecimento de sua personalidade.*

§ 1.º O recluso passará, posteriormente, a trabalhar em comum, dentro do estabelecimento em que cumpre a pena ou fora dele, na conformidade de suas aptidões ou ocupações anteriores, desde que haja compatibilidade com os objetivos da pena.

§ 2.º O trabalho externo é compatível com os regimes fechado, semi-aberto e aberto desde que tomadas as cautelas próprias, contra a fuga e em favor da disciplina; os condenados que cumprem pena em regime fechado somente se dedicarão a trabalho externo em serviços ou obras públicas, sob vigilância do pessoal penitenciário.

§ 3.º O trabalho do recluso será remunerado, aplicando-se o seu produto:

a) na indenização dos danos causados pelo crime, desde que determinados judicialmente e não reparados por outros meios;

b) na assistência à família, segundo a lei civil;

c) em pequenas despesas pessoais;

d) ressalvadas outras aplicações legais, em depósito da parte restante, para constituição de pecúlio, em caderneta de poupança da Caixa Econômica Federal, a qual lhe será entregue no ato de ser posto em liberdade.

§ 4.º A freqüência a cursos profissionalizantes, bem como de instrução de segundo grau ou superior, fora da prisão, só é compatível com os regimes semi-aberto e aberto.

§ 5.º O condenado não perigoso, cuja pena não ultrapasse oito anos, poderá ser recolhido a estabelecimento de regime semi-aberto, desde o início, ou, se ultrapassar, após ter cumprido um terço dela em regime fechado:

I — Se a pena não for superior a quatro anos, poderá ser recolhido a estabelecimento de regime aberto, desde o início, ou:

a) se for superior a quatro até oito, após ter cumprido um terço em outro regime;

b) se for superior a oito, após ter cumprido dois quintos em outro regime.

II — Observados os termos do caput deste artigo e os deste parágrafo, e guardada a separação dos presos provisórios, a pena poderá ser cumprida em prisão da comarca da condenação ou da residência do condenado.

§ 6.º Deverão ser regulamentadas por lei local ou, à sua falta, por provimento do Conselho Superior da Magistratura ou órgão equivalente, as seguintes concessões a serem outorgadas pelo juiz, a requerimento do interessado, seu cônjuge ou ascendente, ou na falta desses, de descendente ou irmão, ou por iniciativa de órgão para isso competente, ou, ainda, quanto às três primeiras, também de ofício:

I — cada um dos três regimes, bem bem como a transferência e o retorno de um para outro;

II — prisão-albergue, espécie do regime aberto;

III — cumprimento da pena em prisão na comarca da condenação ou da residência do condenado;

IV — trabalho externo;

V — freqüência a curso profissionalizante, bem como de segundo grau ou superior, fora do estabelecimento;

VI — licença para visitar a família, em datas ou ocasiões especiais;

VII — licenças periódicas, combinadas ou não com as concessões dos incisos IV e V deste parágrafo, para visitar a família e ir à sua igreja, bem como licença para participar de atividades que concorram para a emenda e reintegração no convívio social, aos condenados que estão em regime aberto e, com menos amplitude, aos que estão em regime semi-aberto.

§ 7.º As normas supletivas referidas no parágrafo anterior estabelecerão, quanto a qualquer das concessões:

I — os requisitos objetivos e subjetivos que os condenados deverão ter para a sua obtenção;

II — as condições e normas de conduta a serem observadas pelos contemplados, e os casos de modificação facultativa e obrigatória de umas e de outras;

III — os casos de revogação e os requisitos para nova obtenção;

IV — a audiência da Administração Penitenciária, bem como a do Ministério Público e, quanto às dos incisos IV e V, a do Conselho Penitenciário;

V — a competência judicial;

VI — exceto quanto às concessões dos incisos I, II e III , a expedição de documento similar ao descrito no art. 724 do Código de Processo Penal, e a indicação da entidade fiscalizadora. (Redação determinada pela Lei n.º 6.416, de 24 de maio de 1977.)

Detenção

Art. 31 — O condenado a pena de detenção fica sempre separado dos condenados a pena de reclusão e não está sujeito ao período inicial de isolamento diurno.

Parágrafo único — O trabalho, desde que tenha caráter educativo, pode ser escolhido pelo detento, na conformidade de suas aptidões ou de suas ocupações anteriores.

● *Parágrafo único. Aplica-se ao detento o disposto nos parágrafos do artigo anterior. (Redação determinada pela Lei n.º 6.416, de 24 de maio de 1977.)*

Regulamentos das prisões

Art. 32 — Os regulamentos das prisões devem estabelecer a natureza, as condições e a extensão dos favores gradativos, bem como as restrições ou os castigos disciplinares, que mereça o condenado, mas, em hipótese alguma, podem autorizar medidas que exponham a perigo a saúde ou ofendam a dignidade humana.

Parágrafo único — Salvo o disposto no art. 30, ou quando o exija interesse relevante da disciplina, o isolamento não é permitido fora das horas de repouso noturno.

Superveniência de doença mental

Art. 33 — O sentenciado a que sobrevém doença mental deve ser recolhido a manicômio judiciário ou, à falta, a outro estabelecimento adequado, onde lhe seja assegurada a custódia.

Tempo de prisão preventiva ou provisória ou de internação em hospital

Art. 34 — Computam-se na pena privativa de liberdade o tempo de prisão preventiva ou provisória, no Brasil ou no estrangeiro, e o de internação em hospital ou manicômio.

Secção II

Da multa

Pena de multa

Art. 35 — A pena de multa consiste no pagamento, em selo penitenciário, da quantia fixada na sentença.

Pagamento da multa

Art. 36 — A multa deve ser paga dentro de dez dias, depois de transitar em julgado a sentença; todavia, a requerimento do condenado, e conforme as circunstâncias, o juiz pode prorrogar esse prazo até três meses.

Parágrafo único — Excedendo a mil cruzeiros a importância da multa, o juiz pode permitir que o pagamento se realize em quotas mensais, dentro do prazo de um ano, prorrogável por seis meses, desde que metade da quantia tenha sido paga ou o condenado ofereça garantia de pagamento.

Insolvência do condenado

Art. 37 — Em caso de insolvência, a multa cumulativamente com pena privativa de liberdade, é cobrada mediante desconto de quarta parte da remuneração do condenado (art. 29, § 1.º).

Desconto em vencimento ou em salário

§ 1.º — Se o condenado cumpre a pena privativa de liberdade ou obtém livramento condicional, sem haver resgatado a multa, faz-se a cobrança mediante desconto em seu vencimento ou salário.

§ 2.º — Aplica-se também o disposto no parágrafo anterior, se concedida a suspensão condicional da pena privativa de liberdade, ou imposta exclusivamente a pena de multa.

Limite do desconto

§ 3.º — O desconto não deve incidir sobre os recursos indispensáveis à manutenção do condenado e de sua família (art. 39).

Conversão em detenção

Art. 38 — A multa converte-se em detenção, quando o condenado reincidente deixa de pagá-la ou o condenado solvente frustra a sua cobrança.

Modo de conversão

Parágrafo único — A conversão da multa em detenção é feita à razão de um centavo por dia, até o máximo de um ano, não podendo, porém, ser ultrapassado o mínimo da pena privativa de liberdade, cumulativa ou alternativamente cominada ao crime.

Insolvência absoluta

Art. 39 — Não se executa a pena de multa se o condenado é absolutamente insolvente; procede-se, porém, à execução, logo que sua situação econômica venha a permiti-lo.

Parágrafo único — Se, entretanto, o condenado é reincidente, aplica-se o disposto no artigo anterior. [4]

Revogação da conversão

Art. 40 — A conversão fica sem efeito se, a qualquer tempo, o condenado paga a multa ou lhe assegura o pagamento mediante caução real ou fidejussória.

Suspensão da execução da multa

Art. 41 — É suspensa a execução da pena de multa, se sobrevém ao condenado doença mental.

---

(4) Tendo em vista a nova redação atribuída ao art. 689, II, do Código de Processo Penal, pela Lei n.º 6.416, de 24 de maio de 1977, pode-se afirmar que os arts. 38, caput, primeira parte, e 39, parágrafo único, do Código Penal estão derrogados no que diz respeito ao não-pagamento de multa pelo condenado reincidente. (Nota do organizador).

Capítulo II

Da aplicação da pena

Fixação da pena

Art. 42 — Compete ao juiz, atendendo aos antecedentes e à personalidade do agente, à intensidade do dolo ou grau da culpa, aos motivos, às circunstâncias e conseqüências do crime:

I — determinar a pena aplicável, dentre as cominadas alternativamente;

II — fixar, dentro dos limites legais, a quantidade da pena aplicável.

Critério especial na fixação da multa

Art. 43 — Na fixação da pena de multa, o juiz deve atender, principalmente, à situação econômica do réu.

Parágrafo único — A multa pode ser aumentada até o triplo, se o juiz considera que, em virtude da situação econômica do réu, é ineficaz, embora aplicada no máximo.

Circunstâncias agravantes

Art. 44 — São circunstâncias que sempre agravam a pena, quando não constituem ou qualificam o crime:

I — a reincidência;

II — ter o agente cometido o crime:

a) por motivo fútil ou torpe;

b) para facilitar ou assegurar a execução, a ocultação a impunidade ou vantagem de outro crime;

c) depois de embriagar-se propositadamente para cometê-lo;

d) à traição, de emboscada, ou mediante dissimulação ou outro recurso que dificultou ou tornou impossível a defesa do ofendido;

e) com emprego de veneno, fogo, explosivo, asfixia, tortura ou outro meio insidioso ou cruel, ou de que podia resultar perigo comum;

f) contra ascendente, descendente, irmão ou cônjuge;

g) com abuso de autoridade ou prevalecendo-se de relações domésticas, de coabitação ou de hospitalidade;

h) com abuso de poder ou violação de dever inerente a cargo, ofício, ministério ou profissão;

i) contra criança, velho ou enfermo;

j) quando o ofendido estava sob a imediata proteção da autoridade;

k) em ocasião de incêndio, naufrágio, inundação ou qualquer calamidade pública, ou de desgraça particular do ofendido.

Agravantes no caso de concurso de agentes

Art. 45 — A pena é ainda agravada em relação ao agente que:

I — promove ou organiza a cooperação no crime ou dirige a atividade dos demais agentes;

II — coage outrem à execução material do crime;

III — instiga ou determina a cometer o crime alguém sujeito à sua autoridade, ou não punível em virtude de condição ou qualidade pessoal;

IV — executa o crime, ou nele participa, mediante paga ou promessa de recompensa.

Reincidência

Art. 46 — Verifica-se a reincidência quando o agente comete novo crime, depois de transitar em julgado a sentença que, no país ou no estrangeiro, o tenha condenado por crime anterior.

Reincidência genérica e reincidência específica

§ 1.º — Diz a reincidência:

I — genérica, quando os crimes são de natureza diversa;

II — específica, quando os crimes são de natureza diversa;

II — específica, quando os crimes são da mesma natureza.

Crimes da mesma natureza

§ 2.º — Consideram-se crimes da mesma natureza os previstos no mesmo dispositivo legal, bem como os que, embora previstos em dispositivos diversos, apresentam, pelos fatos que os constituem ou por seus motivos determinantes, caracteres fundamentais comuns.

Efeitos da reincidência específica

Art. 47 — A reincidência específica importa:

I — a aplicação da pena privativa de liberdade acima da metade da soma do mínimo com o máximo;

II — a aplicação da pena mais grave em qualidade, dentre as cominadas alternativamente, sem prejuízo do disposto no n.º I.

● *Parágrafo único. Para efeito de reincidência, não prevalece a condenação anterior, se entre a data do cumprimento ou extinção da pena e a infração posterior tiver decorrido período de tempo superior a cinco anos*

Art. 47. Para efeito de reincidência, não se consideram os crimes militares ou puramente políticos.

(Redação determinada pela Lei n.º 6.416, de 24 de maio de 1977), que derrogou os parágrafos 1.º e 2.º, do art. 46 e que ao texto introduziu o parágrafo único, revogando também, integralmente, o art. 47, dando-lhe a redação acima).

Circunstâncias atenuantes

Art. 48 — São circunstâncias que sempre atenuam a pena:

I — ser o agente menor de vinte e um ou maior de setenta anos;

II — ter sido de somenos importância sua cooperação no crime;

III — a ignorância ou a errada compreensão da lei penal, quando escusáveis;

IV — ter o agente:

a) cometido o crime por motivo de relevante valor social ou moral;

b) procurado, por sua espontânea vontade e com eficiência, logo após o crime, evitar-lhe ou minorar-lhe as conseqüências, ou ter, antes do julgamento, reparado o dano;

c) cometido o crime sob coação a que podia resistir, ou sob a influência de violenta emoção, provocada por ato injusto da vítima;

d) confessado espontaneamente, perante a autoridade, a autoria do crime, ignorada ou imputada a outrem;

e) cometido o crime sob a influência de multidão em tumulto, se, lícita a reunião, não provocou o tumulto, nem é reincidente.

Atenuação especial da pena

Parágrafo único — Se o agente quis participar de crime menos grave, a pena é diminuída de um terço até a metade, não podendo, porém, ser inferior ao mínimo da cominada ao crime cometido.

Concurso de circunstâncias agravantes e atenuantes

Art. 49 — No concurso de agravantes e atenuantes, a pena deve aproximar-se do limite indicado pelas circunstâncias preponderantes, entendendo-se como tais as que resultam dos motivos determinantes do crime, da personalidade do agente e da reincidência.

Aumento ou diminuição de pena

Art. 50 — A pena que tenha de ser aumentada ou diminuída, de quantidade fixa ou dentro de determinados limites, é a que o juiz aplicaria se não existisse causa de aumento ou de diminuição.

Parágrafo único — No concurso de causas de aumento ou de diminuição previstas na parte especial, pode o juiz limitar-se a um só aumento ou a uma só diminuição, prevalecendo, todavia, a causa que mais aumente ou diminua.

Concurso material

Art. 51 — Quando o agente, mediante mais de uma ação ou omissão, pratica dois ou mais crimes, idênticos ou não, aplicam-se cumulativamente as penas em que haja incorrido. No caso de aplicação cumulativa de penas de reclusão e de detenção, executa-se primeiro aquela.

Concurso formal

§ 1.° — Quando o agente, mediante uma só ação ou omissão, pratica dois ou mais crimes, a que se cominam penas privativas de liberdade, impõe-se-lhe a mais grave, ou, se idênticas, somente uma delas, mas aumentada, em qualquer caso, de um sexto até metade. As penas aplicam-se, entretanto, cumulativamente, se a ação ou omissão é dolosa e os crimes concorrentes resultam de desígnios autônomos.

Crime continuado

§ 2.° — Quando o agente, mediante mais de uma ação ou omissão, pratica dois ou mais crimes da mesma espécie e, pelas condições de tempo, lugar, maneira de execução e outras semelhantes, devem os subseqüentes ser havidos como continuação do primeiro, impõe-se-lhe a pena de um só dos crimes, se idênticas, ou a mais grave, se diversas, aumentada, em qualquer caso, de um sexto a dois terços.

Aplicação da multa ou das penas acessórias no concurso de crimes

Art. 52 — As penas não privativas de liberdade são aplicadas distinta e integralmente, ainda que previstas para um só dos crimes concorrentes.

Erro na execução

Art. 53 — Quando, por acidente ou erro no uso dos meios de execução, o agente, ao invés de atingir a pessoa que pretendia ofender, atinge pessoa diversa, responde como se tivesse praticado o crime contra aquela, atendendo-se ao disposto no art. 17, § 3.°, 2.ª parte. No caso de ser também atingida a pessoa que o agente pretendia ofender, aplica-se a regra do § 1.° do art. 51.

Resultado diverso do pretendido

Art. 54 — Fora dos casos do artigo anterior, quando, por acidente ou erro na execução do crime, sobrevém resultado diverso do pretendido, o agente responde por culpa, se o fato é previsto como crime culposo; se ocorre também o resultado pretendido, aplica-se a regra do § 1.° do art. 51.

Limite das penas

Art. 55 — A duração das penas privativas de liberdade não pode, em caso algum, ser superior a trinta anos, nem a importância das multas ultrapassar duzentos mil cruzeiros.

Concurso de crime e contravenção

Art. 56 — No concurso de crime e contravenção, observa-se o disposto nos arts. 51, 52 e 53, executando-se por último a pena cominada à contravenção, quando aplicadas cumulativamente penas privativas de liberdade.

Capítulo III

Da suspensão condicional da pena

Requisitos da suspensão da pena

Art. 57 — A execução da pena de detenção não superior a dois anos, ou de reclusão, no caso do art. 30, § 3.°, pode ser suspensa, por dois a seis anos, desde que:

I — o sentenciado não haja sofrido, no Brasil ou no estrangeiro, condenação por outro crime; ou condenação, no Brasil por motivo de contravenção;

II — os antecedentes e a personalidade do sentenciado, os motivos e as circunstâncias do crime autorizem a presunção de que não tornará a delinqüir.

● *Art. 57. A execução da pena privativa da liberdade, não superior a dois anos, pode ser suspensa, por dois a seis anos, desde que:*

I — o sentenciado não haja sofrido, no País ou no estrangeiro, condenação irrecorrível por outro crime a pena privativa da liberdade, salvo o disposto no parágrafo único do art. 46;
(Redação determinada pela Lei n.° 6.416, de 24 de maio de 1977.)

Penas a que não se estende a suspensão

Parágrafo único — A suspensão não se estende à pena de multa nem à pena acessória.

Especificação das condições

Art. 58 — A sentença deve especificar as condições a que fica subordinada a suspensão.

Revogação da suspensão

Art. 59 — A suspensão é revogada se, no curso do prazo, o beneficiário:

I — é condenado, por sentença irrecorrível, em razão de crime, ou de contravenção pela qual tenha sido imposta pena privativa de liberdade;

II — frustra, embora solvente, o pagamento da multa ou a reparação do dano.

● *I — é condenado, por sentença irrecorrível, a pena privativa da liberdade;*

II — frustra, embora solvente, o pagamento da multa, ou não efetua, sem motivo justificado, a reparação do dano. (Redação determinada pela Lei n.º 6.416, de 24 de maio de 1977.)

§ 1.º — A suspensão pode ser também revogada, se o sentenciado deixa de cumprir qualquer das obrigações constantes da sentença, ou é irrecorrivelmente condenado, por motivo de contravenção, a pena que não seja privativa de liberdade.

● *§ 1.º A suspensão pode também ser revogada se o sentenciado deixa de cumprir qualquer das obrigações constantes da sentença, infringe as proibições inerentes à pena acessória, ou é irrecorrivelmente condenado a pena que não seja privativa da liberdade.*

(Redação determinada pela Lei n.º 6.416, de 24 de maio de 1977.)

§ 2.º — Se o beneficiário está sendo processado por outro crime ou por motivo de contravenção, considera-se prorrogado o prazo da suspensão até o julgamento definitivo.

Prorrogação do período de prova

§ 3.º — Quando facultativa a revogação, o juiz pode, ao invés de decretá-la, prorrogar o período de prova até o máximo, se este não foi o fixado.

Cumprimento das condições

§ 4.º — Se o prazo expira sem que haja ocorrido motivo para a revogação, não mais se executa a pena privativa de liberdade.

Capítulo IV

Do livramento condicional

Requisitos do livramento condicional

Art. 60 — O juiz pode conceder livramento condicional ao condenado a pena de reclusão ou de detenção superior a três anos, desde que:

I — cumprida mais de metade da pena, se o criminoso é primário, e mais de três quartos, se reincidente;

II — verificada a ausência ou a cessação da periculosidade e provados bom comportamento durante a vida carcerária e aptidão para prover à própria subsistência mediante trabalho honesto;

III — satisfeitas as obrigações civis resultantes do crime, salvo quando provada a insolvência do condenado.

Parágrafo único — As penas que correspondem a crimes autônomos podem somar-se, para o efeito do livramento, quando qualquer delas é superior a três anos.

● *Art. 60. O juiz pode conceder livramento condicional ao condenado a pena privativa de liberdade igual ou superior a dois anos, desde que:*

I — cumprida mais da metade da pena ou, tratando-se de reincidente, mais de três quartos;

II — verificada a ausência ou cessação da periculosidade, e provados bom comportamento durante a vida carcerária e aptidão para prover à própria subsistência mediante trabalho honesto;

III — tenha reparado, salvo impossibilidade de fazê-lo, o dano causado pela infração.

Parágrafo único. As penas que correspondem a infrações diversas podem somar-se, para efeito do livramento. (Redação determinada pela Lei n.º 6.416, de 24 de maio de 1977.)

Especificação das condições

Art. 61 — A sentença deve especificar as condições a que fica subordinado o livramento.

Preliminares da concessão

Art. 62 — O livramento somente se concede mediante parecer do Conselho Penitenciário, ouvido o diretor do estabelecimento em que está ou tenha estado o liberando e, se imposta medida de segurança detentiva, após o exame a que se refere o art. 81.

Vigilância do liberado

Art. 63 — O liberado, onde não exista patronato oficial ou particular dirigido ou inspecionado pelo Conselho Penitenciário, fica sob a vigilância da autoridade policial. (4)

● *Art. 63. O liberado fica sob observação cautelar e proteção de serviço social penitenciário, patronato, conselho de comunidade ou entidades similares de que trata o § 4.° do art. 698 do Código de Processo Penal. (Redação dada pela Lei n.° 6.416, de 24 de maio de 1977).*

Revogação do livramento

Art. 64 — Revoga-se o livramento, se o liberado vem a ser condenado, em sentença irrecorrível:

I — por crime cometido durante a vigência do benefício;

II — por crime anterior, sem prejuízo, entretanto, do disposto no parágrafo único do art. 60;

III — por motivo de contravenção, desde que imposta pena privativa de liberdade.

Parágrafo único — O juiz pode também revogar o livramento, se o liberado deixa de cumprir qualquer das obrigações constantes da sentença ou é irrecorrivelmente condenado, por motivo de contravenção, a pena que não seja privativa de liberdade.

● *Com a Lei n.° 6.416, de 24 de maio de 1977, o inciso III e o parágrafo único passaram a ter a seguinte redação:*

III — por motivo de contravenção.

Parágrafo único. O Juiz pode, também, revogar o livramento, se o liberado deixar de cumprir qualquer das obrigações constantes da sentença, de observar proibições inerentes à pena acessória ou for irrecorrivelmente condenado, por crime, a pena que não seja privativa da liberdade.

Efeitos da revogação

Art. 65 — Revogado o livramento, não pode ser novamente concedido, e, salvo quando a revogação resulta de condenação por outro crime ou contravenção anterior àquele benefício, não se desconta na pena o tempo em que esteve solto o condenado.

Cumprimento das condições

Art. 66 — Se até o seu termo o livramento não é revogado, considera-se extinta a pena privativa de liberdade e fim sem efeito as medidas de segurança pessoais.

Parágrafo único — O juiz não pode declarar extinta a pena, enquanto não passar em julgado a sentença em processo a que responde o liberado, por crime ou contravenção cometidos na vigência do livramento.

Capítulo V

Das penas acessórias

Penas acessórias

Art. 67 — São penas acessórias:

I — a perda de função pública, eletiva ou de nomeação;

II — as interdições de direito;

III — a publicação da sentença.

Perda de função pública

Art. 68 — Incorre na perda de função pública:

I — o condenado a pena privativa de liberdade por crime cometido com abuso de poder ou violação de dever inerente a função pública;

(4) **Texto original:**
Art. 63. O liberado, onde não exista patronato oficial, subordinado ao Conselho Penitenciário, fica sob vigilncia da autoridade policial.

II — o condenado por outro crime a pena de reclusão por mais de dois anos ou de detenção por mais de quatro.

Interdição de direitos

Art. 69 — Interdições de direitos:

I — a incapacidade temporária para investidura em função pública;

II — a incapacidade, permanente ou temporária, para o exercício da autoridade marital ou do pátrio poder;

III — a incapacidade, permanente ou temporária, para o exercício de tutela ou curatela;

IV — a incapacidade temporária para profissão ou atividade cujo exercício depende de habilitação especial ou de licença ou autorização do poder público;

V — a suspensão dos direitos políticos.

Incidência em interdição de direito

Parágrafo único — Incorrem:

I — na interdição sob o n.° I:

a) de cinco a vinte anos, o condenado a reclusão por tempo não inferior a quatro anos ou o condenado por crime doloso cometido no exercício de função pública, em prejuízo da Fazenda Pública, ou de patrimônio de entidade paraestatal, qualquer que seja o tempo da pena;

b) de dois a oito anos, o condenado a reclusão por tempo superior a dois anos e inferior a quatro, ou o condenado por crime cometido com abuso de poder ou violação de dever inerente a função pública, excetuado o caso previsto na letra **a**, parte final;

II — na interdição sob o n.° II:

a) permanentemente, o condenado por crime de que resulte manifesta incompatibilidade com o exercício da autoridade marital ou do pátrio poder;

b) de dois a oito anos, o condenado por crime cometido com abuso da autoridade marital ou do pátrio poder, se não incide na sanção anterior;

c) nos demais casos, até o termo da execução da pena ou da medida de segurança detentiva, o condenado a reclusão por tempo superior a dois anos;

III — na interdição sob o n.° III:

a) permanentemente, o condenado por crime de que resulte manifesta incompatibilidade com o exercício da tutela ou curatela;

b) de cinco a vinte anos, o condenado a reclusão por tempo não inferior a quatro anos;

c) de dois a oito anos, o condenado a reclusão superior a dois anos e inferior a quatro, ou por crime cometido com abuso de poder ou infração de dever inerente à tutela ou curatela, se não ocorre o caso da letra **a**;

IV — na interdição sob o n.° IV, de dois a dez anos, o condenado por crime cometido com abuso de profissão ou atividade, ou com infração de dever a ela inerente;

V — na interdição sob o n.° V, o condenado a pena privativa de liberdade, enquanto dure a execução da pena, a aplicação da medida de segurança detentiva ou a interdição sob n.° I.

● *V — na interdição a que se refere o inciso V, o condenado a pena privativa da liberdade, enquanto durarem os efeitos da condenação. (Redação determinada pela Lei n.° 6.416, de 24 de maio de 1977).*

Imposição da pena acessória

Art. 70 — A sentença deve declarar:

I — a perda da função pública, nos casos do n.° I, do art. 68;

II — as interdições, nos casos do n.° I, letras **a** e **b**, n.° II, letras **a** e **b** n.° III, letras **a**, **b** e **c**, e n.° IV, do parágrafo único do artigo anterior, fixando-lhes a duração, quando temporárias.

Parágrafo único — Nos demais casos, a perda de função pública e as interdições resultam da simples imposição da pena principal.

Interdição provisória

Art. 71 — Durante o processo, é facultado ao juiz decretar a suspensão provisória do exercício do pátrio poder, da autoridade marital, da tutela, da curatela e da profissão ou atividade, desde que a interdição correspondente possa resultar da condenação.

Termo inicial das interdições

Art. 72 — As interdições, permanentes ou temporárias, tornam-se efetivas logo que passa em julgado a sentença, mas o prazo das interdições temporárias começa a correr do dia em que:

a) termina a execução da pena privativa de liberdade ou esta se extingue pela prescrição;

b) finda a execução da medida de segurança detentiva.

Parágrafo único — Computam-se no prazo:

I — o tempo da suspensão provisória;

II — o tempo de liberdade resultante da suspensão condicional da pena ou do livramento condicional, se não sobrevém revogação.

Publicação da sentença

Art. 73 — A publicação da setença é decretada de ofício pelo juiz, sempre que o exija o interesse público.

§ 1.° — A publicação é feita em jornal de ampla circulação, à custa do condenado, ou se este é insolvente, em jornal oficial.

§ 2.° — A sentença é publicada em resumo, salvo razões especiais que justifiquem a publicação na íntegra.

Capítulo VI

Dos efeitos da condenação

Reparação do dano. Perda dos instrumentos, produto e proveito do crime

Art. 74 — São efeitos da condenação:

I — tornar certa a obrigação de indenizar o dano resultante do crime;

II — a perda, em favor da União, ressalvado o direito do lesado ou de terceiro de boa fé:

a) dos instrumentos do crime, desde que consistam em coisas cujo fabrico, alienação, uso, porte ou detenção constitua fato ilícito;

b) do produto do crime ou de qualquer bem ou valor que constitua proveito auferido pelo agente com a prática do fato criminoso.

TÍTULO VI

DAS MEDIDAS DE SEGURANÇA

Capítulo I

Das medidas de segurança em geral

Lei aplicável

Art. 75 — As medidas de segurança regem-se pela lei vigente ao tempo da sentença, prevalecendo, entretanto, se diversa, a lei vigente ao tempo da execução.

Condições de aplicabilidade

Art. 76 — A aplicação da medida de segurança pressupõe:

I — a prática de fato previsto como crime;

II — a periculosidade do agente.

Parágrafo único — A medida de segurança é também aplicável nos casos dos arts. 14 e 27, se ocorre a condição do n.° II.

Verificação da periculosidade

Art. 77 — Quando a periculosidade não é presumida por lei, deve ser reconhecido perigoso o indivíduo, se a sua personalidade e antecedentes, bem como os motivos e circunstâncias do crime autorizam a suposição de que venha ou torne a delinqüir.

● *Art. 77. Quando a periculosidade não é presumida por lei, deve ser reconhecido perigoso o agente:*

I — se seus antecedentes e personalidade, os motivos determinantes e as circunstâncias do fato, os meios empregados e os modos de execução, a intensidade do dolo ou o grau da culpa, autorizam a suposição de que venha ou torne a delinquir.

II — se, na prática do fato, revela torpeza, perversão, malvadez, cupidez ou insensibilidade moral.

§ 1.º. Compete ao juiz que presidir a instrução, salvos os casos de promoção, remoção, transferência ou aposentadoria, para os fins do disposto no § 5.º do art. 30, declarar na sentença a periculosidade do réu, valendo-se, para tanto, dos elementos de convicção constantes dos autos e podendo determinar diligências.

§ 2.º O Juízo pode dispor, na forma da lei local, de funcionários para investigar, coletar dados e informações com o fim de instruir o requerimento de verificação de periculosidade.

(Redação determinada pela Lei n.º 6.416, de 24 de maio de 1.977)

Presunção de periculosidade

Art. 78 — Presumem-se perigosos:

I — aqueles que, nos termos do art. 22, são isentos de pena;

II — os referidos no parágrafo único do art. 22;

III — os condenados por crime cometido em estado de embriaguez pelo álcool ou substância de efeitos análogos, se habitual a embriaguez;

IV — os reincidentes em crime doloso;

V — os condenados por crime que hajam cometido como filiados a associação, bando ou quadrilha de malfeitores.

Casos em que não prevalece a presunção

§ 1.º — A presunção de periculosidade não prevalece, quando a sentença é proferida dez anos depois do fato, no caso do n.º I deste artigo, ou cinco anos depois, nos outros casos.

● *§ 1.º A presunção de periculosidade não prevalece se, entre a data do cumprimento ou extinção da pena e o crime posterior, tiver decorrido período de tempo superior a dez anos, no caso do inciso I deste artigo, ou de cinco anos, nos outros casos.*

(Redação determinada pela Lei n.º 6.416, de 24 de maio de 1977)

§ 2.º — A execução da medida de segurança não é iniciada sem verificação da periculosidade, se da data da sentença decorreram dez anos, no caso do n.º I deste artigo, ou cinco anos, nos outros casos, ressalvado o disposto no art. 87.

§ 3.º — No caso do art. 7.º, n.º II, a aplicação da medida de segurança, segundo a lei brasileira, depende de verificação da periculosidade.

Pronunciamento judicial

Art. 79 — A medida de segurança é imposta na sentença de condenação ou de absolvição.

Parágrafo único — Depois da sentença, a medida de segurança pode ser imposta:

I — durante a execução da pena ou durante o tempo em que a ela se furte o condenado;

II — enquanto não decorrido tempo equivalente ao da duração mínima da medida de segurança, a indivíduo que, embora absolvido, a lei presume perigoso;

III — nos outros casos expressos em lei.

Aplicação provisória de medidas de segurança

Art. 80 — Durante o processo, o juiz pode submeter as pessoas referidas no art. 78, n.º I, e os ébrios habituais ou toxicômanos às medidas de segurança que lhes sejam aplicáveis.

Parágrafo único — O tempo de aplicação provisória é computado no prazo mínimo de duração da medida de segurança.

Revogação de medida de segurança

Art. 81 — Não se revoga a medida de segurança pessoal, enquanto não se verifica, mediante exame do indivíduo, que este deixou de ser perigoso.

§ 1.º — Procede-se ao exame:

I — ao fim do prazo mínimo fixado pela lei para a medida de segurança;

II — anualmente, após a expiração do prazo mínimo, quando não cessou a execução da medida de segurança;

III — em qualquer tempo, desde que o determine a superior instância.

§ 2.º — Se inferior a um ano o prazo mínimo de duração da medida de segurança, os exames sucessivos realizam-se ao fim de cada período igual àquele prazo.

Execução das medidas de segurança

Art. 82 — Executam-se as medidas de segurança:

I — depois de cumprida a pena privativa de liberdade;

II — no caso de absolvição, ou de condenação a pena de multa, depois de passada em julgado a sentença.

§ 1.º — A execução da medida de segurança é suspensa, quando o indivíduo tem de cumprir pena privativa de liberdade.

§ 2.º — A execução da medida de segurança detentiva precede a da medida de segurança não detentiva.

Superveniência de doença mental

Art. 83 — O indivíduo sujeito a medida de segurança detentiva, a quem, antes de iniciada a execução ou durante ela, sobrevém doença mental, deve ser recolhido a manicômio judiciário ou, à falta, a estabelecimento adequado, onde se lhe assegure a custódia.

Quando não detentiva a medida, a execução não se inicia e, quando iniciada, não prossegue.

Parágrafo único — Verificada a cura, sem que tenha desaparecido a periculosidade, o juiz pode determinar:

I — o início ou o prosseguimento da medida;

II — a substituição da medida de segurança não detentiva por outra de igual natureza;

III — a substituição da medida detentiva por outra de igual natureza ou pela liberdade vigiada.

Pessoa julgada por vários fatos

Art. 84. Se aplicada mais de uma medida de segurança da mesma espécie, somente uma se executa.

§ 1.º — Se de espécies diferentes, o juiz deve impor uma ou mais dentre elas, tendo em conta o grau de periculosidade do indivíduo, sem excluir, todavia, a medida detentiva aplicável em caso de periculosidade presumida.

§ 2.º — Observam-se as mesmas regras com referência às medidas de segurança impostas em juízo ou processos diferentes, ainda que iniciada a execução de uma delas.

Inobservância da medida de segurança detentiva

Art. 85 — Quando o indivíduo se subtrai à execução de medida de segurança detentiva, que não seja internação em manicômio judiciário ou em casa de custódia e tratamento, o prazo de duração mínima recomeça do dia em que a medida volta a ser executada.

Efeitos da extinção de punibilidade

Art. 86 — Extinta a punibilidade, não se impõe medida de segurança, nem subsiste a que tenha sido imposta.

Extinção pelo decurso do tempo

Art. 87 — Extingue-se a medida de segurança não executada pelo prazo de cinco anos, contados do cumprimento da pena, se o condenado, nesse período, não comete novo crime.

Parágrafo único — A extinção de medida de segurança imposta nos casos dos arts. 14 e 27 ocorre no mesmo prazo, contado da data em que se tornou irrecorrível a sentença.

Capítulo II

Das medidas de segurança em espécie

Divisão das medidas de segurança

Art. 88 — As medidas de segurança dividem-se em patrimoniais e pessoais. A interdição de estabelecimento ou de sede de sociedade ou associação e o confisco são as medidas da primeira espécie; as da segunda espécie subdividem-se em detentivas ou não detentivas.

Medidas de segurança detentivas

§ 1.º — São medidas detentivas:

I — a internação em manicômio judiciário;

II — a internação em casa de custódia e tratamento;

III — a internação em colônia agrícola ou em instituto de trabalho, de reeducação ou de ensino profissional.

Medidas de segurança não detentivas

§ 2.º — São medidas não detentivas:

I — a liberdade vigiada;

II — a proibição de freqüentar determinados lugares;

III — o exílio local.

Falta de estabelecimento adequado

Art. 89 — Onde não há estabelecimento adequado, a medida detentiva, segundo a sua natureza, é executada em secção especial de outro estabelecimento.

Execução da medida de segurança fora do Estado em que foi imposta

Parágrafo único — Aplica-se às medidas de segurança detentivas o que dispõe o art. 29, § 3.º.

Regime dos estabelecimentos de internação

Art. 90 — O internado deve ser submetido a regime de reeducação, de tratamento ou de trabalho, conforme suas condições pessoais.

Parágrafo único — O trabalho deve ser remunerado.

Internação em manicômio judiciário

Art. 91 — O agente isento de pena, nos termos do art. 22, é internado em manicômio judiciário.

§ 1.º — A duração da internação é, no mínimo:

I — de seis anos, se a lei comina ao crime pena de reclusão não inferior, no mínimo, a doze anos;

II — de três anos, se a lei comina ao crime pena de reclusão não inferior, no mínimo, a oito anos;

III — de dois anos, se a pena privativa de liberdade, cominada ao crime, é, no mínimo, de um ano;

IV — de um ano, nos outros casos.

§ 2.º — Na hipótese do n.º IV, o juiz pode submeter o indivíduo apenas a liberdade vigiada.

Substituição facultativa

§ 3.º — O juiz pode, tendo em conta a perícia médica, determinar a internação em casa de custódia e tratamento, observados os prazos do artigo anterior.

Cessação da internação

§ 4.º — Cessa a internação por despacho do juiz, após a perícia médica (art. 81), ouvidos o Ministério Público e o diretor do estabelecimento.

Período de prova

§ 5.º — Durante um ano depois de cessada a internação, o indivíduo fica submetido a liberdade vigiada, devendo ser de novo internado se seu procedimento revela que persiste a periculosidade. Em caso contrário, declara-se extinta a medida de segurança.

Internação em casa de custódia e tratamento

Art. 92 — São internados em casa de custódia e tratamento, não se lhes aplicando outra medida detentiva:

I — durante três anos, pelo menos, o condenado por crime a que a lei comina pena de reclusão por tempo não inferior, no mínimo, a dez anos, se na sentença foram reconhecidas as condições do parágrafo único do art. 22;

II — durante dois anos, pelo menos, o condenado por crime a que a lei comina pena de reclusão por tempo não inferior, no mínimo. a cinco anos, se na sentença foram reconhecidas as condições do parágrafo único do art. 22;

III — durante um ano, pelo menos, o condenado por crime a que a lei comina pena privativa de liberdade por tempo não inferior, no mínimo, a um ano, se na sentença foram reconhecidas as condições do parágrafo único do art. 22;

IV — durante seis meses, pelo menos, ainda que a pena aplicada seja por tempo menor, o condenado a pena privativa de liberdade por crime cometido em estado de embriaguez pelo álcool ou substância de efeitos análogos, se habitual a embriaguez.

Parágrafo único — O codenado por crime a que a lei comina pena privativa de liberdade por tempo inferior, no mínimo, a um ano, se na sentença foram reconhecidas as condições do parágrafo único do art. 22, é internado em casa de custódia e tratamento durante seis meses, pelo menos, ou, se mais conveniente, submetido, por igual prazo, a liberdade vigiada.

Internação em colônia agrícola, ou em instituto de trabalho, de reeducação ou de ensino profissional

Art. 93 — São internados em qualquer dos estabelecimentos referidos no art. 88, § 1.°, n.° III, segundo pareça ao juiz mais conveniente:

I — durante dois anos, pelo menos, o condenado por crime doloso, se reincidente;

II — durante um ano, pelo menos:

a) o condenado a reclusão por mais de cinco anos;

b) o condenado a pena privativa de liberdade, se o crime se relaciona com a ociosidade, a vadiagem ou a prostituição.

Liberdade vigiada

Art. 94 — Fora dos casos já previstos, aplica-se a liberdade vigiada durante um ano, pelo menos:

I — ao egresso dos estabelecimentos referidos no art. 88, § 1.°, ns. II e III;

II — ao liberado condicional;

III — nos casos dos arts. 14 e 27;

IV — ao transgressor da proibição resultante do exílio local;

V — ao transgressor da proibição de freqüentar determinados lugares;

VI — se a lei não especifica de segurança aplicável.

Normas da liberdade vigiada

Art. 95 — Ao aplicar a liberdade vigiada, o juiz deve prescrever ao indivíduo as regras de comportamento destinadas a evitar nova infração da lei penal, podendo modificá-las no curso da execução.

Parágrafo único — A vigilância, na falta de órgão especial, incumbe à autoridade policial.

Transgressões das obrigações resultantes da liberdade vigiada

Art. 96 — No caso de transgressão das obrigações resultantes de liberdade vigiada, o juiz pode, ressalvado o disposto no art. 64, parágrafo único, determinar a internação, até seis meses, em um dos estabelecimentos referidos no art. 88, § 1.°, ns. II e III.

Exílio local

Art. 97 — O exílio local consiste na proibição de residir ou permanecer o condenado, durante um ano, pelo menos, na localidade, município ou comarca em que o crime foi praticado.

Proibição de freqüentar determinados lugares

Art. 98 — A proibição de freqüentar determinados lugares é medida de prevenção especial e sua duração é, no mínimo:

I — de um ano, imposta ao condenado por crime cometido sob a ação do álcool;

II — de três meses, nos outros casos.

Interdição de estabelecimento ou sede de sociedade ou associação

Art. 99 — A interdição de estabelecimento comercial ou industrial, ou de sede de sociedade ou associação, pode ser decretada por tempo não inferior a quinze dias, nem superior a seis meses, se o estabelecimento, sociedade ou associação serve de meio ou pretexto para a prática de infração penal.

§ 1.º — A interdição do estabelecimento consiste na proibição ao condenado, ou a terceiro, a quem ele o tenha transferido, de exercer no local o mesmo comércio ou indústria.

§ 2.º — A sociedade ou associação, cuja sede é interditada, não pode exercer em outro local as suas atividades.

Confisco

Art. 100 — O juiz, embora não apurada a autoria, deve ordenar o confisco dos instrumentos e produtos do crime, desde que consistam em coisas cujo fabrico, alienação, uso, porte ou detenção constitui fato ilícito.

A medida de segurança e a expulsão de estrangeiro

Art. 101 — A imposição de medida de segurança não impede a expulsão de estrangeiro.

TÍTULO VII

DA AÇÃO PENAL

Ação pública e ação privada

Art. 102 — A ação penal é pública, salvo quando a lei expressamente a declara privativa do ofendido.

§ 1.º — A ação pública é promovida pelo Ministério Público, dependendo, quando a lei o exige, de representação do ofendido ou de requisição do ministro da Justiça.

§ 2.º — A ação privada é promovida mediante queixa do ofendido ou de quem tenha qualidade para representá-lo.

§ 3.º — A ação privada pode intentar-se nos crimes de ação pública, se o Ministério Público não oferece denúncia no prazo legal.

§ 4.º — No caso de morte do ofendido ou de ter sido ele declarado ausente por decisão judicial, o direito de oferecer queixa ou de prosseguir na ação passa ao cônjuge, ascendente, descendente ou irmão.

A ação penal no crime complexo

Art. 103 — Quando a lei considera como elementos constitutivos ou circunstâncias agravantes de um crime fatos que, por si mesmos, constituem crimes, cabe a ação publica em relação àquele, desde que em relação a qualquer destes se deva proceder por iniciativa do Ministério Público.

Irretratabilidade da representação

Art. 104 — A representação é irretratável depois de iniciada a ação.

Decadência do direito de queixa ou de representação

Art. 105 — Salvo disposição expressa em contrário, o ofendido decai do direito de queixa ou de representação, se não o exerce dentro do prazo de seis meses, contado do dia em que veio a saber quem é o autor do crime, ou, no caso do § 3.º do art. 102, do dia em que se esgota o prazo para oferecimento da denúncia.

Renúncia, expressa ou tácita, do direito de queixa

Art. 106 — O direito de queixa não pode ser exercido quando renunciado expressa ou tacitamente.

Parágrafo único — Importa renúncia tácita ao direito de queixa a prática de ato incompatível com a vontade de exercê-lo; não a implica, todavia, o fato de receber o ofendido a indenização do dano causado pelo crime.

Perdão do ofendido

Art. 107 — O perdão do ofendido, nos crimes em que somente se procede mediante queixa, obsta ao prosseguimento da ação.

§ 1.º — O perdão, no processo, ou fora dele, expressou ou tácito:

I — se concedido a qualquer dos querelados, a todos aproveita;

II — se concedido por um dos ofendidos, não prejudica o direito dos outros;

III — se o querelado o recusa, não produz efeito.

§ 2.º — Perdão tácito é o que resulta da prática de ato incompatível com a vontade de prosseguir na ação.

§ 3.º — Não é admissível o perdão depois que passa em julgado a sentença condenatória.

TÍTULO VIII

DA EXTINÇÃO DA PUNIBILIDADE

Da extinção da punibilidade

Art. 108 — Extingue-se a punibilidade:

I — pela morte do agente;

II — pela anistia, graça ou indulto;

III — pela retroatividade de lei que não mais considera o fato como criminoso;

IV — pela prescrição, decadência ou perempção;

V — pela renúncia do direito de queixa ou pelo perdão aceito, nos crimes de ação privada;

VI — pela reabilitação;

VII — pela retratação do agente, nos casos em que a lei a admite;

VIII — pelo casamento do agente com a ofendida, nos crimes contra os costumes, definidos nos Capítulos I, II e III do Título VI da Parte Especial:

IX — pelo ressarcimento do dano, no peculato culposo.

● *IX — pelo casamento da ofendida com terceiro, nos crimes referidos no inciso anterior, salvo se cometidos com violência ou grave ameaça e se ela não requerer o prosseguimento da ação penal no prazo de sessenta dias a contar da celebração;*

(Redação dada pela Lei n.º 6.416, de 24 de maio de 1977, que acrescentou este inciso com a numeração acima. Conseqüentemente, o inciso IX da legislação original passou a ser o n.º X)

Parágrafo único — A extinção da punibilidade de crime que é pressuposto, elemento constitutivo ou circunstância agravante de outro, não se estende a este. Nos crimes conexos, a extinção da punibilidade de um deles não impede, quanto aos outros, a agravação da pena resultante da conexão.

Prescrição, antes de transitar em julgado a sentença final

Art. 109 — A prescrição, antes de transitar em julgado a sentença final, salvo o disposto no parágrafo único do art. 110, regula-se pelo máximo da pena privativa de liberdade cominada ao crime, verificando-se:

I — em vinte anos, se o máximo da pena é superior a doze;

II — em dezesseis anos, se o máximo da pena é superior a oito anos e não excede a doze;

III — em doze anos, se o máximo da pena é superior a quatro anos e não excede a oito;

IV — em oito anos, se o máximo da pena é superior a dois anos e não excede a quatro;

V — em quatro anos, se o máximo da pena é igual a um ano ou, sendo superior, não excede a dois;

VI — em dois anos, se o máximo da pena é inferior a um ano.

Prescrição, depois de transitar em julgado a sentença final condenatória

Art. 110 — A prescrição, depois de transitar em julgado a sentença condenatória, regula-se pela pena imposta e verifica-se nos prazos fixados no artigo anterior, os quais se aumentam de um terço, se o condenado é reincidente.

Prescrição, no caso de sentença condenatória, de que somente o réu tenha recorrido

Parágrafo único — A prescrição, depois de sentença condenatória de que somente o réu tenha recorrido, regula-se também pela pena imposta e verifica-se nos mesmos prazos.

● *§ 1.º A prescrição, depois da sentença condenatória com trânsito em julgado para a acusação regula-se, também, pela pena aplicada e verifica-se nos mesmos prazos.*

● *§ 2.º A prescrição, de que trata o parágrafo anterior, importa, tão-somente, em renúncia do Estado à pretensão executória da pena principal, não podendo,* *em qualquer hipótese, ter por termo inicial data anterior à do recebimento da denúncia.*

(Os §§ 1.° e 2.° deste artigo foram introduzidos pela Lei n.° 6.416, de 24 de maio de 1977, ficando, pois, derrogado o parágrafo único da legislação original)

Termo inicial da prescrição antes de transitar em julgado a sentença final

Art. 111 — A prescrição, antes de transitar em julgado a sentença final, começa a correr:

a) do dia em que o crime se consumou;

b) no caso de tentativa, do dia em que cessou a atividade criminosa;

c) nos crimes permanentes ou continuados, do dia em que cessou a permanência ou a continuação;

d) nos de bigamia e nos de falsificação ou alteração de assentamento do registro civil, da data em que o fato se tornou conhecido.

Termo inicial da prescrição após a sentença condenatória irrecorrível

Art. 112 — No caso do art. 110, a prescrição começa a correr:

a) do dia em que passa em julgado a sentença condenatória ou a que revoga a suspensão condicional da pena ou o livramento condicional;

b) do dia em que se interrompe a execução, salvo quando o tempo da interrupção deva computar-se na pena.

Prescrição no caso de evasão do condenado ou de revogação do livramento condicional

Art. 113 — No caso de evadir-se o condenado ou de revogar-se o livramento condicional, a prescrição é regulada pelo tempo que resta da pena.

Prescrição no caso de multa

Art. 114 — A prescrição opera-se em dois anos, quando a pena de multa foi a única imposta ou é a que ainda não foi cumprida.

Redução dos prazos da prescrição

Art. 115 — São reduzidos de metade os prazos da prescrição, quando o criminoso era, ao tempo do crime, menor de vinte e um ou maior de setenta anos.

Causas impeditivas da prescrição

Art. 116 — Antes de passar em julgado a sentença final, a prescrição não corre:

I — enquanto não resolvida, em outro processo, questão de que dependa o reconhecimento da existência do crime;

II — enquanto o agente cumpre pena no estrangeiro.

Parágrafo único — Depois de passada em julgado a sentença condenatória, a prescrição não corre durante o tempo em que o condenado está preso por outro motivo.

Causas interruptivas da prescrição

Art. 117 — O curso da prescrição interrrompe-se:

I — pelo recebimento da denúncia ou da queixa;

II — pela pronúncia;

III — pela decisão confirmatória da pronúncia;

IV — pela sentença condenatória recorrível;

V — pelo início ou continuação do cumprimento da pena;

VI — pela reincidência.

§ 1.° — Salvo o caso do n.° VI, a interrupção da prescrição produz efeito relativamente a todos os autores do crime. Nos crimes conexos, que sejam objeto do mesmo processo, estende-se aos demais a interrupção relativa a qualquer deles.

§ 2.° — Interrompida a prescrição, salvo a hipótese do n.° V, todo o prazo começa a correr, novamente, do dia da interrupção.

Absorção das penas mais leves

Art. 118 — As penas mais leves prescrevem com as penas mais graves.

Imprescritibilidade da pena acessória

Parágrafo único — É imprescritível a pena acessória imposta na sentença ou resultante da condenação.

Reabilitação (5)

Art. 119 — A reabilitação alcança quaisquer penas impostas por sentença definitiva.

§ 1.º — A reabilitação poderá ser requerida decorridos 5 (cinco) anos do dia em que for extinta, de qualquer modo, a pena principal ou terminar sua execução e do dia em que terminar o prazo da suspensão condicional da pena ou do livramento condicional, desde que o condenado:

a) tenha tido domicílio no País no prazo acima referido;

b) tenha dado, durante esse tempo, demonstração efetiva e constante de bom comportamento público e privado;

c) tenha ressarcido o dano causado pelo crime ou demonstre a absoluta imposibilidade de o fazer até o dia do pedido, ou exiba documento que comprove a renúncia da vítima ou novação da dívida.

Penas que a reabilitação não extingue

§ 2.º — A reabilitação não pode ser concedida:

a) em favor dos presumidamente perigosos pelos ns. I, II, III e V do art. 78 deste Código, salvo prova cabal em contrário;

b) em relação à incapacidade para o exercício do pátrio poder, tutela, curatela ou autoridade marital se imposta por crime contra os costumes, cometido pelo condenado em detrimento de filho, tutelado ou curatelado, ou por crime de lenocínio.

Prazo para renovação do pedido

§ 3.º — Negada a reabilitação, não pode ser novamente requerida senão após o decurso de 2 (dois) anos.

Revogação da reabilitação

Art. 120 — A reabilitação será revogada de ofício, ou a requerimento do Ministério Público, se a pessoa reabilitada for condenada, por decisão definitiva, ao cumprimento de pena privativa da liberdade.

Parágrafo único — Os prazos para o pedido de reabilitação serão contados em dobro no caso de reincidência.

---

(5) (A redação atual foi determinada pela Lei n.º 5.467, de 5 de julho de 1968): O texto original tinha a seguinte redação:

Reabilitação

Art. 119. A reabilitação extingue a pena de interdição de direito e somente pode ser concedida após o decurso de quatro anos, contados do dia em que termina a execução da pena principal ou da medida de segurança detentiva, desde que o condenado:

I, tenha dado durante esse tempo provas efetivas de bom comportamento;

II, tenha ressarcido o dano causado pelo crime, se podia fazê-lo.

§ 1.º Se o condenado é reincidente, o prazo mínimo para a reabilitação é de oito anos.

Penas que a reabilitação não extingue

§ 2.º A reabilitação não pode ser concedida em relação à incapacidade para o exercício de pátrio-poder, tutela, curatela ou autoridade marital, se imposta por crime contra os costumes, cometido pelo condenado em detrimento de filho, tutelado ou curatelado, ou por crime de lenocínio contra a própria mulher.

Prazo para renovação do pedido

§ 3.º Negada a reabilitação, não pode ser novamente requerida senão após o decurso de dois anos.

Revogação da reabilitação

Art. 120. A reabilitação é revogada e não pode mais ser concedida, se o reabilitado sofre nova condenação, por sentença irrecorrível, à pena privativa de liberdade.

PARTE ESPECIAL

TÍTULO I

DOS CRIMES CONTRA A PESSOA

Capítulo I

Dos crimes contra a vida

Homicídio simples

Art. 121 — Matar alguém:

Pena — reclusão, de seis a vinte anos.

Caso de diminuição de pena

§ 1.º — Se o agente comete o crime impelido por motivo de relevante valor social ou moral, ou sob o domínio de violenta emoção, logo em seguida a injusta provocação da vítima, o juiz pode reduzir a pena de um sexto a um terço

Homicídio qualificado

§ 2.º — Se o homicídio é cometido:

I — mediante paga ou promessa de recompensa, ou por outro motivo torpe;

II — por motivo fútil;

III — com emprego de veneno, fogo, explosivo, asfixia, tortura ou outro meio insidioso ou cruel, ou de que possa resultar perigo comum;

IV — à traição, de emboscada, ou mediante dissimulação ou outro recurso que dificulte ou torne impossível a defesa do ofendido;

V — para assegurar a execução, a ocultação, a impunidade ou vantagem de outro crime:

Pena — reclusão, de doze a trinta anos.

Homicídio culposo

§ 3.º — Se o homicídio é culposo:

Pena — detenção, de um a três anos.

Aumento de pena

§ 4.º — No homicídio culposo, a pena é aumentada de um terço, se o crime resulta de inobservância de regra técnica de profissão, arte ou ofício, ou se o agente deixa de prestar imediato socorro à vítima, não procura diminuir as conseqüências do seu ato, ou foge para evitar prisão em flagrante.

● § 5.º — Na hipótese de homicídio culposo, o juiz poderá deixar de aplicar a pena se as conseqüências da infração atingirem o próprio agente de forma tão grave que a sanção penal se torne desnecessária.

(Parágrafo acrescentado pela Lei n.º 6.416, de 24 de maio de 1977)

Induzimento, instigação ou auxílio a suicídio

Art. 122 — Induzir ou instigar alguém a suicidar-se ou prestar-lhe auxílio para que o faça:

Pena — reclusão, de dois a seis anos, se o suicídio se consuma; ou reclusão, de um a três anos, se da tentativa de suicídio resulta lesão corporal de natureza grave.

Parágrafo único — A pena é duplicada:

Aumento de pena

I — se o crime é praticado por motivo egoístico;

II — se a vítima é menor ou tem diminuída, por qualquer causa, a capacidade de resistência.

Infanticídio

Art. 123 — Matar, sob a influência do estado puerperal, o próprio filho, durante o parto ou logo após:

Pena — detenção, de dois a seis anos.

Aborto provocado pela gestante ou com seu consentimento

Art. 124 — Provocar aborto em si mesma ou consentir que outrem lho provoque:

Pena — detenção, de um a três anos.

Aborto provocado por terceiro

Art. 125 — Provocar aborto, sem o consentimento da gestante:

Pena — reclusão, de três a dez anos.

Art. 126 — Provocar aborto com o consentimento da gestante:

Pena — reclusão, de um a quatro anos.

Parágrafo único — Aplica-se a pena do artigo anterior, se a gestante não é maior de quatorze anos, ou é alienada ou débil mental, ou se o consentimento é obtido mediante fraude, grave ameaça ou violência.

Forma qualificada

Art. 127 — As penas cominadas nos dois artigos anteriores são aumentadas de um terço, se, em conseqüência do aborto ou dos meios empregados para provocá-lo, a gestante sofre lesão corporal de natureza grave; e são duplicadas, se por qualquer dessas causas, lhe sobrevém a morte.

Aborto necessário

Art. 128 — Não se pune o aborto praticado por médico:

I — se não há outro meio de salvar a vida da gestante;

Aborto no caso de gravidez resultante de estupro

II — se a gravidez resulta de estupro e o aborto é precedido de consentimento da gestante ou, quando incapaz, de seu representante legal.

Capítulo II

Das lesões corporais

Lesão corporal

Art. 129 — Ofender a integridade corporal ou a saúde de outrem:

Pena — detenção, de três meses a um ano.

Lesão corporal de natureza grave

§ 1.º — Se resulta:

I — incapacidade para as ocupações habituais, por mais de trinta dias;

II — perigo de vida;

III — debilidade permanente de membro, sentido ou função;

IV — aceleração de parto:

Pena — reclusão, de um a cinco anos.

§ 2.º — Se resulta:

I — incapacidade permanente para o trabalho;

II — enfermidade incurável;

III — perda ou inutilização de membro, sentido ou função;

IV — deformidade permanente;

V — aborto:

Pena — reclusão, de dois a oito anos.

Lesão corporal seguida de morte

§ 3.º — Se resulta morte e as circunstâncais evidenciam que o agente não quis o resultado, nem assumiu o risco de produzi-lo:

Pena — reclusão, de quatro a doze anos.

Diminuição de pena

§ 4.º — Se o agente comete o crime impelido por motivo de relevante valor social ou moral ou sob o domínio de violenta emoção, logo em seguida a injusta provocação da vítima, o juiz pode reduzir a pena de um sexto a um terço.

Substituição da pena

§ 5.º — O juiz, não sendo graves as lesões, pode ainda substituir a pena de detenção pela de multa, de quatrocentos cruzeiros a quatro mil cruzeiros:

I — se ocorre qualquer das hipóteses do parágrafo anterior;

II — se as lesões são recíprocas.

Lesão corporal culposa

§ 6.º — Se a lesão é culposa:

Pena — detenção, de dois meses a um ano.

Aumento de pena

§ 7.º — No caso de lesão culposa, aumenta-se a pena de um terço, se ocorre qualquer das hipóteses do art. 121, § 4.º.

● § 8.º — Aplica-se igualmente à lesão culposa o disposto no § 5.º do art. 121.

(Parágrafo acrescentado ao texto original pela Lei n. 6.416, de 24 de maio de 1977)

Capítulo III

Da periclitação da vida e da saúde

Perigo de contágio venéreo

Art. 130 — Expor alguém, por meio de relações sexuais ou qualquer ato libidinoso, a contágio de moléstia venérea, de que sabe ou deve saber que está contaminado:

Pena — detenção, de três meses a um ano, ou multa, de dois mil cruzeiros a dez mil cruzeiros.

§ 1.º — Se é intenção do agente transmitir a moléstia:

Pena — reclusão, de um a quatro anos, e multa, de quatro mil cruzeiros a vinte mil cruzeiros.

§ 2.º — Somente se procede mediante representação.

Perigo de contágio de moléstia grave

Art. 131 — Praticar, com o fim de transmitir a outrem moléstia grave de que está contaminado, ato capaz de produzir o contágio:

Pena — reclusão de um a quatro anos, e multa de quatro mil cruzeiros a vinte mil cruzeiros.

Perigo para a vida ou saúde de outrem

Art. 132 — Expor a vida ou a saúde de outrem a perigo direto e iminente:

Pena — detenção, de três meses a um ano, se o fato não constitui crime mais grave.

Abandono de incapaz

Art. 133 — Abandonar pessoa que está sob seu cuidado, guarda, vigilância ou autoridade, e, por qualquer motivo, incapaz de defender-se dos riscos resultantes do abandono:

Pena — detenção, de seis meses a três anos.

§ 1.º — Se do abandono resulta lesão corporal de natureza grave:

Pena — reclusão, de um a cinco anos.

§ 2.º — Se resulta a morte:

Pena — reclusão, de quatro a doze anos.

Aumento de pena

§ 3.º — As penas cominadas neste artigo aumentam-se de um terço:

I — se o abandono ocorre em lugar ermo;

II — se o agente é ascendente ou descentende, cônjuge, irmão, tutor ou curador da vítima.

Exposição ou abandono de recém-nascido

Art. 134 — Expor ou abandonar recém-nascido, para ocultar desonra própria:

Pena — detenção, de seis meses a dois anos.

§ 1.º — Se do fato resulta lesão corporal de natureza grave:

Pena — detenção, de um a três anos.

§ 2.º — Se resulta a morte:

Pena — detenção, de dois a seis anos.

Omissão de socorro

Art. 135 — Deixar de prestar assistência, quando possível fazê-lo sem risco pessoal, a criança abandonada ou extraviada, ou a pessoa inválida ou ferida, ao desamparo ou em grave e iminente perigo; ou não pedir, nesses casos, o socorro da autoridade pública:

Pena detenção, de um a seis meses, ou multa, de seiscentos cruzeiros a quatro mil cruzeiros.

Parágrafo único — A pena é aumentada de metade, se da omissão resulta lesão corporal de natureza grave, e triplicada, se resulta a morte.

Maus tratos

Art. 136 — Expor a perigo a vida ou a saúde de pessoa sob sua autoridade, guarda ou vigilância, para fim de educação, ensino, tratamento ou custódia, quer privando-a de alimentação ou cuidados indispensáveis, quer sujeitando-a a trabalho excessivo ou inadequado, quer abusando de meios de correção ou disciplina:

Pena — detenção, de dois meses a um ano, ou multa, de mil cruzeiros a dez mil cruzeiros.

§ 1.º — Se do fato resulta lesão corporal de natureza grave:

Pena — reclusão, de um a quatro anos.

§ 2.º — Se resulta a morte:

Pena — reclusão, de quatro a doze anos.

Capítulo IV

Da rixa

Rixa

Art. 137 — Participar de rixa, salvo para separar os contendores:

Pena — detenção, de quinze dias a dois meses, ou multa, de quatrocentos cruzeiros a dois mil cruzeiros.

Parágrafo único — Se ocorre morte ou lesão corporal de natureza grave, aplica-se, pelo fato da participação na rixa, a pena de detenção, de seis meses a dois anos.

Capítulo V

Dos crimes contra a honra

Calúnia

Art. 138 — Caluniar alguém, imputando-lhe falsamente fato definido como crime:

Pena — detenção, de seis meses a dois anos, e multa de dois mil cruzeiros a seis mil cruzeiros.

§ 1.º — Na mesma pena incorre quem, sabendo falsa a imputação, a propala ou divulga.

§ 2.º — É punível a calúnia contra os mortos.

Exceção da verdade

§ 3.º — Admite-se a prova da verdade, salvo:

I — se, constituindo o fato imputado crime de ação privada, o ofendido não foi condenado por sentença irrecorrível;

II — se o fato é imputado a qualquer das pessoas indicadas no n.º I do art. 141;

III — se do crime imputado, embora de ação pública, o ofendido foi absolvido por sentença irrecorrível.

Difamação

Art. 139 — Difamar alguém, imputando-lhe fato ofensivo à sua reputação:

Pena — detenção, de três meses a um ano, e multa de mil cruzeiros a seis mil cruzeiros.

Exceção da verdade

Parágrafo único — A exceção da verdade somente se admite se o ofendido é funcionário público e a ofensa é relativa ao exercício de suas funções.

Injúria

Art. 140 — Injuriar alguém, ofendendo-lhe a dignidade ou o decoro:

Pena — detenção, de um a seis meses, ou multa, de mil cruzeiros a quatro mil cruzeiros.

§ 1.° — O juiz pode deixar de aplicar a pena:

I — quando o ofendido, de forma reprovável, provocou diretamente a injúria;

II — no caso de retorsão imediata, que consista em outra injúria.

§ 2.° — Se a injúria consiste em violência ou vias de fato, que, por sua natureza ou pelo meio empregado, se considerem aviltantes:

Pena — detenção, de três meses a um ano, e multa, de mil cruzeiros a seis mil cruzeiros, além da pena correspondente à violência.

Disposições comuns

Art. 141 — As penas cominadas neste capítulo aumentam-se de um terço, se qualquer dos crimes é cometido:

I — contra o Presidente da República, ou contra chefe de governo estrangeiro;

II — contra funcionário público, em razão de suas funções;

III — na presença de várias pessoas, ou por meio que facilite a divulgação da calúnia, da difamação ou da injúria.

Parágrafo único — Se o crime é cometido mediante paga ou promessa de recompensa, aplica-se a pena em dobro.

Exclusão do crime

Art. 142 — Não constituem injúria ou difamação punível:

I — a ofensa irrogada em juízo, na discussão da causa, pela parte ou por seu procurador;

II — a opinião desfavorável da crítica literária, artística ou científica, salvo quando inequívoca a intenção de injuriar ou difamar;

III — o conceito desfavorável emitido por funcionário público, em apreciação ou informação que preste no cumprimento de dever do ofício.

Parágrafo único — Nos casos dos ns. I e III, responde pela injúria ou pela difamação quem lhe dá publicidade.

Retratação

Art. 143 — O querelado que, antes da sentença, se retrata cabalmente da calúnia ou da difamação, fica isento de pena.

Art. 144 — Se, de referências, alusões ou frases, se infere calúnia, difamação ou injúria, quem se julga ofendido pode pedir explicações em juízo. Aquele que se recusa a dá-las ou, a critério do juiz, não as dá satisfatórias, responde pela ofensa.

Art. 145 — Nos crimes previstos neste capítulo somente se procede mediante queixa, salvo, quando no caso do art. 140, § 2.°, da violência resulta lesão corporal.

Parágrafo único — Procede-se mediante requisição do Ministro da Justiça, no caso do n.° I do artigo 141, e mediante representação do ofendido, no caso do n.° II do mesmo artigo.

Capítulo VI

Dos crimes contra a liberdade individual

Secção I

Dos crimes contra a liberdade pessoal

Constrangimento ilegal

Art. 146 — Constranger alguém, mediante violência ou grave ameaça, ou depois de lhe haver reduzido, por qualquer outro meio, a capacidade de resistência, a não fazer o que a lei permite, ou a fazer o que ela não manda:

Pena — detenção, de três meses a um ano, ou multa, de mil cruzeiros a dez mil cruzeiros.

Aumento de pena

§ 1.° — As penas aplicam-se cumulativamente e em dobro, quando, para a execução do crime, se reúnem mais de três pessoas, ou há emprego de armas.

§ 2.º — Além das penas cominadas, aplicam-se as correspondentes à violência.

§ 3.º — Não se compreendem na disposição deste artigo:

I — a intervenção médica ou cirúrgica, sem o consentimento do paciente ou de seu representante legal, se justificada por iminente perigo de vida;

II — a coação exercida para impedir suicídio.

Ameaça

Art. 147 — Ameaçar alguém, por palavra, escrito ou gesto, ou qualquer outro meio simbólico, de causar-lhe mal injusto e grave:

Pena — detenção, de um a seis meses, ou multa, de seiscentos cruzeiros a quatro mil cruzeiros.

Parágrafo único — Somente se procede mediante representação.

Seqüestro e cárcere privado

Art. 148 — Privar alguém de sua liberdade, mediante seqüestro ou cárcere privado:

Pena — reclusão, de um a três anos.

§ 1.º — A pena é de reclusão, de dois a cinco anos:

I — se a vítima é ascendente, descendente ou cônjuge do agente;

II — se o crime é praticado mediante internação da vítima em casa de saúde ou hospital;

III — se a privação da liberdade dura mais de quinze dias.

§ 2.º — Se resulta à vítima, em razão de maus tratos ou da natureza da detenção, grave sofrimento físico ou moral:

Pena — reclusão, de dois a oito anos.

Redução a condição análoga à de escravo

Art. 149 — Reduzir alguém a condição análoga à de escravo:

Pena — reclusão, de dois a oito anos.

Secção II

Dos crimes contra a inviolabilidade do domicílio

Violação de domicílio

Art. 150 — Entrar ou permanecer, clandestina ou astuciosamente, ou contra a vontade expressa ou tácita de quem de direito, em casa alheia ou em suas dependências:

Pena — detenção, de um a três meses, ou multa, de seiscentos cruzeiros a quatro mil cruzeiros.

§ 1.º — Se o crime é cometido durante a noite, ou em lugar ermo, ou com o emprego de violência ou de arma, ou por duas ou mais pessoas:

Pena — detenção, de seis meses a dois anos, além da pena correspondente à violência.

§ 2.º — Aumenta-se a pena de um terço, se o fato é cometido por funcionário público, fora dos casos legais, ou com inobservância das formalidades estabelecidas em lei, ou com abuso do poder.

§ 3.º — Não constitui crime a entrada ou permanência em casa alheia ou em suas dependências:

I — durante, o dia, com observância das formalidades legais, para efetuar prisão ou outra diligência:

II — a qualquer hora do dia ou da noite, quando algum crime está sendo ali praticado ou na iminência de o ser.

§ 4.º — A expressão "casa" compreende:

I — qualquer compartimento habitado;

II — aposento ocupado de habitação coletiva;

III — compartimento não aberto ao público, onde alguém exerce profissão ou atividade.

§ 5.º — Não se compreendem na expressão "casa":

I — hospedaria, estalagem ou qualquer outra habitação coletiva, enquanto aberta, salvo a restrição do n.º II do parágrafo anterior;

II — taverna, casa de jogo e outras do mesmo gênero.

Secção III

Dos crimes contra a inviolabilidade de correspondência

Violação de correspondência

Art. 151 — Devassar indevidamente o conteúdo de correspondência fechada, dirigida a outrem:

Pena — detenção, de um a seis meses, ou multa, de seiscentos cruzeiros a quatro mil cruzeiros.

Sonegação ou destruição de correspondência

§ 1.º — Na mesma pena incorre:

I — quem se apossa indevidamente de correspondência alheia, embora não fechada e, no todo ou em parte, a sonega ou destrói;

Violação de comunicação telegráfica, radioelétrica ou telefônica

II — quem indevidamente divulga, transmite a outrem ou utiliza abusivamente comunicação telegráfica ou radio-elétrica dirigida a terceiro, ou conversação telefônica entre outras pessoas;

III — quem impede a comunicação ou a conversação referidas no número anterior;

IV — quem instala ou inutiliza estação ou aparelho radio-elétrico, sem observância de disposição legal.

§ 2.º — As penas aumentam-se de metade, se há dano para outrem.

§ 3.º — Se o agente comete o crime, com abuso de função em serviço postal, telegráfico, radioelétrico ou telefônico:

Pena — detenção, de um a três anos.

§ 4.º — Somente se procede mediante representação, salvo nos casos do § 1.º, n.º IV, e do § 3.º.

Correspondência comercial

Art. 152 — Abusar da condição de sócio ou empregado de estabelecimento comercial ou industrial para, no todo ou em parte, desviar, sonegar, subtrair ou suprimir correspondência, ou revelar a estranho o seu conteúdo:

Pena — detenção, de três meses a dois anos.

Parágrafo único — Somente se procede mediante representação.

Secção IV

Dos crimes contra a inviolabilidade dos segredos

Divulgação de segredo

Art. 153 — Divulgar alguém, sem justa causa, conteúdo de documento particular ou de correspondência confidencial, de que é destinatário ou detentor, e cuja divulgação possa produzir dano a outrem:

Pena — detenção, de um a seis meses, ou multa, de seiscentos cruzeiros a quatro mil cruzeiros.

Parágrafo único — Somente se procede mediante representação.

Violação do segredo profissional

Art. 154 — Revelar alguém, sem justa causa, segredo, de que tem ciência em razão de função, ministério, ofício ou profissão, e cuja revelação possa produzir dano a outrem:

Pena — detenção, de três meses a um ano, ou multa, de dois mil cruzeiros a vinte mil cruzeiros.

Parágrafo único — Somente se procede mediante representação.

TÍTULO II

DOS CRIMES CONTRA O PATRIMÔNIO

Capítulo I

Do furto

Furto

Art. 155 — Subtrair, para si ou para outrem, coisa alheia móvel:

Pena — reclusão, de um a quatro anos, e multa, de mil cruzeiros a vinte mil cruzeiros.

§ 1.° — A pena aumenta-se de um terço, se o crime é praticado durante o repouso noturno.

§ 2.° — Se o criminoso é primário, e é de pequeno valor a coisa furtada, o juiz pode substituir a pena de reclusão pela de detenção, diminuí-la de um a dois terços, ou aplicar somente a pena de multa.

§ 3.° — Equipara-se à coisa móvel a energia elétrica ou qualquer outra que tenha valor econômico.

Furto qualificado

§ 4.° — A pena é de reclusão de dois a oito anos, e multa, de quatro mil cruzeiros a vinte e quatro mil cruzeiros.

I — com destruição ou rompimento de obstáculo à subtração da coisa;

II — com abuso de confiança, ou mediante fraude, escalada ou destreza;

III — com emprego de chave falsa;

IV — mediante concurso de duas ou mais pessoas.

Furto de coisa comum

Art. 156 — Subtrair o condômino, coherdeiro ou sócio, para si ou para outrem, a quem legitimamente a detém, a coisa comum:

Pena — detenção de seis meses a dois anos, ou multa, de dois mil cruzeiros a vinte mil cruzeiros.

§ 1.° — Somente se procede mediante representação.

§ 2.° — Não é punível a subtração de coisa comum fungível, cujo valor não excede a quota a que tem direito o agente.

Capítulo II

Do roubo e da extorsão

Roubo

Art. 157 — Subtrair coisa móvel alheia, para si ou para outrem, mediante grave ameaça ou violência a pessoa, ou depois de havê-la, por qualquer meio, reduzido à impossibilidade de resistência:

Pena — reclusão, de quatro a dez anos, e multa, de seis mil cruzeiros a trinta mil cruzeiros

§ 1.° — Na mesma pena incorre quem, logo depois de subtraída a coisa, emprega violência contra pessoa ou grave ameaça, a fim de assegurar a impunibilidade do crime ou a detenção da coisa para si ou para terceiro.

§ 2.° — A pena aumenta-se de um terço até metade:

I — se a violência ou ameaça é exercida com emprego de arma;

II — se há o concurso de duas ou mais pessoas;

III — se a vítima está em serviço de transporte de valores e o agente conhece tal circunstância.

§ 3.° — Se da violência resulta lesão corporal de natureza grave, a pena é de reclusão, de cinco a quinze anos, além da multa; se resulta morte, a reclusão e de quinze a trinta anos, sem prejuízo da multa.

Extorsão

Art. 158 — Constranger alguém, mediante violência ou grave ameaça, e com o intuito de obter para si ou para outrem indevida vantagem econômica, a fazer, tolerar que se faça ou deixar de fazer alguma coisa:

Pena — reclusão, de quatro a dez anos e multa, de seis mil cruzeiros a trinta mil cruzeiros.

§ 1.° — se o crime é cometido por duas ou mais pessoas, ou com emprego de arma, aumenta-se a pena de um terço até metade.

§ 2.° — Aplica-se à extorsão praticada mediante violência o disposto no § 3° do artigo anterior.

Extorsão mediante seqüestro

Art. 159 — Seqüestrar pessoa com o fim de obter, para si ou para outrem, qualquer vantagem, como condição ou preço do resgate:

Pena — reclusão, de seis a quinze anos, e multa, de dez mil cruzeiros a trinta mil cruzeiros.

§ 1.º — Se o seqüestro dura mais de vinte e quatro horas, se o seqüestrado é menor de dezoito anos, ou se o crime é cometido por bando ou quadrilha:

Pena — reclusão, de oito a vinte anos, e multa de vinte mil cruzeiros a quarenta mil cruzeiros.

§ 2.º — Se do fato resulta lesão corporal de natureza grave:

Pena — reclusão, de doze a vinte e quatro anos, e multa, de trinta mil cruzeiros a sessenta mil cruzeiros.

§ 3.º — Se resulta a morte:

Pena — reclusão, de vinte a trinta anos, e multa, de quarenta mil cruzeiros a cem mil cruzeiros.

Extorsão indireta

Art. 160 — Exigir ou receber, como garantia de dívida, abusando da situação de alguém, documento que pode dar causa a procedimento criminal contra a vítima ou contra terceiro:

Pena — reclusão, de um a três anos, e multa, de quatro mil cruzeiros a vinte mil cruzeiros.

Capítulo III

Da usurpação

Alteração de limites

Art. 161 — Suprimir ou deslocar tapume, marco, ou qualquer outro sinal indicativo de linha divisória, para apropriar-se, no todo ou em parte, de coisa imóvel alheia:

Pena — detenção, de um a seis meses, e multa, de seiscentos cruzeiros a dez mil cruzeiros.

§ 1.º — Na mesma pena incorre quem:

Usurpação de águas

I — desvia ou represa, em proveito próprio ou de outrem, águas alheias;

Esbulho possessório (6)

II — invade, com violência a pessoa ou grave ameaça, ou mediante concurso de mais de duas pessoas, terreno ou edifício alheio, para o fim de esbulho possessório.

§ 2.º — Se o agente usa de violência, incorre também na pena a esta cominada.

§ 3.º — Se a propriedade é particular, e não há emprego de violência, somente se procede mediante queixa.

Supressão ou alteração de marca em animais

Art. 162 — Suprimir ou alterar, indevidamente, em gado ou rebanho alheio, marca ou sinal indicativo de propriedade:

Pena — detenção, de seis meses a três anos, e multa, de seiscentos cruzeiros a dez mil cruzeiros.

Capítulo IV

Do dano

Dano

Art. 163 — Destruir, inutilizar ou deteriorar coisa alheia:

Pena — detenção, de um a seis meses, ou multa, de mil cruzeiros a dez mil cruzeiros.

Dano qualificado

Parágrafo único — Se o crime é cometido:

I — com violência a pessoa ou grave ameaça;

II — com emprego de substância inflamável ou explosiva, se o fato não constitui crime mais grave;

(6) V. art. 9.º da Lei n.º 5.471, de 1.º de dezembro de 1971 (esbulho possessório-crime de ação pública).

III — contra o patrimônio da União, Estado, Município, empresa concessionária de serviços públicos ou sociedade de economia mista; (7)

IV — por motivo egoístico ou com prejuízo considerável para a vítima:

Pena — detenção, de seis meses a três anos, e multa, de mil cruzeiros a vinte mil cruzeiros, além da pena correspondente à violência.

Introdução ou abandono de animais em propriedade alheia

Art. 164 — Introduzir ou deixar animais em propriedade alheia, sem consentimento de quem de direito, desde que do fato resulte prejuízo:

Pena — detenção, de quinze dias a seis meses, ou multa, de quatrocentos cruzeiros a dez mil cruzeiros.

Dano em coisa de valor artístico, arqueológico ou histórico

Art. 165 — Destruir, inutilizar ou deteriorar coisa tombada pela autoridade competente em virtude de valor artístico, arqueológico ou histórico:

Pena — detenção, de seis meses a dois anos, e multa, de dois mil cruzeiros e quarenta mil cruzeiros.

Alteração de local especialmente protegido

Art. 166 — Alterar, sem licença da autoridade competente, o aspecto de local especialmente protegido por lei:

Pena — detenção, de um mês a um ano, ou multa, de dois mil cruzeiros a quarenta mil cruzeiros.

Ação penal

Art. 167 — Nos casos do art. 163, do n.º IV do seu parágrafo e do art. 164, somente se procede mediante queixa.

Capítulo V
Da apropriação indébita

Apropriação indébita

Art. 168 — Apropriar-se de coisa alheia móvel, de que tem a posse ou a detenção:

Pena — reclusão, de um a quatro anos, e multa de mil cruzeiros a vinte mil cruzeiros.

Aumento de pena

§ 1.º — A pena é aumentada de um terço, quando o agente recebeu a coisa: (8)

I — em depósito necessário;

II — na qualidade de tutor, curador, síndico, liquidatário, inventariante, testamenteiro ou depositário judicial;

III — em razão de ofício, emprego ou profissão.

Apropriação de coisa havida por erro, caso fortuito ou força da natureza

Art. 169 — Apropriar-se alguém de coisa alheia vinda ao seu poder por erro, caso fortuito ou força da natureza:

Pena — detenção, de um mês a um ano, ou multa, de quatro mil cruzeiros a seis mil cruzeiros.

Parágrafo único — Na mesma pena incorre:

Apropriação de tesouro

I — quem acha tesouro em prédio alheio e se apropria, no todo ou em parte, da quota a que tem direito o proprietário do prédio;

(7) Inciso III — A redação vigente foi estabelecida pela Lei n.º 5.346, de 3 de novembro de 1967, objetivando proteger os serviços de utilidade pública. O texto original tinha a seguinte redação: "III — contra o patrimônio da União, do Estado ou de Município."

(8) O Regulamento Geral da Previdência Social, aprovado pelo Dec. n.º 60.501, de 14 de março de 1967, em seu artigo 347, inciso II estabelece que, nos termos da Lei Orgânica da Previdência Social, constitui crime de apropriação indébita definido no art. 168, do Código Penal: "a) deixar de recolher na época própria as contribuições e outras quaisquer importâncias arrecadadas dos segurados ou do público e devidas à previdência social; b) deixar de pagar o salário família aos empregados, quando as respectivas cotas tiverem sido reembolsadas à empresa pela previdência social.

Desde o texto original não consta outro parágrafo. Consequentemente, deveria ser parágrafo único e não parágrafo primeiro, o que só ocorreu por cochilo do legislador.

Apropriação de coisa achada

II — quem acha coisa alheia perdida e dela se apropria, total ou parcialmente, deixando de restituí-la ao dono ou legítimo possuidor ou de entregá-la à autoridade competente, dentro do prazo de quinze dias.

Art. 170 — Nos crimes previstos neste capítulo, aplica-se o disposto no art. 155, § 2.º.

Capítulo VI

Do estelionato e outras fraudes

Estelionato

Art. 171 — Obter, para si ou para outrem, vantagem ilícita, em prejuízo alheio, induzindo ou mantendo alguém em erro, mediante artifício, ardil ou qualquer outro meio fraudulento: (9)

Pena — reclusão, de um a cinco anos, e multa, de mil cruzeiros a vinte mil cruzeiros.

§ 1.º — Se o criminoso é primário, e é de pequeno valor o prejuízo, o juiz pode aplicar a pena conforme o disposto no art. 155, § 2.º.

§ 2.º — Nas mesmas penas incorre quem:

Disposição de coisa alheia como própria

I — vende, permuta, dá em pagamento, em locação ou em garantia coisa alheia como própria;

Alienação ou oneração fraudulenta de coisa própria

II — vende, permuta, dá em pagamento ou em garantia coisa própria inalienável, gravada de ônus ou litigiosa, ou imóvel que prometeu vender a terceiro, mediante pagamento em prestações, silenciando sobre qualquer dessas circunstâncias;

Defraudação de penhor

III — defrauda, mediante alineação não consentida pelo credor ou por outro modo, a garantia pignoratícia, quando tem a posse do objeto empenhado;

Fraude na entrega de coisa

IV — defrauda substância, qualidade ou quantidade de coisa que deve entregar a alguém;

Fraude para recebimento de indenização ou valor de seguro

V — destrói, total ou parcialmente, ou oculta coisa própria, ou lesa o próprio corpo ou a saúde, ou agrava as conseqüências da lesão ou doença, com o intuito de haver indenização ou valor de seguro;

Fraude no pagamento por meio de cheque

VI — emite cheque, sem suficiente provisão de fundos em poder do sacado, ou lhe frustra o pagamento.

§ 3.º — A pena aumenta-se de um terço, se o crime é cometido em detrimento de entidade de direito público ou de instituto de economia popular, assistência social ou beneficência.

Duplicata simulada

Art. 172 — Expedir ou aceitar duplicata que não corresponda, juntamente com a fatura respectiva, a uma venda efetiva de bens ou a uma real prestação de serviço. (10)

(9) a) V. art. 224, inciso IV, do Dec. n.º 77.077, de 24 de janeiro de 1976.
b) V. art. 2.º do Dec.-Lei n.º 47, de 18 de novembro de 1966.
c) V. art. 347, inciso IV, do Dec. 60.501, de 14 de março de 1967.
d) V. o art. 53, do Dec.-lei n.º 6.259, de 10 de fevereiro de 1944.
e) V. o art. 27, do Dec.-lei n.º 70, de 21 de novembro de 1966.
f) V. ainda o Dec.-lei n.º 167, que dispõe sobre títulos de créditos rurais.

(10) O texto original assim dispunha: "Art. 172. Expedir duplicata que não corresponda à venda efetiva de mercadoria entregue real ou simbolicamente com a fatura respectiva: Pena — detenção de um a três anos, e multa de um conto a cinco contos de réis.

A redação atual foi dada pela Lei n.º 5.474, de 18 de julho de 1968, que dispõe sobre duplicatas (art. 26).

Pena — Detenção de um a cinco anos, e multa equivalente a 20% sobre o valor da duplicata.

Parágrafo único — Nas mesmas penas incorrerá aquele que falsificar ou adulterar a escrituração do Livro de Registro de Duplicatas.

Abuso de incapazes

Art. 173 — Abusar, em proveito próprio ou alheio, de necessidade, paixão ou inexperiência de menor, ou da alienação ou debilidade mental de outrem, induzindo qualquer deles à prática de ato suscetível de produzir efeito jurídico, em prejuízo próprio ou de terceiro:

Pena — reclusão, de dois a seis anos, e multa, de dois mil cruzeiros a dez mil cruzeiros.

Induzimento à especulação

Art. 174 — Abusar, em proveito próprio ou alheio, da inexperiência ou da simplicidade ou inferioridade mental de outrem, induzindo-o à prática de jogo ou aposta, ou à especulação com títulos ou mercadorias, sabendo ou devendo saber que a operação é ruinosa·

Pena — reclusão, de um a três anos, e multa, de dois mil cruzeiros a dez mil cruzeiros.

Fraude no comércio

Art. 175 — Enganar, no exercício de atividade comercial, o adquirente ou consumidor:

I — vendendo, como verdadeira ou perfeita, mercadoria falsificada ou deteriorada;

II — entregando uma mercadoria por outra:

Pena — detenção, de seis meses a dois anos, ou multa, de dois mil cruzeiros a dez mil cruzeiros.

§ 1.º — Alterar em obra que lhe é encomendada a qualidade ou o peso de metal ou substituir, no mesmo caso, pedra verdadeira por falsa ou por outra de menor valor; vender pedra falsa por verdadeira, vender, como precioso, metal de outra qualidade:

Pena — reclusão, de um a cinco anos, e multa, de dois mil cruzeiros a vinte mil cruzeiros.

§ 2.º — É aplicável o disposto no art. 155, § 2.º.

Outras fraudes

Art. 176 — Tomar refeição em restaurante, alojar-se em hotel ou utilizar-se de meio de transporte sem dispor de recursos para efetuar o pagamento:

Pena — detenção, de quinze dias a dois meses, ou multa, de duzentos cruzeiros a dois mil cruzeiros.

Parágrafo único — Somente se procede mediante representação, e o juiz pode, conforme as circunstâncias, deixar de aplicar a pena.

Fraudes e abusos na fundação ou administração de sociedade por ações

Art. 177 — Promover a fundação de sociedade por ações, fazendo, em prospecto ou em comunicação ao público ou à assembléia, afirmação falsa sobre a constituição da sociedade, ou ocultando fraudulentamente fato a ela relativo:

Pena — reclusão, de um a quatro anos, e multa, de um cruzeiro a dez cruzeiros, se o fato não constitui crime contra a economia popular.

§ 1.º — Incorrem na mesma pena, se o fato não constitui crime contra a economia popular:

I — o diretor, o gerente ou o fiscal de sociedade por ações, que, em prospecto, relatório, parecer, balanço ou comunicação ao público ou à assembléia, faz afirmação falsa sobre as condições econômicas da sociedade, ou oculta fraudulentamente, no todo ou em parte, fato a elas relativo;

II — o diretor, o gerente ou o fiscal que promove, por qualquer artifício, falsa cotação das ações ou de outros títulos da sociedade;

III — o diretor ou o gerente que toma empréstimo à sociedade ou usa, em proveito próprio ou de terceiro, dos bens ou haveres sociais, sem prévia autorização da assembléia geral;

IV — o diretor ou o gerente que compra ou vende, por conta da sociedade, ações por ela emitidas, salvo quando a lei o permite;

V — o diretor ou o gerente que, como garantia de crédito social, aceita em penhor ou em caução ações da própria sociedade;

VI — o diretor ou o gerente que, na falta de balanço, em desacordo com este, ou mediante balanço falso, distribui lucros ou dividendos fictícios;

VII — o diretor, o gerente ou o fiscal que, por interposta pessoa, ou conluiado com acionista, consegue a aprovação de conta ou parecer;

VIII — o liquidante ,nos casos do ns. I, II, III, IV, V e VII;

IX — o representante da sociedade anônima estrangeira, autorizada a funcionar no país, que pratica os atos mencionados nos ns. I e II, ou dá falsa informação ao Governo.

§ 2.º — Incorre na pena de detenção, de seis meses a dois anos, e multa, de cinqüenta centavos a cinco cruzeiros, o acionista que, a fim de obter vantagem para si ou para outrem, negocia o voto nas deliberações de assembléia geral. (11)

Emissão irregular de conhecimento de depósito ou "warrant"

Art. 178 — Emitir conhecimento de depósito ou *warrant*, em desacordo com disposição legal:

Pena — reclusão, de um a quatro anos, e multa, de dois mil cruzeiros a vinte mil cruzeiros.

Fraude à execução

Art. 179 — Fraudar execução, alienando, desviando, destruindo ou danificando bens, ou simulando dívidas:

Pena — detenção, de seis meses a dois anos, ou multa, de mil cruzeiros a dez mil cruzeiros.

Parágrafo único — Somente se procede mediante queixa.

Capítulo VII

Da receptação

Receptação

Art. 180 — Adquirir, receber ou ocultar, em proveito próprio ou alheio, coisa que sabe ser produto de crime, ou influir para que terceiro, de boa fé, a adquira, receba ou oculte:

Pena — reclusão, de um a quatro anos e multa de mil cruzeiros a vinte mil cruzeiros.

Receptação culposa

§ 1.º — Adquirir ou receber coisa que, por sua natureza ou pela desproporção entre o valor e o preço, ou pela condição de quem a oferece, deve presumir-se obtida por meio criminoso: (12)

Pena — detenção, de um mês a um ano, ou multa, de seiscentos cruzeiros a vinte mil cruzeiros, ou ambas as penas.

---

(11) V. Dec.-lei n.º 697, de 23 de julho de 1969 (art. 3.º), que declarou extinta a "punibilidade dos crimes previstos no art. 177 do Código Penal para as emissões contábeis relativas a títulos registrados na forma do Decreto-lei n.º 286, de 28-2-1967, ficando também assegurada a isenção das penalidades fiscais e cambiais decorrentes".

(12) O texto original assim dispunha:

Receptação — Art. 180 — Adquirir, receber ou ocultar, em proveito próprio ou alheio, coisa que sabe ser produto de crime, ou influir para que terceiro de boa fé a adquira, receba ou oculte:

Pena — reclusão, de dois a quatro anos, e multa, de quinhentos mil réis a dez contos de réis.

Receptação culposa — § 1.º — Adquirir ou receber coisa que, por sua natureza ou pela desproporção entre o valor e o preço, ou pela condição de quem a oferece, deve presumir-se obtida por meio criminoso:

Pena — detenção, de um mês a um ano, ou multa, de trezentos mil réis a dez contos de réis, ou ambas as penas.

§ 2.º. A receptação é punível, ainda que desconhecido ou isento de pena o autor do crime de que proveio a coisa.

§ 3.º. No caso do § 1.º, se o criminoso é primário, o juiz pode, tendo em consideração as circunstâncias, deixar de aplicar a pena.

A redação do caput e do parágrafo terceiro foi dada pela Lei n.º 2.505, de 11 de junho de 1955.

O parágrafo quarto foi acrescentado pelo art. 2.º da Lei n.º 5.346, de 3 de novembro de 1967.

§ 2.º — A receptação é punível, ainda que desconhecido ou isento de pena o autor do crime de que proveio a coisa.

§ 3.º — No caso do § 1.º, se o criminoso é primário pode o juiz, tendo em consideração as circunstâncias, deixar de aplicar a pena. No caso de receptação dolosa, cabe o disposto no § 2.º do art. 155.

§ 4.º — No caso dos bens e instalações do patrimônio da União, Estado, Município, empresa concessionária de serviços públicos ou sociedade de economia mista adquiridos dolosamente:

Pena — reclusão de um a cinco anos e multa de um a cinco salários mínimos do maior vigente no País.

Capítulo VIII

Disposições gerais

Art. 181 — É isento de pena quem comete qualquer dos crimes previstos neste título, em prejuízo:

I — do cônjuge, na constância da sociedade conjugal;

II — de ascedente ou descendente, seja o parentesco legítimo ou ilegítimo, seja civil ou natural.

Art. 182 — Somente se procede mediante representação, se o crime previsto neste título é cometido em prejuízo:

I — do cônjuge desquitado ou judicialmente separado;

II — de irmão, legítimo ou ilegítimo;

III — de tio ou sobrinho, com quem o agente coabita.

Art. 183 — Não se aplica o disposto nos dois artigos anteriores:

I — se o crime é de roubo ou de extorsão, ou, em geral, quando haja emprego de grave ameaça ou violência a pessoa;

II — ao estranho que participa do crime.

TÍTULO III

DOS CRIMES CONTRA A PROPRIEDADE IMATERIAL

Capítulo I

Dos crimes contra a propriedade intelectual

Violação de direito autoral

Art. 184 — Violar direito de autor de obra literária, científica ou artística:

Pena — detenção, de três meses a um ano, ou multa, de dois mil cruzeiros a dez mil cruzeiros.

Parágrafo único — Na mesma pena incorre quem vende ou expõe à venda, adquire, oculta ou tem em depósito, para o fim de venda, obra literária, científica ou artística, produzida com violação de direito autoral.

Usurpação de nome ou pseudônimo alheio

Art. 185 — Atribuir falsamente a alguém, mediante o uso de nome, pseudônimo ou sinal por ele adotado para designar seus trabalhos, a autoria de obra literária, científica ou artística:

Pena — detenção, de seis meses a dois anos, e multa, de quatro mil cruzeiros a vinte mil cruzeiros.

Art. 186 — Nos crimes previstos neste capítulo, somente se procede mediante queixa, salvo quando praticados em prejuízo de entidade de direito público.

Capítulo II (13)

Dos crimes contra o privilégio de invenção

Violação de privilégio de invenção

Art. 187 — Violar direito de privilégio de invenção ou de descoberta:

(13) a) V. Decreto-lei n.º 254, de 28 de fevereiro de 1967.
b) V. Decreto-lei n.º 7.903, de 27 de agosto de 1945.
c) V. Lei n.º 5.772, de 21 de dezembro de 1971, atual Código da Propriedade Industrial.

I — fabricando, sem autorização do concessionário ou cessionário, produto que é objeto de privilégio;

II — usando meio ou processo que é objeto de privilégio;

III — importando, vendendo, expondo à venda, ocultando ou recebendo, para o fim de ser vendido, produto fabricado com violação de privilégio:

Pena — detenção, de seis meses a um ano, e multa, de dois mil cruzeiros a trinta mil cruzeiros.

Aumento de pena

Parágrafo único — A pena é aumentada de um terço:

I — se o agente foi mandatário, preposto ou empregado do concessionário ou do cessionário do privilégio;

II — se o agente entrou em conluio com representante, mandatário, preposto ou empregado do concessionário ou do cessionário, para conhecer a invenção ou o modo de seu emprego.

Falsa atribuição de privilégio

Art. 188 — Exercer, como privilegiada, indústria que não o seja, ou depois de anulado, suspenso ou caduco o privilégio:

Pena — detenção, de um a seis meses, ou multa, de mil cruzeiros a dez mil cruzeiros.

Parágrafo único — Incorre na mesma pena o titular de privilégio que, em prospecto, letreiro, anúncio ou outro meio de publicidade, faz menção do privilégio, sem especificar-lhe o objeto.

Usurpação ou indevida exploração de modelo ou desenho privilegiado

Art. 189 — Reproduzir, por qualquer meio, no todo ou em parte, sem autorização, desenho ou modelo de privilégio alheio; explorar, sem autorização, desenho ou modelo de privilégio alheio; vender, expor à venda ou introduzir no país objeto que é imitação ou cópia de modelo privilegiado:

Pena — detenção, de um a seis meses, ou multa, de mil cruzeiros a dez mil cruzeiros.

Falsa declaração de depósito em modelo ou desenho

Art. 190 — Usar, em modelo ou desenho, de expressão que o dê falsamente como depositado, ou mencionar em anúncio ou papel comercial, como depositado, desenho ou modelo que não o seja:

Pena — detenção, de um a três meses, ou multa de mil cruzeiros a dois mil cruzeiros.

Art. 191 — Nos crimes previstos neste capítulo, excetuados os dos arts. 188, e seu parágrafo, e 190, somente se procede mediante queixa.

Capítulo III

Dos crimes contra as marcas de indústria e comércio

Violação do direito de marca

Art. 192 — Violar direito de marca de indústria ou de comércio:

I — reproduzindo, indevidamente, no todo ou em parte, marca de outrem registrada, ou imitando-a, de modo que possa induzir em erro ou confusão;

II — usando marca reproduzida ou imitada nos termos do n.º 1;

III — usando marca legítima de outrem em produto ou artigo que não é de sua fabricação;

IV — vendendo, expondo à venda ou tendo em depósito:

a) artigo ou produto revestido de marca abusivamente imitada ou reproduzida no todo ou em parte;

b) artigo ou produto que tem marca de outrem e não é de fabricação deste;

Pena — detenção, de três meses a um ano, e multa de dois mil cruzeiros a trinta mil cruzeiros.

Uso indevido de armas, brasões e distintivos públicos

Art. 193 — Reproduzir, sem autorização, no todo ou em parte, ou imitar de modo que possa induzir em erro ou confusão, armas, brasões ou distintivos públicos, nacionais ou estrangeiros, em marca de indústria ou comércio:

Pena — detenção, de um a seis meses, ou multa, de mil cruzeiros a dez mil cruzeiros.

Parágrafo único — Incorre na mesma pena quem usa de marca reproduzida ou imitada nos termos deste artigo, ou vende ou expõe à venda produto ou artigo com ela assinalado.

Marca com falsa indicação de procedência

Art. 194 — Usar, em produto ou artigo, marca que indique procedência que não é verdadeira, ou vender ou expor à venda produto ou artigo, com essa marca:

Pena — detenção, de um a seis meses, ou multa, de mil cruzeiros a dez mil cruzeiros.

Art. 195 — Nos crimes previstos neste capítulo, salvo os dos arts. 193, e seu parágrafo, e 194, somente se procede mediante queixa.

Capítulo IV

Dos crimes de concorrência desleal

Concorrência desleal

Art. 196 — Fazer concorrência desleal:

Pena — detenção, de três meses a um ano, ou multa, de dois mil cruzeiros a vinte mil cruzeiros.

§ 1.º — Comete crime de concorrência desleal quem:

Propaganda desleal

I — publica pela imprensa, ou por outro meio, falsa afirmação em detrimento de concorrente, com o fim de obter vantagem indevida;

II — presta ou divulga, com intuito de lucro, acerca de concorrente, falsa informação capaz de causar-lhe prejuízo;

Desvio de clientela

III — emprega meio fraudulento para desviar, em proveito próprio ou alheio, clientela de outrem;

Falsa indicação de procedência de produto

IV — produz, importa, exporta, armazena, vende ou expõe à venda mercadoria com falsa indicação de procedência;

Uso indevido de termos retificativos

V — usa em artigo ou produto, em recipiente ou invólucro, em cinta, rótulo, fatura, circular, cartaz ou em outro meio de divulgação ou propaganda, termos retificativos, tais como "tipo", "espécie", "gênero", "sistema", "semelhante", "sucedâneo", "idêntico", ou equivalente, ressalvando ou não a verdadeira procedência do artigo ou produto;

Arbitrária aposição do próprio nome em mercadoria de outro produtos

VI — apõe o próprio nome ou razão social em mercadoria de outro produtor sem o seu consentimento;

Uso indevido de nome comercial ou título de estabelecimento

VII — usa indevidamente nome comercial ou título de estabelecimento alheio;

Falsa atribuição de distinção ou recompensa

VIII — se atribui, como meio de propaganda de indústria, comércio ou ofício, recompensa ou distinção que não obteve;

Fraudulenta utilização de recipiente ou invólucro de outro produtor

IX — vende ou expõe à venda, em recipiente ou invólucro de outro produtor, mercadoria adulterada ou falsificada, ou dele se utiliza para negociar com mercadoria da mesma espécie, embora não adulterada ou falsificada, se o fato não constitui crime mais grave;

Corrupção de preposto

X — dá ou promete dinheiro ou outra utilidade a empregado de concorrente, para que, faltando ao dever do emprego, lhe proporcione vantagem indevida;

Violação de segredo de fábrica ou negócio

XI — recebe dinheiro ou outra utilidade, ou aceita promessa de paga ou recompensa, para, faltando ao dever do emprego, proporcionar a concorrente do empregador vantagem indevida;

XII — divulga ou explora, sem autorização quando a serviço de outrem, segredo de fábrica ou de negócio, que lhe foi confiado ou de que teve conhecimento em razão do serviço.

§ 2.º — Somente se procede mediante queixa, salvo nos casos dos números X a XII, em que cabe ação pública mediante representação.

TÍTULO IV

DOS CRIMES CONTRA A ORGANIZAÇÃO DO TRABALHO

Atentado contra a liberdade de trabalho

Art. 197 — Constranger alguém, mediante violência ou grave ameaça:

I — a exercer ou não exercer arte, ofício, profissão ou indústria ou a trabalhar ou não trabalhar durante certo período ou em determinados dias:

Pena — detenção, de um mês a um ano, e multa, de mil cruzeiros a dez mil cruzeiros, além da pena correspondente à violência;

II — a abrir ou fechar o seu estabelecimento de trabalho, ou a participar de parede ou paralisação de atividade econômica:

Pena — detenção, de três meses a um ano, e multa de mil cruzeiros a dez mil cruzeiros, além da pena correspondente à violência.

Atentado contra a liberdade de contrato de trabalho e boicotagem violenta

Art. 198 — Constranger alguém, mediante violência ou ameaça, a celebrar contrato de trabalho, ou a não fornecer a outrem ou não adquirir de outrem matéria-prima ou produto industrial ou agrícola:

Pena — detenção, de um mês a um ano, e multa, de mil cruzeiros a dez mil cruzeiros, além da pena correspondente à violência.

Atentado contra a liberdade de associação

Art. 199 — Constranger alguém, mediante violência ou grave ameaça, a participar ou deixar de participar de determinado sindicato ou associação profissional;

Pena — detenção, de um mês a um ano, e multa, de quatrocentos cruzeiros a dez mil cruzeiros, além da pena correspondente à violência.

Paralisação de trabalho, seguida de violência ou perturbação da ordem

Art. 200 — Participar de suspensão ou abandono coletivo de trabalho, praticando violência contra pessoa ou contra coisa:

Pena — detenção, de um mês a um ano, e multa, de mil cruzeiros a dez mil cruzeiros, além da pena correspondente à violência.

Parágrafo único — Para que se considere coletivo o abandono de trabalho é indispensável o concurso de, pelo menos, três empregados.

Paralisação de trabalho de interesse coletivo

Art. 201 — Participar de suspensão ou abandono coletivo de trabalho, provocando a interrupção de obra pública ou serviço de interesse coletivo:

Pena — detenção, de seis meses a dois anos, e multa de quatro mil cruzeiros a vinte mil cruzeiros.

Invasão de estabelecimento industrial, comercial ou agrícola. Sabotagem

Art. 202 — Invadir ou ocupar estabelecimento industrial, comercial ou agrícola, com o intuito de impedir ou embaraçar o curso normal do trabalho, ou com o mesmo fim danificar o estabelecimento ou as coisas nele existentes ou delas dispor:

Pena — reclusão, de um a três anos, e multa, de dois mil cruzeiros a vinte mil cruzeiros.

Frustração de direito assegurado por lei trabalhista

Art. 203 — Frustrar, mediante fraude ou violência, direito assegurado pela legislação do trabalho:

Pena — detenção, de um mês a um ano, e multa, de quatro mil cruzeiros a vinte mil cruzeiros, além da pena correspondente à violência.

Frustração de lei sobre a nacionalização do trabalho

Art. 204 — Frustrar, mediante fraude ou violência, obrigação legal relativa à nacionalização do trabalho:

Pena — detenção, de um mês a um ano, e multa, de quatro mil cruzeiros a vinte mil cruzeiros, além da pena correspondente à violência.

Exercício de atividade com infração de decisão administrativa

Art. 205 — Exercer atividade, de que está impedido por decisão administrativa:

Pena — detenção, de três meses a dois anos, ou multa, de dois mil cruzeiros a vinte mil cruzeiros.

Aliciamento para o fim de emigração

Art. 206 — Aliciar trabalhadores, para o fim de emigração:

Pena — detenção, de um a três anos, e multa, de dois mil cruzeiros a vinte mil cruzeiros.

Aliciamento de trabalhadores de um local para outro do território nacional

Art. 207 — Aliciar trabalhadores, com o fim de levá-los de uma para outra localidade do território nacional:

Pena — detenção, de dois meses a um ano, e multa, de mil cruzeiros a dez mil cruzeiros.

TÍTULO V

DOS CRIMES CONTRA O SENTIMENTO RELIGIOSO E CONTRA O RESPEITO AOS MORTOS

Capítulo I

Dos crimes contra o sentimento Religioso

Ultraje a culto e impedimento ou perturbação de ato a ele relativo

Art. 208 — Escarnecer de alguém publicamente, por motivo de crença ou função religiosa; impedir ou perturbar cerimônia ou prática de culto religioso; vilipendiar publicamente ato ou objeto de culto religioso:

Pena — detenção, de um mês a um ano, ou multa, de mil cruzeiros a seis mil cruzeiros.

Parágrafo único — Se há emprego de violência, a pena é aumentada de um terço, sem prejuízo da correspondente à violência.

Capítulo II

Dos crimes contra o respeito aos mortos

Impedimento ou perturbação de cerimônia funerária

Art. 209 — Impedir ou perturbar enterro ou cerimônia funerária:

Pena — detenção, de um mês a um ano, ou multa, de mil cruzeiros a seis mil cruzeiros.

Parágrafo único — Se há emprego de violência, a pena é aumentada de um terço, sem prejuízo da correspondente à violência.

Violação de sepultura ou urna fenerária

Art. 210 — Violar ou profanar sepultura ou urna funerária:

Pena — reclusão, de um a três anos, e multa, de mil cruzeiros a seis mil cruzeiros.

Destruição, subtração ou ocultação de cadáver

Art. 211 — Destruir, subtrair ou ocultar cadáver ou parte dele. (14)

Pena — reclusão, de um a três anos, e multa, de mil cruzeiros a seis mil cruzeiros.

Vilipêndio a cadáver

Art. 212 — Vilipendiar cadáver ou suas cinzas:

---

(14) V. Lei n.º 5.479, de 10 de agosto de 1968, que "dispõe sobre a retirada e transplante de tecidos, órgãos e partes de cadáver para finalidade terapêutica e científica e dá outras providências".

Pena — detenção, de um a três anos, e multa, de mil cruzeiros a quatro mil cruzeiros.

TÍTULO VI

DOS CRIMES CONTRA OS COSTUMES

Capítulo I

Dos crimes contra a liberdade sexual

Estupro

Art. 213 — Constranger mulher a conjunção carnal, mediante violência ou grave ameaça:

Pena — reclusão, de três a oito anos.

Atentado violento ao pudor

Art. 214 — Constranger alguém, mediante violência ou grave ameaça, a praticar ou permitir que com ele se pratique ato libidinoso diverso da conjunção carnal:

Pena — reclusão, de dois a sete anos.

Posse sexual mediante fraude

Art. 215 — Ter conjunção carnal com mulher honesta, mediante fraude:

Pena — reclusão, de um a três anos.

Parágrafo único — Se o crime é praticado contra mulher virgem, menor de dezoito e maior de catorze anos:

Pena — reclusão, de dois a seis anos.

Atentado ao pudor mediante fraude

Art. 216 — Induzir mulher honesta, mediante fraude, a praticar ou permitir que com ela se pratique ato libidinoso diverso da conjunção carnal:

Pena — reclusão, de um a dois anos.

Parágrafo único — Se a ofendida é menor de dezoito e maior de catorze anos:

Pena — reclusão, de dois a quatro anos.

Capítulo II

Da sedução e da corrupção de menores

Sedução

Art. 217 — Seduzir mulher virgem, menor de dezoito anos e maior de catorze, e ter com ela conjunção carnal, aproveitando-se de sua inexperiência ou justificável confiança:

Pena — reclusão, de dois a quatro anos.

Corrupção de menores (15)

Art. 218 — Corromper ou facilitar a corrupção de pessoa maior de catorze e menor de dezoito anos, com ela praticando ato de libidinagem, ou induzindo-a a praticá-lo ou presenciá-lo:

Pena — reclusão, de um a quatro anos.

Capítulo III

Do rapto

Rapto violento ou mediante fraude

Art. 219 — Raptar mulher honesta, mediante violência, grave ameaça ou fraude, para fim libidinoso:

Pena — reclusão, de dois a quatro anos.

Rapto consensual

rAt. 220 — Se a raptada é maior de catorze anos e menor de vinte e um, e o rapto se dá com seu consentimento:

Pena — detenção, de um a três anos.

Diminuição de pena

Art. 221 — É diminuída de um terço a pena, se o rapto é para fim de casamento, e de metade, se o agente, sem ter praticado com a vítima qualquer ato libidinoso, a restitui à liberdade ou a coloca em lugar seguro, à disposição da família.

---

(15) V. Lei n.º 2.252, de 1 de julho de 1954, que "dispõe sobre a corrupção de menores", diz, no art. 1.º: "Constitui crime, punido com a pena de reclusão de 1 (um) a 4 (quatro) anos e multa de Cr$ 1,00 (um cruzeiro) a Cr$ 10,00 (dez cruzeiros), corromper ou facilitar a corrupção de pessoa menor de 18 (dezoito) anos, com ela praticando infração penal ou induzindo-a a praticá-la."

Concurso de rapto e outro crime

Art. 222 — Se o agente, ao efetuar o rapto, ou em seguida a este, pratica outro crime contra a raptada, aplicam-se cumulativamente a pena correspondente ao rapto e à cominada ao outro crime.

Capítulo IV

Disposições gerais

Formas qualificadas

Art. 223 — Se da violência resulta lesão corporal de natureza grave:

Pena — reclusão, de quatro a doze anos.

Parágrafo único — Se do fato resulta a morte:

Pena — reclusão, de oito a vinte anos.

Presunção de violência

Art. 224 — Presume-se a violência, se a vítima:

a) não é maior de catorze anos;

b) é alienada ou débil mental, e o agente conhecia esta circunstância;

c) não pode, por qualquer outra causa, oferecer resistência.

Ação penal

Art. 225 — Nos crimes definidos nos capítulos anteriores, somente se procede mediante queixa.

§ 1.º — Procede-se, entretanto, mediante ação pública:

I — se a vítima ou seus pais não podem prover às despesas do processo, sem privar-se de recursos indispensáveis à manutenção própria ou da família;

II — se o crime é cometido com abuso do pátrio poder, ou da qualidade de padastro, tutor ou curador.

§ 2.º — No caso de n.º I do parágrafo anterior, a ação do Ministério Público depende de representação.

Aumento de pena

Art. 226 — A pena é aumentada de quarta parte:

I — se o crime é cometido com o concurso de duas ou mais pessoas;

II — se o agente é ascendente, pai adotivo, padrasto, irmão, tutor ou curador, preceptor ou empregador da vítima ou por qualquer outro título tem autoridade sobre ela;

III — se o agente é casado.

Capítulo V

Do lenocínio e do tráfico de mulheres

Mediação para servir a lascívia de outrem

Art. 227 — Induzir alguém a satisfazer a lascívia de outrem:

Pena — reclusão, de um a três anos.

§ 1.º — Se a vítima é maior de catorze e menor de dezoito anos, ou se o agente é seu ascendente, descendente, marido, irmão, tutor ou curador ou pessoa a que esteja confiada para fins de educação, de tratamento ou de guarda:

Pena — reclusão, de dois a cinco anos.

§ 2.º — Se o crime é cometido com emprego de violência, grave ameaça ou fraude:

Pena — reclusão, de dois a oito anos, além da pena correspondente à violência.

§ 3.º — Se o crime é cometido com o fim de lucro, aplica-se também multa, de mil cruzeiros a vinte mil cruzeiros.

Favorecimento da prostituição

Art. 228 — Induzir ou atrair alguém à prostituição, facilitá-la ou impedir que alguém a abandone:

Pena — reclusão, de dois a cinco anos.

§ 1.º — Se ocorre qualquer das hipóteses do § 1.º do artigo anterior:

Pena — reclusão, de três a oito anos.

§ 2.º — Se o crime é cometido com emprego de violência, grave ameaça ou fraude:

Pena — reclusão, de quatro a dez anos, além da pena correspondente à violência.

§ 3.º — Se o crime é cometido com o fim de lucro, aplica-se também multa de quatro mil cruzeiros a trinta mil cruzeiros.

Casa de prostituição

Art. 228 — Manter, por conta própria ou de terceiro, casa de prostituição ou lugar destinado a encontros para fim libidinoso, haja, ou não, intuito de lucro ou mediação direta do proprietário ou gerente:

Pena — reclusão, de dois a cinco anos, e multa, de quatro mil a trinta mil cruzeiros.

Rufianismo

Art. 230 — Tirar proveito da prostituição alheia, participando diretamente de seus lucros ou fazendo-se sustentar, no todo ou em parte, por quem a exerça:

Pena — reclusão, de um a quatro anos, e multa, de quatro mil cruzeiros a trinta mil cruzeiros.

§ 1.º — Se ocorre qualquer das hipóteses do § 1.º do art. 227:

Pena — reclusão, de três a seis anos, além da multa.

§ 2.º — Se há emprego de violência ou grave ameaça:

Pena — reclusão, de dois a oito anos, além da multa sem prejuízo da pena correspondente à violência.

Tráfico de mulheres

Art. 231 — Promover ou facilitar a entrada, no território nacional, de mulher que nele venha exercer a prostituição, ou a saída de mulher que vá exercê-la no estrangeiro:

Pena — reclusão, de três a oito anos.

§ 1.º — Se ocorre qualquer das hipóteses do § 1.º do art. 227:

Pena — reclusão, de quatro a dez anos.

§ 2.º — Se há emprego de violência, grave ameaça ou fraude, a pena é de reclusão, de cinco a doze anos, além da pena correspondente à violência.

§ 3.º — Se o crime é cometido com o fim de lucro, aplica-se também a multa de dez mil cruzeiros a vinte mil cruzeiros.

Art. 232 — Nos crimes de que trata este capítulo, é aplicável o disposto nos arts. 223 e 224.

Capítulo VI

Do ultraje público ao pudor

Ato obsceno

Art. 233 — Praticar ato obsceno em lugar público, ou aberto ou exposto ao público:

Pena — detenção, de três meses a um ano, ou multa, de dois mil cruzeiros a seis mil cruzeiros.

Escrito ou objeto obsceno

Art. 234 — Fazer, importar, exportar, adquirir ou ter sob sua guarda, para fim de comércio, de distribuição ou de exposição pública, escrito, desenho, pintura, estampa ou qualquer objeto obsceno:

Pena — detenção, de seis meses a dois anos, ou multa, de quatro mil cruzeiros a dez mil cruzeiros.

Parágrafo único — Incorre na mesma pena quem:

I — vende, distribui ou expõe à venda ou ao público qualquer dos objetos referidos neste artigo;

II — realiza, em lugar público ou acessível ao público, representação teatral, ou exibição cinematográfica de caráter obsceno, ou qualquer outro espetáculo, que tenha o mesmo caráter;

III — realiza, em lugar público ou acessível ao público, ou pelo rádio, audição ou recitação de caráter obsceno.

TÍTULO VII

DOS CRIMES CONTRA A FAMÍLIA

Capítulo I

Dos crimes contra o casamento

Bigamia

Art. 235 — Contrair alguém, sendo casado, novo casamento:

Pena — reclusão, de dois a seis anos.

§ 1.º — Aquele que, não sendo casado, contrai casamento com pessoa casada, conhecendo essa circunstância, é punido com reclusão ou detenção, de um a três anos.

§ 2.º — Anulado por qualquer motivo o primeiro casamento, ou o outro por motivo que não a bigamia, considera-se inexistente o crime.

Induzimento a erro essencial e ocultação de impedimento

Art. 236 — Contrair casamento, induzindo em erro essencial o outro contraente, ou ocultando-lhe impedimento que não seja casamento anterior:

Pena — detenção, de seis meses a dois anos.

Parágrafo único — A ação penal depende de queixa do contraente enganado e não pode ser intentada senão depois de transitar em julgado a sentença que, por motivo de erro ou impedimento, anule o casamento.

Conhecimento prévio de impedimento

Art. 237 — Contrair casamento, conhecendo a existência de impedimento que lhe cause a nulidade absoluta:

Pena — detenção, de três meses a um ano.

Simulação de autoridade para celebração de casamento

Art. 238 — Atribuir-se falsamente autoridade para celebração de casamento:

Pena — detenção, de um a três anos, se o fato não constitui crime mais grave.

Simulação de casamento

Art. 239 — Simular casamento mediante engano de outra pessoa:

Pena — detenção, de um a três anos, se o fato não constitui elemento de crime mais grave.

Adultério

Art. 240 — Cometer adultério:

Pena — detenção, de quinze dias a seis meses.

§ 1.º — Incorre na mesma pena o co-réu.

§ 2.º — A ação penal somente pode ser intentada pelo cônjuge ofendido, e dentro de um mês após o conhecimento do fato.

§ 3.º — A ação penal não pode ser intentada:

I — pelo cônjuge desquitado;

II — pelo cônjuge que consentiu no adultério ou o perdoou, expressa ou tacitamente.

§ 4.º — O juiz pode deixar de aplicar a pena:

I — se havia cessado a vida em comum dos cônjuges;

II — se o querelante havia praticado qualquer dos atos previstos no art. 317 do Código Civil

Capítulo II

Dos crimes contra o estado de filiação

Registro de nascimento inexistente

Art. 241 — Promover no registro civil a inscrição de nascimento inexistente:

Pena — reclusão, de dois a seis anos.

Parto suposto. Supressão ou alteração de direito inerente ao estado civil de recém-nascido

Art. 242 — Dar parto alheio como próprio; ocultar recém-nascido ou substituí-lo, suprimindo ou alterando o direito inerente ao estado civil:

Pena — reclusão, de dois a seis anos.

Parágrafo único — Se o crime é praticado por motivo de reconhecida nobreza:

Pena — detenção, de um a dois anos.

Sonegação de estado de filiação

Art. 243 — Deixar em asilo de expostos ou outra instituição de assistência filho próprio ou alheio, ocultando-lhe a filiação ou atribuindo-lhe outra, com o fim de prejudicar direito inerente ao estado civil:

Pena — reclusão, de um a cinco anos, e multa de dois mil cruzeiros a dezesseis mil cruzeiros.

Capítulo III

Dos crimes contra a assistência familiar

Abandono material

Art. 244 — Deixar, sem justa causa, de prover à subsistência do cônjuge, ou de filho menor de 18 anos ou inapto para o trabalho, ou de ascendente inválido ou valetudinário, não lhes proporcionando os recursos necessários ou faltando ao pagamento de pensão alimentícia judicialmente acordada, fixada ou majorada; deixar, sem justa causa, de socorrer descendente ou ascendente, gravemente enfermo:

Pena — detenção de 1(um) ano a 4 (quatro) anos e multa, de uma a dez vezes o maior salário-mínimo vigente no País. (16)

Parágrafo único — Nas mesmas penas incide quem, sendo solvente, frustra ou ilide, de qualquer modo, inclusive por abondono injustificado de emprego ou função, o pagamento de pensão alimentícia judicialmente acordada, fixada ou majorada.

Entrega de filho menor a pessoa inidônea

Art. 245 — Entregar filho menor de dezoito anos a pessoa, com a qual saiba ou deva saber que fica moral ou materialmente em perigo:

Pena — detenção, de um a seis meses.

Parágrafo único — A pena é aumentada de sexta parte, aplicando-se cumulativamente com a de multa, de dois mil cruzeiros a vinte mil cruzeiros, se o agente é movido por fim de lucro.

Abandono intelectual

Art. 246 — Deixar, sem justa causa, de prover a instrução primária de filho em idade escolar:

Pena — detenção, de quinze dias a um mês, ou multa, de quatrocentos a mil cruzeiros.

Art. 247 — Permitir alguém que menor de dezoito anos, sujeito a seu poder ou confiado à sua guarda ou vigilância:

I — freqüente casa de jogo ou mal afamada, ou conviva com pessoa viciosa ou de má vida;

II — freqüente espetáculo capaz de pervertê-lo ou de ofender-lhe o pudor, ou participe de representação de igual natureza;

III — resida ou trabalhe em casa de prostituição;

IV — mendigue ou sirva a mendigo para excitar a comiseração pública:

Pena — detenção, de um a três meses, ou multa, de quatrocentos cruzeiros a dois mil cruzeiros.

Capítulo IV

Dos crimes contra o pátrio poder, tutela ou curatela

Induzimento a fuga, entrega arbitrária ou sonegação de incapazes

Art. 248 — Induzir menor de dezoito anos, ou interdito, a fugir do lugar em que se acha por determinação de quem sobre ele exerce autoridade, em virtude de lei ou de ordem judicial; confiar a outrem sem ordem do pai, do tutor ou do curador algum menor de dezoito anos ou interdito, ou deixar, sem justa causa, de entregá-lo a quem legitimamente o reclame:

---

(16) **Texto original:**

Abandono material — Art. 244. Deixar, sem justa causa, de prover à subsistência do cônjuge, ou de filho menor de dezoito anos ou inapto para o trabalho, ou de ascendente inválido ou valetudinário, não lhes proporcionando os recursos necessários ou faltando ao pagamento da pensão alimentícia judicialmente fixada; deixar, sem justa causa, de socorrer descendente ou ascendente gravemente enfermo: Pena — detenção, de três meses a um ano, ou multa de um conto a dez contos de réis.

* * * *

A redação atual, com o acréscimo de um parágrafo, foi dada pelo art. 21 da Lei n.º 5.478, de 25 de julho de 1968, que "dispõe sobre ação de alimentos e dá outras providências".

Pena — detenção, de um mês a um ano, ou multa, de quatrocentos cruzeiros a quatro mil cruzeiros.

Subtração de incapazes

Art. 249 — Subtrair menor de dezoito anos ou interdito ao poder de quem o tem sob sua guarda em virtude de lei ou de ordem judicial:

Pena — detenção, de dois meses a dois anos, se o fato não constitui elemento de outro crime.

§ 1.º — O fato de ser o agente pai ou tutor do menor ou curador do interdito não o exime de pena, se destituído ou temporariamente privado do pátrio poder, tutela, curatela ou guarda.

§ 2.º — No caso de restituição do menor ou do interdito, se este não sofreu maus tratos ou privações, o juiz pode deixar de aplicar pena.

TÍTULO VIII

DOS CRIMES CONTRA A INCOLUMIDADE PÚBLICA

Capítulo I

Dos crimes de perigo comum

Incêndio

Art. 250 — Causar incêndio, expondo a perigo a vida, a integridade física ou o patrimônio de outrem:

Pena — reclusão, de três a seis anos, e multa, de quatro mil cruzeiros a vinte mil cruzeiros.

Aumento de pena

§ 1.º — As penas aumentam-se de um terço:

I — se o crime é cometido com intuito de obter vantagem pecuniária em proveito próprio ou alheio:

II — se o incêndio é:

a) em casa habitada ou destinada a habitação;

b) em edifício público ou destinado a uso público ou a obra de assistência social ou de cultura;

c) em embarcação, aeronave, comboio ou veículo de transporte coletivo;

d) em estação ferroviária ou aeródromo;

e) em estaleiro, fábrica ou oficina;

f) em depósito de explosivo, combustível ou inflamável;

g) em poço petrolífero ou galeria de mineração;

h) em lavoura, pastagem, mata ou floresta.

Incêndio culposo

§ 2.º — Se culposo o incêndio, a pena é de detenção, de seis meses a dois anos.

Explosão

Art. 251 — Expor a perigo a vida, a integridade física ou o patrimônio de outrem, mediante explosão, arremesso ou simples colocação de engenho de dinamite ou de substância de efeitos análogos:

Pena — reclusão, de três a seis anos, e multa, de quatro mil cruzeiros a vinte mil cruzeiros.

§ 1.º — Se a substância utilizada não é dinamite ou explosivo de efeitos análogos:

Pena — reclusão, de um a quatro anos, e multa, de dois mil cruzeiros a dezesseis mil cruzeiros.

Aumento de pena

§ 2.º — As penas aumentam-se de um terço, se ocorre qualquer das hipóteses previstas no § 1.º, n.º I, do artigo anterior, ou é visada ou atingida qualquer das coisas enumeradas no n.º II do mesmo parágrafo.

Modalidade culposa

§ 3.º — No caso de culpa, se a explosão é de dinamite ou substância de efeitos análogos, a pena é de detenção, de seis meses a dois anos; nos demais casos, é de detenção, de três meses a um ano.

Uso de gás tóxico ou asfixiante

Art. 252 — Expor a perigo a vida, a integridade física ou o patrimônio de outrem, usando de gás tóxico ou asfixiante:

Pena — reclusão, de um a quatro anos, e multa, de dois mil cruzeiros a dezesseis mil cruzeiros.

Modalidade culposa

Parágrafo único — Se o crime é culposo:

Pena — detenção, de três meses a um ano.

Fabrico, fornecimento, aquisição, posse ou transporte de explosivos ou gás tóxico, ou asfixiante

Art. 253 — Fabricar, fornecer, adquirir, possuir ou transportar, sem licença da autoridade, substância ou engenho explosivo, gás tóxico ou asfixiante, ou material destinado à sua fabricação:

Pena — detenção, de seis meses a dois anos, e multa, de dois mil cruzeiros a dez mil cruzeiros.

Inundação

Art. 254 — Causar inundação, expondo a perigo a vida, a integridade física ou o patrimônio de outrem:

Pena — reclusão, de três a seis anos, e multa, de quatro mil cruzeiros a vinte mil cruzeiros, no caso de dolo, ou detenção, de seis meses a dois anos, no caso de culpa.

Perigo de inundação

Art. 255 — Remover, destruir ou inutilizar, em prédio próprio ou alheio, expondo a perigo a vida, a integridade física ou o patrimônio de outrem, obstáculo natural ou obra destinada a impedir inundação:

Pena — reclusão, de um a três anos, e multa, de dois mil cruzeiros a dez mil cruzeiros.

Desabamento ou desmoronamento

Art. 256 — Causar desabamento ou desmoranamento, expondo a perigo a vida, a integridade física ou o patrimônio de outrem:

Pena — reclusão, de um a quatro anos, e multa de dois mil cruzeiros a vinte mil cruzeiros.

Modalidade culposa

Parágrafo único — Se o crime é culposo:

Pena — detenção, de seis meses a um ano.

Subtração, ocultação ou inutilização de material de salvamento

Art. 257 — Subtrair, ocultar ou inutilizar, por ocasião de incêndio, inundação, naufrágio, ou outro desastre ou calamidade, aparelho, material ou qualquer meio destinado a serviço de combate ao perigo, de socorro ou salvamento; ou impedir ou dificultar serviço de tal natureza:

Pena — reclusão, de dois a cinco anos, e multa de dois mil cruzeiros a dezesseis mil cruzeiros.

Formas qualificadas de crime de perigo comum

Art. 258 — Se do crime doloso de perigo comum resulta lesão corporal de natureza grave, a pena privativa de liberdade é aumentada de metade; se resulta morte, é aplicada em dobro. No caso de culpa, se do fato resulta lesão corporal, a pena aumenta-se de metade; se resulta morte, aplica-se a pena cominada ao homicídio culposo, aumentada de um terço.

Difusão de doença ou praga

Art. 259 — Difundir doença ou praga que possa causar dano a floresta, plantação ou animais de utilidade econômica:

Pena — reclusão, de dois a cinco anos, e multa, de dois mil cruzeiros a vinte mil cruzeiros.

Modalidade culposa

Parágrafo único — No caso de culpa, a pena é de detenção, de um a seis meses, ou multa de mil cruzeiros a dez mil cruzeiros.

Capítulo II

Dos crimes contra a segurança dos meios de comunicação e transportes e outros serviços públicos

Perigo de desastre ferroviário

Art. 260 — Impedir ou perturbar serviço de estrada de ferro:

I — destruindo, danificando ou desarranjando, total ou parcialmente, linha férrea, material rodante ou de tração, obra de arte ou instalação;

II — colocando obstáculo na linha;

III — transmitindo falso aviso acerca do movimento dos veículos ou interrompendo ou embaraçando o funcionamento de telégrafo, telefone ou radiotelegrafia;

IV — praticando outro ato de que possa resultar desastre:

Pena — reclusão, de dois a cinco anos, e multa de quatro mil cruzeiros a vinte mil cruzeiros.

Desastre ferroviário

§ 1.° — Se do fato resulta desastre:

Pena — reclusão, de quatro a doze anos, e multa, de quatro mil cruzeiros a vinte mil cruzeiros.

§ 2.° — No caso de culpa, ocorrendo desastre:

Pena — detenção, de seis meses a dois anos.

§ 3.° — Para os efeitos deste artigo, entende-se por estrada de ferro qualquer via de comunicação em que circulem veículos de tração mecânica, em trilhos ou por meio de cabo aéreo.

Atentado contra a segurança de transporte marítimo, fluvial ou aéreo

Art. 261 — Expor a perigo embarcação ou aeronave, própria ou alheia, ou praticar qualquer ato tendente a impedir ou dificultar navegação marítima, fluvial ou aérea:

Pena — reclusão, de dois a cinco anos.

Sinistro em transporte marítimo, fluvial ou aéreo

§ 1.° — Se do fato resulta naufrágio, submersão ou encalhe de embarcação ou a queda ou destruição de aeronave:

Pena — reclusão, de quatro a doze anos.

Prática do crime com o fim de lucro

§ 2.° — Aplica-se, também, a pena de multa, de dez mil cruzeiros a trinta mil cruzeiros, se o agente pratica o crime com intuito de obter vantagem econômica, para si ou para outrem.

Modalidade culposa

§ 3.° — No caso de culpa, se ocorre o sinistro:

Pena — detenção, de seis meses a dois anos.

Atentado contra a segurança de outro meio de transporte

Art. 262 — Expor a perigo outro meio de transporte público, impedir-lhe ou dificultar-lhe o funcionamento:

Pena — detenção, de um a dois anos.

§ 1.° — Se do fato resulta desastre, a pena é de reclusão, de dois a cinco anos.

§ 2.° — No caso de culpa, se ocorre desastre:

Pena — detenção, de três meses a um ano.

Forma qualificada

Art. 263 — Se de qualquer dos crimes previstos nos arts. 260 a 262, no caso de desastre ou sinistro, resulta lesão corporal ou morte, aplica-se o disposto no art. 258.

Aremesso de projétil

Art. 264 — Arremessar projétil contra veículo, em movimento, destinado ao transporte público por terra, por água ou pelo ar:

Pena — detenção, de um a seis meses.

Parágrafo único — Se do fato resulta lesão corporal, a pena é de detenção, de seis meses a dois anos; se resulta morte, a pena é a do art. 121, § 3.º, aumentada de um terço.

Atentado contra a segurança de serviço de utilidade pública

Art. 265 — Atentar contra a segurança ou o funcionamento de serviço de água, luz, força ou calor, ou qualquer outro de utilidade pública:

Pena — reclusão, de um a cinco anos, e multa, de dois mil cruzeiros a dez mil cruzeiros.

Parágrafo único — Aumentar-se-á a pena de 1/3 (um terço) até a metade, se o dano ocorrer em virtude de subtração de material essencial ao funcionamento dos serviços. (17)

Interrupção ou perturbação de serviço telegráfico ou telefônico

Art. 266 — Interromper ou perturbar serviço telegráfico, radiotelegráfico ou telefônico, impedir ou dificultar-lhe o restabelecimento:

Pena — detenção, de um a três anos, e multa de dois mil cruzeiros a dez mil cruzeiros.

Parágrafo único — Aplicam-se as penas em dobro, se o crime é cometido por ocasião de calamidade pública.

Capítulo III

Dos crimes contra a saúde pública (18)

Epidemia

Art. 267 — Causar epidemia, mediante a propagação de germes patogênicos:

Pena — reclusão, de cinco a quinze anos.

§ 1.º — Se do fato resulta morte, a pena é aplicada em dobro.

§ 2.º — No caso de culpa, a pena é de detenção, de um a dois anos, ou, se resulta morte, de dois a quatro anos.

Infração de medida sanitária preventiva

Art. 268 — Infringir determinação do poder público, destinada a impedir introdução ou propagação de doença contagiosa:

Pena — detenção, de um mês a um ano, e multa, de quatrocentos cruzeiros a seis mil cruzeiros.

Parágrafo único — A pena é aumentada de um terço, se o agente é funcionário da saúde pública ou exerce a profissão de médico, farmacêutico, dentista ou enfermeiro.

Omissão de notificação de doença

Art. 269 — Deixar o médico de denunciar à autoridade pública doença cuja notificação é compulsória:

Pena — detenção, de seis meses a dois anos, e multa de mil cruzeiros a seis mil cruzeiros.

Envenenamento de água potável ou de substância alimentícia ou medicinal

Art. 270 — Envenenar água potável, de uso comum ou particular, ou substância alimentícia ou medicinal destinada a consumo:

Pena — reclusão de cinco a quinze anos.

§ 1.º — Está sujeito à mesma pena quem entrega a consumo ou tem em depósito, para o fim de ser distribuída, a água ou a substância envenenada.

Modalidade culposa

§ 2.º — Se o crime é culposo:

---

(17) Este parágrafo único foi acrescentado pelo art. 3.º da Lei n.º 5.346, de 3 de novembro de 1967, que "altera dispositivos do Código Penal, visando a proteger serviços de utilidade pública".

(18) A Lei de Economia Popular, Lei 1.521, de 26 de dezembro de 1951, dispõe:
Art. 6.º — Verificado qualquer crime contra a economia popular ou contra a saúde pública (cap. III do tít. VIII do Código Penal) e atendendo à gravidade do fato, sua repercussão e seus efeitos, o juiz, na sentença, declarará a interdição de direito, determinada no art. 69, n.º IV, do Código Penal, de seis meses a um ano assim como, mediante representação da autoridade policial, poderá decretar, dentro de quarenta e oito horas, a suspensão provisória, pelo prazo de quinze dias, do exercício da profissão ou atividade do infrator.

Pena — detenção, de seis meses a dois anos.

Corrupção ou poluição de água potável

Art. 271 — Corromper ou poluir água potável, de uso comum ou particular, tornando-a imprópria para consumo ou nociva à saúde:

Pena — reclusão, de dois a cinco anos.

Modalidade culposa

Parágrafo único — Se o crime é culposo:

Pena — detenção, de dois meses a um ano.

Corrupção, adulteração ou falsificação de substância alimentícia ou medicinal

Art. 272 — Corromper, adulterar ou falsificar substância alimentícia ou medicinal destinada a consumo, tornando-a nociva à saúde:

Pena — reclusão, de dois a seis anos, e multa de dez mil cruzeiros a trinta mil cruzeiros.

§ 1.º — Está sujeito à mesma pena quem vende, expõe à venda, tem em depósito para vender ou, de qualquer forma, entrega a consumo a substância corrompida, adulterada ou falsificada.

Modalidade culposa

§ 2.º — Se o crime é culposo:

Pena — detenção, de seis meses a um ano, e multa, de mil cruzeiros a quatro mil cruzeiros.

Alteração de substância alimentícia ou medicinal

Art. 273 — Alterar substância alimentícia ou medicinal:

I — modificando-lhe a qualidade ou reduzindo-lhe o valor nutritivo ou terapêutico;

II — suprimindo total ou parcialmente, qualquer elemento de sua composição normal, ou substituindo-o por outro de qualidade inferior:

Pena — reclusão, de um a três anos, e multa, de dois mil cruzeiros a dez mil cruzeiros.

§ 1.º — Na mesma pena incorre quem vende, expõe à venda, tem em depósito para vender ou, de qualquer forma, entrega a consumo a substância alterada nos termos deste artigo.

Modalidade culposa

§ 2.º — Se o crime é culposo:

Pena — detenção, de dois a seis meses, e multa, de quatrocentos cruzeiros a dois mil cruzeiros.

Emprego de processo proibido ou de substância não permitida

Art. 274 — Empregar, no fabrico de produto destinado ao consumo, revestimento, gaseificação artificial, matéria corante, substância aromática, antisséptica, conservadora ou qualquer outra não expressamente permitida pela legislação sanitária:

Pena — detenção, de um a três meses, e multa, de quatrocentos cruzeiros a dois mil cruzeiros.

Invólucro ou recipiente com falsa indicação

Art. 275 — Inculcar, em invólucro ou recipiente de produto alimentício ou medicinal, a existência de substância que não se encontra em seu conteúdo ou que nele existe em quantidade menor que a mencionada:

Pena — detenção, de um a três mese, ou multa, de mil cruzeiros a dez mil cruzeiros.

Produto ou substância nas condições dos dois artigos anteriores

Art. 276 — Vender, expor à venda, ter em depósito para vender ou, de qualquer forma, entregar a consumo produto nas condições dos arts. 274 e 275:

Pena — detenção, de um a três meses, ou multa, de mil cruzeiros a dez mil cruzeiros.

Substância destinada à falsificação

Art. 277 — Vender, expor à venda, ter em depósito ou ceder substância destinada à falsificação de produto alimentício ou medicinal:

Pena — detenção, de seis meses a um ano, e multa, de mil cruzeiros a dez mil cruzeiros.

Outras substâncias nocivas à saúde pública

Art. 278 — Fabricar, vender, expor à venda, ter em depósito para vender ou, de qualquer forma, entregar a consumo coisa ou substância nociva à saúde, ainda que não destinada à alimentação ou a fim medicinal:

Pena — detenção, de um a três anos, e multa, de quatro mil cruzeiros a dez mil cruzeiros.

Modalidade culposa

Parágrafo único — Se o crime é culposo:

Pena — detenção, de dois meses a um ano.

Substância avariada

Art. 279 — Vender, ter em depósito para vender ou expor à venda ou, de qualquer forma, entregar a consumo substância alimentícia ou medicinal avariada:

Pena — detenção, de um a três anos, ou multa, de dois mil cruzeiros a vinte mil cruzeiros.

Medicamento em desacordo com receita médica

Art. 280 — Fornecer substância medicinal em desacordo com receita médica:

Pena — detenção, de um a três anos, ou multa, de dois mil cruzeiros a dez mil cruzeiros.

Modalidade culposa

Parágrafo único — Se o crime é culposo:

Pena — detenção, de dois meses a um ano.

Art. 281 — (A Lei n.º 6.368, de 21 de outubro de 1976, que baixou disposições sobre medidas de prevenção e repressão aos tráfico ilícito e uso indevido de substâncias entorpecentes ou que determinem dependência física ou psíquica, revogou as disposições do art. 281 e de seus parágrafos. Referida Lei encontra-se, na íntegra, na legislação complementar).

Acrescentamos, em rodapé, o texto original, tendo em vista o objetivo desta obra.[19]

---

(19) TEXTO ORIGINAL DO ARTIGO 281 DO "CÓDIGO PENAL"

Comércio clandestino ou facilitação de uso de entorpecente

Art. 281. Importar ou exportar, vender ou expor à venda, fornecer, ainda que a título gratuito, transportar, trazer consigo, ter em depósito, guardar, ministrar ou, de qualquer maneira, entregar a consumo substância entorpecente, sem autorização ou em desacordo com determinação legal ou regulamentar:

Pena — reclusão, de um a cinco anos, e multa de dois a dez contos de réis.

§ 1.º. Se o agente é farmacêutico, médico ou dentista:
Pena — reclusão, de dois a oito anos, e multa, de três a doze contos de réis.

§ 2.º Incorre em detenção, de seis meses a dois anos, e multa de quinhentos mil réis a cinco contos de réis, o médico ou dentista que prescreve substância entorpecente fora dos casos indicados pela terapêutica, ou em dose evidentemente maior que a necessária, ou com infração de preceito legal ou regulamentar.

§ 3.º. As penas do parágrafo anterior são aplicadas àquele que:

I — instiga ou induz alguém a usar entorpecente;

II — utiliza local, de que tem propriedade, posse, administração, ou vigilância, ou consente que outrem dele se utilize, ainda que a título gratuito, para uso ou guarda ilegal de entorpecente;

III — contribui de qualquer forma para incentivar ou difundir o uso de substância entorpecente.

§ 4.º. As penas aumentam-se de um terço, se a substância entorpecente é vendida, aplicada, fornecida ou prescrita a menor de dezoito anos.

O artigo 281 do Código Penal foi modificado pela Lei n.º 4.451, de 4 de novembro de 1964. Nova modificação foi feita pelo Decreto-lei n.º 385, de 26 de dezembro de 1968.

A redação atual vem da Lei n.º 5.726, de 29 de outubro de 1971, que "dispõe sobre medidas preventivas e repressivas ao tráfico e uso de substâncias entorpecentes ou que determinem dependência física ou psíquica e dá outras providências".

Exercício ilegal da medicina, arte dentária ou farmacêutica

Art. 282 — Exercer, ainda que a título gratuito, a profissão de médico, dentista ou farmacêutico, sem autorização legal ou excedendo-lhe os limites.

Pena — detenção, de seis meses a dois anos.

Parágrafo único — Se o crime é praticado com o fim de lucro, aplica-se também multa, de dois mil cruzeiros a dez mil cruzeiros.

Charlatanismo

Art. 283 — Inculcar ou anunciar cura por meio secreto ou infalível:

Pena — detenção, de três meses a um ano, e multa, de dois mil cruzeiros a dez mil cruzeiros.

Curandeirismo

Art. 284 — Exercer o curandeirismo:

I — prescrevendo, ministrando ou aplicando, habitualmente, qualquer substância;

II — usando gestos, palavras ou qualquer outro meio;

III — fazendo diagnósticos:

Pena — detenção, de seis meses a dois anos.

Parágrafo único — Se o crime é praticado mediante remuneração, o agente fica também sujeito à multa de dois mil cruzeiros a dez mil cruzeiros.

Forma qualificada

Art. 285 — Aplica-se o disposto no art. 258 aos crimes previstos neste Capítulo, salvo quanto ao definido no art. 267.

TÍTULO IX

DOS CRIMES CONTRA A PAZ PÚBLICA

Incitação ao crime

Art. 286 — Incitar, publicamente, a prática de crime:

Pena — detenção, de três a seis meses, ou multa, de dois mil cruzeiros a seis mil cruzeiros.

Apologia de crime ou criminoso

Art. 287 — Fazer, publicamente, apologia de fato criminoso ou de autor de crime:

Pena — detenção, de três a seis meses, ou multa, de dois mil cruzeiros a seis mil cruzeiros.

Quadrilha ou bando

Art. 288 — Associarem-se mais de três pessoas, em quadrilha ou bando, para o fim de cometer crimes:

Pena — reclusão, de um a três anos.

Parágrafo único — A pena aplica-se em dobro, se a quadrilha ou bando é armado.

TÍTULO X

DOS CRIMES CONTRA A FÉ PÚBLICA

Capítulo I

Da moeda falsa

Moeda falsa

Art. 289 — Falsificar, fabricando-a ou alterando-a, moeda metálica ou papel-moeda de curso legal no país ou no estrangeiro:

Pena — reclusão, de três a doze anos, e multa, de quatro mil cruzeiros a trinta mil cruzeiros.

§ 1.º — Nas mesmas penas incorre quem, por conta própria ou alheia, importa ou exporta, adquire, vende, troca, cede, empresta, guarda ou introduz na circulação moeda falsa.

§ 2.º — Quem, tendo recebido de boa fé, como verdadeira moeda falsa ou alterada, a restitui à circulação, depois de conhecer a falsidade, é punido com detenção, de seis meses a dois anos, e multa, de mil cruzeiros a dez mil cruzeiros.

§ 3.º — É punido com reclusão, de três a quinze anos, e multa, de dez mil cruzeiros a quarenta mil cruzeiros, o funcionário público ou diretor, gerente, ou fiscal de banco de emissão que fabrica, emite ou autoriza a fabricação ou emissão:

I — de moeda com título ou peso inperior ao determinado em lei.

II — de papel-moeda em quantidade superior à autorizada.

§ 4.° — Nas mesmas penas incorre quem desvia e faz circular moeda, cuja circulação não estava ainda autorizada.

Crimes assimilados ao de moeda falsa

Art. 290 — Formar cédula, nota ou bilhete representativo de moeda com fragmentos de cédulas, notas ou bilhetes verdadeiros; suprimir, em nota, cédula ou bilhete recolhidos, para o fim de restituí-los à circulação, sinal indicativo de sua inutilização; restituir à circulação cédula, nota ou bilhete em tais condições, ou já recolhidos para o fim de inutilização:

Pena — reclusão, de dois a oito anos, e multa, de quatro mil cruzeiros a vinte mil cruzeiros.

Parágrafo único — O máximo da reclusão é elevado a doze anos e o da multa a quarenta mil cruzeiros, se o crime é cometido por funcionário que trabalha na repartição onde o dinheiro se achava recolhido, ou nela tem fácil ingresso em razão do cargo.

Petrechos para falsificação de moeda

Art. 291 — Fabricar, adquirir, fornecer, a título oneroso ou gratuito, possuir ou guardar maquinismo, aparelho, instrumento ou qualquer objeto especialmente destinado à falsificação de moeda:

Pena — reclusão, de dois a seis anos, e multa, de dois mil cruzeiros a doze mil cruzeiros.

Emissão de título ao portador sem permissão legal

Art. 292 — Emitir, sem permissão legal, nota, bilhete, ficha, vale ou título que contenha promessa de pagamento em dinheiro ao portador ou a que falte indicação do nome da pessoa a quem deva ser pago:

Pena — detenção, de um a seis meses, ou multa, de quatro mil cruzeiros a vinte mil cruzeiros.

Parágrafo único — Quem recebe ou utiliza como dinheiro qualquer dos documentos referidos neste artigo incorre na pena de detenção, de quinze dias a três meses, ou multa, de dois mil cruzeiros a dez mil cruzeiros.

Capítulo II

Da falsidade de títulos e outros papéis públicos

Falsificação de papéis públicos

Art. 293 — Falsificar, fabricando-os ou alterando-os:

I — selo postal, estampilha, papel selado ou qualquer papel de emissão legal, destinado à arrecadação de imposto ou taxa;

II papel de crédito público que não seja moeda de curso legal;

III — vale postal;

IV — cautela de penhor, caderneta de depósito de caixa econômica ou de outro estabelecimento mantido por entidade de direito público;

V — talão, recibo, guia, alvará ou qualquer outro documento relativo a arrecadação de rendas públicas ou a depósito ou caução por que o poder público seja responsável;

VI — bilhete, passe ou conhecimento de empresa de transporte administrada pela União, por Estado ou por Município:

Pena — reclusão, de dois a oito anos, e multa, de seis mil cruzeiros a vinte mil cruzeiros.

§ 1.° — Incorre na mesma pena quem usa qualquer dos papéis falsificados a que se refere este artigo.

§ 2.° — Suprimir, em qualquer desses papéis, quando legítimos, com o fim de torná-los novamente utilizáveis, carimbo ou sinal indicativo de sua inutilização:

Pena — reclusão. de um a quatro anos e multa, de dois mil cruzeiros a dez mil cruzeiros.

§ 3.° — Incorre na mesma pena quem usa, depois de alterado, qualquer dos papéis a que se refere o parágrafo anterior.

§ 4.° — Quem usa ou restitui à circulação, embora recebido de boa fé, qualquer dos papéis falsificados ou alterados, a que se referem este artigo e o seu

§ 2.°, depois de conhecer a falsidade ou alteração, incorre na pena de detenção, de seis meses a dois anos, ou multa, de dois mil cruzeiros a dez mil cruzeiros.

Petrechos de falsificação

Art. 294 — Fabricar, adquirir, fornecer, possuir ou guardar objeto especialmente destinado à falsificação de qualquer dos papéis referidos no artigo anrior.

Pena — reclusão, de um a três anos, e multa, de dois mil cruzeiros a dez mil cruzeiros.

Art. 295 — Se o agente é funcionário público, e comete o crime prevalencendo-se do cargo, aumenta-se a pena de sexta parte.

Capítulo III

Da faculdade documental

Falsificação do selo ou sinal público

Art. 296 — Falsificar, fabricando-os ou alterando-os:

I — selo público destinado a autenticar atos oficiais da União, de Estado ou de Município;

II — selo ou sinal atribuído por lei a entidade de direito público, ou a autoridade, ou sinal público de tabelião:

Pena — reclusão, de dois a seis anos, e multa, de dois mil cruzeiros a vinte mil cruzeiros.

§ 1.° — Incorre nas mesmas penas:

I — quem faz uso do selo ou sinal falsificado;

II — quem utiliza indevidamente o selo ou sinal verdadeiro em prejuízo de outrem ou em proveito próprio ou alheio.

§ 2.° — Se o agente é funcionário público, e comete o crime prevalecendo-se do cargo, aumenta-se a pena de sexta parte.

Falsificação de documento público

Art. 297 — Falsificar, no todo ou em parte, documento público, ou alterar documento público verdadeiro:

Pena — reclusão, de dois a seis anos, e multa, de dois mil cruzeiros a vinte mil cruzeiros.

§ 1.° — Se o agente é funcionário público, e comete o crime prevalecendo-se do cargo, aumenta-se a pena de sexta parte.

§ 2.° — Para os efeitos penais, equiparam-se a documento público o emanado de entidade paraestatal, o título ao portador ou transmissível por endosso, as ações de sociedade comercial, os livros mercantis e o testamento particular.

Falsificação de documento particular

Art. 298 — Falsificar, no todo ou em parte, documento particular ou alterar documento particular verdadeiro:

Pena — reclusão, de um a cinco anos, e multa, de mil cruzeiros a dezesseis mil cruzeiros.

Falsidade ideológica

Art. 299 — Omitir, em documento público ou particular, declaração que dele devia constar, ou nele inserir ou fazer inserir declaração falsa ou diversa da que devia ser escrita, com o fim de prejudicar direito, criar obrigação ou alterar a verdade sobre fato juridicamente relevante:

Pena — reclusão, de um a cinco anos, e multa, de dois mil cruzeiros a vinte mil cruzeiros, se o documento é público, e reclusão, de um a três anos, e multa, de mil cruzeiros a dez mil cruzeiros, se o documento é particular.

Parágrafo único — Se o agente é funcionário público, e comete o crime prevalecendo-se do cargo, ou se a falsificação ou alteração é de assentamento de registro civil, aumenta-se a pena de sexta parte. [20]

---

(20) a) V. Dec.-lei n.° 6.259, de 10 de fevereiro de 1944.

b) V. Consolidação das Leis do Trabalho, art. 49.

c) V. Decreto n.° 60.501, de 14 de março de 1967.

d) V. Decreto n.° 77.077, de 24 de janeiro de 1976, (art. 224, n.° III).

Falso reconhecimento de firma ou letra

Art. 300 — Reconhecer, como verdadeira, no exercício de função pública, firma ou letra que o não seja:

Pena — reclusão, de um a cinco anos, e multa, de dois mil cruzeiros a vinte mil cruzeiros, se o documento é público; e de um a três anos, e multa, de mil cruzeiros a dez mil cruzeiros, se o documento é particular.

Certidão ou atestado ideologicamente falso

Art. 301 — Atestar ou certificar falsamente, em razão de função pública, fato ou circunstância que habilite alguém a obter cargo público, isenção de ônus ou de serviço de caráter público, ou qualquer outra vantagem:

Pena — detenção, de dois meses a um ano.

Falsidade material de atestado ou certidão

§ 1.° — Falsificar, no todo ou em parte, atestado ou certidão, ou alterar o teor de certidão ou de atestado verdadeiro, para prova de fato ou circunstância que habilite alguém a obter cargo público, isenção de ônus ou de serviço de caráter público, ou qualquer outra vantagem:

Pena — detenção, de três meses a dois anos.

§ 2.° — Se o crime é praticado com o fim de lucro, aplica-se, além da pena multa privativa de liberdade, a de multa, de mil cruzeiros a seis mil cruzeiros.

Falsidade de atestado médico

Art. 302 — Dar o médico, no exercício de sua profissão, atestado falso:

Pena — detenção, de um mês a um ano.

Parágrafo único — Se o crime é cometido com o fim de lucro, aplica-se também multa, de mil cruzeiros a seis mil cruzeiros.

Reprodução ou adulteração de selo ou peça filatélica

Art. 303 — Reproduzir ou alterar selo ou peça filatélica que tenha valor para coleção, salvo quando a reprodução ou a alteração está visivelmente anotada na face ou no verso do selo ou peça:

Pena — detenção, de um a três anos, e multa, de dois mil cruzeiros a vinte mil cruzeiros.

Parágrafo único — Na mesma pena incorre quem, para fins de comércio, faz uso do selo ou peça filatélica.

Uso de documento falso

Art. 304 — Fazer uso de qualquer dos papéis falsificados ou alterados, a que se referem os artigos 297 a 302:

Pena — a cominada à falsificação ou à alteração.

Supressão de documento

Art. 305 — Destruir, suprimir ou ocultar, em benefício próprio ou de outrem, ou em prejuízo alheio, documento público ou particular verdadeiro, de que não podia dispor:

Pena — reclusão, de dois a seis anos, e multa, de dois mil cruzeiros a vinte mil cruzeiros, se o documento é público, e reclusão, de um a cinco anos, e multa, de mil cruzeiros a seis mil cruzeiros, se o documento é particular.

Capítulo IV

De outras falsidades

Falsificação do sinal empregado no contraste de metal precioso ou na fiscalização alfandegária, ou para outros fins

Art. 306 — Falsificar, fabricando-o ou alterando-o, marca ou sinal empregado pelo poder público no contraste de metal precioso ou na fiscalização alfandegária, ou usar marca ou sinal dessa natureza, falsificado por outrem:

Pena — reclusão, de dois a seis anos, e multa, de quatro mil cruzeiros a vinte mil cruzeiros.

Parágrafo único — Se a marca ou sinal falsificado é o que usa a autoridade pública para o fim de fiscalização sanitária, ou para autenticar ou encerrar determinados objetos, ou comprovar o cumprimento de formalidade legal:

Pena — reclusão ou detenção, de um a três anos, e multa de dois mil cruzeiros a dez mil cruzeiros.

Falsa identidade

Art. 307 — Atribuir-se ou atribuir a terceiro falsa identidade para obter vantagem, em proveito próprio ou alheio, ou para causar dano a outrem:

Pena — detenção, de três meses a um ano, ou multa, de dois mil cruzeiros a dez mil cruzeiros, se o fato não constitui elemento de crime mais grave.

Art. 308 — Usar, como próprio, passaporte, título de eleitor, caderneta de reservista ou qualquer documento de identidade alheia ou ceder a outrem, para que dele se utilize, documento dessa natureza, próprio ou de terceiro:

Pena — detenção, de quatro meses a dois anos, e multa, de mil cruzeiros a dez mil cruzeiros, se o fato não constitui elemento de crime mais grave.

Fraude de lei sobre estrangeiros

Art. 309 — Usar o estrangeiro, para entrar ou permanecer no território nacional, nome que não é o seu:

Pena — detenção, de um a três anos, e multa, de quatro mil cruzeiros a dez mil cruzeiros.

Art. 310 — Atribuir a estrangeiro falsa qualidade, para promover-lhe a entrada em território nacional:

Pena — reclusão, de um a quatro anos, e multa, de quatro mil cruzeiros a dez mil cruzeiros.

Falsidade em prejuízo da nacionalização de sociedade

Art. 311 — Prestar-se a figurar como proprietário ou possuidor de ação, título ou valor pertencente a estrangeiro, nos casos em que a este é vedada por lei a propriedade ou a posse de tais bens:

Pena — detenção, de seis meses a três anos, e multa, de dez mil cruzeiros a quarenta mil cruzeiros.

TÍTULO XI

DOS CRIMES CONTRA A ADMINISTRAÇÃO PÚBLICA (21)

Capítulo I

Dos crimes praticados por funcionário público contra a administração em geral

Peculato

Art. 312 — Apropriar-se o funcionário público de dinheiro, valor ou qualquer outro bem móvel, público ou particular, de que tem a posse em razão do cargo, ou desviá-lo, em proveito próprio ou alheio:

Pena — reclusão de dois a doze anos, e multa, de dez mil cruzeiros a cem mil cruzeiros.

§ 1.° — Aplica-se a mesma pena, se o funcionário público, embora não tendo a posse do dinheiro, valor ou bem, o subtrai, ou concorre para que seja subtraído, em proveito próprio ou alheio, valendo-se de facilidade que lhe proporciona a qualidade de funcionário.

Peculato culposo

§ 2.° — Se o funcionário concorre culposamente para o crime de outrem:

Pena — detenção, de três meses a um ano.

§ 3.° — No caso do parágrafo anterior, a reparação do dano, se precede a sentença irrecorrível, extingue a punibilidade; se lhe é posterior, reduz de metade a pena imposta.

---

(21) V. 1 — Decreto-lei n.° 3.240, de 8 de maio de 1941, que sujeita a seqüestro os bens de pessoas indiciadas por crimes de que resulta prejuízo para a fazenda pública; 2 — Decreto-lei n.° 3.415, de 10 de julho de 1941, que dispõe sobre a prisão administrativa e sobre o depósito e guarda dos bens apreendidos aos acusados de crimes contra a Fazenda Nacional; 3 — Lei 3.164, de 1 de junho de 1957, que provê quanto ao disposto no parágrafo 31, 2.ª parte, do art. 141, da Constituição Federal e dá outras providências; 4 — Lei n.° 3.502, de 21 de dezembro de 1958, que regula o seqüestro e a perda de bens nos casos de enriquecimento ilícito.

Peculato mediante erro de outrem

Art. 313 — Apropria-se de dinheiro ou qualquer utilidade que, no exercício do cargo, recebeu por erro de outrem:

Pena — reclusão, de um a quatro anos, e multa, de dois mil cruzeiros a vinte mil cruzeiros.

Extravio, sonegação ou inutilização de livro ou documento

Art. 314 — Extraviar livro oficial ou qualquer documento, de que tem a guarda em razão do cargo; sonegá-lo ou inutilizá-lo, total ou parcialmente:

Pena — reclusão, de um a quatro anos, se o fato não constitui crime mais grave.

Emprego irregular de verbas ou rendas públicas

Art. 315 — Dar às verbas ou rendas públicas aplicação diversa da estabelecida em lei:

Pena — detenção, de um a três meses, ou multa, de dois mil cruzeiros a vinte mil cruzeiros.

Concussão

Art. 316 — Exigir, para si ou para outrem, direta ou indiretamente, ainda que fora da função ou antes de assumi-la, mas em razão dela, vantagem indevida:

Pena — reclusão, de dois a oito anos, e multa, de quatro mil cruzeiros a quarenta mil cruzeiros.

Excesso de exação

§ 1.º — Se o funcionário exige imposto, taxa ou emolumento que sabe indevido, ou, quando devido, emprega na cobrança meio vexatório ou gravoso, que a lei não autoriza:

Pena — detenção, de seis meses a dois anos, ou multa, de dois mil cruzeiros a vinte mil cruzeiros.

§ 2.º — Se o funcionário desvia, em proveito próprio ou de outrem, o que recebeu indevidamente para recolher aos cofres públicos:

Pena — reclusão, de dois a doze anos, e multa, de dez mil cruzeiros a quarenta mil cruzeiros.

Corrupção passiva

Art. 317 — Solicitar ou receber, para si para outrem, direta ou indiretamente, ainda que fora da função ou antes de assumi-la, mas em razão dela, vantagem indevida, ou aceitar promessa de tal vantagem:

Pena — reclusão, de um a oito anos, e multa, de seis mil cruzeiros a trinta mil cruzeiros.

§ 1.º — A pena é aumentada de um terço, se, em conseqüência da vantagem ou promessa, o funcionário retarda ou deixa de praticar qualquer ato de ofício ou o pratica infringindo dever funcional.

§ 2.º — Se o funcionário pratica, deixa de praticar ou retarda ato de ofício, com infração de dever funcional, cedendo a pedido ou influência de outrem:

Pena — detenção, de três meses a um ano, ou multa, de oitocentos cruzeiros a quatro mil cruzeiros.

Facilitação de contrabando ou descaminho

Art. 318 — Facilitar, com infração de dever funcional, a prática de contrabando ou descaminho (art. 334):

Pena — reclusão, de dois a cinco anos, e multa, de dois mil cruzeiros a vinte mil cruzeiros.

Prevaricação

Art. 319 — Retardar ou deixar de praticar, indevidamente, ato de ofício, ou praticá-lo contra disposição expressa de lei, para satisfazer interesse ou sentimento pessoal:

Pena — detenção, de três meses a um ano, e multa, de mil cruzeiros a quatro mil cruzeiros.

Condescendência criminosa

Art. 320 — Deixar o funcionário, por indulgência, de responsabilizar subordinado que cometeu infração no exercício do cargo ou, quando lhe falte competência, não levar o fato ao conhecimento da autoridade competente:

Pena — detenção, de quinze dias a um mês, ou multa, de quatrocentos cruzeiros a quatro mil cruzeiros.

Advocacia administrativa

Art. 321 — Patrocinar, direta ou indiretamente, interesse privado perante a administração pública, valendo-se da qualidade de funcionário:

Pena — detenção, de um a três meses, ou multa, de dois mil cruzeiros a vinte mil cruzeiros.

Parágrafo único — Se o interesse é ilegítimo:

Pena — detenção de três meses a um ano, além da multa.

Violência arbitrária

Art. 322 — Praticar violência, no exercício de função ou a pretexto de exercê-la: [22]

Pena — detenção, de seis meses a três anos, além da pena correspondente à violência.

Abandono de função

Art. 323 — Abandonar cargo público, fora dos casos permitidos em lei:

Pena — detenção, de quinze dias a um mês, ou multa, de quatrocentos cruzeiros a quatro mil cruzeiros.

§ 1.° — Se do fato resulta prejuízo público:

Pena — detenção, de três meses a um ano, e multa, de quatrocentos cruzeiros a quatro mil cruzeiros.

§ 2.° — Se o fato ocorre em lugar compreendido na faixa de fronteira:

Pena — detenção, de um a três anos, e multa, de quatrocentos cruzeiros a quatro mil cruzeiros.

Exercício funcional ilegalmente antecipado ou prolongado

Art. 324 — Entrar no exercício de função pública antes de satisfeitas as exigências legais, ou continuar a exercê-la, sem autorização, depois de saber oficialmente que foi exonerado, removido, substituído ou suspenso:

Pena — detenção, de quinze dias a um mês, ou multa, de quatrocentos cruzeiros a quatro mil cruzeiros.

Violação de sigilo funcional

Art. 325 — Revelar fato de que tem ciência em razão do cargo e que deva permanecer em segredo, ou facilitar-lhe a revelação:

Pena — detenção, de seis meses a dois anos, ou multa, de quatro mil cruzeiros a vinte quatro mil cruzeiros.

Violação do sigilo de proposta de concorrência

Art. 326 — Devassar o sigilo de proposta de concorrência pública, ou proporcionar a terceiro o ensejo de devassá-lo:

Pena — detenção, de três meses a um ano, e multa, de dois mil cruzeiros a dez mil cruzeiros.

Art. 327 — Considera-se funcionário público, para os efeitos penais, quem, embora transitoriamente ou sem remuneração, exerce cargo, emprego ou função pública.

Parágrafo único — Equipara-se a funcionário público quem exerce cargo, emprego ou função em entidade paraestatal.

Capítulo II

Dos crimes praticados por particular contra a administração em geral

Usurpação de função pública

Art. 328 — Usurpar o exercício de função pública:

Pena — detenção, de três meses a dois anos, e multa, de mil cruzeiros a quatro mil cruzeiros.

Parágrafo único — Se do fato o agente aufere vantagem:

(22) V. Lei n.° 4.898, de 9 de dezembro de 1965.

Pena — reclusão, de dois a cinco anos, e multa, de dois mil cruzeiros a vinte mil cruzeiros.

Resistência

Art. 329 — Opor-se à execução de ato legal, mediante violência ou ameaça a funcionário competente para executá-lo ou a quem lhe esteja prestando auxílio:

Pena — detenção, de dois meses a dois anos.

§ 1.º — Se o ato, em razão da resistência, não se executa:

Pena — reclusão, de um a três anos.

§ 2.º — As penas deste artigo são aplicáveis sem prejuízo das correspondentes à violência.

Desobediência

Art. 330 — Desobedecer a ordem legal de funcionário público:

Pena — detenção, de quinze dias a seis meses, e multa, de quatrocentos cruzeiros a quatro mil cruzeiros.

Desacato

Art. 331 — Desacatar funcionário público no exercício da função ou em razão dela:

Pena — detenção, de seis meses a dois anos, ou multa, de mil cruzeiros a trinta mil cruzeiros.

Exploração de prestígio

Art. 332 — Obter, para si ou para outrem, vantagem ou promessa de vantagem, a pretexto de influir em funcionário público no exercício da função:

Pena — reclusão, de um a cinco anos, e multa, de seis mil cruzeiros a quatro mil cruzeiros.

Parágrafo único — A pena é aumentada de um terço, se o agente alega ou insinua que a vantagem é também destinada ao funcionário.

Corrupção ativa

Art. 333 — Oferecer ou prometer vantagem indevida a funcionário público, para determiná-lo a praticar, omitir ou retardar ato de ofício:

Pena — reclusão, de um a oito anos, e multa, de dois mil cruzeiros a trinta mil cruzeiros.

Parágrafo único — A pena é aumentada de um terço, se, em razão da vantagem ou promessa, o funcionário retarda ou omite ato de ofício, ou o pratica infringindo dever funcional.

Contrabando ou descaminho

Art. 334 — Importar ou exportar mercadoria proibida ou iludir, no todo ou em parte, o pagamento de direito ou imposto devido pela entrada, pela saída ou pelo consumo de mercadoria: (23)

Pena — reclusão, de um a quatro anos.

§ 1.º — Incorre na mesma pena quem:

a) pratica navegação de cabotagem, fora dos casos permitidos em lei;

b) pratica fato assimilado, em lei especial, a contrabando ou descaminho;

c) vende, expõe a venda, mantém em depósito ou, de qualquer forma, utiliza em proveito próprio ou alheio, no exercício de atividade comercial ou industrial, mercadoria de procedência estrangeira que introduziu clandestinamente no País ou importou fraudulentamente ou que sabe ser produto de introdução clandestina no território nacional ou de importação fraudulenta por parte de outrem;

d) adquire, recebe ou oculta, em proveito próprio ou alheio, no exercício de

---

(23) **Texto original** do art. 334 em seus parágrafos:

§ 1.º. Incorre na mesma pena quem pratica:

a) navegação de cabotagem, fora dos casos permitidos em lei;

b) fato assimilado em lei especial a contrabando ou descaminho.

§ 2.º. A pena aplica-se em dobro, se o crime de contrabando ou descaminho é praticado em transporte aéreo.

A redação atual, com o aumento de um parágrafo, é dada pela Lei n.º 4. 729, de 14 de julho de 1965.

atividade comercial ou industrial, mercadoria de procedência estrangeira, desacompanhada de documentação legal, ou acompanhada de documentos que sabe serem falsos.

§ 2.º — Equipara-se às atividades comerciais, para os efeitos deste artigo, qualquer forma de comércio irregular ou clandestino de mercadorias estrangeiras, inclusive o exercício em residências.

§ 3.º — A pena aplica-se em dobro, se o crime de contrabando ou descaminho é praticado em transporte aéreo.

Impedimento, perturbação ou fraude de concorrência

Art. 335 — Impedir, perturbar ou fraudar concorrência pública ou venda em hasta pública, promovida pela administração federal, estadual ou municipal, ou por entidade paraestatal; afastar ou procurar afastar concorrente ou licitante, por meio de violência, grave ameaça, fraude ou oferecimento de vantagem:

Pena — detenção, de seis meses a dois anos, ou multa, de dois mil cruzeiros a vinte mil cruzeiros, além da pena correspondente à violência.

Parágrafo único — Incorre na mesma pena quem se abstém de concorrer ou licitar, em razão da vantagem oferecida.

Inutilização de edital ou de sinal

Art. 336 — Rasgar ou, de qualquer forma, inutilizar ou conspucar edital afixado por ordem de funcionário público; violar ou inutilizar selo ou sinal empregado, por determinação legal ou por ordem de funcionário público, para identificar ou cerrar qualquer objeto:

Pena — detenção, de um mês a um ano, ou multa, de mil cruzeiros a dez mil cruzeiros.

Subtração ou inutilização de livro ou documento

Art. 337 — Subtrair, ou inutilizar, total ou parcialmente livro oficial, processo ou documento confiado à custódia de funcionário, em razão de ofício, ou de particular em serviço público:

Pena — reclusão de dois a cinco anos, se o fato não constitui crime mais grave.

Capítulo III

Dos crimes contra a administração da justiça (24)

Reingresso de estrangeiro expulso

Art. 338 — Reingressar no território nacional o estrangeiro que dele foi expulso:

Pena — reclusão, de um a quatro anos, sem prejuízo de nova expulsão após o cumprimento da pena.

Denunciação caluniosa

Art. 339 — Dar causa a instauração de investigação policial ou de processo judicial contra alguém, imputando-lhe crime de que o sabe inocente:

Pena — reclusão, de dois a oito anos, e multa, de dois mil cruzeiros a vinte mil cruzeiros.

§ 1.º — A pena é aumentada de sexta parte, se o agente se serve de anonimato ou de nome suposto.

§ 2.º — A pena é diminuida de metade, se a imputação é de prática de contravenção.

Comunicação falsa de crime ou de contravenção

Art. 340 — Provocar a ação de autoridade, comunicando-lhe a ocorrência de

---

(24) a) V. Lei n.º 5.478, de 25 de julho de 1968, que dispõe sobre ação de alimentos:

Art. 22 — Constitui crime contra a administração da justiça deixar o empregador ou funcionário público de prestar ao Juízo as competentes informações necessárias à instrução de processo ou execução de sentença ou acordo que fixe pensão alimentícia:

Pena — Detenção de 6 (seis) meses a 1 (um) ano, sem prejuízo da pena acessória de suspensão do emprego de 30 (trinta) a 90 (noventa) dias.

Parágrafo único. Nas mesmas penas incide quem, de qualquer modo, ajuda o devedor a eximir-se ao pagamento de pensão alimentícia judicialmente acordada, fixada ou majorada, ou se recusa, ou procrastina a executar ordem de desconto em folhas de pagamento, expedida pelo Juiz competente.

b) V. Decreto-lei n.º 941, de 13 de outubro de 1969, que define a situação jurídica do estrangeiro e dá outras providências.

crime ou de contravenção que sabe não se ter verificado:

Pena — detenção, de um a seis meses, ou multa, de mil cruzeiros a quatro mil cruzeiros.

Auto-acusação falsa

Art. 341 — Acusar-se, perante a autoridade, de crime inexistente ou praticado por outrem:

Pena — detenção, de três meses a dois anos, ou multa, de dois mil cruzeiros a dez mil cruzeiros.

Falso testemunho ou falsa perícia

Art. 342 — Fazer afirmação falsa, ou negar ou calar a verdade, como testemunha, perito, tradutor ou intérprete em processo judicial, policial ou administrativo, ou em juízo arbitral:

Pena — reclusão, de um a três anos, e multa, de dois mil cruzeiros a seis mil cruzeiros.

§ 1.º — Se o crime é cometido com o fim de obter prova destinada a produzir efeito em processo penal:

Pena — reclusão, de dois a seis anos, e multa, de quatro mil cruzeiros a doze mil cruzeiros.

§ 2.º — As penas aumenta-se de um terço, se o crime é praticado mediante suborno.

§ 3.º — O fato deixa de ser punível, se, antes da sentença, o agente se retrata ou declara a verdade.

Art. 343 — Dar, oferecer ou prometer dinheiro ou qualquer outra vantagem a testemunha, perito ou intérprete, para fazer afirmação falsa negar ou calar a verdade em depoimento, perícia, tradução ou interpretação, ainda que a oferta ou promessa não seja aceita:

Pena — reclusão, de um a três anos, e multa, de dois mil cruzeiros a seis mil cruzeiros.

Parágrafo único — Se o crime é cometido com o fim de obter prova destinada a produzir efeito em processo penal, aplica-se a pena em dobro.

Coação no curso do processo

Art. 344 — Usar de violência ou grave ameaça, com o fim de favorecer interesse próprio ou alheio, contra autoridade, parte, ou qualquer outra pessoa que funciona ou é chamada a intervir em processo judicial, policial ou administrativo, ou em juízo arbitral:

Pena — reclusão, de um a quatro anos, e multa, de dois mil cruzeiros a dez mil cruzeiros, além da pena correspondente à violência.

Exercício arbitrário das próprias razões

Art. 345 — Fazer justiça pelas próprias mãos, para satisfazer pretensão, embora legítima, salvo quando a lei o permite:

Pena — detenção, de quinze dias a um mês, ou multa, de quatrocentos cruzeiros a dez mil cruzeiros, além da pena correspondente à violência.

Parágrafo único — Se não há emprego de violência, somente se procede mediante queixa.

Art. 346 — Tirar, suprimir, destruir ou danificar coisa própria, que se acha em poder de terceiro por determinação judicial ou convenção:

Pena — detenção, de seis meses a dois anos, e multa, de dois mil cruzeiros a dez mil cruzeiros.

Fraude processual

Art. 347 — Inovar artificiosamente, na pendência de processo civil ou administrativo, o estado de lugar, de coisa ou de pessoa, com o fim de induzir a erro o juiz ou o perito:

Pena — detenção, de três meses a dois anos, e multa, de dois mil cruzeiros a vinte mil cruzeiros.

Parágrafo único — Se a inovação se destina a produzir efeito em processo penal, ainda que não iniciado, as penas aplicam-se em dobro.

Favorecimento pessoal

Art. 348 — Auxiliar a subtrair-se à ação de autoridade pública autor de crime a que é cominada pena de reclusão:

Pena — detenção, de um a seis meses, e multa, de quatrocentos cruzeiros a dois mil cruzeiros.

§ 1.º — Se ao crime não é cominada pena de reclusão:

Pena — detenção, de quinze dias a três meses, e multa, de duzentos cruzeiros a dois mil cruzeiros.

§ 2.º — Se quem presta o auxílio é ascendente, descendente, cônjuge ou irmão do criminoso, fica isento de pena.

Favorecimento real

Art. 349 — Prestar a criminoso, fora dos casos de co-autoria ou de receptação, auxílio destinado a tornar seguro o proveito do crime:

Pena — detenção, de um a seis meses, e multa, de duzentos cruzeiros a quatro mil cruzeiros.

Exercício arbitrário ou abuso de poder

Art. 350 — Ordenar ou executar medida privativa de liberdade individual, sem as formalidades legais ou com abuso de poder:

Pena — detenção, de um mês a um ano.

Parágrafo único — Na mesma pena incorre o funcionário que:

I — ilegalmente recebe e recolhe alguém a prisão, ou a estabelecimento destinado a execução de pena privativa de liberdade ou de medida de segurança;

II — prolonga a execução de pena ou de medida de segurança, deixando de expedir em tempo oportuno ou de executar imediatamente a ordem de liberdade;

III — submete pessoa que está sob sua guarda ou custódia a vexame ou a constrangimento não autorizado em lei;

IV — efetua, com abuso de poder, qualquer diligência.

Fuga de pessoa presa ou submetida a medida de segurança

Art. 351 — Promover ou facilitar a fuga de pessoa legalmente presa ou submetida a medida de segurança detentiva:

Pena — detenção, de seis meses a dois anos.

§ 1.º — Se o crime é praticado a mão armada, ou por mais de uma pessoa, ou mediante arrombamento, a pena é de reclusão, de dois a seis anos.

§ 2.º — Se há emprego de violência contra pessoa, aplica-se também a pena correspondente à violência.

§ 3.º — A pena é de reclusão, de um a quatro anos, se o crime é praticado por pessoa sob cuja custódia ou guarda está o preso ou o internado.

§ 4.º — No caso de culpa do funcionário incumbido da custódia ou guarda, aplica-se a pena de detenção, de três meses a um ano, ou multa, de dois mil cruzeiros a dez mil cruzeiros.

Evasão mediante violência contra a pessoa

Art. 352 — Evadir-se ou tentar evadir o preso ou o indivíduo submetido a medida de segurança detentiva, usando de violência contra a pessoa:

Pena — detenção, de três meses a um anos, além da pena correspondente à violência.

Arrebatamento de preso

Art. 353 — Arrebatar preso, a fim de maltratá-lo, do poder de quem o tenha sob custódia ou guarda:

Pena — reclusão, de um a quatro anos, além da pena corespondente à violência.

Motim de presos

Art. 354 — Amotinarem-se presos, perturbando a ordem ou disciplina da prisão:

Pena — detenção, de seis meses a dois anos, além da pena correspondente à violência.

Patrocínio infiel

Art. 355 — Trair, na qualidade de advogado ou procurador, o dever profissional, prejudicando interesse, cujo patrocínio, em juízo, lhe é confiado:

Pena — detenção, de seis meses a três anos, e multa, de quatro mil cruzeiros a trinta mil cruzeiros.

Patrocínio simultâneo ou tergiversação

Parágrafo único — Incorre na pena deste artigo o advogado ou procurador judicial que defende na mesma causa, simultânea ou sucessivamente, partes contrárias.

Sonegação de papel ou objeto de valor probatório

Art. 356 — Inutilizar, total ou parcialmente, ou deixar de restituir autos, documentos ou objeto de valor probatório, que recebeu na qualidade de advogado ou procurador:

Pena — detenção, de seis meses a três anos, e multa de quatro mil cruzeiros a vinte mil cruzeiros.

Exploração de prestígio

Art. 357 — Solicitar ou receber dinheiro ou qualquer outra utilidade, a pretexto de influir em juiz, jurado, órgão do ministério público, funcionário de justiça, perito, tradutor, intérprete ou testemunha:

Pena — reclusão, de uma a cinco anos, e multa, de dez mil cruzeiros a quarenta mil cruzeiros.

Parágrafo único — As penas aumentam-se de um terço, se o agente alega ou insinua que o dinheiro ou utilidade também se destina a qualquer das pessoas referidas neste artigo.

Violência ou fraude em arrematação judicial

Art. 358 — Impedir, perturbar ou fraudar arrematação judicial; afastar ou procurar afastar concorrente ou licitante, por meio de violência, grave ameaça, fraude ou oferecimento de vantagem:

Pena — detenção, de dois meses a um ano, ou multa, de mil cruzeiros a dez mil cruzeiros, além da pena correspondente à violência.

Desobediência a decisão judicial sobre perda ou suspensão de direito

Art. 359 — Exercer função, atividade, direito, autoridade ou múnus, de que foi suspenso ou privado por decisão judicial:

Pena — detenção, de três meses a dois anos, ou multa, de dois mil cruzeiros a vinte mil cruzeiros.

DISPOSIÇÕES FINAIS

Art. 360 — Ressalvada a legislação especial sobre os crimes contra a existência, a segurança e a integridade do Estado e contra a guarda e o emprego da economia popular, os crimes de imprensa e os de falência, os de responsabilidade do Presidente da República e dos Governadores ou Interventores, e os crimes militares, revogam-se as disposições em contrário.

Art. 361 — Este Código entrará em vigor no dia 1.º de janeiro de 1942.

Rio de Janeiro, 7 de dezembro de 1940, 119.º da Independência e 52.º da República.

GETÚLIO VARGAS
Francisco Campos

LEI DAS CONTRAVENÇÕES PENAIS

MINISTÉRIO DA JUSTIÇA E NEGÓCIOS INTERIORES

Gabinete do Ministro

EXPOSIÇÃO DE MOTIVOS (25)

Em 8 de setembro de 1941

Senhor Presidente:

Tenho a honra de passar às mãos de Vossa Excelência o projeto da "Lei das contravenções penais" que, preestabelecido o critério de tratar as *contravenções* separadamente dos *crimes*, já fora por mim anunciado a Vossa Excelência, na Exposição de Motivos do projeto definitivo do novo Código Penal. Se vier a ser transformado em lei o presente projeto, que também resultou dos trabalhos de revisão do anteprojeto do Código Criminal do Sr. Alcântara Machado, estará ultimada a reforma da legislação brasileira sobre o direito penal material.

I — Tal como o Código reservado aos crimes, o projeto de "Lei das contravenções penais" divide-se em *parte geral* e *parte especial*. Na primeira, é inicialmente declarado que, salvo as suas próprias disposições em contrário, se aplicam às contravenções as *regras gerais* do aludido Código. Várias são as regras peculiares às contravenções, adotadas no projeto. Não é admitido, em caso algum, o princípio da extraterritorialidade da lei penal, pois falham, as razões que, em matéria de crimes, militam em favor da excepcional derrogação de tal princípio.

O *elemento moral* das contravenções é a simples *voluntariedade* da ação ou omissão, isto é, para o reconhecimento do fato contravencional, prescinde-se do dolo ou da culpa. Qualquer destas formas de culpabilidade só é tomada em consideração quando de sua existência depende algum efeito jurídico, como, por exemplo, quando qualquer delas condicione, excepcionalmente, a própria existência da contravenção, ou quando se trate de graduar ou individualizar a pena aplicável no caso concreto.

A tentativa de contravenção é penalmente indiferente.

As penas principais são somente duas: a *prisão simples* (executada sem rigor penitenciário e não podendo exceder, em caso algum, a 5 anos) e a multa (que não pode ultrapassar cinqüenta cruzeiros e é conversível em prisão simples nos mesmos casos excepcionais em que o Código Penal admite sua conversão em detenção). É estabelecida norma especial relativamente à conversão, quando a multa é a única pena cominada.

Para o efeito da declaração de reincidência, basta que, ao praticar a contravenção, já tenha sido o agente irrecorrivelmente condenado, no Brasil, por outra contravenção. A ignorância ou a errada compreensão da lei penal, quando escusáveis *(in exemplis:* quando motivada por *força maior* ou por evidente *rusticidade)*, autorizam a isenção de pena.

---

(25) Publicada no Diário Oficial da União de 13 de outubro de 1941.

O prazo de suspensão condicional da pena privativa de liberdade (prisão simples por tempo não superior a 2 anos) é de um a três anos.

Figuram como pena acessória a publicação da sentença e as seguintes interdições de direito: a incapacidade temporária para profissão ou atividade, cujo exercício depende de habilitação especial, licença ou autorização do poder público pelo prazo de um mês a dois anos, e a suspensão dos direitos políticos, nos casos previstos no Código Penal.

Entre as medidas de segurança não figura o *exílio local.* Além dos indivíduos a que se refere o artigo do Código Penal, presumem-se *perigosos* e são obrigatoriamente internados em "colônia agrícola", ou em "instituto de trabalho, de reeducação ou de ensino profissional", pelo prazo mínimo de um ano, os condenados pela contravenção de *vadiagem* ou *mendicância* e os reincidentes em certas outras contravenções relativas à polícia de costumes (arts. 50 e 58).

É de 6 meses a duração mínima da internação em "manicômio judiciário" ou "casa de tratamento e custódia", podendo o juiz, ao invés de impor tais medidas, limitar-se a submeter o indivíduo a liberdade vigiada.

A ação penal é sempre *pública,* devendo a autoridade proceder de ofício.

II — Na *parte especial,* a classificação das contravenções, do mesmo modo que a dos crimes, no Código Penal, é feita tendo-se em vista a sua *objetividade jurídica.* Em primeiro lugar, são definidas e apenadas as contravenções referentes à *pessoa,* seguindo-se-lhes as referentes ao *patrimônio,* à *incolumidade pública,* à *paz pública,* à *fé pública,* à *organização do trabalho,* à *polícia de costumes,* à *administração pública.* Fica ressalvada a legislação especial sobre florestas, caça e pesca, cuja adaptação à sistemática da nova legislação penal será feita na lei de coordenação e atuação.

Não evita o projeto a multiplicidade das curtas penas privativas da liberdade. A experiência já demonsrtou a imprestabilidade das medidas aventadas em substituição às penas breves. Na medida do possível, entretanto, são atenuados os inconvenientes atribuídos a tais penas. Não são cominadas penas brevíssimas ou inferiores a 10 dias. Os *contraventores* cumprem pena separadamente dos *criminosos.* É estabelecida, em larga escala, a alternatividade entre a pena privativa de liberdade e a pena pecuniária. Sobre a facilitação do pagamento da multa e sua excepcional conversibilidade em pena privativa de liberdade, são aplicados os dispositivos do Código Penal. O contraventor *primário* pode obter, de regra, a suspensão condicional da prisão simples.

Aproveito a oportunidade para renovar a Vossa Excelência os protestos do meu mais profundo respeito.

Francisco Campos

DECRETO-LEI N.º 3.688, DE 3 DE OUTUBRO DE 1941

LEI DAS CONTRAVENÇÕES PENAIS

O Presidente da República, usando das atribuições que lhe confere o artigo 180 da Constituição, decreta:

LEI DAS CONTRAVENÇÕES PENAIS

PARTE GERAL

Aplicação das regras gerais do Código Penal

Art. 1.º — Aplicam-se às contravenções as regras gerais do Código Penal, sempre que a presente lei não disponha de modo diverso.

Territorialidade

Art. 2.º — A lei brasileira só é aplicável à contravenção praticada no território nacional.

Voluntariedade. Dolo e culpa

Art. 3.º — Para a existência da contravenção, basta a ação ou omissão voluntária. Deve-se, todavia, ter em conta o dolo ou a culpa, se a lei faz depender, de um ou de outra, qualquer efeito jurídico.

Tentativa

Art. 4.º — Não é punível a tentativa de contravenção.

Penas principais

Art. 5.º — As penas principais são:

I — prisão simples;

II — multa.

Prisão simples

Art. 6.º — A pena de prisão simples deve ser cumprida, sem rigor penitenciário, em estabelecimento especial ou seção especial de prisão comum, em regime semi-aberto ou aberto. (redação determinada pela Lei n.º 6.416, de 24 de maio de 1.977 (26).

§ 1.º — O condenado a pena de prisão simples fica sempre separado dos condenados a pena de reclusão ou de detenção.

§ 2.º — O trabalho é facultativo, se a pena aplicada não excede a quinze dias.

---

(26) **Texto original:**

Prisão simples — Art. 6.º — A pena de prisão simples deve ser cumprida, sem rigor penitenciário, em estabelecimento especial ou em secção especial de prisão comum, podendo ser dispensado o isolamento noturno.

Reincidência

Art. 7.º — Verifica-se a reincidência quando o agente pratica uma contravenção depois de passar em julgado a sentença que o tenha condenado, no Brasil ou no estrangeiro, por qualquer crime, ou, no Brasil, por motivo de contravenção.

Erro de direito

Art. 8.º — No caso de ignorância ou de errada compreensão da lei, quando escusáveis, a pena pode deixar de ser aplicada.

Conversão da multa em prisão simples

Art. 9.º — A multa converte-se em prisão simples, de acordo com o que dispõe o Código Penal sobre a conversão de multa em detenção.

Parágrafo único — Se a multa é a única pena cominada, a conversão em prisão simples se faz entre os limites de quinze dias e três meses.

Limites das penas

Art. 10 — A duração da pena de prisão simples não pode, em caso algum, ser superior a cinco anos, nem a importância das multas ultrapassar cem mil cruzeiros.

Art. 11 — Desde que reunidas as condições legais, o juiz pode suspender por tempo não inferior a um ano nem superior a três, a execução da pena de prisão simples, bem como conceder livramento condicional. (Redação determinada pela Lei n.º 6.416, de 24 de maio de 1977). (27)

Penas acessórias

Art. 12 — As penas acessórias são a publicação da sentença e as seguintes interdições de direitos:

I — a incapacidade temporária para profissão ou atividade, cujo exercício dependa de habilitação especial, licença ou autorização do poder público;

II — a suspensão dos direitos políticos.

Parágrafo único — Incorrem:

a) na interdição sob o n.º I, por um mês a dois anos o condenado por motivo de contravenção cometida com abuso de profissão ou atividade ou com infração de dever a ela inerente;

b) na interdição sob o n.º II, o condenado a pena privativa de liberdade, enquanto dure a execução da pena ou a aplicação da medida de segurança detentiva.

Medidas de segurança

Art. 13 — Aplicam-se, por motivo de contravenção, as medidas de segurança estabelecidas no Código Penal, à exceção do exílio local.

Presunção de periculosidade

Art. 14 — Presumem-se perigosos, além dos indivíduos a que se referem os ns. I e II do art. 78 do Código Penal:

I — o condenado por motivo de contravenção cometida em estado de embriaguez pelo álcool ou substância de efeitos análogos, quando habitual a embriaguez;

II — o condenado por vadiagem ou mendicância;

III — o reincidente na contravenção prevista no art. 50;

IV — o reincidente na contravenção prevista no art. 58.

Internação em colônia agrícola ou em instituto de trabalho, de reeducação ou de ensino profissional

Art. 15 — São internados em colônia agrícola ou em instituto de trabalho, de reeducação ou de ensino profissional, pelo prazo mínimo de um ano:

I — o condenado por vadiagem (art. 59);

(27) **Texto original:**

Art. 11 — Desde que reunidas as condições legais, o juiz pode suspender, por tempo não inferior a um ano nem superior a três, a execução da pena de prisão simples que não ultrapasse dois anos.

II — o condenado por mendicância (art. 60 e seu parágrafo);

III — o reincidente nas contravenções previstas nos arts. 50 e 58.

Internação em manicômio judiciário ou em casa de custódia e tratamento

Art. 16 — O prazo mínimo de duração da internação em manicômio judiciário ou em casa de custódia e tratamento é de seis meses.

Parágrafo único — O juiz, entretanto, pode, ao invés de decretar a internação submeter o indivíduo a liberdade vigiada.

Ação penal

Art. 17 — A ação penal é pública, devendo a autoridade proceder de ofício.

PARTE ESPECIAL

Capítulo I

Das contravenções referentes à pessoa

Fabrico, comércio, ou detenção de armas ou munição

Art. 18 — Fabricar, importar, exportar, ter em depósito ou vender, sem permissão da autoridade, arma ou munição:

Pena — prisão simples, de três meses a um ano, ou multa, de dois mil a dez mil cruzeiros, ou ambas cumulativamente, se o fato não constitui crime contra a ordem política ou social.

Porte de arma

Art. 19 — Trazer consigo arma fora de casa ou de dependência desta, sem licença da autoridade:

Pena — prisão simples, de quinze dias a seis meses ou multa, de quatrocentos cruzeiros a seis mil cruzeiros, ou ambas cumulativamente.

§ 1.º — A pena é aumentada de um terço até metade, se o agente já foi condenado, em sentença irrecorrível, por violência contra pessoa.

§ 2.º — Incorre na pena de prisão simples, de quinze dias a três meses, ou multa, de quatrocentos cruzeiros a dois mil cruzeiros, quem, possuindo arma ou munição:

a) deixa de fazer comunicação ou entrega à autoridade, quando a lei o determina;

b) permite que alienado, menor de 18 anos ou pessoa inexperiente no manejo de arma a tenha consigo;

c) omite as cautelas necessárias para impedir que dela se apodere facilmente alienado, menor de 18 anos ou pessoa inexperiente em manejá-la.

Anúncio de meio abortivo ou anticoncepcional

Art. 20 — Anunciar processo, substância ou objeto destinado a provocar aborto ou evitar a gravidez:

Pena — multa de mil cruzeiros a dez mil cruzeiros.

Vias de fato

Art. 21 — Praticar vias de fato contra alguém:

Pena — prisão simples, de quinze dias a três meses, ou multa, de duzentos cruzeiros a dois mil cruzeiros, se o fato não constitui crime.

Internação irregular em estabelecimento psiquiátrico

Art. 22 — Receber em estabelecimento psiquiátrico, e nele internar, sem as formalidades legais, pessoa apresentada como doente mental.

Pena — multa, de seiscentos cruzeiros a seis mil cruzeiros.

§ 1.º — Aplica-se a mesma pena a quem deixa de comunicar à autoridade competente, no prazo legal, internação que tenha admitido, por motivo de urgência, sem as formalidades legais.

§ 2.º — Incorre na pena de prisão simples, de quinze dias a três meses, ou multa de mil cruzeiros a dez mil cruzeiros, aquele que, sem observar as prescrições legais, deixa retirar-se ou despede de estabelecimento psiquiátrico pessoa nele internada.

Indevida custódia de doente mental

Art. 23 — Receber e ter sob custódia doente mental, fora do caso previsto no artigo anterior, sem autorização de quem de direito:

Pena — prisão simples, de quinze dias a três meses ou multa, de mil cruzeiros a dez mil cruzeiros.

Capítulo II

Das contravenções referentes ao patrimônio

Instrumento de emprego usual na prática de furto

Art. 24 — Fabricar, ceder ou vender gazua ou instrumento empregado usualmente na prática de crime de furto:

Pena — prisão simples, de seis meses a dois anos, e multa, de seiscentos cruzeiros a seis mil cruzeiros.

Posse não justificada de instrumento de emprego usual na prática de furto

Art. 25 — Ter alguém em seu poder, depois de condenado por crime de furto ou roubo, ou enquanto sujeito à liberdade vigiada, ou quando conhecido como vadio ou mendigo, gazuas, chaves falsas ou alteradas ou instrumentos empregados usualmente na prática de crime de furto, desde que não prove destinação legítima:

Pena — prisão simples, de dois meses a um ano, e multa, de quatrocentos cruzeiros a quatro mil cruzeiros.

Violação de lugar ou objeto

Art. 26 — Abrir alguém, no exercício de profissão de serralheiro ou ofício análogo, a pedido ou por incumbência de pessoa de cuja legitimidade não se tenha certificado previamente, fechadura ou qualquer outro aparelho destinado à defesa de lugar ou objeto:

Pena — prisão simples, de quinze dias a três meses, ou multa, de quatrocentos cruzeiros a dois mil cruzeiros.

Exploração da credulidade pública

Art. 27 — Explorar a credulidade pública mediante sortilégios, predição do futuro, explicação de sonho, ou práticas congêneres:

Pena — prisão simples, de um a seis meses, e multa, de mil cruzeiros a dez mil cruzeiros.

Capítulo III

Das contravenções referentes à incolumidade pública

Disparo de arma de fogo

Art. 28 — Disparar arma de fogo em lugar habitado ou em suas adjacências, em via pública ou em direção a ela:

Pena — prisão simples, de um a seis meses, ou multa, de seiscentos cruzeiros a seis mil cruzeiros.

Parágrafo único — Incorre na pena de prisão simples, de quinze dias a dois meses, ou multa, de quatrocentos cruzeiros a quatro mil cruzeiros, quem, em lugar habitado ou em suas adjacências, em via pública ou em direção a ela, sem licença da autoridade, causa deflagração perigosa, queima fogo de artifício ou solta balão aceso.

Desabamento de construção

Art. 29 — Provocar o desabamento de construção ou, por erro no projeto ou na execução, dar-lhe causa:

Pena — multa de dois mil cruzeiros a vinte mil cruzeiros, se o fato não constitui crime contra a incolumidade pública.

Perigo de desabamento

Art. 30 — Omitir alguém a providência reclamada pelo estado ruinoso de construção que lhe pertence ou cuja conservação lhe incumbe:

Pena — multa, de dois mil cruzeiros a dez mil cruzeiros.

Omissão de cautela na guarda ou condução de animais

Art. 31 — Deixar em liberdade, confiar à guarda de pessoa inexperiente, ou não guardar com a devida cautela animal perigoso:

Pena — prisão simples, de dez dias a dois meses, ou multa, de duzentos cruzeiros a dois mil cruzeiros.

Parágrafo único — Incorre na mesma pena quem:

a) na via pública, abandona animal de tiro, carga ou corrida, ou o confia a pessoa inexperiente;

b) excita ou irrita animal, expondo a perigo a segurança alheia;

c) conduz animal, na via pública, pondo em perigo a segurança alheia.

Falta de habilitação para dirigir veículo

Art. 32 — Dirigir, sem a devida habilitação, veículo na via pública, ou embarcação a motor em águas públicas:

Pena — multa, de quatrocentos cruzeiros a quatro mil cruzeiros.

Direção não licenciada de aeronave

Art. 33 — Dirigir aeronave sem estar devidamente licenciado:

Pena — prisão simples, de quinze dias a três meses, e multa, de quatrocentos cruzeiros a quatro mil cruzeiros.

Direção perigosa de veículo na via pública

Art. 34 — Dirigir veículos na via pública, ou embarcações em águas públicas, pondo em perigo a segurança alheia:

Pena — prisão simples, de quinze dias a três meses, ou multa, de seiscentos cruzeiros a quatro mil cruzeiros.

Abuso na prática da aviação

Art. 35 — Entregar-se, na prática da aviação, a acrobacias ou a vôos baixos, fora da zona em que a lei o permite, ou fazer descer a aeronave fora dos lugares destinados a esse fim:

Pena — prisão simples, de quinze dias a três meses, ou multa de mil cruzeiros a dez mil cruzeiros.

Sinais de perigo

Art. 36 — Deixar de colocar na via pública sinal ou obstáculo, determinado em lei ou pela autoridade e destinado a evitar perigo a transeuntes:

Pena — prisão simples, de dez dias a dois meses, ou multa, de quatrocentos cruzeiros a quatro mil cruzeiros.

Parágrafo único — Incorre na mesma pena quem:

a) apaga sinal luminoso, destrói ou remove sinal de outra natureza ou obstáculo destinado a evitar perigo a transeuntes;

b) remove qualquer outro sinal de serviço público.

Arremesso ou colocação perigosa

Art. 37 — Arremessar ou derramar em via pública, ou em lugar de uso comum, ou de uso alheio, coisa que possa ofender, sujar ou molestar alguém:

Pena — multa, de quatrocentos cruzeiros a quatro mil cruzeiros.

Parágrafo único — Na mesma pena incorre aquele que, sem as devidas cautelas, coloca ou deixa suspensa coisa que, caindo em via pública ou em lugar de uso comum ou de uso alheio, possa ofender, sujar ou molestar alguém.

Emissão de fumaça, vapor ou gás

Art. 38 — Provocar, abusivamente, emissão de fumaça, vapor ou gás, que possa ofender ou molestar alguém:

Pena — multa, de quatrocentos cruzeiros a quatro mil cruzeiros.

Capítulo IV

Das contravenções referentes a paz pública

Associação secreta

Art. 39 — Participar de associação de mais de cinco pessoas, que reúnam periodicamente, sob compromisso de ocultar à autoridade a existência, objetivo, organização ou administração da associação:

Pena — prisão simples, de um a seis meses, ou multa, de seiscentos cruzeiros a quatro mil cruzeiros.

§ 1.º — Na mesma pena incorre o proprietário ou ocupante de prédio que o cede, no todo ou em parte, para reunião de associação que saiba ser de caráter secreto.

§ 2.º — O juiz pode, tendo em vista as circunstâncias, deixar de aplicar a pena, quando lícito o objeto da associação.

Provocação de tumulto. Conduta inconveniente

Art. 40 — Provocar tumulto ou portar-se de modo inconveniente ou desrespeitoso, em solenidade ou ato oficial, em assembléia ou espetáculo público, se o fato não constitui infração penal mais grave:

Pena — prisão simples, de quinze dias a seis meses, ou multa, de quatrocentos cruzeiros a quatro mil cruzeiros.

Falso alarma

Art. 41 — Provocar alarma, anunciando desastre ou perigo inexistente, ou praticar qualquer ato capaz de produzir pânico ou tumulto:

Pena — prisão simples, de quinze dias a seis meses, ou multa, de quatrocentos cruzeiros a quatro mil cruzeiros.

Perturbação do trabalho ou do sossego alheios

Art. 42 — Perturbar alguém o trabalho ou o sossego alheios:

I — com gritaria ou algazarra;

II — exercendo profissão incômoda ou ruidosa, em desacordo com as prescrições legais;

III — abusando de instrumentos sonoros ou sinais acústicos;

IV — provocando ou não procurando impedir barulho produzido por animal de que tem a guarda:

Pena — prisão simples, de quinze dias a três meses, ou multa, de quatrocentos cruzeiros a quatro mil cruzeiros.

Capítulo V

Das contravenções referentes à fé pública

Recusa de moeda de curso legal

Art. 43 — Recusar-se a receber, pelo seu valor, moeda de curso legal no país:

Pena — multa, de quatrocentos cruzeiros a quatro mil cruzeiros.

Imitação de moeda para propaganda

Art. 44 — Usar, como propaganda, de impresso ou objeto que pessoa inexperiente ou rústica possa confundir com moeda:

Pena — multa de quatrocentos cruzeiros a quatro mil cruzeiros.

Simulação da qualidade de funcionário

Art. 45 — Fingir-se funcionário público:

Pena — prisão simples, de um a três meses, ou multa, de mil cruzeiros a seis mil cruzeiros.

Uso ilegítimo de uniforme ou distintivo

Art. 46 — Usar, publicamente, de uniforme, ou distintivo de função pública que não exerce; usar, indevidamente, de sinal, distintivo ou denominação cujo emprego seja regulado por lei:

Pena — multa, de quatrocentos cruzeiros a quatro mil cruzeiros, se o fato não constitui infração penal mais grave.

Capítulo VI

Das contravenções relativas à organização do trabalho

Exercício ilegal de profissão ou atividade

Art. 47 — Exercer profissão ou atividade econômica ou anunciar que a exerce, sem preencher as condições a que por lei está subordinado o seu exercício:

Pena — prisão simples, de quinze dias a três meses, ou multa, de mil cruzeiros a dez mil cruzeiros.

Exercício ilegal do comércio de coisas antigas e obras de arte

Art. 48 — Exercer, sem observância das prescrições legais, comércio de antigüidades, de obras de arte, ou de manuscritos e livros antigos ou raros:

Pena — prisão simples de um a seis meses, ou multa, de dois mil cruzeiros a vinte mil cruzeiros.

Matrícula ou escrituração de indústria e profissão

Art. 49 — Infringir determinação legal relativa à matrícula ou à escrituração de indústria, de comércio, ou de outra atividade:

Pena — multa, de quatrocentos cruzeiros a dez mil cruzeiros.

Capítulo VII

Das contravenções relativas à polícia de costumes

Jogo de azar

Art. 50 — Estabelecer ou explorar jogo de azar em lugar público ou acessível ao público, mediante o pagamento de entrada ou sem ele:

Pena — prisão simples, de três meses a um ano, e multa, de quatro mil cruzeiros a trinta mil cruzeiros, estendendo-se os efeitos da condenação à perda dos móveis e objetos de decoração do local.

§ 1.° — A pena é aumentada de um terço, se existe entre os empregados ou participa do jogo pessoa menor de dezoito anos.

§ 2.° — Incorre na pena de multa, de quatrocentos cruzeiros a quatro mil cruzeiros, quem é encontrado a participar do jogo, como ponteiro ou apostador.

§ 3.° — Consideram-se jogos de azar:

a) o jogo em que o ganho e a perda dependem exclusiva ou principalmente da sorte;

b) as apostas sobre corrida de cavalos fora de hipódromo ou de local onde sejam autorizadas;

c) as apostas sobre qualquer outra competição esportiva.

§ 4.° — Equiparam-se, para os efeitos penais, a lugar acessível ao público:

a) a casa particular em que se realizam jogos de azar, quando deles habitualmente participem pessoas que não sejam da família de quem a ocupa;

b) o hotel ou casa de habitação coletiva, a cujos hóspedes e moradores se proporciona jogo de azar;

c) a sede ou dependência de sociedade ou associação, em que se realiza jogo de azar;

d) o estabelecimento destinado à exploração de jogo de azar, ainda que se dissimule esse destino.

Loteria não autorizada

Art. 51 — Promover ou fazer extrair loteria, sem autorização legal:

Pena — prisão simples, de seis meses a dois anos, e multa, de dez mil cruzeiros a vinte mil cruzeiros, estendendo-se os efeitos da condenação à perda dos móveis existentes no local.

§ 1.° — Incorre na mesma pena quem guarda, vende ou expõe à venda, tem sob sua guarda para o fim de venda, introduz ou tenta introduzir na circulação bilhete de loteria não autorizada.

§ 2.° — Considera-se loteria toda operação que, mediante a distribuição de bilhete, listas, cupões, vales, sinais, símbolos ou meios análogos, faz depender de sorteio a obtenção de prêmio em dinheiro ou bens de outra natureza.

§ 3.° — Não se compreendem na definição do parágrafo anterior os sorteios autorizados na legislação especial.

Loteria estrangeira

Art. 52 — Introduzir, no país, para o fim de comércio, bilhete de loteria, rifa ou tômbola estrangeiras:

Pena — prisão simples, de quatro meses a um ano, e multa, de dois mil cruzeiros a dez mil cruzeiros.

Parágrafo único — Incorre na mesma pena quem vende, expõe à venda, tem sob sua guarda, para o fim de venda, introduz ou tenta introduzir na circulação, bilhete de loteria estrangeira.

Loteria estadual

Art. 53 — Introduzir, para o fim de comércio, bilhete de loteria estadual em território onde não possa legalmente circular:

Pena — prisão simples, de dois a seis meses, e multa, de dois mil cruzeiros a seis mil cruzeiros.

Parágrafo único — Incorre na mesma pena quem vende, expõe à venda, tem sob sua guarda, para o fim de venda, introduz ou tenta introduzir na circulação, bilhete de loteria estadual, em território onde não possa legalmente circular.

Exibição ou guarda de lista de sorteio

Art. 54 — Exibir ou ter sob sua guarda lista de sorteio de loteria estrangeira:

Pena — prisão simples, de um a três meses, e multa, de quatrocentos cruzeiros a dois mil cruzeiros.

Parágrafo único — Incorre na mesma pena quem exibe ou tem sob sua guarda lista de sorteio de loteria estadual, em território onde esta não possa legalmente circular.

Impressão de bilhetes, lista ou anúncios

Art. 55 — Imprimir ou executar qualquer serviço de feitura de bilhetes, lista de sorteio, avisos ou cartazes relativos a loteria, em lugar onde ela não possa legalmente circular:

Pena — prisão simples, de um a seis meses, e multa, de quatrocentos cruzeiros a quatro mil cruzeiros.

Distribuição ou transporte de listas ou avisos

Art. 56 — Distribuir ou transportar cartazes, listas de sorteio ou avisos de loteria, onde ela não possa legalmente circular:

Pena — prisão simples, de um a três meses, e multa, de duzentos cruzeiros a mil cruzeiros.

Publicidade de sorteio

Art. 57 — Divulgar, por meio de jornal ou outro impresso, de rádio, cinema, ou qualquer outra forma, ainda que disfarçadamente, anúncio, aviso ou resultado de extração de loteria, onde a circulação dos seus bilhetes não seja legal:

Pena — multa de dois mil cruzeiros a vinte mil cruzeiros.

Jogo do bicho

Art. 58 — Explorar ou realizar a loteria denominada jogo do bicho, ou praticar qualquer ato relativo à sua realização ou exploração:

Pena — prisão simples, de quatro meses a um ano, e multa, de quatro mil cruzeiros a quarenta mil cruzeiros.

Parágrafo único — Incorre na pena de multa, de quatrocentos cruzeiros a quatro mil cruzeiros, aquele que participa da loteria, visando a obtenção de prêmio, para si ou para terceiro.

Vadiagem

Art. 59 — Entregar-se alguém habitualmente à ociosidade, sendo válido para o trabalho, sem ter renda que lhe assegure meios bastantes de subsistência, ou prover à própria subsistência mediante ocupação ilícita:

Pena — prisão simples, de quinze dias a três meses.

Parágrafo único — A aquisição superveniente de renda, que assegure ao condenado meios bastantes de subsistência, extingue a pena.

Mendicância

Art. 60 — Mendigar, por ociosidade ou cupidez:

Pena — prisão simples, de quinze dias a três meses.

Parágrafo único — Aumenta-se a pena de um sexto a um terço, se a contravenção é praticada:

a) de modo vexatório, ameaçador ou fraudulento;

b) mediante simulação de moléstia ou deformidade;

c) em companhia de alienado ou de menor de dezoito anos.

Importunação ofensiva ao pudor

Art. 61 — Importunar alguém, em lugar público ou acessível ao público, de modo ofensivo ao pudor:

Pena — multa, de quatrocentos cruzeiros a quatro mil cruzeiros.

Embriaguez

Art. 62 — Apresentar-se publicamente em estado de embriaguez, de modo que cause escândalo ou ponha em perigo a segurança própria ou alheia:

Pena — prisão simples, de quinze dias a três meses, ou multa, de quatrocentos cruzeiros a quatro mil cruzeiros.

Parágrafo único — Se habitual a embriaguez, o contraventor é internado em casa de custódia e tratamento.

Bebidas alcoólicas

Art. 63 — Servir bebidas alcoólicas:

I — a menor de dezoito anos;

II — a quem se acha em estado de embriaguez;

III — a pessoa que o agente sabe sofrer das faculdades mentais;

IV — a pessoa que o agente sabe estar judicialmente proibida de freqüentar lugares onde se consome bebida de tal natureza:

Pena — prisão simples, de dois meses a um ano, ou multa, de mil cruzeiros a dez mil cruzeiros.

Crueldade contra animais

Art. 64 — Tratar animal com crueldade ou submetê-lo a trabalho excessivo:

Pena — prisão simples, de dez dias a um mês, ou multa, de duzentos cruzeiros a mil cruzeiros.

§ 1.º — Na mesma pena incorre aquele que, embora para fins didáticos ou científicos, realiza em lugar público ou exposto ao público, experiência dolorosa ou cruel em animal vivo.

§ 2.º — Aplica-se a pena com aumento de metade, se o animal é submetido a trabalho excessivo ou tratado com crueldade, em exibição ou espetáculo público.

Perturbação da tranqüilidade

Art. 65 — Molestar alguém ou perturbar-lhe a tranqüilidade, por acinte ou por motivo reprovável:

Pena — prisão simples, de quinze dias a dois meses, ou multa, de quatrocentos cruzeiros a quatro mil cruzeiros.

Capítulo VIII

Das contravenções referentes à administração pública

Omissão de comunicação de crime

Art. 66 — Deixar de comunicar à autoridade competente:

I — crime de ação pública, de que teve conhecimento no exercício de função pública, desde que a ação penal não dependa de representação;

II — crime de ação pública, de que teve conhecimento no exercício da medicina ou de outra profissão sanitária, desde que a ação penal não dependa de representação e a comunicação não exponha o cliente a procedimento criminal:

Pena — multa de seiscentos cruzeiros a seis mil cruzeiros.

Inumação ou exumação de cadáver

Art. 67 — Inumar ou exumar cadáver, com infração das disposições legais:

Pena — prisão simples, de um mês a um ano, ou multa, de quatrocentos cruzeiros a quatro mil cruzeiros.

Recusa de dados sobre a própria identidade ou qualificação

Art. 68 — Recusar à autoridade, quando por esta justificadamente solicitados ou exigidos, dados ou indicações concernentes à própria identidade, estado, profissão, domicílio e residência:

Pena — multa, de quatrocentos cruzeiros a quatro mil cruzeiros.

Parágrafo único — Incorre na pena de prisão simples, de um a seis meses, e multa, de quatrocentos cruzeiros a quatro mil cruzeiros, se o fato não constitui infração penal mais grave, quem, nas mesmas circunstâncias, faz declarações inverídicas a respeito de sua identidade pessoal, estado, profissão, domicílio e residência.

Proibição de atividade remunerada a estrangeiro

Art. 69 — Exercer, no território nacional, atividade remunerada o estrangeiro que nele se encontre como turista, visitante ou viajante em trânsito:

Pena — prisão simples, de três meses a um ano.

Violação do privilégio postal da União

Art. 70 — Praticar qualquer ato que importe violação do monopólio postal da União:

Pena — prisão simples, de três meses a um ano, ou multa, de seis mil cruzeiros a vinte mil cruzeiros, ou ambas cumulativamente.

DISPOSIÇÕES FINAIS

Art. 71 — Ressalvada a legislação especial sobre florestas, caça e pesca, revogam-se as disposições em contrário.

Art. 72 — Esta lei entrará em vigor no dia 1.º de janeiro de 1942.

Rio de Janeiro, 3 de outubro, de 1941; 120.º da Independência e 53.º da República.

Getúlio Vargas

Francisco Campos

LEGISLAÇÃO COMPLEMENTAR

DOS CRIMES EM MATÉRIA DE PROPRIEDADE INDUSTRIAL

DECRETO-LEI N.º 7.903, DE 27 DE AGOSTO DE 1945

TÍTULO IV [29]

DOS CRIMES EM MATÉRIA DE PROPRIEDADE INDUSTRIAL

Capítulo I

Dos Crimes Contra os Privilégios de Invenção, os Modelos de Utilidade e os Desenhos ou Modelos Industriais

Art. 169 — Violar direitos de privilégio de invenção:

I — fabricando, sem autorização do concessionário ou cessionário, o produto que é objeto de privilégio de invenção;

II — usando meio ou processo que é objeto de privilégio de invenção, sem autorização do concessionário ou cessionário;

III — importando, vendendo, expondo a venda, ocultando ou recebendo para o fim de ser vendido, produto fabricado com violação de privilégio de invenção:

Pena — detenção de seis meses a um ano e multa de um a quinze cruzeiros.

Art. 170 — Violar direito assegurado por patente de modelo de utilidade:

I — fabricando, sem autorização do concessionário ou cessionário, modelo de utilidade que é objeto de patente;

II — importando, vendendo, expondo à venda, ocultando ou recebendo para fim de ser vendido, modelo de utilidade fabricado com violação de patente:

Pena — detenção de um a seis meses, ou multa de cinqüenta centavos a cinco cruzeiros.

Art. 171 — Violar direito assegurado por patente de desenho ou modelo industrial:

I — reproduzindo, sem autorização do concessionário ou cessionário, desenho ou modelo industrial que é objeto de patente;

II — explorando, sem autorização do concessionário ou cessionário, desenho ou modelo industrial de privilégio alheio;

III — importando, vendendo, expondo à venda, ocultando ou recebendo, para o fim de ser vendido, objeto, que é imitação ou cópia de desenho ou modelo industrial privilegiado:

Pena — detenção de um a seis meses, ou multa de cinqüenta centavos a cinco cruzeiros.

Art. 172 — As penas dos artigos antecedentes serão aumentadas de um terço:

---

(29) Este Título IV do Decreto-lei n.º 7.903, de 27 de agosto, revogou os Capítulos II, III e IV do Título III da Parte Especial do Código Penal de 1940.

I — se o agente foi mandatário, preposto ou empregado do concessionário ou do cessionário do privilégio;

II — se o agente entrou em conluio com representante, mandatário, preposto ou empregado do concessionário ou do cessionário, para conhecer o objeto do privilégio, ou o modo do seu emprego ou fabricação.

Art. 173 — Exercer, como privilegiado, indústria que não o seja, ou depois de anulado, suspenso ou caduco o privilégio:

Pena — detenção de um a seis meses, ou multa de cinqüenta centavos a cinco cruzeiros.

Parágrafo único — Incorre na mesma pena o titular do privilégio que em prospectos, letreiro, anúncio ou outro meio de publicidade faz menção do privilégio, sem especificar-lhe o objeto.

Art. 174 — Usar em modelo de utilidade ou em desenho ou modelo industrial, expressão que o dê, falsamente, como depositado ou patenteado, ou mencioná-lo, em anúncio ou papel comercial, como depositado ou patenteado, sem o ser:

Pena — detenção, de um a três meses, ou multa de cinqüenta centavos a um cruzeiro.

Capítulo II

Dos Crimes Contra as Marcas de Indústria e de Comércio

Art. 175 — Violar direito de marca de indústria ou de comércio:

I — reproduzindo, indevidamente, no todo ou em parte, marca de outrem registrada, ou imitando-a, de modo que possa induzir em erro ou confusão;

II — usando marca reproduzida ou imitada nos termos do n.º I;

III — usando marca legítima de outrem em produto ou artigo que não é de sua fabricação;

IV — vendendo, expondo à venda ou tendo em depósito:

a) artigo ou produto revestido de marca abusivamente imitada ou reproduzida no todo ou em parte;

b) artigo ou produto que tem marca de outrem e não é da fabricação deste.

Pena — detenção de três meses a um ano, e multa de um a quinze cruzeiros.

Capítulo III

Dos Crimes Contra o Nome Comercial, o Título de Estabelecimento e a Insígnia

Art. 176 — Violar direito relativo ao nome comercial, ao título de estabelecimento e à insígnia:

I — usando indevidamente o nome comercial, título de estabelecimento ou insígnia alheios;

II — vendendo, expondo à venda ou tendo em depósito artigo ou produto revestido de nome comercial, título de estabelecimento ou insígnia alheios.

Pena — detenção de três meses a um ano, ou multa de a um a dez cruzeiros.

Capítulo IV

Dos Crimes Contra a Expressão ou Sinal de Propaganda

Art. 177 — Violar direito assegurado pelo registro de expressão ou sinal de propaganda:

I — usando expressão ou sinal de propaganda alheios, devidamente registrados;

II — imitando expressão ou sinal de propaganda alheios, devidamente registrados, de modo a criar confusão entre os produtos ou estabelecimentos.

Pena — detenção, de três meses a um ano, ou multa, de um a dez cruzeiros.

Capítulo V

Dos Crimes de Concorrência Desleal

Art. 178 — Comete crime de concorrência desleal quem:

I — publica pela imprensa, ou por outro modo, falsa afirmação, em detrimento do concorrente, com o fim de obter vantagem indevida;

II — presta ou divulga, com intuito de lucro, acerca de concorrente, falsa informação capaz de causar-lhe prejuízo;

III — emprega meio fraudulento para desviar, em proveito próprio ou alheio, clientela de outrem;

IV — produz, importa, exporta, armazena, vende ou expõe à venda mercadoria com falsa indicação de procedência;

V — usa em artigo ou produto, em recipiente ou invólucro, em cinta, rótulo, fatura, circular, cartaz ou em outro meio de divulgação ou propaganda, termos retificativos, tais como "tipo", "espécie", "gênero", "sistema", "semelhante", "sucedâneo", "idêntico", ou equivalente, não ressalvando a verdadeira procedência do artigo ou produto;

VI — substitui, pelo seu próprio nome ou razão social, em mercadoria de outro produtor, o nome ou razão social deste, sem o seu consentimento;

VII — se atribui, como meio de propaganda de indústria, comércio ou ofício, recompensa ou distinção que não obteve;

VIII — vende ou expõe à venda, em recipiente ou invólucro de outro produtor, mercadoria adulterada ou falsificada, ou dele se utiliza para negociar com mercadoria da mesma espécie, embora não adulterada ou falsificada, se o fato não constitui crime mais grave;

IX — dá ou promete dinheiro ou outra utilidade a empregado de concorrente, para que, faltando ao dever do emprego, lhe proporcione vantagem indevida;

X — recebe dinheiro ou outra utilidade, ou aceita promessa de paga ou recompensa, para, faltando ao dever do empregado, proporcionar a concorrente do empregador vantagem indevida;

XI — divulga ou explora, sem autorização, quando a serviço de outrem, segredo de fábrica, que lhe foi confiado ou de que teve conhecimento em razão do serviço;

XII — divulga ou se utiliza, sem autorização, de segredo de negócio, que lhe foi confiado ou de que teve conhecimento em razão do serviço, mesmo depois de havê-lo deixado.

Pena — detenção de três meses a um ano, ou multa de um a dez cruzeiros.

Parágrafo único — Fica ressalvado ao prejudicado o direito de haver perdas e danos em ressarcimento de prejuízos causados por outros atos de concorrência desleal não prevista neste artigo, tendentes a prejudicar a reputação ou os negócios alheios, a criar confusão entre estabelecimentos comerciais ou industriais ou entre os produtos e artigos postos no comércio.

Capítulo VI

Dos Crimes Cometidos por Meio de Marcas de Indústria e de Comércio, Nome Comercial, Título de Estabelecimento, Insígnia, Expressão ou Sinais de Propaganda

Art. 179 — Reproduzir, sem a necessária autorização, ou imitar, de modo que possa criar confusão, em marcas de indústria e de comércio, nome comercial, título de estabelecimento, insígnia, expressão ou sinal de propaganda, armas, brasões ou distintivos públicos, nacionais ou estrangeiros.

Pena — detenção de um a seis meses ou multa de cinqüenta centavos a cinco cruzeiros.

Parágrafo único — Incorre na mesma pena quem usa marca, nome comercial, título de estabelecimento, insígnia, expressão ou sinal de propaganda nos termos deste artigo, ou vende ou expõe à venda produto ou artigo com eles assinalados.

Art. 180 — Usar marcas, nome comercial, título de estabelecimento, insígnia, expressão ou sinal de propaganda que indique procedência que não a verdadeira, ou vender ou expor à venda produto ou artigo com eles assinalados.

Pena — detenção, de uma seis meses, ou multa de cinqüenta centavos a cinco cruzeiros.

Capítulo VII

Da Ação Penal e das Diligências Preliminares

Art. 181 — Nos crimes previstos nos capítulos I a V, excetuados os dos artigos 173 e seu parágrafo único; 179 e seu parágrafo único; e 187 somente se procede mediante queixa.

Nos crimes de concorrência desleal, somente se procede mediante queixa, salvo nos casos dos números IX a XII, do art. 178, em que cabe ação pública mediante representação.

Art. 182 — A ação penal e as diligências preliminares de busca e apreensão, nos crimes contra a propriedade industrial, regulam-se pelo disposto no Código Penal, com as modificações constantes dos artigos seguintes.

Art. 183 — A infração de privilégio que tenha por objeto a invenção de novos meios ou processos ou aplicação nova de meios ou processos conhecidos será verificada por meio de vistoria, podendo o juiz ordenar a apreensão dos objetos ou produtos obtidos pelo contrafator, com o emprego do meio ou processo privilegiado.

Art. 184 — Além das diligências preliminares de busca e apreensão, o interessado poderá requerer:

a) apreensão e destruição de marca falsificada ou imitada no local onde for preparada ou onde quer que seja encontrada, antes de utilizada para fins criminosos;

b) destruição de marca falsificada ou imitada nos volumes, produtos ou artigos que a contiverem, antes de serem despachadas nas repartições fiscais, ainda que fiquem inutilizados os envoltórios ou os próprios produtos ou artigos.

Art. 185 — Serão apreendidas *ex-officio*, pelas alfândegas, no ato da conferência das mercadorias, os produtos ou artigos revestidos de marcas falsificadas ou imitadas ou que contenham falsa indicação de procedência.

Art. 186 — Tratando-se de estabelecimentos industriais ou comerciais, legalmente organizados e que estejam funcionando publicamente, as diligências preliminares se limitarão à vistoria e à apreensão dos produtos, artigos ou objetos, quando ordenadas pelo juiz, não podendo ser paralisada a sua atividade.

Art. 187 — Responderá por perdas e danos a parte que requerer e realizar diligência de busca e apreensão, agindo de má fé, ou por espírito de emulação, mero capricho ou erro grosseiro, ou que se exceder na execução dessas medidas.

Art. 188 — Poderá constituir matéria de defesa na ação criminal a alegação de nulidade da patente ou registro em que a ação se fundar. A absolvição do réu, entretanto, não importará na nulidade da patente ou do registro, que só poderá ser demandada pela ação competente.

Art. 189 — Independentemente da ação criminal, o prejudicado poderá intentar ação para proibir ao infrator a prática do ato incriminado, com a cominação de pena pecuniária para o caso de transgressão do preceito.

Parágrafo único — Esta ação poderá ser cumulada com a de perdas e danos pelos prejuízos anteriormente sofridos em virtude da infração.

Rio de Janeiro. 27 de agosto de 1945, 123.º da Independência e 56.º da República.

GETÚLIO VARGAS

Alexandre Marcondes Filho

LEI N.º 6.416, DE 24 DE MAIO DE 1977

Alterações introduzidas no **Código Penal** (Decreto-lei n.º 2.848, de 7 de dezembro de 1940), no **Código de Processo Penal** (Decreto-lei n.º 3.689, de 3 de outubro de 1941) e na **Lei das Contravenções Penais** (Decreto-lei n.º 3.688, de 3 de outubro de 1941)

MENSAGEM AO CONGRESSO NACIONAL N.º 37, DE 1977 (CN)

(Mensagem n.º 52/77 na origem)

Excelentíssimos Senhores Membros do Congresso Nacional:

Nos termos do § 2.º do art. 51 da Constituição, tenho a honra de submeter à elevada deliberação de Vossas Excelências, acompanhado de Exposição de Motivos do Senhor Ministro de Estado da Justiça, o anexo projeto de lei que "altera dispositivos do Código Penal (Decreto-lei n.º 2.848, de 7 de dezembro de 1940), do Código de Processo Penal (Decreto-lei n.º 3.689, de 3 de outubro de 1941), da Lei das Contravenções Penais (Decreto-lei n.º 3.688, de 3 de outubro de 1941), e dá outras providências".

Brasília, 7 de março de 1977. — *Ernesto Geisel.* GM/SA/1384

Brasília, 22 de fevereiro de 1977

Excelentíssimo Senhor Presidente da República:

O aumento dos índices de criminalidade, que se observa em escala mundial, fez com que, no Brasil, grande número de condenados, inclusive perigosos, permaneçam em liberdade, não sendo possível cumprir os respectivos mandados de captura, por não haver onde recolhê-los, mesmo com novas penitenciárias construídas e por mais que estas se multipliquem. Essa impunidade, não obstante a condenação, tem danosas conseqüências: escandaliza a opinião pública, constitui estímulo ao delito, fomenta clima e sentimento de insegurança pessoal, gera corrupção no organismo policial, desacredita a função intimidativa da pena e desprestigia a Justiça, fatos capazes de comprometer a paz social.

2. A superlotação dos estabelecimentos prisionais, além dos problemas da promiscuidade, acarreta acúmulo de tensões, principalmente nas prisões obsoletas de grande porte. Os órgãos da administração penitenciária têm conseguido, a muito custo, conter a situação, em atmosfera de apreensão constante, que cria problemas de toda espécie para os que lidam com a Justiça Penal.

3. Parece fora de dúvida que a gravidade da situação exige a imediata reformulação de alguns dispositivos legais, de modo a reservar o recolhimento a prisão para os criminosos de maior periculosidade, possibilitando aos estabelecimentos existentes dedicar-se com maior rigor àqueles cuja conduta representa mais acentuado perigo, quer para as pessoas, individualmente, quer para a sociedade, orientação que se coaduna com as recomendações de vários organismos internacionais.

4. Apresenta-se, entretanto, a necessidade de enfatizar, em contrapartida, as penas acessórias, dar maior rigor a obrigações e proibições a serem observadas pelos condenados que estejam em regime de suspensão, condicional da pena, e

de livramento condicional, bem como revitalizar a pena de multa, cujos montantes, fixados há mais de trinta anos, foram praticamente anulados pela desvalorização da moeda.

5. Por isso, com a finalidade de buscar eficiente solução, a curto prazo, das mais agudas dificuldades no campo da execução penal, autorizei, no início do ano passado, a formação de um Grupo de Trabalho que, após estudos minuciosos, optou por agir *sobre a legislação vigente, evitando, pois, interferência nos projetos* do Código de Processo Penal e da Lei das Contravenções Penais e, ainda, no projeto de lei que propõe alterações no Código Penal de 1969 (vacante), atualmente sob exame da Câmara e do Senado. O Grupo cingiu-se, portanto, a propor a reformulação, com modificações, acréscimos ou cortes de textos dos diplomas vigentes na área penal. Não foi contemplada a parte concernente aos delitos de trânsito e aos de uso, porte e tráfico ilícito de tóxicos, porque já então existiam trabalhos específicos.

6. Este projeto, se convertido em lei, poderá ser muito útil à discussão dos demais que tramitam no Congresso, evidenciando a eficácia prática ou a ineficácia das normas neles inseridas. Isto é, terá a vantagem suplementar de constituir verdadeira experiência prévia relativamente às inovações que se procura introduzir nos Códigos sob exame do Congresso Nacional.

7. Houve todo cuidado para não ferir o *sistema* da legislação em vigor, daí por que foi preciso não só compatibilizar textos do Código de Processo Penal e da Lei das Contravenções Penais a modificações de redação do Código Penal, como foi necessário ajustar dispositivos acessórios às alterações havidas dentro de um mesmo instituto jurídico.

8. Com a preocupação de resolver o problema da superlotação das prisões, *sem contudo deixar os delinqüente impunes,* foi procurada uma solução condizente com a moderna tendência de reservar os penas privativas da liberdade somente para os autores de delitos mais graves, e para aqueles condenados cujas características de personalidade assim o exigem. De igual modo, procedeu-se quanto à prisão provisória, a ser utilizada somente quando e na medida, em que for necessária aos interesses da Justiça, à segurança social e à ordem pública. Para os demais casos, vêm sendo sugeridas pela doutrina soluções diversas, de que o projeto se valeu, amoldando-as, porém, à realidade brasileira.

9. Quanto a formas de penas substitutivas da privação da liberdade, seria inviável modificar o sistema previsto na Parte Geral do Código Penal, porque redundaria em revisão total e modificação das cominações, artigo por artigo, da Parte Especial. Para alcançar o mesmo resultado prático, todavia, dentro do sistema da legislação vigente, o projeto adotou a ampliação da suspensão condicional da pena, abrangendo, também, a de reclusão, aplicada, até dois anos, bem como do livramento condicional, baixando para dois anos de pena, aplicada, o limite mínimo para a sua concessão, e eliminando, para soma de penas, a exigência de pelo menos uma delas ser igual ao limite mínimo. Desaparece, desse modo, o hiato entre o máximo de pena relativo à suspensão e o mínimo para o livramento.

10. No que tange à suspensão condicional, não foi adotada a "probation", porque esse instituto anglo-saxão, que supõe, inclusive, o processo em duas fases e o possível não proferimento da sentença, não se afeiçoa à nossa sistemática e à nossa tradição processuais; tampouco, porém, permaneceu a forma inspirada no promitivo instituto franco-belga de "sursis" simples.

11. Foi levado em conta o conceito de que o regime penitenciário não se restringe ao recinto do estabelecimento prisional, combinado com o moderno entendimento de que o condenado deve, tanto quanto possível, permanecer no convívio social. Em decorrência, além da ênfase dada às penas acessórias, acrescentaram-se, às já previstas no Código Penal, condições *de fazer,* a serem observadas pelos condenados em regime de suspensão ou de livramento condicional, e foi prevista a *fiscalização do cumprimento da pena acessória e das condições da suspensão e do livramento condicional,* de acordo com as nossas realidades e a nossa experiência, estimulando-se a participação da comunidade.

12. Eliminaram-se dúvidas quanto à compatibilidade do trabalho externo com

o regime penitenciário fechado e o semi-aberto, e quanto à legalidade do regime de prisão-albergue (espécie do regime aberto ou prisão aberta). Acolheram-se experiências feitas em uns e outros Estados — como o cumprimento da pena na comarca da condenação ou da residência do condenado, a habilitação profissional e o estudo fora da prisão, licenças, esporádicas ou periódicas para o condenado visitar a família, ir à sua igreja ou participar de atividades que concorram para a sua emenda e reintegração no convívio social — as quais, por serem valiosas, convindo que se estendam a todo o país, necessitam do apoio de lei federal. Em todos os casos, matéria que são de regime penitenciário, foi prevista a regulamentação por normas supletivas estaduais, o que, estando de acordo com o disposto no art. 8.°, *c*, e § único, VIII, da Constituição, atende também à diversidade sócio-econômica do País. Para essa regulamentação, deverão ser, obviamente, observados os termos do art. 668 e seu parágrafo único, do Código de Processo Penal, como também deverá ser levado em conta que em cada um desses casos se verifica devolução de parcela de liberdade, em tempo anterior ao livramento condicional, devidamente disciplinado no Código de Processo Penal. Por isso, bem como para evitar distorções de entendimento refletidas nas normas supletivas e concretizadas na prática, fixaram-se as linhas mestras para as regulamentações locais.

13. Eliminou-se a distinção entre reincidência genérica e específica para efeito de severidade da pena aplicada. Previu-se a prescrição da reincidência em cinco anos, entre a data do cumprimento ou extinção da pena e a do crime posterior. A experiência tem ensinado que é contraproducente a pseudo-severidade do Código em vigor, neste particular.

14. Quanto à prisão provisória (em flagrante, preventiva e por efeito de pronúncia), considerou-se que, com freqüência, principalmente na prisão em flagrante, a medida é relaxada pelo Juiz competente ou é anulada por via de *habeas-corpus*, patenteando-se a sua desnecessidade em muitos casos. Foi ela reduzida ao mínimo indispensável à garantia dos interesses da Justiça, à segurança social e à ordem pública. Ampliou-se, ao mesmo tempo, o instituto da fiança, como providência acauteladora. Essa dupla reformulação favorece a observância do princípio da presunção de inocência de quem ainda não foi condenado, e diminui, principalmente nos grandes presídios, o fluxo contínuo de entradas e saídas, problema que prejudica tanto a rotina administrativa, como os próprios presos.

15. Disciplinou-se o prazo da prescrição à sentença condenatória, eliminando uma elástica interpretação que vinha sendo causa de impunidade, não só quanto à pena principal, como também a acessória, com indesejáveis efeitos jurídico-sociais. Coerentemente, como exigência de lógica jurídica, modificou-se a redação do inciso V do parágrafo único do art. 69 do Código Penal, cujo texto atual, aliás, discrepa de dispositivo constitucional.

16. Conferiu-se maior dignidade à prestação testemunhal, substituindo a prisão administrativa da testemunha faltosa, por outras medidas compulsórias, enquanto que se cercou de maior respeitabilidade o testemunho a ser prestado pelas cinco mais altas autoridades da República, prevendo que possam fazê-lo por escrito, em resposta a ofício do Juiz.

17. As penas de multa foram atualizadas, embora utilizando-se índices brandos — 1:2.000 (um por dois mil) — abaixo do valor real da moeda, na década de 1940.

18. O projeto valoriza a função do Juiz, o que amplia as garantias para o bom andamento do processo, bem como na aplicação e na execução das penas.

19. Trata-se, finalmente, de uma fórmula que visa à *solução urgente e prática para problemas agudos*, alguns dos quais condicionam situações já dificilmente sustentáveis com reflexos evidentes em favor da criminalidade.

20. O projeto se apresenta equilibrado, pois embora reduzindo o uso da privação da liberdade, isto é, do recolhimento à prisão, aos casos de verdadeira necessidade jurídico-social, não pode ser acoimado de indulgente, porque prevê medidas substitutivas ou revigora as já existentes. Está de acordo com os princípios de política penal e penitenciária universalmente aceitos como os mais adequados à época atual, o basilar dos

quais consiste em ver no acusado ou condenado uma pessoa sujeito de direitos e deveres e responsabilidade, buscando-se, para um e outro, tanto quanto possível, a sua permanência ou a sua reintegração no convívio social.

21. Encareço a Vossa Excelência que o projeto seja encaminhado ao Congresso Nacional na forma do que dispõe o art. 51, § 2.°, da Constituição.

Aproveito a oportunidade para renovar a Vossa Excelência os protestos do meu profundo respeito.

ARMANDO FALCÃO
Ministro da Justiça

LEI N.º 6.416, DE 24 DE MAIO DE 1977

Altera dispositivos do Código Penal (Decreto-lei número 2.848, de 7 de dezembro de 1940), do Código de Processo Penal (Decreto-lei número 3.689, de 3 de outubro de 1941), da Lei das Contravenções Penais (Decreto-lei número 3.688, de 3 de outubro de 1941), e dá outras providências.

O Presidente da República

Faço saber que o Congresso Nacional decreta e eu sanciono a seguinte Lei:

Art. 1.º — O Código Penal (Decreto-lei n.º 2.848, de 7 de dezembro de 1940) passa a vigorar com as seguintes alterações:

"Art. 29 — ....

Parágrafo 2.º — As mulheres cumprem pena em estabelecimento especial, ou, à sua falta, em seção adequada de penitenciária ou prisão comum, sujeitas a trabalho interno, admitido o benefício do trabalho externo.

Art. 30 — O período inicial, do cumprimento de pena privativa da liberdade, consiste na observação do recluso, sujeito ou não a isolamento celular, por tempo não superior a três meses, com atividades que permitam completar o conhecimento de sua personalidade.

Parágrafo 1.º — O recluso passará, posteriormente, a trabalhar em comum, dentro do estabelecimento em que cumpre a pena ou fora dela, na conformidade de suas aptidões ou ocupações anteriores, desde que haja compatibilidade com os objetivos da pena.

Parágrafo 2.º — O trabalho externo é compatível com os regimes fechado, semi-aberto e aberto, desde que tomadas as cautelas próprias, contra a fuga e em favor da disciplina; os condenados que cumprem pena em regime fechado somente se dedicarão a trabalho externo em serviços ou obras públicas, sob vigilância do pessoal penitenciário.

Parágrafo 3.º — O trabalho de recluso será remunerado, aplicando-se o seu produto:

a) na indenização dos danos causados pelo crime, desde que determinados judicialmente e não reparados por outros meios;

b) na assistência à família, segundo a lei civil;

e) em pequenas despesas pessoais;

d) ressalvadas outras aplicações legais, em depósito da parte restante, para constituição de pecúlio, em caderneta de poupança da Caixa Econômica Federal, a qual lhe será entregue no ato de ser posto em liberdade.

Parágrafo 4.º — A freqüência a cursos profissionalizantes, bem como de instrução de segundo grau ou superior, fora da prisão, só é compatível com os regimes semi-aberto e aberto.

Parágrafo 5.º — O condenado não perigoso, cuja pena não ultrapasse oito anos, poderá ser recolhido a estabelecimento de regime semi-aberto, desde o início, ou, se ultrapassar, após ter cumprido um terço dela em regime fechado.

I — Se a pena não for superior a quatro anos, poderá ser recolhido a estabelecimento de regime aberto, desde o início, ou,

a) se for superior a quatro até oito, após ter cumprido um terço em outro regime;

b) se for superior a oito, após ter cumprido dois quintos em outro regime.

II — Observados os termos do *caput* deste artigo e os deste parágrafo, e guardada a separação dos presos provisórios, a pena poderá ser cumprida em prisão da comarca da condenação ou da residência do condenado.

Parágrafo 6.° — Deverão ser regulamentadas por lei local ou, à sua falta, por provimento do Conselho Superior da Magistratura ou órgão equivalente, as seguintes concessões a serem outorgadas pelo juiz, a requerimento do interessado, seu cônjuge ou ascendente, ou na falta desses, de descendente ou irmão, ou por iniciativa de órgão para isso competente, ou, ainda, quanto às três primeiras, também de ofício:

I — Cada um dos três regimes, bem como a transferência e o retorno de um para outro;

II — prisão-albergue, espécie do regime aberto;

III — cumprimento da pena em prisão na comarca da condenação ou da residência do condenado;

IV — trabalho externo;

V — freqüência a curso profissionalizante, bem como de segundo grau ou superior, fora do estabelecimento;

VI — licença para visitar a família, em datas ou ocasiões especiais;

VII — licenças periódicas, combinadas ou não com as concessões dos incisos IV e V deste parágrafo, para visitar a família e ir à sua igreja, bem como licença para participar de atividades que concorram para a emenda e reintegração no convívio social, aos condenados que estão em regime aberto e, com menos amplitude, aos que estão em regime semi-aberto.

Parágrafo 7.° — As normas supletivas, referidas no parágrafo anterior estabelecerão, quanto a qualquer das concessões:

I — os requisitos objetivos e subjetivos que os condenados deverão ter para a sua obtenção;

II — as condições e normas de conduta a serem observadas pelos contemplados, e os casos de modificação facultativa e obrigatória de umas e de outras;

III — os casos de revogação e os requisitos para nova obtenção;

IV — a audiência da Administração Penitenciária, bem como a do Ministério Público e, quanto às dos incisos IV e V, a do Conselho Penitenciário;

V — a competência judicial ;

VI — exceto quanto às concessões dos incisos I, II e III, a expedição de documento similar ao descrito no art. 724 do Código de Processo Penal, e a indicação da entidade fiscalizadora.

Art. 31. — ....

Parágrafo único — Aplica-se ao detento o disposto nos parágrafos do artigo anterior.

Art. 46. — ....

Parágrafo único — Para efeito de reincidência, não prevalece a condenação anterior, se entre a data do cumprimento ou extinção da pena e a infração posterior tiver decorrido período de tempo superior a cinco anos.

Art. 47. — Para efeito de reincidência, não se consideram os crimes militares ou puramente políticos.

Art. 57. — A execução da pena privativa da liberdade, não superior a dois anos, pode ser suspensa, por dois a seis anos, desde que:

I — o sentenciado não haja sofrido, no País ou no estrangeiro, condenação irrecorrível por outro crime a pena privativa da liberdade, salvo o disposto no parágrafo único do art. 46.

Art. 59 — ....

I — é condenado, por sentença irrecorrível, a pena privativa da liberdade;

II — frustra, embora solvente, o pagamento da multa, ou não efetua, sem motivo justificado, a reparação do dano.

Parágrafo 1.º — A suspensão pode também ser revogada se o sentenciado deixa de cumprir qualquer das obrigações constantes da sentença, infringe as proibições inerentes à pena acessória, ou é irrecorrivelmente condenado a pena que não seja privativa da liberdade.

Art. 60 — O juiz pode conceder livramento condicional ao condenado a pena privativa da liberdade igual ou superior a dois anos, desde que:

I — cumprida mais da metade da pena ou, tratando-se de reincidente, mais de três quartos;

II — ....

III — tenha reparado, salvo impossibilidade de fazê-lo, o dano causado pela infração.

Parágrafo único — As penas que correspondem a infrações diversas podem somar-se, para efeito do livramento.

Art. 63 — O liberado fica sob a observação cautelar e proteção de serviço social penitenciário, patronato, conselho de comunidade ou entidades similares de que trata o Parágrafo 4.º do art. 698 do Código de Processo Penal.

Art. 64 — Revoga-se o livramento, se o liberado vem a ser condenado a pena privativa da liberdade, em sentença irrecorrível:

III — por motivo de contravenção.

Parágrafo único — O juiz pode, também, revogar o livramento, se o liberado deixar de cumprir qualquer das obrigações constantes da sentença, de observar proibições inerentes à pena acessória ou for irrecorrivelmente condenado, por crime, a pena que não seja privativa da liberdade.

Art. 69 — ....

Parágrafo único — ....

V — na interdição a que se refere o inciso V, o condenado a pena privativa da liberdade, enquanto durarem os efeitos da condenação.

Art. 77 — Quando a periculosidade não é presumida por lei, deve ser reconhecido perigoso o agente:

I — se seus antecedentes e personalidade, os motivos determinantes e as circunstâncias do fato, os meios empregados e os modos de execução, a intensidade do dolo ou o grau da culpa, autorizam a suposição de que venha ou torne a delinquir;

II — se, na prática do fato, revela torpeza, perversão, malvadez, cupidez ou insensibilidade moral.

Parágrafo 1.º — Compete ao juiz que presidir a instrução, salvo os casos de promoção, remoção, transferência ou aposentadoria, para os fins do disposto no Parágrafo 5.º do art. 30, declarar na sentença a periculosidade do réu, valendo-se para tanto, dos elementos de convicção constantes dos autos e podendo determinar diligências.

Parágrafo 2.º — O juízo poderá dispor, na forma da lei local, de funcionários para investigar, coletar dados e informações com o fim de instruir o requerimento de verificação de periculosidade.

Art. 78 — ....

Parágrafo 1.º — A presunção de periculosidade não prevalece se, entre a data do cumprimento ou da extinção da pena e o crime posterior, tiver decorrido período de tempo superior a dez anos, no caso do inciso I deste artigo, ou de cinco anos, nos outros casos.

Art. 108 — ....

IX — pelo casamento da ofendida com terceiro, nos crimes referidos no inciso anterior, salvo se cometidos com violência ou grave ameaça e se ela requerer o prosseguimento da ação penal no prazo de sessenta dias a contar da celebração;

X — pelo ressarcimento do dano, no peculato culposo.

Art. 110 — ....

Parágrafo 1.º — A prescrição, depois da sentença condenatória com trânsito em julgado para a acusação, regula-se, também, pela pena aplicada e verifica-se nos mesmos prazos.

Parágrafo 2.º — A prescrição, de que trata o parágrafo anterior, importa, tão-somente, em renúncia do Estado à pretensão executória da pena principal, não podendo, em qualquer hipótese, ter por termo inicial data anterior à do recebimento da denúncia.

Art. 121 — ....

Parágrafo 5.° — Na hipótese de homicídio culposo o juiz poderá deixar de aplicar a pena, se as conseqüências da infração atingiram o próprio agente de forma tão grave que a sanção penal se torne desnecessária.

Art. 129 — ....

Parágrafo 8.° — Aplica-se igualmente à lesão culposa o disposto no parágrafo 5.° do art. 121."

Art. 2.° — O Código de Processo Penal (Decreto-lei n.° 3.689, de 3 de outubro de 1941) passa a vigorar com as seguintes alterações:

"Art. 219 — O juiz poderá aplicar à testemunha faltosa a multa prevista no artigo 453, sem prejuízo do processo penal por crime de desobediência, e condená-la ao pagamento das custas da diligência.

Art. 221 — ....

Parágrafo 1.° — O Presidente e o Vice-presidente da República, os Presidentes do Senado Federal, da Câmara dos Deputados e do Supremo Tribunal Federal poderão optar pela prestação de depoimento por escrito, caso em que as perguntas, formuladas pelas partes e deferidas pelo juiz, lhes serão transmitidas por ofício.

Parágrafo 2.° — Os militares deverão ser requisitados à autoridade superior.

Parágrafo 3.° — Aos funcionários públicos aplicar-se-á o disposto no art. 218, devendo, porém, a expedição do mandado ser imediatamente comunicada ao chefe da repartição em que servirem, com indicação do dia e da hora marcados.

Art. 310 — ....

Parágrafo único — Igual procedimento será adotado quando o juiz verificar, pelo auto de prisão em flagrante, a inocorrência de qualquer das hipóteses que autorizam a prisão preventiva (arts. 311 e 312).

Art. 313 — Em qualquer das circunstâncias, previstas no artigo anterior, será admitida a decretação da prisão preventiva nos crimes dolosos:

I — punidos com reclusão;

II — punidos com detenção, quando se apurar que o indiciado é vadio ou, havendo dúvida sobre a sua identidade, não fornecer ou não indicar elementos para esclarecê-la;

III — se o réu tiver sido condenado por outro crime doloso, em sentença transitada em julgado, ressalvado o disposto no parágrafo único do art. 46 do Código Penal.

Art. 322 — A autoridade policial somente poderá conceder fiança nos casos de infração punida com detenção ou prisão simples.

Parágrafo único — Nos demais casos do artigo 323, a fiança será requerida ao juiz, que decidirá em quarenta e oito horas.

Art. 323 — ....

I — nos crimes punidos com reclusão em que a pena mínima cominada for superior a dois anos;

II — nas contravenções tipificadas nos artigos 59 e 60 da Lei das Contravenções Penais;

III — nos crimes dolosos punidos com pena privativa da liberdade, se o réu já tiver sido condenado por outro crime doloso, em sentença transitada em julgado;

V — nos crimes punidos com reclusão, que provoquem clamor público ou que tenham sido cometidos com violência contra a pessoa ou grave ameaça.

Art. 324 — ....

IV — quando presentes os motivos que autorizam a decretação da prisão preventiva (art. 312).

Art. 325 — ....

Parágrafo único — Se assim o recomendar a situação econômica do réu, a fiança poderá ser:

I — reduzida até o máximo de dois terços;

II — aumentada, pelo juiz, até o décuplo.

Art. 387 — ....

III — aplicará as penas, de acordo com essas conclusões, fixando a quantidade das principais e, se for o caso, a duração das acessórias;

IV — declarará, se presente, a periculosidade real e imporá as medidas de segurança que no caso couberem.

Art. 453 — A testemunha que, sem justa causa, deixar de comparecer, incorrerá na multa de cinco a cinqüenta centavos, aplicada pelo presidente, sem prejuízo do processo penal, por desobediência, e da observância do preceito do art. 218.

Parágrafo único — ....

Art. 581 — ....

V — que conceder, negar, arbitrar, cassar ou julgar inidônea a fiança, indeferir requerimento de prisão preventiva, ou relaxar prisão em flagrante.

Art. 687 — ....

II — permitir, nas mesmas circunstâncias, que o pagamento se faça em parcelas mensais, no prazo que fixar, mediante caução real ou fidejussória, quando necessário.

Parágrafo 2.° — A permissão para o pagamento em parcelas será revogada, se o juiz verificar que o condenado dela se vale para fraudar a execução da pena. Nesse caso, a caução resolver-se-á em valor monetário, devolvendo-se ao condenado o que exceder à satisfação da multa e das custas processuais.

Art. 689 — ....

II — se não forem pagas pelo condenado solvente as parcelas mensais autorizadas sem garantia.

Parágrafo 3.° — Na hipótese do inciso II deste artigo, a conversão será feita pelo valor das parcelas não pagas.

Art. 696 — O juiz poderá suspender, por tempo não inferior a dois nem superior a seis anos, a execução das penas de reclusão e de detenção que não excedam a dois anos, ou, por tempo não inferior a um nem superior a três anos, a execução de pena de prisão simples, desde que o sentenciado:

I — não haja sofrido, no País ou no estrangeiro, condenação irrecorrível por outro crime a pena privativa da liberdade, salvo o disposto no parágrafo único do art. 46 do Código Penal.

Art. 697 — O juiz ou tribunal, na decisão que aplicar pena privativa da liberdade não superior a dois anos, deverá pronunciar-se, motivadamente, sobre a suspensão condicional, quer a conceda quer a denege.

Art. 698 — Concedida a suspensão, o juiz especificará as condições a que fica sujeito o condenado, pelo prazo previsto, começando este a correr da audiência em que se der conhecimento da sentença ao beneficiário e lhe for entregue documento similar ao descrito no art. 724.

Parágrafo 1.° — As condições serão adequadas ao delito e à personalidade do condenado.

Parágrafo 2.° — Poderão ser impostas, além das estabelecidas no art. 767, como normas de conduta e obrigações, as seguintes condições:

I — freqüentar curso de habilitação profissional ou de instrução escolar;

II — prestar serviços em favor da comunidade;

III — atender aos encargos de família;

IV — submeter-se a tratamento de desintoxicação,

Parágrafo 3.° — O juiz poderá fixar, a qualquer tempo, de ofício ou a requerimento do Ministério Público, outras condições além das especificadas na sentença e das referidas no parágrafo anterior, desde que as circunstâncias o aconselhem.

Parágrafo 4.° — A fiscalização do cumprimento das condições deverá ser regulada, nos Estados, Territórios e Distrito Federal, por normas supletivas e atribuída a serviço social penitenciário, patronato, conselho de comunidade ou entidades similares, inspecionadas pelo Conselho Penitenciário, pelo Ministério Público ou ambos, devendo o juízo da execução na comarca suprir, por ato, a falta das normas supletivas.

Parágrafo 5.º — O beneficiário deverá comparecer periodicamente à entidade fiscalizadora, para comprovar a observância das condições a que está sujeito, comunicando, também, a sua ocupação, os salários ou proventos de que vive, as economias que conseguiu realizar e as dificuldades materiais ou sociais que enfrenta.

Parágrafo 6.º — A entidade fiscalizadora deverá comunicar imediatamente ao órgão de inspeção, para os fins legais (arts. 730 e 731), qualquer fato capaz de acarretar a revogação do benefício, a prorrogação do prazo ou a modificação das condições.

Parágrafo 7.º — Se for permitido ao beneficiário mudar-se, será feita comunicação ao juiz e à entidade fiscalizadora do local da nova residência, aos quais deverá apresentar-se imediatamente.

Art. 706 — A suspensão também ficará sem efeito se, em virtude de recurso, for aumentada a pena de modo que exclua a concessão do benefício.

Art. 707 — A suspensão será revogada se o beneficiário:

I — é condenado, por sentença irrecorrível, a pena privativa da liberdade;

II — frustra, embora solvente, o pagamento da multa, ou não efetua, sem motivo justificado, a reparação do dano.

Parágrafo único — O juiz poderá revogar a suspensão, se o beneficiário deixa de cumprir qualquer das obrigações constantes da sentença, de observar proibições inerentes à pena acessória, ou é irrecorrivelmente condenado a pena que não seja privativa da liberdade; se não a revogar, deverá advertir o beneficiário, ou exarcebar as condições ou, ainda, prorrogar o período da suspensão até o máximo, se esse limite não foi fixado.

Art. 710 — O livramento condicional poderá ser concedido ao condenado a pena privativa da liberdade igual ou superior a dois anos, desde que se verifiquem as condições seguintes:

I — cumprimento de mais da metade da pena, ou mais de três quartos, se reincidente o sentenciado;

V — reparação do dano causado pela infração, salvo impossibilidade de fazê-lo.

Art. 711 — As penas que correspondem a infrações diversas, podem somar-se, para efeito do livramento.

Art. 717 — Na ausência da condição prevista no art. 710, inciso I, o requerimento será liminarmente indeferido.

Art. 718 — Deferido o pedido, o juiz, ao especificar as condições a que ficará subordinado o livramento, atenderá ao disposto no art. 698, parágrafos 1.º, 2.º e 5.º. Parágrafo 1.º — Se for permitido ao liberado residir fora da jurisdição do juiz da execução, remeter-se-á cópia da sentença do livramento à autoridade judiciária do lugar para onde ele se houver transferido, e à entidade de observação cautelar e proteção.

Parágrafo 2.º — O liberado será advertido da obrigação de apresentar-se imediatamente à autoridade judiciária e à entidade de observação cautelar e proteção.

Art. 724 — ....

IV — a pena acessória a que esteja sujeito.

Parágrafo 1.º — Na falta de caderneta, será entregue ao liberado um salvo-conduto, em que constem as condições do livramento e a pena acessória, podendo substituir-se a ficha de identidade ou o retrato do liberado pela descrição dos sinais que possam identificá-lo.

Parágrafo 2.º — Na caderneta e no salvo-conduto deve haver espaço para consignar o cumprimento das condições referidas no art. 718.

Art. 725 — A observação cautelar e proteção realizadas por serviço social penitenciário, patronato, conselho de comunidade ou entidades similares, terá a finalidade de:

I — Fazer observar o cumprimento da pena acessória, bem como das condições especificadas na sentença concessiva do benefício;

II — proteger o beneficiário, orientando-o na execução de suas obrigações e auxiliando-o na obtenção de atividade laborativa.

Parágrafo único — As entidades encarregadas de observação cautelar e proteção do liberado apresentarão relatório ao Conselho Penitenciário, para efeito da representação prevista nos artigos 730 e 731.

Art. 727 — O juiz pode, também, revogar o livramento, se o liberado deixar de cumprir qualquer das obrigações constantes da sentença, de observar proibições inerentes à pena acessória ou for irrecorrivelmente condenado, por crime, a pena que não seja privativa da liberdade.

Parágrafo único — Se o juiz não revogar o livramento, deverá advertir o liberado ou exarcebar as condições.

Art. 730 — A revogação do livramento será decretada mediante representação dod Conselho Penitenciário, ou a requerimento do Ministério Público, ou de ofício, pelo juiz, que, antes, ouvirá o liberado, podendo ordenar diligências e permitir a produção de prova, no prazo de cinco dias.

Art. 731 — O juiz, de ofício, a requerimento do Ministério Público, ou mediante representação do Conselho Penitenciário, poderá modificar as condições ou normas de conduta especificadas na sentença, devendo a respectiva decisão ser lida ao liberado por uma das autoridades ou por um dos funcionários indicados no inciso I do artigo 723, observado o disposto nos incisos II e III, e parágrafos 1.° e 2.° do mesmo artigo."

Art. 3.° — A Lei das Contravenções Penais (Decreto-lei n.° 3.688, de 3 de outubro de 1941) passa a vigorar com as seguintes alterações:

"Art. 6.° — A pena de prisão simples deve ser cumprida, sem rigor penitenciário, em estabelecimento especial ou seção especial de prisão comum, em regime semi-aberto ou aberto.

....

Art. 11 — Desde que reunidas as condições legais, o juiz pode suspender por tempo não inferior a um ano nem superior a três, a execução da pena de prisão simples, bem como conceder livramento condicional."

Art. 4.° — Ficam reajustados para o atual padrão cruzeiro, na proporção de 1:2.000 (um por dois mil), os valores monetários previstos no Código Penal (Decreto-lei n.° 2.848, de 7 de dezembro de 1940), no Código de Processo Penal (Decreto-lei n.° 3.689, de 3 de outubro de 1941) e na Lei das Contravenções Penais (Decreto-lei n.° 3.688, de 3 de outubro de 1941), com suas modificações.

Art. 5.° — O Poder Executivo fará republicar o Código Penal, o Código de Processo Penal e a Lei das Contravenções Penais, com as modificações posteriores.

Art. 6.° — Esta Lei entra em vigor na data de sua publicação.

Art. 7.° — Revogam-se as disposições em contrário, e em especial os incisos III e IV do art. 14 e o inciso III do art. 15 da Lei das Contravenções Penais.

Brasília, 24 de maio de 1977; 156.° da Independência e 89.° da República.

ERNESTO GEISEL

Armando Falcão

ABUSO DE AUTORIDADE

LEI N.º 4.898, DE 9 DE DEZEMBRO DE 1965

Regula o Direito de Representação e o Processo de Responsabilidade Administrativa Civil e Penal, nos casos de abuso de autoridade.

O Presidente da República

Faço saber que o Congresso Nacional decreta e eu sanciono a seguinte Lei:

Art. 1.º — O direito de representação e o processo de responsabilidade administrativa civil e penal, contra as autoridades que, no exercício de suas funções, cometerem abusos, são regulados pela presente lei.

Art. 2.º — Odireito de representação será exercido por meio de petição:

a) dirigida à autoridade superior que tiver competência legal para aplicar, à autoridade, civil ou militar culpada, a respectiva sanção;

b) dirigida ao órgão do Ministério Público que tiver competência para iniciar processo-crime contra a autoridade culpada.

Parágrafo único — A representação será feita em duas vias e conterá a exposição do fato constitutivo do abuso de autoridade, com todas as suas circunstâncias, a qualificação do acusado e o rol de testemunhas, no máximo de três, se as houver.

Art. 3.º — Constitui abuso de autoridade qualquer atentado:

a) à liberdade de locomoção;

b) à inviolabilidade do domicílio;

c) ao sigilo da correspondência;

d) à liberdade de consciência e de crença;

e) ao livre exercício do culto religioso;

f) à liberdade de associação;

g) aos direitos e garantias legais assegurados ao exercício do voto;

h) ao direito de reunião;

i) à incolumidade física do indivíduo.

Art. 4.º — Constitui também abuso de autoridade:

a) ordenar ou executar medida privativa da liberdade individual, sem as formalidades legais ou com abuso de poder;

b) submeter pessoa sob sua guarda ou custódia a vexame ou a constrangimento não autorizado em lei;

c) deixar de comunicar, imediatamente, ao juiz competente a prisão ou detenção de qualquer pessoa;

d) deixar o Juiz de ordenar o relaxamento de prisão ou detenção ilegal que lhe seja comunicada;

e) levar à prisão e nela deter quem quer que se proponha a prestar fiança, permitida em lei;

f) cobrar o carcereiro ou agente de autoridade policial carceragem, custas, emolumentos ou qualquer outra despesa, desde que a cobrança não tenha apoio em lei, quer tanto à espécie, quer quanto ao seu valor;

g) recusar o carcereiro ou agente de autoridade policial recibo de importância recebida a título de carceragem, custas, emolumentos ou de qualquer outra despesa;

h) o ato lesivo da honra ou do patrimônio de pessoa natural ou jurídica, quando praticado com abuso ou desvio de poder ou sem competência legal.

Art. 5.º — Considera-se autoridade, para os efeitos desta lei, quem exerce cargo, emprego ou função pública, de natureza civil, ou militar, ainda que transitoriamente e sem remuneração.

Art. 6.º — O abuso de autoridade sujeitará o seu autor à sanção administrativa civil e penal.

§ 1.º — A sanção administrativa será aplicada de acordo com a gravidade do abuso cometido e consistirá em:

a) advertência;

b) repreensão;

c) suspensão do cargo, função ou posto por prazo de cinco a cento e oitenta dias, com perda de vencimentos e vantagens;

d) destituição de função;

e) demissão;

f) demissão, a bem do serviço público.

§ 2.º — A sanção civil, caso não seja possível fixar o valor do dano, consistirá no pagamento de uma indenização de cinqüenta centavos a dez cruzeiros.

§ 3.º — A sanção penal será aplicada de acordo com as regras dos artigos 42 a 56 do Código Penal e consistirá em:

a) multa de dez centavos a cinco cruzeiros;

b) detenção por dez dias a seis meses;

c) perda do cargo e a inabilitação para o exercício de qualquer outra função pública por prazo até três anos.

§ 4.º — Ae penas previstas no parágrafo anterior poderão ser aplicadas autônoma ou cumulativamente.

§ 5.º — Quando o abuso for cometido por agente de autoridade policial, civil ou militar, de qualquer categoria, poderá ser cominada a pena autônoma ou acessória, de não poder o acusado exercer funções de natureza policial ou militar no município da culpa, por prazo de um a cinco anos.

Art. 7.º — Recebida a representação em que for solicitada a aplicação de sanção administrativa, a autoridade civil ou militar competente determinará a instauração de inquérito para apurar o fato.

§ 1.º — O inquérito administrativo obedecerá às normas estabelecidas nas leis municipais, estaduais ou federais, civis ou militares, que estabeleçam o respectivo processo.

§ 2.º — Não existindo no município, no Estado ou na legislação militar normas reguladoras do inquérito administrativo serão aplicadas supletivamente, as disposições dos arts. 219 a 225 da Lei n.º 1.711, de 28 de outubro de 1952 (Estatuto dos Funcionários Públicos Civis da União).

§ 3.º — O processo administrativo não poderá ser sobrestado para o fim de aguardar a decisão da ação penal ou civil.

Art. 8.º — A sanção aplicada será anotada na ficha funcional da autoridade civil ou militar.

Art. 9.º — Simultaneamente com a representação dirigida à autoridade administrativa ou independentemente dela, poderá ser promovida, pela vítima do abuso, a responsabilidade civil ou penal ou ambas, da autoridade culpada.

Art. 10 — VETADO.

Art. 11 — À ação civil serão aplicáveis as normas do Código de Processo Civil.

Art. 12 — A ação penal será iniciada, independentemente de inquérito policial ou justificação, por denúncia do Ministério Público instruída com a representação da vítima do abuso. (30)

Art. 13 — Apresentada ao Ministério Público a representação da vítima, aquele, no prazo de quarenta e oito horas, denunciará o réu, desde que o fato narrado constitua abuso de autoridade, e requererá ao Juiz a sua citação, e, bem assim, a designação de audiência de instrução e julgamento.

§ 1.º — A denúncia do Ministério Público será apresentada em duas vias. (31)

Art. 14 — Se o ato ou fato constitutivo do abuso de autoridade houver deixado vestígios o ofendido ou o acusado poderá:

a) promover a comprovação da existência de tais vestígios, por meio de duas testemunhas qualificadas;

b) requerer ao Juiz, até setenta e duas horas antes da audiência de instrução e julgamento, a designação de um perito para fazer as verificações necessárias.

§ 1.º — O perito ou as testemunhas farão o seu relatório e prestarão seus depoimentos verbalmente, ou o apresentarão por escrito, querendo, na audiência de instrução e julgamento.

§ 2.º — No caso previsto na letra *a* deste artigo a representação poderá conter a indicação de mais duas testemunhas.

Art. 15 — Se o órgão do Ministério Público, ao invés de apresentar a denúncia requerer o arquivamento da representação, o Juiz, no caso de considerar improcedentes as razões invocadas, fará remessa da representação ao Procurador-Geral e este oferecerá a denúncia, ou designará outro órgão do Ministério Público para oferecê-la ou insistirá no arquivamento, ao qual só então deverá o Juiz atender.

Art. 16 — Se o órgão do Ministério Público não oferecer a denúncia no prazo fixado nesta lei, será admitida ação privada. O órgão do Ministério Público poderá, porém, aditar a queixa, repudiá-la e oferecer denúncia substitutiva e intervir em todos os termos do processo, interpor recursos e, a todo tempo, no caso de negligência do querelante, retomar a ação como parte principal.

Art. 17 — Recebidos os autos, o juiz, dentro do prazo de quarenta e oito horas, proferirá despacho, recebendo ou rejeitando a denúncia.

§ 1.º — No despacho em que receber a denúncia, o Juiz designará, desde logo, dia e hora para a audiência de instrução e julgamento, que deverá ser realizada, improrrogavelmente, dentro de cinco dias.

§ 2.º — A citação do réu para se ver processar, até julgamento final e para comparecer à audiência de instrução e julgamento, será feita por mandado sucinto que será acompanhado da segunda via da representação e da denúncia.

Art. 18 — As testemunhas de acusação e defesa poderão ser apresentadas em Juízo, independentemente de intimação.

Parágrafo único — Não serão deferidos pedidos de precatória para a audiência ou a intimação de testemunhas ou, salvo o caso previsto no artigo 14, letra "b", requerimentos para a realização de diligências, perícias ou exames, a não ser que o Juiz, em despacho motivado, considere indispensáveis tais providências.

Art. 19 — À hora marcada, o Juiz mandará que o porteiro dos auditórios ou o oficial de justiça declare aberta a audiência, apregoando em seguida o réu, as testemunhas, o perito, o representante do Ministério Público ou o advogado que tenha subscrito a queixa e o advogado ou defensor do réu.

Parágrafo único — A audiência somente deixará de realizar-se se ausente o Juiz.

Art. 20 — Se até meia hora depois da hora marcada o Juiz não houver comparecido, os presentes poderão retirar-se, de-

(30) A Lei n.º 5.249, de 9 de fevereiro de 1967, sobre a ação pública de crimes de responsabilidade, estabelece no art. 1.º que a falta de representação do ofendido, nos casos de abuso previstos nesta Lei n.º 4.898, não obsta a iniciativa ou o curso de ação pública.

(31) O art. 13 não tem § 2.º.

vendo o ocorrido constar do livro de termos de audiência.

Art. 21 — A audiência de instrução e julgamento será pública, se contrariamente não dispuser o Juiz, e realizar-se-á em dia útil, entre dez (10) e dezoito (18) horas, na sede do Juízo ou, excepcionalmente, no local que o Juiz designar.

Art. 22 — Aberta a audiência o Juiz fará a qualificação e o interrogatório do réu, se estiver presente.

Parágrafo único — Não comparecendo o réu nem seu advogado, o Juiz nomeará imediatamente defensor para funcionar na audiência e nos ulteriores termos do processo.

Art. 23 — Depois de ouvidas as testemunhas e o perito, o Juiz dará a palavra sucessivamente, ao Ministério Publico, ou ao advogado que houver subscrito a queixa e ao advogado ou defensor do réu, pelo prazo de quinze minutos para cada um, prorrogável por mais dez (10), a critério do Juiz.

Art. 24 — Encerrado o debate, o Juiz proferirá imediatamente a sentença.

Art. 25 — Do ocorrido na audiência o escrivão lavrará no livro próprio, ditado pelo Juiz, termo que conterá, em resumo, os depoimentos e as alegações da acusação da defesa, os requerimentos e, por extenso, os despachos e a sentença.

Art. 26 — Subscreverão o termo o Juiz, o representante do Ministério Público ou o advogado que houver subscrito a queixa, o advogado ou defensor do réu e o escrivão.

Art. 27 — Nas comarcas onde os meios de transporte forem difíceis e não permitirem a observância dos prazos fixados nesta lei, o juiz poderá aumentá-los, sempre motivadamente, até o dobro.

Art. 28 — Nos casos omissos, serão aplicáveis as normas do Código de Processo Penal, sempre que compatível com o sistema de instrução e julgamento regulado por esta lei.

Parágrafo único — Das decisões, despachos e sentenças, caberão os recursos e apelações previstas no Código de Processo Penal.

Art. 29 — Revogam-se as disposições em contrário.

Brasília, 9 de dezembro de 1965; 144.° da Independência e 77.° da República.

H. CASTELLO BRANCO

Juracy Magalhães

ECONOMIA POPULAR

LEI N.º 1.521, DE 26 DE DEZEMBRO DE 1951

Altera dispositivos da legislação vigente sobre crimes contra a economia popular.

O Presidente da República:

Faço saber que o Congresso Nacional decreta e eu sanciono a seguinte Lei:

Art. 1.º — Serão punidos, na forma desta Lei, os crimes e as contravenções contra a economia popular. Esta Lei regulará o seu julgamento. (32)

Art. 2.º — São crimes desta natureza:

I) Recusar individualmente em estabelecimento comercial a prestação de serviços essenciais à subsistência; sonegar mercadoria ou recusar vendê-la a quem esteja em condições de comprar a pronto pagamento;

II) favorecer ou preferir comprador ou freguês em detrimento de outro, ressalvados os sistemas de entrega ao consumo por intermédio de distribuidores ou revendedores;

III) expor à venda ou vender mercadoria ou produto alimentício, cujo fabrico haja desatendido a determinações oficiais, quanto ao peso e composição;

IV) negar ou deixar o fornecedor de serviços essenciais de entregar ao freguês a nota relativa à prestação de serviço, desde que a importância exceda de quinze cruzeiros, e com a indicação do preço, do nome e endereço do estabelecimento, do nome da firma ou responsável, da data e local da transação e do nome e residência do freguês;

V) misturar gêneros e mercadorias de espécies diferentes, expô-los à venda ou vendê-los como puros; misturar gêneros e mercadorias de qualidades desiguais para expô-los à venda ou vendê-los por preço marcado para os de mais alto custo;

VI) transgredir tabelas oficiais de gêneros e mercadorias, ou de serviços essenciais, bem como expor à venda ou oferecer ao público ou vender tais gêneros, mercadorias ou serviços, por preço superior ao tabelado, assim como não manter afixada. em lugar visível e de fácil leitura, as tabelas de preços aprovadas pelos órgãos competentes;

VII) negar ou deixar o vendedor de fornecer nota ou caderno de venda de gêneros de primeira necessidade, seja à vista ou a prazo, e cuja importância exceda de um cruzeiro ou de especificar na nota ou caderno — que serão isentos de selo — o preço da mercadoria vendida, o nome e o endereço do estabelecimento, a firma ou o responsável, a data e local da transação e o nome e residência do freguês;

(32) — Vide arts. 65 e 66 da Lei n.º 4.591, de 16 de setembro de 1964, que dispõe sobre o condomínio em edificações e as incorporações imobiliárias.

VIII) celebrar ajuste para impor determinado preço de revenda ou exigir do comprador que não compre de outro vendedor;

IX) obter ou tentar obter ganhos ilícitos em detrimento do povo ou de número indeterminado de pessoas mediante especulações ou processos fraudulentos ("bola de neve", "cadeias", "pichardismo" e quaisquer outros equivalentes);

X) violar contrato de venda a prestações, fraudando sorteios ou deixando de entregar a coisa vendida, sem devolução das prestações pagas, ou descontar destas, nas vendas com reservas de domínio, quando o contrato for rescindido por culpa do comprador, quantia maior do que a correspondente à depreciação do objeto;

XI) fraudar pesos ou medidas padronizados em lei ou regulamentos; possuí-los ou detê-los, para efeitos de comércio, sabendo estarem fraudados.

Pena — detenção de seis meses a dois anos e multa de dois a cinqüenta cruzeiros.

Parágrafo único — Na configuração dos crimes previstos nesta Lei, bem como na de qualquer outro de defesa de economia popular, sua guarda e seu emprego considerar-se-ão como de primeira necessidade ou necessários ao consumo do povo, os gêneros, artigos, mercadorias e qualquer outra espécie de coisas ou bens indispensáveis à subsistência do indivíduo em condições higiênicas e ao exercício normal de suas atividades, estão compreendidos nesta definição os artigos destinados à alimentação, ao vestuário e à iluminação, os terapêuticos ou sanitários, o combustível, a habitação e os materiais de construção.

Art. 3.º — São também crimes dessa natureza:

I) destruir ou inutilizar, intencionalmente e sem autorização legal, com o fim de determinar alta de preços, em proveito próprio ou de terceiro, matérias-primas ou produtos necessários ao consumo do povo;

II) abandonar ou fazer abandonar lavoura ou plantações, suspender ou fazer suspender a atividade de fábricas, usinas ou quaisquer estabelecimentos de produção, ou meios de transporte, mediante indenização paga pela desistência da competição;

III) promover ou participar de consórcio, convênio, ajuste, aliança ou fusão de capitais, com o fim de impedir ou dificultar, para o efeito de aumento arbitrário de lucros, a concorrência em matéria de produção, transportes ou comércio;

IV) reter ou açambarcar matérias-primas, meios de produção ou produtos necessários ao consumo do povo, com o fim de dominar o mercado em qualquer ponto do País e provocar a alta dos preços;

V) vender mercadorias abaixo do preço de custo com o fim de impedir a concorrência;

VI) provocar a alta ou baixa de preços de mercadorias, títulos, valores ou salários por meio de notícias falsas, operações fictícias ou qualquer outro artifício;

VII) dar indicações ou fazer afirmações falsas em prospectos ou anúncios, para o fim de substituição, compra ou venda de títulos, ações ou quotas;

VIII) exercer funções de direção, administração ou gerência de mais de uma empresa ou sociedade do mesmo ramo de indústria ou comércio com o fim de impedir ou dificultar a concorrência;

IX) gerir fraudulenta ou temerariamente bancos ou estabelecimentos bancários, ou de capitalização; sociedades de seguros, pecúlios ou pensões vitalícias; sociedades para empréstimos ou financiamento de construções e de vendas de imóveis a prestações, com ou sem sorteio ou preferência por meio de pontos ou quotas; caixas econômicas; caixas Raiffeisen; caixas mútuas, de beneficência, socorros ou empréstimos; caixas de pecúlio, pensão e aposentadoria; caixas construtoras; cooperativas; sociedades de economia coletiva, levando-as à falência ou à insolvência, ou não cumprindo qualquer das cláusulas contratuais com prejuízo dos interessados;

X) fraudar de qualquer modo escriturações, lançamentos, registros, relatórios, pareceres e outras informações devidas a sócios de sociedades civis ou comerciais, em que o capital seja fracionado em ações ou quotas de valor nominativo igual ou inferior a Cr$ 1,00 com o fim de sonegar lucros, dividendos, percentagens, rateios ou bonificações, ou de desfalcar ou desviar fundos de reserva ou reservas técnicas.

Pena — detenção de dois anos a dez anos e multa de vinte a cem cruzeiros.

Art. 4.° — Constitui crime da mesma natureza a usura pecuniária ou real, assim se considerando:

a) cobrar juros, comissões ou descontos percentuais, sobre dívida em dinheiro, superiores à taxa permitida por lei; cobrar ágio superior à taxa oficial de câmbio, sobre quantia permutada por moeda estrangeira; ou, ainda, emprestar sob penhor que seja privativo de instituição oficial de crédito;

b) obter ou estipular, em qualquer contrato, abusando da premente necessidade, inexperiência ou leviandade de outra parte, lucro patrimonial que exceda o quinto do valor corrente ou justo da prestação feita ou prometida. (33)

§ 1.° — Nas mesmas penas incorrerão os procuradores, mandatários ou mediadores que intervierem na operação usurária, bem como os cessionários de crédito usurário que ciente de sua natureza ilícita, o fizerem valer em sucessiva transmissão ou execução judicial.

Pena — detenção de seis meses a dois anos e multa de cinco a vinte cruzeiros.

§ 2.° — São circunstâncias agravantes do crime de usura:

I) ser cometido em época de grave crise econômica;

II) ocasionar grave dano individual;

III) dissimular-se a natureza usurária do contrato;

IV) quando cometido:

a) por militar, funcionário público, ministro de culto religioso; por pessoa cuja condição econômico-social seja manifestamente superior à da vítima;

b) em detrimento de operário ou de agricultor; de menor de 18 anos ou de deficiente mental, interditado ou não.

§ 3.° — A estipulação de juros ou lucros usurários será nula, devendo o juiz ajustá-los à medida legal, ou, caso já tenha sido cumprida, ordenar a restituição da quantia paga em excesso, com os juros legais a contar da data do pagamento indevido.

Art. 5.° — Nos crimes definidos nesta lei, haverá suspensão da pena e livramento condicional em todos os casos permitidos pela legislação comum. Será a fiança concedida nos termos da legislação em vigor, devendo ser arbitrada dentro dos limites de Cr$ 5,00 (cinco cruzeiros) a Cr$ 50,00 (cinqüenta cruzeiros), nas hipóteses do artigo 2.°, e dentro dos limites de Cr$ 10,00 (dez cruzeiros), a Cr$ 100,00 (cem cruzeiros) nos demais casos, reduzida a metade dentro desses limites, quando o infrator for empregado do estabelecimento comercial ou industrial, ou não ocupe cargo ou posto de direção dos negócios. (34)

Art. 6.° — Verificado qualquer crime contra a economia popular ou contra a saúde pública (cap. III do tít. VIII do Código Penal) e atendendo à gravidade do fato, sua repercussão e efeitos, o Juiz, na sentença declarará a interdição de direito, determinada no artigo 69, n.° IV, do Código Penal, de seis meses a um ano assim como mediante representação da autoridade policial, poderá decretar, dentro de quarenta e oito horas, a suspensão provisória, pelo prazo de quinze dias, do exercício da profissão ou atividade do infrator.

Art. 7.° — Os juízes recorrerão de ofício sempre que absolverem os acusados em processo por crime contra a economia popular ou contra a saúde pública, ou quando determinarem o arquivamento dos autos do respectivo inquérito policial.

Art. 8.° — Nos crimes contra a saúde pública, os exames periciais serão realizados, no Distrito Federal, pelas repartições da Secretaria-geral da Saúde e As-

(33) Regulamentou este dispositivo o Decreto n.° 48.450, de 30 de junho de 1960.

(34) Redação dada pelo art. 1.° da Lei n.° 3.290, de 23 de outubro de 1957.

sistência e da Secretaria da Agricultura, Indústria e Comércio da Prefeitura ou pelo Gabinete de Exames Periciais do Departamento de Segurança Pública e nos Estados e Territórios pelos serviços congêneres, valendo qualquer dos laudos como corpo de delito.

Art. 9.° — Constitui contravenção penal relativa à economia popular:

I) receber, ou tentar receber, por motivo de locação, sublocação, ou cessão de contrato, quantia ou valor além do aluguel e dos encargos permitidos por lei;

II) recusar fornecer recibo de aluguel;

III) cobrar o aluguel, antecipadamente, salvo o disposto no parágrafo único do art. 11 da Lei n.° 1.300, de 28 de dezembro de 1950. (35)

IV) deixar o proprietário, o locador e o promitente comprador, nos casos previstos nos itens II a V, VII e IX do art. 15 da Lei n.° 1.300, de 28 de dezembro de 1950, dentro em sessenta dias, após a entrega do prédio de usá-lo para o fim declarado;

V) não iniciar o proprietário, no caso do item VIII do art. 15 da Lei n.° 1.300, de 28 de dezembro de 1950, a edificação ou reforma do prédio dentro em sessenta dias, contados da entrega do imóvel;

VI) ter o prédio vazio por mais de trinta dias, havendo pretendente que ofereça como garantia de locação importância correspondente a três meses de aluguel;

VII) vender o locador ao locatário os móveis e alfaias que guarneçam o prédio, por preço superior ao que houver sido arbitrado pela autoridade municipal competente;

VIII) obstar o locador ou o sublocador, por qualquer modo, o uso regular do prédio urbano, locado ou sublocado, ou o fornecimento ao inquilino, periódica ou permanentemente, de água, luz ou gás.

Pena — prisão simples de cinco dias a seis meses e multa de um a vinte cruzeiros.

Art. 10 — Terá forma sumária, nos termos do capítulo V, título II, livro II, do Código de Processo Penal, o processo das contravenções e dos crimes contra a economia popular, não submetidos ao julgamento pelo Júri.

§ 1.° — Os atos policiais (inquérito ou processo iniciado por portaria) deverão terminar no prazo de dez dias.

§ 2.° — O prazo para oferecimento da denúncia será de dois dias, esteja ou não o réu preso.

§ 3.° — A sentença do juiz será proferida dentro do prazo de trinta dias contados do recebimento dos autos da autoridade policial (art. 536 do Código de Processo Penal).

§ 4.° — A retardação injustificada, pura e simples, dos prazos indicados nos parágrafos anteriores, importa em crime de prevaricação (art. 319 do Código Penal).

Art. 11 — No Distrito Federal, o processo das infrações penais relativas à economia popular caberá, indistintamente, a todas as varas criminais com exceção

---

(35) O art. 42 da Lei do Inquilinato (Lei n.° 4.494, de 25 de novembro de 1964) revogou expressamente a Lei n.° 1.300, de 28 de dezembro de 1950. Dispõe o art. 17 da referida Lei:

"Constitui contravenção penal, punida com prisão simples, de cinco dias a seis meses, e multa variável de duas a vinte vezes o salário-mínimo local:

I — exigir, por motivo de locação e sublocação, quantia ou valor além do aluguel e dos encargos permitidos nesta Lei;

II — recusar fornecer recibo de aluguel;

III — cobrar o aluguel antecipadamente, salvo o disposto no (VETADO) art. 7.°;

IV — deixar o retomante, dentro de cento e oitenta dias após a entrêga do prédio, nos casos dos itens III, V, X e XI do art. 11, de usá-lo para o fim declarado;

V — não iniciar, o proprietário, promitente comprador ou promitente cessionário, nos casos dos itens VIII e IX do art. 11, a demolição, ou reparação do prédio, dentro de sessenta dias, contados da entrega do imóvel, salvo motivo de força maior."

das 1.ª e 20.ª, observadas as disposições quanto aos crimes da competência do Júri de que trata o art. 12.

Art. 12 — São da competência do Júri os crimes previstos no art. 2.º desta Lei. (36)

Art. 13 — O Júri compõe-se de um juiz, que é o seu presidente, e de vinte jurados sorteados dentre os eleitores de cada zona eleitoral, de uma lista de cento e cinqüenta a duzentos eleitores, cinco dos quais constituirão o conselho de sentença em cada sessão de julgamento.

Art. 14 — A lista a que se refere o artigo anterior será semestralmente organizada pelo presidente do Júri, sob sua responsabilidade, entre pessoas de notória idoneidade, incluídos de preferência os chefes de família e as donas de casa.

Art. 15 — Até o dia quinze de cada mês, far-se-á o sorteio dos jurados que devam constituir o tribunal do mês seguinte.

Art. 16 — O Júri funcionará quando estiverem presentes, pelo menos quinze jurados.

Art. 17 — O presidente do Júri fará as convocações para o julgamento com quarenta e oito horas de antecedência pelo menos, observada a ordem de recebimento dos processos.

Art. 18 — Além dos casos de suspeição e impedimento previstos em Lei, não poderá servir jurado da mesma atividade profissional do acusado.

Art. 19 — Poderá ser constituído um Júri em cada zona eleitoral.

Art. 20 — A presidência do Júri caberá ao Juiz do processo, salvo quando a Lei de organização judiciária atribuir a presidência a outro.

Art. 21 — No Distrito Federal, poderá o juiz presidente do Júri representar ao Tribunal de Justiça para que seja substituído na presidência do Júri por Juiz substituto ou Juízes substitutos, nos termos do art. 20 da Lei n.º 1.301, de 28 de dezembro de 1950. Servirá no Júri o Promotor Público que for designado.

Art. 22 — O Júri poderá funcionar com pessoal, material e instalações destinados aos serviços eleitorais.

Art. 23 — Nos processos da competência do Júri far-se-á a instrução contraditória, observado o disposto no Código de Processo Penal, relativamente ao processo comum (livro II, título I, capítulo I) com as seguintes modificações:

I) O número de testemunhas, tanto para a acusação como para a defesa, será de seis no máximo.

II) Serão ouvidas as testemunhas de acusação e de defesa, dentro do prazo de quinze dias se o réu estiver preso, e de vinte quando solto.

III) Havendo acordo entre o Ministério Público e o réu, por seu defensor, mediante termo lavrado nos autos, será dispensada a inquirição das testemunhas arroladas pelas partes e cujos depoimentos constem do inquérito policial.

IV) Ouvidas as testemunhas e realizada qualquer diligência porventura requerida, o Juiz, depois de sanadas as nulidades e irregularidades e determinar ou realizar qualquer outra diligência, que entender conveniente, ouvirá, nos autos, sucessivamente, por quarenta e oito horas, o órgão do Ministério Público e o defensor.

V) Em seguida, o Juiz poderá absolver, desde logo, o acusado, quando estiver provado que ele não praticou o crime, fundamentando a sentença e recorrendo **ex-officio.**

VI) Se o Juiz assim não proceder, sem manifestar, entretanto, sua opinião, determinará a remessa do processo ao presidente do Júri ou que se faça a inclusão do processo na pauta do julgamento se lhe couber a presidência.

VII) São dispensadas a pronúncia e a formação de libelo.

(36) O júri a que se referem os arts. 12 e segs., desta Lei, desapareceu com o advento do Decreto-lei n.º 2, de 14 de janeiro de 1966.

Art. 24 — O órgão do Ministério Público, o réu e o seu defensor, serão intimados do dia designado para o julgamento. Será julgado à revelia o réu solto que deixar de comparecer sem justa causa.

Art. 25 — Poderão ser ouvidas em plenário as testemunhas da instrução que, previamente, e com quarenta e oito horas de antecedência, forem indicadas pelo Ministério Público ou pelo acusado.

Art. 26 — Em plenário, constituído o conselho de sentença, o Juiz tomará aos jurados o juramento de bem e sinceramente decidirem a causa, proferindo o voto a bem da verdade e da justiça.

Art. 27 — Qualificado o réu e sendo-lhe permitida qualquer declaração a bem da defesa, observadas as formalidades processuais, aplicáveis e constantes da seção IV do cap. II do livro II, tít. I do Código de Processo Penal, o Juiz abrirá os debates, dando a palavra ao órgão do Ministério Público e ao assistente, se houver, para dedução da acusação e ao defensor para produzir a defesa.

Art. 28 — O tempo destinado à acusação e à defesa será de uma hora para cada uma. Havendo mais de um réu, o tempo será elevado ao dobro, desde que assim seja requerido. Não haverá réplica nem tréplica.

Art. 29 — No julgamento que se realizará em sala secreta com a presença do Juiz, do escrivão e de um oficial de Justiça, bem como dos acusadores e dos defensores que se conservarão em seus lugares sem intervir na votação, os jurados depositarão na urna a resposta — sim ou não — ao quesito único indagando se o réu praticou o crime que lhe foi imputado.

Parágrafo único — Em seguida, o Juiz, no caso de condenação, lavrará sentença tendo em vista as circunstâncias atenuantes ou agravantes existentes nos autos e levando em conta na aplicação da pena o disposto nos arts. 42 e 43 do Código Penal.

Art. 30 — Das decisões do Júri, e nos termos da legislação em vigor, cabe apelação, sem efeito suspensivo, em qualquer caso.

Art. 31 — Em tudo mais que couber e não contrariar esta Lei aplicar-se-á o Código de Processo Penal.

Art. 32 — É o Poder Executivo autorizado a abrir ao Poder Judiciário o crédito especial de Cr$ 2.000,00 (dois mil cruzeiros) para ocorrer, (vetado) às despesas do pessoal e material necessários à execução desta Lei no Distrito Federal e nos Territórios.

Art. 33 — Esta Lei entrará em vigor sessenta dias depois de sua publicação, aplicando-se aos processos iniciados na sua vigência.

Art. 34 — Revogam-se as disposições em contrário.

Rio de Janeiro, 26 de dezembro de 1951; 130.º da Independência e 63.º da República.

GETÚLIO VARGAS

Francisco Negrão de Lima

Horácio Lafer

LEI DELEGADA N.º 4, DE 26 DE SETEMBRO DE 1962

Dispõe sobre a intervenção no domínio econômico para assegurar a livre distribuição de produtos necessários ao consumo do povo.

O Presidente da República:

Faço saber que, no uso da delegação constante do Decreto Legislativo número 9, de 27 de agosto de 1962, decreto a seguinte lei:

Art. 1.º — A União, na forma do art. 146 da Constituição fica autorizada a intervir no domínio econômico para assegurar a livre distribuição de mercadorias e serviços essenciais ao consumo e uso do povo, nos limites fixados nesta lei. (37)

Parágrafo único — A intervenção se processará, também, para assegurar o suprimento dos bens necessários às atividades agropecuárias, da pesca e indústrias do País.

Art. 2.º — A intervenção consistirá:

I — na compra, armazenamento, distribuição e venda de:

a) gêneros e produtos alimentícios;

b) gado vacum, suíno, ovino e caprino, destinado ao abate;

c) aves e pescado próprios para alimentação;

d) tecidos e calçados de uso popupar;

e) medicamentos;

f) instrumentos e ferramentas de uso individual;

g) máquinas, inclusive caminhões, "jipes", tratores, conjuntos motomecanizados e peças sobressalentes, destinadas às atividades agropecuárias;

h) arames, farpados e lisos, quando destinados a emprego nas atividades rurais;

i) artigos sanitários e artefatos industrializados, de uso doméstico;

j) cimento e laminados de ferro, destinados à construção de casas próprias, de tipo popular, e às benfeitorias rurais;

k) produtos e materiais indispensáveis à produção de bens de consumo popular.

II) — na fixação de preços e no controle do abastecimento, neste compreendidos a produção, transporte, armazenamento e comercialização;

III — na desapropriação de bens, por interesse social, ou na requisição de serviços, necessários à realização dos objetivos previstos nesta lei;

IV — na promoção de estímulos à produção.

§ 1.º — A aquisição far-se-á no País ou no estrangeiro, quando insuficiente a produção nacional; a venda, onde se verificar a escassez.

§ 2.º — Não podem ser objeto de desapropriação, com amparo nesta lei, os animais de serviço ou destinados à reprodução.

---

(37) Refere-se à Constituição Federal de 1946. Corresponde ao art. 163 da Constituição Federal em vigor.

Art. 3.º — Os produtos adquiridos por compra ou desapropriação serão entregues ao consumidor através de:

a) empresas estatais especializadas;

b) organismos federais, estaduais ou municipais, de administração direta ou indireta;

c) entidades privadas, de comprovada idoneidade.

Art. 4.º — Nas compras e desapropriações, efetuadas nos termos desta lei, o imposto de vendas e consignações será pago pelo vendedor ou pelo desapropriado.

Art. 5.º — Na execução desta lei, não serão permitidas discriminações de caráter geográfico ou de grupos e pessoas, dentro do mesmo setor de produção e comércio.

Art. 6.º — Para o controle do abastecimento de mercadorias ou serviços e fixação de preços, são os órgãos incumbidos da aplicação desta lei, autorizados a:

I — regular e disciplinar, no território nacional a circulação e distribuição dos bens sujeitos ao regime desta lei, podendo, inclusive, proibir a sua movimentação, e ainda estabelecer prioridades para o transporte e armazenamento, sempre que o interesse público o exigir;

II — regular e disciplinar a produção, distribuição e consumo das matérias-primas, podendo requisitar meios de transporte e armazenamento;

III — tabelar os preços máximos de mercadorias e serviços essenciais em relação aos revendedores;

IV — tabelar os preços máximos e estabelecer condições de venda de mercadorias ou serviços, a fim de impedir lucros excessivos, inclusive diversões públicas populares;

V — estabelecer o racionamento dos serviços essenciais e dos bens mencionados no art. 2.º, inciso I, desta lei, em casos de guerra, calamidade ou necessidade pública;

VI — assistir as cooperativas, ligadas à produção ou distribuição de gêneros alimentícios, na obtenção preferencial das mercadorias de que necessitem;

VII — manter estoque de mercadorias;

VIII — superintender e fiscalizar através de agentes federais, em todo o País, a execução das medidas adotadas e os serviços que estabelecer.

Art. 7.º — Os preços dos bens desapropriados, quando objeto de tabelamento em vigor, serão pagos previamente em moeda corrente e não poderão ser arbitrados em valor superior ao do respectivo tabelamento.

Parágrafo único. — Quando o bem desapropriado não for sujeito a prévio tabelamento, os preços serão arbitrados sendo em vista o custo médio nos locais de produção ou de venda. (38)

Art. 8.º — A imissão na posse dos bens desapropriados será efetivada, liminarmente, antes da citação do réu, no foro da situação dos bens, mediante prévio depósito judicial do respectivo preço, que na hipótese do parágrafo único do art. 7.º, será fixado por perido nomeado pelo juiz. (39)

§ 1.º — Citado o réu, o processo seguirá o curso previsto na legislação vigente sobre desapropriação, reduzidos à metade, sempre que possível, a critério do juiz, os respectivos prazos.

§ 2.º — Depositado o preço, o desapropriado poderá levantá-lo sem que esse fato importe presunção de concordância com a avaliação, ou renúncia ao direito de defesa.

Art. 9.º — Os produtos adquiridos, por compra ou desapropriação, serão entregues ao consumo pelos preços tabelados.

Parágrafo único — As vendas aos distribuidores serão feitas com redução percentual e uniforme dos preços tabelados.

Art. 10 — Compete à União dispor, normativamente sobre as condições e

(38) Artigo e parágrafo com redação dada pelo Decreto-lei n.º 422, de 20 de janeiro de 1969.

(39) Redação dada pelo Decreto-lei n.º 422, de 20 de janeiro de 1969.

oportunidade de uso dos poderes conferidos nesta lei, cabendo aos Estados a execução das normas baixadas e a fiscalização do seu cumprimento, sem prejuízo de idênticas atribuições fiscalizadoras reconhecidas à União.

§ 1.º — A União exercerá suas atribuições através de ato do Poder Executivo ou por intermédio dos órgãos federais a que atribuir tais poderes.

§ 2.º — Na falta de instrumentos administrativos adequados, por parte dos Estados, a União encarregar-se-á dessa execução e fiscalização.

§ 3.º — No Distrito Federal e nos Territórios a União exercerá todas as atribuições para a aplicação desta lei.

Art. 11 — Fica sujeito à multa de um terço (1/3) do valor do salário-mínimo vigente no Distrito Federal, à época da infração, até cem (100) vezes o valor desse mesmo salário, sem prejuízo das sanções penais que couberem na forma da lei, aquele que:

a) vender, ou expuser à venda mercadorias ou oferecer serviços por preços superiores aos tabelados;

b) sonegar gêneros ou mercadorias, recusar vendê-los ou os retiver para fins de especulação;

c) não mantiver afixado em lugar visível e de fácil leitura, tabela de preços dos gêneros e mercadorias, serviços ou diversões públicas populares;

d) favorecer ou preferir comprador ou freguês, em detrimento de outros, ressalvados os sistemas de entrega ao consumo por intermédio de distribuidores ou revendedores;

e) negar ou deixar de fornecer a fatura, ou nota, ou caderno de venda, quando obrigatório;

f) produzir, expor ou vender mercadorias cuja embalagem, tipo, especificação, peso ou composição, transgrida determinações legais, ou não corresponda à respectiva classificação oficial ou real;

g) efetuar vendas ou ofertas de venda, e compras ou ofertas de compra que incluam, sob qualquer forma, uma prestação oculta;

h) emitir fatura, duplicata ou nota de venda que não corresponda à mercadoria mencionada, em quantidade ou qualidade;

i) subordinar a venda de um produto à compra simultânea de outros produtos ou à compra de uma quantidade imposta;

j) dificultar ou impedir a observância das resoluções que forem baixadas em decorrência desta lei;

k) sonegar documentos ou comprovantes exigidos para apuração de custo de produção e de venda, ou impedir ou dificultar exames contábeis que forem julgados necessários, ou deixar de fornecer esclarecimentos que forem exigidos;

l) adquirir, sobre qualquer pretexto, ainda que com a concordância do vendedor, mercadoria, produto ou qualquer bem por preço inferior ao mínimo oficial quando fixado com base no art. 2.°, item IV, desta Lei. (40)

m) descumprir ato intervencionista, norma ou condição de comercialização ou industrialização estabelecidas. (41)

Art. 12 — Nos casos de infração das alíenas **a, b** e **c** do art. 11 desta Lei, poderá ser determinada a interdição do estabelecimento por um prazo de três a noventa dias, cabendo ao órgão ou entidade incumbido da execução desta Lei fixar a competência para a prática do ato de interdição.

§ 1.º — O interditado poderá, sem efeito suspensivo, recorrer da interdição através de petição endereçada ao dirigente máximo do órgão a que estiver subordinado quem determinou a medida.

§ 2.º — A autoridade competente para apreciar o recurso terá o prazo de quarenta e oito horas para confirmar ou suspender a interdição.

---

(40) Alínea acrescentada pelo Decreto-lei n.º 422, de 20 de janeiro de 1969.

(41) Alínea acrescentada pelo Decreto-lei n.º 422, de 20 de janeiro de 1969.

§ 3.º — Findo o prazo previsto no parágrafo anterior, sem que seja apreciado o recurso, considerar-se-á automaticamente suspensa a interdição.

§ 4.º — O interditado poderá, antes do fechamento das portas do estabelecimento, dele retirar os gêneros perecíveis.

§ 5.º — Responderão solidariamente pelo pagamento das multas e pelas demais penalidades os proprietários, os administradores, os gerentes, os signatários da fatura, nota ou caderno de venda, ou quem, de direito ou de fato no estabelecimento, efetuar a venda. (42)

Art. 13 — O infrator será autuado na presença de duas testemunhas devendo constar do instrumento a sua assinatura ou a declaração, feita pelo autuante, de sua recusa.

§ 1.º — O auto de infração será lavrado em três vias, devendo a primeira e a segunda dar entrada no órgão local incumbido da aplicação da lei, dentro do prazo de 24 (vinte e quatro) horas, entregando-se a terceira via, mediante recibo, ao autuado.

§ 2.º — O autuado, no prazo de 10 (dez) dias, apresentará defesa, juntando ou indicando as provas que tiver. Findo esse prazo, com ou sem a defesa, juntadas ou indicadas as provas, o processo será encaminhado ao responsável do órgão local incumbido da aplicação da lei para, em 5 (cinco) dias, homologar o auto de infração e arbitrar a multa.

Art. 14 — Homologado o auto de infração e arbitrada a multa, será o autuado notificado para pagar, no prazo de 10 (dez) dias.

Art. 15 — No prazo de 10 (dez) dias da data da entrega da notificação ao infrator, este, desde que deposite metade do valor da multa, poderá recorrer à autoridade a que estiver subordinado o prolator da decisão.

Art. 16 — Feito o depósito, o processo será encaminhado ao prolator, o qual confirmará ou reformará a decisão antes de remetê-lo **ex-officio**, à instância final.

Art. 17 — Se a decisão final mantiver a multa ou reduzi-la, o depósito converter-se-á, automaticamente, em pagamento, até a quantia depositada, restituindo-se ao infrator o excesso depositado.

Parágrafo único — Se o valor da multa for superior ao depósito o infrator pagará o saldo no prazo de 10 (dez) dias.

Art. 18 — Decorrido o prazo, sem que seja feito o depósito ou o pagamento, o valor do débito será inscrito como dívida ativa, valendo a certidão de inscrição para a cobrança pelo rito dos executivos fiscais.

Art. 19 — São competentes para julgar os processos e impor as sanções previstas nesta lei:

a) os responsáveis pelos órgãos estaduais que forem incumbidos de sua execução;

b) os responsáveis pelos órgãos locais das instituições federais que, nas Unidades da Federação, estejam incumbidos da execução desta lei.

Art. 20 — As multas aplicadas pelos órgãos estaduais constituirão receita da respectiva Unidade da Federação.

Art. 21 — As cominações previstas nesta lei cumulam-se com as sanções penais e são, umas e outras, independentes entre si, bem assim, as instâncias administrativas, civil e penal.

Art. 22 — Esta lei será regulamentada no prazo de 60 (sessenta) dias contados de sua publicação.

Art. 23 — Enquanto não expressamente revogadas, continuam em vigor as resoluções, portarias, determinações, ordens de serviços e mais atos baixados pela COFAP e seus órgãos auxiliares.

Art. 24 — A vigência desta lei não prejudicará os processos civis fiscais, criminais e inquéritos administrativos,

(42) Parágrafos com redação dada pelo Decreto-lei n.º 422, de 20 de janeiro de 1969.

instaurados no regime da Lei n.º 1.522, de 26 de dezembro de 1951 e suas alterações.

Art. 25 — Esta lei entrará em vigor 30 (trinta) dias após a sua publicação, revogadas, na mesma data, a Lei n.º 1.522, de 26 de dezembro de 1951, suas alterações e outras disposições em contrário, ressalvando-se a continuação dos serviços por ela criados, os quais serão extintos à medida que forem substituídos pelos novos serviços.

Brasília, 26 de dezembro de 1962; 141.º da Independência e 74.º da República.

JOÃO GOULART

Hermes Lima
João Mangabeira
Pedro Paulo de Araujo Suzano
Amaury Kruel
Miguel Calmon
Helio de Almeida
Renato Costa Lima
Darci Ribeiro
João Pinheiro Netto
Reynaldo de Carvalho Filho
Eliseu Paglioli
Octavio Augusto Dias Carneiro
Eliezer Batista da Silva

LEI DELEGADA N.º 5, DE 26 DE SETEMBRO DE 1962

Organiza a Superintendência Nacional do Abastecimento (SUNAB) e dá outras providências.

O Presidente da República:

Faço saber que, no uso da delegação constante do Decreto Legislativo n.º 9, de 27 de agosto de 1962, decreto a seguinte lei:

Art. 1.º — É criada a Superintendência Nacional do Abastecimento (SUNAB), como autarquia federal, com sede no Distrito Federal, colocada sob a responsabilidade do Conselho de Ministros, a este competindo subordiná-la a um de seus membros.

Art. 2.º — Compete à SUNAB:

I — elaborar e promover a execução do plano nacional de abastecimento de produtos essenciais, o qual servirá também, de instrumento à política de crédito e fomento à produção;

II — elaborar programas para expansão e operação da rede nacional de armazéns, silos e armazéns frigoríficos;

III — fixar quotas de exportação e importação de produtos essenciais;

IV — promover a melhoria dos níveis de consumo e dos padrões de nutrição do povo;

V — elaborar e promover a execução do plano nacional e dos programas de assistência alimentar;

VI — aplicar a legislação de intervenção no domínio econômico para assegurar a livre distribuição de mercadorias e serviços essenciais;

VII — acompanhar a execução das medidas estabelecidas nos planos e programas que elaborar e as decorrentes da aplicação da lei de intervenção no domínio econômico;

VIII — fixar as diretrizes de ações das entidades jurisdicionadas.

Art. 3.º — A SUNAB poderá:

I — promover a manutenção de estoques reguladores de mercado;

II — estabelecer sistema de informações sobre produção, distribuição e consumo, requisitando o fornecimento de quaisquer dados, periódicos ou especiais, em poder de pessoas de direito público ou privado;

III — disciplinar os serviços de transporte e distribuição, objetivando regular o escoamento das safras e facilitar os fluxos de suprimento;

IV — promover estímulos para melhoria e ampliação de indústrias de alimentos;

V — estabelecer normas e promover a execução de medidas destinadas a regular e melhorar as condições de comercialização;

VI — regular o suprimento de produtos agropecuários e da pesca, essenciais a empresas que os industrializarem, fixando quotas, quando necessário;

VII — fixar preços, disciplinando o sistema de seu controle;

VIII — adotar medidas, diretamente ou por intermédio de entidades jurisdicionais ou de órgãos federais, estaduais, municipais ou autárquicos, sociedades de economia mista, empresas particulares, cooperativas e entidades de classe, para a execução dos seus planos e programas;

IX — aprovar, por ato publicado no **Diário Oficial**, o regulamento interno dos armazéns e das salas de vendas públicas, bem como a tarifa remuneratória de depósito e de outros serviços, relativos aos armazéns das entidades jurisdicionadas;

X — proceder ao exame de estoque, papéis e escritas de quaisquer empresas ou pessoas que se dediquem à atividade compreendida no âmbito desta Lei;

XI — complementar, quando conveniente, a ação dos órgãos estaduais e exercer, supletivamente, a fiscalização do cumprimento das normas federais no âmbito de suas atribuições, por si mesma ou através de outros órgãos;

XII — praticar quaisquer outros atos necessários ao desempenho de suas atribuições.

Art. 4.º — A SUNAB será dirigida por um Superintendente, nomeado por decreto do Poder Executivo, o qual a representará em juízo e fora dele.

Parágrafo único — São atribuídos ao Superintendente, vencimentos, direitos e vantagens de Subsecretário de Estado.

Art. 5.º — A SUNAB compreende os seguintes órgãos:

I — Conselho Deliberativo;

II — Conselho Consultivo;

III — Secretaria Executiva.

Art. 6.º — A Comissão de Financiamento da Produção (CFP) e as empresas de que a União participe, como majoritária, constituídas para exercer atividades no âmbito desta lei, são jurisdicionadas técnica e administrativamente, pela SUNAB.

Art. 7.º — São tecnicamente jurisdicionados pela SUNAB, continuando sob jurisdição administrativa dos respectivos Ministérios, o Instituto do Açúcar e do Álcool, o Instituto Brasileiro do Sal, o Instituto Nacional do Mate e o Serviço de Alimentação da Previdência Social.

Art. 8.º — O Conselho Deliberativo do qual o Superintendente da SUNAB é membro nato, será constituído de representantes dos seguintes órgãos e entidades:

a) Ministério da Agricultura;

b) Ministério da Educação e Cultura;

c) Ministério da Fazenda;

d) Ministério da Indústria e Comércio;

e) Ministério da Justiça e Negócios Interiores;

f) Ministério das Relações Exteriores;

g) Ministério da Saúde;

h) Ministério do Trabalho e Previdência Social;

i) Ministério da Viação e Obras Públicas;

l) Banco do Brasil S.A.;

m) Banco Nacional de Crédito Cooperativo;

n) Banco Nacional do Desenvolvimento Econômico;

o) Superintendência da Moeda e do Crédito;

p) Superintendência do Desenvolvimento do Nordeste;

q) Superintendência do Plano de Valorização Econômica da Amazônia;

r) Superintendência do Plano de Valorização Econômica da Região Sudoeste do País.

§ 1.º — As decisões do Conselho Deliberativo serão tomadas sob a forma de resoluções, com base em trabalhos técnicos ou pareceres da Secretaria Executiva;

§ 2.º — A organização, atribuições e normas de funcionamento do Conselho Deliberativo, do Conselho Consultivo e da Secretaria Executiva constarão de regulamento aprovado por decreto do Poder Executivo.

Art. 9.º — Compete ao Conselho Consultivo, convocado pelo Superintendente, assessorá-lo no exame da matéria do interesse das classes representadas.

§ 1.º — O Conselho Consultivo será constituído de representantes de órgãos de classe de empregados e empregadores.

§ 2.º — Os serviços prestados pelos membros do Conselho Consultivo são gratuitos e considerados de caráter relevante.

Art. 10 — A Secretaria Executiva é diretamente subordinada ao Superintendente.

Art. 11 — É criado na SUNAB um fundo de natureza contábil no qual serão lançados:

a) dotações orçamentárias específicas que constarão, anualmente, do Orçamento da União;

b) saldo de recursos dos órgãos cujos serviços forem transferidos à SUNAB;

c) créditos especiais, suplementares e extraordinários;

d) outros recursos, de qualquer natureza, que lhe sejam destinados.

Parágrafo único — O Conselho Deliberativo aprovará, anualmente, o orçamento da aplicação dos recursos do Fundo.

Art. 12 — As dotações orçamentárias e os créditos destinados à SUNAB serão registrados pelo Tribunal de Contas e, automaticamente, distribuídos ao Tesouro Nacional.

Parágrafo único — O Tesouro Nacional, igualmente, transferirá ao fundo previsto no artigo anterior as importâncias correspondentes a essas dotações e créditos, depositando-as no Banco do Brasil S.A. em conta especial.

Art. 13 — São extensivos à SUNAB os privilégios da Fazenda Pública no tocante à cobrança dos seus créditos e a processos em geral, custas, juros, prazos de prescrição, imunidade tributária e isenções fiscais.

Art. 14 — O Poder Executivo transferirá, por decreto, para a SUNAB, as atribuições do Serviço de Expansão do Trigo relacionadas com a comercialização e a industrialização.

Art. 15 — As atribuições de estudos e pesquisas no setor da nutrição, a cargo da Comissão Nacional da Alimentação, continuam na alçada do Ministério da Saúde, tranferindo-se, por decreto, as demais à SUNAB.

Art. 16 — Até que seja implantado o sistema decorrente da legislação delegada pelo Decreto Legislativo número 9, de 27 de agosto de 1962, e enquanto não efetivada a transferência dos respectivos serviços, o Superintendente da SUNAB fica investido de poderes especiais para:

I — Assegurar o normal funcionamento dos órgãos e serviços que se integrarão na SUNAB ou que por ela serão jurisdicionados;

II — Indicar, em lista tríplice, ao Poder Executivo, administradores para as seguintes entidades:

a) Comissão Federal de Abastecimento e Preços e seus órgãos auxiliares;

b) Comissão Nacional de Alimentação;

c) Comissão de Financiamento da Produção;

d) Comissão Executiva de Armazéns e Silos;

e) Superintendência de Armazéns e Silos;

f) Campanha Nacional da Merenda Escolar;

g) Comissão Consultiva do Trigo;

h) Comissão Executiva dos Produtos da Mandioca.

Parágrafo único — Os poderes especiais do Superintendente e as atribuições dos Administradores serão fixados em decreto do Poder Executivo.

Art. 17 — O Poder Executivo fixará, por decreto, data para extinção dos órgãos indicados no inciso II do artigo 16 desta lei, excetuando os de que tratam as alíneas **b** e **c**.

Art. 18 — Os atos executivos, de qualquer natureza, referentes aos órgãos mencionados nos artigos 14 e 15 e no inciso II do art. 16 continuam em vigor, até que expressamente revogados pela autoridade competente.

Art. 19 — Serão entregues à SUNAB o acervo e a documentação dos órgãos e dos serviços que forem a ela transferidos.

Art. 20 — As taxas e contribuições de qualquer natureza devidas aos órgãos abrangidos pela legislação resultante do Decreto Legislativo n.° 9, de 27 de agosto de 1962, são transferidos à SUNAB, inclusive as contribuições de organismos internacionais, ou resultantes de acordos e convênios com países e entidades privadas nacionais ou estrangeiras, de caráter assistencial.

Art. 21 — É extensiva ao mercado interno, no que couber, a legislação federal vigente sobre a padronização e classificação dos produtos agrícolas, pecuários, matérias-primas, seus subprodutos e resíduos de valor econômico.

Art. 22 — Os servidores públicos inclusive autárquicos, poderão ser requisitados para servir na SUNAB ou em qualquer das entidades por ela jurisdicionadas.

Art. 23 — Os saldos das dotações orçamentárias e dos créditos de qualquer natureza do extinto Conselho Coordenador do Abastecimento e dos órgãos abrangidos pela legislação decorrente do Decreto Legislativo n.° 9, de 27 de agosto de 1962, serão relacionados pelo Poder Executivo e aplicados pela SUNAB ou entidades por ela jurisdicionadas, até que ajustados à discriminação orçamentária própria.

Art. 24 — Aos atuais servidores dos quadros e tabelas privativos dos órgãos que, por força da presente lei, tiveram alteradas as respectivas personalidades jurídicas ou que foram incorporados à SUNAB fica assegurado o direito de optarem pelo novo ou pelo anterior "status".

§ 1.° — A opção a que se refere este artigo será feita através de requerimento apresentado diretamente ao Departamento Administrativo do Serviço Público, no prazo improrrogável de 60 (sessenta) dias.

§ 2.° — O silêncio do servidor importará em opção tácita pela sua inclusão no quadro da SUNAB.

§ 3.° — Após o prazo a que se refere o § 1.°, serão aproveitados, na mesma situação, em outros órgãos do Serviço Público Federal a critério do Governo aqueles que mantiverem o anterior "status", através de decreto do Poder Executivo, elaborado pelo Departamento Administrativo do Serviço Público.

§ 4.° — O pessoal que exceder às necessidades da SUNAB, a critério de sua direção, será igualmente incluído em outros órgãos do Serviço Público Federal na forma do parágrafo anterior.

§ 5.° — O disposto neste artigo aplica-se aos funcionários do Serviço Civil do Poder Executivo que, na data desta lei, se encontram servindo nos órgãos por ela abrangidos, devidamente autorizados, na forma do art. 34, parágrafo único, da Lei n.° 1.711, de 28 de outubro de 1952.

§ 6.° — As inclusões a que se referem os parágrafos anteriores, tanto no quadro da SUNAB como nos demais órgãos da administração direta, serão feitas em cargos de denominação, classes e níveis iguais àqueles ocupados nos órgãos de origem.

Art. 25 — Os cargos integrantes dos Quadros de Pessoal, do Conselho Coordenador do Abastecimento e da Comissão Executiva de Armazéns e Silos ficam incluídos, com os respectivos ocupantes, nos Quadros de Pessoal dos Ministérios das Minas e Energia e da Indústria e do Comércio.

§ 1.° — A inclusão será feita mediante a fusão com as classes existentes nos referidos Quadros, quando houver coincidência de denominação.

§ 2.° — Oportunamente o Poder Executivo publicará nova constituição dos quadros dos Ministérios citados, em face das inclusões previstas neste artigo.

§ 3.° — O pessoal a que se refere este artigo será pago pelos respectivos Ministérios à conta de suas dotações orçamentárias próprias ou, se for o caso, na forma do art. 46 do Código de Contabilidade da União.

Art. 26 — Os servidores, inclusive requisitados, atualmente em exercício nos órgãos da administração direta, cujas atribuições passarem a integrar a Superintendência Nacional do Abastecimento — SUNAB — poderão continuar prestando serviços a esta Autarquia, na qualidade de cedidos, a critérios de sua direção.

Parágrafo único — O regime previsto neste artigo cessará a partir da data em que for aprovado o quadro de pessoal da SUNAB.

Art. 27 — A aplicação de quaisquer dos dispositivos constantes desta lei, relativos a pessoal, não exclui a competência da Comissão de Classificação de Cargos, prevista no art. 37 da Lei n.º 3.780, de 12 de julho de 1960, bem como dos demais órgãos próprios.

Art. 28 — Esta lei entrará em vigor na data de sua publicação, revogadas as disposições em contrário.

Brasília, em 26 de setembro de 1962; 141.º da Independência e 74.º da República.

JOÃO GOULART

Hermes Lima

João Mangabeira

Pedro Paulo de Araujo Suzano

Amaury Kruel

Miguel Calmon

Helio de Almeida

Renato Costa Lima

Darci Ribeiro

João Pinheiro Netto

Reynaldo de Carvalho Filho

Eliseu Paglioli

Octavio Augusto Dias Carneiro

Eliezer Batista da Silva

LEI N.º 4.591, DE 16 DE DEZEMBRO DE 1964

Dispõe sobre o condomínio em edificações e as incorporações imobiliárias.

O Presidente da República

Faço saber que o Congresso Nacional decreta e eu sanciono a seguinte Lei:

. . . .

Capítulo IV

Das Infrações

. . . .

Art. 65 — É crime contra a economia popular promover incorporação, fazendo, em proposta, contratos, prospectos ou comunicação ao público ou aos interessados, afirmação falsa sobre a constituição do condomínio, alienação das frações ideais do terreno ou sobre a construção das edificações.

Pena — reclusão de um a quatro anos e multa de cinco a cinqüenta vezes o maior salário-mínimo legal vigente no País.

§ 1.º — Incorrem na mesma pena:

I — o incorporador, o corretor e o construtor, individuais, bem como os diretores ou gerentes de empresa coletiva incorporadora, corretora ou construtora que, em proposta, contrato, publicidade, prospecto, relatório, parecer, balanço ou comunicação ao público ou aos condôminos, candidatos ou subscritores de unidades, fizerem afirmação falsa sobre a constituição do condomínio, alienação das frações ideais ou sobre a construção das edificações;

II — o incorporador, o corretor e o construtor individuais, bem como os diretores ou gerentes de empresa coletiva, incorporadora, corretora ou construtora que usar, ainda que a título de empréstimo, em proveito próprio ou de terceiro, bens ou haveres destinados à incorporação contratada por administração, sem prévia autorização dos interessados.

§ 2.º — O julgamento destes crimes será de competência de Juízo singular, aplicando-se os artigos 5.º, 6.º e 7.º da Lei n.º 1.521, de 26 de dezembro de 1951.

Art. 66 — São contravenções relativas à economia popular, puníveis na forma do artigo 10 da Lei n.º 1.521, de 26 de dezembro de 1951:

I — negociar o incorporador frações ideais de terreno, sem previamente satisfazer às exigências constantes desta Lei;

II — omitir o incorporador, em qualquer documento de ajuste, as indicações a que se referem os artigos 37 e 38, desta Lei;

III — deixar o incorporador, sem justa causa, no prazo do artigo 35 e ressalvada a hipótese de seus §§ 2.º e 3.º, de promover a celebração do contrato relativo à fração ideal de terreno, do contrato de construção ou da Convenção do condomínio;

IV — VETADO.

V — omitir o incorporador, no contrato, a indicação a que se refere o § 5.º do artigo 55, desta Lei;

VI — paralisar o incorporador a obra, por mais de 30 dias, ou retardar-lhe excessivamente o andamento sem justa causa.

Pena — multa de 5 a 20 vezes o maior salário-mínimo legal vigente no País.

Parágrafo único — No caso de contratos relativos a incorporações, de que não participe o incorporador, responderão solidariamente pelas faltas capituladas neste artigo o construtor, o corretor, o proprietário ou titular de direitos aquisitivos do terreno, desde que figurem no contrato, com direito regressivo sobre o incorporador, se as faltas cometidas lhe forem imputáveis.

Brasília, 16 de dezembro de 1964; 143.º da Independência e 76.º da República.

H. CASTELO BRANCO

Milton Soares Campos

LEI N.º 6.368, DE 21 DE OUTUBRO DE 1976 (43)

Dispõe sobre medidas de prevenção e repressão ao tráfico ilícito e uso indevido de substâncias entorpecentes ou que determinem dependência física ou psíquica, e dá outras providências.

O Presidente da República

Faço saber que o Congresso Nacional decreta e eu sanciono a seguinte Lei:

Capítulo I

Da Prevenção

Art. 1.º — É dever de toda pessoa física ou jurídica colaborar na prevenção e repressão ao tráfico ilícito e uso indevido de substância entorpecente ou que determine dependência física ou psíquica.

Parágrafo único — As pessoas jurídicas que, quando solicitadas, não prestarem colaboração nos planos governamentais de prevenção e repressão ao tráfico ilícito e uso indevido de substância entorpecente ou que determine dependência física ou psíquica perderão, a juízo do órgão ou do poder competente, auxílios ou subvenções que venham recebendo da União, dos Estados, do Distrito Federal, Territórios e Municípios, bem como de suas autarquias, empresas públicas, sociedades de economia mista e fundações.

Art. 2.º — Ficam proibidos em todo o território brasileiro o plantio, a cultura, a colheita e a exploração, por particulares, de todas as plantas das quais possa ser extraída substância entorpecente ou que determine dependência física ou psíquica.

§ 1.º — As plantas dessa natureza, nativas ou cultivadas, existentes no território nacional, serão destruídas pelas autoridades policiais, ressalvados os casos previstos no parágrafo seguinte.

§ 2.º — A cultura dessas plantas com fins terapêuticos ou científicos só será permitida mediante prévia autorização das autoridades competentes.

§ 3.º — Para extrair, produzir, fabricar, transformar, preparar, possuir, importar, exportar, reexportar, remeter, transportar, expor, oferecer, vender, comprar, trocar, ceder ou adquirir para qualquer fim substância entorpecente ou que determine dependência física ou psíquica, ou matéria-prima destinada à sua preparação, é indispensável licença da autoridade sanitária competente, observadas as demais exigências legais.

§ 4.º — Fica dispensada da exigência prevista no parágrafo anterior a aquisição de medicamentos mediante prescrição médica, de acordo com os preceitos legais ou regulamentares.

Art. 3.º — As atividades de prevenção, fiscalização e repressão ao tráfico e uso de substâncias entorpecentes ou que determinem dependência física ou psíquica serão integradas num Sistema Nacional de Prevenção, Fiscalização e Repressão, constituído pelo conjunto de órgãos que exerçam essas atribuições

(43) Publicada no Diário Oficial da União, de 22 de outubro de 1976.

nos âmbitos federal, estadual e municipal.

Parágrafo único — O sistema de que trata este artigo será formalmente estruturado por decreto do Poder Executivo, que disporá sobre os mecanismos de coordenação e controle globais de atividades, e sobre os mecanismos de coordenação e controle incluídos especificamente nas áreas de atuação dos governos federal, estaduais e municipais.

Art. 4.º — Os dirigentes de estabelecimentos de ensino ou hospitalares, ou de entidades sociais, culturais, recreativas, esportivas ou beneficentes, adotarão, de comum acordo e sob a orientação técnica de autoridades especializadas, todas as medidas necessárias à prevenção do tráfico ilícito e do uso indevido de substância entorpecente ou que determine dependência física ou psíquica, nos recintos ou imediações de suas atividades.

Parágrafo único — A não observância do disposto neste artigo implicará na responsabilidade penal e administrativa dos referidos dirigentes.

Art. 5.º — Nos programas dos cursos de formação de professores serão incluídos ensinamentos referentes a substâncias entorpecentes ou que determinem dependência física ou psíquica, a fim de que possam ser transmitidos com observância dos seus princípios científicos.

Parágrafo único — Dos programas das disciplinas da área de ciências naturais, integrantes dos currículos dos cursos de 1.º grau, constarão obrigatoriamente pontos que tenham por objetivo o esclarecimento sobre a natureza e efeitos das substâncias entorpecentes ou que determinem dependência física ou psíquica.

Art. 6.º — Compete privativamente ao Ministério da Saúde, através de seus órgãos especializados, baixar instruções de caráter geral ou especial sobre proibição, limitação, fiscalização e controle da produção, do comércio e do uso de substâncias entorpecentes ou que determinem dependência física ou psíquica e de especialidades farmacêuticas que as contenham.

Parágrafo único — A competência fixada neste artigo, no que diz respeito à fiscalização e ao controle, poderá ser delegada a Órgãos congêneres dos Estados, do Distrito Federal e dos Territórios.

Art. 7.º — A União poderá celebrar convênios com os Estados visando à prevenção e repressão do tráfico ilícito e do uso indevido de substância entorpecente ou que determine dependência física ou psíquica.

Capítulo II

Do Tratamento e da Recuperação

Art. 8.º — Os dependentes de substâncias entorpecentes, ou que determinem dependência física ou psíquica, ficarão sujeitos às medidas previstas neste capítulo.

Art. 9.º — As redes dos serviços de saúde dos Estados, Territórios e Distrito Federal contarão, sempre que necessário e possível, com estabelecimentos próprios para tratamento dos dependentes de substâncias a que se refere a presente Lei.

§ 1.º — Enquanto não se criarem os estabelecimentos referidos neste artigo, serão adaptadas, na rede já existente, unidades para aquela finalidade.

§ 2.º — O Ministério da Previdência e Assistência Social providenciará no sentido de que as normas previstas neste artigo e seu § 1.º sejam também observadas pela sua rede de serviços de saúde.

Art. 10 — O tratamento sob regime de internação hospitalar será obrigatório quando o quadro clínico do dependente ou a natureza de suas manifestações psicopatológicas assim o exigirem.

§ 1.º — Quando verificada a desnecessidade de internação, o dependente será submetido a tratamento em regime extra-hospitalar, com assistência do serviço social competente.

§ 2.º — Os estabelecimentos hospitalares e clínicas, oficiais ou particulares, que receberem dependentes para tratamento, encaminharão à repartição competente, até o dia 10 de cada mês, mapa estatístico dos casos atendidos durante o mês anterior, com a indicação do código da doença, segundo a classificação aprovada pela Organização Mundial de Saúde, dispensada a menção do nome do paciente.

Art. 11 — Ao dependente que, em razão da prática de qualquer infração penal, for imposta pena privativa de liberdade ou medida de segurança detentiva será dispensado tratamento em ambulatório interno do sistema penitenciário onde estiver cumprindo a sanção respectiva.

Capítulo III

Dos Crimes e das Penas

Art. 12 — Importar ou exportar, remeter, preparar, produzir, fabricar, adquirir, vender, expor à venda ou oferecer, fornecer ainda que gratuitamente, ter em depósito, transportar, trazer consigo, guardar, prescrever, ministrar ou entregar, de qualquer forma, a consumo substância entorpecente ou que determine dependência física ou psíquica, sem autorização ou em desacordo com determinação legal ou regulamentar:

Pena — Reclusão, de 3 (três) a 15 (quinze) anos e pagamento de 50 (cinqüenta) a 360 (trezentos e sessenta) dias-multa.

§ 1.º — Nas mesmas penas incorre quem, indevidamente:

I — importa ou exporta, remete, produz, fabrica, adquire, vende, expõe à venda ou oferece, fornece ainda que gratuitamente, tem em depósito, transporta, traz consigo ou guarda matéria-prima destinada à preparação de substância entorpecente ou que determine dependência física ou psíquica;

II — semeia, cultiva ou faz a colheita de plantas destinadas à preparação de entorpecente ou de substância que determine dependência física ou psíquica.

§ 2.º — Nas mesmas penas incorre, ainda, quem:

I — induz, instiga ou auxilia alguém a usar entorpecente ou substância que determine dependência física ou psíquica;

II — utiliza local de que tem a propriedade, posse, administração, guarda ou vigilância, ou consente que outrem dele se utilize, ainda que gratuitamente, para uso indevido ou tráfico ilícito de entorpecente ou de substância que determine dependência física ou psíquica.

III — contribui de qualquer forma para incentivar ou difundir o uso indevido ou o tráfico ilícito de substância entorpecente ou que determine dependência física ou psíquica.

Art. 13 — Fabricar, adquirir, vender, fornecer ainda que gratuitamente, possuir ou guardar maquinismo, aparelho, instrumento ou qualquer objeto destinado à fabricação, preparação, produção ou transformação de substância entorpecente ou que determine dependência física ou psíquica, sem autorização ou em desacordo com determinação legal ou regulamentar:

Pena — Reclusão, de 3 (três) a 10 (dez) anos, e pagamento de 50 (cinqüenta) a 360 (trezentos e sessenta) dias-multa.

Art. 14 — Associarem-se 2 (duas) ou mais pessoas para o fim de praticar, reiteradamente ou não, qualquer dos crimes previstos nos Arts. 12 ou 13 desta Lei:

Pena — Reclusão, de 3 (três) a 10 (dez) anos, e pagamento de 50 (cinqüenta) a 360 (trezentos e sessenta) dias-multa.

Art. 15 — Prescrever ou ministrar culposamente o médico, dentista, farmacêutico ou profissional de enfermagem substância entorpecente ou que determine dependência física ou psíquica, em dose evidentemente maior que a necessária ou em desacordo com determinação legal ou regulamentar:

Pena — Detenção, de 6 (seis) meses a 2 (dois) anos, e pagamento de 30 (trinta) a 100 (cem) dias-multa.

Art. 16 — Adquirir, guardar ou trazer consigo, para uso próprio, substância entorpecente ou que determine dependência física ou psíquica, sem autorização ou em desacordo com determinação legal ou regulamentar:

Pena — Detenção, de 6 (seis) meses a 2 (dois) anos, e pagamento de 20 (vinte) a 50 (cinqüenta) dias-multa.

Art. 17 — Violar de qualquer forma o sigilo de que trata o Art. 26 desta Lei:

Pena — Detenção, de 2 (dois) a 6 (seis) meses, ou pagamento de 20 (vinte) a 50 (cinqüenta) dias-multa, sem prejuízo das sanções administrativas a que estiver sujeito o infrator.

Art. 18 — As penas dos crimes definidos nesta Lei serão aumentadas de 1/3 (um terço) a 2/3 (dois terços):

I — no caso de tráfico com o exterior ou de extraterritorialidade da lei penal;

II — quando o agente tiver praticado o crime prevalecendo-se de função pública relacionada com a repressão à criminalidade ou quando, muito embora não titular de função pública, tenha missão de guarda e vigilância;

III — se qualquer deles decorrer de associação ou visar a menores de 21 (vinte e um) anos ou a quem tenha, por qualquer causa, diminuída ou suprimida a capacidade de discernimento ou de autodeterminação;

IV — se qualquer dos atos de preparação, execução ou consumação ocorrer nas imediações ou no interior de estabelecimento de ensino ou hospitalar, de sedes de entidades estudantis, sociais, culturais, recreativas, esportivas ou beneficentes, de locais de trabalho coletivo de estabelecimentos penais, ou de recintos onde se realizam espetáculos ou diversões de qualquer natureza, sem prejuízo da interdição do estabelecimento ou do local.

Art. 19 — É isento de pena o agente que, em razão da dependência, ou sob o efeito de substância, entorpecente ou que determine dependência física ou psíquica proveniente de caso fortuito ou força maior era,, ao tempo da ação ou da omissão, qualquer que tenha sido a infração penal praticada, inteiramente incapaz de entender o caráter ilícito do fato ou de determinar-se de acordo com esse entendimento.

Parágrafo único — A pena pode ser reduzida de 1/3 (um terço) a 2/3 (dois terços) se, por qualquer das circunstâncias previstas neste artigo, o agente não possuía, ao tempo da ação ou da omissão, a plena capacidade de entender o caráter ilícito do fato ou de determinar-se de acordo com esse entendimento.

Capítulo IV

Do Procedimento Criminal

Art. 20 — O procedimento dos crimes definidos nesta Lei reger-se-á pelo disposto neste capítulo, aplicando-se subsidiariamente o Código de Processo Penal.

Art. 21 — Ocorrendo prisão em flagrante, a autoridade policial dela fará comunicação imediata ao juiz competente, remetendo-lhe juntamente uma cópia do auto lavrado e o respectivo auto nos 5 (cinco) dias seguintes.

§ 1.º — Nos casos em que não incorrer prisão em flagrante, o prazo para remessa dos autos do inquérito a juízo será de 30 (trinta) dias.

§ 2.º — Nas comarcas onde houver mais de uma vara competente, a remessa far-se-á na forma prevista na Lei de Organização Judiciária local.

Art. 22 — Recebidos os autos em Juízo, será aberta vista ao Ministério Público para, no prazo de 3 (três) dias, oferecer denúncia, arrolar testemunhas até o máximo de 5 (cinco) e requerer as diligências que entender necessárias.

§ 1.º — Para efeito da lavratura do auto de prisão em flagrante e do oferecimento da denúncia, no que tange à materialidade do delito, bastará laudo de constatação da natureza da substância firmado por perito oficial ou, na falta deste, por pessoa idônea escolhida de preferência entre as que tiverem habilitação técnica.

§ 2.º — Quando o laudo a que se refere o parágrafo anterior for subscrito por perito oficial, não ficará este impedido de participar da elaboração do laudo definitivo.

§ 3.º — Recebida a denúncia, o juiz, em 24 (vinte e quatro) horas, ordenará a citação ou requisição do réu e designará dia e hora para o interrogatório, que se realizará dentro dos 5 (cinco) dias seguintes.

§ 4.º — Se o réu não for encontrado nos endereços constantes dos autos, o juiz ordenará sua citação por edital, com prazo de 5 (cinco) dias, após o qual decretará sua revelia. Neste caso, os prazos correrão independentemente de intimação.

§ 5.º — No interrogatório, o juiz indagará do réu sobre eventual dependência, advertindo-o das conseqüências de suas declarações.

§ 6.º — Interrogado o réu, será aberta vista a defesa para, no prazo de 3 (três) dias, oferecer alegações preliminares, arrolar testemunhas até o máximo de 5 (cinco) e requerer as diligências que entender necessárias. Havendo mais de um réu, o prazo será comum e correrá em cartório.

Art. 23 — Findo o prazo do § 6.º do artigo anterior, o juiz proferirá despacho saneador, em 48 (quarenta e oito) horas, no qual ordenará as diligências indispensáveis ao julgamento do feito e designará, para um dos 8 (oito) dias seguintes, audiência de instrução e julgamento, notificando-se o réu e as testemunhas que nela devam prestar depoimento, intimando-se o defensor e o Ministério Público, bem como cientificando-se a autoridade policial e os órgãos dos quais dependa a remessa de peças ainda não constantes dos autos.

§ 1.º — Na hipótese de ter sido determinado exame de dependência, o prazo para a realização da audiência será de 30 (trinta) dias.

§ 2.º — Na audiência, após a inquirição das testemunhas, será dada a palavra, sucessivamente, ao órgão do Ministério Público e ao defensor do réu, pelo tempo de 20 (vinte) minutos para cada um, prorrogável por mais 10 (dez), a critério do juiz que, em seguida, proferirá sentença.

§ 3.º — Se o juiz não se sentir habilitado a julgar de imediato a causa, ordenará que os autos lhe sejam conclusos para, no prazo de 5 (cinco) dias, proferir sentença.

Art. 24 — Nos casos em que couber fiança, sendo o agente menor de 21 (vinte e um) anos, a autoridade policial, verificando não ter o mesmo condições de prestá-la, poderá determinar o seu recolhimento domiciliar na residência dos pais, parentes ou de pessoa idônea, que assinarão termo de responsabilidade.

§ 1.º — O recolhimento domiciliar será determinado sempre **ad referendum** do juiz competente que poderá mantê-lo ou revogá-lo, ou ainda conceder liberdade provisória.

§ 2.º — Na hipótese de revogação de qualquer dos benefícios previstos neste artigo o juiz mandará expedir mandado de prisão contra o indiciado ou réu, aplicando-se, no que couber, o disposto no § 4.º do artigo 22.

Art. 25 — A remessa dos autos de flagrante ou de inquérito a juízo far-se-á sem prejuízo das diligências destinadas ao esclarecimento do fato, inclusive a elaboração do laudo de exame toxicológico e, se necessário, de dependência, que serão juntados ao processo até a audiência de instrução e julgamento.

Art. 26 — Os registros, documentos ou peças de informação, bem como os autos de prisão em flagrante e os de inquérito policial para a apuração dos crimes definidos nesta lei serão mantidos sob o sigilo, ressalvadas, para efeito exclusivo de atuação profissional, as prerrogativas do juiz, do Ministério Público, da autoridade policial e do advogado na forma da legislação específica.

Parágrafo único — Instaurada a ação penal, ficará a critério do juiz a manutenção do sigilo a que se refere este artigo.

Art. 27 — O processo e o julgamento do crime de tráfico com o exterior caberão à justiça estadual com interveniência do Ministério Público respectivo, se o lugar em que tiver sido praticado, for município que não seja sede de vara da Justiça Federal, com recurso para o Tribunal Federal de Recursos.

Art. 28 — Nos casos de conexão e continência entre os crimes definidos nesta Lei e outras infrações penais, o processo será o previsto para a infração mais grave, ressalvados os da competência do júri e das jurisdições especiais.

Art. 29 — Quando o juiz absolver o agente, reconhecendo por força de perícia oficial, que ele, em razão de dependência, era, ao tempo da ação ou da omissão, inteiramente incapaz de entender o caráter ilícito do fato ou de determinar-se de acordo com esse entendimento, ordenará seja o mesmo submetido a tratamento médico.

§ 1.º — Verificada a recuperação, será esta comunicada ao juiz que, após comprovação por perícia oficial, e ouvido o Ministério Público, determinará o encerramento do processo.

§ 2.º — Não havendo peritos oficiais, os exames serão feitos por médicos nomeados pelo Juiz, que prestarão compromisso de bem e fielmente desempenhar o encargo.

§ 3.º — No caso de o agente frustar, de algum modo, tratamento ambulatorial ou vir a ser novamente processado nas mesmas condições do **caput** deste artigo, o juiz poderá determinar que o tratamento seja feito em regime de internação hospitalar.

Art. 30 — Nos casos em que couber fiança, deverá a autoridade, que a conceder ou negar, fundamentar a decisão.

§ 1.º — O valor da fiança será fixado pela autoridade que a conceder, entre o mínimo de Cr$ 500,00 (quinhentos cruzeiros) e o máximo de Cr$ 5.000,00 (cinco mil cruzeiros).

§ 2.º — Aos valores estabelecidos no parágrafo anterior, aplicar-se-á o coeficiente de atualização monetária referido no parágrafo único do artigo 2.º da Lei número 6.205, de 29 de abril de 1975.

Art. 31 — No caso de processo instaurado contra mais de um réu, se houver necessidade de realizar-se exame de dependência, far-se-á sua separação no tocante ao réu a quem interesse o exame, processando-se este em apartado, e fixando o juiz prazo até 30 (trinta) dias para sua conclusão.

Art. 32 — Para os réus condenados à pena de detenção, pela prática de crime previsto nesta lei, o prazo para requerimento da reabilitação será de 2 (dois) anos.

Art. 33 — Sob pena de responsabilidade penal e administrativa, os dirigentes, funcionários e empregados dos órgãos da administração pública direta e autárquica, das empresas públicas, sociedades de economia mista, ou fundações instituídas pelo poder público, observarão absoluta precedência nos exames, perícias, e na confecção e expedição de peças, publicação de editais, bem como no atendimento de informações e esclarecimentos solicitados por autoridades judiciárias, policiais ou administrativas com o objetivo de instruir processos destinados à apuração de quaisquer crimes definidos nesta lei.

Art. 34 — Os veículos, embarcações, aeronaves e quaisquer outros meios de transporte, assim como os maquinismos, utensílios, instrumentos e objetos de qualquer natureza utilizados para a prática dos crimes definidos nesta lei, após a sua regular apreensão, serão entregues à custódia da autoridade competente.

§ 1.º — Havendo possibilidade ou necessidade da utilização dos bens mencionados neste artigo, para sua conservação, poderá a autoridade deles fazer uso.

§ 2.º — Transitada em julgado sentença que declare a perda de qualquer dos bens referidos, passarão eles à propriedade do Estado.

Art. 35 — O réu condenado por infração dos artigos 12 ou 13 desta Lei não poderá apelar sem recolher-se à prisão.

Capítulo V

Disposições Gerais

Art. 36 — Para os fins desta Lei serão consideradas substâncias entorpecentes ou capazes de determinar dependência física ou psíquica aquelas que assim forem especificadas em lei ou relacionadas pelo Serviço Nacional de Fiscalização da Medicina e Farmácia, do Ministério da Saúde.

Parágrafo único — O Serviço Nacional de Fiscalização da Medicina e Farmácia deverá rever, sempre que as circunstâncias assim o exigirem, as relações a que se refere este artigo, para o fim de exclusão ou inclusão de novas substâncias.

Art. 37 — Para efeito de caracterização dos crimes definidos nesta lei, a autoridade atenderá à natureza e à quantidade da substância apreendida, ao local e às condições em que se desenvolveu a ação criminosa, às circunstâncias da prisão, bem como à conduta e aos antecedentes do agente.

Parágrafo único — A autoridade deverá justificar, em despacho fundamentado, as razões que a levaram à classificação legal do fato, mencionando concretamente as circunstâncias referidas neste artigo, sem prejuízo de posterior alteração da classificação pelo Ministério Público ou pelo juiz.

Art. 38 — A pena de multa consiste no pagamento, ao Tesouro Nacional, de uma soma em dinheiro que é fixada em dias-multa.

§ 1.º — O montante do dia-multa será fixado segundo o prudente arbítrio do Juiz, entre o mínimo de Cr$ 25,00 (vinte e cinco cruzeiros) e o máximo de Cr$ 250,00 (duzentos e cinqüenta cruzeiros).

§ 2.º — Aos valores estabelecidos no parágrafo anterior, aplicar-se-á o coeficiente de atualização monetária referido no parágrafo único do artigo 2.º da Lei número 6.205, de 29 de abril de 1975.

§ 3.º — A pena pecuniária terá como referência os valores do dia-multa que vigorarem à época do fato.

Art. 39 — As autoridades sanitárias, policiais e alfandegárias organizarão e manterão estatísticas, registros e demais informes, inerentes às suas atividades relacionadas com a prevenção e repressão de que trata esta Lei, deles fazendo remessa ao órgão competente com as observações e sugestões que julgarem pertinentes à elaboração do relatório que será enviado anualmente ao Órgão Internacional da Fiscalização de Entorpecentes.

Art. 40 — Todas as substâncias entorpecentes ou que determinem dependência física ou psíquica, apreendidas por infração a qualquer dos dispositivos desta Lei, serão obrigatoriamente remetidas, após o trânsito em julgado da sentença, ao órgão competente do Ministério da Saúde ou congênere estadual, cabendo-lhes providenciar o seu registro e decidir do seu destino.

§ 1.º — Ficarão sob a guarda e responsabilidade das autoridades policiais, até o trânsito em julgado da sentença, as substâncias referidas neste artigo.

§ 2.º — Quando se tratar de plantação ou quantidade que torne difícil o transporte ou apreensão da substância na sua totalidade, a autoridade policial recolherá quantidade suficiente para exame pericial destruindo o restante, de tudo lavrando auto circunstanciado.

Art. 41 — As autoridades judiciárias, o Ministério Público e as autoridades policiais poderão requisitar às autoridades sanitárias competentes, independentemente de qualquer procedimento judicial, a realização de inspeções nas empresas industriais ou comerciais, nos estabelecimentos hospitalares, de pesquisa, ensino e congêneres, assim como nos serviços médicos que produzirem, venderem, comprarem, consumirem ou fornecerem substâncias entorpecentes ou que determinem dependência física ou psíquica, ou especialidades farmacêuticas que as contenham, sendo facultada a assistência da autoridade requisitante.

§ 1.º — Nos casos de falência ou de liquidação judicial das empresas ou estabelecimentos referidos neste artigo, ou de qualquer outro em que existam tais produtos, cumpre ao juízo por onde correr o feito oficiar às autoridades sanitárias competentes, para que promovam, desde logo, as medidas necessárias ao recebimento, em depósito, das substâncias arrecadadas.

§ 2.º — As vendas em hasta pública de substâncias ou especialidades a que se refere este artigo serão realizadas com a presença de 1 (um) representante da autoridade sanitária competente, só podendo participar da licitação pessoa física ou jurídica regularmente habilitada.

Art. 42 — É passível de expulsão, na forma da legislação específica, o estrangeiro que praticar qualquer dos crimes definidos nesta Lei, desde que cumprida a condenação imposta, salvo se ocorrer interesse nacional que recomende sua expulsão imediata.

Art. 43 — Os Tribunais de Justiça deverão, sempre que necessário e possível, observado o disposto no artigo 144, § 5.º, da Constituição Federal, instituir juízos especializados para o processo e julgamento dos crimes definidos nesta Lei.

Art. 44 — Nos setores de repressão a entorpecentes do Departamento de Polícia Federal, só poderão ter exercício policiais que possuam especialização adequada.

Parágrafo único — O Poder Executivo disciplinará a especialização dos integrantes das Categorias Funcionais da Polícia Federal, para atendimento ao disposto neste artigo.

Art. 45 — O Poder Executivo regulamentará a presente Lei dentro de 60 (sessenta) dias, contados da sua publicação.

Art. 46 — Revogam-se as disposições em contrário, em especial o artigo 311 do Decreto-lei número 1.004, de 21 de outubro de 1969, com as alterações da Lei número 6.016, de 31 de dezembro de 1973, e a Lei n.º 5.726, de 29 de outubro de 1971, com exceção do seu artigo 22.

Art. 47 — Esta Lei entrará em vigor 30 (trinta) dias após a sua publicação.

Brasília, 21 de outubro de 1976; 155.º da Independência e 88.º da República.

ERNESTO GEISEL

Armando Falcão

Ney Braga

Paulo de Almeida Machado

L. G. do Nascimento e Silva

CÓDIGO PENAL DE 1969

Decreto-Lei N.º 1004, de 1969

CÓDIGO PENAL

(DECRETO-LEI N.º 1.004, DE 21 DE OUTUBRO DE 1969, COM AS ALTERAÇÕES INTRODUZIDAS PELA LEI N.º 6.016, DE 31 DE DEZEMBRO DE 1973, retificada no Diário Oficial de 6-3-1974)

Com as Exposições de Motivos apresentadas pelos Ministros Luís Antonio da Gama e Silva (Decreto-lei n.º 1.004) e Alfredo Buzaid (Lei n.º 6.016).

EXPOSIÇÃO DE MOTIVOS (1)

Excelentíssimos Senhores Ministros de Estado da Marinha de Guerra, do Exército e da Aeronáutica Militar.

O projeto do Código Penal que tenho a honra de submeter à elevada apreciação de Vossas Excelências, deve-se, essencialmente, à figura magnífica de Nelson Hungria, expoente de nossa cultura jurídica, que liga, assim, pela segunda vez, o seu nome à reforma de nossa legislação penal. Incumbido pelo Governo de elaborar o anteprojeto, apresentou-o no ano de 1963, sendo feita ampla divulgação de seu trabalho. Numerosas foram as contribuições dadas ao exame do projeto, com os estudos e críticas apresentados por Faculdades de Direito, pelos Conselhos da Ordem dos Advogados do Brasil e por diversas instituições, entre as quais se destaca o ciclo de conferências e debates realizados em São Paulo pelo Instituto Latino-americano de Criminologia.

2. Em 1964, designou o então Ministro Milton Campos uma comissão revisora para o estudo do anteprojeto. Dessa comissão fizeram parte, além do próprio autor, os professores Aníbal Bruno, que a presidiu, e Heleno Cláudio Fragoso. Durante largo tempo a comissão examinou o texto, tendo presente a colaboração preciosa que chegara de vários pontos do País, introduzindo numerosas modificações, fruto de cuidadosa análise da matéria. Foi, assim, elaborado um projeto, que não chegou a ser divulgado.

Retomado pelo atual Governo o trabalho de reforma de nossa legislação codificada, empenhou-se o Ministério da Justiça na ultimação do projeto, tendo em vista o longo processo de elaboração eficiente que até então já se realizara. Assim, de acordo com a nova orientação adotada pelo Ministro da Justiça, foi o projeto submetido a revisão final por uma comissão de que fizeram parte os professores Benjamin Moraes Filho, Heleno Cláudio Fragoso e Ivo d'Aquino, levando-se em conta,

(1) Publicada no Diário Oficial da União de 21 de outubro de 1969.

inclusive, a necessidade de uniformizar os textos dos projetos do Código Penal e do Código Penal Militar.

O Governo não pôde contar nessa revisão final com o insigne professor Aníbal Bruno, acometido de séria moléstia.

3. O Código Penal vigente será, talvez, a melhor de nossas codificações. Sua técnica apurada bem revela o elevado desenvolvimento da Ciência do Direito Penal entre nós. Por isso mesmo, não se pretendeu elaborar um Código totalmente novo, abandonando-se a sistemática de nossa atual legislação. Ao contrário, o propósito foi sempre o de manter, tanto quanto possível, as soluções da lei vigente, cuja eficiência e correção foram demonstradas em longos anos de aplicação, por todos os tribunais do País. Procurou-se aperfeiçoar nossa lei penal, com a correção de reconhecidos defeitos e a introdução de contribuições novas, fruto do desenvolvimento notável da Ciência Penal de nosso tempo.

Tendo-se presente a realidade brasileira, procurou-se ajustar a nossa legislação penal às exigências fundamentais de um Direito Penal da Culpa, que visa a proscrever toda forma de responsabilidade objetiva, proporcionando-se, por outro lado, soluções eficientes para a repressão da criminalidade grave. Com a adoção de critérios modernos para aplicação das penas, evitam-se as conhecidas distorções da jurisprudência, possibilitando-se a realização de uma Justiça material, bem como a recuperação social do delinqüente, sem prejuízo da eficiência na repressão.

APLICAÇÃO DA LEI PENAL

4. No Título I da Parte Geral, poucas foram as alterações de substância introduzidas, sendo evidente a superioridade técnica do projeto em comparação com o Código atual.

5. Quanto à aplicação da lei penal no tempo, que é dominada pela regra da *lex mitior,* deixou-se claro que no reconhecimento da lei mais favorável, a posterior e a anterior devem ser consideradas separadamente, cada qual no conjunto de suas normas aplicáveis ao fato. Elimina-se, com isso, a divergência doutrinária que reina nessa matéria, adotando-se o critério que já BINDING (*Handbuch des Strafrechts,* 1885, pág. 261) preconizara e contra o qual raras são as vozes discordantes. A Comissão Redatora do Código Penal Tipo para a América Latina, em sua reunião de Santiago do Chile, realizada no ano de 1963, com o concurso de penalistas brasileiros, aprovou, aliás, a mesma fórmula (cf. *Revista Brasileira de Criminologia e Direito Penal,* n.º 4, jan.-mar. 1964, pág. 151).

6. A fixação do tempo e do lugar do delito aparecem em dispositivos distintos dos que tratam da aplicação da lei penal no espaço. São, em realidade, questões diversas. O tempo e o lugar do delito relacionam-se com a estrutura do fato punível, podendo mesmo situar-se no capítulo que a este corresponde, como ocorre em vários textos modernos.

A regra sobre o tempo do crime é nova e consubstancia o ensinamento de doutrina pacífica. Quanto ao lugar do crime, manteve-se a solução do Código vigente, que consagra a teoria da ubiqüidade, com especial referência às situações da participação.

7. Quanto à aplicação da lei no espaço, manteve-se o princípio tradicional da territorialidade, como regra geral, esclarecendo-se a noção de território, com a adoção de critérios aceitos sem discrepância. Isso também se fez com respeito à aplicação da lei brasileira aos crimes praticados a bordo de aeronaves ou navios estrangeiros de propriedade privada, no território nacional, que consta agora de texto expresso.

Aos casos de extraterritorialidade, acrescentou-se uma nova situação, para suprir evidente lacuna em tal matéria. É o caso dos crimes praticados a bordo de aeronaves ou navios brasileiros, mercantes ou de propriedade privada, quando em território estrangeiro e aí não tenham sido julgados. Se um crime for praticado a bordo de aeronave de nacionalidade brasileira, de propriedade privada, em vôo sobre território estrangeiro, onde não faz escalas, a lei brasileira atualmente não é aplicável, se o agente ou a vítima não forem brasileiros. Isso também ocorre com os casos de crimes cometidos a bordo de navios que deixam águas territoriais estrangeiras e não regressam aos portos de onde saem.

Cria-se, assim, um novo princípio de aplicação da lei penal no espaço, que será o da representação, no qual o Estado a que pertence a bandeira da aeronave ou navio se substitui àquele em cujo território ocorreu o crime, que não foi perseguido e punido por motivos irrelevantes.

DO CRIME

8. A Comissão Revisora suprimira as normas referentes à relação de causalidade, que aparecem hoje em nossas codifições. São conhecidas as deficiências técnicas de disposições desse tipo, principalmente no que tange à causalidade da omissão e à interrupção do nexo causal, matérias que não se resolvem com facilidade com a teoria da equivalência dos antecedentes, e, sobretudo, com uma concepção mecanicística de causa.

Na revisão final, entretanto, decidiu-se manter, com pequenas correções, o que se refere à relação da causalidade, considerando que se trata de regra que jamais trouxe qualquer dificuldade na aplicação da lei penal, sendo de fácil compreensão pelos juízes. Suprimir esse dispositivo seria ensejar a reabertura de largo debate que ainda hoje divide a doutrina, entre as teorias fundamentais sobre o nexo causal, o que haveria de conduzir a incertezas e dificuldades na aplicação da lei. Reconheceu-se, por outro lado, que a questão da causalidade passa hoje a plano nitidamente secundário na economia do delito, pois só aparece nos crimes materiais ou de resultado, apresentando dificuldades em número extremamente limitado de casos. Não se trata, como VON BURI imaginava, em 1863, de uma característica geral do delito, que era então concebido, erroneamente, como um processo de causação de um resultado. A relação de causalidade tem hoje sua relevância limitada ao condicionamento que proporciona à responsabilidade penal e mesmo assim de forma secundária, com a proscrição da responsabilidade objetiva.

9. Importante é o que agora aparece com referência aos crimes comissivos por omissão. Não se encontram especificados na lei vigente, nem nos Códigos de sua época, os pressupostos da contuda típica, dessa categoria de delitos, defeito que as legislações penais modernas vêm corrigindo. Como se demonstrou, amplamente, a ilicitude aqui surge, não porque o agente tenha causado o resultado, mas porque o não impediu, violando o seu dever de garantidor. É indispensável fixar na lei as fontes de tal dever de atuar.

Manteve-se o projeto nos limites tradicionais proclamados pela doutrina, de longa data. O dever jurídico de impedir o resultado surge, basicamente, com a lei, com o contrato ou com a anterior atividade causadora do perigo, mesmo sem culpa. Evitou-se a referência a *contrato,* que constava do texto original do projeto, tendo-se em vista que o dever de agir surge também quando o agente espontaneamente assume função tutelar ou encargo sem mandato. Não é propriamente do contrato que surge o dever jurídico, mas de sua projeção social, como espécie do dever de direito público, exercendo-se não em relação ao outro contratante, mas ao corpo social. Por isso mesmo, as limitações impostas pelo contarto, e que se fundam no direito privado, não têm relevância. A fórmula adotada pelo projeto atende a essas considerações.

9. Na punição da tentativa, manteve-se o critério da redução da pena, de um a dois terços, como regra geral. Todavia, em casos de gravidade excepcional, permitiu-se a aplicação da mesma pena prevista para o crime consumado. Recolheu-se, assim, a lição de nosso grande COSTA E SILVA (*Código Penal,* 1943, pág. 89). Se o agente, querendo matar, inutiliza a vítima, tornando-a, por exemplo, cega e para-

lítica, merece a pena do crime consumado. Sem chegar a tais extremos, outros casos podem ser formulados, e evidenciar a correção do critério.

10. Na definição da culpa *stricto sensu*, abandonou-se o critério casuístico do Código vigente, em favor de uma definição mais ampla e correta. A ilicitude nos crimes culposos surge pela discrepância entre a conduta observada e as exigências do ordenamento jurídico com respeito à cautela necessária em todo comportamento social, para evitar dano aos interesses e bens de terceiros. O conceito do cuidado necessário no tráfico jurídico é, sem dúvida, objeto e normativo, devendo corresponder à conduta que teria um homem prudente e inteligente na situação do autor. Daí não deflui ainda, a culpabilidade, que não se estabelece com o critério do *homo medius*, capaz de estabelecer apenas um desvalor do resultado. A culpa está em função da reprovabilidade da falta de observância por parte do agente, do cuidado exigível, ou seja, da diligência ordinária ou especial a que estava obrigado. Em substância, aqui estão as situações de negligência, imprudência e imperícia da lei vigente, porque é através delas que se apresenta a conduta reprovável de quem omite a cautela, a atenção ou a diligência devidas.

11. Dando aplicação ao princípio básico da inexistência de responsabilidade penal sem culpa, o projeto incorporou a regra, hoje generalizada, de que o agente só responde pelos resultados que especialmente agravam as penas, quando os houver causado pelo menos culposamente. Isso se aplica a todas as causas de aumento situadas no desdobramento causal da ação, e, em particular, aos crimes qualificados pelo resultado. O princípio *nullum crimen sine culpa* é uma das constantes do projeto e sua significação exegética não deve ser esquecida.

12. Da mesma inspiração é a nova regra relativa ao erro de direito. A Comissão Revisora pronunciou-se no sentido da completa equiparação do erro de direito ao erro de fato, solução afastada no exame final do projeto, em nome da prudência. O entendimento geral da doutrina e da jurisprudência em relação ao erro de direito extrapenal, equiparado ao erro de fato, elimina o principal inconveniente da ampla disposição do Código vigente quanto à irrelevância do *error iuris*.

Nos casos em que a ignorância ou erro de interpretação da lei conduzem à suposição da licitude de fato, pode o juiz atenuar a pena, nos limites fixados no art. 59, ou, ainda, substituí-la por outra menos grave. A pena de reclusão pode ser substituída pela de detenção e esta, pela de multa. É solução plenamente satisfatória.

Como é óbvio, deve o erro ser *escusável*, ou seja, não derivar de culpa. Inescusável é o erro que permite censura ao agente.

Manteve-se a distinção tradicional entre erro de direito e erro de fato, não obstante o reconhecimento da maior perfeição técnica da divisão entre erro de tipo e erro de proibição. A distinção clássica que sempre se adotou entre nós não deve ser eliminada em favor de regulação extremamente complexa e estranha à nossa doutrina. Nesse sentido pronunciou-se a Comissão Redatora do Código Penal Tipo para a América Latina. Vejam-se as judiciosas palavras proferidas por SEBASTIAN SOLER, na reunião celebrada na cidade do México, em 1965 (*Código Penal Tipo para Latinoamerica*, México, 1967, pág. 353).

13. Na disciplina da *coação*, o projeto distingue a coação física irresistível (que exclui a ação) da coação moral irresistível (que exclui a culpabilidade). Esta última aparece junto à obediência hierárquica. São conhecidas as divergências sobre a natureza jurídica desta última e as diversas soluções foram consideradas. Preferiu-se manter a orientação da lei vigente a estabelecer neste passo uma inovação que não produziria efeitos práticos.

14. Com referência ao estado de necessidade, seguiu o projeto o sistema moderno de distinguir os casos de exclusão da ilicitude dos que excluem a culpabilidade. É antigo o debate sobre a natureza do estado de necessidade, como causa

de exclusão do crime. Esse debate surgiu com a teoria normativa da culpabilidade pois esta, segundo FRANK, pressupunha a normalidade das circunstâncias do fato Iniciou-se na doutrina o exame da matéria com a monografia notável que GOLDSCHMIDT publicou em 1913 (*Der Noastand, ein Schuldproblem*).

O projeto acolhe a chamada *teoria diferenciadora*, que distingue conforme se trata de bem jurídico de valor igual ou inferior ao ameaçado. Essa teoria diferenciadora (que se opõe à *unitária*) é hoje amplamente dominante e sua correção nos parece indubitável. Ela se inspira na idéia de inexigibilidade de outra conduta, dando-lhe, porém, limites claramente definidos. São muito grandes as restrições que surgiram na doutrina à admissão da inexigibilidade de outra conduta, como causa geral e supra-legal de exclusão da culpa, estando hoje esse entendimento em franco descrédito, pelo menos no que concerne aos crimes dolosos.

Ao lado do estado de necessidade que exclui a culpa (que o anteprojeto denominava impropriamente de *inexibilidade de outra conduta*) aparece o estado de necessidade que exclui a ilicitude. Pressupõe o primeiro a ação antijurídica e só tem cabimento quando for inaplicável o segundo.

O estado de necessidade que exclui a ilicitude somente se configura quando o mal causado, pela sua natureza e importância *é consideravelmente inferior ao mal evitado*. Fora daí, a situação de necessidade pode conduzir à exclusão da culpa, quando o bem a salvar for do próprio agente ou de pessoa a quem esteja ligado por estreitas relações de parentesco ou afeição. Em favor desta última fórmula foi abandonado o critério restrito do anteprojeto em sua formulação original (parente em linha reta, irmão ou cônjuge). A conduta deixa de ser reprovável quando é inexigível comportamento diverso, o que haverá de ocorrer sempre em situações excepcionais.

Embora não haja referência expressa, é claro que o erro quanto à inexigibilidade de outra conduta é essencial, pois se trata de situação análoga à das descriminantes putativas.

A pena pode ser atenuada nos limites legais (art. 59) se a coação for resistível ou se a ordem de superior hierárquico não era manifestamente ilegal ou se, no caso do estado de necessidade como excludente da culpa, era razoavelmente exigível o sacrifício do direito ameaçado. Em tais casos, o juiz terá em vista particularmente as condições pessoais do réu, pois se trata, em última análise, de estabelecer a sua culpabilidade, vale dizer, a censurabilidade de seu comportamento.

15. Se, em qualquer dos casos de exclusão de crime houver excesso escusável (não derivado de culpa), fica o réu isento de pena. A situação aqui é de inexibilidade. Mesmo quando o excesso for doloso, pode o juiz atenuar a pena.

IMPUTABILIDADE

16. Diversas e importantes propostas foram apresentadas em tema de imputabilidade, fruto do largo exame que o anteprojeto mereceu em todo o País. A Comissão Revisora elaborou, após demorados debates, uma fórmula tecnicamente perfeita, a mesma que o grupo brasileiro levou à reunião realizada na cidade do México pela Comissão Redatora do Código Penal Tipo para a América Latina e foi ali aprovada. Todavia, a meticulosa consideração da realidade brasileira e, sobretudo, da longa experiência com a aplicação do Código vigente desaconselhou uma alteração substancial, para incluir também a grave perturbação da consciência como capaz de excluir a imputabilidade. Parece certo que a fórmula do Código vigente, apesar de sua rigidez, não conduziu a soluções iníquas ou a situações de responsabilidade sem culpa. É altamente duvidosa a conveniência de ampliar-se a fórmula, comprometendo a eficiência da repressão, com as incorreções e abusos a que poderia dar lugar, nesta passagem essencial da lei, a proposta da Comissão Revisora. Por essas razões, na revisão final se manteve, basicamente, a disposição da lei vigente.

Em relação aos semi-imputáveis, inovação importante ocorre com a regra prevista no art. 94, que adotou o sistema vicariante, para aplicação ou da pena ou da medida de segurança. O projeto termina com o sistema do *duplo binário* (pena e medida de segurança detentiva sucessivamente aplicadas). Esse sistema, que teve a missão histórica de conciliar duas tendências opostas está em franco declínio por toda parte. No Brasil, afora uma ou outra malograda experiência, ele realmente não chegou a ser posto em prática.

Nas últimas edições de seu compêndio, MEZGER nos fala, a propósito, na crise do *duplo binário* (*Die Krisis der Zweispurigkeit, in Strafrecht, ein Studienbuch*, 1967, pág. 364). Por um lado, as medidas de segurança detentivas, em sua essência, constituem penas, dado o seu caráter aflitivo. Por outro lado, na execução, sendo muitas vezes realizadas nos mesmos estabelecimentos, implicando numa mudança da ala esquerda para a ala direita. A internação em casa de custódia, que no Código Penal alemão é a custódia de segurança (*Sicherungsverwahrung*) é mal pior do que a pena, uma vez que é por tempo indeterminado.

O sistema do duplo binário nos veio do Código Rocco, estando presente em muitos códigos modernos. Mesmo naqueles países em que a distinção entre pena e medida de segurança permanece muito nítida na legislação, a tendência é permitir ao juiz a substituição da pena pela medida de segurança detentiva, o que se denomina sistema de aplicação vicariante ou substitutiva.

O projeto termina com o defeituoso sistema das medidas de segurança detentivas para imputáveis. A pena, não obstante a sua natureza retributiva, deve ser cumprida como uma medida de segurança, ou seja, tendendo à recuperação social do delinqüente. As únicas medidas de segurança detentivas são a internação em manicômio judiciário e a internação em estabelecimento psiquátrico, anexo ao manicômio judiciário ou ao estabelecimento penal.

Assim sendo, no caso de semi-imputabilidade, tal seja a situação que a determina, o juiz pode aplicar pena atenuada, enviando o agente a estabelecimento correcional, ou pode, em substituição, ordenar o seu internamento em estabelecimento psiquiátrico anexo ao manicômio judiciário ou no estabelecimento penal, ou em seção especial de um ou de outro (art. 94). Se sobreviver a cura, o condenado pode ser transferido a estabelecimento penal, não ficando excluído seu direito a livramento condicional. Por outro lado, se findo o prazo da internação substitutiva, persistir o mórbido estado psíquico do internado, condicionante de periculosidade atual, a internação passa a ser por tempo indeterminado.

17. O limite da imputabilidade foi mantido, como regra geral, nos dezoito anos. Excepcionalmente, pode ser declarado imputável o menor de dezesseis a dezoito anos, se revela suficiente desenvolvimento psíquico para entender o caráter ilícito do fato e governar a própria conduta.

A tendência geral da legislação é a de fixação da menoridade penal nos dezesseis anos. O VI Congresso da Associação Internacional de Direito Penal, reunido em Roma, em 1953, fixou em dezesseis anos o limite para a aplicação da pena (cf. VIº. Congrès International, Compte Rendu des Discussions, Milão, 1957, pág. 310). Vários códigos atuais esse limite em quatorze anos, como é o caso da lei alemã. Repetindo, de certa forma, o que já se disse, com toda a procedência, parece certo que a possível redução do limite da imputabilidade a dezesseis anos aumenta a consciência da responsabilidade social dos jovens.

Como a responsabilidade criminal dos jovens de dezesseis a dezoito anos é excepcional, não pode caber dúvida do que deverá ser declarada pelo juiz de Menores, se a lei processual não dispuser diversamente.

Proclama-se, por outro lado, a necessidade imperiosa de submeter os menores e, inclusive, os jovens adultos delinqüentes a tratamento especial. Por isso mesmo o projeto declara que os menores de vinte e um anos cumprem pena separadamente dos condenados adultos (art. 37, § 5.º). Se o condenado for primário, o tempo de cumprimento da pena pode ser reduzido à metade.

CONCURSO DE AGENTES

18. É possível que a unificação de todas as formas de participação e autoria seja, a rigor, incompatível com um Direito Penal da Culpa. São poucas as legislações que não distinguem entre os diversos graus de participação e as distintas situações de autoria. Todavia, o sistema unitário, que se inspira em razões de política criminal, visando a mais eficiente repressão, nunca é adotado em sua inteireza, pois isto conduziria a soluções injustas e intoleráveis. Estão sempre previstos temperamentos à equiparação dos diversos partícipes, de forma a assegurar a justa punição de cada um. Ao contrário do que diz BOCKELMAN (*Die moderne Entwicklung der Begriffe Täterchaft und Telnahme, in Strafrechtliche Untersuchungen*, 1957, pág. 109) a concepção unitária da participação não representa necessariamente uma renúncia do legislador ao tratamento individualizado da personalidade do agente.

A aplicação da fórmula unitária do Código vigente não pode ser censurada. Ela tem a seu favor a grande simplicidade no estabelecimento de critérios, grandemente debatidos, quando se procura distinguir entre autoria e participação, e entre cumplicidade primária e secundária. Afinal a distinção entre autor e cúmplice, em termos práticos, significa apenas garantir a mais leve punição deste, resultado que o sistema de nossa lei assegura.

Proclamou o projeto a regra fundamental em tema de concurso de agentes que é a de que a punibilidade de cada um dos concorrentes é independente da dos outros, determinando-se segundo a sua própria culpabilidade. Isso deve servir como princípio reitor geral para os juízes, na aplicação da pena em caso de concurso. Foi eliminada a regra inadmissível do art. 48, parágrafo único do Código vigente, que representa brutal aceitação de responsabilidade sem culpa.

DAS PENAS

19. Manteve-se o sistema de dupla pena privativa da liberdade (reclusão e detenção), não obstante as sérias objeções contra o mesmo apresentadas. As múltiplas conseqüências dessa distinção, inclusive em matéria processual, desaconselhavam a unificação das penas privativas da liberdade. Sem compromissos de natureza doutrinária, afirma-se que as penas devem ser executadas de modo que exerçam sobre o condenado uma individualizada ação educativa, no sentido de sua recuperação social.

Não foi aceita a sugestão do anteprojeto, no sentido de elevar o máximo da pena de reclusão, que foi mantido em trinta anos. O máximo de detenção foi fixado em dez anos.

Constitui hoje tendência muito viva, e acertada, nas legislações penais, a da ampliação dos poderes discricionários do juiz na aplicação da pena, com vistas à realização de uma Justiça material e à escolha da medida adequada para que se cumpram os fins das penas, dos quais não se exclui a justa retribuição. O sistema da lei vigente, obrigando à imposição da pena de reclusão, sem alternativas, é um dos motivos determinantes das graves distorções que atualmente se verificam na aplicação das leis penais. Os juízes resistem à aplicação de penas inadequadas e injustas.

Para dar solução aos inconvenientes mais graves do sistema da pluralidade das penas privativas da liberdade, o projeto acolhe o critério das *penas substitutivas*, de forma eficiente. Já vimos que a pena pode ser substituída pela medida de segurança detentiva, no caso de semi-imputáveis. A reclusão também pode ser substituída pela pena de detenção, e esta, pela de multa, vedada, entretanto, a dupla substituição.

A pena de reclusão não superior a dois anos pode ser substituída pela de detenção, desde que o réu seja primário e de bons antecedentes, e tenha realizado o ressarcimento do dano antes da sentença condenatória. A pena de detenção não superior a seis meses pode ser substituída pela de multa, nas mesmas condições. Em ambos os casos trata-se de pena *imposta* e não da pena cominada ao crime. A substituição deve dar-se quando o juiz considerar que a pena menos grave é bastante como advertência e justa retribuição pelo malefício praticado. A substituição da pena de reclusão pela de detenção permite que o juiz conceda a suspensão condicional da pena, se julgar conveniente.

O ressarcimento do dano constitui eficaz instrumento de luta contra o crime, estando praticamente esquecido no arsenal das medidas repressivas. O projeto atribui sempre a maior importância ao ressarcimento do dano, do qual só se pode cogitar naqueles crimes em que haja dano reintegrável. Maior ênfase foi dada ao ressarcimento como pressuposto do livramento e da suspensão condicionais.

20. A experiência com as prisões abertas é definitivamente vitoriosa, em nosso País e no estrangeiro. O projeto expressamente declara que as penas de detenção e reclusão podem ser cumpridas em estabelecimento penal aberto, sob regime de semiliberdade e confiança, desde que o condenado seja primário e de nenhuma ou escassa periculosidade, e a duração da pena imposta não seja superior a seis anos. Fixou-se esse limite, amplo, tendo-se em vista os estudos recentes que revelam não ter o *quantum* da pena grande significação na escolha dos delinqüentes mais aptos ao regime de prisão aberta.

A internação em estabelecimento penal aberto pode também constituir fase de execução, precedendo à concessão do livramento condicional do condenado de bom comportamento, que demonstre readaptabilidade social.

PENA DE MULTA

21. Importante inovação foi aqui introduzida, com a adoção do sistema do dia-multa, que provém das leis escandinavas. Esse sistema vai penetrando em todas as legislações modernas. O mínimo da pena de multa é de um dia-multa, e, o máximo, de trezentos dias-multa.

O dia-multa deve ser fixado segundo o prudente arbítrio do juiz, não podendo ser inferior ao maior salário mínimo diário do País, nem superior ao décuplo de tal salário. Será fixado de acordo com a situação econômica do condenado, atendendo-se especialmente ao seu patrimônio, rendas, meios de subsistência, nível de gastos ou outros elementos que o juiz considere adequados. Deverá, assim, ser considerada a situação econômica global do condenado, sem que o juiz tenha de ater-se ao seu padrão de salário, quando se tratar de assalariado. É claro que, se o condenado viver exclusivamente do produto do seu salário, o dia-multa não deverá ser inferior à sua renda diária, pois nesse caso estabelece-se com precisão o critério da lei.

A nova fórmula da facilitação do pagamento da multa é de incomparável superioridade. Tal seja a situação econômica do condenado, o juiz pode conceder um prazo não inferior a três meses e não superior a um ano, a contar da data do trânsito em julgado da sentença condenatória, para o pagamento da multa, ou permitir que ele se faça a prestações mensais, dentro do mesmo prazo, com ou sem garantias. Tais favores revogam-se se o condenado é impontual ou vem a melhorar de situação econômica.

APLICAÇÃO DA PENA

22. O dispositivo geral sobre a aplicação de pena corresponde basicamente ao do Código vigente. À semelhança do que ocorre em diversas legislações estrangeiras, o projeto deixa expressa a obrigação de motivar a pena imposta, em sua medida. O condenado tem direito a saber porque recebe *esta* pena. Não basta a simples referência aos critérios genéricos (estabelecidos no art. 52 do projeto), como tem proclamado reiteradamente o Supremo Tribunal Federal. Não só a pena aplicada acima do mínimo deve ser fundamentada. Se a lei amplia o poder discricionário do

juiz na aplicação da pena, exige-lhe, em contrapartida, a fundamentação do exercício desse poder, como elemento essencial de garantia para o réu.

23. Entre as agravantes continua a figurar, em posição de destaque, a reincidência. Foi, no entanto, eliminado o que se refere à reincidência específica, pois significa limitação intolerável ao poder discricionário do juiz na aplicação da pena. Por outro lado, a reincidência específica perde inteiramente o sentido diante do sistema de sanções previsto para os criminosos habituais ou por tendência. Estes, sim, são realmente importantes, constituindo aquela criminalidade endurecida contra a qual deve mover-se o sistema repressivo, com a maior eficiência.

A reincidência pode, ou não, revelar maior merecimento de pena. Seguiu aqui o projeto, critério moderno dentre os preconizados pelo Código Penal Tipo para a América Latina e introduzidos em vários projetos atuais. A maior conquista, em tal matéria, é a temporariedade da reincidência. Se, entre a data do cumprimento ou extinção da pena e o crime posterior, decorreu período de tempo superior a cinco anos, perde a reincidência qualquer relevância jurídica.

Não se consideram, para os efeitos da reincidência, os crimes militares ou políticos. Igualmente não se consideram os anistiados, mas a estes não faz referência a lei, porque a anistia, por definição, faz desaparecer o delito. Diversos dos efeitos da reincidência, que o Código vigente prevê de forma mais ou menos despropositada, foram eliminados do projeto. A título de exemplo podemos mencionar a aplicação da atenuante relativa ao crime praticado sob a influência de multidão, que a lei vigente faz depender, sem razão plausível, da primariedade do réu.

24. A completa ausência de critérios para a fixação do *quantum* da agravação ou atenuação da pena aconselhou o estabelecimento de um princípio geral, que aparece no art. 59. Quando a lei determina a agravação ou atenuação da pena sem mencionar o *quantum*, deve o juiz fixá-lo entre um quinto e um terço, guardados os limites da pena cominada ao crime. Tais limites somente deixam de prevalecer quando se trata de causas especiais de aumento ou diminuição da pena (art. 62).

25. Para dirimir a controvérsia jurisprudencial e a incerteza doutrinária que reina nessa matéria, o projeto deixa claro que a pena-base é aquela que o juiz aplicaria se não houvesse qualquer circunstância ou causa de aumento ou diminuição. Trata-se de elemento adicional de garantia para o réu na aplicação da pena. Se houver circunstância agravante ou atenuante, também é indispensável fixar a pena-base.

CRIMINOSOS HABITUAIS OU POR TENDÊNCIA

26. Os criminosos habituais ou por tendência constituem o grande problema da repressão penal. É necessário reagir contra esse tipo de criminalidade com instrumentos verdadeiramente eficientes. Como se dizia no relatório da Comissão Internacional Penal e Penitenciária, de 1948, "raros são os países que se limitam a procurar combater a criminalidade endurecida, pelas disposições sobre a reincidência". O projeto incorpora-se à legislação moderna, estabelecendo previsão especial quanto aos criminosos habituais ou por tendência, e um sistema repressivo eficaz, com a pena relativamente indeterminada.

Com tal pena, transfere-se a individualização para momento posterior à setença, considerando a impossibilidade de determinar, rigorosamente, a medida da culpabilidade do agente e o momento em que estarão atingidas as exigências da retribuição e da reparação, inclusive da recuperação social do delinqüente, que se deve realizar sempre por via judicial (cf. EDUARDO CORREIA, *Código Penal, Projeto da Parte Geral*, 1963, pág. 57). Não se trata de uma pena de segurança.

Eliminando a medida de segurança detentiva para imputáveis, procura o projeto dar nova dimensão ao tratamento penitenciário, de modo que a prisão atue efetivamente como instrumento de recuperação social. É o reconhecimento de que os objetivos a que visam as medidas de segurança detentivas para imputáveis podem e devem ser alcançados através dos estabelecimentos prisionais. O critério de pena relativamente indeterminada que o projeto acolhe procura proporcionar efeito estimulante, operando através do sistema de livramento condicional.

A habitualidade será presumida se o criminoso reincide pela segunda vez na prática de crime doloso da mesma natureza, punível com pena privativa da liberdade em período de tempo não superior a cinco anos, descontado o que se refere a cumprimento de pena. Reincidir pela segunda vez é praticar um terceiro crime. Nesse caso, a lei presume a habitualidade.

A habitualidade pode ser reconhecida pelo juiz se, embora sem condenação anterior, em período de tempo não superior a cinco anos, o agente comete quatro ou mais crimes da mesma natureza, puníveis com pena privativa da liberdade, e demonstra, pelas suas condições de vida e pelas circunstâncias dos fatos apreciados em conjunto, acentuada inclinação para tais crimes. Neste caso, pode o criminoso habitual ser *primário*, isto é, não ter ainda condenação anterior. É a situação de vários delinqüentes que cometeram numerosos crimes sem serem tecnicamente reincidentes.

Tanto no caso de habitualidade presumida, como no de habitualidade reconhecível pelo juiz, devem os diversos crimes praticados ser *da mesma natureza.* A noção de crimes da mesma natureza é a da lei vigente.

27. Criminoso por tendência é aquele que comete homicídio, tentativa de homicídio ou lesão corporal grave, e, pelos motivos determinantes e meios ou modos de execução, revela extraordinária torpeza, perversão ou malvadez. A criminosidade por tendência é sempre reconhecível pelo juiz e deverá ser declarada em relação a uma personalidade insensível e perversa, em crimes graves contra a vida e a incolumidade pessoal.

28. Se o criminoso for habitual ou por tendência, a pena aplicável será por tempo indeterminado. A duração mínima dessa pena (que não pode, em caso algum, ser inferior a três anos) é a pena fixada pelo juiz para a infração penal que está sendo julgada.

Cumprindo o mínimo da pena indeterminada, o livramento condicional poderá ser concedido, desde que o condenado tenha reparado (salvo impossibilidade de fazê-lo) o dano causado pelo crime e desde que sua boa conduta durante a execução da pena, sua adaptação ao trabalho e as circunstâncias atinentes à sua personalidade, ao seu meio social e à sua vida pregressa permitam supor que não voltará a delinqüir (art. 76).

Se o livramento condicional for concedido, o juiz fixará um período de prova entre três e cinco anos. Se não for concedido, poderá ser novamente solicitado a cada dois anos, a seguir. Se for revogado, não poderá ser novamente concedido antes de três anos.

Em nenhum caso a duração da pena indeterminada pode exceder a dez anos, após o cumprimento da pena mínima imposta, ou seja, da pena que corresponde à infração pela qual o criminoso foi julgado e que não poderá nunca ser inferior a três anos (art. 64, § 1.º).

Se o criminoso habitual ou por tendência for semi-imputável, a pena poderá ser substituída pela internação na forma do art. 94.

CONCURSO DE CRIMES

29. Equipara o projeto o concurso material ao concurso formal de crimes, para o mesmo tratamento penal, seguindo assim o bom exemplo de várias legislações. Se as penas correspondentes aos diversos crimes forem da mesma espécie, a pena única é a soma de todas (cúmulo material). Se forem de espécies diferentes, a pena única é a mais grave, com aumento de metade do tempo das menos graves

(exasperação da pena). Todavia, se houver unidade de ação ou omissão, ou seja, se os diversos crimes forem praticados mediante uma só ação ou omissão, o *juiz* pode diminuir a pena unificada de um sexto a um quarto. Esta mesma regra se aplica quando se tratar de crime continuado. A pena unificada não pode ultrapassar de trinta anos, se é de reclusão, ou de quinze anos, se é de detenção.

SUSPENSÃO CONDICIONAL DA PENA

30. Não há alterações substanciais no que tange à suspensão condicional da pena, tendo-se mantido, em essência, o que consta da lei vigente. A suspensão condicional adquire um novo relevo apenas em virtude da possível substituição da pena de reclusão, a que já aludimos, e que constitui um dos pontos altos da reforma penal.

Sem modificar o sistema da lei vigente, procurou-se dar ênfase ao ressarcimento do dano, pois a ele deve dar-se nesta matéria a maior atenção. Não cabe, no entanto, ao legislador estabelecer normas rígidas a respeito, pois o juiz deve atender sempre às condições do condenado. O ressarciamento do dano deve ser, sempre que possível, fixado como condição para a suspensão condicional da pena, a ser cumprida em prazo determinado. É indispensável que os juízes o tenham sempre presente ao conceder o *sursis.* Este será revogado se o condenado solvente frustra, sem motivo justificado, a reparação.

Esclareceu o projeto que a menoridade de vinte e um anos, para o caso especial da pena de reclusão, refere-se à data do crime, pondo fim às dúvidas que atualmente existem a respeito.

LIVRAMENTO CONDICIONAL

31. Reduziu-se para dois anos o limite da pena privativa de liberdade permissiva do livramento condicional, eliminando-se um dos mais graves defeitos da lei vigente. Atualmente, a condenação do réu primário a penas mais longas é paradoxalmente mais favorável, quando se trata dos limites entre dois e três anos, porque o livramento condicional só é possível quando a pena imposta é superior a três anos.

Esclarece o projeto que se deve ter em conta a pena unificada, em caso de concurso de crimes (art. 75, § 2.°) estabelecendo mais uma regra geral de largo alcance: se o condenado é primário e menor de vinte e um ou maior de setenta anos, o tempo de cumprimento da pena *pode* ser reduzido à metade.

Aqui também deve repetir-se o que já deixamos consignado em matéria de suspensão condicional da pena, com respeito ao ressarcimento do dano. Deve ele ser sempre exigido, salvo absoluta impossibilidade da fazê-lo, como condição para o livramento.

Para a revogação do benefício, exige-se agora a prática de crime *doloso* cometido durante a sua vigência. A prática de crime, sendo imposta pena privativa da liberdade revoga o benefício, salvo se, tendo de ser unificadas as penas, não fica prejudicado o requisito do cumprimento de metade da pena, se o réu é primário.

32. Não se refere mais o projeto a "Vigilância do liberado", mas a "observação cautelar e *proteção* do liberado". Isso corresponde a uma mudança completa de métodos e critérios que nessa matéria está a exigir o nosso sistema correcional. Em nenhum caso o liberado ficará entregue à vigilância da polícia, pois esta, como a experiência demonstrou amplamente, quase sempre se exerceu em sentido negativo. O liberado fica sob observação cautelar e proteção realizadas por patronato oficial ou particular, dirigido aquele e inspecionado este pelo Conselho Penitenciário. Na falta do patronato, o liberado fica sob observação cautelar realizada por serviço penitenciário ou órgão similar. Sabe-se como é importante esse trabalho para a efetiva recuperação social do liberado.

PENAS ACESSÓRIAS

33. O projeto disciplina as penas acessórias de forma evidentemente superior à do Código vigente, bastante complexa.

Para o que tange à perda de função pública, foi a esta equiparada a que é exercida em empresa pública, autarquia, sociedade de economia mista, ou sociedade de que participe a União, Estado ou Município como acionista majoritário.

A inabilitação para o exercício de profissão passa para o setor das medidas de segurança, onde está mais adequada, dado o seu evidente sentido preventivo.

MEDIDAS DE SEGURANÇA

34. É mais simples e mais clara a disciplina das medidas de segurança no projeto. Foi suprimida, sem inconvenientes, a parte geral, que consta do Capítulo I do Título VI do Código vigente. Isso foi possível com o abandono da internação em casa de custódia e tratamento e da internação em colônia agrícola ou em instituto do trabalho, de reeducação ou de ensino profissional. A execução dessas medidas detentivas obrigava a meticulosa fixação de seus pressupostos. Como já vimos, o projeto partiu do entendimento de que a pena se cumpre como a medida de segurança detentiva. Não haverá também qualquer presunção de periculosidade.

A duração mínima da internação em manicômio judiciário (art. 93) já não depende da pena cominada ao crime. Este critério, seguido pelo art. 91 do Código vigente, é totalmente injustificável. É evidente que a pena cominada não é e não pode ser critério válido para aferir a periculosidade do agente. Declara o projeto que a internação é por tempo indeterminado, devendo seu mínimo ser fixado de um a três anos.

A internação, em qualquer dos casos para os quais está prevista, deve visar não apenas ao tratamento curativo do internado, senão também ao seu afeiçoamento a um regime educativo ou de trabalho, lucrativo ou não, segundo o permitirem suas condições pessoais.

35. A interdição para o exercício de profissão situada agora entre as medidas de segurança (art. 96), elimina o dissídio jurisprudêncial quanto à sua obrigatoriedade. O juiz *deve* impor a medida, desde que, pela apreciação conjunta das circunstâncias do fato e dos antecedentes e condições do condenado, deva presumir-se que voltará à prática de crime semelhante. Cabe ao juiz reconhecer se ocorrem os pressupostos da aplicação da medida, mas, uma vez reconhecidos, a imposição é obrigatória. Esse regime se aplica à cassação de licença para dirigir veículos (art. 97).

A transgressão das medidas de segurança não detentivas aparece incriminada no projeto, como forma especial de desobediência. Trata-se de providência essencial para sua eficácia.

EXTINÇÃO DA PUNIBILIDADE

36. Às causas de extinção da punibilidade previstas expressamente pelo Código vigente, acrescenta o projeto o *perdão judicial*. É sabido que nem todas as causas de extinção da punibilidade estão mencionadas nessa passagem expressamente. A omissão relativamente ao perdão judicial é preenchida. Não se julgou necessário esclarecer que, no caso de perdão, deve o juiz abster-se de condenar. Julgando presentes os pressupostos da condenação, abstém-se neste caso o juiz de proferi-la, declarando a punibilidade pelo perdão.

37. Em matéria de prescrição, o projeto expressamente elimina a prescrição pela pena em concreto, estabelecendo que, depois da sentença condenatória de que somente o réu tenha recorrido, ela se regula também, *daí por diante*, pela pena imposta. Termina-se, assim, com a teoria brasileira da prescrição pela pena em concreto,

que é tecnicamente insustentável e que compromete gravemente a eficiência e a seriedade da repressão.

38. Atendendo-se à jurisprudência tranqüila que se formou a respeito, o projeto declara que em caso de concurso de crimes ou de crime continuado, a prescrição é referida, não à pena unificada, mas à de cada crime considerado isoladamente.

39. Incorpora o projeto as alterações recentes de nossa legislação penal, em matéria de reabilitação, que agora alcança quaisquer penas impostas por setença definitiva. Declarada a reabilitação, serão cancelados, mediante averbação, os antecedentes criminais, que não poderão ser comunicados senão à autoridade judiciária ou policial, ou ao representante do Ministério Público, para instauração do processo penal que seja movido contra o reabilitado.

PARTE ESPECIAL

40. A parte especial do projeto mantém as linhas gerais do Código vigente. Desnecessário, portanto, será repetir aqui o que já se encontra incorporado à consciência jurídica do Brasil.

Justificar-se-á, assim, somente a parte que mais inova em nosso direito. É certo que surgem alguns capítulos novos e eliminam-se dispositivos que figuram na legislação atual. A experiência da vida forense, o aporte cultural trazido pelas mais recentes publicações especializadas e as conclusões dos últimos congressos nacionais e internacionais sobre o direito criminal haveriam de determinar os acréscimos e as eliminações verificadas na Parte Especial.

As modificações que já haviam sido feitas ao texto da lei penal vigente foram, com algumas adaptações, introduzidas no projeto. Igualmente foram incorporados dispositivos penais editados após a Revolução de 1964, quer melhorando a conceituação de diversas infrações penais, quer estabelecendo novas tutelas penais, como as que se referem ao mercado de capitais e às instituições financeiras.

Continuaram fora do texto as leis especiais que, por sua natureza, sempre mereceram situação destacada do Código Penal, na legislação pátria e na estrangeira.

DOS CRIMES CONTRA A PESSOA

41. O Título I da Parte Especial segue o modelo do Código vigente, incluindo-se, entretanto, mais um Capítulo: Do Genocídio. Incorpora-se, destarte, à legislação ordinária uma figura criminal que se achava em lei especial, mas que a consciência jurídica do mundo de após guerra vem trazendo para os textos que regem o direito penal comum, convidando os que manuseiam freqüentemente o Código Penal a ter sempre na memória os horrendos crimes contra grupos humanos, não deixando jamais esmaecer a luta contra os déspotas que os praticaram, e evitando, para sempre, a sua repetição.

DOS CRIMES CONTRA A VIDA

42. Mantida a conceituação vigente dos casos de homicídio doloso e culposo, inclui-se a hipótese da multiplicidade de vítimas, na modalidade culposa, com o aumento razoável da pena.

Eliminou-se, no infanticídio, a discutida fórmula da "influência do estado puerperal", instituindo-se o conceito de crime praticado *honoris causa.*

Além dos casos já admitidos na legislação vigente de provocação direta ao suicídio, admitiu-se agora a provocação indireta à autodestruição da vida.

Entre as modalidades do crime de aborto, inclui-se do cometido por motivo de honra; o aborto preterdoloso, que figurava no Capítulo das lesões, foi agora colocado no Capítulo próprio, com conceituação mais precisa.

Melhor redação foi dada aos casos de descriminação do aborto, quando é o único recurso para evitar a morte da gestante ou quando a gravidez resulta de estupro. Cuidados especiais foram tomados para verificação da honestidade de ambas as alegações.

DO GENOCÍDIO

43. Embora podendo merecer um capítulo à parte, tratando-se de crime contra pessoas humanas, reunidas em grupos nacionais, étnicos, religiosos ou raciais, visando a destruí-los, entendeu-se prudente inserir o velho delito, brutalmente renovado no Século XX, no Título dos crimes contra a pessoa.

Vários casos assimilados são admitidos, estabelecendo-se um aumento de pena, se o crime é praticado por governante ou mediante determinação deste.

DA LESÃO CORPORAL

44. Com este *nomen iuris,* foi mantido o conceito do crime que compreende "todo e qualquer dano ocasionado à normalidade funcional do corpo humano, quer do ponto de vista anatômico, quer do ponto de vista fisiológico ou mental".

Distinguiu-se, porém, no caso de gravidade das lesões, a hipótese de serem os resultados graves produzidos dolosa ou culposamente, para o efeito da justa aplicação da pena. O Código atual previa tal distinção apenas quando o resultado mais grave fosse a morte. No projeto, além do homicídio preterdoloso, acolheu-se agora a figura da lesão grave preterdolosa; atendeu-se, desta forma, aos reclamos dos juízes que, em boa consciência, se recusavam a apenar tão severamente, como manda a lei atual, lesões qualificadas pelo resultado, quando este não era a morte.

No caso de reciprocidade de lesões leves, não se sabendo qual dos contendores atacou primeiro, ou quando ocorrem as hipóteses de grande valor ético, poderá o juiz não só substituir a pena de detenção pela pecuniária, como conceder o perdão judicial.

No que diz respeito à ação penal, estabeleceu-se que, se a lesão corporal é leve ou culposa, somente se procede mediante representação. Com esta providência, para casos de tal simplicidade, aliviar-se-á o pesado ônus que no momento recai nos cartórios de polícia e nas varas criminais, sem qualquer vantagem social.

DA PERICLITAÇÃO DA VIDA E DA SAÚDE

45. Eliminaram-se as figuras dos crimes de perigo de contágio venéreo ou de moléstia grave.

Aliou-se ao progresso da medicina, em tais casos, a ausência de repercussão forense dos fatos porventura havidos. Não se deixa, todavia, sem proteção penal à saúde humana, em tais hipóteses, pois, quando ocorrer o *dolus periculi,* poderá enquadrar-se o fato na regra geral do art. 135, que prevê o delito de exposição da vida ou da saúde de outrem a perigo direto e *iminente.*

46. Esclareceu-se, no crime de exposição ou abandono de recém-nascido, o problema da autoria: é a pessoa da mãe, e, assim mesmo, para gozar do benefício da pena tão reduzida, é indispensável provar-se a *honoris causa.*

47. No crime de rixa, agora incluído no elenco dos delitos de periclitação da vida e da saúde, fez-se mais clara a distinção entre a *rixa simples,* quando dela resultam lesões leves ou não resulta nenhuma, e a *rixa complexa,* quando ocorre morte ou lesão grave. Em ambas as hipóteses, é claro que o motivo nobre de intervir na rixa *para separar os contendores* excluirá o crime.

DOS CRIMES CONTRA A HONRA

48. Mantiveram-se, em geral, os crimes de calúnia, difamação e injúria nos termos da lei atual. Particularizou-se, entretanto, o caso da ofensa a pessoa jurídica, quando a propalação de fatos não verdadeiros contra ela forem capazes de abalar-lhe o crédito ou a confiança que esta merece do público.

Tal hipótese admite, ainda, a agravação da pena se o crime é cometido por meio da imprensa, do rádio ou da televisão.

DOS CRIMES CONTRA A LIBERDADE

49. No crime de constrangimento ilegal, manteve-se a redação da lei vigente. Não se considerou necessário alterá-la, não obstante várias sugestões recebidas pela Comissão Revisora. A hipótese de dominar a vítima por meio de hipnose, entorpecente ou substância que determine a dependência física ou psíquica, equipara-se, para todos os efeitos penais, à violência. No caso particular deste crime, incorpora-se à frase "ou depois de lhe haver reduzido, por qualquer meio, a capacidade de resistência".

50. A exclusão do crime, quando o contrangimento se faz para conjurar iminente perigo de vida ou de grave dano ao corpo ou à saúde, oferece a ressalva do caso transplante de órgão, e que, pela novidade dos fatos em tal campo da medicina, deve continuar ainda objeto de lei especial.

DO CRIME CONTRA A INVIOLABILIDADE DO DOMICÍLIO

51. Melhorou-se a redação da lei vigente, especialmente no que se refere ao "repouso noturno", em vez de "noite", e no que tange às hipóteses de dispensa da tutela penal do § 5.º do art. 158. No demais, com poucas alterações, foi mantido o Código atual.

DOS CRIMES CONTRA A INVIOLABILIDADE DE CORRESPONDÊNCIA E COMUNICAÇÃO

52. Com pequenas alterações, foi mantida a lei atual. Num período em que crescem, de maneira impressionalmente rápida, as telecomunicações, pelos progressos da telefonia, das redes de televisão, do uso do *telex* e dos satélites artificiais, impondo medidas novas a cada momento, entendeu-se melhor deixar para lei especial, que no momento se reforma no País, as configurações delituosas particulares da espécie.

DOS CRIMES CONTRA A INVIOLABILIDADE DOS SEGREDOS

53. A novidade introduzida nesta seção e a consistente no crime de *violação de intimidade*, matéria versada nos Congressos de Direito Penal, como o que se realizou ultimamente no Chile. O abusivo emprego de teleobjetivas e instrumentos congêneres para violar visualmente a intimidade da vida privada, ou o uso de microfones secretos ou gravações clandestinas para violar o resguardo das palavras ou discursos que não foram pronunciados publicamente, constituirá o delito que se incorpora ao elenco das infrações penais. É óbvio, entretanto, que a justa causa elidirá o caráter criminoso do fato.

Quanto aos demais crimes, mantém-se a situação da lei atual.

DOS CRIMES CONTRA O PATRIMÔNIO

54. Mantida a conceituação atual do crime de furto, definiu-se com precisão, o *pequeno* valor da coisa furtada pelo agente primário: é o que não exceda a

quantia de um décimo do salário mínimo mensal, considerado este sempre o mais alto do País.

Os mesmos benefícios penais previstos para o delito de furto atenuado são admitidos, independemente do valor da coisa, para o criminoso primário que restitui a coisa ao dono ou repara o dano causado antes de instaurada a ação penal. É a ênfase que o projeto dá, em todo o seu texto, a grande arma da luta contra o crime: a reparação do dano, ou a restituição da coisa, quando possíveis.

Entre os casos de furto qualificado incluiu-se o de animais bovinos ou eqüinos, deixados em currais, campos ou retiros, onde não há possibilidade material de estreita vigilância. É delito que atinge as grandes áreas rurais, que não podem ser esquecidas pelo legislador penal.

O *furto de uso*, que se faz mais e mais freqüente, em especial no que se refere ao automóvel, é agora previsto. É claro que se o agente subtraiu o veículo, usou-o e, em vez de repô-lo no lugar onde se achava, abandonou-o em qualquer outra parte, não realizou o furto de uso, mas furto consumado.

55. O roubo qualificado tem novas modalidades: se o agente causa, dolosamente, lesão grave ou se há morte preterdolosa.

Em conseqüência, o *latrocínio* existe apenas quando a morte é dolosamente ocasionada. Eliminando dúvidas surgidas na aplicação da lei atual, o projeto incrimina o latrocínio, mesmo se a lesão patrimonial deixa de consumar-se. É que, embora previsto como delito contra o patrimônio, foi atingido um bem fundamental que é a vida humana.

56. Na extorsão mediante seqüestro, forma das mais graves atualmente praticadas, equipara-se, para os efeitos penais, a tentativa ao crime consumado.

57. Quando, para a obtenção da vantagem econômica, a grave ameaça não é à vida ou à integridade da vítima, mas à sua reputação ou de pessoa que lhe seja particularmente cara, configura-se o delito de *chantagem*, agravando-se a pena se a ameaça de divulgação do fato é de fazê-lo pela imprensa, radiodifusão ou televisão.

58. No crime de dano, às três formas já admitidas — destruir, inutilizar ou deteriorar coisa alheia — acrescentou-se a de *fazer desaparecer*, a qual, não se equiparando ao furto, nem ao dano próprio, ficava sem a devida repressão penal.

No dano em coisa tombada, incluíram-se outras hipóteses de tombamento que não estavam previstas no Código vigente. Tutela-se agora a coisa tombada pela autoridade competente, em virtude de seu valor artístico, paisagístico, arqueológico, histórico, etnográfico ou bibliográfico. A pena, que na legislação atual era menor que a do dano qualificado, é agora majorada, em vista de ofender bens de ordem cultural, que dificilmente poderão ser restaurados.

59. No Capítulo do estelionato e outras fraudes, houve importantes alterações.

A emissão de cheque sem fundos e a expedição de duplicata simulada passaram, segundo a melhor doutrina, para o Capítulo da falsidade documental. Permanece, entretanto, como modalidade de fraude patrimonial o fato de frustrar, sem justa causa, o pagamento do cheque que emitiu em favor de alguém.

Inseriu-se também a fraude em jogo desportivo ou competição de animais, desde que se objetive vantagem econômica.

Reduziu-se, no art. 189, a fraude, punível como crime, à *hospedagem fraudulenta*. O fato de tomar uma refeição em restaurante, ou utilizar-se do transporte num veículo, sem dispor de recursos para efetual o pagamento, deve passar ao elenco das contravenções.

O Código vigente já havia absorvido a parte penal da legislação específica das sociedades por ações. Com o rápido crescimento da vida financeira do País, surgiu, especialmente após a Revolução de 1964, toda uma legislação nova regulando o mercado de capitais e o funcionamento das instituições financeiras. Os instrumentos penais contidos nessa legislação específica estavam a exigir uma atualização, como se observou no Congresso Nacional de Direito Penal, realizado em São Paulo, em 1968. Incluiu-se, então, no projeto, com redação mais precisa, toda a parte penal da referida legislação, enriquecida com preciosas sugestões recebidas das autoridades financeiras superiores.

60. A usura passou a integrar um capítulo novo do projeto. O juro extorsivo, o lucro patrimonial excessivo em contrato do mútuo do dinheiro ou qualquer outro, devem ser reprimidos penalmente.

O projeto, entretanto, prudentemente, num país que ainda não debelou de todo a inflação, referiu-se à taxa de juros fixada, não apenas em lei, mas em regulamento ou ato oficial, de acordo com a competência que têm hoje as autoridades monetárias superiores.

61. No que diz respeito à receptação, o projeto oferece redação atualizada, pela absorção de leis especiais, e estendendo a tutela penal a bens e instalações de entidades de direito público, de empresa pública, autarquia, sociedade de economia mista, sociedade de que participe a União, Estado ou Município como acionista majoritário, ou empresa concessionária de serviços públicos.

DOS CRIMES CONTRA A PROPRIEDADE IMATERIAL

62. Pouco se inovou no Capítulo referente aos crimes contra a propriedade intelectual.

Com o advento do novo Código da Propriedade Industrial, tornou-se imperiosa a atualização dos crimes contra patente de invenção, de modelo de utilidade, de desenho ou modelo industrial e outras infrações penais contra a propriedade industrial e comercial. Toda a parte penal foi omitida do Decreto-lei n.º 254, de 28 de fevereiro de 1967, sendo mantidas as disposições punitivas da lei anterior.

Advindo novo Código Penal, era justo que se fizesse retornar ao seu texto, e devidamente atualizados, todos os dispositivos penais que tutelam a matéria. É o que agora se oferece no projeto.

DOS CRIMES CONTRA A LIBERDADE OU ORGANIZAÇÃO DO TRABALHO

63. Mantém-se, em geral, a incriminação dos fatos que, encerrando violência ou grave ameaça contra a liberdade ou a organização do trabalho, perturbam a vida social do País.

Dá-se, entretanto, redação mais precisa às diversas figuras, criando-se novo conceito de abandono coletivo de trabalho. Enquanto a lei vigente exige apenas o concurso de três empregados no mínimo, o projeto, ao reprimir a greve violenta, define-o como o deliberado pela totalidade ou maioria dos empregados de uma ou várias empresas, acarretando a cessação de todas ou de algumas atividades.

Insere-se também uma norma penal em branco, ao incriminar-se o fato de omitir o empregador as prescrições legais ou regulamentares das medidas de higiene e técnicas da segurança do trabalho.

Continuará ressalvada a legislação especial de greve, que prevê outras figuras criminais relacionadas com os fatos ali previstos.

DOS CRIMES CONTRA O SENTIMENTO RELIGIOSO E CONTRA O RESPEITO AOS MORTOS

64. Permanecem com redação mais precisa os crimes deste Título na lei atual.

A matéria relativa à extirpação de órgãos ou tecido de cadáver, bem como a de transplante, continuará em legislação especial, dada a novidade da matéria, que não permite ainda definições suficientemente estáveis.

DOS CRIMES CONTRA OS COSTUMES

65. São mantidos, com diversos aperfeiçoamentos, os dispositivos atuais dos crimes contra a disponibilidade sexual e os delitos de sedução, corrupção de menores e rapto.

No que se refere à ação penal, que, em regra, nestes crimes, depende de queixa, incluiu-se, entre os casos excepcionais em que cabe ação pública, a hipótese de, quando for empregada a violência, resultar à vítima lesão grave ou morte.

66. Entre os crimes de lenocínio, continua a figurar, com a redação atual, o *local de prostituição;* definiu-se, entretanto, agora, como irrelevante o fato da dissimulação do local, sob aparência de hotel, pensão, hospedaria ou casa de cômodos, ainda que mediante licença para o seu funcionamento como tal.

67. Os delitos de ultraje público ao pudor são mantidos com redação semelhante à do Código vigente. Acrescentou-se, porém, a televisão como um dos veículos de divulgação criminosa de obscenidades.

DOS CRIMES CONTRA A FAMÍLIA

68. O projeto criou um novo capítulo no Título VII: Do crime contra a moral familiar. Define-se aí o incesto, agravando-se a pena, se o delito for praticado em relação a menor de dezesseis anos.

69. Conservam-se os atuais crimes contra o casamento, inclusive o adultério, que fortes correntes no Brasil insistem em retirar o ilícito penal para conservá-lo apenas como ilícito civil. Pareceu, entretanto, à Comissão Revisora que seria errôneo manter-se a incriminação da simples *simulação de casamento* e descriminar-se o mais grave fato contra o casamento: o adultério. É falso dizer-se que a moral média do povo brasileiro se contenta com a prova obtida em inquérito policial para promover o desquite na esfera civil. A ausência de condenações criminais pelo delito de adultério deve-se mais à permanência da mentalidade que nos vem das velhas Ordenações, de o ofendido fazer justiça pelas próprias mãos quando toma conhecimento do adultério do seu cônjuge. As seções criminais dos órgãos de imprensa trazem com freqüência notícias de homicídios e tentativas de homicídio, por motivo de adultério. Mantendo-se a incriminação deste, procura-se educar, com a função pedagógica que é também inerente ao Código Penal, o nosso povo a buscar no processo criminal, uma solução mais humana para os seus propósitos de vindita. Só se contenta com o ilícito civil aquele que já tem, há muito, desfeito espiritualmente o seu matrimônio.

70. Entre os crimes contra o estado de filiação, o projeto inclui novas figuras. Assim, é crime registrar como seu o filho de outrem; igualmente, a fecundação artificial, sem o consentimento do marido com sêmem de outro homem.

71. O projeto incorporou, entre os delitos contra assistência familiar, os dispositivos penais da Lei n.º 5.478, de 25 de julho de 1968, que modificou a figura do abandono material, a fim de assegurar, pela ameaça da pena, o pagamento de pensão alimentícia judicialmente acordada, fixada ou majorada.

Criou também, entre as modalidade de abandono moral, a figura da omissão de cuidados e providências que pais ou responsáveis deviam tomar, quando podiam fazê-lo, para preservar de corrupção moral menor de dezesseis anos sujeito a seu poder ou confiado à sua guarda. Era providência legislativa há muito reclamada por juízes e autoridades policiais, que têm agora como chamar à responsabilidade aqueles que, sem justa causa, se subtraem ao dever de preservar eticamente os filhos e outros menores sob sua guarda.

DOS CRIMES CONTRA A INCOLUMIDADE PÚBLICA

72. Com o aparecimento e utilização da energia nuclear, tornou-se imperiosa a criação de uma modalidade especial de *crime de explosão*, majorando-se a pena quando o meio empregado for o desencadeamento dessa energia.

Também o abuso de radiação ionizante ou de substância radioativa constitui nova figura criminal, quando expuser a perigo a vida ou a integridade física de outrem.

A embriaguez ao volante, por criar perigo a um número ilimitado de pessoas, na via pública, é também erigida em crime.

A violação de regra de trânsito, quando expõe a incolumidade de outrem a *perigo efetivo* e grave, constitui igualmente crime.

73. O art. 291, como delito, causar, na direção de veículo motorizado, ainda que sem culpa, acidente de trânsito, de que resulte dano pessoal, e, em seguida, afastar-se do local, sem prestar socorro à vítima que dele necessite.

Para configuração do delito, não basta causar o acidente, pois tal fato pode ser mesmo penalmente irrelevante; é indispensável que o agente deixe o local sem prestar socorro à vítima que sofreu dano pessoal. Este fato poderia ser capitulado entre os crimes contra a administração da justiça, pois dificulta sensivelmente a prova da autoria. A Comissão de Revisão final preferiu, entretanto, colocá-lo entre os crimes contra a incolumidade pública, sob a ponderação de que a vida humana deveria merecer prioridade na tutela penal.

74. Com alterações de redação, foram, em geral, mantidos os crimes contra a segurança dos meios de transporte e comunicações e outros serviços públicos.

Na primeira modalidade de perigo de desastre ferroviário, omitiu-se o verbo "destruir", pois o termo "danificar" abrange (art. 175) tanto "destruir" como "inutilizar" ou "deteriorar".

O art. 294, que insere a fórmula residual dos atentados contra os veículos, teve a sua pena sensivelmente majorada. Não era justo que o perigo de desastre com um bonde (equiparado pelo § 4.° do art. 292 a "estrada de ferro") fosse crime de maior apenação que o perigo de desastre com o ônibus, que faz hoje grandes percursos interestaduais e mesmo internacionais. E o ônibus, na sistemática do nosso direito penal, se encaixa na forma residual do art. 294.

O projeto incorporou também, no crime de atentado contra serviço de utilidade pública, a majorante de pena prevista na Lei n.° 5.346, de 3 de novembro de 1967, se o dano ocorrer em virtude de subtração do material essencial ao funcionamento do serviço.

75. O elenco dos crimes contra a saúde pública foi enriquecido com várias figuras, como a poluição de lagos e cursos de água ou, nos lugares habitados, as praias e atmosfera, infringindo prescrições legais ou regulamentares emanados de autoridades federais.

A matéria referente ao comércio, posse ou facilitação do uso de entorpecente ou substância de efeito similar, que se continha no Decreto-lei n.º 385, de 26 de dezembro de 1968, foi agora incorporado ao projeto.

DOS CRIMES CONTRA A PAZ PÚBLICA

76. O projeto mantém as mesmas incriminações da lei atual, alteradas tão-somente as penas pecuniárias.

DOS CRIMES CONTRA A FÉ PÚBLICA

77. O Capítulo I — Da moeda falsa — foi atualizado para adaptar o seu conteúdo e a sua linguagem aos princípios que regem presentemente o meio circulante no País.

Como modalidade de falsificar, distinguem-se a *fabricação* e a *adulteração*. Esta última substitui a antiga *alteração*, ficando assim conforme a linguagem adotada oficialmente nos serviços de polícia científica e nas convenções internacionais.

Na nova redação do § 3.º do art. 322, teve-se em conta, ainda que em termos gerais, a *entidade pública* que fabrica ou emite moeda. A criminosidade da fabricação pode atingir não apenas o título ou peso da moeda, como o estabelece a lei atual. Outras características determinadas pelas autoridades monetárias, com a forma, o desenho, o tamanho etc., podem ser desobedecidas pelo agente. Daí a redação atual, que fala em "papel-moeda ou moeda metálica com características diferentes das determinadas pelo órgão competente".

Entre os crimes especiais com papel-moeda, incluiu-se a fórmula "Recompor cédula recolhida e inutilizada, para o fim de restituí-la à circulação". Teve-se em vista que a inutilização, já de há muito, não se faz com a aposição de sinais que possam ser suprimidos, como prevê o Código atual. Com o sistema atual de inutilizar as cédulas pela perfuração, cabe melhor a redação já apontada.

No delito de *criação de moeda paralela* configura-se a emissão, sem permissão legal, de nota, bilhete, cupom, vale, ficha, bônus, título, brinde ou semelhante, com o propósito de exercer função de dinheiro ou moeda. Tal fato deverá significar uma promessa de pagamento ao portador, ainda que tal não esteja expressamente consignado.

DA FALSIDADE DE TÍTULOS E OUTROS PAPÉIS PÚBLICOS

78. Com pequenas modificações o projeto mantém a legislação atual.

DA FALSIDADE DOCUMENTAL

79. Atendendo à evolução tecnológica, equiparou-se a documento, para os efeitos penais, o disco fonográfico e a fita ou fio de aparelho eletromagnético a que se incorpore declaração destinada à prova de fato juridicamente relevante.

O cheque sem fundos e a duplicata simulada passam a constituir crimes de falsidade documental, incorporando-as, no último, o dispositivo penal da Lei n.º 5.474, de 18 de julho de 1968.

80. O projeto inova numa disposição geral, ao estabelecer que, se o crime contra a fé pública for o único meio empregado na prática de outro crime, o agente responderá tão-somente pela falsidade, mas com a pena aumentada de um a dois terços.

DOS CRIMES CONTRA A ADMINISTRAÇÃO PÚBLICA

81. Criou o projeto, entre as várias modalidades de peculato, o delito de *peculato de uso,* incriminando o uso, ou a permisãão do uso indevido, de veículo ou qualquer outra coisa infungível de valor ponderável, pertencente à administração pública, para fins alheios ao serviço.

82. Foram mantidos, em geral, os demais crimes contra a administração pública, observando-se, todavia, a alteração do *nomen juris* da *Advocacia administrativa* para *Patrocínio indébito,* pelo respeito que merece a atividade lícita do exercício da advocacia perante as repartições administrativas.

83. O conceito de funcionário público para os efeitos penais teve a sua equiparação ampliada para quem exerce cargo, emprego ou função em autarquia, sociedade de economia mista ou sociedade de que participe a União, Estado ou Município como acionista majoritário.

84. A fim de obviar o inconveniente de haver dois crimes com o mesmo *nomen juris,* o projeto distinguiu, no art. 373, o *Tráfico de influência,* perante a administração pública, da *Exploração de prestígio,* no art. 402, perante órgãos do poder judiciário.

85. Incluiu-se, entre os crimes contra a administração da justiça, a figura da *publicidade opressiva,* consistente em fazer, pela imprensa, rádio ou televisão, antes da ocorrência de decisão definitiva em processo penal, comentários com o fim de exercer pressão relativamente a declarações de testemunhas ou decisão judicial.

86. Acolheu o projeto, ainda, o delito do *Exercício ilegal da advocacia,* para quem prestar assistência jurídica a outrem, sem autorização e mediante remuneração.

Estou seguro, Senhores Ministros no exercício da residência da República, que a sanção ao presente projeto, atualizado quanto à doutrina, ponderado com as luzes da jurisprudência, e coordenado com as leis já editadas pela Revolução de 1964, constituirá um testemunho universal da cultura jurídica brasileira, nivelando-se com os melhores e mais perfeitos códigos penais do mundo.

Ficará a Nação Brasileira a dever a Vossas Excelências mais este serviço, que enobrecerá o País e constituirá motivo de justo orgulho cultural para todos os que porfiam em exaltar a ciência jurídica de nossa Pátria.

Aproveito a oportunidade para renovar a Vossas Excelências protestos de profundo respeito.

Luís Antonio da Gama e Silva
Ministro da Justiça

EXPOSIÇÃO DE MOTIVOS

Excelentíssimo Senhor Presidente da República

Tenho a honra de submeter à alta consideração de Vossa Excelência projeto de lei que modifica diversos artigos do Código Penal, baixado pelo Decreto-lei n.º 1.004, de 21 de outubro de de 1969.

1. Examinando o texto à luz da evolução social por que passa o País e a necessidade de atualizar algumas de suas instituições, cheguei à conclusão de que vários de seus preceitos deveriam sofrer alteração. Para esse fim foi elaborado o anexo projeto de lei que, sem modificar a vigorosa estrutura do Código Penal, lhe corrige as imperfeições. Mantendo as inovações do estatuto promulgado, procura adequá-lo às peculiaridades nacionais e às contingências de nossa época, objetivando contribuir para que o Código Penal Brasileiro constitua eficaz instrumento na luta contra a criminalidade.

2. O projeto conserva, na Parte Geral do Código, as importantes inovações que introduziu, como a causalidade da omissão, a conceituação da culpa, a responsabilidade pelo resultado mais gravoso, a relevância parcial do erro de direito, a inexigibilidade de conduta diversa, o tratamento dos semi-imputáveis, a limitação das penas privativas de liberdade e a conversão delas em multa, a quantificação do dia-multa, a pena indeterminada e a eliminação de critério rígido para fixação da pena na hipótese de reincidência específica. Sob este aspecto, o projeto, ainda que melhorando a redação, se cingiu a dar ao texto maior concisão e conformidade técnico-legislativa e uma ou outra supressão de dispositivos. O objetivo foi antes condensar do que eliminar os seus componentes substanciais.

É necessário acentuar, no entanto, que os estudos aprofundados do Código e o desejo de aprimorá-lo aconselharam a introdução de normas redefinidoras de alguns dos seus institutos. Destarte, são propostas alterações nos artigos 6.°, 8.°, 12, 14, 17, 26, 33, 34, 40, 44, 48, 54, 56, 64, 65, 66, 67, 69, 71, 75, 76, 84, 86, 88, 96, 97, 111, 114, 117, 121, 132, 133, 136, 138, 139, 144, 149, 154, 155, 157, 158, 160, 164, 165, 166, 170, 173, 174, 175, 177, 180, 182, 184, 186, 188, 195, 196, 197, 200, 204, 211, 212, 215, 218, 258, 259, 265, 267, 268, 271, 272, 274, 275, 276, 277, 282, 283, 284, 295, 298, 303, 305, 312, 314, 320, 322, 327, 330, 331, 334, 338, 339, 340, 342, 347, 362, 366, 367, 368, 377, 386, 387, 389, 392, 395, 403, 406 e 407.

3. No artigo 6.°, que dispõe sobre o lugar do crime, alterou-se a redação, considerando-se o mesmo praticado no lugar em que ocorreu no todo ou em parte a ação ou omissão, bem como onde se produziu ou deveria produzir-se o resultado.

O artigo 8.°, n.° I, letra *b*, do Código estende a competência da jurisdição brasileira aos crimes que, ainda que cometidos no Exterior, lesam o patrimônio e a fé pública da União, de Estado ou de Município. O projeto acrescenta o Distrito Federal e os Territórios, entidades de Direito Público reconhecidas pela Constituição Federal (art. 1.°) e também merecedoras da proteção penal da extraterritorialidade.

O Decreto-lei n.° 1.004 agasalhou o sistema do dia-multa na fixação da pena pecuniária (artigo 44), estabelecendo como base para o seu cálculo o maior salário-mínimo mensal vigente no País, "ao tempo da sentença" (artigo 12). Parece-me inconveniente subordinar às vicissitudes do andamento do processo a maior ou menor expressão da pena de multa. Proponho que o artigo 12 tenha nova redação, para adotar o maior salário-mínimo do País, "ao tempo do fato".

4. Na punição da tentativa adotou o Código, como regra geral, o critério da redução da pena de um a dois terços. Mas, inspirado na lição de COSTA E SILVA (Código Penal, 1943, pág. 89), permite a aplicação, em casos de excepcional gravidade, da mesma pena prevista para o crime consumado (Exposição de Motivos n.° 937, de 21 de outubro de 1969, n.° 9).

Sem a menor quebra do respeito a essa doutrina, proponho que, na tentativa, a diminuição da pena seja obrigatória. A vontade do agente não pode sobrepor-se ao resultado, porque é a maior ou menor gravidade da ameaça ou lesão ao bem jurídico protegido que insipira o legislador na fixação das penas. O crime tentado apresenta sempre menor gravidade do que o crime consumado. Não podem, portanto, ser considerados igualmente na imposição da pena. Os casos mais reprováveis não ficarão desprovidos do tratamento adequado, pois a diminuição da pena é variável, em consonância, aliás, com a tradição do direito brasileiro.

No artigo 17, o projeto altera a rubrica de "Culpabilidade" para "Crime doloso e culposo", que é mais exata em face do seu enunciado.

5. O artigo 26 determina a atenuação da pena, entre outras hipóteses, quando há obediência a ordem *não* manifestamente ilegal de superior hierárquico. Há evidente equívoco na colocação do advérbio *não*, pois na hipótese descrita está o autor isento de pena, por inexistência de culpa, consoante do artigo 24, lebra *b*, que dispõe:

"Art. 24. Não é culpado quem comete o crime:

....

b) em obediência a ordem, não manifestamente ilegal, de superior hierárquico".

A atenuação da pena deve referir-se à hipótese em que a ordem do superior *seja manifestamente ilegal,* o que não exclui a rsponsabilidade do agente, mas pode ser elemento de um grau inferior de culpa. Nesse sentido, o projeto, propõe nova redação para o artigo 26, eliminando o advérbio *não*, que lhe altera substancialmente o sentido.

6. Nos artigos 33 e 34 dispõe o Código Penal a respeito da imputabilidade dos menores de idade, estabelecendo como regra geral a responsabilidade criminal a partir dos 18 anos. Prevê, no entanto a imputabilidade do menor de 16 a 18 anos se "revela suficiente desenvolvimento psíquico para entender o caráter ilícito do fato e determinar-se de acordo com este entendimento" (art. 33). A norma acolhe tendência da legislação comparada e recomendação do VI Congresso da Associação Internacional de Direito Penal, reunido em Roma em 1953 (cf. Exposição de Motivos, n.º 17). Não obstante tão valiosos antecedentes, é desaconselhável a redução proposta, tendo em vista as diversidades regionais do País. Além disso, a elasticidade do princípio compromete a segurança de sua aplicação, porque sujeita a imputabilidade do menor entre 16 e 18 anos à verificação de seu desenvolvimento psíquico, matéria em que ainda são imperfeitos os critérios da aferição, que sempre dependem da apreciação subjetiva de peritos. Nesse ponto, preferiu o projeto atender as prudentes ponderações dos Juízes de Menores e de significativa parcela de estudiosos do País, que alertaram sobre os perigos da nova opção e recomendaram a manutenção do sistema vigente, fixando-se em 18 anos o limite mínimo da imputabilidade penal.

A modificação dos artigos 33 e 34 exigiu a conseqüente correção das idades que determinam especial aumento de pena quando a vítima é menor, uniformizando-as para 18 anos porque, se até essa idade não poderá o indivíduo ser punido, igualmente até aí deverá merecer proteção especial, quando for vítima. Por esse motivo o projeto sugere alteração do limite etário nos artigos 170 § 1.º, 259 § único, 272, 274, 275, 276 e 277.

7. Ao artigo 40, que cuida do estabelecimento penal aberto, o projeto acrescenta a figura da "prisão albergue", para conceder ao condenado o favor de poder trabalhar fora do estabelecimento, com obrigatório recolhimento noturno. O projeto sanciona a experiência, com excelentes resultados práticos, realizados notadamente em São Paulo e Rio Grande do Sul, dentro da política de reservar o caráter fechado somente para o delinqüente perigoso. O dispositivo alterado apresenta os requisitos básicos do instituto, deixando para a legislação penitenciária sua regulamentação.

8. No art. 44, que define a pena de multa, o seu limite máximo está fixado em 300 dias-multa. Há um desajustamento entre essa norma e a do parágrafo 1.º dod art. 50, que prevê o modo de conversão da multa em detenção, admitindo que esta atinja até o limite de um ano. O projeto corrige essa divergência, elevando, no artigo 44, o máximo da multa para 360 dias. No parágrafo único, elimina a referência ao "prudente arbítrio do juiz" como critério de fixação da pena pecuniária, determinando que o magistrado tenha em conta a situação econômica do condenado".

9. Atualiza-se no art. 54 a nomenclatura da moeda e no art. 56, n.º II, acrescenta-se como agravante a hipótese de o crime ser cometido contra pessoa com a capacidade de defesa reduzida, por ser merecedora da proteção penal, à semelhança das outras pessoas ali arroladas.

O art. 64 do Código Penal introduz no Direito Brasileiro a regulamentação da repressão especial aos criminosos habituais ou por tendência. Este dispositivo, aplaudido com entusiasmo pela generalidade dos estudiosos, requer, todavia, para maior clareza, aperfeiçoamento de redação.

Revendo-o, introduz o projeto duas alterações. No *caput* do art. 64, substitui o limite mínimo de 3 anos da pena indeterminada por um limite variável, de acordo com a gravidade do crime. No parágrafo 3.° do mesmo artigo, que restringia a criminalidade por tendência aos casos de homicídio, tentativa de homicídio ou lesão corporal grave, amplia esse conceito para todos os crimes em que o autor revele excepcional torpeza, perversão ou malvadez. Tive presentes, ao propor esta alteração, algumas hipóteses de estupro ou de latrocínio, não abrangidos pelo Código.

10. O concurso de crimes sempre representou, na temática penal, fonte de tormentosas questões, pela difícil acomodação normativa à multiplicidade de facetas da conduta criminosa. Daí a perplexidade das várias alternativas esboçadas pela doutrina, ora tendendo à acumulação material das penas, sob risco de soluções injustas ou excessivamente rigorosas, ora evoluindo para o extremo oposto, ao aceitar o critério da absorção das penas mais leves pelas mais graves.

Refletindo a tentativa de equacionar com justeza o problema, houve por bem o legislador de 1969 modificar a sistemática vigente. Para tanto, estabeleceu idêntico tratamento para os concursos material e formal de delitos, adotando o princípio do cúmulo material ou da exasperação da pena mais grave, conforme as penas fossem da mesma ou de diferentes espécies. O próprio legislador, porém, ciente do rigor dessa solução, previu exceções: a) na Parte Geral, quando facultou ao juiz a diminuição da pena; tratando-se de diversos crimes praticados mediante apenas uma ação ou omissão; b) na Parte Especial, quando lançou dispositivos elidentes do princípio (arts. 121 § 5.°, 133 § 2.°), de tal modo que, na prática, não haveria igualdade de tratamento para os concursos material e formal.

A fórmula "tantos crimes — tantas penas" deve ser reservada para as hipóteses de reiteração da vontade criminosa ou quando os crimes concorrentes, ainda que resultantes de uma só ação objetiva, representem momentos perfeitamente autônomos no processo intelecto-volitivo do agente. Daí a retificação feita aos artigos 65, 66 e 67, suprimindo-se o § 5.° do artigo 121 e o § 2.° do artigo 133, casos de homicídio e lesão culposos, com multiplicidade de vítimas, que passam a ser resolvidos pela regra geral do concurso formal.

No parágrafo 2.° do art. 65, dispõe o projeto que, no concurso formal com unidade de desígnios, a pena não pode ultrapassar a do concurso material. O preceito objetiva corrigir injustiças que possivelmente resultariam da aplicação do aumento de pena previsto na primeira parte do § único do art. 65. Ao art. 66, que dispõe sobre o crime continuado, foi acrescido, outrossim, o parágrafo 2.°, correspondente ao art. 68 do Decreto-lei n.° 1.004, que exclui do âmbito de sua aplicação casos de criminalidade habitual.

11. O art. 71 admite a suspensão condicional da pena de reclusão não superior a 2 anos se o réu é, *ao tempo do crime*, menor de vinte e um anos ou maior de setenta. O projeto introduz distinção entre os menores de vinte e um e os maiores de setenta anos. Estabelece, para efeito de suspensão condicional da pena, que a idade dos menores de vinte e um anos deve ser considerada na *época do fato* e a dos maiores de setenta anos na *época da sentença*. Com efeito, a lei penal deve ser mais benevolente em relação às duas categorias, cabendo admitir o benefício do *sursis* para subtrair da privação de liberdade quem, na época da condenação, já tiver completado setenta anos. Da mesma forma, ainda em benefício do acusado, se esclarece no art. 75 § 2.°, e no art. 114, que a idade de 21 anos se refere ao tempo do crime e a de 70 ao tempo da sentença.

12. Dispõe o Código Penal no art. 84:

"Art. 84. Incorre na perda de função pública:

I — o condenado à pena privativa de liberdade por crime praticado com abuso de poder ou violação de dever inerente à função pública;

II — o condenado, por outro qualquer crime, à pena privativa de liberdade por mais de dois anos".

Aperfeiçoando a redação do inciso I, o projeto exclui a referência ao "abuso de poder", que indubitavelmente já está previsto na "violação de dever inerente à função pública", de maior amplitude. No inciso II distingue os crimes a que a lei comina pena de detenção ou de reclusão. Quanto àqueles, parece mais justo que a pena acessória só atinja os que hajam sido condenados a mais de quatro anos, pois são menos graves esses crimes.

O art. 88 estabelece o princípio de que a imposição da pena acessória deve constar expressamente da sentença. Todavia, a ressalva concernente à perda de função pública deve ser corrigida. A imposição automática não se aplica às hipóteses do inciso I do art. 84, porque os casos de violação de dever funcional dependem da expressa declaração do juiz. É automática, porém, a aplicação da pena acessória na hipótese do inciso II do artigo 84 (condenação por qualquer crime à pena de reclusão por mais de dois anos, ou de detenção por mais de quatro), pois a gravidade da pena privativa de liberdade incompatibiliza *ipso jure* o condenado com o exercício da função pública de que era titular.

13. Dispõe o § 2.º do art. 86 do Decreto-lei n.º 1.004:

"§ 2.º. Durante o processo, pode o juiz decretar a suspensão provisória do exercício do pátrio poder, tutela ou curatela".

Trata-se de medida cautelar, de caráter processual, que não deve ser regulada no Código Penal, mas no Código de Processo Penal. Destarte, propõe o projeto a sua eliminação.

No art. 97, que cuida da medida de segurança de cassação de licença para dirigir veículos, o novo Código impõe a condição de que o crime, cometido na direção ou relacionadamente à direção de veículos motorizados, ocorra "na via pública". O projeto exclui essa cláusula restritiva. O objetivo é ampliar a aplicação da medida de segurança também aos que dirigem embarcações. Na verdade cada vez se tornam mais freqüentes os crimes culposos, em lagos e praias, na direção de barcos de recreação.

14. No título VIII da Parte Geral, que trata da extinção da punibilidade, tem suscitado divergências doutrinárias a questão da prescrição da ação penal, ocorrida depois da sentença condenatória contra a qual não foi interposto recurso pela acusação. O Supremo Tribunal Federal, interpretando o art. 110, parágrafo único, do Código Penal de 1940, tem consagrado a chamada *prescrição retroativa,* conforme enunciado na Súmula n.º 146 de sua Jurisprudência Predominante, nestes termos:

"A prescrição da ação penal regula-se pela pena concretizada na sentença, quando não há recurso da acusação".

O Decreto-lei n.º 1.004, conforme esclarece a sua Exposição de Motivos, "expressamente elimina a prescrição pela pena em concreto, estabelecendo que, depois da sentença condenatória de que somente o réu tenha recorrido, ela se regula também, *daí por diante,* pela pena imposta. Termina-se, assim, com a teoria brasileira da prescrição pela pena em concreto, que é tecnicamente insustentável e que compromete gravemente a eficiência e a seriedade da repressão" (n.º 37).

Não obstante a tomada de posição do legislador de 1969, inclino-me pela manutenção da orientação predominante firmada pelo Pretório Excelso. Recorro neste passo aos ensinamentos do insígne Ministro Nelson Hungria, expostos em inúmeros votos proferidos no Supremo Tribunal Federal, dentre os quais destaco o do *habeas corpus* n.º 38.520, de 9 de agosto de 1961, nestes termos:

"Entendo que o Código vigente não alterou, nesse particular, o Decreto n.º 4.780, de 1923. A prescrição se regula pela pena imposta, desde que não interposta apelação pelo M.P., impossibilitando a *reformatio in pejus;* e deve ser declarada se, entre o recebimento da denúncia e a própria sentença condenatória, já decorreu tempo suficiente.

Concretizada a pena, com a qual concordou o Ministério Público, essa é a pena que *ab initio* era justa. A pena cominada *in abstracto,* a que se referia a denúncia revelou-se, na espécie demasiada. A pena adequada, a pena que realmente devia ter sido solicitada pelo M.P., era a que veio a ser imposta pelo juiz. Assim, a prescrição deve ser entendida como relacionada, desde o princípio, à pena aplicada *in concreto.* Era este o critério de decisão do Decreto n.º 4.780, e não é crível que se o Código o tivesse alterado, não o mencionasse a "Exposição de Motivos" do Ministro Campos, limitando-se a dizer que, no tocante à prescrição, o Código se limitava a aumentar os prazos prescricionais".

Julgo desaconselhável a solução preconizada pelo Código pois a tutela da liberdade impõe a celeridade dos julgamentos de que a brevidade dos prazos prescricionais é uma eficaz garantia. Ante o exposto o projeto dá nova redação ao § 1.º do art. 111, excluindo a expressão *daí por diante* e substituindo a exigência "de que somente o réu tenha recorrido" pela de "trânsito em julgado para a acusação". A nova redação dissipa definitivamente dúvida a respeito da necessidade de recurso do réu para obtenção do benefício, que não pode ter relevância em matéria de prescrição. O que importa, em verdade, é que a parte acusatória não tenha recorrido.

15. No art. 117, que regula a reabilitação, dispõe o § 2.º letra *a,* que o benefício não pode ser concedido "em favor dos que foram reconhecidos perigosos, salvo prova cabal em contrário". O projeto substitui a ressalva final pela expressão "salvo prova de cessação de periculosidade", afeiçoando o texto ao disposto no art. 93, § 1.º, que prevê a perícia médica para verificação dessa circunstância. Na letra *b* do mesmo parágrafo o projeto exclui a proibição de reabilitação no caso de incapacidade para o exercício de autoridade marital, pois essa pena acessória não consta do rol do art. 83, inciso III.

16. A exemplo do que ocorre com a Parte Geral, também na Parte Especial foram respeitadas as conquistas do novo Código Penal, a ponto de poder afirmar-se terem as emendas ora oferecidas mero caráter de aprimoramento. Com efeito, o Decreto-lei n.º 1.004 teve o mérito de atualizar e ajustar o Direito Penal Brasileiro à nova realidade sócio-cultural da Nação.

Alinham-se entre suas felizes inovações as relativas à disciplina do infanticídio, do suicídio por provocação indireta, do aborto preterdoloso, do genocídio, da ofensa à memória dos mortos, da ofensa à pessoa jurídica, da compra-e-venda de pessoa, da violação da intimidade, do furto atenuado, do furto de uso, da consumação da lesão patrimonial no roubo de que resulta morte, da alteração de local especialmente protegido, da fraude em jogo desportivo (*dopping*), da incorporação da legislação penal sobre instituições financeiras e propriedade industrial, do abandono de mulher grávida, da difusão de praga, da embriaguez ao volante de veículo motorizado, da poluição de fluídos, da punição das formas culposas de todo delito contra a saúde pública, da falsidade como meio de outro crime, da violação de dever funcional com fim de lucro, da desobediência a decisão judicial, da complementação do crime de contrabando, da desobediência em caso de pensão alimentícia. Merecem, entre outras, entretanto, alusão especial as emendas justificadas nos parágrafos que se seguem.

17. No § 5.° do artigo 132, o Código autoriza a substituição da pena privativa de liberdade por multa, no caso de lesões corporais leves, "se estas são recíprocas, *não se sabendo qual dos contendores atacou primeiro*". Este último requisito foi eliminado pelo projeto, porque poderia conduzir à responsabilidade objetiva e à condenação de um inocente.

O artigo 138 tipificou o delito de omissão de socorro, cominando a pena de detenção, até seis meses, ou pagamento de dez a quarenta dias-multa. O projeto introduz um parágrafo que acrescenta uma forma qualificada desse crime, cuja pena é detenção, de seis meses a dois anos, "se a natureza do socorro necessitado pela vítima corresponde às habilitações profissionais do omitente". A solidariedade social sofre lesão maior se o omitente é pessoa habilitada profissionalmente a socorrer a vítima no abandono, doença, invalidez ou qualquer outro perigo.

18. No artigo 157 o Código definiu um delito contra a liberdade individual, a que denominou "compra e venda de pessoa". No entanto, a rubrica não se coaduna com o tipo descrito no corpo do artigo. ("Tirar proveito econômico de ajuste tendo por objeto pessoa humana"). O projeto corrige a rubrica, pondo-a em consonância com a figura delituosa.

O artigo 158 dispõe sobre o crime de violação de domicílio. Seu § 3.° previu duas hipóteses de exclusão do crime, que assim enunciou:

> "Não constitui crime a entrada ou permanência em casa alheia ou em suas dependências;
>
> I — durante o dia, com observância das formalidades legais, para efetuar prisão ou outra diligência policial ou judicial;
>
> II — a qualquer hora do dia ou da noite, quando alguma infração penal está sendo ali praticada ou na iminência de o ser".

O inciso II necessitava ser harmonizado com o preceito constitucional (art. 153, § 10), que autoriza também o devassamento da residência em caso de desastre. Por essa razão, o projeto sugere a seguinte redação para aquele inciso: "II — a qualquer hora do dia ou da noite em caso de crime ou desastre".

19. O § 1.° do artigo 165, que regulou o furto de pequeno valor, assim definiu essa circunstância: "Entende-se pequeno o valor que não exceda a quantia de um décimo do salário-mínimo".

Parece-me mais recomendável que a lei não predetermine um critério rígido para o reconhecimento do pequeno valor. As disparidades regionais brasileiras e as condições econômicas do réu e da vítima, em cada caso, subministrarão elementos mais corretos para a aplicação dessa forma atenuada de furto.

Ao artigo 166, que define o furto de uso, o projeto acrescenta um § 2.°, que exige a representação do ofendido para movimentação do aparelho repressivo, salvo quando o crime é praticado contra entidade de direito público, empresa pública, autarquia ou sociedade de economia mista.

No art. 163, § 1.°, inciso II, que define o crime de esbulho possessório, o Código exigiu que, na invasão de terreno ou edifício alheio, o agente utilize violência a pessoa, grave ameaça ou concurso de mais de duas pessoas. O projeto limita a um só cúmplice o concurso de agentes, uma vez que a intimidação, que caracteriza o esbulho, independente do número elevado de agressores.

20. No parágrafo único do art. 180 o Código determina a agravação da pena, no crime de apropriação indébita, "se o valor da coisa excede vinte vezes o maior salário-mínimo". Entendo que esse preceito é desnecessário, uma vez que o art. 52 já recomenda que o juiz, na fixação da pena privativa de liberdade entre o máximo

e o mínimo, aprecie "a gravidade do crime praticado", devendo ter em conta, entre outras circunstâncias, "a maior ou menor extensão do dano". O projeto elimina, portanto, entre as formas agravadas de apropriação indébita a hipótese do alto valor da coisa.

No § 1.º, n.º II, do art. 184, o Código enumera casos equiparados ao estelionato, sob a rubrica de "alienação ou oneração fraudulenta de coisa própria". Pune todas as hipóteses de disposição de coisa própria inalienável, onerada ou prometida à venda, em que o outorgante silencia sobre estas circunstâncias. O projeto inclui a promessa de venda entre os atos de disposição reprováveis. Na atualidade, concretizam-se através desse contrato, negócios que podem gerar grande prejuízo para a vítima, se o promitente vendedor estiver dispondo de coisa inalienável, gravada de qualquer ônus, ou de imóvel que prometeu vender a terceiro.

O Código Penal retirou o delito de "emissão de cheque sem provisão de fundos" do capítulo do "estelionato e outras fraudes", incluindo-o na "falsidade documental", como crime contra a fé pública (art. 335). A medida visou valorizar o instituto do cheque, caracterizando o crime como puramente formal. Entendo, no entanto, que a recente evolução do sistema de apresentação e pagamento de cheques, consolidada na Circular n.º 162, de 26 de agosto de 1971, do Banco Central do Brasil, enseja uma nova definição do instituto, para que a proteção penal se coadune com as exigências do comércio bancário. Com efeito, estabelece a Circular n.º 162, no seu item VI.

"O uso indevido de cheques se caracteriza:

> *a*) pela segunda apresentação de um cheque, feita após o mínimo de dois dias úteis da primeira apresentação, sem que a conta respectiva tenha sido suprida de fundos suficientes;
>
> *b*) a critério da instituição sacada e do Banco Central do Brasil quando se constatar o hábito do depositante em emitir cheques sem a necessária provisão de fundos, embora liquidados na segunda apresentação, e quando se verificarem casos de jogo de cheques e outras ocorrências que evidenciem práticas condenáveis do emitente".

O projeto abrange, no artigo 184, § 1.º, VI, a emissão de cheque sem fundos e a frustração do seu pagamento. Na verdade, não parece adequado distinguir e tratar em separado essas hipóteses. Embora idealmente possa assim ser decomposta a etiologia do delito, fé pública e patrimônio, é inegável que o fim decisivo do instrumento é o pagamento.

No artigo 188, que regula o crime de fraude no comércio, o projeto inclui um parágrafo que tipifica atos, hoje impunes, como a fabricação de bebidas falsificadas, nos casos em que não se caracteriza delito contra a saúde pública:

> "§ 1.º. Nas mesmas penas incorre quem fabrica ou tem em depósito, para ser vendida como verdadeira, perfeita ou autêntica, mercadoria falsificada, deteriorada ou substituída".

21. No art. 200, inciso II, o Código determina que, nos crimes contra o patrimônio, somente se proceda mediante representação se a vítima é irmão ou cunhado do agente. O projeto inclui também a hipótese em que o crime seja cometido contra os afins em linha reta, que normalmente têm mais ligação com o agente do que os cunhados.

No parágrafo único do art. 258, o projeto inclui a televisão como meio de comunicação utilizado para recitação ou audição de caráter obsceno, no delito de ultraje público ao pudor.

No artigo 259 o Código define o crime de incesto: "Ter conjunção carnal com descendente ou ascendente, com irmão ou irmã". Para resolver o problema do concurso aparente dessa norma com as que regulam vários crimes contra os costumes, o projeto acrescenta a cláusula "se o fato não constitui crime definido no título anterior".

No artigo 267, que dispõe sobre o crime de "falso registro, parto suposto, ocultação ou substituição de recém-nascido", o projeto faculta ao juiz deixar de aplicar a pena "se o crime é praticado por motivo de reconhecida nobreza", favor de que indubitavelmente carecia a legislação.

22. O crime de perigo de inundação deixa de constituir artigo autônomo (284), passando a parágrafo do artigo 283. O projeto aproveita o artigo 284 para definir o delito de "exercício ilegal da engenharia ou arquitetura". Essa infração penal, que na legislação vigente constitui apenas a contravenção de *exercício ilegal de profissão ou atividade*, é elevada à categoria de crime, dentre os de perigo comum, dada a acentuada relevância que o exercício regular de tais profissões assume em nosso meio.

No artigo 295, o projeto estabelece uma forma qualificada para os crimes contra a segurança dos meios de transporte, se resulta lesão grave.

23. No artigo 314, incorpora-se ao Código Penal a nova redação do crime de comércio clandestino de entorpecentes ou substâncias que determinem dependência física ou psíquica, com todas suas formas equiparadas, agravantes e figuras, afins na conformidade da Lei n.º 5.726, de 29 de outubro de 1971. Emenda-se apenas o § 5.º, estabelecendo uma forma qualificada quando duas ou mais pessoas se reúnem para a prática do crime.

Dispõe o Decreto-lei n.º 1.004, no artigo 347:

> "Se o crime contra a fé pública for o único meio empregado na prática de outro crime, o agente responderá tão-somente pela falsidade, mas com a pena aumentada de um a dois terços".

O projeto, adotando no artigo 65 o princípio do concurso formal, propõe nova redação para o artigo 347, mandando aplicar aquele princípio, mais adequado à hipótese.

No artigo 377, que prevê o delito de impedimento, perturbação ou fraude de *concorrência*, o projeto substitui esta última expressão por *licitação*, que abrange a concorrência a tomada de preços e o convite, de acordo com as normas constantes do Título XII do Decreto-lei n.º 200, de 25 de fevereiro de 1967.

O crime de *desobediência à decisão judicial* (art. 359) recebe nova redação e é transladado do capítulo dos crimes praticados por funcionários contra a administração em geral para o dos crimes contra a administração da justiça (art. 403). Deste para aquele capítulo passa o crime de *reingresso de estrangeiro expulso* (artigo 403 do Decreto-lei 1.004; artigo 368 do projeto).

O projeto aprimora a redação de diversos dispositivos do novo Código Penal e suprime: a) o art. 45, que manda aplicar a pena de multa nos delitos praticados com o fim de lucro, ainda que tal sanção não esteja expressamente estabelecida, porque esta regra esbarra com o princípio da necessidade de prévia cominação para a imposição de qualquer pena, tanto mais que, na Parte Especial, já estão previstos casos expressos de agravação de pena a tais delitos; b) a pena que se segue ao art. 128, parágrafo único, por ser mera repetição; c) o art. 275, que trata de espécie quase-culposa de abandono moral, incompatível com os costumes da vida moderna; d) o art. 291, que trata da fuga após acidente de trânsito, matéria que é incluída entre as hipóteses de omissão de socorro; e) o art. 335 que trata da emissão de cheque sem fundos, qualificada como uma das figuras de estelionato; f) e finalmente o art. 376 que trata dos delitos de fraude fiscal, que deve continuar a ser regida em lei especial.

Ressalva ainda o projeto a aplicação do sistema de medidas de segurança do Código de 1940 para os fatos ocorridos sob sua vigência e disciplina as remissões contidas em leis especiais a artigos do Código Penal, que poderiam gerar dificuldades interpretativas ao entrar em vigor o novo diploma legal.

Estas são, Senhor Presidente, as alterações que tenho a honra de propor e que visam aperfeiçoar a legislação penal, pondo-a em consonância com a realidade brasileira e os princípios mais modernos e justos do Direito repressivo.

Aproveito a oportunidade para renovar a Vossa Excelência protestos de profundo respeito. — *Alfredo Buzaid*, Ministro da Justiça.

OS MINISTROS DA MARINHA DE GUERRA, DO EXÉRCITO E DA AERONÁUTICA MILITAR, usando das atribuições que lhes confere o artigo 3.º do Ato Institucional n.º 16, de 14 de outubro de 1969, combinado com o § 1.º do art. 2.º, do Ato Institucional n.º 5, de 13 de dezembro de 1968, decretam:

CÓDIGO PENAL

PARTE GERAL

TÍTULO I

DA APLICAÇÃO DA LEI PENAL

Princípio da legalidade

Art. 1.º — Não há crime sem lei anterior que o defina, nem pena sem prévia cominação legal.

Lei supressiva de incriminação

Art. 2.º — Ninguém pode ser punido por fato que lei posterior deixa de considerar crime, cessando, em virtude dela, a própria vigência de sentença condenatória irrecorrível, salvo quanto aos efeitos de natureza civil.

Retroatividade de lei mais benigna

§ 1.º — A lei posterior que, de qualquer outro modo, favorecer o agente, aplica-se retroativamente, ainda quando já tenha sobrevindo sentença condenatória irrecorrível.

Apuração da maior benignidade

§ 2.º — Para se reconhecer qual a mais favorável, a lei posterior e a anterior devem ser consideradas separadamente, cada qual no conjunto de suas normas aplicáveis ao fato.

Medidas de segurança

Art. 3.º — As medidas de segurança regem-se pela lei vigente ao tempo da sentença, prevalecendo, entretanto, se diversa, a lei vigente ao tempo da execução.

Lei excepcional ou temporária

Art. 4.º — A lei excepcional ou temporária, embora decorrido o período de sua duração ou cessadas as circunstâncias que a determinaram, aplica-se ao fato praticado durante sua vigência.

Tempo do crime

Art. 5.º — O crime se entende praticado no momento da ação ou omissão, ainda que outro seja o momento do resultado.

Lugar do crime

Art. 6.º — Considera-se praticado o crime no lugar em que ocorreu a ação ou omissão, no todo ou em parte, bem como onde se produziu ou deveria produzir-se o resultado.

Territorialidade

Art. 7.º — Aplica-se a lei brasileira, sem prejuízo de convenções, tratados e regras de direito internacional, ao crime cometido no território nacional.

Território nacional por extensão

§ 1.º — Para os efeitos penais, consideram-se como extensão do território nacional os navios e aeronaves brasileiros de natureza pública ou a serviço do Governo brasileiro, onde quer que se encontrem, bem como as aeronaves e os navios brasileiros, mercantes ou de propriedade privada, que se achem, respectivamente, em alto mar ou espaço aéreo correspondente.

Ampliação a aeronaves ou navios estrangeiros

§ 2.º — É também aplicável a lei brasileira aos crimes praticados a bordo de aeronaves ou navios estrangeiros de propriedade privada, achando-se aquelas em pouso no território nacional ou em vôo no espaço aéreo correspondente, e estes em porto ou mar territorial do Brasil.

Extraterritorialidade

Art. 8.º — Ficam sujeitos à lei brasileira, embora praticados no estrangeiro:

I — os crimes:

a) contra a vida ou a liberdade do Presidente da República;

b) contra o patrimônio ou a fé pública da União, de Estado, de Território, de Município, do Distrito Federal, de empresa pública, sociedade de economia mista, autarquia ou fundação instituída pelo Poder Público;

c) contra a administração pública, por quem está a seu serviço;

d) de genocídio, quando o agente é brasileiro ou domiciliado no Brasil;

II — os crimes:

a) que, por tratado ou convenção, o Brasil se obrigou a reprimir;

b) praticados por brasileiro;

c) praticados em aeronaves ou navios brasileiros, mercantes ou de propriedade privada, quando em território estrangeiro e aí não sejam julgados.

§ 1.º — Nos casos do n.º I, o agente é punido segundo a lei brasileira, ainda que já tenha sido julgado no estrangeiro.

§ 2.º — Nos casos do n.º II, a aplicação da lei brasileira depende das seguintes condições:

a) entrar o agente no território nacional;

b) ser o fato também punível no país em que foi praticado;

c) estar o crime incluído entre aqueles pelos quais a lei brasileira autoriza a extradição;

d) não ter sido o agente absolvido no estrangeiro ou não ter aí cumprido a pena;

e) não ter sido o agente perdoado no estrangeiro ou, por outro motivo, não estar extinta a punibilidade, segundo a lei mais favorável.

Crime de estrangeiro contra brasileiro fora do Brasil

§ 3.º — A lei brasileira aplica-se igualmente ao crime cometido por estrangeiro contra brasileiro fora do Brasil, se, reunidas as condições mencionadas no parágrafo anterior:

a) não foi pedida ou negada a extradição;

b) houve requisição do Ministro da Justiça.

Pena cumprida no estrangeiro

Art. 9.º — A pena cumprida no estrangeiro atenua a pena imposta no Brasil pelo mesmo crime, quando diversas, ou nela é computada, quando idênticas.

Eficácia da sentença estrangeira

Art. 10 — A sentença estrangeira, quando a aplicação da lei brasileira produz na espécie as mesmas conseqüências, pode ser homologada no Brasil para:

I — obrigar o condenado a reparação do dano, restituições e outros efeitos civis;

II — sujeitá-lo às penas acessórias e medidas de segurança;

III — reconhecê-lo como reincidente ou criminoso habitual.

Parágrafo único — A homologação, no caso do n.º I, depende de iniciativa da parte interessada; nos demais casos, de requerimento do Ministério Público.

Contagem de prazo

Art. 11 — No cômputo dos prazos inclui-se o dia do começo. Contam-se os dias, os meses e os anos pelo calendário comum.

Legislação especial

Art. 12 — As regras gerais deste Código aplicam-se aos fatos incriminados por lei especial, se esta não dispuser de modo diverso.

TÍTULO II

DO CRIME

Relação de causalidade

Art. 13 — O resultado, de que depende a existência do crime, somente é imputável a quem lhe deu causa. Considera-se causa a ação ou omissão sem a qual o resultado não teria ocorrido.

§ 1.º — A superveniência de causa relativamente independente exclui a imputação quando, por si só, produziu o resultado. Os fatos anteriores imputam-se, entretanto, a quem os praticou.

§ 2.º — A omissão é relevante como causa quando o omitente devia e podia agir para evitar o resultado. O dever de agir incumbe a quem tenha por lei obrigação de cuidado, proteção ou vigilância; a quem, de outra forma, assumiu a responsabilidade de impedir o resultado; e a quem, com seu comportamento anterior, criou o risco de sua superveniência.

Art. 14 — Diz-se o crime:

Crime consumado

I — consumado, quando nele se reúnem todos os elementos de sua definição legal;

Tentativa

II — tentado, quando, iniciada a execução, não se consuma por circunstâncias alheias à vontade do agente.

Pena de tentativa

Parágrafo único — Salvo disposição em contrário, pune-se a tentativa com a pena correspondente ao crime consumado, diminuída de um a dois terços.

Desistência voluntária e arrependimento eficaz

Art. 15 — O agente que, voluntariamente, desiste de prosseguir na execução ou impede que o resultado se produza, só responde pelos atos já praticados.

Crime impossível

Art. 16 — Não se pune a tentativa, quando, por ineficácia absoluta do meio empregado ou por absoluta impropriedade do objeto, é impossível consumar-se o crime.

Crime doloso e crime culposo

Art. 17 — Diz-se o crime:

I — doloso, quando o agente quis o resultado ou assumiu o risco de produzi-lo;

II — culposo, quando o agente deu causa ao resultado por imprudência, negligência ou imperícia.

Excepcionalidade do crime culposo

Parágrafo único — Salvo os casos expressos em lei, ninguém pode ser punido por fato previsto como crime, senão quando o pratica dolosamente.

Caso fortuito ou força maior

Art. 18 — Não há crime quando o fato resulta de caso fortuito ou força maior.

Agravação pelo resultado

Art. 19 — Pelos resultados que agravem especialmente as penas só responde o agente quando os houver causado, pelo menos, culposamente.

Erro de direito

Art. 20 — A pena pode ser atenuada ou substituída por outra menos grave, quando o agente, por escusável ignorância ou errada compreensão da lei, supõe lícito o fato.

Erro de fato

Art. 21 — É isento de pena quem, ao praticar o crime supõe, por erro plenamente escusável, a inexistência de circunstância de fato que o constitui, ou a existência de situação de fato que tornaria a ação legítima.

Erro culposo

§ 1.º — Se o erro deriva de culpa, a este título responde o agente, quando o fato é punível como crime culposo.

Erro provocado

§ 2.º — Se o erro é provocado por terceiro, responderá este pelo crime, a título de dolo ou culpa, conforme o caso.

Erro sobre a pessoa

Art. 22 — Quando o agente, por erro de percepção ou no uso dos meios de execução, ou outro acidente, atinge uma pessoa em vez de outra, responde como se tivesse praticado o crime contra aquela que realmente pretendia atingir. Devem ter-se em conta não as condições e qualidades da vítima, mas as da outra pessoa, para configuração, qualificação ou exclusão do crime, e agravação ou atenuação da pena.

Erro quanto ao bem jurídico

§ 1.º — Se, por erro ou outro acidente na execução, é atingido bem jurídico diverso do visado pelo agente, responde este por dolo, se assumiu o risco de causar este resultado, ou por culpa, se o previu, ou podia prever, e o fato é punível como crime culposo.

Duplicidade de resultado

§ 2.º — Se, no caso do artigo, é também atingida a pessoa visada, ou, no caso do parágrafo anterior, ocorre ainda o resultado pretendido, aplica-se a regra do artigo 65, § 1.º.

Coação física

Art. 23 — Não é autor do crime quem o pratica sob coação física irresistível, respondendo tão-somente o coator.

Art. 24 — Não é culpado quem comete o crime:

Coação moral

a) sob coação moral irresistível;

Obediência hierárquica

b) em obediência a ordem, não manifestamente ilegal, de superior hierárquico.

Parágrafo único — Responde pelo crime o autor da coação ou da ordem.

Estado de necessidade como excludente de culpabilidade

Art. 25 — Não é igualmente culpado quem, para proteger direito próprio ou de pessoa a quem está ligado por estreitas relações de parentesco ou afeição, contra perigo certo e atual, que não provocou, nem podia de outro modo evitar, sacrifica direito alheio, ainda quando superior ao direito protegido, desde que não lhe era razoavelmente exigível conduta diversa.

Atenuação de pena

Art. 26 — Nos casos do artigo 23 e do artigo 24, letras **a** e **b**, se era possível resistir à coação, ou se a ordem era manifestamente ilegal; ou, no caso do artigo 25, se era razoavelmente exigível o sacrifício do direito ameaçado, o juiz, tendo em vista as condições pessoais do réu, pode atenuar a pena.

Exclusão de crime

Art. 27 — Não há crime quando o agente pratica o fato:

I — em estado de necessidade;

II — em legítima defesa;

III — em estrito cumprimento de dever legal;

IV — em exercício regular de direito.

Estado de necessidade como excludente do crime

Art. 28 — Considera-se em estado de necessidade quem pratica um mal para preservar direito seu, ou alheio, de perigo certo e atual, que não provocou, nem podia de outro modo evitar, desde que o mal causado, pela sua natureza e importância, é consideravelmente inferior ao mal evitado, e o agente não era legalmente obrigado a arrostar o perigo.

Legítima defesa

Art. 29 — Entende-se em legítima defesa quem, usando moderadamente dos meios necessários, repele injusta agressão, atual ou iminente, a direito seu ou de outrem.

Excesso culposo

Art. 30 — O agente que, em qualquer dos casos de exclusão de crime, excede culposamente os limites da necessidade, responde pelo fato, se este é punível a título de culpa.

Excesso escusável

§ 1.º — Não é punível o excesso quando resulta de escusável medo, surpresa, ou perturbação de ânimo em face da situação.

Excesso doloso

§ 2.º — Ainda quando punível o fato por excesso doloso, o juiz pode atenuar a pena.

TÍTULO III

DA IMPUTABILIDADE PENAL

Inimputáveis

Art. 31 — Não é imputável quem, no momento da ação ou da omissão, não possui a capacidade de entender o caráter ilícito do fato ou de determinar-se de acordo com esse entendimento, em virtude de doença mental ou de desenvolvimento mental incompleto ou retardado.

Redução facultativa da pena

Parágrafo único — Se a doença ou a deficiência mental não suprime, mas diminui consideravelmente a capacidade de entendimento da ilicitude do fato ou a de autodeterminação, não fica excluída a imputabilidade, mas a pena pode ser atenuada, sem prejuízo do disposto no art. 93.

Embriaguez

Art. 32 — Não é igualmente imputável o agente que, por embriaguez completa, proveniente de caso fortuito ou força maior, era, ao tempo da ação ou da omissão, inteiramente incapaz de entender o caráter ilícito do fato ou de determinar-se de acordo com esse entendimento.

Parágrafo único — A pena pode ser reduzida de um a dois terços, se o agente, por embriaguez proveniente de caso fortuito ou força maior, não possuía, ao tempo da ação ou da omissão, a plena capacidade de entender o caráter ilícito do fato ou de determinar-se de acordo com esse entendimento.

Menores

Art. 33 — O menor de dezoito anos é inimputável.

Art. 34 — Os menores de dezoito anos ficam sujeitos às medidas educativas, curativas ou disciplinares determinadas em leis especiais.

TÍTULO IV

DO CONCURSO DE AGENTES

Co-autoria

Art. 35 — Quem, de qualquer modo, concorre para o crime incide nas penas a este cominadas.

Condições ou circunstâncias pessoais

§ 1.º — A punibilidade de qualquer dos concorrentes é independente da dos outros, determinando-se segundo a sua própria culpabilidade. Não se comunicam, outrossim, as condições ou circunstâncias de caráter pessoal, salvo quando elementares do crime.

Agravação de pena

§ 2.º — A pena é agravada em relação ao agente que:

I — promove ou organiza a cooperação no crime ou dirige a atividade dos demais agentes;

II — coage outrem à execução material do crime;

III — instiga ou determina a cometer o crime alguém sujeito à sua autoridade, ou não punível em virtude de condição ou qualidade pessoal;

IV — executa o crime, ou nele participa, mediante paga ou promessa de recompensa.

Atenuação de pena

§ 3.º — A pena é atenuada em relação ao agente cuja participação no crime é de somenos importância.

TÍTULO V
DAS PENAS

Capítulo I
Das Penas Principais

Penas principais

Art. 36 — As penas principais são:

I — reclusão;

II — detenção;

III — multa.

Seção I
Da reclusão e da detenção

Fim da pena

Art. 37 — A pena de reclusão e a de detenção devem ser executadas de modo que exerçam sobre o condenado uma individualizada ação educativa, no sentido de sua recuperação social.

Mínimos e máximos genéricos

§ 1.º — O mínimo da pena de reclusão é de um ano, e o máximo, de trinta anos; o mínimo da pena de detenção é de quinze dias, e o máximo, de dez anos.

Obrigação de trabalho

§ 2.º — O condenado é obrigado a trabalhar, na medida de suas forças e aptidões. Exercido durante o dia e em comum, o trabalho é remunerado e deve obedecer à finalidade de proporcionar ao condenado a aprendizagem ou aperfeiçoamento de ofício que lhe sirva, de futuro, como meio de vida honesto.

Detenção substitutiva

§ 3.º — A pena de reclusão não superior a dois anos pode ser substituída pela de detenção, desde que o réu seja primário, de nenhuma ou escassa periculosidade, e tenha realizado, salvo impossibilidade econômica, a reparação do dano antes da sentença.

Separação dos sexos

§ 4.º — As mulheres cumprem pena em estabelecimentos especiais, ou, na falta, em seção adequada de estebelecimento penal comum, com inteira separação da destinada aos homens.

Menores de 21 anos

§ 5.º — Os menores de vinte e um anos cumprem pena em local inteiramente separado do destinado aos adultos, ou em seção especial do mesmo estabelecimento.

Cumprimento de pena privativa de liberdade

Art. 38 — As penas privativas de liberdade serão cumpridas:

I — em estabelecimento penal fechado;

II — em estabelecimento penal aberto.

Estabelecimento penal fechado

§ 1.º — O estabelecimento penal fechado será de segurança máxima.

Nele cumprirão pena:

a) os condenados por tempo igual ou superior a seis anos de reclusão ou oito anos de detenção;

b) os condenados por tempo inferior a esses limites, que sejam de acentuada periculosidade.

§ 2.º — Não é permitido o isolamento diurno do condenado, salvo quando o exija a disciplina ou outro interesse relevante.

Estabelecimento penal aberto

§ 3.º — O estabelecimento penal aberto será instalado, de preferência, nas cercanias de centro urbano. Nele cumprirão pena, em regime de semiliberdade, os condenados por tempo inferior a seis anos de reclusão ou oito anos de detenção, que sejam de escassa ou nenhuma periculosidade.

§ 4.º — A internação em estabelecimento penal aberto também constituirá fase de execução, podendo atingi-la o condenado cuja periculosidade tenha cessado ou diminuído.

§ 5.º — Se o condenado fugir, será transferido para estabelecimento penal fechado.

Tipos de estabelecimentos penais

Art. 39 — Os estabelecimentos penais são de tipo industrial, ou agrícola, ou misto.

Prisão-albergue

Art. 40 — Quando o condenado for primário e de nenhuma ou escassa periculosidade, poderá o juiz determinar que a pena privativa de liberdade seja cumprida sob o regime de prisão-albergue:

I — desde o início da execução, se a pena não for superior a três anos;

II — após completado um terço da execução, se excedido esse limite e ouvido o Conselho Penitenciário.

§ 1.º — No regime de prisão-albergue, o condenado poderá exercer, fora do estabelecimento penal e sem vigilância, atividade profissional e freqüentar instituição de ensino, sujeito às condições especificadas na sentença de concessão do regime.

§ 2.º — Se o condenado fugir, será transferido para estabelecimento penal fechado, não se lhe concedendo mais a prisão-albergue.

Superveniência de doença mental

Art. 41 — O condenado a que sobrevenha doença mental deve ser recolhido a manicômio judiciário ou, na falta, a outro estabelecimento adequado, onde lhe sejam assegurados a custódia e o tratamento.

Tempo computável na duração da pena

Art. 42 — Computam-se, na pena privativa de liberdade, o tempo de prisão provisória, no Brasil ou no estrangeiro, e o de internação em hospital ou manicômio, bem como o excesso de tempo, reconhecido em decisão judicial irrecorrível, no cumprimento da pena por outro crime, desde que a decisão seja posterior ao crime de que se trata.

Transferência de condenados

Art. 43 — O condenado pela justiça de um Estado pode cumprir pena em estabelecimento de outro Estado ou da União.

Seção II

Da pena de multa

Multa

Art. 44 — A pena de multa consiste no pagamento, ao Tesouro Nacional, de uma soma em dinheiro, que é fixada em dias-multa. Seu montante é, no mínimo, um dia-multa e, no máximo trezentos e sessenta dias-multa.

Fixação do dia-multa

§ 1.º — O montante do dia-multa é fixado segundo o prudente arbítrio do juiz, mas não pode ser inferior ao valor de um trigésimo do salário-mínimo, nem superior a um terço dele.

Salário-mínimo

§ 2.º — Para os efeitos penais, considera-se o maior salário-mínimo mensal vigente no País, ao tempo do fato.

Crime com fim de lucro

Art. 45 — Quando um crime é praticado com o fim de lucro, ou por cupidez, deve ser aplicada a pena de multa, ainda que não esteja expressamente cominada. Em tal caso, a multa não poderá exceder de cem dias-multa.

Multa substitutiva

Art. 46 — A pena de detenção não superior a seis meses pode ser substituída pela de multa, desde que o condenado seja primário, de escassa ou nenhuma periculosidade e tenha realizado, salvo impossibilidade econômica, a reparação do dano antes da sentença, se é de esperar que a multa baste para servir de advertência. Na conversão, a cada dia de detenção corresponderá um dia-multa.

Facilitação de pagamento

Art. 47 — Tal seja a situação econômica do condenado, o juiz pode conceder um prazo não inferior a três meses e não superior a um ano, a contar da data do trânsito em julgado da sentença condenatória, para o pagamento da multa, ou permitir que este se faça a prestações mensais, dentro no mesmo prazo, com ou sem garantias. Revogam-se tais favores se o condenado é impontual ou vem a melhorar de situação econômica.

Pagamento com prestação de trabalho livre

Art. 48 — Se o condenado é insolvente, mas possui capacidade laborativa, pode ser-lhe permitido, nas condições fixadas pelo juiz, o resgate da multa, mediante desconto da remuneração de trabalho livre em obras públicas, empresa pública, autarquia, sociedade de economia mista ou fundação instituída pelo Poder Público.

Desconto na remuneração do trabalho penal

Art. 49 — Quando imposta cumulativamente com pena privativa de liberdade, e enquanto esta perdura, a multa é cobrada mediante desconto de quarta parte da remuneração do trabalho penal.

Conversão em detenção

Art. 50 — A multa converte-se em detenção, quando o condenado solvente frustra o seu pagamento.

Modo de conversão

§ 1.º — Para o efeito da conversão, um dia-multa corresponde a um dia de detenção, não podendo esta, entretanto, exceder de um ano ou do mínimo da pena privativa de liberdade cumulativa ou alternativamente cominada ao crime, quando inferior a um ano.

Revogação da conversão

§ 2.º — A conversão fica sem efeito se, a qualquer tempo, o condenado paga a multa ou lhe assegura o pagamento mediante caução real ou fidejussória.

Suspensão da execução da multa

Art. 51 — É suspensa a execução da pena de multa, se sobrevém ao condenado doença mental.

Capítulo II

Da Aplicação da Pena

Fixação da pena privativa de liberdade

Art. 52 — Para fixação da pena privativa de liberdade, o juiz aprecia a gravidade do crime praticado e a personalidade do réu, devendo ter em conta a intensidade do dolo ou grau da culpa, a maior ou menor extensão do dano ou perigo de dano, os meios empregados, o modo de execução, os motivos determinantes, as circunstâncias de tempo e lugar, os antecedentes do réu e sua atitude de insensibilidade, indiferença ou arrependimento após o crime.

Declaração de periculosidade

§ 1.º — O juiz, na sentença, declarará o grau de periculosidade do condenado, classificando-a de:

I — acentuada, quando:

a) o exame dos elementos e circunstâncias referidos neste artigo indicar que o agente tem inclinação para o crime;

b) tratar-se de criminose habitual (artigo 64, § 2.º); ou

c) tratar-se de criminoso por tendência (artigo 64, § 3.º).

II — escassa, quando o exame dos elementos e circunstâncias referidos neste artigo evidenciar a probabilidade de rápida regeneração do agente, desde que submetido a medida reeducativa.

III — nenhuma, quando o exame dos mesmos elementos e circunstâncias evidenciar a desnecessidade do emprego de medidas reeducativas.

Revisão da declaração de periculosidade

§ 2.º — A periculosidade, declarada na sentença, será revista no curso da execução da pena, por iniciativa do condenado, do diretor do estabelecimento, do Conselho Penitenciário ou do juiz.

Fixação da pena de multa

Art. 53 — Na fixação da pena de multa, o juiz deve ter em conta, principalmente, a situação pessoal e econômica do condenado.

Parágrafo único — A multa pode ser aumentada até o triplo, embora não possa exceder o máximo genérico (art. 44), se o juiz considera que, em virtude da situação econômica do condenado, é ineficaz a cominada, ainda que no máximo, ao crime de que se trate.

Frações não computáveis

Art. 54 — Desprezam-se, na pena privativa de liberdade, as frações de dia e, na multa, as frações de Cr$ 1,00.

Fundamentação da medida da pena

Art. 55 — Na sentença devem ser expressamente referidos os fundamentos da medida da pena.

Circunstâncias agravantes

Art. 56 — São circunstâncias que sempre agravam a pena, quando não integrantes ou qualificativas do crime:

I — a reincidência;

II — ter o agente cometido o crime:

a) por motivo fútil ou torpe;

b) para facilitar ou assegurar a execução, a ocultação, a impunidade ou vantagem de outro crime;

c) depois de embriagar-se propositadamente para cometê-lo;

d) à traição, de emboscada, com surpresa, ou mediante outro recurso insidioso, que dificultou ou tornou impossível a defesa da vítima;

e) com emprego de veneno, asfixia, tortura, fogo explosivo ou qualquer outro meio dissimulado ou cruel ou de que podia resultar perigo comum;

f) mediante paga ou promessa de recompensa;

g) contra ascendente, descendente, irmão ou cônjuge;

h) com abuso de autoridade ou prevalecendo-se de relações domésticas, de coabitação ou de hospitalidade;

i) com abuso de poder ou violação de dever inerente a cargo, ofício, ministério ou profissão;

j) contra criança, velho, enfermo ou quem tenha a capacidade de defesa de qualquer modo reduzida;

l) quando o ofendido estava sob a imediata proteção da autoridade;

m) em ocasião de incêndio, naufrágio, inundação ou qualquer calamidade pública, ou de desgraça particular do ofendido.

Reincidência

Art. 57 — Verifica-se a reincidência quando o agente comete novo crime, depois de transitar em julgado a sentença que, no País ou no estrangeiro, o tenha condenado por crime anterior.

§ 1.º — Não se toma em conta, para o efeito da reincidência, a condenação anterior, se entre a data do cumprimento ou extinção da pena e o crime posterior decorreu período de tempo superior a cinco anos.

Crimes não considerados para efeito de reincidência

§ 2.º — Para o efeito da reincidência, não se consideram os crimes puramente militares ou políticos.

Circunstâncias atenuantes

Art. 58 — São circunstâncias que sempre atenuam a pena:

I — ser o agente menor de vinte e um ou maior de setenta anos;

II — ser meritório seu comportamento anterior;

III — ter o agente:

a) cometido o crime por motivo de relevante valor social ou moral;

b) procurado, por sua espontânea vontade e com eficiência, logo após o crime, evitar-lhe ou minorar-lhe as conseqüências, ou ter, antes do julgamento, reparado o dano;

c) cometido o crime sob a influência de violenta emoção, provocada por ato injusto da vítima;

d) confessado espontaneamente, perante a autoridade, a autoria de crime ignorada ou imputada a outrem;

e) cometido o crime sob a influência da multidão em tumulto, se, lícita a reunião, não provocou o tumulto.

Quantum de agravação ou atenuação

Art. 59 — Quando a lei determina a agravação ou atenuação da pena sem mencionar o **quantum**, deve o juiz fixá-lo entre um quinto e um terço, guardados os limites da pena cominada ao crime.

Mais de uma agravante ou atenuante

Art. 60 — Quando ocorre mais de uma agravante ou atenuante, o juiz poderá limitar-se a uma só agravação ou a uma só atenuação.

Concurso de agravantes e atenuantes

Art. 61 — No concurso de agravantes e atenuantes, a pena deve aproximar-se do limite indicado pelas cinrcunstâncias preponderantes, entendendo-se como tais as que resultam dos motivos determinantes do crime, da personalidade do agente e da reincidência. Se há equivalência entre umas e outras é como se não tivessem ocorrido.

Majorantes e minorantes

Art. 62 — Quando a lei prevê causas especiais de aumento ou diminuição da pena, não fica o juiz adstrito aos limites da pena cominada ao crime, senão apenas aos da espécie de pena aplicável.

Parágrafo único — No concurso dessas causas especiais, pode o juiz limitar-se a um só aumento ou a uma só diminuição, prevalecendo, todavia, a causa que mais aumente ou diminua.

Pena-base

Art. 63 — A pena que tenha de ser aumentada ou diminuída, de quantidade fixa ou dentro de determinados limites, é a que o juiz aplicaria, se não existisse a circunstância ou causa que importe o aumento ou a diminuição.

Criminoso habitual ou por tendência

Art. 64 — Tratando-se de criminoso habitual ou por tendência, a pena a ser imposta será por tempo indeterminado. O juiz fixará a pena correspondente ao crime cometido, que constituirá a duração mínima da pena privativa de liberdade, não podendo ser inferior à metade da soma do mínimo com o máximo cominados.

Limite de pena indeterminada

§ 1.º — A duração da pena indeterminada não pode exceder a dez anos, após o cumprimento da pena fixada na sentença.

§ 2.º — Considera-se criminoso habitual quem:

a) reincide pela segunda vez na prática de crime doloso da mesma natureza, em período de tempo não superior a cinco anos, descontado o que se refere a cumprimento de pena;

b) embora sem condenação anterior, comete sucessivamente, em período de tempo não superior a cinco anos, quatro ou mais crimes da mesma natureza e demonstra, pelas suas condições de vida e pelas circunstâncias dos fatos apreciados em conjunto, acentuada inclinação para o crime.

§ 3.º — Considera-se criminoso por tendência quem, pela sua periculosidade, motivos determinantes e meios ou modo de execução do crime, revela extraordinária torpeza, perversão ou malvadez.

Ressalva do art. 93

§ 4.º — Fica ressalvado, em qualquer caso, o disposto no art. 93.

Crimes da mesma natureza

§ 5.º — Consideram-se crimes da mesma natureza os previstos no mesmo dispositivo legal, bem como os que, embora previstos em dispositivos diversos, apresentam, pelos fatos que os constituem ou por seus motivos determinantes, caracteres fundamentais comuns.

Concurso de crimes

Art. 65 — Quando o agente, mediante mais de uma ação ou omissão, pratica dois ou mais crimes, idênticos ou não, as penas privativas de liberdade aplicam-se cumulativamente.

§ 1.º — Quando o agente, mediante uma só ação ou omissão, pratica dois ou mais crimes a que se cominam penas privativas de liberdade, impõe-se-lhe a mais grave, ou, se da mesma espécie, somente uma delas, aumentada, em qualquer caso, de um sexto até a metade. Se a ação ou omissão é dolosa e os crimes concorrentes resultam de desígnios autônomos, as penas privativas de liberdade aplicam-se cumulativamente.

§ 2.º — Na hipótese da primeira parte do parágrafo anterior, a pena não pode ultrapassar a que seria imposta se os crimes resultassem de mais de uma ação ou omissão.

Crime continuado

Art. 66 — Quando o agente, mediante mais de uma ação ou omissão, pratica dois ou mais crimes da mesma espécie e, pelas condições do tempo, lugar, maneira de execução e outras semelhantes, devam os subseqüentes ser havidos como continuação do primeiro, impõe-se-lhe a pena de um só dos crimes, se idênticas, ou a mais grave, se diversas, aumentada, em qualquer caso, de um sexto a dois terços.

§ 1.º — Não se conhece a continuação quando se trata de crimes que, de qualquer modo, ofendam bens jurídicos inerentes à pessoa, salvo se as ações ou omissões sucessivas são dirigidas contra a mesma vítima.

§ 2.º — Não é igualmente reconhecida a continuação no caso da letra **b** do § 2.º do art. 64.

Pena unificada

Art. 67 — As penas privativas de liberdade, aplicadas cumulativamente, unificam-se do modo seguinte:

I — se são da mesma espécie, a pena única é a soma de todas;

II — se de espécies diferentes, a pena única é a de reclusão, aumentada da metade da pena de detenção, ou, se houver mais de uma, da metade da soma das penas de detenção.

Limite da pena privativa de liberdade

Parágrafo único — Salvo o caso de crime praticado depois de iniciado o cumprimento de pena, a duração da reclusão não poderá ultrapassar de trinta anos e a de detenção de quinze anos.

Concurso de crime e contravenção

Art. 68 — No concurso de crime e contravenção, a pena de reclusão ou de detenção absorve sempre a de prisão, mas é aumentada à razão de um dia de reclusão ou detenção por três dias de prisão.

Penas não privativas de liberdade

Art. 69 — As penas não privativas de liberdade são aplicadas distinta e integralmente, ainda que previstas para um só dos crimes concorrentes.

Capítulo III

Da Suspensão Condicional da Pena

Pressupostos da suspensão

Art. 70 — A execução da pena privativa de liberdade não superior a dois anos pode ser suspensa por dois a seis anos, se o condenado for primário, de nenhuma ou escassa periculosidade e tiver demonstrado o sincero desejo de reparar o dano.

Espécies de suspensão

§ 1.º — A suspensão poderá ser simples ou mediante regime de prova, aplicando-se a primeira ao condenado de nenhuma periculosidade e a segunda ao de escassa periculosidade.

Penas e medidas não suspensas

§ 2.º — A suspensão não se estende à pena de multa ou à pena acessória, nem exclui a aplicação de medida de segurança não detentiva.

Condições

Art. 71 — A sentença especificará as obrigações e proibições a que fica sujeito o condenado no regime de prova, e o cumprimento delas será fiscalizado, quando possível, por pessoal especializado.

Revogação obrigatória da suspensão

Art. 72 — A suspensão é revogada se, no curso do prazo, o beneficiário:

I — é condenado por sentença irrecorrível, em razão de crime ou de contravenção reveladora de má-índole ou a que tenha sido imposta pena privativa de liberdade;

II — frustra, embora solvente, o pagamento da multa, ou não efetua, sem motivo justificado, a reparação do dano.

Revogação facultativa

§ 1.º — A suspensão pode ser também revogada, se o condenado deixa de atender a qualquer das obrigações ou proibições constantes da sentença.

Prorrogação de prazo

§ 2.º — Quando facultativa a revogação, o Juiz pode, ao invés de decretá-la, prorrogar o período de prova até o máximo, se este não foi o fixado.

§ 3.º — Se o beneficiário está respondendo a processo que, no caso de condenação, pode acarretar a revogação, considera-se prorrogado o prazo da suspensão até o julgamento definitivo.

§ 4.º — A suspensão será revogada se, no curso do prazo, vier o juiz a tomar conhecimento da existência de motivo anterior impeditivo da concessão.

Extinção de pena

Art. 73 — Se o prazo expira sem que tenha sido revogada a suspensão, fica extinta a pena privativa de liberdade.

Capítulo IV

Do Livramento Condicional

Requisitos

Art. 74 — O condenado à pena privativa de liberdade pode ser liberado condicionalmente, desde que:

I — tenha cumprido:

a) metade da pena, se primário;

b) dois terços, se reincidente.

II — tenha reparado, salvo impossibilidade de fazê-lo, o dano causado pelo crime;

III — sua boa conduta durante a execução da pena, sua adaptação ao trabalho e as circunstâncias atinentes à sua personalidade, ao seu meio social e à sua vida pregressa permitem supor que não voltará a delinqüir.

Idade do condenado

Parágrafo único — Se o condenado é primário e menor de vinte e um anos ao tempo do fato ou maior de setenta ao tempo da sentença, o prazo de cumprimento da pena pode ser reduzido a um terço.

Art. 75 — Se o condenado é criminonoso habitual ou por tendência, o livramento condicional pode ser concedido, cumprido o mínimo da pena indeterminada, e, seguir, a cada dois anos, atendendo-se ao disposto no art. 74, II e III.

§ 1.º — O juiz fixará um período de prova, entre três e cinco anos.

§ 2.º — Se o livramento condicional for revogado, não poderá ser novamente concedido antes de três anos.

Especificação das condições

Art. 76 — A sentença deve especificar as condições a que fica subordinado o livramento.

Preliminares da concessão

Art. 77 — Antes de se pronunciar sobre o livramento, o juiz deve solicitar as informações necessárias e ouvir o Conselho Penitenciário.

Observação cautelar e proteção do liberado

Art. 78 — O liberado fica sob observação cautelar e proteção realizadas por patronato oficial ou particular, dirigido aquele e inspecionado este pelo Conselho Penitenciário. Na falta de patronato, o liberado fica sob observação cautelar realizada por serviço social penitenciário ou órgão similar.

Revogação obrigatória

Art. 79 — Revoga-se o livramento se o liberado vem a ser condenado, em sentença irrecorrível, à pena privativa de liberdade:

I — por infração penal cometida durante a vigência do benefício;

II — por infração penal anterior, salvo se, unificadas as penas, ainda fica satisfeito o requisito do artigo 74, n.º I.

Revogação facultativa

Parágrafo único — O juiz pode também revogar o livramento se o liberado deixa de cumprir qualquer das obrigações constantes da sentença ou é irrecorrivelmente condenado por motivo de infração penal, a pena que não seja privativa de liberdade.

Efeitos da revogação

Art. 80 — Revogado o livramento, não pode ser novamente concedido e, salvo quando a revogação resulta de condenação por infração penal anterior ao benefício, não se desconta na pena o tempo em que esteve solto o condenado.

Extinção de pena

Art. 81 — Se até o seu termo o livramento não é revogado, considera-se extinta a pena privativa de liberdade.

Parágrafo único — Enquanto não passa em julgado a sentença, em processo a que responde o liberado por infração penal cometida na vigência do livramento, deve o juiz abster-se de declarar a extinção da pena.

Capítulo V

Das Penas Acessórias

Penas acessórias

Art. 82 — São penas acessórias:

I — a perda de função pública ainda que eletiva;

II — a inabilitação para o exercício de função pública;

III — a inabilitação para o exercício do pátrio poder, tutela ou curatela;

IV — suspensão dos direitos políticos;

V — a publicação da sentença.

Parágrafo único — Equipara-se à função pública a que é exercida em entidade de direito público, empresa pública, autarquia, sociedade de economia mista ou fundação instituída pelo Poder Público.

Perda da função pública

Art. 83 — Incorre na perda da função pública:

I — o condenado à pena privativa de liberdade por crime praticado com violação de dever inerente à função pública;

II — o condenado por outro crime à pena de reclusão por mais de dois anos, ou detenção por mais de quatro anos.

Inabilitação para o exercício de função pública

Art. 84 — Incorre na inabilitação para o exercício de função pública, pelo prazo de dois até vinte anos, o condenado à reclusão por mais de quatro anos, em virtude de crime praticado com abuso de poder ou violação de dever inerente à função pública.

Inabilitação para o pátrio poder, tutela ou curatela

Art. 85 — A inabilitação para o exercício do pátrio poder, da tutela ou da curatela, fica sujeito, permanentemente ou pelo prazo de dois até quinze anos, o condenado por crime praticado com abuso do pátrio poder, tutela ou curatela.

Suspensão do pátrio poder, tutela ou curatela

Parágrafo único — Ao condenado à pena privativa de liberdade por mais de dois anos, seja qual for o crime praticado, fica suspenso o exercício do pátrio poder, tutela ou curatela, enquanto durar a execução da pena ou da medida de segurança, imposta em substituição (artigo 93).

Suspensão dos direitos políticos

Art. 86 — Durante a execução da pena privativa de liberdade, ou da medida de segurança imposta em substituição, ou enquanto perdura a inabilitação para função pública, o condenado não pode votar, nem ser votado.

Imposição da pena acessória

Art. 87 — Salvo os casos do artigo 83, n.º II, e do artigo anterior, a imposição da pena acessória deve constar expressamente da sentença.

Termo inicial

Art. 88 — O prazo das inabilitações temporárias começa ao têrmo da execução da pena privativa de liberdade ou da medida de segurança imposta em substituição, ou da data em que se extingue a pena ou finda a execução da medida de segurança.

Tempo computável

Parágrafo único — Computa-se no prazo o tempo de liberdade resultante da suspensão condicional da pena ou do livramento condicional, se não sobrevém revogação.

Publicação da sentença

Art. 89 — A publicação da sentença irrecorrível é decretada de ofício pelo juiz, sempre que o exija o interesse público.

§ 1.º — A publicação é feita em jornal de ampla circulação, à custa do condenado ou, se este é insolvente, em jornal oficial.

§ 2.º — A sentença é publicada em resumo, salvo se razões especiais justificam a publicação na íntegra.

Capítulo VI

Dos Efeitos da Condenação

Art. 90 — São efeitos da condenação:

Obrigação de reparar o dano

I — tornar certa a obrigação de reparar o dano resultante do crime;

Perda dos instrumentos, produto e proveito do crime

II — a perda, em favor da União, ressalvado o direito do lesado ou de terceiro de boa-fé:

a) dos instrumentos do crime, desde que consistam em coisas cujo fabrico, alienação, uso, porte ou detenção constitua fato ilícito;

b) do produto do crime ou de qualquer bem ou valor que constitua proveito auferido pelo agente com a sua prática.

TÍTULO VI

DAS MEDIDAS DE SEGURANÇA

Espécies de medidas de segurança

Art. 91 — As medidas de segurança são pessoais ou patrimoniais.

§ 1.º — São medidas pessoais:

I — a internação em manicômio judiciário;

II — a internação em estabelecimento psiquiátrico anexo ao manicômio judiciário ou ao estabelecimento penal, ou em seção especial de um ou de outro;

III — a interdição do exercício de profissão;

IV — a cassação de licença para direção de veículos motorizados;

V — o exílio local;

VI — a proibição de freqüentar determinados lugares.

§ 2.º — São medidas patrimoniais:

I — a interdição de estabelecimento industrial ou comercial ou sede de sociedade ou associação;

II — o confisco.

Manicômio judiciário

Art. 92 — Quando o agente é inimputável (art. 31), mas suas condições pessoais e o fato praticado revelam que ele oferece perigo à incolumidade alheia, o juiz determina sua internação em manicômio judiciário.

Prazo de internação

§ 1.º — A internação, cujo mínimo deve ser fixado entre um e três anos, é por tempo indeterminado, perdurando enquanto não for averiguada, mediante perícia médica, a cessação de periculosidade do internado.

Perícia médica

§ 2.º — A perícia médica é realizada ao termo do prazo mínimo fixado à internação e, não sendo esta revogada, deve aquela ser repetida de ano em ano, ou a qualquer tempo, se o determina a instância superior.

Desinternação condicional

§ 3.º — A desinternação é sempre condicional, devendo ser restabelecida a situação anterior, se o indivíduo, antes do decurso de um ano, vem a praticar fato indicativo de persistência de sua periculosidade.

§ 4.º — Durante o período de prova, aplica-se o disposto no art. 79.

Substituição da pena por internação

Art. 93 — Quando o condenado se enquadra no parágrafo único do art. 31 e necessita de especial tratamento curativo, a pena privativa de liberdade pode ser substituída pela internação em estabelecimento psiquiátrico anexo ao manicômio judiciário ou ao estabelecimento penal ou em seção especial de um ou de outro.

Superveniência de cura

§ 1.º — Sobrevindo a cura, pode o internado ser transferido para o estabelecimento penal, não ficando excluído o seu direito a livramento condicional.

Persistência do estado mórbido

§ 2.º — Se, ao termo do prazo, persistir o mórbido estado psíquico do internado, condicionante de periculosidade atual, a internação passa a ser por tempo indeterminado, aplicando-se o disposto nos §§ 1.º a 4.º do art. 93.

Ébrios habituais ou toxicômanos

§ 3.º — A idêntica internação para fim curativo, sob as mesmas normas, ficam sujeitos os condenados reconhecidos como ébrios habituais ou toxicômanos.

Regime de internação

Art. 94 — A internação, em qualquer dos casos previstos nos artigos precedentes, deve visar não apenas ao tratamento curativo do internado, senão também ao seu afeiçoamento a um regime educativo ou de trabalho, lucrativo ou não, segundo o permitirem suas condições pessoais.

Interdição de exercício de profissão

Art. 95 — Ao condenado por crime cometido no exercício abusivo de sua profissão ou com grave transgressão de seus deveres profissionais, deve o juiz proibir, pelo prazo de um a dez anos, que continue a exercer a profissão, desde que, pela apreciação conjunta das circunstâncias do fato e dos antecedentes e condições do condenado, se deva presumir que este voltará à prática de crime semelhante.

§ 1.º — O prazo de interdição se conta do dia em que termina a execução da pena privativa de liberdade ou da medida de segurança detentiva, ou da data da suspensão condicional da pena ou da concessão do livramento ou desinternação condicionais.

§ 2.º — Durante a interdição, não pode o condenado fazer exercer por outrem, sob suas ordens ou instruções, a profissão de que se trate.

§ 3.º — Antes de expirado o prazo, deve cessar a interdição, se demonstrada a intercorrente desnecessidade dela.

§ 4.º — A interdição de profissão, nos termos deste artigo e seus parágrafos, é aplicável ainda quando o autor do fato vem a ser absolvido por inimputabilidade.

Cassação de licença para dirigir veículos

Art. 96 — Ao condenado por crime cometido na direção ou relacionadamente à direção de veículos motorizados deve ser cassada a licença para dirigir veículo, pelo prazo mínimo de um ano, se as circunstâncias do caso ou os antecedentes do condenado revelam a sua inaptidão para essa atividade.

§ 1.º — O prazo de interdição inicia-se na conformidade do disposto no § 1.º do artigo anterior.

§ 2.º º Se, antes de expirado o prazo estabelecido, é averiguada a cessação do perigo condicionante da interdição, esta é revogada; mas, por outro lado, se o perigo persiste ao termo do prazo, prorroga-se este enquanto não cessa aquele.

§ 3.º — A cassação da licença deve ser determinada ainda no caso de absolvição do réu em razão da inimputabilidade.

Exílio local

Art. 97 — O exílio local, aplicável quando o juiz o considera necessário como medida preventiva a bem da ordem pública ou do próprio condenado, consiste na proibição de que este resida ou permaneça, durante um ano, pelo menos, na localidade, município ou comarca em que o crime foi praticado.

Parágrafo único — O exílio deve ser cumprido logo que cessa ou é suspensa condicionalmente a execução da pena privativa de liberdade.

Proibição de freqüentar determinados lugares

Art. 98 — A proibição de freqüentar determinados lugares consiste em privar o condenado durante um ano, pelo menos, da faculdade de acesso a lugares que favoreçam, por qualquer motivo, seu retorno à atividade criminosa.

Parágrafo único — Para cumprimento da proibição, aplica-se o disposto no parágrafo único do artigo anterior.

Interdição de estabelecimento, sociedade ou associação

Art. 99 — A interdição do estabelecimento comercial ou industrial, ou de sociedade ou associação, pode ser decretada por tempo não inferior a quinze dias, nem superior a seis meses, se o estabelecimento, sociedade ou associação serve de meio ou pretexto para a prática de infração penal.

§ 1.º — A interdição de estabelecimento consiste na proibição, ao condenado ou a terceiro, a quem ele o tenha transferido, de exercer no local o mesmo comércio ou indústria.

§ 2.º — A sociedade ou associação cuja sede é interditada, não pode exercer em outro local as suas atividades.

Confisco

Art. 100 — O juiz, embora não apurada a autoria, ou ainda quando o agente é inimputável ou não punível, deve ordenar o confisco dos instrumentos e produtos do crime, desde que consistam em coisas cujo fabrico, alienação, uso, porte ou detenção constitui fato ilícito, ressalvado, porém, o direito do lesado ou de terceiro de boa-fé.

TÍTULO VII

DA AÇÃO PENAL

Ação penal pública e ação penal privada

Art. 101 — A ação penal é pública, salvo quando a lei expressamente a declara privativa do ofendido.

§ 1.º — A ação penal pública é promovida pelo Ministério Público, dependendo, quando a lei o exige, de representação do ofendido ou de requisição do Ministro da Justiça.

§ 2.º — A ação penal privada é promovida mediante queixa do ofendido ou de quem tem qualidade para representá-lo.

§ 3.º — No caso de morte do ofendido, salvo quando este haja deixado declaração em contrário, ou já tivesse renunciado, o direito de oferecer queixa ou de prosseguir na ação transfere-se ao cônjuge, ascendente, descendente ou irmão.

Ação penal no crime complexo

Art. 102 — Quando a lei considera como elementos constitutivos ou circunstâncias agravantes de um crime fatos que, por si mesmos, constituem crimes, cabe a ação pública em relação àquele, desde que em relação a qualquer destes se deva proceder por iniciativa do Ministério Público.

Irretratabilidade da representação

Art. 103 — A representação é irretratável depois de iniciada a ação penal.

Decadência do direito de queixa ou representação

Art. 104 — Salvo disposição em contrário, o ofendido ou seu representante legal decai do direito de queixa ou de representação, se não o exerce dentro no prazo de seis meses, contados do dia em que veio a saber quem é o autor do crime.

Renúncia do direito de queixa

Art. 105 — O direito de queixa não pode ser exercido quando renunciado expressa ou tacitamente.

Perdão do ofendido

Art. 106 — O perdão do titular do direito de ação privada obsta ao prosseguimento desta.

§ 1.º — O perdão, no processo, ou fora dele, expresso ou tácito:

I — se concedido a qualquer dos querelados, a todos aproveita;

II — se concedido por um dos titulares da ação privada, não prejudica o direito dos outros;

III — se o querelado o recusa, não produz efeito.

§ 2.º — Perdão tácito é o que resulta da prática de ato incompatível com a vontade de prosseguir na ação.

§ 3.º — Não é admissível o perdão depois que passa em julgado a sentença condenatória.

TÍTULO VIII

DA EXTINÇÃO DA PUNIBILIDADE

Causas extintas

Art. 107 — Extingue-se a punibilidade:

I — pela morte do agente;

II — pela anistia ou indulto;

III — pela retroatividade da lei que não mais considera o fato como criminoso;

IV — pela prescrição, decadência ou perempção;

V — pelo perdão judicial;

VI — pela renúncia do direito de queixa ou pelo perdão aceito, nos crimes de ação privada;

VII — pela reabilitação;

VIII — pela retratação do agente, nos casos em que a lei a admite;

IX — pelo casamento do agente com a ofendida, nos crimes contra os costumes, previstos nos capítulos I, II e III, do Título VI, da Parte Especial;

X — pelo ressarcimento do dano, no peculato culposo.

Caso de crime que é pressuposto, elemento constitutivo ou qualificativo de outro ou em conexão com outros

Art. 108 — A extinção da punibilidade de crime que é pressuposto, elemento constitutivo ou circunstância agravante de outro não se estende a este. Nos crimes conexos, a extinção da punibilidade de um deles não impede, quanto aos outros, a agravação de pena resultante da conexão.

Prescrição

Art. 109 — A prescrição refere-se à ação penal ou à execução da pena.

Prescrição da ação penal

Art. 110 — A prescrição da ação penal, salvo o disposto no § 1.º deste artigo, regula-se pelo máximo da pena privativa de liberdade cominada ao crime, verificando-se:

I — em vinte anos, se o máximo da pena é superior a doze;

II — em dezesseis anos, se o máximo da pena é superior a oito e não excede a doze;

III — em doze anos, se o máximo da pena é superior a quatro anos e não excede a oito;

IV — em oito anos, se o máximo da pena é superior a dois anos e não excede a quatro;

V — em quatro anos, se o máximo da pena é igual a um ano, ou sendo superior, não excede a dois;

VI — em dois anos, se o máximo da pena é inferior a um ano.

Superveniência de sentença condenatória com trânsito em julgado para a acusação

§ 1.º — A prescrição, depois da sentença condenatória com trânsito em julgado para a acusação, regula-se, também pela pena imposta e verifica-se nos mesmos prazos.

Termo inicial da prescrição

§ 2.º — A prescrição da ação penal começa a correr:

a) do dia em que o crime se consumou;

b) no caso de tentativa, do dia em que cessou a atividade criminosa;

c) nos crimes permanentes ou continuados, do dia em que cessou a permanência ou a continuação;

d) nos de bigamia e nos de falsidade ou alteração de assentamento do Registro Civil, da data em que o fato se tornou conhecido;

Caso de concurso de crimes ou de crime continuado

§ 3.º — No caso de concurso de crimes ou de crime continuado, a prescrição é referida, não à pena unificada, mas à de cada crime considerado isoladamente.

§ 4.º — A prescrição da ação penal não corre:

Suspensão da prescrição

I — enquanto não resolvida, em outro processo, questão de que dependa o reconhecimento da existência do crime;

II — enquanto o agente cumpre pena no estrangeiro.

Interrupção da prescrição

§ 5.º — O curso da prescrição da ação penal interrompe-se:

I — pela instauração do processo;

II — pela pronúncia;

III — pela decisão confirmatória da pronúncia;

IV — pela sentença condenatória recorrível.

§ 6.º — A interrupção da prescrição produz efeito relativamente a todos os autores do crime; e nos crimes conexos, que sejam objeto do mesmo processo, a interrupção relativa a qualquer deles se estende aos demais.

Prescrição da execução da pena ou da medida de segurança que a substitui

Art. 111 — A prescrição da execução da pena privativa de liberdade ou da medida de segurança que a substitui (art. 93) regula-se pelo tempo fixado na sentença e verifica-se nos mesmos prazos estabelecidos no art. 110, os quais se aumentam de um terço, se o condenado é criminoso habitual ou por tendência.

§ 1.º — Começa a correr a prescrição:

a) no dia em que passa em julgado a sentença condenatória ou a que revoga a suspensão condicional da pena ou o livramento condicional;

b) do dia em que se interrompe a execução, salvo quando o tempo da interrupção deva computar-se na pena.

§ 2.º — No caso de evadir-se o condenado ou de revogar-se o livramento ou desinternação condicionais, a prescrição se regula pelo restante tempo da execução.

§ 3.º — O curso da prescrição da execução da pena suspende-se enquanto o condenado está preso por outro motivo, e interrompe-se pelo início ou continuação do cumprimento da pena, ou pela reincidência.

Disposições comuns às duas espécies de prescrição

Art. 112 — Interrompida a prescrição, salvo o caso do § 3.º, 2.ª parte, do artigo anterior, todo o prazo começa a correr, novamente, do dia da interrupção.

Art. 113 — São reduzidos de metade os prazos da prescrição, quando o criminoso era, ao tempo do crime, menor de vinte e um ou, ao tempo da sentença, maior de setenta anos.

Prescrição da execução da pena de multa

Art. 114 — A prescrição opera-se em dois anos, quando a pena de multa foi a única imposta ou é a que ainda não foi cumprida.

Imprescritibilidade das penas acessórias

Art. 115 — É imprescindível a execução das penas acessórias.

Reabilitação

Art. 116 — A reabilitação alcança quaisquer penas impostas por sentença definitiva.

§ 1.º — A reabilitação poderá ser requerida decorridos cinco anos do dia em que for extinta, de qualquer modo, a pena principal ou terminar a execução desta ou da medida de segurança aplicada em substituição (art. 93), e do dia em que terminar o prazo da suspensão condicional da pena ou do livramento condicional, desde que o condenado:

a) tenha tido domicílio no País no prazo acima referido;

b) tenha dado, durante esse tempo, demonstração efetiva e constante de bom comportamento público e privado;

c) tenha ressarcido o dano causado pelo crime ou demonstre a absoluta impossibilidade de o fazer até o dia do pedido, ou exiba documento que comprove a renúncia da vítima ou novação da dívida.

§ 2.º — A reabilitação não pode ser concedida:

a) em favor dos que foram reconhecidos perigosos, salvo prova de cessação de periculosidade;

b) em relação à inabilitação para o exercício do pátrio poder, tutela ou curatela, se imposta por crime contra os costumes, cometido pelo condenado em detrimento de filho, tutelado ou curatelado.

Prazo para renovação do pedido

§ 3.º — Negada a reabilitação, não pode ser novamente requerida senão após o decurso de dois anos.

§ 4.º — Os prazos para o pedido de reabilitação serão contados em dobro no caso de criminoso habitual ou por tendência.

Revogação

Art. 117 — A reabilitação será revogada de ofício, ou a requerimento do Ministério Público, se a pessoa reabilitada for condenada, por decisão definitiva, ao cumprimento de pena privativa da liberdade.

Cancelamento do registro de condenações penais

Art. 118 — Declarada a reabilitação, serão cancelados, mediante averbação, os antecedentes criminais.

Sigilo sobre antecedentes criminais

Art. 119 — Concedida a reabilitação, o registro oficial de condenações penais não pode ser comunicado senão à autoridade policial ou judiciária, ou ao representante do Ministério Público, para instrução de processo penal que venha a ser instaurado contra o reabilitado.

PARTE ESPECIAL

TÍTULO I

DOS CRIMES CONTRA A PESSOA

Capítulo I

Dos Crimes Contra a Vida

Homicídio simples

Art. 120 — Matar alguém:

Pena — reclusão, de seis a vinte anos.

Minoração facultativa da pena

§ 1.º — Se o agente comete o crime impelido por motivo relevante valor social ou moral, ou sob o domínio de violenta emoção, logo em seguida à injusta provocação da vítima, o juiz pode reduzir a pena, de um sexto a um terço.

Homicídio qualificado

§ 2.º — Se o homicídio é cometido:

I — por motivo fútil;

II — mediante paga ou promessa de recompensa, por cupidez, para excitar ou saciar desejos sexuais, ou por outro motivo torpe;

III — com emprego de veneno, asfixia, tortura, fogo, explosivo ou outro meio dissimulado ou cruel, ou de que possa resultar perigo comum;

IV — à traição, de emboscada, com surpresa ou mediante outro recurso insidioso, que dificultou ou tornou impossível a defesa da vítima;

V — para facilitar ou assegurar a execução, a ocultação, a impunidade ou vantagem de outro crime:

Pena — reclusão, de doze a trinta anos.

Homicídio culposo

§ 3.º — Se o homicídio é culposo:

Pena — detenção, de um a quatro anos.

Aumento de pena

§ 4.º — A pena pode ser agravada se o homicídio culposo resulta de inobservância de regra técnica de profissão, arte ou ofício, ou se o agente deixa de prestar imediato socorro à vítima.

Multiplicidade de vítimas

§ 5.º — Se, em conseqüência de uma só ação ou omissão culposa, ocorre morte de mais de uma pessoa ou também lesões corporais em outras pessoas, a pena é aumentada de um sexto até metade.

Infanticídio

Art. 121 — Matar a mãe o próprio filho, para ocultar sua desonra, durante ou logo após o parto:

Pena — detenção, de dois a seis anos.

Provocação direta ou auxílio a suicídio

Art. 122 — Instigar ou induzir alguém a suicidar-se ou prestar-lhe auxílio para que o faça, vindo o suicídio a consumar-se:

Pena — reclusão, de dois a seis anos.

Agravação de pena

§ 1.º — Se o crime é praticado por motivo egoístico, ou a vítima é menor ou tem diminuída, por qualquer motivo, a resistência moral, a pena é agravada.

Provocação indireta

§ 2.º — Com detenção de um a três anos, será punido quem, desumana e reiteradamente, inflige maus tratos a alguém, sob sua autoridade ou dependência, levando-o, em razão disso, à prática do suicídio.

Redução de pena

§ 3.º — Se o suicídio é apenas tentado, e da tentativa resulta lesão grave, a pena é reduzida de um a dois terços.

Auto-aborto

Art. 123 — Provocar a gestante o próprio aborto:

Pena — detenção, de um a quatro anos.

Aborto com o consentimento da gestante

Art. 124 — Provocar aborto, com o consentimento da gestante:

Pena — detenção, de um a quatro anos.

Parágrafo único — Na mesma pena incorre a gestante consenciente.

Ausência ou invalidade do consentimento da gestante

Art. 125 — Provocar aborto sem o consentimento da gestante, ou se esta é menor de dezesseis anos, doente ou deficiente mental, ou se o seu consentimento é obtido mediante fraude ou coação;

Pena — reclusão, de dois a oito anos.

Forma qualificada pelo resultado

Art. 126 — As penas cominadas no **caput** do art. 124 e no art. 125 são aumentadas de um terço até a metade, se, em conseqüência do aborto, ou dos meios empregados ou do modo de empregá-los, a gestante vem a morrer ou sofrer lesão grave.

Aborto por motivo de honra

Art. 127 — Provocar aborto em si mesma, para ocultar desonra própria:

Pena — detenção, de seis meses a dois anos.

Parágrafo único — Na mesma pena incorre quem provoca o aborto, com o consentimento da gestante, para ocultar-lhe a desonra.

Aborto preterdoloso

Art. 128 — Empregar violência contra a mulher, cuja gravidez não ignora ou é manifesta, causando-lhe o aborto:

Pena — detenção, de três meses a um ano, além da pena correspondente à violência.

Aborto terapêutico

Art. 129 — Não constitui crime o aborto praticado por médico, quando é o único recurso para evitar a morte da gestante.

Parágrafo único — No caso previsto neste artigo, deve preceder, sempre que possível, a confirmação ou concordância de outro médico.

Capítulo II

Do Genocídio

Genocídio

Art. 130 — Matar membros de um grupo nacional, étnico, religioso ou pertencente a determinada raça, com o fim de destruição total ou parcial desse grupo:

Pena — reclusão, de quinze a trinta anos.

Casos assimilados

§ 1.º — Será punido com reclusão, de quatro a quinze anos, quem, com o mesmo fim:

I — inflige lesões graves a membros do grupo;

II — submete o grupo a condições de existência, físicas ou morais, capazes de ocasionar a eliminação de todos os seus membros ou parte deles;

III — força o grupo à sua dispersão;

IV — impõe medidas destinadas a impedir os nascimentos no seio do grupo;

V — efetua coativamente a transferência de crianças do grupo para outro grupo.

Aumento de pena

§ 2.º — A pena é aumentada de um terço, se o crime é praticado por governante ou mediante determinação deste.

Capítulo III

Da Lesão Corporal

Lesão leve

Art. 131 — Ofender a integridade corporal ou a saúde de outrem:

Pena — detenção, de três meses a um ano.

Lesão grave

§ 1.º — Se se produz, dolosamente, perigo de vida, debilidade permanente de membro, sentido ou função, ou incapacidade para as ocupações habituais por mais de trinta dias:

Pena — reclusão, até cinco anos.

§ 2.º — Se se produz, dolosamente, enfermidade incurável, perda ou inutilização de membro, sentido ou função, incapacidade permanente para o trabalho, ou deformidade duradoura:

Pena — reclusão, de dois a oito anos.

Lesões qualificadas pelo resultado

§ 3.º — Se os resultados previstos nos §§ 1.º e 2.º forem causados culposamente, a pena será de detenção, de um a quatro anos; se da lesão resultar morte e as circunstâncias evidenciarem que o agente não quis o resultado, nem assumiu o risco de produzi-lo, a pena será de reclusão, até oito anos.

Minoração facultativa da pena

§ 4.º — Se o agente comete o crime impelido por motivo de relevante valor social ou moral, ou sob o domínio de violenta emoção, logo em seguida à injusta provocação da vítima, o juiz pode reduzir a pena, de um sexto a um terço.

Substituição da pena

§ 5.º — No caso de lesões leves, se estas são recíprocas, ou quando ocorre qualquer das hipóteses do parágrafo anterior, o juiz pode substituir a pena de detenção pela de pagamento de dois a cinco dias-multa, ou deixar de aplicar qualquer pena.

Lesão culposa

Art. 132 — Se a lesão é culposa:
Pena — detenção, de dois meses a um ano.

Aumento de pena

Parágrafo único — A pena é aumentada de um terço se ocorre qualquer das hipóteses do § 4.º do art. 120.

Ação penal

Art. 133 — Se a lesão corporal é leve, somente se procede mediante representação.

Capítulo IV

Da Periclitação da Vida ou da Saúde

Perigo para a vida ou saúde

Art. 134 — Expor a vida ou saúde de outrem a perigo direto e iminente:

Pena — detenção, de três meses a um ano, se o fato não constitui crime mais grave.

Abandono de pessoa

Art. 135 — Abandonar quem está sob seu cuidado, guarda, vigilância ou autoridade e, por qualquer motivo, incapaz de defender-se dos riscos resultantes do abandono:

Pena — detenção, de seis meses a três anos.

Formas qualificadas pelo resultado

§ 1.º — Se, em conseqüência do abandono, resulta lesão grave:

Pena — reclusão, até cinco anos.

§ 2.º — Se resulta morte:

Pena — reclusão, de quatro a doze anos.

Agravação de pena

§ 3.º — As penas são agravadas:

I — se o abandono ocorre em lugar ermo;

II — se o agente é ascendente, descendente, cônjuge, irmão, tutor ou curador da vítima.

Exposição ou abandono de recém-nascido

Art. 136 — Expor ou abandonar a mãe, por motivo de honra, seu filho recém-nascido:

Pena — detenção, de seis meses a dois anos.

Formas qualificadas pelo resultado

Parágrafo único — Se do fato resulta lesão grave, a pena é aumentada de metade; se resulta morte, a pena é duplicada.

Omissão de socorro

Art. 137 — Deixar de prestar assistência, quando possível fazê-lo sem risco pessoal, a criança abandonada ou extraviada, ou a inválido ou ferido ao desamparo, ou a pessoa em grave e iminente perigo; ou não pedir, nesses casos, desde que possível e oportuno, o socorro da autoridade pública:

Pena — detenção, até seis meses, ou pagamento de dez a quarenta dias-multa.

Forma qualificada

§ 1.º — A pena é detenção, de seis meses a dois anos, se a natureza do socorro necessitado pela vítima corresponde às habilitações profissionais do omitente.

Aumento da pena

§ 2.º — A pena é aumentada de metade se da omissão resulta lesão grave, e triplicada, se resulta morte.

Maus tratos

Art. 138 — Expor a perigo a vida ou a saúde de pessoa sob sua autoridade, guarda ou vigilância, para fim de educação, tratamento ou custódia, quer privando-a de alimentação ou cuidados indispensáveis, quer sujeitando-a a trabalho excessivo ou inadequado, quer abusando de meios de correção ou disciplina:

Pena — detenção, de dois meses a um ano, ou pagamento de dez a quarenta dias-multa.

Formas qualificadas pelo resultado

Parágrafo único — Se do fato resulta lesão grave, a pena é reclusão até quatro anos; se resulta morte, reclusão, de dois a dez anos.

Rixa simples

Art. 139 — Participar de rixa, salvo para separar os contendores:

Pena — detenção, de vinte dias a dois meses, ou pagamento de dez a trinta dias-multa.

Rixa complexa

Art. 140 — Participar de rixa, em que ocorre morte ou lesão grave:

Pena — detenção, de seis meses a dois anos, sem prejuízo das penas correspondentes à morte ou lesão grave.

Capítulo V

Dos crimes contra a honra

Calúnia

Art. 141 — Caluniar alguém, imputando-lhe falsamente fato definido como crime:

Pena — detenção, de seis meses a dois anos, e pagamento de dez a quarenta dias-multa.

§ 1.º — Nas mesmas penas incorre quem, sabendo falsa a imputação, a propala ou divulga.

Exceção da verdade

§ 2.º — A prova da verdade do fato imputado exclui o crime, mas não é admitida:

I — se, constituindo o fato imputado crime de ação privada, o ofendido não foi condenado por sentença irrecorrível;

II — se o fato é imputado a qualquer das pessoas indicadas no n.º I do art. 145;

III — se do crime imputado, embora de ação pública, o ofendido foi absolvido por sentença irrecorrível.

Difamação

Art. 142 — Difamar alguém, imputando-lhe fato ofensivo à sua reputação:

Pena — detenção, de três meses a um ano, e pagamento de cinco a trinta dias-multa.

Parágrafo único — A exceção da verdade somente se admite se o ofendido é funcionário público e a ofensa é relativa ao exercício de suas funções.

Injúria

Art. 143 — Injuriar alguém, ofendendo-lhe a dignidade ou o decoro:

Pena — detenção, até seis meses, ou pagamento de sessenta dias-multa no máximo.

Isenção de pena

Parágrafo único — O juiz pode deixar de aplicar a pena:

I — se o ofendido, de forma reprovável, provocou diretamente a injúria;

II — no caso de retorsão imediata, que consista em outra injúria.

Injúria real

Art. 144 — Se a injúria consiste em violência ou vias de fato, que, por sua natureza ou pelo meio empregado, se considerem aviltantes:

Pena — detenção, de três meses a um ano, e pagamento de cinco a vinte dias-multa, além das penas correspondentes à violência.

Agravantes

Art. 145 — As penas cominadas nos antecedentes artigos deste capítulo aumentam-se de um terço, se qualquer dos crimes é cometido:

I — contra o Presidente da República ou chefe de governo estrangeiro;

II — contra funcionário público, em razão de suas funções;

III — na presença de várias pessoas, ou por meio que facilite a divulgação da ofensa.

Parágrafo único — Se o crime é cometido mediante paga ou promessa de recompensa, aplica-se a pena em dobro.

Ofensa à memória dos mortos

Art. 146 — Caluniar, difamar ou injuriar a memória de pessoa morta:

Pena — detenção, até seis meses, ou pagamento de sessenta dias-multa, no máximo.

Ofensa à pessoa jurídica

Art. 147 — Propalar fatos, que sabe inverídicos, capazes de abalar o crédito de uma pessoa jurídica ou a confiança que esta merece do público:

Pena — detenção, de seis meses a um ano, ou pagamento não excedente a sessenta dias-multa.

Agravação da pena

Parágrafo único — A pena é agravada, se o crime é cometido pela imprensa, rádio ou televisão.

Exclusão de crime

Art. 148 — Não constitui injúria ou difamação:

I — a irrogada em juízo, na discussão da causa, por uma das partes ou seu procurador contra a outra parte ou seu procurador;

II — a opinião desfavorável da crítica literária, artística ou científica;

III — o conceito desfavorável emitido por funcionário público, em apreciação ou informação que preste no cumprimento do dever de ofício.

Parágrafo único — Nos casos dos ns. I e III, responde pela ofensa quem lhe dá publicidade.

Retratação

Art. 149 — O querelado que, antes da sentença, se retrata cabalmente da ofensa irrogada, fica isento de pena.

Equivocidade da ofensa

Art. 150 — Se a ofensa é irrogada de forma imprecisa ou equívoca, quem se julga atingido pode pedir explicações em juízo. Se o interpelado se recusa a dá-las ou, a critério do juiz, não as dá satisfatórias, responde pela ofensa.

Ação penal

Art. 151 — Nos crimes previstos neste capítulo, somente se procede mediante queixa, salvo quando, no caso do art. 144, resulta lesão corporal (art. 133).

Parágrafo único — Procede-se mediante requisição do Ministro da Justiça no caso do n.º I do art. 145, e mediante representação do ofendido no caso do n.º II do mesmo artigo.

Capítulo VI

Dos crimes contra a liberdade

Seção I

Dos crimes contra a liberdade individual

Constrangimento ilegal

Art. 152 — Constranger alguém, mediante violência ou grave ameaça, ou depois de lhe haver reduzido, por qualquer outro meio, a capacidade de resistência, a não fazer o que a lei permite, ou a fazer ou tolerar que se faça o que ela não manda:

Pena — detenção, de um mês a um ano, ou pagamento de cinco a vinte dias-multa.

Aumento de pena

§ 1.º — As penas aplicam-se cumulativamente e em dobro, quando, para a execução do crime, se reúnem duas ou mais pessoas ou há emprego de arma.

§ 2.º — Além das penas cominadas, aplicam-se as correspondentes à violência.

Exclusão de crime

§ 3.º — Não constitui crime:

I — salvo o caso de transplante de órgão, a intervenção médica ou cirúrgica, sem o consentimento do paciente ou de seu representante legal, se justificada para conjurar iminente perigo de vida ou de grave dano ao corpo ou à saúde;

II — a coação exercido para impedir suicídio.

Ameaça

Art. 153 — Ameaçar alguém, por palavra, escrito ou gesto, ou qualquer outro meio simbólico, de lhe causar mal injusto e grave:

Pena — detenção, até seis meses, ou pagamento não excedente a trinta dias-multa.

Ação Penal

Parágrafo único — Somente se procede mediante representação.

Seqüestro ou cárcere privado

Art. 154 — Privar alguém de sua liberdade, mediante seqüestro ou cárcere privado:

Pena — reclusão, até três anos.

Aumento de pena

§ 1.º — A pena é aumentada de metade:

I — se a vítima é ascendente, descendente ou cônjuge do agente;

II — se o crime é praticado mediante internação da vítima em casa de saúde ou hospital;

III — se a privação da liberdade dura mais de quinze dias.

Formas qualificadas pelo resultado

§ 2.º — Se resulta à vítima, em razão de maus tratos ou da natureza da detenção, grave sofrimento físico ou moral:

Pena — reclusão, de dois a oito anos.

§ 3.º — Se, pela razão do parágrafo anterior, resulta morte:

Pena — reclusão, de quatro a doze anos.

Redução a cativeiro

Art. 155 — Reduzir alguém à condição análoga à de escravo:

Pena — reclusão, de dois a oito anos.

Ajuste sobre pessoa humana

Art. 156 — Realizar ajuste que tenha por objeto pessoa humana:

Pena — detenção, até três anos.

Seção II

Dos crimes contra a inviolabilidade do domicílio

Violação de domicílio

Art. 157 — Entrar ou permanecer, clandestina ou astuciosamente, ou contra a vontade expressa ou tácita de quem de direito, em casa alheia ou em suas dependências:

Pena — detenção, até três meses, ou pagamento não excedente a vinte dias-multa.

Forma qualificada

§ 1.º — Se o crime é cometido durante à noite ou em lugar ermo, ou com o emprego de violência ou de arma, ou mediante arrombamento, ou por duas ou mais pessoas:

Pena — detenção, de seis meses a dois anos, além da pena correspondente à violência.

Agravação de pena

§ 2.º — A pena é agravada, se o fato é cometido por funcionário público, fora dos casos legais, ou com inobservância das formalidades prescritas em lei, ou com abuso de poder.

Exclusão de crime

§ 3.º — Não constitui crime a entrada ou permanência em casa alheia ou em suas dependências:

I — durante o dia, com observância das formalidades legais, para efetuar prisão ou outra diligência policial ou judicial;

II — a qualquer hora do dia ou da noite, em caso de crime ou desastre.

Compreensão do termo "casa"

§ 4.º — O termo "casa" compreende:

I — qualquer compartimento habitado;

II — aposento ocupado de habitação coletiva;

III — compartimento não aberto ao público, onde alguém exerce profissão ou atividade.

§ 5.º — Não se compreende no termo "casa":

I — hotel, hospedaria, ou qualquer outra habitação coletiva, enquanto aberta, salvo a restrição do n.º II do parágrafo anterior;

II — taverna, boate, casa de jogo e outras do mesmo gênero.

Seção II

Dos crimes contra a inviolabilidade de correspondência ou comunicação

Violação de correspondência

Art. 158 — Devassar indevidamente o conteúdo de correspondência dirigida a outrem:

Pena — detenção, até seis meses, ou pagamento não excedente a vinte dias-multa.

Casos assimilados

§ 1.º — Nas mesmas penas incorre:

I — quem se apossa de correspondência alheia, embora não fechada, e, no todo ou em parte, a sonega ou destrói;

II — quem indevidamente divulga, transmite a outrem ou utiliza, abusivamente, comunicação telegráfica ou radioelétrica dirigida a terceiro, ou conversação telefônica entre outras pessoas;

III — quem impede a comunicação ou a conversação referida no número anterior.

Aumento de pena

§ 2.º — As penas aumentam-se de metade, se há dano para outrem.

§ 3.º — Se o agente comete o crime com abuso de função, em serviços postal telegráfico, radioelétrico ou telefônico:

Pena — detenção, de um a três anos.

Ação penal

§ 4.º — Somente se procede mediante representação, salvo no caso do § 3.º.

Violação de correspondência de empresa

Art. 159 — Abusar da condição de diretor, membro de conselho, sócio ou empregado de estabelecimento comercial, industrial ou civil para, no todo ou em parte, desviar, sonegar, subtrair ou suprimir correspondência ou revelar a estranho o seu conteúdo:

Pena — detenção, de três meses a dois anos.

Parágrafo único — Somente se procede mediante representação.

Seção IV

Dos crimes contra a inviolabilidade dos segredos

Divulgação de segredo

Art. 160 — Divulgar alguém, sem justa causa, conteúdo de documento sigiloso ou de correspondência confidencial, de que é detentor ou destinatário, desde que da divulgação possa resultar dano a outrem:

Pena — detenção, até seis meses, ou pagamento de trinta dias-multa, no máximo.

Violação de intimidade

Art. 161 — Violar, mediante processo técnico, o direito à intimidade da vida privada ou o direito ao resguardo das palavras ou discursos que não forem pronunciados publicamente:

Pena — detenção, até um ano, ou pagamento não excedente a cinqüenta dias-multa.

§ 1.º — Nas mesmas penas incorre quem divulga os fatos captados.

Ação penal

§ 2.º — Somente se procede mediante queixa.

Segredo profissional

Art. 162 — Revelar alguém, sem justa causa, segredo de que tem ciência em razão de função, ministério, ofício ou profissão, desde que da revelação possa resultar dano a outrem:

Pena — detenção, de três meses a um ano, ou pagamento de cinqüenta dias-multa, no máximo.

Ação penal

Art. 163 — Ressalvadas as hipóteses do artigo 161, nos casos desta Seção somente se procede mediante representação.

TÍTULO II

DOS CRIMES CONTRA O PATRIMÔNIO

Capítulo I

Do furto

Furto simples

Art. 164 — Subtrair, para si ou para outrem, coisa alheia móvel:

Pena — reclusão, até seis anos, e pagamento de quinze a sessenta dias-multa.

Furto atenuado

§ 1.º — Se o agente é primário e de pequeno valor a coisa furtada, o juiz pode substituir a pena de reclusão pela de detenção, diminuí-la de um a dois terços, ou aplicar somente a pena de multa.

§ 2.º — A atenuação do parágrafo anterior é igualmente aplicável no caso em que o criminoso, sendo primário, restitui a coisa ao seu dono ou repara o dano causado, antes de instaurada a ação penal.

Energia de valor econômico

§ 3.º — Equipara-se à coisa móvel a energia elétrica ou qualquer outra que tenha valor econômico.

Furto qualificado

§ 4.º — Se o furto é praticado durante a noite:

Pena — reclusão, de dois a oito anos, e pagamento de vinte a oitenta dias-multa.

§ 5.º — Se o furto é praticado:

I — com destruição ou rompimento de obstáculo à subtração da coisa;

II — com abuso de confiança ou mediante fraude, escalada ou destreza;

III — com emprego de chave falsa;

IV — mediante concurso de duas ou mais pessoas:

Pena — reclusão, de três a dez anos e pagamento de trinta a cem dias-multa.

§ 6.º — A mesma pena do parágrafo anterior é cominada ao furto de reses deixadas em currais, campos ou retiros.

Furto de uso

Art. 165 — Se a coisa, não fungível, é subtraída para o fim de uso momentâneo e, a seguir, vem a ser imediatamente restituída ou reposta no lugar onde se achava:

Pena — detenção, até seis meses, ou pagamento não excedente a trinta dias-multa.

Aumento de pena

§ 1.º — As penas são aumentadas de metade, se a coisa usada é veículo motorizado, e de um terço, se é animal de sela ou de tiro.

Ação penal

§ 2.º — Somente se procede mediante representação, salvo quando o crime é praticado contra entidade de direito público, empresa pública, autarquia, sociedade de economia mista ou fundação instituída pelo Poder Público.

Furto de coisa comum

Art. 166 — Subtrair o condômino ou co-herdeiro, para si ou para outrem, a quem legitimamente a detém, a coisa comum:

Pena — detenção, de seis meses a dois anos, ou pagamento de quarenta a oitenta dias-multa.

§ 1.º — Somente se procede mediante representação.

§ 2.º — Se a coisa subtraída é fungível e seu valor não excede o quinhão a que tem direito o agente, fica este isento de pena.

Capítulo II

Do roubo e da extorsão

Roubo simples

Art. 167 — Subtrair coisa alheia móvel, para si ou para outrem, mediante emprego ou ameaça de emprego de violência contra pessoa, ou depois de havê-la, por qualquer modo, reduzido à impossibilidade de resistência:

Pena — reclusão de quatro a quinze anos, mais o pagamento de trinta a cem dias-multa.

§ 1.º — Nas mesmas penas incorre quem, em seguida à subtração da coisa, emprega ou ameaça empregar violência contra pessoa, a fim de assegurar a impunidade do crime ou a detenção da coisa para si ou para outrem.

Roubo qualificado

§ 2.º — As penas aumentam-se de um terço até metade:

I — se a violência ou ameaça é exercida com emprego de arma;

II — se há concurso de duas ou mais pessoas;

III — se a vítima está em serviço de transporte de valores e o agente conhece tal circunstância.

Formas qualificadas pelo resultado

§ 3.º — Se resulta lesão grave, a pena é reclusão de cinco a dezesseis anos, além da multa; se resulta morte, reclusão, de seis a dezoito anos, além da multa.

Lesão grave dolosa

§ 4.º — Se, para praticar o roubo ou assegurar a impunidade do crime ou a detenção da coisa, o agente causa dolosamente lesão corporal grave em alguém, a pena é reclusão, de oito a vinte anos, sendo irrelevante se a lesão patrimonial deixa de consumar-se. Se há mais de uma vítima dessa violência a pessoa, aplica-se o disposto no artigo 65.

Latrocínio

§ 5.º — Se, para praticar o roubo ou assegurar a impunidade do crime ou a detenção da coisa, o agente causa dolosamente a morte de alguém, a pena será reclusão, de quinze a trinta anos, além da multa, sendo irrelevante se a lesão patrimonial deixa de consumar-se. Se há mais de uma vítima dessa violência à pessoa, aplica-se o disposto no art. 65.

Extorsão simples

Art. 168 — Obter para si ou para outrem indevida vantagem econômica, constrangendo alguém, mediante violência ou grave ameaça:

a) a praticar ou tolerar que se pratique ato lesivo do seu patrimônio, ou de terceiro;

b) a omitir ato de interesse do seu patrimônio, ou de terceiro:

Pena — reclusão, de quatro a quinze anos, e pagamento de trinta a cem dias-multa.

Extorsão qualificada

§ 1.º — Aplica-se à extorsão o disposto no § 2.º do artigo 167 e seus incisos.

Formas qualificadas pelo resultado

§ 2.º — Aplica-se à extorsão o disposto no § 3.º do artigo 167.

Lesão grave e morte dolosas

§ 3.º — Aplica-se à extorsão praticada mediante violência o disposto nos parágrafos 4.º e 5.º do artigo 167.

Extorsão mediante seqüestro

Art. 169 — Extorquir ou tentar extorquir para si ou para outrem, mediante seqüestro de pessoa, indevida vantagem econômica:

Pena — reclusão, de seis a quinze anos, e pagamento de trinta a cem dias-multa.

Formas qualificadas

§ 1.º — Se o seqüestro dura mais de vinte e quatro horas, ou se o seqüestrado é menor de dezoito anos, ou se o crime é cometido por mais de duas pessoas, a pena de reclusão é de oito a vinte anos.

§ 2.º — Se à pessoa seqüestrada, em razão de maus tratos ou da natureza do seqüestro, resulta grave sofrimento físico ou moral, a pena de reclusão é aumentada de um terço.

Formas qualificadas pelo resultado

§ 3.º — Se resulta lesão grave, a pena é reclusão, de sete a dezesseis anos, além da multa; se resulta morte, a pena é reclusão, de oito a dezoito anos, além da multa.

Lesão grave e morte dolosas

§ 4.º — Se o agente causa dolosamente lesão grave à pessoa seqüestrada, a pena é reclusão, de dez a vinte anos, além da multa; se **causa** dolosamente a morte, a pena é reclusão, de dezoito a trinta anos, além da multa.

Chantagem

Art. 170 — Obter ou tentar obter, para si ou para outrem, indevida vantagem econômica, por meio de ameaça a alguém de revelar fato, cuja divulgação pode lesar gravemente a sua reputação ou de terceiro ligado por estreitos laços de parentesco ou afeição:

Pena — reclusão, de dois a dez anos, e pagamento de trinta a cem dias-multa.

Agravação da pena

Parágrafo único — Se a ameaça é de divulgação pela imprensa, radiodifusão ou televisão, a pena é agravada.

Extorsão indireta

Art. 171 — Obter de alguém, como garantia de dívida, abusando de sua premente necessidade, documento que pode dar causa a procedimento criminal contra o devedor ou contra terceiro:

Pena — detenção, até três anos, e pagamento de cinco a quinze dias-multa.

Capítulo III

Da usurpação

Alteração de limites

Art. 172 — Suprimir ou deslocar tapume, marco ou qualquer outro sinal indicativo de linha divisória, para apropriar-se, no todo ou em parte, de coisa imóvel alheia:

Pena — detenção, até seis meses, e pagamento de vinte dias-multa, no máximo.

Usurpação de águas

§ 1.º — Nas mesmas penas incorre quem:

I — desvia ou represa, em proveito próprio ou de outrem, águas alheias;

Esbulho possessório

II — invade terreno ou edifício alheio, para o fim de esbulho possessório, com grave ameaça, violência a pessoa ou mediante concurso de outrem.

Pena correspondente à violência

§ 2.º — Quando há emprego de violência, fica ressalvada a pena a esta correspondente.

Ação penal

§ 3.º — Se a propriedade é particular, e não há emprego de violência, somente se procede mediante queixa.

Aposição, supressão ou alteração de marca em animais

Art. 173 — Apor, suprimir ou alterar, indevidamente, em gado ou rebanho alheio, marca ou sinal indicativo de propriedade:

Pena — detenção, de seis meses a três anos, e pagamento de cinco a quinze dias-multa.

Capítulo IV

Do dano

Dano simples

Art. 174 — Destruir, inutilizar, deteriorar ou fazer desaparecer coisa alheia:

Pena — detenção, até seis meses, ou pagamento de trinta dias-multa, no máximo.

Dano qualificado

Parágrafo único — Se o crime é cometido:

I — com violência à pessoa ou grave ameaça;

II — com emprego de substância inflamável ou explosiva;

III — contra o patrimônio da União, de Estado, de Território, de Município, do Distrito Federal, de empresa pública, autarquia, sociedade de economia mista ou fundação instituída pelo Poder Público;

IV — por motivo egoístico ou com prejuízo considerável para a vítima:

Pena — detenção, de seis meses a três anos e pagamento de cinco a vinte dias-multa, além da pena correspondente à violência.

Introdução ou abandono de animais em propriedade alheia

Art. 175 — Introduzir ou deixar animais em propriedade alheia, sem consentimento de quem de direito, desde que do fato, resulte prejuízo:

Pena — detenção, até seis meses, ou pagamento de quinze dias-multa, no máximo.

Dano em coisa tombada

Art. 176 — Destruir, inutilizar, deteriorar ou fazer desaparecer coisa tombada pela autoridade competente, em virtude de seu valor artístico, paisagístico, arqueológico, histórico, etnográfico ou bibliográfico:

Pena — detenção, de um a quatro anos, e pagamento de trinta a oitenta dias-multa.

Alteração de local especialmente protegido

Art. 177 — Alterar, sem licença da autoridade competente, o aspecto de local especialmente protegido por lei:

Pena — detenção, de seis meses a dois anos, e pagamento de dez a cinqüenta dias-multa.

Ação penal e perdão judicial

Art. 178 — Nos casos dos arts. 174 e seu parágrafo único, n.º IV, e 175, somente se procede mediante queixa, e se o agente repara o dano antes da sentença final, o juiz pode deixar de aplicar a pena.

Capítulo V

Da apropriação indébita

Apropriação indébita simples

Art. 179 — Apropriar-se, em proveito próprio ou de outrem, de coisa alheia móvel, de que tem a posse ou detenção:

Pena — reclusão, até seis anos, e pagamento de quinze a sessenta dias-multa.

Agravação de pena

Parágrafo único — A pena é agravada se o agente recebeu a coisa:

I — em depósito necessário;

II — na qualidade de tutor, curador, síndico, liquidatário, inventariante, testamenteiro ou depositário judicial;

III — em razão de ofício, emprego ou profissão.

Apropriação de coisa havida acidentalmente

Art. 180 — Apropriar-se alguém de coisa alheia vinda ao seu poder por erro, caso fortuito ou força da natureza:

Pena — detenção, até um ano, ou pagamento de quinze dias-multa, no máximo.

Parágrafo único — Na mesma pena incorre:

Apropriação de tesouro

I — quem acha tesouro em prédio alheio e se apropria, no todo ou em parte, da cota a que tem direito o proprietário do prédio;

Apropriação de coisa achada

II — quem acha coisa alheia perdida e dela se apropria, total ou parcialmente, deixando de restituí-la ao dono ou legítimo possuidor, ou de entregá-la à autoridade competente, dentro no prazo de quinze dias.

Apropriação indébita de coisa comum

Art. 181 — Apropriar-se o condômino ou co-herdeiro, em proveito próprio ou de outrem, da coisa comum de que tem a posse ou detenção:

Pena — detenção, de seis meses a dois anos, ou pagamento de quarenta a cinqüenta dias-multa.

Ação penal

§ 1.º — Somente se procede mediante representação.

Isenção de pena

§ 2.º — Se a coisa indebitamente apropriada é fungível e não excede a cota a que tem direito o agente, fica este isento de pena.

Apropriação atenuada

Art. 182 — Nos crimes previstos neste capítulo, aplica-se o disposto nos §§ 1.º e 2.º do art. 164.

Capítulo VI

Do estelionato e outras fraudes

Estelionato

Art. 183 — Obter, para si ou para outrem, vantagem ilícita, em prejuízo alheio, induzindo ou mantendo alguém em erro, mediante artifício, ardil ou qualquer outro meio fraudulento:

Pena — reclusão, de dois a sete anos, e pagamento de quinze a sessenta dias-multa.

§ 1.º — Nas mesmas penas incorre quem:

Disposição de coisa alheia como própria

I — vende, promete vender, permuta, dá em pagamento, ou em garantia, coisa alheia como própria;

Alienação ou oneração fraudulenta de coisa própria

II — vende, promete vender, permuta, dá em pagamento, em locação ou em garantia, coisa própria inalienável, gravada de ônus, penhorada, arrestada, seqüestrada ou litigiosa, ou imóvel que prometeu vender a terceiro, silenciando sobre qualquer dessas circunstâncias;

Defraudação de penhor

III — defrauda, mediante alienação não consentida pelo credor, ou por outro modo, a garantia pignoratícia, quando tem a posse do objeto empenhado;

Fraude na entrega da coisa

IV — defrauda substância, qualidade ou quantidade de coisa que entrega a adquirente;

Fraude para obtenção de seguro

V — obtém indenização ou valor de seguro, mediante destruição total ou parcial ou ocultação de coisa própria, ou lesão do próprio corpo ou de sua saúde, ou agravação das conseqüências da lesão ou doença;

Fraude no pagamento por meio de cheque

VI — emite cheque sem suficiente provisão de fundo em poder do sacado ou lhe frustra o pagamento.

Agravação de pena

§ 2.º — As penas são agravadas se o crime é cometido em detrimento de entidade de direito público, de empresa pública, autarquia, sociedade de economia mista ou fundação instituída pelo Poder Público.

Estelionato atenuado

§ 3.º — Aplica-se o disposto nos §§ 1.º e 2.º do art. 164.

Fraude em jogo desportivo ou competição

Art. 184 — Empregar substância excitante ou deprimente, ou qualquer outro ardil, para fraudar jogo desportivo ou competição de animais, não vedada em lei, com o fim de obter vantagem econômica, para si ou para outrem:

Pena — reclusão, até cinco anos, e pagamento de cinco a quinze dias-multa.

Abuso de incapazes

Art. 185 — Abusar, em proveito próprio ou alheio, da necessidade, paixão ou inexperiência de menor ou da doença ou deficiência mental de outrem, induzindo qualquer deles à prática de ato que produza efeito jurídico, em prejuízo próprio ou de terceiro:

Pena — reclusão, de dois a seis anos e pagamento de cinco a dezesseis dias-multa.

Induzimento à especulação

Art. 186 — Abusar, em proveito próprio ou alheio, da inexperiência ou da simplicidade ou inferioridade mental de outrem, induzindo-o à prática de jogo ou aposta, ou à especulação em títulos ou mercadorias, que lhe resulte lesiva:

Pena — reclusão, até três anos, e pagamento de cinco a quinze dias-multa.

Fraude no comércio

Art. 187 — Enganar, no exercício de atividade comercial, o adquirente ou consumidor:

I — vendendo, como verdadeira ou perfeita, mercadoria falsificada ou deteriorada;

II — entregando uma mercadoria por outra:

Pena — reclusão, até três anos, e pagamento de dez a trinta dias-multa.

§ 1.º — Nas mesmas penas incorre quem fabrica ou tem em depósito, para ser vendida como verdadeira, perfeita ou autêntica, mercadoria falsificada, deteriorada ou substituída.

§ 2.º — Entregar obra que lhe é encomendada, com defraudação de qualidade do metal empregado, ou substituindo, no mesmo caso, pedra verdadeira por falsa ou por outra de menor valor; vender pedra falsa por verdadeira; vender, como precioso, metal de outra qualidade:

Pena — reclusão, até cinco anos, e pagamento de dez a cinqüenta dias-multa.

Fraude atenuada

§ 3.º — Aplica-se o disposto nos §§ 1.º e 2.º do artigo 164.

Hospedagem fraudulenta

Art. 188 — Alojar-se em hotel sem dispor de recursos para efetuar o pagamento:

Pena — detenção, até dois meses, ou pagamento de dez dias-multa, no máximo.

Ação penal

Parágrafo único — Somente se procede mediante representação.

Fraudes e abusos na fundação e administração de sociedade por ações

Art. 189 — Promover a fundação de sociedade por ações, fazendo, em prospecto ou em comunicação ao público ou à assembléia, afirmação falsa sobre a constituição da sociedade, ou ocultando fraudulentamente fato a ela relativo:

Pena — reclusão, até quatro anos, e pagamento de dez a quarenta dias-multa, se o fato não constitui crime contra a economia popular.

§ 1.º — Incorrem na mesma pena, feita a mesma ressalva:

I — o diretor, o gerente ou o fiscal de sociedade por ações, que:

a) em prospecto, relatório, parecer, balanço ou comunicação ao público ou à assembléia, faz afirmação falsa sobre as condições econômicas da sociedade, ou oculta fraudulentamente, no todo ou em parte, fato a elas relativo;

b) promove, por qualquer artifício, falsa cotação das ações ou de outros títulos da sociedade;

c) por interposta pessoa, ou conluiado com acionistas, consegue a aprovação de conta ou parecer;

II — o diretor ou gerente que:

a) toma empréstimo à sociedade ou usa, em proveito próprio ou de terceiro, dos bens ou haveres sociais, sem prévia autorização da assembléia geral;

b) compra ou vende, por conta da sociedade, ações por ela emitidas, salvo quando a lei o permite;

c) como garantia de crédito social, aceita em penhor ou em caução, ações da própria sociedade;

d) na falta de balanço, ou em desacordo com este, ou mediante balanço falso, distribui lucros ou dividendos fictícios;

III — o liquidante, nos casos das letras **a, b** e **c** do n.º I e **a, b** e **c** do n.º II;

IV — o representante de sociedade anônima estrangeira, autorizada a funcionar no país, que pratica os atos mencionados nas letras **a** e **b** do n.º I.

§ 2.º — Incorre na pena de detenção, de seis meses a dois anos, e pagamento de cinco a trinta dias-multa, o acionista que, a fim de obter vantagem para si ou para outrem, negocia o voto nas deliberações de assembléia geral.

Títulos irregulares

Art. 190 — Fabricar ações, debêntures, partes beneficiárias ou outros títulos negociáveis de sociedade anônima, ou cautelas que os representem, sem autorização escrita e assinada pela representação legal da sociedade e com firma reconhecida:

Pena — detenção, de um a três anos, e pagamento de dez a cinqüenta dias-multa.

Parágrafo único — Nas mesmas penas incorre quem:

I — fabrica ou distribui prospecto ou material de propaganda para a venda de títulos ou cautelas de sociedade anônima, sem autorização da representação legal desta;

II — coloca no mercado títulos ou cautelas, fabricados irregularmente.

Autorização de empréstimo a dirigente da própria instituição financeira

Art. 191 — Autorizar o responsável por instituição financeira a concessão de empréstimo a diretor, membro do conselho consultivo ou administrativo, fiscal ou semelhante, ou ao respectivo cônjuge:

Pena — reclusão, até quatro anos, e pagamento de dez a cinqüenta dias-multa.

Atuação abusiva de instituição financeira

Art. 192 — Fazer atuar instituição financeira, ou atuar individualmente como tal, sem expressa autorização da autoridade monetária competente:

Pena — detenção, de um a dois anos, e pagamento de cinco a quinze dias-multa.

Parágrafo único — Na mesma pena incorre quem exercer intermediação no mercado de capitais, sem expressa autorização da autoridade monetária competente.

Violação de sigilo de instituição financeira

Art. 193 — Violar o sigilo da operação ativa ou passiva de instituição financeira, ou de serviço por ela prestado:

Pena — reclusão, até quatro anos, e pagamento de dez a cinqüenta dias-multa.

Parágrafo único — O diretor, gerente ou outro administrador de instituição financeira que omitir medidas legais administrativas para a efetiva preservação do sigilo de que fala o artigo será punido com a pena de detenção até três anos, e pagamento de cinco a vinte dias-multa.

Capítulo VII

Da usura

Usura pecuniária

Art. 194 — Obter ou estipular, para si ou para outrem, no contrato de mútuo de dinheiro, abusando da premente necessidade, inexperiência ou leviandade do mutuário, juro que exceda a taxa permitida em lei, regulamento ou ato oficial:

Pena — detenção, de seis meses a dois anos, e pagamento de vinte a cem dias-multa.

Usura real

§ 1.º — Nas mesmas penas incorre quem, em qualquer outro contrato, abusando da premente necessidade, inexperiência ou leviandade do outro contratante, vem a obter lucro patrimonial que excede o quinto do valor corrente ou justo da prestação feita ou prometida.

Transferência do crédito

§ 2.º — Incide nas mesmas penas o adquirente ou cessionário do crédito que, ciente do que ocorre, vem também a beneficiar-se, dados o preço e condições da aquisição ou cessão, com o juro ou lucro excessivo.

Agravação de pena

§ 3.º — As penas são agravadas, se o crime é cometido:

I — em época de grave crise econômica ou se ocasiona grave dano à vítima;

II — com dissimulação da natureza usurária do contrato;

III — por funcionário público ou por pessoa cuja condição econômico-social é manifestamente superior à da vítima.

Capítulo VIII

Da receptação

Receptação dolosa

Art. 195 — Adquirir, receber ou ocultar, em proveito próprio ou alheio, coisa proveniente de crime, ou influir para que terceiro, de boa-fé, a adquira, receba ou oculte:

Pena — reclusão, até cinco anos, e pagamento de quinze a sessenta dias-multa.

Receptação atenuada

Parágrafo único — Aplica-se o disposto nos §§ 1.º e 2.º do artigo 164.

Receptação culposa

Art. 196 — Adquirir ou receber coisa que, por sua natureza ou pela manifesta desproporção entre o valor e o preço, ou pela condição de quem a oferece, deve presumir obtida por meio criminoso:

Pena — detenção, até um ano, ou pagamento de dez a cinqüenta dias-multa.

Perdão judicial

Parágrafo único — Se o agente é primário e a coisa é de pequeno valor, ou, antes de instaurada a ação penal, é restituída ao seu dono ou se repara o dano causado, o juiz pode deixar de aplicar qualquer pena.

Punibilidade da receptação

Art. 197 — A receptação é punível, ainda que desconhecido, ou isento de pena o autor do crime de que proveio a coisa.

Capítulo IX

Disposições gerais

Isenção de pena

Art. 198 — É isento de pena quem comete os crimes previstos neste título, em prejuízo:

I — do cônjuge, na constância da sociedade conjugal;

II — de parente em linha reta, seja o parentesco legítimo ou ilegítimo, civil ou natural.

Ação penal

Art. 199 — Somente se procede mediante representação, se o crime previsto neste título é cometido em prejuízo:

I — do cônjuge desquitado ou judicialmente separado;

II — de irmão, legítimo ou ilegítimo, afim em linha reta, ou de cunhado, durante o cunhadio;

III — de tio ou sobrinho, com quem o agente coabita.

Inaplicabilidade dos dois artigos anteriores

Art. 200 — Não se aplica o disposto nos dois artigos anteriores:

I — se o crime é de roubo ou de extorsão, ou, em geral, quando haja emprego de grave ameaça ou violência à pessoa;

II — ao estranho que participa do crime.

TÍTULO III

DOS CRIMES CONTRA A PROPRIEDADE IMATERIAL

Capítulo I

Dos crimes contra a propriedade intelectual

Violação de direito autoral ou direitos conexos

Art. 201 — Violar direito de autor ou direitos conexos previstos em lei:

Pena — detenção, de três meses a um ano, ou pagamento de dez a trinta dias-multa.

Parágrafo único — Na mesma pena incorre quem vende, expõe à venda, adquire, oculta ou tem em depósito, para o fim de venda, obra literária, científica ou artística, produzida com violação de direito autoral.

Usurpação de nome, pseudônimo ou sinal alheio

Art. 202 — Atribuir falsamente a alguém, mediante o uso de nome, pseudônimo ou sinal por ele adotado para designar seus trabalhos, a autoria de obra literária, científica ou artística:

Pena — detenção, de seis meses a dois anos, e pagamento de dez a trinta dias-multa.

Ação penal

Art. 203 — Nos crimes previstos neste capítulo, somente se procede mediante queixa, salvo quando praticados em prejuízo de entidade de direito público, autarquia, empresa pública, sociedade de economia mista ou fundação instituída pelo Poder Público.

Capítulo II

Dos crimes contra patente de invenção, de modelo de utilidade, de desenho ou modelo industrial

Violação de patente de invenção

Art. 204 — Violar privilégio decorrente de patente de invenção:

I — fabricando, sem autorização de quem de direito, o produto protegido pela patente;

II — usando, sem a devida autorização, o meio ou processo patenteado;

III — importando, vendendo, expondo à venda, ocultando ou recebendo, para o fim de venda, produto fabricado com violação de patente:

Pena — detenção, de seis meses a um ano, e pagamento de vinte a cinqüenta dias-multa.

Violação de patente de modelo de utilidade

Art. 205 — Violar direito assegurado por patente de modelo de utilidade:

I — fabricando, sem autorização de quem de direito, modelo de utilidade patenteado;

II — importando, vendendo, expondo à venda, ocultando ou recebendo para o fim de venda, modelo de utilidade fabricado com violação da patente:

Pena — detenção, até seis meses, ou pagamento de trinta dias-multa, no máximo.

Violação de patente de desenho ou modelo industrial

Art. 206 — Violar direito assegurado por patente de desenho ou modelo industrial:

I — reproduzindo ou explorando, sem autorização de quem de direito, o desenho ou modelo industrial patenteado;

II — importando, vendendo, expondo à venda, ocultando ou recebendo para o fim de venda, desenho ou modelo industrial confeccionado com violação da patente:

Pena — detenção, até seis meses, ou pagamento de trinta dias-multa, no máximo.

Aumento de pena

Art. 207 — As penas dos três artigos antecedentes são aumentadas de um terço:

I — se o agente foi ou é mandatário, preposto ou empregado do titular ou concessionário da patente;

II — se o agente entrou em conluio com representante, mandatário, preposto ou empregado do titular ou concessionário, para conhecer o objeto da patente, ou o modo de seu emprego ou fabricação.

Falsa atribuição de patente

Art. 208 — Exercer, como patenteada, indústria que não o seja, ou depois de anulada, suspensa ou caduca a patente:

Pena — detenção, até seis meses, ou pagamento de trinta dias-multa, no máximo.

Parágrafo único — Na mesma pena incorre o titular da patente que, em prospectos, letreiros, anúncio ou outro meio de publicidade, faz menção da patente, sem especificar-lhe o objeto.

Falsa menção de depósito ou patente

Art. 209 — Usar em modelo de utilidade ou em desenho ou modelo industrial, expressão que o dê, falsamente, como depositado ou patenteado, ou mencioná-lo, em anúncio ou papel comercial, como depositado ou patenteado, sem o ser:

Pena — detenção, até três meses, ou pagamento de dez dias-multa, no máximo.

Ação penal

Art. 210 — Nos crimes previstos neste capítulo, somente se procede mediante queixa, salvo quando praticados em prejuízo de entidade de direito público, empresa pública, autarquia, sociedade de economia mista ou fundação instituída pelo Poder Público.

Capítulo III
Dos crimes contra as marcas de indústria, comércio ou serviço

Violação de direito de marca

Art. 211 — Violar direito de marca de indústria, comércio ou serviço:

I — reproduzindo, indevidamente, no todo ou em parte, marca registrada de outrem, ou imitando-a, de modo que possa induzir em erro ou confusão;

II — usando marca reproduzida ou imitada nos termos do n.º I;

III — usando marca legítima de outrem em produto ou artigo que não é de sua fabricação:

Pena — detenção, de três meses a um ano, e pagamento de dez a cinqüenta dias-multa.

§ 1.º — Nas mesmas penas incorre quem vende, expõe à venda ou tem em depósito:

a) artigo ou produto revestido de marca registrada, abusivamente imitada ou reproduzida, no todo ou em parte;

b) artigo ou produto que tem marca registrada de outrem e não é de fabricação deste.

Ação penal

§ 2.º — Somente se procede mediante queixa, salvo quando o crime é praticado em prejuízo de entidade de direito público, empresa pública, autarquia, sociedade de economia mista ou fundação instituída pelo Poder Público.

Capítulo IV

Dos crimes contra o nome comercial, o título de estabelecimento, a insígnia ou a expressão ou sinal de propaganda

Violação do direito à denominação ou insígnia

Art. 212 — Usar indevidamente, em detrimento do titular do registro, nome comercial, título de estabelecimento ou insígnia alheios:

Pena — detenção, até seis meses, ou pagamento de trinta dias-multa, no máximo.

Parágrafo único — Na mesma pena incorre quem vende, expõe à venda ou tem em depósito artigo ou produto revestido de nome comercial, título de estabelecimento ou insígnia alheios.

Uso indevido ou imitação de expressão ou sinal de propaganda

Art. 213 — Usar expressão ou sinal de propaganda alheios, devidamente registrados, ou imitá-los de modo a criar confusão entre os produtos ou estabelecimentos:

Pena — detenção, até seis meses, ou pagamento de trinta dias-multa, no máximo.

Ação penal

Art. 214 — Nos crimes previstos neste capítulo, somente se procede mediante queixa, salvo quando praticados em prejuízo de entidade de direito público, empresa pública, autarquia, sociedade de economia mista ou fundação instituída pelo Poder Público.

Capítulo V

Dos crimes de concorrência desleal

Atos de concorrência desleal

Art. 215 — Comete crime de concorrência desleal quem:

I — publica pela imprensa, ou por outro modo, falsa afirmação, em detrimento do concorrente, com o fim de obter vantagem indevida;

II — presta ou divulga, com intuito de lucro, acerca de concorrente, falsa informação capaz de causar-lhe prejuízo;

III — emprega meio fraudulento para desviar, em proveito próprio ou alheio, clientela de outrem;

IV — produz, importa, exporta, armazena, vende ou expõe à venda, mercadoria com falsa indicação de procedência;

V — usa em artigo ou produto, em recipiente ou invólucro, em cinta, rótulo, fatura, circular, cartaz ou em outro meio de divulgação ou propaganda, termos retificativos, tais como "tipo", "espécie", "gênero", "sistema", "semelhante", "sucedâneo", "idêntico" ou equivalente, não ressalvando a verdadeira procedência do artigo ou produto;

VI — substitui, pelo seu próprio nome ou razão social, em mercadoria de outro produtor, o nome ou razão social deste, sem o seu consentimento;

VII — se atribui, como meio de propaganda de indústria, comércio ou ofício, recompensa ou distinção que não obteve;

VIII — vende, ou expõe à venda, em recipiente ou invólucro de outro produtor, mercadoria adulterada ou falsificada, ou dele se utiliza para negociar com mercadoria da mesma espécie, embora não adulterada ou falsificada, se o fato não constitui crime mais grave;

IX — dá ou promete dinheiro ou outra utilidade a empregado de concorrente, para que, faltando ao dever do emprego, lhe proporcione vantagem indevida;

X — recebe dinheiro ou outra utilidade, ou aceita promessa de paga ou recompensa, para, faltando ao dever do empregado, proporcionar a concorrente do empregador vantagem indevida;

XI — divulga ou explora, sem autorização, quando a serviço de outrem, ou depois de havê-lo deixado, segredo de fábrica ou de comércio, que lhe foi confiado ou de que teve conhecimento em razão do serviço;

XII — registra ou tenta registrar, como própria, indevidamente, invenção alheia ainda não patenteada:

Pena — detenção, de três meses a um ano, ou pagamento de quarenta dias-multa, no máximo.

Ação penal

Parágrafo único — Somente se procede mediante queixa, salvo nos casos dos ns. IX a XI, em que cabe ação pública mediante representação.

Capítulo VI

Dos crimes contra armas, brasões ou distintivos públicos e de falsa indicação de procedência

Uso indevido de armas, brasões ou distintivos públicos

Art. 216 — Reproduzir, sem a necessária autorização, ou imitar, de modo que possa criar confusão, em marcas de indústria ou comércio, nome comercial, título de estabelecimento, insígnia, expressão ou sinal de propaganda, as armas, ou brasões ou distintivos públicos nacionais ou estrangeiros:

Pena — detenção, até seis meses, ou pagamento de vinte dias-multa, no máximo.

Parágrafo único — Incorre na mesma pena quem usa, marca, nome comercial, título de estabelecimento, insígnia, expressão ou sinal de propaganda nos termos deste artigo, ou vende ou expõe à venda produto ou artigo com eles assinalados.

Falsa indicação de procedência

Art. 217 — Usar marca, nome comercial, título de estabelecimento, insígnia, expressão ou sinal de propaganda, que indique procedência que não a verdadeira, ou vender ou expor à venda produto ou artigo com eles assinalado:

Pena — detenção, até três meses, ou pagamento de vinte dias-multa, no máximo.

Ação penal

Parágrafo único — Somente se procede mediante queixa, salvo quando o crime é praticado em prejuízo de entidade de direito público, empresa pública, autarquia, sociedade de economia mista ou fundação instituída pelo Poder Público.

TÍTULO IV

DOS CRIMES CONTRA A LIBERDADE OU ORGANIZAÇÃO DO TRABALHO

Atentado contra a liberdade de trabalho

Art. 218 — Constranger alguém, mediante violência ou grave ameaça:

I — a exercer ou não exercer ofício, profissão ou indústria, ou a trabalhar ou não trabalhar durante certo período ou em determinados dias;

II — a abrir ou fechar o seu estabelecimento de trabalho, ou a participar de **lockout** ou paralisação de atividade econômica:

Pena — detenção, de três meses a um ano, e pagamento de quinze a cinqüenta dias-multa, além da pena correspondente à violência.

Atentado contra a liberdade de contrato de trabalho

Art. 219 — Constranger alguém, mediante violência ou grave ameaça, a celebrar, ou não, contrato de trabalho:

Pena — detenção, de três meses a um ano, e pagamento de quinze a cinqüenta dias-multa, além da correspondente à violência.

Boicotagem violenta

Art. 220 — Constranger alguém, mediante violência ou grave ameaça, a não fornecer a outrem ou não adquirir de outrem matéria-prima ou produto industrial ou agrícola:

Pena — detenção, de três meses a um ano, e pagamento de quinze a cinqüenta dias-multa, além da correspondente à violência.

Greve violenta

Art. 221 — Participar de suspensão ou abandono coletivo de trabalho, praticando violência contra pessoa ou contra coisa:

Pena — detenção, de um mês a um ano, e pagamento de cinco a vinte dias-multa, além da correspondente à violência.

Conceito de abandono coletivo

Parágrafo único — Entende-se por abandono coletivo de trabalho o deliberado pela totalidade ou maioria dos empregados de uma ou várias empresas, acarretando a cessação de todas ou de algumas das respectivas atividades.

Aliciamento para suspensão ou abandono do trabalho

Art. 222 — Aliciar participantes para suspensão ou abandono de trabalho, sendo estranho ao grupo de empregadores e empregados em dissídio:

Pena — detenção, de um mês a um ano, e pagamento de cinco a vinte dias-multa.

Interrupção de obra pública ou serviço de interesse coletivo

Art. 223 — Participar de suspensão ou abandono coletivo de trabalho, provocando a interrupção de obra pública ou serviço de interesse coletivo:

Pena — detenção, de seis meses a dois anos, e pagamento de dez a trinta dias-multa.

Invasão de estabelecimento de trabalho; sabotagem

Art. 224 — Invadir ou ocupar estabelecimento industrial, comercial ou agrícola, impedindo ou embaraçando o curso normal do trabalho, ou, com o mesmo fim, danificar o estabelecimento ou as coisas nele existentes ou delas dispor:

Pena — reclusão, até três anos, e pagamento de quinze a cinqüenta dias-multa.

Frustração de direito assegurado por lei trabalhista

Art. 225 — Frustrar ou restringir, mediante fraude ou violência, direito assegurado ao empregado pela legislação do trabalho:

Pena — detenção, até um ano, e pagamento não excedente a vinte dias-multa, além da correspondente à violência.

Omissão de medidas de higiene e segurança

Art. 226 — Deixar o empregador de observar, no estabelecimento ou local de trabalho, as prescrições legais ou regulamentares relativas a medidas de higiene e técnicas de segurança do trabalho, atinentes à vida ou à saúde dos empregados:

Pena — detenção, até um ano, e pagamento de cinco a vinte dias-multa.

Frustração de lei sobre nacionalização do trabalho

Art. 227 — Frustrar obrigação legal relativa à nacionalização do trabalho:

Pena — detenção, até seis meses, ou pagamento de cinco a vinte dias-multa.

Exercício de atividade com desrespeito a decisão administrativa

Art. 228 — Exercer atividade de que está impedido por decisão administrativa:

Pena — detenção, até seis meses, ou pagamento de dez dias-multa, no máximo.

Aliciamento para emigração

Art. 229 — Aliciar trabalhadores para o fim de emigração:

Pena — detenção, até um ano, ou pagamento de cinco a vinte dias-multa.

Aliciamento para êxodo de um local para outro dentro do país

Art. 230 — Aliciar trabalhadores, com o fim de levá-los de uma para outra localidade do território nacional:

Pena — detenção, até seis meses, ou pagamento de dez dias-multa, no máximo.

TÍTULO V

DOS CRIMES CONTRA O SENTIMENTO RELIGIOSO E CONTRA O RESPEITO AOS MORTOS

Capítulo I

Dos crimes contra o sentimento religioso

Ultraje por motivo de religião

Art. 231 — Escarnecer de alguém, na presença de várias pessoas, por motivo de crença ou função religiosa:

Pena — detenção, até um ano, ou pagamento de três a dez dias-multa.

Vilipêndio a ato ou objeto de culto

Art. 232 — Vilipendiar publicamente ato ou objeto de culto religioso:

Pena — detenção, de um mês a um ano, e pagamento de três a dez dias-multa.

Impedimento ou perturbação de culto

Art. 233 — Impedir ou perturbar cerimônia ou prática de culto religioso:

Pena — detenção, até um ano, e pagamento de três a dez dias-multa.

Aumento de pena

Parágrafo único — Se há emprego de violência, a pena é aumentada de um terço, sem prejuízo da correspondente à violência.

Capítulo II

Dos crimes contra o respeito aos mortos

Impedimento ou perturbação de cerimônia funerária

Art. 234 — Impedir ou perturbar enterro ou cerimônia funerária:

Pena — detenção, até um ano, e pagamento de cinco a dez dias-multa.

Aumento de pena

Parágrafo único — Se há emprego de violência, a pena é aumentada de um terço, sem prejuízo da correspondente à violência.

Violação de sepultura ou urna funerária

Art. 235 — Violar ou profanar sepultura ou urna funerária:

Pena — reclusão, até três anos, e pagamento de cinco a vinte dias-multa.

Destruição, subtração ou ocultação de cadáver

Art. 236 — Destruir, subtrair ou ocultar cadáver ou parte dele:

Pena — reclusão, até três anos, e pagamento de cinco a vinte dias-multa.

Parágrafo único — Retirar, para fins terapêuticos, parte, tecido ou órgão de cadáver, sem obediência às disposições legais especiais:

Pena — detenção, até dois anos, e pagamento de cinco a trinta dias-multa.

Vilipêndio a cadáver ou suas cinzas

Art. 237 — Vilipendiar cadáver, parte dele, ou suas cinzas:

Pena — detenção, até dois anos, ou pagamento não excedente a trinta dias-multa.

Parágrafo único — Incorre nas mesmas penas quem deixa de recompor dignamente o cadáver, do qual tenha sido retirado órgão, tecido ou parte para fins terapêuticos, ou, na mesma condição, deixa de fazer a entrega aos responsáveis para o sepultamento.

TÍTULO VI

DOS CRIMES CONTRA OS COSTUMES

Capítulo I

Dos crimes contra a disponibilidade sexual

Estupro

Art. 238 — Constranger mulher à conjunção carnal, mediante violência ou grave ameaça:

Pena — reclusão de três a oito anos.

Atentado violento ao pudor

Art. 239 — Constranger alguém, mediante violência ou grave ameaça, a presenciar, praticar ou permitir que com ele se pratique ato libidinoso diverso da conjunção carnal:

Pena — reclusão, de dois a seis anos.

Posse sexual mediante fraude

Art. 240 — Ter conjunção carnal com mulher honesta mediante fraude:

Pena — reclusão, até três anos.

Aumento de pena

Parágrafo único — Se o crime é praticado contra mulher virgem, menor de dezoito anos e maior de quatorze anos:

Pena — reclusão, de dois a seis anos.

Ofensa ao pudor mediante fraude

Art. 241 — Induzir mulher honesta, mediante fraude, a praticar ou permitir que com ela se pratique ato libidinoso diverso da conjunção carnal:

Pena — reclusão, até dois anos.

Aumento de pena

Parágrafo único — Se a ofendida é menor de dezoito e maior de quatorze anos:

Pena — reclusão, até quatro anos.

Capítulo II

Da sedução e da corrupção de menores

Sedução

Art. 242 — Seduzir mulher virgem, menor de dezoito e maior de quatorze anos, e ter com ela conjunção carnal, aproveitando-se de sua inexperiência ou justificável confiança:

Pena — reclusão, de dois a quatro anos.

Corrupção de menores

Art. 243 — Corromper ou facilitar a corrupção de pessoa menor de dezoito e maior de quatorze anos, com ela praticando ato de libidinagem ou induzindo-a a praticá-lo ou presenciá-lo:

Pena — reclusão, até três anos.

Capítulo III

Do rapto

Rapto

Art. 244 — Raptar mulher honesta para fim libidinoso, mediante subtração ou retenção, empregando violência, grave ameaça ou fraude:

Pena — reclusão, de dois a quatro anos, sem prejuízo da correspondente ao crime de natureza sexual que acaso se seguir ao rapto.

Rapto consensual

Parágrafo único — Se a raptada é maior de quatorze e menor de dezoito anos e o rapto ocorre com o seu consentimento:

Pena — detenção, de um a três anos.

Diminuição de pena

Art. 245 — É diminuída a pena de um terço se o rapto é para fim de casamento, e de metade, se o agente, sem ter praticado com a vítima qualquer ato de libidinagem, a restitui à liberdade ou a coloca em lugar seguro à disposição da família.

Capítulo IV

Disposições gerais

Penas da violência

Art. 246 — Quando há emprego de violência, ficam ressalvadas as penas a esta correspondentes.

Presunção de violência

Art. 247 — Presume-se a violência, se a vítima:

I — não é maior de quatorze anos, salvo fundada suposição contrária do agente;

II — é doente ou deficiente mental, e o agente conhecia esta circunstância;

III — não pode, por qualquer outra causa, oferecer resistência.

Ação penal

Art. 248 — Nos crimes definidos nos capítulos I, II e III, somente se procede mediante queixa.

§ 1.° — Procede-se, entretanto, mediante ação pública:

I — se, do emprego de violência, resulta à vítima lesão grave ou morte;

II — se a vítima ou seus pais não podem prover às despesas do processo, sem privar-se de recursos indispensáveis à manutenção própria ou da família;

III — se o crime é cometido com abuso do pátrio poder, ou da qualidade de padrasto, tutor ou curador.

§ 2.º — No caso do n.º II do parágrafo anterior, a ação do Ministério Público depende de representação.

Aumento de pena

Art. 249 — A pena é aumentada de um terço:

I — se o crime é cometido com o concurso de duas ou mais pessoas;

II — se o agente é ascendente, pai adotivo, padrasto, irmão, tutor ou curador, preceptor ou empregador da vítima ou por qualquer outro título tem autoridade sobre ela;

III — se o agente é casado.

Capítulo V

Do lenocínio e do tráfico de mulheres

Proxenetismo

Art. 250 — Induzir alguém a satisfazer a lascívia de outrem:
Pena — reclusão, até três anos.

Formas qualificadas

§ 1.º — Se a vítima é maior de quatorze e menor de dezoito anos ou se o agente é seu ascedente, descendente, marido, irmão, tutor, curador ou pessoa a que esteja confiada para fins de educação, de tratamento ou de guarda:

Pena — reclusão, de dois a cinco anos.

§ 2.º — Se o crime é cometido com emprego de violência, grave ameaça ou fraude:

Pena — reclusão, de dois a oito anos, além da pena correspondente à violência.

Favorecimento da prostituição

Art. 251 — Induzir ou atrair alguém à prostituição, facilitá-la ou impedir que alguém a abandone:

Pena — reclusão, de dois a cinco anos.

Formas qualificadas

§ 1.º — Se ocorre qualquer das hipóteses do § 1.º do artigo anterior:

Pena — reclusão, de três a oito anos.

§ 2.º — Se o crime é cometido com emprego de violência, grave ameaça ou fraude:

Pena — reclusão, de quatro a dez anos, além da correspondente à violência.

Local de prostituição

Art. 252 — Manter, por conta própria ou de terceiro, casa de prostituição ou lugar habitualmente destinado a encontros para fim libidinoso, haja, ou não, intuito de lucro, ou mediação direta do proprietário ou gerente:

Pena — reclusão, de dois a cinco anos, e pagamento de dez a quarenta dias-multa.

Dissimulação irrelevante

Parágrafo único — É irrelevante o fato da dissimulação do local, sob aparência de hotel, pensão, hospedaria ou casa de cômodos, ainda que mediante licença para seu funcionamento como tal.

Rufianismo

Art. 253 — Tirar proveito da prostituição alheia, participando diretamente de seus lucros ou fazendo-se sustentar, no todo ou em parte, por quem a exerça:

Pena — reclusão, de dois a cinco anos, e pagamento de cinco a quarenta dias-multa.

Formas qualificadas

§ 1.º — Se ocorre qualquer das hipóteses do § 1.º do art. 250:

Pena — reclusão, de três a seis anos, além da multa.

§ 2.º — Se há emprego de violência ou grave ameaça:

Pena — reclusão, de dois a oito anos, sem prejuízo da correspondente à violência.

Tráfico de mulheres

Art. 254 — Promover ou facilitar a entrada, no território nacional, de mulher que nele venha exercer a prostituição, ou a saída de mulher que vá exercê-la no estrangeiro:

Pena — reclusão, de três a oito anos, e pagamento de cinco a quarenta dias-multa.

Formas qualificadas

§ 1.º — Se ocorre qualquer das hipóteses do § 1.º do art. 250:

Pena — reclusão, de quatro a dez anos, além da multa.

§ 2.º — Se há emprego de violência, grave ameaça ou fraude:

Pena — reclusão, de cinco a doze anos, sem prejuízo da pena correspondente à violência.

Disposição geral

Art. 255 — Nos crimes de que trata este capítulo, é aplicável o disposto no art. 247.

Capítulo VI

Do ultraje público ao pudor

Ato obsceno

Art. 256 — Praticar ato obsceno em lugar público, ou aberto ou exposto ao público:

Pena — detenção, de três meses a um ano, ou pagamento de três a dez dias-multa.

Escrito ou objeto obsceno

Art. 257 — Produzir, distribuir, vender, expor à venda, exibir publicamente, importar, exportar, adquirir ou ter em depósito para o fim de venda, distribuição ou exibição pública, livros, jornais, revistas, escritos, pinturas, gravuras, estampas, imagens, desenhos ou qualquer outro objeto de caráter obsceno:

Pena — detenção, de seis meses a dois anos, ou pagamento de cinco a vinte dias-multa.

Parágrafo único — Incorre na mesma pena quem:

I — faz ou promove representação de caráter obsceno em teatro, cinema, circo, televisão, ou qualquer lugar público ou acessível ao público;

II — realiza, em lugar público ou acessível ao público, ou pelo rádio, ou pela televisão, audição ou recitação de caráter obsceno.

TÍTULO VII

DOS CRIMES CONTRA A FAMÍLIA

Capítulo I

Do crime contra a moral familiar

Incesto

Art. 258 — Ter conjunção carnal com descendente ou ascedente, com irmã ou irmão, se o fato não constitui crime definido no Título anterior:

Pena — reclusão, até três anos.

Agravação de pena

Parágrafo único — A pena é agravada, se o crime for praticado em relação a menor de dezoito anos.

Capítulo II

Dos crimes contra o casamento

Bigamia

Art. 259 — Contrair alguém, sendo casado, novo casamento:

Pena — reclusão, de dois a seis anos.

§ 1.º — Aquele que, não sendo casado, contrai casamento com pessoa casada, conhecendo essa circunstância, é punido com reclusão ou detenção, de um a três anos.

§ 2.º — Anulado, por qualquer motivo, o primeiro casamento, ou o outro por motivo que não a bigamia, considera-se inexistente o crime.

Induzimento a erro essencial ou ocultação de impedimento

Art. 260 — Contrair casamento, induzindo em erro essencial o outro contraente ou ocultando-lhe impedimento que não seja casamento anterior:

Pena — detenção, de três meses a um ano.

Ação penal

Parágrafo único — A ação penal depende de queixa do contraente enganado e não pode ser intentada senão depois de transitada em julgado a sentença que, por motivo de erro ou impedimento, anule o casamento.

Conhecimento prévio de impedimento absoluto

Art. 261 — Contrair casamento, conhecendo a existência de impedimento que lhe cause a nulidade absoluta:

Pena — detenção, de seis meses a dois anos.

Simulação de autoridade para celebração de casamento

Art. 262 — Atribuir-se falsamente autoridade para celebração de casamento:

Pena — detenção, até três anos.

Simulação de casamento

Art. 263 — Simular casamento mediante engano de outra pessoa:

Pena — detenção, até três anos.

Adultério

Art. 264 — Cometer adultério:

Pena — detenção, até seis meses.

§ 1.º — Incorre na mesma pena o co-réu.

Ação penal

§ 2.º — A ação penal somente pode ser intentada pelo cônjuge ofendido, e dentro de um mês após o conhecimento do fato.

§ 3.º — A ação penal não pode ser intentada:

I — pelo cônjuge desquitado;

II — pelo cônjuge que consentiu no adultério ou o perdoou, expressa ou tacitamente.

Perdão judicial

§ 4.º — O juiz pode deixar de aplicar a pena:

I — se havia cessado a vida em comum dos cônjuges;

II — se o querelante havia praticado qualquer dos atos que, pela lei civil, autorizam a ação de desquite judicial.

Capítulo III

Dos crimes contra o estado de filiação

Registro de nascimento inexistente

Art. 265 — Promover no registro civil a inscrição de nascimento inexistente:

Pena — reclusão, de dois a seis anos.

Falso registro, parto suposto, ocultação ou substituição de recém-nascido

Art. 266 — Registrar como seu o filho de outrem; dar parto alheio como próprio; ocultar recém-nascido ou substituí-lo, suprimindo ou alterando direito inerente ao estado civil:

Pena — reclusão, até seis anos.

Diminuição de pena ou perdão judicial

Parágrafo único — Se o crime é praticado por motivo de reconhecida nobreza:

Pena — detenção, de três meses a um ano, ou pagamento de cinco a vinte dias-multa, podendo o juiz deixar de aplicar a pena.

Inseminação artificial

Art. 267 — Permitir a mulher casada a própria fecundação por meio artificial com sêmen de outro homem, sem que o consinta o marido:

Pena — detenção, até dois anos.

Ação penal

Parágrafo único — Só se procede mediante queixa.

Sonegação do estado de filiação

Art. 268 — Deixar em asilo de expostos, ou outra instituição de assistência, filho próprio ou alheio, ocultando-lhe a filiação ou atribuindo-lhe outra, com o fim de prejudicar direito inerente ao estado civil:

Pena — reclusão, até cinco anos, e pagamento de cinco a trinta dias-multa.

Capítulo IV

Dos crimes contra a assistência familiar

Abandono material

Art. 269 — Deixar, sem justa causa, de prover à subsistência do cônjuge, ou de filho menor de dezoito anos ou inapto para o trabalho ou de ascendente inválido ou enfermiço, não lhes proporcionando os recursos necessários ou faltando ao pagamento de pensão alimentícia judicialmente acordada, fixada ou majorada; deixar, sem justa causa, de socorrer descendente ou ascedente gravemente enfermo:

Pena — detenção, até quatro anos, e pagamento de trinta e cento e cinqüenta dias-multa.

Parágrafo único — Nas mesmas penas incide quem, sendo solvente, frustra ou elide, de qualquer modo, inclusive por abandono injustificado de emprego ou função, o pagamento de pensão alimentícia, judicialmente acordada, fixada ou majorada.

Abandono de mulher que tornou grávida

Art. 270 — Abandonar na indigência, ou sem assistência, a mulher que tornou grávida e se acha na impossibilidade de prover a própria subsistência, em razão da gravidez ou do parto:

Pena — detenção, até seis meses, e pagamento de cinco a quinze dias-multa.

Entrega de filho menor a pessoa inidônea

Art. 271 — Entregar filho menor de dezoito anos a pessoa com a qual saiba ou deva saber que fica moral ou materialmente em perigo:

Pena — detenção, até seis meses.

Aumento de pena

Parágrafo único — A pena é aumentada da sexta parte, aplicando-se cumulativamente com a de pagamento de cinco a quinze dias-multa, se o agente é movido por fim de lucro.

Abandono intelectual

Art. 272 — Deixar, sem justa causa, de prover à instrução primária de filho em idade escolar:

Pena — detenção, até um mês, ou pagamento de cinco a quinze dias-multa.

Abandono moral

Art. 273 — Permitir que menor de dezoito anos, sujeito a seu poder ou confiado à sua guarda ou vigilância:

I — freqüente casa de jogo ou mal afamada, ou conviva com pessoa viciosa ou de má vida;

II — freqüente espetáculo capaz de pervertê-lo ou de ofender-lhe o pudor, ou participe de representação de igual natureza;

III — resida ou trabalhe em casa de prostituição;

IV — mendigue ou sirva a mendigo para excitar a comiseração pública:

Pena — detenção, até três meses, ou pagamento de dez dias-multa, no máximo.

Capítulo V

Dos crimes contra a guarda de incapazes

Induzimento à fuga, entrega arbitrária ou sonegação de incapazes

Art. 274 — Induzir menor de dezoito anos ou interdito, a fugir do lugar onde se acha por determinação de quem sobre ele exerce autoridade, em virtude de lei ou de ordem judicial; confiar a outrem, sem ordem do pai, tutor ou curador, menor de dezoito anos, ou interdito, ou deixar, sem justa causa, de entregá-lo a quem legitimamente o reclame:

Pena — detenção, até um ano, ou pagamento de cinco a quinze dias-multa.

Subtração de incapazes

Art. 275 — Subtrair menor de dezoito anos, ou interdito, ao poder de quem o tem sob sua guarda em virtude de lei ou de ordem judicial:

Pena — detenção, de dois meses a dois anos.

§ 1.º — O fato de ser o agente pai ou tutor do menor ou curador do interdito não o exime de pena, se destituído ou temporariamente privado do pátrio poder, curatela ou guarda.

Perdão judicial

§ 2.º — No caso de restituição do menor ou do interdito, se este não sofreu maus tratos ou privações, o juiz pode deixar de aplicar pena.

TÍTULO VIII

DOS CRIMES CONTRA A INCOLUMIDADE PÚBLICA

Capítulo I

Dos crimes de perigo comum

Incêndio

Art. 276 — Causar incêndio, expondo a perigo a vida, a integridade física ou o patrimônio de outrem:

Pena — reclusão, de três a oito anos, e pagamento de cinco a trinta dias-multa.

Agravação de pena

§ 1.º — As penas são agravadas:

I — se o crime é cometido com intuito de obter vantagem pecuniária para si ou para outrem;

II — se o incêndio é:

a) em casa habitada ou destinada à habitação;

b) em edifício público ou qualquer construção destinada a uso público ou a obra de assistência social ou de cultura;

c) em embarcação, aeronave, comboio ou veículo de transporte coletivo;

d) em estação ferroviária, rodoviária, aeródromo ou construção portuária;

e) em estaleiro, fábrica ou oficina;

f) em depósito de explosivo, combustível ou inflamável;

g) em poço petrolífero ou galeria de mineração;

h) em lavoura, pastagem, mata ou floresta.

Incêndio culposo

§ 2.º — Se culposo o incêndio, a pena é de detenção, de seis meses a dois anos.

Explosão

Art. 277 — Causar ou tentar causar explosão, expondo a perigo a vida, a integridade física ou o patrimônio de outrem:

Pena — reclusão, até quatro anos, e pagamento de cinco a trinta dias-multa.

Formas qualificadas

§ 1.º — Se a substância utilizada é dinamite ou outra de efeitos análogos:

Pena — reclusão, de três a seis anos, e pagamento de dez a quarenta dias-multa.

Agravação de pena

§ 2.º — As penas são agravadas se ocorre qualquer das hipóteses previstas no § 1.º, n.º I, do artigo anterior, ou é visada ou atingida qualquer das coisas enumeradas do n.º II, do mesmo parágrafo.

§ 3.º — Se a explosão é causada pelo desencadeamento de energia nuclear:

Pena — reclusão, de cinco a vinte anos, e pagamento de cem a trezentos dias-multa.

Modalidade culposa

§ 4.º — No caso de culpa, se a explosão é causada por dinamite ou substância de efeitos análogos, a pena é detenção, de seis meses a dois anos; se é causada pelo desencadeamento de energia nuclear, detenção de três a dez anos; nos demais casos, detenção, de três meses a um ano.

Emprego de gás tóxico ou asfixiante

Art. 278 — Expor a perigo a vida ou a integridade física de outrem, usando de gás tóxico ou asfixiante:

Pena — reclusão, até quatro anos, e pagamento de cinco a vinte dias-multa.

Modalidade culposa

Parágrafo único — Se culposo o crime, a pena é detenção, de seis meses a dois anos.

Abuso de radiação

Art. 279 — Expor a perigo a vida ou a integridade física de outrem, pelo abuso de radiação ionizante ou de substância radioativa:

Pena — reclusão, até quatro anos, e pagamento de cinco a vinte dias-multa.

Modalidade culposa

Parágrafo único — Se o crime é culposo:

Pena — detenção, de seis meses a dois anos.

Fabrico, fornecimento, posse ou transporte de material perigoso

Art. 280 — Fabricar, fornecer, possuir ou transportar substância ou engenho explosivo, gás tóxico ou substância radioativa, expondo a perigo a vida, a integridade física ou o patrimônio de outrem:

Pena — detenção, de seis meses a dois anos, e pagamento de cinco a dez dias-multa.

Inundação

Art. 281 — Causar inundação, expondo a perigo a vida, a integridade física ou o patrimônio de outrem:

Pena — reclusão, de três a seis anos, e pagamento de cinco a vinte dias-multa.

Modalidade culposa

§ 1.º — Se o crime é culposo:

Pena — detenção, de seis meses a dois anos.

Perigo de inundação

§ 2.º — Remover, destruir ou inutilizar, em prédio próprio ou alheio, expondo a perigo a vida, a integridade física ou o patrimônio de outrem, obstáculo natural ou obra destinada a impedir inundação:

Pena — reclusão, até três anos, e pagamento de cinco a dez dias-multa.

Exercício ilegal da engenharia ou arquitetura

Art. 282 — Exercer, sem estar legalmente habilitado, a profissão de engenheiro ou arquiteto:

Pena — detenção, até dois anos.

Desabamento ou desmoronamento

Art. 283 — Causar desabamento ou desmoronamento, expondo a perigo a vida, a integridade física ou o patrimônio de outrem:

Pena — reclusão, até quatro anos, e pagamento de cinco a dez dias-multa.

Modalidade culposa

Parágrafo único — Se o crime é culposo:

Pena — detenção, de seis meses a dois anos.

Subtração, ocultação ou inutilização de material de salvamento, ou impedimento do seu uso

Art. 284 — Subtrair, ocultar, ou inutilizar, por ocasião de incêndio, inundação, naufrágio ou outro desastre ou calamidade, aparelho, material ou qualquer meio destinado a serviço de combate ao perigo, de socorro ou salvamento; ou impedir ou dificultar serviço de tal natureza:

Pena — reclusão, de dois a cinco anos, e pagamento de dez a trinta dias-multa.

Formas qualificadas pelo resultado

Art. 285 — Se do crime doloso de perigo comum resulta lesão grave, a pena privativa de liberdade é aumentada de metade; se resulta morte, é aplicada em dobro. No caso de culpa, se do fato resulta lesão corporal, a pena aumenta-se de metade; se resulta morte, aplica-se a pena cominada ao homicídio culposo, aumentada de um terço.

Difusão de epizootia ou praga vegetal

Art. 286 — Difundir doença ou praga que possa causar dano a floresta, plantação ou animais de utilidade econômica:

Pena — detenção, de seis meses a três anos, e pagamento de cinco a quinze dias-multa.

Modalidade culposa

Parágrafo único — No caso de culpa, a pena é de detenção, até seis meses, ou pagamento de dez dias-multa, no máximo.

Embriaguez ao volante

Art. 287 — Dirigir veículo motorizado na via pública, encontrando-se em estado de embriaguez por bebida alcoólica ou qualquer outro inebriante:

Pena — detenção, de três meses a um ano, ou pagamento de dez a quarenta dias-multa.

Perigo resultante de violação de regra de trânsito

Art. 288 — Violar regra de regulamento de trânsito, expondo a efetivo e grave perigo a incolumidade de outrem:

Pena — detenção, de um a seis meses, ou pagamento de dez a trinta dias-multa.

Capítulo II

Dos crimes contra a segurança dos meios de transporte e comunicações e outros serviços públicos

Perigo de desastre ferroviário

Art. 289 — Impedir ou perturbar serviço de estrada de ferro, se resulta perigo de desastre:

I — danificando ou desarranjando, total ou parcialmente, linha férrea, material rodante ou de tração, obra de arte ou instalação;

II — colocando obstáculo na linha;

III — transmitindo falso aviso acerca do movimento dos veículos, ou interrompendo ou embaraçando o funcionamento dos meios de comunicação;

IV — praticando qualquer outro ato, que atente contra a segurança do serviço ferroviário:

Pena — reclusão, de dois a cinco anos, e pagamento de cinco a quinze dias-multa.

Desastre efetivo

§ 1.° — Se do fato resulta desastre:

Pena — reclusão, de quatro a doze anos, e pagamento de dez a trinta dias-multa.

§ 2.° — Se o agente quis causar o desastre ou assumiu o risco de produzi-lo:

Pena — reclusão, de quatro a quinze anos, e pagamento de vinte a cinqüenta dias-multa.

Modalidade culposa

§ 3.° — No caso de culpa, ocorrendo desastre:

Pena — detenção, de seis meses a dois anos.

Conceito de "estrada de ferro"

§ 4.° — Para os efeitos deste artigo entende-se por estrada de ferro qualquer via de comunicação em que circulem veículos de tração mecânica, em trilhos ou por meio de cabo aéreo.

Atentado contra transporte por água ou pelo ar

Art. 290 — Expor a perigo embarcação ou aeronave, própria ou alheia, ou praticar qualquer ato tendente a impedir ou dificultar navegação marítima, fluvial, lacustre ou aérea:

Pena — reclusão, de dois a cinco anos, e pagamento de cinco a vinte dias-multa.

Superveniência de sinistro

§ 1.º — Se do fato resulta naufrágio, submersão ou encalhe de embarcação ou a queda ou destruição da aeronave:

Pena — reclusão, de quatro a doze anos, e pagamento de dez a trinta dias-multa.

Modalidade culposa

§ 2.º — No caso de culpa, se ocorre o sinistro:

Pena — detenção, de seis meses a dois anos.

Atentado contra outro meio de transporte

Art. 291 — Expor a perigo outro meio de transporte público, impedir-lhe ou dificultar-lhe o funcionamento:

Pena — detenção, de um a cinco anos, e pagamento de cinco a quinze dias-multa.

Desastre efetivo

§ 1.º — Se do fato resulta desastre, a pena é reclusão de dois a oito anos, e pagamento de dez a trinta dias-multa.

Modalidade culposa

§ 2.º — No caso de culpa, se ocorre desastre:

Pena — detenção, até seis meses.

Formas qualificadas pelo resultado

Art. 292 — Se de qualquer dos crimes previstos nos artigos 289 a 291, no caso de desastre ou sinistro resulta lesão grave ou morte, aplica-se o disposto no artigo 285.

Arremesso de projétil

Art. 293 — Arremessar projétil contra veículo em movimento, destinado a transporte por terra, por água ou pelo ar:

Pena — detenção, até seis meses.

Forma qualificada pelo resultado

Parágrafo único — Se do fato resulta lesão corporal, a pena é de detenção, de seis meses a dois anos; se resulta morte, a pena é a do homicídio culposo, aumentada de um terço.

Atentado contra serviço de utilidade pública

Art. 294 — Atentar contra a segurança ou o funcionamento de serviço de água, luz, força, ou qualquer outro de utilidade pública:

Pena — reclusão, até cinco anos, e pagamento de cinco a quinze dias-multa.

Aumento de pena

Parágrafo único — Aumenta-se a pena de um terço até metade se o dano ocorrer em virtude de subtração de material essencial ao funcionamento do serviço.

Interrupção ou perturbação de serviço de telecomunicações

Art. 295 — Interromper ou perturbar serviços de telecomunicações, impedir ou dificultar sua instalação:

Pena — detenção de um a três anos, e pagamento de cinco a dez dias-multa.

Aumento de pena

Parágrafo único — Aplicam-se as penas em dobro, se o crime é cometido por ocasião de calamidade pública.

Capítulo III

Dos crimes contra a saúde pública

Epidemia

Art. 296 — Causar epidemia, mediante propagação de germes patogênicos:

Pena — reclusão, de cinco a quinze anos.

Forma qualificada pelo resultado

§ 1.º — Se do fato resulta morte, a pena é aplicada em dobro.

Modalidade culposa

§ 2.º — No caso de culpa, a pena é de detenção, de um a dois anos ou, se resulta morte, de dois a quatro anos.

Infração de medida sanitária preventiva

Art. 297 — Infringir determinação do poder público, destinada a impedir introdução ou propagação de doença contagiosa:

Pena — detenção, até um ano, e pagamento de cinco a dez dias-multa.

Agravação de pena

Parágrafo único — A pena é agravada, se o agente é funcionário da saúde pública ou exerce a profissão de médico, farmacêutico, dentista ou enfermeiro.

Omissão de notificação de doença

Art. 298 — Deixar o médico de denunciar à autoridade pública doença cuja notificação é compulsória:

Pena — detenção, até seis meses, ou pagamento de dez a trinta dias-multa.

Envenenamento com perigo extensivo

Art. 299 — Envenenar água potável ou substância alimentícia ou medicinal, expondo a perigo a saúde de número indeterminado de pessoas:

Pena — reclusão, de quatro a dez anos, e pagamento de vinte a cinqüenta dias-multa.

Caso assimilado

§ 1.° — Está sujeito às mesmas penas quem entrega a consumo ou tem em depósito, para o fim de ser distribuída, água ou substância envenenada.

Modalidade culposa

§ 2.° — Se o crime é culposo:

Pena — detenção, de seis meses a dois anos.

Poluição de fluidos

Art. 300 — Poluir lago, curso de água, o mar ou, nos lugares habitados, as praias e a atmosfera, infringindo prescrições de lei federal:

Pena — reclusão, até três anos, e pagamento de cinco a vinte e cinco dias-multa.

Parágrafo único — Se o crime é culposo, a pena é detenção, de dois meses a um ano.

Corrupção ou poluição de água potável

Art. 301 — Corromper ou poluir água potável, de uso comum ou particular, tornando-a imprópria para consumo ou nociva à saúde:

Pena — reclusão, de dois a cinco anos, e pagamento de cinco a quinze dias-multa.

Modalidade culposa

Parágrafo único — Se o crime é culposo:

Pena — detenção, de dois meses a um ano.

Corrupção ou falsificação de substância alimentícia ou medicinal

Art. 302 — Corromper ou falsificar substância alimentícia ou medicinal destinada a consumo, tornando-a nociva à saúde:

Pena — reclusão de dois a seis anos, e pagamento de dez a trinta dias-multa.

§ 1.° — Incorre nas mesmas penas quem vende, expõe à venda, tem em depósito para vender ou, de qualquer forma, entrega a consumo substância corrompida ou falsificada.

Modalidade culposa

§ 2.° — Se o crime é culposo:

Pena — detenção, de seis meses a um ano, e pagamento de cinco a dez dias-multa.

Alteração de substância alimentícia ou medicinal

Art. 303 — Alterar substância alimentícia ou medicinal, reduzindo-lhe o valor nutritivo ou terapêutico:

Pena — detenção, de seis meses a dois anos, e pagamento de cinco a quinze dias-multa.

§ 1.° — Nas mesmas penas incorre quem vende, expõe à venda, tem em depósito para vender ou, de qualquer forma, entrega a consumo, a substância alterada.

Modalidade culposa

§ 2.º — Se o crime é culposo:

Pena — detenção, até seis meses, e pagamento de cinco a dez dias-multa.

Emprego de processo ou ingrediente não permitido

Art. 304 — Empregar, no produto destinado ao consumo, revestimento, gaseificação artificial, matéria corante, substância aromática, antisséptica conservadora ou qualquer outra não expressamente permitida pela legislação sanitária:

Pena — detenção, até três meses, ou pagamento de dez dias-multa, no máximo.

Invólucro ou recipiente com falsa indicação

Art. 305 — Inculcar, em invólucro ou recipiente de produto alimentício ou medicinal, a existência de substância, de valor nutritivo ou terapêutico, que não se encontra em seu conteúdo ou que nele existe em quantidade menor do que a mencionada:

Pena — detenção, até três meses, ou pagamento de cinco a dez dias-multa.

Entrega a consumo de produtos nas condições dos dois artigos anteriores

Art. 306 — Vender, expor à venda, ter em depósito para vender ou, de qualquer forma, entregar a consumo produto nas condições dos dois artigos anteriores:

Pena — detenção, até três meses, ou pagamento de dez dias-multa, no máximo.

Substância destinada à falsificação

Art. 307 — Vender, expor à venda, ter em depósito para vender, ou ceder substância destinada à falsificação de produto alimentício ou medicinal:

Pena — detenção, até três meses, ou pagamento de dez dias-multa, no máximo.

Outras substâncias nocivas à saúde

Art. 308 — Fabricar, vender, expor à venda, ter em depósito para vender ou, de qualquer forma, entregar a consumo coisa ou substância nociva à saúde, ainda que não destinada à alimentação ou a fim medicinal:

Pena — detenção, até três anos, e pagamento de dez a vinte dias-multa.

Modalidade culposa

Parágrafo único — Se o crime é culposo:

Pena — detenção, de dois meses a um ano.

Substância avariada

Art. 309 — Vender, ter em depósito para vender, expor à venda ou, de qualquer forma, entregar a consumo substância alimentícia ou medicinal avariada:

Pena — detenção, de seis meses a dois anos ou pagamento de quinze a trinta dias-multa.

Modalidade culposa

Parágrafo único — Se o crime é culposo:

Pena — detenção, até três meses, ou pagamento de cinco a dez dias-multa.

Medicamento em desacordo com a receita médica

Art. 310 — Fornecer substância medicinal em desacordo com a receita médica:

Pena — detenção, de dois meses a um ano, ou pagamento de cinco a dez dias-multa.

Modalidade culposa

Parágrafo único — Se o crime é culposo:

Pena — detenção, até três meses, ou pagamento de cinco dias-multa, no máximo.

Comércio, posse ou uso de entorpecente ou substância que determine dependência física ou psíquica

Art. 311 — Importar ou exportar, preparar, produzir, vender, expor à venda ou oferecer, fornecer ainda que gratuitamente, ter em depósito, transportar, trazer consigo, guardar, ministrar ou entregar de qualquer forma a consumo, substância entorpecente, ou que determine dependência física ou psíquica, sem autorização ou em desacordo com determinação legal ou regulamentar:

Pena — reclusão, até seis anos, e pagamento de até trezentos e sessenta dias-multa.

§ 1.° — Nas mesmas penas incorre quem, indevidamente:

Matérias-primas ou plantas destinadas a preparação de entorpecentes ou de substâncias que determinem dependência física ou psíquica

I — importa ou exporta, vende ou expõe a venda ou oferece, fornece, ainda que a título gratuito, transporta, traz consigo ou tem em depósito, ou sob sua guarda, matérias-primas destinadas à preparação de entorpecentes ou de substâncias que determinem dependência física ou psíquica;

Cultivo de plantas destinadas à preparação de entorpecentes ou de substâncias que determinem dependência física ou psíquica

II — faz ou mantém o cultivo de plantas destinadas à preparação de entorpecentes ou de substâncias que determinem dependência física ou psíquica;

Porte de substância entorpecente ou que determine dependência física ou psíquica

III — traz consigo, para uso próprio, substância entorpecente ou que determine dependência física ou psíquica;

Aquisição de substância entorpecente ou que determine dependência física ou psíquica

IV — adquire substância entorpecente ou que determine dependência física ou psíquica.

Prescrição indevida de substância entorpecente ou que determine dependência física ou psíquica

§ 2.° — Prescrever o médico ou o dentista, indevidamente, substância entorpecente, ou que determine dependência física ou psíquica, ou em dose evidentemente maior que a necessária ou com infração de preceito legal ou regulamentar:

Pena — detenção, de um a cinco anos, e pagamento de dez a cem dias-multa.

§ 3.° — Incorre nas penas de um a seis anos de reclusão, e pagamento de dez a duzentos dias-multa, quem:

Induzimento ao uso de entorpecente ou de substância que determine dependência física ou psíquica

I — instiga alguém a usar entorpecente ou substância que determine dependência física ou psíquica;

Local destinado ao uso de entorpecente ou de substância que determine dependência física ou psíquica

II — utiliza o local, de que tem a propriedade, posse, administração ou vigilância, ou consente que outrem dele se utilize, ainda que a título gratuito, para uso ilegal de entorpecente ou de substância que determine dependência física ou psíquica:

Incentivo ou difusão do uso de entorpecente ou substância que determine dependência física ou psíquica

III — contribui de qualquer forma para incentivar ou difundir o uso de entorpecente ou de substância que determine dependência física ou psíquica.

Forma qualificada

§ 4.° — As penas aumentam-se de um terço se a substância entorpecente ou que determine dependência física ou psíquica é vendida, ministrada, fornecida ou prescrita a menor de vinte e um anos, ou a quem tenha, por qualquer causa, diminuída ou suprimida a capacidade de discernimento ou de autodeterminação. A mesma exasperação da pena se dará quando essas pessoas forem visadas pela instigação ou induzimento de que trata o n.° I, do § 3.°.

Associação

§ 5.° — Associarem-se duas ou mais pessoas, para o fim de cometer qualquer dos crimes previstos neste artigo e seus parágrafos:

Pena — reclusão, de dois a seis anos, e pagamento de até trezentos e sessenta dias-multa.

Forma qualificada

§ 6.º — Nos crimes previstos neste artigo e seus parágrafos, salvo os referidos nos §§ 1.º, n.º III, e 2.º, a pena se o agente é médico, dentista, farmacêutico, veterinário ou enfermeiro, é aumentada de um terço.

§ 7.º — Nos crimes previstos neste artigo e seus parágrafos as penas aumentam-se de um terço se qualquer de suas fases de execução ocorrer nas imediações ou no interior de estabelecimento de ensino, sanatório, unidade hospitalar, sede de sociedade ou associação esportiva, cultural, estudantil, beneficente ou de recinto onde se realizem espetáculos ou diversões públicas, sem prejuízo da interdição do estabelecimento ou local.

Exercício ilegal da medicina, arte dentária ou farmacêutica

Art. 312 — Exercer, ainda que a título gratuito, a profissão de médico, de dentista ou de farmacêutico, sem autorização legal ou excedendo-lhe os limites:

Pena — detenção, até dois anos.

Parágrafo único — Se o crime é praticado com fim de lucro, fica o agente também sujeito ao pagamento de cinco a quinze dias-multa.

Charlatanismo

Art. 313 Inculcar ou anunciar cura por meio secreto ou infalível:

Pena — detenção, de três meses a um ano, e pagamento de cinco a quinze dias-multa.

Curandeirismo

Art. 314 — Exercer o curandeirismo:

I — prescrevendo, ministrando ou aplicando, habitualmente, qualquer substância;

II — usando gestos, palavras ou qualquer outro meio;

III — fazendo diagnósticos:

Pena — detenção, de seis meses a dois anos.

Parágrafo único — Se o crime é praticado mediante remuneração, o agente fica também sujeito ao pagamento de cinco a quinze dias-multa.

Formas qualificadas pelo resultado

Art. 315 — Aplica-se o disposto no art. 285 aos crimes previstos nos arts. 297 a 314.

TÍTULO IX

DOS CRIMES CONTRA A PAZ PÚBLICA

Incitação a crime

Art. 316 — Incitar, publicamente, à prática de crime:

Pena — detenção, de três a seis meses, ou pagamento de cinco a quinze dias-multa.

Apologia de crime ou criminoso

Art. 317 — Fazer publicamente, apologia de fato criminoso ou de autor de crime:

Pena — detenção, de três a seis meses, ou pagamento de cinco a quinze dias-multa.

Quadrilha ou bando

Art. 318 — Associarem-se mais de três pessoas, em quadrilha ou bando, para o fim de cometer crimes:

Pena — reclusão, até três anos.

Aumento de pena

Parágrafo único — A pena aplica-se em dobro, se a quadrilha ou bando é armado.

TÍTULO X
DOS CRIMES CONTRA A FÉ PÚBLICA

Capítulo I
Da moeda falsa

Moeda falsa

Art. 319 — Falsificar, fabricando ou adulterando, moeda metálica ou papel-moeda de curso legal no País ou no estrangeiro:

Pena — reclusão, de três a doze anos, e pagamento, de quinze a cinqüenta dias-multa.

§ 1.° — Nas mesmas penas incorre quem, por conta própria ou alheia, importa ou exporta, adquire, vende, troca, cede, empresta, guarda ou introduz na circulação moeda falsa.

§ 2.° — Quem, tendo recebido de boa-fé, como verdadeira, moeda falsificada, a restitui à circulação, depois de conhecer a falsidade, é punido com detenção, de seis meses a dois anos, e pagamento de cinco a quinze dias-multa.

Casos assimilados

§ 3.° — É punido com reclusão, de três a quinze anos, e pagamento de quinze a cinqüenta dias-multa o funcionário que, em exercício em entidade pública responsável pela fabricação ou emissão de moeda, fabrica, emite ou autoriza a fabricação ou emissão:

I — de papel-moeda ou moeda metálica com características diferentes das determinadas pelo órgão competente;

II — de papel-moeda ou moeda metálica em quantidade superior à autorizada.

Distribuição de moeda não autorizada

Art. 320 — Fazer circular papel-moeda ou moeda metálica, cuja circulação não estava ainda autorizada, ou que fora fabricada com características diferentes das determinadas pelo órgão competente:

Pena — reclusão, de três a doze anos, e pagamento de quinze a cinqüenta dias-multa.

Crimes especiais com papel-moeda

Art. 321 — Formar cédula representativa de papel-moeda, com fragmentos de cédulas verdadeiras; recompor cédula recolhida e inutilizada, para o fim de restituí-la à circulação; restituir à circulação cédula em tais condições ou já recolhida para o fim de inutilização:

Pena — reclusão, de dois a oito anos, e pagamento de dez a trinta dias-multa.

Aumento de pena

Parágrafo único — O máximo da reclusão é elevado a doze anos e o da multa a cinqüenta dias-multa, se o crime é cometido por funcionário que trabalha na repartição onde o dinheiro se achava recolhido, ou nela tem ingresso em razão do cargo.

Petrechos para falsificação de moeda

Art. 322 — Fabricar, adquirir, fornecer, ainda que a título gratuito, possuir ou guardar maquinismo, aparelho, instrumento ou qualquer objeto especialmente destinado à falsificação da moeda:

Pena — reclusão, de dois a seis anos, e pagamento de cinco a vinte dias-multa.

Isenção de pena

Parágrafo único — Fica isento de pena o agente que, antes de qualquer uso, destrói tais objetos.

Criação de moeda paralela

Art. 323 — Emitir, sem permissão legal, nota, bilhete, cupom, vale, ficha, bônus, título, brinde, ou semelhante, com o propósito de exercer função de dinheiro ou moeda:

Pena — detenção, de um a seis meses, e pagamento de dez a trinta dias-multa.

§ 1.° — Incorre na mesma pena quem, na eventual escassez de papel-moeda ou moeda metálica, emite cheques de importâncias correspondentes às moedas escassas.

§ 2.° — Quem recebe ou utiliza como dinheiro qualquer dos documentos referidos no artigo e seu § 1.° incorre na pena de detenção, até três meses, ou pagamento de cinco a quinze dias-multa.

Capítulo II

Da falsidade de títulos e outros papéis públicos

Falsificação de selos e papéis públicos

Art. 324 — Falsificar, fabricando-os ou adulterando-os:

I — selo postal ou qualquer papel de emissão legal, destinado à arrecadação de imposto ou taxa;

II — papel de crédito público, que não seja moeda de curso legal;

III — vale postal;

IV — cautelas de penhor, caderneta de depósito de caixa econômica ou de outro estabelecimento mantido por entidade de direito público;

V — talão, recibo, guia, alvará ou qualquer outro documento relativo à arrecadação de rendas públicas ou a depósito ou caução por que o poder público seja responsável;

VI — bilhete, passe ou conhecimento de empresa de transporte administrada por entidade de direito público, empresa pública, autarquia ou sociedade de economia mista.

Pena — reclusão, até oito anos, e pagamento de cinco a quinze dias-multa.

Uso dos selos ou papéis falsificados

§ 1.º — Incorre nas mesmas penas quem importa ou exporta, adquire, vende, troca, cede, empresta, guarda, fornece ou usa qualquer dos selos ou papéis falsificados a que se refere este artigo.

Supressão de sinais de utilização

§ 2.º — Suprimir, em qualquer desses selos ou papéis, quando legítimos, com o fim de torná-los novamente utilizáveis, carimbo ou sinal indicativo de sua inutilização:

Pena — reclusão, até quatro anos, e pagamento de cinco a quinze dias-multa.

§ 3.º — Incorre nas mesmas penas do parágrafo anterior, quem usa, vende, fornece ou guarda, depois de alterado, qualquer dos selos ou papéis aí referidos.

§ 4.º — Quem usa ou restitui à circulação, embora recebidos de boa-fé, qualquer dos papéis falsificados, a que se referem este artigo e seu § 2.º, depois de conhecer a falsidade, incorre na pena de detenção, de três meses a um ano, ou no pagamento de três a dez dias-multa.

Petrechos de falsificação de selos e papéis

Art. 325 — Fabricar, adquirir, fornecer, ainda que gratuitamente, possuir ou guardar objeto especialmente destinado à falsificação de qualquer dos papéis mencionados no artigo anterior:

Pena — reclusão, até três anos, e pagamento de cinco a quinze dias-multa.

Isenção de pena

Parágrafo único — Aplica-se o disposto no parágrafo único do art. 322.

Agravação de pena

Art. 326 — Se qualquer dos crimes do presente capítulo é praticado por funcionário público, prevalecendo-se do cargo, a pena é agravada.

Capítulo III

Da falsidade documental

Falsificação de documento público

Art. 327 — Falsificar, no todo ou em parte, fabricando ou adulterando, documento público, com o propósito de obter, para si ou para outrem, vantagem ilícita ou de prejudicar direito ou interesse alheio:

Pena — reclusão, de dois a seis anos, e pagamento de quinze a trinta dias-multa.

Documento público por equiparação

Parágrafo único — Para os efeitos penais, equiparam-se a documento público, os emanados de entidade de direito público, de empresa pública, autarquia, sociedade de economia mista ou fundação instituída pelo Poder Público, o título ao portador ou transmissível por endosso, as ações de empresa industrial ou sociedade comercial, os livros mercantis e o testamento particular.

Falsificação de documento particular

Art. 328 — Falsificar, no todo ou em parte, fabricando ou adulterando documento particular, com o propósito de obter vantagem ilícita, para si ou para outrem, ou de prejudicar direito ou interesse alheio:

Pena — reclusão, até cinco anos, e pagamento de cinco a quinze dias-multa.

Falsidade ideológica

Art. 329 — Omitir, em documento público ou particular, declaração que dele devia constar, ou nele inserir ou fazer inserir declaração falsa ou diversa da que devia ser escrita, com o fim de prejudicar direito, criar obrigação ou alterar a verdade sobre fato juridicamente relevante:

Pena — reclusão, até cinco anos, e pagamento de cinco a quinze dias-multa, se o documento é público, e reclusão, até três anos, e pagamento de cinco a dez dias-multa, se o documento é particular.

Documento por equiparação

Art. 330 — Equipara-se a documento, para os efeitos penais, o disco fonográfico ou a fita ou fio de aparelho eletromagnético a que se incorpore declaração destinada à prova de fato juridicamente relevante.

Agravação de pena

Art. 331 — Se o agente da falsidade documental é funcionário público, e comete o crime prevalecendo-se do cargo, ou se a falsificação é de assentamento de registro civil, a pena é agravada.

Duplicata simulada

Art. 332 — Expedir ou aceitar duplicata que não corresponda, juntamente com a fatura respectiva, a uma venda efetiva de bens ou a uma real prestação de serviço:

Pena — detenção, de um a cinco anos, e pagamento de vinte a cinqüenta dias-multa.

Parágrafo único — Nas mesmas penas incorre aquele que falsificar, fabricando ou adulterando, a escrituração do livro de registro de duplicatas.

Falso reconhecimento de firma ou letra

Art. 333 — Reconhecer, como verdadeira, no exercício de função pública, firma ou letra que o não seja:

Pena — reclusão, até cinco anos, e pagamento de cinco a quinze dias-multa, se o documento é público, e reclusão, até três anos, e pagamento de cinco a dez dias-multa, se o documento é particular.

Certidão ou atestado ideologicamente falso

Art. 334 — Atestar ou certificar falsamente, em razão de função pública, fato ou circunstância que habilite alguém a obter cargo, função ou emprego público, isenção de ônus ou de serviço de caráter público, ou qualquer outra vantagem:

Pena — detenção, até dois anos.

Falsidade material de atestado ou certidão

§ 1.º — Falsificar, no todo ou em parte, fabricando ou adulterando, atestado ou certidão, para prova de fato ou circunstância que habilite alguém a obter cargo público, isenção de ônus ou de serviço de caráter público, ou qualquer outra vantagem:

Pena — detenção, até três anos.

§ 2.º — Se o crime é praticado com o fim de lucro, aplica-se, também, a pena de pagamento de cinco a dez dias-multa.

Falsidade de atestado do médico

Art. 335 — Dar o médico, no exercício de sua profissão, atestado falso:

Pena — detenção, até um ano, ou pagamento de cinco a quinze dias-multa.

Uso de documento falso

Art. 336 — Fazer uso de qualquer dos documentos a que se refere o presente Capítulo, falsificados por outrem:

Pena — a cominada à falsidade.

Supressão de documento

Art. 337 — Destruir, suprimir, ou ocultar, em benefício próprio ou de outrem, ou em prejuízo alheio, documento verdadeiro, de que não podia dispor:

Pena — reclusão, de dois a seis anos, e pagamento de cinco a quinze dias-multa, se o documento é público, e reclusão, até cinco anos, e pagamento de cinco a dez dias-multa, se o documento é particular.

Capítulo IV

De outras falsidades

Falsificação de sinal oficial no contraste de metal nobre ou na fiscalização aduaneira, ou para outros fins

Art. 338 — Falsificar, fabricando ou adulterando, marca ou sinal empregado pelo poder público no contraste de metal precioso ou na fiscalização alfandegária, ou usar marca ou sinal dessa natureza, falsificado por outrem:

Pena — reclusão, de dois a seis anos, e pagamento de cinco a quinze dias-multa.

Parágrafo único — Se a marca ou sinal falsificado é o que usa a autoridade pública para o fim de fiscalização sanitária, ou para autenticar ou encerrar determinados objetos, ou comprovar o cumprimento de formalidade legal:

Pena — detenção, de seis meses a dois anos, e pagamento de cinco a quinze dias-multa.

Falsa identidade

Art. 339 — Atribuir-se, ou a terceiro, falsa identidade para obter vantagem para si ou para outrem, ou para causar prejuízo alheio, se o fato não constitui crime mais grave:

Pena — detenção, de três meses a um ano, ou pagamento de cinco a quinze dias-multa.

Uso de documento pessoal alheio

Art. 340 — Usar, como próprio, passaporte, título de eleitor, caderneta de reservista, carteira profissional, ou qualquer documento de identidade alheia ou ceder a outrem, para que dele se utilize, documento dessa natureza, próprio ou de terceiro:

Pena — detenção, de quatro meses a dois anos, e pagamento de cinco a quinze dias-multa.

Fraude de lei sobre estrangeiro

Art. 341 — Usar o estrangeiro, para entrar ou permanecer no país, nome que não é o seu:

Pena — detenção, de seis meses a dois anos, e pagamento de cinco a quinze dias-multa.

Parágrafo único — Incorre nas mesmas penas quem atribui a estrangeiro falsa qualidade, para promover-lhe a entrada no país.

Falsidade em prejuízo da nacionalização de sociedade

Art. 342 — Prestar-se a figurar como proprietário ou possuidor de ação, título ou valor pertencente a estrangeiro, nos casos em que a este é vedada por lei a propriedade ou a posse de tais bens:

Pena — detenção, de seis meses a três anos, e pagamento de cinco a vinte dias-multa.

Capítulo V

Disposição geral

Falsidade como meio de outro crime

Art. 343 — Se o crime contra a fé pública constituir meio para a prática de outro crime, aplica-se a regra do § 1.º do artigo 65.

TÍTULO XI

DOS CRIMES CONTRA A ADMINISTRAÇÃO PÚBLICA

Capítulo I

Dos crimes praticados por funcionário público contra a administração em geral

Peculato

Art. 344 — Apropriar-se o funcionário público de dinheiro, valor ou qualquer outro bem móvel, público ou particular, de que tem a posse ou detenção, em virtude do cargo, função ou emprego, ou desviá-lo, em proveito próprio ou alheio:

Pena — reclusão, de três a quinze anos, e pagamento de vinte a cem dias-multa.

Aumento de pena

§ 1.º — As penas aumentam-se de um terço, se o objeto da apropriação ou desvio é de valor superior a vinte vezes o salário-mínimo.

Peculato-furto

§ 2.º — Aplicam-se as mesmas penas, se o funcionário público, embora não tendo a posse ou detenção do dinheiro, valor ou bem, o subtrai, ou contribui para que seja subtraído, em proveito próprio ou alheio, valendo-se de facilidade que lhe proporciona a qualidade de funcionário.

Peculato culposo

§ 3.º — Se o funcionário contribui culposamente para qualquer dos crimes acima:

Pena — detenção, de três meses a um ano.

§ 4.º — No caso do parágrafo anterior, a reparação do dano, se precede à sentença irrecorrível, extingue a punibilidade; se lhe é posterior, reduz de metade a pena imposta.

Peculato mediante aproveitamento do erro de outrem

Art. 345 — Apropriar-se de dinheiro ou qualquer utilidade que, no exercício de cargo, função ou emprego público, recebeu por erro de outrem:

Pena — reclusão, de dois a sete anos, e pagamento de cinco a quinze dias-multa.

Peculato de uso

Art. 346 — Usar, para fins alheios ao serviço, ou permitir que outrem, indevidamente, faça uso de veículos ou qualquer outra coisa infungível de não pequeno valor, que, pertencente à administração pública ou sob sua guarda, lhe tenha sido entregue em razão do cargo:

Pena — detenção, até um ano, ou pagamento não excedente a vinte dias-multa.

Violação de dever funcional com fim de lucro

Art. 347 — Obter, para si ou para outrem, indevida vantagem econômica, ainda que sem prejuízo da Fazenda Pública, em qualquer negócio ou atividade, de que tenha sido incumbido pela administração:

Pena — reclusão, de três a dez anos, e pagamento de vinte a cinqüenta dias-multa.

Extravio, sonegação ou inutilização de livro ou documento

Art. 348 — Extraviar livro ou qualquer documento, de que tem a guarda em razão do cargo, função ou emprego; sonegá-lo ou inutilizá-lo, total ou parcialmente:

Pena — reclusão, de dois a seis anos, e pagamento de cinco a quinze dias-multa.

Emprego irregular de verbas ou rendas públicas

Art. 349 — Dar às verbas ou rendas públicas aplicação diversa da estabelecida em lei:

Pena — detenção, até três meses, ou pagamento de cinco a quinze dias-multa.

Concussão

Art. 350 — Exigir, para si ou para outrem, direta ou indiretamente, ainda que fora da função ou antes de assumi-la, mas em razão dela, indevida vantagem econômica:

Pena — reclusão, de dois a oito anos, e pagamento de dez a trinta dias-multa.

Excesso de exação

Art. 351 — Exigir imposto, taxa ou emolumento que sabe indevido, ou quando devido, empregar na cobrança meio vexatório ou gravoso, que a lei não autoriza:

Pena — detenção, de seis meses a dois anos, ou pagamento de cinco a quinze dias-multa.

Desvio

Art. 352 — Desviar, em proveito próprio ou de outrem, o que recebeu indevidamente para recolher aos cofres públicos:

Pena — reclusão, de dois a doze anos, e pagamento de quinze a trinta dias-multa.

Corrupção passiva

Art. 353 — Solicitar ou receber, para si ou para outrem, direta ou indiretamente, ainda que fora da função ou antes de assumi-la, mas em razão dela, vantagem indevida, ou aceitar promessa de tal vantagem:

Pena — reclusão, até oito anos, e pagamento de quinze a trinta dias-multa.

Aumento de pena

§ 1.º — A pena é aumentada de um terço, se, em conseqüência da vantagem ou promessa, o funcionário retarda ou deixa de praticar qualquer ato de ofício ou o pratica infringindo dever funcional.

Diminuição de pena

§ 2.º — Se o funcionário pratica, deixa de praticar ou retarda ato de ofício, com infração de dever funcional, cedendo a pedido ou influência de outrem:

Pena — detenção, de três meses a um ano, ou multa de três a dez dias-multa.

Prevaricação

Art. 354 — Retardar ou deixar de praticar, indevidamente, ato de ofício, ou praticá-lo contra expressa disposição de lei, para satisfazer interesse ou sentimento pessoal:

Pena — detenção, de três meses a um ano, e pagamento de cinco a quinze dias-multa.

Desobediência à sentença

Art. 355 — Deixar o funcionário público de cumprir sentença ou retardar-lhe o cumprimento:

Pena — detenção, de três meses a um ano, e pagamento de cinco a quinze dias-multa.

Facilitação de contrabando ou descaminho

Art. 356 — Facilitar, com infração do dever funcional, a prática de contrabando ou descaminho (art. 375):

Pena — reclusão, de dois a oito anos, e pagamento de quinze a trinta dias-multa.

Condescendência criminosa

Art. 357 — Deixar, por indulgência, de responsabilizar subordinado que cometeu infração no exercício do cargo, função ou emprego público, ou, quando lhe falte competência, não levar o fato ao conhecimento da autoridade competente:

Pena — detenção, até um mês, ou pagamento de dez dias-multa, no máximo.

Patrocínio indébito

Art. 358 — Patrocinar, direta ou indiretamente, interesse privado perante a administração pública, valendo-se da qualidade de funcionário:

Pena — detenção, de um a três meses, e pagamento de cinco a quinze dias-multa.

Forma qualificada

Parágrafo único — Se o interesse é ilegítimo:

Pena — detenção, de três meses a um ano, além da multa.

Violência arbitrária

Art. 359 — Praticar violência, no exercício de função, ou a pretexto de exercê-la:

Pena — detenção, de seis meses a três anos, além da correspondente à violência.

Abandono de cargo, função ou emprego

Art. 360 — Abandonar cargo, função ou emprego público, se do fato resulta ou pode resultar prejuízo ao interesse administrativo:

Pena — detenção, até um ano, e pagamento de cinco a quinze dias-multa.

Forma qualificada

Parágrafo único — Se o fato ocorre em lugar compreendido na faixa de fronteira:

Pena — detenção, de um a três anos, e pagamento de dez a vinte dias-multa.

Exercício funcional ilegalmente antecipado ou prolongado

Art. 361 — Entrar no exercício de cargo, função ou emprego público antes de satisfeitas as exigências legais, ou continuar a exercê-lo, sem autorização, depois de saber que foi exonerado, removido, substituído, suspenso ou aposentado:

Pena — detenção, até um mês, ou pagamento de dez dias-multa, no máximo.

Violação de sigilo funcional

Art. 362 — Revelar fato de que tem ciência em razão do cargo e que deva permanecer em segredo, ou facilitar-lhe a revelação:

Pena — detenção, de seis meses a dois anos, ou pagamento de dez a trinta dias-multa.

Violação de sigilo de licitação

Art. 363 — Devassar o sigilo de licitação, ou proporcionar a terceiro o ensejo de fazê-lo:

Pena — detenção, de três meses a um ano, e pagamento de cinco a quinze dias-multa.

Conceito de funcionário público

Art. 364 — Considera-se funcionário público, para os efeitos penais, quem, embora transitoriamente ou sem remuneração, exerce cargo, emprego ou função pública.

Funcionário público por equiparação

Parágrafo único — Equipara-se a funcionário público quem exerce cargo, emprego ou função em empresa pública, autarquia, sociedade de economia mista ou fundação instituída pelo Poder Público.

Capítulo II

Dos crimes praticados por particular contra a administração em geral

Reingresso de estrangeiro expulso

Art. 365 — Reingressar no território nacional o estrangeiro que dele foi expulso:

Pena — reclusão, até quatro anos, sem prejuízo de nova expulsão após o cumprimento da pena.

Usurpação de cargo, função ou emprego público

Art. 366 — Usurpar o exercício de cargo, função ou emprego público:

Pena — detenção, de três meses a dois anos, e pagamento de cinco a quinze dias-multa.

Forma qualificada

Parágrafo único — Se do fato o agente aufere vantagem:

Pena — reclusão, de dois a cinco anos, e pagamento de dez a trinta dias-multa.

Resistência

Art. 367 — Opor-se à execução de ato legal, mediante violência ou ameaça a funcionário competente para executá-lo ou a quem lhe esteja prestando auxílio:

Pena — detenção, de dois meses a dois anos.

Forma qualificada

§ 1.º — Se o ato, em razão da resistência, não se executa:

Pena — reclusão, até três anos.

Ressalva da pena relativa à violência

§ 2.º — As penas deste artigo são aplicáveis sem prejuízo da correspondente à violência.

Desobediência

Art. 368 — Desobedecer a ordem legal emanada de funcionário público:

Pena — detenção, até seis meses, ou pagamento de cinco a dez dias-multa.

Desacato

Art. 369 — Desacatar funcionário público no exercício da função ou em razão dela:

Pena — detenção, de seis meses a dois anos, ou pagamento de dez a trinta dias-multa.

Tráfico de influência

Art. 370 — Obter, para si ou para outrem, vantagem ou promessa de vantagem, a pretexto de influir em funcionário público no exercício da função:

Pena — reclusão, até cinco anos, e pagamento de quinze a quarenta dias-multa.

Aumento de pena

Parágrafo único — A pena é aumentada de um terço, se o agente alega ou insinua que a vantagem é também destinada ao funcionário.

Corrupção ativa

Art. 371 — Oferecer ou prometer vantagem indevida a funcionário público, para determiná-lo a praticar, omitir ou retardar ato de ofício:

Pena — reclusão, até oito anos, e pagamento de quinze a trinta dias-multa.

Aumento de pena

Parágrafo único — A pena é aumentada de um terço, se, em razão da vantagem ou promessa, o funcionário retarda ou omite ato de ofício, ou o pratica infringindo dever funcional.

Contrabando ou descaminho

Art. 372 — Importar ou exportar mercadoria proibida ou iludir, no todo ou em parte, o pagamento de direito ou imposto devido pela entrada, pela saída ou pelo consumo de mercadoria, e exigível na própria repartição aduaneira:

Pena — reclusão, até cinco anos, e pagamento de dez a trinta dias-multa.

Contrabando ou descaminho por assimilação

§ 1.º — Incorre nas mesmas penas quem:

a) pratica navegação de cabotagem, fora dos casos permitidos em lei;

b) pratica fato assimilado, em lei especial, a contrabando ou descaminho;

c) vende, expõe à venda, mantém em depósito ou, de qualquer forma, utiliza, em proveito próprio ou alheio, no exercício de atividade comercial ou industrial, mercadoria de procedência estrangeira que introduziu clandestinamente no País ou importou fraudulentamente ou que sabe ser produto de introdução clandestina no território nacional ou de importação fraudulenta por parte de outrem;

d) adquire, recebe ou oculta, em proveito próprio ou alheio, no exercício de atividade comercial ou industrial, mercadoria de procedência estrangeira, desacompanhada de documentação legal, ou acompanhada de documentos que sabe serem falsos.

§ 2.º — Equipara-se às atividades comerciais, para efeitos deste artigo, qualquer forma de comércio irregular ou clandestino de mercadorias estrangeiras, inclusive o exercido em residências.

Aumento de pena

§ 3.º — As penas aplicam-se em dobro, se o contrabando ou descaminho é praticado em transporte aéreo.

Impedimento, perturbação ou fraude de licitação ou hasta pública

Art. 373 — Impedir, perturbar ou fraudar licitação ou venda em hasta pública, promovida pela administração pública, ou entidade de direito público, empresa pública, autarquia, sociedade de economia mista ou fundação instituída pelo Poder Público; afastar ou procurar afastar concorrente ou licitante por meio de violência, grave ameaça, fraude ou oferecimento de vantagem:

Pena — detenção, de seis meses a dois anos, ou pagamento de dez a trinta dias-multa.

Inutilização de edital ou de sinal oficial

Art. 374 — Rasgar, ou, de qualquer forma, inutilizar ou conspurcar edital afixado por ordem legal de funcionário público; violar ou inutilizar selo ou sinal empregado por determinação ou ordem legal de funcionário público, para identificar ou cerrar qualquer objeto:

Pena — detenção, até um ano, ou pagamento de cinco a quinze dias-multa.

Subtração ou inutilização de livro, processo ou documento

Art. 375 — Subtrair ou inutilizar, total ou parcialmente, livro oficial, processo ou documento confiado à custódia de funcionário, em razão de ofício, ou de particular em serviço público:

Pena — reclusão, de dois a cinco anos, e pagamento de quinze a trinta dias-multa.

Capítulo III

Dos crimes contra a administração da justiça

Denunciação caluniosa

Art. 376 — Dar causa à instauração de investigação policial ou de processo judicial contra alguém, imputando-lhe crime de que o sabe inocente:

Pena — reclusão, de dois a oito anos, e pagamento de cinco a quinze dias-multa.

Agravação de pena

§ 1.º — A pena é agravada, se o agente se serve do anonimato ou de nome suposto.

Falsa imputação de contravenção

§ 2.º — Se a falsa imputação é de prática de contravenção:

Pena — detenção, de três meses a um ano, e pagamento de três a dez dias-multa.

Comunicação falsa de crime ou contravenção

Art. 377 — Provocar a ação de autoridade, comunicando-lhe a ocorrência de crime ou de contravenção que sabe não se ter verificado:

Pena — detenção, até seis meses, ou pagamento de cinco a dez dias-multa.

Auto-acusação falsa

Art. 378 — Acusar-se, perante a autoridade pública, de crime inexistente ou praticado por outrem:

Pena — detenção, de três meses a dois anos, ou pagamento de cinco a quinze dias-multa.

Falso testemunho ou falsa perícia

Art. 379 — Fazer afirmação falsa, ou negar ou calar a verdade, como testemunha, perito, tradutor ou intérprete em inquérito policial, processo administrativo ou judicial, em juízo arbitral ou inquérito de comissão parlamentar:

Pena — reclusão, até três anos, e pagamento de cinco a quinze dias-multa.

Aumento de pena

§ 1.º — Se o crime é cometido com o fim de obter prova destinada a produzir efeito em processo penal, as penas são aplicadas em dobro, e, se intervém suborno, aumentam-se de um terço.

Retratação

§ 2.º — O fato deixa de ser punível, se, antes da sentença, o agente se retrata ou declara a verdade.

Corrupção ativa de testemunha ou perito

Art. 380 — Dar, oferecer ou prometer dinheiro ou qualquer outra vantagem a testemunha, perito, tradutor ou intérprete, para fazer afirmação falsa, negar ou calar a verdade em depoimento, perícia, tradução, ou interpretação, ainda que a oferta não seja aceita:

Pena — reclusão, até quatro anos, e pagamento de cinco a quinze dias-multa.

Aumento de pena

Parágrafo único — Se o crime é cometido com o fim de obter prova destinada a produzir efeito em processo penal, aplica-se a pena em dobro.

Coação no curso de processo

Art. 381 — Usar de violência ou grave ameaça, com o fim de favorecer interesse próprio ou alheio, contra autoridade, parte, ou qualquer outra pessoa que funciona ou é chamada a intervir em inquérito policial, processo administrativo ou judicial, em juízo arbitral ou inquérito de comissão parlamentar:

Pena — reclusão, até quatro anos, e pagamento de cinco a quinze dias-multa.

Coação indireta no curso do processo

Art. 382 — Fazer pela imprensa, rádio ou televisão, antes da intercorrência de decisão definitiva em processo penal, comentários com o fim de exercer pressão relativamente a declarações de testemunhas ou a decisão judicial:

Pena — detenção, até seis meses, ou pagamento de vinte a sessenta dias-multa.

Fraude à execução

Art. 383 — Fraudar execução, alienando, desviando ou danificando bens, ou simulando dívidas:

Pena — detenção, de seis meses a dois anos, ou pagamento de dez a vinte dias-multa.

Ação penal

Parágrafo único — Somente se procede mediante queixa, salvo se o crime for praticado contra entidade de direito público, empresa pública, autarquia, sociedade de economia mista ou fundação instituída pelo Poder Público.

Desobediência em caso de pensão alimentícia

Art. 384 — Deixar o empregador ou funcionário público de prestar ao juízo competente as informações necessárias à instrução do processo ou execução de sentença ou acordo que fixe pensão alimentícia:

Pena — detenção, de seis meses a um ano, e pagamento de dez a cinqüenta dias-multa.

Parágrafo único — Nas mesmas penas incide quem, de qualquer modo, ajuda o devedor a eximir-se ao pagamento de pensão alimentícia judicialmente acordada, fixada ou majorada, ou se recusa, ou procrastina a executar a ordem de desconto em folha de pagamento, expedida pelo juiz.

Exercício arbitrário das próprias razões

Art. 385 — Fazer justiça pelas próprias mãos, para satisfazer pretensão, embora legítima, salvo quando a lei o permite:

Pena — detenção, até um mês, ou pagamento de cinco a dez dias-multa, sem prejuízo da correspondente à violência acaso empregada.

Ação penal

Parágrafo único — Se não há emprego de violência, somente se procede mediante queixa.

Subtração, supressão ou danificação de coisa própria no legítimo poder de terceiro

Art. 386 — Subtrair, suprimir ou danificar coisa própria, que se acha em poder de terceiro, por determinação judicial ou convenção:

Pena — detenção, de seis meses a dois anos, e pagamento de cinco a quinze dias-multa.

Fraude processual

Art. 387 — Inovar artificiosamente, na pendência de processo civil ou administrativo, o estado de lugar, de coisa ou de pessoa, com o fim de induzir a erro o juiz ou perito:

Pena — detenção, de três meses a dois anos, e pagamento de cinco a vinte dias-multa.

Aumento de pena

Parágrafo único — Se a inovação se destina a produzir efeito em processo penal, ainda que não iniciado, as penas aplicam-se em dobro.

Favorecimento pessoal

Art. 388 — Auxiliar a subtrair-se à ação de autoridade pública autor de crime a que é cominada pena de reclusão:

Pena — detenção, de um a seis meses, e pagamento de três a quinze dias-multa.

§ 1.º — Se ao crime é cominada pena de detenção:

Pena — detenção, até três meses, e pagamento de três a dez dias-multa.

Isenção de pena

§ 2.º — Se quem presta o auxílio é ascendente, descendente, cônjuge ou irmão do criminoso, fica isento de pena.

Favorecimento real

Art. 389 — Prestar a criminoso, fora dos casos de co-autoria ou de receptação, auxílio destinado a tornar seguro o proveito do crime:

Pena — detenção, de um a seis meses, e pagamento de cinco a quinze dias-multa.

Exercício arbitrário ou abuso de poder

Art. 390 — Ordenar ou executar medida privativa de liberdade individual, sem as formalidades legais ou com abuso de poder:

Pena — detenção, de um mês a um ano.

Parágrafo único — Na mesma pena incorre o funcionário que:

I — ilegalmente recebe e recolhe alguém a prisão, ou a estabelecimento destinado à execução de pena privativa de liberdade ou de medida de segurança detentiva;

II — prolonga a execução de pena ou de medida de segurança detentiva, deixando de expedir, em tempo oportuno, ou executar imediatamente, a ordem de liberdade;

III — submete pessoa que está sob sua guarda ou custódia a vexame ou a constrangimento não autorizado por lei.

Fuga de preso ou internado

Art. 391 — Promover ou facilitar a fuga de pessoa legalmente presa ou submetida a medida de segurança detentiva:

Pena — detenção, de seis meses a dois anos.

§ 1.º — Se o crime é praticado a mão armada, ou por mais de uma pessoa, ou mediante arrombamento, a pena é reclusão, de dois a seis anos.

§ 2.º — Se há emprego de violência contra pessoa, aplica-se, também, a pena correspondente à violência.

§ 3.º — A pena é reclusão, até quatro anos, se o crime é praticado por pessoa sob cuja guarda ou custódia está o preso ou o internado.

Modalidade culposa

§ 4.º — No caso de culpa do funcionário incumbido da guarda ou custódia, aplica-se a pena de detenção, de três meses a um ano, ou pagamento de cinco a quinze dias-multa.

Evasão de preso

Art. 392 — Evadir-se ou tentar evadir-se o preso, usando de violência contra pessoa:

Pena — detenção, de três meses a um ano, além da correspondente à violência.

Arrebatamento de preso ou internado

Art. 393 — Arrebatar preso ou internado, a fim de maltratá-lo, do poder de quem o tenha sob custódia ou guarda:

Pena — reclusão, até quatro anos, além da correspondente à violência.

Motim de presos

Art. 394 — Amotinarem-se presos, perturbando a ordem ou disciplina da prisão:

Pena — detenção, de seis meses a três anos, além da correspondente à violência acaso praticada contra pessoa.

Patrocínio infiel

Art. 395 — Trair, na qualidade de advogado ou procurador, o dever profissional, prejudicando interesse, cujo patrocínio, em juízo, lhe é confiado:

Pena — detenção, de seis meses a três anos, e pagamento de dez a trinta dias-multa.

Patrocínio simultâneo de partes contrárias ou tergiversação

Parágrafo único — Incorre nas mesmas penas o advogado ou procurador judicial que defende, na mesma causa, simultânea ou sucessivamente, partes contrárias.

Exercício ilegal da advocacia

Art. 396 — Exercer a advocacia sem autorização legal:

Pena — detenção, até três meses, ou pagamento de três a quinze dias-multa.

Sonegação de papel ou objeto de valor probatório

Art. 397 — Inutilizar, total ou parcialmente, ou deixar de restituir autos, documento ou objeto de valor probatório, que recebeu na qualidade de advogado ou procurador:

Pena — detenção, de seis meses a três anos, e pagamento de cinco a quinze dias-multa.

Exploração de prestígio

Art. 398 — Solicitar ou receber dinheiro ou qualquer outra utilidade, a pretexto de influir em juiz, jurado, órgão do Ministério Público, funcionário de justiça, perito, tradutor, intérprete ou testemunha:

Pena — reclusão, até cinco anos, e pagamento de dez a trinta dias-multa.

Aumento de pena

Parágrafo único — As penas aumentam-se de um terço, se o agente alega ou insinua que o dinheiro ou utilidade também se destina a qualquer das pessoas referidas neste artigo.

Violência ou fraude em arrematação judicial

Art. 399 — Impedir, perturbar ou fraudar arrematação judicial; afastar ou procurar afastar concorrente ou licitante, por meio de violência, grave ameaça, fraude ou oferecimento de vantagem:

Pena — detenção, de dois meses a um ano, ou pagamento de cinco a quinze dias-multa, além da correspondente à violência.

Desobediência à decisão sobre perda ou suspensão de atividade ou direito

Art. 400 — Exercer função, atividade, direito, autoridade ou múnus, de que foi suspenso ou privado por decisão judicial:

Pena — detenção, de três meses a dois anos, ou pagamento de cinco a quinze dias-multa.

Art. 401 — Ressalvada a legislação sobre os crimes contra a segurança nacional e a ordem política e social, os de falência, de imprensa, os relacionados à telecomunicação, os de greve ou **lockout**, de responsabilidade, de abuso de poder, os crimes militares, os de fraude fiscal, e o de utilização indevida do produto da cobrança de imposto, definido no art. 2.º do Decreto-lei n.º 326, de 8 de maio de 1967, bem como os previstos em outras leis e não incorporados a este Código, revogam-se as disposições em contrário.

Art. 402 — Este Código entrará em vigor no dia 1.º de julho de 1974.

DISPOSIÇÕES FINAIS

Art. 403 — Nos casos em que o Código Penal (Decreto-lei n.º 1.004, de 21 de outubro de 1969) exige representação ou queixa, sem esta não será promovida ação penal por fato praticado antes de sua vigência, prosseguindo-se, porém, na que tiver sido anteriormente instaurada, desde que o ofendido, dentro em trinta dias da intimação, ofereça representação ou queixa.

Art. 404 — As pessoas que, na data da vigência do Código Penal (Decreto-lei n.º 1.004, de 21 de outubro de 1969) estejam no cumprimento de medidas de segurança, de internação em casa de custódia e tratamento, em colônia agrícola ou em instituto de trabalho, de reeducação, ou de ensino profissional, continuarão a elas submetidas até que, mediante exame, se verifique que deixaram de ser perigosas.

Parágrafo único — Quando se tratar de medida de segurança imposta em pessoa inimputável ou semi-imputável, será aplicável o disposto no art. 92 e seus parágrafos, e art. 93, §§ 2.º e 3.º, do Código Penal.

Brasília, 21 de outubro de 1969; 148.º da Independência e 81.º da República.

Augusto Hamann Rademaker Grünewald

Aurélio de Lyra Tavares

Márcio de Souza e Mello

Luis Antônio da Gama e Silva

ÍNDICES

LIVRO V DAS ORDENAÇÕES DO REINO — CODIGO FILIPINO

INDICE ALPHABETICO

A

B

D

E

F

G

H

I

J

L

M

N

O

P

Q

R

S

T

V

CODIGO CRIMINAL DO IMPERIO DO BRASIL

INDICE ALPHABETICO

A

B

C

D

E

F

R

S

T

U

V

CÓDIGO PENAL DE 1890

INDICE ALPHABETICO

A

B

C

D

E

F

G

H

I

J

CONSOLIDAÇÃO DAS LEIS PENAIS
(1.932)

INDICE ALPHABETICO

PROMPTUARIO DA CONSOLIDAÇÃO
DAS LEIS PENAES

A

B

C

D

E

F

G

H

J

L

M

N

O

P

Q

S

T

U

V

W

CÓDIGO PENAL DE 1940

ÍNDICE ALFABÉTICO

A

B

C

D

E

F

H

I

L

M

N

O

P

Q

R

S

T

U

V

LEI DAS CONTRAVENÇÕES PENAIS

ÍNDICE ALFABÉTICO

A

B

C

D

E

P

R

S

T

U

V

LEGISLAÇÃO COMPLEMENTAR

ÍNDICE ALFABÉTICO

A

ABUSO DE AUTORIDADE

ALTERAÇÕES

E

ECONOMIA POPULAR

ENTORPECENTES

P

PROPRIEDADE INDUSTRIAL

S

SUPERINTENDÊNCIA NACIONAL DO ABASTECIMENTO

CÓDIGO PENAL DE 1969

ÍNDICE ALFABÉTICO

A

B

C

D

E

Extravio, sonegação ou inutilização de livro ou documento — Art. 348.

F

G

H

I

L

M

N

O

P

Q

R

S

T

U

V

impres Impressão Acabamento
Rua Cadete, 209 - São Paulo
Tel.: 825-3255